金乡县志

（1991~2005）

金乡县地方史志编纂委员会 编

方志出版社
Publishing House of Local Records

图书在版编目（CIP）数据

金乡县志.1991～2005 / 金乡县地方史志编纂委员会办公室编. -- 北京：方志出版社，2013.12
ISBN 978-7-5144-1162-1

Ⅰ.①金… Ⅱ.①金… Ⅲ.①金乡县—地方志—1991～2005 Ⅳ.①K295.24

中国版本图书馆 CIP 数据核字（2013）第 317421 号

金乡县志（1991～2005）

编　　者：金乡县地方史志编纂委员会办公室
责任编辑：王笃银
出 版 人：冀祥德
出 版 者：方志出版社
地址　北京市朝阳区潘家园东里 9 号（国家方志馆 4 层）
邮编　100021
网址　http：//www.fzph.org
发　　行：方志出版社发行中心
电话（010）67110500
经　　销：各地新华书店
印　　刷　济南黄氏印务有限公司
开　　本：889×1194　1/16
印　　张：63.75
字　　数：1737 千字
版　　次：2013 年 12 月第 1 版　2013 年 12 月第 1 次印刷
印　　数：0001～2000 册

ISBN 978-7-5144-1162-1/K·940　定价：620.00 元

金乡县名片

JIN XIANG XIAN MING PIAN

◇ 中国大蒜之乡

◇ 中国圆葱之乡

◇ 中国金谷之乡

◇ 中国辣椒之乡

◇ 中国诚信之乡

◇ 中国白梨瓜之乡

◇ 山东省长寿之乡

◇ 中国宜居宜业典范城市

◇ 中国最具投资价值旅游名县

金乡县地方史志编纂委员会
（1995年8月调整）

主任委员：刘昭庆
副主任委员：韩振中　李宪鹏　王奉奎　陈乐忠
委　　员：朱文明　李传佩　李曰玉　高爱京
戴承英　刘渊博　杨清明　师德服

金乡县地方史志编纂委员会
（2006年3月调整）

主　　任：李逢记
副 主 任：王新颜　李英渠
委　　员：孔德辰　刘明亮　杨东旺　李广民　李海燕
李祥伟　周洪信　左　峰　刘渊博　刘清文
吕玉芹　周　涛　张玉华　乔守祥　姜君杰

金乡县地方史志编纂委员会
（2012年3月调整）

主　　任：董　冰
副 主 任：曹广州　袁思平
委　　员：张念雷　陈　涛　陈胜利　李祥伟　赵　磊
马洪磊　肖玉钦　苏志华　李明涛　史为满
韩科峰　周建军　张培军　李海燕　姜君杰

《金乡县志（1991~2005）》编纂委员会

名誉主任：刘章箭
主　　任：董　冰
副 主 任：曹广州　杜宏春　袁思平　李　峰
委　　员：张念雷　陈　涛　陈胜利　李祥伟　赵　磊
马洪磊　肖玉钦　苏志华　李明涛　史为满
韩科峰　周建军　张培军　李海燕　姜君杰
主　　审：曹广州　杜宏春
副 主 审：袁思平　李　峰

《金乡县志（1991~2005）》评审人员

山东省史志办：钟　华　李　刚　李天程　罗　毅　魏振华
济宁市史志办：黄崇民　邵鸿志　李红微　韦　鲁
县市区史志办：黄　静（市中区）　王国华（任城区）　徐固章　杨北城（兖州市）　米玉红（曲阜市）
刘家园　侯广征（泗水县）　孙为民（邹城市）　张西海（微山县）　明　亮
刘宝超（鱼台县）　闫先胜　王迎华（嘉祥县）　张衍才　王建议（汶上县）
刘传镇（梁山县）

金乡县地方史志编纂委员会办公室

主　　任：李晓娟
副 主 任：姜君杰　李海燕　周　锲
主　　编：姜君杰
副 主 编：贾立营
编　　辑：周　锲　李成益　周明廉　于雪友　许文洁
工作人员：李建峰　任玉华　孟　培　马光亚

中共金乡县委书记
县人大常委会主任

序

在举国上下共同庆祝中国共产党第十八次代表大会胜利闭幕之际，《金乡县志(1991~2005)》就要出版问世了。这是继二十世纪九十年代编修第一部新县志以后，金乡文化领域所取得的又一重要成果，也是全县人民政治和文化生活中的一件大事，甚是可喜可贺。

金乡县历史悠久，早在新石器时期境内就有人类活动，夏为有缗国，秦改缗邑为东缗县。东汉建武元年(25)置金乡县，迄今已近2000年。在这片古老的土地上，金乡人民用勤劳和智慧创造了璀璨的历史文化，哺育出辅佐刘邦平定天下的彭越，《三十六计》的作者檀道济，著名经学家仲长统、丁恭，玄学家王弼、张湛，中医名家王叔和，“建安七子”之首诗人王粲，尚书马绍及郗士美、郗恢、王畅等武将文臣。以苏令为首的“铁官徒起义”、胡四领导的“黑旗军农民起义”、解放战争期间著名的“羊山战役”等，都加快了金乡社会发展的历史进程。早期共产党人马希文等无数革命先烈为中国人民的解放事业英勇献身；杨汉章、杨经元、杨一辰、秦和珍、周冠五、杨翼骧等革命志士、仁人在中国革命和建设中无不勋绩卓著，受到人民敬仰。

“诚信为本，信誉是金”是金乡人做人的本分，亦是人生的最高境界。金乡，作为中国诚信之源，东汉庐江太守金乡人范式与汝南人张劭的“鸡黍之约”，被后世奉为讲诚信的典范，深深影响和激励着一代又一代的金乡人，伟大的共产主义战士王杰、少年英雄李目辉均是诚实守信的楷模，是金乡人民永远的骄傲。

金乡，作为传统农业大县，广大人民长期劳作，辛勤耕耘，培育出绿色、有机、保健、品质优良的金乡大蒜，以多项中国第一成为世界著名的中国大蒜之乡。多年来，金乡大蒜在竞争激烈的国际市场上始终雄踞霸主地位，正是得益于金乡人的诚实守信。“世界大蒜看中国，中国大蒜看金乡”已成为世人的共识。

中共金乡县委副书记
金乡县人民政府县长

董冰

1991~2005 年，金乡人民在党和政府正确领导下，不断解放思想，坚持改革开放不动摇，抢抓机遇，奋力拼搏，干事创业，全面实施“农贸带动战略”，国民经济持续增长，综合经济实力明显增强，城乡建设迈出新步伐，商贸流通呈现新活力，科教文卫体等各项社会事业蓬勃发展，人民物质、文化生活水平显著提高。

新编《金乡县志(1991~2005)》，全面、客观、公正地记载了这一时期全县政治、经济、文化、社会等各领域发展变化的历史事实，是一部融古烁今的历史文献，也是这一时期的县情百科全书，具有“资政、存史、教化”之功能。希望全县广大干部群众认真地阅读、掌握和利用，鉴往知今，正确认识县情，探索规律，科学决策，更好地指导工作，为建设富裕、文明、美丽的新金乡服务，努力实现全县各项事业的科学发展和跨越发展。

盛世修志，惠泽千秋。续修新志，是一项艰巨、浩繁的文化工程，不仅得益于省、市史志部门的关怀和指导，也得到全县各级的通力合作，全体编纂人员，更是不辍笔耕，几经熔炼，数易其稿，方成此巨著。值此志书出版发行之际，向所有付出辛勤劳动的同志们，致以最崇高的敬意和感谢！

2013 年 5 月

凡 例

一、本志坚持以马列主义、毛泽东思想、邓小平理论、“三个代表”重要思想、科学发展观为指导，运用辩证唯物主义和历史唯物主义的立场、观点和方法，客观、真实地记述全县自然、社会的历史与现状。力求思想性、科学性、资料性和著述性的统一，突出时代特点和地方特色。

二、本志是1996年版《金乡县志》的续志。上限为1991年，下限为2005年。为保持叙述的连贯性，部分内容适当上溯或下延。区域以2005年12月31日的金乡县行政区划为准。

三、本书采用述、记、志、传、图、表、录七种体裁，以志为主。前置概述、大事记，中设分志34篇，以人物殿后，文末为附录、索引、编后记。大事记以编年体记述。各分志采用篇、章、节、目体。

四、人物本着“生不立传”的原则，收录断限内对社会进步起过积极作用且影响较大的已故人物；前志未作记载的人物，进行补遗。人物简介只收录断限期间担任正县级职务的县委、县人大、县政府、县政协四大班子成员。受省级以上表彰的先模人物列表记述。

五、本志纪年一般采用公元纪年，涉及清代（含清代）以前的内容采用历史纪年，括注公元纪年。

六、本志采用现代语体文，记述力求准确、朴实、简洁、流畅。

七、本志数据多数采用《金乡县统计年鉴》；个别没有的项目，经核实后采用部门提供的数据。计量单位执行2011年《中华人民共和国国家标准出版物上数字用法》的规定；部分采用约定俗成的用法。

八、本志资料主要来源于各部门和乡镇，部分资料来自馆藏档案、旧志、相关文献，均不注作者和出处。

九、本志正文插图多数为断限内拍摄，主要由组织部、宣传部和文联提供，部分插图由各部门和镇街提供，均不注明作者和出处。

賀"中國大蒜之鄉"

综合開發農業

发展农村經濟

田纪云

一九九六年十一月

1996 年 11 月，中共中央政治局委员、全国人大常委会副委员长田纪云题词

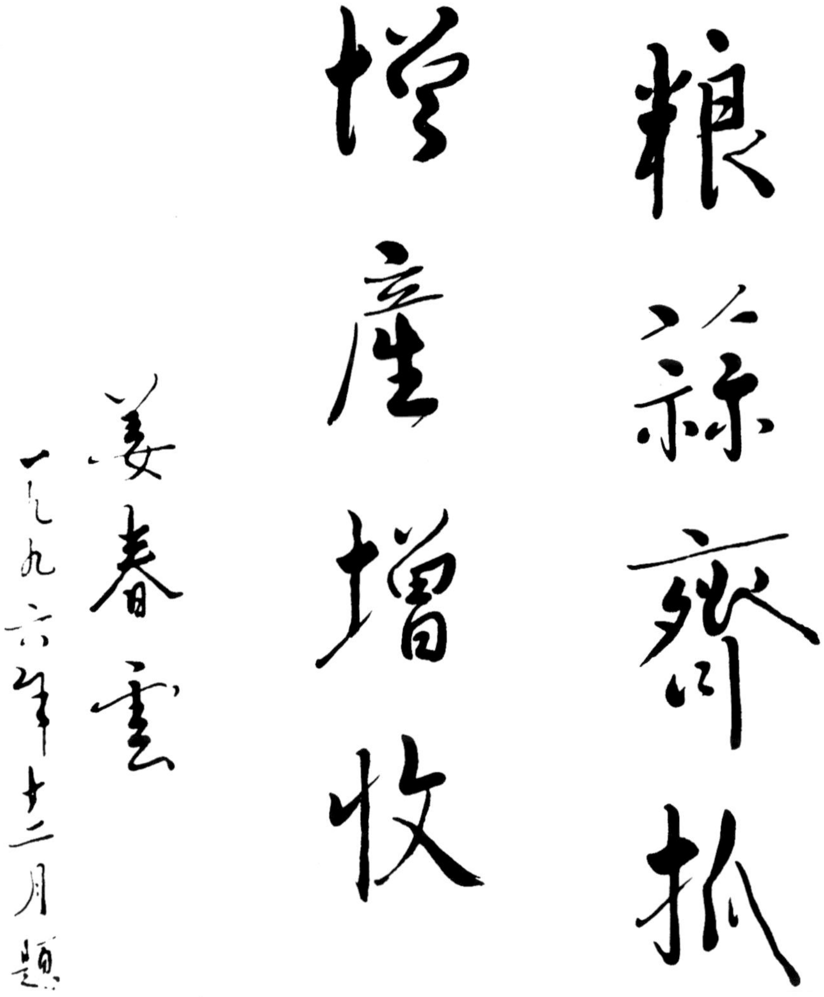

1996 年 12 月，中共中央政治局委员、国务院副总理姜春云题词

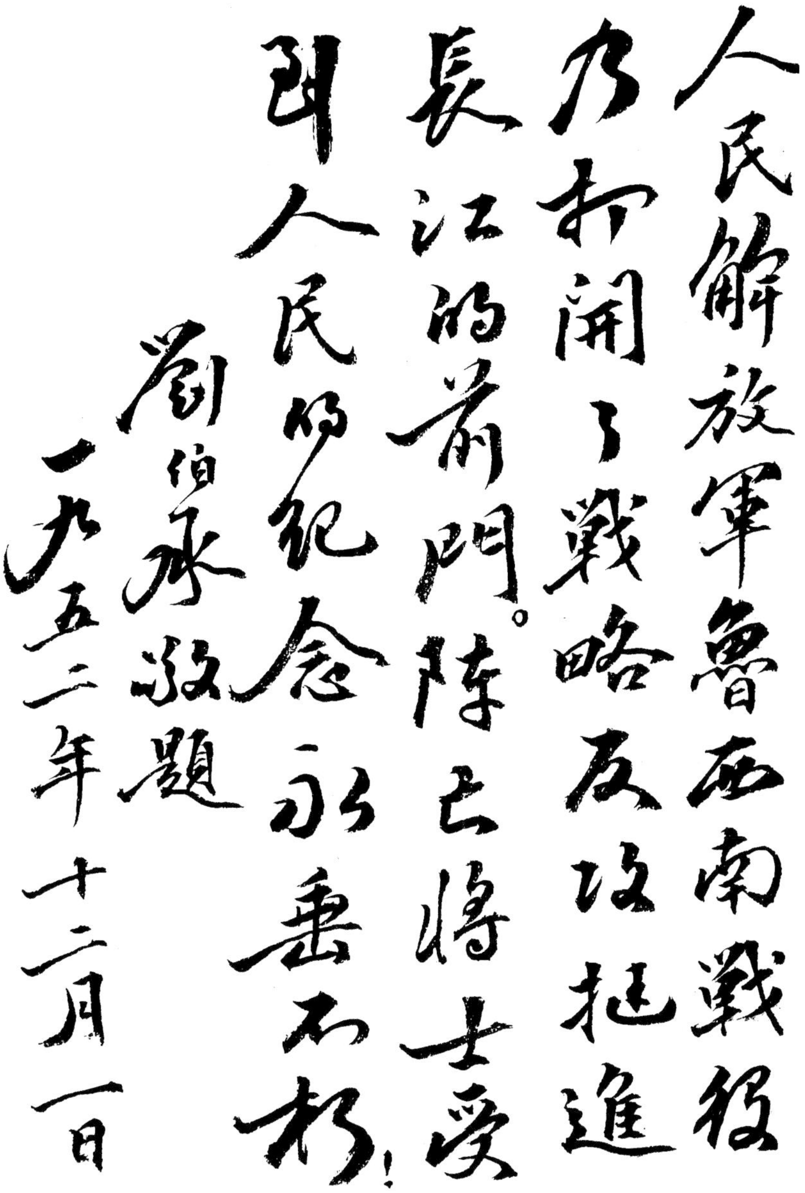

人民解放軍魯西南戰役
乃打開了戰略反攻挺進
長江的前門。陣亡將士受
到人民的紀念永垂不朽！
劉伯承敬題
一九五二年十二月一日

1952 年 12 月 1 日，刘伯承为羊山革命烈士纪念塔题词

星湖公园全景（2013 年 6 月　王建通　摄）

东城区新貌（2013 年 7 月　高海　摄）

金乡县华光蒜业集团有限公司
（2013年10月摄　华光集团供稿）

山东梅亿邦赛电动车制造有限公司电动车生产车间
（2008年9月　王建通　摄）

山东省金曼克电气集团股份有限公司生产车间
（2008年9月　王建通　摄）

山东辉煌通信科技有限公司（2011年9月　张平　摄）

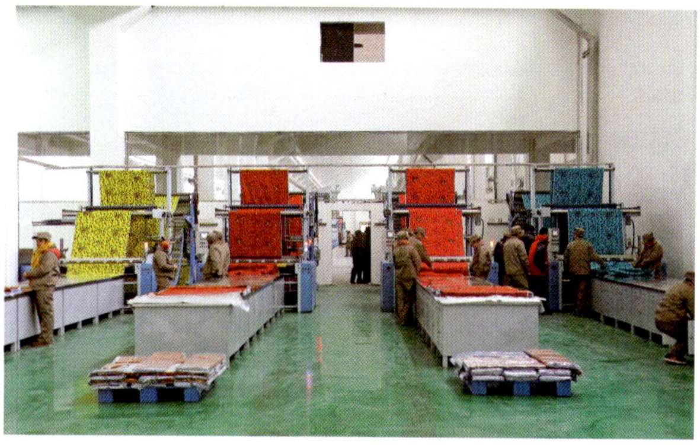

如意数码科技印染有限公司（2013年12月摄　县文联供稿）

金乡县华盛彩印包装制品有限公司生产车间（2009年9月　王建通　摄）

临河而居（2013年5月　王建通　摄）

生态怡居（2012年9月　蔡永胜　摄）

丽城暮色（2014年4月　高海　摄）

水城晨曦（2013年5月　高海　摄）

新城崛起（2013年9月　张林轩　摄）

古城溢彩（2014年4月　高海　摄）

金珠大桥　（2014年4月　胡亚　摄）

金水湖夜景（2014年6月　王建通　摄）

金平湖北岸（2014年5月　高海　摄）

奎星湖（2011年10月　蔡永胜　摄）

金济河（2012年9月　方建兵　摄）

羊山地质公园（2011年10月　高海　摄）

莱河秋韵（2008年10月　高海　摄）

生态水城（2014年4月　高海　摄）

金谷醉秋（2011年9月　张玉华　摄）

辣椒收获（2012年9月　王广通　摄）

胡集白梨瓜（2010年5月　张玉华　摄）

卜集圆葱（2010年11月摄　县文联供稿）

鸡黍大李庄山药收获（2011年9月　王建通　摄）

拾棉花（2014年10月　张林轩　摄）

金乡街道周庄葡萄（2010年11月摄　县文联供稿）

全国首例人工培育的黑皮鸡枞菇
（2010年11月摄　司马镇供稿）

金师附小升旗仪式（2014年5月摄　县委组织部供稿）

鸡黍之约（2012年10月　高海　摄）

捏面人（2010年11月　曹新　摄）

晨练（2011年9月　高海　摄）

金乡敬老院（2011年5月　王建通　摄）

老来乐　（2009年8月　高海　摄）

太极扇（2013年7月　高海　摄）

鲁西南战役纪念馆（2011年4月摄　县文联、摄影家协会供稿）

前排左起：李红微　罗　毅　李天程　黄崇民　李　刚　曹广州　邵鸿志　李　峰　魏振华

中排左起：黄　静　米玉红　李　坤　刘家园　张衍才　刘传镇　王建议　王国华　孟　培　张西海　闫先胜　刘宝超

后排左起：明　亮　王　鑫　徐固章　孔令华　屈　智　杨北城　王迎华　韦　鲁　姜君杰　李　志　贾立营　孙为民

目 录

目 录

目 录

目　录

目　录

目 录

目 录

目 录

目　录

目 录

第二十六篇 国 防

第二十七篇 教 育

目 录

目　录

目 录

第三十二篇 人事 劳动保障

第三十三篇 民 政

第三十四篇 人民生活

目　录

概　述

概　述

一

金乡县是伟大的共产主义战士——王杰的故乡，是中国著名的大蒜之乡、金谷之乡、圆葱之乡、诚信之乡和山东省长寿之乡。

金乡县地处鲁西南平原腹地，地理坐标在北纬 34° 52′ ~35° 40′，东经 116° 7′~116° 30′ 之间。东邻鱼台县；西靠成武、巨野两县；南与单县及江苏省丰县接壤；北与嘉祥县、济宁市任城区相连。隶属济宁市，距济宁市区 48 千米。东西最大横距 26 千米，南北最大纵距 41.5 千米，边界全长 212.9 千米，总面积 886.46 平方公里。

金乡地势由西南向东北方向倾斜，海拔在 34.5 米 ~39.5 米之间，南北高差 4.1 米，东西高差 3.9 米。除西北部的羊山、葛山、胡集镇的郭山口为低山丘陵外，其余均为黄泛平原，地势平坦，土壤肥沃。境内林网交织，气候温和，年平均气温 14.52℃，年均降水量 673.17 毫米，年均日照 2299 小时，年均蒸发量 1598 毫米。河渠纵横，有大、中、小河道 24 条，总长 307.6 千米，其中通湖（南阳湖）河道 16 条，长 201.9 千米。2005 年，全县可耕地面积 89.97 万亩，占全县可供利用土地资源总面积的 67.4%，人均 1.47 亩。地表水资源量 2.54 亿立方米，浅层地下水总储量 6.1 亿立方米，其中咸水 0.27 亿立方米。金乡矿产资源品种较少，已探明的矿产有煤、天然焦、灰岩、砖瓦用黏土、地下水、矿泉水。其中煤、地下水为金乡县的优势矿产。含煤地层面积 650 平方公里，占全县土地总面积的 73.3%。

二

金乡县历史悠久。早在新石器时期就有人类活动。古为甲父国。夏为有缗国，系舜子季禧的封地，是当时汶、泗流域通向中原河、洛地区的咽喉要地。周属宋，为缗邑。秦置东缗、昌邑二县，属砀郡。西汉属兖州山阳郡。东汉建武元年（25）省爰戚，置金乡（故城在今嘉祥县南阿城铺），与东缗、昌邑同属山阳郡。北朝魏，属兖州高平郡，县治迁东缗故城，即现址。隋，属曹州济阴郡。唐，先后属河南道兖州、金州、戴州、兖州。五代周，属济州。宋，属京东西路济州。金，属山东西路济州。元初，属济州，后属济宁路。明初，属济宁府；洪武十八年（1385），属兖州府。清，顺治初年属兖州府；乾隆四十五年（1780），属济宁州。1912~1938 年，先后属兖沂曹济道、岱南道、济宁道、山东省（直属）、济宁行政督察区、山东省第二行政督察区、山东省第十一专区。1938~1940 年，属伪鲁西道、伪兖济道。1940~1948 年，先后属湖西专区、晋冀鲁豫边区第二十一专区、冀鲁豫第十一行政督察专员公署、冀鲁豫第三专区。1949 年 8 月属平原省湖西专区。1952 年 11 月属山东省湖西专区。1953 年 7 月属济宁专区。1967 年 2 月属济宁地区。1983 年 8 月属济宁市。此后，隶属关系一直延续。2005 年，全县辖金乡镇、羊山镇、胡集镇、马庙镇、鱼山镇、王丕镇、鸡黍镇、司马镇、霄云镇、卜集乡、高河乡、化雨乡、兴隆乡，9 镇 4 乡，659 个村（居）委会，1253 个自然村，611067 人。

三

在这方古老土地上，金乡人民创造出璀璨的文化。1983 年发现的“禳盗刻石”残段，是迄今存世西汉刻石中的瑰宝。东汉扶沟侯朱鲔墓室画像，沈括在《梦溪笔谈》中称“衣冠惟朱鲔石室所刻，真汉制也”。李白手书“壮观”碑，“笔法俊逸，刚劲有力，不失壮观之意”。唐贞观四年（630）所建文峰塔（又名光善寺塔）至今巍然屹立。明万历二十七年（1599）所建魁星楼〔注〕仍雄踞水中。

众多仁人志士、军事奇才、文学巨匠，青史留名。西汉彭越，追随高祖刘邦南征北战，纵横天下，成为一代名将。东汉庐江太守范式与汝南张劭“鸡黍之约”，是中国古代讲诚信、重情义的典范，为后世所敬仰。三国时期王粲，文采精绝，位居“建安七子”之首。魏晋玄学的主要代表人物——王弼所著《周易注》《老子注》，被后世作为标准注释。南北朝大将军檀道济“唱筹量沙”，成为中国古代军事史上的美谈，其整理归纳的“三十六计”，成为兵法奇策，为后世所传承。元朝中书左丞马绍勤政爱民，清廉贤明，元世祖称其“忠洁可尚”。太医赵均医术精湛，名噪一时，死后被元朝廷追封为“国王父母”。明朝河南布政使杨挺高不畏权贵，拒拜严嵩，毅然拂衣归里；才子秦士奇拒为魏忠贤捐建生祠、撰写楹联，而被封印杜门，其冰清节操为世人所传颂。清朝总兵周一德安抚苗疆，平定叛乱，为中华民族的统一做出了卓越贡献。

金乡籍最早的中共党员、黄埔分校学生马希文，跟随叶剑英参加广州起义，英勇捐躯。中共中央候补委员杨一辰出生入死，兢兢业业，为革命奋斗一生。伟大的共产主义战士王杰为掩护武装干部和民兵，光荣牺牲。少年英雄李目辉奋不顾身，救起 4 名落水小学生，把生让与别人，把死留给自己，把感动留给了金乡人。

四

金乡人民富有斗争精神和光荣的革命斗争传统。早在夏朝末年，有缗国首先起来反抗夏桀对东夷族众邦国的暴虐统治，虽战败，却加速了夏朝的灭亡。明末，宫文彩聚众两万人起义抗明，后接受李自成农民起义军封号，高举旗帜反清，队伍发展到数万人，“攻城略地，声势大振，官军望而却走”。清咸丰四年（1854），太平军北渡黄河（今黄河故道），直抵金乡，人民响应，攻县城，杀县令，诛把总，开仓济民。咸丰六年（1856），胡四率 3000 名农民在汶上县开河、韩垓起义，加入黑旗军，转战鲁、苏、皖等地；咸丰十年（1860），与济宁知州卢朝安战于唐家口、安居，阵斩河营守备马万春。

土地革命战争后期，金乡县先后建立第一高小、翟庄两个党支部。抗日战争时期，中共金乡县委领导全县人民坚持根据地斗争，实行“坚壁清野”，开展地道战、游击战，配合主力部队打增援、攻碉堡、反“扫荡”，消灭日军有生力量。金乡这块革命根据地成为华东联系延安的一条通道。解放战争时期，金乡人民面对国民党反动派的进攻，坚持“县不离县、区不离区、村不离村”，与敌人进行艰苦卓绝的斗争。1947 年 7 月，全县人民大力支援晋冀鲁豫野战军发起羊山集战役，全歼困守羊山的蒋介石嫡系部队整编六十六师，俘其师长宋瑞珂以下官兵 9228 人，“打开了战略反攻、挺进长江的前门”。抗日战争和解放战争中，金乡县有 3275 人参加人民军队，838 人为中华民族的解放和新中国的诞生献出了宝贵的生命。

〔注〕金乡县习惯称魁星为奎星，故常写作奎星、奎星楼或奎楼。

新中国成立后，金乡人民团结一致，艰苦奋斗，改天换地，各项事业取得辉煌成就。1991~2005年，金乡人民持续改革开放，不断解放思想，围绕实施“农贸带动”战略，建设“工业强县、农业名县、物流大县、财政富县”，抢抓机遇，创新实干，全县经济保持平稳、持续、较快发展态势，呈现出各项事业全面发展，社会政治稳定，人民安居乐业的良好局面。2005年，全县地区生产总值实现60.5亿元，比1990年增长875.8%；全社会固定资产投资完成19.2亿元，比1990年增长62倍；地方财政收入完成1.3亿元，比1990年增长548.7%；三次产业比例更加趋于合理，由1991年的61.2 ：20.1 ：18.7调整到2005年的33.04 ：35.04 ：31.92。

五

农村经济全面发展。金乡县盛产大蒜、圆葱、小麦、金谷、棉花，1986年曾被列为国家商品粮和优质小麦生产基地县。1991年后，先后建成金南引水回灌工程及其配套设施，新打机井1.5万余眼，开发复垦土地2.36万亩，改造中低产田22.5万亩。调整农村产业结构，逐步减少粮食种植面积，扩大大蒜、棉花和蔬菜等经济作物的种植面积，全县粮经比例由1991年的6.5 ：3.5调整到2005年的1.1 ：8.9。实施“农贸带动”战略，发展规模农业、效益农业和农副产品加工业，推进农业产业化进程，先后建成大蒜标准化生产基地10万亩，圆葱标准化基地1万亩，无公害蔬菜生产基地20万亩，大蒜批发市场多处。1992年8月金乡大蒜在首届中国农业博览会上，荣获中国白皮蒜类唯一最高奖——银质奖；1996年1月，金乡大蒜被中国名牌产品认定暨明星企业评选活动组委会认定为“中国名牌产品”；1996年3月，金乡县被农业部命名为“中国大蒜之乡”；1996年10月，金乡大蒜获农业部A级绿色食品证书；2001年7月，在国家工商行政管理总局注册“金乡大蒜”牌商标。2005年，全县农林牧渔业总产值43.24亿元，其中种植业32.11亿元，林业0.37亿元，畜牧业9.59亿元，渔业0.5亿元，农林牧渔服务业0.67亿元。全县农民人均纯收入4226元，比1990年增长5.45倍。

工业经济有新突破。1990年，金乡县乡及乡以上工业企业136家，其中全民所有制企业30家，全部工业总产值5.32亿元。1991年，开展“优化结构、提质增效”活动，一手抓现有企业机制转换、制度创新和企业管理，一手抓企业技改、新上项目，实现速度、效益的同步增长。1996年，多数工业企业因不适应市场变化而相继破产、改制。1999年起，全县工业企业改革步伐加快，民营经济逐步发展，提质增量。围绕煤电化工、机电制造、生物制药、纺织服装、农副产品加工、包装印刷、新型建材七大主导产业，抓投入、上项目，提升产业层次，培植产业优势。重点发展金曼克电器、金利纺织、金贵酒业、尿素厂、脱水蔬菜等市场竞争力强、技术含量高的骨干企业。工业经济稳步发展，经济效益逐年上升。2005年，全县规模以上工业企业发展到124家，规模以下工业企业3714家，实现全部工业总产值80.07亿元，是1990年的15.04倍。其中，规模以上工业完成工业增加值11.68亿元，实现利税2.3亿元，实现利润1.2亿元。在岗职工人均工资7009元，是1991年的4.12倍。电力工业，2005年，全县共有35千伏以上变电站19座，输、配电和低压线路1079条，线路总长2821.7千米；配电变压器3285台，总容量30.43万千伏安；年供电量5.03亿千瓦时，售电4.8亿千瓦时，实现利税956万元，分别是1991年的3.9倍、3.84倍、9.3倍。煤炭工业从无到有，2000年金桥煤矿建成投产；2005年花园煤矿开工建设，霄云煤矿完成规划筹备。

外向型经济成绩显著。20世纪90年代初，金乡县出口工业产品主要有干式变压器线圈、高压油管、服装、丝织品等，农产品出口主要是金乡白皮大蒜、粮油和食品。1993年，县委、县政府注重发展外向型经济，制订并落实一系列优惠政策。1995年，出口供货总额由1991年的3652万元增加到3.06亿元，

创汇 50 万美元。2001~2003 年，先后成功举办了“首届中国大蒜节”“WTO 与中国大蒜产业化论坛首届年会暨大蒜科技成果博览会”和“首届国际大蒜节”。2005 年，全县经济外向度达到 11.4%，合同利用外资 3300 万美元，直接引进外资 192 万美元；引进县外国内资金 15.8 亿元。拥有自营进出口权的企业发展到 63 家，出口产品拓展为大蒜及其制品、圆葱、蔬菜、服装、机电等 30 多个品种，其中，大蒜出口 130 多个国家和地区；出口创汇 1.22 亿美元，是 1990 年的 502 倍。对全县经济及农民增收起到了明显的拉动作用。金乡县成为济宁市农产品出口第一大县，山东省单一农产品出口第一大县，中国单一农产品出口强县，中国大蒜出口第一强县。

商贸流通呈现新活力。1991 年始，全县商贸企业转换经营机制，打破大锅饭、铁交椅、铁饭碗、铁工资，实行用工、经营、物价、分配放开，进行人事、用工和分配制度改革。1993 年，县商业局、粮食局、物资局转为经济实体。1995~2000 年，对商业、粮食、供销系统等 30 余家企业进行改制。至 2005 年，投资改造、建设大型农副产品专业批发市场 10 余处；登记注册个体工商户 8305 户，超市、连锁店 80 余家；金融机构适时调整信贷结构，当年发放商业贷款 7.74 亿元，支持商贸流通，农副产品物流配送日趋活跃；全县粮食市场监管体系逐步形成，地方储备粮 2000 万斤，中央储备粮代储库储粮 3.5 万吨；社会消费品零售总额达到 20.75 亿元，比 1990 年增长 605.78%。

六

公路网络纵横，城乡交通便利。1990 年，金乡境内公路有国道 1 条、省道 4 条、县道 5 条，乡道 3 条，总长 197.3 千米；乡村道路多以土路为主。1991 年后，加大投资力度，拓宽改造国道、省道，新建、改建县道、乡道，修建硬化村道。2005 年，全县有国道 1 条，长 40.6 千米；省道 4 条，长 66.1 千米；县道 9 条，长 145.23 千米；乡道 66 条，长 361.98 千米；村道 695 条，长 846.21 千米。道路总长是 1990 年的 7.41 倍。交通运输业平稳发展，2005 年，全县有客运车辆 295 辆；客运线路 63 条，其中，省际线路 7 条，跨市 10 条，市内 9 条，县内 37 条；年客运量 244.4 万人次；客运周转量 2.05 万万人公里，货运周转量 57236 万吨公里，分别是 1991 年的 27.42 倍、6.62 倍。

邮电、通信事业发展迅速。1991 年，全县城乡固定电话仅有 1295 部，不能满足社会发展和人民生产、生活需求。1998 年 9 月 1 日，实行邮、电分离，撤销县邮电局，成立金乡县邮政局和金乡县电信局。1999 年 7 月，无线寻呼、移动公司从县电信局剥离，山东移动通信公司金乡分公司成立。2002 年 5 月，县电信局改称金乡县通信公司；2004 年 11 月，金乡县通信公司改称金乡县网通公司。2004 年 2 月，中国电信集团北方电信有限公司金乡分公司成立。2005 年，全县有城区邮路投递路线 8 条、农村投递路线 32 条，邮路总长 1573 千米。固定电话 128357 部，其中县城 35837 部，农村 92520 部，分别是 1990 年的 48.75 倍、165.2 倍；小灵通用户 1.24 万户，移动电话用户 1 万户。邮电、通信业务总量 1.23 亿元。

城乡建设迈出新步伐。1994 年，编制并颁布实施《金乡县城总体规划方案》。2005 年，编制完成金乡县城市新一轮总体规划。加大旧城改造和城市综合开发力度，小区开发累计投资 5 亿元，建筑面积 50 万平方米。城市基础设施建设不断配套完善，重点实施了中心街、南一路、文峰路、105 国道城北段等 10 余条主要干道和星湖公园、府前广场等城市公共场所改造配套工程。开展创建文明城市、城乡环境综合整治活动，县城面貌有了明显改观。2005 年年底，城市规划面积 27.8 平方公里（含西城区），建成面积 11.5 平方公里；城市道路面积 105 万平方米；城市绿化覆盖总面积 345 公顷，城区绿化覆盖率 31.2%；城区人口 10 万人，已发展成为以能源、机电和农副产品加工工业为主的中心城市，成为全县政治、经济、文化、商贸中心。鸡黍、胡集两个省级中心镇及其他乡镇驻地建设步伐加快，住宅、供水、供电、道路、绿化、

环境、卫生以及各项基础设施明显改善。

环境得到有效保护。1991年，金乡县地表水污染较轻，水质稳定。1992年始，污染逐年加重。1995年，直接接纳工业废水和生活污水的莱河、金马河、金济河、老万福河污染严重；县城区大气污染，主要是煤烟型污染和地面扬尘造成的污染，主要污染物为总悬浮颗粒物、二氧化硫、二氧化氮。1996年后，实行环境保护县长目标责任制，加大环境治理和监管力度，扩大农田林网和“四旁”植树面积，实施污染物总量控制和排污许可证制度，关停所有排污不达标的“土小”企业，淘汰旧式锅炉、茶水炉，划分噪声达标区，建设污水处理厂和垃圾处理厂，开展固体废弃物综合利用，积极推进生态示范区建设。2005年，工业污染排放强度下降，主要河流污染逐渐减轻，辖区环境质量得到改善。县城区环境噪声有所降低，大气总悬浮颗粒物有所下降。森林覆盖率24%，比1990年增加9.3%。

七

教育事业得到较大发展。1993年9月，实现初等义务教育。1997年4月，实现普及九年义务教育。教育资源配置进一步优化，教师思想素质和业务素质明显提高。2005年年末，全县有幼儿园125所，各类学校163所，其中小学130所（县镇17所、农村113所），普通中学30所（初级中学25所，高级中学5所），中等职业学校2所，教师进修学校1所，特殊教育学校1所；全部在校学生8.99万人；教职工5866人，其中专任教师4923人；省级规范化学校5所，市级规范化学校14所，县级规范化学校37所。1991~2005年，共向国家输送大中专生26013人，其中本科录取6315人，专科录取12850人，高中中专录取1245人，初中中专录取5603人；金乡师范毕业生5775人；职业中专毕业生6950人。

科技进步取得良好成果。1991~2005年，连续实施科技发展工程和科技进步年活动，依靠科技进步培植了大蒜主导产业、干式变压器、牛仔布、金贵酒等名牌产品，注册了“金乡大蒜”著名商标。推广了间作套种、地膜覆盖、配方施肥、农副产品贮藏保鲜等新技术100余项。获得各级科技成果300余项，其中国家级4项，省级4项，市级40余项。累计专利申请108项，授权51件。1997年4月，被国家科委命名为全国科技先进县。《大蒜高产栽培指标化研究》《110千伏级树脂浇注干式电力变压器》《CXLY18×1×50型自动移式吸粮机》等16项成果，分别达到国际领先、国内先进水平。2000年，金乡县民办科研机构自动控制技术研究所选送的国家专利项目“全封闭叠口活塞环”，在澳大利亚举办的第三届金鳄杯新技术、新产品国际博览会上获国际金奖。

文化及广播电视事业蓬勃发展。1991~2005年，全县有省级以上作协、书协、美协、画协会员30余人；小说、散文、杂文、报告文学、影视剧、戏剧、小品等219篇（部）文学作品先后在市级以上报刊发表；歌曲、舞蹈、书法、美术、篆刻等艺术作品在全国和省、市获得50余个奖项，部分作品被收编入卷；唢呐队、秧歌队、高跷队、舞龙队、心连心艺术团（四平调）、豫剧团、中老年艺术团等30多个文化艺术团体活跃在全县城乡；举办农民（民间）文化艺术节14届，开展各种文化活动及文化下乡2.3万余次，电影放映6万余场。广播电视事业发展迅速，新闻宣传质量水平不断提升，节目趋向丰富多彩，有线电视事业从无到有，电视传输管网建设逐步完善，全县城乡有线电视用户逐年增加。图书和报刊发行量逐年增加，图书馆藏书8.8万余册；档案和文化娱乐市场管理井然有序，古遗址、古建筑、古墓葬等文物得到妥善保护。

医疗卫生事业突飞猛进。1991年，全县医疗卫生工作继续贯彻预防为主、防治结合方针，突出卫生管理制度改革。1995年，全县平均期望寿命由1949年的35岁提高到70岁。1997年，创建“省级卫生县城”验收达标。2000年，实现人人享有卫生保健目标。2005年，全县有县人民医院、县中医院各1所，专科

疾病防治院2所，乡镇卫生院11所，村级卫生组织234个。其中，“二级甲等医院”1所，“一级甲等医院”5所，“甲级卫生室”219个。有卫生技术人员1460人，其中高级职称112人，中级职称519人。病床1207张，磁共振、螺旋CT、德国大型C型臂等大中型医疗设备500余台（套）。并成功进行冠状动脉搭桥、冠状动脉造影、支架植入、肾移植、骨髓移植、小孔钻颅治疗脑出血等。年门诊94.7万人次。建成县、乡、村三级医疗预防保健网络，医疗保健、卫生防疫措施得到全面落实，脊灰炎、流脑、麻疹、出血热、天花、疟疾等传染病得到有效控制或绝迹，全县人民健康水平和卫生素质明显提高。人口自然增长率稳定在6‰以内。

体育事业进入全新发展时期。1991年后，体育基础设施建设逐步完善。学校体育开展活跃，三年级以上学生实施《国家体育锻炼标准》达标率在85%以上。每年一届的全县中小学生田径运动会规模、参赛人数、比赛成绩年年都有新突破。划船、篮球、举重、田径、跆拳道等优势竞技项目成绩持续攀升。至2005年，金乡籍运动员参加国际级比赛获铜牌1枚；参加国家级比赛获金牌14枚，银牌25枚，铜牌2枚；参加省级比赛获金牌45枚，银牌83枚，铜牌90枚。优秀体育后备人才脱颖而出，共向国家队输送运动员8名，向省级运动队输送运动员57名，向市级运动队输送运动员228名。职工体育、农民体育、老年体育坚持“小型、多样、业余、自愿”原则，突出健身，经常开展的比赛项目有篮球、乒乓球、羽毛球、门球、太极拳、太极剑、象棋、围棋、够级、钓鱼、长跑、健身操、健身秧歌等。2005年，全县坚持体育锻炼的人数有21.6万人，占总人口的33.3%。

八

人民生活水平持续提高。农民人均纯收入，1982年317元，为全国97个富裕县之一。1990年655元；1995年1896元；2000年2666元；2005年4226元，是1982年的13.33倍、1990年的6.45倍。职工年人均工资收入，1990年1818元；1995年4506元；2000年6038元；2005年9852元，是1990年的5.42倍。城乡居民储蓄年末余额，1990年2.69亿元；1995年9.17亿元；2000年17.27亿元；2005年33.7亿元，是1990年的12.53倍。城镇和农村居民消费结构由食品等基本生存型消费向用于食品以外的文化教育、住房、健身、娱乐等享受型消费发展过渡。1995年，全县城镇居民生活消费支出人均3991元；2005年支出5269元，比1995年增长32%。1991年，全县农村居民人均生活消费支出611元；1995年1538元；2005年2811元，比1995年增长82.77%。1991年，全县农民人均住房面积25平方米；2005年增加到36平方米。2000年，城镇居民人均住房建筑面积23.55平方米。

瞻今天，望未来，前景灿烂。随着《金乡县黄淮海平原农业开发规划》的实施，金乡县越来越显示出农业发展的巨大潜力。61万勤劳、勇敢、智慧的金乡人民，将在改革开放方针指导下，不断解放思想，冲破小农经济和产品经济的樊笼，努力发展高产高效优质农业，积极开拓外向型经济，在这方古老的土地上，定会创造出更加辉煌的业绩。

大事记

大事记

1991 年

1 月 25 日 中共金乡县委召开八届二次全会扩大会议。传达中共十三届七中全会精神，研究贯彻落实意见，讨论并通过《金乡县国民经济和社会发展“八五”计划（草案）》。

3 月 9 日 县委、县政府作出《关于加强对乡镇、县直工业部门党政主要领导实行工业发展目标责任制的决定》，对超额完成任务的予以奖励，对完不成任务的予以处罚。

3 月 22 日 县政府以金政发〔1991〕6 号文下发《关于工业企业技术进步工作若干规定》。

4 月 8 日 金乡县第十一届人大常委会第八次会议审议并通过县政府提出的《关于县城综合治理整顿的若干规定》。

4 月 12 日 县政府以 2 号令发布《金乡县抚恤优待实施细则》。该细则分为总则、死亡抚恤、伤残抚恤、优待、附则五章，共 44 条。

5 月 20 日 县委、县政府下达《关于批准县委宣传部、县司法局关于在全县公民中开展法制宣传教育第二个五年（1991~1995）计划的通知》。

6 月 24 日 化雨乡武装部专职委员赵茂领，在全省人武部系统射击比赛中取得优异成绩，受到济南军区、省军区首长的赞扬。县委、县政府决定为其记三等功一次。

7 月 1 日 县委在金乡剧院举行庆祝建党七十周年大会暨《中共金乡县组织史资料》首发式。

8 月 1 日 县委、县政府以金政发〔1991〕16 号文发布《关于加强土地管理的决定》。

9 月 1 日 县政府以金政发〔1991〕31 号文公布《金乡县城总体规划界址范围》。

9 月 5 日 苏河李楼节制闸建成，正式投入使用。

9 月 9 日 济宁市人民政府批准金乡县变压器厂为全市推行全员劳动合同制试点单位。

9 月 11 日 国际林业联合会成员国的 11 名专家、学者到金乡县白洼林场考察白榆良种研究成果。

12 月 1 日 位于县城中心地段的商业大厦开业，时为金乡县规模最大的商业零售企业。

12 月 7 日 县委、县政府以金发〔1991〕29 号文颁布《关于对计划生育实行规范化管理的决定》。

12 月 20 日 “山东省金乡县聋哑学校”成立，特殊教育正式起步。

12 月 21 日 县委公布金发〔1991〕31 号文，决定在全县国营商业企业进行“四放开”（经营放开、价格放开、分配放开、用工放开）改革。

12 月 23 日 金乡县劳务市场建成并开业，县金贵酒厂、砖窑厂等 5 家企业首次进入劳务市场，面向社会公开招工。

1992 年

1 月 11 日 县委公布金发〔1992〕1 号文《中共金乡县委关于贯彻〈中共中央关于进一步加强农业和农村工作的决定〉，加速实现农村小康目标的意见》。

3 月 17 日 县政府公布魁星楼、清真寺、节孝坊等 14 处古建筑为县级文物保护单位。

4 月 经山东省人民政府批准，《金南引水回灌工程》被列入山东省“八五”计划投资项目。该工程位于金乡县南部，涉及 11 个乡镇，总面积 386 平方公里，人口 27 万，总投资 3589.1 万元。

5 月 28 日 ~30 日 济宁市史志办公室在金乡县主持召开新中国成立后首部新方志——《金乡

县志》志稿评审会。

6 月 11 日 国家教委“办好教育为人民”考察组一行 3 人（国家教委职教司司长陈德珍、电教司干部赵霞、省副厅级督学尹均荣），视察金乡县司马农民文化技术学校、鸡黍中心小学、丁庙小学。

8 月 21 日 县委、县政府作出《关于提高教育质量，办好教育为人民的决定》。

8 月 山东省水利厅计财科、省水利设计院和济宁市水利局的专家、学者，到金乡县现场论证并通过《金南地下水引水回灌工程可行性研究报告》。

8 月 “金乡白皮大蒜”获中国首届农业博览会最高奖——银质奖。

9 月 10 日 县政府决定，对 105 国道城区段进行拓宽改造。该路段北起金乡镇（城郊乡）孙庄村，南至仇岗村，全长 5 千米，工程概算 1284 万元。当月 15 日正式开工，1993 年 9 月底完成。

11 月 7 日 县政府举行庆功会，表彰在山东省第十六届运动会上取得 7 枚金牌、8 枚银牌、3 枚铜牌的运动员和教练员。

1993 年

2 月 6 日 县政府发布金政发〔1993〕2 号文，决定：县商业局、粮食局、供销合作联社、物资局、供电局、对外贸易公司、房地产开发公司转为实体单位。

2 月 10 日 ~13 日 金乡县政协第六届第一次会议在县人民武装部礼堂召开，选举产生金乡县政协第六届委员会，苑立常当选为主席。

2 月 11 日 ~15 日 金乡县第十二届人民代表大会第一次会议在县影视中心召开。选举产生第十二届人大常委会，赵鼎贤当选为主任；选举刘昭庆为金乡县人民政府县长；孔祥春为金乡县人民法院院长；王元杰为金乡县人民检察院检察长。

2 月 14 日 县委召开八届六次全委扩大会议，一致通过《认真贯彻落实党的十四大精神，加速改革开放和经济建设的决议》。

2 月 20 日 县政府印发《金乡县城镇住房制度改革实施方案》。要求坚持国家、集体、个人三者共同负担，租、售、建并举，分步实施、渐进到位和机制转换原则，并对分阶段、分步骤实施房改提出具体意见。

2 月 23 日 县委机关报——《金乡大众报》试刊发行。

3 月 21 日 县人民医院顺利通过山东省医院分级管理评审委员会的评审验收，以第四名的成绩晋升为鲁西南地区唯一县级二级甲等医院。

4 月 12 日 县委、县政府印发〔1993〕19 号文，决定用 10 年时间，在北起金乡镇朱楼村，南至城郊乡窦湾村，东起金济河，西至大沙河（城区除外）10 平方公里内创建集高科技、工商贸、综合服务于一体的外向型经济综合开发区。

4 月 17 日 山东省金乡县大蒜新闻发布会在北京人民大会堂云南厅举行。全国人大常委会副委员长卢嘉锡、航天部原部长、山东省原省长赵健民及新华社、《人民日报》《经济日报》《农民日报》、中央电视台、中央人民广播电台、香港《大公报》、俄罗斯通讯社等十余家媒体的中外记者和国内外客商共 150 多人参加了发布会。

4 月 23 日 全国政协常委、山东省委原书记梁步庭到金乡视察国有企业股份制改造、机构改革等项工作。

5 月 1 日 《金乡大众报》正式发行。山东省委常委、宣传部部长董凤基，副部长陈光林，金乡县委书记杜昌文，县委副书记、县长刘昭庆等分别题词表示祝贺。

5 月 11 日 中共金乡县纪律检查委员会与县监察局合署办公，重新组建 8 个内部机构，均为副科级单位。

6 月 3 日 中共中央政治局委员、山东省委书记姜春云到金乡县鱼山乡视察工作，就发展高效农业等问题作出指示。

6 月 28 日 ~7 月 1 日 美国太空总署航天飞机研制中心资深工程师、美国鸿泰科技公司总裁牛尉慈到金乡县观光考察。

7 月 金乡县第一所民办高级中学——山东省金乡县开元高级中学建成并招生。该校占地 20 多亩，设 18 个教学班。

8月17日 山东省金曼克电气股份有限公司正式宣告成立，并召开第一届股东大会。这是金乡县第一个国有企业改制成立的股份制企业。

8月29日 县委召开八届七次全委扩大会议，一致通过《关于实施“农贸带动”战略，加快发展金乡经济的决议》。

10月1日 中国工商银行金乡县支行率先在济宁市金融系统开通通存通取业务。

10月6日 县政府决定在全县实行村账乡（镇）管财务制度。

11月 金乡县成为济宁市率先普及电化教育县。

12月6日 县委以金发〔1993〕41号文，公布《金乡县党政机构改革实施方案》。党政机构由改革前的117个精减到49个，人员由改革前的1461人控制在650人以内。

12月7日 金乡县申请纳入首批山东省综合改革开放试点县。

1994年

3月1日 金乡县召开改革开放试点县暨乡镇企业改革会议。此前，中共山东省委、省人民政府已决定将金乡县列入首批综合改革开放试点县，由中国银行山东分行包扶，寿光市帮带。

3月3日 县人民医院骨科医生田国良、胡启成等利用现代显微外科新技术，成功进行首例断指再植手术，填补了济宁市县级医院显微外科的空白。

3月24日 山东省物价局、交通厅、财政厅对105国道金乡段收取车辆通行费作出批复，收费时间从1994年6月1日起，到1998年5月30日止。

4月8日 中国银行金乡县支行宣告成立，并举行庆典活动。

4月21日~23日 山东省县级经济管理研讨会第五届年会暨金乡县“农贸带动战略”理论研讨会在金乡召开。山东省人大常委会原主任秦和珍、副主任卢洪、副省长王建功、省农委主任王渭田，济宁市委副书记贾万志、副市长蔡敬钦以及其他地市的专家、学者出席会议。其间，王建功为山东华星面粉公司题写“发展龙头企业，振兴山东经济”字幅。

4月22日 金乡县大蒜订货洽淡会在县影视中心开幕。全国20多个省市和美国、新加坡、中国香港等国家和地区的300多名客商参会，中央电视台、《经济日报》《农民日报》《大众日报》等10多家中央和省市新闻媒体记者到会采访。

4月 全国政协委员、著名表演艺术家李默然应任山东金贵酒厂名誉厂长，到金乡县参观后挥毫题词：“金樽美酒，贵在醇香”。

6月1日 鲁西南地区最大的农贸市场——金乡缗西商埠举行开业典礼。

6月6日 山东省副省长王建功到金乡县检查指导工作，实地视察缗西商埠。

6月22日 县政府印发《金乡县社会医疗保险试行办法》。

7月8日 金乡县举行5000门程控电话开通典礼。

7月10日 县人大常委会主任兼大蒜总公司董事长赵鼎贤与中国科学院北京宝山新技术开发中心王旭教授在金乡签订联合生产硒蒜制品协议书。

7月13日~15日 中共中央候补委员、山东省副省长吴爱英到金乡县检查指导工作。实地视察金曼克集团、缗西商埠、县人民医院、化雨乡卫生院，就如何发展农村经济、深化企业改革等问题发表意见。

8月2日 金乡县第十二届人大常委会第十二次会议，通过《金乡县城总体规划》。该规划总体目标是：2000年城区人口达到10万，占地面积10平方公里；2010年人口达到18万，占地面积20.7平方公里。

8月23日 根据国务院国发〔1993〕87号文件和省、市文件精神，金乡县税务局分建为“金乡县国家税务局”和“金乡县地方税务局”。

9月28日 山东华星面粉公司举行开业典礼。山东省副省长王建功为公司题词。山东省副省长吴爱英及黑龙江、辽宁、吉林、内蒙古、河北、天津等省、市、区的客户到会祝贺。该公司固定资产

2800万元，年加工能力5万吨，时为金乡县最大的面粉加工企业。

10月21日 金乡县民族宗教事务办公室被国务院宗教事务局表彰为全国基层宗教工作先进集体，金乡县政府予以通报表彰。

10月27日 县政府发布7号政府令，颁布实施《金乡县农村社会养老保险暂行办法》。

11月14日 县政府授予香港达利公司总经理邹涛、由佩丽夫妇金乡县荣誉市民称号。1991年后，邹涛、佩丽夫妇与金乡县第一棉厂合资兴建金利特纺织有限公司，为金乡县经济发展做出了突出贡献。

12月9日 县政府召开表彰会议，奖励在山东省第十七届运动会上获得一枚金牌（少女乙组200米）、一枚铜牌的实验中学学生李海霞800元现金，并将其农业户口转为非农业户口。

12月17日 县委、县政府发布《关于保证教育优先发展若干问题的决定》，对教育实行优惠倾斜政策。

12月30日 金乡县档案馆以济宁市最高分99.6分的成绩，通过省级验收，晋升为省二级先进档案馆。

1995年

1月6日 金乡县人民检察院反贪污贿赂局宣告成立。

1月13日 山东省政府以鲁政函民字〔1995〕5号文批复，同意设立金马乡、大义乡。

1月20日 县委决定撤销金乡大众报社，组建金乡县新闻中心。

2月20日 县委书记杜昌文在县委工作会议上作动员报告，提出“努力实现农业大县向农业强县跨越”的总体工作思路。

2月 金乡县人民医院被评为“全国卫生系统先进集体”。

3月6日~8日 金乡县政协六届三次会议在金乡剧院召开。

3月10日~12日 金乡县第十二届人民代表大会第三次会议在县剧院召开。会议听取审议并表决通过《政府工作报告》和其他工作报告，作出六项决议。

4月8日 由县人民医院主治医师、副院长靳清汉等承担的“流行性出血热患者垂体、甲状腺功能变化研究”课题，通过济宁市科委组织的鉴定。国内7位知名专家认为该项课题设计新颖、合理，统计资料完整，结果可靠，填补了山东省空白，达到了国内先进水平。

4月12日 国务院批准撤销城郊乡，设立缗城镇。

4月30日 从零时起，金乡县电话号码由6位升至7位，并入济宁市C3本地通讯网。

5月9日 山东省委副书记李文全一行在济宁市委书记王修智陪同下到金乡县调查研究。

5月11日 山东省副省长王玉玺在济宁市副市长谢计达等陪同下到金乡检查指导大蒜收购、粮食征购、金南引水回灌工程配套建设等项工作。

5月21日~24日 中国共产党金乡县第九次代表大会在县影视中心举行，345名代表参加会议。县委书记杜昌文作《抓住机遇，加速发展，为建设现代化强县而奋斗》的工作报告。大会选举产生新一届县委委员、县纪委委员。九届一次全委会议选举杜昌文为县委书记。县纪律检查委员第一次会议选举杭怀营为县纪委书记。

6月16日~18日 中国残疾人联合会调查研究组到金乡调研。在肯定成绩的同时指出存在的薄弱环节和问题。

7月19日 共青团中央组织的1995年大学生自愿者扫盲和科技服务活动山东农业大学服务队一行10人到金乡县胡集镇，进行为期10天的科技普及、扫盲和社会调查。

8月20日 总投资5000万元的金南引水回灌工程全部竣工，其中位于东鱼河上的曹庄橡胶坝工程投资1063万元。

9月28日 县政府下发《金乡县城镇建设房屋拆迁补偿安置标准规定》。

10月18日 济宁市金桥煤矿奠基典礼仪式在金乡县高河乡徐楼村举行。

10月25日 中共山东省委书记赵志浩在济

宁市委副书记、市长王仁元陪同下，到金乡县视察。在视察第一棉厂、变压器厂，听取县委、县政府工作汇报后，就党的建设、科教兴市等问题发表讲话。

12 月 金乡县扫除青壮年文盲工作通过山东省政府检查验收，扫盲任务基本完成。

12 月 相声表演艺术家姜昆率团到金乡县，并在金乡剧院举行文艺演出活动。

1996 年

1 月 18 日 金乡县农业开发总公司成立。

1 月 27 日 《金乡县〈工业企业综合评价制试行办法〉考核实施细则》出台并发布实施。

1 月 金乡县获得齐鲁杯活动先进县城奖，受到山东省政府表彰。

2 月 5 日 ~7 日 金乡县第十二届人民代表大会第四次会议在金乡剧院召开。会议审议通过《金乡县国民经济和社会发展第九个五年计划及 2010 年远景目标纲要》。表决通过关于金乡县人民政府工作报告等六项决议。

3 月 23 日 ~26 日 国家经贸委、中央电视台联合在金乡拍摄“中小企业改革与发展”电视专题片。该片共 10 集，4 月中下旬在中央电视台一、二、四套节目中播出。

3 月 金乡县被农业部中国特产之乡命名宣传活动组委会命名为“中国大蒜之乡”。

卜集乡被命名为“中国圆葱之乡”。

马庙乡被命名为“中国金谷之乡”。

4 月 26 日 ~27 日 金乡县大蒜洽谈订货会在影视中心举行，全国各地及美国 300 多家客商出席会议。《人民日报》、山东电视台等 8 家新闻单位的记者到金乡采访报道。其间，签订大蒜购销合同及意向协议书（不含乡镇）61 份，12.4 万吨，蒜薹 1 万多吨。

4 月 县供销社获 1995 年度“全省十强县联社”第五名。

4 月 金乡县被山东省政府表彰为依法行政先进单位。

5 月 金乡县“121”气象服务台正式投入运行。

6 月 10 日 山东省人民政府批复同意金乡县对塑料大棚蔬菜、圆葱收入，作为试点从生产环节征收农业特产税，税率为 5%，自 1996 年 7 月 1 日起施行。征收的税款用于农业综合开发、粮食生产和农田水利基本建设。

7 月 22 日 华星面粉公司日产万斤馒头生产线正式投产，时为金乡县最大的馒头生产线。

7 月 30 日 《金乡县文明市民公约》印发全县。《公约》分为“十要”“十不准”，共 20 条。

7 月 金乡县“大蒜高产优质栽培技术指标化研究”通过山东省科委专家组鉴定。该课题经过三年实践，实现亩产大蒜 2514.7 公斤，蒜薹 758.5 公斤，首创全国纪录。

7 月 金乡县 12 个乡镇突破小麦单产 400 公斤。兴隆乡最高达到 487 公斤，创金乡县小麦单产历史最高纪录。

8 月 9 日 金乡县城最大的商业区——金兴经济园全面竣工，正式投入运营。

8 月 金乡县首批国家公务员过渡考试结束。全县 786 人参加考试，16 人不及格。

9 月 25 日 ~26 日 山东省体改委副主任秦绪祥在济宁市体改委副主任高兴伦陪同下，到金乡县视察指导工作。

9 月 29 日 县政府发布《关于深化城镇住房制度改革的实施意见》。

10 月 4 日 济宁市委书记王修智，市委常委、市委秘书长周光珍等到金乡视察，指导秋收、秋种、秋管工作。

10 月 6 日 山东省副省长王玉玺，省武警总队总队长杨家杰，团省委副书记孙永春等，到金乡视察金桥煤矿建设、化工股份有限公司尿素改建工程等工作。济宁市市长王仁元，副市长杨茂山陪同。

10 月 7 日 金乡县武警希望小学在大义乡建成并举行开学典礼。该校由山东省武警总队捐款 25 万元援建。副省长王玉玺题写校名，并同省武警总队总队长杨家杰少将、团省委副书记孙永春、济宁市副市长杨茂山、金乡县委书记杜昌文、代理县长石柱一起为该校揭牌。

10 月 7 日 ~8 日 山东省委常委、宣传部长董凤基到金乡调研，实地视察缗西商埠、金曼克电气股份有限公司、缗城镇万亩蔬菜基地等，对金乡县实施“农贸带动”发展战略和加快奔小康的实践给予高度评价。

10 月 由山东金科药业有限公司承担的硒蒜胶囊开发项目被列为国家星火计划。该项目已由中国科学院 1993 年 10 月申请为专利，是当时中国唯一利用大蒜提取大蒜素和有机硒合成的高科技、高附加值、高创汇项目。

11 月 5 日 新西沟河治理工程启动。该工程是金乡县时隔 16 年后又扩挖的一条河道，全长 8 千米，开挖土方 71 万立方米，新建桥梁 3 座，维修加固桥、涵、闸 18 座，打排水井 110 眼，工日 94 万个，总投资 940 万元。

11 月 8 日 ~10 日 “中国大蒜之乡”命名庆典活动在金乡县体育场举行。中央、省、市有关领导、新闻记者，与金乡结对帮扶的 18 家联系单位，120 余家海内外客商，数位著名书画艺术家及金乡县各界代表共 1 万余人参加庆典活动。

11 月 23 日 马庙乡万吨恒温库举行奠基仪式。时为金乡县投资规模最大，冷藏加工能力最大的冷藏加工企业。

11 月 28 日 山东省副省长韩寓群到金乡视察指导工作，实地察看金曼克电气股份有限公司、化工股份有限公司等骨干企业的运行情况，对金乡改革产权制度，推行“一书三制”的做法给予高度评价。

11 月 金贵酒厂在中央电视台 1997 年黄金时段广告招标中，以 2 亿元买断榜眼位置，在社会各界引起强烈反响。

12 月 9 日 ~13 日 国家教委扫盲组对金乡县扫除青壮年文盲工作进行检查。综合评定认为，金乡县各项工作指标均达到国家规定标准，顺利通过验收。

12 月 26 日 由县委宣传部、团县委、妇联、民政局、计划生育委员会联合举办的青年集体婚礼在县机关招待所举行，14 个乡镇和 2 个县直部门的 40 对新人参加。是 1988 年后金乡县举办的规模最大的集体婚礼。

12 月 金乡县 110 千伏彭井变电站建成并投入运行，一次验收送电成功，结束了金乡没有 110 千伏变电站的历史。

1997 年

1 月 15 日 ~20 日 山东省政府对金乡县“普九”工作进行检查。各项规定指标达到标准，顺利通过验收。

1 月 18 日 金桥煤矿主井开挖。

1 月 23 日 ~25 日 政协第六届金乡县委员会第五次会议召开。

1 月 24 日 ~27 日 金乡县第十二届人民代表大会第五次会议召开。选举石柱为金乡县人民政府县长，表决通过关于金乡县人民政府工作报告等六项决议。

1 月 26 日 ~27 日 受国家科委委托，山东省科委主任何宗贵率领创建科技工作先进县验收委员会对金乡县进行检查验收。认为金乡县达到了创建科技工作先进县的验收标准，同意报国家科委审批。

2 月 25 日 中国改革开放的设计师——邓小平同志追悼大会在北京举行，金乡县社会各界采取多种形式举行悼念活动，缅怀其丰功伟绩。

2 月 济空某部向羊山烈士陵园赠送的一架退役战斗机运抵羊山。

3 月 6 日 金乡县“110”报警服务台正式开通。

3 月 7 日 山东省委副书记韩喜凯，在济宁市委书记王修智等陪同下，到金乡县鱼山乡检查指导工作。

3 月 28 日 金乡县正式加入国际信息互联网络，登录《中国大蒜之乡——山东金乡》主页，驶入信息高速公路，成为山东省首家国际信息互联网络县。

4 月 18 日 金乡县人民医院与上海医科大学联办的“金乡县心脑血管病诊治中心”挂牌成立。

4 月 22 日 ~23 日 金乡县成功举办“1997

年大蒜洽谈定货会”，全国各地及海内外156家公司、商社、财团的客商及中央、省、市新闻单位的记者共300余人参加。

4月 国家科委正式授予金乡县为“全国科技工作先进县”。

4月 金乡县人民检察院反贪污贿赂局立案侦查首例虚开增值税专用发票案，涉案金额33.8万余元。

4月 金利纺织有限公司在金乡县企业中第一个加入国际信息互联网络。

5月5日 山东省委书记吴官正在省委常委、秘书长张宗亮，济宁市委书记王修智、市长王仁元等陪同下到金乡视察指导工作，实地考察鱼山大蒜生产基地和批发市场、金曼克电气股份有限公司。

5月23日 江苏省丰县、沛县和山东省单县、成武县、鱼台县、巨野县的代表齐聚金乡，召开治安联防协作会议，就边缘结合部的治安防范达成四项共同约定。

5月 金乡县第一家蔬菜生产专业合作社在缗城镇桃园村挂牌成立。该社作为民间合作经济组织，实行利益均沾、风险共担、自主经营、自我服务、自我发展、自我完善。

6月20日 金乡县首届蒜王经验交流暨授奖大会召开。亩产蒜王：5525市斤；单个头蒜王：直径9.15厘米。

7月16日 鲁西南战役胜利50周年纪念活动在金乡县举行。参加过鲁西南战役的部分老首长，省、市领导，周边地区贵宾，《解放军报》《大众日报》、山东电视台等10余家新闻单位的记者，金乡县干部群众共800余人参加纪念大会。中共中央政治局常委、中央军委副主席刘华清专门为纪念活动题词：“伟大的战略决策，英明的指挥艺术”。原中顾委常委段君毅、原空军司令员王海等参加过鲁西南战役的老将军也挥毫泼墨，为纪念活动题词、作画。

7月18日 根据山东省政府鲁政函民字〔1997〕27号和济宁市人民政府济政字〔1997〕33号文件精神，金乡县鱼山乡、王丕乡正式更名为鱼山镇、王丕镇。

8月3日 山东省委副书记、省长李春亭到金乡县视察指导工作，实地考察缗西商埠大蒜市场行情和鱼山镇的新兴龙头企业——金联食品有限公司。济宁市委副书记贾万志等陪同视察活动。

8月7日 金乡县新一轮县城总体规划，顺利通过由济宁市建委、规划局、环保局、地矿局等单位组成的专家组初审。该规划是在1981年规划的基础上，由县建委和山东省城镇规划建筑设计院联合编制，主要包括县城城镇体系规划、县城总体规划和市政基础设施规划。

8月 马庙乡宋庄村宋来顺家的西瓜地里结出一“连体西瓜”，该西瓜中间连结，左右对称，长25厘米，宽30厘米，重约7.5公斤。专业人士认为这种“连体西瓜”全国罕见。

8月 由县大蒜研究所与北京农林科学院植保所联合开发研制的新型生物农药——大蒜脱毒剂研制成功。该产品具有多功能、广谱性、无公害的特点，主要用于大蒜、番茄、辣椒、西瓜、大白菜、花生等经济作物的病害防治。

9月19日 高步月夫妇助学基金会正式成立。该基金会由美籍华人高景之女士以其父亲高步月的名义捐款四万元人民币设立，有严格的章程，指定专人监督使用。每年用银行利息帮助2~3名品学兼优且家庭贫困的大学生。

9月 金贵牌金贵特曲以“窖香浓郁、绵甜甘冽、香味协调、尾净悠长，具有浓香型典型风格”的特点，通过由中国食品工业协会、中国消费者协会等四家单位联合组成的中国名牌产品组委会的评审、鉴定，被授予“中国名牌产品”称号，成为白酒类产品中的第14个“中国名牌”。

9月 金乡县开发的夏玉米高产栽培攻关试验通过专家组验收，折合单产860.4公斤，首创金乡县夏玉米单产历史最高纪录。

10月18日 金曼克电气集团股份有限公司开发的“10千伏级系列环氧树脂浇铸干式电力变压器分体组装技术”通过山东省科委专家组鉴定。该技术填补了国内空白。

10月27日 县政府出台《金乡县城市居民

最低生活保障暂行办法》，开始实行城市居民最低生活保障制度。

10 月 30 日 山东省妇联主席赵玉兰到金乡县检查指导妇女工作。

11 月 6 日 ~7 日 金乡县创建省级卫生县城工作，经过山东省爱卫会考核组的明查、暗访及现场检查考核，已达到省级卫生县城标准。

11 月 22 日 金乡县农村信用联社在由中国文化扶贫委员会、《农民日报》举办的“文化扶贫，送报下乡”活动中获奖，主任赵方奎应邀参加在人民大会堂召开的座谈会，受到全国人大常委会副委员长布赫的接见。

11 月 农业部食品质量监督检验测试中心对金乡县 20 万亩绿色蔬菜基地的大蒜生产措施、操作规程、环境污染、农药残留量等诸多环节进行检测，结果表明，各项指标均符合国家规定，并确定“金乡大蒜”为中国绿色食品。

11 月 济宁市第一条乡镇地下光缆通信线路在羊山镇建成并通话。该工程全长 2000 米，可容纳 24000 对通信线路。

11 月 金乡县被山东省民政厅命名为全省第一批农村社会保障先进县。

12 月 7 日 金乡县委、县政府和金贵酒厂与山东电视台联合举办“星光 50”现场直播文艺晚会。金乡大蒜和金乡人民的精神风貌首次通过卫星直播传遍全国各地和亚洲几十个国家和地区。

1998 年

1 月 11 日 ~14 日 政协第七届金乡县委员会第一次会议在县城影视中心召开。175 名政协委员参加会议。选举韩振中为县政协主席。

1 月 12 日 ~16 日 金乡县第十三届人民代表大会第一次会议在县城金乡剧院召开。出席大会代表 236 人，列席代表 96 人，特邀代表 3 人。会议听取审议县政府代理县长张生贤代表上届政府所作的政府工作报告和其他工作报告并作出决议。选举李遵德为县人大常委会主任，张生贤为金乡县人民政府县长，袁存力为金乡县人民法院院长，周光平为金乡县人民检察院检察长。

1 月 金乡县被山东省委、省政府授予社会治安综合治理模范县荣誉称号。

2 月 14 日 金桥煤矿主井掘砌见煤，标志着金乡不能产煤的历史从此结束。

3 月 羊山境内小吴河、友谊沟，因上游大量污水下泄，致使沿河 31 个自然村 4.2 万亩农田不能用河水灌溉，临河的吴坑、高洼、邱关、王牌坊等 5 个自然村井水受到污染，200 多户村民发生饮水困难。鱼山镇大沙河、西沟同时受到严重污染，2.7 万亩农田不能灌溉，造成群众多次到县乡政府上访。经县环境监测站现场取样化验，主要污染物 COD（化学需氧量）为 634 毫克 / 升，超 GB3878-88《地面水环境质量标准》四类 30 倍。

4 月 5 日 巨野县独山镇 15 岁少年陶庆钦在羊山游玩时不慎遇险，英雄王杰的侄子王志辉（羊山派出所民警）等一批金乡人全力施救，受到广泛赞誉。

4 月 8 日 ~9 日 全国蒜薹产销协调会暨金乡县大蒜洽淡定货会在金乡县影视中心举行。国内外 200 多家客商，中央电视台、新华社、《人民日报》《经济日报》《农民日报》《中国特产报》《香港商报》等 20 余家新闻媒体的记者共 500 余人参加会议。其间，签定大蒜意向合同 18.9 万吨，蒜薹意向合同 7 万吨。

4 月 20 日 庆“五一”金贵之夜文艺晚会在济宁市体育馆举行。中国人民解放军总政歌舞团演员克里木、彭丽媛、郁钧剑、熊卿才、黄宏、王岩、赵静、白雪等登台献艺。

4 月 山东金贵酒厂投资 200 多万元的废水治理工程通过山东省验收，处理后的废水各项监测指标均符合国家 GB8978—二类二级（现有）标准，可安全排放。

5 月 22 日 全县清理公费购买移动通讯工具工作结束，150 部不符合配备标准的各种型号手机被拍卖，17 万元拍卖款依规返还给原产权单位。该活动在金乡县属首次。

6 月 1 日 居住在台湾的李继汉、胡汉章、赵中玺三位先生，在回金乡探亲期间，将在台湾收集和珍藏的清同治元年刊本《金乡县志》壹本，清咸丰己未《济宁直隶州志》（山东方志四）一至九册计九本、丁卯孟春《济宁直隶州续志》（山东方志四）一至四册四本共计十四本地方志书，自愿捐献给家乡政府。

6月29日 金乡县召开首届大蒜状元颁奖大会，马庙乡马庙村高崇军以单头大蒜直径9.15厘米、卜集乡李堂村李若强以亩产鲜蒜5488市斤获得“大蒜状元”称号。

7月3日 中央电视台台长助理、广告信息部主任谭希松到金乡实地考察鱼山大蒜市场、宏昌冷库、鱼山镇万亩大蒜科技示范基地、山东金贵酒厂等。

7月11日 凌晨3时许，金乡县供销社盐政稽查队员晁祥明在稽查私盐任务中，遭遇歹徒袭击，以身殉职，年仅20岁。

7月14日 “金育（普通）高级中学”经县政府批准正式成立。办学性质属民办公助，设班4个，生源以金乡县为主，收费按济宁市教委、市物价局〔1995〕22号文件标准执行，教学业务隶属县教委管理。

7月18~20日 金乡幼儿教师毛丽云在“二十一世纪幼儿教育动态战略研讨会暨《幼儿教育指南》首发式和颁奖大会”上获奖。全国人大常委会副委员长王丙乾、教育部副部长杨海波、毛泽东原机要秘书张玉凤等为30名获奖者颁奖。著名教育家、演讲家李燕杰亲笔为毛丽云题写“真善美”赠言。

7月30日 济宁市人民政府对金乡县城市总体规划作出批复，同意金乡县城新一轮总体规划区界址划定范围：东界为莱河，西界为大沙河，南界为缗城镇地界，北界为老万福河。东西宽6千米，南北长7.8千米，总面积45平方公里。

8月15日 中午11时许，金乡县农村信用联社缗城信用社缗南储蓄所青年职工尹福香（女），孤身一人勇斗入室抢劫歹徒，用鲜血和正义保住了国家25.9万元现金。县委、县政府作出“关于开展向尹福香同志学习的决定”，并于9月8日在金乡剧院召开大会对其表彰。团县委、县妇联分别授予尹福香“金乡县新长征突击手”“三八红旗手”荣誉称号。

8月16日 山东金贵酒厂在中央电视台举办的“我们万众一心大型赈灾义演”晚会上，向长江沿岸灾区人民捐赠价值500万元的救灾物资，受到全国人大常委会副委员长何鲁丽，中国慈善总会代会长阎明复的赞赏。

8月18日 金乡县生化实验厂举行开业庆典，“力克达”牌大蒜脱毒剂正式投产。该产品为生物药剂，集脱毒、营养、促生为一体，能脱去大蒜病毒，抑制病毒再感染与繁殖，增强大蒜植株抗性，增加蒜皮厚度和蒜头产量。不仅填补了大蒜脱毒药物的空白，而且有助于提高金乡大蒜品级及产业化水平。

8月 县政府成立乡村卫生组织一体化管理组织和具体办事机构，全面推行乡村卫生组织一体化管理。

9月15日 金乡县“8716148”法律服务专线正式开通。

9月26日 鲁西南书画院在金乡县正式成立并召开第一届理事会，选举产生院长、副院长和秘书长、副秘书长。

9月 金乡县利用世界银行贷款加强灌溉农业二期项目全面启动。该项目区涉及马庙、鱼山、缗城、金马、鸡黍5个乡镇，土地总面积14140公顷。整个项目分5年实施，到2002年年底完成，总投资3991.1万元。

10月1日 鱼山镇崔口村秸杆气化站正式投产运营。该工程总投资46万元，每天可消化农作物秸杆400公斤，生产优质燃气800立方米，可供全村276户农民全天使用。该气化站是金乡县建成的第一个规模较大的农村能源示范站。

10月6日 济宁市委书记陈光林、市委常委、秘书长连广生到金乡考察农业和农村工作，要求金乡县继续深化改革，再创农业和农村工作新局面。

10月8日 人事部副部长兼国家外国专家局局长万学远一行4人组成的引进国外智力考察团，在山东省人事厅副厅长杨照亮，济宁市委副书记、副市长张兆启，市政府秘书长梁东成等陪同下到金乡，对金曼克电气集团有限公司引进国外先进技术——环氧树脂浇注干式变压器生产情况进行实地考察。

11 月 缗西商埠被农业部正式命名为国家级定点鲜活农产品中心批发市场。

11 月 金乡县被山东省政府评为蔬菜生产先进县。

12 月 17 日 县农业银行机关档案工作通过省级认定，成为执行新的档案标准后金乡县第一家省一级档案工作先进单位。

12 月 20 日 ~22 日 中共金乡县第十次代表大会在县影视中心举行。会议听取并审议通过上届县委工作报告并作出相关决议；选举产生新一届县委委员、候补委员、县纪委委员。十届一次全委会议选举石柱为县委书记。县纪委第一次会议选举高潮为县纪委书记。

1999 年

1 月 经济宁市政府批准，金乡县第一职业高中更名为金乡县职业中等专业学校。

1 月 12 日 15 时 30 分左右，兴隆乡任庄村村民李某某一家四口及本村村民张某某，私自在李某某家生产爆竹，因操作不慎，将鞭炮（双响）引爆，导致房屋走廊檐板倒塌，造成李某某一家四口被砸死，张某某被砸伤的恶性事故。

1 月 金乡县被山东省政府评为村镇建设先进县。

2 月 8 日 经县政府研究，决定成立“山东金科药业集团公司”。该公司隶属于县经委领导，为小型（一）企业，下设“山东金科药业有限公司”“金乡县斯高乐大蒜总公司”“金乡县天达绿色食品公司”和“金乡县生化试验厂”。

2 月 8 日 “金乡县粮食收储公司”正式成立，隶属县粮食局管理，为小型（一）企业，承担国家粮食收储任务。

3 月 县政府办公室政务信息工作受到山东省人民政府办公厅表彰，被评为全省政府系统信息工作先进单位。

3 月 新华书店宿舍楼工程被济宁市政府授予 1998 年建筑工程质量铜牌奖，是金乡县唯一获奖工程。

4 月 县供销社被外经贸部授予自营进出口权。此举为金乡县开拓国际市场注入了活力。

5 月 4 日 金乡县公交汽车公司正式成立，一次投入 5 部运行车辆，结束了金乡县城区无公交车的历史。

5 月 金乡县宏泰冷藏加工有限责任公司（马庙万吨恒温库）被外经贸部批准享有直接进出口权。是山东省享有该特权的第一家民营企业。

6 月 司法部部长高昌礼到金乡县视察。

7 月 7 日 金乡斯高乐大蒜产品开发有限公司被中国光大集团山东国际经济贸易投资公司托管（收购）协议签字仪式在金乡县机关招待所举行。

7 月 15 日 金乡县科技教育电视频道正式开播。

7 月 山东省农业厅能源办考核组到金乡县检查验收鱼山镇崔口村秸秆气化示范工程，实地察看气化站的建设及运作状况后，当场颁发验收证书。正式挂牌命名为“山东省秸秆气化工程示范村”。

10 月 7 日 金乡县武警希望小学举行成立三周年庆典仪式。武警山东总队又向该校捐赠 11 台微机及配套设施，价值 8 万余元。

10 月 霄云镇北晁庄村富民良种场李传啸栽植的一棵地瓜重达 54.5 斤，创金乡县历史上单棵地瓜最重记录。

11 月 4 日 按济宁市委、市政府统一部署，金乡县开始清理清退干部职工多占公有住房。

11 月 14 日 县重点工程——北大溜河河道治理工程正式开工。

12 月 22 日 山东省人民政府以鲁政函民字〔1999〕39 号文正式批准金乡县马庙乡撤乡设镇，原行政区划不变。

2000年

1月7日~9日 政协金乡县七届三次会议召开，并作出相关决议。

1月12日~14日 金乡县第十三届人民代表大会第三次会议在影视中心召开。会议听取、审议县政府县长张生贤所作的政府工作报告和其他工作报告，作出了6项决议。

2月 以“讲学习、讲政治、讲正气”为主要内容的“三讲”教育活动在金乡县启动。

2月 金乡县鹏浩冷藏有限公司（胡集镇）与日本客商合资兴办生产经营保鲜蔬菜企业，实际利用外资10万美元，产品由日方负责包销。这是金乡县批办的第一家中日合资企业。

3月20日 根据鲁政办发〔2000〕9号文件要求，正式关闭胡集镇水泥二厂、金乡县第三水泥厂两家企业，淘汰金乡县隆天水泥有限公司规格为1.2×7.5生产线1条，并妥善解决安排企业职工下岗分流和再就业工作。

3月 “金乡县远程医学服务中心”在金乡县人民医院正式成立。该中心与北京301医院实行远程可视电话互联网会诊，是鲁西南地区唯一联网会诊网站，可代为患者向北京协和医院、安贞医院、中日友好医院、中国整形外科医院、武警部队总医院、上海长海医院及山东省立医院等拥有全国一流技术的医院联系会诊或到院手术，急会诊可随时进行，预约会诊三天内即可同专家会面，解除患者长途奔波之苦。

4月18日 “中国大蒜之乡——山东金乡大蒜产业研讨会”在北京人民大会堂重庆厅召开。

4月27日~28日 金乡县大蒜洽谈定货会召开。金乡县委副书记、县长张生贤主持开幕式，中国蔬菜流通协会秘书长张其中发表讲话，县委书记乔志猛致辞，全国各地客商及《人民日报》《大众日报》、山东电视台等新闻单位记者共300余人参加开幕式。

4月 金乡县人民医院被山东省卫生厅评为“全省卫生系统文明单位”和“全省百佳医院”。时为济宁市唯一被评为省卫生系统文明单位的县级医院。

5月11日 山东省人民政府以鲁政函民字〔2000〕34号文批准撤销司马乡，设立司马镇，其行政区域和人民政府驻地不变。

5月 金乡县民办科研机构自动控制技术研究所选送的国家专利项目《全封闭叠口活塞环》，在澳大利亚举办的“第三届金鳄杯新技术、新产品国际博览会”上获国际金奖。

6月 “906-4”小麦经过育种专家18年的培育在金乡县试种成功。该小麦株型紧凑，秸杆强壮，抗倒伏能力极强，穗长16厘米左右，单穗平均60粒以上，重2.5克左右，属硬质强筋品种，丰产潜力可达800公斤/亩以上，适宜在苏、冀、鲁、豫、皖麦区大面积推广。

7月17日 日本日中信息咨询株式会社驻山东省办事处在金乡县鲁西南宾馆正式挂牌成立。该办事处主营农业优良品种引进、种植，蔬菜加工，食品、日用百货经营及进出口业务。

8月16日 金乡县城市管理综合执法大队正式成立，为正科级全额拨款事业单位，隶属县城市管理委员会领导，职责范围在县城规划区内。

9月21日~23日 金乡县在中国专利新技术产品博览会上签订技术合同82项，技术协作意向182项，引进高层次科技人才6名，聘请项目信息员、经济顾问9名。并被本次大会授予优秀组织奖。

9月 金乡县发现一罕见病症——高雪氏病患者。该病症为终身性遗传疾病，因缺乏β葡萄糖苷脂酶（GBA）而致，世界范围内发病率仅为1/10万~1/40万，专家预测中国约有60位高雪氏病患者。金乡县发现高雪氏病患者属首次，此前在济宁市范围内未见报道。

10月 刘艳英创作的20集电视连续剧《星光璀璨》被北京影视集团总公司、北影影视艺术制作中心选中。该作品是一部反映农村精神文明建设、争创星级文明村户题材的新作。

11月8日 山东金曼克电气集团股份有限公

司开发研制的世界上第一台110千伏级干式变压器，在兖州龙桥变电站一次挂网运行成功。此变压器时属世界上最大的干式变压器。

11月18日 山东省人大常委会副主任董凤基在省计划生育委员会主任班开庆、省卫生厅副厅长王宝亭等陪同下到金乡检查指导计划生育工作。

11月23日~24日 中共山东省委常委、省纪委书记赵春兰在济宁市委书记贾万志，市委常委、纪委书记连广生，市纪委秘书长刘登之陪同下到金乡视察工作。

11月28日 县委、县人大、县政府、县政协、县人武部召开联席会议，原国家主席刘少奇秘书、《人民日报》经济部负责人姚力文应邀对金乡县经济发展和“十五”规划提出合理化建议。

11月28日~29日 县长张生贤率240余人科技招商团赴西安参加科技招商活动。先后走访西安交大、西北工大、西安科技学院、陕西师范大学、西北轻工业学院等10余所高等院校，签订技术合同30项，达成技术合作意向65项，建立合作关系4对，引进科技人才27名，其中高级人才23人。

11月 金乡大蒜证明商标通过国家商标局审查，批准号为1607993。

11月 金乡县业余作家，金乡镇中学教师孙静创作的12万字长篇小说《此情可待成追忆》由中国文联出版社出版，并在全国新华书店发行。

12月1日 山东省人民政府以鲁政函民字〔2000〕69号文批准金乡县撤销大义乡，将其行政区域并入胡集镇；撤销缗城镇，将其行政区域并入金乡镇，金乡镇人民政府驻地迁至原缗城镇人民政府驻地；撤销金马乡，将其行政区域并入鸡黍镇。

12月16日 喜迎新世纪“金贵之声”大型文艺晚会在济宁市新体育馆举行。中国人民解放军总政治部歌舞团艺术家董文华、阎维文、程志、尹卓林、王岩、马子玉、杨九红、谭晶、陈军等登台演出。济宁电视台对本台晚会进行全程现场直播。17日，总政歌舞团领导和部分演员到鲁西南战役纪念馆、山东金贵集团参观访问。

12月29日 首例同种异体肾移植手术在金乡县人民医院获得成功，在济宁市二级医院中属首家。

2001年

1月2日 刘江、谢芳、张目、罗天婵、齐啸云、叶佩英、范圣琦、李光羲、邓玉华、赵申秋等老艺术家到山东金贵集团参观并品评金贵酒。当晚，著名电影表演艺术家谢芳在县剧院主持《祝福新世纪》大型文艺晚会。

1月5日 金乡县在全市率先完成治理东鱼河工程施工任务。该工程段总长4862米，累计完成土方151万立方米，经省、市专家组严格检查，顺利通过考核验收并被评为优良工程。

1月10日 鲁西南地区首家以服务农民、服务农村为宗旨的耸彗“坷垃网”网站在马庙镇开通。

1月10日~12日 政协金乡县第七届委员会第四次会议召开。补选荆玉然、李世忠为政协金乡县第七届委员会副主席。

1月14日~17日 金乡县第十三届人民代表大会第四次会议在金乡剧院召开。会议听取、审议县长张生贤所作的《政府工作报告》和其他工作报告，并通过相关决议。选举乔志猛为县人大常委会主任。

1月 金乡籍部队歌手程黎芬在全军第四届文艺汇演中，以一曲铿锵有力、优美动听的《步战车》获得“战士文艺奖”个人演唱一等奖。

2月15日 《金乡县国民经济和社会发展第十个五年计划纲要》经县第十三届人民代表大会第四次会议审议通过，县政府予以发布实施。

3月1日 济宁市人民政府公布第三批66处市级重点文物保护单位，金乡县辖区的春城堌堆遗址、小张湾遗址、刘庄遗址、羊山汉墓群、王杰纪念馆、节孝坊、郭东藩墓石刻、魁星楼等8处文物位列其中。

3月22日~26日 由国家体育总局、中国武协举办的首届世界太极拳健康大会在海南省三亚市举行。金乡籍八卦太极拳第三代传人张培柱参加了这次太极拳历史上级别最高、规模最大的比赛，并荣获拳术二等奖、剑术三等奖。

3月29日 “中国大蒜网”正式开通，并注册了国际域名：www.garlic—cn.net。该网站开辟有大蒜简介、栽培、加工、药用、美食、销售等10余个栏目，旨在立足中国，服务世界，把金乡大蒜推向国际、国内两大市场。

3月 金乡县白洼林场承担的良种黑杨选育课题通过济宁市科委组织的专家组鉴定验收。该项目被列为济宁市重点科技攻关计划，所选育的黑杨良种优化组群意大利107、中林46、PE-19-66等品种属国内同类研究先进水平。

4月6日 济宁医学院附属金乡医院举行命名大会。济宁医学院院长姜玲和金乡县委副书记侯宪林共同为其揭牌。

4月21日~22日 中央电视台第七套节目《乡村大世界》栏目连续播出专门为金乡拍摄制作的78分钟专题特别节目。该节目以大量朴实、生动的画面和寓教于乐的现场竞技形式，描绘金乡风土人情、农业种植结构调整和大蒜产业化等，全面宣传了金乡，介绍了金乡大蒜。

4月26日 由中国蔬菜流通协会主办、金乡县人民政府承办的首届中国大蒜节在县城体育中心开幕。

4月30日 羊山烈士陵园被国务院批准为全国重点烈士纪念建筑物保护单位。

5月30日 县长热线电话（8822222）正式开通。该热线受县长委托，负责受理社会各界、基层群众的投诉和咨询，专人24小时值班，并实行跟踪督办、限时办结和责任追究制度。

6月13日 全国基层农村女干部参政研讨会在金乡召开。县委书记乔志猛在研讨会上致辞；金乡镇南门村党支部书记吴凤玲，胡集镇金店村党支部书记张欣，金乡镇北当村党支部书记李凤玲等在研讨会上作典型发言，交流参政经验体会。民政部政策研究中心主任李慷，北京市人大代表、农家女百事通杂志社顾问吴青，中央党校妇研中心副主任李惠英教授等应邀作专题报告。

6月18日 鱼山镇崔口村、鸡黍镇刘楼村被县政府命名为“移动电话村”。

6月 金乡县农村电网改造工程经过三年努力完成。工程累计投入改造资金8279.57万元，新(扩)建35千伏变电站6座，改造35千伏变电站3座，总容量56000千伏安；新建改造35千伏线路4条，45千米；新建改造10千伏线路30条，200千米；改造用电村658个，配电台区833个；安装生活照明表14.89万块，并全部配套安装三级漏电断路设施。农村平均到户电价下降0.118元/千瓦时，年减轻农民负担826万元。

6月 “高优一号”小麦新品种在霄云镇张小楼村试种成功，经验收，亩产800余公斤。该品种由北京农科院利用水稻枢活基因研制而成，株杆矮壮，分蘖能力强，抗倒伏，耐严寒。麦穗头长约15厘米，比普通麦穗长一倍；平均每穗80粒，最多达100粒，相当于普通小麦的2.5倍~3倍。

6月 “微笑列车”在金乡县正式开启。该活动是由美籍华人王家廉先生捐资，省慈善总会、济宁市民政部门具体负责实施的一项“民心工程”

6月 山东省二级医院首例心脏不停跳冠状动脉搭桥手术在金乡县人民医院获得成功。该手术在北京安贞医院协助下，由县医院副院长、主治医师张守科执刀完成，标志着县人民医院心脏外科手术水平又上了一个新台阶。

6月 中国电信宽带网正式落户金乡。自此，金乡县步入信息高速公路的快车道。

7月16日 县委、县政府在羊山烈士陵园举行仪式，庆祝羊山革命烈士陵园被国务院批准为“全国重点烈士纪念建筑物保护单位”，山东省民政厅副厅长戴成贵，济宁市政府副市长王守恒为其揭牌。

7月22日 由金乡县粮食机械厂和郑州工程学院合作开发，研制生产的C×LY可移式吸粮机通过专家组鉴定，达到国内同行业领先水平。

7月 国务院新闻办公室五洲传播中心委派摄制组到金乡拍摄电视专题片《金乡高效农业》。该片宣传、介绍了金乡农民转变思想观念和经营方式，利用高新技术发展以大蒜为代表的农产品生产、精深加工，直接走向世界市场的状况，并向全球160多个国家和地区播出。

7月 特大“黑密二号”无籽西瓜在霄云镇试种成功。该品种具备双重杂交优势，根系吸水能力、适应性、抗逆性较强，比普通西瓜增产40%左右，亩产4500公斤，品质优、甜度高、口感好、耐贮运，被外地客商列为首选产品，市场前景看好。

8月6日 济宁市首例白血病患者自体骨髓移植手术在金乡县人民医院获得成功，填补了全市骨髓移植手术治疗血液病的空白。

8月7日 山东省委常委、政法委书记高新亭到金乡视察指导工作。

8月7日 中国太阳火国际广告公司董事长童年，著名歌星杭天琪到金贵酒厂做客，协助策划企业品牌宣传，共谋企业发展之路。

8月18日 二十二集电视连续剧《王杰离去的岁月》在江苏省徐州市中山宾馆举行开机仪式。金乡县委书记乔志猛作为英雄家乡的代表在开机仪式上致辞，并向摄制组赠送锦旗。装甲兵原司令员、南京军区原参谋长邓家泰将军，英雄王杰的妹妹王爱军，电视剧主人公原型、老民兵班长李彦清及摄制组主要成员分别在开机仪式上发言。

8月26日 金乡县新世纪家具城举行开业典礼。该家具城占地面积7000平方米，营业面积6000平方米，时为金乡县第一家大型家具专业市场。

9月12日 中央电视台《金土地》栏目组到金乡拍摄纪录片《十月的笑声》，该片重点介绍金乡农村精神文明建设取得的成就。

9月13日~16日 山东轻纺家电名优产品博览会在四川省成都国际展览中心举行，县委副书记、代县长李明晨率团参展。金利纺织有限公司的牛仔布、牛仔服成为热门展品，被推荐为济宁市6家代表企业之一，直接参加与四川企业的对口洽谈，并和卜集圆葱示范园、恒泰生物工程有限公司一起被列入山东省经济技术合作项目册对外公开发布，占济宁市列入全省项目册项目的近50%。签定贸易意向5项，意向金额近千万元，直销金额2万元。

9月28日 金乡县105国道西外环工程竣工通车。

9月 金乡县与新疆岳普湖县建立友好关系。县委书记乔志猛，县政协主席韩振中率团赴新疆签订友好县协议书，看望慰问金乡援疆干部。

10月15日 山东省电力集团公司组织专家到金乡检查指导供电局示范窗口建设工作，给予高度评价。

11月1日 金乡县首家集肉兔养殖、加工、销售于一体的民营企业——金星兔业开发公司正式挂牌成立。

11月3日 金乡县第一家家电超市——金辰家电超市开业。

11月9日 中国规划设计研究院高级规划师张险峰应邀到金乡作城市规划专题报告。

11月10日 县政府出台《金乡县城镇职工基本医疗保险暂行规定》《金乡县城镇职工大额医疗救助金筹集使用管理暂行办法》。

11月16日 大众日报社副总编辑吕德一到金乡调查了解工农业生产及新闻宣传工作。

11月23日 济宁市政协主席韩笔祥，副主席房立泉等到金乡视察指导工作。

11月27日 佳家福超市在华联大厦正式营业。时为金乡县最大的日用百货购物超市。

12月11日 济宁市委副书记、市长周齐到金乡检查指导工作，实地察看金贵集团、金德果蔬食品有限公司、金曼克电气集团110千伏干式变压器生产项目和胡集镇、金乡镇、鱼山镇部分民营企业。

12月13日 农业部原副部长刘晋到金乡县高河乡调研农业种植结构调整和畜牧业发展情况。

12月31日 金乡县首次国有土地使用权拍卖会开拍。县委副书记、代县长李明晨敲响金乡县国有土地使用权拍卖第一槌。该地块位于县城区105国道与文峰路交汇处东南角，用地面积3115平方米，出让期40年。金乡县建发房地产开发有限公司以165万元成功竞标。

12月 金曼克电气集团的主导产品SC9干式电力变压器获山东省产品质量奖第一名。

12月 马庙镇农民刘世福等创作表演的山东琴书《人祸》，获全国第十一届“群星奖”表演荣誉最高奖——金奖。

2002 年

1 月 9 日 ~12 日 政协第七届金乡县委员会第五次会议召开。

1 月 12 日 县政府公众信息网正式开通。

1 月 18 日 ~21 日 金乡县第十三届人民代表大会第五次会议在县城影视中心召开。大会听取、审议、通过有关工作报告并作出决议；选举李明晨为金乡县人民政府县长。

2 月 12 日（农历正月初一） 20 时 30 分，县油管厂家属楼整体松动，出现地板爆裂，门口变形，阳台裂缝。县政府立即召开紧急联席会议，研究制订紧急疏散、居民安置、危楼拆除、新楼建设等具体措施，确保职工家属生命财产安全不受损失。

2 月 19 日 金贵集团金德果蔬食品有限公司新上浓缩蔬菜汁生产项目正式投料试产。该项目总投资 3000 万元，引进世界最先进的全封闭式果蔬加工设备，采用细胞破壁核心技术，年可生产各种蔬菜汁 8000 吨。产品可作为食品、饮料企业的生产原料，全部出口外销。

2 月 20 日 县政府决定开展“畜牧发展年”活动。

3 月 3 日 金乡县最大的民营复合肥生产企业——富邦肥业化工有限公司开业。该企业位于化雨乡淳集开发区南邻，总投资 560 万元，占地 3 万平方米，以生产高浓高效复合肥为主。

3 月 金贵特曲酒在全省 43 家白酒企业申报的 71 种产品中脱颖而出，荣获山东省白酒行业十大品牌之一。

4 月 12 日 2002 年“育杰杯”全国武术散打擂台邀请争霸赛在金乡县体育馆举行。中国武术协会副主席张山及著名影视武打明星王群应邀出席开幕式。

4 月 21 日 金乡县在济南市长清县京沪与京福公路交汇处设立长 80 米，高 4.5 米的巨型大蒜广告宣传牌，双侧面积 720 平方米，首期签约三年。“中国大蒜之乡”“中国圆葱之乡”“中国金谷之乡”和“世界大蒜看中国，中国大蒜看金乡”字体醒目，气势恢宏。时为山东省最大的公路桥体广告。

4 月 25 日 《金贵之春》大型文艺晚会在县剧院举行，著名歌唱家董文华、青年歌手白雪、影视明星盖丽丽及中央电视台著名播音员李修平应邀参加晚会并登台献艺。

4 月 26 日 投资 300 多万元的金乡县蔬菜农药残留检测中心在鱼山镇落成，并举行揭牌仪式。经贸部原副部长程飞，县人大常委会副主任杭怀营为中心揭牌。该中心占地 30 亩，配备 4 套具有国际先进水平的检测仪器及高标准实验室，标准化生产车间和气调式恒温库，可对蔬菜、瓜果、粮食等作物的农药残留进行全面检测和评估。标志着鱼山镇蔬菜产业已取得国际市场的“绿色通行证”。

4 月 26 日 ~27 日 “WTO 与中国大蒜产业化论坛首届年会暨大蒜科技成果博览会”在金乡县影视中心举行。中科院院士孙九林作“农业信息技术促进大蒜产业发展”专题学术报告。

4 月 28 日 ~30 日 济宁市“金贵杯”第十五届中学生田径运动会在金乡一中举行。这是 1983 年后，在金乡县举办的最高规格的运动会。5 队 13 人打破 12 项市纪录，金乡一中代表队获团体总分第一名。

4 月 金乡县被山东省委、省政府表彰为全省农业产业化经营先进县。

5 月 11 日 北京大学附属中学与金乡县实验中学共建运程教育示范学校新闻发布会在金乡县体育中心举行，北大附中副校长袁海青、李裕德等出席新闻发布会。

5 月 15 日 金乡二中与山东省艺术设计学院举行共创友好特色学校挂牌仪式，共建金乡艺术类学生培养基地。金乡二中被山东省心理健康教育研究会吸纳为会员学校。

5 月 15 日 金乡县清真寺朝真殿落成。

5 月 16 日 无线市话“小灵通”在金乡县正式开通。

5 月 23 日 金乡县行政审批中心正式挂牌成立。

6 月 14 日 山东省安丘市景芝镇老庄子村藏

书世家王琳先生将祖传的乾隆33年《金乡县志》无偿赠送给金乡县政府。该志书修编于公元1768年，全书共四册，20余万字，详细记载了当时的政权建置、自然地理等人文历史，虽经王家七代200多年承传仍保存完好，字迹清晰。副县长周光全代表县政府受赠，并为王琳先生赠送“书香门第、高风亮节”牌匾和《金乡县志（1840~1990）》。

6月18日 金乡县药品监督管理局正式挂牌成立，药政管理职能从县卫生局划出。

6月22日《金乡县妇女发展规划（2001~2010年）》《金乡县儿童发展规划（2001~2010年）》由县政府正式发布实施。

6月22日 二贤祠、花鼓汉墓群被列为金乡县第三批县级重点文物保护单位。

6月26日 金乡县第一个村级别墅小区——东运别墅小区在鱼山镇崔口村奠基开工。

6月28日 金乡县首家从事综合运输代理的专业公司——金乡县万通客货联运有限责任公司挂牌成立。公司主要经营公路、铁路、水路、航空客货联运、港站集疏运，办理铁路整车、零担、集装箱、快件业务；以及公路运输、短搬装卸、包装整理、中转换装、仓库堆存、接联送达等业务。

6月30日 县政府举办首届中国（金乡）蒜王擂台赛，经评委和公证人员综合评定，羊山镇蒜农崔金文种植的大蒜以直径8.89厘米获“蒜王”称号。

7月7日 霄云镇邵集村15岁的镇中学生杨永亮，奋不顾身跳入池塘，营救出溺水儿童，献出自己宝贵的生命。共青团金乡县委追授杨永亮“王杰式见义勇为好少年”，并向全县中小学发出向杨永亮学习的倡议。

7月 金乡县以大蒜种植面积最大获得大世界基尼斯之最。

7月 金乡大蒜原产地标识注册通过国家级现场考核。

7月 县人民医院神经内科利用小孔钻颅血肿抽吸疗法，成功治疗两名脑出血重症患者。此技术在济宁市属首例。

7月 山东金贵集团培育的一株雄性铁树开花，状如宝塔，颜色金黄，高约50厘米。

8月3日~4日 中华医院管理学会常务理事、全国医院质量标准化建设首席评委、北京市人民政府顾问张正华教授一行五人到金乡考察，总结金乡县人民医院先进经验，推动全国特别是欠发达地区县级医院的发展。

9月6日 首例通过招商引资开展的旧城改造项目——金海花园商住小区奠基开工。

9月8日 由江苏省邳州棉纺商城投资经营的苏果超市正式开业。时为金乡县规模最大的生活超市。

9月9日 全县规模最大、配套设施最齐全的幼儿园——金师附小幼儿园落成。

9月10日 县政府决定聘请中国工程院院士、解放军普外研究所所长、301医院专家组组长、肝胆外科专家黄志强教授为金乡县人民医院名誉院长。

9月12日 上午9时许，县工商行政管理局鱼山工商所王传德等四人，在盘查载有棉花的可疑车辆时，遭货主持刀追杀，王传德当场被刺身亡，以身殉职；另两名执法人员被刺成重伤，犯罪嫌疑人作案后驾车逃跑。县公安局立即成立专案组，于13日13时许将犯罪嫌疑人刘某某在嘉祥县纸坊镇抓捕归案。

9月15日 上午9时15分许，山东峄化集团金乡尿素厂尿素车间在抢修管道漏点过程中，管道突然爆裂，液氨泄漏，造成抢修人员3人死亡，2人重伤。

9月19日 山东省环保局以鲁环〔2002〕274号文正式批复金乡县为省级生态示范区建设试点县。

9月 金乡青年歌手张春芳在第三届全国乡村青年歌手大赛中闯入决赛并荣获三等奖。

10月12日 山东省委党校党委书记、副校长李新太到金乡调查研究党校建设工作。

10月20日 中国机械工业联合会、国家电力公司在金乡县召开金曼克集团110千伏级环氧树脂浇注干式变压器运行鉴定会。由主任委员高鹏等15位专家组成的鉴定委员会经过审查技术资料、试验报告、运行报告及参观生产现场和产

品运行，一致认为：110 千伏级树脂浇注干式变压器产品各项性能指标均符合 GB6450-1986 标准和各项技术条件要求。将环氧浇注技术应用于 110 千伏级电力变压器的浇注并获得运行成功，在世界上属首例。

11 月 19 日 ~20 日 县人民医院通过由山东省卫生厅、教育厅联合组织的济宁医学院非直属医院的评审，被确定为“济宁医学院非直属附属医院”。

11 月 23 日 山东省地方标准《无公害金乡大蒜》专家审查会议在金乡县召开。专家们对金乡县起草的山东省地方标准《无公害金乡大蒜》送审稿进行审查，并对金乡大蒜的生理指标、等级规格、检验规则等内容提出修改意见。

11 月 27 日 金乡县生态示范区建设规划通过专家论证。省环保局、山东农业大学、省一轻总会、环境监测中心站、农业环保监测站及济宁市环保局的专家学者到会并对县生态示范区建设规划进行论证。

12 月 9 日 中国戏剧家协会主席、金贵集团名誉董事长李默然及中国文联的有关领导一行 5 人到金贵酒厂参观指导工作，了解企业发展情况。

2003 年

1 月 12 日 ~14 日 政协金乡县第八届委员会第一次会议在县城影视中心举行。会议听取审议韩振中代表政协第七届常务委员会所作工作报告和县长李明晨所作的政府工作通报等，作出相关决议。会议选举韩振中为政协第八届金乡县委员会主席。

1 月 18 日 ~22 日 金乡县第十四届人民代表大会第一次会议在金乡剧院举行。会议听取审议县长李明晨代表县政府所作的《政府工作报告》及其他工作报告。选举乔志猛为金乡县第十四届人大常委会主任，李明晨为金乡县人民政府县长，吴元山为金乡县人民法院院长、梁忠凯为金乡县人民检察院检察长；选举产生县十四届人大常委会委员 15 人和出席济宁市十四届人民代表大会的代表。通过了《关于金乡县人民政府工作报告的决议》等六项决议。

1 月 全国卫生系统先进集体——金乡县人民医院以“优”等成绩再获鲁西南地区二级医院中“医疗优质高效百姓放心医院”称号。

2 月 16 日 山东辉煌塑业有限公司开业。公司位于羊山镇，占地 2500 平方米，注册资金 500 万元，拥有固定资产 3000 余万元，中高级技术人员 30 人，员工 2100 余人。主要生产和经营通信用光（电）缆线保护套管、HDPE 硅芯管、HDPE 双壁波纹管、UPVC 多孔管、BE 子管。

2 月 25 日 《金乡人物志》收集编辑工作正式启动。

3 月 2 日 全县规模最大的民办学校——青华园外国语学校奠基开工。该校由山东冠鲁集团投资兴建，占地 200 余亩，总投资 1 亿元。

3 月 4 日 ~6 日 中国共产党金乡县第十一次代表大会在县影视中心举行。乔志猛代表第十届县委作《与时俱进，开拓创新，为建设富裕文明的新金乡而努力奋斗》工作报告。大会选举产生中共金乡县委第十一届委员会委员、候补委员、县纪委委员和出席济宁市第十次党代会的代表。通过《关于十届金乡县委报告的决议》和《关于县纪委工作报告的决议》。十一届一次全委会议选举乔志猛为县委书记。县纪委第一次会议选举李逢记为县纪律检查委员会书记。

3 月 10 日 “金乡大蒜”经国家质检局和山东省检验检疫局批准，获得“原产地保护”资格。是济宁市首批荣获原产地标记的产品。

3 月 15 日 河南省杞县县委书记焦跃进率团到金乡考察农业产业化发展情况。

3 月 17 日 “南昌大学济宁市金育高中生源基地”正式成立并举行挂牌仪式。

3 月 21 日 金乡县公安局民警刘联合被公安部授予“全国公安战线二级英雄模范”荣誉称号。

3 月 21 日 位于县城中心街中段南侧的鑫源商业广场建设工程奠基开工。该工程属旧城改造项目，总投资 2000 余万元，建筑面积 1.4 万余平方米，由金乡县建发房地产开发有限公司承建。

3 月 24 日 金乡县规模最大、设施最齐全的

居住小区——文馨园小区奠基开工。该小区又称教师新村，位于金司路和缗北四路交汇处，占地面积52829平方米，投资约5800万元，建筑面积73200平方米，可入住539户。

3月31日 周桥新村奠基开工。该工程是为满足金桥煤矿生产需要，经济宁市政府压煤搬迁办公室批准而实施。

4月15日 县委、县政府召开防治非典型肺炎动员大会，拉开全民抗击"非典"序幕。

4月19日 金乡县首家硫酸钾生产企业——金泰硫酸钾厂在高河乡建成并正式投入生产运行。

4月22日 天津培英外语实验学校山东分校在金乡县实验中学挂牌成立。

4月25日 首届中国国际大蒜节"山东省五县（市）书法艺术展"在星湖公园文渊阁开展。作品主要出自金乡、章丘、莒南、临朐、沂水五县（市）书法界实力派之手，是金乡承办的水平最高的艺术展览。

4月26日~27日 首届中国国际大蒜节在金乡县体育中心举行。

5月9日 金乡县文书材料交换中心正式挂牌成立。该中心按照"迅速、畅通、规范、保密"的要求，对全县所有文书材料（机密类除外）实行地点、范围、人员、时间、程序五统一。

5月26日 金乡一中通过山东省创建规范化学校验收组的考核验收，成为金乡县第一所省级规范化学校。

5月27日 县委常委、宣传部长陈新宏带队，将宏泰、东运、宏昌、华光、盛达、冰川六家民营企业捐赠的40吨优质大蒜，无偿赠送给奋战在抗击"非典型性肺炎"最前沿的北京小汤山医院、301医院、302医院、地坛医院、中国疫病预防操控中心等医疗部门，支援首都人民抗击"非典"疫情。

5月 县人民医院被团中央命名为"全国五四红旗团委"。

6月25日 山东省政协副主席朱明到金乡调研爱国主义教育基地建设工作。为鲁西南战役纪念馆书写"鲜血洒沃土，遗愿化宏图"题词。

7月7日 金乡县老年人门球队获山东省第十届"长寿杯"老年人门球比赛亚军。

7月8日 县人民医院病房大楼主体工程竣工。工程总投资5000多万元，主楼19层，总建筑面积2.4万平方米，是一座智能化、综合性的病房大楼，时为金乡县最高层建筑。

7月9日 金乡县招商引资重点项目——山东华雨制药有限公司奠基。项目位于县城西经济开发区内，占地100亩，总投资1.2亿元，其中一期工程投资6000万元，由哈尔滨华雨制药集团投资兴建。主要产品为青龙衣三类新药、满山红滴丸三类新药、抗菌消炎口服四类新药及洋参龟灵口服液等品种。

7月9日 全国供销总社副主任赵显仁在山东省供销社主任白志刚，济宁市副市长李广生等陪同下到金乡调研农资经营服务网络建设工作。

7月10日 中国蔬菜流通协会在金乡县举办保健专家讲座暨金乡有机大蒜推介会。全国著名保健专家，中国保健科技学会食物营养与安全专业委员会会长孙树侠作"食用大蒜益寿延年"技术讲座。

7月19日 金乡县首家大型装饰材料城——新世纪装饰材料城正式建成启用。材料城由哈来金家具厂和苏斌家具厂合资40余万元兴建，占地面积6000平方米。形成了装饰材料规模化、精品化、集约化经营的新格局。

8月5日 济宁市委副书记、市长吕在模带领市委理论学习中心组成员到金乡参观考察华雨制药有限公司、马庙镇宏宇冷藏加工有限公司和鸡黍镇安利木业有限公司等民营经济重点项目。

8月6日 中韩合资企业——三益有限公司在鸡黍镇奠基开工。企业总投资2100万元，占地46亩，由韩国恩拜科技有限公司、河南土产进出口公司和金乡县冰川集团公司共同出资。一期工程投资1200万元，主要利用玉米、大蒜等作物秸秆和棉籽壳生产颗粒蛋白饲料；二期工程投资900万元，增加大蒜精深加工项目。

8月19日 由大连益康集团投资1200万元兴建的山东金路生物工程有限公司原种猪场在胡集镇开工建设。

8 月 因持续高温，全县用电负荷剧增，用电量在 200 万千瓦时左右，日最高负荷达 10 万千瓦，创金乡县用电历史最高纪录。

9 月 4 日 ~6 日 济宁市第十一届运动会“国税杯”跆拳道比赛在金乡县体育中心举行。金乡县选手共获 7 枚金牌、5 枚银牌，金牌和奖牌总数均居全市第一。

9 月 22 日 金曼克中学、青华园外国语学校被教育部命名为“国家基础教育实验中心外语教育研究中心实验学校”。国家基教司外研中心、全国英语课题研究所所长傅大明等为其挂牌。

10 月 曲阜师范学校离休高级讲师傅念南将自己收藏整理的一批文物残片捐赠给金乡县文物部门，县委常委、宣传部长陈新宏带领县文化局、县文管所的负责人登门拜访并接受捐赠。

12 月 6 日 “全国公安二级英模”刘联合表彰大会暨先进事迹报告会在县影视中心举行。山东省公安厅副厅长陈吉光，济宁市委常委、政法委书记步士金及金乡县党政领导、政法干警千余人出席。

2004 年

1 月 3 日 ~5 日 政协第八届金乡县委员会第二次会议在县剧院召开。

1 月 6 日 金海花园商业步行街落成。

1 月 9 日 金乡县“110”家庭暴力投诉中心正式挂牌成立。自此，开启维护金乡妇女儿童权益工作新局面。

1 月 10 日 ~12 日 金乡县第十四届人民代表大会第二次会议在县剧院召开。会议听取、审议县人民政府工作报告和其他工作报告，并作出七项决议。

1 月 14 日 金利纺和棉花加工一厂被县法院成功拍卖，山东樱花纺织集团有限公司一举中标。16 日，金乡县委副书记、县长李明晨，山东樱花纺织集团有限公司董事长李新胜代表双方在《合同书》上签字。合同约定：山东樱花纺织集团有限公司收购金利纺和棉一厂后，成立“山东金樱纺织有限公司”，并按照现代企业制度和运作模式，把企业做大做强，走上持续、快速、健康发展轨道。

1 月 县人民医院对一输卵管结扎患者实施移植手术并获成功，填补了全市空白。

2 月 6 日 金乡县金威礼仪文化传播公司正式挂牌成立。是全县首家经文化主管部门认定的礼仪服务公司。

2 月 10 日 县政府为获得“山东省高新技术企业”认定的金曼克电气集团股份有限公司挂牌，并向获“济宁市民营科技企业”称号的电器制造有限公司、金山棉业公司、樊陈绿宝肥业有限公司、宏泰冷藏加工有限责任公司、山东辉煌塑业有限公司 5 家民营企业颁发证书。

3 月 1 日 济宁市第一家农村党员干部科技培训基地正式在金乡县挂牌成立。基地位于鱼山镇崔口村，处于国际大蒜商贸城中心地段，建筑面积 1500 平方米，设有 5 个教学观摩点。主要培训农村党员干部、致富带头人、大蒜经销储藏加工业主及企业员工等，由市、县两级党委组织部门共同管理。采取聘请专家、教授举办科技讲座、现场观摩、科技经营户现身说法、组织专题研讨等多种形式进行培训。

3 月 6 日 金乡县名流家居汇展中心开业。该中心位于县城北新、旧 105 国道交汇处，占地 90 亩，主要从事家居系列产品，汽车系列产品，装饰、装修、建筑材料、苗木花卉等批发与零售业务。

3 月 24 日 国家环保总局正式向金乡县马庙镇宏昌集团公司 3000 亩有机大蒜生产基地颁发“国环有机产品认证中心有机农场证书”，这在中国大蒜产业发展中属首例。

4 月 16 日 美国安良工商会考察团一行 15 人到金乡参观考察。县委书记、县人大常委会主任乔志猛向美国安良工商会赠送象征诚信与永恒的“鼎盛兴旺之宝鼎”。美国万顺集团公司、金乡县人民政府、山东樱花纺织集团通过洽谈，达成在金乡联合建设 50 万吨蔬菜加工、出口基地的框架协议，并在协议书上签字。

4 月 16 日 金乡县第一次经济普查工作正式

启动。

4月21日 第四届国际葱蒜类学术讨论会在北京开幕。50多个国家和地区的200多名代表和国际园艺学会、联合国粮农组织、葱蒜蔬菜协会，中国园艺协会等单位的专家学者参加会议。作为主办方之一，金乡县委副书记、县长李明晨率团参会，并在开幕式上致辞。

5月9日 县政府决定从2004年开始建立医疗救助基金，在全县范围内推行新型农村合作医疗制度。该制度本着农民自愿原则，以家庭为单位参加，每人每年出资10元，省、市、县三级政府补助不低于10元，筹资水平达到每人每年20元以上。

5月20日 《金乡县大蒜良种选育与产业化开发》课题项目通过济宁市科技局验收。该项目由金乡县种子公司2002年承担，共完成实验品种52个，累计建立示范田2万亩，种子田10万亩。经随机抽样复测，示范区及种子田亩产干蒜1582.1公斤，出口达标率98%以上，筛选出“金乡一号”、“金乡白皮大蒜”、“金早一号”等优良品种。

5月26日 曲阜师范大学书法艺术生源培训基地在金乡二中挂牌成立。

5月28日 金乡县“大蒜标准化示范区”项目通过山东省质量技术监督局组织的专家组验收。

5月29日 金师附小幼儿园获“省级示范幼儿园”“济宁市首届十佳幼儿园”荣誉称号并举行揭牌仪式。

5月 县人民医院在济宁市首家引进“人工肝”支持系统，成为鲁西南地区名副其实的肝病治疗中心。

6月2日 取消“非典”零报告制度，“防非”工作取得全面胜利。

7月 县人民医院获首批“全国百姓放心示范医院”称号，成为鲁西南地区唯一获此殊荣的县级医院。院长靳清汉出席在大连召开的表彰大会，并获“全国百姓放心示范医院优秀管理者”称号。

7月29日 县人民医院新病房大楼正式投入使用。

8月4日 县人民医院“特困患者免费手术”正式启动，鱼台县李阁乡的一名先天性心脏病患儿成为免费手术第一人，并获成功。

8月20日 由山东省农业厅、山东电视台文艺部、山东电视台农科频道主办，金乡县承办的“大家一起来，挑战吉尼斯”大型广场文艺演出在金乡一中体育场举行。金乡县兴隆乡张庙村农民李晓军种植的直径8.7厘米单个大蒜蒜头获三等奖。演出实况录像在山东卫视、公共频道、农科频道播出。

9月5日 金乡县马庙镇民间琴书艺人、济宁市曲艺家协会副主席、山东省琴书表演艺术家刘世福，在淄博举行的由中国文联和中国曲艺家协会主办的第三届中国曲艺表演大赛上演出山东琴书《苦乐娘亲》，以高票获得中国曲艺“牡丹奖”表演奖。

10月27日~28日 济宁市委书记、市人大常委会主任贾万志到金乡县调研指导工作。

10月29日 花园煤矿举行主井冻结造孔开钻仪式。

11月8日 山东省电力集团公司董事长、党委书记朱长富一行到金乡县考察论证30万千瓦发电厂申建事宜。

12月3日 山东大学金乡一中生源基地正式挂牌成立，山东大学校长助理娄红祥为基地揭牌。

12月31日 全省大蒜良种产业化项目鉴定会在金乡召开。“金乡一号”大蒜品种经专家组综合评审，一致认为该课题主题准确，技术资料齐全，数据可靠，在各种繁育和规模生产方面有创新，社会效益和经济效益显著，对大蒜产业化发展有积极作用。

12月 金乡县国税局荣获全国文化扶贫基金会颁发的“全国文化扶贫奖”。

12月 羊山镇中心小学被正式批准为省级规范化学校。

2005年

1月7日~9日 金乡县政协八届三次会议在县剧院召开。

1月11日~14日 金乡县第十四届人民代表大会第三次会议在县剧院召开。大会通过县政府工作报告等六项决议，选举曹景群为金乡县人民政府县长。

1月18日 “金乡县大众信息网”（英文网址www.jxwww.cn）正式开通。网站开设有金乡新闻、大蒜产业、精神文明、招商引资、信息超市、风光民俗、医疗保健、蒜都论坛等21个专题栏目，涉及政治、经济、文化、历史多个领域，可全方位、立体化、动态式反映金乡社会生活的各个方面。

1月24日 金乡县委按照中央和省、市委工作部署，召开“保持共产党员先进性教育”动员大会，对教育活动作出专门安排。

3月1日 金乡县被评为2004年度济宁市五大产业体系建设先进单位，鱼山镇有机大蒜基地被评为济宁市十大特色农业生产基地，高河乡官庄村单欣安被评为济宁市种养大户。

3月29日 中国富硒大蒜种植基地在金乡县高河乡建成。该成果由高河乡从北京申安集团引进，通过喷施富硒肥料，将无机硒转化为有机硒，使大蒜含硒量增加30倍~60倍，提高大蒜防病、治病效果。

4月2日 湖北省楚天卫星台、交通体育台，河南省商丘人民广播电台都市频道和山东省济宁广播电台联合在鲁西南战役纪念馆烈士墓前举行题为“无名烈士墓前的震撼”现场直播节目。

4月20日 金师附小通过省级规范化学校验收。时为金乡县第四所省级规范化学校。

4月26日 东运进出口集团正式挂牌成立。集团拥有46家企业，注册资金4004万元，总资产1.2亿元，是以农产品冷藏、加工、出口为主的外向型企业。时为金乡县最大的民营企业。

4月 金乡县机动车辆检测站通过山东省交通厅组织的专家组验收。检测站全程实行电脑控制，检测结果精确，自动化程度高，达到国家A级检测站标准。

4月 在由全国老年体育协会、全国老龄委、全国妇联等单位联合开展的“全国健康老人”评比中，居住于金乡镇阳光中学105岁老人周李氏入选。

4月 升级改版后的县政府网站正式启动运行。新网站共推出中、英、日、韩四种语言版本，开设有金乡概况、金乡新闻、政策法规、行政审批、招商项目、企业在线等栏目。

4月 棉花无土育苗无钵移栽技术在金乡实验成功。该专利技术由金乡县红太阳有机农业发展有限公司独家买断引进，已和农民签订育苗移栽合同，推广示范1000亩。

5月7日 “吉林俄语学校中俄联合培养本科生生源基地”“吉林俄语学院俄语教学实验基地”在金乡县金育高中正式挂牌成立。

5月16日 全国大蒜产销协调会在金乡县影视中心开幕。中国食品土畜进出口商会蔬菜分会秘书长王慧全就大蒜出口情况和国内外市场分析作专题报告。总参政治部歌舞团歌唱演员李莉，山东省京剧院副院长、国家一级演员李保良应邀在“蒜乡颂”文艺晚会上献艺。

6月4日 香港凤凰卫视凤凰大视野栏目组到金乡县采访王杰生前故事及金乡县如何围绕王杰精神开展“三个文明”建设的情况。

6月29日 全国连锁家电企业——苏宁家电公司落户金乡并开业运营。

7月5日 济宁矿业集团花园煤矿举行开工庆典。山东省人大常委会原副主任王玉玺、省煤炭工业局副局长乔乃琛、省煤矿安全监察局副局长韩芳歧等为花园煤矿开工剪彩。

8月20日 民生人寿保险公司济南分公司金乡营销服务部正式挂牌成立。是为落户在金乡县的第六家寿险保险公司。

11月9日 金乡县白洼林场森林公园申报成功。白洼林场总面积3216亩，其中林地面积2700亩，是国家级白榆良种基地。建有白榆母树林、基因库300余亩，各种实验示范林1000余亩，引进国内外名优树品种200多个。当月，在四川成都举行的第六届中国花卉博览会暨第四届中国花卉交易会上，白洼林场参展的垂榆和大叶榆分获观赏最高奖和优秀奖。

12月 济宁市副市长陈颖、市卫生局局长王汝才等到金乡县督导检查麻疹、流脑防治工作。县委、县政府召开麻疹、流脑防治工作会议。县委书记曹景群、县委副书记、县长李逢记、县委副书记王强、副县长王新颜等亲抓防治工作。全县上下行动迅速，宣传广泛，措施有效，在较短时间内使麻疹疫情得到有效控制。

12月14日 县人民医院院长靳清汉应山东大学卫生部卫生经济研究中心邀请，为该中心教授、博士、硕士100余人作专题讲座。县人民医院"人文管理、成本核算、人事与分配制度改革"经验在全国卫生系统推广，同时获得人事部全国人事人才工作优秀调研成果二等奖。

2005年 鲁农市信字〔2005〕18号文公布全省第11批无公害农产品产地。金乡县"山阳冷藏有限责任公司"等7家企业的"无公害大蒜产地"及"无公害茄子基地"榜上有名。

是年 在山东大学经济研究中心举办的产业集群评选活动中，金乡县大蒜产业被列入山东省10大（农业）产业集群。

第一篇 建置 区划

郓城
瑕丘
鲁县
乘丘
兖州
济宁市
南平阳
巨野
巨野
嘉祥
樊县
山
国
乘氏
国
金乡侯国
金山
任城
驺县
山阳郡
爰戚
亢父
昌邑
东缗
橐县
独山湖
蕃县
梁丘乡
金乡
方与
公丘
成武
西防
鱼台
湖陵
薛县
郜成
郡
单父
都尉
单县
平乐
丰县
沛县
泗水亭
已氏

建置 区划

金乡县早在新石器时代就有人类活动。古为甲父国。夏为有缗国。东汉建武元年（25）置县，已有近2000年历史。其间，境域多次变迁，行政区划也随境域变迁和时代发展而变化。自明初，到民国，历经数十次调整。1949年10月1日，全县行政区划先后调整为9区，领112乡。1956年鱼台县并入后设13区，后又调整为9区、下设38个乡镇；1958年3月撤区并乡（镇），设4镇18乡；是年8月撤乡（镇），设10个人民公社；1962年5月又调整为21个人民公社。1964年7月鱼台县析出，金乡县设13个人民公社，此后县境无变化。1980年7月调整为1镇13社。1984年年初，撤社改乡（镇），全县划为3镇11乡。1985年改设5镇9乡。1995年1月增设大义、金马两乡。此后，数次调整行政区划，撤乡改（并）镇，到2005年年底，全县辖9镇4乡，659个村（居）委会，1253个自然村。

第一章 建　置

第一节 地理位置

金乡县位于山东省西南部，南四湖（南阳湖、独山湖、昭阳湖、微山湖）之西。地跨北纬34°52′~35°40′，东经116°7′~116°30′之间。东邻鱼台县；西靠成武、巨野两县；南与单县及江苏省丰县交错接壤；北与嘉祥县、济宁市任城区相连，北距济宁市48千米。整个轮廓呈“耳”形。2005年，实测金乡东西最大横距26千米，南北最大纵距41.5千米，边界全长212.9千米，总面积886.46平方公里。

第二节 沿　革

金乡县历史悠久，古为甲父国。夏为有缗国。周属宋，为缗邑。秦置东缗、昌邑二县，属砀郡。西汉属兖州山阳郡。东汉建武元年（25）省爰戚县，置金乡县（故城在今嘉祥县境阿城铺村），东缗、昌邑、金乡三县同属山阳郡。三国魏沿汉制。西晋省东缗县入昌邑县，与金乡县同属高平国。东晋属高平郡。南朝宋，昌邑县并入金乡县，属高平郡。北朝魏，金乡县治迁东缗城，属兖州高平郡。隋属曹州济阴郡，开皇十六年（596），分置昌邑县，大业二年（606），昌邑并入金乡。唐武德元年（618），属河南道兖州；四年，置金州，辖金乡、方与，州治金乡；五年，改金州为戴州，昌邑县析出，金乡仍属之；八年，昌邑县复并入金乡县。唐贞观十七年（643），废戴州，属兖州。五代周，属济州。宋，属京东西路济州。金属山东西路济州。元初属济州，后属济宁路。明初属济宁府；洪武十八年（1385），属兖州府。清顺治初年属兖州府；乾隆四十五年（1780），属济宁州。

民国元年（1912），属兖沂曹济道；1913年改属岱南道；1914年属济宁道；1928年直属山东省；1934年属济宁行政督察区；1936年属山东省第二行政督察区；1938年属山东省第十一专区。

1938年5月，金乡县沦陷。日本侵略军操纵汉奸成立伪金乡县公署，属伪鲁西道。1940年始，属伪兖济道。

1940年3月24日，金乡县抗日民主政府成立，金乡县属湖西专区。1941年，西北部划归巨南五县联合办事处辖区。1942年，属晋冀鲁豫边区第二十一专区。1943年6月，县西部、西北部地区与巨野县东南部地区合并建立金巨县，7月，城南地区与单县的东北及北部地区合并建立金曹县，二县同属晋冀鲁豫边区第二十一专区，金乡县抗日民主政府建制撤销。1944年1月，原金乡县的东北部地区划归为金济鱼联合办事处的辖区（县级）。8月，晋冀鲁豫边区第二十一行政督察专署

改称冀鲁豫第十一行政督察专员公署，金曹县、金巨县、金济鱼办事处均属之。1944年10月，撤销金济鱼边区联合办事处。

1945年8月，日本投降，伪金乡县政权解体。

1945年9月，撤销金曹县，恢复金乡县建制，属冀鲁豫第三专区。1946年2月，撤销金巨县，原金乡辖区划归金乡县。1946年，金乡县国民党政府随其部队返回县城，属国民党山东省第十一行政区。金乡县民主政府转移到农村活动。1947年9月，重建金巨县，同属冀鲁豫第三专区。1948年8月，国民党县政府溃逃，金乡解放。同年，撤销金巨县，金乡县恢复原建制，仍属冀鲁豫第三专区。

1949年8月，属平原省湖西专区。1952年11月，平原省撤销，随湖西专区归属山东省。1953年7月，属济宁专区。1956年2月，鱼台县并入，1964年7月，鱼台县析出。1967年2月，济宁专区改为济宁地区，属济宁地区。1983年8月，撤销济宁地区，改建为地专级济宁市，金乡县属济宁市，此后隶属关系一直延续。

第三节 境域变迁

东汉建武元年（25）置县，境域含今金乡县北部和嘉祥县南部地区。

南朝宋，昌邑县并入，境域含今县全境和嘉祥县南部、巨野县东南部。其后，昌邑县多次并入、析出，直至唐武德八年（625）并入，未再变迁。

南宋咸淳一年（1265），鱼台县并入，二年析出。元至元二年（1336），鱼台县并入，三年又析出。

清同治元年（1862）《金乡县志》载：县境东西宽50里；南北长81里。东至鱼台县界15里，西至菏泽县界50里，南至单县界30里，北至嘉祥县界40里，西北至巨野县界30里，西南至成武县界40里，东南至江苏丰县界25里，东北至济宁州界40里。此境域续至抗日战争时期。

1943年6月，境内马庙、羊山、郑楼3区划归金巨县。是年7月，境内王楼、鲍楼、周楼、寻楼、胡楼5区划归金曹县。

1944年1月，境内孙桁区划归金济鱼联合办事处（县级政权）。同年10月，孙桁区改属济宁县抗日民主政府。

1945年9月，撤销金曹县恢复金乡县，原属金曹县的5个区和金巨县的3个区重新归属金乡县，次年1月，孙桁区归属金乡县。

1947年9月，重设金巨县，郑楼、马庙、羊山、孙桁（胡集区并入孙桁区）、城关5区划归之。次年8月，金巨县撤销，郑楼等5个区复归金乡县。

1956年2月，鱼台县并入金乡县。

1958年，嘉祥县核桃园、满硐公社30个自然村划归金乡县；1962年，复归嘉祥县。

1964年7月恢复鱼台县，原属鱼台县地划出。此后县境无变化。

第二章 区 划

第一节 区划调整

明初，金乡县划4乡33社。嘉靖年间，灾患频仍，人口大量缩减，合为24社，后又并为12社。

清，划10社54方。

民国初年，划5区，旋改划11区，辖100余团。1928年，合并为五区。1930年，设10区。1934年，改实验县，划5个训练区，10区之名亦存。1936年，划城关、高河、鸡黍、胡集、羊山5区，49乡镇。

1940年3月，成立金乡县抗日民主政府，设一区（驻城关一带农村），二区（驻化雨一带农村），三区（驻鸡黍一带农村），四区（驻马庙一带农村），五区（敌占区）。

1941 年 1 月，金乡县抗日民主政府，在县南部根据地设王楼、鲍楼、寻楼、耿楼、周楼、赵楼、郑楼 7 区。

1943 年 6 月，设金巨县，辖郑楼、马庙、羊山、德化（原属巨野）、昌邑（原属巨野）、双庙（原属巨野）6 区。

1943 年 6 月，设金曹县，辖王楼、黄堆（原属单县）、安德（原属单县）、芳桂（原属单县）、曹马（原属单县）、鲍楼、周楼、寻楼、胡楼 9 区。

1944 年 1 月，金济鱼边区联合办事处辖金乡县孙桁区。1944 年 10 月，孙桁区属济宁县抗日民主政府。

1945 年 9 月，撤销金曹县，恢复金乡县建制，原金乡县的王楼、鲍楼、周楼、寻楼、胡楼和金巨县的羊山、马庙、郑楼归属金乡县，同月设城关区。次年 1 月，孙桁区归金乡县，8 月设胡集区。

1947 年 9 月，郑楼、马庙、羊山、孙桁、城关 5 区划归金巨县，胡集区并入孙桁区。

1948 年 8 月，撤销金巨县，郑楼、马庙、羊山、孙桁、城关 5 区重新归属金乡县。当月，恢复胡集区。至此，金乡县设王楼、马庙、周楼、寻楼、郑楼、羊山、鲍楼、孙桁、胡楼、城关、胡集 11 区。

1949 年 10 月 1 日，调整为：一区（城关）、二区（霄云）、三区（高河店）、四区（胡集）、五区（羊山）、六区（马庙）、七区（鸡黍）、八区（兴隆）。1952 年 5 月新设九区（化雨）。金乡县辖 2 镇 112 乡。

1956 年 2 月，鱼台县并入，设 13 区。同年 12 月，调整为高河、胡集、马庙、兴隆、化雨、鱼城、武台、旧城、谷亭 9 区，下设 38 个乡镇。

1958 年 3 月，撤区并乡镇，设城关、谷亭、羊山、鱼城 4 镇及鸡黍、胡集、马庙、化雨、兴隆、高河、老砦、王鲁、相里、李阁、霄云、康桥、罗屯、孙桁、王庙、大义、司马、马集 18 乡。

1958 年 8 月撤乡镇，成立人民公社，设城关、羊山、鸡黍、胡集、马庙、化雨、鱼城、王庙、谷亭、相里 10 个公社。

1962 年 5 月，调整为城关、羊山、鸡黍、胡集、马庙、化雨、鱼城、王庙、谷亭、相里、兴隆、高河、老砦、王鲁、李阁、霄云、王丕、卜集、鱼山、罗屯、司马 21 个人民公社。

1964 年 7 月，鱼城、王庙、谷亭、相里、老砦、王鲁、李阁、罗屯 8 个人民公社析出复置鱼台县。金乡县辖城关、高河、卜集、胡集、羊山、马庙、鱼山、鸡黍、兴隆、司马、化雨、王丕、霄云 13 个人民公社。

1980 年 7 月，城关人民公社分设城关镇和城郊人民公社。

1984 年年初，撤社改乡镇，设金乡、羊山、鸡黍 3 镇和城郊、鱼山、马庙、兴隆、司马、霄云、化雨、王丕、高河、卜集、胡集 11 乡。

1985 年 2 月，改霄云、胡集两乡为镇。

1993 年，将鸡黍镇的马集管区及周围 22 个行政村设立金马办事处，将胡集镇的 19 个行政村、羊山镇的 11 个行政村共计 30 个行政村设立大义办事处。全县时辖五镇九乡两个办事处。名称为：金乡镇、羊山镇、胡集镇、鸡黍镇、霄云镇、卜集乡、马庙乡、鱼山乡、城郊乡、高河乡、化雨乡、王丕乡、兴隆乡、司马乡、大义办事处、金马办事处。

1995 年 1 月 13 日，山东省人民政府以鲁政函民字〔1995〕5 号文批复济宁市，同意设立金马乡，将鸡黍镇的马集、王门楼、胡庄、辛庄、东李、张庄、单楼、西李、杨庄、大刘、焦杭、介庙、刘楼、吕庙、郭庄、杜河、宗营、郑楼、菜园、太山庙、李杭、徐庙等 22 个村划归金马乡管辖，乡人民政府驻马集；同意设立大义乡，将胡集镇的大义北、大义南、南周、南孙楼、莫桥、前戴、万柳、邱井、方庙、南郭、后戴、安楼、前安、北周、邱楼、草庙、西王庄、李楼、莫楼等 19 个村和羊山镇的刘庄、桃园、安五王、河东王、后于、宋屯、周大楼、东张、东李、薛岗、关帝等 11 个村划归大义乡管辖，乡人民政府驻大义。原金马、大义两个办事处随即撤销。

1995 年 4 月 12 日，国务院批准撤销城郊乡，设立缗城镇，原行政区划和政府驻地不变。山东省副省长王玉玺给济宁市人民政府并金乡县人民政府发来了贺电。电文如下：“欣闻金乡县撤城郊乡设立缗城镇，我谨代表山东省人民政府并以个人名义向你们表示热烈地祝贺，向全镇人民致以亲切地问候。希望缗城镇人民在县委、县政府的领导下，进一步解放思想，开拓前进，为建设一个新的、繁荣的缗城镇而努力奋斗”。

1997 年 6 月，撤销鱼山乡、王丕乡设立鱼山镇、王丕镇，原行政区划和政府驻地不变。

1999 年 12 月，撤销马庙乡设立马庙镇，原行政区划和政府驻地不变。

2000 年 5 月，撤销司马乡设立司马镇，原行政区划和政府驻地不变。全县时辖金乡镇、缗城镇、羊山镇、鸡黍镇、霄云镇、胡集镇、鱼山镇、王丕镇、马庙镇、司马镇、卜集乡、高河乡、化雨乡、兴隆乡、金马乡、大义乡。共 10 镇 6 乡。

2000 年 12 月，全县行政区划调整，撤销大义乡并入胡集镇，撤销金马乡并入鸡黍镇，撤销缗城镇并入金乡镇。

2005 年年底，全县辖金乡镇、羊山镇、胡集镇、马庙镇、鱼山镇、王丕镇、鸡黍镇、司马镇、霄云镇、卜集乡、高河乡、化雨乡、兴隆乡，共 9 镇 4 乡。

第二节 县 城

金乡县故城原在阿城铺（今嘉祥县南四十里阿城铺村），今城址为秦置东缗县故城。

明弘治十六年（1503）重修土城，新建东、西、南、北四门。“城周长七里三十步，城根阔一丈七尺，顶阔五尺，城外为隍，阔四丈六尺，深一丈一尺”。明万历六年（1578）二月至次年七月复修城池。城基增阔到二丈七尺，顶阔增到一丈二尺，高提到二丈三尺。“又计地输柴，烧砖一百余万，重新东西门楼，增高六尺，易城上女墙以砖，修砖垛二千一百八十三，增城铺十五座，重以瓮门，临以深堑，巍然焕新，屹为雄镇”。

清康熙十二年（1673）、四十九年（1710）两次补修。乾隆三十八年（1773）至四十三年，重修砖城，“基宽一丈七尺，周围一千零三十六丈。官修二段，四百五十丈六尺二寸；民修四段，五百八十五丈三尺八寸。四门增修城楼、大券台、月城券台、马道、吊桥各四座”。咸丰九年（1859），新修城廓，“根基阔三丈五尺，顶阔一丈五尺，高一丈五尺，周长一千六百余丈”。

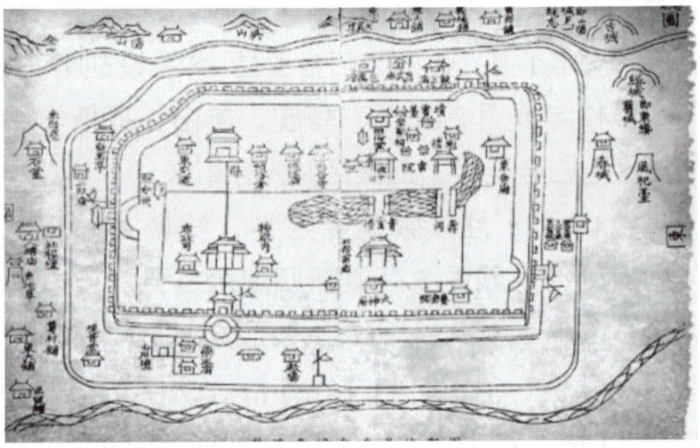

图 1-1　乾隆三十三年（1768）金乡县城图

1927 年，城内有大街小巷 20 条。草市街、衙门前街为石铺路，其余为土路。

1991 年年初，城区南北长 3 千米，东西宽 2.4 千米，面积 4.1 平方公里。有文峰、中心、环城、北当、金山等主干路和街巷 51 条。当年 9 月，县政府公布《金乡

图 1-2　1996 年金乡县城全景

县城总体规划区界址范围》。

1994年,《金乡县县城总体规划(1994~2010)》,界址划定范围：东界为莱河，西界为大沙河，南界为缗城镇地界，北界为老万福河。东西宽6千米，南北长7.8千米，总面积45平方公里。

2005年，城区建成面积约12平方公里。自东向西有南北向街道8条，分别是共青团路、文化路、金司路、向阳街、金山街、清真街（向南为南店子街）、西大街、西外环路。自北向南东西向街道7条，分别是北朱路、北斗街、文峰路、荷香路、中心大街、缗南一路、缗南二路。其中中心大街和金山街中段为主要商贸街，金司路中段、荷香路、清真街、南店子街次之。东方商城、商贸步行街、光明商厦、国贸商厦、五交化大楼、鑫源商业广场、供销大厦、百货大楼和机关招待所分布在中心大街两侧。金叶大酒店位于文峰路中段路南。缗南二路（金司路至西大街段）为著名的南店子大蒜交易市场。占地约1平方公里的经济园商贸物流区位于西大街西侧，与金乡汽车站毗邻。光明路农贸市场位于文峰路中段以北，南门农贸市场位于缗南一路中段，县人民医院东邻。

城区有山东省金曼克电气集团股份有限公司、山东金贵酒业有限公司、金乡县供电公司、山东金巨有限公司、金樱纺织有限公司、金樱棉业有限公司、德华化工有限公司、通用机械有限公司、华星面粉公司、粮食局油脂总厂、金联糕点厂等规模以上工业企业。西城区暨经济开发区位于县城西部，区划范围：东起老105国道，西至大沙河，北到王杰村，南到窦堂村，规划面积14.6平方公里。规划形成南北向金曼克大道和东西向缗北二路“二条轴线”和南、北、中心、福清“四个组团”布局。其中北组团以工业用地为主，包括电子、农产品加工、化工园区，占地4.1平方公里。开发区2002年7月筹建，至2005年，共完成基础设施建设投资4.3亿元，建成项目7个，在建项目5个。

中共金乡县委、县人大常委会、县人民政府、政协金乡县委员会位于星湖公园西北侧，原金乡县衙旧址。县人民武装部、县政府各组成部门、县人民法院、县人民检察院和金乡镇政府机关、共青团金乡县委、县总工会、妇女联合会、工商联合会、残疾人联合会等群团、社团组织以及税务、金融、保险、电信、邮政、烟草、医药等省、市直属单位均驻城区。驻在城区的还有：县委党校、金乡第一中学、第二中学、金乡师范、金育高中、职业中专、实验中学、金乡镇金曼克中学、魁星中学、实验小学及其幼儿园、中心小学及其幼儿园、特殊教育学校等文教单位；县人民医院、县中医院、县防疫站、县妇幼保健院和社区诊所等卫生单位；县电视台、广播电台、县文化馆、图书馆、体育馆、新华书店、金乡剧院、影视中心等宣传单位。

城区居民主要集中在第一、第二、第三居民委员会和北当、金珠、南门、清真、西关5个社区居民委员会。1990年，城区居民3.18万人。2005年，已建成的居民小区有：金海花园、文馨园（教师新村）、御景花园、金泰花园、金城花园、九星花园和荷香新街商住区。城区居民6.64万人。

城区名胜古迹有：唐建文峰塔、明建魁星楼和新建星湖公园，公园内建有文渊阁。

金乡县城交通便利，105国道线和东丰线在城区相交。在金乡汽车站乘车可直达北京、天津、济南、济宁、东营、青岛、临沂、威海、蓬莱、商丘、郑州、菏泽、常熟、温州、义乌等地。县城有通往各乡镇的班车。城区客运以出租车为主。

图1-3　2005年金乡县城卫星图

第三节 乡 镇

金乡镇

位于县境中部，镇驻地在县城区，土地面积70.1平方公里。

1984年年初，原城关镇改称金乡镇。1995年4月，撤销城郊乡设立缗城镇。2000年12月，撤销缗城镇，将其行政区并入金乡镇。

2005年，金乡镇辖54个村（居）民委员会（含8个城市社区居民委员会），124个自然村；37199户，105798人，其中女性51646人；城镇人口66349人，人口自然增长率6.69‰。耕地42611亩。地区生产总值8.03亿元，其中一、二、三产业增加值分别为1.71亿元、3.5亿元和2.77亿元。工业总产值8.2亿元；实现利税0.8亿元。农林牧渔业总产值3.13亿元。全年粮食作物播种面积2333亩，总产1117吨；瓜菜播种面积69678亩，总产16.65万吨；棉花33059亩，总产2804吨。种植业产值7646万元。全年造林66公顷，森林覆盖率26%，林果总产2900吨；林业产值271万元。大牲畜存栏1450头，猪存栏9100头，羊存栏1.7万只，家禽存栏101万只，畜牧业总产值5495万元。水产品总量610吨，渔业总产量380吨。农业机械总动力7.58万千瓦。乡镇企业总产值20.6亿元，利税1.99亿元，其中个体私营企业产值20.6亿元，利税1.99亿元。财政收入1666万元。农民人均纯收入4700元，比2004年增加525元。有中学5所，小学15所，在校学生10349人，适龄儿童入学率100%。有医院3所。电话普及率每百人66部。

羊山镇

位于县境西北部，距县城20千米，距济宁机场15千米。土地面积93.06平方公里。

1995年4月，刘庄管区6个行政村6488人，周大楼管区周大楼村、东张村、关帝庙村、薛岗村、东李村5个行政村3342人，共11个行政村9830人，划归大义乡。2000年12月，大义乡撤并后随大义乡并入胡集镇。

2005年，羊山镇辖62个村民委员会、95个自然村；11592户，50191人，其中女性24517人；城镇人口7693人，人口自然增长率8.57‰。耕地70783亩。地区生产总值4.98亿元。工业总产值2.21亿元；实现利税1639.2万元。农林牧渔业总产值3.5亿元。全年粮食作物播种面积31471亩，总产1.57万吨；瓜菜播种面积68657亩，总产14万吨；棉花50932亩，总产3973吨。种植业产值1.86亿元。造林65公顷。森林覆盖率26.2%，林果总产876吨；林业产值357万元。大牲畜存栏1460头，猪存栏3.2万头，羊存栏2.9万头，家禽存栏56万只，畜牧业总产值5364万元。水产品总量120吨，渔业总产值46.6万元。农业机械总动力5.25万千瓦。乡镇企业总产值2.47亿元、利税1760万元，其中个体私营企业产值1.29亿元、利税922万元。财政收入231万元。农民人均收入3974元。有中学2所，小学8所，在校学生4700人，适龄儿童入学率100%。有医院1处。电话普及率每百人16.8部。

胡集镇

位于县境北部，距县城16千米。土地面积90.12平方公里。是省级中心镇、著名的中国白皮梨瓜之乡。

1995年4月，大义管区11个行政村6271人，安楼管区安楼村、前安村、北周村、邱楼村4个行政村3028人，仝庙管区草庙、西王庄、李楼、莫楼4个行政村2787人，共19个行政村12086人，划归大义乡。2000年12月，大义乡撤销，原划出的19个行政村连同羊山镇11个行政村并入胡集镇。

2005年，辖77个村民委员会，122个自然村；16726户，58941人，其中女性29028人；城镇人口3471人，人口自然增长率3.58‰。耕地92406亩。地区生产总值4.23亿元。工业总产值4.09亿元；实现利税1.51亿元。农林牧渔业总产值3.39亿元。粮食作物播种面积38992亩，总产1.72亿吨；瓜菜播种面积11542亩，总产26.3万吨；棉

花 61083 亩，总产 4515 吨；种植业产值 3.45 亿元。造林 22.5 公顷。森林覆盖率 24.3%，林果总产 590 吨；林业产值 340 万元。大牲畜存栏 2000 头，猪存栏 2.5 万头，羊存栏 4.9 万只，家禽存栏 25.5 万只，畜牧业总产值 1.69 亿元。水产品总量 1656 吨，渔业总产值 1409 万元。农业机械总动力 10.9 万千瓦。乡镇企业总产值 5.78 亿元、利税 1.31 亿元，其中个体私营企业产值 5.78 亿元、利税 1.31 亿元。财政收入 683 万元。农民人均纯收入 3635 元。有中学 3 所，小学 13 所，在校学生 4200 人，适龄儿童入学率 100%。有医院 1 所。电话普及率每百人 21 部。

鸡黍镇

位于县境西南部，距县城 17.5 千米，南与单县相邻，北靠金乡镇，东邻兴隆乡，西与成武县接壤。105 国道纵穿南北，348 省道（枣曹公路）横贯东西，交通方便。

1995 年 4 月，马集管区 11 个行政村，菜园管区 8 个行政村，古堆管区太山庙、李杭楼和丁庙管区徐庙村，共计 22 个行政村 23028 人，划归新成立的金马乡。2000 年 12 月，撤销金马乡，22 个行政村回归鸡黍镇。

2005 年，全镇总面积 73.04 平方公里。辖 70 个村民委员会，127 个自然村，16479 户，60991 人，其中女性 30393 人；城镇人口 5200 人，人口自然增长率 6.66‰。耕地 83256 亩。地区生产总值 6.73 亿元；工业总产值 9.3 亿元，实现利税 6042 万元；农林牧渔业总产值 4.8 亿元。粮食作物播种面积 30819 亩，总产 1.48 万吨；瓜菜播种面积 143160 亩，总产 24.5 万吨；棉花种植 5.8 万亩，总产 5220 吨；种植业产值 3.67 亿元。造林 200 公顷，森林覆盖率 22%，林果总产 700 吨；林业产值 189 万元。大牲畜存栏 1000 头，猪存栏 2 万头，羊存栏 6.2 万只，家禽存栏 52 万只，畜牧业总产值 1.09 亿元。水产品总量 276 吨，渔业总产值 201 万元。农业机械总动力 6.9 万千瓦。乡镇企业总产值 11.3 亿元，利税 7100 万元，其中个体私营企业产值 4.7 亿元、利税 1800 万元。财政收入 993 万元。农民人均纯收入 4490 元。有中学 3 所，小学 16 所，在校学生 8020 人，适龄儿童入学率 100%。有医院 2 所。电话普及率每百人 22 部。

霄云镇

位于县境东南部，距县城 21 千米，东与鱼台县相邻，西与司马镇接壤，南与丰县、单县毗邻，北与化雨乡相连。

2005 年，全镇总面积 71.77 平方公里。辖 51 个村民委员会，103 个自然村，12476 户，46462 人，其中女性 23113 人；城镇人口 3294 人，人口自然增长率 4.18‰。耕地 62741 亩。地区生产总值 4.41 亿元。工业总产值 0.38 亿元，实现利税 494 万元。农林牧渔业总产值 4.05 亿元。粮食作物播种面积 36480 亩，总产 1.55 万吨；瓜菜 89746 亩，总产 24.68 万吨；棉花 45150 亩，总产 4425 吨；种植业产值 3.08 亿元。造林 200 公顷，森林覆盖率 21%，林果总产 3100 吨；林业产值 281 万元。大牲畜存栏 1820 头，猪存栏 5.2 万头，羊存栏 9.5 万只，家禽存栏 71 万只，畜牧业总产值 8956 万元。水产品总量 321 吨，渔业总产值 234 万元。总蓄水能力 120 万立方米。农业机械总动力 6.3 万千瓦。乡镇企业总产值 1.69 亿元、利税 2146 万元。财政收入 214 万元。农民人均纯收入 4280 元。有中学 1 所，小学 11 所，在校学生 3896 人，适龄儿童入学率 100%。有医院 1 所。电话普及率每百人 25 部。

霄云镇煤炭资源丰富，储量 2.6 亿吨。年产 90 万吨的霄云寺煤矿位于该镇境内。

司马镇

位于县境南部，距县城 17 千米，西、北与兴隆、化雨两乡相邻，东靠霄云镇，南和单县时楼乡接壤。是金乡白皮大蒜、有机蔬菜、特色林果、棉花种植、畜牧生产基地。

2000 年 5 月，撤乡改镇。

2005 年，全镇总面积 79.94 平方公里。辖 43 个村民委员会，85 个自然村，9621 户，32202 人，其中女 16051 人；城镇人口 1185 人，人口自然增长率 6.49‰。耕地 6 万亩。地区生产总值 2.2 亿元。

工业总产值13亿元，实现利税150万元。农林牧渔业总产值2.04亿元。全年粮食作物播种面积11836亩，总产0.54万吨；瓜菜48985亩，总产9.04万吨；棉花37933亩，总产3888吨；种植业产值1.38亿元。造林113公顷，森林覆盖率23%，林果总产712吨；林业产值296万元。大牲畜存栏1800头，猪存栏1.2万头，羊存栏2.3万只，家禽存栏19万只，畜牧业总产值6207万元。水产品总量60吨，渔业总产值72万元。农业机械总动力3.69万千瓦。乡镇企业总产值1.8亿元，利税290万元，其中个体私营企业产值1.8亿元，利税290万元。财政收入802万元。农民人均纯收入4095元。有中学1所，小学7所，在校学生1805人，适龄儿童入学率100%。有医院1所。电话普及率每百人31部。实现村村通公路。

鱼山镇

位于县境西部，距县城5千米，四面环河。东隔大沙河与金乡镇相邻，南靠鸡黍镇，西邻马庙镇，北隔新万福河与羊山镇相望。

1997年6月，撤乡改镇。

2005年，全镇总面积55.77平方公里。辖35个村民委员会，59个自然村，6726户，24136人，其中女12018人；城镇人口1385人，人口自然增长率6.38‰。耕地33434亩。地区生产总值4.57亿元。工业总产值3.1亿元，实现利税1.27亿元。农林牧渔业产值1.89亿元。全年粮食作物播种面积6517亩，总产3257吨；瓜菜播种面积52529亩，总产10.87万吨；棉花27012亩，总产2696吨；种植业产值1.44亿元。造林167公顷。大牲畜存栏300头，猪存栏6500万头，羊存栏1.3万只，家禽存栏20万只，畜牧业总产值3900万元。水产品总产量212万吨，渔业总产值154万元。农业机械总动力5.07万千瓦。乡镇企业总产值3.86亿元，利税1.72亿元，其中个体私营企业产值3.15亿元，利税1.29亿元。财政收入800万元。农民人均收入4500元。有中学1所，小学5所，在校学生共1794人，适龄儿童入学率100%。有医院1所。电话普及率每百人60部。

全镇经营大蒜的企业280余家，拥有恒温库348座，总冷藏能力20余万吨，加工能力18万吨。宏昌集团、东运集团等10余家深加工企业的产品销往全国各地及40多个国家和地区，出口量占全国出口总量的近25%。农业部定点鲜活农产品批发市场——金乡国际大蒜贸易城，是鲁西南地区最大的大蒜销售集散地，也是全镇的大蒜产业聚集区，全长10千米，年交易量150万吨，交易额20多亿元。

2005年4月，原金乡东运冷藏集团正式注册更名为“金乡东运进出口集团”。注册资金4004万元，总资产1.8亿元，拥有34家企业成员单位，其中6家专业进出口公司，2家中外合资企业，1个农产品综合化验室，年冷藏储存能力10万吨，加工能力8万吨。全年出口大蒜及产品4.6万吨，创汇2160万美元，实现利税2000万元，在济宁市企业排名中位居前三位，曾多次被市、县命名为明星企业、出口创汇先进企业。是年8月，被命名为山东省农业产业化重点龙头企业。至2005年年底，共发展标准化大蒜生产基地5.6万亩，合同种植户2.3万户。

王丕镇

位于县境东南部，距县城5千米。东隔东沟与化雨乡相望，西北与金乡镇接壤，西南与兴隆乡、鸡黍镇相邻，北隔金鱼河和高河乡相望。

1997年6月撤乡改镇。

2005年，全镇总面积34.44平方公里。辖28个村民委员会，52个自然村，5605户，21760人，其中女性10947人；城镇人口1679人，人口自然增长率5.97‰。耕地34480亩。地区生产总值1.94亿元。工业总产值5.6亿元，实现利税2668万元。农林牧渔业总产值1.72亿元。全年粮食作物播种面积8863亩，总产4026吨；瓜菜33784亩，总产8.45万吨；棉花25845亩，总产2274吨；种植业产值1.02亿元。造林20公顷，森林覆盖率24%，林果总产500吨；林业产值190万元。大牲畜存栏280头，猪存栏1.6万头，羊存栏1.2万只，家禽存栏30万只，畜牧业总产值2720万元。水产品总量

10 吨，渔业总产值 5 万元。农业机械总动力 2.22 万千瓦。乡镇企业总产值 5.6 亿元，利税 2668 万元，其中个体私营企业产值 4.5 亿元，利税 2240 万元。财政收入 450 万元。农民人均纯收入 3800 元。有中学 1 所，小学 4 所，在校学生 2000 人，适龄儿童入学率 100%。有医院 1 所。电话普及率每百人 18 部。

马庙镇

位于县境西部，距县城 10 千米，东邻鱼山镇，西与成武县相邻，南隔新西沟与鸡黍镇接壤，北隔新万福河与羊山镇、巨野县谢集镇相望。

相传，唐代马姓在此建村，修有庙宇，故得此名。

1999 年 12 月撤乡改镇。

2005 年，全镇总面积 72.73 平方公里。辖 67 个村民委员会，109 个自然村，14621 户，52809 人，其中女性 26539 人；城镇人口 4228 人，人口自然增长率 4.54‰。耕地 87636 亩。地区生产总值 9.95 亿元。工业总产值 5.6 亿元，实现利税 6300 万元。农业牧渔业总产值 3.66 亿元。全年粮食作物播种面积 14791 亩，总产 6607 吨；瓜菜播种面积 125190 亩，总产 19.67 万吨；棉花 77405 亩，总产 6768 吨；种植业产值 3.36 亿元。造林 5.5 公顷。森林覆盖率 23.4%，林果总产 240 吨；林业产值 323 万元。大牲畜存栏 980 头，猪存栏 3.76 万头，羊存栏 9.8 万只，家禽存栏 37 万只，畜牧业总产值 6868 万元。水产品总量 263 吨，渔业总产值 192 万元。农业机械总动力 8.9 万千瓦。乡镇企业总产值 10.69 亿元，利税 1.02 亿元，其中个体私营企业产值 5.1 亿元，利税 3900 万元。财政收入 1139 万元。农民人均纯收入 4335 元。有中学 2 所，小学 12 所，在校学生 4596 人，适龄儿童入学率 100%。有医院 1 所。电话普及率每百人 17 部。

马庙镇因盛产金谷而著名。1996 年 3 月，被农业部中国特产之乡命名宣传活动组委会正式命名为“中国金谷之乡”。

高河乡

位于县境东部，距县城 6 千米，西与城区毗邻，东与鱼台县罗屯接壤，南部与王丕镇、化雨乡相邻，北隔新万福河与卜集乡相望。

2005 年，全乡总面积 40.12 平方公里。辖 31 个村民委员会，78 个自然村，9651 户，31982 人，其中女性 16007 人；城镇人口 1043 人，人口自然增长率 0.72‰。耕地 51118 亩。地区生产总值 2.92 亿元。工业总产值 1.25 亿元，实现利税 280 万元。农林牧渔业总产值 2.51 亿元。全年粮食作物播种面积 6564 亩，总产 2632 吨；瓜菜 138026 亩，总产 28.33 万吨；棉花 22353 亩，总产 1564 吨；种植业产值 2.54 亿元。造林 112 公顷，森林覆盖率 13%，林果总产 200 吨；林业产值 175 万元。大牲畜存栏 310 头，猪存栏 7000 头，羊存栏 2 万只，家禽存栏 26 万只，畜牧业总产值 5349 万元。水产品总量 2412 吨，渔业总产值 881 万元。农业机械总动力 6.45 万千瓦。乡镇企业总产值 1.07 亿元，利税 3096 万元，其中个体私营企业产值 1.25 亿元，利税 648 万元。财政收入 278 万元。农民人均纯收入 5280 元。有中学 1 所，小学 12 所，在校学生 3360 人，适龄儿童入学率 99%。有医院 1 所。电话普及率每百人 13.5 部。

兴隆乡

位于县境南部，距县城 11.5 千米，东靠化雨乡，西邻鸡黍镇，北接王丕镇，南隔东鱼河与单县相望。

兴隆集，因生意兴隆而得名。

2005 年，全乡土地面积 96.93 平方公里。辖 50 个村民委员会，83 个自然村，有 11090 户，39029 人，其中女 19104 人；城镇人口 2300 人，人口自然增长率 4.2‰。耕地 56447 亩。地区生产总值 2.61 亿元。工业总产值 1.37 亿元，实现利税 246 万元。农林牧渔业总产值 2.31 亿元。全年粮食作物播种面积 14200 亩，总产 5680 吨；瓜菜 73130 亩，总产 8.82 万吨；棉花 47400 亩，总产 3128 吨；种植业产值 1.64 亿元。造林 100 公顷，森林覆盖率 26%，林果总产 1200 吨；林业产值 390 万元。大牲畜存栏 1200 头，猪存栏 1.8 万头，

羊存栏3.2万只，家禽存栏23万只，畜牧业总产值6267万元。水产品总量128吨，渔业总产值93万元。农业机械总动力10.43万千瓦。乡镇企业总产值4.1亿元，利税926万元，其中个体私营企业产值3.6亿元，利税562万元。财政收入126万元。农民人均纯收入3636元。有中学1所，小学8所，在校学生1886人，适龄儿童入学率100%。有医院1所。电话普及率每百人26部。

化雨乡

位于县境东南部，距县城11千米。东邻鱼台县，西与兴隆乡、王丕镇接壤，南与霄云镇毗邻，北与高河乡、鱼台县罗屯相邻。

2005年，全乡总面积52.74平方公里。辖46个村民委员会，117个自然村，11854户，43810人，其中女性21590人；城镇人口1285人，人口自然增长率5.66‰。耕地70677亩。地区生产总值4.22亿元。工业总产值2.35亿元，实现利税450万元。农林牧渔业总产值3.54亿元。全年粮食作物播种面积10150亩，总产4325吨；瓜菜114780亩，总产31.91万吨；棉花49860亩，总产3989吨；种植业产值2.38亿元。造林37公顷，森林覆盖率15.8%，林果总产530吨；林业产值370万元。大牲畜存栏2135头，猪存栏1.6万头，羊存栏3.5万只，家禽存栏67万只，畜牧业总产值4958万元。水产品总量250吨，渔业总产值161万元。农业机械总动力4.6万千瓦。财政收入389万元。农民人均纯收入4360元，比2004年增加677元。有中学1所，小学11所，在校学生2875人，适龄儿童入学率100%。有医院1所。电话普及率每百人21部。

卜集乡

位于县境东北部，距县城15千米，西、西北与胡集镇相邻，南、东南隔新万福河与高河乡、鱼台县清河镇相望，东邻济宁市任城区南田乡。

2005年，全乡总面积55.7平方公里。辖45个村民委员会，99个自然村，9451户，42956人，其中女21067人；城镇人口1147人，人口自然增长率7.61‰。耕地81690亩。地区生产总值3.09亿元。工业总产值0.7亿元，实现利税280万元。农林牧渔业总产值3.19亿元。全年粮食作物播种面积17090亩，总产9514吨；瓜菜148028亩，总产29.72万吨；棉花48003亩，总产4845吨；种植业产值2.54亿元。造林112公顷，森林覆盖率13%，林果总产200吨；林业产值175万元。大牲畜存栏310头，猪存栏0.7万头，羊存栏2万只，家禽存栏26万只，畜牧业总产值5348万元。水产品总量2412吨，渔业总产值881万元。农业机械总动力6.45万千瓦。乡镇企业总产值1.07亿元，利税3096万元，其中个体私营企业产值1.08亿元，利税648万元。财政收入754万元。农民人均纯收入4062元。有中学1所，小学12所，在校学生3360人，适龄儿童入学率99%。有医院1所。电话普及率每百人13.5部。

卜集乡因盛产各种优质圆葱而闻名遐迩。1996年3月被农业部中国特产之乡命名宣传活动组委会正式命名为“中国圆葱之乡”。

2005年金乡县各乡镇基本情况统计表

表1-2-1

项目 / 数量 / 乡镇	村（居）民委员会/自然村	户数	人口	耕地	土地面积	地区生产总值	工业总产值	农林牧渔总产值	财政收入	农民人均收入
	个	户	人	亩	平方公里	亿元	亿元	亿元	万元	元
金乡镇	54/124	37199	105798	42611	70.1	8.03	8.2	3.13	1666	4700
羊山镇	62/95	11592	50191	70783	93.06	4.98	2.21	3.5	231	3974

续表 1-2-1

项目 / 数量 / 乡镇	村（居）民委员会/自然村	户数	人口	耕地	土地面积	地区生产总值	工业总产值	农林牧渔总产值	财政收入	农民人均收入
	个	户	人	亩	平方公里	亿元	亿元	亿元	万元	元
胡集镇	77/122	16726	58941	92406	90.12	4.23	4.09	3.39	683	3635
马庙镇	67/109	14621	52809	87636	72.73	9.95	5.6	3.66	1139	4335
鱼山镇	35/59	6726	24136	33434	55.77	4.57	3.1	1.89	800	4500
鸡黍镇	70/127	16479	60991	83256	73.04	6.73	9.3	4.68	993	4490
霄云镇	51/103	12476	46462	62741	71.77	4.41	0.38	4.05	214	4280
王丕镇	28/52	5605	21760	34480	34.44	1.94	5.6	1.72	450	3800
司马镇	43/85	9621	32202	45474	79.94	2.2	13	2.04	802	4095
化雨乡	46/117	11854	43810	70677	52.74	4.22	2.35	3.54	389	4360
高河乡	31/78	9651	31982	51118	40.12	2.92	1.25	2.51	278	5280
卜集乡	45/99	9451	42956	81690	55.7	3.09	0.7	3.19	754	4062
兴隆乡	50/83	11090	39029	56447	96.93	2.61	1.37	2.31	126	3636
合 计	659/1253	173091	611067	812753	886.46	59.88	57.15	39.61	—	—

第四节 村 庄

全县自然村，元末 69 个；明 899 个；清末 1222 个；民国时期 1226 个。1990 年行政村 634 个、自然村 1247 个。2005 年，村（居）民委员会 659 个（其中居民委员会 8 个），自然村 1253 个。各乡、镇行政村（自然村）名称如下：

金乡镇（辖 46 个行政村、8 个城镇居委会，124 个自然村）

袁楼村（袁楼）、王架村（王架 杨庄）、新张楼村（新张楼）、张楼村（张楼）、旗杆张村（旗杆张）、十里村（十里 贾庄）、周桥村（周桥）、殷庄村（殷庄 刘庄 王庄）、三联村（三联高庄 吕庄 1957 年由三里高庄、吕庄、东高庄合并为三联）、孙庄村（孙庄）、孙楼村（孙楼 郝庄 东岭子 李桥 东苏桥 西苏桥 胡桥）、后台子村（后台子 春秋庄 东高庄）、南楼村（油坊高庄 南楼 东孙庄 南周桥）、尚楼村（尚楼 尚庄 壳篓李庄）、吴庄村（吴庄 东杨庄）、郭楼村（郭楼 华佗庙）、东关村（东关 花园）、南店子村（粉巷 田庄）、仓坊村（仓坊街）、霍堌村（霍堌 冯庄 刘庄）、王庄村（王庄 任楼 牛王庙 张庄 徐庄）、陈庄村（南张庄 陈庄 小李楼）、葛庄村（大王庄 葛庄）、刘庄村（刘庄 康庄 张宗庄）、金一村（陈庄 古路沟 高尧 刘饭棚 黄庄 李庄 豆腐营）、魏庄村（魏庄 侯庄 三里庙 连庄 戴庄 刘庄）、桃园村（桃园 郭楼）、暗楼村（毕暗楼 周庄）、刘堂村（刘堂）、李庄（李庄村 张庄）、王杰村（王庄 李石庄 张马庄 周庄）、李楼（李楼 李庄 三里营）、小楼（小楼 小侯庄）、徐楼村（徐楼）、杨庄村（杨庄）、花园村（花园）、肖庄村（肖庄）、苏楼（苏楼 苏庄）、仇岗村（仇岗）、孔楼村（孔楼）、窦湾村（窦湾）、窦堂（窦堂 鸡坊刘庄 张草庙）、周庄（周庄 张岔楼 张大庄 小苏楼 小李庄）、五里张庄（五里张庄）、高庄（高庄 李海 豆芽张庄 江庄 江楼）、张翟村（新翟庄 石屋张庄 翟庄）。

第一、二、三居民委员会，北当社区（北当

刘学屋)、金珠社区(北豆腐营 朱楼 木堤口 翟学屋)、南门社区(南园 尹庄 堤口)、清真社区(清真)、西关社区(西关 马油坊)居民委员会。

羊山镇(辖 62 个行政村，95 个自然村)

东一村(东一)、东二村(东二)、东三村(东三)、东四村(东四)、西阁村(西阁)、西街村(西街)、葛山村(葛山)、孟营前村(前孟 小李庄)、孟营后村(孟营)、北李庄村(北李庄)、高庙村(高庙 胡庄)、山西杨庄村(山西杨庄)、崮子村(崮子)、后周村(后周)、前周村(前周 杨庄)、王小山村(王小山)、白衣堂村(白衣堂)、小屯村(小屯 河西王)、满庄村(满庄)、王举楼村(王举楼 王举善)、巩堂村(巩堂 黄庄 陈庄 路口)、五所楼村(五所楼)、葛针庙(葛针庙)、江庄村(江庄)、李小楼村(李小楼 高胡同 陈庄 徐庄 西王庄)、后刘村(后刘)、东王村(东王)、韩楼村(韩楼)、高洼村(高洼 豆腐李庄)、杜庄村(杜庄)、杜楼村(铁炉棚 南北庄 高庄 袁庄)、北薛庄村(北薛庄)、鹿湾村(鹿湾)、前刘村(前刘)、武坑村(武坑)、邱官村(高台子 邱官屯 吕庄 岔楼 江庄)、赵楼村(邓楼 赵楼)、前刘楼村(前刘楼)、后李楼村(后李楼)、苏庄村(柳园 苏庄)、王牌坊村(王牌坊)、仇庄村(仇庄)、北胡村(北胡)、西周楼村(西周楼)、苇子坑村(五庄营 苇子坑)、沈庄村(沈庄)、北李堂村(北李堂 李庄)、东周庄村(东周庄 郭庄)、沙沃张村(沙沃张 沙沃杨 寻楼)、欢德营村(欢德营 陈庄)、东袁庄村(东袁庄)、南杨楼村(南杨楼)、葛庄村(葛庄)、南胡村(南胡)、徐楼村(徐楼 李庄 韩庄)、王井村(王井 鲍庄 胡寺 歇马亭)、杨早村(杨早)、靛池王村(靛池王)、张庄村(张庄)、任庄村(任庄)、东苏庄村(东苏庄)、孟楼村(孟楼)。

胡集镇(辖 77 个行政村，122 个自然村)

胡集村(胡集)、杨庙村(杨庙)、仇寺村(前仇寺 牛坑、闫庄)、三皇庙村(后仇寺 前三皇庙 后三皇庙 巩庄 李庄)、孟店村(孟店)、高杨刘村(高庄 小杨庄 刘庄)、湾里村(湾里)、金店村(金店)、赵家庄村(赵家庄)、姬楼村(姬楼)、张饭棚村(张饭棚)、大孙楼村(大孙楼)、董庄村(董庄)、东孙楼村(东孙楼)、陈庄村(陈庄)、周庙村(周庙)、董楼村(董楼)、靳楼村(靳楼)、尚庄村(尚庄)、界碑口村(界碑口)、五庄营村(周庄 杨庄 小代庄 张庄 周李庄)、莫桥村(莫桥)、后戴楼村(后戴楼)、前戴楼村(前戴楼)、邱井村(邱井)、万柳村(万柳)、方庙村(方庙)、薛岗村(薛岗)、东李庄村(东李庄)、周大楼村(周大楼 焦庄)、关帝村(关帝)、东张庄村(东张庄 刘庄)、草庙村(草庙 郑楼 孟庄)、仝庙村(仝庙)、莫楼村(莫楼)、李楼村(李楼)、后于村(后于庄)、西王庄村(西王庄)、西郭村(西郭庄、小郭庄)、鱼山集村(鱼山集)、别庄村(别庄)、郭山口村(郭山口)、关庄村(关庄)、黄东村(黄东)、黄西村(黄堆集、程庄、王庄)、张棚村(张棚)、于王屯(于庄 王庄 前史屯)、北郭村(北郭庄 潘庄 许庄)、后史屯村(后史屯)、北李海村(北李海)、东刘庄村(东刘庄 贺楼)、西刘庄村(西刘庄)、前刘庄村(前刘庄)、邱楼村(邱楼)、前安楼村(前安楼)、安楼村(中安楼 后安楼)、南郭庄村(南郭庄 小刘庄)、大北村(大北 代庄)、大南村(大南)、南孙楼村(南孙楼)、南周村(南周庄)、北周村(北周庄)、宋屯村(宋屯 前于尚庄 牛楼 牛屯)、刘庄寨村(刘庄寨 金庄)、安五王村(安五王)、河东王村(河东王)、桃园村(桃园)、张村(张村)、灵显庙村(灵显庙 小张庄 张院)、东程庄村(东程庄 岳庄 朱庄 三角刘 前杨家)、姬庄村(姬庄)、王海村(前王海 后王海)、沙沃村(西沙窝 东沙窝 马庄 陈庄)、张堂村(张堂 苏楼 王庄)、张油坊村(张油坊)、辛刘庄村(辛刘庄)、张魏庄村(东张魏庄 西张魏庄)。

鸡黍镇(辖 70 个行政村，127 个自然村)

鸡黍村(鸡黍集)、南楼村(南楼)、李楼村(南李楼)、侯楼村(侯楼)、单海村(单海 白庄)、

张胡同村（张胡同）、褚庄村（褚庄）、南苏楼村（南苏楼）、赵马村（赵楼 马庄）、赵庄村（赵庄）、前盐村（前盐场）、丁庙村（丁庙）、翟庙村（后翟庙 前翟庙）、后盐村（后盐场）、周莲池村（周莲池）、周草庙村（周草庙）、徐庄村（孙庄 西周庄 前王庄 徐庄）、徐庙村（杨王庄 韩周庄 徐庙）、大李庄村（大李庄 冯周庄）、南李村（南李庄）、王黄村（王庄 黄庄 因王庄和黄庄相邻，故合并取名王黄村）、薛庄村（薛庄）、周楼村（周家楼）、杨瓦屋村（杨瓦屋）、周官庄村（周官庄）、土楼村（土楼）、石佛村（石佛集）、董楼村（董家楼 孟庄）、刘口村（刘口）、二荣楼村（二荣楼）、南袁庄村（袁庄）、李小楼村（李小楼）、孔庄村（孔庄 李小楼）、田口村（田口 陈口 后李街）、王庄村（王庄）、刘楼村（刘楼 程庄）、张寨村（张寨 周修庄 程庄 刘楼）、耿楼村（耿楼）、朱楼村（南朱楼）、牛庄村（牛庄）、东桥村（东桥）、西桥村（西桥）、小李庄村（小李庄）、太山庙村（降林店 李土楼 西高庄 太山庙）、李杭楼村（李杭楼）、郭庙村（郭庙）、柳园村（柳园 小李庄 小周庄）、李堌堆村（李堌堆）、季庄村（季庄）、东风村（南徐庙 杨庄 刘庄 1967年“文革”中将徐庙大队改为东风大队。1980年地名普查时因重名，经县政府《金政发〔1982〕2号》文件批准，正式更名为东风村）、任楼村（任楼 大周庄 小周庄 高庄）、马集村（马集）、单楼村（单楼 小刘庄）、焦杭村（焦杭）、辛庄村（辛庄）、王门楼村（王门楼）、北胡庄村（北胡庄）、张庄村（张庄 张暗楼）、大杨庄村（大杨庄 周庄 王庄 刘村 河崖李庄 周刘庄 胡庄）、东李庄村（东李庄 东高庄 东王庄）、西李庄村（西李庄 宗庄 王庄）、大刘庄村（大刘庄 小吴庄）、孙菜园村（孙菜园）、宗营村（东宗营 西宗营 郝庄）、杜河口村（杜河口 褚李庄 西王庄 前武庄 后武庄）、吕庙村（南吕庙 高李庄 前任楼 大吴庄 范庄）、郭庄村（郭庄 邓庄 河西刘庄 北赵庄）、介庙村（介庙）、郑楼村（郑楼 范庄 邢庄 韩庄）、南刘楼村（南刘楼）。

霄云镇（辖51个行政村，103个自然村）

霄云村（霄云村 杨早楼 冯庄 郭庄）、鲍楼村（鲍楼）、李白村（李白庙 周田庄）、菜园村（菜园）、冯土村（冯土村 江庄）、薛庄村（薛庄 小李庄 碱场坡 齐庄）、戴庙村（戴庙 施庄 付庙 卓庄）、李窑村（李窑）、晁庄村（晁庄 李楼）、吕庄村（吕庄 孙楼 北江庄）、孙油坊村（孙油坊 大瓦屋）、殷庄村（殷庄 万柳村）、周花园村（周花园）、郑小楼村（郑小楼）、韩楼村（东韩楼）、界牌堂村（界牌堂 新核桃园）、郑大楼村（郑大楼 东张庄 郑集 周圈门）、郭楼村（朱园子 郭楼 张辛庄）、杨庄村（东李楼 杨庄）、大李楼村（大李楼 于庄）、店子村（店子 李庄 吴庄）、石庄村（石庄 刘庄 张庄 胡园 张早楼）、邵庄村（蔡庄 老官头李 邵庄）、周庄村（周庄）、谢集村（谢集）、核桃园村（核桃园）、张小楼村（张小楼）、吕常寺村（吕常寺）、张华楼村（李庄 张华楼 孙庄）、焦庄村（焦庄 李八楼 耿庄）、周大庄村（周大庄 周庄 苏楼）、邵集村（邵集 邵庄）、张庄村（张庄 翟庄）、赵口村（后赵口 前赵口 小王庄）、韩堂村（韩堂）、唐王村（唐王庄）、张大楼村（张家楼）、程庄村（程庄）、孔集村（孔集 辛庄 南张庄 卢庄 郎楼）、杨庙村（杨关庙 杨楼）、南戴庙村（小代庙 大代庙）、柏树园村（柏树园）、三官村（周三官庙）、秦庄村（秦庄）、朱洼村（朱洼 曹庄）、前李楼村（前李楼）、张洼村（张洼）、陈楼村（南陈楼）、赵院村（赵院 田庄）、东王楼村（东王楼 三皇庙）、西王楼村（西王楼 后王楼）。

司马镇（辖43个行政村，85个自然村）

司马村（万庄 司马集）、韩杨村（韩杨庄 王庄 侯楼）、周庙村（周庙 戴楼）、周楼（东周楼 西周楼）、古李村（古李沟 刘庄）、薛洼村（薛洼 新薛洼）、前李村（前李庄 周小楼）、杨邵村（邵庄 杨庄）、杨关村（王集 杨关村）、玄帝庙村（玄帝庙 高庄 李阁）、邵庙村（邵庙 甘庄）、塘坊村（东塘坊 西塘坊）、侯高庄村（侯高庄 蒋庄）、徐庄村（南徐庄 小徐庄）、白腊

元村（张庙 白腊元 胡庄）、周堌堆村（周堌堆 苏庄 韩文店）、刘楼村（西刘楼 东刘楼）、白庙村（白庙 罗庄 卯庄 朱庄 黄庄）、田庙村（田庙 连庄 李堌堆）、赵村（东赵村寺 西赵村寺 葛针园 代庄 郎庄 孙庄）、仇李村（李庄 王庄 仇庄 高庄）、张周胡村（胡庄 周庄 李庄 张庄）、唐庄村（唐庄 大周庄 小周庄）、曹庄村（曹庄 朱庙）、坡李村（坡李庄 牛庄）、西张洼村（西张洼）、杨马村（杨马庄）、南蔡村（南蔡庄）、东蔡村（东蔡庄）、东马庄村（东马庄）、大孙庄村（大孙庄）、李官庄村（李官庄）、冯庄村（大冯庄）、老李寨村（李寨）、魏门楼村（魏门楼）、魏庄村（魏庄）、李大庄村（李大庄）、率庄村（率庄）、程庙村（程庙）、张大庄村（张大庄）、夏楼村（夏楼）、茶棚村（茶棚）、袁庄村（袁庄）。

鱼山镇（辖 35 个行政村，59 个自然村）

北李村（北李 韩庄）、杨洼村（杨洼）、王堂村（王堂）、张庄村（张庄）、寻坊村（寻坊）、小李楼村（小李楼）、荆庄村（荆庄）、赵台子村（赵台子 范庄 前高庄 赵庄）、周楼（周楼 李井）、高堂村（高堂）、寻楼（寻楼）、西李楼（西李楼 鹿庄）、西刘庄（西刘 高庄 赵庄）、葛村（葛村 邱庄）、小赵楼（小赵楼 李庄）、孙楼（孙楼 东刘庄）、王庄（王庄 小杨庄 孙庄 秦庄）、吴庙村（吴庙）、何楼村（何楼）、南张村（南张庄）、桑园村（桑园 侯楼 孟楼）、杨庄村（杨庄）、石店（石店 北何楼）、李桥村（李桥）、莲池村（莲池 高庄）、赵西村（赵西）、眼光庙村（眼光庙）、炳公庙村（炳公庙）、隋楼村（隋楼 韩楼 李桐楼）、李双楼村（李双楼）、崔口村（崔口 赵楼）、周路口（周路口 陈庄）、赵东村（赵东）、李海村（李海）、三合村（周小楼 李小楼 土地庙）。

王丕镇（辖 28 个行政村，52 个自然村）

王丕庄村（王丕庄 闫桥）、南孙庄村（南孙庄）、孙店村（孙店）、张暗楼村（张暗楼 小李楼）、杨楼村（杨楼 刘庄 张庄 毕庄）、胡井村（胡井 郝庄 尚庄）、土楼村（土楼）、牌坊林村（牌坊林 小胡庄 北李庄）、康桥村（康桥 辛庄）、李楼寨村（李楼寨 胡店子）、袁洼村（袁洼 张店子 周店子）、马楼村（马楼）、陈洼村（陈洼）、三官庙（三官庙 杨庄）、祭田村（祭田 吴庄 张庄）、李阁村（李阁 秦庄 李庄）、苇子园村（苇子园）、西吴岗村（西吴岗）、东吴岗村（东吴岗）、三杨村（东杨 中杨 西杨 西张庄）、李故楼（李故楼 苏庄）、苏庙村（苏庙）、大王楼村（大王楼）、李集村（李集 东王楼）、彭井村（彭井 迎河村）、李林村（李林）、郭楼村（郭楼）、于庄村（于庄）。

马庙镇（辖 67 个行政村，109 个自然村）

马庙村（马庙 杨堂 丁坊）、西孟庄村（西孟庄）、大程楼村（大程楼）、周沙窝村（周沙窝 周辛庄）、曹坊村（曹坊 史庄）、田楼村（田楼）、程李庄（程庄 李庄）、石门集村（石门集 西刘庄）、岗子村（老岗子 张庄）、曹楼村（曹楼）、曹庄村（北曹庄）、北刘庄村（刘庄）、北周楼村（北周楼）、付杨庙村（付杨庙）、李家楼村（李家楼）、张阁村（张阁）、付庄村（付庄）、西李海村（李海）、刘沙沃村（刘沙沃）、南周楼村（南周楼 高庄 土屯）、西高庙村（西高庙）、申庄村（申庄）、周海村（周海）、黄庄村（黄庄 小王庄 南高庄）、西董庄村（西董庄）、孟铺村（孟铺、薛集）、义合村（蒲堂、刘庙、范庄）、殷楼村（殷楼）、彭阁村（彭阁）、杨庄村（杨庄 小杨庄）、赵官庄村（赵官庄）、王成寺村（王成寺）、杨孔楼村（杨楼 孔楼）、玉皇庙村（玉皇庙 肖庄）、陈楼村（陈楼）、西刘楼村（西刘楼 徐庄 孙庄 小李庄 展庙）、邓庙村（邓庙 后刘庄）、洪庙村（洪庙 张庄）、杨官庄村（杨官庄 李集）、海子庄村（海子庄 王庄）、咸古店村（咸古店）、卓庙村（卓庙 张庄 赵庄）、李寨村（李寨）、贺堂村（贺堂）、赵家村（赵家庄）、邵庄村（邵庄）、汤庄村（汤庄 付菜园）、宋庄村（宋庄 姚庄）、尚庙村（尚庙）、肖楼村（前肖楼 后肖楼）、车庙村（车庙 小陈楼）、翟庄村（翟庄 胡庄）、徐寨门村（徐寨门 孙楼）、洼王村（洼王庄）、小程楼村（小程楼）、宋阁村（宋阁 郭楼 北李庄）、碱场村（碱

场）、尹庄村（尹庄　魏庄　陈海）、湘子庙村（湘子庙）、田庄村（田庄　袁庄）、康坊村（康坊）、西王海村（西王海　付庄　前李庄）、江楼村（江楼）、贾楼村（贾楼　后刘庄　杈子刘庄）、高楼村（高楼）、西杨楼村（杨楼）、李坊村（李坊）。

高河乡（辖 31 个行政村，78 个自然村）

周楼村（毕周楼　孙庄）、高河村（高河店）、高河屯村（高河屯）、戴楼村（戴楼　李池庄）、于楼村（于楼　小门楼）、马河崖村（马河崖　王庄）、大徐楼村（大徐楼）、张黄村（黄庄　张庄）、常庄村（北孙庄　常庄　高庄　李庄）、周庄村（周庄　朱庄）、尚楼村（后尚楼　郭庄）、侯李村（侯李庄　东马店）、苏楼村（苏楼　李庄）、皮庄村（皮庄　姜庄　后李）、牛桥村（牛桥　程楼）、官庄村（西官庄　东官庄　谢园）、郭洼村（郭洼　宋楼　胡老庄　康楼　高庄）、魏楼村（魏楼　宋庙　鲁庄集）、郭七楼村（郭七楼　周庄　水坑涯　张庄）、胡楼村（胡楼）、王大楼村（王大楼）、周大庙村（周大庙　王庄　刘庄　周暗楼）、胡庄（苏楼　胡庄）、韩庄村（韩庄　辛庄）、孙孟庄村（李辛庄　孟庄　孙庄）、邵刘村（邵庙　刘庄　王楼　1980 年为邵庙大队，1990 年更名为邵刘村至今）、马庄村（马庄　魏楼　邹庄　郎庄　白庄）、东夹村（东夹河　郭庄）、西夹村（西夹河　东李庄）、赵阁村（赵阁　毛庄　周庄）、周油坊村（周油坊　薛庄　周小庙　胡庄　周大庄）。

兴隆乡（辖 50 个行政村，83 个自然村）

兴隆村（兴隆集　前马庄）、张湾村（张湾　李土囤　范庄　魏庄）、寻庄村（小张湾　寻庄　任阁　娄庄）、任小楼村（任小楼）、李大楼村（李大楼）、孔店村（孔店）、西杨庄村（西杨庄）、东杨庄村（东杨庄）、徐寨村（徐寨）、殷庄村（殷庄）、庞庄村（庞庄）、寨里集村（寨里集）、周河口村（周河口）、席楼村（席楼）、黄口村（黄口）、胡口村（胡口）、潘阁村（潘阁　张庄）、张楼村（张楼）、大棠树村（大棠树　江庄）、郭店村（郭店）、陈王庄村（陈王庄）、大王村（大王庄　孔庄）、苗刘村（苗庄　马桥　马庄　刘庄）、程庄村（程庄）、魏店村（魏店）、落城村（孟庄　郝庄　东王庄　后王庄　前王庄　赵庄　李庄　张庄　落城集）、皮前楼村（皮前楼）、桑园村（西桑园　后桑园　东桑园）、和楼村（前桑园　和楼）、陈庄村（陈庄　王坑）、高庄村（高庄）、杨门楼村（杨门楼　杜庄　刘庄）、杨堂村（杨堂　李庄）、西陈村（西陈庄）、史庙村（史庙）、冯庄村（冯庄）、张庙村（东张庙　西张庙　中张庙）、李草庙村（李草庙）、李菜园村（李菜园）、二郎庙村（二郎庙）、任庄村（大任庄　小任庄　周老家）、峭楼村（半边峭楼　南野村）、胡庄村（胡庄）、李庄村（李庄　宗楼）、周黑楼村（周黑楼）、郝胡同村（郝胡同）、赵楼村（赵楼）、前杜庙村（前杜庙）、后杜庙村（后杜庙）、马庄村（后马庄）。

化雨乡（辖 46 个行政村，117 个自然村）

化北村（化雨集）、化南村（化南庄）、北张庄村（北张庄　李辛庄　张集　刘楼）、淳集村（淳集）、刘堂村（刘堂　胡老家　程庄　周新庄）、北马楼村（北马楼　赵楼）、曹庙村（孔庄　周集　曹庙　北周庄）、周花楼村（周花楼　张庄　吴楼　赵庙　赵庄）、苏坑村（苏坑）、李堂村（李堂　胡庄　北陈庄　前半庙　后半庙　后寨　前寨）、王楼村（王楼　中白岗　尚楼）、后白岗村（后白岗）、早立村（早立　李庄）、胡小楼村（胡小楼）、牌坊庄村（牌坊庄）、周楼村（周楼）、周寺村（周寺）、北苏村（张小楼　北苏庄　杨店　小胡庄）、徐庄村（徐庄）、郭口村（郭口）、张楼村（张大楼　胡庄　黄庄）、李官村（李官　牛庄　孙庄　米庄　洪庙）、袁集村（袁集）、河西李楼村（河西李楼）、前白岗村（前白岗　小李楼　张庄寨）、唐楼村（唐楼）、寻大楼村（寻大楼　周庄）、赵寨村（赵寨　西李庄　东李庄　南马庙　西尚楼　陈庄）、李院村（李院　东赵庄　西赵庄　前赵庄）、丁楼村（丁楼　西姜楼）、李申村（东李申庙　西李申庙　董洼　王庄）、东刘村（大刘庄　小西刘　前刘庄　寺前刘庄　河西刘庄　郑庄）、吴海村（吴海　周庄　赵口）、冯海村（冯海 小刘庄　双庙院）、孙庄村（西孙庄

杨庄　西张庄　侯庄　侯楼　李九庄　东张庄）、南苏村（南苏庄　王洪庄）、南刘村（南刘庄）、包庄村（包庄）、姜楼村（姜楼　刘河）、西孟村（前孟堂　后孟堂）、中孟村（中孟）、东孟村（东孟庄）、耿楼村（耿庄　耿楼　李集）、南马楼村（南马楼　南孙庄　吴庄）、大周集村（大周集　南张庄）、东马庙村（东马庙　苏楼）。

卜集乡（辖 45 个行政村，99 个自然村）

卜集村（卜集　王庄　小赵庄）、周集村（周集　董庄　郭庄　曹庄　孙庙）、大刘楼村（大刘楼　单洼）、史马刘村（史庄　马庄　大刘庄　小刘庄）、李情村（李情庄　罗庄　小许庄　王庄）、大张庄村（大张庄）、张瓦房村（张瓦房　时庄）、孟庄村（孟庄　强庄　南卢庄）、辛庄村（辛庄　朱庄）、于代庄村（于代庄）、李堂村（李堂　张窑　江庄）、李庄村（李庄　北卢庄　代庄　张池楼）、宋庙村（宋庙　刘庄　马庄）、邱洼村（邱洼）、孙瓦房村（孙瓦房　于瓦房）、纪庄村（纪庄　王石庄）、夏庄村（夏庄　高庄　缗城堌堆）、邢庄村（邢庄）、张辛庄村（张辛庄）、东门屯村（东门屯　田庄）、石庙村（石庙　檀庄　小李庄）、吕庙村（吕庙）、刘油坊村（刘油坊）、大姜村（大姜　姜井）、北赵庄村（北赵庄）、殷李村（殷庄　岳庄　荆庄　李集）、刘心田村（刘心田）、金鱼店村（金鱼店　后朱庄）、杨庄村（杨庄）、白坨村（白坨集）、辛王村（辛王寨）、高墙村（高墙）、徐刘村（徐刘庄）、周黄村（周黄庄）、杨集村（杨集　常庄　王庙　王慎庄　东江庄　任庄　连庄　张烧饼庄）、黄堰村（黄堰　堰外朱　小张庄　武庄　二郎庙）、李连安村（李连安）、许桥村（前许桥 后许桥）、张桥村（东张桥　西张桥　后张桥）、闫庄村（闫庄　尚庄）、满庄村（满庄）、孙桁村（孙桁　齐桁）、张八缸村（张八缸）、周庵村（周庵）、寺后王村（寺后王　城角王　张庄）。

第二篇 环境 资源

环境 资源

金乡县地貌特征分黄泛平原和低山丘陵两大地形，黄泛冲击平原面积886.11平方公里，低山丘陵0.35平方公里。1987年，境内有大、中、小河道24条，总长307.6千米。到2005年年底，共开挖深槽通湖（南阳湖）河道16条，长201.9千米，上游均达各乡镇。1991~2005年，金乡县年平均气温14.52℃，年均降水量673.17毫米，年均日照2298.89小时，年均蒸发量1598.1毫米。与1990年前40年比，气温平均升高0.72℃，降水减少29.3毫米，日照减少61.9小时，蒸发量减少182.7毫米。自然灾害，除1993年、1998年、2003年、2004年、2005年部分乡镇发生涝灾，造成严重经济损失外，其余年份均为干旱。农作物虫害每年都有发生，但防治得当，形成灾害不大。

金乡县矿产资源相对匮乏，品种较少。2005年年底，累计发现矿床（点）38个，已探明的矿产有煤、天然焦、灰岩、砖瓦用黏土、地下水、矿泉水。其中煤、地下水为金乡县的优势矿产。含煤地层面积650平方公里，占全县土地总面积的73.5%；煤炭储量7.7亿吨，多为优质气肥煤，部分为焦煤。济宁金桥煤矿已建成投产，花园煤矿正在建设中。

第一章 地理环境

第一节 地 质

金乡县境内地质构造以断块为主，宽缓的波状褶曲为辅，为一由南向北倾斜的单斜构造。处在菏泽、鱼台断层凹陷的北翼，南界外为第三系断层，北界外为太古界寒武、奥陶系地层。地层产状平缓，倾角一般在8~15度之间。仅个别地段因构造的关系，地层倾角变大。由于断块构造的关系，境内自然地分成南、北两个部分。北部断块走向以近南北向为主，南部则以近东西向为主，境内四界均以四条大的断层为其自然边界，即北部菏泽断层，南部凫山断层，西部金乡断层，东部嘉祥断层。活动时间为古生代——燕山。

第二节 地 貌

金乡县境内地貌特征可划分为两大地形，即黄泛平原和低山丘陵，5个微地貌地形，即荒岭坡、近山阶地、微斜平地、缓平坡地和洼地。地势由西南向东北方向倾斜，自然坡降在1/6000~1/8000左右。海拔在34.5米~39.5米之间，南北高差4.1米，东西高差3.9米。

金乡平原为黄泛冲积平原，面积为886.11平方公里，由于黄河泛滥时流向流速的不断变化，形成复杂的地貌特征，有微斜平地、缓平坡地和洼地。

微斜平地，地势平缓，比降一般小于1/8000，土层深厚，地下水资源丰富，土壤多为潮土类，分布于全县大部区域。

缓平坡地是河流泛滥漫流沉积而成，按地面形态可分为缓岗、岗坡、洼坡三种。

洼地由静水沉积而成，根据地面形态又可分为浅平洼地、背河槽状洼地、碟形洼地。洼地底面与地面的高差为0.5米~1米。

金乡境内丘陵面积很小，只有羊山、葛山、胡集镇的郭山口三处，面积0.35平方公里。其地质特征为寒武系、震旦纪石灰岩构成的青石山，为剥蚀低山，山顶平缓，呈岛状突出于平原之上，海拔在90米~105米之间。山丘从上到下为岩石裸露、荒岭坡、近山阶地及微地貌单元。

第三节 河 流

金乡县地处淮河流域南四湖西侧，属黄泛冲积平原的下游地带，河流水系均属平原坡水型河道，多数承接上游客水，汛期受湖水顶托，水位较高，极易发生内涝。2005年年底，全县有大、中、小型河道24条，境内总长307.6千米，其中引湖深河201.9千米，河网密度0.35千米/平方公里，堤防总长572.4千米。直接入湖的干流河道有东鱼河、老万福河、新万福河、蔡河，分别接纳支流河道的汇水，形成4条水系。

东鱼河水系

东鱼河（原名红卫河）是南四湖流域第一排水大河，是1967年为调整湖西水系，减轻南阳湖汇水面积大的负担，治理万福河流域的下游地区（主要是金乡、鱼台）洪涝灾害而新开挖的一条大型骨干排水河道。因该河开挖时正值“文化大革命”高潮时期，故取名“红卫河”。1985年全国地名普查时更名为东鱼河（含义为东明县至鱼台县）。

该河上游始于东明县刘楼村南，东行至娄营北接紫荆河，至新伍营东截伍营河，至曹县张寺桥村西截定陶新河，至定陶县邵庄东接东鱼河南支，至成武县青固集西截安济河，至王双楼东接东鱼河北支，至单县刘珂楼西截大沙河（以南称胜利河，以北仍为大沙河），至尚楼村东截东沟，至金乡县张洼东截白马河，至核桃园东截惠河，至鱼台县西姚村北入昭阳湖。河道全长172.1千米，县内段长21.5千米。总流域面积6338平方公里，境内流域面积56.63平方公里。

在菏泽段，南支、北支和胜利河是东鱼河的三大支流。在金乡境内的支流有上游白马河、惠河。

老万福河水系

老万福河原名万福河，亦称柳林河或柳河。1957年水系调整时，刘堂坝以上部分纳入南大溜，进行裁弯取直治理后定名为新万福河，刘堂坝以下的原万福河段改称为老万福河。始于金乡镇刘堂村东南，于高河乡东夹村出境，至鱼台县宋湾东入南阳湖。总长33千米，县境内长度14.5千米。总流域面积1052.99平方公里，县内流域面积349.42平方公里。境内支流有金济河、莱河、东沟、苏河、下游白马河。

新万福河水系

新万福河是1956~1957年原万福河刘堂坝以上段纳入南大溜，进行裁弯取直治理后命名的。源于定陶县大薛庄东鱼河北支截流处，流经定陶、成武、巨野，于马庙镇陈海村西入金乡县境，至卜集乡张烧饼村东出境，于任城区大周村南入南阳湖。总长度77.4千米，其中金乡县境内段长30.9千米。总流域面积2234.99平方公里，境内流域面积360.35平方公里。境内支流有金成河、友谊沟、彭河、老西沟、大沙河、吴河。

蔡河水系

蔡河与北大溜在任城河湾村北交汇后又经过6.5千米入南阳湖。1996年前称北大溜为干流，《济宁市水利志》（1997年版）划分入湖河流时定名蔡河为干流。

蔡河古称金山河、凝几河，历史上直接入湖，发源于嘉祥县黄庞庄，于胡集镇尚庄北入境，从胡集潘庄东出境，至任城区大王楼村东南入南阳湖。全长44千米，县境内段长12千米，总流域面积1307.75平方公里，境内流域面积114.18平方公里。境内支流有北大溜、鱼山引河。

金乡境内河流一览表

表 2-1-1

序号	水系名称	河道名称	发源地	长度（千米）			流域面积（平方公里）		县内堤防长度（千米）		入干流地点
				总长	本县	其中深河	总计	本县	左堤	右堤	
	总计	24	—	—	307.6	201.9	—	880.56	289.9	282.5	—
一	东鱼河	3	—	—	41.3	—	6338	56.63	41.3	31.3	—
1	—	东鱼河	东明县刘楼	172	21.5	—	5923	27.42	21.5	19.9	鱼台入湖
2	—	惠河	单县侯楼	42.7	8.4	—	283	9.18	8.4	外县	金乡核桃园
3	—	上白马河	单县王平房	13.4	11.4	—	132	20.03	11.4	11.4	金乡张洼
二	老万福河	8	—	—	109	76.3	1053	349.42	104	98	—
1	—	老万福河	金乡王杰村	33	14.5	12.5	590	28.64	12	14.5	鱼台入湖
2	—	下白马河	金乡吴庄南	30.5	5.5	5.2	97.98	27.53	3.5	3.5	鱼台常李寨
3	—	苏河	金乡魏门楼	21.5	15	15	110	66.93	14.5	14.5	鱼台解河村
4	—	东沟	金乡张湾南	28.5	28.5	13	103.5	99.95	28.5	20	金乡东夹村
5	—	莱河	金乡石佛南	24.5	24.5	23.6	101.01	101.01	24.5	24.5	金乡周小庙
6	—	金济河	金乡城东南	5	5	5	31	7.36	5	5	金乡郭楼
7	—	金鱼河	金乡城东南	16	14	—	9.9	8.4	14	14	—
8	—	兴司沟	金乡甘庄	2	2	2	9.6	9.6	2	2	金乡李集东
三	新万福河	10	—	—	122.8	91.1	2235	360.35	119.4	118.7	—
1	—	新万福河	定陶大薛庄	77.4	30.9	28	1283	142.55	30.9	24.6	任城入湖
2	—	吴河	巨野金山屯	21.6	13.1	5.4	121	32.04	7	13.1	金乡万柳村
3	—	大沙河	单县王庄南	25.8	23.8	22	253	61.49	23.8	23.8	金乡刘堂村
4	—	老西沟	金乡黄庄	16.1	16.1	16.1	76	40.89	18.8	18.8	金乡李楼村
5	—	友谊沟	巨野东阎庄	29.5	3.5	2.3	35.5	4.93	3.5	3.5	金乡丘官屯
6	—	彭河	巨野梁楼	14	1.5	—	133	0.86	1.5	1	金乡陈海
7	—	金成河	成武刘庄	29	6.2	—	102	1.84	6.2	6.2	金乡张庄
8	—	新西沟	成武郭庄南	17	12	8	178	22.36	12	12	金乡吴庙
9	—	羊山运河	金乡羊山东	4.7	4.7	3.8	8.44	8.44	4.7	4.7	金乡李堂
10	—	金马河	金乡马庙东	11	11	5.5	44.95	44.95	11	11	—
四	蔡河	3	—	—	34.5	34.5	1307.75	114.18	25.2	34.5	—
1	—	蔡河	嘉祥黄庞庄	44	12	12	447.5	32.93	6	12	任城入湖
2	—	北大溜	金乡关帝东	26.5	20	20	852.55	75.9	16.7	20	任城河湾
3	—	鱼山引河	金乡仝庙北	3.5	2.5	2.5	7.7	5.35	2.5	2.5	嘉祥陈坡

第二章 自然环境

第一节 气 候

金乡县境内属暖温带季风大陆性气候，具有冬夏季风气候特点，四季分明，冷热季和干湿季区分明显，全年降水不均。

春季（3~5 月）是冬季季风的过渡时期。温度回暖快而变化剧烈，降水稀少，多西南大风，蒸发量大，气候干燥。此时期，南北两支气候气流相互争雄，进退不定，酿成春季天气气候的多变。4~5 月份多南北大风，气温回升快，此时太平洋上的暖温空气还力不能及，所以降水稀少，故常发生春旱。但有个别年份暖湿空气特别活跃，冷暖空气的交汇面在黄淮地区时，也能造成阴雨连绵的天气。

夏季（6~8 月）由于受大陆暖低压控制，气压为全年最低的时期。天气炎热多雨，高温高湿，并常有暴雨、冰雹和连阴雨出现。夏季平均气温在 26℃左右，7 月一般达到全年最高。本季降水集中，雨量占全年的 65% 左右。由于蒙古冷高压北退，太平洋副热带高压活动加强，境内在暖湿东南季风控制下，水汽充足，降水多，湿润而炎热，一般年份 6 月底 7 月初进入雨季，8 月下旬雨季结束。暴雨多集中于 7 月和 8 月。但有的年份由于太平洋副热带高压的控制，并稳定少动，造成高温高压的晴热天气，出现夏旱。

秋季（9~11 月）暖湿的海洋性气候逐渐南退，蒙古高压迅速增强。此时气温适宜并且逐渐下降，雨量减少。由于副热带高压的南退比地面迟缓，所以地面冷高，高空暖高，垂直结构稳定，云雨较少，故秋季多呈秋高气爽的晴朗天气，往往出现秋旱。但有些年份冷空气活动较弱，南方暖湿空气仍很活跃，造成境内秋雨连绵的天气。

冬季（12 月 ~ 次年 2 月）金乡县位于蒙古高压的东南部。受强大的蒙古高压的控制。冷空气不断南下侵入，盛行偏北风，雨雪少，气候干燥寒冷。

第二节 气 温

金乡县年平均气温为 13.8℃，气温比较稳定，振幅最高位 14.5℃，出现在 1961 年；最低为 12.8℃，出现在 1969 年。年振幅为 1.7℃。有记载后历年极端最高气温出现在 1966 年 7 月 19 日，为 41.9℃；极端最低气温为 −18.5℃，出现在 1964 年 2 月 17 日。

第三节 日 照

1990 年前，历年平均日照时数为 2360.8 小时，平均日照率为 53%。最高年份是 2001 年的 3225.7 小时；最少是 1991 年的 1453.9 小时。

1990~2005 年金乡县气候资料

表 2-2-1

年度	平均气温	极端最高气温	出现日期	极端最低气温	出现日期	降水量	1 日最大降水量	日期	平均风速	日照时数	蒸发量
	℃	℃	月 / 日	℃	月 / 日	毫米	毫米	月 / 日	米 / 秒	小时	毫米
1990	14.4	37.4	07/09	−15.1	01/31	742.5	91.4	08/16	2.4	2259.4	1486.3
1991	13.8	35.4	07/23	−12.7	12/29	605	79.4	09/02	2.5	1453.9	2008.2

续表 2-2-1

年度	平均气温	极端最高气温	出现日期	极端最低气温	出现日期	降水量	1日最大降水量	日期	平均风速	日照时数	蒸发量
	℃	℃	月/日	℃	月/日	毫米	毫米	月/日	米/秒	小时	毫米
1992	14	37.9	07/02	−8	01/01	654	—	—	—	2288.6	—
1993	14.2	37.7	06/19	−12.9	01/16	661.9	73.9	07/11	2.5	2103.3	1541
1994	15.3	37.5	08/03	−7.7	01/19	696.5	97.3	08/27	2.3	2311.7	1689.4
1995	14.7	35.8	07/14	−7	02/01−02	524	99	08/22	2.1	2607.6	1626.9
1996	14.5	38.5	06/13	−9.7	02/18	721.9	86.2	08/04	2.1	2271.2	1528.6
1997	15.1	37.9	06/22	−9.6	01/08	511.3	54.7	07/22	2.4	2649.8	1618.6
1998	—	—	—	—	—	—	—	—	—	—	—
1999	14.9	36.9	07/02	−10.9	12/22	544.6	62.7	07/06	2.7	2409.8	1521.1
2000	14.5	37	05/21	−12	01/26	548.7	62	07/15	2.7	2234.4	1560.2
2001	14.3	38.3	07/01	−10.8	12/25	467.1	76.5	07/30	2.6	3225.7	1599.8
2002	14.5	39.6	07/15	−11.5	12/26	432.7	49.3	07/05	2.6	2362.9	1610.5
2003	14.1	36.4	07/31	−11.6	01/05	1154.9	82.9	09/18	2.4	1828.5	1274.6
2004	15	36.7	06/12	−11.2	12/24	986.3	192.4	08/27	2.5	2217.8	1663.6
2005	14.3	38.5	06/23	−9.9	01/01	915.5	117	08/29	2.2	2219.2	1533
说明	1998 年气候资料未作统计。										

第四节 水 文

水文地质

县域地质为隆陷组合地块，其结构特征是以断块为主，宽缓的波状褶曲为辅，表层为第四纪松散层，覆盖层最厚 677.5 米，主要有黄褐、棕灰等杂色黏土，黏土质砂、砂砾及砾石组成，属冲击洪相沉积。地下水的垂直分布为三层结构，呈淡—咸—淡。浅层淡水底界面埋深一般在 10 米 ~30 米，是较为理想的可利用地下水源。中层咸水底界面埋深一般为 120 米 ~250 米，该层水的水质远远超出了人畜饮水和工农业用水的水质标准。深层淡水埋深较大，开发较为困难，且补源难度大。区内浅层地下水动态主要受降雨和工农业用水的影响，年内有周期性变化，春季，地下水位明显下降，到 6 月下旬最枯，汛期来临后随着降雨增多，地下水位有较大幅度回升，到翌年 1 月达到峰值。金乡南部（以下简称“金南”）通过司马镇东鱼河曹庄橡胶坝拦蓄上游客水引入县内河、沟蓄存；县城北部通过梁济运河将黄河水不断引入南四湖，湖河水位逐年升高，回灌地下水，可使地下水位随之不断升高。

降水

1954 年有资料记载至 2005 年，年平均降水量 694.6 毫米，最大年降雨量 1154.9 毫米（2003 年），最小年降雨量 323.7 毫米（1988 年），差值 831.2 毫米，最大值为最小值的 3.57 倍。按频率计算，丰水年（P=20%）798.8 毫米，平水年（P = 50%）669.5 毫米，偏枯年（P=75%）562.1 毫米，枯水年（P=95%）417.2 毫米。多年平均 6~9 月份 488.1 毫米，占全年降水量的 70.3%，其余 8 个月枯水期占 29.7%。

蒸发

蒸发与日照有关。本区域历年平均日照时数为 2360.8 小时，平均日照率为 53%。根据县气象

站 20 厘米蒸发皿资料，换算为全国统一 E-601 型蒸发。1959~1994 年蒸发量频率计算成果，多年平均年蒸发量 1201.6 毫米，50% 平水年为 1146 毫米；75% 偏枯年为 1303.3 毫米；95% 特枯年为 1598.2 毫米。

径流

据同步系列《金乡县多年平均径流深等值线图》计算，全县多年平均径流深 71 毫米，径流量 0.625 亿立方米，径流系数 0.1，径流模数 7.1 万立方米 / 平方公里。

区域内有 16 条深槽通湖（南阳湖）河道，长 201.9 千米，上游达各乡镇，河底高度 30.5 米 ~32 米。区域内历年平均地下水位 29.5 米 ~34 米；3 月 ~5 月枯水期地下水位偏低。所以常出现：非灌溉期（7 月 ~10 月）地下水位多数高于地表水位，地下水从河、坑岸流出补给地表水；春灌期（3 月 ~5 月）地表水位高于部分地下水位，地表水由河、坑侧渗补给地下水；其余时间地表水与地下水基本持平。

泥沙和淤积

县内东鱼河、新万福河两条主要客水河道，由于承接上游菏泽地区的引黄尾水，径流含沙量较高，河床淤积严重。据鱼城水文站 15 年（1970 年 ~1984 年）实测资料，东鱼河多年平均含沙量 3.8 千克 / 立方米，输沙率 40.3 千克 / 秒，年输沙量 127 万吨，主要是上游引黄沉积物下泄所致。据孙庄水文站 15 年（1964 年 ~1978 年）实测资料，新万福河多年平均含沙量 1.34 千克 / 立方米；输沙率 14.7 千克 / 秒；年输沙量 46 万吨。内河淤积主要是土壤侵蚀造成的，也有沟坡（底）冲刷的因素，淤积较为缓慢。

第五节　土　壤

全县有 83 万亩耕地以潮土为主，占总面积的 86.7%，土壤表层质地，从西向东是沙壤、轻壤、中壤、重壤和黏土。以轻壤和中壤面积最大，其主要特点是土质疏松，易耕作，适于须根系作物生长。特别是经过多年培肥改良，土壤肥力较高，据化验分析，全县农田 0~20 厘米耕层土壤 pH 值为 7.0~8.0，属弱碱性，有机质含量为 1.1%~1.8%，碱解氮 60~90ppm，速效磷 15~35ppm，速效钾 120~200ppm。微量元素如钙、镁、钠、锰、铁、锌、铜的含量都较高，而且较为全面，能有效地促进大蒜的正常生长发育，提高单产。

第六节　植　被

金乡气候温暖，地势平坦，河流较多，适宜多种植物生长。境内植被以人工植被为主。

木本植物为落叶阔叶林和混交林相间，东部浅平洼地以杨、柳为主，西、南部潮土、褐化潮土地带主要栽植杨树、泡桐等，北部水稻土和河流沿岸是榆树、刺槐地带。果树主要有苹果、桃、梨、葡萄，全县均有分布。

草本野生植物主要有葛巴草、节节草、地丁、蒺藜等，大部分生长于堤坝、河滩和沟、渠、路旁。浅河洼地是芦苇、三棱草、芦草等植物生长的地带。

1990 年年底，全县林木覆盖率 14.7%，1995 年 21.3%。“九五”期间，由于乡镇土地调整，乱砍滥伐林木现象严重，导致林业资源总量下降，2000 年，二类资源调查，全县林木覆盖率下降为 13%。此后，按照林业区划确定的发展方向和适地、适树原则，进行全面规划，相继实施了林业四项重点工程，2005 年年底全县林木覆盖率为 24%。

第七节　物　候

金乡县地处暖温带，地势平坦，土地肥沃，受季风气候影响，物候种类繁多。

植物候

苹果树　3 月底冬芽萌动，4 月开花，8~10 月果实成熟，11 月中旬落叶。

桃树　3 月上旬出芽，中旬开花，4 月上旬展叶，

10 月底至 11 月初落叶。

枣树　4 月中旬发芽，下旬展叶，5 月下旬开花，8 月底果实成熟，10 月下旬落叶。

泡桐　4 月上旬萌动，中旬展叶，下旬开花，10 月下旬落叶，10~11 月初果实成熟。

毛白杨　2 月底发芽，3 月上、中旬开花，下旬种子成熟，3 月底、4 月初展叶，10 月中下旬落叶。

垂柳　2 月下旬至 3 月上旬发芽，3 月下旬开花，月底展叶，4 月中、下旬种子成熟，11 月上、中旬落叶。

红梅　惊蛰后萌芽，3~4 月开花，清明后抽叶，4 月后结实。

腊梅　雨水后冬芽萌动，2~3 月开花，春分后抽叶，3 月后结实。

迎春　立春前后萌芽，2~3 月开花，清明后抽叶。

碧桃　春分后萌芽，3~4 月开花，谷雨后抽叶，5 月结实。

桂花　春分前冬芽萌动，清明后抽叶，秋分至寒露开花。

佛手　清明后萌芽，谷雨后抽叶，5~6 月开花，6~7 月结实。

佛桃　清明后萌芽，谷雨后抽叶，立夏后开花，6 月结果。

柳叶桃　清明后萌芽，立夏后抽叶，6~9 月开花。

牡丹　春分前后萌芽，清明后抽叶，谷雨后开花，立夏后结实。

木槿花　清明后发芽，立夏后抽叶，6~9 月开花。

茉莉　谷雨后发芽，立夏后抽叶，6~9 月开花，9 月结实。

无花果　惊蛰后萌芽，谷雨后抽叶，6~8 月结实。

月季　惊蛰前后萌芽，谷雨后抽叶，5~10 月开花，9~10 月花谢后结实。

兰花　立夏后发芽，6~7 月抽叶，7~8 月开花。

珠兰　1 月上旬萌芽，2~5 月抽叶，4~7 月开花。

米兰　2 月中旬萌芽，5~8 月抽叶，常年开花，夏秋最多。

扶桑　1 月下旬萌芽，2 月抽叶，4~9 月开花。

一叶兰　4 月上旬萌芽，5~6 月抽叶，6~7 月开花。

马蹄莲　4 月上旬发芽，5 月抽叶，6~8 月下旬为开花期，10 月下旬结实。

昙花　4 月上旬发芽，4~6 月抽叶，芒种至立秋开花（开 3~4 次）。

山茶　1 月上、中旬萌芽，3~5 月抽叶，5~6 月开花。

天门冬　1 月上旬萌芽，3~5 月抽叶，6~7 月开花，8 月结实。

夜来香　2 月上旬萌芽，3~4 月抽叶，6~7 月开花，结实。

玫瑰　3 月初老枝萌芽，4 月初展叶，中旬孕蕾，5~6 月开花（花期约 20 天），小雪后枯叶。

动物候

白鹭　4 月初南来，5 月上旬筑巢，中旬产卵，6 月中、下旬孵卵，7 月下旬出壳，8 月雏鸟离巢，9 月中旬发育成熟，8 月底至 9 月初开始南迁。

家燕　3 月中旬迁来，10 月中、下旬迁走。

喜鹊　3 月上旬营巢，4 月上旬交配，中旬产卵，5 月上旬孵化，中、下旬出雏。

猫头鹰　是冬侯鸟，境内集中期为 10 月至次年 2 月。

啄木鸟　3 月下旬至 4 月上旬发情交配，4 月中旬凿洞营巢。

布谷鸟　3 月下旬迁来，9 月底迁走。

青蛙　3 月下旬复苏，4~5 月交配繁殖，10 月中、下旬蛰眠。

中华鳖　3 月底至 4 月初复苏，6~8 月交配繁育，11 月上旬蛰眠。

壁虎　又名歇虎，3 月下旬出蛰，6~7 月繁殖，11 月上旬进入冬眠。

第三章 自然灾害

第一节 旱 灾

1991~2005年，金乡县采取兴修水利、改变耕作制度、植树造林、推广应用现代节水灌溉技术等多种方式，有效地遏制了旱灾的发生。

2002年夏季，持续干旱少雨，6~8月份，降雨量仅为21毫米，地下水位下降12米~20米，境内河道大部分干涸断流，全县农田无法正常灌溉，农作物普遍受旱，成灾面积72万亩，其中绝产面积15万亩。部分乡镇出现农民生活饮水困难。

第二节 涝 灾

1993年7月15日，胡集镇、羊山镇、卜集乡降暴雨，降雨量分别为206毫米、232毫米、264毫米。淹没农田16.4万亩，绝产3.5万亩，经济损失5035万元。成灾原因主要是排灌站设备老化，排水系统不配套，造成田间积水不能及时排出。同年8月4日，胡集镇和卜集乡出现暴雨天气，两乡镇农田一片汪洋，40余个村庄被大水包围，农作物成灾25.5万亩，毁坏树木5000多棵，房屋倒塌2000多间，死亡大牲畜30余头。

图2-1 1993年8月胡集镇水灾

1997年5月5日零时30分，金乡县突降暴雨。6日17时至夜间，再次遭暴雨袭击，雷雨时伴有七八级大风，局部有冰雹。胡集镇降雨量在100毫米以上。全县3.4万亩农作物受灾，228个蔬菜大棚被砸毁，128个村庄受灾，受灾人口9万多人。其中马庙乡的李集、邓庙管区，卜集乡的大姜、孙桁、夏庄、杨集、高墙管区，胡集镇的黄堆管区受灾最为严重，经济损失1200万元。

1998年8月3日凌晨6时至5日凌晨6时，山东省境内普降大到暴雨，金乡县降雨量超过100毫米。由于短时间内集中降雨，致使全县遭受严重涝灾，共倒塌房屋340间，损坏房屋1892间；5个村庄、3571人被水围困，318人被紧急转移安置；农作物受灾面积7.8万亩，成灾面积4.7万亩，绝产面积1.19万亩；倒折树木1.64万棵；倒折电力和通讯线杆60余根，中断高低压和通讯线路8千米；冲毁乡村公路14千米。造成直接经济损失3035万元。

2003年7月11日~17日，金乡县遭受强降雨，部分乡镇降雨量300毫米。21日、22日，马庙镇张阁、石门、付庄，司马镇李大庄、张庙分别遭风雹袭击，田间积水和沟水持平，个别地块积水1尺多深。全县8万多亩农作物受灾，成灾面积5万亩。其中，棉花2.5万亩（绝产0.8万亩），瓜果1.5万亩，谷子、大豆等杂粮1万亩（绝产0.4万亩）；淤死机井300多眼，损坏房屋200多间，倒塌房屋42间，造成直接经济损失800多万元。同年8月20日至9月4日，金乡县连续出现强降雨天气过程，最大降雨点胡集镇795毫米。全县受灾面积55万亩，成灾32万亩，重灾18万亩，绝产9万亩，受灾人口50万人，2600多间民房损坏，350间倒塌，造成直接经济损失1.6亿元。

2004年8月26日16时至28日8时，金乡县普降特大暴雨，平均雨量194.2毫米，最大降

雨点232毫米。卜集乡日降雨量221毫米。27日17时~19时，全县平均降雨70毫米，有4个乡镇超过100毫米，最大降雨点马庙镇128毫米。降雨量及强度均创50年最高纪录，全县累计平均降雨758.2毫米，较历年同期偏多64.2%。境内河道均发生中小洪水，东鱼河曹庄橡胶坝水位37.7米，新万福河湘子庙闸水位37米，孙庄水文站水位36.37米，其他河道水位在36米~37米之间。受河水顶托，全县大部分乡镇完全失去自排能力，72.9万亩农田积水，个别地块积水深度0.5米~0.8米，成灾面积64.2万亩，重灾面积43万亩，绝产面积19.6万亩；408个自然村积水，倒塌房屋1690间；积水学校141所，房屋漏水学校80所，危房学校12所，学校围墙倒塌300米；冲毁乡村公路5千米，直接经济损失4.9亿元。无人员伤亡事件发生。

2005年9月19日~21日，金乡县出现暴雨天气，全县大部分河道发生洪水，河水顶托坡水不能自排，造成农田积水面积64.5万亩，重灾面积3.5万亩，绝收面积2万亩，倒塌房屋160间，受灾总人口20余万人，造成直接经济损失4250万元。9月25日~10月3日，济宁市又出现连阴雨天气，平均降水量77.4毫米，持续降水使全市出现大范围洪涝。金乡县受灾人口增至33万余人，转移安置5000余人，损坏房屋增至5800间，倒塌房屋3460间，直接经济损失2.3亿元，其中农业直接经济损失1.8亿元。

第三节 风 灾

1991年6月19日16时，金乡县突降暴雨并伴有大风和冰雹，遭受风雹灾害比较严重的有马庙、鱼山、鸡黍、司马、霄云5乡镇，其他乡镇也遭受不同程度的灾害。全县受灾农作物面积1.95万亩，其中棉花、玉米、瓜菜减产五至八成，折断树木10万余棵，造成直接经济损失2500万元。

1995年6月29日13时10分~13时40分，金乡县马庙、羊山两乡镇出现龙卷风，并伴有暴雨，局部有冰雹，造成重灾村30余个，受灾人口3万余人，受灾农作物面积7.5万亩，损坏房屋820间，刮断电力线路14千米，电线杆60棵，直接经济损失500万元。

1995年11月7日凌晨2时至16时，金乡县境内遭遇7~8级大风袭击，致使县城停电、停水数小时，4个乡镇通讯线路全部中断，刮毁冬暖式大棚和拱棚3.5万亩，造成经济损失1.1亿多元。

1996年8月4日16时30分~18时，金乡县鸡黍、兴隆、王丕、霄云4个乡镇遭受暴风雨袭击，风力9~10级，降雨110毫米。倒折高压电线杆200多根，损坏通讯线路1万多米，倒折树木3万多棵。因灾受伤10人，其中重伤2人。直接经济损失2000万元。

1997年8月19日~20日，金乡县出现7~8级大风并伴有暴雨，造成玉米、棉花等农作物大面积倒伏，刮倒树木1万余棵，造成直接经济损失4300万元。

1998年7月21日15时30分左右，金乡县突降暴雨，并夹有8级阵风和龙卷风。风雨过后，全县农作物、房屋遭到不同程度损害，其中化雨乡、高河乡、王丕镇、大义乡、缗城镇、鱼山镇、金乡镇最为严重。全县农作物成灾面积5万多亩，其中玉米倒伏4万亩，棉花等其他作物不同程度受损，刮断树木1万余棵，倒塌房屋500余间，损毁高压线、电话线1.3万米，直接经济损失1200多万元。

2002年8月16日，金乡镇、鸡黍、兴隆、司马、霄云等乡镇遭受雷雨夹带大风袭击，刮倒、刮断玉米、棉花近20万亩，刮断树木5000多棵，造成直接经济损失3000多万元。

2004年7月7日18时20分，金乡县出现大风冰雹灾害性天气，短时阵风12级，是历年少有的灾害性大风。此次灾害性天气持续时间长，造成全县16万多亩农作物及其他经济作物受灾，成灾面积10万余亩，绝产面积3.5万亩，其中棉花受灾9.41万亩，玉米受灾3.88万亩，瓜菜受灾2.96万亩，刮断树木6.25万棵，刮倒房屋390间，刮倒电线杆120根，直接经济损失3100余万元。

第四节 雹 灾

冰雹是一种极端强对流天气，出现的范围小，时间短，但来势凶猛，强度大，常伴有狂风骤雨，对农牧业、工矿业、电讯、交通运输以至人民的生命财产损害极大。在金乡县，冰雹多出现在5~9月份，最早出现在4月中旬，最晚出现在10月下旬，其中以初夏出现冰雹最多。在一日中，冰雹多出现在午后和傍晚，持续时间一般3分钟~5分钟，有的长达20分钟~30分钟。

金乡境内冰雹路线主要有3条：东路，从胡集镇经卜集乡、高河乡至鱼台；西路，从嘉祥县入境，经羊山镇、马庙镇、鸡黍镇至司马镇南部；中路，从羊山镇东部，经金乡镇至王丕镇一带。冰雹出现，往往呈西北至东南或东北至西南的一条长带状，有“雹打一条线”之说。冰雹危害比较严重的地区主要分布在卜集、胡集、高河、鱼山、司马等乡镇。

1994年4月28日20时，金乡县6个乡镇遭受冰雹袭击，受灾面积12万亩。

1998年8月12日~14日，金乡县遭受风雹灾害。因灾死亡4人；农作物受灾面积15万亩，成灾面积7.76万亩，其中绝收面积1.8万亩；损坏房屋610间，倒塌房屋40间；倒折树木2000棵、线杆43根。直接经济损失1714.28万元。

2002年7月18日，卜集乡、金乡镇、霄云镇遭冰雹袭击，棉花、玉米、瓜果被砸烂、砸碎，受灾面积30多万亩，绝产3万亩，造成直接经济损失5000多万元。

2004年6月26日4时30分，马庙镇、鸡黍镇遭冰雹袭击，冰雹持续时间20多分钟，冰雹最大直径3厘米。受冰雹袭击较重的是马庙镇的李海、高庙、南周、刘沙窝四个村，受灾农作物主要是棉花、玉米、西瓜，受灾面积1.2万余亩，重灾3800亩。此次雹灾造成棉花、玉米、西瓜的茎、枝、叶等被砸烂、砸碎，部分地块绝产，直接经济损失200多万元。

2004年7月7日18时30分左右，卜集乡、高河乡遭受风雹袭击，冰雹直径15毫米左右，持续时间20分钟。地面被冰雹盖严，卜集乡受灾面积4.6万亩，其中辣椒1.5万亩，棉花1.2万亩，玉米0.8万亩，其他农作物1.1万亩，全乡绝产面积3万亩。棉花被打成光杆，玉米叶被打成半厘米宽条状。直径20厘米的大树被拦腰折断，广告牌从地面上一半处折断。金曼克中学简易教学楼被大风刮倒，微机、电视部分损害，经济损失60万元。

2005年6月14日21时51分~22时10分，金乡县出现雷雨大风夹杂冰雹的灾害性天气，风力7~8级，冰雹直径1厘米~2厘米。鸡黍、兴隆、司马、化雨、霄云、金乡镇6个乡镇的农作物及其它经济作物损失严重。

第五节 冻 灾

霜冻在秋、冬、春三季都会出现，对农作物影响极大。

2001年3月26日，大风寒潮降温，气温骤然下降，至3月28日，最低气温从10℃以上降到零下4.6℃。全县农作物不同程度遭受冻害，尤以小麦受冻最重。全县小麦受冻面积16万亩，其中4万亩茎叶冻枯，减产70%，绝大部分集中在高河、卜集、胡集3个乡镇，有7万亩幼穗和穗下茎受冻破坏，减产30%，有5万亩减产50%。大蒜受冻面积6万余亩，绝大部分为早薹蒜，少量为金乡大蒜，减产20%~30%。蔬菜重新耕种4000亩，减产70%，早春棚菜和霄云镇的敞棚甘蓝受冻0.3万亩，减产70%。圆葱受冻面积6万亩，减产20%~30%。

第六节 农作物病害

1991~2005年，金乡县随着种植业结构的不断调整和优化，农作物病害逐年由小麦、玉米、棉花为主向大蒜、圆葱转移。

1991年，小麦叶枯病发生面积42.5万亩，占58.2%。重发地块白穗率一般5%~10%，最高17%，影响千粒重10%左右。条锈病发生面积

26.5 万亩，占 36.3%。

1996 年，玉米病害严重，玉米粗缩病发生 22.4 万亩，占总发生面积的 88%。大小叶斑病发病面积 28.8 万亩，严重度 2 级，全县损失产量 1.57 万吨。

1999 年，小麦叶枯病偏重发生，发生面积 14.6 万亩，发病地块平均病株率 85%，病叶率 46.8%，个别地块病株率达 100%，病叶率 87.3%，经防治，平均亩损失率降为 10.6%。

1999 年，棉花枯黄萎病和红叶茎枯病大发生，发生面积 10.3 万亩。6 月份发病地块占 7%，一般地块病株率 15%~25%，重病地块病株率 30%~40%，死亡率 3%~5%。7~8 月份部分重发地块死亡率 50%，有的高达 80% 以上。

1999 年，圆葱黑斑病大发生。大部分地块病株率 100%，病叶率 20% 左右。

2003 年，棉花枯黄萎病大发生，是历史上发病范围大，发病株率高，发病程度最重的一年。7 月份病田率 60%~70%，发病田一般病株率 8%~15%，严重地块病株率 60%~70%，最高病株率 70%~90%，死苗率 3%~5%。是年，大蒜菌核病发生。发病面积 16.8 万亩，防治面积 11.5 万亩，发病程度 5 级。

第七节 虫 害

1991~2005 年，金乡县农作物虫害每年都有发生，由于预测预报及时，防治得当，形成灾害的不多。

小麦害虫：麦蚜、麦红蜘蛛、一红黏虫、麦蜂、蝼蛄、蛴螬、金针虫、麦红吸浆虫。1991~1995 年，金乡县大面积种植小麦，小科害虫发生比较普遍，1992 年小麦蚜发生 66.54 万亩，1993 年发生 57.95 万亩，经防治仅造成轻微减产。随着种植面积逐渐减少，小麦害虫成为不常发虫害。

玉米害虫：玉米螟、二、三代黏虫、玉米蚜、秋毛虫、虱。造成危害主要是二代玉米螟、玉米蚜，对产量影响大。

其它粮食作物害虫：金谷的主要虫害有黏虫、稻纵卷叶螟、粟灰螟。水稻主要虫害有稻纵卷叶螟、黏虫、飞虱。

棉花害虫：棉蚜、棉铃虫、棉盲蝽蟓、棉蓟马、烟粉虱、棉红蜘蛛、小地老虎、黄地老虎、棉大造桥虫、玉米螟、二十八星瓢虫等。比较突出的有：1992 年棉花二、三代棉铃虫大发生，发生面积 108.66 万亩，1995 年发生 83.45 万亩，百株累计卵量 4220 粒。2000 年、2003 年、2004 年棉盲蝽象大发生。据 2004 年 8 月份田间调查，全县被害棉田 100%，平均被害株率 50%~70%，最高被害株率 95%~100%，虽然多次防治，仍造成一定程度减产。2004 年棉红蜘蛛发生面积 38 万亩，发生程度 5 级，防治后挽回部分损失。

大蒜、圆葱害虫：大蒜圆葱虫害随着种植面积的扩大，栽培年限的增加呈逐年加重趋势，种类逐年增加，大蒜根蛆从 20 世纪 90 年代初发时几万亩至几十万亩；大蒜根螨、韭螟相继发生，成为大蒜三大地下害虫。大蒜蓟马、红蜘蛛仅在个别年份偶发。

蔬菜及杂食性害虫：大田蔬菜种类主要有辣椒、茄子、甘兰、菠菜、西瓜、甜瓜等涉及害虫种类多，除常见害虫外，比较突出的有：1996 年甜菜夜蛾大发生面积 96 万亩，1999 年发生 99 万亩；2003 年，甜菜夜蛾、美洲斑潜蝇、白粉虱也有普遍发生，均得到有效控制。

蝗虫：金乡县属历史老蝗区，经过长期改造农田水利建设和农田耕作制度，农田生态环境得到改善，东亚飞蝗、土蝗在特殊环境中低密度发生，未造成起飞危害。

鼠害：主要有褐家鼠、小家鼠、黑线姬鼠、大仓鼠等。家鼠和大棚鼠害重于大田。

第四章 自然资源

第一节 土地资源

金乡县全境系湖西黄泛平原，土地资源丰富。境内无高山丘陵，仅西北部羊山一带有寒武系低山丘陵，最高峰（葛山）海拔105米，面积1275亩。其余均为平原，约占全县总面积的99%。

金乡境内土壤分3大类：潮土、水稻土、褐土。

潮土：潮土是面积最大的土壤类型，面积96.32万亩，占可利用面积的89.6%。全县13个乡镇大都为潮土土质。

水稻土：水稻土是在改造涝洼地的时候，在原潮土基础上逐步发育而成的一种土壤类型。面积10.9万亩，占可利用面积的10.1%。主要分布在卜集乡、胡集镇东部及高河乡东部。

褐土：总面积2907亩，占可利用面积的0.27%。主要分布在羊山、葛山、郭山口的丘陵地区。

金乡县地势平坦，土质较为肥沃，加之属温带半湿润、半干旱季风大陆性气候区，四季分明，光照充足，雨量较充沛，适于发展农业生产，是中华民族从事农业生产活动较早的地带之一。

据历年土地利用现状变更调查数据显示，截至2005年年底，用于农业生产的土地资源面积105.15万亩，占全县土地资源总面积的78.6%。其中可用耕地面积89.97万亩，占全县可供利用土地资源总面积的67.4%。建设用地总面积23.3万亩，占全县可供利用土地资源总面积的17.5%，其中城镇建设用地1.47万亩，农村居民点建设用地面积15.46万亩，独立工矿用地面积2.08万亩。仅在1997~2005年9年间，全县耕地资源减少2868.86亩，城镇建设用地增加503亩，农村居民点用地面积减少177.55亩，独立工矿用地增加956.75亩。

2005年，全县未利用土地资源面积4.52万亩，仅占全县可利用土地资源总面积的3.4%，作为可供开发利用的后备土地资源，相对严重不足，耕地资源紧缺日趋明显。

第二节 水资源

水资源分地表水资源和地下水资源两部分。为水资源的有利计算，根据地形、地貌、水文和水文地质等因素的不同，将金乡县划分为滨湖排灌区、引湖（水）引黄（河水）补源井渠灌结合区、引湖引黄补源井灌区。

地表水

地表水资源量 金乡县多年平均当地径流0.63亿立方米，入境水量5.94亿立方米，出境水量4.03亿立方米，地表水资源量2.54亿立方米。

金乡县水资源分区

表2-4-1

名称	位置	面积（平方公里）	占全县总面积（%）
滨湖排灌区	县东北部，包括胡集镇东北部，卜集乡全部，高河乡北部	170.89	19.3
引湖引黄补源井渠灌结合区	县城周围，包括金乡镇、鱼山镇、王丕镇全部；胡集镇、高河乡、化雨乡、羊山镇的部分地区	256.72	28.95
引湖引黄补源井灌区	县南、西、西北，包括霄云、司马、兴隆、鸡黍4乡镇全部；马庙、高河、化雨、羊山等乡镇的部分地区	458.85	51.75

金乡县地表水资源量表

表 2-4-2　　　　单位：万立方米

区域名称＼水平年	现状年	近期		远景		多年平均
		P=50%	P=75%	P=50%	P=75%	
全县合计	23856	32160	26420	33120	27382	25416
排灌区	4567	5617	4200	6050	4100	5200
结合区	8050	12040	10580	11450	10420	10868
井灌区	11239	14503	11640	15620	12862	9348

地表水资源可利用量　金乡县地表水资源可利用量包括：有效提引湖水量、提引上游入境量（包括引黄尾水）、蓄积当地径流量、地下水排泄量和深沟水利用量五部分。提引湖水量通过23座排灌站和41座提水站典型调查分析计算。引湖总量扣除渗漏回归量即为提引湖水可利用量。利用提水机具，通过输水沟渠引上游河水或引黄尾水进入境内利用的部分为提引上游入境水量。东鱼河曹庄橡胶坝及金南14座节制闸、涵洞等工程的建成，可拦引上游入境径流，在境内河沟存蓄期间除入渗回灌地下水，还可利用提水站和临时安装机泵提取利用。蓄积当地径流量包括坑塘蓄积量和深河拦蓄量两部分。现状年坑塘蓄水量通过对现状坑塘面积和蓄水情况实际调查计算。近期、远景蓄水量根据规划坑塘面积蓄水深乘以复蓄次数计算。深河蓄水量按现有河槽34.2米（上级湖正常蓄水位）以下断面乘以复蓄水次数计算。

金乡县地表水资源可利用量表

表 2-4-3　　　　单位：万立方米

水平年	分类	水资源可利用量							
		排灌区		结合区		井灌区		全县合计	
		P=50%	P=75%	P=50%	P=75%	P=50%	P=75%	P=50%	P=75%
现状	本县地表水	2680		2856.1		2900.2		22646.8	
	引湖水	9000.7		3881.2		500			
	上游来水	—		—		828.6			
	小　计	11680.7		6737.3		4228.8			
近期	本县地表水	2920	2860	2840	2300	2760	2400	24143.3	21515.2
	引湖水	9714.3	8293.6	1814.9	1129.3	94.1	232.3		
	上游来水	—	—	2000	1500	2000	1800		
	小　计	12634.3	11153.6	6654.9	5929.3	4854.1	4432.3		
远景	本县地表水	2920	2860	2840	2300	2760	2400	24466	21515.2
	引湖水	9714.3	8293.6	1814.9	1129.3	94.1	232.3		
	上游来水	—	—	2322.7	1500	2000	1800		
	小　计	12634.3	11153.6	6977.6	5929.3	4854.1	4432.3		

地表水水质 据监测取样化验综合分析：境内河水均有不同程度污染。较重的有 5 条，段长 27 公里。其中金济河 5.5 千米、老万福河周桥段 2 千米、莱河桥吴岗到老万福河口段 12 千米、大沙河鸡黍段 2.5 千米。2005 年水质监测资料显示，河流水符合Ⅰ、Ⅱ、Ⅲ类水质标准的没有一个，大部分属于超Ⅴ类标准，属严重污染水。有机污染以金济河、大沙河鸡黍段为重，无机污染以金济河、老万福河、莱河较重，其中老万福河主要污染物质为氨氮，同时硫酸根、氯根、总硬度及 BOD5（生化需氧量）也不同程度地对新老万福河造成污染。

主要污染源是工业和城镇生活污废水以及农药的大量施用。县内工业污废水日排放量 5374 吨，生活污水日排放量 4000 吨，主要集中在县城。2002~2005 年，县内农药施用量 2208 吨，其中有机氮 1545 吨，有机磷 663 吨。

地表水化学类型按阿列金分类法，多数是重碳酸盐水、钠组、第Ⅱ类，占 42%；其次是重碳酸盐水、镁组、第Ⅱ类和硫酸盐水、钠组、第Ⅱ类，各 29%。矿化度一般小于 0.9 克 / 升，pH 值在 7.7~8.4 之间，呈弱碱性。总硬度在 1.21~29.7 之间，属轻度硬化水或硬水。

当地径流量计算表

表 2-4-4 单位：万立方米

水平年 区域名称	现状年	近期		远景		多年平均
		P=50%	P=75%	P=50%	P=75%	
全县合计	5042	5747	4565	5747	4565	6259
排灌区	1143	1060	890	1060	890	1163
结合区	1687	1687	1425	1687	1425	1836
井灌区	2212	3000	2250	3000	2250	3260

入境水量计算表

表 2-4-5 单位：万立方米

水平年 区域名称	现状年	近期		远景		多年平均
		P=50%	P=75%	P=50%	P=75%	
全　县	27973	59567	37119	60527	38081	59426
排灌区	5750	12979	7187	13412	7087	14265
结合区	9807	22156	14894	21566	14734	24173
井灌区	12416	24432	15038	25549	16260	20988

出境水量计算表

表 2-4-6 单位：万立方米

水平年 区域名称	现状年	近期、远景		多年平均
		P=50%	P=75%	
全　县	9159	33154	15264	40269
排灌区	2326	8422	3877	10228

续表 2-4-6

水平年 区域名称	现状年	近 期、远 景		多年平均
		P=50%	P=75%	
结合区	3444	11803	5739	15141
井灌区	3389	12929	5648	14900

地下水

水文地质 金乡县地质为隆陷组合地块。其结构特征是以断块为主，宽缓的波状褶曲为辅，表层为第四纪松散层。境内羊山、葛山系寒武系石灰岩。第四纪覆盖厚度0~677.5米，西南厚、西北薄，主要是黄褐、棕灰、灰绿等杂色黏土、黏土质砂、砂、砂砾及砾石组成，属冲积物相沉积，不整合在下伏不同时代地层之上。

金乡地下水的垂直分布为三层，呈淡—咸—淡型。浅层淡水底板埋深10米~30米，中层咸水底板埋深120米~250米。浅层淡水含水层岩性主要是粉砂、细砂、亚砂、亚黏或含姜石的亚砂、亚黏等，含水层厚度9米~25米。5米降深单井出水量小于30立方米/小时的面积116.94平方公里，占全县面积的13.3%；30立方米/小时~50立方米/小时的面积361.25平方公里，占全县面积的41%。

地下水动态变化特征 浅层地下水动态主要受降雨和工农业用水影响，年内有周期性变化。春季地下水位明显下降，一般6月下旬前后枯，7~9月份降雨增多，河湖水位高涨，地下水位有较大幅度回升，冬季逐渐趋于稳定，一般翌年1月达到峰值。根据1974~1990年17年地下水观测资料，全县地下水位年平均下降0.15米，其中井灌区较大，结合区次之，排灌区较小。井灌区由于地下水过量开采，采补失调，1980年始形成了兴隆、马庙两个“漏斗”区。1990年“漏斗”面积120平方公里，中心地区地下水位埋深17米左右，单井出水量仅20立方米/小时，对工农业影响很大，枯水期人畜吃水困难。

1994年，实施金南引水回灌补源工程，改善了井灌区地下水补给条件，缓解了地下水不足的矛盾。1995年东鱼河曹庄橡胶坝建成后，回灌配套工程逐步建成并发挥作用，拦引调蓄地表水近2亿立方米，回灌面积25万亩，区内地下水位平均回升8米以上，解决了20多万人的吃水困难问题。2003~2005年，连续三年特大降雨充分补给了地下水，平均水位埋深6米左右，消除了地下水“漏斗”区。

浅层地下水储量 金乡县地下水中层为咸水，无开采价值。深层淡水开采、补给困难，开采较少。故只考虑浅层淡水，经计算全县浅层地下水的总储量是6.1亿立方米，其中咸水0.27亿立方米。

浅层地下水储量计算表

表 2-4-7　　单位：万立方米/平方公里

分区	面积（平方公里）	土壤岩性	地下水埋深（米）			计算埋深（米）	计算层内（U）	储存量（万立方米）			储存模数	
			最大	最小	平均			淡水	咸水	总量	淡水	总量
合计	880.56（其中咸水面积34.56）	—	—	—	—	—	—	58259	2692	60951	66.16	69.22
排灌区	164.89	黏土 亚黏	3.67	1.49	2.81	14.85	0.031	6154	—	6154	37.32	37.32
结合区	256.72（其中咸水面积9.02）	亚黏 粉砂	7.23	4.32	5.33	20.2	0.047	16729	609	17338	65.17	67.54
井灌区	458.95（其中咸水面积25.52）	粉砂	7.23	4.81	5.98	20.3	0.057	35376	2083	37459	77.09	81.62

地下水资源量 有补给条件和开采价值的地下水为地下水资源量。金乡县地下水资源量主要来自降雨入渗补给、灌溉回归、河渠侧渗和周边补给三部分。经计算，全县现状地下水总补给量为 2.39 亿立方米，其中排灌区补给量为 0.42 亿立方米，结合区为 0.51 亿立方米，井灌区为 1.46 亿立方米。

地下水资源量计算表

表 2-4-8

水平年	地下水资源总量（万立方米）							
	排灌区		结合区		井灌区		全县	
	P=50%	P=75%	P=50%	P=75%	P=50%	P=75%	P=50%	P=75%
现状	4230		5136		14554		23920	
近期	3739	3388	5562	4411	10229	7403	19530	15202
远景	3220	3835	5800	4790	10300	7974	19320	16599

地下水资源可利用量 即经过多年天然调节能够恢复，经济上合理、技术上可能提取的地下水量。金乡县拟用开采系数进行计算的地下水资源可利用量如下表：

地下水资源可利用量表

表 2-4-9

水平年	地下水资源总量（万立方米）							
	排灌区		结合区		井灌区		全县	
	P=50%	P=75%	P=50%	P=75%	P=50%	P=75%	P=50%	P=75%
现状	3620		4845		10850		19315	
近期	3137	2820	4937	4330	9697	7905	17771	15055
远景	3137	2820	4937	4330	9697	7905	17771	15055

地下水水质 金乡县地下水化学类型比较复杂，根据阿列金分类法，重碳酸盐水、镁组、第Ⅱ类和重碳酸盐水、钠组、第Ⅰ类面积较大，分别占总面积的 28.87%、26.9%，形成 HCO_3-SO_4、Cl-Mg·Na，HCO_3-Cl、SO_4-Mg·Na、Ca 型水，矿化度 0.4 克 / 升 ~1.5 克 / 升，氟离子含量稍高。

地下水总硬度一般在 20~40 德度之间，为硬水或极硬水；pH 值 7.8~8.1，属弱碱性水，矿化度一般在 0.4 克 / 升 ~1.5 克 / 升之间，符合农田灌溉标准。胡集镇的董楼、姬楼，羊山镇的袁庄、柳园、高洼，高河乡的胡庄，鸡黍镇的徐庄，金乡镇的张庄，马庙镇的李寨，司马镇的甘庄、罗庄，霄云镇的冯庄一带，累计面积 34.54 平方公里，矿化度在 1.6 克 / 升 ~2.2 克 / 升之间，灌溉后对作物正常生长有一定影响。

金乡县为氟病区之一。1980 年病区人口 42.2

万人，占总人口的 94%，其中受害人口 6.9 万人，占病区人口的 16.5%。水含氟量超过 2 毫克 / 升的重病区有 56 个行政村，主要分布在马庙镇的周新庄、大程楼、周楼，兴隆乡的张庙、大棠村、寻庄、小楼、任庄、二郎，司马镇的杨庄、红卫、白腊园、张华楼、陈楼，化雨乡的马庙、前赵、苏楼、张庄寨、中孟、早立，金乡镇的南楼、肖庄、李楼、北当等。羊山镇的孟营村井水含氟量超过 4 毫克 / 升。

高氟水不宜饮用，需开采符合标准的深层淡水。2005 年，金乡县实施村村通自来水工程，2007 年全部完成，全县 98% 的村庄彻底告别劣质水，用上干净、卫生的自来水（深层淡水）。

第三节　矿产资源

金乡县矿产资源相对匮乏，品种少。按矿产性质和主要工业用途分为能源矿产、非金属建材矿产、水气矿产三大类。截至 2005 年年底，累计发现矿床（点）38 个，发现及探明的矿产按种类分别为煤、天然焦、灰岩、砖瓦用黏土、地下水、矿泉水。其中煤、地下水为金乡县的优势矿产。

燃料矿产

境内燃料矿产主要以煤为主，煤炭资源储量丰富，含煤地层面积 650 平方公里，占总面积的 73.5%。主要集中在县城以北地区、县城南部霄云及县城西花园一带。至 2005 年年底，济宁金桥煤矿、济宁花园井田探明资源储量 3.73 亿吨，保有资源储量 3.69 亿吨，霄云、化雨普查预测资源量 3 亿吨。已探明的煤炭多为优质气肥煤，部分为焦煤，发热量高，是优质工业用煤。年产 60 万吨的济宁金桥煤矿 1998 年建成投产，年产 50 万吨的济宁花园煤矿正在建设中，年产 90 万吨的济宁霄云煤矿也正在规划筹建。金乡县成为济宁地区重要的煤炭资源生产后备区。

非金属矿产

金乡县境内非金属矿产资源主要以黏土、地下水、石膏、钾盐、石灰石等为主，其中较早利用和利用率较高的为黏土和石灰石。

黏土　全县各乡镇范围内均有较大储量分布，主要用来加工生产建筑用砖瓦。20 世纪后期，一些国营、集体、村办和个体黏土砖瓦生产企业相继建成投产。至 1995 年，全县各类砖瓦黏土生产企业 56 家，从业人员近万人，年产值 2000 万元。但取土烧制砖瓦破坏土地，是国家明令禁止的产业项目。耕地中的黏土矿为规划期内禁采矿种。

石灰石　境内石灰石资源储量主要集中在羊山、葛山和郭山口，以风化的石灰石为主。石灰石生产加工，最初主要以开采原石作为建筑用石材为主，后随着经济快速发展，需求量加大，石灰石生产主要向烧制生石灰、加工石子、石粉等工程用石质材料为主。1995 年，全县石灰石采矿企业发展至 6 家，采石点 20 余处。

第四节　动物资源

鸟类

红隼、鹌鹑、黑水鸡、凤头麦鸡、白领鸻、扇尾沙雉、珠劲斑鸠、山斑鸠、灰斑鸠、大杜鹃、四声杜鹃、红角鸮、普通翠鸟、戴胜、黑枕绿啄木鸟、大斑啄木鸟、凤头百灵、云雀、家燕、金腰燕、黄鹡鸰、白鹡鸰、田鹨、红尾伯劳、水鹨、黑卷尾、灰椋鸟、灰喜鹊、喜鹊、白头鹎、斑鸫、大苇莺、巨嘴柳莺、淡脚柳莺、黄眉柳莺、鸟鹟、大山雀、沼泽山雀、暗绿绣眼鸟、红胁绣眼鸟、树麻雀、燕雀、金翅雀、黑头腊嘴雀、黄胸鹀、黄眉鹀，共 46 种。

昆虫类

赤卒、黄衣、广腹螳螂、华北大刀螂、蝎故、刺槐小皱蝽、茶翅蝽、黄足猎蝽、跷蝽、杨柳网蝽、斑须蝽、栗缘蝽、赤胸步甲、中华广肩步行虫、短鞘步甲、毛喙丽金龟、铜绿金电子、黑棕鳃金龟、毛棕鳃金龟、朝鲜黑金龟、白纹铜金龟、椿大象甲、椿小象甲、隆绿异点瓢虫、黑绿红瓢虫、七星瓢虫、异色瓢虫、龟纹瓢虫、光屑星天牛、桃红颈天牛、柳兰叶甲、榆兰金花虫、中华草蛉、尖头蚱蜢、赤胫蝗、非洲蝼蛄、蚱蝉、伏嘹、黑尾叶蝉、班衣腊蝉、东方盔蚧、柳瘿纹、意大利蜜蜂、菜粉蝶、麝凤蝶、黄粉蝶、花椒凤蝶、榆绿天蛾、豆天蛾、丁香天蛾、蓝目天蛾、绿尾大蚕蛾、杨枯叶蛾、苹果枯叶蛾、桃天蛾、桃剑纹夜蛾、桑夜蛾、大地老虎、小地老虎、小造桥虫、柳残夜蛾、毛翅夜蛾、一点金刚钻、臭椿皮蛾、黄地老虎、苹梢鹰夜蛾、红绿灯蛾、黄尾毒蛾、柳毒蛾、榆毒蛾、杨二尾舟蛾、杨扇舟蛾、大造桥虫、枣尺蠖、周槐尺蠖、大袋蛾、黄刺蛾、杨卷叶螟、桃蛀螟、泡桐卷叶螟、木蠹蛾、白杨透翅蛾、刺槐荚螟，共83种。

兽类

狐狸、獾、狸、黄鼬、刺猬、猫、野兔、蝙蝠、老鼠，共9种。

鱼类

白鲢、鳙、草鱼、鲤、鲫、团头鲂、长春鳊、翘嘴红鲌、蒙古红鲌、戴氏红鲌、逆鱼、鳘条、红鳍鲌、麦穗鱼、棒花鱼、南方马口鱼、中华鳑鲏、光凯刺鳑鲏、泥鳅、鲶、黄颡鱼、鳜（季花鱼）、乌鳢、园尾斗鱼、黄鳝、赤眼鳟，共26种。

其它野生动物

青蛙、蟾蜍、甲鱼、蜥蜴、壁虎、蛇、蜘蛛、蝎子、蜈蚣、马陆、螃蟹、虾、蚂蝗、蚯蚓、蜗牛、钉螺、河蚌、蜻蜓，共18种。

第五节　植物资源

金乡县植物资源丰富，门类科属众多。除木本植物外，草本野生植物分旱生植物和水生植物两类。旱生植物46科、49属，主要有拉拉秧、扫帚菜、茅草、节节草、酸溜溜、米蒿、馍馍留、猪毛菜、爬山虎、蒲公英、苦苦菜、益母草、薄荷、马连子、万年青等。水生植物20科、21属，主要有芦、金鱼藻、小眼子菜、大茨藻、荆三棱、水蓼等。

第六节　药材资源

金乡药材资源有4大类、102种。分别是：

子种类

桃仁、杏仁、枣仁、柏子仁、蒺藜子、青葙子、菟丝子、蛇床子、车前子、紫苏子、冬瓜子、莱服子、赤小豆、地肤子、蓖麻子、冬葵子、小茴、苍耳子、急性子、牵牛子、葶苈子、杞果、白芥子、蓬子、槐角子、扁豆、王不留行、胡桃、马斗苓、茺蔚子30种。

花、根、皮类

槐花、凤仙花、洋金花、野菊花、旋复花、合欢花、桑白皮、地丁、芦根、苇茎、地骨皮、茅根、茜草、香附、三楞、天花粉、萱草根、半夏、藕节、薤白、大葱、大蒜、蒲黄、丝瓜络24种。

草、叶类

西河柳、侧柏叶、桑叶、皂针、远志、透骨草、天仙腾、蒲公英、紫花地丁、败酱草、鬼针草、扁蓄白头翁、泽兰、益母草、薄荷、艾叶、大小蓟、马齿苋、浮萍、大戟、茵陈、青蒿、荷叶、天葵、芫荽25种。

动物类

狗肾、望月砂、夜明砂、獾油、鸡内金、鳖甲、蟾蜍、水蛭、桑螵蛸、槐蛾、露蜂房、守宫、蝉蜕、蛇蜕、斑蝥、虻虫、土元、龙骨、蜣螂、原蚕子、狗宝、猪苦胆、牛黄23种。

第三篇 人口与管理

人口与管理

1949年，金乡县总人口31.3万人，1990年56.87万人，42年中增加25.57万人，年均增加6089人。其中1990年人口出生率和自然增长率分别为47.2‰、42.9‰，为新中国成立后最高值。1991~2005年，人口出生率得到有效控制。2005年年末，全县总人口61.11万人，比1990年增加4.23万人，年均增加2821人。其中1995年自然增长率降至3.37‰，为1961年以来最低。1996年后，人口自然增长率略有起伏，2005年5.65‰，年均增长4.9‰，处于低生育水平。

2000年第五次人口普查，全县60周岁以上老人6.9万人，其中90岁~99岁728人，百岁以上22人，比1990年分别增加11602人、362人、20人；具有大学专科以上文化程度9177人，比1990年增加7209人，增长4.66倍；境内有少数民族26个，3089人，占总人口的0.51%，比1990年分别增加民族2个，633人，0.08%。在2005年总人口中，男性30.89万人，占总人口的50.56%，女性30.21万人，占总人口的49.44%。男女性别比为102.28，与1991年、1995年、2000年大体相当。

第一章 人口状况

第一节 人口总量

1990年年底，全县总人口56.87万人，出生率47.2‰，死亡率4.3‰，自然增长率42.9‰。由于计划生育政策的深入贯彻落实，人口出生得到有效控制，到2005年年末，县内总人口61.11万人，比1991年的58.39万人增加4.66%，年均递增3.04‰。

1991~2005年金乡县人口状况

表3-1-1 单位：人

年度	户数	总人口						农业人口	占总人口（%）	非农业人口
		合计	比上年增长（%）	男	占总人口（%）	女	占总人口（%）			
1991	143475	583881	0.26	295239	50.56	288642	49.44	538974	92.3	44907
1992	146442	587772	0.66	296720	50.56	291052	49.44	542094	92.23	45678
1993	154299	591122	0.57	299164	50.61	291958	49.39	544544	92.12	46587
1994	156138	590754	−0.06	299810	50.75	290944	49.25	543353	91.98	47401
1995	156885	591877	0.02	298338	50.4	293539	49.6	537279	90.76	54598
1996	156497	595086	0.54	299948	50.4	295138	49.6	536923	90.23	58163
1997	158436	598928	0.64	302304	50.47	296824	49.53	537720	89.78	61208
1998	160078	599450	0.09	302482	50.46	296968	49.54	537019	89.59	62431
1999	163479	601369	0.32	303629	50.49	297740	49.51	531659	88.41	69710

续表 3-1-1

年度	户数（户）	总人口						农业人口	占总人口（%）	非农业人口
		合计	比上年增长（%）	男	占总人口（%）	女	占总人口（%）			
2000	166690	602687	0.22	304349	50.5	298338	49.5	531804	88.24	70883
2001	168151	604715	0.34	305417	50.51	299298	49.49	532766	88.1	71949
2002	168777	606509	0.3	306307	50.5	300202	49.5	532959	87.87	73550
2003	170995	607763	0.21	307080	50.53	300683	49.47	532939	87.69	74824
2004	172699	608853	0.18	307540	50.51	301313	49.49	533281	87.59	75572
2005	173091	611067	0.36	308977	50.56	302090	49.44	515913	84.43	95154

第二节 人口分布与密度

人口分布

1990 年，金乡县 14 个乡镇，人口均在 2 万以上，其中 3 万人以上的乡镇 12 个，人口较多的是：鸡黍镇 5.87 万人、羊山镇 5.72 万人、马庙镇 5.01 万人。人口较少的是：鱼山镇 2.28 万人、王丕乡 2.18 万人。1995 年设立金马乡、大义乡，撤销城郊乡，设立缗城镇，全县乡镇增至 16 个。人口较少的分别是金马乡、大义乡。2000 年乡镇合并，缗城镇并入金乡镇，金马乡并入鸡黍镇，大义乡并入胡集镇，乡镇由 16 个减至 13 个。2005 年，人口 2 万人以上 3 万人以下的乡镇有 2 个，3 万人以上 4 万人以下的有 3 个，4 万人以上 5 万人以下的有 3 个，5 万人以上 6 万人以下的有 4 个，人口最多的是金乡镇 10.58 万人。随着经济发展，人口逐渐向县城集中。

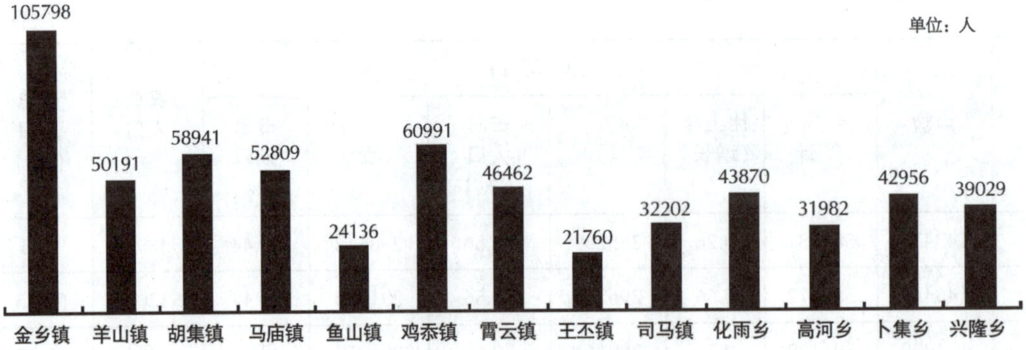

图 3-1 2005 年金乡县各乡镇人口分布图

人口密度

1949 年，金乡县每平方公里 360 人，1983 年每平方公里 548 人。1990 年增至每平方公里 644 人，其中境内乡镇人口密度最大的是金乡镇，每平方公里 3018 人，最小的是城郊乡和卜集乡，每平方公里 543 人。此后，以较小幅度逐年增多。1995 年全县平均人口密度每平方公里 667 人，2000 年每平方公里 679 人，至 2005 年，每平方公里 689 人，其中金乡镇（与城郊乡、缗城镇合并后）每平方公里 1509 人，是全县平均人口密度的 2.19 倍。除金乡镇、马庙镇、鸡黍镇、化雨乡、高河乡、卜集乡外，其余乡镇均低于全县平均密度。司马镇、兴隆乡平均人口密度最小，每平方公里只有 403 人。

2005 年金乡县各乡镇人口密度统计表

表 3-1-2

乡镇	总面积（平方公里）	总人口（人）	人口密度（人/平方公里）	乡镇	总面积（平方公里）	总人口（人）	人口密度（人/平方公里）
金乡镇	70.1	105798	1509	王丕镇	34.44	21760	632
羊山镇	93.06	50191	539	司马镇	79.94	32202	403
胡集镇	90.12	58941	654	化雨乡	52.74	43810	831
马庙镇	72.73	52809	726	高河乡	40.12	31982	797
鱼山镇	55.77	24136	438	卜集乡	55.7	42956	771
鸡黍镇	73.04	60991	835	兴隆乡	96.93	39029	403
霄云镇	71.77	46462	647	金乡县	886.46	611067	689

第三节 人口构成

性别构成

1991 年，全县人口中男性 29.52 万人，占总人口的 50.56%，女性 28.86 万人，占总人口的 49.44%。性别比 102.29（女 =100）。1995 年，全县人口中男性为 29.83 万人，占总人口的 50.4%，女性 29.35 万人，占总人口的 49.6%。性别比为 101.64。2000 年，男性 30.44 万人，占总人口的 50.5%，女性 29.83 万人，占总人口的 49.5%。性别比 102.02。2005 年，男性 30.1 万人，占总人口的 50.56%，女性 30.21 万人，占总人口的 49.44%。性别比 102.28。

年龄构成

1990 年，第四次人口普查统计，全县 0~14 岁人口 18.37 万人，占总人口的 32.364%；15 岁 ~64 岁人口 34.57 万人，占总人口的 60.91%；65 岁以上人口 3.82 万人，占总人口的 6.73%。

2000 年，第五次人口普查统计，全县 0~14 岁人口 14.46 万人，占总人口的 24%；15 岁 ~64 岁人口 40.63 万人，占总人口的 67.42%；65 岁以上人口 5.17 万人，占总人口的 8.58%。

1990、2000 年金乡县人口普查年龄构成统计表

表 3-1-3　　单位：人

年龄别（岁）	1990 年第四次人口普查人数				2000 年第五次人口普查人数			
	合计	男	女	性别比（%）	合计	男	女	性别比（%）
总计	567557	282918	284639	99.4	602555	302999	299556	101.15
0~4	77422	40574	36848	110.11	28298	15730	12568	125.16
5~9	58530	30168	28362	106.37	32046	17558	14488	121.19
10~14	47733	24431	23302	104.85	84276	43356	40920	105.95
15~19	51418	25650	25768	99.54	59637	30277	29360	103.12
20~24	55942	25807	30135	85.64	38374	19128	19246	99.39
25~29	50873	24186	26687	90.63	42907	20721	22186	93.4
30~34	35649	18158	17491	103.81	63351	31880	31471	101.3
35~39	44496	22569	21927	102.93	55678	25952	29726	87.3

续表 3-1-3

年龄别（岁）	1990 年第四次人口普查人数				2000 年第五次人口普查人数			
	合计	男	女	性别比（%）	合计	男	女	性别比（%）
40~44	28546	15218	13328	114.18	34568	17542	17026	103.03
45~49	21354	11530	9824	117.37	44122	22657	21465	105.55
50~54	18109	9151	8958	102.15	29461	15434	14027	110.03
55~59	20095	9981	10114	98.68	20845	11203	9642	116.19
60~64	19218	9254	9964	92.87	17326	8796	8530	103.12
65~69	15554	7095	8459	83.88	17283	8414	8869	94.84
70~74	10343	4486	5857	76.59	15756	7139	8617	82.85
75~79	6279	2610	3669	71.14	10390	4361	6029	72.33
80~84	3980	1442	2538	56.82	5416	1966	3450	56.99
85~89	1648	518	1130	45.84	2071	697	1374	50.73
90~94	321	85	236	36.02	590	156	434	35.94
95~99	45	4	41	9.76	138	29	109	26.61
100 以上	2	1	1	100	22	3	19	15.79

学历构成

根据 1990 年第四次人口普查统计，全县人口中具有大学专科以上文化程度的 1968 人，高中（含中专）文化程度的 2.61 万人，初中文化程度的 11.69 万人，小学文化程度的 17.96 万人，文盲、半文盲 15.3 万人。

2000 年第五次人口普查，全县人口中具有大学专科以上文化程度的 9177 人，具有高中（含中专）文化程度的 4.86 万人，初中文化程度的 22.37 万人，小学文化程度的 20.01 万人，分别比 1990 年人口普查时增加 366.31%、86.64%、91.34%、11.38%；文盲 7.77 万人，比 1990 年减少 7.53 万人。

金乡县 6 岁及 6 岁以上受教育程度人口资料

表 3-1-4　　单位：人

教育程度 \ 人数 \ 年度	1990 年第四次人口普查			2000 年第五次人口普查		
	合计	男	女	合计	男	女
未上过学	152987	46984	106003	77706	21655	56051
扫盲班				9768	3128	6640
小　学	179639	92877	86762	200088	95044	105044
初　中	116913	75607	41306	223701	128192	95509
高　中	20977	15080	5897	35614	23044	12570
中　专	5077	3583	1494	13014	7109	5905
大学专科	1704	1408	296	7478	4943	2535
大学本科	264	237	27	1668	1262	406
研究生	—	—	—	31	26	5
总　计	477561	235776	241785	569068	284403	284665

职业构成

据2000年第五次人口普查资料，普查范围是全部家庭户随机抽取10%进行登记，只作参考，不作数据使用。

2000年金乡县第五次人口普查职业构成资料

表3-1-5

职业分类	在业人（人）	男（人）	女（人）	占在业总人口比例（%）	占在业人口比例（%）	
					男	女
1.农、林、牧、渔业	31387	15463	15924	86.98	49.3	50.7
2.采掘业	29	23	6	0.08	79.3	20.7
3.制造业	1187	658	529	3.29	55.4	44.6
4.电力、燃气及水的生产和供应业	46	36	10	0.18	78.3	21.7
5.建筑业	88	77	11	0.24	87.5	12.5
6.地质勘查业、水利管理业	8	8	—	0.02	100	—
7.交通运输、仓储及邮电通信业	348	295	53	0.96	84.8	15.2
8.批发和零售贸易、餐饮业	1062	521	541	2.94	49.1	50.9
9.金融、保险业	100	64	36	0.28	64	36
10.房地产业	13	8	5	0.04	61.5	38.5
11.社会服务业	257	156	101	0.71	60.7	39.3
12.卫生、体育和社会福利业	214	116	98	0.59	54.2	45.8
13.教育、文化艺术及广播电视业	648	394	254	1.8	60.8	39.2
14.科学研究和综合技术服务业	5	5	—	0.01	100	—
15.国家机关、党政机关和社会团体	641	508	133	1.78	79.3	20.7
16.其他行业	51	38	13	0.14	74.5	25.5
合　计	36084	18370	17714	—	—	—

民族构成

金乡县人口主要为汉族。1990年第四次人口普查统计，全县总人口56.76万人，其中汉族56.51万人，占总人口的99.57%；24个少数民族2456人，占总人口的0.43%。

2000年第五次人口普查，全县总人口60.26万人，其中汉族59.95万人，占总人口的99.49%；26个少数民族3089人，占总人口的0.51%。

1990、2000年金乡县人口普查各民族人口统计表

表3-1-6　　　　单位：人

族别	1990年第四次人口普查	2000年第五次人口普查	族别	1990年第四次人口普查	2000年第五次人口普查
汉　族	565101	599465	傣　族	5	11
蒙古族	8	35	黎　族	7	4
回　族	2106	2649	傈僳族	3	0
藏　族	1	10	水　族	2	3

续表 3-1-6

族 别	1990 年第四次人口普查	2000 年第五次人口普查	族 别	1990 年第四次人口普查	2000 年第五次人口普查
苗 族	32	35	纳西族	3	0
彝 族	78	60	达斡尔族	3	2
壮 族	38	24	仫佬族	1	2
布依族	44	60	羌 族	1	3
朝鲜族	3	12	仡佬族	2	1
满 族	39	104	鄂伦春族	3	0
侗 族	1	2	佤 族	0	3
瑶 族	13	6	拉祜族	0	2
白 族	4	13	德昂族	0	1
维吾尔族	0	13	怒 族	0	1
土家族	49	26	未识别民族	4	1
哈尼族	6	6	—	—	—

姓氏

金乡县共有 408 姓，按其人口多寡，前 10 姓依次为李、张、周、王、刘、杨、孙、高、赵、陈。按笔划排列是：

2 划（4）：卜、刀、丁、乜

3 划（8）：凡、飞、马、门、山、上官、万、于

4 划（28）：卞、车、从、方、公、勾、化、户、介、计、孔、开、历、毛、木、予、牛、仇、亓、水、文、韦、王、尹、云、尤、中、邓

5 划（33）：艾、包、白、边、丛、出、东野、史、冯、甘、古、节、卢、龙、兰、乐、母、宁、丕、皮、冉、申、石、司、圣、田、仝、仙、由、叶、央、占、左

6 划（49）：安、毕、池、成、巩、关、刚、芍、各、华、回、纪、江、吉、匡、考、吕、吏、刘、牟、米、齐、乔、岂、曲、祁、权、全、任、阮、师、守、孙、汤、同、邬、邢、向、寻、许、伊、阴、衣、芋、庄、仲、自、朱、闫

7 划（40）：阿、别、步、初、陈、狄、杜、谷、何、宏、连、芦、冷、良、来、陆、李、闵、邱、芮、闰、邵、宋、时、沙、沈、苏、佟、汪、巫、吴、肖、轩、辛、杨、亚、严、余、邹、张

8 划（40）：变、茌、绌、范、房、国、官、和、杭、画、季、金、建、居、罗、林、郎、孟、苗、妮、欧、朋、庞、屈、单、尚、武、欣、於、郁、耶、易、苑、岳、者、学、卓、郑、宗、周

9 划（45）：钡、柏、查、种、茶、春、段、费、封、宫、郜、冠、阁、贺、郝、侯、恒、洪、胡、茴、荆、姜、举、娇、娄、骆、柳、秋、荣、施、屋、修、相、郗、胥、信、姚、彦、禹，俞、昝、战、钟、祝、赵

10 划（40）：敖、莆、晁、柴、都、党、郭、高、顾、桓、姬、贾、兼、晋、凌、栗、莫、聂、倪、秦、钱、桑、索、唐、桐、陶、栾、泰、翁、奚、席、徐、圆、晏、殷、袁、展、真、衷、诸

11 划（35）：崔、常、谌、曹、崇、鄂、盖、龚、黄、扈、祭、菊、郰、康、寇、鹿、逯、梁、罢、梅、麻、渠、戚、隋、率、商、盛、赦、屠、续、萧、寅、猪、章、阎

12 划（30）：程、朝、登、董、番、傅、葛、韩、惠、黑、蒋、然、景、揭、鲁、彭、普、强、舒、粟、童、覃、温、谢、雄、喜、游、湛、智、曾

13 划（19）：鲍、褚、慈、楚、窦、蒿、靳、鉴、路、廉、雷、满、蒙、蒲、瑞、解、虞、甄、詹

14 划（17）：箔、蔡、端木、裴、管、赫、静、阚、蔺、雒、廖、缪、谭、熊、鲜、翟、臧

15 划（9）：樊、稷、黎、潘、翩、潭、滕、颜、踪

16 划（6）：薄、霍、衡、冀、薛、燕

17 划（3）：鞠、檀、戴

18 划（2）：瞿、魏

第四节　婚姻家庭

婚姻

1990 年，第四次人口普查，全县 15 岁及 15 岁以上人口 38.39 万人，其中男性 18.77 万人，女性 19.61 万人。未婚 8.29 万人，占 15 周岁以上人口的 21.59%，其中男性 4.36 万人，女性 3.93 万人。有配偶的 27.43 万人，其中男性 13.58 万人，女性 13.84 万人。丧偶的 2.55 万人，其中男性 7341 人，占丧偶人数的 28.81%；女性 1.81 万人，占丧偶人数的 71.19%。离婚 1252 人，其中男性 965 人，占离婚人数的 77.08%；女性 287 人，占离婚人数的 22.92%。

2000 年，第五次人口普查，全县 15 岁及 15 岁以上人口 4.52 万人，其中男性 2.22 万人，女性 2.3 万人。未婚 9777 人，占 15 周岁以上人口的 21.64%，其中男性 5114 人，女性 4663 人。初婚有配偶的 3.22 万人，其中男性 1.6 万人，女性 1.62 万人。再婚有配偶的 437 人，其中男性 222 人，女 215 人。丧偶的 2592 人，其中男性 773 人，占丧偶人数的 29.82%；女性 1819 人，占丧偶人数的 70.18%。离婚 186 人，其中男性 138 人，占离婚人数的 74.19%；女性 48 人，占离婚人数的 25.81%。

家庭

1990 年，第四次人口普查，全县家庭户 13.07 万户，56.76 万人，户均 4.34 人。其中按家庭类别分：单身户 5152 户，一对夫妇户 8985 户，二代户 8.6 万户，三代户 2.46 万户，四代户 1183 户，五代户 1 户。按家庭规模分：一人户 5881 户，占总户数的 4.5%；二人户 1.31 万户，占总户数的 10.03%；三人户 2.01 万户，占总户数的 15.36%；四人户 3.51 万户，占总户数的 26.87%；五人户 3.12 万户，占总户数的 23.88%；六人户 1.39 万户，占总户数的 10.62%；七人户 6393 户，占总户数的 4.89%；八人户 2767 户，占总户数的 2.12%；九人户 1102 户，占总户数的 0.84%；十人及以上户 1151 户，占总户数的 0.88%。

2000 年，第五次人口普查，全县家庭户 16.39 万户，60.26 万人，户均 3.67 人。其中按家庭类别分：一代户 3.31 万户，占总户数的 20.22%；二代户 10.61 万户，占总户数的 64.72%；三代户 2.38 万户，占总户数的 14.52%；四代户 892 户，占总户数的 0.54%；五代户 2 户。按家庭规模分：一人户 1.03 万户，占总户数的 6.28%；二人户 2.69 万户，占总户数的 16.41%；三人户 4.52 万户，占总户数的 27.55%；四人户 4.24 万户，占总户数的 25.83%；五人户 2.62 万户，占总户数的 16%；六人户 9287 户，占总户数的 5.67%；七人户 2805 户，占总户数的 1.71%；八人户 645 户，占总户数的 0.39%；九人户 170 户，占总户数的 0.1%；十人及以上户 99 户，占总户数的 0.06%。

2000 年第五次人口普查金乡县分乡、镇家庭户类别表

表 3-1-7

地区别	合计（户）	一代户	二代户	三代户	四代户	五代户及以上
合 计	163930	33143	106096	23797	892	2
金乡镇	16466	3482	10740	2160	84	—
缗城镇	12456	2805	8042	1547	62	—
王丕镇	6114	1364	4014	715	20	1
霄云镇	12702	2752	8281	1620	49	—
胡集镇	9816	1716	6037	1990	73	—
羊山镇	13637	3020	8997	1568	52	—
马庙镇	14249	3045	9278	1854	71	1
鱼山镇	6738	1506	4299	908	25	—
鸡黍镇	9630	1732	6122	1686	90	—
司马镇	8956	2115	5798	1013	30	—
卜集乡	11046	1784	7199	1978	85	—
高河乡	9667	1587	5558	1462	60	—
化雨乡	11393	1850	7453	2011	79	—
兴隆乡	9986	1827	6407	1692	60	—
金马乡	6362	1524	4209	615	14	—
大义乡	5712	1034	3662	978	38	—

2000 年第五次人口普查金乡县分乡、镇家庭户规模表

表 3-1-8

地区别	合计（户）	一人户	二人户	三人户	四人户	五人户	六人户	七人户	八人户	九人户	十人户
合 计	163930	10292	26906	45157	42345	26224	9287	2805	645	170	99
金乡镇	16466	1307	2520	6138	3683	1813	622	196	101	47	39
缗城镇	12456	854	2173	3353	3258	1895	661	192	46	18	6
王丕镇	6114	394	1121	1639	1625	928	305	78	18	4	2
霄云镇	12702	948	2251	3438	3315	1910	607	188	33	8	4
胡集镇	9816	550	1466	2561	2714	1670	609	197	35	9	5
羊山镇	13637	922	2394	3752	3307	2196	750	242	54	13	7
马庙镇	14249	800	2521	3865	3660	2286	804	249	49	11	4
鱼山镇	6738	436	1186	1871	1755	1050	337	83	16	2	2
鸡黍镇	9630	516	1453	2291	2523	1822	707	235	60	12	11
司马镇	8956	713	1687	2386	2377	1294	395	85	14	5	—
卜集乡	11046	586	1498	2980	2969	1947	748	260	42	14	2
高河乡	9667	488	1350	2240	2207	1563	577	195	43	3	1
化雨乡	11393	522	1601	2939	3187	2117	750	217	47	11	2
兴隆乡	9986	506	1580	2475	2729	1726	684	209	55	9	13
金马乡	6362	436	1234	1709	1489	1038	355	87	7	4	—
大义乡	5712	311	871	1520	1547	969	376	92	25	—	1

第五节　人口变动

自然变动

1949~1963 年，全县人口出生率起伏较大，最低 1960 年 9.9‰，最高 1963 年 46.7‰。1964 年始，人口出生率逐年下降，至 1985 年，降到 11.29‰。1986 年始，又呈逐年回升态势，到 1990 年升至最高点，达到 47.2‰。1991 年，全县人口出生率 29.4‰，自然增长率 24.6‰。1995 年，人口出生率 8.07‰，自然增长率 3.37‰。2000 年，人口出生率 11.1‰，自然增长率 4.33‰。2005 年，人口出生率 10.88‰，自然增长率 5.65‰。

1956 年，全县人口死亡率最高，达到 28.4‰，1960 年为 22‰，自然增长率低至 −12.1‰。1962~1967 年，人口死亡率在 10.5‰ ~10.1‰之间。1968 年开始下降，1990 年死亡率降至 4.3‰。1991~2005 年，出生人口大于死亡人口，死亡率始终稳定在 5‰左右。15 年间，全县共出生 10.16 万人，死亡 4.51 万人，自然增长 5.65 万人，年均增长 3764.4 人。

机械变动

1991~2005 年，全县共迁入人口 8.09 万人，其中，省内迁入 6.86 万人，省外迁入 1.23 万人。迁出 9.42 万人，其中迁往省内 8.04 万人，迁往省外 1.38 万人。迁出比迁入多 1.33 万人。

1991~2005 年金乡县人口出生、死亡、迁入、迁出情况

表 3-1-9　　单位：人

年度	出生	出生率（‰）	死亡	死亡率（‰）	自然增长率（‰）	迁入		迁出		机械增长率（‰）
						省内迁入	省外迁入	迁往省内	迁往省外	
1991	16965	29.4	2753	4.8	24.6	4665	1369	4717	686	1.09
1992	8187	13.98	3129	5.34	8.64	2956	826	3389	743	−0.94
1993	6373	10.81	2922	4.96	5.85	5315	967	6071	988	−1.32
1994	5181	8.77	2936	4.97	3.8	2985	814	4722	1062	−3.36
1995	4772	8.07	2780	4.7	3.37	8209	956	8530	684	−0.08
1996	5738	9.67	2665	4.49	5.18	7853	1435	7703	718	1.46
1997	5667	9.49	2674	4.48	5.01	4523	867	5446	739	−1.33
1998	5910	9.86	3274	5.46	4.4	5021	708	5816	607	−1.16
1999	5583	9.3	3043	5.07	4.23	5034	614	5726	835	−1.52
2000	6705	11.1	4101	6.81	4.33	4250	567	5028	898	−1.84
2001	5958	9.87	2522	4.18	5.69	3193	449	4054	981	−2.31
2002	5772	9.53	3102	5.12	4.41	3530	767	4482	1196	−2.28
2003	5685	9.36	2866	4.72	4.64	3232	601	4394	1060	−2.67
2004	6480	10.7	3187	5.24	5.41	3282	702	5011	1341	−3.89
2005	6635	10.88	3191	5.23	5.65	4522	667	5311	1284	−2.31
合计	101611	—	45145	—	—	80879		94222		—

2005 年金乡县各乡镇人口基本情况统计表

表 3-1-10

乡镇名称	村（居）民委员会（个）	总户数	总人口（人）					出生人口（人）		出生率（‰）	死亡人口（人）		死亡率（‰）	人口自然增长率（‰）	总土地面积（平方公里）
			合计	男	女	城镇人口	乡村人口	合计	其中（男）		合计	其中（男）			
全县合计	659	173091	611067	308977	302090	95154	515913	6635	3600	10.86	3191	1884	5.22	5.64	886.46
金乡镇	54	37199	105798	54152	51646	66349	39449	1064	591	10.06	356	218	3.36	6.69	70.1
鸡黍镇	70	16479	60991	30598	30393	5200	55791	683	370	11.2	277	177	4.54	6.66	73.04
羊山镇	62	11592	50191	25674	24517	7693	42498	640	358	12.75	210	124	4.18	8.57	93.06
霄云镇	51	12476	46462	13349	23113	3294	43168	480	265	10.33	286	157	6.16	4.18	71.77
胡集镇	77	16726	58941	29913	29028	3471	55470	555	309	9.42	344	176	5.84	3.58	90.12
鱼山镇	35	6726	24136	12118	12018	1385	22751	297	154	12.31	143	87	5.92	6.38	55.77
王丕镇	28	5605	21760	10813	10947	1679	20081	245	136	11.26	115	75	5.28	5.97	34.44
马庙镇	67	14621	52809	26270	26539	4228	48581	574	286	10.87	334	240	6.32	4.54	72.73
司马镇	43	9621	32202	16151	16051	1855	30347	352	187	10.93	143	89	4.44	6.49	79.94
兴隆乡	50	11090	39029	19925	19104	—	39029	373	194	9.56	209	119	5.35	4.2	96.93
高河乡	31	9651	31982	15905	16007	—	31982	287	153	8.97	264	155	8.25	0.72	40.12
卜集乡	45	9451	42956	21889	21067	—	42956	568	330	13.22	241	127	5.61	7.61	55.7
化雨乡	46	11854	43810	22220	21590	—	43810	517	267	11.8	269	140	6.14	5.66	52.74
说明	金乡镇辖 46 个村民委员会、8 个居委会														

第六节 流动人口

1991 年前，金乡县经济不发达，流动人口较少。此后，随着改革开放和经济文化发展，特别是大蒜产业经济的逐步发展壮大，流动人口数量逐年增加，从业范围逐步由简单的劳务活动向投资经商、技术服务等高层次劳务活动转变，流动人口的输入地也由周边县（市区）逐步扩大到全国各地。

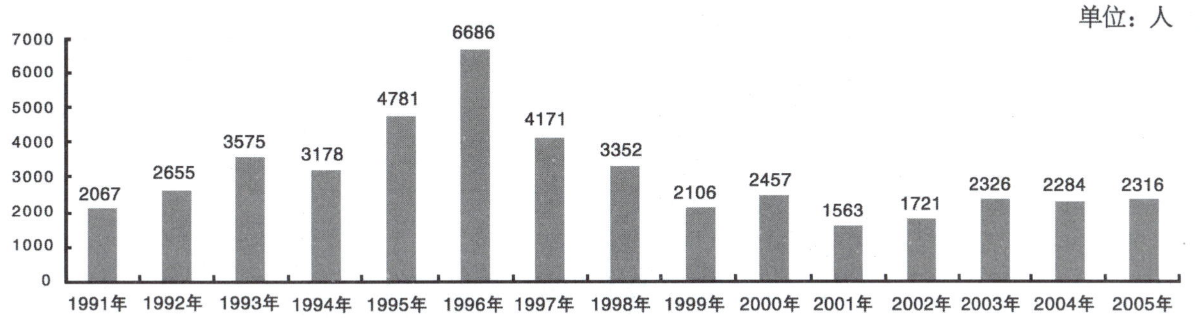

图 3-2 1991~2005 年金乡县暂住人口统计图

第二章 人口管理

第一节 管理机构

组织机构

1991 年，金乡县设计划生育委员会（简称县计生委）。1993 年 12 月机构改革，保留县计生委，内设人秘科、宣教科、计划统计科、县直机关计生科 4 个职能科室。1994 年 12 月，设立金乡县计划生育督查队，股级全额事业单位，为县计生委内部科室。1995 年 9 月，设立流动人口计划生育管理办公室，为县计生委内部科室。1996 年 8 月，增设政策法规科、技术科、信访科三个行政科室。至 1997 年，全县计划生育组织网络初步形成，16 个乡镇从事计划生育事业的专业人员共 473 人，其中国家干部 14 人，正式工人 46 人，合同制工人 158 人，临时工 248 人。

2002 年 5 月机构改革，县计生委改称县计划生育局，设人秘科、财务科、宣传教育科、规划统计科、政策法规科、信访科、科学技术科、城市计划生育管理办公室 8 个职能科室，机关行政编制 13 人，工勤人员编制 1 人。2005 年，更名为人口和计划生育局，机构设置、人员编制未变。

组织调整

1993 年 4 月，县委调整成立由 27 人组成的县计划生育领导小组，县委书记杜昌文任组长、县委副书记周建昌任副组长。1995 年 7 月，调整县计划生育领导小组，县委副书记苏金兰任组长、县纪委副书记杭怀营等任副组长。1995 年 10 月，调整后的县计划生育领导小组仍由县委书记杜昌文任组长，领导小组成员增至 28 人。1998 年 5 月，县委书记石柱接任计划生育领导小组组长、县长张生贤等任副组长，领导小组成员 17 人。1999 年 3 月，仍由县委书记石柱为组长、县长张生贤等任副组长，领导小组成员增至 25 人。2002 年 9 月，领导小组组长先后由县委书记乔志猛、县长李明晨接替，县委副书记杨晓群任副组长，成员减为 24 人。2003 年 7 月，县委书记乔志猛、县长李明晨分别任正、副组长，小组成员增至 36 人。2004 年 8 月，仍以县委书

记乔志猛为组长，代县长曹景群接任副组长，小组成员35人。

1998~1999年，全县共调整基层计生工作人员118人，辞退19人，清退临时工及不合格人员63人，充实大中专毕业生35人。2000年5月，按照“精简、效能”原则，对村级计生人员实行全员竞争上岗。全县共辞退120人，重新聘用103人。

第二节 计划生育政策

晚婚晚育政策 1991年，金乡县委、县政府依照《山东省计划生育条例》的相关规定，印发《关于积极响应党的号召认真做好晚婚晚育工作意见》。规定男年满25周岁，女年满23周岁以上初婚的为晚婚，女年满24周岁以后可生育。男女双方晚婚的，除享受国家规定的婚假外，增加婚假14天。女方晚婚并按计划生育第一胎的，除国家规定的产假外，增加产假60天，并给予男方护理假7天。增加的婚假、产假、护理假，视为出勤，工资照发，福利待遇不变。是农民的，免除一年集体义务工，每推迟生育一年，多免除一年集体义务工。

1991~2005年金乡县女性晚婚情况表

表3-2-1　　单位：人

年度	女性初婚	其中晚婚	晚婚率（%）	年度	女性初婚	其中晚婚	晚婚率（%）
1991	4386	2420	55.2	1999	4114	4046	98.3
1992	4555	3146	69.1	2000	3436	3363	97.9
1993	2827	2468	87.3	2001	4043	3979	98.4
1994	3701	3499	94.5	2002	4319	4236	98.1
1995	4303	4123	95.8	2003	5806	3989	68.7
1996	3669	3501	95.4	2004	5804	3018	52
1997	3599	3468	96.3	2005	4028	2634	65.4
1998	3704	3611	97.5	—	—	—	—

“准生证”制度

1992年4月，县计生委依据《山东省计划生育条例》和中共金乡县委〔1991〕5号文件精神制定《关于安排生育指标和发放准孕、“准生证”的暂行办法》，实行“准生证”制度，持有“准生证”的夫妻方可怀孕生育。对初婚未育符合生育条件的夫妇，要求生育第一个孩子的，经本人申请，报请县计生委审批，发给“一孩准生证”。符合二胎生育规定的，由本人提出申请，所在单位核实，乡、县计划生育部门审查，报济宁市计划生育委员会批准，发给“二胎准生证”。“准生证”经审核批准后，名单公布于众，接受群众监督。对于以不正当手段取得“准生证”的，取消其证；出证单位有过错的，对直接负责的主管人员和其他直接责任人员依纪给予行政处分。1994年8月，县成立计划生育证办公室，专门负责全县人口计划落实工作，定期、定点到各乡镇办理计划生育证的审批、发放工作。

独生子女政策

1991~2005年，金乡县根据《中华人民共和国人口与计划生育法》和《山东省人口与计划生育条例》的规定，持续推行和鼓励一对夫妻只生育一个孩子的政策。1994年，中共金乡县委、县政府印发《关于对独生子女实行优惠政策的试行规定》，对实行晚婚晚育和终生只生一个孩子的育龄夫妇按规定给予优待。独生子女每月发给独生子女保健费10元。夫妇双方系国家干部和职工的，

由双方单位各承担50%，一方无工作的由另一方全部发给；民办教师、合同工、临时工由招聘单位发给；农村独生子女户由所在村每年发给保健费120元，从村提留中解决。独生子女的父母系国家干部和职工的，退休时加发5%的退休金，退休金额为全额的不再加发。独生子女可优先入托、入学、分配住房。升高中时在原考试总成绩基础上加5分。农村独生子女在宅基地划分上，女孩与男孩同等对待，同时免征规定内的宅基地有偿使用费。对符合规定条件允许生第二个孩子而自愿只生一个孩子并采取节育措施的夫妻由所在单位给予表彰。

1991~2005年金乡县领取独生子女证情况表

表3-2-2　　单位：人

年度	领证	年度	领证	年度	领证
1991	1475	1996	1680	2001	1595
1992	1410	1997	1836	2002	1748
1993	2671	1998	1392	2003	2004
1994	1943	1999	1547	2004	2174
1995	1523	2000	2442	2005	2771

审批二胎政策

对于符合《山东省人口与计划生育条例》规定条件，要求生第二个孩子的，按计划予以安排：夫妻双方均为独生子女的；经县以上计划生育技术鉴定组确诊第一个子女为非遗传性残疾，不能成长为正常劳动力的；曾患不育症，依法收养一个子女后又怀孕的；夫妻双方均为少数民族的；夫妻一方从事矿工井下作业连续5年以上，现仍从事该项工作，只生育一个女孩的；夫妻一方从事外海、远洋捕捞作业连续5年以上，现仍从事该项工作，只生育一个女孩的；夫妻一方为烈士的独生子女或者二等乙级以上伤残军人的；夫妻一方因非遗传性残疾失去劳动能力，只生育一个女孩的；再婚夫妻一方只生育一个子女，另一方未生育的。夫妻双方均为农村居民，男方到有女无儿家结婚落户，与女方父母共同生活并履行赡养义务的（女家姐妹数人，只照顾一人）；兄弟两人以上，只有一个有生育条件，且只生育一个子女，其他兄弟均已丧失生育条件并未收养子女的；只生育一个女孩，母女均为农村居民且母亲居住在农村连续5年以上，以农林牧渔业收入为主要生活来源的；夫妻双方再婚前各有一个子女，均随前婚配偶，新组合家庭无子女的，经夫妻双方申请、县级计划生育行政部门批准，也可按计划安排生育第二个子女。申请生育第二个子女的夫妻，女方为初育的须年满25周岁，女方再育的须年满30周岁。

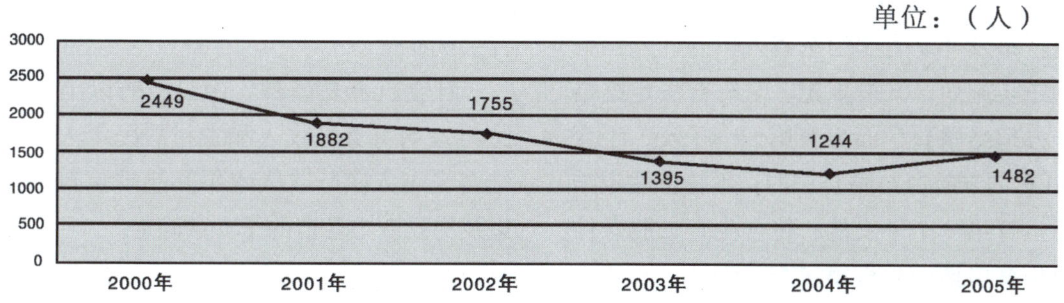

图3-3　2000~2005年金乡县安排计划内二胎生育指标图

鼓励落实节育措施

1991 年始，金乡县对按计划生育、并在规定时间内主动落实节育措施的国家干部职工，分别给予放环 4 天、男扎 10 天、女扎 20 天、人工流产加女扎 40 天、产后女扎增加 10 天的假期。是农民的，如数减免集体义务工。同时，按照国务院《女职工劳动保护规定》，对施行节育手术的干部职工给予假期，女职工怀孕未满 4 个月流产的，享受 15 天产假；怀孕满 4 个月流产的，享受 42 天产假。休产假期间，工资照发，福利待遇不变。对不主动采取避孕措施而多次怀孕流产的，减少产假或不给予休假。

1991~2005 年金乡县施行节育手术人数统计表

表 3-2-3　　　　单位：人

年 度	总数	其中			
		男性结扎	女性绝育	放宫内节育器	其他节育措施
1991	16290	12000	1024	3266	—
1992	4247	1192	155	2900	—
1993	4387	930	147	3310	—
1994	3772	760	98	2914	—
1995	4181	991	134	3055	1
1996	4860	947	120	3791	2
1997	5735	845	427	4461	2
1998	5227	605	856	3766	—
1999	5324	592	1245	3484	3
2000	6588	599	1765	4223	1
2001	5962	585	1724	3651	2
2002	5697	535	1428	3729	5
2003	6042	594	1165	4280	3
2004	5870	554	739	4576	1
2005	6284	412	503	5368	1

社会扶养费征收

1991 年，金乡县委、县政府依照《山东省计划生育条例》，对违犯计划生育规定，无证怀孕强生一胎、超生二胎以及多胎的城乡居民、外来个体工商户分别收取 500 元至 1.2 万元不等的计划外生育费。2002 年 7 月《山东省人口与计划生育条例》颁布实施后，又按规定，对符合法定结婚条件但未办理结婚登记而生育第一个子女，生育之日起 60 日内未补办结婚登记的；不符合法定结婚条件而生育第一个子女的；符合生育二胎条件但未提出生育申请而生育第二个子女的；不符合生育二胎条件而生育第二个、第三个以上子女的；有配偶者与他人生育第一个和第二个子女的；有配偶而重婚或者明知他人有配偶而与之结婚生育第一个子女的，分别按规定基数的二分之一、一倍、二倍、三至四倍、五倍、六倍以上十倍以下征收社会抚养费。

社会抚养费基数，由县政府以上年度城镇居民年人均可支配收入和农村居民年人均纯收入，结合当事人实际收入水平和违规生育子女情节，以及男女双方各自的子女数确定。

第三节 计划生育宣传教育

队伍建设

1991年，县计生委举办计划生育工作宣传培训班，培训各级计生骨干和师资。同年12月，按照济宁市计生委《关于一九九一年度全市计划生育宣传教育工作考核的通知》要求配齐宣传人员。1994年，成立以分管副县长为组长的6人计划生育工作宣传领导小组。各乡镇、县直企事业单位及各行政村也都成立相应领导班子。县计生委设立宣传科。县、乡计划生育服务站配齐专职宣传员。县、乡、村三级成立人口与计划生育基础知识教育领导小组，并制订落实教育规划。县计生委为乡镇、村培训人口学校教师1640名。1996年，全县配备计生宣传人员420名，形成计划生育工作宣传网络。县、乡、村及县直、企事业单位均有专人负责计划生育工作。

舆论环境与阵地建设

1991年，全县共制作大中型计划生育宣传牌327块，宣传栏、宣传橱窗1180个，大字标语392幅，黑板报5200块。县、乡通过广播、电视、电影、幻灯片等形式广造舆论，大造声势。同年12月，县、乡计生委（办）配齐了录放机、电视机、照相机和扩音器材等设备，乡镇和行政村建起了人口学校。各乡镇驻地都建有一条永久性过路标语，村级有2条永久性标语。

1992年，全县书写制作大字标语、过路横幅1801条，大型宣传牌58块，中型宣传牌62块，宣传橱窗185个，流动展板210平方米。

1993年，全县有7个乡镇建有集宣传、技术、药具、培训四位一体的高标准计划生育服务站（内设宣传展室、人口学校）。1994年，14个乡镇服务站全部达到省、市规定的标准，配齐了宣传车、录像机、电视机、录放机、照相机等电教化设备，实现了人口与计划生育宣传教育设施的现代化。当年年底，全县新建村级人口学校63所。

1997年9月，全县张贴计划生育宣传标语7万余条，刷新制作大型过路标语45条，制作永久性墙体标语、计划生育基础知识图板4600条幅，大中型宣传图板42块，黑板报588块。

1999年，全县各行政村更换陈旧、过激、不合时代要求的标语，书写上墙“党员干部带头搞好计划生育”“计划生育人人有责”“破千年封建旧俗，树一代婚育新风”等标语4200多条。412个行政村树起了醒目的“人口警示牌”。

2002年，全县出资20余万元，统一定做大型陶瓷宣传壁画镶嵌到各村。金乡县在实践中创造的包保责任制、便民服务卡、人口警示牌、陶瓷宣传漫画得到省、市肯定。

2003年8月，省计生协会把金乡县确定为农村计划生育管理体制改革试点单位。金乡县随之开展以自愿晚婚、依法生育、自主节育、自觉查体、优生致富、流出办证、尊老爱幼、邻里和睦、崇尚科学、遵纪守法为主要内容的创建计划生育“十星级文明户”挂牌活动。

2004年10月，济宁市委宣传部、市计划生育委员会表彰自2001年以来开展“双进”“双建”活动涌现出来的先进单位和先进个人，金乡县有1个单位、7人受到表彰。

2004年12月，金乡县、鱼山镇在山东省委宣传部、计生委联合组织的“宣传教育进村、婚育新风进家”“建设新型生育文化、建设文明幸福家庭”活动中受到表彰。

2005年，是金乡县第四次人口出生高峰的第一个峰值年。全县深入开展了“大宣传、大服务、大清查、大执法”集中活动。

媒体宣传

1991~1993年，媒体宣传大部分通过广播、电视、电影、幻灯片等形式造舆论、造声势。1994年，主要在电视、电台、报刊扩大计划生育宣传。同年，县计生委制定在“市级以上报刊”发表宣传文章的奖励政策。

1995年4月起，在县电视台开办“计划生育电视讲座”，开讲25期。当年，向《济宁日报》“落实国策、少生快富”专栏投稿 62 篇，刊登 28 篇。在国家级报刊刊稿 3 篇，市以上电台播出 5 篇。

1996 年，196 篇计划生育宣传稿件被《中国人口报》《农民日报》《大众日报》《农村大众》《山东人口报》《济宁日报》《声屏周报》和省、市、县广播电台采用。当年，金乡县向各大报刊投送计划生育稿件数量位居济宁市第二位。

1997~1999 年，同时在县电视台、广播电台开办《党委书记话计生》《计划生育天天讲》栏目和“计生文艺”“人口警钟”专栏。

2000 年 3 月，中共中央、国务院颁布实施《关于加强人口与计划生育工作稳定低生育水平的决定》，金乡县随之掀起学习、宣传“决定”的高潮。

1993~2005 年，金乡县年年都被《中国人口报》《山东人口报》（后改为《山东人口导报》）、《山东人口杂志》评为征订发行先进单位。

第四节　计划生育管理

1991 年 12 月，县委、县政府以金发〔1991〕29 号文颁布《关于对计划生育实行规范化管理的决定》。对人口计划管理、婚前管理、婚姻登记管理、已婚育龄妇女管理、出生婴儿管理、流动人口婚育管理、宣传教育管理、统计工作管理、计划生育费管理、组织机构和专职队伍管理、部门分工管理，加强对计划生育工作的领导、考核和奖惩作出具体规定，并严格执行。1996 年，县委、县政府印发 49 号文件《关于对乡镇计划生育工作实行分类管理的实施意见》，将全县 16 个乡镇划分一、二、三类，下达不同的任务目标，实施不同力度的管理与考核。同时，印发《金乡县基层计划生育管理程序》。此后，全县计划生育工作走上规范化、制度化管理的轨道。

人口计划管理

1991~2005 年，金乡县委、县政府每年都下达人口控制目标，签订责任书，并适时出台相关文件，对不同时期的计划生育工作进行安排部署，作出相应的决定、规定和意见，把责任书执行情况纳入年终考核。对完成规定指标的县直单位、乡镇、村及其主要负责人、分管责任人予以奖励，授予荣誉称号或者晋级。对违犯《中华人民共和国人口与计划生育法》，破坏计划生育工作，伪造计划生育证明，擅自进行胎儿性别鉴定，擅自为他人摘取节育器或出假手续，贪污、挪用、挥霍计划外生育经费和社会抚养费，工作玩忽职守、营私舞弊等行为，构成犯罪的，依法追究刑事责任；尚不构成犯罪的，依纪给予行政处分；有违法所得的，没收违法所得。

已婚育龄妇女管理

1991 年，在加强男女青年婚前管理、婚姻登记管理的基础上，对全县已婚育龄妇女逐个登记，建档立卡。1993 年，乡镇设妇查员，村设查访员。对有生育条件的已婚育龄妇女实行全方位服务，并对查访员实行奖惩制度。1994 年，以已婚育龄妇女查体为突破口，集中开展第三次已婚育龄妇女普查活动，掌握孕情动态，落实节育措施，计划外怀孕得到有效控制。继续实行婚姻联合办公制度，生育证全县集中发放制度；全面推行村级查访员坐班制度，搞好孕前服务。全县 529 个行政村达到“六好合格村”标准。实现了县、乡两级计划生育档案管理微机化、查体 B 超化、宣传电教化。1995 年，实现已婚育龄妇女档、簿、卡规范管理。

1996 年，全县计划生育工作出现滑坡，人口自然增长率比 1995 年上升 1.8 个百分点。1998 年，县计生委狠抓计划生育法规、政策兑现，认真开展计划生育有奖举报活动。县计划生育领导小组印发《关于对计划生育工作中的一些弄虚作假行为进行有奖举报的公告》，县委、县政府出台《关于进一步强化县直有关职能部门计划生育职责的规定》，明确工商、公安、民政、宣传、组织、人事等 24 个县直职能部门的职责范围和应尽的义务，以及任务目标、奖惩措施，全县形成了职责明、处罚严、义务清、积极主动、密切配合、齐抓共管的良好局面。1999 年，严控性

别比例失调：强化宣传教育，引导群众认识人口性别比失调的严重危害；对全县所有使用B超机的单位和个人进行清理登记，对无证营业的B超机予以查封，对非医学需要鉴定流、引产和接生的，没收其医疗设备；开展已婚育龄妇女孕情全程监测服务。对持有一孩“计划生育证”的妇女由县计生委统一组织定期到乡镇服务站查体。当年，全县人口自然增长率比1996年回落0.95个百分点。

2001年，开展创建计划生育合格村、模范村活动。全县50%的行政村实现村民自治，逐步实现了由“靠乡镇包办、靠突击活动”到“靠村两委，靠群众、靠章程约束”的转变。育龄妇女可自主选择适合自身情况的避孕方法。2002年，开展争创计划生育工作优质服务先进县、先进乡镇活动。广泛开展婚前、婚后、孕期、产期、产后优质服务活动。为解决性别比失调问题，推行孕情跟踪制度和持证流引产鉴定审批制度。

2005年，创新农村计划生育管理体制，全面推进村民自治。同年10月，经省、市评估验收，全县86个改革试点村达到了规定的预期目标，85%的家庭被命名为“十星级文明户”。

流动人口婚育管理

1991年1月，金乡县设立流动人口计划生育领导小组和“流动人口计划生育办公室”，各乡镇均设立相应机构，配备2~3人专职人员，实行挂牌办公。与流动人口签订生育合同，办理“流动人口生育证”。1993年10月，县政府发出一号令，公布《金乡县流动人口计划生育管理办法》。把流动人口纳入计划生育综合治理，实行统一领导、统一管理，统一发证、统一收费。各乡镇建立流出、流入已婚育龄妇女档案和流入人口未婚、已婚、出生登记簿。公安、工商、计生、城建、卫生、劳动、民政等部门协作配合，对流动人口已婚育龄妇女严格登记，发核暂住证、营业执照、查体证等，增设孕情检查、常见妇女病诊疗、优生、优育、优教等服务项目，严禁借地超生。1996年，继续执行《金乡县流动人口计划生育管理办法》，流出和流入已婚育龄妇女发证率、验证率、建档率均在95%以上。1998年，县计划生育领导小组印发《关于对流动人口计划生育实施规范化管理的意见》。2002年10月，县计划生育局、公安局、卫生局联合下发《关于做好交界城区计划生育依法行政协作工作的意见》，形成了较为周密的流动人口计划生育管理程序。

第五节　生育技术服务

服务站（室）与技术队伍

1992年，金乡县计划生育服务站被评为全省县级计划生育服务站达标单位。1995年，全县14个乡镇计划生育服务站全部建成，30%的乡镇服务站达到“市级创优”，其余达到市级一类服务站标准。1999~2001年，全县392个行政村建起标准较高的计划生育服务室。2001年，从大中专毕业生中选聘人员充实乡镇服务站技术力量。当年，全县乡镇计生服务站技术人员64人。2003~2005年，在争创省级计划生育优质服务先进县活动中，按照“调整、充实、提高”的原则，以德才兼备为标准，对全县计划生育技术服务队伍进行了全面整顿，投资180多万元对县、乡镇计生服务站进行翻新改造，所有服务站都设立了门诊室、妇科检验室、诊断室、诊疗室、生殖保健室、优生监测室、手术室和“悄悄话室”，形成科室齐全、布局合理、环境优美的服务格局。

综合服务

技术培训　1991~1992年，县计生服务站连续开办乡镇计生服务站人员和村计生专职主任参加的计划生育基层知识和计划生育师资培训班，聘请山东省省立医院和济宁市人民医院专家、教授进行技术培训和临床指导。1994~1996年，为乡镇服务站培训妇科人员11人、B超人员12人、化验人员8人；对全县392个行政村的计生专职主任、村查访人员进行了人口理论、计划生育技术知识和查访职能等方面的知识培训。2000年，对全县申办二胎生育证病残儿家长集中进行了优生、优育知识培训。

图 3-4　1996 年 11 月计划生育培训

技术服务　1992 年，县计生服务站技术人员及医疗器械达到国家计生委统一配备要求，技术方面能开展男女性计划生育手术后遗症的防治、不孕症的治疗等业务项目。1993 年，县计生服务站顺利通过了省级达标验收。全县 14 个乡镇计生服务站配备 B 超机，实现已婚育龄妇女查体 B 超化，为落实孕前型服务奠定了基础，并减少因查体给妇女带来的疾病感染。1995 年 5 月，县计生委印发《金乡县计划生育委员会节育并发症鉴定管理办法》，对计划生育手术并发症（后遗症）的鉴定处理作出具体规定。1997 年，为提高人口素质，防止病残儿的出生，县计生服务站开办了病毒监测和不育门诊。1999 年，县服务站在“科技服务年”活动中，组织技术、服务人员携带器械和药品，定期到偏僻的乡村为已婚育龄妇女查体、治病。2000 年，大力实施“民心”工程，全面开展优生优育、不孕不育、生殖保健等系列化服务。县计生委印发《关于对全县持〈生育证〉育龄妇女开展生殖保健服务意见》。2001 年，县卫生、计生部门密切配合，在全县普遍实行婚前检查制度、孕前优生优育咨询、监测制度、孕期优质监护制度、产后随访制度和定期交流反馈信息制度。2002 年，全县各级服务站、室大力开展“六登门”服务活动，即婚前登门宣传晚婚晚育科学知识；新婚登门送上祝福和《新婚夫妇必读》，指导新婚夫妇少生优生；婚后登门帮助制订少生快富文明家庭计划；孕期登门传播优生和妇女保健知识；婴儿出生后登门指导科学喂养、预防接种，选择安全、有效、适宜的避孕措施；对已生育两个子女的夫妇登门指导其选择长效避孕措施。2003 年，县计生服务站开展巨细胞病毒、弓形体、风疹病毒、单纯疱疹病毒检测和乙肝表面抗原检查服务。2004 年~2005 年，金乡县计划生育优质服务工作领导小组，出台《关于建立计划生育优质服务运行新机制的实施方案》，制订县、乡、村三级计划生育需求信息管理制度、优质服务决策制度和考核评估制度，计生优质服务工作继续向高层次发展。

第六节　控制成果

1990 年，金乡县人口增长过快，当年出生人口 2.68 万人，出生率 47.2‰；死亡 2383 人，死亡率 4.3‰，自然增长率 42.9‰，为新中国成立后最高。1991 年始，县委、县政府狠抓措施落实，出生人口较 1990 年减少 9886 人，出生率下降 19 个百分点，自然增长率下降 19.5 个百分点。1992 年出生人口持续减少，到 1995 年，出生人口降至 4772 人，出生率降至 8.07‰，人口自然增长率降至 3.37‰。1996 年、1997 年，人口出生率和自然增长率有所增加，分别为 9.67‰、9.49‰和 5.18‰、5.01‰。1998~2003 年，除 2000 年出生人口略有增加，达到 6705 人外，其余年份年均增加 5780 人左右，自然增长率年均增长 4.62‰。2005 年，金乡县迎来第四次人口出生高峰的第一个峰值年，但由于多年的不懈努力，当年仅出生 6635 人，人口自然增长率为 5.65‰。按照 2000 年中共中央、国务院《关于加强人口与计划生育工作稳定低生育水平的决定》中全国年均人口出生率不超过 15‰目标要求，全县仍处于低生育水平。

部分年度金乡县计划生育工作获奖情况统计表

表 3-2-4

年 度	获 奖 名 称	授奖机关
1992	计划生育宣传教育工作先进单位	济宁市计划生育委员会
1993	执行《人口与计划生育目标管理责任书》二等奖	济宁市委、市政府
1995	计划生育宣传教育工作先进单位	济宁市计划生育委员会
	执行《人口与计划生育目标管理责任书》一等奖	济宁市委、市政府
1996	计划生育工作“三为主”先进单位	山东省委、省政府
1998	人口与计划生育目标考核先进单位	济宁市委、市政府
2000	人口与计划生育目标管理责任考核一等奖	济宁市委、市政府
2002	人口与计划生育目标管理责任考核一等奖	济宁市委、市政府
2004	人口与计划生育目标管理责任考核奖励证书	济宁市委、市政府

1991~2005 年金乡县计划生育工作在济宁市考核位次

表 3-2-5

年度	1991	1992	1993	1994	1995	1996	1997	1998	1999	2000	2001	2002	2003	2004	2005
位次	5	5	6	6	6	6	6	5	4	6	5	4	7	4	5
说明	全市共 12 个县市区														

第四篇 城乡建设

城乡建设

1978年改革开放前，金乡县城市规模小、人口少、城镇化水平低。城市建成区面积不足3平方公里，人口不到2.5万人。村镇建设相对滞后，发展缓慢。1991年，县政府颁发《关于加快城乡一体化建设管理条例》和《关于加快城乡建设一体化的实施意见》。1994年始，编制并颁布实施《金乡县县城总体规划（1994~2010年）》。2004年，按照规划建设高起点、高标准的要求，聘请中国城市规划设计研究院，联合济宁规划院共同编制完成金乡县城市新一轮总体规划（2005~2020年）。经过10余年的生产和建设，金乡县市场经济活跃，经济社会快速发展，城市规模不断扩张，人口迅速增长，已发展成为以能源、机电和农副产品加工工业为主的中心城市，成为全县政治、经济、文化、商贸中心。全县13个乡镇驻地建设步伐加快，住宅、供水、供电、道路、绿化、环境、卫生以及各项基础设施明显改善，全县农村逐步向建设小康村发展。

第一章　城乡规划

金乡县建设局，正科级行政单位。1991年称金乡县城乡建设委员会。1993年12月机构改革时被撤销，建立城乡建设环境保护委员会。2002年5月，更名为金乡县建设局。主要负责全县城乡规划、建设与管理。

第一节　总体规划

1981年，金乡县人民政府聘请山东省城市规划设计院编制并颁布实施第一个《县城总体规划》。经过10年发展，城市建设初具规模。为适应经济社会及城市化发展进程，县政府于1991年9月公布《金乡县城总体规划界址范围》。1994年7月，聘请山东省城镇规划建筑设计院编制《金乡县县城总体规划（1994~2010年）》，并经县政府同意，县人大常委会讨论通过，济宁市人民政府批准实施。据此规划，2001年县城乡建设环境保护委员会委托济宁市勘测院对县城约25平方公里的区域做了详细勘测。勘测采用全站仪进行数据采集，是年12月数字化成图，采用1980年西安坐标系，1985年国家高程基准，等高距为0.5米，1996年版图式。

2002年11月，中国共产党召开第十六次代表大会后，国家提出一系列城市规划和建设方面的宏观政策。2004年11月，县政府按照山东省人民政府关于三年内完成总体规划修编工作的要求，聘请中国城市规划设计研究院对1994版《总体规划》进行修编调整，至2005年12月完成。《金乡县县城总体规划（2005~2020年）》规划期限：近期到2010年，远期到2020年。县域城镇体系规划，形成“一主两次”、沿“十”字轴非均衡发展的空间布局结构。“一主”即以金乡镇、高河乡、王丕镇及鱼山镇部分组合成的县域主中心；“两次”是以马庙镇和鱼山镇部分组合成的新型商贸型城镇、霄云镇和化雨乡组合成的新型工贸城镇，形成县域次中心；“十”字轴即以定（陶）丰（县）公路西线和金（乡）清（河）线为东西轴线、以105国道为南北轴线。城市化水平2010年达到36%左右，2020年达到50%左右。要求强化县域主中心建设，积极发展县域次中心，统筹安排城乡居民点、各类产业、重大基础设施和公共服务设施，构建分工有序、布局合理的城镇体系。

第二节　县城规划

1991年9月1日，金乡县人民政府以金政发〔1991〕31号文公布《金乡县城总体规划界址范围》。具体范围是：西线，从王杰村西大路向南至金马路，穿金马路向南，从花园村西侧南北路向南至仇岗南侧东西路；南线，从仇岗南侧顺东西路向东穿 105 国道至魏庄北侧东西沟渠，再向东至农科所东南角；东线，从农科所东南角向北入定丰线，顺共青团路至春秋庄南东西路北 200 米处至金济河桥东 100 米处，向北至南楼村北，再向西穿金济河，沿孙庄变电所北墙至北当街，再向北顺 105 国道至王杰村口北。北线，从王杰村口北东西路，向西至王杰村西大路。

1994 年 7 月，县政府聘请山东省城镇规划建筑设计院编制《金乡县县城总体规划（1994~2010 年）》。1998 年，济宁市人民政府对该规划作出批复，同意金乡县城新一轮总体规划区界址划定范围：东界为莱河，西界为大沙河，南界为缗城镇地界，北界为老万福河。东西宽 6 千米，南北长 7.8 千米，总面积 45 平方公里。城市性质定义为：全县政治、经济、文化和商贸中心，以发展能源、机电、轻纺、农副产品加工为主的中心城市。发展方向，城市总体发展控制在缗北四路以南，主导发展方向向南、向西部发展，东侧控制在莱河以西。规划人口规模，2000 年人口 10 万人，用地 12.5 平方公里；2010 年人口 18 万人，用地 20.7 平方公里。

2005 年 12 月编制完成的《金乡县县城总体规划（2005~2020 年）》，将城市性质重新定义为以发展工贸、能源、农副产品加工为主的城市。城市规划区：包括金乡镇、高河乡、王丕镇、鱼山镇的行政管辖区范围，面积 188 平方公里。城市规模：将近期 2010 年城市人口由 18 万人调整为 12.4 万人，用地由 20.7 平方公里调整为 14.69 平方公里；远期到 2020 年，城市人口为 25 万人，用地 28.38 平方公里。城市规划布局：城市建设发展方向由原向南、向西发展调整为以向东发展为主（因东邻济徐高速公路），形成“一城三区一湖，四河一轴三心”的布局结构。“一城”指金乡县城；“三区”指经济开发区、老城区、新城区；“一湖”指魁星湖；“四河”指老万福河、大沙河、金马河、莱河；“一轴”指沿文峰路形成的城市东西向的时代发展轴，该轴线穿过经济开发区、老城区、新城区；“三心”指经济开发区中心、老城区中心、新城区中心。“规划”要求：重视城市风貌和特色研究，加大区域内脆弱资源和生态环境保护力度，严格保护和合理利用水资源。结合自然水域特点，保护与开发利用相互结合，疏浚河道，整治水系，精心处理好滨水界面，塑造“城水相依”的城市特色。坚持节约用地、集约用地、保护耕地、合理用地，科学确定建设标准，集中紧凑安排建设项目，提高土地使用率。科学安排发展时序，使城市建设在规划指导下健康有序发展。

第三节　乡村规划

1991 年，县政府颁发《关于加快城乡一体化建设管理条例》和《关于加快城乡一体化建设的实施意见》，明确提出村庄、集镇规划建设，坚持合理布局，节约用地原则，全面规划，正确引导，依靠群众，自力更生，因地制宜，量力而行，逐步建设，实现经济效益、社会效益和环境效益的统一。全县所有乡镇都制定了驻地的总体规划，完善了各自区域内行政村、自然村规划图。

1994 年，依照国务院《村庄和集镇规划建设管理条例》的规定，对原规划进行充实完善。“八五”期间，全县 16 个乡镇除金乡镇、缗城镇外，其余 14 个乡镇驻地《总体规划（1996~2010 年）》均编制完成，并高质量编制了一个分区规划和两个小康村建设规划。1996 年，随着“金乡县县城总体规划”的修编，各乡镇又聘请设计院对乡镇政府驻地及重点示范村的规划进行了修编调整。

第四节　规划管理

1994 年，依照国务院《村庄和集镇规划建设管理条例》的规定，县城乡建设环境保护委员会和乡镇政府分别主管本行政区域的村庄、集镇规划建设管理工作。1996 年，执行《山东省实施〈村庄和集镇规划建设管理条例〉办法》。

2003 年 9 月 3 日，县政府发布《〈关于加强建设项目规划管理的若干规定〉的通知》，对建设项目的选址管理、建设用地规划管理、建设工程

规划管理、建设工程批后管理和竣工验收及相关奖罚做出具体规定。同月20日，县建设局印发《关于成立金乡县城市规划委员会的报告》，并将调整后的委员会成员名单对外公布。同时发出《关于成立金乡县建设局建设项目例会初审领导小组的通知》。

2004年5月11日，中共金乡县委办公室印发《关于公布〈城市建设重大项目审议审批和监督程序〉的通知》，对城市建设重大项目的界定、审议、审批程序及监督程序等作出详细规定。

2005年5月31日，金乡县人民政府印发《关于调整金乡县城市规划委员会的通知》，公布了调整后的委员会成员名单。

第二章 城区建设

第一节 街道建设

1991~2005年，相继开通建设南一路、南二路、金山街、南店子街、文化路中段、西外环、东外环、北外环、金司路城区段、南外环（南二路）、缗北四路，延伸了南一路、中心街等城市道路交通主次干道，拉开了"六横七纵"的城市道路交通主干道路网框架；升级改造小街巷总里程7.4千米，改造面积5.2万平方米。全县城市道路总长度85千米，面积260多万平方米，人均占有道路面积31.2平方米。

第一阶段（1991~1995年）

南大街（缗南一路） 1991年开通，长1300米，宽37米，面积4.8万平方米。1992年，铺设硬化柏油路面。

西大街 为105国道过城区段，1992年拓宽改造，长5500米，拆迁宽度42米，三块板结构，并安装了路灯。

文峰路 1992年开通，东起金济河，西至105国道，长1500米，宽40米。1994年铺硬化主路面。

金山街中段（文峰路至南大街） 1994年拆迁改造，宽度由12米增加到25米，同时完成配套工程。

南店子街 北起中心大街，南至缗南二路，长1130米，宽22米，1994年完成拆迁，1995年完成配套建设任务。

文化路 北起文峰路，南至中心街，全长840米，宽25米。1992年完成铺设硬化主路面任务。

第二阶段（1995~2002年）

先后实施"两桥三路"（金马河桥、金济河桥，金山街南段、缗南一路东段、南二路至东五路衔接段）、"四点两线一大片"（机关招待所、体育场看台、人民广场、大三角绿地建设及改造工程，中心街、金山街道路整治）及"三桥五路"（金司路桥、南店子桥、文峰路沟桥，金司路、金山街南段、荷香路西段、西大街、西外环）工程。新建改造城市道路9条（西大街、清真街、外环路、南一路东段、金司路北段、南二路中段、东五路与南二路衔接段、金山街南段、府前街），新增道路长度25千米。对金山街道路进行全新罩面。新建桥梁6座（金济河桥、金马河桥、金山街桥、外环路金马河桥、南店子桥、文峰路沟桥）。对中心街、金山街中心地段的人行道板和路沿石进行更换，铺设人行道花砖2.4万余平方米，路沿石2.8万余米。

图4-1 20世纪90年代金乡县车站东西关街

第三阶段（2003~2005 年）

2003 年，城市基础设施建设累计投资 700 万元，完成中心街中段拓宽改造设计及缗西三路（长 3450 米）、缗南二路（长 1400 米）道路放线定位工作。对排水设施进行清淤及部分险情险段治理，修补路面 4000 余平方米，清理下水道淤积物 200 余立方米。

2004 年，先后实施中心街、文峰路、荷香路改造工程；修复缗南一路、北斗路、北朱路、府前西路；维修了金司路、文化路、金山街道路路面；对中心街、文峰路、金山街等主街道路沿石进行更换，重新铺设人行道板，累计整修道路 14 千米，面积 18 万平方米。

2005 年，金司路（城区段）改造工程，完成大三角至南一路主路面灰土基础和连接层建设任务；拓宽文峰路东段，拓宽面积 4200 平方米；重新整修文化路；对城区清真街、仓坊街、李小街、南环路等 10 条小街道进行全面整修，累计整修 6 千米、面积 4.8 万平方米。对金兴经济园三条街道进行整治。

到 2005 年年底，全县城市水平达到 33%，城市规划面积 27.8 平方公里（含西城区），建成面积 11.5 平方公里，城区人口 10 万人；城市道路面积 105 万平方米，人均道路面积 10.5 平方米；城市绿化覆盖总面积 345 公顷，其中公共绿地面积 36.53 公顷，人均拥有公共绿地面积为 6.18 平方米，城区绿化覆盖率 31.2%。

2005 年金乡县城区主干街道一览表

表 4-2-1

序号	道路名称	走向	起止点	长度（千米）	宽度（米）
1	共青团路	南北	缗南二路—文峰路东段	1.82	9
2	文化路	南北	中心街东段—文峰路东段	0.84	25
3	金司路	南北	缗南二路—西大街北首	3.88	16
4	向阳街	南北	文峰路—北朱路	0.81	8
5	金山街	南北	缗南二路—西大街北首	3.47	16~25
6	清真街	南北	中心街西段—文峰路西段	0.78	11
7	南店子街	南北	缗南二路—中心街西段	1.13	22
8	西大街	西南东北	仇岗—孙庄	5.55	21
9	西外环路	南北	霍古—孙庄	8.5	20
10	北朱路	东西	金司路—西大街	0.76	15
11	北斗街	东西	金司路—西大街	0.81	14
12	文峰路	东西	共青团路—西外环路	4.53	40
13	荷香路	东西	文化路—清真街	1.49	9
14	中心街	东西	金鱼路—西外环路	4.2	9
15	缗南一路	东西	金鱼路—金山街	1.85	37
16	缗南二路	东西	共青团路—西大街	3.17	21

第二节 城区绿化

1991年，将星湖公园管理所和县建委绿化队合并，成立金乡县园林管理所，为财政拨款全额事业单位，编制15人，隶属县城乡建设委员会，专司县城园林绿化建设和星湖公园的日常管理。1993年，金乡县进行机构改革，园林管理所由财政拨款单位改为自收自支服务性事业单位。1999年10月更名为金乡县园林管理处，编制40人。2004年3月，升格为副科级事业单位。

1991年，县财政拨款5万元，用于县城园林绿化建设。1992年，实施国务院《城市绿化条例》，园林绿化建设向制度化、规范化方向发展。1993年，机构改革后开展园林绿化建设有偿服务，探索靠园林绿化养园林绿化的路子。1994年，县委、县政府动员全民植树，县直各单位积极开展争创绿化先进单位和花园式单位活动。当年末，县财政局、税务局、金乡师范学校、人民武装部等11个单位被评为济宁市花园式单位。县变压器厂、金贵酒厂、金乡二中、工商局、人民医院等14个单位被评为市级绿化先进单位。1995年，加大绿化资金投入和管理力度，城区绿化面积16.5公顷，人均绿化面积5平方米，绿化覆盖率26.6%。

1996年，投资26万元，实施金山街行道树绿化工程和星湖公园综合整修工程。金山街栽植行道树——法桐1000余棵；对星湖公园文渊阁、魁星楼、文化长廊、湖心亭等建筑景观设施进行装饰修缮，增设座椅，安装照明灯，美化公园游乐环境。

1997年，投资30万元，完成文峰路绿化隔离带、金山街北段绿化隔离带、小三角绿地建设施工任务，栽植法桐、国槐、紫叶李、冬青、小叶女贞等各种绿化苗木4万余棵（株），铺栽草坪5000余平方米。在小三角绿地安放王杰塑像和“一不怕苦、二不怕死”壁雕，使之成为学习和发扬王杰精神的固定教育场所。

1999年，投资36万元，完成40亩大三角绿地拆迁、场地平整及人民广场建筑物拆除一期工程，开辟兴建南二路绿化隔离带，建设道路绿地面积2000余平方米。

2000年，坚持“一街、一树、一景”绿化布局，对金山街北段、南一路中段、金司路北段的绿化带行道树进行高品位、高档次绿化，栽植红枫、紫叶李、广玉兰、洒金柏、青桐。完成南一路绿化带建设工程，修砌建设绿化带4000余沿米，栽植刺柏1.6万株，增加道路绿地面积5600平方米；实施星湖公园内坑塘清淤、石砌和闲置场地的整治修铺工程，开发建设游园场地3000平方米，延伸铺设环湖路400沿米，筑垒镶砌石崖、石坡、台阶360沿米，砌石500立方米，清淤清运3000立方米，培育栽植荷花水面5亩，增设文明座椅20座。投资5万元，利用闲置的垃圾处理场地，开辟建设城南小苗圃10亩，培育、扦插绿化苗木20种，8000余棵（株）。

2001年，绿化投资200万元，回填种植土3万余立方米，绿化栽植雪松、水杉、栾树、广玉兰、棕榈、毛白杨、合欢、法桐、金丝柳、高杆女贞、石榴、柿子、桃树、樱花、蜀桧、小龙柏、金叶女贞、红叶小檗、瓜籽黄杨、连翘、月季、剑麻、美人蕉等各种绿化苗木10余万株，铺植草坪1.9万平方米，硬化路面6800平方米，镶砌路沿石800沿米，架设排灌水管道500沿米，安装配套机井、压力罐、深水泵、大型中华灯、礼花灯等设施设备。建成后的大三角绿地成为金乡北大门一道靓丽的绿化风景线。

2002年，相继完成灯塔街心绿地、花池建设，筑砌花池花坛，栽植绿化苗木，建设绿地面积1600平方米；星湖公园南门广场绿化建设、硬化绿化面积7000余平方米，配套安置文化娱乐健身设施。

2004年，投资160万元，先后完成中心街行道树更换栽植，新栽大规格法桐800余棵；向阳路新栽行道树香花槐140棵；新建一中街头绿地一处，硬化绿化面积600平方米，栽植大叶女贞、金叶女贞、红叶小檗、美人蕉、爬墙虎等绿化苗木2000余棵（株）。星湖公园、府前小广场硬化绿化美化工程，改造铺装面积5600平方米，铺设路沿石、台阶石800沿米，环湖曲径路400沿米，

植草坪砖 600 平方米，栽植大叶女贞、曲柳、垂柳 300 余棵，修复新置文体健身娱乐设施 7 套，改善、美化了城市环境。

2005 年，新栽毛白杨、黄金柳、垂柳、高杆女贞等行道树 1700 余棵。五一劳动节、国庆节期间分别在金山街、中心街、机关招待所、体育场、星湖公园、步行街、灯塔等处摆放栽植一串红、彩叶草、矮牵牛、万寿菊、鸡冠花、国庆菊、品种菊、月季、羽衣甘蓝等时令花卉 6 万余盆（株）。当年年底，完成城区中心街、金山街、文峰路、西大街、金司路、南一路、南二路、清真街、向阳街、北朱路、府前街、荷香新街、共青团路等道路绿化，总长度 30.8 千米；建成区绿化总面积 345 公顷，城市公共绿地面积 36.53 公顷，绿化覆盖率 31.2%，人均公共绿地面积 6.18 平方米。建设塑造了星湖公园、大小三角绿地、灯塔街心绿地、一中街头绿地等绿化景点、亮点，为人民生活居住提供了良好环境。当年，创建出省级“花园式单位”2 个（金乡师范、金乡一中）；市级“花园式单位”“绿化先进单位”28 个（县人民医院、二中、金曼克集团、人民银行、金贵酒厂、金利纺织、工商局、供电公司、财政局、人武部、羊山烈士陵园管理处、师范附小、自来水公司水厂、国税局、金曼克中学、魁星中学、公路局、金乡镇敬老院等）。

第三节 环境卫生

1992 年，金乡县环卫队更名为环境卫生管理所。

1993 年机构改革，环境卫生管理所由全额事业单位改为差额事业单位，在全县开展环境卫生有偿服务活动。

1998 年 1 月，成立环境卫生有偿服务公司。对县城各条街道清扫保洁权、垃圾清运权在内部进行公开竞标，落实环卫作业承包制。

1999 年 5 月，清退临时用工，环卫作业推行承包制。是年 10 月，更名为环境卫生管理处（简称环卫处）。2006 年 3 月升格为副科级单位。

2001 年 3 月，在原环境卫生有偿服务公司基础上，组建成立具有企业性质、独立经营、自负盈亏的“环境卫生有偿服务中心”，有固定工和合同制工人 56 人，干部 5 人，下设清扫队、清运队、公厕管理科、收费科、监察中队、有偿服务中心、办公室、财务科等 8 个科室。

2002 年，在城区主要街道两侧建设 13 处垃圾中转箱，垃圾收集方式由地上改为地下，环境面貌明显好转。当年，组建成立金乡县城市建筑垃圾管理办公室。

2003 年 10 月，《金乡县城市市容和环境卫生管理办法》正式颁布实施。

2004 年 7 月、2005 年 8 月，环卫处有偿服务中心先后接纳 40 人、50 人员和特困下岗职工 32 人、43 人，被济宁市政府授予“安置下岗职工先进企业”荣誉称号。到 2005 年年底，环卫处共有从业人员 181 人；县建设局拨款 148.4 万元，环卫支出 229.9 万元。

环卫设备

1996 年，新购 5 辆拖拉机清运车，1 辆洒水车，1 辆装载机；在金乡一中东邻公厕旁建设龙门式电动垃圾转运台。到 2005 年年底，共有各类作业车辆 24 辆，其中“金刚王”垃圾自卸车 5 辆，吸粪车 1 辆，洒水车 1 辆，装载机 2 辆，中转箱吊车 2 辆，拖拉机 5 辆，简易清扫机 1 辆，管理执法车 7 辆。

街道清扫保洁

实行严格的岗位责任制，明确分工，分段分片清扫城区主要街道。1992 年，县城区日清扫面积 18 万平方米；1998 年为 25.3 万平方米。2003 年 10 月，对街道清扫作业推行“五定”（定区域、定标准、定费用、定责任、定奖惩）措施和“三级”（主任、副主任、承包人）检查考评制度，设立检查奖惩“曝光台”。2004 年 6 月，环卫处自行组装简易清扫机 1 台。2005 年 3 月，将文峰路清扫保洁权面向社会进行公开拍卖，中标额比标底下降 5%。金乡环卫行业体制改革迈出第一步。当年，日清扫街道面积 136 万平方米。环卫队购买洒水车 2 辆，每年 5 月 1 日至 10 月中旬，对城区主要干道洒水，清洁路面，防尘降温，净化空气。日洒水量 20 多立方米，冲洒面积 15 万平方米。

生活垃圾清运

1991 年始，用拖拉机运输生活垃圾。此后，增加 5 辆“金刚王”垃圾自卸车，垃圾清运效率明显提高。1998 年，生活垃圾清运量 2.2 万吨。2002~2004 年，先后撤除主街道两侧 30 多处地上铁皮垃圾箱，在街道两侧、居民小区建设 23 处地下垃圾中转箱，及时运往城郊垃圾倾倒点，做简易掩埋处理。2005 年，生活垃圾清运量 4.8 万吨。

建筑垃圾清运

2002 年 10 月，金乡县城市建筑垃圾管理办公室成立。把社会上搞建筑垃圾运营的车辆采取租赁形式编入渣土清运队，统一组织，统一调度，建筑垃圾管理步入正轨。2004 年，全县清运建筑垃圾 1.2 万吨。2005 年，执行建设部颁布的《城市建筑垃圾管理规定》，建筑垃圾清运管理工作步入法制化、规范化轨道。当年，清运建筑垃圾 2 万吨。

公厕与粪便收运

1991~1995 年，先后拆除布局不合理、卫生条件极差的公厕 13 处，新建标准较高的水冲式公厕 6 处（清真车站公厕、民政局南公厕、信用联社对过公厕、西关公厕、金乡一中东公厕、光明市场公厕）。2000 年后，在旧城改造中，新开发小区均建设了 1 处造型新颖、卫生设施齐全的标准公厕。

20 世纪 80 年代，金乡县建有粪便处理场和清洁队，实行粪便统一清理。进入 90 年代后，居民楼水冲式厕所和化粪池增多，粪便清除逐步向机械化过渡。居民楼一般使用吸粪车进行清理，旱厕仍需人工清挖。

垃圾处理场

1993 年 3 月，在城南 3 千米古路沟征地 9.9 亩，建设垃圾掩埋场。1995 年，租赁城西 2 千米处李大林填埋垃圾，占地 30 多亩。1999 年，租赁城东 4 千米处高河乡周油坊村坑塘倒放垃圾，进行简易掩埋处理。2003 年，先后联系 30 多个坑塘进行垃圾掩埋处理，但绝大多数被当地群众以污染环境为由制止，曾一度出现垃圾停运、无处掩埋的局面。2005 年底，把建设 1 处大型、低污染垃圾掩埋场提到县委、县政府工作议事日程。2010 年年底，在金桥煤矿西南角建成配套设施齐全的生活垃圾处理厂 1 处，日处理能力 200 吨。

城市污水处理

2003 年 6 月，县政府根据山东省建委、省财政局、省物价局鲁建公发〔1995〕52 号文件精神，决定从当年 7 月 1 日起征收污水处理费。收费标准：生活用水 0.51 元 / 吨，工业用水 0.75 元 / 吨，经营及饮食服务用水 0.86 元 / 吨。由县建设局委托县自来水公司代收，纳入县财政专户，专项用于城市污水处理工程的建设运行。2005 年，开工建设总投资 4861 万元、日处理污水 3 万吨的金乡县污水处理厂。

图 4-2　2005 年污水处理厂

第四节　公园建设

星湖公园，位于县城中心街中段路北，金山街中段路东，荷香街中段路南，金司路中段路西。1983 年，县人民政府拨款始建，建筑布局以魁星楼为中心向外拓展。南门建在原“千古道源”坊

旧址，重檐斗拱门楼，上嵌“星湖公园”4字，棕红大门，两旁石狮双踞。进门，一条林荫道将星湖一分为二。夏日荷花溢香，碧波荡漾，游鱼追逐。魁星楼雄踞星湖当中，北建九曲桥，长百余米，势若游龙，蜿蜒于碧波之上，连接岸上画廊，画廊长68米，宛若长虹，逶迤回环。

1985年，在星湖西北岸文昌阁故址新建文渊阁。文渊阁高7.2米，长23米，进深13米。上层斗拱飞檐，下层设有环廊，24根雕龙石柱顶立。落成之际，时任金乡县县长王连秀亲笔题写“文渊阁”匾额，悬挂于正门上方，并赋诗曰：“文峰魁星峨，金城古贤多，文渊阁建起，永开群彦河。”整个建筑，雕梁画栋，气势雄伟。

1990年，在星湖西岸文峰塔前，建老年活动中心，占地约2000平方米。

水中两亭，造型别致，鎏金溢彩，与魁星楼、文渊阁、文峰塔等建筑遥相辉映。

整个公园建筑参差错落，相映成趣。春夏之季，园内佳木葱茏，鸟语花香，令人流连忘返。

图4-3　1997年星湖公园一角

第三章　公用事业

第一节　供　水

1990年前，金乡县城区供水质量差，且不足。为缓解供需矛盾，改善水质，县政府以王丕造纸厂两眼深井水文资料为基础，聘请专家对该地区深层地下水进行勘察、论证，确定王丕为城区水源地。1990年10月，“王丕水厂工程”经山东省计委批准立项，设计规模为1万立方米/日，投资500万元。县政府成立王丕新水源开发指挥部，1991年下半年施工，1992年春节前完成一期工程，除夕投产供水。

1993年，县自来水公司对城区旧有供水管道更新改造，先后组织沿105国道、金山街北段、金司路北段、南门生活小区、新开南门大街等27千米直径100毫米以上供水管道铺设，用水人口约4万人，普及率84%。

1994年，投资260万元，完成王丕改水配套工程建设。1995年年底，形成1.2万立方米的日供水能力。此后，又相继扩建了水厂、木料市、侯庄3眼深井，日增加供水能力3000余立方米。1995年12月，实现24小时恒压供水。同时，水质检测系统配套组建完成，具备19项指标检测能力，正式开展水质月度检测工作，并向社会提供有偿服务。

建成后的王丕新水源有深层管井7眼、二级泵房1座、2万立方米清水池2座及高低压配电室，标准化校表室、化验室、办公大楼、加氯间和水厂至城区7千米直径400毫米供水管道，总投资990万元。

2001年，建立华特99二氧化氯水质消毒系统，对出厂水实施二氧化氯投放消毒，形成集水源保护、水质消毒、水质检测、恒压供水相配套的现代二级供水工艺。

2005年，完成供水销售收入309万元，上缴税金33万元，职工年人均收入8475元。

第二节 供 气

金乡县城市燃气事业发展较晚。

1991年年底，县科委在105国道收费站北侧建液化气站，占地面积4.6亩，总容积40立方米。1993年5月，经上级有关部门验收合格正式投入运营，供气户数约5000户。

2002年，新增金乡镇袁楼村金山液化气站、马庙镇驻地利普液化气站、鸡黍镇驻地宝福液化气站，规模均为40立方米，供气户数再增5000户。

2005年3月，县建设局成立燃气管理办公室，城建科不再负责燃气市场的安全管理工作。新成立的燃气管理办公室，依照《山东省燃气管理条例》规定，对全县燃气行业进行规范管理，加强安全知识宣传，积极推广清洁能源，逐步普及燃气使用。

2005年，在王丕镇驻地新增2处液化气站，规模均为100立方米，占地10亩，按设计图纸施工。当年，县城区御景花园瓶组式供应站建成，供应户数228户。采取招商引资形式，由香港开发商投资1500万元，注册成立金乡中溢燃气有限公司，年底完成主厂区选址并开工建设，走出城市片区集中统一供气第一步，可满足3.5万户居民用气需求。

第三节 照 明

1991年，县城区照明仍由供电和城建部门共同管理。1996年8月，县供电局成立路灯管理所，专司城区照明工作。1999年10月，在城区设置24座大型跨街彩虹桥。2004年2月，投资30多万元，在金山街与中心街交叉路口、一中西南角小广场设置大型广场灯具4座，在星湖公园内和金山街与文峰路交叉路口安装泛光灯、射灯、椰树灯、楼体灯带、树体灯带、满天星等装饰性灯具，美化、亮化城区环境，方便居民休闲娱乐和夜晚出行。同时，督促沿街单位、大型商场、门市部安装各类装饰性灯具。此后，每年农历正月十五元宵节，在协调有关单位张挂彩灯的同时，督促承制单位在金山街、文峰路、中心街等城区主要路段行道树上悬挂满天星，烘托欢乐祥和的节日气氛，增强城区夜市效果。

第四章 房地产

1980年，设金乡县房管所，股级单位。后称金乡县房管会，为副科级事业单位，行使县政府房地产行政管理职能。1988年6月，改称金乡县房地产管理所。1993年1月，县政府批准组建金乡县房地产开发总公司，脱离财政序列，隶属县建委，为自收自支正科级事业单位。1999年2月，更名为金乡县房地产管理局，与县房地产开发总公司一个机构，两个牌子。2002年5月机构改革，县房地产管理局撤编，仍称金乡县房地产开发总公司，为正科级自收自支事业单位，行政职能划归县建设局。

第一节 住房制度改革

1992年8月，成立金乡县住房制度改革领导小组，下设办公室（简称县房改办）。1996年9月，将房改办定为县财政全额拨款副科级事业单位，编制6人，归县建委管理。1999年8月，撤销金乡县住房制度改革领导小组，成立金乡县住房委员会，下设办公室和住房资金管理中心。

1993年2月后，县政府相继出台的住房制度改革政策、规定、措施有：

《金乡县城镇住房制度改革实施方案》，确

定将公有住房租金调整到每平方米使用面积平均月租金0.3元；推行公积金制度；出售公有住房，对新分配住房实行先卖后租。1993年标准价，每平方米建筑面积楼房为210元，平房为180元，每户只能享受一次，一次付清房款的，给予房价14%的优惠。

《金乡县公有住房出售暂行办法的通知》，规定县城规划区内的公有住房，只要产权、产籍清楚，经单位申报，房改办批准后，均可作价出售给个人；实行工龄折扣，每年给予50元的折扣，最高不超过2000元；建立维修基金，其来源从售房款总额中以10%的比例提留。

《关于深化城镇住房制度改革的实施意见》，全面推行住房公积金制度，职工个人及单位分别按职工月工资总额的5%逐月交存；1996年一类房为1.04元，二类房为0.94元，三类房为0.84元；每年工龄每平方米折扣3.06元，住房超过标准20%以上的部分实行市场价，市场价每平方米700元。实行职工住房货币化分配，职工在购买住房时由单位给予一次性住房资金补偿；房改中已按标准价购房的职工，不再进行套改，由标准价直接过渡到成本价；发放住房补贴。凡是按房改政策允许出售的公有住房及清房中清出后重新安排调整的公房，仍执行原政策，成本价每建筑平方米595元，超过控制标准部分执行市场价，每建筑平方米700元，享受各项优惠政策。每个家庭只准许按房改政策购买或租用一套住房，住房标准：县处级住房，规定标准面积90平方米，控制标准面积110平方米；科级干部住房，规定标准面积75平方米，控制标准面积90平方米；一般干部职工住房，规定标准面积65平方米，控制标准面积80平方米。职工按房改政策购买的公有住房首次上市交易；出售已购公有住房的职工，该职工夫妇双方不得再向单位申请分配住房，不得购买成本价公有住房或经济适用住房、安居房、解危解困房等享受优惠政策的住房；职工出售公有住房，应向原产权单位声明，向住房委员会办公室提出书面申请，办理交易过户手续。

1994年，全县参与公房出售及租金改革的单位172家，共出售公有住房7118套，面积42.8万平方米，占可售公房的88%，确权发证率100%；租金标准按使用面积每平方米1.87元执行。

1997年12月始，全县实行住房公积金制度。缴交比例，单位、个人分别为职工月工资总额的5%，个别单位8%。到2005年年底，全县累计归集住房公积金4400万元，形成规范有序的住房资金归集和管理运转体系。

在住房制度改革期间，加强对已购公有住房的规范和完善，至2005年，共规范5400户，占已购公有住房的73.8%。建立职工住房档案，开放房改房二级市场。

第二节 房屋拆迁建设

1993年10月，县政府成立“金乡县房屋拆迁管理办公室”和“金乡县城市建设房屋拆迁办公室”，负责有关房屋拆迁和安置工作，加快城市综合开发建设步伐。

1994年3月，实施金山街拓宽改造，拆迁53户，拆迁面积4500.71平方米。

1995年9月，根据国务院《城市房屋拆迁管理条例》和《山东省城市建设房屋拆迁管理办法》等文件规定，制定《金乡县城镇建设房屋拆迁补偿安置标准规定》，本着“统一规划，统一征地，统一拆迁，统一建设，统一配套，统一管理”原则，按照“合理补偿、廉价销售、拆一还一、买房优先”办法，规范城市拆迁改造行为。

1995~1996年，对清真街北首实施拆迁，涉及拆迁户8户，拆迁面积1365平方米。

1997~2002年，实行承包责任制，加大对本辖区内未取得“房屋拆迁许可证”或受委托而未取得房屋拆迁资格证书的单位违规拆迁现象的查处力度，杜绝因零星拆迁而发生伤亡事故，房屋拆迁管理走向正轨。完成的主要拆迁项目有：

金乡县人民医院新建病房大楼项目，拆迁范围东至金司路，南至县医院北墙，西至县医院北门，北至老护城河。

金海花园项目，1号拆迁范围北起中心街南侧路沿石，向南至140米处，东起羊拐角胡同西侧，向西54米处。2号拆迁范围南起南护城河北侧向北105米处；东起羊拐角胡同西侧，向西至金山街。

鑫源商业广场项目，拆迁范围北起中心街南侧路沿石，南至老环城路南养鱼池北沿，东起金乡宾馆西墙，西至影视中心南北一线。

金乡县怡宾楼建设项目，拆迁面积1348平方米，土地面积1895平方米，拆迁11户。补偿金额118.44万元。

荷香路西段商业街项目，拆迁范围荷香路西段长580米，宽45米~60米，局部地段根据规划确定拆迁范围。

干休所家属院改建项目，拆迁范围南起县民政局家属院，北至原县政府家属院，西起养鱼场至金马河排水沟，东至房产公司新开发商住楼。拆迁24户，拆迁面积2400平方米，土地面积11385平方米。

图4-4　20世纪90年代金山街中段光明商厦

至2005年，金海花园、荷香新街、鑫源商业广场和沿街商业住宅楼，文馨园、御景花园、金泰花园、金城花园、九星花园等居民生活小区相继落成。光明商厦、新华书店综合楼、县医院门诊楼和病房大楼、金叶大酒店等被评为城市建设精品工程。

第三节　房产交易

1989年3月，成立金乡县房产交易监理所，与县房地产开发总公司、县房地产管理所合署办公，一个机构，三个牌子，实行企业化管理，归口县建委领导。

房屋产权产籍管理　1991~2005年，确权房屋面积696.92万平方米，发放房屋所有权证1.74万件。其中，公有房屋502件，确权面积257.73万平方米；私有房屋1.68万件，确权面积439.19万平方米。

房产交易管理　1991~2005年，进行房产交易4951宗，面积137.85万平方米，成交价值13.61亿元。

房产抵押管理　1997年6月1日，根据《中华人民共和国城市房地产管理法》和《城市房地产抵押管理办法》，实行房地产抵押登记制度，维护房地产市场秩序，保障房地产抵押当事人的合法权益。至2005年年底，共登记房地产抵押693件，抵押面积55690平方米，抵押金额4070万元。

房产租赁管理　1991~2005年，共办理房屋租赁登记备案1622件，发放租赁证1622本，房屋租赁面积28.19万平方米。其中营业房屋租赁登记备案1503件，房屋租赁面积23.92万平方米；住宅及其他房屋租赁登记备案119件，房屋租赁面积4.27万平方米。

1997~2005 年金乡县房地产抵押登记情况汇总表

表 4-4-1

年度	统计时限	抵押件数	抵押面积（平方米）	抵押金额（万元）
1997	6 月 1 日 ~12 月 31 日	15	1200	45
1998	1 月 1 日 ~12 月 31 日	37	2960	110
1999		42	3360	126
2000		45	3600	189
2001		50	4250	210
2002		71	5680	305
2003		120	9600	840
2004		131	10480	971
2005		182	14560	1274
合计		693	55690	4070

第四节 物业管理

金乡县物业管理起步较晚。2002 年 8 月，成立金乡县利民物业管理服务有限公司，为三级物业管理资质，是全县唯一有资质的物管企业，有管理人员 16 人，其中中高级职称 2 人，初级职称 4 人，持有建设部物业管理部门经理岗位证书 2 人。公司下辖办公室、管理部、服务部三大系统，内置财务部、后勤部、工程部、清洁部、保安部、经营部、文体部、利民服务综合部等。

第五章 建筑业

1996 年 1 月成立金乡县建设工程施工管理处，为自收自支正科级事业单位，归属县建委领导。内设办公室、财务科、施工科、安监站、造价站、招标办、招投标交易中心、劳保站、清欠办、建设稽查大队。有管理人员 1 人，中级职称 12 人，初级职称 12 人。主要负责全县建筑企业资质的申报、年检；建筑工程施工许可证手续的办理；全县建筑企业建筑安装、装饰装修、基础处理、防水、防腐；建设工程招投标，工程造价，建材管理；全县境内的新建、扩建、技改、维修项目和土石方工程，构件制作安装、建筑装饰、桩基础、道路桥涵等工程项目劳保统筹规费的收取、上缴、拨付工作；散装水泥基金的收取、上缴、拨付工作。

第一节 建筑企业

1991 年，金乡县建筑企业有金乡县建筑工程公司和 14 家乡镇建筑工程公司。其中，县建筑工程公司、高河建筑工程公司为建筑施工三级企业；金乡镇、城郊、马庙、羊山、胡集、化雨、王丕、兴隆及兴隆第二建筑工程公司为建筑施工四级企业；鸡黍、霄云、司马及司马第二建筑工程公司为建筑施工五级企业。

1994 年 5 月，金乡县建筑工程公司改制为金乡县建筑安装工程股份有限公司，隶属金乡县城乡建设环境保护委员会，仍属集体企业。

1995 年，全县有 16 家乡镇建筑公司，经资质审定，四级建筑公司由 9 家增加到 15 家，其中

化雨、兴隆建筑公司晋升为三级企业，高河建筑工程公司由三级企业降为四级企业。

1996 年 12 月，经资质审定，金乡县建筑工程公司由三级施工企业晋升为建筑施工中型（二级）企业。

2005 年，全县共有 12 家建筑施工企业，其中 1 家二级建筑施工承包企业，11 家三级建筑安装施工总承包企业。2 家建筑装饰企业。

金乡县建筑安装工程股份有限公司

下设 5 个分公司以及财务科、预算科、质安科、办公室、政工科、行管科、预制构件厂、装饰工程处、水暖安装队、电工班、机械维修车间、架材站等部门。1996~2005 年，公司施工人员年均 960 人，其中合同制职工 442 人、临时工 518 人；大专以上学历 45 人、中专 48 人、高中 56 人、初中以下 293 人；高级工程师 1 人、工程师 20 人、会计师 3 人、政工师 1 人、助理工程师 84 人、助理会计师 3 人、助理经济师 1 人、助理统计师 1 人、技术员 24 人、会计员 4 人、施工技能人员 168 人。

公司主要设备有塔吊机 13 台、液压及附墙塔吊 2 台、塔式吊车 8 台、切断机 1 台、带锯 1 套、混凝土及砂浆搅拌机 32 台、电焊机 14 台、龙门架 2 套、磨石机 16 台、平板铇 8 台、元盘锯 7 台、钢管 4 万米、钢模板 1 万平方米等，固定资产 2160 万元。

公司可承建 30 层以下、30 米跨度以内、高度 100 米以下的建筑物，能完成工程造价 1 亿元以下的建筑、室外装饰、装修工程及水、电、暖等施工。公司除承建县内建筑工程外，还先后在辽宁省沈阳市、山东省东营市、河南省驻马店市承接工程，开辟新型建筑施工基地。公司技术人员先后攻克 5 项施工技术难点和 1 项水磨石施工快捷方法，并在山东省予以推广。1991~1996 年，公司施工生产年均完成产值 1000 万元。1997~2005 年，年均完成产值 4930 万元，上缴利税 96 万元。

1991~2005 年金乡县建筑安装工程股份有限公司完成的主要建设项目一览表

表 4-5-1

名　称	设计单位	结构	面积（平方米）	工程造价（万元）	建筑时间（年度）	质量等级
金乡师范音美楼	济宁市设计院	混合	1882	150	1991	优良
县劳动服务公司职工培训楼	金乡县设计院	框架	1800	88	1991	合格
县饮食服务公司综合服务楼	金乡县设计院	框架	5600	321	1991	合格
县人民医院宿舍楼	金乡县设计院	混合	3675	68	1991	合格
县糕点公司营业楼	金乡县设计院	框架	1600	60	1991	合格
县副食品公司营业楼	金乡县设计院	框架	1900	70	1991	合格
县工商局办公楼	金乡县设计院	框架	2000	97	1991	合格
县人民法院审判庭	金乡县设计院	框架	2354	78	1992	优良
县人民医院办公楼	济宁市设计院	混合	5542	179	1992	优良
金乡师范宿舍楼	济宁市设计院	混合	2450	90	1993	合格
县人民医院教学实验楼	济宁市设计院	混合	1709	79	1993	合格
县第二中学宿舍楼	金乡县设计院	混合	2200	70	1993	合格
县百货大厦	金乡县设计院	框架	8000	320	1993	合格
县华星面粉厂制粉车间	济宁市设计院	框架	5484	520	1993	合格
县第一中学教学楼	济宁市设计院	框架	3000	150	1993	合格
县第一中学实验楼	济宁市设计院	框架	4495	170	1993	合格

续表 4-5-1

名　称	设计单位	结构	面积（平方米）	工程造价（万元）	建筑时间（年度）	质量等级
县邮电局通讯生产楼	济宁市设计院	框架	3000	150	1993	合格
县实小教学楼	金乡县设计院	框架	2700	700	1993	合格
县华星面粉厂办公楼	山东省粮油设计院	砖混	1040	50	1994	合格
沈阳市商住楼	沈阳市设计院	混合	4000	250	1994	合格
河南驻马店信托投资公司	河南省设计院	框架	1700	90	1994	合格
驻马店乔康商住楼	驻马店市设计院	混合	4000	200	1994	合格
金贵酒厂商住楼	中国科学院	框架	3000	120	1994	合格
东营建委住宅楼	东营市设计院	混合	1800	100	1994	合格
胜利油田商住楼	东营市设计院	混合	6000	300	1994	合格
东营农工贸公司办公楼	东营市设计院	框架	3800	200	1994	合格
河南投资公司住宅楼	河南省设计院	混合	3755	121	1995	合格
县土矿局国土大厦	济宁市设计院	框架	2409	150	1995	合格
金乡第一中学教学实验楼	济宁市设计院	砖混	8015	450	1996	市优良
金乡师范图书实验楼	济宁市设计院	框架	13600	1150	1996	市优良
金乡县地税局办公楼	济宁市设计院	框架	1600	100	1996	市优良
金乡师范教工住宅楼	济宁市设计院	砖混	2400	110	1996	市优良
华星面粉厂粮库	济宁市设计院	砖混	2600	110	1997	市优良
金利纺织职工住宅楼	济宁市设计院	混合	10006	500	1997	市优良
金乡县建管处住宅楼	金乡县设计院	砖混	3200	120	1998	合格
金乡县清真教学楼	金乡县设计院	砖混	13000	550	1998	合格
人民医院职工住宅楼	金乡县设计院	砖混	5700	220	1998	合格
师范学校训练馆	济宁市设计院	框架	1300	100	1998	市优良
师范学校职工宿舍楼	济宁市设计院	框架	12400	710	1998	市优良
县人民医院职工宿舍楼	济宁市设计院	砖混	5650	220	1998	市优
金乡县工商银行	济宁市设计院	砖混	10080	579	1998	市优良
金乡一中教学楼	济宁市设计院	砖混	3200	270	1999	市优
金利纺织职工住宅楼	济宁市设计院	砖混	3785	200	2000	市优良
县电信局职工宿舍楼	济宁市设计院	砖混	3600	200	2000	市优
金乡县实验小学	金乡县设计院	砖混	2700	150	2000	合格
轻工机械厂宿舍楼	济宁市设计院	砖混	5600	260	2001	市优
金华商住楼	济宁市设计院	砖混	5300	300	2001	市优
金海花园商住楼	济宁市设计院	砖混	9000	630	2002	市优
组织部住宅楼	济宁市设计院	砖混	3000	160	2002	市优
一中办公楼	济宁市设计院	框架	4600	320	2002	市优
师范宿舍楼	济宁市设计院	砖混	4200	210	2002	市优
金曼克公司新办公楼	济宁市设计院	框架	5000	380	2003	市优

续表 4-5-1

名　称	设计单位	结 构	面积（平方米）	工程造价（万元）	建筑时间（年度）	质量等级
金桥矿矿区 2# 公寓楼	济宁市设计院	砖混	4400	216	2003	市优
广电新村住宅楼	济宁市设计院	砖混	12000	700	2003	市优
金桥矿住宅楼	济宁市设计院	砖混	4400	216	2003	市优
自来水公司住宅楼	济宁市设计院	砖混	14000	840	2004	市优
新华书店大楼	济宁市设计院	框架	4000	320	2005	市优
环保局宿舍楼	济宁市设计院	砖混	4600	250	2005	市优

第二节　工程设计

金乡县建筑规划设计院，原名金乡县建筑设计室，成立于 1976 年，丁级设计资质。

1991 年后完成的重大项目设计有金乡一中音美楼、金乡一中体育器材室、土产公司烟花爆竹库、鑫源广场商业楼、文馨园小区商业楼、丝绸公司办公楼、吕庄商业楼、粮食储备库、金桥住宅楼、金桥煤矿家属院规划、金港总平面图、教师新村（文馨园小区）、华星面粉厂、荷香新街、高河土管所、房产综合楼、胡集中心校新校区等。

第三节　建筑材料与建筑结构

1991~1999 年，金乡县建筑材料主要有小块实心黏土烧结砖、沙子、水泥、石灰、钢筋、楼板等。2000 年后，逐步推广使用以河道淤泥为主的空心砖，此砖具有轻质、高强、多功能等主要特征，还有节能、节地、节约和综合利用资源的优点。2005 年，建筑材料的使用发生很大变化。建筑结构由砖木、砖混，过渡为砖木、砖混、框架等结构。围护结构由单一黏土标砖，过渡为标砖多孔砖、加气混凝土砌块、剪力墙等。门窗由木门窗，过渡为铝合金门窗、铝塑窗、钢窗。地面由水泥地面，过渡为水磨石地面、地板砖、木地板、石材板材等。内墙装饰材料由低档水溶性涂料，过渡为乳胶漆、喷涂膏状等。外墙装饰材料由水泥墙面、外墙砖到剁假石、釉面砖陶瓷，过渡为油漆、白水泥、涂料、聚合物水泥砂浆、玻璃幕墙、铝合金等。

第四节　重点工程简介

县建设局办公大楼　坐落于金司路北端路东，1993 年建，砖混结构，五层。平面设计为拐角形，中间为主楼梯，两边各一辅助楼梯。立面设计：门厅上为玻璃幕墙，外墙用条形瓷砖镶贴，门厅地面以大理石和水磨石交互铺砌。内设会议室、办公室、档案室和娱乐室。

光明商厦　坐落于金乡县城中心街与金山街交界处东北角。1996 年建，框架结构，四层。建筑面积 5400 平方米，外墙用白色瓷砖镶贴，室内地面为水磨石铺砌。东西各有一楼梯，内天井，上设一天窗，采光极好。

县公安局办公大楼　座落于金山街北端，1999 年建，砖混结构，建筑面积 5000 平方米，局部七层，外墙贴白色瓷砖，中间设有门厅，门厅雨蓬外挑，钢结构上铺淡绿色玻璃。雨蓬两侧筑有弧形混凝土坡道，车辆可进雨蓬。地下一层为停车场，楼上设有大型会议室，办公室。

金海花园步行街　坐落于星湖公园南门对过。2003 年 10 月建成。三排商铺，建筑面积 1 万平方米，东西两排。一层层高 3.6 米，二层层高 3.3 米。中区层高 3.6 米，砖混结构。无框钛合金镶边地弹簧玻璃门，地面铺设优质米色地板砖，铝合金门窗，内墙刷白色乳胶漆。

县人民医院病房大楼　2002年建，框架结构，建筑面积2.5万平方米。该工程地下1层，地上19层。外墙粉红色瓷砖镶贴，中间大门厅雨蓬外挑，台阶门廊均采用花岗岩、剁斧花岗石铺筑。门厅地面铺大理石，门柱以棕黑大理石贴面。大楼东西两侧各安装三部电梯，电梯旁为疏散楼梯。底层服务大厅设服务台、收款台、商店。每层均设有病人服务台、医务人员办公室、护士站（室）。

文馨园小区　坐落于金司路北段吕庄村北，建于2003年，总面积6万多平方米。普通住宅楼四层，层高2.9米。砖混结构，坡屋面用水泥彩瓦铺贴。外墙粉刷乳胶漆。别墅楼一层层高3.2米，二层层高3米，砖混结构，二层以上为阁楼，既可以作休闲场所，又可以用作储物室，每户均有车库。

金叶大酒店　坐落于金山街与文峰路交叉路口西南角，2002年建，总面积为3400平方米，框架结构，六层，是一家集餐饮、住宿、休闲娱乐为一体的综合服务场所。内设200余个床位，25间餐厅，能同时容纳200余人住宿及餐饮。房间为大理石防潮地面。中部会议厅为轻钢屋架屋面。

荷香新街　2003年建，建筑面积6万平方米。全部为现浇框架结构商住楼。楼面及屋面为混凝土现浇板，墙体为混凝土空心砌块填充，内墙为乳胶漆粉刷，外墙为涂饰水性涂料，屋顶为聚乙烯卷材防水。进户门为金属防盗门，内为木门，铝合金推拉窗。

金曼克集团办公楼　2003年建，建筑面积5832平方米，框架结构，共三层。楼地面为地板砖铺砌，主楼梯镶贴大理石，内外墙刷白色乳胶漆。外门为无框玻璃平开门，内门为木门。外窗为塑钢上悬窗，内窗为无框固定玻璃窗。

县人民医院传染病房　2004年建，框架结构，四层，建筑面积2354平方米，层高3.6米。地面铺设金瓷抛光地板砖，楼梯为混凝土整体现浇，大理石面层。铝合金推拉窗。内墙刷白色乳胶漆。

第六章　城市管理

1996年3月，设立城市管理委员会办公室，正科级事业单位，隶属县建委。

第一节　县城防灾

城市区域防洪

金乡县城地势低洼，遇洪涝灾害，排水困难。1978~1990年，国家共投资200万元，用于疏通河道，解决城区防洪排水问题。1991年，县城低洼地区排水沟渠及后续管线一律按5年一遇排涝标准校核修建。当年投资3万元，在西海子建长110米、宽0.8米、高1米石砌排水涵洞及节制闸1座。1993年，筹资410万元，在文化路两侧建石砌排水沟，长1374米、宽0.8米、高1米、沉水井33口；在西大街、三里窑至大孙庄建石砌排水沟，长5000米、宽1.5米、高2.5米。1994年，投资32万元，在金司路、金马河桥至南护城河段两侧埋设排水涵管，长600米、直径0.5米，建沉水井12口；沿金山街两侧（中心街至荷香路段）埋设排水涵管800米、直径1米，建沉水井16口。1995年，投资13万元，在南护城河上游原农业局门口至鱼场路段，建长138米、宽3米、高1.75米石砌石拱涵式排水沟1条。1991~1994年，还建石砌穿路涵洞9座。同时，按20年一遇标准计算，对新万福河、老万福河及大沙河流域进行治理。利用金马河、金鱼河进行调节，保证金马河以北的大沙河4千米段的安全排洪。在金马河以南、老西沟以东，南至吴庙的6.3平方公里范围设立滞洪区。充分利用县城外环路，提高其设计标准，使其发挥抵御外来洪水的作用。为防湖水顶托，调节各河流水量，在新万福河上和其他河与河之间分设节制闸。

城市抗震防灾

1991~2005 年，金乡县按照省、市制定的抗震防灾要求，城区建筑立足于基本烈度，重要工程高于基本烈度规划设防，做到有备无患。

城区内粮食、通讯、供电、供水、医疗、交通、消防、政府指挥机关等生命线工程，作为抗震防灾重点工程，在选址、设计、施工上严格质量，未达到规范标准的加固设防。

城市规划设置的公共绿地、运动场、学校操场、城市广场是地震时的避难场所，严禁任何单位随意占用。

城区主干道与外界连接，是地震后疏散人员、接受外援物质和抢险人员调运、伤病员外送转移的生命线，均按照总体规划要求和道路设计标准，保证建设质量。

城市消防工程，分别在城北、城南、西北工业区设立 3 个消防站；城市主干道每隔 100 米设消火栓 1 个；次干道每隔 150 米设消火栓 1 个；消防主给水管的管径不少于 100 毫米，小区建设道路宽不少于 12 米，街坊道路宽不少于 6 米。

第二节 城管执法

1990 年 8 月，金乡县城市管理监察大队成立，编制 15 人，为股级事业单位，隶属县建委。1992 年，更名为金乡县城市市容检查站。1994 年 4 月，更名为金乡县城市规划建设监察管理大队。1995 年 3 月，更名为金乡县城市管理监察大队，扩编至 30 人，为副科级差额拨款事业单位。同年 12 月，人员增编至 40 人，其中工程师 4 人，助理工程师 32 人。内设 3 个市容管理中队、1 个规划建设查处中队、财务科、综合科。有管理用车 4 部。该大队主要对城市规划区内的建设行为进行监察。对占用、挖掘城市道路、损坏城市道路及公共设施，损坏环境卫生设施、影响城市市容和环境卫生，损坏、侵占城市绿地、花草、树木、园林绿化设施及乱砍树木，危害、损坏城市供水、供气、供热，以及城市客运交通运营、城市规划区地下水资源的开发、利用、保护和城市节约用水等方面的违法、违章行为进行监察。

1991 年 4 月 8 日，金乡县第十一届人大常委会第八次会议审议并通过县政府提出的《关于县城综合治理整顿的若干规定》。对城市规划管理、市场管理、交通管理、市容、卫生管理等作出具体规定。明确县建委、公安、工商、交通、卫生、环保、金乡镇是城市管理工作的主管部门，负责检查和处理城市管理工作中出现的有关违章问题。

规划建设管理

1996 年，根据新一轮县城总体规划和县政府杜绝零星插建的要求，县城市管理监察大队对城市规划区内的无证违法建设、乱搭乱建等违法违章行为进行严格查处，对占压规划红线的违法建设进行强制拆除。并参与金山街拓宽、南一路开发、金司路旧城改造、105 国道城区段西外环放线、荷香新街拆迁等开发建设项目的协调、管理工作。

城市容貌管理

实施“门前三包” 1995 年，起草制定“门前三包”责任书，与沿街商店、单位、居民户逐户签订了“门前三包”责任状。“三包”，即包环境卫生，保持责任区内全天清洁；包绿化亮化，保持责任区内花草苗木完好无损，装饰灯具与门头设计同步；包门前秩序容貌。沿街商店、单位达到“五净”“五无”，即门面净、路面净、路沿净、树坑净、隔离带净；无乱堆乱放、无出门头经营、

图 4-5 1998 年机关干部清扫大街

无乱设摊点、无乱停乱放、无私搭乱建等。

广告管理 2002年2月，将城区横垂幅设置悬挂权以竞标的形式拍卖给金乡县兄弟广告公司，遏制乱拉乱挂宣传横幅的违章行为。2004年10月，县政府制定出台《金乡县城区户外广告设置管理暂行规定》，沿街商店门头牌匾实行申报、勘察、设置验收全程管理。坚持一街一景、灯效同步原则，对门头广告的规格、内容、材料等严格审批把关。2005年3月，将城区墙体广告设置权拍卖给金艺广告公司。同年4月，县政府印发《关于加强城区建筑物室外装修及广告设置规划管理的通知》，同年9月，将城区线杆、灯杆箱式广告设置权以协议的形式固定给丽达广告公司制作、安装和维护。县城市管理监察大队采取夜间巡查、蹲点守候、有奖举报等方法，发现、教育和处罚张贴办证等野广告不法分子。通过协议形式固定专人对张贴在行道树、灯杆、线杆及公共设施上的野广告定期清除。至年底，清除野广告虽取得一定成效，但未能根治城市“牛皮癣”这一顽疾。

市容整治 1991~2005年，县城市管理监察大队依照县建设局授权，对乱堆杂物、乱写乱画、乱停乱放、乱搭乱建、乱拉乱挂、出门头经营、占道经营、马路市场、游动商贩等各类影响市容的违规行为进行日常管理。在历届中国大蒜节和城乡环境综合整治等重大活动中，组织粉刷墙面、划定车辆停放线、规范取缔马路市场、设置大型户外公益广告、收缴不规范牌匾，规范各类车辆修理点、冰柜冷饮点，拆除沿街乱搭乱建棚厦等，对城区空地、墙面、市容进行综合整治。2003年，依照建设部《城市车辆清洗管理办法》，对城区刷车行进行专项整治，要求所有刷车行必须达到室内刷车，建有两处沉淀池，地下暗沟排水等项标准，达不到标准的一律停业整顿，直至取消经营资格。每年春节前，城管大队都会同公安、消防、工商等部门，对城区烟花爆竹市场进行专项整治和定位。本着“安全、分散、便民”原则，在城区文峰路、金司路、中心街等主要路段，合理设置烟花爆竹销售市场，避免事故发生。

市政设施及园林绿化管理

1996年10月始，县城管大队依据《城市道路管理条例》，严格控制城市道路占用，查处擅自挖掘车行道、人行道等破坏城市道路的违法、违章行为。依据有关园林绿化管理条例的规定，严格查处乱砍树木、损坏绿地、围树烧烤以及在行道树上刻画，牵绳挂物等违法违章行为，美化、净化城市环境。

第七章 乡镇 村庄建设

1991~2005年，金乡县围绕创建小康县目标，走以城带镇、以镇带村，以经济带建设，以建设促发展的路子，通过实施农贸带动战略和落实总体规划，带动乡镇驻地和村庄建设，努力构筑以县城为中心，以105国道、东丰公路、枣曹公路为纽带，辐射周边，建设新型集镇、村庄的格局。1998年，金乡县被山东省人民政府命名为村镇建设先进县。2000年，胡集镇、鸡黍镇被省政府命名为“省级中心镇”。2005年，金乡镇被国家六部委联合命名为“国家级重点镇”。

第一节 乡镇驻地建设

金乡县乡镇驻地，多数处于交通便利位置，其中胡集镇、金乡镇、鸡黍镇政府驻地座落在105国道侧旁，马庙镇、鱼山镇、金乡镇、化雨乡政府驻地座落在省道东丰公路两侧，鸡黍镇、司马镇、霄云镇政府驻地座落在省道枣曹公路南侧，其他乡镇政府驻地座落在县道一侧。1991~2005年，全县各乡镇不断加大驻地基础设施投入，新建、拓宽、取直、硬化了主要街道，沿街建起了两层以上混合结构楼房，其中东丰公路（鱼山至金乡镇段）

两侧共建经商房6968间，冷库、加工企业202家，形成长达10华里的国际大蒜商贸城。2005年，全县小城镇建设投资9748.7万元。乡镇驻地实有公共建筑71.12万平方米，其中混合结构43.46万平方米；生产建筑75.15万平方米，其中混合结构16.62万平方米。供水、排水、供电能力逐年增强，绿化面积逐年扩大，学校、卫生院、广播电视、电讯等设施条件不断改善，依乡镇驻地为点片，楼房林立的小城镇格局逐渐形成。

金乡镇 1995年4月城郊乡改为缗城镇。2000年区划调整，金乡镇与缗城镇合并为金乡镇。镇驻地规划建设与管理服从于县城总体规划。2005年，被国家六部委命名为“国家级重点镇”。

图4-6　20世纪90年代初城郊乡政府

胡集镇 位于金乡北部，105国道纵穿全镇。1991年~1995年，镇党委、政府加大投入，对国道两侧实施更新改造工程，拆迁房屋260间、5186平方米；新建高标准商业楼800余间、35米高灯塔1座，形成沿105国道两侧长6500米，总面积近20万平方米的商业带。拓宽街道7条，完善配套设施。1995年，胡集镇被省政府定为百新工程试点镇。2000年，被省政府命名为省级中心镇。2005年年底，全镇商业用房4.4万平方米（其中二层4万平方米，三层0.4万平方米），总投资3.08亿元。开通拓宽取直主要大街9万平方米，总投资22.5万元。供水管道5000米，排水管道2200米，总投资83万元。绿化面积1267平方米，总投资25.34万元。

图4-7　1997年胡集镇灯塔及周边

鸡黍镇 位于金乡南部，105国道和348省道纵横镇境。1991~2005年，鸡黍镇共投入资金3亿多元，拆迁房屋2500余间，新建商业街3条，改建商业街4条；新建住宅小区2个；铺设排水管道30余千米；自来水管道40余千米，集中供水5万人；镇区面积由1990年的1.2平方公里扩大到3.1平方公里；集市年成交额由1.3亿元增加到4.2亿元。2000年，被省政府命名为省级中心镇。2004年8月，建成六层办公大楼，建筑面积1638平方米，府前绿化广场20亩。

羊山镇 位于金乡、嘉祥、巨野三县交界处，是历史较早、规模较大、人口较多、市场较为繁荣的古镇。1990年，该镇有宽15米、长2000米、地瓜石路基、沥青路面东西向大街一条，2.5千米环镇沥青油面公路，2万平方米羊山烈士陵园门前广场，以及敬老院、卫生院、供销大楼、邮电、银信楼、计划生育服务楼等建筑、设施。1991~1995年，镇政府先后专修长1千米、宽40米，两边栽种名贵树木陵园公路一条，沿南（鱼台南田）谢（巨野谢集）公路建设长3千米旅游经济走廊。有286家个体商店开业经营。邮电通信、供水排水、绿化照明等配套设施齐全。1995年，羊山镇被省政府命名为省级新型乡镇、百新工程试点镇。1996年，经山东省政府批准，投资100余万元，改建羊山烈士陵园，并将其更名为鲁西南战役纪念馆。纪念馆占地1.1万平方米，其中建筑面积2220平方米，公墓面积8000平方米，绿地面积800平方米。至2005年，羊山镇共总投资4220万元，建商业楼6.4万平方米(其中二层5.8万平方米，三层0.6万平方米)，埋设供水管道46千米，排水管道3680米，绿地面积10236平方米。

鱼山镇 位于县城西部，346省道横穿全境。1991~1995年，投资3400万元，以乡驻地为中心，沿346省道两侧兴建长5千米，占地500余亩的鲁西南最大的农副产品批发市场——缗西商埠。该商埠拥有摊位500余个，房屋3500余间，建筑面积5万平方米，两侧安装高标准路灯，金融、信息、通信、餐饮、娱乐、治安管理等各项服务设施配套齐全。年购销农副产品15万余吨，经营额1.2亿元。1995年，被济宁市人民政府命名为孔孟之乡百强镇。1997年7月，拆迁房屋500余间，拓宽驻地南北大街1000米；硬化街道1500平方米，修建排水管道2000余米，投资80余万元。同年，在原缗西商埠的基础上投资180万元，兴建长5千米、宽150米的大蒜农贸市场，铺设硬化市场场地；投资60万元，修建灯塔3处；投资30万元，建跨路牌坊1座；投资50万元，新建绿化带、花池2万平方米。农民按规划自建商业用房6000余间，有冷库、加工企业118家。2003年，更名为国际大蒜商贸城。

图4-8 1997年鱼山镇中心街

霄云镇 1999~2002年，改造镇驻地府前街和付庙村，投资2300余万元，拆迁房屋719间，新建两层以上楼房1634间，建筑面积6.2万平方米。2004年至2005年年底，引资3000万元，由天津宏达房地产开发公司配套建设商贸城，铺设硬化道路2.4千米，排水管道2.8千米，安装路灯32盏，绿化面积5000平方米，竣工使用商业用房94套，建筑面积1.32万平方米。

马庙镇 1991年，新建政府三层综合楼，建筑面积1500平方米，楼前绿化面积1350平方米。1996年，投资40万元，硬化驻地全部街道；投资14.2万元，铺设供水管5.6千米，铺设排水管道3.2千米。2003年，总投资480万元，对府前街、市场路（长3.5千米，宽30米）进行改造，新建绿地4500平方米；总投资7800余万元，修建大蒜市场7.8千米，商业门面房968间，建筑面积2.71万平方米，内有经营户489户，大蒜等农副产品加工企业84家。

司马镇 1996年，镇政府迁至原九中，改建四层办公楼1800平方米，楼前绿化面积2200平方米。1997年，对原政府办公区及主要街道、枣曹公路两侧进行拓宽，全部改建为商业用房。

王丕镇 1994年，投资78万元，拓宽改造府前街，铺设长700米，宽30米路面。1996年，投资89万元，建四层1324平方米政府办公大楼。2002年，投资69万元，建三层1060平方米卫生院综合楼。2004年，投资74万元，建三层1200平方米教委办公楼；投资176万元，建四层1206平方米镇一中教学楼和四层1400平方米实验楼；投资27万元，修建自来水管道3.7千米；投资28万元，绿化政府办公楼前场地2.3亩，卫生院等单位绿地面积8.7亩。

卜集乡 1996年5月，投资100余万元，拓宽改造长2000米，宽45米的市场街；投资60万元，改造府前街和青年路，长700余米；投资20万元，修建供、排水管道，总长1700米；绿化40余块，面积14.3亩。农民投资180余万元，自建两层商住楼房2700平方米。

高河乡 1998年，乡政府西迁，投资480万元，建五层办公楼和二层计生服务楼，共4850平方米。2000年，拓宽府前路，宽50米，长2.3千米，安装路灯48盏，绿化带6000平方米；府前街农民自建商住楼1.12万平方米（其中二层0.98万平方米，三层0.14万平方米），总投资840万元。其他单位投资900万元，共建办公服务楼1.06万平方米，绿化1200平方米。投资22万元，修建排水管道4000米。

化雨乡 1991年，投资40余万元，拓宽取直宽15米、长1000余米南北大街。1995年，投资603万元，在淳集兴建“化雨商城”，全长8公里，两侧新建二层商住楼307户、1228间。1996年，投资20余万元，修建南北大街排水管道。1997年，经金乡县政府批准，“化雨商城”成为集市，年交易额4.5亿元。2002年，投资10余万元，新打300余米深水井，解决群众多年饮水难题。

兴隆乡　1994年，总投资140万元，兴建长3千米、宽50米（油面20米），面积6万平方米的魏兴路，修桥涵2座，1000米排水管道；投资20万元，修建绿地10块，1200平方米。在中心街两侧农民自建二层商住楼260余户，面积4.8万平方米，总投资2000余万元。

图4-9　1997年兴隆乡文明街道

第二节　村庄建设

1985年底，金乡县634个行政村基本完成规划制订工作，跨入有组织、有计划进行旧村改造和新村建设的新阶段。1991年，司马镇塘坊村，化雨乡西孟村，鸡黍镇介庙村，胡集镇别庄村被山东省人民政府命名为“省级明星村”。

1993年，全县实现了村村通电。1995年，实现户户通电。此后，村庄住宅建设由砖瓦结构取代土木结构，一些经济发展快，有实力的村庄旧房翻建率在80%~90%之间，且规划齐整。1999年，王丕镇牌坊林村，缗城镇李楼村、孔楼村，化雨乡淳集村，霄云镇大李楼村，鱼山镇张庄村被山东省人事厅、省建委命名为“省级明星村”。

2000年后，农村住宅建设逐渐以砖混结构取代砖瓦结构，新建平顶房、两层楼房90%以上；70%的村庄都开通了2~4条主要街道，60%的街道两侧修建了明、暗排水沟渠，50%的主要街道栽植了行道树，进行了绿化。全县村庄实有住宅1184.64万平方米，其中混合结构148.61万平方米，楼房8.3万平方米。人均使用面积19.77平方米。

2002年6月26日，金乡县第一个村级别墅小区——东运别墅小区，在鱼山镇崔口村奠基开工。该小区位于国际大蒜商贸城东首，南邻农产品中心批发市场，东邻沙河，具有优雅宁静的田园气息，设计自成一体的独家小院、花园、车库、洋房和一流的环境配置及物业管理。占地176亩，主体工程141亩，164套两层半别墅型楼房，每户258平方米，规划5年内完成，2005年年底，已有40家农户迁入新居。

2005年，全县村庄建设基本达到街通、巷通、路直，村居成排。90%的村庄主要街道得到了硬化，旧房翻新多以砖混平顶房、二层小楼和宽敞明亮的铝合金窗、封闭阳台为主，排水设施逐渐完善，农村有线电视入户率68%以上，电话普及率在60%以上。全县39.78万农村人口喝上了自来水。当年7月，村村通自来水工程开工建设。

2005年，金乡镇周桥新村，鱼山镇崔口村，兴隆乡李草庙村，胡集镇胡集村，马庙镇江楼村，化雨乡袁集村，司马镇魏门楼村被山东省人事厅、省建设厅命名为“省级示范村”。

第三节　乡镇企业建设

1991年后，金乡县乡镇企业迅速发展，特别是从1995年开始，大蒜、蔬菜种植面积每年都有大幅增加，通过贮藏、深加工延长大蒜、蔬菜销售链条，提高农民耕亩效益，至2005年年底，全县共投资8.38亿元，修建冷库584座，建筑面积62.78万平方米，库容量87.9万吨；大蒜、蔬菜加工企业231家，棉花加工企业24家，水泥预制件22家，石料加工9家，砖厂25家，还有彩印、煤炭、机械、钢厂、化工、肥料、石灰、面粉加工等企业200余家。

金乡镇　建有冷库126座，建筑面积15.12万平方米，库容量18.98万吨，总投资1.43亿元。

图 4-10　1999 年朱楼彩瓦厂

胡集镇　有石料加工、砖厂、面粉厂、塑料厂、水泥预制件厂、石灰厂、冷库、蒜干厂等企业 57 家；冷库 11 座，建筑面积 1.68 万平方米，库容量 1.96 万吨，总投资 760 万元。

图 4-11　20 世纪 90 年代胡集水泥厂

鸡黍镇　1991 年起兴建冷库，至 2005 年年底有冷库 35 座，建筑面积 2.88 万平方米，库容量 11 万吨，投资 1.89 亿元。

霄云镇　至 2005 年，有企业 76 家，其中冷库 21 座，建筑面积 5.83 万平方米，库容量 6.2 万吨，投资 6300 万元；棉花加工企业 11 家，建筑面积 5300 平方米，投资 1500 万元；大蒜、蔬菜加工企业 4 家，建筑面积 7800 平方米，投资 600 万元。

羊山镇　至 2005 年年底，有企业 80 家，其中冷库 10 座，建筑面积 8008 平方米，库容量 1.4 万吨，投资 1280 万元。

马庙镇　1995 年始建冷库，至 2005 年年底有 93 座，建筑面积 6.6 万平方米，库容量 15.84 万吨，投资 1.58 亿元。有棉花加工企业 4 家，大蒜加工、脱水企业 102 家。

鱼山镇　至 2005 年年底，有冷库 119 座，建筑面积 9.28 万平方米，库容量 13.2 万吨，投资 1.43 亿元。

司马镇　至 2005 年年底，有冷库 4 座，建筑面积 8838 平方米，库容量 7220 吨，总投资 690 万元；棉厂 2 家，大酒店 2 家。

王丕镇　共有企业 26 家，其中冷库 20 座，建筑面积 1.2 万平方米，库容量 3 万吨，投资 2520 万元。其他企业建筑面积 9.26 万平方米，总投资 3279 万元。

卜集乡　1991~2005 年，兴建冷藏加工企业 28 家，其中冷库 19 座，建筑面积 1.3 万平方米，库容量 1.9 万吨，投资 3000 万元；加工、脱水企业 9 家，建筑面积 1.4 万平方米，投资 840 万元。

高河乡　2005 年，有恒温库 31 座，建筑面积 8.6 万平方米，库容量 8.2 万吨，投资 5208 万元；棉花加工厂 6 家，建筑面积 4200 平方米，投资 500 万元；硫酸钾厂、变压器厂、洗煤厂建筑总面积 1.18 万平方米，投资 3.2 亿元；大蒜加工企业 2 家，建筑面积 5800 平方米，投资 260 万元；蔬菜市场 56 处，建筑面积 1.05 万平方米，投资 780 万元。

化雨乡　1991~2005 年，兴建冷库 87 座，建筑面积 4.35 万平方米，库容量 3.5 万吨，投资 4785 万元。兴建兴棉种业、天元棉业、富邦肥业、永盛综合加工厂，总投资共计 2500 万元。

兴隆乡　农民自建冷库 8 座，建筑面积 4.26 万平方米，库容量 2 万吨，投资 1850 万元，大蒜加工企业 16 家，建筑面积 5.38 万平方米，投资 3680 万元。

第五篇 环境保护 资源管理

环境保护 资源管理

金乡县是平原农业县，对自然资源、生态环境依赖性较强。1991~1995年，县域环境污染强度不大。1996~2000年，全县经济发展较为迅速，工业污水排放及烟尘排放物增多。进入21世纪后，各种污染陆续加重，县委、县政府充分利用国家实施“南水北调”东线工程有利时机，不断加大环境治理和监管力度，实行环境保护县长目标责任制；投巨资建设金南橡胶大坝拦蓄客水回灌地下水工程，并不断完善其功能；扩大农田林网、“四旁”植树面积；加强污染点源治理，实施污染物总量控制和排污许可证制度，关停所有排污不达标的“土小”企业，淘汰旧式锅炉、茶水炉，划分噪声达标区，建设污水处理厂和垃圾处理厂，开展固体废弃物综合利用，积极推进生态示范区建设。到2005年，工业污染排放强度有所下降，环境污染和生态恶化趋势减缓，辖区环境质量得到改善，全县水资源供需状况基本稳定；地表水质量尚可，污染较轻；河道水质明显改善，主要污染物COD（化学需氧量）浓度降低38%；县城区环境噪声有所降低，昼间一般在54分贝左右，夜间在43分贝左右；大气总悬浮颗粒物有所下降，但年均值仍超过《环境空气质量标准》（二级）标准；森林覆盖率24%，比1990年增加9.3%。

1991~2005年，县委、县政府高度重视耕地特别是基本农田保护，先后开发复垦土地4500亩，整理土地4.66万亩，新增耕地面积1.72万亩。同时，严格各项建设用地管理，到2005年，全县建设用地23.3万亩，其中城镇建设用地1.47万亩，农村居民用地15.46万亩，工矿用地2.08万亩。全县耕地保有量90.36万亩，实现了耕地总量的动态平衡。2001年至2005年金乡县连续被评为省级国土资源执法模范县。

第一章 环境保护

金乡县环境保护实行政府行政首长负责制。1982年金乡县环境保护办公室成立，隶属于县政府。1989年7月更名为金乡县环境保护局（简称县环保局），正科级行政单位，列入政府序列。1993年12月改设为金乡县环境保护中心，为正科级事业单位。1996年9月更名为金乡县环境保护局，正科级事业单位。2002年5月机构改革时，由事业单位改为行政单位，仍列入政府序列。2005年年底，县环保局下设办公室、管理科、财务科、法宣科、监测站、监理站、征收一科、征收二科8个科室（其中监测站、监理站为事业单位），职员48人。1996年5月，环境监测站通过省级质量认证考核。

第一节 环境监测

金乡县环境监测站成立于1986年4月，是县环保局下属政府支持类股级科技事业单位，主要承担县境内的环境质量监测、污染源监测和社会服务性监测任务，并根据环保行政主管部门的授权，参与环境监督管理工作，业务上接受山东省环境监测中心站和济宁市环境监测站的指导，在全国环境监测系统中属三级监测站。1995年，监测站内设水质监测室、大气监测室、质量控制室、技术综合室4个科室，有监测人员9人，仪器设备33台套，开展水质、大气、噪声监测项目37项。1996年5月，首次通过山东省质量技术监督局计量认证，2001年11月通过换证评审。2005年11月，通过三级环境监测站标准化建设验收。同年年底，监测站有监测人员11人，其中高级职称1人，中级职称5人，拥有仪器设备37台（套），开展水质、大气、噪声监测项目48项。监测手段由手工监测逐步向自动监测发展。

环境空气监测

县城区大气污染，主要是煤烟型污染和地面扬尘造成的污染，主要污染物为总悬浮颗粒物、二氧化硫、二氧化氮。1991~2005年，县环境监测

站对城区总悬浮颗粒物、二氧化硫、二氧化氮的监测，每年至少4次。在县环保局、县社招待所设置2个环境空气监测点。1991~1995年，城区三种污染物年日平均值浓度变化范围基本符合《大气环境质量标准》（二级）。1996~2000年，城市环境综合治理后，大气环境质量得到改善，但局部烟尘污染和地面扬尘仍较严重，特别是在沙尘暴出现的第二季度更甚。2001年后，总悬浮颗粒物的污染有所下降，但年均值仍超过《环境空气质量标准》（二级）标准。另外两种污染物二氧化硫及二氧化氮（“八五”期间为氮氧化物）均不超过《环境空气质量标准》（二级）标准。

金乡县城区环境空气监测结果

表 5-1-1　　单位：毫克 / 立方米

年度	监测项目	采样点 / 监测结果	环保局	县社招待所	两点平均	《环境空气质量标准》二级标准
1995	总悬浮颗粒物	年日均值	0.252	0.296	0.274	0.2
		日平均值	0.119 ~ 0.447	0.153 ~ 0.575	0.136 ~ 0.511	0.3
	二氧化硫	年日均值	0.048	0.056	0.052	0.06
		日平均值	0.025 ~ 0.074	0.039 ~ 0.068	0.040 ~ 0.071	0.15
	氮氧化物	年日均值	0.026	0.034	0.03	0.05
		日平均值	0.011 ~ 0.037	0.02 ~ 0.048	0.021 ~ 0.038	0.1
2000	总悬浮颗粒物	年日均值	0.33	0.366	0.348	0.2
		日平均值	0.163 ~ 1.33	0.178 ~ 1.24	0.172 ~ 1.29	0.3
	二氧化硫	年日均值	0.026	0.032	0.029	0.06
		日平均值	0.012 ~ 0.054	0.016 ~ 0.057	0.016 ~ 0.052	0.15
	二氧化氮	年日均值	0.032	0.036	0.034	0.04
		日平均值	0.010 ~ 0.052	0.014 ~ 0.066	0.013 ~ 0.057	0.08
2005	总悬浮颗粒物	年日均值	0.254	0.252	0.253	0.2
		日平均值	0.156 ~ 0.573	0.181 ~ 0.577	0.170 ~ 0.575	0.3
	二氧化硫	年日均值	0.026	0.028	0.027	0.06
		日平均值	0.014 ~ 0.04	0.016 ~ 0.045	0.016 ~ 0.042	0.15
	二氧化氮	年日均值	0.034	0.037	0.036	0.04
		日平均值	0.021 ~ 0.045	0.027 ~ 0.05	0.024 ~ 0.046	0.08

地表水监测

金乡县境入湖河道有4条，分别接纳支流河道，形成4个水系——东鱼河水系、老万福河水系、新万福河水系、蔡河水系。东鱼河源于东明县，金乡境内河段长21.5千米，流域面积56.63平方公里，境内支流有白马河、惠河。老万福河始于金乡镇刘堂村东，于高河乡东夹村出境，境内长度14.5千米，境内流域面积349.42平方公里，境内支流有白马河、苏河、东沟、莱河、金济河。新万福河源于定陶县大薛庄，于马庙镇陈海村入境，至卜集乡张烧饼村出境，金乡境内段长30.9千米，流域面积360.35平方公里，支流有彭河、友谊沟、吴河、金成河、老西沟、大沙河。蔡河源于嘉祥县黄庞庄，从胡集镇尚庄北入境，于胡集镇潘庄东出境，金乡境内段长12千米，流域

面积 32.93 平方公里，支流是北大溜。

金乡县对地表水的监测，每年不少于 6 次。

1991 年，全县河流均受到不同程度污染，东鱼河、新万福河污染较轻，符合《地表水环境质量标准》四类水质标准，水质较稳定。1992 年，以上两河由于受上游影响，污染逐年加重，到 1995 年，主要污染物化学需氧量在 50 毫克 / 升 ~60 毫克 / 升之间，超过五类地表水标准 0.25~0.5 倍。直接接纳工业废水和生活污水的莱河、金马河、金济河、老万福河污染严重，均超过五类地表水标准。1996 年 ~2000 年，污染逐渐加重。2000 年年末，主要污染物化学需氧量年均值在 300 毫克 / 升 ~600 毫克 / 升之间，超过五类地表水标准 6.5~14 倍，污染达到最高峰，已丧失农田灌溉用水的最低标准要求。老万福河高河桥断面主要污染物化学需氧量年均值为 114 毫克 / 升，超标 1.85 倍，氨氮超标 15.9 倍。

2002 年，投资 180 多万元，在新万福河湘子庙闸建设水质自动监测站，随时监控境外来水污染，同时监测水温、流量、pH 值、溶解氧、浊度、电导率、高锰酸盐指数、氨氮 8 个项目，监测数据自动传至县环保局和省环保局。

2002~2005 年，全县各主要河流污染逐渐减轻。到 2005 年年末，主要污染物化学需氧量已降至 50 毫克 / 升 ~80 毫克 / 升之间，超过五类地表水标准 0.25~1 倍，污染得到有效控制，水质均有明显好转。其中老万福河高河桥断面主要污染物化学需氧量年均值为 45.6 毫克 / 升，超标 0.14 倍，基本接近五类地表水标准，氨氮为 6.29 毫克 / 升，超标 2.1 倍，比 2000 年有明显下降。

金乡县主要河流监测结果

表 5-1-2　　单位：毫克 / 升（除 pH 外）

项目 结果 采样点	采样年度	pH 值	溶解氧	化学需氧量	高锰酸盐指数	氨氮	氰化物	挥发酚	六价铬
东鱼河曹庄坝	1995	8.22	7.64	51.3	6.32	0.906	未检出	—	—
	2000	8.48	0	57.02	13.3	4.39	未检出	未检出	—
	2005	7.44	7.05	83	24.2	1.63	未检出	未检出	—
莱河范庄桥	2000	7.91	2.58	79.8	17.5	—	—	—	—
	2005	7.4	7.24	42.5	12.9	1.69	—	—	—
莱河西胡庄	2000	8.43	2.54	118	31.5	57.2	未检出	未检出	未检出
	2005	7.51	6.88	45.6	13	2.38	未检出	未检出	未检出
新万福河湘子庙闸	1995	8.31	6.32	59.6	7.12	1.02	—	—	—
	2000	8.02	—	298	65.3	—	未检出	—	0.078
	2005	7.62	6.96	52.9	14.6	1.16	—	—	—
金马河济商路桥	1995	7.64	2.01	112	20.8	4.25	—	—	—
金马河三里堂	2000	7.94	2.93	54.4	12.3	—	未检出	—	—
	2005	7.36	5.78	38	16.4	2.84	—	—	—
金济河共青团路桥	1995	7.34	2.34	96.4	18.9	4.26	0.006	—	未检出
金济河东孙庄	2000	8.06	1.61	90.1	16.4	34.8	0.007	未检出	未检出
	2005	7.78	3.04	66.6	17.9	19.5	0.005	未检出	未检出
老万福河高河桥	1995	7.46	2.06	108	9.4	5.64	未检出	—	未检出
	2000	8.41	3.22	114	27.7	33.7	0.011	未检出	未检出
	2005	7.51	6.81	45.6	13.63	6.29	未检出	—	未检出

地下水监测

每月不少于 1 次。

1990 年前，县城区饮用水源主要来自城区地下水，地下水井——东关砂石站井水质较差，总硬度高达 583 毫克 / 升，超过《生活饮用水卫生标准》的 0.3 倍；氯化物虽不超标，但是造成饮用水口感不好。1992 年，进行城区饮用水改造，开辟建设新水源——王丕孙店饮用水源地。王丕水源地水质较好，较稳定，总硬度、氯化物、氟化物等主要指标均符合生活饮用水卫生标准。由于王丕孙店井水不能满足用户需求，至 2001 年仍需城区地下井水和王丕孙店井水混合饮用，生活饮用水卫生标准有所降低。2002 年后，城区地下水井停用，全部由王丕孙店水源地供水。

金乡县环境监测站地下水监测结果

表 5-1-3　　单位：毫克 / 升（除 pH 外）

采样点 \ 结果 \ 项目	采样年度	pH 值	总硬度	氯化物	氟化物	高锰酸盐指数	氨氮	氰化物	挥发酚	六价铬
王丕孙店井	1995	8.01	231.5	178.8	1.23	1.45	0.234	未检出	未检出	0.002
	2000	7.66	228.5	198.2	1.01	1.54	0.332	未检出	未检出	0.002
	2005	7.86	274.5	191	0.892	1.08	0.166	未检出	未检出	0.002
东关砂石站井	1995	7.50	657.6	154.7	0.66	1.27	0.084	0.002	0.001	0.002
	2000	7.58	633.5	126.0	0.49	1.33	0.341	0.002	0.001	0.002

噪声监测

功能区噪声监测　在县城区布设 3 个监测点（居民文教区府前街房产局监测点、混合区东关粮店监测点、商业中心区五金大楼监测点）。每年监测不少于 2 次。

1991~1995 年，居民文教区府前街房产局监测点，昼、夜间噪声较低，较稳定，符合《城市区环境噪声标准》1 类区标准；混合区东关粮店监测点，由于受交通噪声、建设噪声和生活噪声影响，昼、夜间噪声水平较高；商业中心区五金大楼监测点，昼、夜间噪声水平均较高，超过《城市区域环境噪声标准》2 类区标准，其中昼间超标近 10 分贝，夜间超标 5 分贝。主要原因是商业噪声较大（音箱喇叭等），噪音较大的三轮车、摩托车，并有长时间的鸣笛声。1996 年以后，上述三个功能区昼、夜间噪声逐年降低，均符合 2 类区标准。

交通干线噪声　1991~2005 年，县城区共设 6 处监测点，监测 6 条路段。监测点位分别为缗南一路地税局、中心街工商银行、金山街仓坊街口、金司路一中西门北、文峰路烟草专卖局、105 国道清真街村委会。每年监测不少于 1 次。1991~2000 年，交通干线噪声平均值较高，6 条路段均超过标准，其中文峰路、105 国道超标比较严重。主要原因是在该路段行驶的大货车、拖拉机、机动三轮车较多，噪音大，并有长时间鸣笛声。2001~2005 年，随着城市道路更新改造，交通干线噪声有所降低，6 条路段平均值接近城市区域环境噪声标准。

区域环境噪声　1991~2005 年，采用网格法，先后在城市建成区布设 63 个监测点，网格大小为 330 米 × 330 米，测点位于网格中央。1991~2000 年，仅开展昼间区域环境噪声监测，1991~1995 年，昼间区域环境噪声水平较低，一般在 52 分贝左右；1996~2000 年，昼间区域环境噪声水平较高，在 56 分贝 ~61 分贝之间。从 2001 年起，增加了夜间区域环境噪声监测。至 2005 年，昼间区域环境噪声有所降低，一般在 54 分贝左右，夜间区域环境噪声较低且较稳定，年均值一般在 42 分贝 ~44 分贝之间。

金乡县城区功能区噪声监测结果

表 5-1-4　　单位：分贝

年　度	点 位 名 称	昼间平均值	夜间平均值
1995	府前街房产局	45.4	41.7
	东关粮店	56.8	45.6
	五金大楼	63	50.6
2000	府前街房产局	48.2	35.5
	东关粮店	52	40
	五金大楼	71.6	56
2005	府前街房产局	43.6	32.1
	东关粮店	52.6	40
	五金大楼	70.4	53.8

功能区

表 5-1-5　　单位：分贝

项目 / 数据 / 年度	区域噪声（昼间）	区域噪声（夜间）	交通噪声
1995	51.7	—	72.1
2000	56	—	74.3
2005	54.2	43.3	69.8

第二节　环境治理

1991~2005 年，县环保局以防治水、大气污染为重点，加强县城区环境综合整治，组织监理人员，对污染处理设施和烟控区排烟设施的运转情况，每月定期普查或抽查，发现问题及时处理，对新上锅炉严格把关。会同城市综合执法大队，对建筑施工噪声、露天卡拉 OK 生活噪声等进行不定期地检查、清理和整顿。在每年的中考、高考期间，会同教育局、公安局、城管大队对全县工业、生产、建筑、生活、娱乐噪声进行全面治理。

工业污染防治

环境保护县长目标责任制　1991 年起，金乡县政府上与济宁市政府，下与乡镇政府、县直有关部门和相关企业每隔 3 年签订一次环境保护目标责任书，到 2005 年，共签订了 5 次。并按要求层层分解，落实环境综合整治，污染防治和城市大气污染防治等工作责任。其中，工业污染防治是环境保护工作的重点。

1991~1995 年，全县工业污染源较少，环境载容量有一定空间。

1996~2000 年，对工业污染源进行全面升级管理，遏制污染反弹，年新增废水处理能力 28.9 万吨，新增工业废气处理能力 11.5 万标立方米，烟尘排放削减 498.6 吨，二氧化硫排放量削减 167.4 吨，COD（化学需氧量）削减 1.48 万吨。5 年间，全县年平均约排放 COD（化学需氧量）1312.65 吨，其中工业企业平均排放 105.1 吨，城镇生活污水平均排放 1207.5 吨。

2001 年始，围绕生态示范区创建开展环保工作，环境质量逐年好转。2003 年 6 月，国家环保总局（国环发〔2003〕109 号文）批准金乡县为第

八批全国生态示范区试点县，全县开展推广农业节水、工业循环用水和管道污水治理等工作，充分发挥引水回灌工程的作用，拦蓄东鱼河地表客水回补地下水。2001~2005年，全县年均COD（化学需氧量）排放约2578.3吨，其中工业企业平均排放约68.2吨，城镇生活污水平均排放约2510.1吨。

关停小造纸厂 1996年，金乡县按照《淮河流域水防治暂行条例》和“一控双达标”要求，关停3家两吨以下小造纸厂，取缔7家小电镀厂。2000年，关停王丕麦草制浆生产线促其转产；关停胡集东郭水泥厂。2001年，关停金乡县板纸厂麦草制浆生产线。2004年，关停金乡县人造板厂。

污染点（源）治理 1996~2005年，督促金贵酒厂、金乡县尿素厂（后更名为德华化工公司）、王丕造纸厂、金乡县人造板厂等主要工业企业，严格按照环境保护县长目标责任书的要求进行限期治理，并相继有3家企业通过省、市达标验收，1家处于长期自然停产状态，每年削减化学需氧量7128吨。

金乡县主要工业企业污染源COD（化学需氧量）治理情况表

表5-1-6

序号	污染源工业企业	“九五”期间			“十五”期间			备注
		排放量（吨/年）	浓度（毫克/升）	总量（吨/年）	排放量（吨/年）	浓度（毫克/升）	总量（吨/年）	
1	金乡尿素厂（德华化工）	414720	102	42.301	270000	90	24.3	—
2	金乡人造板厂	1850	200	0.37	1200	100	0.12	2004年关停
3	金贵酒厂	9305	150	1.395	7305	9.2	0.672	—
4	棉一厂	31200	13.3	0.818	51200	13.3	0.68	—
5	王丕造纸厂	27120	79.9	1.169	21000	70	0.147	2000年转产
6	金乡县板纸厂	128128	449	57.656	98000	260	25.48	2001年关停

2004年、2005年连续两年对7个重点乡镇的258家小型蒜干、蔬菜脱水厂进行调查、登记造册。对部分脱水厂分别下达限期治理通知书、关闭听证告知书和关闭决定书。

实施排污许可证制度 1994年开始，实施排放水污染物许可证制度（以下简称排污许可证制度）。排污许可证发放范围是根据金乡县各企业的管理水平、经济条件和当时的治理技术水平，结合济宁市环保局下达的水污染总量控制指标，对全县19家废水排放单位注册登记，确定排放COD（化学需氧量）、SS（悬浮在水中的固体物质，包括不溶于水中的无机物，有机物，沉砂，黏土，微生物等）污染负荷比占89%和92%的6家企业颁发排污许可证，其他单位颁发注册证。总量控制目标，1997年年底，做到主要污染物COD、SS达标排放；2000年年底，全县所有废水污染企业的所有污染物全面实现达标排放。2005年年底，全县所有废水污染企业的所有污染物实现削减指标。河流出境控制断面（高河桥断面）水质有明显改善，主要污染物COD浓度降低了38%。

金乡县总量控制河流老万福河出境控制断面高河桥断面水质监测结果

表 5-1-7　　　　　　　　　　　　　　　　　　　　　　　　　　　单位：毫克 / 升

项目 \ 月、日 \ 年度	1994			年均值	1998			年均值	2005			年均值
	5月5日	8月31日	11月22日		5月19日	9月1日	10月20日		5月15日	9月4日	10月25日	
COD_{cr}	107	104	101	104	65.4	43.7	85.2	64.8	40.2	36.1	52.2	42.8

城市环境综合整治及功能区划分

烟控区大气环境治理　1998 年，依据金乡县《关于建设县城烟尘控制区报告》规定，县城烟控区西至 105 国道，东至缗东三路，南至缗南二路，北至缗北三路，面积 5.7 平方公里，烟控区用煤每年 4.5 万吨，环境质量为 TSP（总悬浮微粒）年月平均值 0.195 毫克 / 立方米，二氧化硫为 0.29 毫克 / 立方米。1996~2000 年，实施《金乡县防治城区大气污染管理办法》，共改造锅炉、食堂大灶、馍房 26 家，更换锅炉、茶水炉 32 台，淘汰 18 台。2001~2005 年，烟控区规划：西到新 105 国道，东至东外环，南至缗南二路，北至北外环路。建成烟尘控制区 7.9 平方公里，烟控区耗煤每年 6.4 万吨。

噪声达标区　1998 年，依据县政府《关于建设县城噪声达标区》文件规定，划定：西至清真街、朱楼村，东至缗东三路，北至缗北三路，南至缗南一路为噪声达标控制区，面积 3.8 平方公里。到 2000 年，监测结果表明，城市区域环境噪声达标区覆盖率 48.8%，交通噪声 69.9 分贝，区域环境噪声 54.8 分贝，夜间 46.2 分贝，只有部分施工场地噪声超标。2001 年 ~2005 年，噪声达标区覆盖率 68%，约 4.7 平方公里；监测结果，交通噪声 68 分贝，区域环境噪声 52.8 分贝，夜间 44.2 分贝。

固体废弃物处理　1991~2000 年，金乡县的工业固体废弃物主要是炉渣，每年产生工业炉渣约 0.7 万吨，全部用于砖瓦生产或修路，无堆放现象；农业固体废弃物主要是：小麦秸秆每年产生 4.8 万吨，玉米秸秆每年产生 30 万吨，大蒜秸秆每年产生 5.1 万吨，全部还田、青贮或过腹饲养家畜；城市生活垃圾每年 2.19 万吨，采用填埋法处理。2001~2005 年，开展固体废弃物综合利用，工业废弃物锅炉渣产量每年 1.05 万吨，全部用于砖瓦生产或修路，无堆放现象；农业固废物，小麦秸秆每年 8.9 万吨，玉米秸秆每年 18.6 万吨，大蒜秸秆每年 5.02 万吨，部分还田、青贮或过腹；棉花秸杆除一部分作板厂原料外，大部分被农村作为生活能源使用，或在新型农村建设中制作沼气用；城市生活垃圾每年产生 3.6 万吨，采用无害化填埋。畜禽粪便无害化处理后作为猪饲料和生产用粪肥。

第三节　监督管理

环境保护法制建设

1991 年，金乡县把《中华人民共和国环境保护法》纳入第二个五年普法教育规划，认真学习宣传并贯彻执行。1996 年、2000 年又按照《全国环境宣传教育行动纲要（1996~2010 年）》和《2001~2005 年全国环境宣传教育工作纲要》的要求，将全民环境法制宣传教育纳入第三个、第四个五年普法教育规划内容。每年“6 · 5”世界环境日，集中掀起环保宣传的高潮，县政府负责人就全县环保热点问题发表电视讲话；县电视台播放环保专题片，向全县人民宣传环保知识和国家的环保政策；组织单位团员青年，上街开展环保咨询服务，解答有关环境的热点、难点问题；在全县主要街道悬挂过街宣传横幅并发放环保宣传画及宣传单；每年为县、乡镇及县直部门、各企业、学校等单位负责人订阅环境报刊、杂志等有关资料，发动各乡镇环保办、各工业企业单位以实际行动践行环境保护法律法规和国家可持续发展

战略，提高全县干部群众的国策观念和环境保护意识。

2004 年 1 月，县环境保护局成立法宣科，主要负责环境法制建设和环境宣传教育工作。当年 1~2 月份，县环保局以依法行政为目标，以行政执法规范化为重点，完善 14 个环保工作程序和 4 套制度，明确权责，强化监督。同年，在全县范围内开展绿色社区、绿色学校创建工作，至 2005 年年底，全县共有市级绿色社区 2 处（县供电局、金桥煤矿家属院）；绿色学校 7 所，其中，省级绿色学校 1 所（金乡二中）；市级绿色学校 3 所（县实验中学、羊山镇中心小学、金师附小）；县级绿色学校 3 所（金师附小幼儿园、金曼克中学、县实验小学）。

2005 年 3 月，金乡县通过山东省环保局和山东省人民政府法制办的联合考核验收，被评为“环境保护行政执法规范化单位”。

建设项目管理

1996 年始，县环保局防治环境污染从源头抓起，实行关口前移，控制新污染源产生。严格执行《建设项目环境管理条例》的规定和建设项目环境影响评价制度，与县经委、发展计划局、工商局、规划与国土资源局、建设局等部门密切配合，共同把关，用好第一审批权，凡是国家明令禁止的小造纸、小电镀、小制革、小农药等“十五土小”企业，一律不批，对环境有影响的一切建设项目及技、扩改项目，严格执行环境影响审批制度及“三同时”（同时设计、同时施工、同时投入生产和使用）制度，对审批后的建设项目进行严格的监督管理，落实污染治理措施。在项目审批过程中，坚持实行污染物总量控制制度，凡新上项目或技、扩改项目，都必须符合总量控制的要求，做到增产不增污，增产减污，没有总量余额的不批准新建排污项目，有效地控制了新污染源的产生。2000 年末，环评率和“三同时”执行率较低。2001~2005 年，加大建设项目管理，有效控制新污染源的产生，环评率和“三同时”执行率均在 85％以上。

环境保护投入

1991~2005 年期间，金乡县环境保护投入增幅逐年加大，已初步建立起以政府为主导的多元环保投资体制。1991~1995 年、1996~2000 年，年环保治理资金分别保持在 60 万元、110 万元以上；环保自身建设资金分别在 50 万元、70 万元以上，投资重点是环境基础设施建设。

2001~2005 年，按照生态示范区、生态县建设规划，加大污水处理厂、垃圾处理厂的建设，投入建设资金占同期地区生产总值的 1％。

排污费征收与管理

1991~1995 年，依法征收排污费，开征的项目有污水费及污水、烟尘、粉尘、废气、噪声超标排污费。征收对象开始是重点排污企业，后逐步扩大到化工、轻工、纺织、建材、食品加工、机械等乡镇企业排污企业。年排污费征收额在 80 万元左右。1996~2000 年，县环保局增设排污费征收科，管理业户发展 600 余户，年排污费征收额约 100 万元。2003 年 7 月 1 日起，执行国务院《排污费征收使用管理条例》规定，施行排污费多因子管理，加大废水、废气、噪声、危险废弃物的排污费征收，年排污费征收额约在 160 万元左右。排污费实行专款专用原则，严格实行“收支两条线”管理，进入专户用于环境污染防治。

辐射环境管理

1991~2005 年，金乡县共有 7 家涉源单位，其中有 4 个大型辐射装置，2 个料位计辐射装置，1 个射线装置。分别是华光辐照厂钴 -60，29 枚，现有活度 3 万居里，属Ⅰ类源。大江科贸公司钴 -60，12 枚，现有活度 7 万居里，属Ⅰ类源。济宁辐照中心（南厂）钴 -60，16 枚，现有活度 6 万居里，属Ⅰ类源。德华化工公司料位钴 -60，3 枚，属Ⅲ类源。安利木业金色—137，1 枚，属Ⅲ类源。县人民医院Ⅲ类射线装置 9 台。

2005 年 12 月 1 日，县环保局根据国务院《放射性同位素与射线装置安全和防护条例》和国家环保总局随后制订的《放射性同位素与射线装置

安全许可管理办法》的要求，对全县辐射点源实施定期和不定期专项整治，建立工作责任制，制订责任追究制和辐射事故（事件）应急预案，与各涉源单位签订责任书，把放射性同位素与射线装置安全监管工作列入年度工作目标考核。各涉源单位均建立健全各项安全管理制度和管理台账，改造并完备了监测或计量指示仪器、监控系统及安全报警连锁系统，并严格管理，确保辐射环境安全和设备操作者防护安全，保障公众环境权益，维护社会和谐与稳定。

生态示范区建设

2002 年 9 月，山东省环保局批准金乡县为省级生态示范区建设试点。2003 年 6 月，国家环保总局批准金乡县为第八批全国生态示范区建设试点。县政府随之成立生态示范县建设工作领导小组，县长任组长，分管副县长为副组长，县政府办公室、环保局、计划局等 16 个部门主要负责人为成员。同时，成立生态示范区规划起草领导小组，与青岛天人环境工程有限公司合作，完成《金乡县生态示范区建设规划》编制，并于 2002 年 11 月 27 日一次性通过山东省环保局组织的专家论证，2003 年 1 月 3 日，金乡县第十三届人大常委会第 37 次会议通过该规划。

金乡县以南水北调东线工程实施为契机，加大水污染防治力度，对重点排污企业——峄化集团金乡尿素厂、山东金贵集团（金乡金贵酒厂）、森大纤维板厂实施“再提高工程”，同时，抓好鱼山、马庙 5000 亩有机食品基地的转化申报认证工作。2003 年 5 月，金乡县宏昌果菜有限公司 3160.09 亩有机大蒜种植基地获得国环有机认证中心有机农场转换证书。2004 年 3 月，宏昌公司有机种植大蒜基地生产的 2720.94 亩大蒜、891.6 亩绿豆、1012.8 亩西瓜、400 亩圆葱、200 亩胡萝卜、1029.34 亩饲料玉米、800 亩冬瓜经国环有机产品认证中心审核，符合《OFDC 有机认证标准》，并颁发证书；2005 年 2 月，该基地生产的 2925 吨大蒜、175.6 吨绿豆、256 吨玉米、2276 吨冬瓜、438 吨蒜薹、4.65 吨大豆经国环有机产品认证中心审核，符合《OFDC 有机认证标准》，并颁发证书。林业生态建设实现突破性进展，共完成绿色通道建设 137 千米，农田林网 34 万亩，堤滩新造林 6700 亩，新育苗木花卉 4000 亩，新造经济林 7400 亩，丰产林 8500 亩，“四旁”植树 348 万株。

2005 年 8 月，《金乡生态县建设规划》通过省、市专家组论证。

环境信访管理

1991~1995 年，县域环境污染强度不大，信访案件不多，每年约 7 件次，其中因成武县造纸厂客水下泻造成河道养殖户损失引起污染纠纷案件居多。此后，金乡经济发展较为迅速，工业污水排放增多，环境信访案件急速上升，1996~2000 年，人大提案每年约 3 件次，政协提案每年约 7 件次，信访案件每年 30 余件次。2001 年 1 月，开通环境 12369 环保热线，至 2005 年年底，每年处理热线在 110 件次左右，办结率 100%；人大提案每年 4 件次，政协议案每年 8 件次，均得到办理，反馈率 100%。

第四节　环境现状

1991~2005 年，经过环境目标管理和“一控双达标”，金乡县农业环境污染不明显，工业污染总量得到控制，整体大气环境、噪声环境及固体废弃物的污染控制在相对低的环境总量值范围内，整体环境质量向好的方向发展。

用水和排水量状况　据 2004 年统计，全县采水共计 482.2 万立方米，其中工业企业年用水量 84.2 万立方米，城镇居民生活和事业单位年用水量 398 万立方米；全县废水年排放量 446.4 万吨，其中工业废水排放量 64.4 万吨，生活污水 384 万吨。通过推广农业节水、工业循环用水管理措施，充分发挥金南引水回灌工程的作用，引东鱼河客水拦蓄地表水回补地下水，全县水资源供需状况基本稳定。

废水污染物排放状况　关停所有“十五土小”企业后，废水排放量大幅削减。2004 年，全县共排放

COD（化学需氧量）2578.3 吨，其中工业企业平均排放 68.2 吨，城镇生活污水平均排放 2510.1 吨。

地表水质量状况 2005 年，经全县 7 个地表水监测断面和 1 个省自动监测站全程监控河水断面，结果表明，所监测河流断面达到四类标准，所有新、改、扩项目向水体排放污水，达到国家规定标准。全县地表水质量尚可，但东鱼河水系及万福河水系，因上游污染客水进入河道，仍受轻度污染。

能源结构及能源消耗状况 金乡县能源以煤为主，液化气为辅。2004 年，全县有各类型锅炉、茶水炉 198 台，民用做饭煤炉约 10 万个，总耗煤量 25.31 万吨，其中工业耗煤量 11.6 万吨，居民生活和其他用途耗煤量 13.71 万吨；餐饮服务业及居民生活耗液化气 0.5 万吨。金乡县城建成烟尘控制区 7.9 平方公里范围内，2004 年度耗煤 6.4 万吨。同年，全县拥有各类机动车辆 7.1 万辆，摩托车 5.7 万辆，年耗汽油 6.2 吨，柴油 4.3 吨。当年，全县共排放二氧化硫 445.5 吨，烟尘 114.3 吨，工业粉尘 222.3 吨；二氧化硫和 TSP（总悬浮微粒）年日平均值达到国家二级标准，大气环境质量良好。但冬季及春季仍有超标现象，地面扬尘、汽车尾气仍是大气污染源之一。

县城区噪声状况 2005 年，县城区域环境噪声和交通噪声较以前有所降低，但随着汽车和建筑施工机械增多，城区昼间主要交通干道和沿街商业聚集区噪声仍然较大，夜间个别建筑工地施工噪声超标。

农业环境污染状况 2005 年，金乡县共有恒温库 584 座。由于恒温库运行过量提取地下水，导致地下水埋深逐年加大，形成鱼山镇、马庙镇、羊山镇、霄云镇等多个呈逐年扩大的“漏斗”区，“漏斗”面积 85 平方公里，占总土地面积的 21%。全县恒温库正常运行一个储存期，用来拉温和保持恒温须提取地下水 4000 万立方米~5000 万立方米，其提取的地下水不经处理自然排放到周围坑塘、沟、河，被长期腐烂的有机物质污染，或被泄漏的液氨或设备检修油污所污染造成水资源恶化。

2001~2005 年，金乡县虽然开发了鱼山镇、马庙镇、金乡镇、王丕镇、高河乡等乡镇生态示范园区和无公害蔬菜基地，又筹建开发 10 万亩有机农产品生产基地，大大减少了化肥及农药的使用量，但环境中的化肥及农药仍有相当存量。

第二章 资源管理

第一节 管理机构及体制

1987 年 1 月成立土地管理办公室，隶属于县人民政府直接领导。1988 年 5 月，成立土地管理局，为正科级单位。1990 年 4 月，县政府办公室印发《关于设立乡镇土地管理所的通知》，在全县各乡镇成立了土地管理所，隶属各乡镇政府领导，承担各乡镇范围内的土地管理工作。1990 年 8 月，县局增设地籍股、土地监察大队，负责全县地籍工作的管理和破坏土地等违法案件的查处。1993 年 12 月，根据县级政府机构改革要求，县土地管理局与县计划委员会的矿产资源管理办公室合并为土地矿产管理局，增加了矿产资源管理职能。1994 年 7 月，设立土地交易评估所。1997 年 4 月，县土地矿产管理局内设人秘科、用地科、监察科、地籍科、矿管科 5 个行政科室，土地交易评估所（土地交易勘测规划站）和土地矿产监察大队两个事业科室。1999 年 10 月，设立金乡县压煤搬迁办公室，隶属县土地矿产管理局领导。2001 年 7 月，县土地储备中心和县地租征收处成立，隶属县土地矿产管理局领导。2002 年 5 月，更名为“金乡县规划与国土资源局”，为正科级行政机关，内设人秘科、用地科、地籍科、执法监察科、矿管科等行政科室，另设金乡县土地储备中心、金乡县地租征收处、金

乡县压煤搬迁办公室、土地交易评估所、规划站、土地矿产监察大队等6个局属事业单位。2003年4月，成立规划科、档案微机室、行政审批大厅国土资源窗口。同年5月，金乡县土地储备中心和金乡县地租征收处分别定格为正科、副科级自收自支事业单位。2003年12月，印发《金乡县规划与国土资源局职能配置、内设机构和人员编制规定》，将原金乡县城乡建设保护委员会的测绘行政管理职能、原金乡县土地矿产管理局的行政管理职能、原计划委员会制定国土规划和土地利用总体规划有关的职能划归金乡县规划与国土资源局，同时将原金乡县土地矿产管理局承担的有关地下水资源行政管理职能，划交给县水务局。同时增设规划管理科，局内设行政科室增至7个。

2005年6月，印发《金乡县人民政府关于印发金乡县国土资源管理体制改革实施意见的通知》，理顺国土资源管理行政体制，完善土地利用总体规划编制和审批管理体制，强化政府及其国土资源部门的执法监察职能。将国土资源主管部门、国土资源管理所、国土资源分局的人员编制和经费收归县政府管理，经费支出纳入县财政预算，确保国土资源主管部门开展土地矿产资源管理工作的正常运转。设立金乡县经济开发区国土资源分局、鱼山国土资源分局、中心国土资源管理所、胡集国土资源管理所、鸡黍国土资源管理所、霄云国土资源管理所、马庙国土资源管理所、羊山国土资源管理所、高河国土资源管理所、化雨国土资源管理所、卜集国土资源管理所、王丕国土资源管理所、司马国土资源管理所、兴隆国土资源管理所。

第二节　土地资源管理

法规政策宣传

1991年6月25日，是国务院确定的全国第一个“土地日”。此后，金乡县每年利用这一主题活动，采取会议、电视、广播、宣传车、涂刷墙体宣传标语、发放宣传明白纸、结合新春文艺联欢晚会、元宵灯展等机会，宣传《中华人民共和国土地管理法》，宣传加强土地管理，严格实行耕地保护的重要作用，同时加强土地、矿产、测绘等相关法制教育。至2005年，全县平均每年更新粉刷土地资源管理墙体宣传标语近500幅，发放宣传资料5万余份，出动宣传车60余辆次，广播电视常年宣传150天，接受宣传教育的群众30万人次。

管理模式

1991年8月1日，县委、县政府发布《关于加强土地管理的决定》。指出：土地是人类赖以生存的物质基础，是农业最基本的生产资料，要向全体公民开展土地管理法律、法规的宣传；采取切实措施，严格控制建设用地；全面推行农村宅基地有偿使用；强化执法监察，依法管理土地；实行优惠政策，搞好土地的开发复垦；切实加强对土地管理工作的领导。

1994年7月，开展土地利用总体规划编制，就县境范围内的耕地、基本农田保护目标，面积范围调整划定，建设用地调控，土地用途性质划定等，做出详尽规划。按照“数量不减少，质量不降低”的原则，优先将高等别耕地、集中和连片耕地、国家和地方政府确定的粮棉油菜生产基地内的耕地、有良好水利与水土保持设施条件的耕地、土地整理开发复垦新增优质耕地等划为金乡县基本保护农田。

1994~1995年，金乡县连续两年被济宁市人民政府授予土地管理先进单位。

1998年12月，《金乡县土地利用总体规划（1996~2010年）》通过山东省总体规划评审工作组验收。

基本农田保护　1991~2005年，金乡县在保护耕地特别是基本农田保护工作中，继续加强对各类建设用地的管理，严格执行《中华人民共和国土地管理法》和有关法律法规，依法审批土地。各类建设用地坚持申报、现场勘察丈量、指标控制、部门制约管理制度，坚持按法定程序及权限和政府“一支笔”审批制度。参与建设项目的立项论证，引导单位少占地，严格执行建设用地计划，强化政府对建设用地的宏观控制措施。1991~1995年，

共审批各类建设用地4755亩，其中耕地3795亩。1996年后，仍将建设用地控制在济宁市政府下达的建设用地计划内。同时，先后将78.61万亩优质高产田全部划为基本农田，占全县耕地总面积的87%，并对其实行特殊保护。对划入基本农田保护的耕地及时定界，设立基本农田保护标志，确保标志齐全清晰。及时建立完善基本农田保护档案，确保全县基本农田保护档案图、表、文字材料齐全。市、县、乡三级政府层层签订国土资源管理目标责任书和基本农田保护责任状，明确细化保护责任，做到面积、位置、标志、档案、责任五落实。

土地开发 1991~2005年，金乡县坚持“开源”和“节流”并举方针，在强化保护耕地的同时，重视土地的开发复垦工作，编制土地开发复垦规划，把土地开发复垦的重点放在废弃窑厂、河滩荒地、坑塘、村头荒地等。1991~1995年，全县共开发土地4500亩，其中耕地1560亩，坑塘养殖1935亩。2001~2002年，先后开发复垦土地5043亩，其中耕地4680亩；新增建设用地964.5亩，其中占用耕地850.5亩。2003~2005年，开发复垦土地14024亩，其中耕地9063.2亩；新增建设用地2022亩，其中耕地1924.5亩。至2005年年底，耕地保有量为90.36万亩，全县范围内实现了耕地总量的动态平衡。

农村宅基地管理 1991年，县土地矿产管理局继续执行县政府《关于加强农村宅基地管理的暂行规定（试行）》，上半年开始在部分乡镇试点，对农村宅基地进行清理、丈量、登记，按照宅基地安排条件、使用面积等规定，对符合条件、使用面积的发放宅基地使用证；对不符合规划、使用条件、超占用地面积的发临时证；实行宅基地有偿使用。1991年下半年在全县推广完成，当年收取土地使用费和超占费170万元。宅基地超占费实行村有乡镇管，银行专户储存，使用申请审批，乡镇提取10%后全部用于村的公益事业。1993年，农村宅基地有偿使用费、超占费被取消，乱占、滥占宅基地现象有所回头，县土矿局经过调查研究，结合金乡实际，借鉴外地管理经验，向县政府呈报《关于农村宅基地管理（试行）意见的报告》，并在部分乡镇试行，取得较好效果。全县宅基地管理走向规范化、制度化。1999年12月，县政府出台《金乡县农村宅基地管理暂行规定》，对农村宅基用地的标准、审批程序、有偿使用费管理、空闲地安置、超标超占处理以及处罚等方面作出明确规定。至2005年，通过宅基地清理和有偿使用，有效解决农村建房滥占乱用土地现象，村内空闲地得到有效利用，宅基地纠纷、土地信访案件明显减少，村容村貌得到较大改观，村民依法申请、合理使用农村建设用地的观念得到加强。

使用制度改革

1991年，金乡县继续实行土地资源与资产并重管理，加快建立土地市场体系，培育规范土地市场。在土地使用制度改革中扩大土地使用权出让范围，除法律政策规定可以继续划拨土地使用权的之外，都可以出让的方式获得土地使用权，重点加强对经营性用地的出让管理。加强存量国有土地管理，对国有存量土地进行清理整顿；建立国有存量土地使用年检制度、日常地籍管理制度。1994年7月，设立金乡县土地交易评估所，强化对土地交易资产的评估管理。建立健全地价评估制度，对国有土地的出让、转让、抵押，做到先评估，再办理有关手续，避免国有资产流失。1991~1995年，上缴财政土地收益1000多万元，取得良好社会效益和经济效益。

2001年，建立国有土地收购储备制度，成立金乡县土地储备中心，负责依法管理全县国有土地收购储备工作。县政府印发《金乡县土地储备实施办法》，对土地收购、储备和出让前期准备工作提出明确、具体的规定。同时大力推行国有土地使用权招标拍卖制度，同年，县政府出台《金乡县城镇国有土地使用权招标拍卖管理暂行办法》。当年12月31日，金乡县首次国有土地拍卖会在县机关招待所举行，时任代理县长李明晨敲响金乡县国有土地使用权拍卖第一槌。2002年11月，山东电视台到金乡县专题采访，对国有土地使用权出让招标、拍卖、挂牌工作开展情况进行宣传报道。2001~2002 年，金乡县通过招标拍卖和挂牌等方式共获土地出让金 1000 万元，实现政府纯收益 406 万元。

2002 年年初，金乡县行政审批大厅成立，土地交易均到审批大厅办理，实行窗口式办文，一站式服务，规范土地资源有形市场的运作。

2003 年，县土地储备中心定为正科级自收自支事业单位，县地租征收处定为副科级自收自支事业单位。同年 8 月，山东省整顿规范土地市场督导组到金乡县督导检查工作；9 月，县政府出台《金乡县统一征地办法》。

2005 年，全面完善实行土地资源招标拍卖挂牌制度，建立可操作性强的基准地价调整更新与管理制度，完善地价动态监测体系，启动并完成新一轮城镇基准地价更新调整工作，以市场配置土地资源新机制为中心的规范土地有形市场已经建立。当年，实现全县土地资产收益 6902.2 万元，其中招拍挂出让经营性用地 4 宗，面积 50 亩，实现政府收益 861.5 万元；征收国有土地使用权租金 40 余万元。

查处违法用地案件 1991~1995 年，加强土地管理制度建设，建立健全土地违法举报制度、土地监察制度，推行包片负责，实行量化管理，县土地矿产管理局成立土地监察大队，每个乡镇配有 1~2 名专职土地监察员，配备了交通和通讯工具。与公安、检察、法院等部门密切配合，严肃查处违法用地案件，加大土地资源保护。其间，共查处各类土地违法案件 1748 起，违法占地 4972 亩。其中集体建设违法占地案件 400 起，农民建房违法占地案件 382 起，其他违法占地案件 966 起。共拆除违法建房 94 间，恢复耕种 23 亩。1999~2005 年，查处各类土地违法案件 103 件，违法用地面积 1293 亩，其中绝大部分为耕地。仅 2005 年县土地行政主管部门就立案查处土地违法案件 28 起，制止各类违法用地苗头 36 起，罚款 80 多万元，建议纪检监察机关予以党纪、政纪处分 2 人。

2001~2005 年，金乡县连续被评为山东省国土资源执法模范县。

第三节 水资源管理与保护

金乡县水资源匮乏，地下水存量不足。垂直分布的淡咸淡型地下水，中层咸水无开采价值；浅层淡水底板埋深约 10 米~30 米，水层厚度 9 米~25 米，5 米深单井出水量小于每小时 50 立方米的面积为 361.75 平方公里，占全县国土总面积的 41%；浅层地下水受降雨及采水影响较大，年内有周期性枯荣现象。深层淡水平均在 150 米~200 米，开采困难，不易为工农业使用。经专家评估计算，全县水资源可利用量仅有 2.55 亿立方米，其中地表径流 0.63 亿立方米，地下水 1.92 亿立方米，每年城镇生活用水 1150 万立方米，农村生活用水 958 万立方米。随着国民经济的发展及人民生活水平的提高，需水量日益增加，水资源供需矛盾越来越突出。

2003 年年底，县政府推进生态示范区建设，开展节水治污工程。利用自然地理条件，建设完善金南橡胶大坝的拦蓄客水回灌地下水的功能，每年拦蓄县外径流和引湖、引黄尾水总量为 1.83 亿立方米，缓解了水资源缺乏局面。

水资源管理

1992 年，县政府发布《金乡县水资源管理办法》，对水资源实行统一规划、统一调度、统一管理、统一征收水资源费、统一管理水量水质，建立权威、高效、协调的水资源管理体制，实现水资源的优化配置。

1994 年，水资源管理办公室向全县 40 家企业用水大户签发“取水许可证”。在县辖区内，严禁擅自打井，特别是超采区，应控制打井，确需打井的单位或个人必须认真执行审批手续，不按规定程序办理的，停止凿井施工，已建成的井停止使用或封闭水源，并予以处罚。对新建、改建、扩建项目用水，必须进行水资源论证，同时配套节水设施，严格按审批的水量取水。同年，县水利局编制《金乡县水长期供求计划》，提出了计划用水、合理调配、开源节流，解决水资源供需

矛盾的对策和措施。1994 年，金乡县水资源办公室被济宁市水利局评为水资源管理先进单位。

1995 年，向全县乡镇水利站发出《关于开展农业灌区取水登记和发放〈取水许可证〉的意见》，在重点灌区进行取水登记和核发“取水许可证”，共发放“取水许可证”665 份。

1996~1998 年，对地下水开发利用规划进行编制。

水资源保护

1991~2005 年，金乡县水资源保护采取的措施有：

建立水资源保护区 根据全县地形、地质、水源分布情况及水资源特点，将全县划分为三级水资源保护区。一级保护区，包括县城区和王丕水源地周边区。区内禁止排放污废水、废渣等废物，尤其禁止向区内河道、地下排放污染物，河流水要符合地表水Ⅲ类标准，地下水要符合饮用水卫生标准；区内严禁擅自打井取水，确需打井用水的，须经水利行政主管部门审批。二级保护区，为县域南部井灌区。区内禁止新建、扩建、改建向水体内排放污染物的项目，已造成污染的，限期治理，使其达到排放标准，保证河道符合地表水Ⅲ类标准，地下水符合饮用水卫生标准。三级保护区，包括未列入一、二级保护区的其他区域。区内严禁排放不达标的污废水，新建项目排污不达标的禁止立项。河道水应符合地表水Ⅲ类标准，地下水污染物不超标，符合饮用水标准。

控制和治理污染源 对于排污入河的污染源，可以治理的优先安排治理资金，限期治理；技术达不到治理要求的，实行关、停、转、并、迁。在审批新、改、扩建项目时，其污染物不得排入河道或浅层、深层地下淡水中；逐步杜绝生活污水、垃圾、粪便排入河道的现象；禁止任何单位和个人利用渗井、渗坑和地面裂隙向下排放倾倒污废水。

开发利用地下水，维持采补平衡 对已超采的地区和南部井灌（漏斗）区严格控制开采量，实施金南地下回灌工程，在东鱼河建拦河枢纽 1 座、内河回灌沟节制闸 36 座，每年拦蓄上游客水 4000 万立方米 ~6000 万立方米，进行回灌补源。

控制水土流失，涵养地下水源 通过改善地下水补给条件、植树造林、保护植被和大蒜蔬菜种植采用畦灌、地膜覆盖等保土、保水、保湿手段，防止水土流失，涵养水源。

节约用水

农业节水 所占比例较大，节水潜力大。农业用水的重点是灌溉用水，1995 年前，金乡县农业灌溉用水技术落后，有效水利用系数较低，仅为 0.4~0.6。1996 年后，农业用水遵循先地表水后地下水原则，充分利用河水、坑塘水等地表水，不足时再利用地下水。同时，整平土地，实行窄短畦灌溉，避免大水漫灌；发展管道灌溉、硬化渠道灌溉，防止渗漏水；推广应用喷灌、滴灌等先进节水灌溉技术，降低单位面积用水量，达到增产节水的双重目的。

工业节水 重点加强企业用水管理，建立健全企业用水管理机构，完善用水计量手段、测试方法、检验设备，制定考核用水的制度、指标，建立健全厂、车间、机台、班组用水台账及统计程序，全面提高企业的用水管理水平；着重抓好循环水、冷却水、污废水回收处理等，提高水的重复利用率，达到节水、节能、减污，增加效益之目的。

恒温库节水 县政府明文规定，新建恒温库必须同时配套节水措施，对无节水设施或节水设施验收不合格的，不予办理取水许可证；对已建恒温库，无节水设施或节水设施落后的，限期进行技术改造；推广普及冷却塔、蒸发冷凝。达不到规定要求的，封闭水源不予取水。

利用经济杠杆节水 为使有限的水资源可持续发展利用，形成良性循环，达到以水养人的目的，对使用供水工程供应的水，按规定征收水费；对直接从地下或者江河、湖泊取水的，征收水资源费。征收的水费、水资源费主要用于水资源的规划、评价、保护、管理、补源、节约用水以及供水工程的运行、维护。

第四节 矿产资源管理

管理机构

1988年，成立矿产资源管理办公室，隶属金乡县计划委员会管理。1993年12月机构改革，县土地管理局与矿产资源管理办公室合并，成立金乡县土地矿产管理局，局内先后成立土地矿产监察科和矿管科，各乡镇均配备政治素质高、业务能力强的矿产资源管理人员。全县矿管人员19人。1999年10月，设立金乡县压煤搬迁办公室，为副科级全额拨款事业单位，隶属县土地矿产管理局。2002年5月，属县规划与国土资源局。

法规宣传

1991~2005年，矿产资源管理部门先后组织参加省、市《中华人民共和国矿产资源管理法》培训班和县政府举办的行政执法培训班50多期，教育培训1000余人次；召开《中华人民共和国矿产资源管理法》宣传会议100余次，结合"3·19"矿法宣传日主题活动，书写矿法宣传标语1万多条，印制发放各类矿法宣传材料和知识读本50余万份（册），出动宣传车1500台次，发表电视讲话50余次，有线广播1000余次，受教育干部群众300余万人次。矿产资源管理人员的法律政策水平和综合执法能力，以及人民群众对贯彻执行《中华人民共和国矿产资源管理法》重要性的认识不断得到增强和提高。

秩序整顿

1988年前，全县采矿业发展迅速，乱采滥挖、破坏性开采、争抢资源的现象不断发生。1988年，县成立矿业秩序治理整顿领导小组，按照国家产能政策要求，对黏土砖（瓦），特别是实心黏土砖（瓦）生产企业进行整顿治理，并按规定予以逐步关停。对资源枯竭、浪费资源和破坏生态环境、安全生产无保证的羊山、葛山和郭山口等小型矿山及矿产品加工企业依法进行关闭。至1995年年底，全县采矿点由原来的70多个缩减到50个，其中在建的煤矿1家，国营砖瓦企业1家，集体砖瓦企业19家，村办和个体砖瓦企业23家，石灰石采矿业6家，从业人员1万余人。全县矿业秩序渐趋稳定，矿业总产值2000余万元。1996年后，重点查处打击非法开采、非法加工、非法买卖矿产品和非法转让矿业权等违法违规行为。2001年，县境内采矿企业减少至32家。2005年年底，减至26家。

规范管理

在逐步规范黏土、山石矿产资源生产管理的同时，金乡县先后将郭山口优质地下矿泉水勘探开发、县境南部钾盐勘探、县城区地热资源勘探开发等工作提上日程，编制专项规划，多方申请筹措勘探资金，探寻更多种类的矿产资源，为全县经济发展提供更多的资源支撑点。1992年，县委、县政府成立由县纪委书记和1名副县长为主的矿业领导小组，具体负责煤炭资源项目的资料收集、评估论证、协作筹建等具体工作。矿产资源管理办公室实行工作责任制、奖惩制。1995年，编制完成《金乡县矿产资源总体规划》和修订其他相关专项规划。并按此规划开展采矿登记、矿区埋桩公告、调处采矿及勘察纠纷、矿业秩序整顿、地质资料收集、矿产资源开发监督管理等项工作。在全县范围内组织清理探采矿企业的勘察许可证和采矿许可证，制定实施探矿权准入制度。1996年后，每年都对县境内的探矿企业实行登记备案，跟踪监督服务，对采矿企业和勘探队伍及时发放采探矿许可证，有效解决无证采矿、无证勘查和非法转让采、探矿权的问题。加大采探矿权的管理，对提出申请的采矿企业资格进行认真审查，对不符合矿产资源总体规划的坚决不予以审批。

2001年，全县32个采矿企业均持证按矿产资源总体规划开采。2005年，金乡县依法取得地热项目勘探权。当年，审批探矿项目10个，其中煤炭勘探项目9个，地热项目1个，所有调查评估、勘察、开采、保护项目、矿山生态环境恢复治理项目及矿业权的设置，均符合本县矿产资源总体规划。采矿持证率100%。

推进矿业权有偿出让，对能以竞争方式出让

的全部实行招标、拍卖和挂牌方式出让探矿权、采矿权。除济宁霄云煤矿以招标方式取得探矿权外，其余的全部以出让方式有偿取得。至2005年，共有偿出让采矿权14宗，收取价款3万元。

严格矿山储量检测核实，强化矿产资源使用费、资源补偿费的监管征收和矿产资源储量动态管理制度，所建立的金乡县矿产资源储量数据库，库内数据准确，顺利通过山东省专家组验收。

环境整治

随着国家能源、矿产资源政策的改变和推广，羊山、葛山等山石开采厂相继关停后的矿山尾矿，金桥煤矿和花园煤矿开工建设后出现的采煤塌陷等一系列问题对地质生态环境的影响逐渐凸显。2001年，县政府制订《金乡县矿山环境综合治理规划》，组织专门班子和人员，对矿山尾矿及地质环境开展调查，全面掌握全县矿产资源开发、加工、利用活动中产生的固体废料、地质灾害和矿产、土地及矿区生产环境等基础性资料。

2005年，投入20多万元，聘请山东省地质科学研究院编制《金乡县地质灾害防治规划》，聘请山东省地质环境监测总站编制《金乡县羊山露天采石矿山生态恢复与环境综合治理总体及阶段性规划设计》，聘请山东省鲁南地矿工程勘测院编制《金桥煤矿塌陷区治理方案》。以上“规划”“方案”均符合金乡县矿产资源规划的各项指标要求。

2005年，正式启动矿山地质环境治理保证金征收工作。应征治理保证金1.71亿元，其中济宁金桥煤矿应缴3849万元，济宁花园煤矿应缴1.33亿元。通过落实《金乡县矿山环境综合治理规划》，以羊山为主的地质遗迹和地质地貌景观得到有效保护。

第六篇　交通　邮电

交通 邮电

清末民初，金乡有通往济宁、单县、成武、定陶、鱼台、嘉祥、巨野的官道7条，皆为路面狭窄、坎坷的土路。1936年，有县乡道路（土路、乙级和丙级）11条，总长148.5千米。1978年中共十一届三中全会后，金乡县交通、邮电事业得到较快发展。1990年，境内公路有国道1条、省道4条、县道5条，乡道3条，总长197.3千米，皆为沥青路面。但乡村道路状况较差，多以土路为主。全县城乡固定电话仅有1295部，远未满足社会发展和人民生产、生活需求。

1991~2005年，随着改革开放不断深入，全县公路建设和邮电通信事业进入新的发展阶段。2005年，全县道路总长1460千米，其中县、乡、村道1353.3千米。道路总长是1990年的7.41倍。交通运输业平稳发展，公路客运周转量完成20482万人公里，货运周转量57236万吨公里，分别是1991年的27.42倍、6.62倍。固定电话128357部，其中县城35837部，农村92520部，分别是1990年的48.75倍、165.2倍；小灵通用户9600户，移动电话用户1万户。邮电、通信业务总量完成1.226亿元。交通、邮电、通信事业迅猛发展，为全县经济和社会的快速发展奠定了基础，创造了条件。

第一章 公 路

第一节 机构沿革

公路局

前身是济宁市公路管理段金乡公路站。1991年12月6日，由县编委金编〔1991〕22号文批准更名为“金乡县公路管理局”。1993年6月9日，根据济宁市公路管理局市路政〔1993〕59号和60号文件，更名为“济宁市公路管理局金乡公路局”，内设政工科、办公室、财务征收科、工程处、养护路政科、机务科6个科室；辖胡集、城关、鸡黍、司马、大义、十里、淳集7个公路站。1994年成立105国道金乡收费站。1996年，撤销财务征收科，改设财务科、养路费征稽办公室。1997年，撤销养护路政科，改设养护科、路政科。2003年6月，105国道金乡收费站升格为正科级单位，隶属市局和县局双重管理，名称为“济宁市公路管理局105国道金乡收费站”。

交通局

1990年，金乡县交通局内设人秘股、财务股、运务股、路工股、车辆检查站，代管汽车站、运输公司、东关港等企业，辖14个乡（镇）交通运输管理站。1994年，局机关“股”改“科”，各乡镇管理站改称交通管理所；撤销金乡镇、城郊乡管理站，组建中心交通管理所；增设汽车维修管理所、公路运输管理所、交通规费稽查队。1996年，成立客运管理所。1997年3月，成立交通稽查大队。10月，县机构编制委员会对交通局职能配置、内设机构和人员编制进行调整，局机关设人秘科、计划财务科（加挂审计科牌子）、运务科、路政科、政策法纪科5个职能部门。2003年6月，增设出租车管理所；11月，设货运管理所；12月，县政府再次对交通局职能配置、内设机构和人员编制进行调整，赋予交通局客运和营运线路审批管理职能，交通战备工作划归交通局管理，交通局不再直接管理直属企业的生产经营活动，主要负责全县交通基础设施规划、建设、养护、管理、安全生产运输和运输市场管理。局内设人秘科（加挂办公室牌子）、计划财务科（加挂审计科牌子）、运务科、路政科、政策法纪科、交通战备办公室。2004年，设交通规费征收办公室。

第二节　公路建设

1991年始，境内公路建设规模大、速度快、质量高，拓宽改造国道、省道，新建改建县道、乡道，修建硬化村道。至2005年，全县共有国道1条，40.6千米；省道4条，66.1千米；县道9条，145.227千米；乡道66条，361.975千米；村道695条，846.205千米。已经形成以国道、省道干线为主框架，以县、乡公路为补充，四通八达的公路网络，城乡交通便利。

国道（G105）

105国道纵贯金乡境内，北与嘉祥县交界，南与单县为邻，途经金乡县城区，全长40.6千米，是北通北京、天津、河北，南通河南、安徽、湖北、江西、广东的重要通道。

1992~1993年，投资500万元，按一级公路标准拓宽改造县城区西大街段（孙庄—仇岗）5千米，由原路基宽12米~18米，路面宽12米，拓宽到路基宽30米，路面宽27米。

图6-1　1999年105国道方庙桥弯处

1994~1995年，投资1000万元，按二级公路标准拓宽改造县城北段15.4千米，由原路基宽12米，路面宽9米，拓宽为路基宽30米、路面宽15米。

2001年，按一级公路标准，将原105国道县城西大街段改道至城西外环段，长9.1千米。路幅布置：1.5米绿化平台+10.5米路面+2米中央分隔带+10.5米路面+1.5米中央绿化平台。计算行车速度80公里/小时。沿线小桥涵与路基同宽，桥涵设计荷载标准为公路Ⅰ级。

2002年，按二级公路标准，改建金乡南段，长13.5千米。路幅布置：1.5米绿化平台+15米路面+1.5米绿化平台。计算行车速度80公里/小时。沿线小桥涵与路基同宽，桥涵设计荷载标准为公路Ⅱ级。

2005年，按一级公路标准，改建金乡北段，长18千米。路幅布置：3米绿化平台+10.5米路面+2米中央分隔带+10.5米路面+3米中央绿化平台。计算行车速度80公里/小时。沿线小桥涵与路基同宽，桥涵设计荷载标准为公路Ⅰ级。

省道

济鱼线（S251）　是鱼台通往济宁的交通要道，中间穿过金乡县卜集乡东，段长1.4千米。2002年，按二级公路标准进行改建，路幅布置：1.5米绿化平台+15米路面+1.5米绿化平台。计算行车速度80公里/小时。沿线小桥涵与路基同宽，桥涵设计荷载标准为公路Ⅱ级。

汶金线（S252）　始于汶上县城，止于金乡大义，金乡境内段长6.4千米。1989年，重新铺设沥青路面，工程投资30万元。2005年，按二级公路标准对该路段进行改建，规划路幅布置：1.5米绿化平台+9米路面+1.5米绿化平台；计算行车速度60公里/小时。沿线小桥涵与路基同宽，桥涵设计荷载标准为公路Ⅰ级。2007年完工。

丰东线（S346）　始于江苏丰县，止于菏泽东明县，是横贯金乡东西的干线公路，自东向西依次经过化雨乡、王丕镇、金乡镇、鱼山镇、马庙镇，原长29.5千米。1992年，按二级公路标准将县汽车站至城西沙河段，改线为县城北大街（文峰路）与105国道交叉路口处至西沙河，全长3千米，路基宽18米，路面宽15米，投资135万元。改线后金乡段全长30.8千米。1994年，按二级路标准大修西沙河至成武交界段11.5千米，由原路基宽12米，路面宽9米，拓宽到路基宽18米，路面宽12米，工程投资415万元。

2005年，按二级公路标准对金乡段予以改建，路幅布置：东北环段为 1.5 米绿化平台 +21 米路面 +1.5 米绿化平台；金乡东段路幅布置：3 米绿化平台 +12 米路面 +3 米绿化平台；金乡西段路幅布置：1.5 米绿化平台 +12 米路面 +1.5 米绿化平台。计算行车速度 80 公里 / 小时。沿线小桥涵与路基同宽，桥涵设计荷载标准为公路Ⅱ级。2006 年竣工。

枣曹线（S348） 始于枣庄，止于菏泽曹县，金乡境内 25.7 千米。自东向西依次经过霄云镇、司马镇、鸡黍镇，是金乡、鱼台、微山三县联系的主要公路。2003 年，按二级公路标准予以改建，路幅布置：1.5 米绿化平台 +12 米路面 +1.5 米绿化平台；计算行车速度 80 公里 / 小时。沿线小桥涵与路基同宽，桥涵设计荷载标准为公路Ⅱ级。

县道

金司线（县城北孙庄—司马） 三级，沥青路面。原长 15.7 千米。1993 年，改建 18.967 千米。2003 年，改建兴隆至司马段 7.8 千米。2004 年，改建金乡至王丕段 8.1 千米。

金张线（金乡—单县张集） 二至四级，沥青路面。境内段长 27.874 千米。1991 年，改建霄云至单县段 5.5 千米。1996 年，改建淳集至东鱼（红卫）河段 13.8 千米。

淳李线（淳集—鱼台李阁） 三级，沥青路面。境内段长 4.877 千米，1992 年修建。

南谢线（济宁任城区南田—巨野县谢集） 二、三级，沥青路面。境内段长 28.22 千米。1991 年，改建大义至羊山段，长 9 千米。1994 年，改建卜集至莫桥段，长 6.5 千米。1998 年，改建卜集至戴楼段，长 4.8 千米。1999 年，改建戴楼段，长 1.7 千米。2005 年，改建卜集以东路段，长 9.1 千米。

羊鸡线（羊山—鸡黍） 三、四级，沥青路面，长 28.475 千米。1995 年改建羊山镇至马庙乡付庄段，长 13.9 千米。1998 年改建羊山西街段，长 1 千米。

胡仝线（胡集镇—仝庙） 二级，沥青路面，长 5.238 千米。1997 年改建。

金清线（金乡—鱼台清河） 二级，沥青路面。境内段长 8.81 千米。2002 年，改建县城至高河段 6 千米。

卜淳线（卜集—淳集桥） 二、三级，沥青路面，长 14.281 千米。2000 年修建。

兴魏线（105 国道—魏店） 三、四级，沥青路面，长 8.49 千米。1993~2003 年修建。

乡道

1989~2005 年，全县共修建（改建）乡道 66 条，361.98 千米。

图 6-2　1997 年鱼山镇村公路

1989~2005 年金乡县乡道一览表

表 6-1-1　　单位：千米

路线编号	路线名称	长度	等级	修、改建年度	路面类型
Y410370828	马庙镇路	1.309	四级	1989	沥青、水泥
Y418370828	李白庙—司马界	0.859	四级	1990	沥青
Y247370828	包庄—张大楼	0.596	四级	1990	沥青

续表 6-1-1

路线编号	路线名称	长度	等级	修、改建年度	路面类型
Y245370828	胡口—冯海	1.321	四级	1990	沥青
Y247370828	包庄—张大楼	5.125	四级	1990	沥青、水泥
Y238370828	金乡镇孙庄—尚庄	4.903	四级	1990	沥青
Y242370828	东丰线—苇子园	8.166	二、四级	1992	沥青
Y243370828	淳集—王丕	5.713	四级	1992	沥青
Y226370828	李堂—王井	5.988	四级	1993	沥青
Y252370828	金马—石佛	10.772	四级	1993	沥青、水泥
Y245370828	胡口—冯海	13.432	四级	1993	沥青、水泥
Y254370828	鸡黍— 介庙	7.176	四级	1995	沥青
Y234370828	北李楼—鹿庄	11.419	四级	1995	沥青
Y239370828	李楼—仇岗	6.654	三、四级	1995	沥青
Y237370828	寻坊—周路口	5.635	四级	1995	沥青
Y240370828	鲁庄集—东官庄	6.172	四级	1995	沥青
Y223370828	刘心田—张八缸	7.004	四级	1995	沥青、水泥
Y251370828	金马—东杨	4.232	四级	1996	沥青
Y253370828	介庙—王门楼	6.338	三、四级	1996	沥青
Y413370828	周路口—东丰线	1.545	四级	1996	沥青
Y224370828	徐刘—于代庄	6.621	四级	1996	沥青
Y220370828	胡集—卜集	6.776	二、三、四级	1996	沥青
Y227370828	沈庄—孟楼	0.73	四级	1996	沥青
Y251370828	金马—东杨	3.349	四级	1996	沥青、水泥
Y235370828	小李楼—南吕庙	6.348	四级	1999	沥青
Y403370828	105 国道—胡集镇	0.749	三级	2000	沥青
Y248370828	周河口—单县连店	9.402	三、四级	2003	沥青
Y415370828	任阁路	1.009	四级	2003	沥青
Y414370828	王庄—鱼台界	0.851	四级	2003	沥青
Y258370828	率庄—李大庄	7.047	四级	2004	沥青
Y259370828	霄云—殷庄	2.045	四级	2004	沥青
Y260370828	枣曹线—邵李	9.572	四级	2004	沥青
Y419370828	老官头李—村西公路	0.322	四级	2004	沥青
Y420370828	蔡庄—村西公路	0.817	四级	2004	沥青
Y417370828	周庙—村东公路	0.598	四级	2004	沥青
Y256370828	薛洼—赵村寺	10.983	四级	2004	沥青
Y257370828	蒋庄—东马	6.293	四级	2004	沥青
Y255370828	程庙—代楼	4.53	四级	2004	沥青

续表 6-1-1

路线编号	路线名称	长度	等级	修、改建年度	路面类型
Y261370828	东韩楼—鲍楼	14.83	四级	2004	沥青
Y259370828	霄云—殷庄	4.996	四级	2004	沥青
Y416370828	徐庙—村西公路	1.16	四级	2004	沥青
Y231370828	周辛庄—申庄	8	四级	2004	沥青
Y233370828	申庄—介庙	7.699	四级	2004	沥青
Y412370828	鱼山路	0.518	四级	2004	沥青
Y228370828	崔口—羊山	11.842	四级	2004	沥青
Y225370828	大义—许桥	12.992	四级	2004	沥青
Y421370828	周庄—村东公路	0.629	四级	2005	沥青
Y232370828	马庙—李集	9.617	四级	2005	沥青
Y409370828	玉皇庙—村西公路	0.702	四级	2005	沥青
Y230370828	马庙—洪庙	12.32	四级	2005	沥青
Y241370828	莱常路—王庄	5.981	四级	2005	沥青
Y227370828	沈庄—孟楼	6.418	四级	2005	沥青
Y229370828	羊山—王牌坊	7.601	二、四级	2005	沥青
Y221370828	105 国道—王小山	10.744	三、四级	2005	沥青
Y407370828	河东王—村南公路	1.255	四级	2005	沥青
Y408370828	羊山镇后刘—村东公路	0.79	四级	2005	沥青
Y404370828	莫楼—村南公路	1.712	四级	2005	沥青
Y222370828	105 国道—仝庙	8.414	四级	2005	沥青
Y406370828	桃园—村南公路	0.927	四级	2005	沥青
Y236370828	西刘高庄—王秦	6.902	四级	1986、1995、2004	沥青、水泥
Y244370828	彭井—尚楼	6.645	四级	1990、1992、2004	沥青
Y245370828	胡口—冯海	0.935	四级	1990、2005	沥青
Y246370828	南马楼—吴海	6.761	四级	1992、1993、2005	沥青
Y250370828	洛城—张洼	12.994	三、四级	1994、2004、2005	沥青
Y262370828	霄云—丰县界	5.261	四级	—	沥青
Y422370828	周大庄村东公路	0.929	四级	—	沥青
合 计	—	361.975	—	—	—

桥梁

2005 年年底，全县共有石拱桥、钢筋混凝土桥梁 133 座。1991~2005 年修建乡镇路桥 17 座，其中新建和改建大、中型桥梁 4 座。1993 年，投资 85 万元，新建东丰线沙河桥，长 92.11 米，宽 14 米。1994 年，投资 147 万元，改建 105 国道金马河桥，由原长 30 米增加到 36.04 米，宽由 9 米增加到 33.5 米。2003 年，加宽加固东丰线淳集桥，由原长 35 米增加到 48 米，宽由 6 米增加到 18 米，由汽 10 级上升为汽 20 级以上。2004 年，改造 105 国道老万福河桥。两桥总投资 200 万元。

1991~2005 年金乡县乡镇桥梁建设情况一览表

表 6-1-2

桥梁名称	桥长（米）	桥宽（米）	评定级别	修建年度
鸡黍镇杜河口桥	53	5	四类	1991
胡集镇王海桥	47	4.8	四类	1992
司马镇甘张路门楼桥	30	5	四类	1992
马庙镇李寨桥	70	5.5	四类	1993
鸡黍镇介庙桥	46	8	四类	1996
化雨乡苏坑金鱼桥	49	18	四类	1997
鱼山镇寻楼桥	34	5	三类	1997
马庙镇海子庄桥	46	4	一类	1997
马庙镇杨孔楼桥	26	5	四类	1997
鸡黍镇柳园桥	17	7	五类	1998
胡集镇胡集桥	45.8	6.8	一类	1999
化雨乡排灌站桥	30	5.3	五类	2000
司马镇韩杨桥	22	5	五类	2001
马庙镇金马河桥	22.7	8.5	五类	2002
化雨乡牛庄桥	30	5.3	五类	2002
马庙镇贾楼桥	30	5	三类	2002
羊山镇李堂桥	56.8	9.4	一类	2005

第三节　公路运输

营运车辆

1990 年末，全县有汽车 838 辆、大中小型拖拉机 1.01 万辆，马车 210 辆，人力胶轮地排车 9.01 万辆，自行车 20.98 万辆。

1991 年后，金乡县大蒜市场持续繁荣，对运输车辆的需求不断增加，老、旧汽车被淘汰，各种新兴国产、进口运输车与日俱增，出现了集体、个人、合资齐上运输工具，抢占运输市场的局面。1995 年底，全县拥有各种营运客货汽车 633 辆，其中载客汽车 28 辆，473 座；载货汽车 605 辆，2709 吨位。到 2005 年，全县运输车辆发展到 1.17 万辆，其中班线客车 295 辆，出租汽车 286 辆、三轮车 800 辆，城乡公交车 33 辆；货车 4267 辆，机动三轮车 4291 辆，拖拉机 582 辆，农用货车 1153 辆。

图 6-3　1995 年金乡县汽车站旁的出租汽车

客运

1990 年，县城出现零散小车出租和摩托车出租客运，乡镇之间多以个体车经营户改装的农用小三轮、小四轮车搞客运。全县年客运量 112.8 万人次，其中，国营客运量 100.2 万人次，个体户客运量 12.6 万人次。

1991~1995 年，相继在汽车站外、东关、北当、南门、清真街设立社会客运停车场；金乡汽车站先后开辟金乡至郑州、北京、天津、东营、青岛、临沂、威海、蓬莱、常熟、温州等地的客运班车线路；增加了至临沂、郑州、常熟、义乌等地往返客运卧铺班车。

1999 年，成立县运输公司劳动服务社公交分公司，始有城乡公交车 25 辆，至 2000 年发展到 33 辆；开通县城至鱼山、王丕、高河、马集、十里铺等线路。2005 年，全县有客运车辆 295 辆；客运线路 63 条，其中，开通省际线路 7 条，跨市 10 条，市内 9 条，县内 37 条；年客运量 244.4 万人次，客运周转量 2.05 万万人公里。每天都有班客车发往外地。城区客运主要以出租车为主。

图 6-4　20 世纪 90 年代初金乡至郑州客车

货运

1990 年，国营、集体货物运输量 121.2 万吨、周转量 7176 万吨公里。2005 年，货物运输量 354 万吨，货运周转量 5.72 万万吨公里。

1991~2005 年金乡县运输车辆和客、货运量一览表

表 6-1-3

项目 年度	各种运输车辆						客运量（万人次）	客运周转量（万人公里）	货运量（万吨）	货运周转量（万吨公里）
	普通载货（辆）	专用载货（辆）	特种汽车（辆）	客车轿车（辆）	其他机动车（辆）	汽车挂车(辆)				
1991	345	7	—	563	381	302	14.5	747	143	8648
1992	392	9	—	679	1462	315	15.3	783	148.7	8985
1993	490	9	—	679	1287	275	16.1	824	90.7	6979
1994	983	15	24	455	918	486	19	975	193	10923
1995	1012	24	21	573	2017	565	141	9626	316	19897
1996	803	46	21	983	4438	584	131	9907	188	18631
1997	997	46	21	1103	5543	584	134	10028	206	23097
1998	1200	43	8	1268	12559	62	132	9037	216	29514
1999	1075	41	10	1210	14593	633	155	8473	253	33998
2000	1120	43	12	1253	14600	642	178	8685	258	35000
2001	1127	76	14	1264	15800	647	193	12510	276	35782
2002	1191	76	14	1312	24600	672	218	14172	294	38053
2003	1411	78	14	1770	24620	581	209	14092	315	44118
2004	1672	78	14	2471	22355	176	227.9	18753	327	50859
2005	1752	82	14	3379	29464	188	244.4	20482	354	57236

营运管理

经营许可 1991年，继续执行交通部《公路运输统一单证使用和管理规定》，对公路运输票证进行规范。统一单证有：公路运输业经营许可证（含副本公路运输营运证）、行车路单、客货运输票证。公路运输统一单证由交通部统一格式，省公路运政管理部门负责印刷、发放和管理。

1995年5月1日起，执行交通部《关于增补公路运输营运证内容的通知》，在道路运输证中增加“车辆技术等级评定”和“车辆二级维护记录”两项内容，以替代《二级维护卡》。

2001年10月1日起，执行交通部《关于启用新版道路运输经营许可证和道路运输证的通知》，核发、启用新版“道路运输证”。核发证期间，新证、旧证同时有效，2002年8月1日废止旧证。2002年2月20日，执行交通部《关于贯彻新版道路运输经营许可证和道路运输证有关事项的通知》，对道路运输经营许可证的发放、道路运输年度审验内容和程序等进行规范，予以严格执行。

2005年12月1日，执行交通部《关于启用新版道路运输证件的通知》，核发、启用新版“道路运输经营许可证”和“道路运输证”，至2006年11月30日核发结束。凡是经营道路旅客运输、道路货物运输、道路危险货物运输、国际道路运输、机动车维修、机动车维修质量检验、机动车驾驶员培训、客货运站（场）的法人单位、个体经营者或大中型企业内部独立核算的单位，均须持有“道路运输经营许可证”；从事非经营性道路危险货物运输的，须持有“道路危险货物运输许可证”。

运输市场整治 2002年11月至2003年6月，开展汽车维修市场整顿，对全县174家汽车维修企业进行检查，其中整改转化10家，取缔6家。2005年，将“平安建设”与整顿道路运输市场秩序紧密结合，把工作重点放在清理收费项目、打击非法营运、强化市场管理、提高运输服务质量上，共查处黑车866辆次，补办营运手续463辆。

运价管理

1989年12月10日，执行山东省人民政府批准后的整车长途普通货物运价：普通车（基本运价为0.26元/吨公里）平均为0.27元/吨公里；小型车平均为0.4元/吨公里。拖拉机运价：2吨位以上的平均为0.26元/吨公里；2吨位以下的平均为0.39元/吨公里。

1991年9月，根据山东省物价局、省交通厅《关于整顿公路汽车货物运价的通知》以及《关于调整理顺我省部分汽车货物运价的通知》，对部分汽车货物运价作适当调整。

1992年9月10日起，执行国家《出租、旅游汽车管理办法》《汽车运价规则》，以及济宁市交通局、市物价局制定的《出租、旅游客运汽车收费标准》。

1993年2月1日起，执行山东省交通厅、省物价局《关于汽车货运加收燃油差价的通知》，收取汽车货运燃油差价。当年5月10日起，执行省物价局、交通厅《关于提高公路汽车省际零担货物运输、国际集装箱运输价格的通知》，收取调整后的汽车零担货物运价。

1995年，执行济宁市交通局、市物价局《关于调整出租客运汽车基本运距运价的通知》，将原出租客运票价由基本里程4千米缩短为2千米，起步价在原票价基础上各增加1元，其他价格不变。

1996年5月1日起，执行《中华人民共和国交通部汽车客运站收费规则》，按一级站10%、二级站8%、三级站和三级以下站6%标准收取客运代理费。

1998年10月1日起，交通部、国家发展计划委员会对汽车货物运价、汽车旅客运价进行了调整，1991年交通部颁布的《汽车运价规则》同时废止。

1999年，山东省交通厅、物价局颁布《关于汽车客运站收取旅客站务费的通知》，对旅客站务费的收取标准作出规定：一级汽车客运站，每票收取1.5元；二级汽车客运站，每票收取1元；三级汽车客运站，每票收取0.5元。随后，省交通厅、物价局下发《关于汽车客运站收取旅客站务费的补充通知》，对旅客站务费进行调整：票价在5元以下的，暂不收取旅客站务费；票价在5元~10元（含）之间的，暂按每票0.5元

计收旅客站务费；票价在10元以上，按鲁交财〔1999〕58号文件规定计收旅客站务费。

2005年1月10日起，按照山东省物价局、交通厅《关于整顿规范我省汽车客运运价的通知》，将坐席基本运价调整为0.08元/人公里，取消汽车客运支线运价和汽车客运燃油补贴，行包运价以100公斤/公里按坐席基本运价的2倍计算。

运输管理费征收

1987年1月1日，执行《山东省公路运输管理费征收使用暂行办法》。对从事营业性客货运输的汽车、拖拉机、其他机动车、人力车、畜力车，从事营业性搬运、装卸、理货作业和汽车维修以及运输服务的单位、个人，均按其营业额的1%计征运输管理费。运输业户营业额无准确记录难以计算的，按车辆标记的座位和吨位计征。当年，收取运输管理费19万元。1990年收运输管理费45万元。

自1992年8月1日起，执行山东省交通厅、财政厅、物价局《关于调整部分营运车辆运输管理费征收费额的通知》，对按定额缴纳运管费的车辆进行调整，调整平均幅度为65%，对客运车辆按营运路线实行差额征收。

1995年11月，山东省交通厅、财政厅颁发《山东省公路运输管理费征收、使用管理办法》，对无健全统计资料、运输额难以核算的运输业户，其运管费按营运车辆的标记吨数和座位计征。载货汽车（含半挂货车、客货两用车）每吨每月征收8.5元。客运汽车按其级型和营运线路实行差额征收（具体标准见附表）。出租客车每座位每月征收7元。

1996年1月1日，《山东省公路运输管理费征收、使用管理办法》颁布实施，从事营运性客货运输的汽车、拖拉机、其他机动车、人、畜力车以及从事营业性搬运、装卸、理货作业和汽车维修以及运输服务的单位、个人均按其营业额的1%计征运管费。

2005年，收运输管理费95万元。

山东省客运汽车公路运输管理费定额征收标准表

表6-1-4　（1996年1月1日起执行）

车辆分类		计算单位	基本费额	跨市地、跨省旅游线路征收费额
普通中级客车	大型（31座及以上）	元/座·月	1.5	1.8
	中型（16—30座）	元/座·月	2	2.4
	小型（6—15座）	元/座·月	3.5	4
高级客车	大型（31座及以上）	元/座·月	2.3	2.8
	中型（16—30座）	元/座·月	3	3.6
	小型（6—15座）	元/座·月	5.2	5.9

养路费征收

1992年，《山东省公路养路费征收管理规定》发布，养路费按费率和费额两种方式征收。对具有完备运输计划、行车记录、统计资料，能够准确反映营运收入总额，县以上交通部门的专业公路运输企业，按营运收入总额的15%计征。对实行承包后难以掌握营运收入的，以及专业运输企业内的非营运车辆则按费额计征。按费率计征以外的车辆，均按核定载重吨位计征，月费额每月每吨位160元。

1994年7月1日起，执行山东省交通厅《关于调整汽车、摩托车养路费征收标准的通知》，汽车养路费征收标准在原有基础上上调20%，即汽车养路费由每月每吨位160元，调整到190元；正三轮摩托车（含简易三轮机动车）按每月每车54元、侧三轮摩托车每月每车12元、二轮摩托车每月每车10元计征。

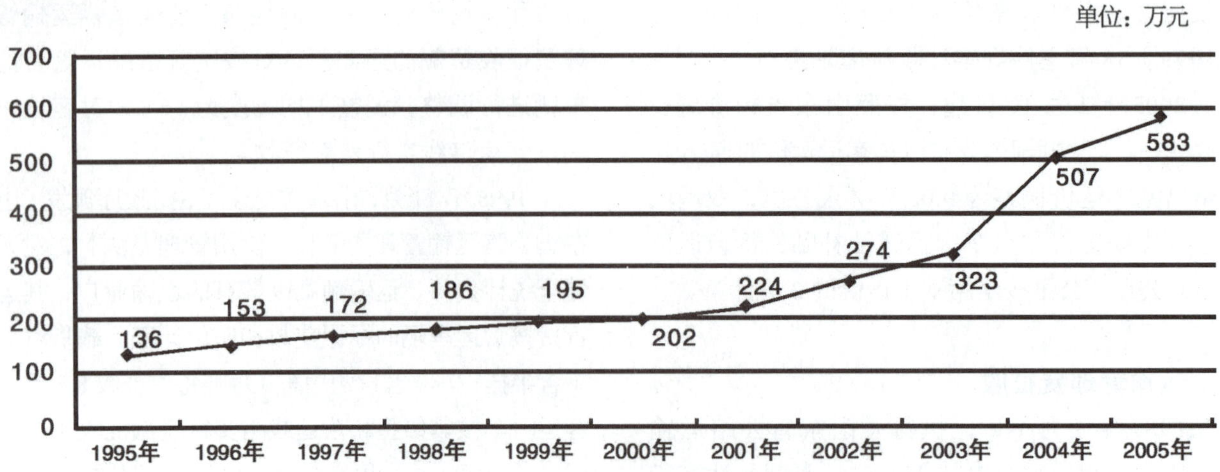

图 6-5　1995~2005 年金乡县养路费征收图

路港建设费征收

1996 年 9 月 1 日起，按照山东省人民政府《关于征收路港建设费的通知》精神，征收路港建设费。凡按费率征收养路费的车辆，按营运总额的 3% 征收。按费额征收的，汽车按每月每吨位 30 元征收；从事营业性运输的轮式拖拉机，按每月每吨位 30 元征收；正三轮摩托车（含简易三轮机动车），按每月每车 10 元征收；侧三轮摩托车、二轮摩托车按每月每车 5 元征收。

附加费征收

1989 年 10 月，山东省计委、经委、交通厅、财政厅、物价局、中国人民建设银行山东省分行联合颁发《山东省货运建设基金征收办法》，货运基金计征标准：公路货物运输按每吨公里 0.02 元计征。对无准确记录、统计资料和会计制度不健全的公路运输代收单位（业户）按核定的车辆吨位计缴。汽车（不含特种车、挂车）按每月每吨位 45 元缴纳；汽车的挂车、拖拉机和其他机动车每月每吨位 24 元缴纳；21 吨以上的特种运输车按每月每吨位 18 元缴纳。

2002 年 11 月，山东省财政厅、交通厅印发《关于规范我省公路客货运附加费的通知》，将“公路客运站队建设基金”更名为“公路客运附加费”；将“公路货运建设基金”更名为“公路货运附加费”。公路客运附加费征收标准：每人公里 0.02 元；会计制度和统计资料不健全的运输业户的客车按每月每座 80 元征收。

交通规费征收标准

表 6-1-5

收费项目	车辆类型	收费标准	征收文件依据
养路费	汽　车	190 元 / 吨月	1. 鲁政发〔1992〕110 号文 2. 鲁交计〔1994〕105 号文 3. 鲁价涉字〔1993〕213 号文
	挂　车	133 元 / 吨月	
	大　拖	45 元 / 吨月	
	小　拖	45 元 / 吨月	
	正三轮	54 元 / 车月	
	侧三轮	12 元 / 车月	
	二　轮	10 元 / 车月	

续表 6-1-5

收费项目	车辆类型	收费标准	征收文件依据
路港建设费	汽车	30元/月吨	鲁政发〔1996〕71号文
	拖拉机	30元/月吨	
	正三轮	10元/月车	
	侧三轮	5元/月车	
	二轮	5元/月车	
管理费	汽车	8.5元/吨月	鲁交计字〔1995〕159号文
	挂车	7元/吨月	
	拖拉机	7元/吨月	
	大客（31座以上）	1.5元/座月	
	中客（16-30座）	2元/座月	
	小客（6-15座）	3.5元/座月	
货运附加费	汽车	45元/月吨	鲁财综〔2002〕78号文
	挂车	24元/月吨	
	拖（其他机动车）	24元/月吨	
	特种车（21吨以上）	18元/月吨	
	特种车（21吨以下）	24元/月吨	
客运附加费	客车	80元/月座	鲁财综〔2002〕78号文

运输企业

金乡汽车站 1953年，原站址在老城西关，济商、菏枣公路交叉路口北首，与公路管理站在一旧民房内办公。1957年，移至县城东关金乡中学东邻建站。1972年，因济商公路改道，汽车站又迁回西关济商与菏枣公路交叉路口西北侧，新站占地面积10485平方米，站房建筑面积1155.28平方米。1994年，进行扩建，站房建筑面积2190平方米，候车室可容纳旅客800人，有5个售票窗口、5个检票口和20多个发车位，日发送旅客1.5万人次左右。1999年，金乡汽车站被山东省交通厅评为二级客运站。2005年，经营客运线路26条，始发班次96个，跨省班车辐射上海、浙江、江苏、陕西、河南、北京、天津等省市，是金乡县重要的交通枢纽和旅客集散地。车站实行信息化管理，安装使用了LED电子大屏幕、电视安全监控系统、微机售票、检票管理系统、小件快递综合管理系统等，实现了智能化、现代化站务管理和服务，为广大旅客提供了优质、高效信息化服务平台。

济宁交运集团一分公司 位于金乡县城西关，占地面积9000多平方米。公司以客、货运输为主，兼营汽车修理、汽车零配件及车辆燃油销售。2005年，有职工159人，各类技术人员70余人；拥有营运客车65辆，经营线路23条，时为济宁交运集团通车里程最长、班线覆盖面积最广的分公司之一。

金乡县运输有限公司 成立于1958年，集体企业。20世纪90年代初，公司面向职工实行承包经营。1995年，进行股份制改造，更名为“金乡县运输有限公司”。1999年，公司筹办公共客运，设“金乡县运输有限公司劳动服务社公交汽车分公司”，有公交车辆33辆，运行城乡公交线路5条。1999~2005年期间，货运车辆保持

在50部左右。

第四节 公路管理

国道、省道管理

1991~2005年，金乡公路局实施《中华人民共和国公路管理条例》和交通部颁布的《实施细则》《公路路政管理规定》等法律法规，在路政管理活动中，加大巡查力度和路域环境综合整治，依法维护路权；公路养护定人、定岗、定任务，逐步推进养护机械化、科学化进程；养路费征收实现省、市、县三级联网，严格征收纪律，加强费源管理。公路管理、养护日趋制度化、规范化、科学化和程序化。

1992~2005年金乡县公路局路政管理情况一览表

表6-1-6

年度＼项目	培训执法人员（人）	出动宣传车（台/次）	发宣传材料标语（份/条）	实施路政巡查（公里）	拆除违章建筑（间/平方米）	清除路面堆积物（立方米）	清除非路标志（块）	查处路政事案（件）
1992	45	351	/46	—	1439/22014	15516	440	17
1993	24	210	/60	—	566/9390	60996	202	9
1994	20	206	200/105	14300	210/2340	—	280	32
1995	83	214	320/235	15600	200/2000	4980	320	56
1996	20	196	260/350	13800	48/1200	3000	380	108
1997	30	297	100/640	13500	38/910	3000	420	124
1998	8	200	160/140	20600	95/2000	4940	550	303
1999	20	380	8120/40	27600	117/1800	9100	1320	636
2000	8	208	17160/35	23300	53/988	9510	1390	437
2001	12	284	36950/32	43650	87/1588	32050	348	310
2002	16	252	26550/15	65600	79/2450	23680	432	300
2003	22	122	35800/5	39900	49/2000	砌边沟2500	555	233
2004	139	36	6500/24	51900	44/1235	—	350	196
2005	49	14	55000/25	58910	39/780	迁集市2处	308	177
合计	496	2970	187120/1646	388660	3064/50695	166772	7295	2938

1991~2005年金乡县公路局公路养护一览表

表6-1-7

年度＼项目	养护长度（千米）			养护综合完好率（%）			养路费征收（万元）	
	国道	省道	合计	国道	省道	综合	计划	实收
1991	39.3	62.9	102.2	100	96.6	99	262	368.3
1992	39.3	63.3	102.6	100	100	100	309	321
1993	39.3	63.3	102.6	100	99	98.6	463.6	496.2

续表 6-1-7

项目 年度	养护长度（千米）			养护综合完好率（%）			养路费征收（万元）	
	国道	省道	合计	国道	省道	综合	计划	实收
1994	39.3	63.3	102.6	100	100	100	464	494
1995	39.3	63.3	102.6	100	100	100	830	884.2
1996	39.3	63.3	102.6	95.1	90.7	91.8	950	998.41
1997	39.3	63.3	102.6	100	87.5	92.7	1330	1354.3
1998	39.3	63.3	102.6	100	84.8	91.1	1420	1427.7
1999	39.3	64.7	104	92.4	77.4	83.2	1430	1327.4
2000	39.3	63.3	102.6	93.6	72.8	80.8	1400	1439.8
2001	39.3	63.3	102.6	—	—	69.5	1450	1497
2002	39.3	63.3	102.6	—	—	76	1680	1717
2003	40.2	62.9	103.1	90	56.2	73	1850	1886.61
2004	40.2	62.9	103.1	87.6	70.6	77.2	2130	2269.96
2005	40.2	64.3	104.5	—	—	—	2450	2493.1

县乡公路管理

1980 年 10 月，山东省人民政府发布《关于加强公路管理的布告》，金乡县交通管理部门对沿线摊贩、茶棚逐一进行登记、限期迁移，5 处集市迁离公路。1981~1987 年，广泛宣传交通安全常识，整顿交通秩序，清除交通障碍，制止在干线公路上打场晒粮，确保公路安全畅通。对损坏公路设施的依照省交通厅颁发《损坏公路设施赔偿费标准》进行处理。1988 年 6 月 28 日，《中华人民共和国公路管理条例实施细则》对公路路政管理范围、管理权限和违章处理作出明确规定。金乡县路政管理机构进一步健全，路政人员得到充实，并按规定着装，路政管理纳入法制化轨道。

1990 年 9 月，执行交通部《公路路政管理规定》和山东省交通厅《关于加强公路路政管理工作的通知》要求，依法治路，维护公路合法权益，保障公路完好畅通。1991 年 6 月，金乡公路站充实专职路政管理人员 2 人。同年 5 月，按省政府办公厅通知要求，将公路标志线由公安部门划归县交通部门统一设置、维护和管理。县政府印发《关于加强公路养护与管理工作的规定》，分管副县长等领导干部亲临拆除违章建筑现场指导工作，县人大常委会专门听取公路站工作汇报，组织人大代表视察，帮助解决公路管理工作中出现的问题。

1992 年 11 月，济宁市人民政府印发《济宁市汽车专用公路管理暂行办法》。1993 年 11 月，执行省公路局《山东省公路路政管理工作制度（试行）》《山东省公路路政管理执法程序暂行规定》和《国、省道路政管理达标路段标准》。1994 年 7 月，执行济宁市公路管理局、工商局、土管局、公安局联合印发《关于对公路两侧建筑进行规范化管理的通知》。2003 年 4 月 1 日，交通部颁布《路政管理规定》，县交通局组织路政管理人员学习贯彻，依规维护路产路权，对辖区公路依法进行综合整治，拆除控制区范围内的违章建筑，完善公路沿线桥梁标志、标牌，持续进行路政巡查，及时查处路政事案，强化路政许可，严格审批程序管理，营造畅、洁、舒、美路域环境。

1991~2005年金乡县交通局路政管理工作一览表

表 6-1-8

年 度	路政巡查（次）	拆除违章建筑（平方米）	清除路面堆积物（立方米）	清除非法标志（块）	查处路政案件（件）
1991	52	25	150	30	2
1992	58	60	130	28	5
1993	83	55	138	31	4
1994	88	40	142	26	12
1995	96	48	156	23	22
1996	105	55	178	40	30
1997	112	60	199	32	38
1998	125	58	140	38	120
1999	157	60	130	41	150
2000	169	120	156	51	180
2001	165	100	190	39	205
2002	201	105	180	42	280
2003	262	150	200	45	320
2004	265	200	190	50	385
2005	263	350	160	52	490

交通稽查 1996年11月1日，《山东省道路交通检查工作暂行规定》发布施行。1997年3月，县交通局设立交通稽查大队。职责是：检查运政管理有关法规执行情况，以及国家规定的禁运、限运和特殊要求的物资等，处理各种侵占毁坏公路及其设施的行为；检查养路费、车购费、运管费和客、货运基金等交通规费的交纳情况；依法按规定程序处理违章行为。1997~2001年，县交通稽查大队内设3个中队，编制20~23人；2002~2005年，有4个中队，编制25~27人。其间，稽查大队克服各种困难和不利因素，加强自身建设，加大稽查力度，规范道路运输市场秩序，对违章、违规车辆坚持以教育为主、处罚为辅，确保交通法律、法规的贯彻落实，促使业主守法经营，为创造完善、高效的交通政务环境奠定坚实基础。

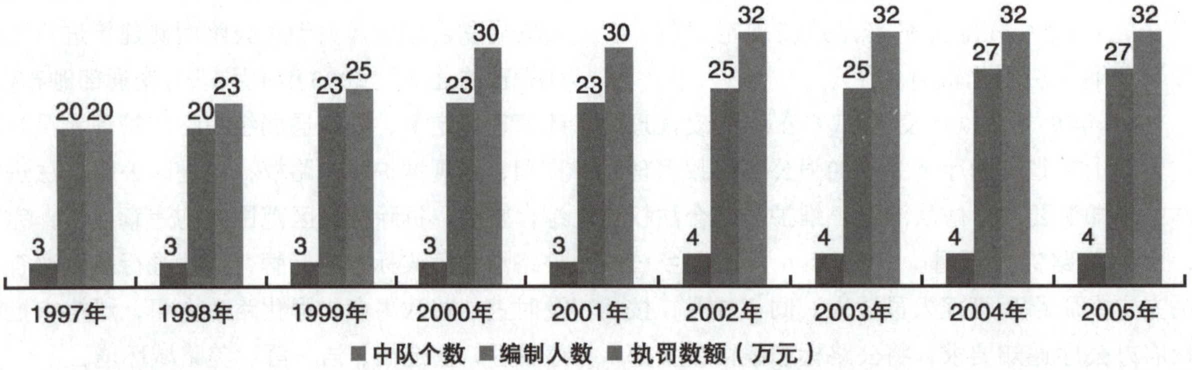

图 6-6 1997~2005年金乡县交通稽查大队人员编制及执罚数额图

公路养护

养护队伍 1950年，金乡县公路站成立。境内济商、东丰干线公路由县公路站组织沿线村庄群众养护，每人1千米，每天补助生活费0.05元。1958年，废止群众临时养护制度，县公路站27名职工分成4个养护小组，养护长度39.3千米。1960年，设城关、李桥、十里铺、窦堂、胡集5个工班，每工班有7~9名专业养路员。1962年，增设淳集工班，配5名专业养护员。1972年，增设小大义工班。1988年，撤销窦堂工班。全县8条县乡公路，分别由县公路站派一名职工任路段管理员，组织沿线村庄选派的养路员进行养护。群众养路员每天补贴0.8元，由县公路站支付。

1990年，全县有专业养路员96人，养护长度103.7千米；群众养路员89人，养护长度200.6千米。1995年，有农村道路养护人员68人，由事业编制人员、正式合同工和农民工组成，具体从事农村公路养护工作。2000年，县、乡公路分路面、路肩两个专业养护队伍，共有管理养护人员44人，养护长度120.3千米；乡村群众养路员82人，养护长度238.5千米。2001年6月，交通部印发《公路养护工程管理办法》，公路养护工程管理工作实行“统一领导，分级管理”。同年，山东省交通厅印发《山东省公路养护工程管理实施办法》，其中规定：乡道养护工程管理工作，由乡（镇）人民政府负责，县级交通主管部门负责行业管理和技术指导。公路养护工程资金主要来源于国家依法征集的公路养护资金、财政拨款、车辆通行费和国务院规定的其它筹资方式。2002年10月1日起，参照执行《山东省公路养护小修保养管理办法》，对路面、路基构造物、桥涵、沿线设施、绿化及其它附属设施实施预防性保养，及时修补其轻微损坏部分，确保公路畅通。2005年，金乡县实行县道县管、乡道乡管、村道村管的分级养护模式，县道由县交通局所属的公路管理机构负责养护管理，乡道、村道由专职或兼职人员负责养护管理。是年年底，县乡公路有专业养护队伍1个，28人，主要负责路面养护，养护长度127.8千米，养护人员工资按日工标准由交通局发放。县道路肩养护有交通局负责；乡村公路路肩养护有乡村群众养路员出义务工负责，共计152人，利用农闲季节维护，养护长度420千米。

养护设备 1950年，常用养护工具有铁锨、镢头、扫帚、抬筐等，由群众养护员自带。1960年，每个工班配置短棚地排车2辆、机动三轮车1辆。1968年，县公路站购置压路机，各工班配备12马力拖拉机。1987年，投资30万元，在胡集工班建太阳能沥青油库，容量200吨。

1990年，县公路站有750便挂三轮1辆、沥青保温车1辆、12吨三轮压路机1台、12马力小四轮拖拉机2辆、30吨沥青罐1个、沥青炒盘4块。1995年，有黑豹农用汽车1辆，沥青保温车2辆、12马力拖拉机2台、1.5吨装载机1台，株洲产沥青洒布车1台、东丰自卸汽车1辆、沥青炒盘6块，6吨、12吨、21吨压路机各1台。2000年，配备双排农用汽车1辆、面包汽车1辆、12马力拖拉机2台、30马力拖拉机1台，6吨、8吨、12吨压路机各1台、21吨压路机两台、沥青保温罐两个、自卸汽车3辆、滚筒式沥青混凝土拌和机1台、1.5吨装载机1台、3吨装载机1台、沥青摊铺机大小2台、100吨大油罐1个、30吨油罐2个；料场、拌合场地1处30亩。2005年，有面包车2辆，6吨、8吨、12吨压路机各1台、21吨压路机2台、沥青保温罐2个、1.5吨装载机1台、3吨装载机1台、沥青摊铺机大小2台、100吨大油罐1个、30吨油罐2个、高塔沥青拌和站1个、路面专用多功能养护车1辆、养护平板振动夯1台、割草机2台、切割机2台。

公路绿化 1951年3月始，境内公路路段统一规划，由县公路站出树苗，养路员分段栽植。1975年2月，济宁地区公路段统一绿化标准：一路六行，外柳里杨，株距两米，行距一米，因地制宜，合理密植；如植单行，株距1.5米。1984年，执行山东省政府《关于进一步放宽林业政策若干规定》，将绿化的干线路树分段包给养路工班、队或沿线农民抚育管理，树木采伐时，树根和直径不足10厘米的树枝及矮林收益全部归承包者，树干对半分成；县乡公路由承包者筹苗、栽植、管理，

收益全部归承包者；干线公路新植路树，由公路部门统一规划，提供苗木或资金，包给农民管理，收益比例分成，大头归户。1988年，公路绿化包括种植乔木、灌木、草、花等绿化植物，宜乔则乔，宜灌则灌，宜草则草。一、二级公路种成乔、灌、草、花多层立体结构，路肩、边坡、分隔带全面铺种；三、四级公路乔、灌、草并茂，公路两侧绿化布局采取“近草、中灌、远乔”的形式。1989年，公路实行分级管理，县乡公路绿化实行“部门规划、部门管理、乡镇栽植、收益归农”管理办法，即县乡公路绿化栽植工作由沿线乡镇具体实施，收益全部归乡镇所有。1990年，山东省公路管理局先后下发《山东省一、二级公路绿化工程技术标准（试行）》和《山东省公路路线绿化工程检查评定方法》，全县公路绿化步入“路树标准化，品种优良化，管理现代化，上乔下灌”和“乔、灌、花、草一起上”良性发展轨道。是年，县道绿化68千米，主要是在路肩种植大叶杨；乡村公路绿化319千米，树苗有公路沿线村民提供，管养、收益归村民。

1995年，县道绿化85.2千米，乡村公路绿化483.4千米，绿化率占路段全长的66%。主要种植杨树。2000年，县道绿化里程104千米，乡村公路绿化723.6千米，绿化率占路段全长的83%。2005年，县道绿化里程80.1千米，乡村公路绿化711.8千米，绿化率占路段全长的80%。绿化以种植杨树为主，开始种植观赏树木。全县栽植行道树计110余万株。

图 6-7 1995年县城北小三角绿地

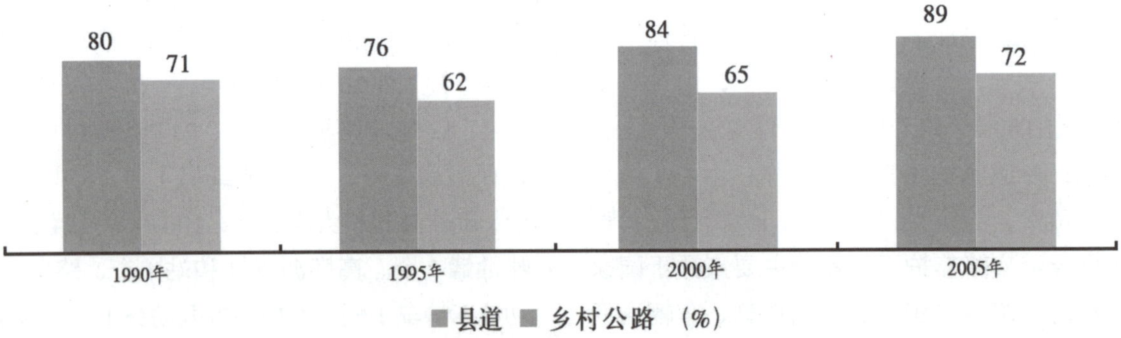

图 6-8 几个年份金乡县县道和乡村公路好路率

第二章 水 路

金乡航运管理处，原称“济宁运河航运局金乡港”，始建于1971年6月，地处县城东关。1988年，改称“金乡航运管理处”。1999年，济宁市机构编制委员会发文明确为正科级单位，内设办公室、财务科、航运管理科、运输管理科、海事船检科、安全管理科。2002年8月，济宁市编委〔2002〕35号文批复加挂山东省济宁市地方海事局办事处牌子，为山东省港航协会会员单位。

第一节 航 道

新中国成立初期，河道未得根治，只有汛期才能通行木船。1967年始，开挖东鱼河，对老万福河、大沙河等16条河道进行治理，开挖引水深河，全县14个乡镇通航。1990年，全县通航桥梁41座，通航长度161.5千米。2005年，金乡境内共有大小河流24条，其中深槽河道13条，总长201.9千米。13条深槽河道自北向南依次有北大溜、新万福河、老万福河三条河流为干流，向东北方向直通南阳湖（京杭运河），北大溜汇通蔡河；新万福河汇通吴河、大沙河；老万福河汇通金济河、莱河、东沟、苏河、白马河。由于干旱少雨，仅有8条河流可通航，通航长度境内约70千米，其中六级通航长度50千米，七级通航长度20千米。常年可通行200吨~1400吨级船舶。

图6-9 1997年金乡县西沙河

第二节 港 口

1970年前，船只依自然河岸停靠装卸。1971年始建码头，至1980年，共建30吨~60吨级泊位码头8个，简易码头7个。2005年，全县有大小码头作业区69个，大多分布在新万福河、老万福河、莱河、大沙河、羊山运河、白马河等河流两岸，其中莱河东西两岸砂石码头有26个，吞吐量较大，占全县码头总吞吐量的2/3。其他分布在：新万福河两岸卜集吕庙、羊山、鱼山孟楼桥6个；老万福河南北两岸17个；大沙河何楼桥北临东岸2个；霄云下游白马河桥南北3个；高河乡东沟河郎庄桥南北3个；羊山运河南北岸12个，规模较小。因羊山桥（又名文革桥）属危桥，需重建或改建，已封航，码头作业区停止经营。

全县69个码头作业区共有塔吊机98个，塔吊操作工120人。正常经营的码头作业区年吞吐量为717.1万吨，占地面积10万余平方米。10个经营煤炭中转码头作业区大多是个体私营。至2005年，取得山东省交通厅港航部门行政许可的有6个作业区，分别是：金桥港务有限公司、金乡港金福作业区、金乡港高河作业区、金乡港金莱作业区、金乡港万福作业区、金巨有限公司作业区。

图6-10 2005年莱河金巨港

第三节 货 运

1991~2005年，随着山东运河经济带的形成，以及金乡经济全面发展和繁荣，金乡航运业得到快速发展，运输船舶（队）大型化、集约化优势明显，运量、周转量大幅增加，金乡已成为北煤南调中心和南货北运货物集散地，重点航道成为名副其实的黄金水道，特别是京杭运河治理及三级航道贯通，更为金乡水路运输提供了千载难逢的历史机遇。2002年航运煤炭及砂石等物资50万吨，2003年70万吨，2004年90万吨，2005年150万吨。

第四节 管 理

金乡县河道航运管理主要由航道管理科、运

输管理科、海事船检科、安全管理科负责。依据《河道管理条例》，县政府出台有关文件，明确规定：不经县政府批准不得随意在河岸建港；不经县水务局同意不得在河岸设置码头装卸货物。各航道码头工作区装卸砂石料等不得抛、漏堵塞河槽及河床；各码头工作区安装吊塔不得在河岸筑台；修建装卸货物道路不得破堤或堆土；各码头工作区要保持环境卫生，停留船只不得乱抛垃圾和向河内倾倒污水。对重点航道定期测量清淤，对码头工作面及时修整。

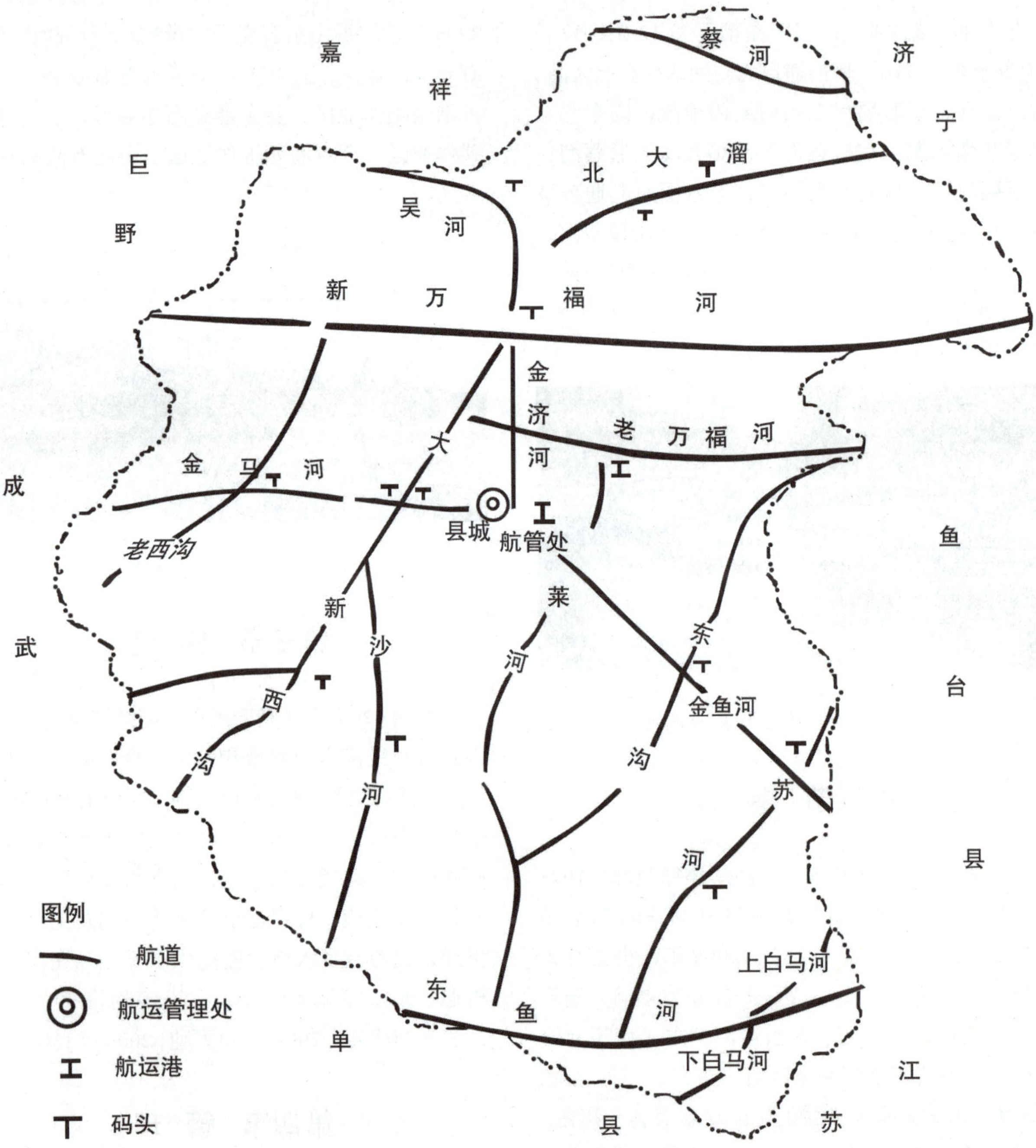

图 6-11　金乡县河道位置图

第三章 邮 政

1991~1998 年，金乡县邮电局下设 15 个邮电所（含邮政储蓄网点）。1998 年 9 月 1 日，实行邮、电分离，撤销县邮电局，成立金乡县邮政局和金乡县电信局。县邮政局下设综合办公室和经营服务部。综合办公室负责财务、人事、工会、教育、政工、车队；经营服务部负责速递、广告、集邮、报刊零售、音像租赁、发行投递、综合营业 6 个公司和中心储汇支局、中心邮政营业室、邮件转运处理中心。

1999~2000 年，县邮政局对所属公司、支局、中心等多次进行整合、增设。2005 年，内设综合办公室和市场部。其中综合办公室负责工会、政工、党务、计划生育、财务、安保、后勤、技术维护等项工作；市场部负责检查室、机要室、封发室、速递公司、物流公司、广告公司、发投公司、集邮公司、电信业务部 9 个业务部门的工作。

第一节 邮路 设备

干路

2000 年前，金乡进出口邮件一直延续兖州—金乡—鱼台邮路经转，邮路单程长 80 千米，运邮频次每日一次。2000 年，将运邮频次调整为每日两次。2001 年 1 月，济宁市邮件处理中心建成运行，金乡进出邮件改兖州经转济宁，开通济宁—金乡—鱼台邮路，同时，废除兖州—金乡—鱼台邮路。调整后的邮路仍属省内二级干线自办汽车邮路，单程长 50 千米，运邮频次每日 2 次。

县路

1995 年 7 月，由委办自行车邮路调整为自办汽车邮路，此后，一直采用邮件运输和支局敛送款合并运行，并根据分支机构分布情况组划南北两条邮路。

南路：县城—马集—鸡黍—司马—霄云—化雨—兴隆—王丕—县城，邮路单程长 62 千米。

北路：县城—鱼山—马庙—羊山—胡集—大义—卜集—高河—金桥（煤矿）—县城，邮路单程长 68 千米。2000 年 8 月，金桥（煤矿）新址移至县城，北路运邮路线调整为：县城—鱼山—马庙—羊山—胡集—大义—卜集—高河—县城，单程长 63 千米。

南北两条邮路，运邮日出 2 班。

设备

1990 年，县邮电局有汽车 1 辆，自行车 39 辆。1995 年，有汽车 5 辆，计算机 22 台。1998 年邮电分营。2005 年，邮政局有汽车 7 辆、计算机 30 台。

第二节 邮路投递

城区投递

1998 年后，金乡社会经济发展迅猛，城区范围扩大，邮政业务增加，市内投递段道多次进行调整。2005 年，城区投递段道增至 8 条。分别为：一段道由邮政局经民政局、公安局、供电公司、金樱公司、化肥厂等 91 个点 17 千米；二段道由邮政局经信用联社、网通公司、苏果超市等 83 个点 16 千米；三段道由邮政局经光明商厦、金师附小、水务局、一中、师范等 75 个点 15 千米；四段道由邮政局经县委、县政府、县人大、县政协、体育局、县社等 93 个点 13 千米；五段道由邮政局经法院、检察院、交通局、党校、金乡镇政府等 72 个点 14 千米；六段道由邮政局经国土局、建设银行、交警队、防疫站、国税局、农业局等 84 个点 13.5 千米；七段道由邮政局经县医院、环保局、计划生育局、地税局、教师进修学校等 86 个点 14.5 千米；八段道由邮政局经汽车站、运输公司、卫生学校、金乡二中、生产资料公司、鲁西南宾馆等 94 个点 25 千米。每个段道路日均投递 2 班。

农村投递

1996 年，随县内行政区划调整，对农村投递

路线作相应调整，在保留原有投递路线的基础上，增设大义、金马各一条投递路线。当年年底，全县共有农村投递路线33条，邮路总长1430千米。2000年，大义、金马两乡被撤销，投递路线调整为32条（其中兴隆、王丕、司马、化雨、霄云、鱼山、高河各2条，鸡黍、马庙、羊山、胡集、卜集、县局驻地各3条），总长1445千米，均为自行车邮路，投递班期为每周6班，至2005年不变。

1998年邮电分营后，县邮政局人员编制少、力量不足，遂将农村投递工作委托社会相关人员承办。2000年1月起，对农村投递人员实行以考核报刊流转额为主要内容的承包责任制，完成全年计划按16%、未完成计划按14%、超计划部分按17%提取承包金。

2002年，在全县农村投递工作中恢复“送包”“送汇”延伸服务活动。对居住偏僻村庄或老弱病残领取汇款、邮件确有困难者，每笔汇款在500元以下按1%、500元~1000元按6元向收款人收取劳务费。包件重量在2000克以内每件收取1.5元，2000克以上每件收取3元。

第三节 邮政业务

1991~1995年，县邮电局开办的业务有：函件、包裹、汇兑、邮政储蓄、报刊发行、零售、机要通信、集邮、特快专递等。函件，1991年139.9万件，1995年80.7万件；包件，1991年3.6万件，1995年5.2万件；机要文件，1991年858件，1995年727件；订销报纸累计份数，1991年446.2万份，1995年338.4万份；邮政储蓄余额由1990年的750万元，发展到1995年的5183万元，年均递增率为52.78%；特快专递1991年开始起步，到1995年业务量达到1.5万件，网点遍布全县15个邮电所。邮政处理设备基本实现机械化，窗口行业受理实现微机化。1998~2005年，各项邮政业务又有了新的发展。

函件业务

1998年9月1日，邮电分营后邮政业务走上承包经营轨道。县邮政局制定《邮政业务单项奖励办法》，激励职工发展各项业务。当年，借助信函专营优势，联合县妇联实施“春蕾计划”，发行有奖募捐明信片10万枚；借助金乡盛产大蒜、金谷优势，大力发展邮购业务，向全国各地发出部分商函。

1999年3月1日，国内函件业务资费调整。信函首重100克内每重20克本埠（县）0.6元，外埠0.8元；续重101克~2000克每重100克本埠1.2元，外埠2元。明信片每件0.6元。印刷品首重100克外埠0.6元；续重每重100克本埠0.15元，外埠0.3元。邮简每件0.6元。回音卡每件0.6元。盲人读物按平常邮件寄递免费。邮送广告资费同印刷品。寄递支票、党、团关系、户口迁移证等重要单据、证件，须作保价信函交寄，保价费每保1元收取0.01元，每件最低收取1元。挂号费每件2元。回执费每件3元。存局候领手续费每件1元。取消邮件附加费。废除特种挂号信函业务，将特种挂号信函寄递范围纳入保价信函寄递。同日起，对寄往港澳台地区的信函增加20克~50克档次，资费为2.8元，印刷品增加20克~50克档次，资费1.5元。同年3月16日，停止办理“邮电公事”邮件业务，对邮政部门内部寄递的各种邮件一律照章纳费。

2000年，开拓商函广告业务市场，为商业信函客户提供设计、印刷、投送一条龙服务。以“明明白白消费年”活动为契机，经主动联系，在通信、银行、电力部门账单业务上有较大突破，成为一项稳定收入。《中邮专送广告》广开客源。

2002年，将函件业务作为邮政核心产品，广告公司工作人员走街串巷，拜访个体户、养殖场、企业团体等，向其介绍商函优势，当年完成12.1万件。

2003年，突出发展商函、中邮广告、邮资封、片业务，深挖市场潜力。《中邮专送广告》每周一期。利用在金乡举办国际大蒜节之机，发行“大蒜节”邮资封6万枚；与金乡真菌研究所合作，发送商函6万封；建立健全高考学生名址库，并向民办学校重点推介，发展招生商函3000封。

2004年1月1日，对函件业务中的部分资费进行调整：邮件每件本埠仍为0.6元，外埠调整为

0.8 元。挂号费每件由 2 元调整为 3 元。撤回邮件或更改收件人名址手续费每件由 2 元调整为 3 元。

2004~2005 年，开展企业金卡攻坚活动，揽收金卡 47 万枚。《中邮专送广告》全年出版 152 期。2005 年，函件收入完成 67.26 万元，其中，中邮专送广告完成 16.7 万元，商函完成 3.88 万元。是年 2 月 1 日，对函件业务部分资费进行调整：印刷品首重 100 克本埠由 0.3 元调整为 0.4 元，外埠由 0.6 元调整为 0.7 元，续重 101 克 ~5000 克每重 100 克本埠由 0.15 元调整为 0.2 元，外埠由 0.3 元调整为 0.4 元。

包件业务

1998 年 9 月 1 日邮电分营后，包件业务收入呈下滑趋势，完成年计划的 72.23%。1999 年，出台邮购等专业公司承包办法。在《山东邮电报》做广告，扩大邮购市场，在各支局尝试开办小型邮购业务。当年年底，包件收入完成 22.23 万元，同比增长 11.53%。

2000 年，开展“良种搭邮车，科技送万家”活动，邮购业务迅速壮大，金乡大蒜、金谷小米等邮购市场广阔。

2001 年 8 月 1 日，恢复开办国内快递包裹业务，依据收、投局空间距离制订资费标准。

2003 年，快递包裹率 90%，各支局业务发展平稳。

2004 年 1 月 1 日，存局候领包件手续费每件由 2 元调整为 3 元；撤回或更改收件人名址手续费每件由 2 元调整为 3 元。

2005 年 4 月 20 日起，收寄寄往香港的包件，其限重提高到 40 千克。开拓商包季节性包裹市场，对协议大客户提供包裹、速递、物流一揽子产品组合服务，包件收入 26.19 万元。

金乡县包件邮寄资费收取一览表

表 6-3-1

资费 / 距离	首重 1000 克资费（元）	续重	
		5000 克以内每 500 克加收（元）	5000 克以上每 500 克加收（元）
500 千米及 500 千米以内	5	2	1
500 千米至 1000 千米	6	2.5	1.3
1000 千米至 1500 千米	7	3	1.6
1500 千米至 2000 千米	8	3.5	1.9
2000 千米至 2500 千米	9	4	2.2
2500 千米至 3000 千米	10	4.5	2.5
3000 千米至 4000 千米	12	5	3.1
4000 千米至 5000 千米	14	6.5	3.7
5000 千米至 6000 千米	16	7.5	4.3
6000 千米以外	20	9	6

汇兑业务

1998 年 8 月 1 日，开办电报入账汇款业务，有关汇兑业务种类、资费、处理手续不变。

1999 年 3 月 1 日，汇款最低费用及撤回汇款手续费由 1 元提高到 2 元。6 月 1 日，开办特快汇款业务。资费除按现行规定收取外，另加收特快处理费每张 10 元。8 月 1 日，电报入账汇款收费标准按规定收取外，不再加收其他费用。10 月 1 日，办理用户一次交汇 1 万元 ~5 万元超限汇款业务，收费标准以 1 万元为计费单位，5 万元以内实行累加计算。

2001 年 11 月，将汇兑业务纳入电子汇兑系

统运行，通称电子汇兑业务。原普通汇款和电报汇款业务终止。

2002 年 1 月 13 日，进行省际间电子汇兑业务全面切换，电子汇款费率与原普通汇款、电子汇款费率相同，最低收取 2 元。10 月 1 日，对汇款附言超字段部分实行按字收取资费，每个汉字（两个字节）收取 0.1 元，标点符号或字母视为 1 个字节，不足 2 个字节免收资费。10 月 8 日，调整国内邮政电子汇款限额标准，由每笔最高限额 1 万元提高到 5 万元，基本费率不变，每笔最低汇费 2 元，最高 50 元。

2003 年 3 月 1 日，停止办理“公事汇款”，各类邮政业务汇款均照章纳费。当年 3 月 20 日，在全省范围内正式开办邮政电子汇款回执业务，资费标准除收取正常汇费外，每笔加收回执费 3 元。

2004 年 8 月 1 日，开办电子汇兑短信汇兑业务，手续费按每笔 1 元计算。

2005 年，为方便用户通过网通灵活、便捷支付汇款，开办“网通卡”业务。分 10 元、50 元、100 元三种面额。网通汇款每笔最低限额 10 元，最高限额 2000 元。

发行业务

1998 年 11 月 2 日，县邮政局召开第一届职工（会员）代表大会。突出抓好报刊征订，加强指挥调度，借助行政和社会力量，对重点客户上门收订，适当延长收订网点营业时间，零星散户由投递员上门收订。同时，调整全国各类报刊要数批次，报纸、杂志分别为 3 个和 8 个批次。收订时限：“报纸按月，杂志按季”，每年 2 月、5 月、8 月、11 月作为订阅次月、次季或下年报刊的预订时限。

1999 年，报刊业务实行承包经营责任制，制订《年度报刊破订、续订流转额计划》，开展报刊收订“突击月”竞赛活动，对职工收订报刊按定价的 8%、零售按零售额的 18% 进行奖励兑现。工作重点放在自费订阅用户上，定制信报箱 3000 个，对私人用户实行送信报箱，投递到户，订阅有奖。在县城内建报刊零售亭 10 处，扩大报刊零售，当年零售额实现 16 万元。

2000 年，继续开拓私费订阅和报刊零售市场，新增报刊零售亭 5 个；在全县 14 个支局试办报刊零售业务。投递工作由单纯服务型向经营服务型转变。

2002 年 9 月，巩固老订户，发展新订户，组织开展“百万订单进万家”活动。发征求意见函 399 封，信息反馈率 90% 以上。补缺报、少刊 743 份（册），无法补送的退款 438.6 元。

2003 年，落实激励政策调动投递人员收订积极性，减少缺报、少刊现象发生，投递员到学校、小区居民家中推荐收订，扩大邮发报刊市场占有率。与 6 所中、小学签订图书销售协议，销售图书 11500 册。

2004 年，全员参与市场营销，共营销《齐鲁晚报》2300 份，《山东科技信息》650 份，《城市信报》440 份，实现报刊流转额 263 万元。是年 9 月，全国杂志要数批次由 3 个调整为 2 个。

2005 年，适应市场竞争和个性化需要，着力投资体制建设，从体系、机制、硬件、标准化、外部环境等方面强化措施，使机制、效率、效益紧密结合。当年完成流转额 295.3 万元。

速递业务

1998 年 9 月，制订拓宽特快专递业务发展规划，大力发展货运、礼仪、税务文书快递、信汇、往来凭证、收件人付费等业务，加强对 185（中国邮政客户服务电话）特服号的宣传。

1999 年，对速递业务经营机制进行改革，与速递公司签订承包经营责任书，采取激励政策，调动职工积极性。当年，特快收入完成 33.99 万元，比 1998 年增长 46.83%。

2000 年，与公安、司法部门协商，达成特快专递投送居民身份证和法律文书协议，全县身份证快件及普通证件交邮政部门代办投递每月 1000 余件。开展“鲜花蛋糕为职工贺生日”业务，以每名职工 100 元的价格，与多家单位签订投送协议。在县城及各乡镇网点开办手机销售、入网和代办福利彩券销售业务，利用投递网络优势开办送纯净水业务，收入较好。当年7月1日，对寄往世界各国，中国香港、澳门、台湾和各省、市、自治区、直辖市的速递邮件资费进行调整。

2002年，抓住市场卖点，利用情人节、母亲节、圣诞节、生日、寿辰等有利时机，开拓鲜花礼仪业务。

2003年，开展“多说一句话”和“只要您打一个电话，剩余下的事由我来做”优质、规范服务活动。联合工商、公安等部门，打击清理非法的“大千速递公司”，夺回了市场。与工商和税务部门合作，开发营业执照和税务登记证投递业务。与县教委协商开办寄递学生档案业务。当年，速递业务实现收入16.5万元，鲜花礼仪大客户达到1500户，收入4.3万元，进入全省前10名。同年11月20日，试办出口日本和美国的中速经济快件业务。

2005年，打造金乡“大储蓄、大物流、强速递”全新发展格局，促使营业人员转变思想，改善态度，主动攻关，多开发业务品种，多渠道创收。当年，完成速递百万工程目标。

金乡县速递邮件资费一览表

表6-3-2

项目 / 省市区		计费分区	资费	
			起重500克以内（元）	续重每500克（元）
北京、天津、河北、山东、山西、辽宁、河南、安徽、江苏、陕西、湖北、浙江、江西、湖南、福建、广东		一	20	6
吉林、宁夏、甘肃、四川、重庆、青海、贵州、广西、云南、海南、内蒙古、黑龙江		二	20	9
新疆、西藏		三	20	15
台湾	文件类		90	40
	物品类		130	40
寄往世界各国和中国香港、澳门速递邮件分文件和物品类，共10个计费区，具体资费标准（略）				

物流业务

2000年8月，设置物流配送中心，隶属经营部，负责实物传送经营管理工作。当年，牛奶订户发展到2000户，年收入10万余元。邮政物流从此成为邮政业务新的经济增长点。

2003年，为物流中心配备微机，编制配送软件，完善统计要数、档案管理、信息反馈、工资考核等工作。

2004年，重点培育农村市场，抓好村级代办所建设和金贵酒在全市的配送工作。

2005年，建立完善县、乡、村三级物流网络体系，把物流和老百姓的生产生活紧密结合，努力打造金乡邮政物流新格局。

2003~2005年，共配送“天达2116”（植保产品）108万袋，金贵酒等酒水1.8万余箱，冲施肥2300桶，牛奶日均4000袋以上。物流收入逐年增多，2004年完成59万元，2005年完成135.45万元，比2004年增长130%。

第四节 邮政储蓄

1998年9月，调整存款结构，增加活期比重，提高储蓄余额，利用农村收获季节大力吸储揽储。

1999年，对储蓄经营机制进行改革，与经营公司签订承包经营责任书，开展邮储“冲刺赛”。当年揽储余额突破2亿元。10月1日，调整异地存取款业务收取手续费标准。省际间异地存取款按存款额的0.5%收取手续费，最低标准2元，最高标准50元。11月1日，恢复收取储蓄存款利息个人所得税。

2000年，组织“开展辉煌2000”等多种邮储劳动竞赛，给干部职工定任务、兑奖惩，收效甚丰，仅春节期间就揽储500余万元。6月底，净增2100余万元。

2001年，继续把邮政储蓄作为“拳头业务”，采取提高职工工资奖金与营销余额挂钩比例办法，增强营销力度。本市（地）县范围内异地存取款免收手续费。

2002年，加大对支局局长考核力度，对揽储余额落后的支局派人蹲点督导，抽调年富力强干部到支局任职、挂职。利用蒜薹、大蒜出售旺季等储源活跃时机，积极揽储，开拓农村储蓄市场。

2003年，围绕“三项经营”（邮政储蓄、保险代理、代办电信），相继开展“首季开门红”“全年任务半年完”等竞赛活动。6月底，储蓄余额完成4.1亿元。当年5月1日起，开办个人存款证明业务。

2004年，制订《邮储首季开门红劳动竞赛考核办法》和《实施方案》，对业务发展情况及时调度、分析和表彰，年内储蓄收入完成1103.8万元，储蓄余额4.8亿元。当年4月1日，对个人存款账户一律按实名制规定办理。

2005年，提出“做大邮政储蓄，快速扩大市场份额，确保全年邮储余额净增1亿元，力争1.2亿元，总余额突破6亿元”的奋斗目标。当年实现净增1.9亿元，总余额6.7亿元；市场占有率由17.68%上升到19.88%，净增占有率由22%上升为29%；邮储利差收入1349万元，比2004年增加232万元。邮储实现跨越式发展。

第五节 集 邮

1998年，金乡县有集邮爱好者3000余人，注册登记集邮协会会员200余人。当年实现集邮收入70多万元。

1999年，成立集邮公司，实行专业承包经营，完成收入75.77万元，同比增长3.28%。同年9月9日，召开金乡县集邮协会第二次代表大会，举办庆祝建国50周年邮展，设专题18个，展框65个，贴片1040枚，出展邮品3500余枚；展品中有国家早期、近期邮票、外国邮票和建国50年间发行的各种封、片、卡、戳等；发行了以英雄王杰为题材的纪念封。参展人员1000余人次。

2000年，邮票发行减量。公司加大宣传力度，正确引导集邮收藏消费。注重邮票附加值，开发适销对路邮品，提高邮品档次和艺术价值。加大集邮协会工作力度，采取多种引导方式，培养青少年集邮爱好者。

2001年6月，与团县委联合举办“我心中的歌——庆祝建党80周年集邮有奖征文比赛”活动。共收到金乡一中、金乡二中、实验中学、金曼克中学、实验小学等单位的参赛作品1000余份。评出组织奖2名，作品一等奖7名、二等奖20名、三等奖138名。

2002年，针对集邮市场低迷带来的不良影响，加大宣传力度。减少库存，将邮票年册通过全员营销化整为零，引进“中国加入世贸组织”“足球世界杯”等新票种，引导青少年增强集邮爱好，循序渐进培育集邮市场。2003年上半年，集邮收入完成7.42万元，在济宁市排第十位。

2005年，集邮市场持续低迷，部分集邮爱好者逐步从集邮活动中退出，至年底，全县仅有集邮爱好者100余人，集邮业务随之萎缩。当年，清理1992~2001年期间出版尚未售出的各种邮票、邮品、年册等集邮品类共计29万余元，造册登记，单封交济宁市邮政局邮票公司。

1991~2002 年金乡县邮政业务统计表

表 6-3-3

项目／年度	邮电业务总量（万元）	邮电局所总数（个）	国内函件（万件）	国际函件（万件）	包件（万件）	汇票（万张）	邮政快件（万件）	机要文件（件）	订售报纸（万份）	订售杂志（万份）	邮政储蓄余额（万元）
1991	321	13	139.77	—	3.61	3.97	5.18	858	446.2	34.6	1191
1992	433	13	119.26	—	5.12	5.68	6.37	822	577.2	43.9	1354
1993	679	14	109	—	4	8	8	595	564.7	37.1	1606
1994	788	15	92	—	4	10	9	405	311.8	17.8	2195
1995	1202	15	81	0.1	5	7	9	727	338.4	15.9	5183
1996	2178	21	62	0.06	4.3	4.9	12.2	—	376.5	18.2	10163
1997	2464	19	57.82	0.03	2.14	4.01	8.81	—	434.68	21.19	11535
1998	455	18	57.3	0.04	1.9	3.95	3.87	—	402.13	13.98	15186
1999	544	18	57.61	0.02	1.89	3.13	0.96	—	410.44	8.89	20000
2000	653	18	47.61	0.02	1.69	2.91	1.89	—	436.58	18.3	26083
2001	1184	18	67.13	0.02	2.24	2.7	1.29	—	373.13	11.58	34065
2002	1369	18	53.05	0.02	2.07	3.13	1.2	—	420.13	14.34	35146
说明	此表根据《金乡县统计年鉴》汇总；2003~2005 年未作统计										

第四章　通信与互联网

第一节　网通通信

1918 年，金乡县设立电报局。1930 年设立金乡县长途电话分站。1953 年，金乡县邮电局始办民用通话业务。1998 年 9 月，邮电分营，电信业务划归新成立的金乡县电信局。电信局下设办公室、市场经营部、运行维护部等 12 个内部机构和 14 个支局。1999 年 7 月，无线寻呼、移动公司从县电信局剥离。2002 年 5 月，中国电信南北拆分，金乡县电信局改称金乡县通信公司。2004 年 11 月，中国网通集团上市，金乡县通信公司改称金乡县网通公司。2005 年，公司下设综合部、市场部、客户服务中心、设备维护中心等 10 个机构及 14 个乡（镇）营业部，员工 56 人。

图 6-12　1998 年电信局程控电话机房

网络

1998 年，开通移动电话、无线寻呼和 3000 门数字程控电话，长途电话实现国际、国内直拨。1999 年 10 月，全县村村通程控电话。2000 年，全面启动“电话县”建设。同年 9 月，建立金乡第一个门户网站“金乡信息港”。2002 年，建成“电话县”。2003 年，建成宽带城域网，全县 14 个乡（镇）全部开通宽带网。同年 3 月，建成无线市

话网。2005年底，固话交换机总容量13.7万门，通信管道52管程公里，杆路1343杆公里，配线电缆1253皮长公里，光缆796皮长公里；全县城乡固定电话12.8万户，电话普及率分别为17部/百人、56部/百户。形成全方位、多层次、多功能、立体交叉、涉及语音、数据、图像、视频等多个领域，四通八达的电信网络。

2004年，金乡网通公司被授予省级“文明单位”荣誉称号。

2005年年底金乡县网通公司设备容量一览表

表6-4-1

指　标　名　称	单位	指标值
长市中继容量（2M）	个	47
通用中继容量	个	492
长市中继实占容量（2M）	个	47
局用交换机容量	门	83864
局用交换机实占容量	门	59726
接入网设备容量	门	40936
接入网设备实占容量	门	33226
用户交换机容量	门	4608
SDH本地光传输数字终端复用设备系统容量（等效2M）	个	764
SDH光传输数字终端复用设备系统实占容量（等效2M）	个	508
SDH二干光传输数字终端复用设备系统实占容量（等效2M）	个	248
SDH本地光传输数字终端复用设备系统实占容量（等效2M）	个	502
交换网业务电路容量（等效2M）	条	1014
本地电话业务2M电路（等效2M）	条	288

电话

固定电话 1953年，开办市内电话（简称市话）业务。1988年，建成开通1000门纵横制自动电话。1993年，建成开通3000门数字程控电话，完成由纵横制向数字化、程控化的转变；年底，无线寻呼投入运行。1994年，县内市话交换机容量5120门。1996年底，市话交换容量10240门，市话电缆长度115.8皮长公里，出局用户线1.6万对，市话普及率为12部/百人。1997年，引进具有世界先进水平的美国产（5ESS型）数字程控交换设备6000门，为市话发展提供充足号源。1998~2001年，投资千万元用于网点建设和线路扩容改造。2001年底，出局主干电缆46600线，改造、新建市话电缆100皮长公里，新建管道11.5管程公里，县城周边村居配线到户率80%。2005年，建成乡镇端局14处，乡镇以下接入网86处，农村交换机总容量8万门；农话用户6万户，农村电话普及率60部/百户，406个村庄成为“电话村”；县城市话建成以光缆传输为主体的大容量、高速率、数字化通信网，覆盖县城各个角落，连通全国及世界各地。市话基本营业区域扩大，服务半径取消，全县实现农话、市话、乡话联网，通称本地网电话。

长途电话 自1989年起，县内长话业务有长足发展。1991年，新增MX201IV载波话端机1部。1995年，全部实现自动化，撤掉人工接转台，结束人工接转长途电话历史。

公用电话 1990年前，全县装设在城乡街道、公共场所的公用电话数量很少。1996年，开始在

县城装置公用电话。1997 年，将公话发展纳入城市公用设施计划，在县城繁华地段安装公话亭 30 个，无人值守公话亭 20 个，IC 卡电话 40 部。同时，乡镇开始装置公用电话。至 2000 年，共安装乡镇电话亭 40 个，IC 卡电话 80 部。

小灵通　亦称无线市话，新型个人无线接入系统。2002 年 12 月，开始筹建小灵通电话，首期工程在县城区建设基站 150 个，2003 年 3 月竣工，信号覆盖城区及周边村庄。此后，在各乡镇建设基站 86 个，总投资 2500 万元。至 2005 年年底，县内小灵通用户 9600 户。

金乡县电信业基本情况统计表

表 6-4-2

项目 年度	电信业务总量（万元）	国内电报（万份）	长途电话（万份）	年末电话机			无线寻呼（户）	移动电话（户）	公用电话（户）	电话中继电路（路）	电缆		局用交换机（门）
				总数（部）	其中市话（部）	其中农话（户）					总长（皮长公里）	光缆（皮长公里）	
1991	—	—	27.24	1136	885	251	—	—	—	—	—	—	151
1992	—	—	36.78	1665	1364	301	—	—	—	—	—	—	300
1993	—	—	79	2582	2176	406	—	—	—	—	—	—	3000
1994	—	—	148	3435	2980	455	—	—	—	—	—	—	4096
1995	—	—	182	8041	6142	1899	1631	—	120	690	96	—	11312
1996	—	2.4	225.4	11147	7751	3396	3818	1164	324	1135	581.4	140.4	13520
1997	—	1.42	258.2	15233	10084	5149	6779	2330	404	1597	1181	149	18672
1998	4277	1.04	332.79	19928	11742	8186	10142	5167	1250	2549	1264	205	28056
1999	5631	0.66	312.12	25060	13782	11278	11238	6980	530	5880	210.5	201.4	37928
2000	7072	0.34	286.47	49482	18900	30582	15600	14000	1474	4170	2300	300.6	40400
2001	8723	0.19	312.88	77132	28958	48174	13260	26936	1570	4535	2552	387	46312
2002	10917	0.15	244.68	91308	28442	62671	6850	36600	1926	14460	3106	553.9	91997
说明	此表根据《金乡县统计年鉴》汇总。2001~2002 年互联网注册拨号用户 8781 户、7806 户；已通电话行政村 611、653 个。2003~2005 年未作统计。												

信息服务

1993~2005 年，金乡县邮电局（电信局、网通公司）利用电话网和多媒体技术，把信息采集、加工、储存和服务集为一体，向用户提供综合性、全方位、多层次的信息业务服务。

电话语音增值业务　1993 年，开通“114”查号台。当年，开通来电显示、呼叫转移、呼叫限制、缺席用户服务、免打扰服务、呼叫等待、追查恶意呼叫、遇忙回叫、闹钟服务、三方在线、热线服务、缩位拨号 12 种程控新功能。1994 年，开通自动语间服务（IVP）业务。1996 年，开通“168/160”人工咨询、专家热线、考试信息一码通“16866”、电子货币购买热线、“121”气象预报服务业务。2002 年，推出 TICQ 固话聊天业务。2003 年，开通语音短信个性化服务业务。2005 年，推出悦铃业务，气象预报升级为“12121”。

互联网业务　2000 年 9 月，建成县内首家互联网站点——金乡信息港，主要负责办理政府、

企业和个人网上信息发布、网站建立、电子邮箱及个人拨号上网业务。2003年，投资256万元，实施城域网光缆工程，新设光交接箱12个，出局主干光缆96芯6条，线路21.27皮长公里；投资80万元，建设金乡教育网、金融网、政务网光缆工程。宽带网覆盖全县城乡。2004年2月，金乡信息港与济宁信息港（www.jninfo.net）合并，主要开展域名注册、企业邮箱、主机托管、广告服务、网站制作等IDC业务。2005年2月，网通宽带中国网站在金乡开通，主要业务频道有电影、电视剧、游戏中心、空中课堂、名师讲堂等。截至2005年年底，全县宽带用户8000户，300多个村庄开通了农村干部上网直通车，200多家企、事业单位接入互联网。

电信资费

金乡县市话、小灵通资费变动情况一览表

表 6-4-3

年度	用户	月租费	通话费
1989	甲（住宅）	8元	每3分钟为1次，每次0.1元。
	乙（宅外）	13元	
1999.03	甲（住宅）	12元	每3分钟为1次，每次0.1元。
	乙（宅外）	18元	
2001.04	甲（住宅）	18元	营业区内：首次3分钟，每次0.22元；3分钟后每分钟1次，每分钟0.11元。 区间话费：每分钟0.5元
	乙（宅外）	35元	

金乡县农话资费变动情况一览表

表 6-4-4

年度	用户	月租费	通话费
1989	甲（住宅）	7元	每3分钟为1次，25千米内每次0.3元；25千米外每次0.45元。
	乙（宅外）	8元	
1992	甲（住宅）	7元	区内：每3分钟为1次，每次0.1元。 区间：每1分钟为1次，25千米内每次0.4元；25千米外每次0.6元。 长途直拨农话过线费：每分钟0.05元。
	乙（宅外）	8元	
1995	甲（住宅）	7元	取消农村区间电话按距离收费标准，统一为每分钟0.6元。
	乙（宅外）	8元	
2001.04	甲（住宅）	15元	区内：首次3分钟，0.22元；3分钟后每分钟0.11元。区间：每分钟0.5元。（自此全县城乡电话通话费同价）。
	乙（宅外）	30元	

金乡县长途电话资费变动情况一览表

表 6-4-5

年度	国内长途	国际长途	
		被叫地点	元/分钟
1989	按空间距离分13个级别收费，每分钟最低0.05元，最高1.2元。 每日7时~19时全价；19时~次日7时半价。	朝鲜	5.4
		蒙古	5.3

续表 6-4-5

年度	国内长途	国际长途	
		被叫地点	元 / 分钟
2000.01	省内本地网空间直线距离 300 千米以内 0.5 元；300 千米以外 0.6 元。 省际空间直线距离 800 千米及以内 0.8 元；800 千米以外 1 元。	越南	11.6
		日本	12.7
		其他亚洲国家地区	12
2000.12	由每分钟 0.5 元、0.6 元、0.8 元和 1 元四级计费，调整为一级计费，计费单元由 1 分钟缩短为 6 秒钟，资费标准为每 6 秒钟 0.07 元。	除以上外国家地区	15
		内地—香港	5
		内地—澳门	5
		中国大陆—台湾	5
	国际及港、澳、台电话计费单元由 1 分钟缩短为 6 秒，国际电话不再区分被叫地点，统一调整为每 6 秒 0.8 元；港、澳、台电话每 6 秒 0.2 元。		

金乡县公用电话资费变动情况一览表

表 6-4-6

年度	收费标准			
1989	区内通话	每 3 分钟 1 次	0.4 元	其中代办费 0.15 元
	区间通话	每 3 分钟 1 次	0.7 元	其中代办费 0.2 元
1995	区内通话	每 3 分钟 1 次	0.5 元	其中代办费 0.1 元
	区间通话	每 3 分钟 1 次	0.8 元	其中代办费 0.2 元
	除按规定收长途电话费外，按国内长途每次 1 元、国际长途每次 2 元收代办费。			
2002.06	本地区内	首次 3 分钟 0.4 元，以后每分钟 0.2 元。		
	本地区间	0.5 元 / 分钟		
	国内长途 0.8 元 / 分钟；国际长途 8.2 元 / 分钟；港澳台 2.2 元 / 分钟。			

金乡县电报资费变动情况一览表

表 6-4-7

年度	收费标准
1989	天气、水情、公益电报、政务、普通和银行汇款电报每字 0.07 元；新闻电报每字 0.02 元。每份电报以 10 个计费字数起算，不足 10 个字按 10 个字计算。特急、加急电报按原价加倍计算。去报译电每字 0.005 元，来报不收译电费。电报挂号登记费一年为 30 元，三个月为 10 元。
1992	天气、水情、公益、政务、普通和银行汇款电报每字为 0.13 元；新闻电报每字为 0.05 元。每份电报以 10 个计费字数起算，不足 10 个字按 10 个字计算。特急、加急电报按原价加倍计算。去报译电每字 0.01 元，来报不收译电费。电报挂号登记费一年为 60 元，三个月为 20 元。 电报专送费按照距离远近收取。3 千米以内（含 3 千米）每份 0.3 元。3 千米以外至 6 千米每份 0.5 元。6 千米以外至 10 千米每份 0.7 元。10 千米以外每份 0.9 元。

程控电话功能费

呼出限制、三方通话、闹钟服务、追查恶意呼叫、免打扰服务各收开户费 10 元；来电显示收开户费 8 元，其余项目均免收。月使用费：呼出限制6元，三方通话、闹钟服务、追查恶意呼叫、免打扰服务各2元，来电显示家庭3元、办公6元，其余项目免收。

电话信息费

公益类免费。普通类：法律咨询、政策规定、求学指南、居民服务每分钟0.2元；其他每分钟0.4元。经济类：金融保险、房地产、国际贸易、涉外经济每分钟0.6元；其他每分钟0.8元。

互联网业务费

家庭用户开户费60元，月使用费60元。单位用户根据接入计算机数量收取相应费用。

第二节 联通通信

中国联通金乡分公司（简称“金乡联通”）是中国联合通信有限公司在金乡设立的分支机构。1999年，开始筹建并开业运营。公司主要负责金乡境内联通通信网的建设、经营和管理工作。下设综合部、财务部、清欠部3个职能部门；营业厅、大客户维护部、数据固定互联网与电子商务部、农村市场开发部、代理商部、客户经理管理中心6个业务部门。2005年年底，公司有员工32人。

网络建设

1999~2005年，投资1000余万元，建设移动基站31个，铺设光缆300千米，县内CDMA网络全面升级到CDMA1X，数据传输速率153.6K/S，实现了从城市到乡村，从室内到室外基本无缝覆盖。

通信业务

主要包括：国际国内长途通信、移动通信、无线寻呼业务、互联网与电子商务、数据通信、各类电信新业务以及与主营业务有关的其他电信业务。

长途通信业务 2001年4月，金乡联通面向企业、家庭及个人有国内、国际长途通信业务需求的用户推出193长途电话业务，本业务有注册国内（国际）长途直拨、193300长途卡、专线三种服务形式。193300长途卡是一种预付费卡，此卡可注册至话机上，注册后拨打省略卡号和密码，在任何一部双音频话机上拨打国内、国际长途电话。

GSM业务 1999年9月正式开通运营，除提供基本通话服务外，还提供了来电显示、主叫号码禁显、呼叫转移、语音信箱、呼叫等待、呼叫保持、三方通话、国际呼叫、国际漫游限制等各种补充业务，其中包括点对点短信业务、公众信息及股票查询业务、超级短信业务、手机点歌业务、手机语音聊天业务、GSM网小区广播业务、免费通等增值业务。2000年8月，开通GSM预付费业务（如意通），特点是“先交钱，后打电话”，用户可随时为账号充值以便继续使用。

CDMA业务 2002年1月，开始预约放号，具备语音、来电显示、呼叫转移、呼叫等待、呼叫保持、三方通话、呼入呼出限制等多项功能，以及CDMA1X所独具的彩铃、掌中宽带等增值业务。同年9月，正式开通无线虚拟专用网业务，又称网中网业务。CDMA移动网的资源向有关企业、集团等提供一个逻辑上的专用网，以供这些单位在该专用网内的CDMA用户开放业务，用户可灵活组网、实现缩位拨号。

数据通信业务 主要有：2000年6月投入运行的VOIP网，开通了17911拨号业务；2001年8月投入运行的ATM网，用于济宁VOIP网、数据专线、互联网专线业务汇接；2001年10月，向大、中型企事业单位、公司、中外合资企业及外商独立企业，提供省内和省际IP电话/传真、电路仿真业务（CES）、ATM、帧中继FR等数据承载业务。2002年11月投入运行的会议电视网，该网向用户提供384kb/s、512kb/s、不同速率的会议电视、远程教学等视频服务，能支持同时召开300组多方会议，会议电视终端容纳20000个；2002年12月投入运行的接入网，此网是覆盖全市可承载数据、视频、INTERNET等多种业务的传输网络。

无线寻呼业务 1992年底，金乡邮电局引进北京YS-921-10型宇声呼叫发射机1套，1993年1月接通运转，设126寻呼台，实行昼夜24小

时服务，当年发展BB机用户350户。1994年，开通127自动寻呼台，用户663户。1995年，实现126、127无线系统的全省联网工程，至1996年年底，无线寻呼用户发展到2853户。2000年9月，金乡联通无线寻呼服务号码拥有全国特服务号198/199，全省特服务号126/127/128/129，寻呼市场占有率95%以上，其中198/199网络系统采用世界上最先进的FLEX寻呼系统，传输速率6400bps，通过卫星VSAT系统实现全国联网，联网范围涵盖300多个城市。

互联网业务 包括165拨号上网服务和宽带专线接入服务方式。金乡联通在传统业务的基础上，又相继推出一系列互联网增值服务业务。

其他业务 2002年10月，推出198短信秘书业务。2002年10月，开展198股票信息业务。

其他服务

1999年，开展营业厅低柜台服务、免费邮寄话费账单服务和1001客户服务。2002年推出电话回访、免填单、站立式、一台清、话费查询一指通服务和残疾人通道服务。2004年，开展“满意在联通，如意千万家——体验阳光服务”活动；2005年作出“话费误差，三倍返还”“短信差错，先行赔付”等服务承诺，保证用户消费权益。

第三节 移动通信

中国移动金乡分公司（简称金乡移动），隶属于中国移动通信集团山东有限公司。1999年7月，电信分营，山东移动通信公司金乡分公司成立。公司内设经理、市场部、综合部、财务部、清欠办、营业厅，公司员工21人。2000年，公司由中心街电信局搬至金山街南段邮政局对过。新增部门代办管理中心，公司员工25人。2001年3月，公司改称山东移动通信有限责任公司金乡分公司。2002年，公司先后设立12个乡镇营业厅，有员工37人。2004年5月，设立府前街营业厅。公司员工增至62人。

网络建设

1999年，公司成立时有移动基站14座，基本满足县城和乡镇驻地客户移动通信需求。此后，公司提出“三网惠三农”概念，重点建设完善面向农村的“通信基础网、信息网、营销网”。累计投资近7000万元，完成全县600多个行政村的“村村通”覆盖工程。2002年，建成基站20座。2005年，建成基站50座，移动用户7000余户，上缴地方税收180万元。

通信业务

金乡移动公司开通的主要业务有：“全球通”“神州行”“动感地带”三大品牌，服务网号为：134、135、136、137、138、139。2001年，中国移动通信GPRS投入试商用。2002年，彩信（MMS）业务正式商用。此后，推出了彩铃、全时通、手机报、飞信、手机邮箱、手机电视等多项新业务。同时，以政务、电力、交通、水利、金融、教育等部门及中小企业为服务重点，先后推出集团总机、无线抄表、GPS定位、校讯通、银信通、警务通、农信通等行业应用业务。

2005年，公司在全县建立收费服务网点600多个，通过空中充值、自助缴费、网上营业厅等多种电子化服务手段，方便客户办理业务。

第四节 电信通信

中国电信金乡分公司（简称金乡电信），是特大型国有通信企业——中国电信集团北方电信有限公司济宁分公司的分支机构，2004年2月挂牌成立。

2003年6月接入第一批业务，实现收入几十元。此后，遵循“开放、创新、奉献”的企业精神，在创新中创业，在创新中发展，以期实现由传统固话运营商向综合信息服务提供商的转型。2005年，金乡电信公司走过了最初的创业阶段，进入稳定发展时期。

金乡电信经营中国电信集团业务范围内的所有电信业务，主要有固定电话、移动通信、互联

网接入及应用等综合信息服务。基础语音业务包括：直联通业务、汇线通业务、广汇通业务、预付费业务、800电话、一码通商务热线（4008业务）和话务台业务；互联网业务包括：宽带接入、网络快车、互联网专线、数字电话（SDH）、虚拟专网（MPLS-VPN）；特色业务包括：新视通、全球眼、七彩铃音、全通达、虚拟总机、语音短信、电子传真、虚拟主机、企业在线办公；其他服务包括：号码百事通、网上营业厅、客户服务保障和FocusOne一站通服务等。（FocusOne一站通服务主要包括业务咨询、业务受理、故障申告、计费结算和技术支持等内容，是中国电信为具有国际国内跨区域通信及网络应用需求的客户提供的一站购齐、全面服务方式）

第七篇　经济综述

经济综述

1991~2005年，金乡县在农业、工业和交通运输业、商贸流通业、金融业等各行业与部门持续进行经济体制改革。不断调整优化产业结构，第一、第二、第三产业构成由1991年的61.2：20.1：18.7调整变化到2005年的33.04：35.04：31.92。同时调整和完善所有制结构，国有经济和集体经济比重大幅下降，个体私营、混合所有制和港澳台及外商投资经济比重大幅上升，一批由国家和集体投资控股的股份制企业发展迅速，个体私营、混合所有制和港澳台及外商投资经济、个体经济已成为工业经济发展中的重要力量。

全社会固定资产投资，年均增长41.07%。1997年，其他经济类型固定资产投资和城乡个人固定资产投资首次超过国有和集体经济投资，投资额达到3.37亿元，占当年投资总额62.59%。2002年，全社会固定资产投资10.75亿元，在济宁市12个县（市、区）中名列第七位；2003年19.54亿元，列全市第九位；2004年29.5亿元，其中规模以上固定资产投资28.4亿元，列全市第七位。地区生产总值，年均增长19.81%。其中，2002年达到47.21亿元，列全市第五位；2003年57.72亿元，列全市第五位；2004年74.05亿元，列全市第六位；2005年60.5亿元，虽较2004年减少13.72%，但仍比1991年增长6.86倍。

地方财政收入，年均增长19.4%。其中，2002年1.53亿元，列全市第七位；2003年1.87亿元，列全市第七位；2004年1.3亿元，列全市第八位；2005年，财政总收入2.1亿元，是1991年的9.06倍。

农民人均纯收入，年均增长13.6%。其中，2002年3015元，2003年3188元，2004年3668元，均列全市第五位。

全县在岗职工人均工资，年均增长12.44%。其中，2002年7527元，2003年8252元，2004年9747元，均列全市第七位。

城乡居民储蓄存款余额，年均增长24.05%。2002年21.52亿元，2003年23.1亿元，2004年27.15元，均列全市第九位。

第一章 经济体制

新中国成立后至1978年间，金乡县按照国家规定实行计划经济体制。农村土地归集体或国家所有，并按国家计划种植农作物；工商业多属全民所有，工厂按照国家计划生产产品，商业部门按照国家计划进货和销售，所有品种、数量和价格都由计划部门统一制定。计划经济体制使国民经济有计划、有目标地稳定发展，同时也严重束缚其自身的活力和发展速度。1978年后，国家实行经济体制改革。金乡县相继实施以农村土地承包制度改革为主要内容的农村经济体制改革、工业企业产权制度和管理制度改革、商业流通体制改革、供销体制改革、财政税务体制改革、物价体制改革、金融体制改革、社会保障制度改革。1979年，金乡县在农村首推土地承包经营，从小包干到包产到户试行两年。1981年，全部实行以大包干为主要形式的家庭联产承包责任制。1984年，经济体制改革扩展到城市工商企业。

1992年始，按照国家规定将建立社会主义市场经济体制确立为改革方向，坚持以公有制为主体，多种经济成份并存；逐步建立适应市场经济要求的现代企业制度；建立统一开放的市场体系，实现国内与国际市场接轨，促进资源优化配置；转变政府管理经济职能，逐步建立完善宏观调控体系；让一部分人先富起来，全县经济体制改革逐步向前发展。1997年，国家提出非公有制经济是国民经济的重要组成部分，县委、县政府鼓励、引导个体、私营等非公有制经济健康发展，鼓励资本、技术等生产要素参与收益分配。1999年，全县农村进行第二轮土地承包，规定50年不变，农村经济体制进一步完善。2005年，全县以公有制为主体、个体和私营等非公有制经济共同发展的格局基本形成，社会主义市场经济初步建立。

第二章 经济结构

第一节 产业结构

1978 年中共十一届三中全会前，全县农业经济一直在国民经济中占主体地位。1990 年，全县第一、第二、第三产业结构比例是 55.6 ∶ 24.3 ∶ 20.1，二、三产业发展相对滞后。

1991~1995 年，县委、县政府结合金乡实际，确定走“强农、重工、活商、兴科技”的发展路子，并对产业结构作出调整，即：稳定发展第一产业，快速推进第二产业，努力发展第三产业。到 1995 年，产业结构调整初见成效，全县一、二、三产业结构比例 42.9 ∶ 27.8 ∶ 29.3。农村经济结构突破了种植业为主的传统模式，开始向多元化、现代化农业结构转变。林、牧、渔产值占全县农业总产值的 26%。投资结构，改变过去以政府投资为主的方式，逐步建立“谁投资、谁受益、谁担风险”以企业筹措资金为主的投资风险机制。5 年间，乡镇企业快速发展，工业、商业、运输业、建筑业、服务业等非农产业的比重由 1990 年的 46%，提高到 1995 年的 72%。

1996~2000 年，继续调整国民经济结构和产品结构。所有制结构中，96% 以上的国有和集体企业完成改制任务；个体和私营经济的比重逐步加大，民营经济迅猛发展，经济总量占地区生产总值的 32%；投资结构，成功打破长期延续的高度集中统一的管理模式，由国家和集体为投资主体逐步转变为企业为投资主体，初步形成了投资主体多元化、投资方式多样化、资金来源多渠道、项目建设市场化的格局；三次产业之比由 1995 年的 42.9 ∶ 27.8 ∶ 29.3 变化到 2000 年的 39.1 ∶ 22.1 ∶ 38.8。粮食作物种植面积继续压缩，大蒜、圆葱基地得到巩固，蔬菜面积适量扩大，林果和食用菌等产业进一步发展。粮经（济）作物之比由 53.4 ∶ 46.6 变化到 40 ∶ 60。形成了农副产品加工、机电、纺织、化工、酒类、建筑材料等几个主导产业。

2000~2005 年，全县各级党委、政府树立和落实科学发展观，坚定不移地把发展作为第一要务，以结构调整为主线，突出工业立县、招商引资、农业产业化和发展民营经济。农村种植业结构进一步优化，形成了以大蒜、棉花、圆葱、瓜菜为主导的种植业，粮食与经济作物比例为 1 ∶ 9。林果和劳务经济等也有新的发展。农副产品加工、机电、轻工、纺织、建材、化工等对全县经济有重大带动作用的重点行业，以及邮政、通讯、交通运输、内外贸易、餐饮等第三产业发展迅速。三次产业价值比例由 2000 年的 39.1 ∶ 22.1 ∶ 38.8 变化到 2005 年的 33.04 ∶ 35.04 ∶ 31.92，经济结构趋于合理。

1991~2005 年金乡县产业结构一览表

表 7-2-1　　单位：万元

年度	地区生产总值（当年价）	比上年增长（%）	第一产业			第二产业			第三产业		
			产值	比上年增长（%）	构成（%）	产值	比上年增长（%）	构成（%）	产值	比上年增长（%）	构成（%）
1991	77028	24.8	47041	37.1	61.2	15527	3.3	20.1	14460	16.7	18.7
1992	98790	28.3	53902	14.6	54.6	21868	40.8	22.1	23020	59.2	23.3
1993	131390	33	65459	21.4	49.8	31489	44	24	34442	49.6	26.2

续表 7-2-1

年度	地区生产总值（当年价）	比上年增长（%）	第一产业			第二产业			第三产业		
			产值	比上年增长（%）	构成（%）	产值	比上年增长（%）	构成（%）	产值	比上年增长（%）	构成（%）
1994	185100	40.9	90900	38.9	49.1	44700	41.6	24.2	49500	43.7	26.7
1995	245000	32.4	105000	15.5	42.86	68200	52.6	27.84	71800	45.1	29.3
1996	321363	31.2	148840	41.8	46.32	82491	20.9	25.66	90032	25.4	28.02
1997	360404	12.3	164392	10.8	45.61	89900	10	24.95	106112	17.9	29.44
1998	319882	−11.24	134882	−17.95	42.17	70000	−22.14	21.88	115000	8.38	35.95
1999	330028	3.2	135028	0.1	40.91	72000	2.9	21.82	123000	7	37.27
2000	362200	9.74	141139	4.53	38.97	80000	11.1	22.09	141061	14.68	38.94
2001	412306	13.83	150831	6.87	36.58	94493	18.12	22.92	166982	18.38	40.5
2002	472129	14.51	155789	3.29	33	122931	30.1	26.04	193409	15.83	40.96
2003	577200	22.26	166800	7.61	28.9	177400	42.38	30.73	230000	21.04	40.37
2004	740500	28.29	203900	22.24	27.54	258600	45.77	34.92	278000	20.87	37.54
2005	605000	13.72	199900	7.94	33.04	212000	20.32	35.04	193100	13.19	31.92

第二节 投资结构

1990年前，金乡县固定资产投资规模小，产出少。1990年县属以上及城镇私人固定资产投资只完成0.3亿元。1991年，县属以上及城镇私人固定资产投资完成0.45亿元。其中全民所有制单位完成0.39亿元，比1990年增长77.64%；集体所有制单位完成0.03亿元，比1990年减少43.2%。在全民所有制固定资产投资中，基本建设投资完成0.12元，更新改造投资完成0.27亿元。

1993年，全县固定资产投资首次超过1亿元，1995年增至近2亿元。主要以国有经济单位投资为主，以集体经济单位投资为辅。股份制经济投资首次实现0.3亿元。县以上全民集体固定资产投资主要用于制造业、电力工业等行业的基本建设和机器设备的更新改造。农村集体固定资产投资主要用于制造业、建筑业和交运仓储业的建筑、安装工程和设备购置。

1996年，全县固定资产投资完成2.6亿元，其中国有经济固定资产投资2.11亿元，房地产开发投资首次实现0.26亿元。

1997年，全县固定资产投资突破5亿元。1998年受亚洲金融风暴影响略有减少，1999年后逐渐增长，至2001年实现7.5亿元。1999年国有经济固定资产投资虽比1996年有所减少，而集体经济固定资产投资仍比1996年有较大幅度增加，完成0.82亿元，城乡个人固定资产投资完成2.96亿元，房地产开发投资完成0.27亿元。

2002年，固定资产投资增长迅速，全社会固定资产投资完成10.75亿元，是1995年的5.5倍，1990年的35.3倍。其中县以上及金乡镇驻地完成投资3.5亿元，农村固定资产投资完成7.25亿元，县以上固定资产投资中基本建设投资完成1.82亿元，更新改造投资完成1.05亿元，房地产开发投资完成0.33亿元。县以上固定资产投资仍以国有和集体经济投资为主。

2003年，固定资产投资高速增长，全社会固定资产投资完成19.54亿元。其中县属固定资产投资完成8.35亿元，农村固定资产投资完成11.19亿元。在县属固定资产投资中基本建设投资4.06亿元，更新改造投资2.43亿元，房地产投资1.81

亿元。全县 50 万元以上项目投资完成 16.9 亿元，比 2002 年增长 138%。

2004 年，全县固定资产投资增幅先低后快，达到历史最高点 29.5 亿元。其中 50 万元以上项目投资完成 28.44 亿元（城镇完成 10.33 亿元、农村完成 18.11 亿元）；国有经济完成 6.51 亿元、联营经济完成 0.29 亿元、有限责任公司完成 1.55 亿元、股份有限公司完成 4.75 亿元、港澳台投资 11.72 亿元。外商合资经营完成 4.68 亿元。

2005 年，全县固定资产投资发展势头渐缓，投资额较 2004 年有大幅回落。全年完成固定资产投资 19.2 亿元，分别是 2000 年的 2.98 倍、1995 年的 9.82 倍、1990 年的 63.07 倍。其中 50 万元以上项目投资完成 18.2 亿元（城镇完成 6.74 亿元、农村完成 11.46 亿元）。国有经济完成 3.48 亿元、集体经济完成 0.7 亿元、联营经济完成 0.06 亿元、有限责任公司完成 0.79 亿元、股份有限公司完成 1.68 亿元、私营经济完成 10.87 亿元、港澳台投资完成 0.54 亿元。

1991~2000 年金乡县固定资产投资结构表（一）

表 7-2-2　　　　单位：万元

年度	全社会固定资产投资	比上年增长（%）	其中						当年新增固定资产
			国有经济固定资产投资	集体经济固定资产投资	其他经济类型固定资产投资	城乡个人固定资产投资	房地产投资	农村集体固定资产投资	
1991	4459	46.48	4150	309	—	—	—	—	2414
1992	4452	持平	4010	442	—	—	—	—	4023
1993	10007	124.8	5830	142	—	—	—	4035	7485
1994	14283	42.73	7972	1734	161	—	—	4416	16157
1995	19545	36.84	4781	3083	3225	—	1150	7306	11594
1996	26140	33.74	21091	1010	1439	—	2600	—	16132
1997	53804	105.83	12828	5650	2642	31034	1650	—	19389
1998	50000	−7.07	12710	6979	1602	27039	1670	—	15225
1999	55785	11.57	15326	8210	—	29580	2669	—	20744
2000	64417	15.47	19865	2260	—	1581	1150	18990	24274

2001~2005 年金乡县固定资产投资结构表（二）

表 7-2-3　　　　单位：万元

年度	全社会固定资产投资	比上年增长（%）	县以上及金乡镇驻地投资						农村固定资产投资额	当年新增固定资产
			投资额	其中						
				基本建设投资	更新改造投资	房地产投资	其他投资	私人投资		
2001	75422	17.8	25750	7778	6742	1070	8815	1345	49672	54576
2002	107524	42.56	35000	18222	10494	3294	2282	708	72524	67615
2003	195415	81.74	83534	40591	24296	18105	185	357	111881	150799
2004	295000	50.96	104024	50249	33983	19005	149	638	190976	203798
2005	192000	−34.9	68956	61922	—	7034	—	—	123044	161248

第三节 就业结构

1991~2005年，金乡县社会劳动者总人数除个别年份外，其他年份均有小幅增加，年均增加1.81%。其中农村劳动者年均增加1.73%，企业单位职工人数年均增加1.26%，事业单位职工人数年均增加3.81%，党政机关和社会团体职工人数年均增加4.97%。

农村劳动力

随全县人口自然增长而增长。1991年，全县农村实有劳动力256912人，占全县社会劳动者总数的91.32%；1995年289953人，占93.34%；2000年291739人，占90.95%；2005年300400人，占92.35%，是1991年的1.67倍。

按国民经济行业划分：从事农林牧渔业劳动力，1991年为230567人，2000年最多，为245807人，2005年减至180300人，占农村劳动力总数的60.02%，比1991年减少21.8%；工业、建筑业，1991年12773人，1998年23514人，2005年44300人，占农村劳动力总数的14.75%，是1991年的3.47倍；交通运输、仓储、邮电、通信业，1991年3201人，1998年7276人，2005年增至14500人，占农村劳动力总数的4.83%，是1991年的4.8倍；批发零售贸易和餐饮业，1991年2882人，1999年9114人，2005年23300人，占农村劳动力总数的7.76%，是1991年的8.04倍；从事信息传输和计算机服务业的农村劳动力从无到有并呈上升态势，2004年800人，2005年1600人，占农村劳动力总数的0.53%。在全县农村劳动力中，外出务工的合同工、临时工1991年2042人，1998年5494人，2005年17800人，是1991年的8.72倍。

企、事业单位职工

企业单位职工　因企业改制数量变化较大。1991年，全县工业企业在职职工15374人，占全县社会劳动者总数的5.46%；1997年增至最多18121人，占全县社会劳动者总数的5.75%；2005年减少至9464人，占全县社会劳动者总数的2.91%，比1991年减少2.55%，比1998年减少2.84%。

事业单位职工　1991年有5992人，占全县社会劳动者总数的2.13%；1995年8877人，占全县社会劳动者总数的2.86%；1996~2004年职工人数保持在1万人以上，2005年减至9873人，比1998年人数最多时减少3431人，只占当年全县社会劳动者总数的3.04%。

按国民经济行业划分：全县企、事业单位职工从事农林牧渔和水利管理业的，1991年523人，1993年增至最多825人，1994年减至701人，2005年再减至294人，分别占当年企事业单位总人数的2.45%、2.65%、0.24%、1.52%；从事制造业、建筑业、采掘业和电力工业的，1991年9176人，1997年增至最多11028人，2005年减至6131人，分别占当年企事业单位总人数的42.95%、34.47%、31.71%；从事交通运输、邮电通信业的，1991年467人，1994年最少219人，2003年最多566人，2005年减至520人，分别占当年企事业单位总人数的2.19%、0.83%、2.52%、2.69%；从事批发零售贸易餐饮业的，1991年4905人，1996年增至最多5754人，此后逐年减少，至2005年减至1859人，占当年企事业单位总人数的9.61%；从事房地产、公用事业和居民服务业的，1991年351人，1993年增至最多647人，2005年减少至308人，占当年企事业单位总人数的1.37%；从事卫生、体育、社会福利事业的，1991年1654人，2000年增至最多2369人，2005年1950人，分别占当年企事业单位总人数的7.74%、9.96%、10.08%；从事教育、文化、广播电视事业的，1991年3572人，1998年最多9635人，2005年减至6570人，分别占当年企事业单位总人数的16.72%、36.19%、33.98%；从事金融、保险业的，1991年696人，2002年最多1258人，2005年减至891人，分别占当年企事业单位总人数的3.26%、5.57%、4.61%；从事科研、气象等其他行业的，1991年22人，1995年最多262人，2005年减至

118人，分别占当年企事业单位总人数的0.1%、1.57%、0.61%；

党政机关社会团体干部职工

1991年3053人，1995年4016人，2000年5255人，2005年5533人，分别占全县社会劳动者总数的1.09%、1.29%、1.64%、1.7%。

吸纳就业

1991年，全县国有和集体经济单位有职工24419人，此后，逐年增加，1997年增至33722人，比1991年增加9303人，年均增加4.56%，其中非公有制经济单位吸纳就业1289人，占当年职工总人数的3.82%。1998年后职工就业人数略有下降，至2005年降至24870人，与1991年大体持平。人数减少的原因是国有和集体工业企业改制，缩编减员，吸纳就业空间较小。但国有经济单位、集体经济单位就业人员仍占2005年就业总人数的54.3%和19.54%，非公有制工业企业单位占26.16%。在非公有制经济单位吸纳就业人数中，股份制经济单位、有限责任公司、股份有限公司吸纳就业人员占较大比例，1998年3028人，2005年5651人，分别占非公有制单位吸纳就业总数的96.99%、86.84%。

1991~2005年金乡县农村劳动力从业人员结构表

表7-2-4　　单位：人

年度	年末实有劳动力人数	其中		按从事行业分							其中外出合同工临时工
		男性	女性	农林牧副渔业	工业	建筑业	交通运输仓储邮电通信业	批发零售贸易餐饮业	信息传输、计算机服务业	其他行业	
1991	256912	140984	115928	230567	4852	7921	3021	2882	—	7669	2042
1992	257636	149971	107665	228059	4560	9440	3112	3403	—	9060	2302
1993	275398	152239	123159	245233	5005	10353	3616	3361	—	7830	3612
1994	281981	155795	126186	245124	5458	12591	5008	5114	—	8686	5248
1995	289953	155672	134281	248157	5511	15026	5238	5553	—	10468	4720
1996	279612	148813	130799	234637	6764	15128	6502	6544	—	10037	4792
1997	281639	152895	128744	239153	6321	14194	5670	7521	—	8780	4411
1998	290037	156117	133920	239897	8104	15410	7276	8975	—	10375	5494
1999	289737	158873	130864	244697	7806	12590	5827	9114	—	9703	4713
2000	291739	165280	126459	245807	7428	13130	5660	8720	—	10994	5848
2001	287347	158245	129102	244783	6877	12035	6511	8034	—	9107	5114
2002	291096	159384	131712	245123	7439	12653	6703	8512	—	10666	5736
2003	294587	155863	138724	238456	9161	15173	9991	9969	—	11837	7549
2004	295300	160200	135100	223400	11800	16600	8900	11300	800	22500	17200
2005	300400	165900	134500	180300	21300	23000	14500	23300	1600	36400	17800

1991~2005 年金乡县社会劳动者构成表

表 7-2-5　　　　单位：人

年度	全县社会劳动者总人数	其中农村劳动者人数	企业单位职工				事业单位职工				党政机关社会团体			
			人数	其中			人数	其中			人数	其中		
				固定职工	合同职工	其他职工		固定职工	合同职工	其他职工		固定职工	合同职工	其他职工
1991	281331	256912	15374	7914	4748	2712	5992	4970	731	291	3053	2775	194	84
1992	283709	257636	16678	8099	5127	3452	6206	5225	707	274	3191	2863	226	102
1993	302033	275398	16292	8990	5527	1775	7350	6383	769	198	2993	2778	203	12
1994	311625	281981	17556	7993	7583	1980	8942	6052	780	2110	3146	2844	263	39
1995	310635	289953	7789	1566	4534	1689	8877	5781	746	2350	4016	2947	460	609
1996	311137	279612	17072	长期 16630		442	10570	长期 8201		2369	3883	长期 3840		43
1997	315361	281639	18121	长期 16287		1834	11451	长期 8889		2562	4150	长期 3906		244
1998	321427	290037	13321	长期 12945		376	13304	长期 10314		2990	4765	长期 4335		430
1999	317660	289737	12404	长期 11960		444	11664	长期 10350		1314	3855	长期 3719		136
2000	320768	291739	12575	长期 12228		347	11199	长期 9420		1779	5255	长期 5214		41
2001	316125	287347	12099	长期 11264		835	11235	长期 10146		1089	5444	长期 5311		133
2002	319014	291096	11894	长期 10824		1070	10694	长期 9500		1194	5330	长期 5171		159
2003	322521	294587	11818	长期 10522		1296	10636	长期 9671		965	5480	长期 5135		345
2004	323545	295300	12453	长期 11207		1246	10363	长期 9426		937	5429	长期 5041		388
2005	325270	300400	9464	长期 8391		1073	9873	长期 9315		558	5533	长期 5161		372

1991~2005 年金乡县公有、非公有经济单位吸纳就业一览表

表 7-2-6　　　　单位：人

年度	总人数	其中女性	公有制经济单位				非公有制经济单位							
			国有经济单位	占总人数（%）	集体经济单位	占总人数（%）	小计	占总人数（%）	其中					
									股份制经济	外商投资经济	联营经济	港澳台投资经济	有限责任公司	股份有限公司
1991	24419	7393	16734	68.53	7685	31.47	—	—	—	—	—	—	—	—
1992	26075	8172	17442	66.89	8633	33.11	—	—	—	—	—	—	—	—
1993	26635	8873	19433	72.96	7202	27.04	—	—	—	—	—	—	—	—
1994	29644	9466	19863	67.01	6529	22.02	3252	10.97	2129	1123	—	—	—	—
1995	30620	10150	22621	73.88	6198	20.24	1801	5.88	352	12	43	1394	—	—
1996	31525	10945	22762	72.2	7251	23	1512	4.8	1412	52	48	—	—	—
1997	33722	11399	23843	70.7	8590	25.48	1289	3.82	1113	128	48	—	—	—
1998	31390	9868	22177	70.65	6091	19.4	3122	9.95	527	—	94	—	832	1669
1999	27923	9524	19041	68.19	6480	23.21	2402	8.6	368	—	—	—	924	1110
2000	29029	9581	20290	69.9	5595	19.27	3144	10.83	346	—	—	—	1738	1060

续表 7-2-6

年度	总人数	其中女性	公有制经济单位				非公有制经济单位							
			国有经济单位	占总人数（%）	集体经济单位	占总人数（%）	小计	占总人数（%）	其中					
									股份制经济	外商投资经济	联营经济	港澳台投资经济	有限责任公司	股份有限公司
2001	28778	9586	20542	71.38	5030	17.48	3206	11.14	334	—	112	—	1700	1060
2002	27918	9633	20436	73.2	4330	15.51	3152	11.29	396	—	150	—	1625	981
2003	27934	10279	19194	68.71	5148	18.43	3592	12.86	382	—	170	—	1880	1160
2004	28245	10278	19796	70.09	2779	9.84	5670	20.07	307	—	—	—	1978	3385
2005	24870	8767	13503	54.3	4860	19.54	6507	26.16	1124	796	—	60	2318	2209
说明	1999~2005 年国有经济单位人数含国有控股单位人数													

第四节 所有制结构

工业所有制结构

1991~1999 年，国有经济和城乡集体经济在工业总值中的比重一直占主导地位，其中，国有经济比重在 24% 至 20% 之间，集体经济比重在 65% 至 35% 之间，总体上呈逐年下降趋势。2000 年后，国有经济和城乡集体经济在工业总值中的比重继续下降，到 2004 年，国有经济比重由 1991 年的 23.65% 下降到 3%，减少 20.65 个百分点；集体经济比重由 1991 年的 64.42% 下降到 1.11%，减少 63.31 个百分点。2005 年，国有经济和集体经济在工业总值中的比重较 2004 年略有增加，分别增加了 2.19 个和 0.54 个百分点。

私营、个体、混合所有制和港澳台及外商投资经济在工业总值中的比重，也由 1991 年的 11.93% 逐年增加到 1997 年的 48.38%。1998~1999 两年比重较上年略有降低。2000 年，私营、个体、混合所有制和港澳台及外商投资经济在工业总值中的比重大幅增加，首次超过国有经济和集体经济比重之和，达到 67.66%。2004 年达到最高 95.89%。

表 7-2-7

1991~2005 年金乡县工业所有制比重构成表

年度	工业总产值（万元）	国有经济		集体经济		混合所有制、港澳台及外商投资经济、私营、个体经济	
		比重（%）	比上年增减（百分点）	比重（%）	比上年增减（百分点）	比重（%）	比上年增减（百分点）
1991	61970	23.65	−8	64.42	+1.37	11.93	−1.29
1992	94224	20.93	−2.72	64.85	+0.43	14.22	+2.29
1993	143075	18.53	−2.4	62.87	−1.96	18.6	+4.38
1994	273147	10.27	−8.26	64.95	+2.08	24.78	+6.18
1995	423147	10.24	−0.03	63.09	−1.86	26.67	+1.89
1996	256923（新规定）	17.21	+6.97	55.12	−7.97	27.67	+1
1997	179791	22.55	+5.34	29.07	−26.05	48.38	+20.71
1998	160661	23.36	+0.81	46.26	+17.19	30.38	−18

续表 7-2-7

年度	工业总产值（万元）	国有经济		集体经济		混合所有制、港澳台及外商投资经济、私营、个体经济	
		比 重（%）	比上年增减（百分点）	比 重（%）	比上年增减（百分点）	比 重（%）	比上年增减（百分点）
1999	179463	20.46	−2.9	35.52	−10.74	44.02	+13.64
2000	212908	15.39	−5.07	16.95	−18.57	67.66	+23.64
2001	237815	6.28	−9.11	13.76	−3.19	79.96	+12.3
2002	298054	4.86	−1.42	11.67	−2.09	83.47	+3.51
2003	420019	7	+2.14	10.52	−1.15	82.48	−0.99
2004	602057	3	−4	1.11	−9.41	95.89	+13.41
2005	806946	5.19	+2.19	1.65	+0.54	93.16	−2.73

1991~1997 年金乡县工业所有制结构、产值一览表（一）

表 7-2-8　　　　单位：万元

年度	全部工业总产值（当年价）	全部乡及乡以上工业企业				股份制经济		中外合资经济		联营经济		农村村办工业产值	农村合作经营产值	农村个体工业产值
		国有企业		集体企业										
		单位个数	产值	单位个数	产值	单位个数	产值	单位个数	产值	单位个数	产值			
1991	61970	31	14655	112	27101	—	—	—	—	—	—	5669	7149	7396
1992	94224	34	19719	118	38017	—	—	—	—	—	—	10106	12982	13400
1993	143075	31	26510	125	47457	—	—	—	—	—	—	17912	24577	26619
1994	273147	29	28061	131	83921	6	7186	1	8572	—	—	44888	48590	51930
1995	423147	28	44254	131	118399	产值 9735						75569	72978	102212
1996	256923（新规定）	25	44222	97	63512	8	3945	1	300	2	1291	31046	47055	65553
1997	179791	17	40534	78	52273	19	37960	1	1851	2	2401	—	—	—

1998~2005 年金乡县工业所有制结构、产值一览表（二）

（限额以上独立核算工业企业）

表 7-2-9　　　　单位：万元

年度	总产值（当年价）	国有企业		集体企业		股份有限公司（合作）		有限责任公司		私营企业		港澳台投资企业		外商投资企业		其他企业	
		单位个数	产值	单位个数	产值	单位个数	产值	单位个数	产值	单位个数	产值	单位个数	产值	单位个数	产值	单位个数	产值
1998	85362	8	37523	15	29948	5	16546	1	1345	—	—	—	—	—	—	—	—
1999	85907	8	36722	8	27644	4	21121	1	420	—	—	—	—	—	—	—	—
2000	82985	7	32764	7	7856	6	41625	1	740	—	—	—	—	—	—	—	—
2001	87128	3	14932	5	5535	3	14357	1	942	8	18280	1	17035	1	16047	—	—

续表 7-2-9

年度	总产值（当年价）	国有企业		集体企业		股份有限公司(合作)		有限责任公司		私营企业		港澳台投资企业		外商投资企业		其他企业	
		单位个数	产值	单位个数	产值	单位个数	产值	单位个数	产值	单位个数	产值	单位个数	产值	单位个数	产值	单位个数	产值
2002	104453	3	14478	7	4481	3	15194	2	1479	29	48446	1	5348	1	15027	—	—
2003	152307	4	29400	4	3081	5	9108	1	1049	47	84647	2	5825	3	19197	—	—
2004	293194	3	18059	2	4218	11	13451	5	31486	64	162421	1	899	2	31120	7	31540
2005	447935	—	41900	—	10700	—	287200	—	—	—	—	43500				—	64700
说明	2005 年其他企业产值中含有限责任公司和私营企业产值																

1998~2005 年金乡县工业所有制结构、产值一览表（三）

表 7-2-10　（限额以下非国有工业企业及个体经营）　单位：万元

年度	总产值（当年价）（万元）	集体企业		股份合作企业		股份有限公司		私营企业		外商及港澳台投资企业		个体工业		其他企业	
		单位个数	产值	单位个数	产值	单位个数	产值	单位个数	产值	单位个数	产值	单位个数	产值	单位个数	产值
1998	75299	126	44379	—	—	—	—	210	18878	—	—	881	12042	—	—
1999	93556	88	36108	10	4392	—	—	44	15816	1	768	1790	36242	1	230
2000	129923	85	28237	16	5500	—	—	95	22865	1	665	1564	72656	—	—
2001	150687	67	27180	—	—	37	10690	92	21590	—	—	1570	91227	—	—
2002	193601	72	30312	—	—	43	13416	271	41025	—	—	1740	108848	—	—
2003	267712	72	41123	—	—	43	19153	271	85486	—	—	1740	121950	—	—
2004	308863	9	2457	—	—	8	4399	422	129112	—	—	3060	137990	78	34905
2005	359011	9	2634	—	—	8	4403	445	☆	—	—	—	157474	80	☆
说明	2005 年私营企业和其他企业中的“☆”合计为 194500 万元														

商贸所有制结构

1991~1995 年，全县国有、集体经济企业社会商品零售额均占社会商品零售总额的 54% 以上，处于主导地位。1996 年后，比重逐年下降，至 2005 年降至 29.1%。私营、个体和其他经济 1991 年后比重逐年上升，2005 年增至 70.9%，分别比 1991 年、1995 年、2000 年提高了 42.04 个、25.76 个和 18 个百分点。

1991~2005 年金乡县商贸所有制结构、零售额一览表

表 7-2-11

年度	社会商品零售总额（万元）	其中						
		国有经济（万元）	集体经济（万元）	国有、集体经济比重（%）	私营经济（万元）	个体经济（万元）	其他经济（万元）	私营、个体和其他经济比重（%）
1991	35621	12539	12802	71.14	—	9321	959	28.86
1992	40870	13475	13938	67.07	—	11207	2250	32.93
1993	42153	17006	10647	65.6	—	11550	2950	34.4
1994	36114	14411	9164	65.28	—	12009	530	34.72
1995	46178	18297	7034	54.86	2528	13887	4432	45.14
1996	58911	21464	8730	51.25	3800	20026	4891	48.75
1997	64651	21279	7418	44.39	5615	24327	6012	55.61
1998	64801	19356	5619	38.51	6996	25206	7624	61.49
1999	74279	3882	227	—	—	—	—	—
2000	71244	22021	—	30.9	5753	30298	13172	69.1
2001	80477	26338	—	32.73	6576	39053	8510	67.27
2002	91280	27604	—	30.24	12215	42564	8897	69.76
2003	88756	29143	—	31.71	15090	37451	7072	68.29
2004	106507	33833	1810	33.47	18756	45804	6304	66.53
2005	207536	60185	200	29.1	47534	91316	8301	70.9
说明	1999 年社会商品零售总额中含限额以上零售额 4109 万元（其中国有经济 3882 万元、集体经济 227 万元），限额以下零售额 70170 万元（未分所有制类型）							

农村土地集体所有制

20 世纪 80 年代初，金乡县开始实行以家庭承包制为基础的联产承包责任制，将 87 万亩耕地承包给 13 万余户农村居民。承包的实质就是把土地经营权交给农民，土地归属权依然属于集体和国家，农民除按国家规定上缴农业税收以外，其余收益归己。1999 年，开展第二轮土地延包。2002 年 3 月 1 日起，实行新的《中华人民共和国农村土地承包法》，在坚持农村土地集体所有制基础上，直接赋予农民土地承包权，土地落实到人，并且 30 年不变。土地承包权可以流转，可以继承，并由县政府发给“土地经营承包权证书”。

第三章 经济效益

1991~2005 年，金乡县经济建设取得良好效益。1991 年，完成地区生产总值（增加值，下同）7.7 亿元，比 1990 年增长 22.2%；财政收入完成 2314 万元，比 1990 年增长 15.47%；职工年人均工资收入 1885 元，比 1990 年增加 67 元，增长 3.7%；农民人均纯收入 817 元，比 1990 年增加 162 元，增长 24.7%。1995 年，完成地区生产总值 24.5 亿元，是 1991 年的 3.18 倍；财政收入完成 1.1 亿元，是 1991 年的 4.76 倍；职工年人均工资收入 4506 元，是 1991 年的 2.39 倍；农民人均纯收入 1896 元，

是1991年的2.32倍。2000年，完成地区生产总值36.22亿元，是1991年的4.7倍；财政收入完成1.91亿元，是1991年的8.25倍；在岗职工年人均工资收入6038元，是1991年的3.2倍；农民人均纯收入2666元，是1991年的3.26倍。2005年，完成地区生产总值60.5亿元，是1991年的8.44倍；财政收入完成2.1亿元，是1991年的9.06倍；职工年人均工资收入9852元，是1991年的5.23倍；农民人均纯收入4226元，是1991年的5.17倍。

第一节 农村经济效益

1991年，金乡县落实科技兴农措施，农业生产获得大丰收，粮、棉总产、单产均创历史最高水平。当年农村经济总收入8.62亿元，其中农林牧副渔业收入6.16亿元，农村工业、交通运输业、商业等其他行业收入2.46亿元。扣除农村经济各项费用支出后，农村经济纯收入总额4.87亿元。上缴国家税收和村提留后，农村居民纯收入4.23亿元，农民人均纯收入817元。

1995年，全县农村经济总收入达到59.97亿元，扣除各项费用支出后农村经济纯收入总额13.31亿元，分别比1991年增长595.7%和173.3%；农村居民纯收入10.44亿元，农民人均纯收入1896元，分别比1991年增长146.8%和132.06%。

1997年、1998年，农民人均纯收入比1996年略有回落。1999年始，全县农林牧副渔业总产值、增加值和农民人均纯收入持续增长，到2005年，农林牧副渔业总产值达到43.24亿元，增加值达到22.82亿元，农民人均纯收入4226元，分别年均增长10.84%、7.97%和8.69%。农民人均纯收入分别是1991年的5.17倍、1995年的2.23倍、2000年的1.59倍。农民收入快速增长的主要原因是：县委、县政府围绕“农业增效、农民增收、农村稳定”的目标，加大对农村经济发展的扶持力度，加大结构调整力度，加快农村劳动力转移，农业快速发展，加之农产品价格大幅上涨，特别是大蒜价格、产量均比2004年有较大幅度提高。仅大蒜一项人均增加收入553元。第二产业收入113元、第三产业收入436元，分别比2004年增加80.6%和65.6%。

1991~1997年金乡县农业经济效益一览表（一）

表7-3-1

年度	全县农村经济总收入（亿元）	其中		扣除各项经济支出后纯收入总额（亿元）	上缴税收、集体提留后农民纯收入（亿元）	农民年人均纯收入（元）	比上年增长（%）	主要农产品产量			主要畜产品产量		
		农林牧副渔业收入（亿元）	其他行业收入（亿元）					粮食（万吨）	棉花（万吨）	大蒜（万吨）	猪出栏（万头）	羊出栏（万只）	家禽出栏（万只）
1991	8.62	6.16	2.46	4.87	4.23	817	11.76	34.49	3.43	—	10	—	—
1992	11.26	7.41	3.85	5.52	4.88	957	17.14	39.36	2.22	—	16	—	167
1993	20.89	8.38	12.51	7.54	6.14	1476	54.23	37.61	0.95	18.59	15.72	—	227.8
1994	36.25	13.11	23.14	8.99	7.27	1355	−8.19	34.94	1.91	16.79	19.29	—	249.8
1995	59.97	16.4	43.57	13.31	10.44	1896	39.93	33.07	1.71	24.13	14.63	36.07	201
1996	50.99	23.82	27.17	17.48	13.94	2596	36.92	33.69	1.06	26.27	14.95	40.98	210.5
1997	39.04	19.28	19.76	15.75	14.22	2514	−3.16	26.32	1.24	37.26	14.36	16.63	213.9

1998~2005 年金乡县农业经济效益一览表（二）

表 7-3-2

年度	农林牧副渔业总产值（亿元）	农林牧副渔业增加值（亿元）	农民人均总收入（元）	扣除各项费用支出、上缴税金、村提留后农民人均纯收入（元）	比上年增长（%）	主要农产品产量			主要畜产品产量		
						粮食（万吨）	棉花（万吨）	大蒜（万吨）	猪出栏（万头）	羊出栏（万只）	家禽出栏（万只）
1998	21.26	13.49	3735	2376	−5.49	20.88	1.08	42.93	15.1	19.19	228.5
1999	22.67	13.5	3949	2545	7.11	32.96	1.45	51.59	18.68	21.77	262.5
2000	24.18	14.11	4206	2666	4.75	30	2.51	44.32	25.1	33.46	346.1
2001	25.77	15.08	4610	2868	7.58	22.13	3.33	46.26	—	—	437.8
2002	27.38	15.58	4788	3014	5.09	20.45	3.45	51.34	39.15	47.35	446.3
2003	29.74	16.68	4697	3118	3.45	8.6	3.24	52.3	47.61	—	492
2004	35.56	19.89	5557	3668	17.64	8.74	3.88	58.95	52.41	75.12	583.3
2005	43.24	22.82	6141	4226	15.21	10.57	5.01	59.15	57.82	—	767

第二节 工业经济效益

1991~1993 年，金乡县工业企业受市场疲软，产品销售不畅影响，经济效益增长缓慢。1991 年，98 家乡及乡以上独立核算工业企业 11 家出现亏损，亏损总额 127 万元。1993 年，120 家独立核算工业企业中有 20 家亏损，亏损总额 3859 万元。亏损行业主要集中在粮食及饲料加工业、化学肥料制造业、水泥等建筑材料制造业、纺织业、白酒制造业、交通运输设备及普通机械制造业、造纸业。1995 年，经济效益出现好转，124 家独立核算工业企业完成产品销售收入 12.94 亿元，实现利税 1.2 亿元，利润 6634 万元，分别比 1994 年增长 56.85%、73.91% 和 87.83%，亏损企业由 1994 年的 10 家降到 7 家，亏损额由 881 万元降至 432 万元。1996~1998 年，经济效益略有回落。其中，1997 年 109 家独立核算工业企业中有 13 家亏损，亏损额 1352 万元。1998 年 29 家规模以上独立核算工业企业中有 7 家亏损，亏损额 1508 万元。1999 年始，工业经济运行质量得到较好改善，经济效益稳中有升。2000 年、2001 年，21 家规模以上独立核算工业企业中只有 1 家亏损，亏损额分别为 278 万元、187 万元。2002 年，规模以上地方工业完成产品销售收入 12.78 亿元，规模以上地方工业利税 1.22 亿元，规模以上地方工业利润总额 0.54 亿元，均列济宁市 12 个县（市区）第八位，民营经济上缴税金 0.99 亿元，列全市第九位；2003 年，规模以上地方工业产品销售收入、利税和利润总额分别为 16.27 亿元、1.49 亿元、0.73 亿元，分列全市第十一位、第九位、第九位，民营经济上缴税金 1.37 亿元，列全市第九位；2004 年，规模以上地方工业产品销售收入、利税和利润总额分别为 2.61 亿元、2.21 亿元、1.13 亿元，均列全市第九位，民营经济累计上缴税金 1.73 亿元，列全市第九位。2005 年，全县工业总产值 80.69 亿元，是 1991 年的 13 倍；124 家规模工业企业完成工业总产值 44.79 亿元，是 1991 年的 11.45 倍；完成产品销售收入 38.68 亿元，是 1991 年的 9.48 倍；实现利税 2.31 亿元，是 1991 年的 16.5 倍；实现利润 1.2 亿元，是 1991 年的 9.18 倍。

1991~2005 年金乡县工业经济效益一览表

表 7-3-3

年度	全部工业总产值（亿元）	其中乡及乡以上独立核算工业企业（1999 年后为规模以上工业企业）										规模以下工业企业	
		工业总产值（亿元）	工业增加值（亿元）	产品销售收入（亿元）	比上年增长（%）	利税总额（亿元）	比上年增长（%）	利润总额（万元）	比上年增长（%）	工资总额（万元）	人均工资（元）	工业总产值（亿元）	上缴税金（万元）
1991	6.2	3.91	—	3.87	26.89	0.14	−17.6	1309	32.76	2096	1728	—	—
1992	9.42	5.35	1.01	4.7	21.45	0.17	21.43	1603	22.46	2501	1714	—	—
1993	14.31	6.69	1.99	6.54	39.15	0.28	64.7	−2139	−33.4	2870	1867	—	—
1994	27.31	11.8	3.3	8.25	26.15	0.69	146.2	3532	83.54	4322	2597	—	—
1995	42.31	17.08	4.44	12.94	56.85	1.2	73.91	6634	87.83	5748	3441	—	—
1996	25.69	11.18	2.92	12.21	−5.64	1.52	26.67	7765	17.05	6782	3988	—	—
1997	19.87	13.42	3.6	12.84	5.16	1.75	15.13	6972	−10.2	6948	4433	—	—
1998	16.07	8.54	2.39	8.52	−33.64	1.31	−25.1	5271	−24.4	4100	4222	—	—
1999	17.95	8.59	2.74	9.5	11.5	1.37	4.58	6705	27.21	4147	5255	9.36	3659
2000	21.98	8.3	2.93	10.51	10.63	1.48	8.03	6060	−9.62	4659	6013	12.99	3795
2001	23.78	8.71	3.63	10.65	1.33	1.13	−23.6	3437	−43.3	5519	6182	15.07	2333
2002	29.85	10.45	4.29	12.78	20	1.22	7.96	5403	57.2	6575	5084	19.36	2621
2003	42	15.23	7.04	16.27	27.3	1.49	22.13	7289	34.91	7926	5520	26.77	3055
2004	60.2	29.32	11.13	26.14	60.66	2.21	48.32	11300	55.03	10608	7952	30.88	—
2005	80.69	44.79	11.68	38.68	47.97	2.31	4.52	12018	6.35	—	—	35.9	—

第三节 建筑业经济效益

1991~1995 年，金乡县建筑业企业总产值逐年增加，年均增长 33.6%。增加值，1995 年 1.01 亿元，是 1991 年的 3.09 倍。劳动者报酬，1995 年 0.92 亿元，是 1991 年的 6.84 倍。职工人均工资，1991 年人均 1704.5 元，其中全民所有制职工人均工资 1833 元，集体所有制职工人均工资 1576 元。1992 年人均 2096 元，其中全民所有制职工人均工资 2273 元，集体所有制职工人均工资 1919 元。1993 年人均工资 2340 元。1995 年人均工资 2474 元，是 1991 年的 1.45 倍。

1996~2000 年，总产值持续增长，年均增长 18.04%。职工人均工资升多降少，年均增长 18.2%。2001 年，职工工资比 2000 年大幅回落，降低 28.79%，但仍是 1991 年职工人均工资的 2.07 倍。

2001~2004 年，生产总值大幅提高，年均增长 34.56%；增加值、劳动者报酬和职工人均工资都有较大幅度增长，其中，2004 年增加值是 1991 年的 21.56 倍，劳动者报酬是 1991 年的 34.52 倍，职工人均工资是 1991 年的 3.75 倍。

2005 年，生产总值、劳动者报酬、营业盈余均比 2004 年有大幅降低，但职工人均工资却比 2004 年增长 8.15%。

1991~2005年金乡县建筑业经济效益一览表

表 7-3-4

年度	生产总值（增加值）（万元）	比上年增长（%）	劳动者报酬（万元）	生产税净额（万元）	固定资产折旧（万元）	营业盈余（万元）	在岗职工人均工资（元）
1991	3265	22.51	1345	—	158	751	1704.5
1992	3982	21.96	2382	421	225	954	2096
1993	3455	−13.23	2937	99	350	69	2340
1994	—	—	—	—	—	—	1916
1995	10100	—	9200	300	400	200	2474
1996	15550	53.96	—	—	—	—	2474
1997	16802	8.05	—	—	—	—	3157
1998	18500	10.11	—	—	—	—	3015
1999	20000	8.1	—	—	—	—	2875
2000	22000	10	—	—	—	—	4960
2001	25411	15.5	—	—	—	—	3532
2002	32523	28.02	24610	889	57581	52371	4457
2003	45300	39.29	31512	1406	2300	10082	5934
2004	70400	55.41	46433	1809	3158	19000	6391
2005	19800	−71.87	2700	300	400	16400	6912

第四节　运输（仓储）业经济效益

1991~1995年，金乡县交通运输业经济效益稳步增长。1991年，按当年价格计算，实现总产值5708万元，增加值1918万元，劳动者报酬849万元，上缴税金189万元，营业盈余456万元。1992年，实现生产总值7772万元，增加值2032万元，劳动者报酬947万元，生产税净额214万元，营业盈余517万元。1993年，总产出1.07亿元，增加值2750万元，劳动者报酬1875万元，生产税净额333万元，营业盈余467万元。1995年，总产出1.95亿元；增加值6100万元，是1991年的3.18倍；劳动者报酬4100万元，是1991年的4.83倍；营业盈余1000万元，是1991年的2.19倍。

1996~2001年，客运及客运周转量、货运及货运周转量略有起伏。公路客运量年均增长5.72%，客运周转量年均增长5.76%，货运量年均增长6.75%，客运周转量年均增长10.96%。

2002年始，交通运输业平衡发展，经济效益稳步提高。到2005年，总产出10.15亿元，是1993年的7.3倍；增加值4.91亿元，是1991年的28.41倍；劳动者报酬2.58亿元，是1991年的30.39倍；营业盈余2.12亿元，是1991年的46.49倍。

1991~2005年金乡县运输（仓储）业经济效益一览表

表7-3-5

年度	客运		货运		总产出（当年价）（万元）	增加值（元）	劳动者报酬（元）	生产税净额（元）	固定资产折旧（元）	营业盈余（元）
	客运量（人）	周转量（万人公里）	货运量（吨）	周转量（万吨公里）						
1991	14.5	747	143	8648	总产值5708	1918	849	税金189	262	456
1992	15.3	783	148.7	8985	总产值7772	2032	947	214	354	517
1993	16.1	824	90.7	6979	10666	2750	1875	333	75	467
1994	19	975	193	10923	13900	—	—	—	—	—
1995	141	9626	316	19897	19500	6100	4100	800	200	1000
1996	131	9907	188	18631	—	—	—	—	—	—
1997	134	10028	206	23097	—	—	—	—	—	—
1998	132	9037	216	29514	—	—	—	—	—	—
1999	155	8473	253	33998	—	—	—	—	—	—
2000	178	8685	258	35000	—	—	—	—	—	—
2001	193	12510	276	35782	—	—	—	—	—	—
2002	218	14172	294	38053	58079	33300	16957	1282	1420	13641
2003	209	14092	315	44118	71069	40974	18200	720	1640	20414
2004	227.9	18753	327	50859	95380	49078	23800	1670	2682	20926
2005	244.4	20482	354	57236	101500	54500	25800	1000	6500	21200

第五节 商业经济效益

1991~2005年，金乡县商业经济效益除个别年份较上年有所回落外，其他年份均呈平稳增长态势，尤其是2001年后，增长速度更快。15年间，社会消费品零售总额，年均增长15.75%，其中，2002年9.13亿元，在济宁市12个县（市、区）列第六位，外贸出口总额4137万美元，列第一位；2003年社会消费品零售总额8.88亿元，在全市列第九位；外贸出口总额5906万美元，列第一位；2004年社会消费品零售总额10.65亿元，列全市第九位，外贸出口总额7301万美元，列第二位；2005年达到20.75亿元，是1991年的5.83倍。商业生产总值（增加值），年均增长21.75%，2005年达到5.96亿元，是1991年的12.98倍。营业盈余，2004年达到最高3.49亿元，是1992年的19.85倍。劳动者报酬，2005年达到1.72亿元，是1991年的13.09倍。在岗职工人均工资，2005年达到7009元，是1991年的4.12倍。

1991~2005 年金乡县批发零售贸易和住宿餐饮业经济效益一览表

表 7-3-6

年度	社会商品零售总额（万元）	比上年增长（%）	商业生产总值（万元）	比上年增长（%）	劳动者报酬（万元）	生产税净额（万元）	固定资产折旧（万元）	营业盈余（万元）	在岗职工人均工资（元）		
									国有经济单位	集体经济单位	其他经济单位
1991	35621	21	4590	26.76	1314	—	333	—	1939	1460	—
1992	40870	14.74	6104	32.98	3011	903	434	1756	1996	1700	—
1993	42153	3.14	8754	43.41	6573	780	577	824	1205	1564	—
1994	36114	−14.33	15400	75.92	—	—	—	—	2544	1963	—
1995	46178	25.1	16800	9.09	2100	2200	1600	10900	3259	3125	3000
1996	58911	27.57	22008	31	—	—	—	—	3776	3047	2402
1997	64651	9.74	24409	10.91	—	—	—	—	3499	2793	3698
1998	64801	0.23	25118	2.9	—	—	—	—	4430	2992	2352
1999	74279	14.63	26876	7	—	—	—	—	3462	1964	1743
2000	71244	−4.08	30615	13.91	—	—	—	—	4489	1373	1150
2001	80477	12.96	36891	20.5	—	—	—	—	4453	1325	3090
2002	91280	13.42	41131	11.49	10937	4780	4812	20602	4962	1210	4197
2003	88756	−2.77	49100	19.37	12195	2348	5060	29497	7486	2284	3134
2004	106507	20	58300	18.74	13565	2960	6920	34855	9459	—	2533
2005	207536	94.86	59600	2.23	17200	2300	7800	32300	11335	3788	5904
说明	2004 年其他经济单位人均工资不含住宿餐饮业人均工资										

第八篇 农 业

农　业

金乡县因地理环境条件，历来是农业大县。

1991年开始，金乡县不断调整农业产业结构，不断发展规模农业和效益农业，推进农业产业化进程，农业和农村经济保持了稳定、持续快速发展势头。1995年，农业总产值8.77亿元，比1991年增加1.74亿元，农民人均纯收入1896元。“九五”（1996~2000年）期间，大力发展大蒜、瓜菜等高价值经济作物，经济效益大幅提升；林业产值处于负增长；畜牧业、渔业得到快速发展。2000年，农业总产值13.21亿元，比1995年增加4.44亿元，农民人均纯收入2665.6元。“十五”（2001~2005年）期间，进一步巩固大蒜产业，扩棉扩菜，种植业经济效益持续提高，林业复苏，畜牧业快速发展，渔业呈下滑态势。2005年，全县农业总产值18.19亿元，比1990年增加12.92亿元，增长2.45倍；全县农民人均纯收入4226元，比1990年增加3571元，增长5.45倍。

第一章　农业区划与开发

农业工作办公室　1988年3月，由县委序列的农村工作部改为政府序列的农村经济委员会（简称农经委）。1993年12月机构改革时县棉办、开发办、区划办并入农经委，更名为金乡县农业委员会（简称县农委），内设人秘科、生产科、调研科、多种经营科、农业开发办公室。2002年5月又转为县委序列，撤销县农委，机构名称为农业工作领导小组办公室（简称农工办）。

农业综合开发办公室　1990年10月，成立金乡县黄淮海平原农业开发领导小组办公室（简称黄开办），正科级行政单位。1993年12月机构改革时被撤销，并入县农业委员会。1994年7月重新设立。2000年5月机构改革时更名为金乡县农业综合开发办公室（简称农开办），同时改为正科级事业单位，其职能、隶属关系不变。

金乡县农业局　正科级行政单位，成立于1956年，1973年农业局与林业局分设。1993年12月机构改革，撤销农业局，改称“金乡县农业技术服务中心”，正科级事业单位。1995年9月，又改称金乡县农业局。

2002年5月机构改革，县农委、农业局和林业局合并，组建农业局（加挂林业局牌子）。农业局下设办公室、计财科、生产科、农业技术推广站、经济作物站（2001年建立“金乡县食用菌管理办公室”，与经济作物站一个单位两块牌子）、植物保护工作站、土壤肥料工作站、农药质量监督管理站（1998年从植保站分出）、农业环境监测保护工作站（1991年设立）、植物检疫站（1998年从植保站分出）、农村经济经营管理站、农村能源管理站、科教站、行政综合执法大队、棉花良种场（自收自支全民事业单位）、戴庄良种场（自收自支全民事业单位）共16个科、站、场，以及农业技术推广中心、种子公司与县种子管理站、中央农业广播学校金乡分校3个副科级事业单位。其中农业技术推广中心，是将农技推广、植保、土肥、经作等专业技术机构密切结合，集试验、示范、培训、推广为一体的县级农技权威机构。种子公司与种子管理站一个单位两块牌子，是集新品种引进、良种繁育、推广、供应于一体的经济实体。中央农业广播学校金乡分校，为金乡培养大中专农业技术人才。2005年，县农业局共有工作人员177人，其中国家公务员12人、专业技术人员113人，职工52人，40%以上具备大专以上学历，45%以上具有中专学历。

县农业局在各乡镇均设有农业技术推广站和农村经济经营管理站，负责本乡镇农作物良种引进和新品种、新技术试验、示范推广工作，以及对农村合作经济组织的管理指导和农民减负工作。1992年3月前，人、财、物均属县农业局管理。此后划归乡镇政府领导，县农业局只对其进行行业

务指导。

第一节 农业区划

1991年初，县黄淮海平原农业开发办公室根据各乡镇地貌、水文、土壤、经济、生产习惯不同，以及农业内部各业结构和产品种类不同的情况，将全县划分为三个农业区予以开发、发展。

金北站灌农业经济区

位于金乡县北部，包括高河、卜集、胡集、羊山4个乡镇，215个行政村。2005年，区内人口18.407万人，占全县总人口的30.12%，其中农业人口17.29万人，占全县农业人口的33.5%。土地面积300.54平方公里，占全县33.9%；耕地29.6万亩，占全县耕地面积的36.39%；农民人均占有耕地1.71亩，高于全县平均水平。

区内地形地貌是洼地、浅平洼地、碟型洼地和少部分岗坡地。土地类型主要是潮土、盐化潮土和幼年水稻土；土壤质地主要是重壤、黏土和壤土；土地肥力属中上等水平。地下水埋深1米~3米，少部分超过3米。

区内光热资源丰富，水源条件好，以站灌为主，有效灌溉面积100%。适宜种植粮食、棉花、大蒜、圆葱、水稻、蔬菜（大葱、茄子），发展水产养殖。但地势低洼，多雨季节常出现内涝。

2005年，区内粮食总产4.5万吨，占全县粮食总产的42.6%；棉花1.49万吨，占全县总产的29.7%；蔬菜瓜类9.84万吨，占全县总产的38.9%；水果3670吨，占全县总产的33.05%；肉类2.24万吨，占全县总产的36.4%；奶680吨，占全县总产的12.6%；禽蛋1.76万吨，占全县总产的32.04%；水产品4214吨，占全县总产的64.73%。

井站灌结合高效农业区

位于金乡县中、东、西部，包括金乡镇、化雨、王丕、鱼山、马庙5个乡镇，224个行政村。2005年，区内人口24.83万人，占全县总人口的40.63%，其中农业人口17.47万人，占全县33.86%。土地面积314.32平方公里，占全县35.46%；耕地26.88万亩，占全县33.08%；人均占有耕地1.54亩，低于全县平均水平。人均纯收入略高于全县平均水平。

区内主要地形地貌是微斜平地及部分缓平坡地。土壤类型是潮土、盐化潮土和部分褐土化潮土；土壤质地主要是中壤、重壤和部分轻壤、沙壤土；土壤肥力属中等水平；地下水埋深大部分2米~3米，少部分超过5米。

区内光热资源丰富，满足生产需要，复种指数280%以上。但区内生活污水较多，地面常受污染；冷库多，用水量大，地下水欠缺，已形成大面积漏斗区。农田灌溉井站结合。适宜种植高价值经济作物，如大蒜、蔬菜、水果、棉花，发展农副产品加工、贮藏和运输业。

2005年，区内粮食总产1.93万吨，占全县粮食总产的18.29%；棉花1.85万吨，占全县棉花总产的37%；蔬菜瓜类87.54万吨，占全县总产的34.6%；水果5079吨，占全县总产的45.73%；肉类1.88万吨，占全县总产的30.51%；奶类3800吨，占全县总产的70%；禽蛋20270吨，占全县总产的36.87%；水产品1453吨，占全县总产的22.32%。

南部井灌农业区

位于金乡县城南部东鱼河南北，包括霄云、司马、兴隆、鸡黍4个乡镇，214个行政村。2005年，区内人口17.87万人，占全县总人口的29.24%。其中农业人口16.83万人，占全县农业人口的32.63%。土地面积271.6平方公里，占全县30.64%；耕地24.79万亩，占全县30.50%；人均占有耕地1.44亩，低于全县平均水平。

区内农田灌溉以井灌为主。主要地形地貌是微斜平地及部分缓岗坡地，背河槽状洼地。土壤类型是潮土、盐化潮土和少部分褐土化潮土；土壤质地主要是轻壤沙壤；土壤肥力较差。有部分漏斗区，地下水缺乏，一般埋深超过3米~5米，极少部分超过10米。

区内光热资源丰富，满足生产需要，水资源条件较差，地面相对较高，引湖水困难，地上水利用受限，地下水较深，提水困难，有效灌溉面积占耕地面积的80%~90%。1995年东鱼河曹庄橡胶坝建成，年拦蓄上游客水4000万~6000万立方米，通过“金南引水回灌工程”引入区内河、沟蓄存，该区有效灌溉面积得到改善。主要种植粮、棉、大蒜、甘蓝、菠菜、食用菌，发展畜牧林果业。

2005年，区内粮食总产4.14万吨，占全县总产的39.14%；棉花1.67万吨，占全县总产的33.26%；蔬菜瓜类67.04万吨，占全县总产的26.5%；水果2351吨，占全县总产的21.1%；肉类2.04万吨，占全县总产的33.06%；奶类920吨，占全县总产的17.4%；禽蛋1.71万吨，占全县总产的31.09%；水产品853吨，占全县总产的13.1%。

按照种植业耕作习惯，作物布局不同，全县划分为五个农业小区。

西及西北部三种三收种植区

主要包括鱼山、马庙两镇及羊山镇一部分。2000年前，区内主要是大蒜—西瓜—玉米，三种三收。2000年以后，玉米面积压缩，棉花面积扩大，逐渐演变为大蒜—西瓜—棉花，三种三收。

西南及南部蒜菜棉及麦菜棉间作套种区

主要包括鸡黍镇、兴隆乡、司马镇。2000年前，主要种植模式为：秋种小麦或大蒜，夏种玉米或棉花，一年两种两收。2000年后，逐渐发展为：秋种大蒜或小麦，套种菠菜、芫荽等越冬菜，夏种棉花或玉米，三种三收。

中部蔬菜种植区

主要包括金乡镇、王丕镇、高河乡。1991年后，3乡镇发挥县城近郊优势，大力发展蔬菜种植，大、中、小拱棚和冬暖式大棚齐全多样，芹菜、辣椒、西红柿、茄子等种类繁多，形成规模蔬菜基地。

东南部麦棉、蒜棉区

主要包括霄云镇、化雨乡。1991~2005年，区内由麦棉两作为主，逐渐演变为大蒜、棉花、越冬甘蓝—玉米—大白菜。

东北部麦粮蒜棉区

主要包括胡集、卜集两乡镇及羊山镇部分。1991 ~ 2005年，区内由小麦—玉米—小麦或水稻一年两种两收，逐渐变为大蒜—棉花—瓜类—水稻、大蒜—水稻、圆葱—棉花两种两收，或玉米—白菜—拱棚梨瓜三种三收。

第二节 农业开发

科技开发

1991~1992年，组织“31万亩农田科技开发”，即10万亩小麦高产开发，10万亩玉米高产开发，10万亩低产田开发，1万亩吨粮田开发。全县组织12个承包集团，参与承包人员146人，其中技术人员91人，行政干部31人，物资服务人员24人。签订承包合同，明确双方的责、权、利，实行“两定一包一奖”，即定开发面积、定产量指标，包技术培训和印发技术资料，根据任务完成情况实行奖罚。10万亩小麦高产开发平均单产358公斤，比1990年亩增加162公斤；10万亩玉米高产开发平均单产421公斤，比1990年亩增加40公斤；10万亩低产田开发，小麦平均单产340公斤，玉米单产402公斤，耕亩单产742公斤，比1990年增产273公斤；1万亩吨粮田开发耕亩单产1002.3公斤，比1990年亩增136.8公斤，各项开发新增总产4.89万吨，新增总产值3924.2万元，新增纯收益2382万元。

1993~1994年，承担济宁市政府“135”工程建设规划中建设7万亩吨粮田，20万亩玉米千斤田，5万亩高产高效示范田任务。通过建立技术指导小组、加强技术培训和新品种、新技术推广，增加物资投入等措施，7万亩吨粮田平均耕亩单产1046.7公斤，其中小麦419.4公斤，玉米627.3公斤，比开发前3年平均单产增加238.7公斤，新增总产1670.9万公斤，新增总产值1169.6万元；20万亩玉米千斤田平均单产536.2公斤，比前3年平

均单产增长 25.2%，新增总产 2164 万公斤，新增总产值 1298.4 万元。5 万亩高产高效示范田采取间作套种立体种植（大蒜—西瓜—玉米，小麦—越冬菜—棉花），平均亩产值 1302 元，比前 3 年平均亩产值增加 452 元，增长 53.2%，新增总产值 2710 万元。总计增产粮食 3834 万公斤，新增总产值 5178 万元。

1995~1996 年，在全县范围内实施“农业十大工程”，即 10 万亩粮经“双千”工程、15 万亩麦棉“双高”工程、30 万亩高价值经济作物开发工程、30 万亩棉花病虫害综合防治工程、农业高新技术工程、3 万亩无公害蔬菜开发工程、7 万亩良种引进繁供体系建设工程、1 万亩金谷高产开发工程、1 万亩沼液浸种增产工程。经验收，10 万亩粮经“双千”工程，粮食单产 508 公斤，亩产值 2421.6 元；15 万亩麦棉双高工程，平均亩产小麦 407 公斤，皮棉 76 公斤；30 万亩高价值经济作物开发平均亩产值 2000 元以上；30 万亩棉花病虫害综合防治工程防治成本降低 30% 以上，病虫危害率降到 10% 以下；3 万亩无公害蔬菜开发工程初见成效，农业高新技术 BT 生物农药应用面积 10 万亩，植物生长调节剂应用面积 25 万亩；磁化肥 2 万亩，平均亩增产 8%~10%；建立良种繁育基地 3.5 万亩，繁育小麦新品种 PH85-4 等，鲁棉 13、中杂 028 等 1000 万公斤。两年增产粮食 4287.5 万公斤、棉花 900 万公斤、油料瓜菜及名特优产品 25350 万公斤，新增总产值 4.48 亿元。缗城镇先后建成市级、省级吨粮镇。1996 年，鱼山镇被命名为济宁市特色农业示范乡镇。

1996~1998 年，承担济宁市农业十大工程中的“3 万亩棉花超高产示范工程”“种子工程”“沃土工程”。“3 万亩棉花超高产示范工程”，推广蒜茬棉，营养钵育苗，选用中杂 028 和鲁棉 13，配方施肥，合理密植，综合防治病虫害，平均单产 101 公斤。“种子工程”，重点是种子提纯复壮，新品种引进、试验、示范，落实小麦 125 繁育体系建设。建立小麦良种繁育基地 2.28 万亩，生产原种 2 万公斤，一级种子 28 万公斤，二级种子 771.4 万公斤。经专家验收，种子田间纯度，一级种子田 99%，二级种子田 98%。繁育玉米良种 3000 亩，生产种子 50 万公斤。棉花良种 0.8 万亩，生产种子 40 万公斤。“沃土工程”通过推广小麦高留茬，秸秆还田，机械耕翻，测土配方施肥，并开展“给我一捧田间土，还你一个配肥方”活动，提高土壤肥力。

2002~2005 年，实施“10 万亩省级大蒜标准化基地”和“市级万亩圆葱标准化基地”建设，制定项目建设实施方案和大蒜、圆葱标准化生产技术操作规程，对基地插牌立标，推行“六统一”（统一环境质量，统一生产资料，统一关键技术，统一产品标准，统一检测方法，统一产品标准）。10 万亩省级大蒜标准化基地亩产大蒜 1250 公斤，达标率 95% 以上；万亩圆葱标准化基地亩产 5000 公斤。

项目综合开发

1991 年，实施由国家立项的农业综合开发，至 2005 年，共实施 5 期农业综合开发项目和利用世界银行贷款加强灌溉农业（二期）项目，累计投入资金 6704.7 万元，先后改造中低产田 22.5 万亩。所有项目区全部实现“田成方、林成网、路相通、渠相连、旱能浇、涝能排”。

1991~2005 年金乡县农业综合开发项目实施统计表

表 8-1-1

期数	项目实施期间	项目名称	开发乡镇	总投资（万元）	开发面积（万亩）	主要建设内容
2	1991~1993	金北中低产田改造项目	羊山镇、胡集镇、卜集乡、高河乡	800	—	配套排灌站 24 处，修建桥涵洞闸 317 座，建设良种基地 2 处，发展畜禽生产基地 2 处，植树 23 万株，配套鱼种池 30 亩，购置农业机械 446 台（套）等。

续表 8-1-1

期数	项目实施期间	项目名称	开发乡镇	总投资（万元）	开发面积（万亩）	主要建设内容
3	1994 ~ 1996	中低产田改造项目	鱼山乡、城郊乡（缗城镇）、金乡镇	661	2.8	衬砌渠道 3.6 千米，修建砼渠道 15 千米，埋设地下管道 2.5 千米，建桥涵闸 180 座，新打配套机井 240 眼，修建排灌站及提水站 15 座，建良种基地 0.4 万亩，植树 15 万株，改造鱼塘 0.04 万亩，维修扩建鸡舍 1000 平方米等。
4	1997	中低产田改造项目	王丕乡（镇）	176	1	建桥涵闸 55 座，新打维修机井 110 眼，建良种基地 0.4 万亩，植树 10 万株，开展技术培训 4000 人次。
	1998 ~ 2002	利用世行贷款加强灌溉农业（二期）项目	金乡镇（缗城镇）、鱼山镇、鸡黍镇（金马乡）、马庙镇	3939.7	14	新建防渗渠 23.2 千米，沙石路 25 千米，新建桥涵闸 289 座，发展喷灌 401 公顷，新打机井 755 眼，新建县种子公司门市部 360 平方米，完善乡镇农技站 2 处，购置大中型拖拉机 22 台，配套农机具 59 台，植树 60 万株。
5	2000 ~ 2002	德兴农贸大蒜加工扩建项目	马庙镇	450	—	新建加工车间 1000 平方米，新上大蒜加工生产线 1 套及附属配套设施建设等。
6	2003	中低产田改造项目	司马镇	280	1	建桥涵闸 163 座，新打机井 50 眼，修防渗渠 3 千米，埋设 PVC 管道 7 千米，建沙石路 8 千米，植树 6 万株，技术培训 500 人次。
	2004	中低产田改造项目	司马镇	310	1	建桥涵闸 126 座，新打修复机井 163 眼，埋设 PVC 管道 15 千米，建沙石路 7 千米，植树 6 万株，技术培训 1200 人次。
	2005	中低产田改造项目	司马镇	610	1.4	生产桥 316 座，新打修复机井 227 眼，埋设 PVC 管道 50 千米，机耕路 25 千米，植树 10 万株，技术培训 6000 人次。
		农业综合开发自然灾害损害工程修复项目	司马镇	68	1.3	修复机井 39 眼，生产桥 102 座，机耕路 4.5 千米，补植树苗 8000 株。
合计	—	—	—	6704.7	22.5	—

经营管理

1991~2005 年，金乡县围绕农村土地承包、农民负担、农村集体资产与财务“三大管理”工作，依法经营管理，力促农业增效、农民增收、农村稳定。

拓宽经营管理外延 把农村土地征用、土地流转后农民权益保障和农村土地承包纠纷调处等，纳入土地承包管理范畴，稳定家庭承包经营制度，完善土地承包关系；拓展农村集体资产产权管理、股份制度改革、会计信息化管理，实施村级财务公开、民主理财；调整国家、集体、个人分配关系，增加农民收入，减轻农民负担；由单纯的农村经济管理拓展到传播农业信息、落实对农民直接补贴等农村政策。

深化经营管理内涵 减轻农民负担，实行主要领导负总责、分管和部门领导分工负责、纪检监察部门监督落实、百分考核、“一票否决”制度。1998 年，进行农村集体资产清产核资，摸清底数，

盘活资产。至2000年，举办4期村级会计培训班，培训农村会计2000余人次，其中90%考试合格，取得农村会计合格证书。实行村账乡管，乡账县管。

落实家庭承包经营制度 1999年，开展第二轮土地延包工作，签订农村家庭承包合同12万余份，颁发土地承包经营权证书10万余份。培育农民合作经济组织，到2005年年底，全县各类农民专业合作经济组织已发展到8个，带动3000多农户参与合作化经营。2002年农村税费改革前，县农经部门严把"三提、五统"（三提：交给村级组织的公积金、公益金、行管费；五统：上缴乡镇政府的教育附加费、计划生育费、民兵训练费、乡村道路建设费、优抚费）的征收预算审批关，严格将数额控制在上年度农民纯收入的5%以内。实施农村税费改革后，"三提五统"演变为农业税及附加、农业特产税。2005年，规范村级"一事一议"筹资、筹劳工作，落实国家粮食直补政策。农业税、农业特产税及其"两工"（义务工、积累工）绝大部分取消，全县农民负担人均10.2元，较税改前减少110多元，降低91.2%。

第二章　农业结构调整

金乡县农业结构以种植业为主。1995年前，主要种植粮食作物。随着产业结构不断调整和优化，种植业在农业总产值中的比重由1991年79.3%调整为2005年的57.9%。林牧副渔业在农业总产值中的比重由20.7%提高到42.10%，其中畜牧业占农业总产值37.6%，为第二大产业。

第一节　种植业调整

1991年，全县种植业产值为5.57亿元（按1990年不变价计算），占农业总产值的79.3%。1995年，全县种植业产值6.62亿元，占农业总产值的75.5%。1996~2000年，大力发展大蒜、瓜菜等高价值经济作物，经济效益大幅度提高。2000年，种植业产值18.83亿元，比1995年增长46.50%，年均增长7.54%；按1990年不变价计算，实现产值10.28亿元，比1995年增加3.66亿元，增长55.28%。种植业在农业总产值中的比重恢复到77.88%。2002年后，进一步巩固大蒜主导产业，扩棉、扩菜，种植业经济效益进一步提高，2005年实现产值32.11亿元，比2000年增加13.28亿元，增长70.55%。种植业在农业总产值中的比重由2000年的77.88%下调到57.90%，比1991年下调21.4个百分点。种植业一直居于主体地位。

1991~1992年，稳定粮食和发展棉花生产，重视大蒜和蔬菜发展。1991年，全县农作物总播种面积158.58万亩，其中粮食作物播种面积102.83万亩，占总播面积的64.8%，粮食总产35.49万吨，全县人均占有粮食625公斤。粮食作物中夏粮占65%，播种面积67.1万亩。棉花种植面积44.8万亩，占农作物总播面积的28.2%，总产3.43万吨，全县人均59公斤。大蒜面积6.89万亩，占农作物总播种面积的4.3%。1992年，大蒜面积发展到9.55万亩，其他蔬菜面积1.8万亩，商品产值占种植业商品产值的31.9%。全县粮食作物和经济作物种植比例为6.5 ∶ 3.5。

图8-1　20世纪90年代初农民收蒜薹

1993~1999年，调减粮食和棉花面积，扩充大蒜种植面积。1994年，大蒜面积20万亩，1996年25万亩，1997年接近35万亩，1998年47万

多亩。在发展大蒜生产的同时，大力发展名、特、优、稀新品种蔬菜。开发冬暖式大棚、大中弓棚蔬菜近10万亩。1998年，农作物总播种面积184.3万亩，其中粮食作物69.5万亩，占总播面积的37.7%，比1991年减少27.1个百分点。粮食总产20.88万吨，比1991年减少14.6万吨，减少41.2%，其中夏粮调减幅度最大，播种面积仅有17.3万亩，比1991年减少49.82万亩，减少74.2%。棉花面积调减到17.7万亩，比1991年减少27.06万亩，减少60.5%。蔬菜瓜菜面积迅猛增加，达到93万亩，占总播种面积的50.5%，比1991年增加8.48万亩，增长9.6倍，总产量143.8万吨，比1991年增加141.1万吨，增长5.1倍。全县粮食作物和经济作物种植比例调整到3.8 ∶ 6.2，农作物复种指数225%。

图 8-2　1997 年金乡县蔬菜大棚

2000~2005年，围绕市场需求，不断优化调整农业结构，大力发展市场农业、高效农业和外向型农业。继续巩固大蒜主导产业，优化品种、提高品质；加快培植棉花、果蔬、畜牧三大后续产业，实现农业多元化发展。2005年，全县农作物总播种面积204.6万亩，其中粮食作物面积调减到23万亩，占农作物总播面积的11.2%，比1991年减少79.83万亩，减少77.6%，在总播面积中的比重降低53.6个百分点。夏粮播种面积11.08万亩，比1991年减少56.02万亩，减少83.5%。粮食作物总产10.57万吨，比1991年减少24.92万吨，人均占有粮食143.6公斤，比1991年减少77%。棉花种植面积扩大到58.4万亩，比1998年增加40.7万亩，增长2.3倍，棉花面积占农作物总播种面积的28.5%，比1998年增长18.9个百分点。瓜菜面积增幅更大，2005年，瓜菜总播种面积122.1万亩，占农作物总播种面积的59.6%，比1991年增加54.3个百分点，总产量253万吨，比1991年增加242万吨，增长21倍，其中大蒜面积54万亩，比1991年增长6.8倍，总产59万吨，比1991年增长8.8倍。全县经济作物面积发展到181.6万亩，粮经比例1.1 ∶ 8.9，复种指数260%以上。

1991~2005 年金乡县主要农作物面积比重

表 8-2-1　　单位：%

年 度	粮食作物	夏 粮	玉 米	大 豆	油 料	棉 花	蔬 菜	大 蒜	瓜 类	其 它
1991	64.8	42.3	18.1	2.2	0.7	28.2	5	4.3	0.6	1.3
1992	64.7	40.6	18.5	2.7	0.9	25.3	7.2	6.3	0.9	1.9
1993	66	36.2	21	5.7	0.9	16	15.4	11.8	1.1	1.7
1994	60.4	34.5	18.9	5	1.1	19.2	18.2	12.7	1	1.1
1995	53.4	30.6	18.5	2.7	1.1	17	22.8	14.9	2.3	5.7
1996	49.5	24.5	21	1.8	0.8	10.5	33.1	15	4.2	6.1
1997	42.3	17.5	20	3.1	1.1	10	36	19.2	7.4	10.6
1998	37.7	9.4	24.3	2.6	0.8	9.6	42.8	25.5	7.7	9.1
1999	44.8	13.8	26.1	2.4	1.1	10.4	43.2	24.8	5.2	0.5
2000	38.9	14.3	20.5	1.8	1.1	17.3	42.2	22	4.3	0.5

续表 8-2-1

年度	粮食作物	夏粮	玉米	大豆	油料	棉花	蔬菜	大蒜	瓜类	其它
2001	27.9	9	16.8	0.7	0.6	22.1	48.5	24.3	5.5	0.9
2002	24.4	6.8	14.8	0.7	0.4	21.1	53.6	24.7	6.2	0.5
2003	12.2	4.4	6.9	0.5	0.6	28.2	58.2	27	8	0.8
2004	11.4	2.9	7.2	0.3	0.2	28.7	59.3	31.2	8	0.4
2005	11.2	5.4	4.9	0.1	0.14	28.5	51.76	6.4	7.9	0.5

第二节 林业调整

1991 年，全县林业产值为 1192 万元（1990 年不变价），占农业总产值的 1.7%。“八五”期间，实行林权改革、林网改造、承包到户等政策，林业得到较快发展。1995 年，林业产值实现 4608 万元，比 1991 年增长 3628 万元，增长 37%，按 1990 年不变价计算，实现 2444 万元，比 1991 年增长 1252 万元，增长 105%。林业在农业总产值中的比重增加到 2.8%，比 1991 年增加 1.1 个百分点。1996~2000 年，林业产值下降，处于负增长状态。2000 年，林业产值完成 3615 万元，比 1995 年减少 993 万元，按 1990 年不变价计算，实现 1975 万元，比 1995 年减少 469 万元，在农业总产值中的比重降到 1.49%，比 1995 年减少 0.91 个百分点。2001~2005 年，林业生产有所复苏，但仍未达到 1995 年水平。2005 年，林业产值实现 3686 万元，按 1990 年不变价计算，实现 2233 万元，比 1995 年减少 211 万元，减少 8.6%，但比 1991 年增加 1041 万元，增长 87.3%，在农业总产值中的比重为 1.2%，比 1991 年降低 0.5 个百分点。

第三节 畜牧业调整

1991~2005 年，全县畜牧业产值呈稳步上升趋势。

1991 年，实现产值 1.29 亿元，按 1990 年不变价为 1.31 亿元，在农业总产值中的比重为 18.6%。1995 年，实现产值 2.72 亿元；按 1990 年不变价为 1.75 亿元，比 1991 年增长 33.7%。2000 年，实现产值 4.59 亿元，比 1995 年增加 1.87 亿元，增长 69.01%，年均增长率 11.07%。自 2001 年起，先后开展“畜牧发展年”“畜牧发展提速年”活动，制定落实加强基地建设，调整内部结构，推广规模养殖，提高专业技术等措施，畜牧业发展速度加快，产值大幅提升，2005 年，实现产值 9.59 亿元；按 1990 年不变价为 6.84 亿元，比 1991 年增加 5.53 亿元，增长 423%。畜牧业在农业总产值中的比重为 37.6%，比 1991 年增长 19 个百分点。

图 8-3　1996 年养鸭专业户

第四节 渔业调整

1991~2005 年，金乡县渔业发展经历了由慢到快、间断下滑再到复苏的过程。

1991 年，全县渔业产值按 1990 年不变价为 273 万元，占农业总产值的 0.4%。1995 年，按当年价实现产值 2264 万元；按 1990 年不变价实现 1503 万元，比 1991 年增加 1230 万元，增长 450%，在农业总产值中的比重为 1.7%。1998 年，

按1990年不变价实现2654万元，比1991年增长813%，在农业总产值中的比重为2.6%，比1991年增长2.2个百分点。1996~2000年，渔业年产值年均增长11.84%，在农业结构中增长幅度最快。2002~2003年，渔业生产出现下滑，2003年产值2799万元，仅比1995年增长535万元。2005年渔业生产回升，产值按当年价格计算实现4954万元；按1990年不变价实现2943万元，比2000年增加779万元，增加36%，比1991年增加2670万元，增加978%，在农业总产值中的比重占1.6%，比1991年增长1.2个百分点。

1991~2005年金乡县农林牧渔总产值

表8-2-2　　（按当年价格计算）单位：万元

年度	农林牧渔业总产值	其中				
		种植业	林业	畜牧业	渔业	农林牧渔服务业
1991	67139	53013	980	12901	245	—
1992	80773	61337	1303	17802	331	—
1993	100784	76272	2185	21727	600	—
1994	134691	105158	3011	25528	994	—
1995	164950	130926	1608	27160	2261	
1996	231709	195024	4625	28792	3268	—
1997	248530	211817	3081	30083	3549	—
1998	202583	163310	2588	32896	3789	—
1999	226658	176098	3233	43354	3973	—
2000	241757	188276	3615	45904	3962	—
2001	257687	201988	3532	48154	4013	—
2002	273768	211306	3619	55108	3735	—
2003	297353	214639	4316	69591	2799	6008
2004	355594	247305	3786	94027	3852	6624
2005	432352	321110	3686	95892	4954	6710

1991~2005年金乡县农林牧渔总产值比重

表8-2-3　　（按1990年不变价格计算）单位：%

年　度	农林牧渔业总产值	其中				
		种植业	林　业	畜　牧　业	渔　业	农林牧渔服务业
1991	100	79.3	1.7	18.6	0.4	—
1992	100	79.2	1.6	18.8	0.4	—
1993	100	78.5	2.4	18.5	0.6	—
1994	100	78.3	2.1	18.8	0.8	—
1995	100	75.5	2.8	20	1.7	—
1996	100	77.6	2.4	18	2	—

续表 8-2-3

年 度	农林牧渔业总产值	其 中				
		种植业	林 业	畜 牧 业	渔 业	农林牧渔服务业
1997	100	78	1.6	18.3	2.1	—
1998	100	75.5	2.1	19.8	2.6	—
1999	100	77.7	1.4	19.1	1.8	—
2000	100	77.9	1.5	19	1.6	—
2001	100	78.3	1.4	18.7	1.6	—
2002	100	77.2	1.3	20.1	1.4	—
2003	100	72.2	1.5	23.4	0.9	2
2004	100	69.6	1.1	76.4	1.1	1.8
2005	100	57.9	1.2	37.6	1.6	1.7

第三章 种植业

第一节 粮食作物

金乡县粮食作物以小麦、玉米为主，小范围种植水稻，点片种植谷子、大豆，零星种植地瓜、高粱、绿豆、小豆、豇豆。

小麦　小麦占全年粮食总面积的47%，全县13个乡镇均有种植。1991~1995年，种植面积均在50万亩以上，最大面积67万亩，平均亩产377公斤。1996~2000年，年均种植面积28.2万亩，平均亩产374.4公斤。2004年，最小种植面积5.72万亩，为1949年以来小麦种植面积最低点。金乡镇、马庙、鱼山3个乡镇从2002年起连续3年无小麦种植，其他乡镇也是点片种植。2005年，小麦种植面积11.07万亩，比2004年增加近1倍，通过选择优良品种，精细管理，加之地力肥沃，小麦亩产449公斤，为历史最高。

1991~2005年金乡县小麦种植面积、产量

表 8-3-1

年 度	面 积（亩）	总 产（吨）	单 产（公斤）	年 度	面 积（亩）	总 产（吨）	单 产（公斤）
1991	670982	230972	344	1999	248526	93637	376
1992	639364	250673	392	2000	263601	98336	373
1993	570538	216631	379	2001	168418	57019	339
1994	542347	203199	374	2002	129381	51484	398
1995	493998	195999	396	2003	85279	35160	412
1996	413627	169661	410	2004	57209	23808	416
1997	311542	128248	411	2005	110702	49725	449
1998	172735	52338	302	—	—	—	—

玉米 夏秋主要粮食作物，各乡镇普遍种植，以鸡黍、马庙、羊山、胡集四个乡镇种植面积最大。全县种植玉米占全年粮食作物总面积的 43.2%。1991~2002 年，种植面积平均稳定在 30 万亩左右，1999 年，最大面积 46.88 万亩。2003 年，降到 13.47 万亩。2005 年，再降至 9.96 万亩，为 1980 年以后种植面积最少年份。亩产一般在 350 公斤 ~450 公斤，2002 年亩产最高，468 公斤。

1991~2005 年金乡县玉米种植面积、产量

表 8-3-2

年 度	年末实有耕地（亩）	种植面积（亩）	占耕地总面积（%）	比上年增长（%）	总 产（吨）	单 产（公斤）
1991	872361	286623	32.86	−15.5	111328	388
1992	871328	290922	33.39	1.5	126253	434
1993	868595	331461	38.16	13.93	135589	409
1994	862344	297256	34.47	−10.32	126625	426
1995	846000	299298	35.38	0.69	121103	405
1996	844100	353785	41.91	18.2	152110	430
1997	839100	357602	42.62	1.08	117768	329
1998	838300	447511	53.38	25.23	143570	321
1999	835700	468836	56.1	4.77	209218	446
2000	825100	377490	45.75	−19.48	171092	453
2001	825400	314954	38.16	−16.57	147319	467.7
2002	780300	281725	36.1	−10.55	131862	468
2003	813200	134664	16.56	−52.2	47536	353
2004	778200	141420	18.17	5.02	53881	381
2005	778200	99639	12.8	−29.54	45828	460

大豆 金乡县第三大粮食作物。主要分布在胡集、卜集、羊山、高河、化雨、霄云 6 个乡镇，其它乡镇零星种植。1991~2000 年，平均种植面积 4.99 万亩，其中 1993 年最大面积 9.04 万亩。2001~2005 年，平均种植面积 1.13 万亩，亩产 150 公斤 ~200 公斤。2005 年亩产最高，217 公斤。

1991~2005 年金乡县大豆种植面积、产量

表 8-3-3

年 度	年末实有耕地（亩）	种植面积（亩）	占耕地总面积（%）	总 产（吨）	单 产（公斤）
1991	872361	34474	3.95	4063	118
1992	871328	42095	4.83	5982	142
1993	868595	90433	10.41	13521	150
1994	862344	78822	9.14	11912	151
1995	846000	43199	5.11	6617	153
1996	844100	29759	3.53	5501	185
1997	839100	55968	6.67	8701	156

续表 8-3-3

年度	年末实有耕地（亩）	种植面积（亩）	占耕地总面积（%）	总产（吨）	单产（公斤）
1998	838300	47548	5.67	6682	141
1999	835700	42911	5.13	6776	158
2000	825100	14041	1.7	2457	175
2001	825400	33824	4.1	7124	211
2002	780300	14192	1.82	2680	189
2003	813200	10278	1.26	1482	144
2004	778200	6494	0.83	1000	154
2005	778200	2253	0.29	488	217

水稻 1991~2005年，水稻种植主要分布在胡集、卜集的东北低洼地区，且种植面积不大，年均种植面积1.01万亩，1993年种植面积只有10亩，1999年种植面积最大，3.03万亩。亩产450公斤~550公斤。

谷子 谷子在全县种植面积较小，但种植历史悠久，有金谷、贡米之美誉。1991~2005年，年均种植面积2792亩。主要分布在马庙、羊山、胡集、兴隆、司马、鸡黍、霄云7个乡镇，以马庙种植面积最大，占总面积的65%。

绿豆 全县各乡镇均有零星种植，面积较小，常年种植4000亩左右，以羊山、胡集、卜集、霄云4个乡镇种植面积稍大。

高粱 高粱在金乡属于小杂粮类，面积小，产量低，年平均种植面积430亩。主要分布在羊山、胡集、马庙、霄云、司马等乡镇的河滩、村庄周围的闲置地块及沟边路旁。

地瓜、小豆、豇豆 主要分布在羊山、葛山、郭山的山坡地及河滩、沟渠、路边、田埂及村庄周围的闲置散地。

第二节 马坡金谷

马坡金谷是金乡县独有的地方特产，与山东章丘、山西沁县、河北蔚县生产的小米同为中国四大名米，是清康熙年间的御用贡品，济宁市八大土特产之一。碾出的小米米粒浑圆，色泽金黄，质黏味香，营养丰富，储存数年米质不变。用马坡金谷熬成的小米稀饭，米汤黏凝透亮，米粒悬浮，清香甘甜，有滋补、润肠之功效。凝结在米汤表皮的米油最多可取7层，营养成份居四大名米之首，是谷中不可多得的珍品。1959年国庆十周年时，周恩来总理首选马坡金谷招待外宾。1985年，马坡金谷被编入《山东农业名产》，同年，被选入《中国土特产大全》。1971年，美国总统尼克松访华喝过马坡金谷小米粥后，对此赞不绝口，并将马坡金谷带回美国。1973年，中国农业展览馆展出马坡金谷。1996年3月，金乡县马庙镇被农业部中国特产之乡命名宣传活动组委会命名为中国“金谷之乡”。

图 8-4　马坡金谷

马坡金谷又名齐头占金谷，最早产于金乡县马庙镇的马坡。清朝康熙皇帝下江南时，路过此地，膳用小米粥，赞为人间美味，从此金谷被列为贡米。

此地也因康熙皇帝当时骑着一匹白马而得名“马坡”。自此，马坡金谷冠誉九州。

马坡金谷是一个特殊品种，只生长在金乡县马庙镇的马坡一带。把马坡金谷引种到外地，第一年尚有马坡金谷的品质，第二年便失去马坡金谷的特色。马坡金谷的保护范围位于金乡县马庙镇行政区域内的杨庙、北周、杨楼、王海、江楼、曹坊、田楼、李坊、贾楼、周沙窝、孟庄、马庙、邵庄、汤庄、宋庄、大程楼、程李庄、小程楼、肖楼、车庙等 20 个行政村。东至贾楼村，西至周沙窝村，北至杨庙村，南至车庙村。地理坐标为北纬 35°05'~35°09'，东经 116°15'~116°22'，总面积 680 公顷。马坡金谷的早期优良品种有菠菜叶、竹杆青、旱八斗、拔谷等。新中国成立后，科研人员进一步对马坡金谷进行选育，先后培育出“金乡齐头黄”“鲁金 1 号”至“鲁金 5 号”。种植面积由 1991 年的 860 亩逐年扩大到 2005 年的 3200 亩。亩产也由 1991 年的 230 公斤增加到 2005 年的 320 公斤以上。

马坡金谷中富含油脂、蛋白质、糖、纤维素、胆碱及维生素 A、B、E 等，其中粗蛋白含量 13.4%，粗脂肪含量 5.85%，不饱和脂肪酸占总脂肪的 85%，可预防动脉硬化。特别是马坡金谷中人体必需的 8 种氨基酸含量较为合理，营养指数分别高于大米、小麦面、玉米 41%、65%、51.5%，营养构成同鸡蛋接近，符合联合国组织和国际卫生组织制定的标准，已被世界公认。马坡金谷中的铁、锌、铜、镁等矿物质含量均超过其他作物。有机硒含量丰富。中医认为，马坡金谷可治诸虚百损，有壮骨、生津、明目、长智、润肠、清热、健脾、养胃、滋阴补肾等医疗功能，为世间第一补人之物，是孕产妇、病弱者、儿童、老年人的首选营养品。马坡金谷米糠中还含有一种抗肿瘤物质，该物质系多糖类化合物，是防治癌症，尤其是消化道癌症的有益之物。马坡金谷被国家认定为绿色 A 级产品，成为馈赠亲朋好友的佳品。

马庙镇是金乡县的循环农业示范区，境内环境优美，远离工业污染。马坡一带每年产出的金谷小米因其特殊品质往往供不应求，主要销往青岛、广州、厦门、上海、北京等大城市，同时出口日本、韩国、俄罗斯及东南亚各国。马坡金谷在金乡设有 30 多家直销点，各大超市、商场均有销售。马庙镇程李庄村投资成立圣丰谷源米业公司，有加工车间、包装车间、成品库等 10 间厂房。2005 年，已开发出 16 个品种，并根据不同人群、不同年龄设计包装不同重量产品，适合不同人的需要。其产品已注册“马坡”和“马坡金谷”两个商标，有“绿色食品认证”和“QS”认证，并有各大超市准入证。

1991~2005 年金乡县马坡金谷种植面积、产量、销售情况统计表

表 8-3-4

年　度	种植面积（亩）	占全镇耕地总面积（%）	总　产（吨）	单　产（公斤）	销售收入（万元）
1991	860	0.89	198	230	28.3
1992	920	1	213	231	29.2
1993	1000	1.1	240	240	40.3
1994	1300	1.5	320	242	52.9
1995	1700	1.9	408	240	79.9
1996	1800	2	459	255	89.9
1997	2000	2.3	540	270	113.4
1998	2300	2.6	598	260	125.6
1999	2400	2.7	672	280	159.9

续表 8-3-4

年　度	种植面积（亩）	占全镇耕地总面积（%）	总　产（吨）	单　产（公斤）	销售收入（万元）
2000	2600	2.9	780	300	210
2001	2600	2.9	795	300	289.5
2002	2700	3.1	810	300	306.1
2003	2800	3.2	856	306	259.8
2004	3000	3.4	948	316	390.6
2005	3200	3.6	1030	322	461.6

第三节　经济作物

大蒜　（见本志大蒜产业篇）

棉花　金乡县主要经济作物之一，全县 13 个乡镇均有种植。1991~1998 年，由于棉铃虫大暴发，棉株枯黄萎病，棉花价格低，棉农植棉积极性严重受挫，栽培面积由 1991 年的 44.76 万亩下滑至 1998 年的 17.70 万亩，减少 60%，平均亩产一直在 60 公斤 ~70 公斤左右。其间，品种以中棉 12 和鲁棉 13 为主。20 世纪 90 年代后期开始引种抗虫棉。主要采用营养钵（或营养土块）育苗移栽，与小麦、大蒜或圆葱进行套种，以麦套夏棉种植模式为主，蒜套春棉面积逐年扩大。种植密度一般为 2500 株 / 亩 ~3000 株 / 亩，平均行距 80 厘米 ~90 厘米。采用传统的整枝技术。

图 8-5　金乡县 329 级籽棉

1998~2003 年，棉花生产快速发展，抗虫棉大面积推广，棉价大幅上扬，棉农植棉积极性高涨，全县植棉面积由 1998 年的 17.7 万亩猛增至 2003 年的 55.01 万亩，增长 2 倍多，占全县耕地总面积的 70%，棉产业一跃成为全县一大支柱产业。2002 年，平均亩产 86 公斤，为金乡县植棉历史最高。2003 年，全县涝灾，棉花大面积减产，平均亩产不足 59 公斤。棉花品种以抗虫常规棉美棉 33B、99B 为主，并开始小规模种植抗虫杂交棉，以标杂 A1、中杂 028 为代表。采用营养钵（或营养土块）育苗移栽，与大蒜、圆葱或小麦进行间套种植。以蒜棉套种为主要套种模式，种植密度一般 2500 株 / 亩 ~3000 株 / 亩，平均行距 90 厘米 ~100 厘米。

2003~2005 年，全县棉花生产稳步发展，面积由 2003 年的 55.01 万亩增加到 2005 年的 58.4 万亩。虽然连续 3 年遭遇涝灾，平均亩产仍由 2003 年的 58.83 公斤提高到 86 公斤。棉花品种以中早熟抗虫杂交棉为主，主要品种为鲁棉研 15、20、23、24 等系列品种，其中鲁棉研 15 一直是主栽品种。全县抗虫杂交棉品种覆盖率由 2003 年的不足 40% 上升到 2005 年的 99% 以上。主要采用营养钵（或营养土块）育苗，与大蒜、圆葱进行套栽，麦套棉面积已不足 10%。种植密度一般在 1800 株 / 亩 ~2200 株 / 亩，平均行距 1 米 ~1.2 米。

2005 年，金乡县农业局和红太阳种业公司成功地进行棉花工厂化无土育苗，推广裸苗移栽技术。当年示范推广 620 亩，成活率 97%，经专家验收平均亩产籽棉 313 公斤。

1991~2005 年金乡县棉花种植面积、产量统计表

表 8-3-5

年 度	年末实有耕地（亩）	种植面积（亩）	占耕地总面积（%）	比上年增长（%）	总 产（吨）	比上年增长（%）	单 产（公斤）
1991	872361	447552	51.3	48.9	34285	37.5	77
1992	871328	397396	45.6	−11.21	22212	−35.21	56
1993	868595	251580	28.96	−36.69	9500	−57.23	38
1994	862344	302675	35.1	20.31	19102	101.07	63
1995	846000	274050	32.39	−9.46	17109	−10.43	62
1996	844100	177150	20.99	−35.36	10627	−37.89	60
1997	839100	178800	21.31	0.93	12391	16.6	69
1998	838300	177000	21.11	−1.01	10803	−12.82	61
1999	835700	186300	22.29	5.25	14458	33.83	78
2000	825100	468450	56.77	151.44	25087	73.52	78
2001	825400	415305	50.32	−11.34	33274	32.63	80
2002	780300	400605	51.34	−3.54	34506	3.7	86
2003	813200	550140	67.65	37.33	32363	−6.21	58.83
2004	778200	561300	72.13	2.03	38791	19.86	69
2005	778200	584040	75.05	4.05	50089	29.13	85.76

白梨瓜 是胡集镇 1993 年引进、改良、培育的独具地方特色的小甜瓜新品种。单果重 400 克左右，含糖度 16%。果实椭圆形似梨，外观色泽光亮、肉质甜脆、口感清爽、味道鲜美，是一种营养丰富、无污染、纯绿色食品。该品种经农业部检测认证为无公害食品，深受消费者青睐。产品行销全国各地，主要销往山东境内和京津地区。

金乡白梨瓜产地，主要集中在胡集镇所辖行政区域内灵显庙村、张油坊村、东程庄村、辛刘庄村、王海村、张楼村、张堂村、张魏庄村、沙沃村、姬庄村等 33 个行政村。地理坐标为，北纬 35° 04′ 00″ ~35° 14′ 00″ 东经 116° 08′00″ ~116° 30′ 00″ 。1995 年后，与胡集镇相邻的卜集乡也开始种植。

2005 年 8 月，金乡县小张庄白梨瓜专业合作社经金乡县工商行政管理局批准注册，成为集白梨瓜生产、收购、加工、销售为一体的农村专业合作社经济组织，同年 9 月在国家工商行政管理总局商标局申请注册了“胡集小张庄”牌商标，后又注册了“北大溜”牌商标。2006 年 5 月，胡集镇被命名为“中国白梨瓜之乡”。同年 10 月，金乡县胡集镇开发建设 2 万亩无公害白梨瓜生产基地，并获山东省农业厅无公害农产品产地认证，2007 年 12 月获农业部农产品质量安全中心无公害农产品认证。2009 年 7 月，被中国食品发展中心认定为绿色食品 A 级产品。白梨瓜已成为胡集镇特色主导产业。

金乡白梨瓜主要采用大棚种植，春节前后育苗，公历 4 月上市。因为上市早、质量优、价格高，为瓜农带来可观的经济效益。1993 年，亩均收益 800 元，2000 年达到 6000 元，2005 年最高达到 8000 元。

金乡白梨瓜营养价值高，每 100 克甜瓜瓤肉内含蛋白质 0.4 克，脂肪 0.1 克，碳水化合物 6.2 克，维生素 A5 毫克，维生素 E0.47 毫克，膳食纤维 0.4 克，钙 2 毫克，铁 0.2 毫克，胡萝卜素 0.03 毫克，硫胺素 0.02 毫克，核黄素 0.02 毫克，尼克酸 0.3 毫克，抗坏血酸 3 毫克，还含有可以将不溶性蛋白质转变成可溶性垢转化酶。甜瓜子含脂肪油 2%，其中含有亚油酸、油酸、棕榈酸、硬脂酸及豆宏

酸的甘油酸、卵磷脂、胆固醇、乳糖、葡萄糖、树胶、树脂等，含球蛋白及谷蛋白约 58%。甜瓜蒂含甜瓜素、葫芦素 B、E 等结晶性苦味质。

金乡白梨瓜具有良好的保健功效，能补充营养，清暑热，解烦渴，保护肝脏，帮助肾脏病人吸收营养，减轻慢性肝损伤，阻止肝细胞脂肪变性及抑制纤增生。甜瓜子有驱杀蛔虫、丝虫等作用，可广泛用于治疗虫积病症。

1993~2005 年金乡县胡集镇、卜集乡白梨瓜种植面积、产量、销售收入情况表

表 8-3-6

年 度	种植面积（亩）			占耕地总面积（%）		总 产（吨）	单 产（公斤）	亩均收入（元）
	合计	胡集镇	卜集乡	胡集镇	卜集乡			
1993	2692	2000	692	2.2	0.83	2778	1032	800
1994	2472	2000	472	2.2	0.57	2850	1153	1000
1995	3606	3000	606	5	0.73	4188	1161	1200
1996	4255	4000	255	6.7	0.31	4612	1084	2000
1997	5324	4000	1324	6.7	1.63	6680	1255	2500
1998	7099	6000	1099	10	1.34	8000	1127	3000
1999	8194	7000	1194	11.7	0.24	9548	1165	5000
2000	9680	8000	1680	13.3	0.08	13281	1372	6000
2001	11740	10000	1740	11	0.17	15828	1348	7000
2002	11930	10000	1930	11	2.36	16053	1346	7500
2003	12002	10000	2002	11	2.45	17204	1433	7800
2004	14733	12000	2733	13.3	3.35	18339	1245	8000
2005	18446	13000	5446	14.4	6.67	30937	1677	8000
说明	本表数据为胡集镇、卜集乡提供							

西瓜　全县均有种植，主要产区为鱼山、马庙两镇。2002 年，最高亩产 2742 公斤。2003 年，总产最多 34.42 万吨。2004 年种植面积最大，13.61 万亩。

1993~2005 年金乡县西瓜种植面积、产量

表 8-3-7

年 度	面 积（亩）	总 产（吨）	单 产（公斤）	年 度	面 积（亩）	总 产（吨）	单 产（公斤）
1993	10512	20040	1906	2000	72266	168267	2328
1994	12456	23325	1872	2001	97891	226926	2381
1995	32323	72091	2230	2002	103142	282839	2742
1996	53907	130509	2421	2003	135726	344177	2536
1997	120556	270625	2244	2004	136076	316693	2327
1998	132328	218937	1654	2005	132136	293532	2221
1999	88273	209420	2372	—	—	—	—

第四节 耕作制度

1991~2005 年，随着种植业结构调整，经济作物种植比重增加，复种指数逐渐提高，全县耕作制度也由过去一年两作两熟，逐渐演变为三作三熟，或四作四熟，甚至五作五熟，间作套种模式越来越多，更加科学合理。

1990 年，全县一年两作面积占耕地面积的 75%，一般是秋种小麦，夏种玉米或者棉花、大豆、谷子、地瓜等。到 1995 年，出现多种种植模式，主要有：小麦—玉米或棉花，或者大蒜—瓜类—玉米或棉花。个别乡镇出现四种四收，即小麦—菠菜—玉米—大白菜（主要分布在鱼山、鸡黍、高河三乡镇）；小麦—菠菜—春玉米—夏玉米—秋西红柿（主要分布在缗城、鸡黍两乡镇）；小麦或大蒜—西瓜—玉米（主要分布在鱼山、鸡黍两乡镇）。主要栽培措施：增施磷、钾肥，推广机耕机耙，选择优良品种，规范种植模式，解决作物间茬口衔接。

1996~2000 年，种植业由粮食生产为主逐渐转化为经济作物为主，复种指数 240%，主要经济作物有大蒜、圆葱、瓜类、棉花及蔬菜等。种植模式也作相应调整，主要是：大蒜—瓜类—玉米；大蒜—西瓜—棉花；圆葱—瓜类—棉花；大蒜—多季蔬菜。存在的问题是：秸杆还田减少，造成土壤有机质含量下降，土壤地力下降。

2001~2005 年，大蒜成为金乡县的支柱产业，其他经济作物大幅度增加，粮食作物种植面积很少，粮经比例 1 ∶ 9，复种指数为 260%。种植模式，以大蒜—菠菜—瓜类—棉花面积较大。全县逐步培养形成 10 个较为规范的高产高效示范区，分别是卜集乡圆葱示范区，高河乡茄子示范区，霄云镇甘蓝示范区，司马镇辣椒示范区，鸡黍镇菠菜、大白菜示范区，鱼山、马庙两镇西瓜和有机大蒜示范区，王丕、金乡两镇大棚芹菜示范区，羊山镇、胡集镇大义双季大葱示范区，胡集镇白梨瓜高效示范区，兴隆乡万亩冬瓜示范区。

第五节 农作物检疫

1998 年前，农作物检疫由县植保站负责。1998 年，成立金乡县植物检疫站，编制 5 人。随着农业种植业结构调整，特别是中国加入世界贸易组织（WTO）以后，种苗和农副产品调运次数、数量增加，检疫任务日趋繁重。

图 8-6 20 世纪 90 年代农作物药液检测

调运检疫

2002 年，通过省级调运检疫达标验收，获得省级调运检疫授权，至 2005 年，签发调运检疫种子 166 批次、345.5 万公斤，农产品 3465 批次、4078.8 万公斤。

产地检疫

1999~2005 年，按照产地检疫操作规程，实施种子产地检疫 17110 亩，生产无病优良品种 135 万公斤。

检疫对象普查防治

棉花枯黄萎病 1991 年普查发现全县发生面积 15 万亩，2005 年调查发现全县发生面积 38 万亩，经综合防治后，发生危害程度减少。

小麦全蚀病 1991 年，羊山镇东四村发生面积 20 平方米，采取消毁病株，土壤药剂处理等措施后，此病彻底消灭。

美州斑潜蝇 1996 年，在金乡境内发现美州

斑潜蝇，对此进行研究后，采取以大棚压低虫口基数为突破口，协调运用生物、化学、物理防治等措施进行综合防治，并在全县推广，收到良好效果，填补了美州斑潜蝇防治空白。

2002年，承担全国有害生物关于大蒜、圆葱部分的调查任务，查清全县大蒜、圆葱有害生物种类危害情况，为科学防治提供了依据。至2005年，累计发生病虫害面积443.5万亩，防治面积778.1万亩次，均取得较好效果。

第六节　农作物保护

1991~2005年，县、乡植保部门根据全县农业发展的不同阶段，围绕种植结构优化调整、保护地立体种植、名特优稀作物良种引进和推广，以及农业有害生物种群发生相应变化等情况，建立健全植保服务网络，积极开展植保科研和植保服务活动。其间，县植保站承担省、市重点病虫预测、预报项目13项，年拍发电码模式电报26件次，年发布病虫情报30余期，与兄弟县交流情报60余份，积累植保技术档案资料300卷（本），获得省、市级科技成果奖6项，县级成果奖17项，发表论文、文章11篇。

1991~1995年，全县大面积种植小麦，白粉病、纹枯病、锈病和小麦蚜虫年发生面积在200万亩次左右；棉花二、三代铃虫、棉蚜虫连年暴发，虽然BT抗虫棉大面积推广种植，减少了棉铃虫的发生，但也带来棉花枯黄病的扩展蔓延，棉盲蝽象、白粉虱逐年加重，县植保站及时监测，发布情报，指导防治，病害得到有效控制。

1998年始，大蒜、圆葱大面积重茬种植使病虫害逐年加重，保护地块反季节作物栽培面积的扩大，改变了病虫生存环境，致使某些有明显季节性危害的生物成为周年危害，偶发性病虫成为常发病虫，次要害虫上升为主要害虫，多寄主病虫转移危害多种作物；烟粉虱、美洲斑潜蝇、蓟马等小型害虫猖獗。麦田群落优势种逐渐被大蒜、圆葱群落优势种所取代，杂草群落比以前有很大变化，荠菜、繁蒌、牛繁蒌、婆婆纳、马齿苋、香附子、猪秧秧及禾本科杂草种类繁多，影响作物生长。县政府办公室及时发布通知，禁止在大蒜、圆葱田使用高毒、高残留农药。县植保部门开展防治技术研究，大力提倡病虫害及其杂草的综合防治，将危害程度降至最低。

2003年，县政府批准成立县农药管理站。该站与工商、质监等部门共同开展市场检查，推广农药新技术、新品种。至2005年年底，核发农药经营许可证200余份。全县农民普遍使用高效低毒、环保型农药。

第七节　农业生态环境保护

1991年，制定《金乡县农业生态环境管理暂行规定》，设立农业环境监测保护工作站。1995年，开发推广无公害绿色食品，拟定《金乡县无公害蔬菜生产技术意见》。1993年，在王丕祭田、羊山后周建立生态试点村，推广BT生物农药防治技术和光合微肥。1997年，印发《关于加强金乡县无公害蔬菜瓜果生产技术管理的暂行规定》，确定羊山镇为农业生态试点镇。1999年，发展无公害蔬菜20万亩。2000年，建立20万亩绿色食品大蒜开发基地，建设10万亩蔬菜大棚和圆葱绿色食品工程。2001年，培训乡镇农业生态环境监察员和50名村级环保员。2002年，开发鱼山、司马、高河三个生态农业示范乡镇和21个生态农业示范村。2003年，在全县12家龙头企业带动下，建立10万亩大蒜标准化生产基地。1991~2005年，共查处由污水、烟尘、粉尘及各类有害气体引发的污染事故84起，为农民挽回经济损失280余万元。

第四章 蔬 菜

1994 年 12 月，成立金乡县无公害蔬菜开发总公司，为正科级单位，定编 10 人，人员从县农业技术服务中心调剂，工资、经费渠道不变，具体负责蔬菜新品种引进、推广，蔬菜加工、贮藏、销售和良种繁育基地建设。各乡镇均成立无公害蔬菜开发分公司。1996 年 9 月，改称金乡县蔬菜发展局（加挂无公害蔬菜开发总公司牌子），归县农委管理；农业局管理蔬菜职能划归蔬菜发展局，经费由县财政列支。2002 年 5 月，又改称为金乡县绿色蔬菜生产办公室，为农业局下属正科级事业单位。

1991~2005 年，随着改革开放的不断深入，人民生沽水平逐渐提高，对无公害蔬菜需求量越来越大，质量要求越来越高。县政府大力发展蔬菜种植，加强无公害蔬菜生产基地建设，各乡镇万亩无公害蔬菜各具特色，各有自己的主导产品。2000 年，蔬菜种植由常规蔬菜向洋、新、野、古、名、稀、特、优发展，种植面积 15 万亩，其中冬暖式大棚 5 万亩，大拱棚 10 万亩，年产蔬菜 140 万吨，经济收入 13 亿元。

蔬菜栽培方式主要有露地蔬菜栽培和保护地蔬菜栽培两大类。露地蔬菜栽培是利用自然光照和热源进行露地直播或育苗移栽的栽培方式，成本低，栽培面积大，是主要的蔬菜栽培方式。保护地蔬菜栽培，又称设施栽培，是在不适宜蔬菜生长的季节或地区，利用保温或加温设备，人为创造适于蔬菜生长发育的小气候，而获取高产稳定的一种蔬菜栽培方式。

第一节 种类及分布

叶菜类

主要有大白菜、芹菜、甘蓝、菠菜等。

大白菜 依据结球方式分为叠抱、合抱、直筒、花心四个类型，以叠抱为主。代表品种有丰抗 70、丰抗 78、鲁白一号、山东四号。主要分布在霄云、鸡黍、马庙等地。夏阳 50、早熟五号，是霄云、鸡黍两镇陆续引进的抗热耐抽薹型新品种，具有普通大白菜的特征特性，优点是速生、抗热、抗湿、抗病性强，能够在 35℃ ~37℃高温、高湿情况下正常生长。

芹菜 适应性广，是春、秋、冬三季栽培和供应的主要蔬菜之一，分本芹、西芹两类。金乡县主要栽培质地细嫩、含水较多，纤维较少，生长较快，单产较高的天津实心芹、玻璃脆芹；西芹，主要栽培属绿色种的高优它 52—70R、佛罗里达 683、意大利西芹、冬芹、文图拉等一些优秀品种。常年栽培面积保持在 2000 亩 ~8000 亩，主要分布在王丕、兴隆及周边乡镇。其中以王丕镇于庄村的芹菜比较有名。2006 年，王丕镇种植芹菜 5000 亩，平均亩效益 5000 元左右。该镇以芹菜为主的蔬菜销售收入产值约占全年农业总产值的 70％以上，农民人均纯收入增长部分的 80％来自于蔬菜这一主导产业。该镇已建立起覆盖全国的销售网络，其蔬菜销售份额占全县同类蔬菜的 80％。

甘蓝 又名包心菜。适应性广，抗性强、耐寒、耐病虫害、稳产高产、品质优良、耐贮运、供应期长。金乡县主要栽培春甘蓝，品种有中甘 11、12、8398，并积极引进紫甘蓝等特色品种。产地集中在霄云镇吕庄、卜集乡周集、金乡镇等处，面积常年稳定在 2000 亩以上。其中霄云镇把特色甘蓝种植定位到标准化生产上，力打绿色品牌，同时注重新品种的开发和引进。以甘蓝为主的蔬菜种植业初具规模，基本形成了吕庄、石庄、油坊、店子为中心的蔬菜生产基地。建成吕庄销售市场，成立甘蓝产业协会，实行农户加协会的模式，以诚信态度和良好质量吸引众多外地客商前来收购甘蓝。该镇的甘蓝远销东北三省，广州、北京、上海等各大城市及金乡周边地区。2006 年，全镇共种植甘蓝 1100 亩，平均亩效益 4100 元，仅此一项，种植村人均增收 3800 多元。

菠菜　全县秋、冬、春季广为栽培。主要品种有诸城刺籽菠菜、昌邑元叶菠菜和属杂交早熟国外品种——胜先锋。鸡黍、马集、兴隆等乡镇多有种植，以大蒜—菠菜间作模式作越冬露地栽培，常年面积稳定在 6000 亩 ~9000 亩之间。

茄果类

主要有茄子和辣椒。

茄子　分为长茄、圆茄。长茄，果肉松软，单果重较轻，座果较多。栽培品种有郭庄长茄、济杂长茄、金高长茄等。既能早春栽培，又能越夏秋延后栽培。保护地栽培集中在高河乡和金乡镇一带，常年种植面积在 1000 亩 ~3000 亩。圆茄，多数品种果肉组丝致密。代表品种有二茛茄、三茛茄、天津快圆茄。霄云镇北部吕庄一带种植天津快圆茄，为早春保护地栽培。高河乡种植无公害茄子，突出无公害特点，组建了无公害茄子协会，成立技术指导小组，为茄子生产提供产前、产中、产后一体化服务，统一提供种子、肥料、农药及技术咨询，定期组织农民培训，注重每个生产细节，确保无公害茄子生产。该乡引进产量高、市场前景好的茄子新品种加以推广，品种主要以“济丰三号”“济杂长茄七号”为主。2006 年，茄子亩产量 3 万余斤，亩效益 6000 余元。仅茄子一项全乡增收 7000 余万元，人均增收 1200 余元。高河乡无公害茄子年销售 15 万吨，占全县茄子销售量的 80% 以上。

辣椒　分尖椒干椒型和长角椒类型。尖椒干椒型呈短锥形，长度 6 厘米以下，多数品种辣味浓，产量低，椒干；代表品种有日本朝天椒、子弹头、日本天宇等。长角椒类型呈羊角形或长圆锥形，部分品种细长，皮薄皱缩，俗称“线椒”，是金乡县栽培的主要品种，主要分布在金乡镇、王丕等乡镇。代表品种有湘研 10 号、11 号，中椒 6 号，新丰 3 号、6 号。其中王丕镇 2006 年种植辣椒 3000 亩，亩均效益 1.3 万元左右。

葱蒜类

大葱　金乡栽培历史悠久，主要集中在羊山镇河东王一带。品种有章丘大梧桐。植株高大，可达 140 厘米；假茎直长，可达 60 厘米左右。整株粗度匀称，生长快，产量高，其假茎生食脆嫩味甜，辣味轻，是典型的长白型品种。

圆葱　盛产于卜集乡，胡集镇也有种植。

大蒜　（见本志大蒜产业篇）

茎菜类

主要有山药。分布在鸡黍镇东李村（原名山药豆子李庄，见本章第三节）。

第二节　圆　葱

金乡圆葱，盛产于卜集乡。卜集乡种植圆葱历史悠久，其土地肥沃、土壤黏重、光照充足、气候宜人，极适于圆葱的生长发育。金乡圆葱以红皮自繁品种为主。1988 年，金乡圆葱首次出口俄罗斯，后又出口到新加坡、韩国、日本、美国等国家和地区。

1991 年前，只是零星种植。1995 年种植面积 4 万亩，总产 20 万吨，是全国面积最大、品种最多的圆葱生产基地。1996 年 3 月，卜集乡被农业部中国特产之乡命名宣传活动组委会命名为“中国圆葱之乡”，成为全国著名的也是唯一的中国圆葱之乡。

图 8-7　20 世纪 90 年代卜集乡圆葱

卜集乡生产的圆葱个头大、品质优、色泽艳、味道美、含有极丰富的维生素、蛋白质、糖、钙、

磷、铁及人体所必须的 17 种氨基酸，具有降血压、降血脂、舒张血管的作用，被誉为当之无愧的集营养、药用价值双优的“蔬菜皇后”。

圆葱对环境条件的要求

温度 圆葱对温度的适应性强。种子和母鳞茎在 3℃~5℃下可缓慢发芽，12℃加速。生长适温幼苗期为 12℃~20℃，叶片生长期为 18℃~20℃，鳞茎膨大期为 20℃~26℃。鳞茎在 15℃以下不能膨大，15℃~21℃开始膨大，21℃~27℃生长最好。温度过高，生长衰退，进入休眠。

圆葱为绿化通过春化的植物，多数品种在幼苗茎粗大于 0.5 厘米时，于 2℃~5℃条件下经过 60 天~70 天可以通过春化，品种间有差异，南方品种需 40 天~50 天，北方品种需 100 天~130 天。

光照 鳞茎形成需要长日照，延长日照长度可以加速鳞茎的形成和成熟。其中长日型品种需 13.5 小时~15 小时，短日型品种需 11.5 小时~13 小时。北方多长日型晚熟品种，南方多短日型早熟品种。

水分 圆葱根系浅，吸收水分能力较弱。幼苗出土前后，需要保持土壤湿润，生长旺盛期和鳞茎膨大期，需要有充足的水分，提高产品品级和贮运性能。

土壤营养 圆葱要求土质肥沃、疏松、保水力强的土壤。能忍耐轻度盐碱，要求土壤 pH 值 6~8，但幼苗期反映比较敏感，容易黄叶死苗。圆葱为喜肥作物，对土壤营养要求过高，每亩氮、磷、钾的标准施用量为氮 12.5 千克~14.3 千克，磷 10 千克~11.3 千克，钾 12.5 千克~15 千克。幼苗期以氮肥为主，鳞茎膨大期以钾肥为主。

无公害圆葱栽培技术

选用优良品种 保鲜外销出口圆葱以黄皮品种为主，国内市场则以红皮圆葱为主。适合金乡的黄皮圆葱品种主要有日本泉州中高黄、日本泉州中甲高黄；红皮圆葱品种有高桩红皮圆葱等地方品种。

播种育苗 一般选择排灌条件良好，土质肥沃，疏松、保水性强的地块作秧田，深耕细耙，亩施腐熟无害化处理的有机肥 2500 公斤，尿素 20 公斤，二铵 15 公斤。适宜播种期是 9 月 5 日~15 日，亩用种量 150 克。出苗后每隔 10 天浇水一次，整个育苗期浇水 4 次左右。

定植 当日平均气温降到 10℃，幼苗地上部生长缓慢，根系在土壤中仍正常活动时定植，幼苗在土壤封冻前长出新根，缓好苗，有利于安全越冬。一般在 10 月底 11 月初定植。定植大田每亩施腐熟的有机肥 4000 公斤~5000 公斤，纯氮 18 公斤~21 公斤，五氧化二磷 12 公斤~16 公斤，氧化钾 18 公斤~20 公斤，硼肥 2 公斤，锌肥 2 公斤，锰肥 0.6 公斤，铁肥 5 公斤，钼肥 0.8 公斤，铜肥 4 公斤，深耕 30 厘米作畦。定植前剔除无根、无生长点，过矮、纤弱的小苗和叶片过长的徒长苗、分蘖苗及受病虫侵害的苗。将幼苗按大小分 3 级，一般认为幼苗的适度标准是：叶片 3~4 片，株高 30 厘米，假茎 0.6 厘米~0.7 厘米，单株重 3.8 克~5.6 克。假茎大于 0.9 厘米的列为大苗，易抽薹；假茎 0.4 厘米~0.6 厘米的列为小苗；小于 0.4 厘米的小苗则应淘汰。分别栽植，栽植深度以幼苗假茎部埋入土中 3 厘米为宜，定植后立即浇水，地膜覆盖，圆葱幼苗在膜下越冬。

田间管理 立春后地温开始回升，及时将圆葱苗从膜下钩出，3 月下旬结合浇返青水，每亩冲施纯氮 10 公斤，五氧化二磷 2 公斤，氧化钾 5 公斤。4 月底结合浇膨大水，每亩冲施纯氮 8 公斤，氧化钾 6 公斤。以后每 5~6 天浇一次水，保持土壤湿润。收获前 7~8 天停止浇水，使土壤和鳞茎含水量降低，有利于收刨和产品贮藏。

综合防治病虫害 圆葱生育期病虫害突出表现为“二病一虫”即圆葱霜霉病、黑斑病和葱蓟马，其它病虫如紫斑病、灰霉病、斑潜蝇等均可以进行兼治。在病虫害防治中应以农业措施为基础，如清洁田园，将病残体带出田外深埋，轮作换茬，与葱类以外的作物实行 2~3 年轮作，增施磷钾肥。化学防治，提倡早预防，消灭在病虫初发生时。药剂应选用高效、低毒、低残留农药，尽量使用生物农药，使用浓度和间隔天数应严格执行农药安全使用标准，采收前 10 天~15 天停止用药。严

禁在圆葱上使用高毒、高残留农药。

收获　圆葱成熟后应及时收获。成熟标志为：植株基部第一、二片叶枯黄，第三、四片叶尚带绿色，假茎失水松软，地上部倒伏，鳞茎停止膨大，外层鳞片呈革质。采收应在晴天进行，挖出后整株原地晾晒 2 天 ~3 天，待葱头表皮干燥，剪掉枯叶和须根，即可上市或贮藏。

1991~2005 年卜集乡圆葱种植面积、产量、销售、收入情况统计表

表 8-4-1

年度	种植面积（亩）	占耕地总面积（%）	总　产（吨）	单　产（公斤）	亩均收入（元）	人均圆葱收入（元）
1991	3615	4.4	5969	1651	396	34.66
1992	4732	5.67	7987	1688	405	46.03
1993	5163	6.21	8860	1716	395	48.43
1994	16299	19.64	24460	1500	210	81.61
1995	36398	44.02	73772	2027	324	283.45
1996	38021	46.19	109192	2872	574	526.87
1997	31712	38.94	87504	2760	938	717.96
1998	36221	44.26	108357	2992	957	829.34
1999	33705	41.21	98419	2920	964	776.55
2000	34067	41.68	110710	3250	1137	924.39
2001	25950	31.78	90551	3489	1256	776.97
2002	24950	30.54	88887	3562	1568	932
2003	10851	13.28	45574	4200	17963	456.02
2004	20085	24.59	84676	4216	1771	846.2
2005	25162	30.8	113229	4500	1800	1070.09

第三节　红花斑山药

金乡县鸡黍镇东李村（原名山药豆子李庄）素有种植山药的传统，其种植的红花斑山药，已有 300 多年的历史。

东李村地处黄泛区冲积平原，光照充足，其粗细松散的沙质土壤中富含钾、磷、锌、钙、铁、硒等多种微量元素，十分适宜山药生长。村民们依靠独特的沙化土质和独到的种植经验培育出的红花斑山药，不但外形美观，皮色金黄，具有红斑，而且质地洁白，软滑细嫩，入口即化，面中带沙，香里有甜，营养丰富，老少皆宜，被誉为“山药之魁”，既是不可多得的滋补佳品，又是优质绿色无公害食品。中国食品界权威鉴定，红花斑山药含有丰富的黏液蛋白质、糖、淀粉、维生素 A、B1、B2、C 及多种氨基酸和微量元素，既可做菜，又可药用。食之，有养胃、健脾、固精、补肺、益肾、健脑安神、利湿止泻、养颜防衰、延年益寿等功效，属天然保健食品。研究证明，红花斑山药中的黏蛋白可降低血液胆固醇，有利于防治动脉硬化，其甘露聚糖有改善糖代谢、提高胰岛素敏感性的作用。

红花斑山药种植有着特殊的工艺和技巧，每年清明节前后是种植红花斑山药的最佳季节。其时，村民们开始挖大约深 1 米的沟，把土翻上来晒土，再一层层的打桩，阳历 4 月 20 号左右开始种植，株距保持在 15 厘米左右，行距保持在 1 米。种好后开始扎架，到阴历 8 月，红花斑山药就可采收。

红花斑山药不仅耐贮易运，且可加工增值，是外销出口的理想品种。

关于红花斑山药，曾有一个美丽的传说。清康熙四十二年冬天，一个穿得破烂不堪，身上脸上长满了红花斑纹的讨饭人，冒着鹅毛大雪，拉着要饭棍来到了金乡县东李村。刚走到村头，这人眼前一黑栽倒在地，快要饿死了。村里的人发现了，把他抬进了村。东家送他一个馍，西家送他一碗饭，还有好心人给他送来了棉裤、棉袄。很快这个人的脸上有了些气色，渐渐地会说话了，会走路了。他向大家诉说了自己的不幸遭遇。他的老家在河南，因为生来就长着一个花斑脸，家里人不拿他当人看，外人也欺负他，他一怒之下便离家出走，靠乞讨为生，已经在外边漂泊了三四年。东李村的好心人收留他，没有人嫌这讨饭人长得丑，他没有吃的给送吃的，没穿的给送穿的。几十年后，讨饭人死了，被埋在了东李村的土地上。没过多久，许多地方都遭遇了百年不遇的大旱，地里颗粒无收，到处都流浪着饥饿的灾民。而东李村的土地上却长满了郁郁葱葱的山药苗子。秋后，家家户户都从地下扒出了又粗又长的山药，从秧子上摘下了一篮又一篮的山药豆子。东李村人靠吃山药度过了灾年。不过，这里的山药有一个特点，根根都长着红花斑。村民们说，是那个讨饭的叫花子死后变成了红花斑山药神，以此感恩好心的东李人。

另传，清乾隆皇帝下江南时曾路过此地，品尝过东李村红花斑山药，吃后一直赞不绝口

山药栽培技术

选种　选择无病、无损伤的山药块根芽、山药珠芽做种子。

晒种　在播种前25~30天进行晒种，时间约从3月10日前后开始，要求晒20~30天。种块粗细、重量尽量一致，晒种也要均匀。

图 8-8　收获山药

晒种时种块下铺草，将种块排成一层，避免互相叠压。切忌在水泥地上晒种。

浸种　为预防山药病害，播前可用国优101或50%菌成1000倍~1500倍液浸种，将种子放在药剂中浸5分钟后取出晒干待种，对防治根腐病、枯萎病、斑枯病等有良好的效果。

蘸种　作为种块的山药、山药珠芽选好后，在播种前25~30天用1‰喷茬克蘸种。

整地　选择地势高燥、水系配套、肥沃疏松的砂质壤土地块，采用深沟高畦种植。亩用国优106生物有机肥100千克，全田精细旋耕，旋耕深度20厘米~25厘米。

地下害虫防治　防治蛴螬、地老虎、蝼蛄和线虫可选用线净，每亩用8千克~10千克或康绿功臣2千克~3千克，掺细土均匀撒入田间。（若地下没有线虫，可亩用地正丹5千克~6千克。）

挖沟　其深度视山药品种而异，沟深一般要求0.8米~1米，沟宽一般0.2米~0.25米。沟与沟之间距离约0.8米。沟内用菌线威或的确灵3500倍液喷雾消毒。

播种　一般在清明前1周，当地温上升至15℃左右时方可栽种。行距一般0.6米~0.8米、株距0.25米~0.3米，每公顷种植4.5万株左右。具体密度视土壤肥力而定。

田间管理　山药出苗三叶时，用颗粒丰1袋对1桶水（喷雾器桶，15升）喷施。一般苗高不足1米不灌水。山药快速生长期（一般6月中旬至7月中旬），可用喷茬克或乐乐逗于叶面喷施1~2次。如基肥不足，可每亩追饼肥50千克~60千克，尿素2千克~4千克，磷肥4千克，硫酸钾2千克并结合叶面追肥，用果保佳2号或一喷丰1500倍液喷施。山药生长后期，进行叶面喷肥，用颗粒丰和喷茬克各1袋兑1桶水（15千克）喷施，每10天喷一次，促地下块茎膨大。

植株调整　扎架：在山药播种后至苗高30厘米左右时扎架，一般架高1米~1.5米。整枝：出苗初期拔除多余的茎枝，每株只留一条茁壮的主茎。待藤蔓爬至架腰时，用“天诺长控”，控旺促壮。

病虫害防治　主要病害为枯萎病、炭疽病、褐

斑病、斑枯病、褐腐病和线虫病；虫害主要有蝼蛄、小地老虎、蛴螬、菜叶蜂、红蜘蛛。农业防治：实行严格轮作制度，与非薯蓣科作物轮作3年以上。选择高爽地块以防涝。增施完全腐熟有机肥，少施化肥。生物防治：保护利用天敌，防治病虫害。化学防治：出苗初期用菌线威或的确灵3500倍液灌根，可防治茎腐病、褐腐病、枯萎病、斑枯病、每株灌药液100克~150克。放叶初期用50%菌成800倍液或国优101倍~1000倍液和喷茬克1500倍液的混合液喷洒整个植株，用田除广谱型600倍+乐乐逗喷冲型300倍液喷雾，可防治炭疽病、灰斑病、斑枯病、茎腐病。7月多雨季节是山药发病最严重时期，可采用菌线威和果保佳混合灌根，一般10~15天1次。至9月上旬可用螨帮1500倍液喷雾或挥手光1号1500倍喷雾，可防治菜叶蜂和红蜘蛛。

排涝　山药全生长期都要排涝，尤其是在多雨季节。

第四节　基地建设

1994年9月，经济宁市人民政府批复同意，金乡县的城郊、鱼山、马庙、羊山、胡集、鸡黍、高河、金马、大义等8个乡镇为20万亩无公害蔬菜生产基地，重点发展“一条线，两大片”，即沿105国道两侧500米之内全部发展蔬菜，沿线乡镇建成万亩以上各具特色的主导产品基地。

县、乡成立无公害蔬菜基地开发领导小组，建立健全管理蔬菜生产办事机构，将蔬菜生产基地建设纳入全年工作重点考核。县委、县政府出台优惠政策，财政、金融部门拿出1.8亿元贷款或周转金，重点扶持大中拱棚和冬暖式大棚蔬菜生产。对建冬暖式大棚的农户给予资金扶持，免除1人提留款和1~3人义务工。同时，积极组织大拱棚和冬暖式大棚参加自然灾害保险。对蔬菜实行最低保护价制度。健全技术引进、推广网络。全县所有乡镇各建设50亩高值、高效示范园区，并不断引进节瓜、苦瓜、佛手瓜、西芹、空心菜、绿菜花、牛蒡等60多个蔬菜新品种，推广新的科技成果。

2005年，全县规模较大蔬菜生产基地有卜集乡圆葱生产基地；金乡镇、王丕镇以芹菜为主的大中棚生产基地；化雨、高河两乡以茄子、辣椒为主的生产基地；鱼山镇以黄瓜、西红柿为主的冬暖式大棚基地；霄云镇甘蓝基地；羊山镇大葱基地；鸡黍镇山药、大白菜基地。加之胡集镇的白梨瓜基地，鱼山、马庙两镇的西瓜基地，全县乡镇形成了各具特色的瓜菜生产格局。

1991~2005年金乡县蔬菜生产面积、产量统计表

表8-4-2

年　度	复种面积（亩）	总产（吨）	年　度	复种面积（亩）	总产（吨）
1991	78883	108225	1999	776586	1506954
1992	113294	206769	2000	779146	1529573
1993	243385	250057	2001	910997	1808299
1994	287583	348430	2002	1017928	2168633
1995	367989	556960	2003	1134307	2418873
1996	557607	1056286	2004	1158132	2430491
1997	642035	1074146	2005	1059101	2186294
1998	788431	1210156	—	—	—

第五节　加工与贮藏

1991 年前，蔬菜加工贮藏主要采取冷藏、腌制、干制等技术。1995 年始，一些先进的蔬菜贮藏设备与加工技术相继得到推广应用。全县推广应用的蔬菜贮藏加工新技术主要有恒温库气调贮藏、辐射贮藏、涂膜贮藏、蔬菜速冻加工、冻干脱水干制、果蔬脆片、蔬菜汁及其菜汁饮料加工等，逐步实现了新鲜蔬菜“冷链”流通。

一批具有国际水平的蔬菜精深加工企业在金乡应运而生，实现蔬菜新产品多层次增值。如县级农业产业化重点龙头企业——金乡恒裕果蔬有限公司，加大科研开发力度和技术创新，提高产品科技含量，开发出脱水蒜、姜、辣椒、菠菜、圆葱等 20 个大类 60 多个品种的脱水蔬菜和调味品，年加工农副产品 8000 余吨，出口贸易额 400 万美元。金乡县山阳冷藏有限公司，主要产品有蒜（姜）泥、蒜片、蒜粒、蒜姜混合泥、辣椒泥等，并开发出各类蔬菜泥和调味品罐头，日加工能力 20 吨~30 吨。山东鑫诺食品发展有限公司，形成脱水蔬菜、保鲜蔬菜，及各种粉粒产品生产加工出口一条龙体系，主要产品有蒜片、圆葱丝、胡萝卜片、辣椒干、包菜粒、大葱段、香葱段等。2000 年建成的山东金德利果汁厂，主要产品为胡萝卜汁、冬瓜汁、菠菜汁、芹菜汁等，每年有 1000 多吨畅销国内外。

图 8-9　2002 年金乡县企业蒜米加工

开发大蒜的药用价值，通过与中科院联合，引进其新开发的专利技术，组建了金科药业集团，生产抗肿瘤的最新药物——硒蒜胶囊，前景看好。

2005 年，金乡县以大蒜为主的蔬菜种植（复种）面积 160 万亩，年产各种蔬菜 220 万吨。全县拥有与蔬菜生产相配套的蔬菜贮藏设施近 600 个，大蒜、蔬菜加工企业 600 多家，年加工能力 50 万吨。

图 8-10　20 世纪 90 年代鱼山冷库

第六节　市场销售

1996 年，成功举办“中国大蒜之乡”命名庆典活动，为“金乡大蒜”扬名。1997 年，成功举办蒜薹产销协调会，并设立经济信息中心，开通国际互联网，精心编制《中国大蒜之乡——山东金乡》主页，利用信息高速公路及时发布“金乡大蒜”及其蔬菜销售信息。2005 年，金乡县有专业蔬菜批发市场 32 个，6 万多人活跃在国内外销售市场，农民自己建立的农副产品销售公司 350 多家，专业合作社 89 家，协会 676 个。170 多个国家和地区的近亿个网上用户，可随时看到金乡蔬菜及其产品情况介绍。大蒜和蔬菜产品销往国内 29 个省、市、自治区和世界 130 多个国家和地区。

第五章 林 业

金乡县林业局成立于1960年。1984年各乡（镇）设林业站，1992年3月，林业站人、财、物划归乡镇管理。1993年12月机构改革，撤销林业局，成立金乡县林果技术服务中心，正科级事业单位。内设林业站、果树站、林保站、林业派出所，人员工资由原来全部财政拨款改为财政拨款75%，不足部分由中心自筹。1995年3月，撤销金乡县林业派出所，成立金乡县公安局林业公安科。同年5月，设立金乡县林政管理工作站和山东省金乡县木材检查站。同年9月，撤销县林果技术服务中心，恢复金乡县林业局。2002年5月机构改革，县农业委员会、农业局、林业局合并，组建金乡县农业局（加挂林业局牌子）。

第一节 林种 树种及分布

林种

金乡县林种有防护林、用材林、经济林、特用林四种，其中防护林（护岸林、护路林、农田防护林）比重最大；用材林、经济林次之；特用林比重最小，仅羊山烈士陵园和白洼林场两处。

树种

1990年，进行林业资源调查，全县有木本树种33科、49属、87种。其中用材树37种，栽植普遍的有杨、槐、泡桐、榆、椿、苦楝、旱柳等；经济树25种，主要有苹果、梨、葡萄、桃、山楂、甜子、杏、石榴、枣、柿子、樱桃、白腊、杞柳等；观赏树种25种，主要有雪松、蜀桧、柏树、龙爪槐、铁树、棕榈、百日红、女贞、丝兰、榆叶梅、月季、玫瑰等。

2000年，开展森林资源二类调查。全县栽植主要树种为黑杨、毛白杨、刺槐、泡桐、榆树、柳类，其中黑杨株数占活立木总株数的80%以上。

2005年，栽植树种95%以上为杨树。经济林主要有苹果、梨、桃、杏、葡萄、柿子、枣等。

分布

防护林主要分布在沟、路、渠、河堤。用材林、经济林主要分布在村周围和部分农田。特用林中，革命纪念林分布在羊山烈士陵园，母树林分布在白洼林场。

金乡县主要树木种类分布表

表8-5-1

科	属	树 种	分 布
杨柳科	杨 属	黑杨、毛白杨	集中于全县沟、路、渠、河堤、农田、村旁
	柳 属	旱柳、杞柳、垂柳等	全县
胡桃科	枫杨属	枫 杨	道路、羊山烈士陵园
	胡桃属	胡 桃	庭院
蔷薇科	苹果属	苹果等	全县
	梨 属	砀山梨等	集中于胡集、王丕、化雨
	李 属	桃、杏等	全县
	蔷薇属	月季、玫瑰	道路、绿地、庭院、机关等
	山楂属	山 楂	零星分布
	石楠属	石 楠	道路、绿地、庭院、机关
	木瓜属	木 瓜	庭院、绿地

续表 8-5-1

科	属	树种	分布
葡萄科	葡萄属	葡萄	全县庭院、部分农田、集中于金乡镇
鼠李科	枣属	冬枣、大枣	全县
卫茅科	卫茅属	大叶黄杨	机关、街道、庭院
榆科	榆属	白榆、榔榆、黄榆、春榆	全县、白洼林场尤多
悬铃	悬铃属	法桐	公路、绿地
桑科	榕属	无花果	庭院
	构属	构树	全县零星分布
	桑属	实生桑、鲁桑	全县零星分布
杜仲科	杜仲属	杜仲	庭院
银杏科	银杏属	银杏	庭院、小区、绿地
松科	雪松属	雪松、赤松	道路绿化、城市绿地、机关单位、庭院、小区
苏铁科	苏铁属	苏铁	庭院
杉科	杉木属	水杉	机关
柏科	侧柏属	侧柏、千头柏、洒金柏	道路绿化、城市绿地、小区
	园柏属	桧柏、龙柏待	道路绿化、绿地、小区、羊山烈士陵园
木兰科	木兰属	广玉兰	机关单位、庭院、城市街道
玄威科	泡桐属	兰考桐	全县
木犀科	女贞属	大叶女贞、小叶女贞	城市街道、机关、庭院
	白腊属	白腊	白洼林场
柿树科	柿属	柿子	主要分布在庭院
石榴科	石榴属	石榴	庭院
梧桐科	梧桐属	梧桐（青桐）	城市街道
锦葵科	木槿属	木槿	庭院
槭树科	槭属	五角枫、元宝枫、红枫	羊山烈士陵园
楝科	香椿属	香椿	庭院
	楝属	苦楝	全县零星分布
苦木科	臭椿属	臭椿、千头春	全县零星分布
芸香科	花椒属	花椒	全县零星分布
豆科	刺槐属	刺槐	全县
	槐属	国槐、龙爪槐	村庄道旁及庭院
	紫荆属	紫荆	庭院
	合欢属	合欢	零星分布
马鞭草科	大青属	海州常山	羊山烈士陵园
无患子科	栾树属	栾树	道路绿化、绿地

第二节 植树造林

1992 年，按照“八五”林业发展规划，实行绿化目标责任制和领导绿化责任工程，逐级签订责任书，在全县普遍推行沟、路、渠、堤承包责任制，谁栽谁管，收益分成。当年，山东省绿化委员会授予金乡县植树造林绿化先进县称号。1994 年，提前一年实现“八五”绿化标准，受到山东省委、省政府、省绿化委员会表彰。2000 年，山东省计划委员会、山东省林业厅下拨金乡县淮太防护林项目资金170万元，地方配套资金85万元，县政府印发实施意见，规划造林3万亩。2001年，县委、县政府实施绿色通道工程、高标准农田林网建设工程、堤滩造林工程和经济林基地建设工程。年底，全县非公有制造林面积8.81万亩，以经济林和速生丰产林为主。2002年，按照“明晰所有权、搞活使用权、放开经营权”的原则，将未绿化的林地、宜林荒滩、沟路渠和规划造林地段，采取公开拍卖、租赁、返租倒包、股份合作等多种形式落实承包，明确权属，建立利益驱动机制，调动农民植树造林积极性。当年年底，全县个体造林面积5927亩。2003年，制定《金乡县造林绿化保证基金管理办法》，造林绿化保证基金从县财政和乡镇财政调拨款中划拨。2004年，开始实施经济林基地建设、用材林基地建设、种苗花卉基地建设、农田林网建设、绿色通道、村镇绿化建设六项重点造林工程。“十五”期间，还相继实施了重点平原区绿化、长江中下游防护林建设等重点造林工程项目，植树造林实现了超常规、高速度、跨越式发展。

“四旁”植树

1991年起，全民义务植树活动不断深入，植树步伐加快，每年新栽“四旁”（路旁、沟旁、渠旁、宅旁）树木80多万株。至1995年年底，全县“四旁”树木保存499万株，人均9.2株。比1990年末增加68万株，增长15.8%。1996~2000年，“四旁”植树488万株，经森林资源二类调查确认保存383万株。2001年起，全县林业进入大发展时期，每年“四旁”植树均在130万株以上，2003年342万株。到2005年年底，全县“四旁”树木保存994万株，比1990年末增加563万株，增长130.6%。

造林

1991年起，陆续在新万福河、大沙河、老万福河、东鱼河、蔡河、北大溜、东沟等河堤造林6000亩，成活率93%。1994~1995年，重点发展经济林，共建经济林3.51万亩。高河、化雨两乡建立以苹果、梨为主的果品生产基地。1996~2000年，累计造林面积5.04万亩，但毁多于造。2000年，实施淮太防护林造林工程，成片造林9750亩。当年，森林资源二类调查数据表明，全县造林实有面积7.12万亩。2001年，对淮太防护林工程造林项目进行被植完善，完成造林5820亩。2003~2005年，造林5.21万亩，是造林最多的年份。

图8-11　20世纪90年代河堤林带

农田林网

1990年年底，全县实有农田林网化面积73.1万亩，占宜林网化面积的80.7%。始建于20世纪70年代的林网树木进入采伐期，且网格偏大，标准较低，需要更新。按照“八五”林业规划和农田林网建设高起点、高标准、小网格、大连片的要求，引进推广I-69/55、I-72/58、中林46杂交杨、兰考白花泡桐和鲁毛005毛白杨等优良品种，实施统一规划、统一调苗、统一栽植、统一管理，农田林网建设质量显著提高。“八五”期间，新增农田林网面积14万亩，更新36.5万亩，完善36.6万亩，网格由405亩一方改为240亩~300亩一方。1995年年底，全县林网保存面积86万亩，占宜林网面积98.8%，达到了农田林网化标准。“九五”期间，土地调整，农田林网树木毁坏严重。2000年，全县宜林网化面积84.24万亩，完善林网面积29.58万亩，占35.1%；未林网面积20.74万亩，占24.6%。2001~2005年，农田林网作为全县林业重点工程之一，进入大发展阶段，2005年年底，林网面积76.13万亩，占宜林网化面积的90.4%。

林粮间作

20世纪80年代中期，全县桐粮间作树木，逐渐成林采伐。进入90年代，农村产业化结构调整，重点发展农田林网，逐年减少间作面积。1995年，全县林粮间作3525亩。2005年，林粮间作面积仅有600亩。

图 8-12　20世纪90年代林粮间作

蓄积量

1990年，全县活立木蓄积量77.82万立方米，人均占有约1.37立方米，其中“四旁”林木蓄积量占首位。1995年，全县活立木总蓄积量81.19万立方米，人均1.45立方米，比1990年增加3.37万立方米。生长量大于采伐量，呈良性发展趋势，“四旁”蓄积量占总蓄积量的85%以上。2000年，全县活立木总蓄积量65.24万立方米，比1995年减少15.94万立方米，其中森林蓄积23.89万立方米，疏林蓄积1902立方米，散生木蓄积1000立方米，“四旁”树蓄积41.06万立方米。生长量小于采伐量。2005年总蓄积量84.06万立方米。

1991~2005年金乡县植树造林情况表

表 8-5-2

年度	完成情况			年末实有			
	造林（公顷）	“四旁”植树（万株）	农田林网（公顷）	林地面积（公顷）	“四旁”植树（万株）	农田林网（公顷）	木材蓄积量（立方米）
1991	65.1	105	5080	5031	399	46668	766967
1992	237	98	5853	7044	451	52535	721632
1993	236	85	10294	5410	441	55784	762138
1994	658	83	5217	6244	459	51191	786650
1995	1803	79	3882	6994	499	51523	811850
1996	2156	65	4010	7566	500	57020	765100
1997	173	80	2030	8279	520	57200	837687
1998	211	86	150	8617	519	47880	609608
1999	171	67	—	8692	654	50990	719697
2000	650	150	766	4746.5	383	39353	652443
2001	388	148	1800	6592	353	28117.9	685065
2002	157	130	1456	5450.46	477	28117.9	705617
2003	1476	342	5344	6016.46	740	42117.9	755284
2004	1067	197	1656	7663.86	933	48618.9	800601
2005	927.5	65	3334	8858.16	994	50752.9	840631

第三节　林木保护

林业公安

1995 年 3 月，撤销金乡县林业派出所，成立金乡县公安局林业公安科，实行县林业局和县公安局双重领导体制。至 2005 年，累计查处林业行政案件 213 起；林业治安案件 36 起，治安拘留 37 人；林业刑事案件 17 起，刑事拘留 11 人。收缴罚款 210 余万元。维护了造林、绿化成果。

林政资源管理

1994 年前，林政资源管理工作由县林业站负责。1992 年 9 月，县政府发布《关于加强育林费征收使用管理的通知》。1993 年 5 月，发布《关于保护林木资源发展林业的通告》。当年 6 月，开始收取育林基金，至 1995 年年底，共收缴育林基金 69 万元，基金全部用于林业发展。1993 年，开展木材经营加工摊点清理整顿和经营许可证发放工作，共清理不法经营加工摊点 143 个，发放经营加工许可证 121 份，规范木材和果品销售市场管理。1994 年 7 月，《山东省森林资源管理条例》发布实施，县林业局制定《林木限额采伐审批制度》，实行林木采伐限额管理，使林木生长量大于采伐量，蓄积逐年增加。

1995 年，林政站和木材检查站成立，审批林木采伐许可证 14 份，批采 1858 立方米。全县采伐林木 3.8 万立方米，其中农村集体、个人自采自用木材 2.6 万立方米；滥伐林木 1.02 万立方米，其中新村规划和土地调整、“四旁”林木采伐量较大，乡镇自行采伐现象比较严重。1995 年，木材检查站检查木材运输车辆 2820 车次，木材 3.2 万立方米，苗木 46 车次，果品 130 车次，共 418 吨。查获违章运输木材 1560 车次，1.75 万立方米；违法运输野生动物 8 起，青蛙 1.5 万只；发放木材运输证 3250 份。1995 年，金乡县木材检查站被林业部评为全国先进木材检查站。2005 年，办理木材采伐证 32 份，出材量 1.07 万立方米；办理木材运输证 2500 份，查验木材 3.25 万立方米，查处违法运输木材 10 起，查处乱砍滥伐林木案件 8 起。

病虫害防治

1991~1993 年，泡桐大袋蛾发生较重，特别是 1993 年，泡桐大袋蛾虫株率 100%，平均百叶虫口 113.5 头，最高 1020 头；杨扇舟蛾第三代发生严重，太青杨、沙兰杨、72 杨、69 杨等杂交杨点片发生，严重地块虫株率 100%，重度发生 50 万株，中度发生 20 万株，轻度发生 10 万株，发生严重的有司马乡、胡集镇、鸡黍镇、羊山镇和兴隆乡。1994~1995 年，泡桐丛枝病发生严重。特别是 1995 年，泡桐成材采伐，植杨面积不断增大，杨尺蠖、杨小舟蛾、杨扇舟蛾、杨蛀干害虫、杨树溃疡病等病虫害发生面积较大，危害较重。1998~1999 年，春尺蠖发生严重。1999 年发生面积近 30 万亩，其中危害严重面积 10 万亩，防治面积 10 余万亩，重点是农田林网和 2000 余亩片林。2000~2001 年，春尺蠖轻度发生，危害林网约 8 万亩。2001 年，个别果园发生苹果绵蚜疫情，该虫一年发生 10 代以上，繁殖量大，且有白色絮状蜡质物存在，难以防治。通过科学防治，绵蚜得到有效控制。2001 年 6 月，高河乡、金乡镇桃树、杏树、梨小食心虫发生严重，苹果、梨、桃、杏相邻的园片，新梢受害率 50%~70%。2001 年成立国家级中心测报点。

第四节　果树品种与栽培

品种

1993 年始，金乡县进行劣质果园改造，更新引进一些高产优质品种。其中苹果有金帅、青香蕉、红香蕉、短枝新红星、玫瑰红、富士、红富士、金矮生、五龙红、乔纳金、王林、五代红星、世界一号、北海道九号、藤牧一号、首红等；梨有砀山酥梨、晚三吉梨、巴梨等；桃有五月鲜、春蕾、肥桃、秋桃、雪桃、冬桃、寒露蜜、大久保等；杏有红合包、麦黄杏、巴旦杏等；葡萄有玫瑰香、龙眼、巨峰、黑奥林、先锋、藤稔、山东早红、凤凰 51；枣有元铃、脆铃、长红枣等。2000 年后，又引进了油桃、金太阳杏、凯特杏、红嘎拉苹果、绿宝石梨、京秀葡萄、红提葡萄、青提葡萄、城阳仙桃、新川中岛桃、京三三桃、中华寿桃、日本甜柿等。

面积、产量

1990年，全县果园面积1.9万亩。其中，苹果面积1.59万亩，占总面积的83.9%；梨833亩，占4.4%；桃1108亩，占5.9%；葡萄982亩，占5.2%；其它果树135亩，占0.7%，总产7002吨。

"八五"期间，制订建立优质果品生产基地果树生产发展规划，按照区域化布局、规模化发展、项目化开发、产业化经营的发展要求，大力调整林业内部结构，积极发展果树和桑蚕生产。1995年年底，全县果园面积4.74万亩，形成以苹果和梨为主，小杂果为辅的优质果品生产基地，总产1.91万吨。

"九五"期间，调整林果内部种植结构，促进林果经济快速发展，把引进种植高附加值名、优、稀、特果树新品种，建立示范基地作为果树生产的工作重点。1998年，在白洼林场建20亩雪枣示范基地和草莓、香椿两个温室；在缗城镇万福河堤建1000亩美国油桃示范基地及其温室。总结出串季果品生产经验，开始进行果树保护地栽培，果树生产实现由产量向质量、效益转变。2000年，全县果树面积1.22万亩，其中苹果面积7826亩，占果树面积的64%；梨2920亩，占24%；桃774亩，占6.4%；杏681亩，占3.4%；葡萄635亩，占5.2%；枣、板栗、银杏等其它果树606亩，占2.9%，总产1.6万吨。

"十五"期间，将经济林基地建设作为重点工程之一。发展树种主要是梨、桃、杏，主要品种有金太阳杏、凯特杏、新川中岛桃、城阳仙桃、中华寿桃、早春艳桃、早丰甜油桃、早红宝石油桃等，栽培面积2.46万亩，主要分布在司马镇东鱼河河堤、鱼山镇万福河河堤。金乡镇周庄村、袁楼村进行了葡萄的保护地栽培，主要品种是藤稔、京秀、8611。在金乡镇窦湾村、化雨乡包庄村进行杏树保护地栽培，全县保护地栽培面积150亩。2004年，由于降雨量大，桃、杏大面积被淹，加之苹果园老龄化，大蒜效益好等原因，果树面积降至9195亩。2005年年底，全县实有果园面积8084亩，其中苹果园4899亩，梨园2316亩，葡萄园259亩，桃园420亩。总产1.11万吨，其中苹果6731吨，梨1645吨。

图 8-13　胡集镇梨园

1991~2005年金乡县果园面积及产量

表 8-5-3

年度	年末实有果园面积（亩）	其中				当年水果总产量（吨）	其中					
		苹果园（亩）	梨园（亩）	葡萄园（亩）	桃园（亩）		苹果（吨）	梨（吨）	葡萄（吨）	桃（吨）	杏（吨）	弥猴桃及其它（吨）
1991	12894	10177	484	371	686	6203	4320	517	825	456	9	76
1992	11922	10470	423	289	700	6606	5401	259	424	437	11	75

续表 8-5-3

年度	年末实有果园面积（亩）	其中				当年水果总产量（吨）	其中					
		苹果园（亩）	梨园（亩）	葡萄园（亩）	桃园（亩）		苹果（吨）	梨（吨）	葡萄（吨）	桃（吨）	杏（吨）	弥猴桃及其它（吨）
1993	14844	13316	495	305	723	8850	7964	215	162	452	9	48
1994	21564	17561	2998	274	731	11977	11113	116	155	544	14	35
1995	47434	22507	23234	205	456	19125	17798	529	185	549	3	71
1996	37350	16062	20550	241	477	17253	15043	1182	425	529	7	67
1997	16047	13408	2050	108	464	18478	16848	509	129	937	5	50
1998	15207	10138	4135	622	312	18484	16308	1603	212	266	25	70
1999	14681	8885	4507	570	376	17584	14440	2620	134	315	27	48
2000	12155	7826	2920	635	774	16021	12021	2545	467	828	104	56
2001	12389	6585	3265	272	970	17158	9961	2204	407	1174	148	3264
2002	11695	5993	3076	301	944	13908	9313	2107	318	472	81	1603
2003	9416	5872	2562	244	186	12230	7608	2197	347	368	468	1242
2004	9195	5454	2355	233	206	11523	8112	1556	349	334	707	465
2005	8084	4899	2316	259	420	11106	6731	1645	354	515	1286	575

果树管理

采取的措施：引进名、优、特、稀品种，增加花色和市场竞争力；进行劣质果园改造，高接换头劣质果园；进行化控，推广密植矮化技术，提高丰产能力；进行果实套袋、增施有机肥、高效低毒农药防治病虫害，生产“绿色”无公害果品；严格果树标准化栽培管理，应用地面覆草、微肥、疏花疏果合理负载、果园放蜂授粉等新技术，提高果品产量和质量；推广桃、杏、葡萄等树种品种的保护地栽培，生产反季节果品。

第五节　林场　苗圃

白洼林场

始建于 1959 年。1990 年，县政府确权发证，实测面积 3216 亩，其中林地面积 2910 亩，属生态公益型林场。2005 年年底，全场在职干部职工 32 人，为县林业局管理自收自支事业单位，国家、省联营林木良种基地。2005 年 9 月，被批准建立市级森林公园。

1991 年始，林场依托国家、省联建良种基地优势，积极进行种植结构调整，不断改革完善管理制度，大力发展良种商品苗生产，逐步实现了区域化布局、标准化生产、规模化发展、集约化经营，使良种生产能力显著提高。先后引进了中华寿桃、冬枣、磨盘柿子、杨树 107、108、三倍体毛白杨、雄性毛白杨、窄冠毛白杨、蜀桧、洒金柏、金丝柳、瓜子黄杨、大叶垂榆、大叶青榆等品种，其中优质良种 600 多个，育苗面积由原来 100 亩发展到 600 亩，在圃苗木 700 万株，年出圃各种苗木 100 万株，产生了良好的经济和社会效益，成为山东省最大的良种基地。林场多项研究获省级科技进步奖。2002 年，白洼林场被国家林业局授予全国林场良种质量信得过单位。

祭田庄苗圃

位于王丕镇东5千米，总面积473亩，其中可育苗面积400亩。“八五”期间，苗圃实行土地承包、自主经营。每年培育各类苗木400亩，30多个品种，60万株。大、中、小苗木规格齐全，乔、灌、花类型兼备。常年同江苏、河北、河南等省市有业务联系，向社会提供优良种条、种苗200余万株。

胡集苗圃

地处105国道东侧，胡集镇政府南1千米处。1990年确权发证时，苗圃土地总面积657亩，其中可育苗面积450亩，林地面积40.5亩，非耕地面积166.5亩。1991年，推行大包干生产责任制，以林业育苗为主，间种粮食作物。1992年，机构改革，为企业化管理自收自支事业单位，因产品不对路，经营举步维艰。1998年，被划分为混合经营型苗圃。2001年8月苗圃总面积657亩，可耕地500亩。2003年，实施长江中下游防护林建设定向苗繁育项目，共投资38万元，完成项目区建设定向苗繁育150亩，其中杂交杨80亩、雪松30亩、桧柏20亩、速生柳20亩。育苗总量40万株，其中杨树30万株、雪松1.2万株、桧柏2.3万株、柳树7.5万株。由过去单一杂交杨育苗，发展到以常绿和落叶大乔木为主树种60多个，形成了大、中、小苗木规格齐全，名、特、优品种繁多，乔、灌、花类型兼备苗木格局。2005年，育苗面积300亩，在圃苗木80余万株，年出圃苗木20万株，实现销售收入15万元。

第六节 古 树

2002年4月，根据全国古树名木普查建档技术规定进行普查，确认金乡县境内保护下来的古树有17棵，其中龙爪槐1棵、槐树3棵、杜梨1棵、木瓜11棵、柿树1棵。分布在兴隆乡张大楼村、羊山镇沈庄村、胡集镇仇寺村、霄云镇张小楼村和司马镇的古李村、东蔡庄、司马村。

兴隆乡张大楼村西农田龙爪槐 传说树龄260年，估测树龄200年，树高3.5米，胸围1.6米，冠幅5米，树体已枯，树身倾斜，无树冠，从树头发出许多新枝，新枝生长较好。

羊山镇沈庄村内槐树 传说树龄300多年，估测树龄300年，高3.5米，胸围2米，冠幅4.3米，树干已枯，树身向西南方向倾斜，无树头，从树身中部发出2个新枝，南部已经枯死，北部生长旺盛。

民间一直流传“(尉迟)敬德勒马看古槐”之说。尉迟敬德是唐朝李世民麾下一员大将，南北征战路过此地，于是便有上说。如按李世民从公元627年即位算起，此树已有千年历史。另据村里老人回忆，以前古槐北面墙上有明朝万历年间著名政治家、理学家、学者沈鲤(人称沈阁老)所题：“千年槐树少，枝叶斐穹苍，试问人间事，躯纹尽史章”诗句。

胡集镇仇寺村西南干渠东侧杜梨树 传说树龄300多年，高7.3米，胸围2.2米，冠幅7米，3个主枝已枯死，新发出许多小枝，南部生长旺盛，北面生长较差。

霄云镇张小楼村北东鱼河堤南木瓜 共有11棵，面积1.2亩，平均树龄200多年，平均树高8米，平均胸围1.9米，长势较好，主干中空。

司马镇古李村内槐树 传说树龄300多年，估测树龄300年，高15米，胸围2.2米，冠幅13米，树木中空，北面裂开，两边内卷，枝叶茂盛。

司马镇东蔡庄村内柿树 传说树龄700多年，估测树龄500年，高10米，胸围0.37米，冠幅11米，树干已枯，枝叶茂盛，结果能力强。

司马镇司马村南槐树 传说树龄100多年，估测树龄150年，高4米，胸围1.04米，冠幅2米，树体歪斜，主干枯死，又发出一个小枝，小枝生长状况一般。

第六章 畜牧业

金乡县畜牧局原为金乡县畜牧服务公司，1991 年 1 月，改称金乡县畜牧局（正科级事业单位），内设办公室、人秘科、会计科、生产科、兽医站、兽医院。1993 年 12 月机构改革，县畜牧局更名为金乡县畜牧技术服务中心，仍为正科级事业单位；增设动物检疫站（简称动检站）、饲料科。2002 年 5 月又改称金乡县畜牧局。

1991~2005 年，金乡县畜牧业发展历经稳步发展—低谷徘徊—上升复苏—快速发展四个阶段。1991~1995 年，畜牧业稳步发展，生猪、鸡存栏持续增加；1996~1998 年，受疫情影响，发展出现停滞，产值逐年减少；1999~2002 年，传统养殖项目呈现复苏性增长，产值逐渐增加；2002~2004 年，县政府连续出台一系列扶持发展政策，连续三年开展“畜牧发展年”“畜牧发展提速年”“畜牧大县建设年”活动，专业村、专业户发展迅猛，畜禽养殖数量迅速增加，产值连年快速增长，畜牧业发展进入快车道。

1991~2005 年金乡县畜牧业生产情况统计表（一）

表 8-6-1

年度	产值（万元）当年现行价	大牲畜		猪		羊		家禽	
		年末头数	其中：牛	年末头数	其中出栏	年末只数	其中出栏	年末只数	其中出栏
1991	12891	17300	15500	104100	10000	288800	—	—	—
1992	20798	18200	16600	137000	160000	338700	—	1962200	1670000
1993	26727	17969	16997	152594	157200	349941	—	2190800	2277900
1994	35528	16900	16000	166738	192865	337745	—	2631100	2498145
1995	39160	10800	8048	129400	146280	295090	360660	1835400	2010450
1996	48792	9413	8606	121300	149500	292000	409800	1895700	2105400
1997	30083	7897	7530	112035	143597	260075	166285	1851200	2139600
1998	42896	8777	8471	110000	151000	270000	191900	2009742	2285413
1999	43354	8835	8684	133105	186802	340656	217741	2455991	2625068
2000	45904	7097	6217	175640	251000	371920	334640	2887100	3460850
2001	48154	7568	7015	205730	—	388730	—	3031530	4378140
2002	55108	8500	7900	173500	391500	431000	473500	3181000	4463000
2003	69591	14316	14165	83800	476100	392200	—	5023000	4920000
2004	94027	14700	14550	159200	524120	401000	751160	5811000	5832500
2005	95892	16450	16320	162700	578200	421000	—	3796000	7670000

1991~2005 年金乡县畜牧业生产情况统计表（二）

表 8-6-2　　　　　　　　　　　　　　　　　　　　　　　　　　单位：吨

年度	肉类总产量	其中				禽蛋产量	牛羊奶产量	羊毛羊绒产量	兔毛产量	蜂蜜产量
		猪肉产量	牛肉产量	羊肉产量	禽肉产量					
1991	15851	9999	1424	1824	2447	—	108	119	—	45
1992	22621	16000	1235	2532	2507	13360	170	177	264	37
1993	25696	15720	1460	3806	—	14568	—	183	277	46
1994	28861	19287	1589	3585	—	26838	—	189	280	43
1995	30900	19628	1766	3607	—	24525	—	200	291.5	35.5
1996	39639	24950	2267	4098	—	24983	—	272	339.8	22
1997	21973	14398	813	1460	—	14860	759	300	170	20
1998	27214	16109	1418	3319	5942	15417	296	292	269	5.27
1999	28159	16597	969	3532	6723	15848	309	200	229	13.4
2000	29936	20080	791	3346	5191	20092	598	347	178	34.3
2001	36587	24617	672	4099	6567	21765	938	400	—	21
2002	40588	26362	476	4735	5355	23888	1900	466	407	21.3
2003	49295	35686	854	6568	5917	36858	3318	997	586	24.9
2004	53189	35640	1019	7498	8457	48677	4506	756	890	251
2005	61604	43076	10951	7812	91701	54970	5400	816	1080	305

第一节　畜禽种类

金乡县家畜主要有牛（含鲁西黄牛、奶牛）、马、驴、骡、羊、猪、兔、貂等；家禽主要有鸡、鸭、鹅、鸽、鹌鹑等。

鲁西黄牛　金乡县是鲁西黄牛中心产区之一，饲养历史悠久。该品种体躯结构匀称，役肉兼优，被毛从棕红至浅黄不一，以黄色为多，耐粗饲，性情温顺，遗传性能稳定，生长发育快，肉质鲜嫩，屠宰率 54.2%，净肉率 47.3%。类型有高辕型、抓地虎型和中间型 3 种。

1991 年后，农业机械化水平不断提高，作为役用的鲁西南黄牛数量锐减，逐渐向肉用方向发展。县、乡畜牧部门引导群众引进利木赞肉牛冷冻粒液对黄牛进行改良，杂交一代具有良好的肉用生产性能，数量逐渐稳定在 0.62 万 ~1.7 万头之间。

图 8-14　金乡县鲁西黄牛

马　为杂种马。先后引进良种马苏纯血、苏金挽、蒙古马、四川马、三河马、伊犁马、阿尔泰马等，进行饲养繁殖。1968 年，县兽医站选择良种马进行人工授精，使当地马品质提高。随着社会发展，交通运输工具改进，饲养数量逐渐减少。2005 年，全县存栏不足 100 匹。

驴　本地驴体质粗壮，喜欢干燥，耐寒冷，抵

抗力强，性情温顺，容易饲养，挽力大，可与马杂交繁殖骡子。主要用于短途运输。2005 年全县仅有 200 头左右。

骡　有驴骡和马骡。骡体格强健，挽力大而持久，耐粗饲，采食少，抗病力强。

羊　本地青山羊品种优良，数量多，品质好，所产板皮、青猾皮历史悠久，中外驰名，一直畅销。小尾寒羊、黄淮白山羊和青山羊平均产羔率分别为 280%、360%、460%。

济宁青山羊　毛色纯正，分青、白、黑三种毛色，以黑兰相间混杂青灰色较多。青山羊猾子皮历来为出口商品，用它制作的大衣、皮帽、皮领、皮褥等，在国际上很受欢迎，销路广、价格高。青山羊好饲养，繁殖力强，每胎可繁殖 2~4 只。

图 8-15　金乡县三色青山羊

细毛改良绵羊　体质结实，易饲养，每胎产羔 1~2 只，被毛色白，密度大，净毛率、屠宰率较高。

小尾寒羊　是金乡绵羊的优良品种，被毛白色，四肢细长，尾小，体重 40 公斤~50 公斤，适应性强，繁殖率高，每胎产羔 2~3 只，生长快，产肉率高。主要用途是在母羊怀胎 4 个月时取羔、用其皮，故称“寒羊”。现小尾寒羊几乎灭绝。

1998 年，引进优良品种波尔山羊和地方山羊杂交，产出的羔羊出肉率高、体型大、生长快。

猪　县内土种猪属华北猪类型，黑色，个体大，头长，耳大，脸平直，腹大下垂，俗称单脊猪，遗传性稳定，适应性强，耐粗饲，抗病力强，肉质鲜，脂肪量高。性成熟早，繁殖率高，一胎产仔 10 多头。后与内江猪杂交形成内本猪，产肉和生产性能良好。1963 年，先后引进新金猪、杜洛克、约克夏、金华猪、苏联长白、哈白等良种猪。1991 年后，采用杜洛克、大白猪、长白猪三元杂交，生产出性能更好的杂交品种，已经大量生产出口。

兔　1959 年，全县养兔不足 5000 只，品种为法系安哥拉兔（俗称大白脸）。1963 年始，引进部分英系安哥拉长毛兔（俗称狮子头），后又引进西德长毛兔，逐渐形成杂交群兔种。1981 年，存养量 90.03 万只。1987 年，县畜牧服务公司引进日本大耳、青紫兰、新西兰等肉食兔品种，进行纯种繁育，获得成功。

水貂　属于食肉目、鼬科、鼬属动物，体长约为 40 厘米~60 厘米，雄性较雌性大；尾毛蓬松，尾长约为体长的一半；毛皮具有针毛挺直、灵活华丽、绒毛丰厚、保暖性强、皮板轻薄、柔韧结实等诸多优点，因而成为小毛细毛类毛皮中的当家品。

金乡水貂饲养业始于 20 世纪 80 年代，进入 90 年代后，水貂毛皮由统一外贸出口变为放开经营向国内市场销售，由此刺激水貂养殖业的发展，拓宽农民致富新路。

鸡　本地鸡体格较小，觅食力强，善于野外觅食，耐粗饲，抗病强，性成熟早，以黄、黑、花色为多。1958 年起，陆续引进莱杭、九斤黄、奥州黑、白洛克、星杂 288、京白亚系、西赛克、罗斯、星杂 566、B6、红育等优良蛋鸡种和红布罗、星布罗等肉食鸡种。

鸭　以蛋鸭为主，有绍鸭、金定鸭，也有少量的苏邮一号、江南二号等新品种。按一般饲养条件，90 天~100 天开产，产蛋高峰期不低于 150 天，每百只每天产蛋 90 枚以上，一个产蛋期每只产蛋 300 枚~320 枚。后引进康贝尔鸭，已经大量养殖。

鹅　民国时期，本县养鹅很少。1948 年，霄云镇杨官庙村杨起真兄弟从吉林省华甸县带来两只名叫子鹅的幼鹅，经精心饲养，母鹅产蛋率、蛋重皆超过原产地鹅。后经多年选育，形成具有独特外貌特征的新品种——金乡百子鹅。

百子鹅凤头，眼大有神，颔下有一咽袋，长四指，深二指左右，有灰色和白色两种。成年鹅一般体重4公斤~7公斤，母鹅年产蛋100枚~120枚左右。1956年，发展到1500只，1959年，推广到全县各社队。1977年，山东省家禽研究所把金乡百子鹅定为地方优良品种，在金乡县李楼种畜场建立保种基地，收集种鹅14只，至1983年6月，发展到65只，并传播到济南南部、微山西部及沿湖两岸。1983年9月，种畜场65只种鹅转场到微山县种鸭场。为了保护好濒临灭绝的百子鹅遗传资源，县畜牧局申请专项资金进行保护和培育。

第二节 饲草 饲料

金乡县饲草饲料种类繁多，资源丰富。解放前牛、马、驴、骡等大牲畜以麦秸、稻草、豆秸、秆草（谷秸、黍秸、茭草）为主，豆饼、麸皮次之；养羊多行放牧，冬季补饲落叶等；猪行舍饲，多以剩饭、泔水及糠秕等；鸡、鸭散养，多以杂谷饲之，辅以菜叶、剩饭等。1949~1990年，畜禽主要饲料逐渐由黑豆、高粱、地瓜干等杂粮转为玉米，并增加豆饼、花生饼、面饼、糠麸、糟渣（酱渣、豆腐渣、粉渣、糖渣、酒糟）配制的混合饲料。1990年，全县饲料粮可用量0.71亿公斤，实际用量0.6亿公斤，占85%；可用作饲料的豆饼、花生饼、面饼等2586万公斤，麸皮、米糠、稻糠2145万公斤，糠麸、糟渣等238万公斤；饲草可用量3.4亿公斤，实际用量1.07亿公斤，占32%。

1991年，推广全价配方饲料，喂猪7万头，养鸡60万只。1992年，将饲料加工、疫病防治、肉牛改良、良种繁育并列为畜牧工作四大体系建设，当年取得较好成效。徐州协尔饲料进入金乡县推广。

1993年年初，县畜牧局成立饲料科，筹资6000余元购进饲料加工机械及其设施，进行来料加工，配制全价饲料，向社会推广；从安徽淮阴正大集团公司引进生猪全价饲料（551、552等），当年推广正大饲料40吨，配合饲料260余吨。

1994年，金乡县正达饲料公司成立，为粮食局下属单位，主要生产猪、鸡、鱼三大系列10余个品种的“至尊牌”全价颗粒饲料。

1995年，全面推广秸秆养畜和秸秆青贮、氨化技术。据测算，5公斤氨化麦秸营养价值相当于2公斤玉米。青贮一亩玉米秸投资58元，喂羊可增重50公斤，净增效益165元。是年12月，县畜牧局与正达饲料公司签订面向全县推广“至尊牌”系列饲料协议。

1996年，饲料玉米开始在全县种植。

1997年，调查统计全县饲草资源。若对全县5.8亿公斤作物秸秆和7.8万亩沟、渠、河堤牧草全部开发利用，同时推广舍饲和全价饲料配制技术，每年可增养羊110万只，养牛30万头，增效1.7亿元，节约饲料粮5500万公斤。

1998年，旱高粱、苜蓿、墨西哥玉米在金乡县试种成功。全县共有饲料加工机组156台（套），生产各种配合饲料12665吨，其中蛋鸡料4620吨、肉鸡料1395吨、猪料6650吨。同年11月~12月，县畜牧局组织进行青山羊、杂交白山羊饲喂青贮玉米秸增重试验。试验结果显示，试验组一岁羊平均体重增加较之二岁羊百分率高。

2000年，鲁梅克斯、紫花苜蓿、墨西哥玉米、串叶松香草、籽粒苋、冬牧70等牧草均有种植。但秋季作物秸秆利用率不足10%。

2001年，组织购进青贮铡草机械机组94台套。2002年，新增标准青贮池212个，青贮铡草机械机组79台套，青贮玉米秸2.5万吨；种植优质牧草2500亩，同比增加92%。

2002~2004年，先后开展“畜牧发展年”“畜牧发展提速年”和“畜牧大县建设年”活动，草食动物饲养量和玉米秸青贮量逐年增加。

2005年，全县70%的牛饲喂青贮饲料，75%的羊饲喂青贮饲料和大蒜秸。

1991~2005年间，饲料品种中能量饲料主要是玉米、麸皮等；蛋白饲料主要是鱼粉、豆饼（粕）、棉饼（粕）、花生饼、羽毛粉、血粉等；常用饲料添加剂有微量元素、蛋氨酸、赖氨酸、多维素、氯化胆碱、食盐等。随着饲料生产专业化程度提高，浓缩料、预混料、全价料成为养殖户首选。到2005年年底，全县规模养禽场全部使用全价料，95%以上规模养猪场使用全价配合饲料，90%以

上规模兔场使用全价颗粒饲料，80% 以上羊场饲喂青贮饲料。

2000~2005 年金乡县饲料粮消耗情况一览表

表 8-6-3　　　　单位：吨

年度	蛋鸡	肉鸡	猪	牛	羊	兔	合计
2000	84889	43252	106650	32256	127170	15715	409932
2001	104345	50762	128350	31960	143766	18469	477652
2002	156749	51084	141250	34848	162810	18423	565164
2003	183239	52505	139575	56448	188442	11880	632089
2004	232715	55332	183325	65664	213516	26640	777192
2005	227927	57758	185225	69984	216540	25092	782526

第三节　畜禽良种推广

1991 年 3 月，在羊山、司马、马庙、霄云 4 个良种站建冷配点，开展肉牛改良工作。当年以本地黄牛为母本，利用利木赞肉牛冻精生产改良犊牛 20 余头；杂交瘦肉型猪出栏 2.1 万头；绵羊全部达到细毛改良要求；推广优良蛋鸡 80 万只，肉鸡 30 万只。

1992 年，优良蛋鸡、肉鸡、瘦肉型猪和杂交肉牛有较大发展，优良品种普及率 60%。有 9 处优良品种繁育场，5 处肉牛杂交改良冷配点。鸡品种除 904、迪卡、京白系列、罗斯、伊莎、罗曼、AA 外，新引进海兰 2000 套。

1993 年，全县有电孵化器 24 台。引进优良肉种鸡艾维茵、AA2 万、优良蛋种鸡伊莎褐 5000 套、瘦肉型种公猪 20 余头、小尾寒羊 60 余只。

1994 年，建立首家良种鸡场——霄云良种鸡场，饲养伊莎褐父母代蛋种鸡 5000 套，年向社会推广商品鸡 4 万余只。后又陆续建起种鸡场 12 处，饲养种鸡 3 万余套，同时，引进优良种公猪 63 头，优质长毛兔 300 余只。

1995 年，全县蛋鸡良种率 90%，肉鸡良种率 91%；瘦肉型猪全面推广；优质长毛兔养殖在高河乡、胡集镇初具规模。对 5 处种鸡场 1.5 万只蛋种鸡，7 处良种鸡孵化场和 88 头种公猪按照种畜禽标准进行鉴定验收，发放“种畜禽生产经营许可证”。

1996 年，新引进优良蛋鸡黄金褐 3500 套，父母代种鸡，蛋鸡良种化率 95%，肉鸡全部良种化。优质长毛兔养殖进一步在全县推广，并引进肉兔、樱桃谷鸭。生猪实现杂交化，肉牛改良工作继续进行，但进展缓慢。

1997 年，引进奶山羊公羊 20 只，在羊山、马庙、司马、化雨、兴隆、金乡镇六乡（镇）推广，提出建立养羊示范县目标。同年，引进良种肉鸡黄金褐 4800 套，长毛兔、樱桃谷鸭进一步推广。

1998 年，在全县 10 个乡（镇）、26 个行政村建起 26 处优秀青山羊核心群，实行优选优配，初步形成青山羊良种繁育体系。同年 10 月，利用波尔山羊改良地方山羊品种工程筹备就绪，在羊山、胡集、马庙、霄云、司马、鸡黍等乡镇建 10 处人工授精配种站和 42 处村户配种站。化雨张楼新建鹧鸪养殖场。

1999 年，卜集乡引进“珍珠兔”500 只，建立“珍珠兔”示范场，高河乡引进镇海巨型长毛兔，建“金乡县金高种兔场”。

2000 年，鸡黍、马庙、羊山、缗城、司马等乡镇建波尔山羊改良站；马庙田楼、羊山巩堂建改良肉牛养殖场，全县肉牛养殖走上规模化；马庙、王丕、缗城、胡集引进新西兰肉兔等优良品种，建肉兔养殖场 7 处；鱼山、羊山等地肉鸽养殖规模进一步扩大，当年效益良好；马庙引进七彩山鸡 200 组。鹧鸪养殖在化雨镇出现公司加农户养殖模式。

2001年，县畜牧局成立种畜禽管理所，负责畜禽良种管理和推广工作。鸡、鸭、鹅全部实现良种化，二元杂交猪基本普及，三元杂交猪比率30%。利用波尔山羊改良本地山羊成效明显。优质长毛兔养殖量进一步扩大，但年底肉兔受国际行情影响开始滑坡，养殖量下降。肉鸽受市场价格影响数量有所增加。肉狗主要分布在城郊一带。

2002年，三元杂交猪比率提高到40%，优质长毛兔继续稳定发展，肉兔养殖进入低谷。肉鸽受市场价格因素影响，养殖量大幅度缩小。

2003年，优质杂交猪市场价格好，养殖量大，形成一批专业村。优质长毛兔养殖量稳定，山羊的杂交改良率进一步提高，小尾寒羊养殖量成倍增长，主要分布在鸡黍、马庙、鱼山、羊山、卜集等乡镇；引进优质七杂交鸡、三黄鸡、麻鸡、福建贡鸡、雪山草鸡，分布在高河、羊山、马庙等乡镇，其中七杂交鸡、麻鸡经济效益较好。

2004年，全县畜牧业发展最为迅速。二元杂交猪完全普及，三元杂交猪普及率50%；山东金路原种猪场引进荷兰优质达兰系托佩克种猪600余头，是全县首家祖代种猪场，后推广到济宁、菏泽等地。随着牛奶需求量增加，引进优质荷斯坦奶牛100余头，在金乡镇建奶牛小区1处。高河乡江北长毛兔示范园存栏优质长毛兔2.6万只，胡集、化雨也分别建起长毛兔养殖场。

2005年，羊山、司马等地出现一批百头优质肉牛养殖场。优质长毛兔发展迅速，江北长毛兔示范园成为长江以北最大的良种长毛兔繁育场，年产值500万元。开展地方优良品种金乡“百子鹅”保护工作，在鸡黍镇徐庄村建起存栏60只的保种群，选育扩群。10月份移到司马镇官庄村济宁华源畜牧养殖有限公司金乡百子鹅保种繁育场。此后，在省、市畜牧部门支持下，“百子鹅”种群逐步扩大。高河乡苏楼村村民陈延昌组建金乡县华宇禽业有限公司，先后从福建、广西引进麻鸡品种繁育推广，存栏种鸡3万只，年孵化雏鸡300多万羽，成为江北地区规模较大的麻羽种鸡生产企业。同年末，县畜牧局对金路原种猪场、江北长毛兔示范园、金星种鸡场、顺鑫种猪场等12家种畜禽生产企业进行检查鉴定验收发证工作，其中金路原种猪场和江北长毛兔示范园升为省一级种畜禽生产企业，其余10家发放省二级种畜禽生产合格证。

第四节 检疫 防治

防疫

疫病种类主要有口蹄疫、鸡瘟（鸡新城疫）、猪瘟、猪丹毒、牛结核、牛布氏杆菌病等。全县已消除和未发生的疫病主要有马传贫、马鼻疽、禽流感、猪链球菌病等。

口蹄疫 1998年前，金乡县一直为非疫区。1999年初冬，司马、马庙两个猪场同时发病，病因系从外地购仔猪带入。县畜牧局及时对46头患病生猪进行扑杀、焚烧、深埋，对其周围环境进行消毒。2001年9月，王丕镇敬老院饲养的一头母猪发病。县畜牧局依法将发病猪及同群猪21头全部扑杀、焚烧、深埋，并开展消毒、紧急免疫注射等措施。2002年1月，胡集镇张魏庄村61头生猪，3头发病，在对病猪及同群猪进行扑杀、焚烧、深埋的同时，县政府签发第5号封锁令。畜主应得补偿金全部到位。2003年3月25日，金乡镇东关村外来糕点加工户饲养的仔猪34头发病，县畜牧局依法对病猪及同群猪35头全部转移到县定点垃圾场焚烧、深埋，对该户猪场、庭院及周边30余户居民反复消毒，对全县存栏生猪进行紧急免疫注射，疫情得到控制。此后，全县再未发生过该病。

鸡新城疫 俗称鸡瘟，是严重危害养鸡业的主要疫病之一。由于防治措施到位，20世纪90年代在金乡县只有零星发生，大多是边远乡村或漏防的鸡群发生。2000年后，散养鸡只很少，规模养殖鸡场占据主导地位。该病最急性型、爆发型已不多见，常出现免疫过的鸡群发生非典型性新城疫现象。其流行特点为发病日龄明显提前，产蛋鸡开产1~2个月和产蛋高峰期发病，呈零星死亡，发病率在5%左右，死亡率在2%左右。肉仔鸡一般在30日龄左右发病，发病率、死亡率均稍高于蛋鸡，分别在7%、3%左右。

猪瘟、猪丹毒 1991~1997年，坚持防疫技术承包制度，防疫密度每年在95%以上，猪瘟发病率很低，不足0.5%。1998年，化雨、兴隆、王丕相继发现典型猪瘟，死亡率在20%。此后多以温和型猪瘟发生，发病一般在3%左右，死亡率在1%左右。2004~2005年，由于控制得力，猪瘟未见发生。猪丹毒，1991~1995年零星发生，发病不足0.1%，大多能够治愈。1996~2005年，该病得到控制未再发生。

牛结核、牛布氏杆菌病 2003年前，全县未发现此两项疾病，同年9月~10月，县动物防疫监督所组织技术人员对全县奶牛进行结核、布病监测，查出阳性结核奶牛1头、阳性布病奶牛4头（均系从外地购进），全部进行扑杀处理。以后两年，经对全县奶牛两次监测，结果全部为阴性。

马传贫、马鼻疽 据普查，1988年后，全县未发现疫情。

猪链球菌病 是一种人畜共患细菌性传染病，属国家规定的二类动物疫病。1991~2004年，金乡县未见发生。2005年四川省发生该病引起人类感染、造成人员死亡后，金乡县组织专业技术人员180余人，分成58个小组，在全县范围内逐村逐户逐场进行普查，结果显示全县无猪链球菌病疫情。

禽流感 禽流感是禽类流行感冒的简称，又称真性鸡瘟或欧洲鸡瘟，世界卫生组织将其列为A类动物疫病，国家将其列为一类动物疫病。2003年年底，高致病性禽流感疫情在全球频繁发生。金乡县成立重大动物疫病防治指挥部，制定防治应急预案，组建防控应急预备队，进行防控知识培训，开展模拟实战演练。2004~2005年，对全县规模养禽场、种禽场、散养鸡、禽类贸易市场禽类进行抽血采样，共采集血清样本4820份，棉咽试子、泄殖腔试子680份，分别送省、市化验中心进行检验，结果全部为阴性。

羊魏氏梭菌病 包括羊快疫、羊肠毒血症、羊猝疽、羊黑疫病等，均能造成羊急性死亡，对养羊业危害极大。金乡仅有零星发生。1998年4月，司马乡杨马村某户饲养青山羊中2只急性死亡，经县乡兽医站专家组解剖会诊，疑似“羊黑疫”，及时进行消毒、深埋，对同群羊用“羊四防”疫苗紧急接种，控制了疫情。

猪流感 1998年秋，羊山、卜集、王丕、马庙4乡镇发现散发病例，病猪流鼻涕，呈腹式呼吸，体温升高，气喘，发病率20%~30%，死亡率5%，采取综合防治措施后得到控制。

县乡防疫队伍

1991~2002年，国家将牲畜口蹄疫称为“五号病”。县成立防治“五号病”指挥部，由县兽医站、防检科负责业务技术，乡（镇）兽医站负责实施。村级防疫队伍全县不足200人，多为20世纪70年代兽医站培训的部分管区网长、赤脚兽医及民间兽医。防疫经费由乡镇统筹或兽医站直接向各村征收。

图8-16 防疫队伍进行市场消毒

2003年，口蹄疫对外不再保密，不再用“五号病”字样，直接称为牲畜口蹄疫。金乡县防治牲畜“五号病”指挥部更名为“金乡县防治牲畜口蹄疫指挥部”。县动物防疫监督所负责全县动物防疫监督管理工作，各乡镇兽医站具体落实本辖区内动物防疫工作。防疫经费主要有县、乡两级政府财政负责。

2004年，金乡县成立重大动物疫病防治指挥部，组成5人专家组和6个高致病性禽流感督导组，建立60人禽流感防治应急预备队，制定防治应急预案，实行24小时值班和零报告、日报告、周报告制度，层层签订责任状，制定考核验收标准和奖惩办法。成立324人防疫队伍，对全县所有禽类、牛、羊、猪全部实行强制免疫，建立免疫档案，实行免疫备案制度。县乡财政落实防疫资金 30 万元，购置了消毒药品 60 吨，禽流感疫苗 180 万毫升，防护服 180 套，高压消毒机 4 台，中小型消毒机、防疫器械上万件和密封袋一批，免疫证 24 万份，免疫耳标 19 万套等物资，保障疫病防治工作开展。

2004~2005 年，通过个人申请、村委会推荐、乡镇政府批准、县畜牧局培训、考核合格批准，最终确定农村应急性动物防疫员 665 名，村级动物疫情报告观察员 657 名，并会同县财政局向市畜牧局、市财政局备案。至此，县、乡、村三级防疫网络队伍建设齐备。

检疫工作

1991 年，对全县餐饮店铺进行检查；发放兽医卫生许可证。开展马传贫、布氏杆菌疫病监测，马传贫共采血 602 头、布病标本 968 份，均呈阴性。

1993 年，开展“五号病”普查，对 18 个农贸畜牧市场进行抽样检测，5 月份开展传染性囊病的普查。全年共检活畜禽 32.1 万头（只），检出病畜 234 头，禽 2800 余只，检疫肉类 4330 吨，检出病肉 4 吨。

1995 年，共检出境生猪 2 万余头，羊 1000 余只，雏鸡 50 万只，白条肉及下货 150 吨，检疫蜂 400 余箱，发放兽医卫生合格证 80 份。

1996 年，检疫生猪 2 万头，猪肉 1.2 万吨，肉检率 80%，检疫羊肉 1200 吨，肉检率 70%。

1997 年，共检出境生猪 2.2 万头，牛、羊 7 万头（只）。禽 30 万只，畜产品 200 吨，上市肉检合格率 97%。

2001 年，查处病死、不合格畜产品制售案件 20 余宗，焚烧、深埋病畜 30 余头。

2002 年，查处运输、贩卖病死畜禽案件 5 起，发放动物防疫合格证 115 份。根据农业部 238 号令和省、市要求，着手实施生猪定点屠宰管理。2003 年，印发《金乡县生猪定点屠宰管理操作办法》。

2004 年，对出栏动物，到场到户检疫，对屠宰动物实行驻场（点）同步检疫，有宰必检，检疫率 100%。同时，加强流通环节监督检查，对加工、仓储、运输等环节和买卖市场定期派人监督检查，对逃避和抗拒检疫、免疫以及贩卖病死动物行为，依法从严处理。

第五节　特种养殖

1997~2005 年，全县畜牧业稳步、健康发展。畜禽种类结构不断改善，鸵鸟、山鸡、梅花鹿、狐、貉、貂、鹧鸪等特养专业户出现。

鸵鸟

2002 年春，卜集乡辛王寨村王保民、史马刘村史前训联合出资，从西安引进澳洲鸵鸟两只，随后又相继购进种鸟 50 余只，至 2006 年发展到 230 只，产品主要销往淄博及济宁周边县区。

鸵鸟体高 1.5 米 ~2 米，寿命 30~50 年，饲养年限 15~20 年，在人工养殖条件下，成年鸵鸟体重 50 千克，18~24 月龄性成熟。以食草为主，生长速度快，小鸵鸟一年能长到 10 千克；繁殖性能强，平均年产蛋 80 枚 ~120 枚，每枚鸵鸟蛋重 1.3 千克以上；适应性和抗病力强；性情温顺，易于驯养；体型巨大，外表奇特，具有很高的观赏价值。

鸵鸟肉高蛋白、低脂肪，含有 21~25 种人类所要的氨基酸，肉内无药物和激素残留，是一种绿色健康食品。

商品鸵鸟屠宰性能高；鸵鸟皮轻薄柔软、伸展性透气性好，其突起的毛囊组成丰满美丽图案，皮质地优良，耐用性是牛皮的 3 倍 ~5 倍；鸵鸟蛋可食用，蛋壳可制成高档艺术品和日用工艺品；羽毛不带静电，是高级精密仪器、仪表最佳的尘帚；鸵鸟脏器有药用价值。

山鸡

学名雉，又名野鸡，是集肉用、药用、观赏于一身的经济鸟类。山鸡肉质鲜嫩，味甘，营养丰富，蛋白含量 26%~28%，是野味中的上品，具有良好的保健作用。

1998 年 4 月，马庙镇肖楼村从福建引进美国七彩山鸡 500 羽，三年时间发展到 2000 只。2003

年，受“非典”疫情影响，销路阻碍，全部淘汰。2005年5月，金乡镇王杰村从江苏徐州购进七彩山鸡6000只。

图 8-17　化雨乡山鸡养殖

鹧鸪

又称花鸡，大小如肉鸽，稍大于鹌鹑而小于山鸡，生长迅速，商品鹧鸪一般饲养80~90天，体重2.5千克左右。肉料比1 ∶ 5.15。饲养期短，繁殖力和饲料转化率较高。肉质鲜美，骨肉细嫩，含有人体需要的多种氨基酸，养殖前景广阔。

1997年10月，化雨乡张楼村张东振投资106万元兴建张楼鸿基综合养殖场。1998年5月，引进美国鹧鸪鸟200羽，以放种苗回收种蛋形式，带动大批养殖专业户“炒种”，因市场销路不畅，养殖效益降低，种鸟纷纷淘汰，鹧鸪养殖陷入低谷。2000年11月，金乡镇王杰村石跃进引进种用鹧鸪鸟1000羽，南下广州、福建、浙江等地开拓市场打开销路，到2005年，发展5个专业户，每年向市场出栏商品鹧鸪5万只，经济效益良好。

狐、貉、貂

三者均为毛皮兽，性情凶暴，胆小怕人，大部分是肉食兽，生理活动有明显的季节性。1997年，高河乡后刘村从嘉祥引进银狐40只，2005年，发展到600只。

1999年，王丕镇彭井村从江苏沛县引进种貉，年出栏100只；同年，从黑龙江引入蓝狐，现存栏50只，年出栏200只；2003年，从成武县大田集引入银狐，年出栏100只；2005年，又从大田集引入种貂20只，年出栏80只。带动养殖户6家。

图 8-18　金乡县狐狸养殖

梅花鹿

2002年5月，羊山镇杜楼村韩秋海从东北引进梅花种鹿9只，2003年发展到23只；同年，卜集乡王汉印从枣庄引进梅花种鹿30只，2005年存栏50只。主要靠出售鹿茸与仔鹿取得经济效益，由于行情受限，没有扩大规模。

此外，霄云镇大李楼、鸡黍镇焦杭村出现过养蛇专业户，城区农业局院内搞过蝎子养殖，王丕苇子园从广西巴马县引进巴马香猪2只，因受市场制约均未形成规模。

第六节　养殖专业村　专业户

1990年，高河乡邵刘村最早成为养殖水貂、狐狸专业村。其后，在缗城镇周庄村、后台子村形成特种动物养殖专业村。

1992年，金乡县委、县政府调整农村产业结构，制订优惠政策，从技术、资金、用地等方面大力扶植养殖专业户，并制定规模养殖专业户标准。1994年年底，全县各类养殖专业户发展到1800多个，养殖专业村100个，规模养殖场56处、牛场48处、羊场56处、鸡场140处，其中万只鸡场4处。

1992年，“金乡县金沪畜禽实业公司”全面投产，粮食局饲料公司种鸡场建成，形成养鸡业两大龙头企业。霄云镇大李楼村村民李安静、李体元分别投资150万元和200万元，先后在本村建成全县规模最大蛋用型良种鸡场、现代化孵化

场和商品蛋鸡养殖基地，并成立养鸡协会，以民间形式组织养鸡专业户互相学习、联合发展，形成以大李楼为中心，连接霄云、化雨、王丕等乡镇20多个专业村蛋鸡养殖基地。

1994年，石连双、耿登运分别投资近200万元，在化雨乡化北村和耿楼村建成两处金乡县最早的规模养殖场，年出栏育肥猪2000余头。1996年，兴隆乡冯庄、鸡黍镇孔庄、马庙镇康坊村养猪专业户迅猛发展，形成金乡早期的养猪专业村。

养牛、养羊专业户主要分布在司马、鸡黍、马庙、羊山等乡镇。1995年，牛、羊专业户50多个，2000年，发展到100余个。

养兔是效益较好的养殖行业，最早发展养兔专业村是化雨乡东刘村和高河乡孙孟庄村。1995年，全县养兔专业户已发展到120个。1998年，高河乡官庄村单新安投资300多万元，建成占地30亩，存栏1万余只规模兔场，发展成为全国江北规模最大良种长毛兔繁育示范园、山东省明星企业。

1997年，霄云镇吕庄村投资80多万元建成万只乌鸡养殖场，带动发展乌鸡养殖专业户100余户。

1998年，化雨乡张楼村建成鹧鸪繁殖基地，带动发展鹧鸪养殖专业户300多户。马庙、王丕、缗城、胡集等乡镇新建肉兔场27处，鸡黍、五棉厂各建小尾寒羊场1处，马庙田楼建50头牛场1处，羊山东街建200头牛场，羊山西街建万只肉鸽场、鱼山赵台子村建千只肉鸽场。年底，全县规模养殖户1600多个，其中千头猪场14处，百头牛场5处，百只羊场200处，万只鸡场17处，万只鹧鸪场1处。

2000年，养殖专业户大幅增加，促使全县畜牧销售、加工专业户发展到380多户，从业人员3600多人，其中规模加工场5处、活畜禽购销大户16家。

2001年，全县规模养殖已占全县饲养总量的50%以上，养殖重点户、专业户4200多户，发展畜牧强村120个。

2002年，有“千百万工程”户103个，其中千头猪场8处，百只羊场35处，百头牛场7处，万只禽场46处，千只兔场5处，500只狐场2处。投入规模养殖资金1.8亿元。

2004年，县委、县政府对发展畜牧业前20名的专业村和养殖、运销、加工前20名的大户予以表彰奖励。至2005年，全县养殖专业村、重点村发展到160个，年收入万元以上规模养殖场1500处，养殖专业户1.7万户，肉蛋鸡示范场20个，良种长毛兔繁育场4个，奶牛养殖小区4个，畜牧重点企业6家，良种母猪繁育场10家。

第七章 渔 业

1960年9月成立金乡县水产管理局。1984年4月改为水产养殖管理服务公司。1989年6月改设金乡县水产服务中心，为副科级事业单位，归县农委管理。1990年5月，增设渔政监督管理站，为股级事业单位。1994年2月，撤销县鱼种场，并入县水产服务中心，为副科级事业单位。1995年8月，在胡集镇、高河乡、卜集乡设立水产养殖服务站，为股级事业单位，每站定编3人，由县水产服务中心负责选派。当年11月，县水产服务中心由定额拨款单位改为全额拨款事业单位，定编24人。2002年5月机构改革，县水产服务中心划归县农业局管理，原机构性质和规格不变。2005年年底，县水产服务中心下设水产技术站、渔政站、鱼种场和胡集、高河、卜集三个乡镇技术站，有专业技术人员23人，其中高级工程师1人，中级职称6人，初级职称16人。

第一节 养殖品种

1990年，全县水产品养殖面积2830亩，产量410吨，渔业总产值194万元。1995年，淡水

养殖开始快速发展，到2001年，养殖面积发展到1.3万余亩，产量6310吨，渔业总产值4013万元。2002年，干旱少雨，养殖面积有所下降。2003年虽然降水量增加，地下水位回升，水域面积扩大，但养殖面积并未增加，产量降至1996年后最低点，渔业总产值实现2799万元。2004年，水产品产量止跌回升，完成5010吨。2005年，金乡县境内有各类水面4.09万亩、坑塘面积1.32万亩、窑坑面积5561亩、采煤塌陷地864亩、河道水面1.61万亩。水域类型多样，资源丰富，鱼、虾、蟹、鳖、螺、贝都有，发展渔业生产条件良好，渔业生产增速加快，全县水产养殖面积1.5万亩，产量6510吨；渔业总产值实现4954万元，比2004年增长28.6%。渔业经济驶上快车道。

1991~2005年金乡县水产品产量及淡水养殖情况

表8-7-1

年 度	渔业总产值（万元）	水产品量（吨）	淡水养殖面积（亩）	总产（吨）		单产（公斤）
				总 量	其中鱼类产量	
1991	245	721	4100	616	—	150
1992	331	800	4375	745	—	170
1993	600	1350	4650	1350	—	290
1994	994	1850	6810	1850	1825	272
1995	2264	3520	10050	3520	3495	350
1996	3268	4870	10995	4870	4500	443
1997	3549	5500	10995	5500	5500	500
1998	3789	5720	12090	5720	5663	449
1999	3973	6250	12750	6250	6027	490
2000	3962	6268	10500	6268	6080	597
2001	4013	6310	13050	6310	6185	484
2002	3735	5780	11700	5780	5680	494
2003	2799	4200	10950	4200	4100	383
2004	3852	5010	12990	5010	4930	386
2005	4954	6510	15000	6510	6420	434

养殖品种

主要养殖本地品种有草鱼、鲢鱼、鳙鱼、鲤鱼、鲫鱼、团头鲂、甲鱼。非主要养殖品种有泥鳅、乌鳢、黄颡、鳜鱼、水蛭、黄鳝、青虾等名优品种。

引进养殖品种有尼罗罗非鱼、奥里亚罗非鱼、莫桑比克罗非鱼、建鲤、锦鲤、丰产鲫、彭泽鲫、异育银鲫、湘云鲫、日本白鲫、革胡子鲶、银鱼、美国大口胭脂鱼、淡水白鲳、斑点叉尾鮰、云斑鮰、巴西鲷、淡水鲨鱼等，以及南美白对虾、罗氏沼虾、中华绒螯蟹等。

名优品种养殖

1993年，引进革胡子鲶鱼进行庭院试养，每平方米产成鱼8公斤，后在全县推广，陆续发展到池塘主养、藕鱼混养、庭院养殖、水果园挖沟养殖，亩产量4200公斤。是年，首次引进淡水名优良种尼罗罗非鱼1.2万尾，在县渔种场建越冬温室120平方米，进行越冬保种试验，后在金乡镇后台子村进行15亩池塘养殖试验，收获成鱼680公斤，最大个体1.48公斤。1994年后，又引进了奥里亚罗非鱼、莫桑比克罗非鱼、建鲤、云斑鮰、锦鲤、丰产鲫、彭泽鲫、异育银鲫、湘云鲫、日本白鲫、银鱼、美国大口胭脂鱼、淡水白鲳、美国斑点叉尾鮰、巴西鲷、淡水鲨鱼等鱼类及罗氏沼虾、中华绒螯蟹、南美白对虾等。至 2005 年，名优品种养殖面积 7350 亩，占全县养殖总面积的 49%。

第二节 养殖类型

池塘养殖 全县有池塘 4873 个，面积 1.32 万亩。随着涝洼地开发，池塘面积不断增加，养殖名优品种所占比例在 75% 以上，主要有建鲤、团头鲂、斑点叉尾鮰、罗非鱼、鲫鱼、甲鱼、南美白对虾、青虾等。2005 年，池塘养殖产量 4865 吨，占总产量的 74.8%。

窑坑养殖 全县有 39 个大型窑坑，面积 5561 亩，其中百亩以上 24 个，面积 3997 亩。养殖品种主要是鲢鱼、鳙鱼、鲤鱼、草鱼等，亩均净产成鱼 200 公斤 ~260 公斤。

塌陷地养殖 随着金桥煤矿建设，煤炭采挖区土地开始不断塌陷，到 2005 年年底绝产地发展到 2327 亩，积水面积 864 亩。2004 年，着手进行综合治理，2005 年开发改造成池塘，面积 314 亩，投入鱼种 37 万尾。

河道网箱养殖 大水面网箱养殖具有高密度放养，高成本投入、高效益产出的特点，易于管理和防治病害、捕捞上市。金乡县网箱养鱼起步晚，1999 年，缗城镇周庄村进行网箱养鱼首次尝试，设置网箱 4 个，面积 85 平方米，配备 4 个简易喷水式增氧机，颗粒饲料机 1 台。4 月下旬放罗非鱼种 1200 公斤，9 月 5 日一次性起捕成鱼 6000 公斤，折合亩产 4.685 万公斤，总收入 7.2 万元，平均每平方米净收入 430 元。2000 年，网箱养鱼面积发展到 3000 平方米。2004 年，在北大溜河道内进行网箱养殖花鲢试验，利用水体中的天然饵料生物资源，在微流水环境下，不投饵，每立方米获净产成鱼 19 公斤。2005 年，北大溜、蔡河河道发展网箱 8000 平方米，总产量 20 万公斤。

工厂化养殖 金乡县金科利生物研究所，是一家高科技民营企业，集科研、繁育、销售于一体，坐落于原大义乡前安楼村东，原为故河道。1995 年 4 月，由该村村民安仰庆总投资 100 万元，动工兴建占地 40 亩渔业工程项目。当年引进美国大口胭脂鱼春片 2 万尾进行培育。1996 年，开始养殖繁育中华鳖，兼养其它名优鱼类养殖。是年，拥有亲鳖 200 组（1000 公斤），养殖商品鳖 800 公斤，幼鳖 3000 公斤（2 两 ~4 两），孵化稚鳖 8000 余只，成为山东省较大的中华鳖养殖繁育基地。1998 年，甲鱼市场疲软，价格一路下跌至 70 元 / 公斤，该所减少中华鳖养殖数量，增加其它名优鱼类的养殖。

图 8-19　20 世纪 90 年代鱼山镇甲鱼养殖厂

第三节 苗种生产

1958 年，始建县国营鱼种场 1 处，位于县城中心，占地 100 亩，鱼池面积 56 亩。相继开展了草鱼、青鱼、鲢鱼、鳙鱼、鲤鱼、鲂鱼、革胡子鲶鱼的繁殖、培育。1991 年，生产鱼苗 2300.2 万尾，培育鱼种 8580 公斤，鱼苗成活率 85% 以上；饲养亲鱼 180 组，其中草亲鱼 45 组、鲢亲鱼 65 组、团头鲂 30 组、鲤亲鱼 40 组。1993 年，繁殖鱼苗 7000 万尾，培育鱼种 4900 万尾。苗种除供应本县外，还销往单县、成武、巨野、嘉祥等周边县区。1996 年，养殖条件发生变化，坑塘承包，繁殖项目停止，只进行苗种培育。此后又因城市开发建设和周围居民占用，鱼池面积减少，到 2005 年，养殖水面只剩 38 亩。

为解决苗种不足，部分养殖群众建有二级培育池，就近供应苗种。1991 年，县鱼种场从

任城区北湖鱼种场引进长江花白鲢原种270组。1992年，鱼山镇张庄村甲鱼场从济宁引进甲鱼50组进行繁育。1993年，县鱼种场从兖州水产站引进罗非鱼种1.2万尾，进行温室越冬保种取得成功。是年引进革胡子鲶亲鱼30组越冬，次年剖腹取卵繁育苗种12万尾。1995年，胡集镇金科利生物研究所引进2万尾美国大口胭脂鱼春片、200组中华鳖进行培育，培育稚鳖8000只。1997年，县水产技术推广站基地从江西九江市引进彭泽鲫乌仔50万尾进行育种。1998年，胡集镇王海经济开发区从省淡水所引进美国大口胭脂鱼乌仔20万尾进行培育。2005年，鱼山镇张庄村从微山引进乌鳢亲鱼60组，繁育鱼苗10万尾。是年，在鱼山镇赵楼西窑坑培育草鱼种8万尾，鲢鱼种30万尾。至年底，乡镇二级培育池共培育鲢鱼、鳙鱼、草鱼、鲤鱼等鱼种1700万尾。

科研项目开发及成果

1991~2005年，县水产部门承担和主持完成各级水产科研开发项目6项，均获成功并通过验收，其中2005年“济宁市11万亩名优淡水良种生态高效健康养殖技术推广”项目，获山东省农牧渔业丰收奖一等奖、农业部农牧渔业丰收计划三等奖。

第四节 鱼病防治

1995年起，水产技术站在鱼病发生季节，定期发布病害防治预报，通过代销鱼药、鱼粉、租赁网具等渔需物资为广大养鱼户提供服务，常有巨野、鱼台、嘉祥等县的养鱼户慕名而至。

2002年，金乡县被济宁市渔业局技术站定为渔业养殖病害测报区，设置胡集镇王海渔业开发区、金科利生物研究所、高河乡胡楼养殖场3个测报点，由专人负责，每年对鱼类病害进行预测预报，为养殖户提供鱼类病害防治信息，同时对水产养殖投入品进行监管，严防禁用药物和激素类饲料添加剂。

饲料应用

1995年，全县推广小型饲料加工机110台，1998年，推广简易投饵机87台，2005年饲料加工和投饵机保有量370台（套）。中国加入世贸组织后，国际市场对水产品要求更加严格，饲料中禁止添加任何促生剂等。对此，县水产部门广泛宣传、认真检查、严格监管，按照无公害水产品生产标准，指导养殖群众科学饲养。2005年，全县优质饲料推广面发展为86%。

第五节 休闲观赏渔业

20世纪90年代后期开始兴起，逐步发展成为养殖、垂钓、餐饮、娱乐、住宿等综合性产业，到2005年年底，全县共发展休闲渔业区24处，年产值1115万元。有观赏渔业经营区5家。

金兴垂钓园 位于金乡镇李楼村，大蒜商贸城东首，东邻105国道，北靠省道丰东线。1999年，群众把40亩养殖水面改造成高标准垂钓池塘，品种为草鱼、鲤鱼，旺季双休日每天接纳垂钓人员30人次，钓鱼量150公斤，销售额1500元，纯收入400元，是金乡第一个养殖垂钓园。

小北湖休闲园 2003年，金乡镇高庄村村民投资120万元，买断本村120亩土地经营权，建成垂钓池3个68亩，品种为草、鲤、淡水白鲳；餐饮房20间，日接待客人约450人次，日均收入过万元。2004年，增设游船娱乐和游泳项目。

西湖园林养殖场 位于鱼山镇政府驻地北1千米处，原砖窑场，总面积312亩，水面面积267.7亩。2003年，改造成金乡县最大集养殖、垂钓、餐饮、观赏、革命教育为一体的休闲渔业区。水面放养草鱼、鲤鱼、鲫鱼、鲢鱼、鳜鱼、乌鳢等10.4万尾，栽植枫树、法国泡桐、松柏、槐树、榆树等观赏树种1100棵。建有秦和珍革命教育基地1处，餐饮房12间，观赏鱼池1处。游客漫步池边，看鱼儿跃跳；倘佯树林，呼吸新鲜空气；水上泛舟，垂杆而钓，欣赏水上微波；竹楼品茶，接受革命教育，尝湖中鲜鱼。2005年，年产值85万元，纯收入38万元。

第六节　养殖专业户

1994年冬，胡集镇政府对3000亩茅草丛生、常年闲置的涝洼地实施渔业综合开发改造，1995年建成鱼塘80个，水面850亩。60多岁的王广恕申请承包鱼塘30亩，放养的草鱼、鲤鱼亩产量都比别人高出几十公斤。1998年，他从省淡水所引进美国大口胭脂鱼乌仔20万尾进行培育，1999年，引进放养美国斑点叉尾鮰6400尾。2002年，引进南美白对虾虾苗33万尾，3.1亩收虾651公斤。2004年，他看到北大溜河道内水质优，萌发了放置网箱养殖花白鲢的念头。通过与县水产服务中心科技人员交流和请教咨询，当年设置网箱26个，放鲢鱼种8100尾。一个周期共出成鱼1.03万公斤，收益6.2万元，纯收入5.2万元。2005年，网箱放置数量发展到70个，60个网箱养成鱼，10个网箱培育鱼种，其养殖美国斑点叉尾鮰项目，被水产服务中心在全县推广。

第七节　渔政管理

渔政机构

1990年5月，成立金乡县渔政监督管理站，为县水产服务中心内设机构、股级事业单位。2005年，有专（兼）职渔政监督管理人员9人，其中3人通过山东省海洋与渔业厅培训，取得渔业行政执法证。

渔业法律法规宣传与培训

1986年，《中华人民共和国渔业法》颁布实施后，金乡县通过多种形式进行宣传，每年都进行渔业法律法规及相关规范性文件学习培训4次。同时，组织专业科技人员和养殖专业大户参加省、市各级业务培训100余人次，县内举办各类培训班22期，培训农民水产技术人员1.1万人次。

禁渔制度

金乡县自1980年始实行禁渔制度，以后每年都根据上级安排部署，规定4~7（或8）月为禁渔期，境内新万福河、老万福河、北大溜、蔡河、东沟、苏河及与上述河道贯通的其它河道被划为禁渔区。

捕捞许可

1986年，按照《中华人民共和国渔业法》规定，对从事捕捞生产单位和个人发放“内陆水域渔业捕捞许可证”。许可捕捞水域为本县所辖24条河道水域。许可使用的渔具主要有杆子箔、纱布网箔、扳罾、刺网以及撒网、虾笼等。捕捞证每年审验一次，审验时收取“渔业资源增殖保护费”。至1996年，共发放捕捞许可证118份。1997年后，河流水域污染严重，河内鱼类资源急骤减少，对已发放的捕捞许可证暂停审验。2002年后，全县河流水域水质开始好转，部分渔民恢复捕捞生产，金乡县恢复发放捕捞许可证和年度审验。

渔业执法

1991~2005年，共查处无证捕捞、使用电力捕鱼和使用密眼网捕鱼、炸鱼等各种渔业违法案件350多件。对抗拒执法，不接受处理的，申请法院和公安机关处理。共申请县法院执行渔业违法案件4件，移交县公安局侦查案件1件，行政拘留1人。

渔业环境保护与监测

史料记载，金乡县共有鱼类47种。1983年，渔业资源调查时采集到渔类31种。此后，由于水域污染日趋严重，老万福河、莱河、金马河、金济河几条河流水域鱼虾无法生存，一些珍贵鱼类如鳜鱼、刀鲚、赤眼鳟、鲐鱼等已经绝迹。

1996年7月17日~18日，金乡境内新万福河水遭受严重污染，污染水域总长30.9千米，污染水面216.3万平方米，死亡鱼类21万公斤，造成直接经济损失200.65万元，其中，污染养鱼网箱35个，面积4113.3平方米，死亡养殖鱼类31万尾，重18.6万公斤，价值186.05万元；自然鱼类死亡约2.4万公斤，价值14.6万元。1997年4月25日，魁星湖发生严重污染，死亡鱼类4万多公斤，直接经济损失24万多元。当年，全县所辖

24条河流全部遭到污染。造成水域污染主要原因是工业废水排放。1997年前，县内污染源主要有王丕造纸厂、方庙造纸厂、县化肥厂、县化工厂；外地污染源是新万福河上游菏泽地区部分县市的一些造纸厂大量向河内排放有毒污水。

1998年，县委、县政府实施“碧水蓝天”工程，全部关闭县内造纸厂，被污染水域逐步好转，河内渔业资源开始恢复。2002年后，南水北调工程实施，国家加强治污力度，县外污染源排放单位由过去常年排放改为汛期集中排放，因而造成河水季节性污染，渔业污染事故每年都有发生。

第八章 农业机械

1960年，设立金乡县机械管理局。1975年称农业机械管理局。1984年改称农业机械管理服务公司。1989年再改称金乡县农业机械管理局（简称农机局），为正科级事业单位。下设办公室、财务科、农业机械安全监督管理站、农业机械技术推广站、农业机械化学校、农业机械质量监督管理科6个科室，以及14个乡镇农业机械管理站（简称农机站）。1992年，乡镇农机站人、财、物划归乡镇政府管理，县农机局负责对其进行业务指导。1993年12月机构改革，县农机局改称县农业机械管理服务中心，内设机构未变。1995年4月增设金马乡、大义乡农机站，2000年12月随行政区划撤销而撤销；缗城镇农机站撤销后归并至金乡镇农机站；全县乡镇农机站由14个减为13个。2002年5月，恢复县农机局建制。

第一节 农业机械化水平

20世纪90年代，随着农业产业结构调整，农业机械种类和规模发生较大变化。农田作业机械由小型向大、中型发展，由单一功能向多功能发展，由粗放型向精细型发展，农用运输型机械向普及发展。全县农业机械总动力1991年27.54万千瓦，2005年61.07万千瓦，是1991年的2.22倍。

耕翻机械

1991年，农用拖拉机保有量1万混合台，大中型拖拉机机引机械352台，小型拖拉机机引机械1.21万台，机耕面积81.55万亩。1996年后，大、中型农业机械逐年增加，小型农业机械逐年减少。2005年，全县农用拖拉机保有量7177台，其中大中型农用拖拉机1596台，配套机引机械1.38万台。

播种机械

1991年，有套种耧2122把，播种机758台，小麦、玉米机播面积46万亩，占总播种面积的47%。1996年后，种植结构调整，粮食作物面积连年减少，旧小机械被淘汰。2005年，小麦、玉米两用播种机保有量554台，机播面积25. 68万亩，占播种面积的92.1%。

植保机械

1991年，有手动喷雾机7.38万台、机动喷雾机403台，共477千瓦。全县农作物机械植保面积7.2万亩。1995年，手动喷雾机7.5万台、机动喷雾机2384台，共3938千瓦，农作物植保面积53.12万亩。1996年后，机动喷雾机逐年增加，至2005年，手动喷雾机6.36万台、机动喷雾机3378台，农作物植保面积99.3万亩。

收获机械

1991年，有各类收割机854台，小麦机收面积26.8万亩，占小麦总面积的32%；脱粒机1.1万台、扬场机73台，年脱粒14.3万吨。1995年，收割机935台，其中新增大型联合收割机26台，小麦机收面积35万亩，占小麦总面积的87.5%；

脱粒机1.05万台、扬场机216台，年脱粒22.29万吨。1996年后，大型小麦联合收割机快速发展，逐步淘汰小型割晒机和场间脱粒机械。2005年，全县大型小麦联合收割机198台，机收率98%。

加工机械

1991年，有碾米机166台、磨面机721台、轧花机173台、榨油机202台、饲料粉碎机371台。1995年上述加工机械中磨面机、榨油机数量有所下降，碾米机、饲料粉碎机数量略有增长。2000年，碾米机316台、轧花机230台、榨油机249台、饲料粉碎机553台，磨面机比1995年减少20台。2005年，碾米机236台，轧花机220台，榨油机309台，饲料粉碎机846台。

排灌机械

1991年，排灌动力机械1.46万台、12.99万千瓦，农用水泵1204台；1995年，排灌动力机械1.41万台、11.59万千瓦，农用水泵1.83万台；2000年，排灌动力机械1.94万台、15.52万千瓦，农用水泵1.72万台；2005年，排灌动力机械1.72万台、12.93万千瓦，农用水泵1.95万台。

运输机械

1991年，农用拖拉机1万台，农用汽车103辆，农用三轮运输车729辆，农用拖拉机拖车7369辆。1995年，农用拖拉机9143辆，农用汽车188辆，农用三轮运输车3215辆，农用拖拉机拖车6637辆，仍以拖拉机运输为主。1996年后，农用运输车结构发生重大变化，农用三轮运输车迅速发展。2000年，农用拖拉机6930台，拖车4843辆，农用汽车369辆，农用三轮运输车1.46万辆。2005，农用拖拉机7177辆，拖车1311辆，农用汽车408辆，三轮车2.47万辆。农业生产活动中人力运输完全被机械运输替代，农业运输实现了机械化。

图8-20　1995年金乡县拖拉机交易市场

1991~2005年金乡县部分年度农用机械化情况

表8-8-1

指标名称	计量单位	1991年度	1995年度	2000年度	2005年度
农业机械总动力	千瓦	275446	296121	411851	610652
其中：农产品加工机械	千瓦	25108	24702	54033	69061
柴油机	台/千瓦	10586/95971	8967/81628	10160/92637	11665/108609
电动机	台/千瓦	8958/69251	10518/79075	11500/83118	12504/89742
农用拖拉机	台/千瓦	10014/97556	9143/92190	6930/79765	7177/104306
机动喷雾（粉）机	台/千瓦	403/477	2384/3938	3075/4924	3378/5405
联合收割机	台	—	26	115	198
农用汽车	辆/千瓦	103/7220	188/12843	369/15743	408/15153
农用机动三轮车	辆/千瓦	729/4402	3215/24717	14600/122850	24774/234096
大中型拖拉机机引机械	台	352	419	620	1796
小型拖拉机机引机械	台	12137	14598	6310	12035

续表 8-8-1

指 标 名 称	计量单位	1991 年度	1995 年度	2000 年度	2005 年度
排灌机械水泵	台	1204	18253	17198	19574
脱粒机	台	10977	10526	9114	5618
扬场机	台	73	216	209	846
饲料粉碎机	台	371	397	553	846
碾米机	台	166	211	316	236
磨面机	台	721	702	682	—
轧花机	台	173	93	230	220
榨油机	台	202	199	249	309

第二节 技术推广与服务

农机技术推广

小麦联合收割机 1991 年，县财政出资 5000 元作为购机补贴，县农机局协调拨付 5 吨平价柴油指标作为支持，帮助兴隆乡东杨村购买背负式上海－Ⅱ型小麦联合收割机 1 台。是金乡县历史上第一台小麦联合收割机。当年麦收季节，在兴隆乡召开全县小麦联合收割现场会，引起轰动。1992 年，以 5 吨／台平价柴油作为购机补贴，引进推广上海－Ⅱ型小麦联合收割机 21 台，全县小麦收割机械化水平从此迈上新台阶。此后，小麦联合收割机得到快速推广，相继出现了与大、中、小型拖拉机配套的桂林牌、大丰牌、小飞龙牌等机型。1997 年，鸡黍镇农民董亮购买佳木斯－3060 自走式小麦联合收割机 1 台，是金乡县历史上第一台自走式小麦联合收割机，也是农机发展史上一次质的飞越，从此全县小麦联合收割机逐渐由背负式向自走式发展。1994 年后，小麦种植面积逐年减少，但受跨区作业影响，联合收割机仍保持逐年增加势头，高河、胡集、卜集、霄云、化雨、鸡黍、兴隆、王丕为保有量大、增长较快的几个乡镇。至 2005 年年底，全县拥有自走式小麦联合收割机 154 台，背负式小麦联合收割机 108 台，小麦收获基本实现了机械化。

机动植保弥雾机 1990 年，小麦病虫害严重，造成大面积减产。1991 年春，各乡镇成立机防队，县财政对购置机动植保弥雾机给予补贴，当年新增 210 台，防治面积 52 万亩。机防得到群众认可，机动植保弥雾机保有量逐年增长，到 2005 年年底，保有量 3368 台。

耕犁与旋耕机 1991 年，农用拖拉机 1 万余台，配套机引犁 8301 部、旋耕机 523 台，其中深耕犁 280 台。机引犁大多与小拖拉机配套，耕作质量较差。2000 年前，以推广小型单铧深耕犁为主，至 2000 年，小型单铧深耕犁保有量 1300 余台。2000 年后，大、中型拖拉机增长较快，与之配套的大型深耕犁及旋耕机增长迅速，耕作质量明显提高，至 2005 年年底，深耕犁 453 台，旋耕机 862 台。

秸秆还田机及玉米联合收获机 1997 年前，秸秆还田机发展缓慢。1997 年，兴隆乡政府拿出一定补贴资金给农机户，无偿为农户粉碎秸秆。1998 年，农机局购买 4YW－2 玉米联合收获机 5 台，在马庙镇进行玉米联合收获、秸秆还田试验示范，秸秆还田机逐渐在各乡镇推广使用。2003 年、2004 年农机局先后在司马镇、马庙镇召开全县秸秆还田现场会。济宁市财政连续多年对秸秆还田机械给予补贴，促进了秸秆还田机械的推广使用。2005 年，国家出台大型农机具购置补贴政策，金乡农民购机增多。到 2005 年年底，全县拥有秸秆还田机 260 台，基本满足全县秸秆还田需要。

大蒜铺膜机 是 1991 年后金乡县自主开发研制的半机械化人力机械，具有结构简单、生产效率高的特点。2005年年底，全县保有量3.86万套。

大、中型拖拉机 1991年，金乡县有大、中型拖拉机523台，主要用于运输。1999年前增加缓慢。2000年后，大中拖拉机逐步退出运输市场，逐渐转入以农田作业为主。2001年，济宁市财政对大型拖拉机实行购置补贴。2004~2005年，国家和省、市财政购机补贴政策出台，大型拖拉机发展较快，保有量迅速增加。2005年年底，全县享受财政补贴的大型拖拉机18台，大、中型拖拉机保有量1596台。

农机教育培训

培训机构 1993年6月，金乡县农业机械培训学校（简称县农机校）被纳入成人教育。1994年年底，县农机校达到“四有”标准（有独立配套的培训基地；有一支素质好、数量足的教师队伍；有适应教学需要，比较先进的教学设备；有办学经费并财务独立）。2004年，县农机校被评为“山东省规范化建设学校”。2005年年底，县农机校占地面积3450平方米，建筑面积600平方米，有教练车多辆，新增车库6间，电化教学设备5台，模型教具9件，学校固定资产34.5万元。教师5人，职工6人，其中中级职称4人，大专以上学历3人。1994~2005年，4次组织参加省、市教学观摩比赛，1人获省一等奖，2人获二等奖，1人获三等奖。

培训形式 1994年，改革传统教学模式，在全县建立以县农机校为中心，辐射4个乡镇，联络25个行政村的农机培训网络，对学员较多的村庄，送教上门。1998年，借助山东省开展“送教下乡培训百万农机手”活动，利用驾驶员新训、复训、年检年审、“三夏、三秋”前农机具检修、供应和推广时机，送教下乡，采取现场示范、印发技术资料、明白纸，开展技术咨询等方式，对农机手进行普遍培训，共举办培训班26期，培训农机人员5626人次。2000年始，每年春、秋、冬三季，对全县拖拉机及其使用情况进行普遍检查指导，年审时对无证开车或年检不合格的进行复训，提高其技术水平和安全意识。至2005年，累计培训各类农机人员7.8万人次，农机化管理队伍650余人次。

维修服务与市场供应

农机维修 1991年始，随着农业机械数量增加，农机维修网点不断发展，1995年，金乡县共有农机维修网点163处，其中个体161处，集体2处；维修工225人。2005年年底，农机维修点发展到413处，其中乡镇占85%，均为个体独家经营，持有资格证的维修工人542人。

农机市场供应 1991~1995年，共销售各种农机产品总值1.13亿元。2005年，全县农机供应点发展到42处，其中3处销售整机。

第三节 农机管理

金乡县农机监理机关通过牌证管理，对农业机械实施安全监督和管理。已实施牌证管理的农业机械主要有：

农用拖拉机 1989年12月20日，县农机部门受公安部门委托管理农用拖拉机，实现一机一牌一证。1996年12月，县政府下发关于启用换发九二式拖拉机号牌及行驶证的通知，从此，受托范围内的拖拉机按照公安部门要求纳入机动车管理。1997年12月，执行农业部《农用拖拉机及驾驶员安全监理规定》要求，对农用拖拉机实施管理。

联合收割机 1995年后，金乡县联合收割机发展迅速。1999年4月，执行农业部《联合收割机及驾驶员安全监理规定》，加强对联合收割机的管理，促进农机跨区作业，增加农民收入。

农用运输车 1998年6月，县农机部门增加管理农用运输车辆职能。2004年年底，全县农用运输车累计入户挂牌4800台，核发农用运输车驾驶证4960本。2004年5月1日，《中华人民共和国道路交通安全法》正式实施，农用运输车划归公安交警部门管理，金乡县于2005年3月交接完毕。此后，农用运输车逐渐淡出，被农用三轮汽车和低速货车所取代。

农机驾驶（操作）人员管理

主要包括驾驶（操作）人员考试、核发驾驶（操作）证、年度审验、异动登记、安全教育等。1991~2005年，拖拉机每年检验一次，拖拉机驾驶员每年年审一次。2005年，取消拖拉机驾驶员年度审验，改年度审验为周期记分制。

农机安全生产

1991~2005年，先后开展农机百日竞赛、清理“黑车非驾”、安全生产月和“一十百”示范创建系列活动，至2005年年底，共创建农机安全乡镇1个，安全村2个，安全户60户。

农机事故处理

1984年始，农机监理工作进入规范化管理阶段，发生在公路上的农机事故由交通部门处理，拖拉机受托管理后由公安交警部门处理。发生在公路外的农机事故由农机部门直接处理，需要追究责任的移交公安部门处理。2004年5月，按《中华人民共和国道路交通安全法》规定，所有农机事故由公安交警部门处理，农机部门仅负责事故的统计上报。实行季报和重特大事故快速报告制度。

第四节　境外作业

1997年始，由于金乡县小麦种植面积有限，利用时间和地域差别到境外作业创收逐步成为小麦联合收割机操作手的共识。县乡农机部门每年都组织部分机手分赴江苏、安徽、河南、河北及山东胶东等地，实施跨区作业，提高农机作业效率，增加农民收入。2004年，农业部、山东省人民政府出台新的跨区作业管理办法，跨区作业由政府行为转为市场行为，主要依托中介组织或农机大户自行组队出境作业。1997~2005年，金乡县小麦联合收割机境外作业1800台次，作业面积70万亩，总收入2100多万元。

第九篇 大蒜产业

大蒜产业

金乡县种植大蒜历史悠久，东汉初年就有种植。民国初年，全县种植大蒜面积3000亩左右。20世纪五六十年代常年种植面积5000亩左右。1990年全县种植大蒜6.57万亩，总产量5.56万吨。1991年后种植面积逐年扩大，1995年发展到24万亩，占全县耕地面积的28.93%，总产24万吨，单产1004.8公斤。1996年1月，金乡大蒜被中国名牌产品认定暨明星企业评选活动组委会认定为“中国名牌产品”；当年3月，金乡县被农业部中国特产之乡命名宣传活动组委会命名为“中国大蒜之乡”；7月，经过“大蒜高产优质栽培技术指标研究”课题实践，最高亩产2514.7公斤，首创全国记录；10月，金乡大蒜获得农业部A级绿色食品证书。1998年后，大蒜种植面积稳定在50万亩左右，年均总产50.8万吨，单产1050公斤。2001年7月，在国家工商行政管理总局注册“金乡大蒜”牌商标。蒜头、蒜米、蒜片、蒜粉、蒜油、蒜汁、硒蒜胶囊等大蒜深加工产品已出口到130多个国家和地区，出口创汇也由1998年的46万美元上升到2005年的1.2亿美元，成为全国县级单一农产品出口创汇第一大县。

金乡大蒜全国种植面积最大，产量最多，质量最好，销路最广，出口信誉最高。大蒜产业已成为金乡县种植业的主导产业。金乡经济已形成名副其实的集大蒜生产、冷藏、加工、流通、对外贸易为一体的区域规模经济。“世界大蒜看中国，中国大蒜看金乡”成为国内外人士的普遍共识。

第一章 起源与发展

大蒜又称蒜、胡蒜，是重要的香辛类蔬菜作物，在植物学上属于百合科葱属，一年生或二年生植物。

大蒜原产于地势高爽，气候干燥的亚洲西部高原地区。

中国栽培大蒜已有2000余年的历史。公元前113年，汉张骞出使西域，带回大蒜，首先在陕西关中地区栽培，后逐渐推广。据《齐民要术》载：“今并洲无大蒜，朝歌取种，一岁以后，还成百子蒜矣。”说明当时大蒜种植情况。由于大蒜对气候条件适应性强，因此在国内南北方均有栽培。

金乡县久事农桑，据县志记载，东汉初年开始种植大蒜。另据《三国志·魏书·方技传》卷二十九记载：华佗从沛国（今江苏沛县）巡医昌邑路经东缗，用金乡大蒜治愈一咽喉堵塞病人，证明金乡大蒜有着悠久的栽培历史。民国初年，全县种植大蒜面积3000亩左右。20世纪五六十年代，常年种植面积5000亩左右。进入70年代，利用优选法，优中选优，培育成“金乡大蒜”。90年代后，种植面积不断扩大，单产逐年提高。2003~2005年，种植面积一直稳定在50万亩以上。

金乡县大蒜产业发展过程大体经历了三个阶段：

探索发展阶段（1985~1995年） 大蒜生产由零星种植到规模发展。产品销售限于原料流通，出口创汇很少，1995年，全县种植大蒜面积为24万亩，产品开始走出国门，进入国际市场，当年实现出口创汇87万美元。

快速发展阶段（1996~2003年） 随着改革开放的逐渐深入，大蒜市场除具有购销功能外，同时具有周年贮藏和粗加工能力，出口创汇大幅提高。2000年，种植大蒜40万亩。2003年，猛增到52万亩，年出口创汇5906万美元。

巩固发展阶段（2004~2005年） 大蒜市场体系配套健全，精深加工能力增强，国际销售比例大幅提高。2005年，大蒜种植面积54万亩，出口创汇1.2亿美元，成为全国县级单一农产品出口创汇第一大县，形成了名副其实的大蒜生产、冷藏、加工、流通、对外贸易为一体的区域规模经济。

1991~2005年，金乡县按照绿色、有机、标准、产业化发展要求，积极培育和发展具有龙头带动作用的大蒜产业。

在种植上，采取多种有效措施，全面提高金乡大蒜的品级和质量。健全完善科研网络，成立大蒜科技研究所，组建山东省大蒜技术工程研究中心，聘请中国农科院、山东农业大学的农业专家为县政府科技顾问，对产业发展予以技术指导。县政府抽调农业科技人员充实到县、乡镇两级农业技术推广部门，培育优良品种，研究制定科学、严格的大蒜生产标准和技术规程。

在管理上，实行“六统一”，即统一环境质量、统一生产资料、统一关键技术、统一产品标准、统一监测方法、统一产品标识。

在栽培上，以施用有机肥、生物菌肥为主，积极推广秸秆还田、过腹还田，实行测土配方，减少化肥农药施用量，严禁销售和使用剧毒、高残留农药。

在质量检测上，建立鲁西南首家大蒜农药化肥残留检测中心，对进入市场的大蒜实行严格的市场准入制度。

在销售上，县委、县政府立足于把金乡建成世界级大蒜生产出口基地和农产品流通中心，重点规划建设了22处大型农副产品专业批发市场，每年经销金乡大蒜、蒜薹260多万吨，交易额70多亿元。其中，国际大蒜商贸城规模最大、设施最全。1998年，该市场被农业部批准为全国定点鲜活农产品中心批发市场和菜篮子信息采集点。2004年，被命名为全国农产品加工市场基地，2005年，被评为中国最具活力市场和山东省规范化文明市场。同时，在全国各大中城市设立农产品信息点、直销点，在美国、韩国、新加坡、日本、欧盟等国家设立大蒜信息点，在国际互联网上开通“中华蒜都”——山东·金乡、“中华大蒜”等网站。大蒜产品直销全国各地农贸市场和超市，远销世界130多个国家和地区。

1993年，在北京人民大会堂成功举办“山东金乡大蒜新闻发布会”，全国人大常委会副委员长卢嘉锡现场挥毫写下“弘扬地方种植优势，创高产高效农业”的题词。同年6月，中共中央政治局委员、中共山东省委书记姜春云率省直有关部门领导，专程到金乡视察指导大蒜生产销售工作。1995年10月，山东省委书记赵志浩到金乡视察，对大蒜栽培种植作出指示。

1990~2005年金乡县大蒜种植及出口创汇情况统计表

表9-1-1

年度	年末实有耕地（亩）	种植面积（亩）	占耕地总面积（%）	单产（公斤）	总产量（万吨）	出口创汇（万美元）
1990	877069	65678	7.49	846	5.56	—
1993	868595	178786	20.58	1039.5	18.59	—
1994	862344	200463	23.25	837.6	16.79	—
1995	846000	240150	28.39	1004.8	24.13	87
1996	844100	253200	30	1037.5	26.27	—
1997	839100	343050	40.88	1086.1	37.26	—
1998	838300	470700	56.15	912	42.93	46
1999	835700	446700	53.45	1154.9	51.59	591
2000	825100	405900	49.19	1091.9	44.32	1497
2001	825400	455730	55.21	1015.1	46.26	2585
2002	780300	468870	60.09	1095	51.34	4100
2003	813200	526635	64.76	993	52.3	5906
2004	778200	561180	72.21	1050.5	58.95	7300
2005	778200	540000	69.39	1095.3	59.15	12000
说明	1991年、1992年大蒜种植面积、产量情况未统计					

第二章　大蒜的营养及药用价值

第一节　营养价值

研究发现，金乡大蒜营养价值丰富，含100多种药用和保健成分，其中含硫挥发物43种；硫化亚磺酸（大蒜素）酯类13种、氨基酸9种、肽类8种、苷类12种、酶类11种。农业部食品质量监督检验测试中心依据国家最新标准检测，金乡大蒜维生素C含量13.6毫克/100克，总糖20.88%，蛋白质含量6.06%，磷含量140毫克/100克，维生素B1含量0.24毫克/100克，高于其他产区2~4倍，维生素B2含量0.067毫克/100克，硒含量0.0124微克/克，钙含量19.3毫克/100克。挥发油含量0.66%，总硫含量94.37%，其中具有防癌、抑癌作用的二烯丙基——硫化物占总硫含量的4.63%。甲基烯丙基二硫化物含量4.24%，是其他产区的1~3倍。氨基酸含量比较高，总含量4.7克/100克。其他微量元素如镁、铁、锌、锰含量也都较高。氟、铅、镉等重金属含量极低，汞、砷均未检出，符合无公害农产品卫生标准。

第二节　药用价值

大蒜药用价值自古推崇。早在唐朝《本草拾遗》中就有“大蒜去水恶瘴气，除风湿，破冷气，烂癣癖，伏邪恶，宜通温补，无以加之”的记载。明朝李时珍《本草纲目》记载更为详细，称“大蒜捣汁饮，治吐血心痛，煮汁饮治角弓反张，捣膏敷脐能达下焦、消水、利大小便，贴足心能引热下行，治泄泻暴病及干湿霍乱，止衄血；纳肛中，能通幽治关络不通”等。

大蒜在中医学用作散寒化湿、杀虫解毒药，其性温、味辛，主治感冒、鼻塞、肺虚久咳、百日咳、泄泻、痢疾以及肺结核、钩虫、蛲虫等症。现代医学认为，常吃大蒜，可降低血液中胆固醇含量，在一定程度上有助于动脉硬化、高血压、心脏病等心血管疾病的防治。

现代医学研究和临床实验证实，金乡大蒜具有如下药用价值：

抑菌、杀菌、杀病毒

大蒜细胞质里含有一种名为氨酸的含硫化合物，细胞壁中含有蒜酶，当新鲜大蒜细胞破裂后，蒜氨酸在蒜酶作用下，产生大蒜辣素、阿霍烯等一系列含硫代谢物。大蒜对多种致病细菌，如葡萄球菌、链球菌、脑膜炎球菌、伤寒和痢疾杆菌、结核杆菌、百日咳杆菌、霍乱弧菌等有抑制和杀灭作用，被誉为天然广谱植物抗菌药。

降血脂、胆固醇，抗凝、预防动脉硬化和脑梗塞

大蒜具有抗血小板凝聚、降血压、改善血流纤溶活性和抗实验性动脉粥样硬化、扩张血管和防治脑梗塞等作用，对中老年人上述常见病、多发病具有综合防治作用。

保护肝脏，防治肝炎

大蒜抑制脂质过氧化酶对肝细胞膜结构损耗而达到保护肝脏的作用，可以降低因四氯化碳诱发肝炎，大蒜阻止汞、镉等有害元素被肠壁吸收，加强肝脏解毒功能。

抑制肿瘤作用

大蒜富含硒，其中硒化合物可防癌、抗癌。

清除自由基，提高免疫力，抗衰老

大蒜含有多种活性酶，其中的超氧化物歧化酶，能特异性催化超氧阴离子自由基的歧化分解，

具有抗衰老功能。大蒜可促进血液循环，能较迅速地解除疲劳和提高运动成绩，提高巨噬细胞吞噬能力，具有改善和增强体质、提高机体免疫力及延缓衰老和壮阳功能。

降血糖

提高机体对葡萄糖的耐受量功能。

另外，由于大蒜油可杀死蚊子及某些作物害虫，对预防疟疾及乙型脑炎也有奇效。

第三节　大蒜常用食谱及治病验方

常用食谱

蒜泥鸡蛋　此吃法是金乡人在大蒜刚收获时尝鲜的俏菜之一。每年麦收，地里活忙，农家顾不上大鱼大肉的做菜，于是就剥几头大蒜，煮几个自家的鸡刚下的蛋，放在蒜臼子中砸成泥，拌上食盐、香油，夹在馍中吃。这一特殊的吃法，特殊的味道，特殊的享受，深得金乡人民推崇。用料：新大蒜、鸡蛋、盐、香油。做法：①新收获的大蒜剥去皮，放入蒜臼中加盐砸成泥。②鸡蛋煮熟剥皮，同大蒜一起砸成泥。③最后放入香油调匀而成鸡蛋蒜泥，可夹馍、烧饼吃。

蒜泥蚕豆　用料：鲜蚕豆500克，蒜泥25克，辣油15克，上等酱油25克，精盐2.5克，味精1克，香油15克。做法：①将新鲜质嫩的鲜蚕豆放入沸水内焯至软熟捞起，沥干水分，再与精盐、香油拌匀浸味。置通风处晾凉。②把酱油、味精、蒜泥调匀成味汁再与蚕豆拌匀盛盘即成。

蒜泥海带　用料：水发海带300克，胡萝卜50克，香菜梗50克，蒜50克，酱油50克，醋50克，芝麻油50克，味精2克，白糖适量。做法：①水发海带挤干水，切成细丝；胡萝卜洗净，切细丝，均用沸水焯透，用凉开水过凉，控净水分，用香菜梗拌匀装盘内。②蒜去皮捣成细泥，放碗内，加酱油、醋、白糖、味精、芝麻油调成汁，淋入盘内搅拌均匀即可。

蒜酱拌菜　用料：豇豆400克，大蒜100克，芝麻酱20克，酱油5克，盐3克，味精、香油少许。做法：①把豇豆洗净切段，用开水焯熟过凉。②大蒜去皮捣成泥状，芝麻酱用水调开，加入酱油、盐、味精、香油与蒜泥，调兑均匀，浇在豇豆上即可。

蒜香土豆泥　用料：土豆500克，牛奶200克，大蒜100克，黄油50克，盐、胡椒粉少许。做法：①先将土豆洗净削去皮，放入锅内加入水和牛奶上火煮熟，将余汤汁倒出。②把土豆制成泥状，不能有疙瘩。（如果太黏，可适当加入牛奶或开水调适度）调制土豆泥的同时加入盐和胡椒粉。③炒勺上火，放入黄油，将切好的蒜末炒香出味，浇在土豆泥上或直接拌入土豆泥中均可。蒜香味浓，软嫩润口。

蒜泥煎牛上脑　用料：净牛上脑400克，生菜油50克，黄油50克，大蒜100克，辣酱油5克，炸土豆条50克，煮胡萝卜条25克，煮扁豆25克，盐、胡椒面少许。做法：①牛上脑肉改刀为肉拍子拍成2厘米厚的片，撒上盐、胡椒粉、生菜油腌半小时。②大蒜剁成泥，抹在上脑肉上，用煎锅煎至金黄色，约七、八成熟，控去油放入盘中。③煎锅中放黄油，烹入辣酱油，加入少许少司汤勾兑成汁浇在牛上脑肉上，配炸土豆条、煮胡萝卜、煮扁豆上桌。

蒜泥白肉　用料：猪后坐板肉500克，大蒜50克，酱油25克，辣椒油2克，味精1克。做法：①将带皮肉开水煮三成熟取出，漂入清水刮洗后放入汤锅中慢火煮。②晾凉后切成薄片，码入盘中。③大蒜略加少许盐捣成蒜泥，加入酱油、味精、辣椒油调成蒜汁，吃时浇在白肉上即可。

蒜茸芝麻羊肉排　用料：酱羊肉300克，蒜茸100克，鸡蛋5个。做法：①将羊肉切成小丁，取配料黄瓜，马蹄葱头也切成小丁。②把各丁用香油、蒜茸、胡椒面加入一个鸡蛋，入味调匀。③鸡蛋打成糊加入面粉吊成鸡蛋皮。④把调成糊的肉丁用鸡蛋皮包成长方形压扁。⑤把羊肉包两面蘸蛋液，同时粘上芝麻。⑥油锅上火，热油炸成金黄色捞出控油。⑦装盘时将芝麻羊肉包切去两头，改成条状，形似羊肉排。外香内嫩，味道鲜美。

蒜辣牛骨髓　用料：牛骨髓500克，大蒜100克，干红辣椒。做法：①牛骨髓切段过沸水余过，

再放入加料酒、盐、葱姜的汤中煮。②将熟牛骨髓蘸蛋液，滚上面包糠，入油炸成金黄色。③大蒜剁成茸状，干红辣椒切丝，在炒勺中炒成蒜茸，同时加入调味，放入炸好的牛骨髓同炒入味出勺即可。

蒜头扣鲶鱼 用料：750 克鲶鱼一条，大蒜 200 克，陈皮丝 30 克。做法：①鲶鱼宰杀去膛，鱼头不用，肉切成段，用盐、酱油、料酒、葱、姜略腌，过油炸成金黄色。②大蒜、陈皮丝炝锅略出香味，倒入大碗底部，上放入爆好的鲶鱼，再放入姜、料酒、酱油、汤、大料。③放入蒸锅中蒸一小时，出锅时拣去葱姜，倒扣在盘中。将原汁回勺勾薄芡浇在鱼肉上。

蒜头熬鱼 用料：750 克鲤鱼一条，蒜头 200 克。做法：①鲤鱼宰杀去鳞去腮去膛，两面沾上干面粉过油炸至金黄色。②炒锅上火，放入底油，将大蒜略炒。③加入葱姜、酱油、料酒、醋、盐、花椒、汤，烧开后放入炸好的鱼，用小火慢慢地熬一小时以上。

蒜子牛鞭 用料：牛鞭（水发）二根，大蒜 150 克。做法：①牛鞭切段洗净，下沸水锅滚二至三次捞出。②大蒜切去两头。③锅烧热放入底油下入大蒜和牛鞭煸炒，烹入料酒、酱油，加入盐、味精、胡椒粉、白糖、汤大火烧开，小火煨焖半小时勾薄芡起锅。

蒜肉长生果 用料：大蒜 200 克，花生米 300 克。做法：①将花生米先用水泡半天。②胀长后同蒜瓣在砂锅中煮熟至花生米大蒜软烂。③煮时可加入大料、花椒、盐、葱姜佐料。

蒜仔全鸭 用料：鸭子一只，大蒜粒 150 克。做法：①白条鸭去内脏，用盐、料酒在内膛中搓后把大蒜粒装入鸭子腹内。②鸭子外皮挂饴糖水后晾干。③油锅上火，把鸭子过油中炸至上色后，加调料。④入蒸箱内蒸制一个半小时即可上桌食用。

蒜茸蒸明虾 用料：中明虾 500 克，大蒜 150 克。做法：①明虾约十只，洗净挑去虾线，去沙包，剪去须、虾腿，从背部用刀片成两开，但不剪断，平码放在盘中。②炒勺上火，将调料葱、姜、料酒、盐炒出香味，浇在虾身上。③把蒜茸分成若干份，分别撒在每一只虾肉上。④入蒸锅蒸五分钟取出。⑤最后以热油浇在蒜茸上烹出香气上桌即可。大虾鲜美，蒜茸香浓，口味独到，美不胜收。

蒜油鸡条 用料：鸡胸肉 300 克，大蒜 200 克。做法：①取大蒜剥去干皮，砸成蒜泥，以热油烹入，制成蒜油。②鸡胸切条，以料酒、盐略腌上浆，过油滑熟。③炒勺放入蒜油，兑汁勾芡，放入鸡条。④出勺时再淋入蒜油。

蒜油拌柳芽 用料：柳树芽 400 克，大蒜 100 克。做法：①柳树芽摘取后用水浸泡，再过沸水焯之。②大蒜砸成泥，可加入海米，香油、盐、醋调制，后拌入柳树芽中装盘。

蒜煸豆角 用料：扁豆 300 克，大蒜 100 克。做法：①扁豆切段，过中温油炸熟后捞出。②炒勺放入底油，下入蒜米煸炒。③同时可放入葱、姜、辣椒、调料，同炸好的扁豆煸炒入味即可。

蒜糊羊肉 用料：精选羊肉 300 克，大蒜 100 克。做法：①羊肉洗净，剔筋膜，切成片，用鸡蛋、水淀粉上浆。②大蒜剁成细末。③炒锅放入油，将羊肉片入油锅，滑熟控油。④炒锅留底油，炒蒜，同时加入酱油、料酒、味精、盐、清汤、姜水，勾入水、淀粉制成蒜糊。⑤把滑好的羊肉片下入炒锅中，翻炒均匀，淋入香油，出锅装盘。

蒜香煨牛丸 用料：牛肉馅 400 克，鸡蛋 1 个，大蒜 100 克。做法：①牛肉馅加入清水、鸡蛋、料酒、味精、姜末、水淀粉搅拌。②大蒜砸成泥，略放盐、胡椒面用水调稀糊，用热油浇入制成蒜泥，加入牛肉馅中。③油锅上火，将蒜泥牛肉馅挤成丸子在锅中炸至金黄色捞出。④炒锅炝锅放入调料、汤，调好口味，下入炸好的丸子，慢火细炖，软烂后盛出。⑤原汤汁可以水淀粉勾薄芡浇在丸子上。

蒜油豆腐卷 用料：豆腐 500 克，大蒜 100 克，大白菜叶。做法：①把豆腐碾碎成泥，加入笋丁、鸡肉丁、鸡蛋、盐、味精、姜米，调拌均匀。②大蒜砸成泥，放入海米末、干贝丝，烧热油烹之，制成蒜油，调匀后拌入豆腐泥中。③大白菜叶沸水烫后去水分。④把豆腐泥作馅包在大白菜叶内，用淀粉封口。⑤上蒸锅蒸6分钟即可。

蒜茸金沙豆腐　用料：豆腐300克，大蒜150克。做法：①豆腐切成长条，挂酥糊在油锅内炸熟。②大蒜剁成茸取干贝丝、海米剁碎，椰茸、面包糠炒制成蒜茸金沙。③炒锅放入金沙加入调味，再放入炸好的酥豆腐翻炒上味即可。

治病验方

治脘腹冷痛　大蒜头1000克，醋1000毫升，浸泡于瓶中2至3年，痛时每次2~3枚，连服7天。

治急性肠炎　大蒜头数瓣，捣烂如泥，加米醋1杯，徐徐服用，每日2次。

治肾虚阳痿、腰膝冷痛　去皮大蒜50克，羊肉200克切块，加水用文火炖熟，加食盐调味食用。

治急慢性痢疾、肺结核、中老年人高血压，动脉硬化症　去皮大蒜头30克，粳米100克，加水煮成稀粥。猪油、食盐调味。

治水肿　大蒜头60克，西瓜1个（2000克）。先将西瓜挖成一个三角形洞，大蒜头去皮纳入瓜内，再将瓜皮盖好，洞口向上，隔水蒸熟，吃蒜食瓜。一次吃完为佳，也可一日内分次吃完。一般连服5~7天。又可用大蒜头（去皮）60克，乌鱼（去肠脏洗净）200克~250克，加清水适量，隔水炖服（不加盐）。每日或隔日1次，连服数次。

治初期颈淋巴结核　去皮大蒜头90克，鸭蛋2枚，加水适量同煮，鸭蛋熟后去壳再煮片刻，饮汤吃蛋，每日2~3次。

治哮喘　紫皮大蒜60克，捣烂如泥后放入90克红糖，加适量水熬成膏，每日早晚各服1汤匙。

治小儿百日咳　去皮大蒜头30克，捣烂如泥，加白糖200克和开水500毫升，搅拌澄清。取澄清液服，每日3次，每次2匙；3岁~6岁，每次1匙；3岁以下，每次半匙。

治感冒　大蒜头15克，生姜15克，切成片，加水1碗，煮至半碗时放入适量红糖，睡前1次服用。

治支气管炎　大蒜200克，醋200毫升，红糖80克。大蒜头去皮捣碎，泡入糖醋中1周可用，每日服3次，每次1汤匙。

治腹泻　大蒜头1个，煨熟食下。

治呕吐　大蒜头一两个，烧熟，用开水冲蜂蜜送服。

治噎嗝　大蒜头250克，醋250克，煮熟服食，可能会呕出多量粘痰，再用韭菜汁半小碗服下。

治寒湿腹痛、心腹冷痛　大蒜头煮熟食之或酒醋泡两三年，食下一两个。

治久泻或寒泻　大蒜头或须捣烂贴足心或脐中。

治痢疾　生大蒜头三五瓣，捣烂开水送服。

治肠梗阻　生大蒜头三五瓣，捣烂冲入开水一杯，在病欲发作或已发作时服下。

预防流行性脑膜炎　生大蒜头，每日食二至四瓣，连食数日。

治吐血或鼻衄血（忌喝酒）　大蒜头两个，去皮，捣烂如泥，贴两足心，四小时一次，连贴两次。

治百日咳　大蒜头30克，去皮，捣烂如泥，加白糖200克和开水500克，搅拌澄清，取澄清液服，每日三至四次，每次两匙（服量按年龄增减）。

治寒疟疾　独头蒜七个配热酒服。

治痢疾、急性肠炎　独头蒜放火炭上烧熟，每服3克。

治白喉　独头蒜1个，捣烂敷于手寸口经渠穴上（即手寸口动脉陷中），用贝壳盖上缚住，起泡时即将泡挑破，用紫药水涂上。

治急性肠炎、腹痛腹泻　大蒜头，每次食一两个，每日三次。

治中暑　大蒜头捣汁滴鼻，使中署昏迷人苏醒。

治外阴炎、阴道滴虫病　大蒜头煎水熏洗阴道。

治水肿溺闭　大蒜头、田螺、车前子等分捣烂贴脐。

治高血脂　大蒜头捣烂取汁（或加奶油）服。

治小便不通、浮肿　大蒜3至5瓣，蓖麻子50粒，共捣烂，每日下午敷于双足心，次日晨起更换。

第三章 栽培管理与技术研究

第一节 栽培与管理

地块

金乡大蒜产地环境应符合 NY/T39I-2000 的规定，选择排灌方便、土层深厚、疏松、肥沃的地块。

温度

大蒜适宜生长温度为 12℃ ~25℃，不同生长阶段对温度要求不同。大蒜在 3℃ ~5℃即可发芽，但极为缓慢；12℃以上时，发芽速度加快；20℃左右为其发芽最适温度，一般经 7~9 天即可出苗。幼苗期适宜生长温度为 14℃ ~20℃，低于 5℃生长缓慢，0℃ ~3℃基本停止生长。幼苗越冬期间，可顺利通过 -2℃ ~0℃的低温，可耐短期 -10℃的低温；翌年气温回升到 1℃，幼苗开始活动，但在 10℃以下生长缓慢。春季叶原基分化结束后，进入花芽、鳞芽分化期，花芽分化要求温度应低于 10℃。蒜薹伸长期，地上部分生长适宜温度为 12℃ ~18℃。提薹后进入鳞芽膨大盛期，要求适温为 15℃ ~20℃，如气温在 23℃ ~25℃，则叶片逐渐枯黄，进入衰老阶段，鳞芽亦进入休眠状态。

大蒜对低温的耐力较强，但品种间有差异。一般白皮蒜耐低温能力强，而紫皮蒜较弱，同一品种在不同发育阶段，其耐低温能力亦不同，一般 1~5 片叶幼苗为最强。幼苗过大或过小均易遭冻害，秋种大蒜应严格掌握播期。

光照

大蒜为喜光性蔬菜，除萌芽阶段外，均要求一定强度的光照，以促进光合作用。冬前强光有利于幼苗安全越冬，早春日照充足有利于茎叶生长。此外，大蒜在通过低温春化阶段后，还需 15℃ ~19℃的温度及 13 小时以上较长日照，才能使其通过光照阶段，抽薹、开花、促进鳞茎形成。光照不足，会使干物质产量下降，造成减产。

日光照时数少于 12 小时，大蒜鳞茎不能形成，但却有利于叶片生长，适宜进行蒜苗生产，秋季提早播种，可在次年长日照到来前收获高产优质蒜苗。

水分

大蒜叶片呈带状，叶面积小，表面具蜡粉，表现为耐旱状，但因其根系小、根毛少、分布浅、吸收能力弱，因而对水分要求严格，具有喜湿润、怕干旱的特性。

大蒜在播后苗前，应保证充足水分供应。若蒜田耕层浅、水分不足，土壤下层坚硬，播种覆土过浅，就会发生“跳瓣”现象。“跳瓣”就是蒜瓣发根时，因下层土壤坚硬，根不能下扎，而将母瓣顶出土面的现象。如发现“跳瓣”，应及时浇水、覆土，以保证适宜的土壤松紧度及含水量，促进幼芽萌发。幼苗期水分供应要适度，缺水或浇水过多会导致种瓣腐烂，整体要求在大蒜退母前，以浇小水保墒为主。退母后，植株生长加快，供水应及时。花薹伸长期，是大蒜生长最旺盛阶段，需水量多，应始终保持土壤湿润。临近采薹需控制浇水，以利于采薹。采薹之后立即浇水，以免妨碍鳞茎膨大。农谚“要吃蒜，泥里拌”，就是指鳞茎膨大盛期，必须保证充足的水分供应。当鳞茎充分膨大收获时，应节制浇水，以促进蒜头老熟。

土壤营养

大蒜对土壤质地要求不严，但因根系不发达，吸收力弱，仍以选择疏松透气、保水保肥、有机质丰富的肥沃土壤为好。大蒜适于微酸性土壤，pH 值一般为 5.5~6。土壤瘠薄，碱性过大，早春返碱严重的地块不宜种蒜。

大蒜喜氮、磷、钾完全肥料，每生产1000千克鲜蒜头，需吸收氮（N）14.83千克、磷（P_2O_5）3.5千克，钾（k_2O）13.42千克，氮、磷、钾的比例为4.67∶1.1∶4.23。此外，大蒜也需钙、镁、硼、锌、铁、锰、钠等元素，尤其对钙、镁、钠的吸收比例较高。

大蒜对氮、磷、钾的吸收前期少，后期多，因而，必须施足基肥，生长期追肥。一般大蒜田的基肥多为腐熟厩肥，可掺入部分速效化肥。萌芽期及幼苗前主要靠种瓣贮存养分供幼苗生长，一般不需追肥。翌年3月中旬，大蒜进入花芽、鳞芽分化期，直至鳞茎膨大盛期，其对矿物质的吸收速度较高，应分次追施完全肥料，保证肥料供应，适应大蒜生长特点。鳞茎膨大期追肥宜早不宜迟，否则将导致大蒜贪青晚熟或散瓣。

播种

蒜种准备及处理 选用优质、丰产、抗逆性强的品种。精选具有品种特征，肥大圆整，蒜瓣整齐，无病斑，无损伤蒜头，淘汰夹瓣蒜。将所选蒜头在播种前剥成蒜瓣儿，去掉种基，选择无伤残、无霉烂、无虫蛀、顶芽未受伤的蒜瓣，按大、中、小分级，分别用于播种。播前晒种2~3天，用清水浸泡1天，再用50%多菌灵可湿性粉剂500倍液浸种1小时~2小时，捞出沥干水分备播。

整地、施基肥 前茬作物收获后，实行秸杆还田，及早耕翻晒垡，耕前施基肥，肥料使用应符合NY/T394-2000的要求，每亩施入充分腐熟优质农家肥4000公斤~5000公斤，氮肥（N）14公斤~16公斤、磷肥（P_2O_5）6公斤~8公斤、钾肥（K_2O）10公斤~12公斤。耕深以25厘米左右为宜，做到地面平整，耕平耙细，上松下实。做平畦，一般畦宽1米~2米，也可根据需要来定，畦埂宽30厘米~40厘米，高20厘米~30厘米。

播种 最佳播种期在9月25日至10月10日之间。根据栽培目的、品种特性、气候条件及栽培习惯确定播种密度。一般每亩2万~2.2万株，早薹蒜每亩2.5万~3万株，亩用种量100公斤~150公斤。播种方法一般有开沟播种和打孔播种两种方式，深3厘米~4厘米，覆土1厘米~1.5厘米，行距18厘米~20厘米。

及时浇好蒙头水 做到匀、足、透，确保一播全苗。

喷除草剂和覆盖地膜 每亩用33%的二甲戊乐灵乳油150毫升；或24%乙氧氟草醚50毫升~100毫升兑水喷洒。喷后及时覆盖厚0.004毫米~0.008毫米透明地膜。盖膜可使大蒜早熟、优质、高产，一般增产幅度在30%以上。盖膜要适时，一般情况下，沙壤地浇后一天，重壤地浇后2~3天盖膜。盖膜时，将地膜拉紧拉平，紧贴地面，将两边压入泥土中，确保盖膜质量，防止大风揭膜。

图9-1　2005年大蒜覆膜

田间管理

出苗期 大蒜播种后5~7天开始出苗。当幼芽露出地表1厘米~2厘米时开始放苗，此后天天放苗，放完为止。通常在早晨或傍晚，气温低，蒜苗尖较硬，地膜较脆时放苗，可用大的新竹扫帚在地膜上拍，也有用双脚骑蒜行踏，用绳拴草毡子或麻袋片在地膜上拉等放苗方式。

幼苗期 及时清除地膜上的遮盖物，如树叶、完全枯死的大蒜叶、尘土等杂物，增加地膜透光性，对损坏地膜及时修补，使地膜发挥最大功用。用特制铁钩在膜下将杂草根钩断，杂草不必带出，以免增大地膜破损。

花芽、鳞芽分化期 翌春天气转暖，越冬蒜苗开始返青时（3月20日前后），浇一次返青水，结合浇水每亩追施氮肥（N）4公斤~5公斤，钾

肥（K_2O）3 公斤 ~4 公斤。以后每 8~10 天浇一次水。

蒜薹伸长期 浇水每 5~6 天进行一次，蒜薹采收前 3~4 天停止浇水。结合浇水每亩追施氮肥（N）5 公斤 ~6 公斤，钾肥（K_20）3 公斤 ~4 公斤。

蒜头膨大期 蒜薹采收后，每 5~6 天浇一次水，蒜头采收前 5~7 天停止浇水。蒜头膨大初期，结合浇水每亩追施氮肥（N）3 公斤 ~5 公斤、钾肥（K_20）3 公斤 ~5 公斤。

病虫害防治

按照“预防为主，综合防治”原则，优先采用农业防治、生物防治、物理防治，合理使用化学防治，禁止使用国家明令禁止的高毒、高残留农药。

农业防治 方法为选用抗病品种或脱毒蒜种；播前晒种 2~3 天；加强栽培管理等。

物理防治 采用地膜覆盖栽培；利用银灰地膜避蚜；每 2 公顷 ~4 公顷设置一盏频振式杀虫灯诱杀害虫；采用 1 ∶ 1 ∶ 3 ∶ 0.1 的糖、醋、水、90％敌百虫晶体溶液，每亩放置 10~15 盆诱杀成虫。

生物防治 采用生物农药防治。每亩用 1.8％阿维菌素乳油 50 毫升 ~80 毫升，或 BT 乳剂 2 公斤 ~3 公斤防治葱蝇幼虫和叶枯病。

化学防治 化学防治应符合 NY/T 393-2000《绿色食品农药使用准则》要求。严禁使用农药品种包括：六六六、滴滴涕、毒杀芬、二溴氯丙烷、杀虫脒、二溴乙烷、除草醚、艾氏剂、狄氏剂、汞制剂、砷、铅类、敌枯双、氟乙酰胺、甘氟、毒鼠强、氟乙酸钠、毒鼠硅、甲胺磷、甲基对硫磷、对硫磷、久效磷、磷胺、甲拌磷、甲基异硫磷、特丁硫磷、甲基硫环磷、治螟磷、内吸磷、克百威、涕灭威、灭线磷、硫环磷、蝇毒磷、地虫硫磷、氯唑磷、苯线磷。

主要病虫害防治办法

大蒜叶枯病 发病初期喷洒 30％氧氯化铜悬浮剂 600 倍 ~800 倍液；或 64％恶霜灵可湿性粉剂 500 倍液；或 70％代森锰锌可湿性粉剂 500 倍液，7~10 天喷 1 次，连喷 2~3 次。均匀喷雾，交替轮换使用。

大蒜灰霉病 发病初期喷洒 50％腐霉利可湿性粉剂 1000 倍 ~1500 倍液；或 50％多菌灵可湿性粉剂 400 倍 ~500 倍液；50％异菌脲可湿性粉剂 1000 倍 ~1500 倍液，7~10 天喷 1 次，连喷 2~3 次。均匀喷雾，交替轮换使用。

大蒜病毒病 发病初期喷洒 20％病毒 A 可湿性粉剂 500 倍液；或 1.5％植病灵乳剂 1000 倍液；或用 20％病毒灵悬浮剂 400 倍 ~600 倍液，7~10 天喷 1 次，连喷 2~3 次。均匀喷雾，交替轮换使用。

大蒜紫斑病 发病初期喷洒 70％代森锰锌可湿性粉剂 500 倍液；或 30％氧氯化铜悬浮剂 600 倍 ~800 倍液，7~10 天喷 1 次，连喷 2~3 次。均匀喷雾，交替轮换使用。

大蒜疫病 发病初期喷洒 40％三乙膦酸铝可湿性粉剂 250 倍液；或 72.2％霜霉威水剂 600 倍 ~800 倍液；或 70％代森锰锌可湿性粉剂 400 倍液；或 64％恶霜灵可湿性粉剂 500 倍液，7~10 天喷 1 次，连喷 2~3 次。均匀喷雾，交替轮换使用。

大蒜锈病 发病初期喷洒 70％代森锰锌可湿性粉剂 1000 倍液；或 25％三唑酮可湿性粉剂 2000 倍液，7~10 天喷 1 次，连喷 2~3 次。

葱蝇 成虫产卵时，采用 50％辛硫磷乳油 1000 倍液；或 2.5％溴氰菊酯 3000 倍液喷雾或灌根。

葱蓟马 采用 50％辛硫磷乳油 1000 倍液；或 2.5％三氟氯氰菊酯乳油 3000 倍 ~4000 倍液；或 40％乐果乳油 1500 倍液喷雾。

收获

蒜薹收获 蒜薹为高档细菜，耐贮运，极受消费者欢迎。及时采收，既能增加收入，又可因采薹后，改变养分运输方向，进一步促进鳞茎膨大，提高蒜头产量。采收标准有三：第一，蒜薹弯曲呈大秤钩形，苞上下应有 4 厘米 ~5 厘米长，呈现水平状态（称甩薹）；第二，苞明显膨大，颜色由绿转黄，进而变白（称白苞）；第三，蒜薹近叶鞘上有 4 厘米 ~5 厘米长变为淡黄色（称甩黄）。

采薹时注意保护大蒜叶片，维持后期光合能力。采薹后，立即施肥、浇水，防止植株早衰，提高蒜头产量。

图 9-2　蒜薹收获

蒜头收获　采薹后约 20 天左右，植株叶片开始枯黄，顶部有 2~3 片绿叶，假茎松软，鳞茎充分膨大后，应及时收获。收获过早或过晚，均降低大蒜商品价值。

收获前一般应浇一次水，使土壤湿润松软，便于挖出蒜头。收获时应轻拔轻放，不磕不碰，以免蒜头受伤，降低商品价值及贮藏性。刚挖出的大蒜一般先在田地内晾晒，只晒秧不晒蒜头，以防烈日使蒜皮变绿或灼伤蒜头。2~3 天后，将蒜头的假茎剪掉（留约 3 厘米左右）、削掉须根，装袋，然后继续晾晒，待外皮干燥时即可贮藏。晾晒过程中防止阳光直接曝晒，以免糖化，并防雨淋，防潮、防热，以免蒜皮变黑。

图 9-3　2003 年蒜头收获

第二节　技术研究　试验

金乡县委、县政府重视大蒜产业的基础地位，在大蒜种植技术研究、试验与推广方面，取得许多科研成果。

1996 年 7 月，金乡县“大蒜高产优质栽培技术指标研究”通过山东省科委组织的专家鉴定。此课题经过 3 年实践，实现亩产大蒜 2514.7 公斤，首创全国记录。1998 年 8 月，由金乡县生化实验厂生产的“力克达”牌大蒜脱毒剂正式投产，该产品为生物药剂，集脱毒、营养、促生为一体，能脱去大蒜病毒，增强大蒜植株的抗病性，增加蒜皮厚度和蒜头产量。2004 年，《金乡县大蒜良种培育与产业化开发》课题，通过济宁市科技局组织的阶段性验收。该项目由县种子公司于 2002 年承担，至 2005 年，共完成实验品种 52 个，累计建立示范田 2 万亩、种子田 10 万亩。经随机抽样复测，亩产干蒜头 1582.1 公斤，出口率 98% 以上。并从中筛选出“金乡一号”“金乡白皮大蒜”等优良品种。

金乡长年大面积种植大蒜，因重茬导致种性退化十分严重。大蒜种性退化主要表现为植株矮小、假茎细弱、叶色变淡、鳞茎变小、小瓣蒜、独头蒜多，产量逐年下降。县农业局组织技术人员对大蒜种提纯复壮技术进行深入研究，异地换种技术因其简单易行已得到大面积推广；气生鳞茎繁殖技术、改善栽培条件、建立大蒜种子田及基尖离体培养技术，但由于操作复杂、成本较高而不易被蒜农接受，推广面积较小。

退化原因

大蒜采用蒜瓣进行繁殖。蒜瓣是大蒜母体组成部分，为侧芽变态，不论繁殖多少代，仍是同一世代。生物界都是通过有性繁殖来产生生活力强的后代，而大蒜则是从鳞芽到鳞芽的无性繁殖过程，未经有性世代，因而大蒜自身表现衰老及活力下降，呈现为退化现象，是为大蒜种性退化内在因素。

栽培条件好坏，是引起大蒜退化的外因。土壤贫瘠、肥水不足、高度密植使个体发育不良而种性变劣；采薹过晚、方法不当、养分消耗过多、假茎损伤、选种不严均可导致大蒜种性退化。

复壮措施

异地换种 选择不同地区和栽培条件差异大的地方换种，如山区和平原、粮区与菜区换种，经 2 年 ~3 年可恢复活力，具有一定复壮增产效果。

气生鳞茎繁殖 山东农业大学试验结果表明：用气生鳞茎播种，当年可形成独头蒜，再用独头蒜播种，可获得分瓣蒜头，鳞茎产量显著提高。

改善栽培条件，建立大蒜种子田 种子田种植密度、管理方法与大田不同，种子田除进行精细管理外，还应注意适当稀植，行距 20 厘米 ~23 厘米，株距 12 厘米 ~15 厘米，以改善通风透光条件；早收蒜薹，当蒜薹露出叶鞘 6~8 厘米，微打弯时即进行采收，以利蒜头膨大；蒜薹采收后，及时进行肥水管理，促进植株茁壮成长；选择具有本品种特性、生长健壮、抽薹早、无病虫害的单株作标记。采收时，再选出蒜头大，底部平、扁圆肥大、蒜瓣整齐、无夹瓣的作种。播种前剥蒜种时，再选大瓣下地。每年由种子田培育蒜种作为生产田种用材料，可不断提高大蒜种性。

基尖离体培养 大蒜采用无性繁殖，易感染病毒使种性退化。采用茎尖离体培养，将能生根植株移至温室栽培，6 个月后移往无大蒜栽培地区种植，所收鳞茎即已脱毒，可用其繁育生产用种，达到提纯复壮之目的。

此外，采用改善栽培条件、收前选株、收时选头、播前选瓣、在疏松肥沃的土壤上种植、适当稀植、加强肥水管理等综合管理措施，亦可使退化品种逐步得到改良。

试验

脱毒大蒜高产栽培试验 针对大蒜种性退化实际，组织专家引进以现代科技培育的脱毒大蒜品种和当地品种在鱼山镇崔口村进行对比试验，结果表明，脱毒大蒜在全生育期，较常规品种长势强，根系发达，叶色深绿，无病虫，不衰退，个体增产潜力大，亩均增产 1020.3 公斤，增产率 68.2%。

不同播种密度对产量影响试验 一定范围内密度与大蒜产量成正比，即随着种植密度增加，产量显著提高。密度过稀，蒜头单重提高，但总产量低；密度过大虽产量高，但蒜头单重轻，质量差。经兴隆乡张庙村试验，土壤肥沃地块播种密度 1.8 万株 / 亩 ~2 万株 / 亩，土质较差地块播种密度 2 万株 / 亩 ~2.2 万株 / 亩时，产量、品质较好，商品价值最高。

不同播种期对大蒜产量的影响试验 经王丕镇三杨村试验，结果表明，金乡县大蒜的最佳播种期在公历 9 月 25 日至 10 月 10 日之间。

大蒜最佳施肥量试验 根据金乡县地力水平（速效 N 一般在 70PPM 左右，速效磷 P_2O_5 一般在 25PPM 左右，速效钾 K_2O 一般在 90~110PPM）反复试验，结果表明，金乡大蒜全生育期最佳施肥总量为：纯 N 21.25 公斤，纯 P_2O_5 9.6 公斤，纯 K_2O 11.2 公斤。

大蒜病虫害综合防治试验 金乡大蒜常发性病虫害有大蒜疫病、叶枯病、紫斑病、灰霉病、锈病、病毒病、蒜蛆、葱蝇和葱蓟马。（防治办法见本章第一节）。

大蒜除草试验 据调查，覆膜蒜田杂草危害造成的减产为 15%~30%。研究结果表明，覆膜蒜田防除杂草最好方法是：在大蒜播种浇水后，覆膜前进行，用小喷孔喷片均匀喷洒除草液剂，不漏喷，不重喷。

不同蒜薹收获期对蒜薹、蒜头产量的影响试验 试验结论：推迟蒜薹收获期，蒜薹产量逐步提高，但蒜薹纤维素多，品质差，蒜头产量、品质都会降低。反之，蒜薹产量低，品质好，蒜头产量高，品质也好。试验证明，当蒜薹苞明显膨大，颜色由绿转黄，进而变白（称白苞）时采收，蒜薹和蒜头均有较高产量及较好品质。

大蒜不同收获期对产量的影响试验 试验结果表明，随着大蒜收获期的推迟，大蒜产量逐步提高，当增大到一定程度后，产量不再增加，反而会减产。试验数据显示：大蒜最佳收获期是在采薹后约 20

天左右，植株叶片开始枯黄，顶部有2~3片绿叶，假茎松软，鳞茎充分膨大时。

第四章 贮藏 加工

第一节 蒜薹 蒜头贮藏

蒜薹贮藏

蒜薹较耐贮藏，在0℃条件下可贮藏5~9个月。用于贮藏的蒜薹，应选成熟度适宜，薹条长、粗壮、色泽鲜绿、薹苞发育良好、梢长且薹苞“挂霜”（即薹苞绿色褪去，有些发白）以及无病虫害的蒜薹。蒜薹冰点温度为 −0.7℃ ~−1℃，贮藏温度0℃，相对湿度为95%以上。气贮藏以氧气1%~6%，二氧化碳0~8%为宜。

气调冷藏

库房降温和消毒 蒜薹入库前库温最好降到 −2℃以下，防止入库时库温回升过高，降温之前库房和架杆等用福尔马林或燃烧硫磺消毒。

加工挑选 及时挑出薹苞膨大、老化变质、有严重机械伤害、太细或太短的蒜薹。将挑好的蒜薹捆成把，每把1公斤左右，同时剥去叶鞘，剪去薹梗基部的干萎变黄部分。

预冷 将选好的蒜薹及时运入冷库预冷，将蒜薹装入筐、板条箱等容器内，或直接在贮藏货架上堆码好，每层厚度约30厘米，不能堆大堆，然后将库温控制在1℃左右，预冷24小时，使菜温与库温基本平衡，以避免装袋封闭后产生大量冷凝水。

装袋 封闭 上架预冷结束后，立即装袋封闭，每袋定量，100厘米 ×70厘米的袋装15公斤 ~18公斤，100厘米 ×75厘米的袋装18公斤 ~20公斤为宜。装完袋后扎紧袋口，扎口时要注意袋内留有一定空隙，袋口扎口部位要尽量一致，以后按时测量袋内气体做为放风的依据。

温度管理 蒜薹贮藏最适温度为−0.5℃~0.5℃，库温可控制在 −1℃ ~1℃。前期库温 −1.5℃，易冻蒜薹，后期库温 −1℃就有冻蒜薹危险。每天数次测定库房不同部位温度，库内接近排管和冷风口处要注意防冻。

气体管理 不同产地、不同贮藏期对气体指标要求也不相同，一般氧1%~6%，二氧化碳0~8%。每天测定袋内气体含量，当氧降到规定标准低限时开袋放风，给全氧再封闭。放风周期一般8~18天。

湿度管理 袋内相对湿度一般都超过95%。由于库温波动将产生许多冷凝水，因此贮藏蒜薹一定保持库温稳定。如果袋内出现冷凝水，放风时要用洁净的抹布擦去，如果冷凝水过多，要及时换袋。

质量检查和加工 放风时根据库内气味加以处理，如果袋内有芳香味或轻微酒精味，仍可依正常方法放风补氧；如有浓酒精味，表明袋内严重缺氧，应加大放风；如有酸臭味，表明袋内蒜薹开始变坏，应倒袋挑选，选好后重新装袋，放风几小时后再封闭。发现薹苞膨大，梢须变黑长霉，多数是袋子破漏，应及时更换。

图 9−4 2005年大蒜加工生产线

冰窖贮藏

采收的蒜薹，在常温窖内进行加工挑选，剔除腐烂、斑点、大薹包、病伤条，扒去叶鞘，1千克一捆装入蒲包内，每包定量 15 千克，外用绳子捆好，及时入窖。

冬季寒冷天备好冰，放入窖中间 7 层冰，每层厚 0.5 米；窖墙周围放两层冰，厚约 1 米；窖底高排水沟，直接通到窖外井沿。然后将捆好的蒜薹入窖。入窖时将窖内中间的冰起出，地面留两层冰，约 1 米厚，在冰层上摆放蒜薹包，一层蒜薹一层冰，共摆 3~5 层，然后在顶层摆两层冰。在摆蒜薹包时，包与包之间用碎冰渣填满，填一层冰踩一次，上面用 1.5 米厚的稻壳封严，以防融化影响贮藏质量。

贮藏期间应保持冰块缓慢融化，冰水流经蒲包浸润蒜薹，从窖底排水沟导至窖外。窖内温度约 0℃ ~1℃，相对湿度接近 100%。

冰窖贮藏蒜薹，从外观不易发现蒜薹质量变化。如发现窖底水流过多，而且有异味，说明蒜薹质量有变化，应及时检查处理。一般可贮藏到春节前后，损耗低于 20%。

蒜头贮藏

大蒜成熟后，外部鳞片逐渐成干膜，能防止内部水分蒸发。大蒜休眠期通常为 2~3 个月。低温、低湿有利于大蒜进入休眠期，利于贮藏。大蒜最适宜的贮藏条件为：温度 0℃，相对湿度低于 80%，氧气含量 3%~5%，二氧化碳含量 12%~16%。贮藏温度高于 5℃时易发芽。

气调贮藏法 用 0.23 毫米 ~0.4 毫米聚乙烯塑料薄膜做帐，在帐底先铺一层塑料薄膜，其上铺一层草帘子或刨花等。其内可用挂藏或架藏设备贮藏，也可堆藏。罩上帐后，帐的底边用土埋好封严。帐上两头设有袖口，四壁有取样孔。帐内氧气控制在 2% 以上，二氧化碳控制在 16% 以下。超出这一标准用鼓风机进行帐内换气。贮藏期间定期检查蒜头质量情况。

冷库贮藏 大蒜晒干后即可入库。入库前先将大蒜放入预冷间进行降温，当大蒜的温度接近贮藏温度 -2℃ ~0℃时，入冷库贮藏。在库内不同位置放温度计和湿度计进行测试，保持冷库内温度恒定，相对湿度应保持在 50%~60%。如果湿度过高，可用生石灰吸湿。大蒜出库前要缓慢升温，以防蒜头表面结露。

射线照射贮藏法 用每千克 2.85~5.16 库仑剂量的钴 -60 γ 射线照射蒜头，不仅可抑制发芽还可杀虫灭菌，适宜长期贮藏大蒜。贮藏期一般为半年左右。用此法处理大蒜比不经任何处理的大蒜，贮藏后降低损耗 8%~16%。

第二节 大蒜制品

传统制品

盐渍蒜 将鲜蒜头洗净后置于缸中，按 20% 的比例加盐，混匀后加盖，每 2~3 天翻动一次，连续 3~4 次，沥干水分后储存，半月即可食用。

糖渍蒜 分浙江风味、上海风味、镇江风味、北京风味。其中北京风味的糖醋蒜，优选鲜蒜头 100 公斤，清水浸泡 7 天（换水 3 次），捞出沥干；入缸加盐 5 公斤腌 24 小时，中间翻动 1 次，出缸凉晒 6 小时；将 1.3 公斤盐和 1.25 公斤高级食醋混合，加水 20 公斤左右，煮沸，晾冷备用；蒜入缸后，加入 41 公斤糖，桂花 620 克，再倒入冷却的盐醋液，密封坛口，腌渍 40 天左右（每天旋摇坛 1 次，开口放气 6 小时）即可食用。

红糖蒜 以红皮蒜为主料，配料为鲜蒜头 5 公斤，酱油 1 公斤，盐 0.5 公斤。蒜头清洗后浸泡 2~4 天，放入 5%~6% 盐水中浸泡 1~2 天，除去辛辣味，捞出晾干，装入事先用沸水杀菌的坛内；将经过煮沸杀菌的盐水冷却过滤后加入红糖酱油，放入坛内封口，腌制 40 天即出成品。

图 9-5 大蒜盐渍品

现代制品

脱水蒜片 脱水后蒜片呈白色，厚薄适中，无碎片，含水量6%~7%，既可作为进一步加工的原料，又易保存，不易变质。食用前，大蒜特有的香辣味几乎呈现不出来，而入口时又能品位到大蒜特有风味，深受消费者青睐。

工艺流程：大蒜→分瓣、切蒂→去皮→漂洗→切片→漂洗→甩干（沥干）→烘干→挑选→包装。

大蒜盐和大蒜粉 大蒜盐和大蒜粉以脱水蒜片为基础原料深加工的产物，是高档营养保健、调味佳品，加入菜中可使味道更加鲜美，促进人们的食欲。

大蒜盐是脱水蒜片过筛后的粗粒，加入食盐、味素、香菜等制成，色泽协调，以白为主，黄白绿三色相间，具有天然大蒜浓郁的香辣味；大蒜粉为浅黄色粉末，味道鲜美，可进一步加工成复合蒜粉，如香辣蒜粉、鲜味蒜粉和调味蒜粉等。

工艺流程：脱水蒜片→粉碎→过筛→原料处理→调配→称量→装瓶→封口→装箱。

蒜米 白玉蒜米，又称咸蒜米。是一种优良调味品，在国际市场上颇为行销。

工艺流程：大蒜→切蒂、分瓣→去皮→漂洗→分级→烫漂→冷却→漂洗→腌渍→修整→装桶。

图 9-6 宏泰集团大蒜油

大蒜油 大蒜油即蒜素，是以鲜大蒜为原料，经去皮、粉碎、蒸馏、油水分离而提取出来的油状粘稠液体，是一种营养价值很高的植物油，在调味和医药上具有较高应用价值，为国际市场紧俏产品。1988年，国内出厂价每吨38万元。

工艺流程：鲜大蒜→清洗→去皮→漂洗→甩干→捣碎→浸取→过滤（分离）→浸液→浸液升温（通入蒸气）→过滤（分离）→浸液→浸液升温（通入蒸气）→过滤（分离）→浸液→浓缩→蒜油。

大蒜饮料 溶有大蒜的有效成分蒜氨酸和蒜素，凡大蒜具有的功能，其饮料同样具有。大蒜饮料酸甜可口，饮后能生津止渴，强身健体，防止肠道疾病，是一种新型、潜力很大的健身饮料。大蒜饮料分为含酒精的蒜酒和不含酒精的蒜汁。

蒜酒 分普通蒜酒、大蒜人参、枸杞酒、大蒜原汁酒、大蒜保健酒。其中大蒜保健酒加工流程为：大蒜→去皮→捣碎→烘干→粉碎→浸泡→过滤→成品。

蒜汁 分脱臭酸液加工、蒜醋汁、透明大蒜汁、大蒜蔬菜汁、大蒜、生姜饮料，其中透明大蒜汁不同于普通蒜汁，近似蒜油但又与其不完全一样，除作调味品外，还可用于医药和化妆品工业，潜力很大。

现代蒜制品还有大蒜泥、蒜膏、蒜酱等食用品；药用蒜制品有大蒜酒、大蒜粥、大蒜泡酒、姜蒜醋、蒜野鸭、蒜泥马齿苋等。随着科学技术水平不断提高，将会生产出更多，价值更高的食用、保健、医药类等蒜制品。

第三节 重点企业选介

宏昌果蔬有限责任公司

1996年成立，是一家集种植、储存、加工、出口为一体的纯外向型股份制企业，总资产6000万元。1999年，获得进出口经营自主权。公司有冷库20座，冷藏能力2万余吨。主要经营大蒜、生鲜水果、蔬菜等农副产品加工。客户遍布日本、东南亚、加拿大、澳大利亚、中东、美国、欧盟、巴西等国家和地区。年出口大蒜制品4万余吨，出口创汇2300万美元，销售额1.86亿元，利税900万元。

公司先后通过ISO 9001、ISO 1400、HACCP等国际认证。2002年、2005年两次被评为省级农业产业化龙头企业；2003年，荣获山东省著名商标，被国家民营企业评审委员会评为全国民营企业500强，列第189位。

东运进出口（集团）有限公司

成立于1999年，位于金乡县国际大蒜商贸

城内，注册资产 6500 万元，占地面积 150 亩，建筑面积 4 万平方米，农场总面积 1.6 万余亩。有冷藏库（洞）32 座，年保鲜蒜、蔬菜储存量 2.6 万吨。拥有大蒜批发区市场 1 处，电子结算、电子交易、物流配送等设施齐全；拥有大蒜加工厂、保鲜蒜米加工厂、罐头厂、脱水蔬菜加工厂和一个具有世界先进水平的化验室，可检验农产品农药残留等。2002 年，公司取得自营进出口权，当年出口创汇 80 万美元。2005 年 8 月，被命名为山东省农业产品重点龙头企业。2006 年，产品出口总量 4.6 万吨，出口额 2800 万美元。产品出口 30 多个国家和地区，为济宁市外贸出口创汇 10 强企业之一，在济宁市出口农副产品企业中排名第二。

金乡县华光蒜业集团有限公司

成立于 2001 年 2 月，是一家集农副产品收购、加工、冷藏、保鲜、出口销售为一体的涉外进出口企业。企业有员工 368 人，注册资金 1500 万元，固定资产 3400 万元，流动资金 4000 万元，资产总值 7400 万元。有保鲜冷库 7 座，储存量 5000 余吨；大蒜加工厂 8000 平方米；蒜米加工厂 1200 平方米。产品销往 38 个国家和地区。主要产品有大蒜、蒜米、蒜粉、苹果、生姜、鸭梨、胡萝卜、园葱等 10 大系列 30 多个品种，产品出口实现了零投诉、零索赔。

2005 年，公司新建 2 万亩无公害大蒜基地、2.5 万亩国家级示范基地、2000 亩有机大蒜种植基地，先后办理了无公害产品认证，绿色食品“AA”级认证、有机大蒜转换认证。是年年底，通过 ISO 900、ISO 1400、HACCP 认证，全面实现“公司 + 基地 + 标准化”经营模式。

公司连续 5 年被济宁市交行、工行、农行、建行评定为“AA+”信用企业；连续 4 年被市工商行政管理局授予“重合同守信誉企业”；被市中小企业评审委员会评为“AAA”级信用企业；2004 年 6 月，被市国家检验检疫局批准为农副产品绿色通道免检企业；2004 年 8 月，被中国大蒜协会选举为常务理事单位；连续两年被济宁市委、市政府评为“百强民营企业”。2006 年，实现出口创汇 3266 万美元，在中国大蒜出口行业和济宁市农副产品出口行业中均排名第一。

图 9-7　华光集团

宏泰冷藏加工有限责任公司

公司建于 1996 年 11 月，占地面积 19600 平方米，建筑面积 1.2 万平方米，拥有大型冷藏库房 10 座，年储量 1 万吨以上。公司辖冷藏、加工、外贸三大门类，注册资金 888 万元，固定资产 34 万余元。1999 年 5 月，经外贸部批准，获山东省首家私营、自营进出口权，实现国际互联网交易。其大蒜、蒜片、蒜素粉、蒜油、黄姜等农副产品出口 50 余个国家和地区。2004 年出口创汇 1243 万美元；2005 年出口创汇 1390 万美元；2006 年，出口产品 2.5 万吨，实现销售收入 1.385 亿元，创汇 1500 万美元，上缴税金 200 余万元，跨入省级中小企业行列，是全国大蒜出口 10 强企业之一。

为应对国际绿色壁垒，公司在周边 28 个村庄建立 32800 亩无公害大蒜出口基地，带动 5000 余农户、2 万多名农民实行标准化生产和订单农业。2006 年 4 月，2143 亩无公害基地进入有机地转换期。

公司先后被金乡县委县政府、济宁市委市政府、山东省人民政府授予“明星企业”“财政支柱企业”“十强纳税企业”“济宁市十强私营企业”“优秀民营企业”“出口创汇先进企业”“AA 级信用企业”“济宁市重点龙头企业”“山东省重点龙头企业”“山东省成长型中小企业”“山东省下岗职工创业示范点”“全国农产品加工业出口示范企业”等荣誉称号。

山阳冷藏有限责任公司

1995年组建，坐落于国家定点鲜活农产品批发市场所在地——鱼山镇境内，是集原料种植、收购、加工、冷藏、进出口、检测、销售于一体的民营综合企业，是济宁市农业产业化重点龙头企业。

公司拥有自营进出口权及注册商标，注册资金1001万元，固定资产1000万元，资产总额3626万元。拥有12座保鲜库，储藏能力1.2万吨。有蒜头加工厂2座，面积1500平方米，日加工蒜米50余吨。有通过国家认证的农产品检测中心。2005年在威海市建成中外合资、年加工1万多吨生姜加工厂；2006年在本县卜集乡新建蔬菜深加工工厂，主要生产蒜（姜）泥罐头、蔬菜泥（汁）罐头。

公司经营的产品主要有：蒜米、大蒜、生姜、园葱、辣椒、蔬菜泥（汁）罐头。产品销往日本、东南亚、加拿大、澳大利亚、中东、美国、欧盟、巴西等国家和地区。保鲜蒜米，在美国东海岸市场占有率65%。2006年12月被农业部命名为“全国农产品加工业出口示范企业”。

金乡县重点冷藏加工企业还有中大冷藏加工有限公司、泰隆商贸有限公司、泉泓食品有限公司、诚强贸易有限公司、阳光果蔬有限公司等。

第五章 产业化经营

第一节 基地建设

金乡县常年种植大蒜，是全国最大的大蒜种植、储藏、加工、流通基地，也是全县农民收入的重要来源。随着经济全球化加速发展，金乡大蒜产品科技含量低、附加值低的问题日渐显现，影响金乡大蒜的国际竞争力，蒜农丰产而不丰收。

2001年，县委、县政府着手基地建设，计划用4年时间，建设50万亩集新品种引进、试验、示范、良种繁育、新技术推广、标准化栽培为一体的大蒜生产示范基地。县政府先后印发《关于加强对剧毒、高毒、高残留及“三致”农药销售和使用管理工作的通知》和《关于禁止销售、使用高毒、高残留及“三致”农药的通告》，依托山东省金乡东运集团，筹资400万元建立金乡县农产品质量监测检验中心，对金乡大蒜产地环境、生产资料及生产过程进行全面监测，以提高大蒜质量。

2002年，县政府发出《关于成立金乡县农业标准化工作领导小组的通知》以及《关于加快实施农业标准化建设的意见》。提出加快大蒜基地建设步伐，全面提高产品质量、安全水平和市场竞争力，促进大蒜产业和农村经济持续、健康发展的目标要求。

2003年，县委组织部、县农业局、县科技局、县财政局、县科协联合下发《关于做好农村基层干部农业信息化、标准化培训年活动组织工作的通知》。县农业局向主管部门呈递《金乡县农业质量检测站项目建议书》，同年，县编委批复正式成立“金乡县农业质量检测站”。

2004年，县农业局向济宁市农业局呈递《关于申请立项实施“农业标准化基地建设”项目的请示》，当年，组织创建“金乡县10万亩大蒜标准化生产基地”，金乡大蒜质量安全水平达到国标要求。

2005年，继续加强无公害大蒜及其他农产品生产基地建设与管理，严格生产技术操作规程，全面推进农业标准化，县成立无公害农产品基地生产管理技术指导小组，全县有6家企业先后通过无公害大蒜产地认定及无公害大蒜产品认证，获得农业部颁发的证书，无公害大蒜产地认定总面积发展到11.94万亩。

第二节 市场建设

1987~2005年，金乡大蒜产业迅速发展壮大，购销业务急剧增加，大蒜市场建设随之加快并逐步完善。全县先后投资近3亿元，建成多处大蒜专业批发市场。

南店子大蒜专业批发市场

位于县城西南部，南店子村南，1988年筹建。东西长850米，宽80米，占地110亩，两侧有高标准半封闭交易房410间，摊位112家。1992年，该市场购销大蒜4万余吨，蒜薹3000吨，占全县购销总量的30%。2005年，共有摊位1100个，面积15万平方米，年营业额8.72亿元，利税3.8亿元。

该市场内有储蓄所、邮电所、工商所、代办所、检疫所、宾馆、饭店、车辆维修、装卸队、加油站等配套管理服务设施。购销旺季，工商、公安、物价、计量等单位联合执法，昼夜值班，对个别哄抬蒜价、欺行霸市、坑害客户及蒜农的不法行为及时进行制止和处理，确保公平交易。

李楼大蒜批发市场

位于县城西李楼村，始建于1987年，全长650米，宽50米，占地50亩，有交易房400间，摊位105家，日上市5000人次，成交量300余吨，年成交额5000余万元。

鱼山大蒜专业批发市场

位于县城西部，东起大沙河，西至鱼山镇驻地，全长3千米，有交易房1500间，摊位700家，辐射面广，吞吐能力强，日上市1万人次，成交量500余吨，是全县最大的大蒜专业批发市场。后经发展壮大，更名为国际大蒜商贸城。

苏河桥大蒜市场

位于县城东5千米，苏河桥以西，枣菏公路南侧，建于1990年，占地20亩，有交易房600余间，日上市3000人次，最高日成交量200多吨，是金乡东部较大的大蒜专业批发市场。

卜集孙桁集贸市场

是大蒜、圆葱综合集贸市场，长3.5千米，宽约60米，沿街铺面240余户。截至2005年，实现销售收入7368万元，实现利润3685万元，上缴税金184万元。

山东金乡（大蒜）蔬菜批发市场

鱼山大蒜、蔬菜批发市场1996年始建；1998年，被农业部批准为“全国定点鲜活农产品中心和农业部菜篮子工程信息采集点”。2002年进行改扩建，更名为国际大蒜商贸城。2005年年底，有经营摊位近800个，冷库360余座，冷储能力50万吨。年交易量160万吨，交易总额35亿元。市场投资总额2亿多元，全长11千米，占地2600亩，连接金乡镇、鱼山、马庙3个乡镇，形成集收购、加工、贮存、物流配送、销售服务于一体的大型批发市场。

图9-8 1998年金乡大蒜专业批发市场鱼山缗西商埠

图9-9 1999年鱼山农业部指定鲜活市场

除以上大蒜批发市场外，还有5处大蒜批发市场，分别位于东沟与金丰公路交汇处化雨乡淳集村南；县城西南仇岗村东105国道两侧；县城北大孙庄；县城东北角后台子村和马庙镇驻地。2005年后，为适应大蒜产业国际化进程，县政府以招商引资方式，在县城西南部建成山禄国际大蒜物流批发中心。该中心为高标准楼院式建筑，市场功能更加齐全，管理模式更趋于现代化。

第三节 购销贸易

1990年前，金乡大蒜的购销业务主要由县外贸公司负责。1985年，金乡大蒜首次出口东南亚国家，当年成交258吨，换来金乡大蒜出口贸易第一桶金。

1991年，县外贸公司适应国际市场瞬息万变和大蒜规格、标准、质量要求不断提高的新形势，建造3000平方米高标准储存场地和1500平方米加工分级车间，从美国引进2台大蒜自动分级机，从日本引进8台自动包装机。从收购、贮存、分级、包装等环节层层把关，严格标准，确保出口大蒜质量。

图9-10 外贸局交蒜

1992年，全县大蒜出口地发展到中东、北美、日本、韩国、中亚以及欧盟等国家和地区。在不断扩大山东口岸大蒜出口数量的同时，县委、县政府还与江苏、安徽、上海、河北、天津等省市有关部门、企业加强联络，开辟新的大蒜出口渠道。当年，与云南边贸地区洽谈尝试小批量大蒜出口，一举获得成功。

随着大蒜种植面积不断增加，市场建设不断扩大及大蒜资源、信息资源以及出口网络的整合，金乡县已逐步成为“买全国，卖世界”大蒜贸易基地和价格形成中心。每年蒜薹、大蒜收获季节，国内外客商云集金乡，沿路形成的蒜薹、大蒜购销市场连绵不断。经贸部一负责人到金乡视察，看完东自化雨、西至马庙大蒜购销市场后，赞誉：“金乡县是全国种蒜面积最大，产量最多，质量最好，销路最广，出口信誉最高的中国大蒜之乡”。“世界大蒜看中国，中国大蒜看金乡”成为国内外人士的普遍共识。金乡人常讲：“能挣外国人的钱，才算真有本事”。

1998年，山东省出口公司下达给金乡县4000吨大蒜出口计划，县外贸公司从组织收购、加工到发运结束，仅用20天时间即完成任务。

1999年5月，山东宏泰集团公司经外经贸部批准为山东省首家农副产品私营自营进出口权企业。2002年，金乡县拥有大蒜及其他农副产品自营进出口权的龙头企业集团24家，此后，势头不减，至2005年已发展到63家。

经过多年大蒜种植和大蒜贸易活动，金乡大蒜迅速发展成为县域经济特色支柱产业，让世界部分国家和地区见证了金乡大蒜所创下的一系列全国之最：

种植面积（县区级）最大 1998~2005年，每年种植在40万亩~60万亩之间，占全县耕地的56%~72%，约占全国种植大蒜面积的1/6。2002年，金乡县大蒜种植面积获“大世界基尼斯之最”奖牌和证书。

单产、总产（县区级）最高 1999年平均亩产1154.6公斤，总产51.59万吨。2005年1095.3公斤，个别地块最高达到3000公斤；总产量近60万吨，约占全国的1/4。

单个蒜头最大 直径6厘米以上甲级蒜头占总产量的70%以上。化雨乡东刘村一头大蒜直径18厘米，重700克，是目前全国乃至世界最大的蒜头。

产值最高 金乡大蒜年产值约占全国大蒜年产

值的 1/4。

出口范围最广　2005 年，金乡大蒜已出口到 130 多个国家和地区。

出口量最大　占全国同类产品出口量的 70%。

出口合格率最高　金乡大蒜出口合格率 90% 以上。

品质最佳　1992 年 8 月，在首届中国农业博览会上，金乡大蒜荣获中国白皮大蒜类唯一最高奖——银质奖，是迄今为止全国白皮大蒜的最高奖。1996 年 1 月，“金乡大蒜”被中国名牌产品认定暨明星企业评选活动组委会认定为“中国名牌产品”。1996 年 10 月，金乡大蒜获得农业部 A 级绿色食品证书。

全国县级单一农产品出口创汇第一县　大蒜出口创汇呈连年大幅增长之势，2002 年 4100 万美元，2003 年 5906 万美元，2004 年 7300 万美元，2005 年 1.2 亿美元。

第六章　原产地保护

2001 年 7 月，在国家工商行政管理总局注册“金乡大蒜”牌商标。此后，着手进行申报“金乡大蒜”地理标志产品的各项准备工作，依据国家质量监督检验检疫总局《关于原产地标记管理规定》的要求，组织中华全国供销合作总社济南果品研究院、金乡县质量技术监督局、农业局、宏昌果菜有限公司、成功果蔬制品有限公司、宏泰冷藏加工有限责任公司等单位，围绕“金乡大蒜”地理标志保护范围、种植区域大气水土环境、种植技术、肥料和农药施用、蒜田管理、收获、贮藏等，研究起草“金乡大蒜”及其产品的各项标准，向国家质量监督检验检疫总局和国家标准化管理委员会申报，2003 年 3 月，“金乡大蒜”原产地标识注册成功，获得国家质监总局颁发的证书。

第一节　适用产地范围及地域界定

金乡大蒜适用产地范围为金乡县全境。金乡县系黄泛平原的组成部分，位于鲁西南，南四湖（南阳、独山、昭阳、微山）以西，北纬 34° 52′ ~35° 40′ ，东径 116° 7′~116° 30′ ，新旧黄河之间，受黄河泛滥决口冲淤影响，地形地貌微起伏，岗、坡、洼相间。总地势呈西南东北倾斜，海拔高度在 34.5~39.5 米之间，全县西南东北高差 5 米，南北高差 4.1 米，东西高差 3.9 米。境内大小河沟 24 条，多呈西南东北流向。全域地貌分为低山丘陵和黄泛平原两大类型，其中分荒岭坡、近山阶地、微斜平地、缓平坡地和洼地五种微地貌。微斜平地占总面积的 60.32%。

第二节　土壤及水质

金乡县耕地以潮土为主，占总面积的 86.7%，土壤表层质地，从西向东为沙壤、轻壤、中壤、重壤和黏土。以轻壤和中壤面积最大，其主要特点是土质疏松，易耕作，适于须根系作物生长。经过多年培肥改良，土壤肥力较高。化验分析，县内农田 0~20 厘米耕层土壤 pH 值为 7~8，属弱碱性，有机质含量为 1.1%~1.8%，碱解氮 60~90ppm，速效磷 15~35ppm，速效钾 120~200ppm。微量元素：钙、镁、钠、锰、铁、锌、铜的含量较高且全面，能有效促进大蒜正常生长发育，提高单产。

金乡大蒜生产灌溉用水多数使用地表水，符合国家农业灌溉水质要求。少量用地下水灌溉，水质偏碱性，pH 值 6.8~8.4，总硬度 316~817，矿化度 0.4 克 / 升 ~1.5 克 / 升，钙离子、钾离子、镁离子都有一定含量，磷酸根、硫酸根离子等含量都比较高。硫酸根离子在 140~512 之间，可提高喜硫作物大蒜的产量和质量。

第三节　气候与环境

金乡县属温带气候，四季分明，光照充足。大蒜全生育期（9 月下旬至翌年 5 月下旬），经历秋、冬、春三个季节，各季节都有不同优势。秋季天高气爽，光照充裕，平均日照率为 57%，比全年日照率高 3 个百分点，平均气温 14.2℃，9 月下旬平均气温为 18.8℃。5 厘米地温在 20℃以上，按照大蒜对气温和地温的要求，9 月下旬播种，适宜培育壮苗安全越冬。冬季日照率 60% 以上，比全年日照率高 6 个百分点。平均气温 0.4℃，最冷的 1 月份平均气温降至 −1.2℃，大蒜处于相对停止生长进入越冬春化阶段，能够安全越冬。春季光照较充裕，日照率 56%，气温回升快，平均气温 13.4℃。随着气温和地温升高，光照时数增加，对大蒜营养生长和生殖生长十分有利。进入 5 月份，平均日照 8.4 小时，日照率 60% 以上，太阳辐射达到高峰期，平均为 14.88 千卡 / 平方厘米，为大蒜干物质积累和蒜头加速膨胀提供了良好的日照条件。

金乡县农业环保状况较好，无大型污染源。大气总悬浮颗粒物在 0.086~0.123 毫克 / 立方米，二氧化硫 0.005 毫克 / 立方米 ~0.014 毫克 / 立方米，氮氧化物 0.003 毫克 / 立方米 ~0.008 毫克 / 立方米，氟化物≤ 0.62 微克 / 平方分米 / 日，符合国家一级标准；农田灌溉水中总汞＜ 0.0003 毫克 / 升，总镉＜ 0.001 毫克 / 升，总砷＜ 0.007 毫克 / 升，总铅＜ 0.01 毫克 / 升，六价铬＜ 0.004 毫克 / 升，氟化物 0.10 毫克 / 升 ~1.20 毫克 / 升；土壤 pH 值 7.21~7.86，镉 0.022 毫克 / 千克 ~0.115 毫克 / 千克，汞 0.004~0.054 毫克 / 千克，砷 6.12 毫克 / 千克 ~7.47 毫克 / 千克，铅 10.0 毫克 / 千克 ~17.6 毫克 / 千克，铬 47.1~67.1 毫克 / 千克，各项污染物含量均符合无公害农产品生产要求。

金乡独特的地理特征及水、土、气候条件，以及独特的大蒜栽培技术，培育出了品质独特的金乡白皮大蒜。

第七章　金乡大蒜节会

1996 年 3 月，金乡县被农业部中国特产之乡命名宣传活动组委会命名为“中国大蒜之乡”。当年 11 月 8~10 日，“中国大蒜之乡”命名庆典活动在金乡县体育场举行。中央和省、市领导，18 家与金乡改革开放试点县结对联席单位，10 余位著名书画艺术家，120 余家海内外客商，新闻记者，以及金乡县各界群众代表共万余人参加庆典活动。中共中央政治局委员、全国人大常委会副委员长田纪云，全国人大常委会副委员长卢嘉锡，原中顾委常委李德生，中共中央委员、《人民日报》总编辑邵华泽，全国政协常委、孔子第 77 代嫡孙女孔德懋，首钢集团原党委书记周冠五，卫生部原部长钱信忠，山东省副省长王玉玺等亲笔为庆典活动题词（田纪云的题词：“综合开发农业，发展农村经济”。邵华泽的题词：“中国大蒜之乡”。周冠五的题词：“愿故乡永远振兴”。王玉玺的题词：“乘胜前进，振兴金乡”）。庆典活动期间，成功举办金乡县大蒜开发咨询研讨会，金乡县中国名人书画展，金乡县改革开放试点县结对联席会，农村改革与发展报告会和宏观经济管理报告会等一系列活动。

此后，金乡县每年都在 4 月中旬至 5 月中旬的蒜薹、大蒜收获季节，举办大蒜节和各种形式的大蒜产业研讨会，不仅为金乡大蒜出口增加了“砝码”，更吸引了越来越多的外商来金乡投资兴业，且形成了别具一格的大蒜文化。

第一节　大蒜产业研讨会

2000 年 4 月 18 日，“中国大蒜之乡——山东金乡大蒜产业研讨会”在北京人民大会堂重庆厅召开。全国政协副主席万国权，全国政协常委、原外经贸部副部长王文东，全国政协委员、国家工商局党组书记杨培青，中国首任驻美大使柴泽民，国家药品监督管理局副局长邵明立，全国工商联副主席王志国，中国食品土畜商会会长殷红，农民日报社社长、总编张德修，空军指挥学院李成年少将，中国社会科学院经贸研究所所长、博士生导师杨圣明教授，中国社会科学院新技术开发中心主任、研究员、博士生导师王旭教授等领导、专家，以及美国、委内瑞拉、巴西、西班牙、马来西亚等国家的驻华使节，新华社、人民日报社、中央电视台、中央人民广播电台、《光明日报》《经济日报》《农民日报》等 40 余家新闻媒体应邀参加了研讨会。济宁市人民政府副市长李广生、金乡县委书记乔志猛分别在会上致辞，金乡县委副书记、县长张生贤主持研讨会。全国政协副主席万国权，原中共中央政治局委员、北京市委书记段君毅分别为金乡县题词：“中华蒜都在金乡”“金乡大蒜——中华之冠”。

2004 年 4 月 21 日，第四届国际葱蒜类学术研讨会在北京开幕。50 多个国家和地区的 200 多名代表和国际园艺学会、联合国粮农组织、葱蒜蔬菜协会，中国园艺协会等单位的专家学者参加会议。金乡县委副书记、县长李明晨率团参会，并在开幕式上致辞。

第二节 首届中国大蒜节

2001 年 4 月 26 日，由中国蔬菜流通协会主办，金乡县委、县政府承办的首届中国大蒜节在金乡县城举行。山东省人大常委会副主任王玉玺，副省长林书香，省政协副主席汪峡，全国工商联副主席王治国，原外经贸部副部长程飞，中国广告协会会长、国家工商总局原党组书记杨培青，中国文联副主席、中国戏剧家协会副主席李默然，中国社会科学院财贸经济研究所所长杨圣明，空军指挥学院原政治部副主任李成年少将，农业部市场信息司司长闵耀良，中国蔬菜流通协会常务副会长戴中久、副会长兼秘书长宫占平、秘书长李建华，山东省粮食局局长乔秀伦，山东省农业厅副厅长齐可友，山东农业大学校长冯承明，人民日报社原农村部主任姚力文，中央电视台原台长助理谭希松，山东省将军集团副总经理陈贵吉，中国太阳集团董事局主席童年，济宁市委副书记、市长周齐，市委常委、宣传部长祝金焕，市人大常委会副主任蔡敬钦，市政协副主席房立泉，全国大蒜委员会成员单位负责人，美国、日本、巴西等十几个国家和地区的 60 多名外商，以及全县部分干部职工、蒜农代表 1.2 万人出席开幕式。金乡县委副书记、代县长李明晨主持开幕式，县委书记乔志猛致辞。中国蔬菜流通协会常务副会长戴中久、副省长林书香、济宁市市长周齐分别在开幕式上讲话。中央电视台、山东电视台、《人民日报》《大众日报》《经济日报》《农民日报》等各大媒体的记者现场采访大会开幕式盛况。

开幕式结束后，著名表演艺术家唐国强和中央电视台第二套节目生活栏目主持人赵琳，共同主持了“金乡之春”大型文艺演出，应邀到金乡的国内著名表演艺术家邓玉华、耿莲凤、李光羲、范圣琦、罗天婵、李元华、赵炎、杨九红等先后登台献艺。

“首届中国大蒜节”期间签订合同、意向书 36 项，技术合作合同 18 项。

第三节 大蒜科技成果博览会

2002 年 4 月 26~27 日，“WTO 与中国大蒜产业化论坛首届年会暨大蒜科技成果博览会”在金乡县

图 9-11　2002 年大蒜科技成果博览会

影视中心举行。山东省副省长蔡秋芳，中国商业联合会会长何济海，原外经贸部副部长程飞，中科院院士孙九林，中国蔬菜流通协会副会长戴中久及省直有关部门领导，国内外知名专家、学者，新闻媒体，济宁市委副书记、市长周齐，市委副书记王润廷，市委常委、宣传部部长祝金焕及市人大常委会副主任李咸亭、房立泉等出席开幕式。蔡秋芳、何济海、程飞、戴中久、周齐分别讲话，孙九林院士作“农业信息技术促进大蒜产业发展”专题学术报告。

第四节　首届中国国际大蒜节

2003年4月26~27日，首届中国国际大蒜节在金乡县体育中心隆重举行。济宁市委副书记、市长吕在模，市政协主席王润廷，市人大常委会副主任连广生，市委副书记、纪委书记刘景伦，市委副书记张振川，市政府副市长侯端敏，商务部驻青岛办事处主任郭克明，金乡县县级班子全体成员，日本、美国、俄罗斯等国家的客商和上海、台湾等地的商务代表，部分大蒜主产区的有关负责人和全国各地的嘉宾以及金乡县1.5万余名干部群众参加了开幕式。中央、山东省有关领导和一些国家的驻华使节发来贺信、贺电；中央电视台、《人民日报》《大众日报》、山东电视台、济宁电视台等新闻单位进行现场采访报道。大会期间举行了合作项目签字仪式，部分国内外客商与金乡县就大蒜、圆葱等农副产品购销、加工等事宜达成协议或意向，共洽谈各类项目合同、意向106项，其中投资项目46项，外方资金7608万美元；大蒜贸易42项，外销大蒜26万吨；圆葱及其他蔬菜类18项，销售数量4.2万吨。

图9-12　2003年4月首届中国国际大蒜节

第五节　大蒜产销协调会

2005年5月16日，全国大蒜产销协调会在金乡县影视中心开幕，中国商业协会副会长田元兰，济宁市人民政府副市长李广生，中国蔬菜流通协会常务副会长戴中久，中国食品土畜进出口商会副会长倪如林，中国食品土畜进出口商会蔬菜分会秘书长王慧全及金乡县党政班子成员出席会议。县委书记、县人大常委会主任乔志猛主持开幕式；县委副书记，县人民政府县长曹景群致辞。田元兰、戴中久、倪如林、李广生等分别在开幕式上讲话；王慧全就大蒜出口情况和国内外市场分析作专题报告。当日晚，举办“蒜乡颂”文艺晚会，解放军总政治部歌舞团歌唱演员李莉，山东省京剧院副院长、国家一级演员李保良应邀献艺。

图9-13　2005年5月全国大蒜产销协调会

第八章　金乡大蒜的传说

大蒜始祖的传说

在金乡县，流传着大蒜始祖鱼姑的故事。

不知多少年前的一天，东海龙王大发雷霆，将金銮殿捧简侍女鱼姑逐出东海，令她五百里内不得存身，否则斩首示众。鱼姑无奈，来到三面都是平原的青龙山居住。

鱼姑生性善良，不现身、不作怪，百姓皆不知其为邻。日久天长，鱼姑所带东海之水蒸发已尽，鱼腥味渐发，百姓闻之头晕、干呕、四肢无力，到处访医、求签问卜，均无灵验。

青龙山属有缗国管辖，百姓便将此情秉报给国王季厘。季厘派人查看不知其因，便报父王大舜。大舜王令一御医详察。御医来到山前，连打几个“喷嚏”，闻出鱼腥味，告知众人：“腥味是从青龙山里发出。”众人问：“此山原无味，味因何来，如何去味？”御医回答不出。

御医想起大舜王要他查明原因、解除百姓疾苦的嘱托，吃不下，睡不着，围着山转，低着头想，后来竟晕倒了。他梦见了炎帝神农氏，炎帝告诉他是青龙山困住了鱼姑，鱼腥味就是从她身上发出来的，鱼姑不为怪，你不能伤害她，要除掉她身上的腥味，可到山东面沼泽地里挖一种下面是圆疙瘩、有辣味的草，要多挖，铺满山。御医醒来把炎帝的话传给众人，众人皆说：“我们好好一座山，叫鱼糟蹋成滥鱼山啦，既然炎帝吩咐，咱们就照着干吧。”便在御医带领下找草、挖草。

鱼姑听到山下人们的议论，心想：炎帝说这种草能去腥味，我何不吃些试试。于是，就在夜里出来找草，一连吃了几天，竟然觉得神清气爽，腥味逐渐减少，出汗也有香气，就变成村姑随众人去沼泽地里挖草。

御医发现了混在人群中的鱼姑，近闻其身，无腥味，便令众人停止挖草。又过了几天，没人再犯晕病和干呕。御医告诉众人：以后如果有人干呕、头晕或腹泻，就吃这种草。众人问：“此草叫什么？”御医想了想说：“此草能治鱼腥，就叫腥草！”又一想：不妥，要让鱼姑知道岂不怪我！腥和荤相近，还是叫它荤菜吧。

御医回朝向大舜王汇报，说是用荤菜治好了百姓的病痛。舜王大喜，命人将荤菜就此载入史册。滥鱼山也去掉“滥”字，正式定名为“鱼山”（今胡集镇西南部）。

鱼姑自从吃了荤菜去掉了腥味，就此扮成村姑在人们中间行走，但一听到人们提及往事，老是觉得对不住大家，没脸再住在鱼山。便挖了些荤菜，过青龙山往西南走去，见前面出现一座高大土山，四周是平坦、广阔、肥沃的土地，便住下来。鱼姑在东海龙宫当捧简侍女时懂得养生医术，就走村串户为人们治病。有人问她姓氏，她说姓鱼，原是慈航道人弟子，奉师命下山普渡众生。因她为人治好了不少病，人们便叫她鱼姑，称她住的土山叫鱼山（今鱼山堌堆）。

一天，鱼姑巡诊回到鱼山，见一老者在山上盘腿打坐，没等她上前问候，老者就说：“你不是要种好荤菜吗，你先把它挖出来晾干放好，等天凉了再种下去，来年春天别等结种就把薹拔下，再过十天半月挖出保存。只要你注意施肥锄草，它长大了就分瓣，到秋天再把瓣种下。”说着拿出几颗种子给鱼姑，转眼就不见了。

鱼姑按老者吩咐，开始种荤菜，第二年果真种出了分瓣的大疙瘩。她高兴极了，用新种的荤菜为人们治病，还把荤菜分给人们种。荤菜越种越多，收成一年比一年好。鱼姑就带一些向大舜王进贡，大舜王接见时御医在场，御医接过荤菜一看，见疙瘩大了，分瓣了，尝尝比以前味道更好，问鱼姑是怎样种出这样好的荤菜。鱼姑将老者的吩咐说了一遍。御医沉吟一会，说：“这种草是神仙两次指示才成的，不如给它定个正式名字。”

他用手写了个“蒜”字，并奏明大舜王。于是，大舜王正式命名荤菜为“蒜”，把野生的叫作“泽蒜”。并命鱼姑在鱼山一带广种大蒜。

一直到今天，金乡大蒜仍然保持着个大、质好的优点。

金乡大蒜助刘秀称帝

相传，金乡大蒜还为东汉开国皇帝刘秀称帝立下过汗马功劳。

东汉建武元年（25），刘秀率军西征，路过爰戚（现金乡境），适逢疫病流行，许多兵士高烧、头晕、呕吐、昏迷，司隶校尉鲁恭病亡，葬于山南。军队人心惶惶，战斗力大减，刘秀只得驻兵治疗。随军医生束手无策，听任疫情在军中蔓延。刘秀愁肠有结，坐卧不安，仰天长叹：“天灭我也！”正值为难之际，忽闻一鹤发童颜老者来献医方。真是喜从天降，刘秀急忙召见。礼让毕，急不可待地说：“请仙翁赐方！”老者笑着答道：“将军不闻本地百姓多种大蒜吗？可高价收购，把它捣碎，取其液，命士兵用以滴鼻，可防此病蔓延；同时将大蒜分与士兵就食，不几日即可痊愈。”刘秀立即遵嘱办理，果然病除。再寻老者，不知去向。刘秀对天长揖：“天助我也！”遂发兵攻取洛阳，称光武帝。

金乡大蒜助华佗

华佗是东汉三国时期著名的神医，他为关羽刮骨疗伤的故事千古流传，在给曹操治疗头风病的时候得罪曹操，惨遭杀头之罪。华佗还与金乡大蒜有段传说呢。相传东汉时期，全国百姓常患一种肚内生虫的病。生此病的人面黄肌瘦、四肢乏力，死亡率高。当时华佗为了找到治疗这种疾病的良方，四处游学。

一天，华佗路经东缗（现金乡地）时，发现百姓有在田间地头种植大蒜的习惯，而且此地百姓每餐必佐以大蒜。令华佗惊奇的是，该地百姓很少有肚子里生虫子的，即使得了，短时间内也会不治而愈。经过再三考虑，华佗认为东缗地百姓肚子里不生虫或生了不治而愈应该与人们常吃大蒜有关。小小蒜头居然有如此神效？华佗百思不得其解，于是华佗就把大蒜切成片细细研究，经研究，华佗惊奇的发现大蒜有很强的杀虫祛毒功效，常吃大蒜，体内的毒素慢慢就被排出，而且还能预防多种疾病。

华佗如获至宝，连忙把大蒜的神奇作用报告给了朝廷，朝廷颁布法令，鼓励东缗百姓扩大大蒜种植面积，并在全国适合种大蒜的地方大面积种植。经华佗的不懈努力，全国种植大蒜的地方越来越多，人们的病也就慢慢的好了。

东缗百姓将种植大蒜的传统继续发扬光大，不断改善大蒜种植方法，提高大蒜品质，造就了今天金乡大蒜这一驰名中外的品牌。

为大蒜请功

1947 年 6 月 30 日，晋冀鲁豫野战军在刘伯承、邓小平的率领下，一举突破黄河天险，楔入鲁西南地区，发起了著名的鲁西南战役，歼敌 5600 人，为挺进大别山打开了通路。金乡羊山集战役就是最后打的一次硬仗。7 月 11 日下午，羊山集周围村庄就住满了解放军，把羊山集敌军围的水泄不通。群众欢欣鼓舞的给送白面、猪肉、鸡蛋；有的给送青菜、西瓜和大蒜，支援子弟兵们早日打下羊山。因为国民党军队太凶恶了，他们盘踞羊山以后，经常下乡骚扰，催粮派款，砍树木、卸门板，妄图死守羊山，阻挡刘邓大军南下。老百姓对他们恨之入骨，曾编成歌谣：“遭殃军，真可恶，见啥拿啥又揭锅；只有三件他不要，碓头、碾盘和石磨。”指战员们听到百姓们的诉苦，义愤填膺，一个个磨拳擦掌，纷纷写下决心书，争当攻打羊山的突击队员。哪知急躁的情绪，带来了战场上的失利。由于情况不明便投入了战斗，遇到敌人顽强抵抗。敌人凭借羊山制高点上的优势火力，使进攻部队受挫，不得不停下来进行调整，做新的部署。由于连日作战，非常疲劳，天公又不作美，阴雨连绵，指战员身体大损，患痢疾、伤风等疾病的人越来越多。野司领导当机立断，命令部队巩固既得阵地，原地休整，总结经验，再攻羊山。

二纵六旅部队在羊山集西面，旅长周发田、政委刘华清到各部队检查情况，发现患痢疾、闹肚子的战士特别多，在少医缺药的情况下，命令部队要改善好伙食，增加营养，多食大蒜。十八团三营九连规定每个战士每天每顿饭要吃一头大蒜，能吃辣的能完成任务，不能吃辣的也得下大决心吃下去。李小龙是解放过来的南方籍战士，由于水土不服，连日来拉稀不止，浑身无力，他虽然不能吃辣，但也得吃下去，只辣的满鼻子是汗，同班好友小秦开玩笑说："葱辣鼻子蒜辣心，辣椒专辣脖子筋，你吃蒜咋辣到鼻子尖上去了？"说是说，笑是笑，但必须完成一头大蒜的任务。大蒜确实是个宝，经过一周坚持不懈的食蒜，不仅治好了30多位战士拉肚子，还使全连指战员饮食大增，减少了疾病，增强了体力。

7月27日19时，总攻开始了。九连发扬连续作战的作风，担任了三营突击队的任务。在副连长秦志、排长王福山带领下，猛虎般直冲敌十字街核心工事，炸掉碉堡，突破第二道防线，接着向东街纵深发展。21时，紧紧包围了敌指挥部的高楼大院。羊山战役胜利结束，九连荣立集体大功。庆功会上，战士们欢欣鼓舞，齐声高呼："也要为大蒜记上一功啊！"

第十篇 水 利

水 利

金乡县属黄泛冲积平原，新万福河以南地形由西南向东北方向倾斜，新万福河以北地形由西北向东南方向倾斜。全县高程在34.5~39.5米之间，鸡黍镇的西南部最高，卜集乡的东北部最低，高差5米，地面坡度为1/4000~1/8000，全县基本为平原。据1954年以来的降雨资料记载，全县年均降水量694.6毫米，最大年降雨量1154.9毫米（2003年），最小年降雨量323.7毫米（1988年），差值831.2毫米，最大值为最小值的3.57倍；6~9月份，年均475.6毫米，占全年降水量的69.5%，其余8个月枯水期占30.5%。河道径流多集中在6~9月份，上游泄洪、下游湖水顶托，造成河道水面比降平缓，下泄流量较小。在金北滨湖涝洼区，河内水位一般高于河外水位，田间积水不能自流排除。20世纪六七十年代兴建的排灌工程，大多年久失修，或接近报废；九十年代连续干旱，人们水患意识缺失，只顾抗旱浇地而忽视防涝排水，任意填沟筑路，或平毁种地，形成大量竹节沟、断头沟，原有排水系统被打乱，造成一降大雨便排水不畅，渍涝成灾。

金乡县南部乡镇地面较高，引湖水灌溉工程量大，20世纪七八十年代打井取水灌溉，地下水超采，水位下降，形成地下水位“漏斗”，导致提水困难，灌溉成本增大。随着全县工农业生产迅猛发展，用水量增加，水资源供需矛盾逐渐显现。县水利局（水务局）围绕防汛抗旱、水资源管理等方面开展工作，先后治理东鱼河等河道5条，规划、争取并实施金南引水回灌工程项目，编制全县水长期供求计划和地下水开发利用规划，坚持依法治水、管水，解决农村饮用水困难，水资源管理逐步走向正规化、法制化。

截至2005年年底，全县共有大小河流24条、307.6千米，其中引湖深河长度201.9千米。沿河建有排灌站78处，小型提水灌溉站184座，拦河闸坝17座。新打、配套机电井19887眼。全县有效灌溉面积80.51万亩，占总耕地面积的99%，其中节水灌溉（硬化渠道、管灌、喷灌、滴灌）面积4.24万亩，占有效灌溉面积的5.3%。排涝面积81.73万亩，其中达到3年~5年一遇排涝标准66.73万亩，占总耕地面积的81.6%；达到5年~10年一遇排涝标准15万亩，占总耕地面积的18.4%。有自来水的行政村182个，4.63万户，16.2万人。

第一章 管理机构

第一节 内设机构

1991年，县水利局下设办公室、政工股、财务股、农田股、工管股、水政股、工程股和规划设计室、水资源办公室及莱河灌溉试验站及13个乡镇水利站。1992年，增设水利技术中心和水利物资经营站。1992年6月，县政府批准水利局成立金乡县水利工程施工实业公司，归属水利局管理。1993年，机构改革，将水利局分成水利局和水利工程公司。1994年，经县编委批准，县水利局保留人秘、水利资政、综合业务、财务4个科室，行政编制16人，县财政全额拨款；原水利局业务股、室、站及82名科技、事业人员，组成金乡县水利工程公司，定为正科级事业单位，三年后，工资按15%递减。同年5月，水利局和水利工程公司正式分开办公。1995年11月，将水利工程公司由差额拨款改为全额拨款。1996年7月17日，县编委以金编〔1996〕第19号文批准，同意金乡县水利工程公司由原来的正科级全额事业单位，改为副科级事业单位，经费实行差额递减，与水利局合并办公。工程公司主要承担水利工程设施施工，实行有偿服务。1999年10月，金乡县水利工程公司更名为“金乡县水利事业服务中心”。2002年4月 “金乡县水利局”更名为“金乡县水务局”。

第二节　直属机构

工程管理站　1989年，改工程管理股为工程管理站，负责全县水利工程设施管理及防汛工作；2001年，防汛办公室与工程管理站分设。工程管理站主要负责全县河道及其水利工程设施的管理；编制年度水利工程维修计划，并监督实施，组织指导和推广水利工程管理责任制，积极稳妥地推进小型水利工程产权制度改革。

金南引水回灌工程管理处　1995年，成立金乡县金南回灌工程管理处，为副科级自收自支事业单位，编制50人，下设6科1所。1996年，县政府根据有关法律法规及上级文件精神，下发《关于征收金南回灌工程水费的通知》，要求金南回灌区内各乡镇统一向农民征收水费，并交县财政局专户管理，当年实收水费42万元。1997年，由于诸多原因而停止水费征收。

湘子庙闸管理所　新万福河湘子庙节制闸自1972年年底建成后，成立管理所，隶属水利局领导。1997年，安装30千伏安变压器1台，实现单独供电。2005年，对管理房和院墙进行维修，办公和生活条件得到改善。

乡镇水利站　1974年前，各公社设水利助理员1人，水利临时工1~2人。1975年，各公社成立水利站，为水利局的派出单位。站长由水利局任命，每站配备3~5人。1992年起，为适应乡镇政权建设需要，将乡镇水利站人权、财权、物权全部放到乡镇政府管理，水利局对乡镇水利站只负责业务指导。

水利规划设计室　1987年，申报设计资质，经山东省水利厅、省建委审核批准，同年12月，颁发水利工程丙级设计资质证书，注册设计人员35人。1991年，山东省测绘局颁发丙级测绘证书，注册人员18人。1991~2005年，共完成测绘、规划、设计、工程概算等72项。

1991~2005年金乡县水务局测绘、规划、设计千万元以上项目统计表

表10-1-1

项 目 名 称	工作内容	建设性质	造价（万元）	完成时间
金南地下水回灌工程可研报告	规划 估算	新建	3500	1991.01
金南地下水回灌工程初步设计	设计 概算	新建	3413	1992.08
湖水东调项目排灌站整修计划	规划 估算	配套	2206.4	1997.08
世行贷款二期水利项目初步设计	设计 预算	新建	2206.3	1997.08
湖水东调涝洼地治理项目建议书	规划	配套	2206.4	1998.09
1998年三灌工程规划	规划 估算	新建	20050	1998
金乡县淮河流域防洪规划	规划 估算	新建	23923	1999.03
金乡县水土保持生态环境建设规划	规划 估算	配套	1530	1999.04
金乡县水利发展“十五”计划	规划 估算	新建	142322	1999.08
金乡县乡镇供水2010年发展规划	规划 估算	新建	1626	1999
金乡县解决饮用高氟水发展规划	规划 估算	新建	2234	1999
金南灌区续建配套节水改造规划	规划 估算	配套	9858	1999.12
金乡县水利发展“十五”规划	规划 估算	新建 配套	15018	2000.03
南水北调金乡县供水初步设计	设计 概算	新建	1825	2001.07
南水北调金乡截污导流工程实施方案	规划 估算	新建	12146	2004.03
金乡县淮河流域重点平原洼地排涝规划	规划 估算	新建	59526	2004.10

第二章　河道治理

第一节　老万福河治理

2004年，济宁市航管局按4级航道标准进行河槽疏浚，河底高程30米，自金（乡）鱼（台）边界到金济河口。工程承包给金乡县金巨公司施工，采用挖泥船带水作业，挖出的河泥运到金巨公司用于制砖。金巨公司按航管局设计的航道施工完成后，继续向上游挖深河槽，到2005年年底，已疏浚到十里铺桥，长度11千米，完成土方33万立方米。十里铺桥以上1.5千米仍为浅河槽。

第二节　新万福河治理

1991~2005年间，没有进行大规模治理，只对部分险工段及沿河排灌站进行零星修复。2003年，对左岸陈海险工段进行复堤加固，整修加固大堤450米，完成土方7600立方米，解决了堤身单薄，汛期渗水严重，大堤经常塌陷问题。2005年，向山东省发改委编报新万福河治理（下游段）实施方案，主要工程内容是：结合河槽清淤整修加固险工段及部分排灌站修复。省发改委批复投资100万元，主要用于排灌站修复工程。

第三节　蔡河（北大溜）治理

1999年9月6日，开始对北大溜治理工程进行河道测量，10月19日，完成全部挖河筑堤及建筑物设计。同年11月16日，治理工程正式开工。施工分为三种方式：下游段采用泥浆泵清淤；中游段采用挖掘机和运输车配合施工；上游段采用铲运机施工。2000年4~5月份，完成二次筑堤及原有桥涵维修加固任务，治理工程全部竣工。挖河筑堤段长16.3千米（卜集后张桥至关帝排灌站），河底高程30.5米；新建胡集公路桥1座，王海生产桥1座；维修加固原有桥涵44座；新建、改建涵洞11座；完成土石方78.1万立方米，总投资1420万元。

第四节　东鱼河治理

东鱼河是南四湖湖西地区最大的一条防洪除涝河道，1967年开挖，全长172.1千米，金乡境内段长21.5千米，境内流域面积56.63平方公里。1986年、1989年、1992年、1996年分别在沿该河两岸建成石佛、曹庄、仇李、周庙4座引水涵闸，改变了东鱼河在金乡只有防洪除涝效益而没有灌溉效益的被动局面。

东鱼河曹庄橡胶坝枢纽工程

1993年3月，山东省计委批准将金南（金乡县南部）地下水引水回灌工程列为山东省基建项目，总投资2600万元，其中省投资1000万元，市县配套1600万元，一期工程先行实施东鱼河曹庄橡胶坝建设。同年10月，省水利厅批复项目初步设计及概算。1994年10月，济宁市水利局对施工图批复：兴建东鱼河曹庄橡胶坝1座，管理处及枢纽工程管理所房屋4004平方米，核定投资860万元。

曹庄橡胶坝，系金南地下水回灌项目枢纽工程，在司马镇曹庄村南东鱼河41+922桩号处。1994年11月，金乡县政府成立东鱼河曹庄橡胶坝建设指挥部，通过招投标选择5家施工企业辖15个施工队进行施工。1995年6月全面竣工。坝有3孔，每孔坝带长64米，坝体总长195米，挡水高度3.5米。左岸堤顶建管理所，在金乡县城内建管理处，实际完成投资960万元。

工程控制回灌面积285.6平方公里，金乡县9个乡镇受益。金南地区地下水埋深由回灌前的

15 米 ~20 米回升到 2 米 ~8 米。据统计，在农业方面获得直接经济效益2.6亿元，在人畜饮用水、工业用水和生态环境等方面均发挥了较好的社会效益。

图 10-1　1997 年东鱼河曹庄橡胶坝

东鱼河全面治理

20 世纪 90 年代，东鱼河淤积严重，效益不足，济宁、菏泽两市迫切要求治理。2000 年 8 月，山东省计划委员会以鲁计重点字〔2000〕273 号文对东鱼河治理工程初步设计进行批复，山东省水利厅以鲁水勘字〔2000〕51 号文对施工图设计进行批复。治理工程分两期实施。

第一期　挖河筑堤

济宁市承担的施工任务由任城区、兖州市、泗水县、邹城市、鱼台县、金乡县、嘉祥县、汶上县、梁山县 9 个县（市、区）分摊完成。到金乡境内施工的有嘉祥、汶上、梁山 3 个县。金乡县承担的施工任务是：在桩号 44+448 至 49+310、段长 4.862 千米的河槽疏浚开挖，并结合河道疏浚进行大堤修复、加固堤防，修筑过堤生产马道；在上游与菏泽施工段接头处修筑拦河围堰 1 处；全县境内 21.5 千米的河道占压铺工划界和河道占压范围内的迁占赔偿，以及配套资金筹集。根据上级下达的任务，金乡县委、县政府成立东鱼河治理工程建设指挥部，并沿本县施工段设立两个分指挥部，抽调 16 名技术人员具体负责施工机械、铺工放样、质量检测、资料整编等工作。

2000 年 10 月 15~25 日，完成配套资金的筹集、境内 21.5 千米的占压铺工划界、树木青苗及附着物的清理等项工作；10 月 26 日 -11 月 9 日，完成施工招标、合同签订、拦河筑坝、打排渗井、修筑排水渠、河槽排明水、铺工放样等前期准备；11 月 10 日，正式开始挖河筑堤；12 月 31 日全部竣工，比济宁市指挥部要求工期提前两个月完成，争得全市第一名。2001 年 1 月 9 日，济宁市人民政府、济宁市东鱼河治理工程施工指挥部召集其他 8 个县（市、区）的指挥部领导，专门到金乡指挥部召开表彰大会，并颁发奖金 10 万元。

本期工程，金乡共调集挖掘机 30 部，铲运机 48 部，自卸运输车 280 部，排水机械 223 套，完成挖河筑堤土方 151 万立方米，围堰土方 3.48 万立方米，打排渗井 132 眼，修筑临时排水渠道 9.62 千米。

第二期　建筑物工程

2004 年 2 月，山东省淮河流域水利管理局委托金乡县水务局，负责完成金乡境内东鱼河二期建筑物施工任务。同年 5 月开始施工，至 12 月底，新建核桃园排灌站 1 座、郝胡同涵洞 1 座；改建谢集、张小楼、东王楼、前李、蔡庄、薛洼 6 座涵洞，维修加固曹庄、仇李、周庙、石佛 4 座涵洞；并对曹庄橡胶坝进行了局部维修。工程总投资 403 万元，其中省投资 40%。2005 年 9 月，通过山东省淮河流域水利管理局的验收。

第五节　其他河道治理

白马河（上游）治理

1994 年冬季，霄云、司马两个乡镇对东鱼河支流上游白马河进行河槽疏浚，疏浚河道长 10 千米（霄云张洼至司马韩杨庄），上游新开挖引水沟长 2 千米（司马韩杨庄至周庙村北东鱼河堤外脚）；上阵劳动力 2 万余人，完成土方 45 万立方米。实现了从东鱼河曹庄橡胶坝以上引蓄水，对东鱼河南部司马及霄云的部分土地进行补源的意图。

新西沟治理

新西沟治理属金乡县自筹资金建设项目，主

要靠农民义务工、劳动积累工完成。挖河筑堤及建筑物全部折合成工日分解到全县16个乡镇。

1996年10月中旬，县政府召开动员大会；11月10日前完成打坝截流排明水、沿岸树木青苗及附着物的清理和新打排渗井、铺工定线等准备工作；11月10日正式开工，1997年4月全部竣工。共挖河筑堤段长7.935千米（大沙河入口至洪庙节制闸），河底高程30.5米；新建介庙公路桥1座，张庄、海子庄生产桥2座；洪庙节制闸下游增建跌水、上游防渗处理；入大沙河旧跌水改建。共完成土石方70.8万立方米，工日94.38万个，投资849万元。

金鱼河治理

1996年11月~1997年1月，化雨乡对东沟至苏河之间的金鱼河5千米河槽进行疏浚，主要意图是充分发挥引蓄水补源、发展灌溉、水产养殖等综合效益。河槽深度控制在4米左右，底宽15米，河底高程31.5米。主要采用挖掘机、运输车、铲运机配合施工，共调集施工机械30部，新打排渗机井50眼，完成土石方13.5万立方米，配套桥涵建筑物3座，工程投资85万元。

出县挖河

洙赵新河是湖西大型河道之一，源于菏泽，穿越济宁市嘉祥县、任城区。1993年7~8月份，沿洙赵新河的济宁、菏泽两地遭受严重水灾，山东省政府批准对洙赵新河进行治理，济宁市政府组织各县（市、区）投工捐资，分任务施工。

金乡县分摊挖河筑堤任务2.438千米（桩号14+430~16+868），土石方110.21万立方米。县政府成立专门指挥部，县水利局调集10名技术人员管理施工，方法以采用泥浆泵、铲运机配合施工为主。1994年3月10日开工，同年6月4日竣工，完成投资430万元。

第三章 农田水利

第一节 农田灌溉

机井灌溉

金乡县利用机井灌溉农田始于1965年，当年10月，在鱼山镇寻楼村打成19米深机井1眼，打井机具叫“大锅锥”、人力回转钻机，井管为陶瓷多孔滤水管，出水量53立方米/小时，灌溉面积55亩。1974年，钻井工具改用150型钻机，用495柴油机作动力。

实行土地承包责任制后，农民打井积极性逐渐提高，农民自己出资，以联户或单户形式进行，井位、井深、打井队由联户商定，自打、自管、自用。1996年，井管材料改成混凝土井管，滤水管为无砂混凝土管。2003年后，霄云、化雨、王丕等乡镇部分井管采用钢筋混凝土管，井管接头之间焊接，滤水管采用多孔钢筋混凝土管，成井质量大大提高。2005年，打井工具仍采用150型钻机，井管多为混凝土管和无砂混凝土管。提水机具多采用农用潜水电泵，功率2.2千瓦~3.5千瓦，扬程20米~35米，流量15立方米/小时~30立方米/小时。在卜集、高河、胡集等乡镇地下水位较高的村庄，多采用柴油机配离心泵提水灌溉。机井灌溉全部采用畦灌，畦宽3米~4米，畦长一般在50米~80米之间，输水方式为90毫米或110毫米塑料软管代替土渠。

1991年~2003年8月间，金乡县降水量偏少，地下水位降低，打井深度由20米左右增加到25米~30米，机井密度为30亩~40亩地一眼。2003~2005年，连续三年降雨偏多，地下水位回升，个别地方地下水位在地面下1米左右，部分已干涸的机井又得以重新利用，打井数量相应减

少。1991~2003年，全县每年打井在1000眼左右，2004、2005两年，每年打井在500~600眼之间。至2005年年底，全县拥有机井19887眼，井灌面积61.64万亩。

引湖水灌溉

金乡县引湖水灌溉主要依靠排灌站、提水站提引河湖水。境内有引水深河16条，设计河底高程30.5米。全县各乡镇都有引水深河可供提水灌溉。

排灌站灌溉 金乡县排灌站建设始于1958年，到1982年全县共有排灌站78座，总装机容量197台/15662千瓦，设计除涝面积52万亩，灌溉面积43万亩。排灌站提水设备多为80千瓦电动机配28ZLB－70水泵或55千瓦电动机配20ZLB－70水泵，设计灌溉面积4000亩~10000亩。1982年后没有新建排灌站。

1991~2003年间，由于连年干旱，排灌站灌区内多数改为机井灌溉，排灌站损坏严重，霄云、马庙、鸡黍等乡镇的排灌站甚至无法开机。据《金乡县排涝工程设施基本情况调查报告》分析，至2003年，全县已报废或基本报废的排灌站有22座，占排灌站总数的28.2%，带病运行或不能运行待修的排灌站26座，占33.3%，基本完好的排灌站30座，占38.4%。2003~2005年，连年大雨，河湖水位上涨，排灌站在汛期排水减涝中的作用十分明显。2005年，县政府出资60万元用于排灌站维修。卜集、高河、胡集、羊山等乡镇利用排灌站进行春灌。

提水站灌溉 为解决井灌区灌溉和补源，扩大引湖灌溉面积，1974年，金乡县在县域东部、南部引水河道上建提水站，至1990年，全县共建提水站183座，装机11601马力/334台，设计灌溉面积29万亩。提水站一般采用495型柴油机配12寸混流泵、295柴油机配10寸混流泵，或195柴油机配6寸离心泵。1990年后，由于柴油价格上涨，农业用电不再紧缺，部分提水站改用电动机。1991~2000年，提水站灌溉在大沙河、莱河、老西沟、东鱼河、苏河沿岸乡村发挥了重大作用。2000年后，部分河道无水可提，提水站损毁较多，至2005年，除沙河、莱河、苏河、东鱼河、老西沟上的少数提水站仍在运行外，其他大部分提水站已不再使用，部分渠道被平为耕地。

塘坝灌溉

金乡县没有大型水库，现有坑塘多为村镇建设取土形成，均由村级组织或村民自行开发使用，用坑塘蓄水灌溉农田。

其他灌溉工程

金南引水回灌工程 1980~1993年，南部司马、兴隆等井灌区成为地下水漏斗区，金乡县委、县政府为缓解水资源短缺的矛盾，决定兴建金南地下水回灌工程。1991年，县水利局完成《金南地下水回灌工程可行性研究报告》；1992年，完成工程初步设计；同年9月，通过省市水利专家评审。1993年，山东省计委以〔1993〕鲁计农（基）字第226号文批准兴建金南地下水回灌工程。1994年11月，东鱼河曹庄橡胶坝拦河枢纽开工建设，1995年6月完工后，每年拦蓄上游客水4000万立方米~6000万立方米，用于金南地区灌溉补源。随后，又修建苏河李楼、李集，东沟淳集、郭楼，莱河暗楼，大沙河等节制闸19座。

节水灌溉工程

喷灌与滴灌，1997~2000年，金乡县先后在金乡镇王杰村、魏庄村和胡集镇、卜集乡农业示范基地，兴建节水灌溉工程。王杰村喷灌工程位于村东105国道西侧，于1998年5~6月份兴建，铺设干支管道3500米，安装喷头190套，喷灌半径18米，流量3.5立方米/小时，喷灌面积200亩。工程建成后运行较好，后因管理不善及农户间不能相互协调而逐渐停用。1998年6~7月份，县水利局在胡集镇农业示范基地（胡集镇村南林场内）兴建50亩微喷工程，主要培育美国红提葡萄苗。两年后，由于葡萄苗品种不纯，示范基地改种其它树苗，微喷设施不再使用。1998年8~9月份，县水利局在卜集乡李堂村西兴建40亩喷灌工程，主要培育圆葱种、苗，建成后，使用、管理、效益良好，为建设“圆葱之乡”发挥了示范作用。2000年7~9月份，金乡镇在魏庄村北兴建300亩大棚蔬菜滴灌工程，棚内种植以色列辣椒等蔬菜，当年春节前投放市场，收益可观。至2005年年底，滴灌工程仍在使用。

低压管道灌溉工程 1998~2002年，利用世界银行农业灌溉项目资金，在鱼山、马庙、鸡黍、金乡镇实施低压管道灌溉工程。工程建成后使用效果较好。后来因铁制给水栓被盗，致使大部分设施无法使用。2003年4月，山东省水利厅采用招标方法确定下一年度节水灌溉工程项目地点，金乡县王丕镇一举中标。工程设计节水灌溉面积2万亩，囊括王丕镇金司公路以东所有村庄的耕地。工程总投资615.4万元，实际投资550万元，其中省投资200万元，县、乡、村自筹150.23万元，群众自筹199.77万元。工程分两年建成。

第二节 基本建设

1991~2005年，金乡农田水利基本建设划分为三个阶段。

第一阶段（1991~1994年）

主要围绕金南地下水回灌工程，兴建河道节制闸，开挖疏通引水干支斗沟和配套建筑物。金北（金乡县北部）以排灌站、提水站配套为主，更新维修机电设备，疏挖沟渠，加固改造渠系等配套建筑物，同时，重点研究提升塑料软管与窄短畦相结合的田间节水灌溉技术。其间，完成配套排灌站工程项目165项、配套提水站项目172项，开挖沟渠2218条，长2328千米，配套建筑物1304座，新打机井4020眼，配套机井4230眼，修复旧井3297眼，兴建防渗渠13.2千米，增设更换地面软管1.035万千米，完成土石方1230.7万立方米，工日6658.8万个。

第二阶段（1995~2002年）

东鱼河曹庄橡胶坝枢纽工程建成蓄水后，为金乡南部回灌补源创造了有利条件，但由于干旱年份较多，在农田水利工程建设布局上，偏重于引水蓄水，灌溉补源工程，排水除涝工程相对较少。1997年，金乡县遭受百年一遇的特大干旱，夏季旱灾尤甚，6月份降雨仅12毫米，全县遭受旱灾面积60万亩，造成农业直接损失2700万元。县、乡两级党委、政府下派干部3500人指导抗旱，启用机井1.1万多眼，开动排灌站、提水站150多座，投入抗旱机械1.15万台（套）。

第三阶段（2003~2005年）

连续三年降水量明显增大，其中，2003年降雨1154.9毫米，2004年降雨986.3毫米，2005年降雨915.5毫米。由于汛期降雨量大，持续时间长，并受上游河道泄洪和下游湖水顶托影响，全县部分农田和村庄积水，有的地方积水深度在0.5米~0.7米之间，涝灾损失严重。农田水利基本建设的重点是疏通竹节沟、断头沟，开挖恢复排水沟，打通排水出路，配套田间桥涵等建筑物，提高排水除涝能力。卜集、胡集、羊山、高河、马庙等乡镇，每年春季都维修、加固排灌站。财政出资60万元，用于排灌站及其设备的维修加固，大部分排灌站能在汛期开机排水。

第三节 水土保持

1984年，金乡县开展水土保持普查，确定金乡南部和西部属平原风沙区，包括羊山、马庙、鸡黍、兴隆、司马、霄云、化雨7个乡镇，规划防风固沙面积为100.39万亩。1990年后，大蒜、蔬菜、瓜果面积迅速扩大，大蒜种植全部采用畦灌地膜覆盖，保土、保水、保温性能良好，减轻了冬、春季节的风沙危害。1997年，航测资料显示，金乡县地面覆盖物较好，大部分已不属于风沙区范围，仅在羊山小流域有部分水土保持治理任务。此后，省、市基本不安排金乡县水土保持治理项目。2005年，金乡县设立水土保持办公室，当年，通过羊山镇申报，山东省水利厅、财政局批准羊山小流域水土保持治理方案，由省投资10万元予以治理。

第四章 抗旱防汛

金乡县地处淮河流域，受暖湿季风气候的影响，年季降水不均，春季多风少雨，易旱，夏季多雨，易涝，晚秋及冬季又少雨，易旱，旱涝交替发生，属灾害多发地区。新中国成立后，全县上下大搞水利建设，到1990年初步形成较为完善的水利工程体系，农业逐步走上稳产高产的道路。1991~2005年，继续兴水利，实施金南引水回灌工程建设，治理淤积较为严重的东鱼河、新西沟、北大溜、上游白马河和金鱼河化雨段，并进行田间工程配套，使其在防汛抗旱中发挥重要作用。

第一节 抗 旱

旱情

1990~2005年，2002年前均为干旱年，其中2001年全年降雨量467.1毫米，2002年432.7毫米，为大旱年。在全县80万亩左右常用耕地中，受旱面积30万亩~50万亩的有10年，50万亩~70万亩的有5年，70万亩以上的有1年。

抗旱措施

发挥排灌站、提水站、机井引蓄水工程等水利工程设施作用 在金南干旱较为严重的井灌区，利用回灌补源工程多引、多蓄东鱼河引黄尾水和汛期径流。1995年，东鱼河曹庄橡胶坝建成后，年均引蓄水3000多万立方米，回灌面积逐年扩大，回灌区水位上升3米~5米，旱情得到有效缓解。1997年，全县虽遭遇罕见大旱，但由于1996年引蓄水量达5000多万立方米，地下水位回升5米~8米，为当年抗旱提供了宝贵水源，保证了农作物的适时灌溉和稳产增产。

推广节水灌溉技术 1998年后，大力推广地面软管（小白龙）、渠道防渗、地下暗管、窄短畦和微灌等节水灌溉技术，到2002年，全县发展各种形式的节水灌溉面积78万亩，占有效灌溉面积的95%，水综合利用率大幅提高，使有限的水资源发挥出较大的经济效益。

推进农业种植结构调整 1995~2002年，在大蒜和园葱种植区全部使用地膜覆盖、保温和节水保墒技术，灌水时用地面塑料软管把水送入各段膜畦中，使灌溉水在输送过程中，完全避免了与土壤的接触，形成膜上灌，效果显著。同时，结合种植结构调整，在大蒜、园葱地里套种西瓜、棉花、玉米等农作物，到进入干旱月份时，作物枝叶已盖满地面，减少了地面蒸发，对抗旱十分有利。

抗旱典型年纪实

2002年，金乡县全年降雨432.7毫米，其中6~9月份降雨150.8毫米，较历年同期偏少317.8毫米，偏少68%，造成罕见的春、夏、秋连续大旱。6月中旬，16条主要河道就出现断流或者干涸，地下水位较2001年同期下降8米~10米，80%的机井出水量明显不足，50%的村庄群众饮水发生困难。面对旱情，县委、县政府因地制宜，分类指导，采取蓄、调、引、挖、节等多种抗旱措施，动员劳力17.2万人次，新打机井1897眼，动用排灌站、提水站68处，机井1.95万眼，提水2.64亿立方米，灌溉总面积420万亩次，造墒总面积127万亩次，使大旱之年有旱情无旱象，农作物生长良好。全县46.9万亩大蒜产量、质量和效益仍达到较高水平，28.2万亩玉米单产464公斤，与2001年基本持平；棉花40.1万亩，单产84公斤，增产5%。全县4.6万亩水稻产量下降，减产三成，其中有4000亩减产六成，主要集中在胡集镇、卜集乡的4个村庄。

第二节 防 汛

1991~2005年，金乡县没有发生洪灾，但成灾万亩以上的涝灾有6次，其中成灾60万亩以上

的涝灾有3次，最大受涝面积65万亩。发生涝灾的主要原因是：年内降雨不均，汛期降雨持续时间长，降雨强度大；受上游泄洪和湖水顶托的影响；排灌站机电设备老化失修，设备完好率低，部分排灌站报废，排水涵洞闸门漏水；工程管理滞后，人为破坏严重；边界水利纠纷增多，造成不应有的灾害。金乡县防汛工作的重点是：东鱼河、新万福河和边界河道；内涝和城市防汛。

防汛机制

落实以行政首长负责制为核心的各项防汛责任制。汛期实行县、乡领导包河道、包重点工程。县城防汛由建设局负责。各级防汛办公室昼夜24小时值班，时刻注意汛情发展，确保防汛信息畅通。

组织领导

每年汛前，县、乡均成立防汛领导机构。县防汛指挥部由县长任指挥，分管副县长、人武部长、水利（水务）局长等任副指挥，县直部门主要负责人为成员。县防汛办公室设在县水利（水务）局，2001年4月始，县防汛办公室为水利局（水务局）内部常设机构，具体负责防汛指挥部的日常工作。

防汛料物准备

汛前，县、乡镇水利部门组织人员对渡汛工程进行全面检查，安排部署当年防汛任务，落实防汛责任制，提前做好各项准备，并对查出的险工、险段及时加固。防汛所需料物主要包括：袋类、沙石料、铁丝、木桩、钢管（材）、救生器材和抢险机具等。多采用县直单位储备和群众号料相结合的筹集方法。县防汛指挥部将防汛常备物资下达给商业、供销、物资、粮食等部门代存，造册登记。2000年后，改为由县防汛办公室直接与编织袋厂和钢材、木材、铁丝等个体经销户进行号料。群众号料下达给乡镇，由乡镇负责落实。县水利局（水务局）储备少量发电机组、水泵和钢材。2005年5月，根据《防汛物资储备定额编制规程》和水利工程现状，对防汛物资储备定额进行测算，全县共储备袋类65万条、土工布6.6万平方米、沙石料7.4万立方米、铁丝2.5吨、钢管（材）4.8吨、木桩404立方米。

防汛队伍

1991~2005年，金乡县每年都组建以党团员为骨干、以民兵为基础的防汛常备队、抢险队和后备队。常备队汛期坚守在河道，巡堤查水，发现问题及时上报并组织抢修。抢险队由基干民兵组成，县人武部按军事编制登记造册，并通知本人，平时在家生产待命，有险情时上阵抢险。后备队随时准备参加抢险。全县一般计划组织常备队400人、抢险队3000人、后备队10万人。

防洪预案

2000年，吸取1998年三江（长江、松花江、嫩江）大水抗洪抢险的经验教训，对全县大、中、小型河道，根据一般、标准、超标准三个量级洪水和工程变化情况，制订《金乡县河道防洪预案》。河道主要控制指标如下。

东鱼河 鱼台县鱼城站警戒水位37米，保证水位38.72米。推算到金乡县曹庄橡胶坝警戒水位为38.51米，保证水位为40.23米。当预报鱼城站水位超过39米时，请济宁市防汛指挥部及时通报上游雨情、水情，并请山东省防汛指挥部安排上游各闸控制洪水下泄，利用上游洼地滞洪。

新万福河 金乡县孙庄水文站警戒水位36.5米，保证水位38.8米，若遭遇超标准洪水时，请山东省防汛指挥部安排上游滞洪。

边界及县内河道 警戒水位36.5米~37米，保证水位为38.5米~38.8米，遭遇超标准洪水时，全力抢护，确保堤防安全。

2001年，制订《金乡县蓄滞洪区群众安全转移方案》，范围：南至新万福河，北至北大溜，西至105国道东北大溜故道。区内包括卜集乡和胡集镇、金乡镇的部分土地，总面积76.6平方公里，其中耕地8.82万亩；最大蓄水深度1.8米，蓄水量0.63亿立方米。

水、雨情通讯设施

量雨设施主要采用雨量器，分布在全县13个乡镇水利站，每次降雨后由专人及时向县防汛办公室报告雨情，汇总后传发到防指领导成员及相关单位。

1997年，在水利局、兴隆、马庙、羊山和孙庄水文站5个雨量遥测点安装遥测设备，县防汛办公室配备微机1台，可直接显示各遥测点降雨信息。水位观测由鱼城和孙庄两水文站提供。2005年6月，在东鱼河曹庄橡胶坝、新万福河湘子庙闸布设了两处水尺，汛期由两个管理所的人员负责观测和报告水位。

1989年以前，防汛通讯主要通过邮电局有线电话与各乡镇联系。1990年，济宁市防指调拨一台无线电话机。1994年，市防办配置第一台ZLX-2000传真机，以后又进行多次更新。1997年，在胡集、卜集、羊山、马庙、鱼山、高河、王丕、霄云、鸡黍、兴隆、金乡镇等11个乡镇水利站作了增设。1999年后，随着通讯技术的进步，无线电话逐步被程控电话所代替。

第三节 排 涝

2003~2005年，全县连续三年遭受严重内涝灾害。

2003年，全年降水1154.9毫米，为1954年有降水实测资料来首位，其中汛期降水821.9毫米，比历年同期偏多76%；汛期降雨52天。有三次较大降水过程：7月8日~21日，历时14天，降雨268毫米；8月23日~9月7日，历时16天，降雨302毫米；9月17日~18日，降雨95毫米。虽然7月份降雨量较大，但由于2002年全县遭受特大干旱，河、沟干枯，地下水位低，滞蓄能力大，基本上没有形成内涝。进入8月后，阴雨连绵，降水持续时间长，降水量大，加之受上游泄洪和湖水顶托的影响，造成全县农田大面积积水，积水深度平均在0.2米~0.5米，最大积水深度0.8米，受灾面积73.4万亩，成灾面积60.6万亩，绝产面积11.2万亩，倒塌房屋1520间，进水村庄118个，水毁桥、涵、闸等渠系建筑物178座，淹死树木3.6万棵。进入10月，又连续降雨，直到10月13日降雨停止，降雨量75.2毫米，全县秋种受到严重影响，其中有2.9万亩涝洼地因灾而未能秋种，直接经济损失3.5亿元。

2004年，全年降水986.3毫米，其中汛期降水817毫米，主要集中在7月中下旬和8月下旬。7月份降雨量312.3毫米，比历年同期偏多71%。8月份降雨量375.5毫米，比历年同期偏多169%。尤其是8月26日16时~27日17时，全县连降大暴雨，25小时平均降雨量194.2毫米，最大降雨点胡集镇降雨量232毫米，新万福河孙庄水文站27日16时~18时两小时时段雨量95毫米。东鱼河、新万福河、大沙河、老西沟、北大溜及边界河道水位暴涨。28日，孙庄水文站水位36.37米，排水涵洞出现倒灌，持续时间5天。全县发生了1957年后最为严重的内涝灾害，13个乡镇普遍受灾，受灾面积72.9万亩，成灾面积64.2万亩，其中重灾面积53万亩，绝产面积23.5万亩，倒塌房屋2952间，受淹村庄408个、学校141所，冲毁乡村柏油路12千米，直接经济损失6.1亿元。

2005年，金乡县再次出现强降水年，全年降水915.5毫米，其中汛期降水量829.2毫米，为1954年以来次位。降水主要集中在8月下旬和9月中下旬，出现了历史上少有的秋汛。9月份降水量343.2毫米，比历年同期偏多410%，重现期约为200年一遇。9月12日~30日，全县连降6次大到暴雨，特别是9月19日~21日，全县降特大暴雨，两天平均降雨量180.2毫米，受这次强降雨和上游泄洪的影响，全县河道自9月20日6时开始急剧上涨，到22日6时达到最高水位，新万福河孙庄水文站最高水位36.71米，超过警戒水位0.21米，湘子庙闸最高水位37.5米。部分河道出现险情，新万福河高河屯排灌站和常庄排灌站进水洞处堤防出现塌方和裂缝，高河乡防汛指挥部及时组织人员进行加固，确保了大堤安全。9月21日，彭河右岸巨野县境内有50多米因无堤防出现河水漫溢，造成金乡县吴坑、陈海两村受淹，县防汛办公室接报后立即与巨野县防

汛指挥部联系，巨野县高度重视，立即组织100多名群众用编织袋进行堵复。惠河上游出现了近30年罕见的洪水，部分河段水位距堤顶仅0.4米左右，霄云镇防汛指挥部组织人员日夜防守，严密监控，确保了洪水下泄。全县大部分村庄农田一片汪洋，积水深度0.6米~1米，最大积水深度1.3米。全县受灾人口54.5万人，受灾面积73.8万亩，成灾65万亩，绝收面积5万亩。受灾的农作物主要是棉花、蔬菜和玉米，园葱苗、芹菜苗基本全部淹死。受淹村庄322个、学校148所，倒塌房屋1599间，冲毁乡村柏油路28千米，水毁桥、涵、闸126座。进入10月份，又连续降雨7天，给全县秋种造成严重影响，共造成直接经济损失3.2亿元。

每年遭遇涝灾，县委、县政府都紧急动员全县上下迅速开展排涝救灾，通过采取疏通沟渠，突击抢排，妥善安置受灾群众，及时化解排水矛盾，多方筹措排涝救灾资金，全力进行生产自救，广泛开展捐助活动等多种措施，确保人民群众生命财产安全，把涝灾损失降到最低限度。3年中，全县共动用排灌站52座，挖掘机680台次，安装临时排水机械2.62万多台套，疏通沟渠5200条，铺设涵管5800米，转移安置群众6000多人，没有出现一人因灾伤亡事件。

第四节　外出抗洪抢险

2003年10月12日凌晨4时，梁山县小路口镇黄河黄那里段生产堤发生决口，决口宽度60米，堤内外水位高差2.2米，流量大，水势猛，直接威胁到梁山县小路口、赵固堆、黑虎庙3个乡镇、44个村庄、3.5万名群众的生命财产安全。10月15日下午15时，济宁市委、市政府和军分区命令金乡县出动500人的抢险队，晚18时赶赴梁山县抗洪抢险。金乡县委、县政府立即召开紧急会议，成立由县委副书记、常务副县长刘太原任指挥，县长助理王允会、人武部部长王贻才、政委安国华为副指挥，有关单位负责人为成员的梁山抗洪抢险指挥部，下设施工技术、治安、后勤保障、医疗救护4个组。从胡集、鸡黍、马庙各调50人，其他乡镇各35人，当日下午15时30分在县体育场集合，第一批16时30分出发，第二批于20时30分出发，当晚午夜时分全部到达黄河大堤，然后急行5千米到达抢险区，16日凌晨2时投入抢险。由于自15日晚黄河来水加大，加之黄河泥沙的特殊性，堵复口门处水深从7米增加到10米以上，情况发生重大变化，致使打桩无法进行。16日，经山东省专家组会商，认为堵复的可能性较小，且滩地已全部淹没，建议不再堵复。16日晚20时，金乡县抢险队全部安全撤回。

第五章　农村人畜饮水

金乡县农村人畜饮水主要靠浅层地下水，取水方式以手压井、手拉井为主。部分地区地表水污染严重，水质监测主要污染物为有机氯、磷、氮和细菌、大肠杆菌等，属超V类水质，远远超过国家规定的生活饮用水标准。据1980年防氟改水普查资料，全县有1/4的地区浅层淡水含氟量超过国家规定生活饮用水标准1毫克/升；浅层淡水硬度在20~40德度之间，含盐量比较高，矿化度一般在0.4克/升~1.5克/升，高者1.6克/升~3.5克/升，此类区域面积约占全县总面积的60%。加之地表水污染严重，地下水也受到不同程度的污染，农村人畜饮水安全没有保障。1980年，金乡县成立改水办公室，对部分高氟水村庄进行改水。由于多年运行和管理落后，至20世纪90年代大部分村庄安装的自来水设施已经报废。2000年，县乡两级党委、政府加大措施解决农村饮水问题，至2004年，全县农村饮水安全人数2.2万人，普及率4.1%；自来水受益人数7.55万人，普及率

13.8%。2005 年，村村通自来水工程开工建设。

第一节 安全标准

2000 年，县政府组织力量对全县农村饮水困难情况进行普查。2004 年 2 月制定《金乡县农村饮水安全规划》。根据饮水安全评价指标，农村饮用水安全卫生评价指标体系分安全和基本安全两个档次，由水质、水量、方便程度和保证率四项指标组成。四项指标中有一项低于安全或基本安全最低值，就不能定为饮用水安全或基本安全。

水质 符合国家《生活饮用水卫生标准》要求的为安全；符合《农村实施〈生活饮用水卫生标准〉准则》要求的为基本安全。

水量 每人每天可获得的水量不低于 40 升~60 升为安全；不低于 20 升~40 升为基本安全。

方便程度 人力取水往返时间不超过 10 分钟为安全；取水往返时间不超过 20 分钟为基本安全。

保证率 供水保证率不低于 95% 为安全；不低于 90% 为基本安全。

第二节 集中供水

金乡县农村集中供水所用水源均为地下水，分为深层和浅层两种。深层地下水水质基本符合国家农村饮水安全标准，浅层地下水水质不符合国家饮水安全标准。浅层地下水含氟、含盐和硬度超标。2005 年，全县有联村供水工程 4 处，供水规模一般在 5000 人左右；单村供水工程 64 处，供水规模在 1000 人左右。供水方式直接提取地下水供水到户，无净化设施。管理方式以个人承包、经营为主，集体管理的很少。管理人员 1~2 人，无水质检验能力。水费收取方式有的按表计量收费，多数按人收费，每人每年 10 元~20 元不等。水价制定根据保本微利原则，并受村委会监督。

第三节 村村通自来水工程

2004 年 10 月，金乡县按照山东省、济宁市三年实现村村通自来水工作要求，编制村村通自来水工程规划。2005 年，山东省水利厅批准了《金乡县“十一五”村村通自来水工程规划》，同年 12 月，金乡县编制《2005 年度村村通自来水工程实施方案》。方案确定：合理布局区域供水井点，打破乡镇、管区、村界限，发展集中连片供水；全县划分为北、中、西、南四大管网，每乡镇一小网，万人一井；对工程建设所需重要材料和设备由县统一招标采购；优先采用先进技术、优质设备，确保主体工程使用年限不得少于 30 年。县成立村村通自来水工程建设领导小组，县政府与各乡镇政府签订了村村通自来水工程责任状。

2005 年 7 月 10 日，村村通自来水工程正式开工建设。先由县水务局技术人员勘察确定水源井位置，然后选定具备乙级以上凿井资质的施工单位打井，成井后由水务局、凿井队和供水站建设单位三方现场提取水样到济宁水文局化验，化验水质合格方可进行管网设计及施工。工程建设资金，按照“社会筹资为主，政府补助为辅”原则，实行多渠道、多层次、多元化筹集，积极鼓励个人、单位和企业投资农村供水事业。省、市、县拨付的补助资金，全部用于村村通自来水工程，主管道建设完成时，经申请验收后，给予补助财政资金的 40%，全部工程完工经验收合格、审计结束后，按审查确认的入户数，拨付剩余的财政补助资金。

2006 年 6 月 30 日，工程竣工并通过济宁市验收组验收。整个工程共建成供水站 16 座，打 200 米~350 米深井 16 眼，安装水泵、变频等供水设备 16 套，安装管道 193.28 万米，水表、水龙头各 46853 个，建井房、管理房 65 间。供水范围覆盖 135 个行政村、4.63 万户、16.2 万人。

第十一篇 工 业

工　业

金乡县历史上工业基础薄弱。新中国成立后，全县工业得到较快发展。1990 年，乡及乡以上工业企业 136 家，其中全民所有制企业 30 家，全部工业总产值 5.3 亿元。1995 年 42.3 亿元，是 1990 年的 7.95 倍。1996 年，由于多数集体和村办、个体工业不适应市场变化而相继破产、改制，全部工业总产值降至 25.7 亿元，1998 年又降至 16.01 亿元。1999 年起，全县工业企业改革步伐加快，经济效益逐年上升。

2005 年，实现全部工业总产值 80.07 亿元，分别是 1990 年的 15.04 倍，1998 年的 4.98 倍。全县工业企业涉及电器和机械制造、酿酒、食品、化工、棉花加工、纺织、大蒜等农副产品深加工等 10 余个门类，形成干式变压器、金贵酒、纺织、化肥、食品和大蒜深加工 6 大主导产品系列。金乡工业企业逐步摆脱了落后状态，开始由弱向强迈进。

第一章　工业体制改革

金乡县经济贸易局（简称县经贸局）是全县工业经济的行政管理机构。1991 年称金乡县经济委员会（简称县经委）。2002 年 5 月机构改革，将县经委、县财贸委员会和县企业局合并，组建金乡县经济贸易局（加挂县贸易局、县民营经济发展局牌子）。县经贸局内设人秘科、生产调度科、经济综合科、科技科、企业管理科、节约能源科（县节约能源办公室）。主要职责是贯彻执行国家有关经济发展和宏观经济运行调控方针、政策，参与研究制定经济运行调控方案、规划、综合性经济政策、规定；组织全县工交生产，对宏观经济运行进行分析、监测、调控，协调解决经济运行中的重大问题；履行全县电力行政管理职能；负责全县技术政策、质量方面的宏观管理工作；指导和推动企业资源节约和综合利用工作；负责全县工交企业的信息网络建设，收集、研究、分析经济信息及全县经济动态，为县政府经济决策提供依据，为企业和社会服务。

第一节　管理体制改革

1990 年末，县经委所属国有企业有变压器厂、油管厂、特种变压器厂、化肥厂、磷肥厂、酒厂、印刷厂、电器厂、供电局、金台公司、水泥厂、砖瓦厂、彩瓦厂、水产公司。属县二轻公司（正科级事业单位。1993 年 12 月机构改革时，撤销二轻公司，设立金乡县二轻集团总公司。1996 年 9 月更名为金乡县二轻工业公司）的集体企业有塑料厂、服装厂、轻工机械厂、海绵厂。属供销系统管理的企业有第一、二、三、四、五棉花加工厂和棉花良种厂、塑料厂、编织厂。粮食等系统也有自己的工业企业。

1991 年，金乡县仍对所有工业企业实行归口（系统）管理，由政府下达年度计划，企业按计划组织生产和销售。同时，继续实行以改善企业管理，提高产品质量，调整产品结构，增加经济效益为目的的承包责任制，调动生产积极性。

1993 年 11 月，中共十四届三中全会通过了《中共中央关于建立社会主义市场经济体制若干问题的决定》。金乡县着手转换国有企业管理和经营机制，建立适应市场经济要求，产权清晰、权责明确、政企分开、管理科学的现代企业制度。

1994 年，对全县国有工业企业实行“三改一加强”，即改革、改组、改造，加强科学管理，全面推进股份制、股份合作制和租赁经营等企业经营形式。

1995 年 6 月始，在全县工业企业中推行以“一书三制”（资产经营委托书；资产经营目标责任制、企业综合评价制、企业经营者年薪制）为主要内容的公有资产运营新机制。按照资产统一优化配置与分级管理相结合、资产增值与经济发展相统一、资产经营权与所有权分离的原则，形成县、系统和控股企业三个层次的公有资产管理体制。此后，又对工业企业综合评价制考核实施细则进行多次补充完善，使评价体系逐步走向科学、合理、规范。1996 年，金乡县推行“一书三制”的成功做法，受到山东省和国家经贸委的高度重视。同年 3 月，国家经贸委、中央电视台联合到金乡采访，拍摄“中小企业改革与发展”电视专题片，并于 4 月中下旬在中央电视台一、二、四套节目中播出。

1997 年，贯彻抓大放小策略，至 1998 年，全县 80% 以上的中小企业经过改制和优化组合，在制度上和内部管理运营机制上开始按现代企业制度的模式运作。

2001 年，中国加入世贸组织，金乡县政府加快职能转换，不再直接管理企业，而是为企业提高技术和管理水平，加快结构调整，开拓市场，增加经济效益提供优质服务。

第二节 经营体制改革

1991 年，金乡县贯彻执行国务院《全民所有制工业企业转换经营机制条例》的相关规定，在县属国营企业中推行放开经营改革试点，确定县变压器厂、酒厂为放开经营改革试点企业，力求在制度创新、减人增效、债务重组、科学管理、内部制度的建立和完善等方面实现新的突破。

1992 年 3 月，县委、县政府印发《关于打破“一大三铁”转换企业经营机制的决定》，采取的措施有：①实行自主经营，自负盈亏，打破企业吃国家的“大锅饭”，包盈不包亏、“挂涨不挂落”的问题。所有企业建立风险基金和职工风险抵押金，企业经营性亏损，拿企业风险基金和职工风险抵押金抵补，不够抵补的，用职工工资总额的 30% 抵补；政府对亏损企业不再实行“减税让利”保护措施。②改革企业干部制度，搬掉“铁交椅”。实行厂长（经理）、书记一人兼和干部招聘制，对亏损企业实行干部冻结，对经营不善，连续两年或承包期内未完成承包指标的企业经营者就地免职；凡经营性亏损的厂级领导人，在扭亏前不准调离，如请求调离，先免职后调离。改革企业劳动制度，砸烂“铁饭碗”。全面实行优化劳动组合，打破合同工与正式工的界限，择优上岗。优化下来的人员采取厂内培训、厂内退养、厂内待业、劳务输出等形式进行消化，培训期间，停发奖金，并减发 10% 工资；待业人员只发生活费。④改革企业分配制度，打破“铁工资”。贯彻按劳分配原则，重点推行岗位技能工资、计件工资、联利联销计酬工资；分配拉开档次，向苦、脏、累、险及高技术岗位倾斜；连续亏损三个月的企业厂级领导干部下调一级工资。

1993 年 4 月，县政府印发《关于进一步加快工业经济发展的暂行规定》，强调要认真落实企业经营自主权，凡国家及省、市、县人民政府赋予企业的自主权，要不折不扣地落实到企业，对侵犯企业自主权的，企业有权申诉，受诉部门依法查处，保护企业合法权益。鼓励企业进行技术改造，给予年增利税超过 100 万元以上的企业按新增利税的 5% 奖励有功人员；科技开发填补市内空白的新产品，减免产品税或增值税 1 年，填补省以上空白的减免产品税或增值税 1 年。鼓励引进人才，凡开发省以上新产品或取得技术攻关重大成果的科技人员，授予“技术拔尖人才”称号，并由企业予以重奖。

1993 年 6 月，全县工业企业全部实行厂长承包经营责任制，并由此进入整顿、优化、改制、重组期。

第三节 产权制度改革

1993 年，金乡县本着“先起步、后规范”的原则，全方位、多形式推进企业产权制度改革。新建企业实行股份制经营，原有国有企业改组为股份制，集体企业、乡镇企业推行股份合作制。承包企业改组为股份制后，其上缴与原承包合同衔接，国家股所分红利作为国家股增值扩股，仍留给企业发展生产。企业法人股和个人收入股所分红利留给企业发展的，免交所得税和个人调节税。股份制企业招收集资入股职工，不受城乡及区域限制，由企业自行决定录用。对微利企业实行还本承包、租赁经营或国有私营。对经营管理不善，长期亏损严重的企业予以公开拍卖。拍卖可将企业资产整体出售，也可部分折股分散出售。购买者可以是企业、事业单位，也可以是个人或者集团。同等条件下，本企业职工优先。鼓励企业以参股、控股、兼并、承包等形式组建企业联合体或企业集团。企业联合体（集团）内相互配套的产品或配套件，免征中间环节产品税。有条件的企业集团，可建立财务公司，在内部融通资金，经人民银行批准，可向社会集资或发行债券。

1995 年 10 月，对全县净资产 1000 万元以下的工业企业、200 万元以下流通企业的公有资产全部进行公开拍卖或兼并。县磷肥厂被化肥厂兼并，县塑料厂拍卖给个人。围绕优势产品扩张、资源加工龙头带动、产品联结配套、科工贸一体化四个重点，运用参股、控股、兼并、联合、破产、拍卖等方式组建了金曼克电气集团、金利纺织集团等集团公司，促进了优势企业规模扩张。同时，在全县工业企业中进行了以股份制和股份合作制为主要形式的改革，把企业推向市场，引导企业全面实行管理人员聘任制、全员劳动合同制和岗位技能工资制。

第二章 工业总体概况

第一节 工业结构

组织结构

1991 年年初，金乡县全部工业企业有 4319 家。其中乡及乡以上全部工业企业 143 家，农村村办工业企业 138 家，农村合作经营企业 755 家，农村个体工业企业 3283 家。在乡及乡以上全部工业企业中，全民所有制工业企业 31 家，其中县属 23 家；集体所有制工业企业 112 家，其中县属 15 家，乡办 91 家。全部乡及乡以上独立核算工业企业 98 家，其中县以上独立核算工业企业 26 家（全民所有制企业 18 家，分别是变压器厂、油管厂、化肥厂、水泥厂、砖瓦厂、无线电厂、供电局、电器厂、丝织厂、酒厂、印刷厂、面粉厂、饲料加工厂、自来水厂、肉联厂、首钢金乡肉联公司、磷肥厂、粮食局浸出油厂；集体所有制企业 8 家，分别是轻工机械厂、塑料厂、服装厂、棉一厂、棉二厂、棉三厂、棉四厂、棉五厂）。

1995 年，全县全部工业企业减至 3690 家。其中乡及乡以上工业企业增加到 160 家，农村村办工业企业增加到 188 家，农村合作经营企业减至 692 家，农村个体工业企业减至 2650 家。在乡及乡以上全部工业企业中，全民所有制工业企业减至 28 家，其中县属 25 家；集体所有制工业企业 131 家，其中县属 25 家，乡办 98 家。全部乡及乡以上独立核算工业企业 124 家，其中县以上独立核算工业企业 26 家（含省属企业 1 家）。

1996 年，全县全部工业企业 3134 家，较 1995 年减少 556 家。其中乡及乡以上工业企业 133 家，较 1995 年减少 27 家；农村村办工业 187 家，较 1995 年减少 1 家；农村联营工业 642 家，较 1995 年减少 50 家，农村个体工业 2172 家，较 1995 年减少 478 家。在乡及乡以上全部工业企业中，国有企业 25 家，集体企业 97 家，股份制企业企业 8 家，联营企业 2 家，外商投资企业 1 家。1997 年，全县乡及乡以上工业企业 117 家，其中大型企业 1 家、中型企业 7 家、小型企业 109 家；独立核算工业企业 109 家。

1998 年，在销售收入 500 万元以上的 29 家企业中，国有企业 8 家、集体企业 15 家、股份合

作制及股份有限公司 5 家、私营企业 1 家，形成了以金曼克电气集团股份有限公司、金贵酒厂和金利纺织集团为龙头的 7 家大中型工业企业。此后，随着企业改制和结构调整，企业组织结构日趋完善，企业规模不断壮大，至 2002 年，全县规模以上工业企业 46 家，比 1998 年增加 17 家；规模以下工业企业2126家,比1998年增加909家。在规模以上工业企业中，国有企业 3 家，集体企业 7 家，股份合作企业 1 家，有限责任公司 2 家，股份有限公司 2 家，私营企业 29 家，港澳台商投资企业 1 家，外商投资企业 1 家。在规模以下工业企业中，集体企业 72 家，股份有限公司 43 家，私营企业 271 家，个体工业 1740 家。

2004 年，全县规模以上工业企业 95 家，规模以下工业企业 3573 家。在规模以上工业企业中，国有企业 3 家，集体企业 2 家，股份合作企业 6 家，有限责任公司 5 家，股份有限公司 5 家，私营企业 64 家，其他内资企业 7 家，港澳台商投资企业 1 家，外商投资企业 2 家。在规模以下工业企业中，集体企业 9 家，股份有限公司 8 家，私营企业 422 家，个体工业 3060 家，其他企业 78 家。

2005 年，全县规模以上工业企业 124 家，比 1998 年增加 95 家；规模以下工业企业 3714 家，比 1998 年增加 2497 家。在规模以下工业企业中，集体企业 9 家，股份有限公司 8 家，私营企业 445 家，个体工业 3172 家，其他企业 80 家。

1990~1996 年金乡县工业企业组成情况表（一）

表 11-2-1　　单位：家

年度	企业数量	其中										
		乡及乡以上全部工业	其中							农村村办工业企业	农村合作经营企业	农村个体工业企业
			全民（国有）		集体		股份制经济	联营经济	中外合资经营企业			
			数量	其中县属	数量	其中乡办						
1990	4197	136	30	22	106	90	—	—	—	127	736	3198
1991	4319	143	31	23	112	91	—	—	—	138	755	3283
1992	4691	152	34	21	118	100	—	—	—	168	923	3448
1993	7153	156	31	30	125	104	—	—	—	194	991	5812
1994	6451	167	29	27	131	103	6	—	1	163	1505	4616
1995	3690	160	28	25	131	98	—	—	1	188	692	2650
1996	3134	133	25	25	97	89	8	2	1	187	642	2172

1998~2005 年金乡县工业企业组成情况表（二）

表 11-2-2　　单位：家

年度	规模以上工业企业	规模以下工业企业						
		企业总计	在总计中农村工业	其中				
				集体企业	股份有限公司	私营企业	其他企业	个体工业
1998	29	1217	1204	126	—	210	—	881
1999	21	1934	1919	88	10	44	2	1790
2000	21	1761	1748	85	16	95	1	1564
2001	21	1766	1754	67	37	92	—	1570
2002	46	2126	2112	72	43	271	—	1740
2003	68	2126	2112	72	43	271	—	1740

续表 11-2-2

年度	规模以上工业企业	规模以下工业企业						
		企业总计	在总计中农村工业	其中				
				集体企业	股份有限公司	私营企业	其他企业	个体工业
2004	95	3573	3557	9	8	422	78	3060
2005	124	3714	3698	9	8	445	80	3172

产业结构

1991 年，金乡县工业主导产业有以农机修造和轻工机械制造为主的机械工业，以变压器等电器制造为主的电器工业，以酿酒和糕点制作为主的食品工业，以化肥生产为主的化学工业，以生产水泥、砖瓦、石料石灰为主的建材工业，以粮棉油加工和木材加工为主的加工工业，还有纺织、服装、造纸、印刷等其他产业。

1993 年 8 月，中共金乡县委针对金乡县成为全国闻名的“大蒜之乡”后缺乏龙头企业带动和工业没有资源依托支撑的情况，作出《关于实施“农贸带动”战略，加快发展金乡经济的决议》。全县在调整农业种植业结构的同时调整工业产业结构，大力发展以大蒜为主的农副产品加工工业，建立龙头企业，增加拳头产品，使产品优势变为商品优势。

1997 年 1 月，济宁金桥煤矿在经历了 30 余年的勘探、选址后正式开工建设，自此，金乡县又有了新的工业产业——煤炭工业。

2005 年，全县工业产业结构趋于合理，变压器制造、酿酒和糕点制作等食品工业、大蒜蔬菜等农副产品精深加工和化肥、纺织、服装、煤炭等主导产业竞争优势更加突出，其中，大蒜蔬菜等农副产品精深加工规模以上工业企业 20 余家，在全县工业经济中的比重稳步提升。造纸、水泥和石料石灰生产等一些技术含量低，能耗高，污染大，竞争能力弱的产业逐步被淘汰。

投资结构

1990 年前，金乡县工业得到快速发展，但多数工业企业产能低，技术含量和产品附加值不高，产品销售不畅。

1991 年 3 月，县政府以金政发〔1991〕6 号文下发《关于工业企业技术进步工作若干规定》。要求：建立和完善技术进步考核体系；设立技术进步基金；抓好引进国外先进技术和消化吸收工作；大力发展新产品，推广应用新技术；建立健全技术开发机构；强化技术进步的计划管理；提高产品质量；加强对企业技术进步工作的领导。当年，全县工业、建筑业投入设备更新和技术改造资金 2712 万元。1992 年，全民工业企业完成更新改造项目投资 1107 万元。

1995 年，县以上全民和集体工业制造业完成固定资产投资 7500 万元，其中完成更新改造投资 4317 万元；1996 年，完成固定资产投资 7658 万元，其中完成更新改造投资 6998 万元；1997 年，完成投资 3677 万元，其中更新改造投资 3322 万元。

1998 年，全县煤炭采选业完成固定资产投资 5726 万元，制造业完成固定资产投资 3202 万元，其中完成更新改造投资 2105 万元；1999 年，煤炭采选业完成固定资产投资 5432 万元，制造业完成固定资产投资 3101 万元，其中完成更新改造投资 2951 万元；2000 年，煤炭采选业完成固定资产投资 1916 万元，制造业完成固定资产投资 3589 万元，全部用于更新改造；2001 年，煤炭采选业完成固定资产投资 3106 万元，制造业完成固定资产投资 7331 万元，其中完成更新改造投资 6614 万元，分别比 2000 年增加 1.04 倍、0.84 倍。2002 年，煤炭采选业完成固定资产投资 7695 万元，制造业完成固定资产投资 6177 万元，其中完成更新改造投资 5929 万元。

2004 年，全县采矿业和制造业固定资产投资大幅增加，开始向高新技术项目倾斜。当年，煤炭开采和洗选业完成固定资产投资 1.64 亿元，是

1998 年的 2.86 倍；制造业完成固定资产投资 2.27 亿元，其中完成更新改造投资 7881 万元，分别是 1998 年的 7.1 倍、3.74 倍。2005 年，采矿业完成固定资产投资 1.42 亿元，较 2004 年略有减少；制造业固定资产投资猛增至 6.04 亿元，是 1998 年的 18.88 倍，占当年全社会固定资产投资的近三分之一。

第二节　工业产值

1990 年，金乡县全部工业总产值 5.32 亿元（当年价），其中全民所有制工业企业 1.26 亿元；集体所有制工业企业 2.18 亿元；村办工业 4879 万元；农村合作经营工业 6895 万元；农村个体工业 7038 万元。

1991 年，全部工业总产值 6.2 亿元，较 1990 年增长 16.38%。1995 年，全部工业总产值 42.31 亿元，是 1990 年的 7.95 倍。其中全民所有制工业企业产值 4.43 亿元，集体所有制工业企业产值 11.84 亿元，分别是 1990 年的 3.5 倍、5.43 倍。

1996 年，因市场疲软，产品销售不畅，全县 118 家独立核算工业企业中有 12 家亏损，全部工业总产值 25.69 亿元（按现行价格新规定），除全民工业企业实现产值 4.42 亿元，与 1995 年大体持平外，集体和其他工业企业产值均有较大幅度下降。

1997 年，全县全部工业总产值继续减少，为 17.97 亿元，其中乡及乡以上工业总产值 13.42 亿元。

1998 年，全部工业总产值再减至 16.07 亿元，为 1994 年以后最低。主要原因是县化工股份有限公司、金曼克电气（集团）机械有限公司等 7 家企业出现了较大亏损。但金曼克集团、金贵酒厂、金利纺织集团三大支柱企业当年仍上缴财政 8817 万元，占全县财政总收入的 59.5%。

1999 年 3 月，九届全国人大二次会议明确非公有制经济是社会主义市场经济的重要组成部分。当年全县工业企业改革步伐加快，部分企业重新焕发生机。民营工业企业异军突起。全县工业总产值 17.95 亿元，比 1998 年增长 11.7%。

2001 年 12 月，中国正式加入世贸组织（WTO）。县政府加快职能转换和企业结构调整，组织企业积极开拓国外市场，参与国际竞争，产品质量不断提高，经济效益显著上升，全部工业总产值 23.78 亿元，比 2000 年增长 11.7%。

2003 年，工业生产快速增长，全部工业总产值完成 42 亿元，比 2002 年增长 40.73%。全县规模以上工业增加值完成 7.04 亿元，比 2002 年增长 62.64%，其中国有工业企业完成增加值 1.45 亿元，集体工业企业完成增加值 4910 万元，非公有制企业完成增加值 5.1 亿元，非公有制经济成为拉动工业增长的主力军。规模以上工业企业经济效益明显提高，全县规模工业实现产品销售收入 16.27 亿元，比 2002 年增长 27.3%；实现利润 7289 万元，比 2002 年增长 34.9%；实现利税 1.49 亿元，比 2002 年增长 22.7%。

2005 年，工业经济运行质量势头良好，经济效益稳中有升。全部工业总产值由 1998 年的 16.07 亿元猛增到 80.69 亿元，是 1990 年全部工业总产值的 15.04 倍。规模以上工业企业由 2004 年的 95 家猛增到 124 家，规模以上工业企业完成工业总产值 44.79 亿元，其中国有企业完成 4.19 亿元，集体企业完成 1.07 亿元，股份合作企业完成 2.43 亿元，股份制企业完成 26.29 亿元，外商及港澳台商投资企业完成 4.35 亿元，其他经济类型企业完成 6.47 亿元。全县规模以上工业完成工业增加值 11.68 亿元，比 2004 年增长 4.99%。规模以上工业完成产品销售收入 38.68 亿元，比 2004 年增长 47.97%；实现利税 2.3 亿元，比 2004 年增长 9.1%；实现利润 1.2 亿元，比 2004 年增长 6.35%。全县完成高新技术产业总产值 8.5 亿元，比 2004 年的 5.45 亿元增长 55.8%，占总产值的 10.53%。

1990~1996 年金乡县全部工业企业总产值

表 11-2-3

单位：万元

年度	全部工业总产值	其中							
		全民企业	集体企业	股份制经济	联营经济	中外合资经济	农村村办	农村合作	农村个体
1990	53248	12635	21801	—	—	—	4879	6895	7038
1991	61970	14655	27101	—	—	—	5669	7149	7396
1992	94224	19719	38017	—	—	—	10106	12982	13400
1993	143075	26510	47457	—	—	—	17912	24577	26619
1994	273147	28061	83921	7186	—	8572	44888	48590	51930
1995	423147	44254	118399	未统计	—	未统计	75569	72978	102212
1996	256924	44222	63512	3945	1291	300	31046	47055	65553

1991~1997 年乡及乡以上独立核算工业企业主要经济指标一览表

表 11-2-4

年度	企业单位数（个）		工业总产值（万元）	工业增加值（万元）	产品销售收入（万元）	利润总额（万元）	利税总额（万元）	年末职工人数（人）
	总计	其中亏损						
1991	98	11	39126	—	38656	1309	1436	12129
1992	105	4	53510	10110	47032	1603	1653	14590
1993	120	20	66901	19996	65400	−2139	2762	15371
1994	129	10	118038	33001	82481	3532	6939	16640
1995	124	7	170799	44441	129444	6634	4137	16706
1996	118	12	111770	29261	122136	7765	15216	17003
1997	109	13	134196	35976	128163	6972	17458	15763

1997~2005 年金乡县全部工业企业单位数及工业总产值（一）

表 11-2-5

单位：万元（当年价）

年度	全部工业企业（家）	全部工业总产值	比上年增长（%）	其中限额（规模）以上独立核算工业企业								
				企业家数	工业总产值	工业销售产值	工业增加值	产品销售收入	利税总额	利润总额	固定资产净值	年末从业人数
1997	—	179791	−22.6	109	134196	128423	35976	128163	17458	6972	46341	15673
1998	1246	160661	−5.78	29	85362	78586	23923	85203	13090	5271	39912	9520
1999	1955	179463	11.7	21	85907	79624	27349	94988	13722	6705	42729	7891
2000	1782	212908	18.64	21	82985	90202	29292	105099	14761	6060	45415	7749
2001	1787	237815	11.7	21	87128	91415	36319	106472	11333	3437	49729	8927

续表 11-2-5

年度	全部工业企业（家）	全部工业总产值	比上年增长（%）	其中限额（规模）以上独立核算工业企业								
				企业家数	工业总产值	工业销售产值	工业增加值	产品销售收入	利税总额	利润总额	固定资产净值	年末从业人数
2002	2150	298054	25.5	46	104452	103354	42918	127846	12165	5403	681758	12934
2003	2194	420019	40.73	68	152307	147945	70427	162745	14927	7289	80482	14360
2004	3668	602057	43.33	95	293194	283361	111267	261383	21120	11300	103578	13785
2005	3838	806946	33	124	447935	428331	116822	386779	23044	12018	121943	33967
说明	1997 年限额以上独立核算工业企业栏中各项数值为乡及乡以上全部工业企业数值											

1998~2005 年金乡县全部工业企业单位数及工业总产值（二）

表 11-2-6 单位：万元

年度	其中限额（规模）以下工业企业									
	企业单位总计（家）	在总计中农村工业	其中					工业总产值	上缴税金	年末从业人数
			集体企业	股份有限公司	私营企业	其他企业	个体工业			
1998	1217	1204	126	—	210	—	881	75298.8	2200.6	17249
1999	1934	1919	88	10	44	2	1790	93556	3659	14105
2000	1761	1748	85	16	95	1	1564	129923	3795	14479
2001	1766	1754	67	37	92	—	1570	150687	2333	17263
2002	2126	2112	72	43	271	—	1740	193602	2621	21655
2003	2126	2112	72	43	271	—	1740	267712	3055	23617
2004	3573	3557	9	8	422	78	3060	308823	—	24293
2005	3714	3698	9	8	445	80	3172	359011	—	24907

第三章 工业门类

第一节 电 器

变压器

1991~2005 年，金乡县生产变压器的工业企业有山东省金曼克电气集团股份有限公司、济宁市特种变压器厂、山东省金乡县金曼克变压器有限公司、山东金变电气有限公司。其间，共生产各种电力变压器 2122.19 万千伏安。其中 2005 年生产变压器 335.46 万千伏安，是 1990 年 49.89 万千伏安的 6.72 倍；总产值 5.29 亿元，是 1990 年 3764 万元（现价）的 14.06 倍；产品销售收入 3.26 亿元，是 1990 年 2492 万元的 14.06 倍；利税 2084 万元，是 1990 年 419 万元的 4.97 倍；利润 1091 万元，是 1990 年 240 万元的 4.55 倍。

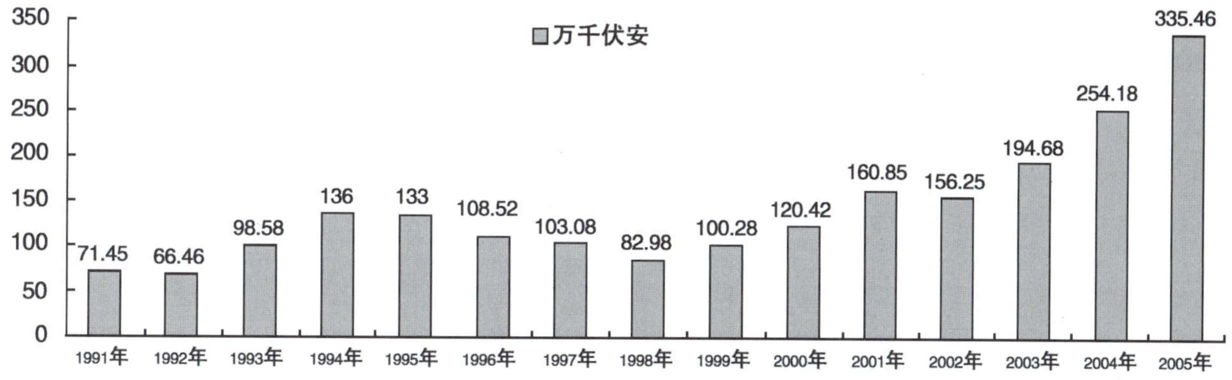

图 11-1　1991~2005 年金乡县生产电力变压器总量图

山东省金曼克电气集团股份有限公司

前身是金乡变压器厂，始建于 1967 年 2 月。1993 年 8 月实行股份制改造，更名为山东省金曼克电气股份有限公司，1995 年 10 月更名为山东省金曼克电气集团股份有限公司。股本结构为国有股 52.9%，职工个人股 47.1%。1998 年通过股权转让与外商合资，经对外经济贸易部批准，注册为中外合资企业。股本结构为：国有股占 37%，职工股占 33%，外资占 30%。公司注册资本 7559.5 万元，资产总额 3.0457 亿元，占地面积 6.441 万平方米，建筑面积 4 万平方米。此后，几经改组改制，成为一家大型中外合资股份制企业。

1987 年前，金乡变压器厂主要生产油浸式变压器，产品单一，技术含量低，在全国变压器行业中排序 200 多位。1987 年曾停产 3 个月，接近亏损边缘。1988 年，该厂瞄准世界先进水平，抢占变压器国际市场制高点，直接引进在国际上处于领先地位的德国曼克瑞士特公司干式变压器生产技术，并积极与山东大学、西安交通大学、清华同方等名牌大学、科研单位联合进行科技攻关，邀请专家长期指导或直接参与企业新产品研究开发，加快企业自身科技创新进程。

1989 年，成功推出第一台 STSL7-20000/110 变压器，并通过省级鉴定，成为全国生产大型变压器的厂家。1990 年后，又采用德国环氧树脂真空浇注处理系统和比利时自动数控剪切线设备，以及从德国和日本进口的专用材料，先后开发出有载调压、船用、海洋平台专用、核电专用等 290 多个品种的干式变压器，填补国家空白 12 项，申请国家专利 16 项，其中 SC9 系列产品，以其独特的专利技术指标优势，处于国内领先水平，创出中国电气行业著名的“金曼克”品牌。

1994 年，其质量体系通过核电 IE 级认证。

1996 年，在全国电气行业率先通过中国 CSQA 和 ISO 9001 质量体系认证、ISO 14001 环境体系认证，荣获“中国名牌产品”“产品质量国家免检”证书。

图 11-2　1999 年金曼克电器集团股份有限公司

1999 年，开发研制出 110 千伏干式变压器，同年 11 月，通过国家有关部门鉴定。后又开发出 35 千伏安级变压器，填补国内空白。其开发的 10000 千伏安大型变压器，填补了亚洲空白。其生产的海洋平台船用变压器、分体组装变压器，解决了变压器上山、上楼安装运输问题。特别是开发生产的 16000/35 高电压、大容量特大型干式变压器，通过国家变压器质量检测中心全部项目试验，其各项性能指标优于国家标准要求，挂网运行一次成功。

2000~2005年，不断改进生产工艺，采用新技术、新材料，对产品结构、性能进行改进，先后开发生产出6代产品，荣获国家13项专利，填补15项国家空白和一项世界空白，具有完全自主知识产权。2005年12月，被山东省科技厅批准为“山东省干式电力变压器工程技术研究中心”。

图 11-3　1999年金曼克变压器生产车间

公司产品涵盖10千伏~110千伏电压等级，容量50千伏安~31500千伏安。产品种类包括输变电和输配电常规干式变压器，有载调压、整流牵引、核电用、船用、高海拔用、励磁变等特殊干式电力变压器，具有安全性能高、耐冲击力强、损耗低、噪声小、外表美观等特点，主要技术指标优于同类企业产品水平，是中国唯一生产110千伏级产品、唯一生产在高海拔地区使用（青藏铁路）产品、唯一通过意大利CESI产品试验的厂家。产品先后通过中国船级社和法国BCQI国际认证公司现场审核，并获得中国、美国、德国、英国四个认证证书，跨入世界大型干式变压器生产企业行列。

“金曼克”作为世界知名品牌，长期服务于国家电网、三峡工程、中国铁路建设、南水北调、西电东输等国家重点工程，成功为北京人民大会堂、首都机场、中央电视塔、长江三峡工程、黄河小浪底工程、上海地铁、青藏铁路、国家大型电厂等8000多个重点工程提供满意产品和优质服务，市场占有率30%。2006年，公司以384台、占51%的份额，在青藏铁路工程中标，与德国西门子公司平分秋色，创造了高海拔安全运行新纪录。

公司先后荣获山东名牌、山东省政府产品质量奖、中国免检产品、山东省节能奖、山东省专利明星企业、山东省机械工业先进单位、中国500家最大电器机械器材制造企业、济宁市技术进步先进企业、济宁市经济效益支柱企业、济宁市明星企业等荣誉称号。

1991~2005年山东省金曼克电气集团股份有限公司主要经济指标一览表

表 11-3-1　　单位：万元（现行价）

年度	工业总产值	工业销售产值	固定资产净值	产品销售收入	利润总额	利税总额	平均职工人数
1991	1849.3	2069	738.5	1796	240	340	—
1992	4502.3	5192	2084.2	2352	273	367.8	—
1993	8883	11135	955(平均余额)	7243	407	1017	—
1994	13102	19005	1796(平均余额)	8132	467	1648.5	627
1995	14607	20631	3228	12230	3171	4014	752
1996	14789	15019	4127	15787	4300	5702	790
1997	13323	12904	6865	15921	4876	6322	798
1998	14260	13850	8018	16105	4682	6518	798
1999	16421	15711	7936	16980	4480	6020	802
2000	15566	14479	7336	17051	3680	5407	802

续表 11-3-1

年 度	工业总产值	工业销售产值	固定资产净值	产品销售收入	利润总额	利税总额	平均职工人数
2001	16047	16037	6784	12433	1661	2365	802
2002	15027	14637	6575	12906	2411	3123	802
2003	11875	11801	7800	13381	1412	2146	904
2004	29190	28696	7621	17065	463	1372	803
2005	39322	33162	7034	21366	843	1611	803

山东金变电气有限公司

前身是始建于 1993 年的山东省金乡电力变压器厂。公司地址在山东省金乡县高河工业园 2 号，占地面积 2500 平方米，建筑面积 12200 平方米。公司有员工 118 人，其中工程技术管理人员 36 人。主导产品为油浸式变压器、干式变压器、组合箱式变电站、高低压配电装置。2005 年，通过 CNAB 认证机构 ISO 9001 ：2000 国际质量管理体系认证。公司已通过国家机械工业局产品实施强制性标准认证，是国家质量检测协会团体会员。变压器系列产品均通过国家变压器质量检测中心颁发的合格证书，是国家电网建设与改造所需产品定点企业。主导产品中 S11 型油浸变压器、SCB10 环氧树脂浇注干式变压器、SGB10 非封包干式变压器和非晶合金变压器，均属国内、国际新型节能环保产品。具有安全性能高，耐冲击力强，损耗低，噪声小，外型美观等质量特点。主要性能技术指标均达到或高于国家标准。

公司实行董事会领导下的总经理负责制，按照现代企业管理规范的要求实行所有权与经营权相分离的管理体制，努力创建适合公司发展的务实、高效、灵活的组织管理体系。2006 年 11 月改制为股份制有限公司，注册资金 3000 万元。

2002~2005 年山东金变电气有限公司主要经济指标一览表

表 11-3-2　　单位：万元（现行价）

年度	工业总产值	工业销售产值	固定资产总值	产品销售收入	利润总额	利税总额	平均职工人数
2002	420	411	22.9	511	56.1	94.7	18
2003	1990	1964	24	1780	35	63	28
2004	3314	3545	339	3545	186	332	46
2005	8800	7400	528	7400	190	263	56

山东省金乡县金曼克变压器有限公司

是 1998 年成立的一家民营股份制企业，建立之初注册资本 50 万元。至 2005 年，公司占地面积 52 亩，建筑面积近 3 万平方米，固定资产 5000 万元，职工 178 人，其中各种技术人员 68 人，组建设计研发队伍 16 支。公司拥有 2 条全自动硅钢生产线、2 个大型真空罐、1 套干式变压器线圈浇注设备、2 台大型箔式绕线机、1 套国内最先进的喷沙设备等近 200 台先进的生产加工设备和检测设备，年生产能力 350 万千伏安。经过多年发展，公司从一个小型企业发展成为规模以上、在国内外具有一定竞争力的变压器生产企业，形成了比较完善的生产管理体系和销售网络，市场信誉和品牌已初步形成，产品出口印尼、泰国、越南、苏丹等国家。2004 年，公司产品通过了国家 3C 认证。

1999~2005年山东省金乡县金曼克变压器有限公司主要经济指标一览表

表 11-3-3　　　　单位：万元（现行价）

年 度	工业总产值	工业销售产值	固定资产净值	产品销售收入	利润总额	利税总额	平均职工人数
1999	946	1138	962	1257	17.2	61.6	129
2000	991	1058	309	1274	37.3	113.8	125
2001	1128	1228	235	1319	20.9	97.5	138
2002	1586	1628	328	1824	337	421	138
2003	4722	3221	531	3344	400	523	168
2004	6007	5618	—	3669	34.3	207	208
2005	4801	4858	495.9	3859	58	210	180

其他电器

1991~2005年，金乡县除有生产变压器的企业外，还有2家生产其他电器的厂家，分别是金乡县电器制造有限公司和县供电公司所属的金地电力有限责任公司。

金乡县电器制造有限公司

前身是1985年2月建立的金乡县电器制造厂。1993年7月，更名为金乡县电器制造有限公司，有职工102人，其中干部6人，工人96人。

1990年，市场疲软，公司生产总值82万元，利润1.7万元。1991~1992年，公司先后新上剪板机、折板机、机床等新设备。主要产品有组合式变电站和无人值守变电所所需设备、低压配电装置（XGN、GGD、KYN等）、新型路灯、霓虹灯、大型广告牌、配电盘、老年人力三轮车等。产品销往山东、江苏、安徽、河南、河北、深圳、广州等地供变电系统及全国各大矿区。

1994年，公司濒临破产倒闭边缘。1995年8月，公司68名干部职工共同出资50万元，注册成立金乡县电器制造有限公司。改制后，公司致力于电力系统高新技术产品的研究开发。

1997~2002年，陆续开发出干式有载分接开关、高压无功自动补偿装置两种系列产品，其中干式有载分接开关获得一项国家专利，并于1998年列为国家级重点新产品；高压无功自动补偿装置系列产品获得三项国家专利，于1999年12月20日通过山东省科学技术委员会的鉴定，鉴定结论认为："该项目产品属国内创新，填补了国内空白，达到国内领先水平，其中真空灭弧技术达到国际先进水平"。"金人"品牌产品迅速在市场上推广，知名度不断提高。2003~2005年，公司销售收入连续3年过500万元。

公司先后被认定为省级高新技术企业、济宁市中小型科技企业、济宁市优秀民营科技企业。2005年，公司被济宁市人民政府认定为高压无功自动补偿企业技术研究中心。

2003~2005年金乡县电器制造有限公司主要经济指标一览表

表 11-3-4　　　　单位：万元（现行价）

年 度	工业总产值	工业销售产值	固定资产净值年均余额	产品销售收入	利润总额	利税总额	平均职工人数
2003	1832	1414	153.9	832	5.8	37.9	86
2004	597.2	770.1	51.5	505	−9.5	16.8	86
2005	900	864.2	47.5	730.5	−16.5	10	82

金乡县金地电力有限责任公司

前身是1987年成立的金乡县供电公司综合服务公司；1992年改称金乡县供电局实业公司；2002年1月对实业公司进行产权改革，成立金地电力有限责任公司。公司下辖电力金具铁件加工车间、电力电缆车间、电器设备供应销售部等8个单位，注册资本820万元。

公司主要生产10千伏~110千伏电压等级金具铁件、线路铁件、电力电缆和高、低压配电盘等，产品均符合国家标准。生产的低压设备GGD系列、XL动力柜及XLJ型计量箱，电线电缆BV、BLV，护套电缆BVVB、BLVVB等产品通过了3C认证。

2005年，公司实现总产值932.6万元，销售产值984.7万元，主营业务收入957.4万元，实现利税40.9万元，利润1万元。（详见第十二篇第五章第一节）

第二节 机 械

1991~2005年，金乡县机械工业品主要有金乡县机械制造股份有限公司生产的各种柴油机、拖拉机输油管、气刹管、12马力拖拉机变速箱、高压、超高压橡胶软管；金乡县轻工机械厂生产的各种型号农用水泵，机床垫铁，拖拉机轮圈，小型榨油机，欧式、美式、普通式三大系列套环；兴隆乡机械厂生产的粮食熏蒸机等。

金乡县机械制造股份有限公司

1993年9月，金乡县油管厂更名为金乡县机械制造股份有限公司，内设党委、政工、工会、团委、财务、生产、设备、质管、开发、技术、行政管理11个科室及后方（维修）、取力器、机加工、铸造、冲压、胶管、油管、变速箱8个车间。1995年，有职工722人，其中管理人员90人，技术人员51人。主要生产设备205台，固定资产净值1035.9万元。

1990年前，县油管厂生产的各种柴油机和拖拉机输油管、气刹管及12马力拖拉机变速箱，不适应市场需求，销售滞缓、部分产品积压。1991年年初，改产矿业、油田运输机械，农业机械等高压、超高压橡胶软管总成。同年7月，被国家命名为定点生产厂，产品销往枣庄、兖州、淄博、肥城、大同等矿务局，并打开国际市场。10月，出口前苏联软胶管1.18万支，创汇119.22万元。至年底，实现工业产值（现价）974万元，销售收入894.2万元，实现利润44.7万元，税金11万元。

1992年10月，出口俄罗斯软管2.88万支。1993年1月在深圳和港商合资，成立中外合资聚烯高压软管有限公司，港商投资40万元港币。同年，出口俄罗斯软胶管1.56万支，创汇156万元。

1994年4月，与金乡县变压器厂合并，成立山东省金曼克电气（集团）机械有限公司。当年，公司组织10人科技攻关小组，100天内拿出有载分节开关样品，经国家设在西安的定点试验中心进行破坏性试验，一次获得成功。1995年，经国家鉴定验收合格，当年，形成年创效益200多万元的生产线。新上油浸变压器和拖拉机后盖生产线，并投入批量生产。至年底，实现工业产值1959万元，销售收入1402万元，利润2.6万元，税金67.9万元。获山东省经委颁发的省级节能先进企业称号。

1997年，公司利润总额继1993年、1994年出现亏损后再次出现亏损。此后，有公司职工采取承包、股份制等形式另行组织创建企业。从该公司分离出的企业有金乡县强力机械厂、金乡县欣安高压胶管总成有限公司等。金乡县机械制造股份有限公司名存实亡，等待破产。

2004年，全县共生产高压油管4072万件，2005年7147万件。其中欣安高压胶管总成有限公司发展成为规模以上独立核算工业企业，2005年实现总产值2300万元，实现主营业务收入2126万元，利税173.9万元，利润62万元。

1991~1997 年金乡县机械制造股份有限公司主要经济指标一览表

表 11-3-5　　　　单位：万元（现行价）

年 度	工业总产值	工业销售产值	固定资产净值	产品销售收入	利润总额	利税总额	平均职工人数
1991	974	—	379	894	64.7	55.9	—
1992	1230	1186	464	1062	61.6	9.4	—
1993	870	906	854	—	−219	—	—
1994	1110	1119	813	826	−249	—	716
1995	1959	2009	1009	1402	2.6	76.7	714
1996	2323	2086	1018	1701	1.80	107.3	711
1997	2000	2145	980	1955	−33.5	67.8	704

2003~2005 年金乡县欣安高压胶管总成有限公司主要经济指标一览表

表 11-3-6　　　　单位：万元（现行价）

年 度	工业总产值	工业销售产值	固定资产净值年均余额	产品销售收入	利润总额	利税总额	平均职工人数
2003	670	560	270	560	16	41	65
2004	1390	1124	232.6	1124	70	177.6	86
2005	2300.8	2126.1	288	2126	62	173.9	77

金乡县通用机械有限公司

前身为金乡县轻工机械厂，成立于 1960 年，是具有独立法人资格的县级集体所有制企业，金乡县机械加工制造行业重点生产企业，隶属于金乡县二轻公司。企业位于金乡县文峰路 70 号，占地约 31 亩，拥有铸造、锻压、机械加工、产品装配等四个车间，职工 121 人。主要产品有水泵、脱粒机、C616 机床垫铁、泰山 12 马力拖拉机轮圈、钢结构大棚等。固定资产原值 63 万元。当年实现产值 179 万元，销售收入 151 万元，利税 3 万元。1993 年 11 月，经县体改委批准，轻工机械厂改制，更名为金乡县通用机械有限公司。注册资本 148.5 万元，其中，轻工机械厂原有资产 144.6 万元，占 97.4%；106 名职工合股基金 3.9 万元，占 2.6%。主要经营农机、机床配件、五金锁具、日用金属制品、建筑用钢结构制造、农机具。

1993 年，停止 TS-12 马力拖拉机轮圈生产，恢复出口套环生产。1994 年 10 月，实行全员劳动合同制，车间单独核算，把经济指标层层分解到各个岗位，根据市场需求，以销定产，及时调整产品结构。1995 年，试制成功小型榨油机，当年产生经济效益。公司还生产 80B50 型、IQ100-200A 型农用水泵、20ZLB-70、28ZLB-70、36ZLB-70 大型轴流泵配件、C616-1 型机床垫铁、TS-12 马力拖拉机轮圈、玻璃钢瓦棚。出口套环形成欧式、美式、普通式三大系列、7 个品种、300 多个规格。五金索具，主要有欧美各式套环、锚、DIN1478 花兰体等系列产品，年生产能力 1000 吨。远销欧美市场。

2005 年，公司有职工 86 人，设铸造、机械加工、总装等 3 个车间，主要产品有外贸出口五金索具系列产品，轴流泵铸件毛坯等，年产值 214 万元，销售收入 213 万元，利税 12 万元。

第三节 酿 酒

山东省金贵酒厂，1970 年组建。1992 年 7 月更名为山东省金贵酒厂。1998 年 12 月组建金贵集团。2002年组建成立金贵酒业有限公司。是金乡唯一生产白酒厂家，为国有中型企业，中国白酒百强企业，山东省白酒十强企业，中国500家最大饮料制造企业之一，无锡轻工业大学实践基地，济宁市经济效益支柱企业，金乡县财政收入支柱企业。

图 11-4　20世纪90年代的金贵酒厂

1991年，酒厂内设厂长办公室、党委办公室、工会、政工科、财务科、供销科、质检科、生产科、行政科、保卫科、劳服公司，有正式职工450人。1992年增设经济监察科、设备科；1995年，增设检察室（县检察院派驻，人员由检察院和酒厂抽调组成）、包装科，有正式职工510人。2005年，从业人员平均人数620人。

1991年，所生产的酱香型金贵酒，因不适应消费者口味而逐渐失去市场，造成产品积压，资金短缺，生产经营陷入困境，濒临倒闭边缘。1993年，有固定资产1100万元，年销售收入1200万元，年实现利税274万元，上缴利税150万元，职工年人均收入1815元。

1993年3月，进行产品结构调整，改产浓香型金贵特曲酒。在无锡轻工业大学和洋河酒厂帮助下，选派100多名各道工序技术人员到五粮液酒厂和洋河酒厂跟班学习；投资240万元，严格按浓香型生产标准改造车间，建立中心化验室，充实检测仪器，施行气相色谱仪分析、计算机勾兑等检测手段。7月，生产出窖香浓郁、绵甜甘冽、香味协调、尾净味长的优质浓香型金贵特曲酒，投放市场深受消费者喜爱，当年获山东省质量免检产品、省优质产品和消费者信得过产品称号。是年，购置机器设备，新上纸箱厂、彩印厂、饮料厂和餐巾纸厂。

1994年，投资400万元改造、扩建特曲车间、金贵车间、老窖车间，年生产能力1000吨；投资80万元，扩建包装车间，增设2条半自动灌装流水线。先后开发出珍品金贵特曲2＃、3＃、7＃系列产品。实行“扎根本地、各个击破、稳扎稳打、逐步推进”的营销策略，在中央、省、市、县电视台做产品广告宣传，制作路牌、悬挂标识、散发宣传品，产品市场不断扩大，市场占有率不断提高。当年，白酒产量1280吨，实现销售收入2090万元，利税900万元，实现扭亏为盈，被评为山东省消费者满意单位、省卫生先进单位，最畅销国产商品金桥奖。

1995年，投资100万元，改造包装车间2处，增设4条半自动灌装流水线；开发出特级珍品、星级珍品和金贵特曲系列（9＃、11＃、12＃）金贵宴，产品向中档、高档低度发展，形成金贵特曲、绵城老窖酒系列100个品种、6个档次。同年，投资600万元，新建集餐饮、住宿、娱乐为一体的金贵大酒店。销售工作采取“占领本地、抢占周边、辐射邻县、逐步向省外市场渗透”的思路，产品销往济宁、鱼台、单县、嘉祥、兖州、汶上等周边地区，以及河北、河南、湖南、湖北、福建、甘肃、北京等地，当年生产白酒1949吨，实现销售收入3620万元，利税1050万元。获中国食品博览会金奖、全国轻工博览会金奖、山东省一轻系统双文明单位、明星企业、功勋企业，最畅销国产商品金桥奖。

1996年11月，在中央电视台1997年度黄金时段广告招标中，以2亿元人民币买断榜眼位置。此后，金贵酒在省外市场占有率逐步提高。1997年，总产量11374吨，实现总产值2.82亿元，销售收入2.81亿元，利税6950万元，利润1247万元。1998年，总产量13150吨，实现总产值2.79亿元，销售收入2.69亿元，利税5638万元，利润1039万元。

1999年后，由于受市场竞争等多方面影响，

金贵系列酒总产量、销售收入等各项经济指标逐年下滑。到2003年，总产量8178吨、总产值11505万元、销售收入1.81亿元，利税2584万元，利润271万元，分别比1998年减少37.8%、58.7%、32.7%、54.2%和73.9%，同年10月18日，金贵酒业与成都川兴酒厂签订5年租赁经营协议，把部分房屋、餐厅、生产线、酒罐折价过户给川兴酒厂用于偿还原欠债务，“金贵”品牌在租赁期间由对方使用。

1994~2005年，金贵酒业先后开发出“金贵”牌特曲系列、“金贵”牌马到成功系列、“金贵”牌古窖系列三大主销产品。“金贵”牌系列白酒以优质高粱、玉米为原料，以中、高温大曲为糖化发酵剂，经60天泥窖发酵，混蒸混烧，缓火蒸馏，量质摘酒，分级储存，精心勾调而成。产品高、中、低度及高、中、低档齐全。特别是“马到成功”和“金贵古窖”系列，产品包装古朴典雅、高档别致，酒体无色透明，窖香浓郁幽雅，口味醇甜丰满，香味协调、净爽，余味悠长，深受全国著名白酒专家沈怡方、高景炎、周复茂、黄业立和广大消费者的好评。1994年，德艺双馨的著名表演艺术家李默然，欣然担任金贵酒业名誉董事长。著名表演艺术家唐国强也为金贵酒业形象代言。“金贵酒业、贵在品质”已成为广大消费者的共识。金贵酒业在山东省白酒行业率先通过ISO 9002国际质量体系认证和ISO 14001国际环境管理认证，先后荣获“山东省白酒行业十强企业”“全国白酒行业优秀企业”“中国食品行业优秀企业”“中国白酒百强企业”等百余项荣誉。金贵酒被评为山东白酒十大品牌，中国名牌产品。

图 11-5　金贵系列酒

1997~2005年，金贵酒业还连续8年在济宁举办向市区困难职工送温暖、献爱心活动，6000余户、2万余名困难职工得到金贵酒业资助。1998年，长江等流域发生特大洪水时，金贵酒厂一次性捐赠价值500万元的救灾物资。

1991~2005年山东金贵酒厂主要经济指标一览表

表 11-3-7　　　　单位：万元（现行价）

年度	工业总产值	工业销售产值	固定资产净值	产品销售收入	利润总额	利税总额	平均职工人数
1991	510	—	783	1010	—	—	—
1992	519	1284	962	1258	—	—	—
1993	893	1490	996	—	—	-1908	—
1994	896	2674	1079	2090	—	—	102
1995	1437	2157	1177	3620	31.4	1050	510
1996	5004	6245	3298	10452	1146	3249	510
1997	28209	28105	5590	28105	1247	6850	560
1998	27863	26440	5791	26894	1039	5638	576
1999	18602	20736	5464	26356	907	5052	516
2000	15176	17500	5371	23841	668	4272	516

续表 11-3-7

年度	工业总产值	工业销售产值	固定资产净值	产品销售收入	利润总额	利税总额	平均职工人数
2001	12878	14608	5240	19726	330	4328	547
2002	11916	12031	5098	18007	298	2958	547
2003	11505	11953	4809	18082	271	2584	516
2004	9990	11056	4633	19950	316	3819	620
2005	10855	13426	4814	14983	296	2979	620

第四节 化 工

化肥

金乡县化肥厂，始建于1969年，时称金乡县氮肥厂，后改称金乡县化肥厂。主要生产氨水，后改产碳酸氢铵。1985年，生产的“金谷”牌碳酸氢铵获山东省优质产品称号，1989年获化工部优质产品称号。1991年，县化肥厂生产氮肥1.81万吨，产值2923万元，盈亏相抵后实现利润142万元，被评为山东省节能先进企业、济宁市先进企业。1992年，生产氮肥2.05万吨，产值3404万元，利润160.1万元；1993年，生产氮肥1.75万吨，产值3420万元，产品销售成本3621万元，比1992年增加683万元，利润为负223万元。

图 11-6　1996年金乡县化肥厂

1994年2月，县化肥厂与县磷肥厂合并改制为金乡县化工股份有限公司，下辖合成氨厂、复合肥厂、磷肥厂、尿素厂和建筑安装公司，有职工993人，其中固定工620人，合同工373人；各类技术人员182人，其中工程技术人员93人，高级职称12人。

合成氨厂　前身是县化肥厂。改制后是县化工股份有限公司主要产品氮肥生产厂和经济来源厂，主要生产碳酸氢铵、商品液氨。

磷肥厂　始建于1972年9月。1991年，生产磷肥1726吨，产值225.5万元（现价）；1992年，生产磷肥1350吨，产值310.8万元；1993年，生产磷肥336吨，产值161万元；1994年改制后生产磷肥854吨。1995年，固定资产209万元，经几次技术改造，逐步形成年产3万吨普钙的生产能力。由于受农业种植结构调整影响，磷肥市场需求量迅速减小，1998年7月磷肥厂停产。

复合肥厂　始建于1994年6月。年产碳酸氢铵复混肥系列万余吨。产品主要成分为氮、磷、钾及农作物需要的各种微量元素，是棉花、玉米、小麦、果树、蔬菜等作物的专用化肥。

尿素厂　1995年4月破土动工，总投资6500万元。有尿素生产设备40台，其中反应器1台，塔器5台，换热器16台，罐8台，其他设备10台。1996年，尿素生产线一次试车成功，所产“金谷”牌尿素投放市场后受到客户青睐。

建筑安装公司　成立于1994年10月，固定资产40万元，是公司新开发的第三产业。主要承包厂内安装、修理及厂外各类安装业务。

1994年企业改制后，生产氮肥2.33万吨，实现产值5592万元，产品销售收入5180万元，利润

2642万元。当年，公司被评为山东省小化肥优秀企业。1995年，生产合成氨3.53万吨、碳酸氢铵14.15万吨，完成工业总产值7737.6万元，实现利税507.84万元。当年，公司被评为全国化肥生产先进企业。

1997年10月，金乡县化工股份有限公司因多种原因停产。职工除少数留护厂外，全部放假。

1991~1998年金乡县化肥厂、化工股份有限公司主要经济指标一览表

表 11-3-8　　单位：万元（现行价）

年度	工业总产值	工业销售产值	固定资产净值	产品销售收入	利润总额	利税总额	平均职工人数
1991	2923	—	1560	2764	142	6.1	—
1992	3404	3029	1729	3157	160	26	—
1993	3420	3830	2339	—	-223	—	—
1994	4339	5495	1749	5180	2642	—	888
1995	7738	7841	1890	7553	508	540	993
1996	6182	5845	2552	5473	517	544	1190
1997	5877	5877	2956	5210	-866	-855	1314
1998	72.2	72.2	2692	25.3	-687	-687	1335

1999年1月，山东峄山化工集团有限公司租赁经营金乡县化工股份有限公司，改称山东峄山化工集团金乡尿素厂，注册资金500万元，员工1150名。主要产品为尿素、碳铵、复合肥、液氨。

2001年3月，企业恢复生产。其间，改造原工艺生产装置，新上H12压缩1台（套），产蒸汽10吨/小时吹风气回收炉1台，放蒸汽10吨/小时沸腾锅炉1台，最高实际生产能力为年产尿素12.4万吨、合成氨7.4万吨。复合肥装置也由峄化集团单独改造、承包生产经营。

2002年9月15日9时，尿素车间发生液氨泄漏事故，造成5人在作业现场死亡。事故原因：对租赁的陈旧设备，未能及时更新，致使氨冷凝器下液管严重腐蚀，管壁减薄，形成漏点，在进行"注胶堵漏"时，管道断裂，液氨泄漏。

2004年，峄化集团金乡尿素厂实现产值1.63亿元、产品销售收入1.54亿元、利税405万元，利润249万元。

2005年6月，终止租赁经营，企业依法进入破产程序。

2001~2004年山东峄山化工集团金乡尿素厂主要经济指标一览表

表 11-3-9　　单位：万元（现行价）

年度	工业总产值	工业销售产值	固定资产净值	产品销售收入	利润总额	利税总额	平均职工人数
2001	13360	13360	8804	14057	105	127	982
2002	13066	13066	8477	12969	-519.7	112.8	979
2003	14569	14569	8611	13874	464	1014	956
2004	16304	16304	8250	15357	249	405	894

2005年9月，金乡化工股份有限公司被青岛润华化工有限公司出资4400万元购买，更名为山东金乡德华化工有限公司，为民营企业。购买之初，接收全部职工1500多名。拥有固定资产净值6838万元。对设备进行全面检查维修，实施技术改造后，当年生产合成氨7.5万吨，尿素12万吨，实现产值8955万元，产品销售收入1811万元。仍为中等生产规模化工生产企业。

塑料制品

金乡县塑料厂，1983年由县橡胶厂改建，县属集体企业。主要以高压聚乙烯为原料，生产塑料编织袋等多种制品。1990年，总产值65.5万元，盈亏相抵后利润总额为负6.4万元。1991年，总产值198.4万元，产品销售收入110.8万元，盈亏相抵后利润总额为负4.1万元。1992年，总产值205.7万元，产品销售收入179.9万元，盈亏相抵后利润总额为负0.5万元。1994年，总产值139.4万元，产品销售收入122.5万元，利润总额为负15万元。

1991~1994年，县塑料厂长期处于停产半停产状态，连年亏损，资不抵债。1995年5月依法破产。同年9月，县服装厂以69万元的价格将其整体收购，更名为金首塑料制品有限公司（地址：县城内西关大街23号），继续生产经营塑料编织袋。

1995年，金乡县生产塑料制品的厂家还有山东省塑料制品厂金乡分厂。

1996年，全县共生产塑料丝、绳及编织品和其他塑料制品1799吨。其中金首塑料制品有限公司、山东省塑料制品厂金乡分厂两家企业，利税和利润总额均为负数。1997年，全县生产塑料制品2077吨。其中山东省塑料制品厂金乡分厂实现产值530万元，销售收入486万元，利润5.6万元。

2005年，全县生产塑料制品和塑胶制品的规模以上企业有山东辉煌塑业有限公司、金乡县阜康塑胶制品厂、金乡县高河乡银月塑胶制品厂、恒海塑料制品有限公司、金乡台鑫塑料制品有限公司。当年，辉煌塑业有限公司产值2840万元，主营业务收入2770万元，利税211.8万元，利润153万元；阜康塑胶制品厂产值1720万元，主营业务收入1493万元，利税107.7万元，利润50万元；高河乡银月塑胶制品厂产值1624万元，主营业务收入1517万元，利税171.5万元，利润76万元；恒海塑料制品有限公司产值1911万元，主营业务收入2012万元，利税39.5万元，利润31.5万元；台鑫塑料制品有限公司产值502.4万元，主营业务收入531.4万元，利税8.8万元，利润3.1万元。

第五节 纺 织

丝纺织

金乡县丝纺织厂为省属企业。1990年前，丝织厂生产的大都是低档化纤产品，销路不畅，产品大量积压。1992年，调整领导班子，上马真丝高档产品，当年扭亏为盈。出口产品有真丝、桑皮缎、素绉缎和电力纺等，主要销往日本、菲律宾、中国香港、美国等20多个国家和地区。内销产品有仿真丝绸、各种人造丝、合成纤绸等。

1995年，丝织厂有职工400人，其中干部35人，工人365人；专业技术人员32人。固定资产668万元。生产设备有：丝织机130台，其中160厘米宽机82台，110厘米窄机48台，转机54台，以及络、并、捻、4吨钢炉、削床、车床及电气焊等，适用于高、中、低档产品分类生产，也可单一产品大规模生产。

1994~1995年，市场疲软，供大于求，该厂产品再度积压，资金流动受到制约，造成亏损，随后破产。

1991~1995 年金乡县丝织厂生产销售情况表

表 11-3-10

年　度	1991	1992	1993	1994	1995
产量（万米）	54	51	104	110	62.3
产值（万元）	362	465	1260	16641	11653
销售收入（万元）	278	257	1197	13101	8914
利税（万元）	-14.5	11	408	0	-84.5
利润（万元）	-12.88	0.1	8	-25	-96.5

棉纺织

金乡棉花加工一厂，前身是1966年初建立的金乡县棉花加工厂。1990年前主要生产白坯布。1991年3月与香港达利公司合资创建金乡县首家中外、境外合资企业——金乡县金利纺织有限公司。随即调整原来的环锭纺设备，引进14台具有国际先进水平的捷克产BD-200SN型气流纺机，形成气流纺和环锭纺共5万纱锭的生产规模。同时，引进60台具有国际先进水平的比利时产GTX-4-R190型剑杆织机和浆染联合机，形成年产牛仔布600万米生产规模，并于1992年正式投产。

图 11-7　1999 年金利纺有限公司

图 11-8　金利纺纺织车间

1991~2003 年金利纺织有限公司主要经济指标一览表

表 11-3-11　　单位：万元（现行价）

年度	工业总产值	工业销售产值	固定资产净值平均余额	产品销售收入	利润总额	利税总额	平均职工人数
1991	5280	—	1468	4883	153.4	50.4	—
1992	7552	6120	1735	5962	112	—	—
1993	7138	6432	2817	—	174	—	—
1994	8571	8400	2190	6771	261.9	—	900
1995	9735	9650	3161	8471	288.8	526.4	1211
1996	18052	15910	6439	18493	582.8	1466	1980
1997	15919	12849	6774	12883	364.1	1080	2028
1998	16092	14141	7029	14408	432.4	1034	2163
1999	18494	13552	6921	14450	472	1041	2213
2000	18559	22070	7297	20312	564.9	2829.2	2339
2001	17035	21184	9787	22089	538.4	2284.8	2230
2003	5070	5282	8483	4192	16.2	146.2	2030

2004年1月，山东樱花集团以2550万元价格收购金利纺织公司，组建成立山东金樱纺织有限公司，属山东樱花纺织集团全资子公司，具有独立法人资格，是集纺织、棉花收购、加工、榨油、汽车修理、蔬菜保鲜等多门类生产经营的中型企业，也是金乡县最大的棉纺织与棉花加工企业。公司注册资本5600万元，占地面积21.38万平方米，有员工1888人，各类专业技术人员200余名。下属控股企业有金樱织布公司、金樱汽车修理厂、金樱棉业有限公司。

金樱织布公司主要生产设备有捷克产BD200SN气流纺机、A0358B混开棉机、A036BS豪猪开棉机、国内最成熟的A454E108S粗纱机、FA-304A-230/FA-304A高速并条机、FA513W-420S细纱机、GA014MD自动络筒机、GTX-1900比利时剑杆织机、天马11-1900意大利剑杆织机、1515系列有梭多臂织机、GA471接经机、1452G-160整经机。拥有环锭纺3.5万锭、气流纺2384头、进口无梭织机92台、有梭多臂大提花织机110台。形成5万纱锭，200台（套）现代化布机的织布能力。主要产品有CP60S、CP80S等中高支环锭纺纱、OE21S气流纺纱、OE7×7斜纹布、JC60×60锻纹布等中高档产品。

2004年，公司生产棉纱2811吨，生产棉布145万米，销售收入4591万元、利税205万元。2005年生产棉纱3959吨，生产棉布302万米，销售收入8390万元、利税297万元、利润124.2万元。先后获得“济宁市百名功勋企业”“济宁市再就业先进单位”“金乡县十强纳税企业”“济宁市管理创新优秀企业”等荣誉。

公司依托山东樱花纺织集团的销售网络，有较稳定的客户群体。主要客户有美国羽世公司、韩国东宇公司、香港世为公司等国际知名企业。

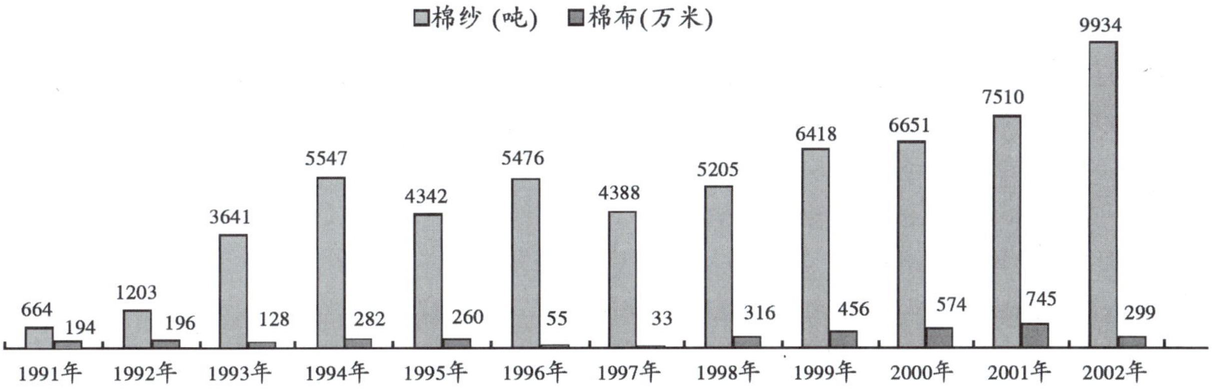

图11-9 1991~2002年金乡县棉纱、棉布产量图

2005年，金乡县规模以上纺织企业还有金乡县振兴纺织有限公司、金乡县龙运纺织有限责任公司。当年，两企业共实现产值4088万元，利税65.2万元，利润53万元。

毛纺织

2002年，金乡县汇达毛纺织有限责任公司产值569万元，产品销售收入470.5万元，利税35万元，利润21.5万元，职工38人。2005年，实现产值2650万元，主营业务收入2853万元，利税316万元，利润165万元，职工270人。

第六节 服 装

1977年，将1958年成立的被服厂改名为金乡县服装厂。主要产品有普通男女四季服装、普通男女童装、防寒服、羽绒服、中高档男女西装（套装）。内设财务科、供销科、生产科、质检科、维修科、缝纫一车间、二车间。该厂全部实行计件工资制，曾与县外贸公司联营，扩大服装

出口。1991~1995 年，总产值 1200 万元，实现利税 48.6 万元。此后受个体制衣业影响，效益一般。

1993~1997 年金乡县服装厂主要经济指标一览表

表 11-3-12　　　　单位：万元（现行价）

年度	工业总产值	固定资产净值	产品销售收入	利润总额	利税总额	平均职工人数
1993	268	47	271	2	—	—
1994	608	70.8	568	1.2	—	200
1995	346	67.9	278	0.4	13.1	180
1996	137	66.7	119	−51.1	−45.4	180
1997	119	69	70.1	−19.2	−6.6	180

2005 年，全县规模以上制衣企业有金乡县衣龙服饰厂一家，当年实现产值 618.7 万元，主营业务收入 530 万元，利税 49.2 万元，利润 38.4 万元。

第七节　建　材

1991~1995 年，金乡县有砖瓦厂 42 家，采石场 6 家，水泥厂 5 家，彩瓦厂 3 家；另有石灰厂、预制件厂、瓷砖厂等。经营体制有国营股份制、集体、合资、个体等。产品除满足金乡建筑需用外，还销往邻县及菏泽、徐州等地。其间，人民住房条件不断改善，砖、瓦和水泥的需要量逐年增加，砖的年产量由 1991 年的 4.55 万万块增加到 1995 年的 8.38 万万块；瓦由 1991 年的 1677 万片增加到 1995 年的 4393 万片；水泥由 1991 年的 7.86 万吨增加到 1995 年的 11 万吨；水泥预制构件由 1991 年的 15 万立方米增加到 1995 年的 47 万立方米；建筑石灰因逐步关停部分采石厂、水泥厂和石灰厂，年产量由 1991 年的 19.88 万吨减少到 1995 年的 11 万吨，到 1997 年减至 6 万吨。

1996~2005 年，砖的年产量在 5.45 万万块到 6.97 万万块之间；瓦的年产量稳定在 1500 余万片左右；水泥年产量 10 万吨左右，2005 年为 28.44 万吨，是前 14 年平均年产量的近 3 倍；水泥预制构件年产量比 1995 年略有减少，但仍保持在 33 万立方米到 42 万立方米之间。

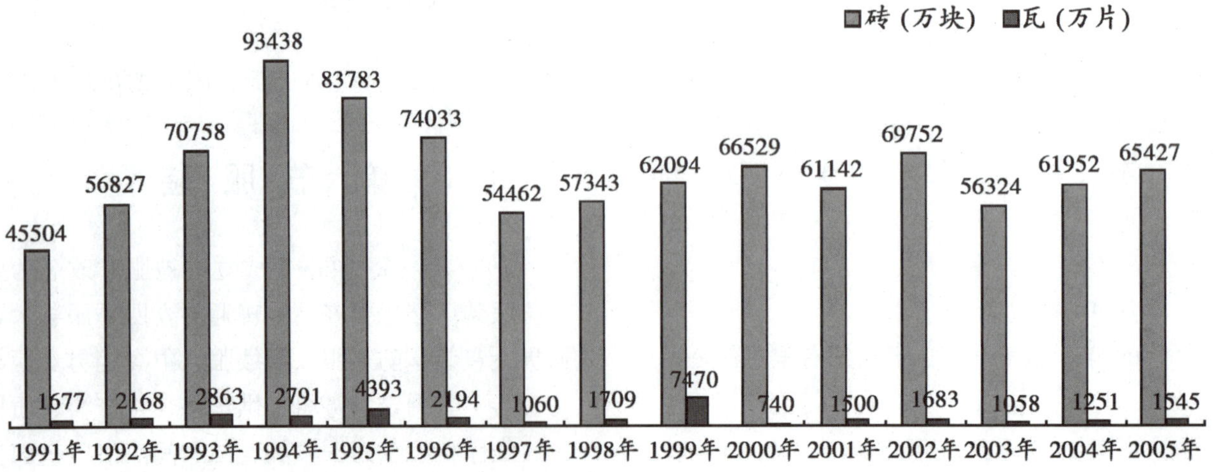

图 11-10　1991~2005 年金乡县砖、瓦年产量图

2005年，金乡县规模以上建材工业企业有：山东金巨有限公司、金乡县金鹰水泥厂、金乡县张翟水泥构件有限公司、金乡县绿地建筑建材厂、金乡县亚新建材厂、金乡县金辉彩瓦厂、金乡县金鑫建材有限公司、羊山镇水泥厂、金乡县齐威水泥有限公司。当年，合计产值1.29亿元，主营业务收入1.24亿元，利税868.5万元，利润490.7万元，从业人员1243人。

山东金巨有限公司

始建于1958年，时称金乡县砖瓦厂。1993年10月，改制为山东金乡建材有限公司。1995年12月被定为中型（二）企业。1999年6月改称山东金巨有限公司。2000年4月晋升为中型（一）企业。

公司占地612亩，主要生产烧结普通砖、黏土平瓦。1991年3月，成功开发全省首家工业废渣烧结黏土空心砖技术，填补省内空白，年节电3.5万千瓦时。后又进行煤矸石红瓦生产线的第一、二期改造，并推广国内最先进的硬塑、半硬塑成型技术，原料闷化技术，正压排潮人工干燥新工艺，超内燃焙烧等先进技术。工业废渣中的热量被利用，万砖耗标煤连续五年保持国内先进水平。至1995年年底，红砖生产能力6000万块，煤矸石平瓦2000万片，生产规模、工艺装备和生产技术均达国内领先水平。1991~1995年，两次省级抽检认定，红砖红瓦达到省优质产品标准。

2000年，停止挖地取土，投资1000余万元，兴建码头，购置设备，开始利用煤矸石加河泥制砖，当年挖河泥120万吨，利用煤矸石50余万吨，生产空心砖4亿多块，相当于节约土地110亩。

公司主要生产设备有：DZL0.7-2蒸气锅炉1台，Y4-73-11-20D离心引风机2台，JZK50/45真空挤出机2台，60门轮窑1座，15吨 ×35米门吊1座，PC250挖掘机2台，挖泥船、运泥驳等其他大宗设备30余台套。

公司主要产品有河泥煤矸石烧结承重、非承重空心砖，以及耐磨堆焊焊条、建材机械、港口机械等。其中利用疏浚河道淤泥掺加煤矸石生产烧结空心砖，是节能、资源综合利用高新技术产品，国家鼓励支持项目。2005年，公司启动扩产改造，3年后产能提高1倍。

金巨公司是山东省建材工业协会墙材专业委员会副主任单位、全国砖瓦工业协会副会长单位。先后被评为国家及省、市资源综合利用先进单位、全国砖瓦工业优秀企业；被济宁市经贸委等8委、办、局和全市8家金融单位联合评审为AAA级信用企业。

1991~2005年山东金巨有限公司主要经济指标一览表

表11-3-13　　单位：万元（现行价）

年度	工业总产值	工业销售产值	固定资产净值	产品销售收入	利润总额	利税总额	平均职工人数
1991	455	—	366	455	53.4	27.7	—
1992	632	623	414	623	63.4	146	—
1993	651	651	485	—	25	—	—
1996	1424	1424	1112	1368	168	253.7	618
1997	1208	1208	1646	1276	202	287.7	532
1998	1251	1251	1572	1267	208	295.6	546
1999	1159	1164	1471	1164	77	88.4	511
2000	866	861	1396	862	187.2	199.7	418
2001	942	1057	1385	1057	115.9	135.4	390
2002	987	1001	1497	1001	257.3	269.1	432

续表 11-3-13

年度	工业总产值	工业销售产值	固定资产净值	产品销售收入	利润总额	利税总额	平均职工人数
2003	1049	1189	1719	1189	225.3	243.6	486
2004	1428	1230	1767	1252	0.3	22.5	487
2005	1496	1549	1641	1631	−82.1	−70.3	404
说明	1994、1995年未作统计。1991~1993年称县砖瓦厂；1994~1999年称县建材有限公司						

第八节 加 工

1991~2005年，金乡县市场经济发展迅速，各种各样的加工企业越来越多，尤其是合作、个体加工业发展更快。截至2002年年底，全县涉及棉花、粮食、食品、油料、饮料、木材及农副产品加工贮藏企业已发展11大类，753家，从业人员2.9万人。其中，大蒜、果蔬脱水加工企业500余家，年加工能力35万吨；粮食加工企业25家，年加工能力12万吨；棉花加工企业100余家。恒温库发展到700余座，总贮藏能力45万吨。各类加工企业的兴起和加工产品的销售，较好地调节了市场，实现了农产品的有效增值。

棉花加工

1991~1995年，金乡县有第一、第二、第三、第四、第五棉花加工厂和棉花良种厂，共有干部职工2782人，其中技术人员490人。棉花加工设备有121型轧花机2台、90型轧花机22台、141型脱绒机63台、打包机18台、200型榨油机15台、90型榨油机3台。棉花加工主要产品有皮棉、短绒、棉饼、棉油等。

1991~1995年金乡县棉花加工产品、产量及销售、利税一览表

表 11-3-14

项目 \ 数量 \ 年度		1991	1992	1993	1994	1995
产品	皮棉（吨）	14175	25752	14095	15001	11176
	短绒（吨）	2268	4120	2255	2204	1788
	棉饼（吨）	10394	23336	12588	13266	10276
	棉油（吨）	2470	5347	2205	2683	2005
销售收入（万元）		14471	13737	13837	7551	19744
利税总额（万元）		551	433	527	787	883
利润总额（万元）		435	373	363	385	311

1996年，全县棉花加工企业共加工皮棉9424吨；1997年9123吨；1998年5407吨；1999年9319吨，2000年9504吨；2001年9726吨。

2005年，金乡县规模以上棉花加工企业有金樱纺织有限公司、金乡金樱棉业有限公司、济宁开元棉业人限公司、山东金山棉业、金乡天元棉业有限公司、金乡县银花棉业有限公司。当年，共实现产值1.9亿元，主营业务收入1.66亿元，利税640.5万元，利润363.6万元，从业人员2128人。

粮食加工

金乡粮食加工主要是面粉和挂面生产。1991~1997年，全县有面粉生产厂家7家，其间，共生产小麦粉94.15万吨。其中1997年16.5万吨，是1991年的2.38倍。

第一面粉厂 是1958年兴建的老企业，时称金乡县面粉加工厂，厂址设在老东关大街路南。1982年迁至城关粮所旧址。1988年更新设备，加工生产特二粉。此后，曾日产品质纯正的“振鲁”牌特二粉50吨，远销东北三省及北京、天津等地。1998年改称金乡县第一面粉厂。

1991~1998年金乡县面粉加工厂主要经济指标一览表

表11-3-15　　单位：万元（现行价）

年度	工业总产值	固定资产净值	产品销售收入	利润总额	利税总额	平均职工人数
1991	747	182	1052	49.1	3.1	—
1992	1013	188	1053	42.1	9.4	—
1993	743	135	770	−134	—	—
1998	377	89.2	301	−54.7	−54.4	75
说明	1991、1992年“利税总额”栏数字为已缴税金。1994~1997年未作统计					

华星面粉公司 1992年建厂，占地总面积4.8万平方米，建筑面积2.1万平方米。1994年正式投产运营。职工228人。

公司引进瑞士布勒公司全套生产工艺，设计日加工能力200吨，主要生产“乳云”牌雪花粉、特一粉、特二粉、高精度颗粒粉、面包粉、水饺粉、方便面粉等。产品除在本地和周围县、市、区销售外，还远销东北三省和内蒙、北京、天津、陕西、上海、广东等地。

图11-11　1998年华星面粉公司

1994~2000年山东华星面粉公司主要经济指标一览表

表11-3-16　　单位：万元（现行价）

年度	工业总产值	固定资产净值	产品销售收入	利润总额	利税总额	平均职工人数
1994	1711	887	1354	−96.1	—	150
1995	6119	2175	4637	29.8	150.7	218
1996	7793	2178	6766	21.3	16.1	196
1997	5841	2510	6481	38.6	199.8	192
1998	4958	2516	5200	35.5	41.7	213

续表 11-3-16

年度	工业总产值	固定资产净值	产品销售收入	利润总额	利税总额	平均职工人数
1999	6253	2416	6231	55	206.1	220
2000	2120	3011	3019	45.5	65.8	230

粮油公司挂面厂 1992年，金乡县粮油食品有限公司投资兴建挂面厂，仅有一套生产线，日产挂面9吨，产品投放市场后供不应求。1994年，投资21万元对原有设备进行技术改造，新增车间4间、面机1台，烘房由300米增加到420米，日产量增加到12吨。产品质量稳定，除供应本县及周边县区市场外，主要销往东北三省。

以上三家企业，均于2003年，完成改制任务，全面推向市场。

2005年，全县规模以上粮食加工企业有金乡县金峰面粉厂、金乡县齐鲁面粉厂、金乡县鲁保面粉有限公司、金乡县光明面粉有限公司、金乡县金鸡面粉有限公司、金乡县金鸣面粉有限公司、金乡县长虹面粉有限公司、济宁发达面业有限公司，当年实现产值2.07亿元，主营业务收入2.03亿元，利税724.6万元，利润480.5万元，从业人员310人。

油料加工

1991~2005年，全县共生产食用植物油15.59万吨，其中1995年产量最高3.75万吨，是1991年8154吨的4.6倍。此后，产量逐年减少，1999年产量最低1853吨。2000年始，又逐年回升，到2004年达到1.03万吨，年均增长56.88%。2005年生产10283吨。

单位：吨

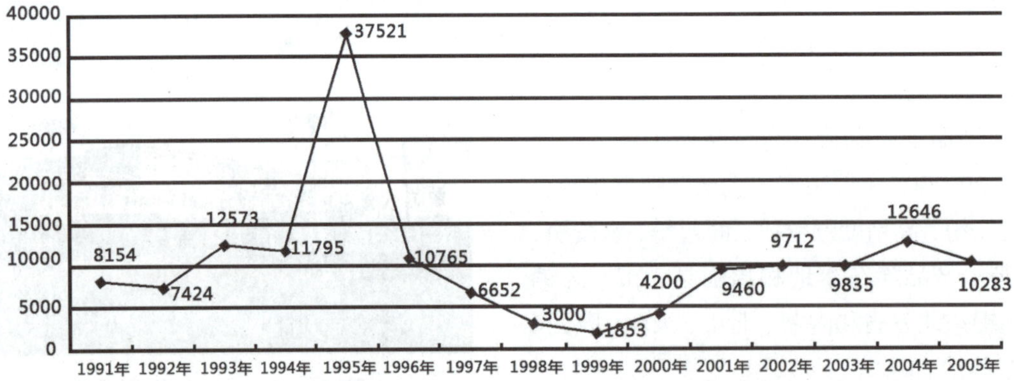

图 11-12 1991~2005年金乡县食用植物油产量图

金乡县粮食局油脂总厂（原名金乡县浸出油厂）是油料生产的主要厂家，始建于1988年，占地42亩。主要生产二级大豆油和豆粕。设计日处理大豆100吨，年产豆油3000吨、豆粕7000吨，年产值1135万元，创利税120万元。1991~1995年，共加工大豆72656吨，生产二级大豆油10284吨，豆粕56830吨，实现产值14308万元。产品销往山东、安徽、江苏等地。

食品加工

1991年，金乡县生产糕点等食品的企业有金乡县糕点公司、各乡镇粮管所和供销社所属糕点厂、个体糕点厂等148家。其中县糕点公司生产的蜜制红三刀外酥内焦，香味纯正，沙甜可口，畅销县内、县外和上海、北京、江苏、河南、安徽、河北、东北三省等十几个省市。1995年4月，公司生产的“金蜂牌红三刀”被山东省经济委员会

确认为山东省传统名特食品。1997 年，金蜂有限责任公司有职工 39 人，实现产值 113 万元，产品销售收入 107.3 万元，利税 16.9 万元。

2005 年，全县规模以上食品工业企业有金乡金德果蔬食品有限公司、济宁广联兴食品加工业有限公司、金乡县亨通食品有限责任公司、金联糕点厂、金乡县蒜都绿色食品公司、济宁泉泓菲尔德食品有限公司、金乡县天山食品有限公司。当年。实现产值 8866 万元，主营收入 7113.4 万元，利税 612.6 万元，利润 382.2 万元，年均从业人员 574 人。

2007 年，“金蜂牌红三刀”被评为“山东老字号”。

2005 年金乡县规模以上食品工业企业主要经济指标一览表

表 11-3-17　　单位：万元（现行价）

项目 / 数量 / 企业名称	总产值	主营业务收入	利税总额	利润总额	年均从业人员
金乡金德果蔬食品有限公司	582.7	344.8	-257.1	-257.1	50
济宁广联兴食品加工业有限公司	2798	2273	195.8	130.1	106
金乡县亨通食品有限责任公司	2389.6	1809.6	185.9	105.7	105
金联糕点厂	720	560	57.4	46.4	80
金乡县蒜都绿色食品公司	900	900	101	48	60
济宁泉泓菲尔德食品有限公司	890	650	26.5	10	110
金乡县天山食品有限公司	586	576	46	42	63

大蒜制品加工

1991~2005 年，随着大蒜种植面积的不断扩大和大蒜产量的提高，全县大蒜加工产品也由加工盐渍蒜、糖渍蒜、红糖蒜等传统制品发展到脱水蒜片、蒜粉、蒜油、蒜汁、蒜酒、硒蒜胶囊等现代蒜深加工制品。2005 年，全县有金乡县宏泰冷藏加工有限公司、金乡东运进出口（集团）有限公司、金乡县华光蒜业有限公司、金乡县宏昌果菜有限公司、金乡县蒜圣冷藏有限公司、金乡县宏宇冷藏加工公司、金乡县嘉隆冷藏加工有限公司、金乡县鼎泰蒜制品有限公司等十余家规模以上大蒜加工企业。大蒜及精深加工制品出口到 130 多个国家和地区，出口创汇由 1998 年的 46 万美元上升到 2005 年的 1.2 亿美元，

饲料加工

金乡县饲料加工主要分布在县城、乡镇驻地及农村个体加工户。1984 年，县粮食局曾在城南黄庄建有一处饲料加工厂，时称金乡县饲料加工厂。1994 年因管理不善而倒闭。

1993 年，金乡县浸出油厂与新加坡新稀达公司、香港承兴公司共同出资 200 万元，兴建金乡县正达饲料公司，生产“至尊”牌饲料，日加工饲料产品 100 吨，年产量 3 万吨，产品除在金乡及周围邻县销售外，还销往安徽、江苏、上海等省市。年产值 5078 万元，利税 120 万元。

1991 年，全县共生产混合饲料 8940 吨；1993 年 1.76 万吨；1997 年 1.29 万吨；2003 年 2.74 万吨；2005 年 4.38 万吨，是 1991 年的 4.9 倍。

1991~1993年金乡县饲料加工厂主要经济指标一览表

表 11-3-18　　　　单位：万元（现行价）

年度	工业总产值	固定资产净值	产品销售收入	利润总额	利税总额	平均职工人数
1991	254	64.3	255	36	0.7	—
1992	274	62.2	158	0.5	—	—
1993	54	117	54	-23	—	—

木材加工

1991 年，金乡县木材加工业有金乡县人造纤维板厂等多家乡镇、集体和私营企业。1991~2005 年，累计生产人造板 59 万立方米，其中 2005 年生产 21.74 万立方米，是 1991 年的 57.63 倍；木制家具 201 万件，其中 1996 年生产 55.91 万件，是 1991 年的 11.97 倍。2004 年、2005 年，由于外地品牌家具进入金乡市场，本地家具产量分别减至 5.52 万件、6.13 万件。

2004 年，金乡县人造纤维板厂因治污不达标而关闭。2005 年，规模以上木材加工企业有金乡县现代木业有限公司。该公司当年产值 3869.8 万元，主营业务收入 3794 万元，利税 89.3 万元，利润 62.4 万元。

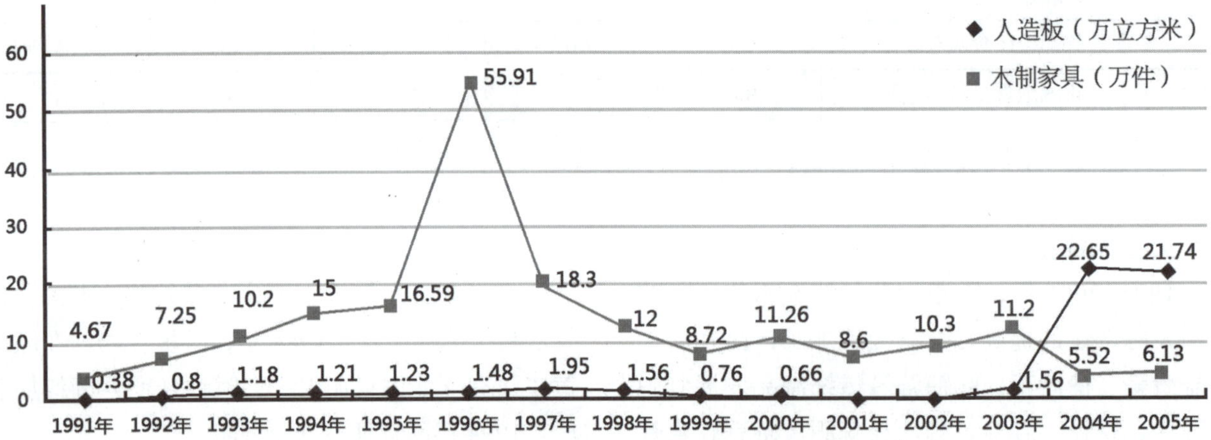

图 11-13　1991~2005 年金乡县人造板及木制家具产量图

第九节　印刷　造纸

印刷

1991 年，金乡县印刷企业主要有金乡县印刷厂，厂内设生产、财会、技术、政工、销售 5 个科室；职工 126 人，其中固定工 108 人，合同工 18 人。并继续推行厂长承包责任制。同年 3 月，贷款 15 万元，自筹资金 8 万元，进行技术改造，新上彩印配套设备及复膜机各 1 台，增加产品花色品种，产品竞争力、产品质量和经济效益明显提高。

1992~1993 年，投资 30 万元，进行技术改造，新增加 01 胶印机 2 台，烤背机 1 台。产品由单凸版印刷术发展为平凸结合综合印刷术。

1994 年，更名为金乡县印刷有限公司。当年，进行高科技术开发，购进微机系统 1 套，新型晒版机 1 台。同时，进行体制改革，职工全部入股，取消职级工资制，实行工资岗位责任制，工资与生产效益挂钩。产量由 1991 年的 1200 万印，提高到 1995 年的 3200 万印。总产值由 1991 年的

100 万元，增长到 1995 年的 360 万元。利税由 1991 年的 8 万元，增长到 1995 年的 16 万元。

1995 年，投资近 100 万元购进激光照排机、胶印机等先进设备，提高了整体印刷水平。主要服务于全县教育系统教材资料印刷。

2000 年，适应市场经济发展，按车间实行个人分块承包，将企业推向市场。个体印刷社、打字社应运而生，并逐渐占领印刷市场。

2005 年，金乡县规模以上印刷包装企业有金乡县金江彩印包装有限责任公司、金乡县华盛彩印包装制品有限公司。金江彩印包装有限责任公司当年产值 3332.3 万元，主营业务收入 2965 万元，利税 74 万元，利润 48 万元。华盛彩印包装制品有限公司当年产值 5012.5 万元，主营业务收入 3811.8 万元，利税 164.7 万元，利润 53.4 万元。

1991~2000 年金乡县印刷厂主要经济指标一览表

表 11-3-19　　单位：万元（现行价）

年度	工业总产值	工业销售产值	固定资产净值	产品销售收入	利润总额	利税总额	平均职工人数
1991	121.7	—	52.1	118.5	6	5.5	—
1992	126.1	116.5	70.6	119.5	6	5.6	—
1993	196	94	53	—	−27	—	—
1994	170.2	108.2	79.2	105.2	—	—	130
1995	98.8	89.6	88.4	89.6	−9.2	−0.6	120
1996	72.1	71.4	95.2	71.4	−17.9	15.5	120
1997	59.3	58.9	100.8	58.9	−12.7	−9.7	102
1998	24	24.2	105.8	24.2	−51	−49.9	105
1999	3.9	3.9	112.2	3.9	−20.9	20.8	105
2000	—	—	111.4	—	—	—	105

造纸

1991 年，金乡县造纸企业有王丕造纸厂和胡集造纸厂、金乡县板纸厂。1991 年，全县共生产机制纸和纸板 2664 吨；1995 年生产 2.21 万吨，是 1991 年的 8.29 倍。1996~2000 年，关停王丕造纸厂、金乡县板纸厂等污染企业后，机制纸和纸板产量由 1997 年的 1.21 万吨逐年减少到 2005 年的 2317 吨。2005 年，有规模以上企业 1 家，金乡金滨纸业有限公司当年实现产值 1494.9 万元，主营业务收入 1230 万元，利税 98.9 万元，利润 34.9 万元。

第十二篇 电 力

电　力

金乡县电力事业发端于新中国成立初期。1952年金乡中学安装25千瓦柴油发电机1台，是金乡县首次发电。1959年9月，金乡县首座小发电厂——东秦街发电厂正式发电，日发电量800千瓦时，1961年并入济宁电网。同年，架设县内首条(清河崖变电所～卜集杨集)10千伏输电干线。1967年小电厂停止发电。1969年11月，第一条35千伏输电线路(金单线)建成投运。1996年12月，110千伏彭井变电站建成投入运行，结束了金乡没有自己110千伏变电站的历史。到2005年，金乡共有35千伏以上变电站19座，输、配电和低压线路1079条，线路总长2821.7千米；配电变压器3285台，总容量30.43万千伏安；年供电量5.03亿千瓦时，售电4.8亿千瓦时，分别是1991年的3.9倍、3.84倍；实现利税956万元，是1991年的9.3倍。1991~2005年，金乡县供电局（供电公司）共获省（部）、市、县授予的各种荣誉176项，其中1995年，被山东省经委、省电力工业局评为“三为”（为农业、为农民、为农村）服务达标单位、“初级农村电气化县”；1997年，被电力工业部评为电力“三为”服务达标单位，被山东电力集团公司评为“农电管理先进企业”；1997年，被电力工业部评为“农村电气化县”，授予县供电局“电力调动自动化实用单位”称号，被省电力集团公司评为“山东省节电先进县”；2004年，山东省精神文明建设委员会授予县供电公司“省级精神文明单位”称号，省电力集团公司授予县供电公司“山东省一流管理县供电企业”称号。

第一章　机构沿革

第一节　公司机关

1984年4月，金乡县供电局更名为金乡县供电公司。1990年2月，恢复金乡县供电局。1995年11月，根据济宁市人民政府办公室济政办发〔1995〕61号文件精神，济宁电业局对金乡县供电局实施代管。1996年6月，县供电局更名为县供电公司。1997年3月成立中共金乡县供电公司委员会。1999年4月，山东省电力集团公司与金乡县人民政府、金乡县供电公司签订趸售县供电企业代管协议，山东省电力集团公司委托济宁供电公司对金乡县供电公司实施代管。同年10月，原由鱼台县清河、石集两站供电的金乡用户移交给金乡县供电公司管理。2000年2月，县供电公司更名为县供电局。2002年4月，县供电局又更名为县供电公司，局长、副局长改称经理、副经理。2005年年底，供电公司设经理办公室、生技部、企划部、乡镇电管部、财务部、政工人事部、安质部、客户服务中心、调度所、检修公司、实业公司等部门，辖城区、城南、鸡黍、兴隆、马庙、霄云、化雨、高河、王丕、胡集、卜集、羊山、司马13个供电所和路灯管理所。公司党委辖机关、生产运行、用电营业、实业、金地、离退休老干部6个党支部，有中共党员143人。干部职工367人，其中具有初、中、高级职称215人，占职工总人数的58%。

第二节　供电所

1974年，建立城关、高河、化雨、胡集、王丕、马庙、羊山7个农电站。1975年，建立兴隆农电站。1976年，建立卜集农电站。

1976年3月，羊山农电站更名为羊山供电所。1984年，成立中心供电所。同年，化雨农电站更名为化雨供电所。1986年，撤销兴隆农电站，更名为兴隆供电所。1989年，撤销高河农电站，划归缗城供电所。1993年10月，收编马庙农电站，更名为马庙供电所。1993年，撤销卜集农电站，成立卜集供电所。1996年，撤销王丕农电站，

成立王丕供电所。同年8月，成立路灯管理所。1997年，成立鸡黍供电所；收编胡集镇农电站，成立胡集供电所。1998年，司马供电所成立；将中心供电所更名为城区供电所。同年12月，高河供电所成立。1999年9月，霄云供电所成立。2001年，将城关农电站更名为城南供电所。

第二章　电力建设

第一节　供电线路建设

1969年11月，金乡第一条35千伏输电线路（金单线）建成投运。1990年，县内共有输、配电和低压线路27条，长855.8千米，配电变压器1390台，总容量10.17万千伏安。2005年，全县共有输、配电和低压线路1079条，长2821.7千米。配电变压器3285台，总容量30.43万千伏安。

输电线路

1991~2005年，建设投运35千伏线路13条，长94.02千米；110千伏线路7条，长80.44千米；35千伏用户专线4条，长30.095千米。2005年，全县共有输电线路30条，长293.2千米。

金乡县35千伏线路建成投运一览表

表12-2-1

时 间	线路名称	起止点	长度（千米）
1969.11	金单线	金乡变电站—单县供电（变电站以下简称“××变”）	—
1975	金单线潘阁支线	金乡变—潘阁变	17.74
1978.12	金羊线	金乡变—羊山变	10.56
1984.10	化雨线	金乡变—化雨变	17
1992.12	金庙线	金乡变—马庙变	11.6
1994.05	卜集线	金乡变—卜集变	11.3
1994.05	卜胡线	卜集变—胡集变	6.76
1997.10	彭潘线	彭井变—潘阁变	4.44
1997.10	彭化线	鼓井变—化雨变	7.93
1998.03	兴鸡线	潘阁变—鸡黍变	8.25
2000.11	化霄线	化雨变—霄云变	5.61
2000.12	彭司线	彭井变—司马变	8.67
2001.02	彭城线	彭井变—城南变	6.5
2004.01	化雨线高河支线	化雨线13#杆—高河变	5.27
2004.04	大羊线	大义变—羊山变	5.55
2004.04	大胡线	大义变—胡集变	5.64
2004.11	司霄线	司马变—霄云变	6.5
合 计	其中：1992~2004年新建线路长94.02千米		139.32

金乡县110千伏线路建成投运一览表

表12-2-2

时间	线路名称	起止点	长度（千米）
1967.01	宁金线	济宁电厂—金乡变	41.35
1994.08	宁成线金乡支线	宁成线157＃杆—金乡变	2.498
1997.10	金彭线	金乡变—彭井变	12
2000.04	金鱼线	鱼台石集—金乡变	20.8
2003.06	宁成线彭井支线	宁成线179＃杆—彭井变	8.6
2003.12	宁成线大义支线	宁成线123＃杆—大义变	0.2
2004.04	宁成线	宁成线91＃杆—226＃杆	36.19
2005.07	西城支线	宁成线160＃杆—西城变	0.15
合 计	其中：1994~2005年新建线路长80.438千米		121.788

金乡县35千伏用户专线建成投运一览表

表12-2-3

时间	线路名称	起止点	长度（千米）
1975.11	金化线	金乡变—化肥变	2
1991.05	化雨线窑厂支线	化雨线9＃杆—窑厂变	1.82
1998.09	金桥Ⅱ线	彭井变—金桥变	14
2004.03	金桥Ⅰ线	金乡变—金桥变	4.5
2005.06	彭矿线	彭井变—花园煤矿变	9.775
合 计	其中：1991~2005年新建线路长30.095千米		32.095

2005年金乡县供电公司110千伏、35千伏线路现状一览表

表12-2-4

序号	线路名称	起止点	长度（千米）	导线型号	投运日期
1	110千伏宁金线	济宁电厂—金乡变	41.35	—	1967.01
2	110千伏金彭线	金乡变—彭井变	11.7	LGJ-185	1997.10
3	110千伏金鱼线	石集变—金乡变	20.8	LGJ-240	2000.04
4	110千伏宁成线	宁成线91＃杆—226＃杆	36.19	LGJ-185	2004.04
	110千伏宁成线大义支线	宁成线123＃杆—大义变	0.2	LGJ-185	2003.12
	110千伏宁成线彭井支线	宁成线179＃杆—彭井变	8.6	LGJ-240	2003.06
	110千伏宁成线金乡支线	宁成线157＃杆—金乡变	2.489	LGJ-185	1994.08
	110千伏宁成线西城支线	宁成线160＃杆—西城变	0.15	LGJ-240	2005.07
—	小 计	—	121.5	—	—

续表 12-2-4

序号	线路名称	起止点	长度（千米）	导线型号	投运日期
1	35 千伏金潘线	金乡变—潘阁变	17.74	LGJ-120	1998.03
	35 千伏金潘线鸡黍支线	35KV 金潘线 137 #杆—鸡黍变	5.88	LGJ-121	1998.03
2	35 千伏化雨线	金乡变—化雨变	17	LGJ-70	1984.10
	35 千伏化雨线窑厂支线	化雨线 9 #杆—窑厂变	1.82	LGJ-70	1991.05
	35 千伏化雨线高河支线	化雨线 13 #杆—高河变	5.27	LGJ-95	2004.01
3	35 千伏金化线	金乡变—化肥变	2	LGJ-150	1975.11
4	35 千伏金羊线	金乡变—羊山变	10.56	LJ-70	1978.12
5	35 千伏卜集线	金乡变—卜集变	11.3	LGJ-150	1994.05
6	35 千伏金桥Ⅰ线	金乡变—金桥变	3.885	LGJ-95	2004.03
7	35 千伏卜胡线	卜集变—胡集变	6.618	LGJ-95	1994.05
8	35 千伏金桥Ⅱ线	彭井变—金桥变	14.077	LGJ-95	1998.09
9	35 千伏兴鸡线	潘阁变—鸡黍变	6.85	LGJ-70	1998.03
10	35 千伏彭潘线	彭井变—潘阁变	4.34	LGJ-120	1997.10
11	35 千伏彭化线	彭井变—化雨变	8.11	LGJ-150	1997.10
12	35 千伏彭司线	彭井变—司马变	8.67	LGJ-150	2000.12
13	35 千伏霄云线	化雨变—霄云变	5.61	LGJ-120	2000.11
14	35 千伏彭城线	彭井变—城南变	6.167	LGJ-150	2001.02
15	35 千伏金庙线	金乡变—马庙变	11.2	LGJ-120、95	1992.12
	35 千伏金庙线煤矿支线	35 千伏金庙线 26 #杆—煤矿变	3	LGJ-95	—
16	35 千伏大羊线	大义变—羊山变	5.55	LGJ-150	2004.04
17	35 千伏大胡线	大义变—胡集变	5.64	LGJ-150	2004.04
18	35 千伏司霄线	司马变—霄云变	6.5	LGJ-120	2004.11
19	35 千伏彭矿线	彭井变—花园煤矿变	9.615	LGJ-120	2005.04
—	小　计	—	177.4	—	—

配电线路

2005 年，全县共有 10 千伏配电线路 62 条，线路长 1238.42 千米，配变 3285 台，配变总量 30.43 万千伏安（其中 1991 年后建设投运 40 条，长 815.59 千米，配变 2159 台，配变总量 20.38 万千伏安）。

金乡县 10 千伏配电线路及设备一览表

表 12-2-5

序号	线路名称	管理单位	起始变电站	配变/容量（台/千伏安）	长度（千米）	起终杆号	投运时间	起讫点
1	金城Ⅰ线	城区所	金乡变	112/14791	24.28	1 ~ 91	1966.11	金乡变—干线吴庄
2	金城Ⅱ线	城区所	金乡变	138/20804	20.7	1 ~ 58	1992.07	金乡变—高庄排灌站
3	金糖线	城区所	金乡变	40/7485	6.48	1 ~ 56	1974.12	金乡变—县委
4	麻厂线	城区所	金乡变	32/5204	7.94	1 ~ 33	1983.06	金乡变—建行分支 9 #杆
5	金山线	城区所	城南变	65/11860	9.31	1 ~ 50	2004.05	城南变—中心街支线棉厂

续表 12-2-5

序号	线路名称	管理单位	起始变电站	配变/容量（台/千伏安）	长度（千米）	起终杆号	投运时间	起讫点
6	南清线	城区所	城南变	64/8850	6.7	1 ~ 52	2004.07	城南变—张保力 9 #杆
7	南门线	城区所	城南变	46/5290	5.15	1 ~ 47	2004.05	城南变—干线 47 #杆
8	缗城线	城区所	城南变	68/8208	8.05	1 ~ 21	2001.07	城南变—侯庄分支 12 #杆
9	南霄线	城区所	城南变	39/7298	4.71	—	2005.03	城南变—花园支线 11 #杆
10	钢厂线	城南所	马庙变	131/16187	26.37	1 ~ 73	1992.12	马庙变—炳公支线炳公庙
11	鱼山线	城南所	城南变	101/9475	28.1	1 ~ 89	2000.12	城南变—南胡支线杨庄村
12	南豆线	城南所	城南变	51/4945	22.4	1 ~ 69	2004.07	城南变—孔楼支线孔楼站
13	霍古线	城南所	城南变	74/6365	26.08	1 ~ 69	2001.01	城南变—长城棉厂
14	金胡线	城南所	金乡变	79/10423	31.27	1 ~ 47	1966.08	金乡变—刘堂支线刘堂村
15	金马线	城南所	金乡变	45/3591	12.67	1 ~ 54	1968.05	金乡变—缗城支线冷库
16	马庙线	马庙所	马庙变	75/7851	13.86	1 ~ 91	1992.12	马庙变—干线聚世鑫蒜干厂
17	马孟线	马庙所	马庙变	83/4870	44.91	1 ~ 142	1992.12	马庙变—王成寺
18	马程线	马庙所	马庙变	86/6370	41.39	1 ~ 149	2003.05	马庙变—干线申庄村
19	马湘线	马庙所	马庙变	54/3240	34.32	1 ~ 97	1992.12	马庙变—张阁支线张阁村
20	鸡黍线	鸡黍所	鸡黍变	57/6070	12.81	1 ~ 66	1989.05	鸡黍变—干线南李村
21	鸡孔线	鸡黍所	鸡黍变	74/4183	30.22	1 ~ 53	1997.07	鸡黍变—杨瓦屋支线王黄
22	鸡丁线	鸡黍所	鸡黍变	32/1743	12.73	1 ~ 48	1989.05	鸡黍变—王庄村
23	鸡白线	鸡黍所	鸡黍变	34/2030	19.31	1 ~ 64	1989.05	鸡黍变—杨孔楼分支杨孔
24	鸡张线	鸡黍所	鸡黍变	1/1600	0.28	—	2003.05	鸡黍变—纤维板厂
25	兴隆线	兴隆所	潘阁变	74/5193	28.91	1 ~ 75	1975.11	潘阁变—王坑支线王坑村
26	潘雪线	兴隆所	潘阁变	62/3395	25.13	1 ~ 94	1980.05	潘阁变—干线 94 #杆
27	潘孟线	兴隆所	潘阁变	111/12375	40.73	1 ~ 99	1980.05	潘阁变—干线介庙南变
28	潘丕线	兴隆所	潘阁变	11/745	6.02	1 ~ 51	1980.05	潘阁变—干线永盛库
29	司马线	司马所	司马变	18/1535	9.82	1 ~ 64	2001.05	司马变—干线李大庄
30	前李线	司马所	司马变	73/4398	33.11	1 ~ 60	2001.05	司马变—王集支线侯庄楼
31	司周线	司马所	司马变	76/3765	27.91	1 ~ 114	2001.05	司马变—干线 114 #杆
32	肖周线	霄云所	霄云变	63/4043	31.24	1 ~ 121	2001.03	霄云变—谢集支线核桃园 6 #杆
33	鲍楼线	霄云所	霄云变	42/2940	22.83	1 ~ 103	2001.03	霄云变—干线鲍楼村
34	邵李线	霄云所	霄云变	32/2070	15.77	1 ~ 65	2001.03	霄云变—界牌堂支线韩楼
35	花园线	霄云所	霄云变	41/3495	14.39	1 ~ 56	2001.03	霄云变—干线花园分支
36	化李线	化雨所	化雨变	88/6360	35.62	1 ~ 130	1984.05	化雨变—刘堂分支刘堂村
37	化苏线	化雨所	化雨变	77/3490	35.01	1 ~ 53	1984.03	化雨变—牌坊分支 35 #杆
38	桑园线	化雨所	化雨变	40/1445	17.27	1 ~ 61	1986.06	化雨变—陈王分支 11 #杆

续表 12-2-5

序号	线路名称	管理单位	起始变电站	配变/容量（台/千伏安）	长度（千米）	起终杆号	投运时间	起讫点
39	化棉线	化雨所	化雨变	38/2670	15.93	159	1984.03	化雨变—政府支线 59 #杆
40	化谢线	化雨所	化雨变	7/410	3.9	1 ~ 28	1984.05	化雨变—干线 28 #杆
41	彭胡线	王丕所	彭井变	80/5823	33.84	1 ~ 59	1997.09	彭井变—淳集支线 84 #杆
42	彭丕线	王丕所	彭井变	63/5576	20.8	1 ~ 71	1997.08	彭井变—干线 71 #杆
43	金鲁线	高河所	金乡变	13/835	5.9	1 ~ 84	1967.03	金乡变—辐照厂支线 12 #杆
44	高郭线	高河所	高河变	47/4178	22.35	—	2004.08	高河变—高庄站分支北张
45	高官线	高河所	高河变	32/3365	11.03	—	2004.12	高河变—胡楼支线胡楼村
46	高东线	高河所	高河变	25/2145	19.8	—	2004.08	高河变—干线 84 #杆
47	高常线	高河所	高河变	21/1810	10.93	—	2004.08	高河变—代楼村
48	孟庄线	卜集所	卜集变	25/1865	7.18	1 ~ 57	2000.06	卜集变—广联兴分支 2 #杆
49	排灌线	卜集所	卜集变	52/4868	29.33	1 ~ 105	2000.06	卜集变—杨集支线 7 #杆
50	孙桁线	卜集所	卜集变	37/2925	32.46	1 ~ 113	2000.06	卜集变—张桥支线 15 #杆
51	大义线	卜集所	卜集变	28/1440	24.64	1 ~ 86	2000.06	卜集变—关帝支线关帝村
52	工业Ⅰ线	胡集所	胡集变	52/3775	20.28	1 ~ 30	1994.12	胡集变—张楼支线姬庄村
53	工业Ⅱ线	胡集所	胡集变	24/1520	18.24	1 ~ 75	1995.12	胡集变—金嘉站 12 #杆
54	胡仝线	胡集所	胡集变	27/3285	14.2	1 ~ 78	1994.12	胡集变—别庄支线别庄村
55	胡张线	胡集所	胡集变	27/1945	19.62	1 ~ 68	1998.03	胡集变—张油坊支线 22 #杆
56	大庙线	胡集所	大义变	15/580	7.02	—	2004.10	大义变—牛屯村
57	代南线	胡集所	大义变	35/3913	17.34	—	2004.10	大义变—砖厂分支加油站
58	羊山线	羊山所	羊山变	74/7083	24.07	1 ~ 90	1978.12	羊山变—五所楼支线巩堂
59	羊代线	羊山所	羊山变	41/2730	27.27	1 ~ 68	1978.12	羊山变—欢德分支任庄
60	羊高线	羊山所	羊山变	70/4236	34.85	1 ~ 131	1978.12	羊山变—靛池王支线靛池王
61	羊葛线	羊山所	羊山变	28/1495	13.07	1 ~ 54	1978.12	羊山变—前孟分支前孟村
62	羊黄线	羊山所	羊山变	35/1855	10.57	1 ~ 65	1978.12	羊山变—草变分支草庙北
合计				3285/304289	1238.42	—	—	—

低压线路

2005 年，共有 0.4 千伏低压线路 983 条，总长 1260 千米，遍及全县城乡各个区域。

第二节　变电站建设

1991 年，金乡电网有 110 千伏变电站 1 座，35 千伏变电站 4 座（潘阁、羊山、化雨、鸡黍），主变容量 1.62 万千伏安 /7 台，配变容量 1.22 万千伏安。1991~2005 年，全县有 110 千伏变电站 4 座（其中新建投运彭井、大义、西城 110 千伏变电站 3 座，投资 3325.5 万元），主变总容量为 207.5 兆伏安 /6 台。110 千伏金乡变电站、彭井变电站为双电源，110 千伏大义变电站、西城变电站为单电源供电。35 千伏变电站 11 座（其中新建投运马庙、胡集、卜集、霄云、司马、城南、高河 35 千伏变电站 7 座，投资 2100 万元），主变容量 129.6 兆伏安 /20 台。用户专线 35 千伏变电站 4 座（其中新建投运县窑厂、金桥煤矿、花园煤矿变电站 3 座），主变 9 台。

金乡县 110 千伏变电站建设投运一览表

表 12-2-6

序号	变电站名称	所在位置	投资（万元）	投运时间	主变容量（兆伏安/台）	出线（千伏/台）	长度（千米）	配变容量（兆伏安/台）	供电范围
1	金乡变	县城北孙庄	—	1968.10	63/2	35/6 10/7	109.4	63.13/459	城区、金乡镇、鱼山镇
2	彭井变	王丕镇彭井村	812	1995	81.5/2	35/6 10/2	52.4	11.53/143	王丕镇、缗城镇、高河局部
3	大义变	胡集镇孙楼村	843.8	2003.04	31.5/1	35/2 10/2	—	4.533/50	羊山镇、胡集镇、卜集乡
4	西城变	开发区高庄村	1669.7	2004.09	31.5/1	10/7	—	—	鱼山镇 金乡镇

金乡县 35 千伏变电站建设投运一览表

表 12-2-7

序号	变电站名称	所在位置	投资（万元）	投运时间	主变容量（兆伏安/台）	出线（千伏/台）	长度（千米）	配变容量（兆伏安/台）	供电范围
1	潘阁变	兴隆潘阁村北	—	1975.11	11.3/2	10/4	100.7	21.71/258	兴隆乡
2	羊山变	羊山镇沈庄西	—	1978.12	9/2	10/5	110	17.679/249	羊山镇 胡集镇局部
3	化雨变	化雨乡南刘庄	—	1984.1	7.15/2	10/5	107.7	14.375/250	化雨乡 霄云镇
4	鸡黍变	鸡黍东北 1 公里	—	1989.5	10/2	10/5	75.35	15.63/198	鸡黍镇
5	马庙变	马庙镇东 2 公里	—	1992.12	15/1	10/5	160.85	38.5/428	马庙镇 鱼山镇
6	胡集变	胡集镇西 700 米	—	1994.11	9/2	10/4	71.2	10.51/137	胡集镇
7	卜集变	卜集乡夏庄村	286	1999.12	5/1	10/4	92.15	11.1/142	卜集乡
8	霄云变	霄云镇境内	258.9	2002	9/2	10/4	82.97	12.93/177	霄云镇
9	司马变	司马镇境内	243.7	2001.5	9/2	10/3	69.96	9.55/165	司马镇
10	城南变	金乡镇南店子	465.72	2001	36/2	10/8	108.9	60.77/503	城区、金乡镇、鱼山镇部分
11	高河变	高河乡境内	411	2004.1	5/1	10/4	63.93	11.5/125	高河乡

金乡县 35 千伏用户变电站建设投运一览表

表 12-2-8

序号	变电站名称	隶属单位	施工单位	投运时间	主变容量（千伏安/台）	出线（千伏/条）
1	化肥厂变	金乡县	金乡供电公司	1979	6300/1 10000/1 20000/1	—
2	县窑厂变	金乡县	金乡供电公司	1991	630/1 400/1	—
3	金桥矿变	济宁市金桥煤矿	金乡供电公司	1996.01	4000 + 5000/2	—
4	花园矿变	济宁矿业花园煤矿	金乡供电公司	2005.04	6300/2	6/18

第三节 电网改造

1990年前，金乡输电线路较少，多数架设近20年，设施老化，导线截面小，载流不足，有的线路末端电压下降20%，供电质量差。1991年，乡镇企业异军突起，新上用户平均每年以20%的速度递增，县供电局对部分线路设备进行增容改造，取得较大进展，但电力负荷仍然短缺，供需矛盾日渐突出。1993年，县供电局继续加大农网增容改造步伐。1994~1997年，先后对胡集、彭井、化雨、化肥厂4个变电站实施增容改造。1998年始，县供电公司抓住国家实施积极财政政策，拉动内需，扩大投资，加强电力基础设施建设有利时机，先后投资2亿多元，在全县范围内实施大规模城乡电网建设改造，电网建设进入现代化发展阶段。到2005年，基本形成了科技含量高、技术先进、结构合理、运行灵活、安全可靠、高效低耗的城乡电网。

城网改造

金乡城区供电任务主要由110千伏金乡变电站、35千伏城南变电站承担。1998~2005年，共投入资金5800万元，分别对金乡变电站、城南变电站供电线路和设备升级改造。2000~2003年，完成金乡变电站二次改造计划和接地网改造工程，并将继电保护由传统型保护改为微机型保护。2001~2003年，完成城南变电站一期和二期增容改造工程。进线改为双电源，实现10千伏出线与城区10千伏线路构成“手拉手”，提高了城区供电质量和供电的可靠性。到2005年年底，投资763万元，完成城区低压工程改造项目，共改造52个小区、68个台区，新增和增容配电变压器4560千伏安/29台，新建改造低压照明线路37.5千米，改造户表9720块。同时，投资300万元，完成了通讯光缆施工和调度自动化工程等项目。

2005年金乡县城网现状一览表

表12-2-9

线路名称	线路长度（千米）	配电容量（兆伏安/台）	供电范围
10千伏金城Ⅰ线	24.8	14.79/112	中心大街为主
10千伏金糖线	6.48	7.49/40	金山街北段为主
10千伏麻厂线	7.94	5.2/32	金司路北段为主
10千伏金城线	20.7	20.8/138	105国道两侧为主
10千伏缗城线	8.05	8.21/68	105国道两侧为主
10千伏南清线	6.7	8.85/64	南店子、清真街为主
10千伏金山线	9.31	11.86/65	金山街南段为主
10千伏南门线	5.15	5.29/46	金司路南段
10千伏南霄线	4.71	7.3/39	城区西部为主

农网改造

1998年，投入资金8279.57万元，开始进行第一期农网改造，2001年7月工程全部竣工。新建卜集、司马、霄云、城南4个35千伏变电站，扩建胡集变电站，改造羊山变电站和潘阁变电站，完成638个行政村、833个台区的低压电网改造，安装生活照明表14.89万块，并全部配套安装三级漏电断路设施。农村平均到户电价下降0.118元/千瓦时，年可减轻农民负担826万元。

2002年，投入资金4801万元，实施第二期农网改造工程，重点是10千伏以上电网建设，完善结构，增加电源点布局。2003年6月，如期完成110千伏新建项目1个、扩建项目1个，新建110千伏线路1条，长14千米，工程总投资1679万元；完成35千伏输变电工程9项，变电容量30兆伏安（MVA），长34千米，工程投资1583

万元；新建和改造 10 千伏线路 59 条，长 296 千米，项目工程投资 887.82 万元；0.4 千伏低网改造工程投资 651.2 万元，改造 20 个村、65 个台区，架设低压线路 224.06 千米，安装生活照明户表 1.16 万块，全面实现三级漏电断路器的配套安装。1998~2005 年，对全县 310 台高耗能变压器和 10 千伏线路进行技术改造，安装无功补偿，提升变压器功率系数，全县用户使用新型节能变压器达到 100%。负荷利用率由原来的 75% 提高到 95%。电力负荷，2005 年上升到 10.8 万千瓦，是 1991 年的 3.7 倍。

1991~2005 年金乡县电力负荷、负荷率情况

表 12-2-10

年度	最高负荷（千瓦）	负荷率（%）	年度	最高负荷（千瓦）	负荷率（%）
1991	29000	85	1999	63000	77.9
1992	28000	86	2000	63700	80
1993	23000	83	2001	68000	81.07
1994	34000	85	2002	83400	80.06
1995	36000	83	2003	94600	80.03
1996	41000	82.5	2004	103000	78.63
1997	45000	78	2005	108000	79.25
1998	38000	68	—	—	—

第三章 供电管理

1991~2005 年，经过多次规模不等的城网、农网建设改造，全县电网科技含量明显提高，电网管理、调度运行、电力营销基本实现了信息化、自动化。

第一节 体制改革

农村电工管理体制改革

1999 年，县供电公司在全县范围内开展农电体制改革，取消原农村电工，实行招聘制。按照公平、公正、公开原则，对全县原有 837 名村电工，进行理论考核、技能测试、民主评议，政治审查，择优录取农电工 310 名。经过 3 个月农电管理知识培训和试用，签订《用工合同》，并持证上岗。

低压电网管理体制改革

1999 年，县供电公司打破原来农电管理运行机制，把农村低压电网日常运行、维护、管理纳入供电部门管理范畴，实行"一体化"管理。供电所按照供电线路区域划片设置管电小组，制定《农电工工作标准》和《供电所工作标准》；划分职责范围，明确管理权限，理顺上下关系，减少中间环节，管理一步到位，农电管理逐步走上规范化、标准化、法制化轨道。管电小组直属供电所领导。

电力营销管理体制改革

2001 年，县供电局按照"技术先进、整体一致、统一领导、全面建设"的思路，在客户服务中心建立电力营销 MIS 信息管理系统。同年 11 月通过济宁市供电公司营销 MIS 实用化验收。2005 年 4 月，业扩、计量、电费、供电所、线损、市场、用检、电价、WEB 查询 9 大电子系统独立运行，实现数据共享。2005 年底，县供电公司投入应用业扩、计量、电费、权限、供电所、WEB 查询六大模块，各子系统运行状况良好，为优质、便捷、快速、一条龙全方位服务提供了先进的技术手段，电力营销工作上了一个新台阶。

2001 年，开展“您只需一个电话，其余的工作我来做”优质服务活动，以便捷的手续、最好的服务、最快的速度为客户解决用电方面的实际问题。至 2005 年，共为客户解决疑难问题 878 条。

第二节 科技管理

通讯

1988 年，公司调度室安装使用首台 JZD-316 电台电话。1989 年，金乡变新上 ZDD-20B 电力载波机。1991 年，改造由局办公楼至金乡变之间的载波通道，将原来的电力线更换为同轴电缆。1992 年，新建局办公楼至实业公司的通讯线路，为 30 对通讯电缆。1993 年，胡集变电站上 ZDD-5A 电力载波机。1994 年，马庙、金桥、彭井、鸡黍变电站上 WDT-500 型一点多址微波。1996 年，停运 150M 电台，通信方式改为以微波为主通道，载波为备用通道通信模式。2001 年，新上 Optix，STM-1，SDH 光通信设备，载波机退出运行。2004~2005 年，建光纤通信网，以光纤通信为主，微波通信为辅，实现了由有线通信、微波通信到光纤通信的转变。

调度自动化

金乡电网调度自动化系统始建于 1989 年，当时安装使用的是 RTS-100 安全监控调度系统。1994 年 6 月，与西安电子科技大学远动技术研究中心联合开发、安装 RTS-200 实时多任务调度自动化系统。1999 年 8 月，安装电网调度自动化主站系统，通过对各变电站安装 ES-60、DMP300、WKT3DPT 综合自动化和 CAN2000 远动分站，基本实现整个电网分站的无人值守。2001 年，安装 2 台爱其投影机，以大屏幕显示主接线图。2003 年，在彭井、大义变电站安装科霖遥视系统，实现变电站远程监控。新科技、新设备、新工艺、新材料的兼用，以及以信息技术为主要标准的科技成果应用，使电气设备具备了“遥信、遥测、遥控、遥调”功能，提高了供电质量的互补性。2005 年，全县供电可靠率 98%，电压合格率 97%，供电综合损耗降至 4.62%。

图 12-1　1997 年电力公司系统模拟盘

第三节 安全管理

县供电公司在推广应用计算机综合自动化、实施图像监控和变电站事故预警等先进技术的基础上，健全、落实各项安全监督机制，把保人身、保电网、保设备安全纳入工作全过程。制定、修改、监督落实各级安全管理制度 20 多项，并按照《安全生产奖惩办法》兑现奖惩。至 2005 年年底，累计实现电网安全运行 6752 天。

1997 年，调整充实安全供电领导小组，成立安监科，建立各级安全责任制、安全监督体系、安全保证体系和三级安全监督网。出台《关于加强客户安全用电的意见》，组织技术人员对客户高压电气设备开展安全大检查，对查出的有缺陷设备及时进行消缺处理。结合农网改造，加强漏电保护器的安装、维护、测试，安装率、投运率、正确动作率均 100%。

1998 年，开展“安全生产月”和“无违章企业、无违章车间、无违章班组”活动，全面清查事故隐患，全县变电站全部安装事故预警系统。

1999 年，在生产技术科设专职安全员；开展“无违章县供电企业”活动和“安全管理年”活动，

全县用电安全逐步走向法制化管理轨道。同年6月，县供电公司成立用电监察科。随后，与县公安局联合成立电业治安办公室，打击窃电犯罪。

2000年6月，县供电局进行机构改革，用电监察科改为用电稽查队。2002年9月，用电稽查队并入安全监察部。

2003年，设立“安全质量监察部”。同年3月，与县公安局联合召开全县打击盗窃破坏电力设施暨反窃电工作会议，下发《关于电力设施保护的通告》，发动群众与窃电行为作斗争。当年，配合县公安局破获窃电案件29件，涉案金额70万元。

2003~2005年，共查处窃电案件169起，追补电量620万千瓦时，追补电费213万元、违约使用电费69万元，挽回经济损失300万元，维护了正常的供电、用电秩序。

第四章　社会用电

金乡县用电1980年前主要依靠9个简易的基层农电站。1991~2005年，随着电力设施建设速度加快，逐步发展成由13个供电所、1个路灯所和客户服务中心组成的用电管理机构，管理服务范围覆盖全县城乡。其间，有6个供电所11次受到市级以上表彰，其中城南供电所2002年被省电力集团公司评为“规范化管理供电所”和“省级示范窗口单位”。卜集供电所2002年被国家电力公司评为“农电示范窗口”，被山东省电力公司评为“树行业新风示范窗口”，2003年被山东省电力公司授予“规范管理先进供电所”荣誉称号。

第一节　用户　电量

1974年，金乡供电局成立时，用电户数仅有150户，年供电量1674.6万千瓦时。1978年12月中共十一届三中全会后，国民经济得到长足发展，用电户逐年增加，1990年，全县用电户2100户。1993年，实现村村通电。1995年，实现户户通电。此后，金乡电网有了较大发展，新上用户、用电量日趋增加，到2005年年底，用电户2.31万户，其中低压用户2.11万户，高压用户995户，社会供电量5.03亿千瓦时。

工业用电

1991年，全县工业（包括县办工业和乡镇工业）用电8065万千瓦时。2005年，用电3.63亿千瓦时，是1991年4.51倍，占售电总量的75.92%。

农业用电

1991年，全县农业用户1968户，用电2952万千瓦时。2004年，用户2.31万户，用电3788万千瓦时，是1991年的1.28倍，占售电总量的7.91%。2005年，农副业用电2403万千瓦时，较2004年减少36.56%。

居民生活用电

1991年，全县城乡居民用户9.83万户，用电量1407万千瓦时。2005年，用电户达36.98万户，用电量7683万千瓦时，是1991年用电量的5.46倍，占售电总量的16.05%。

1991~2005年金乡供电公司售电分类情况表

表 12-4-1　　　　单位：万千瓦时

类别 年度	总计	农村用电						县城用电			
		排灌	农副业	乡镇工业	照明	其他	合计	县办工业	生活	其他	合计
1991	12544	2607	345	2050	938	60	6000	6015	469	60	6544
1992	14294	3032	221	1609	1153	115	6130	7421	669	74	8164
1993	14641	2513	250	1790	1229	118	5900	7820	822	99	8741
1994	17029	1958	310	1872	1733	130	6003	9522	1038	466	11026
1995	19502	3133	363	2249	2095	157	7997	9435	1132	938	11505
1996	19798	1873	475	2366	2599	156	7469	10207	1135	987	12329
1997	22884	1384	493	2718	3292	208	8095	12072	1278	1439	14789
1998	15312	595	483	2007	3268	213	6566	5706	1245	1795	8746
1999	26980	994	746	2708	3569	214	8231	15309	1451	1989	18749
2000	33696	1521	1140	2820	4045	220	9746	19773	1642	2535	23950
2001	36217	264	2899	3280	4721	220	11384	19676	1640	3517	24833
2002	38391	88	3126	3403	4868	274	11759	21235	2110	3287	26632
2003	39116	12	3541	3412	4875	278	12118	21406	2333	3259	26998
2004	43196	12	3776	3503	4905	284	12480	25059	2391	3266	30716
2005	47872	—	2403	8657	5129	48	16237	27687	2554	1394	31635

2005年金乡县各供电所10千伏线路供、售电情况一览表

表 12-4-2

供电所	职工	电工组/农电工	线路（条/千米）	变压器容量（台/千伏安）	高压用户	低压用户	农业用户	供电量（万千瓦时）	售电量（万千瓦时）	线损率(%)
兴隆	6	3/30	4/94.79	258/21708	166	17439	43	2152.8	2086.1	3.1
高河	4	/15	5/108	150/13623	78	54	15	840.16	834.54	0.6
化雨	5	3/30	5/107.9	238/14815	238	12760	154	1150	1059	4.16
司马	4	2/20	3/70.26	169/9678	—	55	46	737.6	703.2	4.66
胡集	4	3/28	6/98.94	221/21653	371	12105	196	1390	1371	1.37
霄云	5	4/26	5/86	198/16168	251	11664	59	1039	984.6	5.24
羊山	4	2/37	5/108.91	226/15743	477	14761	105	1676	1621	3.28
鸡黍	5	3/24	5/73.31	216/17150	73	12287	67	2000	1985	0.75
王丕	5	2/14	2/52.24	147/12584	114	6195	8	1653.98	1606.61	2.86
马庙	7	3/32	4/133.96	306/20111	234	16226	69	2385.8	2341	1.88
卜集	5	2/23	4/94.94	152/12073	152	11826	64	799.102	732.25	0.11

续表 12-4-2

供电所	职工	电工组 / 农电工	线路（条 / 千米）	变压器容量（台 / 千伏安）	高压用户	低压用户	农业用户	供电量（万千瓦时）	售电量（万千瓦时）	线损率（%）
城南	8	3/28	6/144.77	561/61652	543	15365	45	6078.1	6076.9	0.02
城区	17	3/31	8/89.66	488/66793	995	21100	122	13034	13006	0.21
路灯所	4	主要担负县城区街道路灯及县委、县政府办公、家属院用户用电管理工作。1996~2005 年，共安各种路灯 1264 盏，用电 71.4 千瓦时，敷设电缆 58.495 千米，安装 56 个路灯控制箱。对线路电力运转、电量计算实行自动化管理。								

第二节 电费 电价

1992 年，经济宁市物价局批准，金乡县实行农村分类综合电价最高限价，即居民生活照明用电 0.4 元 / 千瓦时，工副业用电 0.38 元 / 千瓦时，农业用电 0.28 元 / 千瓦时。1996 年，农村照明 0.7 元 / 千瓦时，工副业用电 0.88 元 / 千瓦时，农业用电 0.8 元 / 千瓦时。

2001 年始，在全县范围内实施“五统一、三公开、四到户”用电管理办法，即统一电价、统一发票、统一抄表、统一核算、统一考核；电量公开、电价公开、电费公开；销售到户、抄表到户、收费到户、服务到户。电费管理走上规范化、标准化、法制化的轨道。同时，坚持“以法治电”，通过用电稽查，严厉打击乱收费、乱摊价、乱搭车、关系电、人情电、权力电、窃电等违法违纪行为，维护企业及社会效益。

2002 年，按照山东省计委、省物价局、省电力集团公司《关于实行城乡居民生活用电同价的通知》，从 4 月 1 日起，实行城乡居民生活用电同价，凡是金乡电网供电范围内的城乡居民用户，到户最终电价一律为每千瓦时 0.52 元，农村用户同价后每千瓦时下降 0.15 元，年减轻农民负担 600 万元。

第五章 多种经营

1986 年，县供电公司进行多种经营管理体制改革，成立劳动服务公司，走上“以电养电”“以副养电”，适应社会主义市场经济要求的电力发展之路。

第一节 电器产品制造

1987 年，成立金乡县供电公司综合服务公司，职工 61 人，设加工班、修试班、线路安装、经理办公室，隶属县供电公司领导，占用流动资金 120 万元，自主经营，独立核算。主要担负各变电站的更新改造与建设任务，从材料加工、线路架设、设备安装投运、变压器维修等，实施一条龙生产服务。

1989 年 1 月，综合服务公司变更为金乡县供电公司劳动服务公司。当年 3 次组织科技人员到上海电缆电线研究所学习，了解电气产品市场行情，并于 1990 年组建金乡县电缆电线厂，当年 5 月建成投产，一次试车成功，产品质量经上海电缆电线研究所鉴定，符合国家标准。产品畅销省内外 68 家企业。金乡电网改造、架设路灯均使用电缆电线厂提供的产品，每年为县供电局减少支出 23 万元。

1991 年 3 月，金乡县与外商合资成立金台金属制造有限公司，主要生产无氧铜杆。后公司停产。

1992 年，金乡县供电局实业公司成立，下属

设备厂、电缆电线厂、检修公司、电气材料营销处 4 个单位，职工 75 人。

1994 年，金台公司与实业公司合并，债权债务归属实业公司。2001 年，公司有职工 80 人，固定资产由 1992 年的 445 万元增加到 634 万元，流动资金由 1992 年的 500 万元增加到 958 万元，销售收入由 1992 年的 580 万元增加到 951 万元。

2002 年 1 月，县供电局对实业公司进行产权改革，成立金地电力有限责任公司。设董事长 1 人，总经理 1 人，党支部书记 1 人；员工 148 人，其中工程技术人员 50 人。

金地电力有限责任公司系自主经营、自负盈亏、独立核算、相对独立的经济实体，是全县送、变电工程专业施工的唯一企业。公司下辖送变电工程安装队、变电检修校验车间、电力金具铁件加工车间、电力电缆车间、电器设备供应销售部、汽修厂、文印公司等 8 个单位。注册资本 820 万元。占地面积 6618 平方米，拥有施工检验设备 43 种、52 台（套），承担 110 千伏及以下电压等级的送、变电工程安装维修任务。

公司适应市场竞争，引进新项目、新工艺，促进产品更新换代和升级改造。公司生产的 10 千伏 ~110 千伏电压等级金具铁件、线路铁件、电力电缆和高、低压配电盘均符合国家标准。生产的低压设备 GGD 系列、XL 动力柜及 XLJ 型计量箱，电线电缆 BV、BLV，护套电缆 BVVB、BLVVB 等产品通过 3C 认证。

2002~2005 年，金地电力有限责任公司共实现电缆电线销售收入 1892 万元；其中铜塑线 231 万元，铜护套 256 万元，铝塑线 25 万元，铝护套 99 万元，低压铝芯电缆 271 万元，绝缘线 730 万元，裸铝线 280 万元。其他电器产品制造实现销售收入 6124 万元，其中加工“横担”91 万元，计量箱制作 51 万元，三级保护 27 万元，低压台架控制箱制作 50 万元，开关柜制作 93 万元，配电盘安装 71 万元，变压器校验 220 万元，水泥杆销售 52 万元，电表销售 58 万元，控制盘壳体制作 50 万元。至 2005 年年底，实现电器产品总销售收入 8016 万元。

2002~2005 年金乡县金地电力限责任公司电器产品一览表

表 12-5-1

类别 产品 年度	2002		2003		2004		2005		合 计	
	数量	金额（万元）	数量	金额（万元）	数量	金额（万元）	数量	金额（万元）	数量	金额（万元）
铜塑线（千米）	100	26	260	55	400	70	500	80	1260	231
铜护套（千米）	260	36	400	65	700	70	600	85	2216	256
铝塑线（千米）	120	3	220	4	360	6	300	12	1025	25
铝护套（千米）	240	14	300	20	360	25	400	40	934	99
低压铝芯电缆（千米）	180	45	360	70	500	70	400	86	1711	271
绝缘线（千米）	200	120	400	180	500	200	600	230	2430	730
裸铝线（吨）	48	40	70	70	100	70	120	100	618	280
横担（条）	3000	12	3000	18	4000	26	4000	35	14091	91
计量箱（面）	400	8	700	10	800	15	800	18	2751	51
三级保护（套）	1600	4	1800	5	3600	8	3000	10	10027	27
控制盘壳体（面）	120	—	120	14	300	16	300	20	890	50
低压台架控制箱（台）	50	10	100	10	200	12	220	18	620	50
开关柜（面）	30	8	42	25	60	30	70	30	295	93
配电盘（面）	70	16	100	12	200	18	300	25	741	71

续表 12-5-1

类别 \ 产品 \ 年度	2002		2003		2004		2005		合计	
	数量	金额（万元）	数量	金额（万元）	数量	金额（万元）	数量	金额（万元）	数量	金额（万元）
变压器（台）	26	40	50	50	80	60	120	70	496	220
水泥杆（棵）	150	10	200	12	300	12	500	18	1202	52
电表（只）	500	12	800	14	800	14	1200	18	3358	58

第二节 送变电工程安装

送变电工程安装队隶属金地电力有限责任公司，具有省三级施工资质。

2002~2005 年，先后完成送变电工程项目 31 个，建设改造 10 千伏以上输电线路 26 条、576 千米，其中完成改造 10 千伏线路 17 条（孟庄线、羊代线、彭丕线、羊山线、马孟线、前李线、鱼山线、南豆线、缗城 1 # ~7 # 杆、南清线、金山线 1 # ~2 # 杆、金曼线北西环支线、金城 I 线、鱼山线钢厂线、金山线中心街支线、南清线中心街支线、南霄线）、35 千伏线路 6 条（金潘线、大胡线、大羊线、化雨高河支线、司霄线、花园煤矿线路工程）、110 千伏线路 3 条（宁成线大义支线、宁城线西城支线、宁城线彭井支线），架设低压线路 350 千米，承接社会工程 450 个。

第三节 电器维修 汽修

电器维修

主要负责县供电公司变压器、绝缘工（器）具维修、校验。2002~2005 年共维修变压器 700 台、校验变压器 1260 台，校验绝缘工（器）具 3800 件。

汽车修配

主要承担县供电公司及社会、各企业团体汽车修理与零部件销售。2002~2005 年实现维修收入 200 万元，利税 14.5 万元。

2005 年，金地公司固定资产 857.3 万元，比 2002 年增长 141%；营业总收入 1476 万元，比 2002 年增长 181%；利税 64.6 万元，比 2002 年增长 223%。2005 年固定资产、营业收入、利税三项主要指标分别是 1987 年成立综合服务公司时的 28 倍、4.5 倍、1.8 倍。

1990~2005 年金乡县供电公司（局）利润税金统计表

表 12-5-2

时间	利润（元）	同比（%）	税金（元）	同比（%）	利税（元）	同比（%）
1990	333421	3.12	553723	7.16	887144	5.61
1991	403115	20.9	629106	13.61	1032222	16.35
1992	457628	13.52	844410	34.22	1302038	26.14
1993	527727	15.32	1035463	22.63	1563191	20.06
1994	109965	−379.9	2961307	185.99	3034985	94.15
1995	105620	−4.11	3604298	21.71	3675064	21.09
1996	285315	170.13	4630866	28.48	4822028	31.21
1997	530787	86.04	3640775	−27.19	3996403	−20.66

续表 12-5-2

时间	利润（元）	同比（%）	税金（元）	同比（%）	利税（元）	同比（%）
1998	575869	8.49	4025034	10.55	4410867	10.37
1999	1524317	164.7	5336951	32.59	6358244	44.15
2000	-544504	—	3872183	-37.83	3327679	-91.07
2001	242038	—	4590362	18.55	4752529	42.82
2002	162193	-49.23	5513571	20.11	5622241	18.3
2003	126092	-28.63	6167977	11.87	6252458	11.21
2004	189710	50.45	7734826	25.4	7861932	25.74
2005	309839	63.32	9353925	20.93	9561518	21.62
合计	5339140	—	64494786	—	68460549	—

第十三篇 煤 炭

煤 炭

金乡县煤炭工业起步较晚。20世纪五六十年代虽有煤炭勘测活动，但仅限于找矿、探矿，没有清晰的储量探明。随着1996~2000年金桥煤矿定采建成投产、2005年花园煤矿开工建设和霄云煤矿完成规划筹备，金乡煤炭工业步入新的发展阶段。

1993年前，金乡县矿产资源管理职能由县计划委员会下属矿产资源管理办公室承担。1993年，撤销金乡县土地管理局和矿管办，合并成立金乡县土地矿产管理局。1995年3月，加挂“金乡县土地矿产勘测规划站”牌子，行使矿产资源规划勘测职能。1996年8月，县编委同意县土地矿产管理局设立矿管科，依法行使境内矿产资源管理权。同时，建立金乡县土地矿产监察大队，行使土地矿产执法监察职能。1999年10月，设立金乡县压煤搬迁办公室，为副科级全额拨款事业单位，负责全县压煤搬迁工作，归县土地矿产管理局管理。2002年5月，“金乡县土地矿产管理局”更名为“金乡县规划与国土资源局”，矿管科为内设行政机构，压煤搬迁办公室、土地矿产监察大队为局属事业单位，依法行使相关矿产资源管理监察和压煤搬迁工作职能。

第一章 煤矿建设

第一节 勘 探

金桥煤矿勘探

金乡县境内煤矿建设勘探预查、普查始于20世纪五六十年代。1955~1966年，华北石油普查队和煤炭部122队、123队、华东物探队、华东二队先后在勘探区内进行过重力、磁力、电法及地震勘探。

1966~1967年，华东煤田二队最早进入金乡勘探区进行找煤钻探施工。在金桥煤矿范围内布钻孔7个，均为无芯孔，钻探工程量3659.35米，其中有5孔见可采煤层5层12点。测井参数基本齐全，煤层定性、定厚解释基本可靠，煤层质量合格。

1978~1982年，煤炭部第一地质勘探公司物探队在本区进行模拟地震工作，面积165平方公里。同时，煤炭部119队在金乡勘探区进行煤炭普查。金桥煤矿范围内钻孔39个，钻探工程量24335.23米。预查、普查阶段所进行各种手段的物探工作对指导钻探及控制构造起到一定作用，但受当时技术条件的限制，效果欠佳，资料无法利用。

1982~1993年，煤炭部119队在金乡勘探区进行煤炭详查。金桥煤矿范围内钻孔61个，钻探工程量39123.53米。

1990~1992年，原煤炭部第一地质勘探公司物探队又在详查区76平方公里范围内进行地震勘探，其成果对确定金乡勘探区的构造格局、煤层储存情况起到良好作用，较好地控制了嘉祥断层、F2、F3、F4、F5断层的分布规律。后来的《精查地质报告》利用了F5断层以北的构造成果，以及控制嘉祥断层、F2、F3、F4断层的部分成果。

1994年，江苏煤田物探队，在金桥井田F5断层以东至嘉祥断层范围内做地面地震勘探。测区范围：东西长约4.3千米，南北宽约1.5千米~5千米，面积约16.2平方公里。其中在3煤层无煤带以东至F22断层，F5断层以南至老万福河（面积约4.1平方公里）进行二维采区地震，其余部分进行精查勘探。二维采区地震工作网距为170米×250米，井筒位置另行适当加密。查明落差大于10米的断层，控制幅度大于10米的褶曲；查明新生界及3煤层埋藏深度；控制3煤层厚度变化、露头范围及无煤带。精查地震工作网距为400米×500米。查明落差大于或等于20米的断层及幅度大于15米的褶曲；查明新生界厚度及3煤埋藏

深度；控制3煤露头。其平面误差不大于50米，控制16煤的埋深及构造。此次勘探共完成地震测线长137.96千米，合格物理点5661个，时间剖面84条，长122.7千米。同年，煤炭部119队在本区进行勘探阶段钻探施工，钻孔8个，工程量5420.66米。

1995年4月，山东煤田地质局第二勘探队完成井筒检查孔2个（检1、检2），工程量1029.11米。3煤层顶板砂岩和三灰抽水试验各1次。当年6月，煤炭部119队提交《山东省金乡煤田北区金桥井田勘探（精查）地质报告》。10月，经山东省矿产储量与资源管理委员会以鲁储决〔1995〕9号文批准煤炭资源储量为：能利用储量A级2010万吨、A+B级4970万吨、A+B+C级21640万吨；暂不能利用储量C级5475万吨。本次核实范围与精查报告资源储量核实范围基本一致。

1997年金桥煤矿开工建设后，江苏煤田物探队于2001年4月对金桥煤矿首采区实施三维地震勘探，勘探范围：西起3煤层露头边界线，东至6-5号孔与金乡65号孔连线，南起老万福河，北至一、二采区边界线，面积约2.1平方公里。完成地震物理点2897个，查明了区内落差大于5米的断层，对落差在3米~5米的断点给予解释，查明了幅度大于5米的褶曲。2001年11月，提交《山东省济宁市金桥煤矿首采区高分辨率三维地震勘查报告》，经“济矿字〔2001〕72号”文批准通过。

2003年9月~2005年11月，山东煤田地质局第二勘探队完成补充勘探孔11个，总工程量7105.01米。其中水文孔6个，并完成Q中、Q下、三灰、十下灰、奥灰抽水试验各一次，3砂抽水试验两次。未提交专门勘查报告。

2003年，山东中煤物探测量总公司对金桥煤矿五采区实施三维地震勘探，勘探范围：北起工业广场煤柱，南至F3断层，西起F4断层，东至F22断层，面积约2.2平方公里。于2004年1月提交《山东省济宁市金桥煤矿五采区三维地震勘查报告》，经“济煤冶便字〔2004〕31号”文批准通过。

2004年2月，山东中煤物探测量总公司对金桥煤矿四采区实施三维地震勘探工作，勘探范围：北起菏泽断层，南至3煤露头线，西起20440800坐标线，东至嘉祥断层，面积约3.8平方公里。于2004年7月提交《山东省济宁市金桥煤矿四采区三维地震勘查报告》，经“济煤冶便字〔2004〕35号”文批准通过。

通过以上各个勘探阶段的钻探施工，在金桥煤矿井田内先后共施工钻孔128个，工程量合计为80672.89米。

各勘探阶段地面物探工作量表

表13-1-1

工作名称	施工日期	施工单位	工作量及成果
重磁航空测图	1955	华北石油普查队	效果欠佳 资料无法利用
运河西勘探区电法报告	1958	123队	
梁山勘探区电法报告	1959	122队	
鲁西地区重力详查报告	1960	122队	
单县地区地震工作总结	1961	华东物探队	
单县电法普查勘探总结	1961	华东物探队	
鲁西南找煤小结	1966	华东煤田二队	
金乡普查综合勘探地质报告	1982.06	煤炭部第一地质勘探公司物探队	
金乡详查地震勘探报告	1992.06		控制面积76平方公里
金乡精查地质报告	1994	江苏煤田物探队	测线137.96千米
矿井建设首采区三维勘探报告	2001.04		物理点2897个
矿井建设五采区三维勘探报告	2003.06	山东中煤物探总公司	物理点2008个
矿井建设四采区三维勘探报告	2004.02		物理点3450个

霄云寺煤矿勘探

1958年始，在单县至丰县之间已做过大量物探工作，主要集中在曹马集断层到嘉祥断层之间，即首羡集勘探区及丁楼勘探区。部分勘探工作在金乡县境内。其中，山东省地质局物探队做过航空磁测，并提交1∶20万航磁报告。

1959年11月~1960年12月，煤炭部122队在鲁西南地区做重力详查，控制面积约3224平方公里，并提交《鲁西南地区重力详查报告》。其间，山东省物探队在单县至丰县间进行地震普查，控制面积375平方公里。

1961年3月~5月，山东省物探队在金乡县以南900平方公里范围内进行电法普查后，提交电法勘探总结。

1967年，山东勘探队在鲁西南找煤的同时，由山东物探队在金乡、单县进行电法勘探，控制面积约888平方公里，并提交了1∶50000山东省金、单地区电法普查资料。

1974年5月~1975年12月，江苏煤炭地质局在首羡集勘探区做普查勘探，控制面积约87平方公里，施工钻孔20个，工程量14021米，并提交《丰县首羡集勘探区普查地质报告》。

1979年3月~1980年4月，江苏煤炭地质局在丰沛煤田丁楼勘探区进行普查找煤勘探。丁楼勘探区包括金乡县霄云寺井田及其南部单县的张集井田1000米范围。6月，提交《江苏省丰沛煤田丁楼勘探区普查找煤地质报告》。江苏省煤田地质勘探公司以苏煤勘司字〔1980〕196号文批准了这个报告。按江苏省煤炭局〔1980〕177号文件要求，以0.6米为最低可采厚度计算，资源量3煤3505.7万吨，12下煤1717.4万吨，16煤1014.2万吨，共计6234.3万吨。其中有3个钻孔落在霄云井田，工程量2461.57米。

丁楼勘探区内地形平坦，交通方便，煤系地层被新地层掩盖，本着“先物探后钻探、先浅后深、由稀到密、由已知到未知”原则，此次勘探采用物探先行、钻探验证配合测井的综合勘探手段，取得良好地质效果。

受济宁矿业集团有限公司的委托，江苏煤炭地质勘探二队、江苏煤炭地质物探测量队于2004年4月编制《山东省金乡煤田霄云寺井田勘探设计》；同年5月，组织有关单位领导和专家进行评审，并形成评审意见，随后下达批准书；6月12日，江苏煤炭地质勘探二队和江苏煤炭地质物测队进场施工。

花园煤矿勘探

2001年12月，济宁矿业集团有限公司取得金乡煤田花园井田探矿权许可证，经过一年勘探，于2002年12月提交精查地质报告，山东省国土资源厅以鲁资储备字〔2003〕1号文批准了该报告。

2003年6月10日，山东省人民政府压煤村庄搬迁办公室以鲁政搬〔2003〕7号文对《花园煤矿城区下压煤开采可行性报告》进行批复，同意将城区下煤炭资源作为矿井设计的依据。

2004年2月6日，金乡县人民政府同意济宁矿业集团在金乡建矿。

2004年3月20日，山东省发展改革委员会以鲁计基础〔2004〕23号文同意对花园井田开展可行性研究工作。同年7月20日，山东省发改委以鲁计基础〔2004〕720号文对《山东省济宁矿业集团有限公司花园矿井可行性研究报告》进行批复，同意建设生产能力为年产45万吨的花园煤矿。

2004年10月，国土资源部以国土矿划字〔2004〕038号文对矿区范围进行划定。

2005年5月，山东省发改委以鲁计重点〔2005〕343号文批复花园矿井初步设计。同年7月，花园煤矿破土动工。

第二节 建 设

济宁金桥煤矿

位于金乡县城北5千米处，面积38平方公里，累计探明储量2.71亿吨，可采储量8224万吨，设计能力年产60万吨。以3煤为主要开采煤层，平均煤厚5.28米，埋深−400米~−600米，可采及局部可采煤层5层，3煤为1/3焦煤；12、15

煤为肥煤；16、17为气肥煤。

1996年，开始筹建准备。1997年1月，正式动工建设。设计有主、副两个立式矿井，井口位于金乡县高河乡大徐楼村村西。主井设计深度502米，副井深度495米。中煤五公司第一工程处承包，采用冷冻后挖土造井的方法建设施工。1998年5月31日，主、副两井实现井下贯通。1999年2月18日，井底车场及硐室竣工。

图13-1　金桥煤矿主井见煤报喜

1999年8月19日，金桥煤矿副井在建设过程中，因井筒井壁锚杆脱落引发漏水涌砂事故，虽未造成人员伤亡，但井筒出现局部断裂，大量涌水造成副井被淹。中煤五公司第一工程处结束了建井工程施工。随后，枣庄矿业集团公司第三工程处通过公开招标方式承担了金桥煤矿副井井筒及井底车场的恢复工程，于2001年2月28日竣工。

2001年5月，金桥煤矿自行第三期工程建设，累计施工巷道4800米，硐室2560立方米，至10月1日，形成首采区——1311试采工作面。同时，生产场区地面建筑及管理设施工程和提升运输、供电、排水、通风等生产系统工程全部完成，通讯监控、原煤筛选等辅助设施得到完善，经试运转，符合有关规范、规程的规定。金桥煤矿矿井正式建成。2002年正式投产。

花园煤矿

位于金乡县城西，面积30平方公里，已探明储量1.09亿吨，能利用储量6981万吨（肥煤6641万吨。1/3煤焦340万吨），可采储量3300万吨，主煤层为3煤，平均厚度2.48米，赋存条件较好，煤质为三分之一焦煤，适合综合机械化开采。设计能力年产45万吨，实际能力90万吨，服务年限52年，概算总投资4.3亿元。

花园煤矿设计主、副两个矿井，井口位于金乡县城西南金乡镇花园村。2005年，济宁矿业集团成立花园煤矿金乡筹建处，当年7月动工兴建。2009年7月建成投产。

花园煤矿属高风险施工矿井，表土层深480多米，矿井建设难度在全国范围内为数不多。采用冷冻后挖土造井法施工。

第二章　煤炭生产

第一节　井下作业

金桥煤矿井田可采煤层共5层。采用立井多水平开拓，中央并列抽出式通风方式，副井进风，主井回风。主井提升采用落地式单绳缠绕式提升机，装备一对单绳箕斗，负担全井提煤任务。副井选用落地式多绳摩擦提升机，装备一对双层二车罐笼，负担人员、设备、材料、矸石等提升任务。井下生产作业大巷采用两条水平集中大巷开拓，铺设专用矿车轨道，主运输系统采用胶带输送机，辅助运输为电瓶车牵引1吨矿车轨道运输；煤层从工作面采出后经溜子上皮带，经集中皮带进入井底煤仓，经主井提升进入动筛车间，最后进入井上煤仓。

2001年10月1日，在首采区1311试采工作面试采。地面工作按“三八”工作制，两班生产，一班检修；井下作业按“四六”工作制，三班生产，一班检修。

2002年，在首采区1311、1312、1331等工

作面，采用人工放炮法落煤生产；在 1351、1371 工作面采用高档采煤机械普采。是年，达到年产 60 万吨煤的设计生产能力。

至 2005 年，井下煤炭生产主要开采地面下 430 米水平位置，主采煤层为 3 煤，平均厚度 5.28 米。采用走向长壁分层开采，用自然跨落法管理顶板。矿井形成生产采区 3 个，采煤工作面 2 个，掘进工作面 4 个。其中，一采区布置 1321 综采工作面；二采区布置 2303 综采工作面和二采区轨道巷、2304 上下顺槽、2303 条带开采运输巷四个掘进工作面；五采区布置一个 5301 备用工作面。地面下 430 米水平西翼轨道运输大巷以南只剩余 1392 工作面及 1372 工作面的北部；水平西翼轨道运输大巷以北采至 1381 工作面；东四皮带巷已开拓掘进送至四采区，南翼轨道大巷已掘进开拓送至五采区。

第二节　安全防护

金乡县煤炭资源埋藏深，矿井深度平均在 500 米~1000 米之间，煤层埋深最高达 1400 米，开采难度较大，在平原地区煤矿中属典型类型。为确保井下生产安全，金桥煤矿严格遵守国家煤矿安全生产规定，采取各种措施消除矿井建设和煤炭生产过程中可能存在的事故隐患，截至 2005 年 10 月 16 日，井下作业累计实现安全生产 891 天。

领导责任

金桥煤矿从上到下层层制订并落实各项安全生产责任制度，矿长对安全生产负总责，各部门和各生产单位领导人各负其责，互相监督制约，严格防范。井下生产作业有矿领导分别带班，巡视检查。对于违反开采程序和安全生产管理制度规定的人和事，及时制止纠正；造成安全生产事故的，区分不同情况，坚决追究相关领导和当事人的责任。

科技防护

金桥煤矿加大安全防护科技投入，安装了井下生产作业人员定位跟踪系统、泵房远程集控系统、通信系统。安全监控系统可监测井下主要电器设备的开停情况、瓦斯浓度、涌水量、温度以及人员大体位置等实时情况，并有自动报警功能，实现了井下安全环境状况的自动监测。矿井采用双回路供电系统设计配置，地面建设有 35 千伏变电所 1 座，井下 500 米水平位置建有 6 千伏变电所 1 座，以满足井下煤炭生产安全防护等供电需求。地面通风采用多台 BD-II-8-No24 型隔爆对旋轴流式通风机，每台通风机配备 250 千瓦防爆电机 2 台，实行一组工作，一组调适检修备用。

水灾防治

金桥煤矿地面配备天气自动观测系统，可监测矿区风速、风向、降雨量等天气实时情况，并有地面防洪应急预案。井底建有水仓 2 个，分别为内水仓和外水仓，位于副井以西。井下各出水点及生产用水经各级排水管路及水沟排至水轨道大巷，最后汇入水仓。水仓总容积 2070 立方米，配有 PJ200BX7 排水泵 3 台，单个水泵排水能力为 420 立方米 / 小时。井水流入水仓后，经两路直径 325 毫米的排水管路排至地面，经污水处理中心处理达标后排入河道，实现污水零排放。同时，按照水害应急预案，每年进行一次水害救灾演习，提升抗灾能力。

粉尘灾害防治

煤矿粉尘容易引起尘肺病、煤肺病等职业病，操作防尘不当还会引起煤尘爆炸。金桥煤矿通过采取喷雾洒水、风流净化、清扫冲洗巷道、采用合理风速、给井下作业人员配备防尘口罩和耳塞等防护措施，有效降低粉尘、噪声危害和粉尘爆炸的危险性，避免职业病的发生。同时，每年对职工进行一次强制性免费健康查体。

瓦斯灾害防治

金乡境内煤矿，按瓦斯等级为低瓦斯矿井，但煤层埋藏较深，如瓦斯涌出量较大或通风不良，容易发生局部瓦斯聚集。为防止发生瓦斯爆炸事故，金桥煤矿采取全面增加风速，或挂斜挡板提高局部风速，或增加打钻巷道供风量，在孔口安设专门的密封装置，将瓦斯引入回风巷的措施，防止掘进巷道瓦斯积聚；采取风障引导风流法、风筒导排风流法、沿空留巷排放法和充填置换等方法，防止工作面上隅角局部瓦斯超限；采取导风板引风法、压风排除法、充填置换法，防止巷道冒落空洞中局部瓦斯积聚；采取加大巷道内的风流速度、加大顶板附近风流速度、向顶板钻孔接管抽放瓦斯等方法，防止巷道顶板处呈层状局部瓦斯积聚；采取在输送机底槽下边全部焊结隔离铁板、接风管向底槽吹风，在采煤机的截割部或牵引部安装小型局部通风机或水力引射器，吹散积聚的瓦斯，防止刮板输送机底槽和采煤机附近局部积聚瓦斯；采取经常检查其瓦斯浓度，加强采区煤仓、溜煤眼上下口通风的方法，稀释瓦斯等有害气体，防止放煤口上方瓦斯积聚。除此之外，还采取杜绝火源、加大通风流量、加强设备检修、完善安全监控系统、使用安全炸药等其他措施，有效防止瓦斯爆炸事故的发生。

防灭火

金乡县境内矿井煤层断层较多，地温偏高，矿井主采煤层为中厚或较厚煤层，易于局部储热，煤层自然发火的危险性比正常地段高。金桥煤矿在生产过程中，针对煤的自燃特性，强化自燃分析预测，经常测定可能发火地点的风量和温度，实施区域性均压通风，预防煤层自燃。并配备KSS-200束管火灾预报监测系统，由微机检测、分析、报告情况，发现异常，及时利用即有装备器材，采取人、机结合的方法防火灭火。

防治水

金桥煤矿采掘工作严格执行“有疑必探，先探后掘”制度规定，结合水文地质资料，按照井下不同情况，分别设置断层防水煤（岩）柱、第三系防水煤柱、导水钻孔防水煤柱、井田边界防水煤（岩）柱、相邻矿井或采区边界防水煤（岩）柱等不同类型的防水煤（岩）柱，防止不同情况和类型地下水灾害的发生。同时，注重做好地表水和灾害性天气的防治应对，建立和完善灾变应急处置预案。

防治深井地压

深井开采冲击地压对井下安全生产具有潜在的危险性。金桥煤矿因地制宜，合理选择、科学布置巷道与支护。采取配置足够数量的顶棚观测仪器和措施防治顶板冒落。在开采顺序上尽可能避免三面或四面采空的孤岛采煤；在工作面前方超前进行煤层高压注水，以降低煤层的硬度和脆性，增加煤层的可塑性；用钻屑法对工作面前方进行冲击地压的倾向性和危险程度探测，发现有冲击地压倾向和危险时，全部采用水封爆破松动法进行超前卸压，并采取在建、构筑物下留设大煤柱与上覆基岩离层带注浆相结合开采，非建筑物下无煤柱开采等措施，防止冲击地压。

地热灾害防治

金乡境内煤矿设计开采深度在地下500米~1200米，局部达到1300米，原始岩温一般为34℃~40℃。金桥煤矿经过对条件类似矿井的调研和专家论证，采用适当合理加大通风量，降低采矿生产工作面温度等比较成熟的降温经验和措施，防治矿井热害，使井下气温达到《煤矿安全规程》规定的要求。

医疗卫生与救护

2005年，金乡已有矿井医疗卫生保健设施完善，矿区建有自己的职工医院，井底车场设有医疗室。矿区洗浴、健身等生活设施完备，矿井安全监测系统能对井下气候条件进行连续监测、监控，并配备个体巡回监测仪器、仪表。针对废水、废气、粉尘、噪音、井下气温等矿井环境卫生、危及人身健康的有害因素，均采取相应的措施予以防治。同时，与县人民医院等医疗机构建立合作关系，作为平时健康查体和治疗重大疾病的合作单位。

第三章 煤炭销售

第一节 销售渠道

金乡境内煤炭资源丰富，煤质优良。金桥煤矿生产的煤炭，多为优质的气肥煤、焦煤，部分为天然焦，是优质的工业用燃料。特别是所产优质焦煤，杂质少，发热量高，是炼焦的上等原材料，所炼出的焦炭又是冶炼优质钢铁的重要原料。所产原煤经冲洗、筛选、分级后，主要销往北京、天津、江苏、浙江和上海等地。

第二节 销售收入

1997 年，金桥煤矿在建井期间共生产原煤 0.18 万吨。主要用于矿井建设自用，没有上市销售。

2002 年，金桥煤矿正式投产，当年即形成设计产能，产优质原煤 65 万吨，销售价格每吨 233 元。当年实现销售收入 1.52 亿元，利润 4577.1 万元，上缴税金 1823 万元，向地方政府缴纳矿产资源补偿费 91.19 万元。

2003 年，原煤生产超过设计产能，达到 76 万吨，销售价格每吨 229.61 元。当年销售原煤 75.3 万吨，实现销售收入 1.74 亿元，利润 7177.57 万元，上缴税金 2185 万元，缴纳矿产资源补偿费 182.74 万元。

2004~2005 年，煤炭产量年均 61.5 万吨，销售价格上涨到每吨 425.18 元，但仍供不应求。

1997~2005 年，金桥煤矿累计实现产销原煤 269.5 万吨，销售收入总计 86229 万元，实现利润 36974 万元，上缴税金 10334 万元，上缴地方政府矿产资源补偿费累计 500.64 万元。

第四章 煤炭企业简介

济宁市金桥煤矿

济宁市金桥煤矿是济宁市蔡园生建煤矿接续矿井，地处金乡县城北 5 千米，北距济宁 42 千米，交通运输方便。矿井设计能力 60 万吨 / 年，实际最高生产能力 110 万吨 / 年。核定采矿区面积 38 平方公里，1997 年 1 月开工建设，2002 年正式建成投产。

金桥煤矿属低瓦斯矿井，主采煤层 3 煤，矿井累计探明资源储量 26996 万吨，可采储量 7619 万吨，煤炭为低灰、低硫、低磷、高发热量的气煤，1/3 为焦煤，其发热量在 7000 千卡 / 千克以上，属华东地区少有的优质煤。

金桥煤矿大力实施“科技兴安、人才兴矿”工程，不断提高矿井安全技术装备水平，创建优质安全型矿井。2005 年引进轻型支架放顶煤设备，新上瓦斯智能巡检系统、安全监测监控系统、矿井水监控系统；对 35 千伏变电所、6 千伏变电所及主井装卸载系统进行改造，为安全高效生产创造了条件。同时，积极培养青年干部，促进岗位成才，充分发挥工程技术人员的先导作用，大力开展技术攻关和技术革新活动，逐步实现安全生产管理由人防向技防转变。2002~2005 年，累计生产、销售原煤 269.5 万吨，实现销售收入 8.62 亿元，税收 1.03 亿元，利润 3.69 亿元，缴纳矿产资源补偿费 500.64 万元，取得了较好的经济和社会效益。并以 92.55 分的较好成绩通过山东省煤监局组织的煤矿安全评估年度集中评估；以

95.85 分的优异成绩通过了济宁市煤炭工业局组织的煤矿安全生产评估。

2005 年，金桥煤矿有各类职工 795 人，其中安全生产管理人员 251 人；高级工程师 13 人，中级职称 61 人；大专以上学历 557 人。先后被山东煤矿安全监察局评为“一通三防”安全示范矿井、煤矿安全程度评估 4A 级矿井；被山东省煤炭局评为煤矿安全质量标准化一级矿井、“双基”建设先进单位；被中国设备管理协会评为全国设备管理优秀单位；被授予煤矿安全生产评估“一类矿井”荣誉称号。

济宁市花园煤矿

济宁市花园煤矿隶属于济宁市矿业集团。

济宁矿业集团是一家以煤炭为主业，集能源、冶金、化工、建材、机械加工、运输、餐饮娱乐于一体的大型企业集团。下有 6 对生产矿井、3 对在建矿井、1 对规划矿井和 8 个非煤企业等。总资产 26.88 亿元，员工 8000 余人。年产优质煤炭 540 万吨。

济宁市花园煤矿位于金乡县城西南角花园村。根据国土资源部颁发的采矿许可证（证号：1000000620075，有效期：2006 年 6 月 21 日~2026 年 1 月 20 日），矿区范围由 24 个拐点圈定，面积为 28.61 平方公里，开采标高为 −500 米至 −1000 米。企业注册资本 1 亿元，设计生产能力 45 万吨 / 年。2005 年 7 月 5 日开工建设。2009 年 7 月建成投产。

济宁市霄云煤矿

济宁市霄云煤矿隶属于济宁市矿业集团，是山东省“十一五”规划重点建设项目，金乡县重点工程。矿井位于金乡县霄云镇境内，煤矿井田面积约 24 平方公里，地质储量总计 1.01 亿吨，可采储量 4825 万吨。煤质具有低灰、特低磷、特低硫、高发热量、灰熔点高等特点，是良好的炼焦和动力用煤。矿井设计生产能力每年 90 万吨，服务年限 41.2 年。配有选煤厂一座。全部工程概算总投资 6.8 亿元，矿井建成投产后，每年可实现销售收入 3.2 亿元，实现利税 1.96 亿元。

2006 年 12 月，副井永久井架起立；2007 年 2 月，主、副井井筒开挖；2009 年 3 月，主副井顺利实现贯通，转入二期工程施工。2010 年 5 月，主井井架对接；2010 年 10 月，首采措施面试生产；2011 年 12 月，1301 工作面试生产；2012 年 3 月，1302 工作面试生产；矿井联合试运转获得省煤炭工业局批复。2012 年 5 月，矿井及选煤厂单项工程质量顺利通过省煤炭工业局专家组认证，并获得工程质量认证书；2012 年 12 月，矿井顺利通过安全设施竣工及安全生产许可证验收。2013 年 4 月，1307 工作面试生产；2013 年 7 月，顺利通过矿井及选煤厂竣工验收，实现由基建型矿井向生产型矿井的转型。

第十四篇　乡镇企业民营经济

乡镇企业 民营经济

金乡县乡镇企业，由新中国成立后的农业生产合作社和人民公社、生产大队兴办的集体工副业逐步演变而成。管理机构是从金乡县第二轻工业局分离出的公社工业局，后改为多种经营乡镇企业局。1991 年 8 月改称乡镇企业局。1997 年 3 月更名为金乡县乡镇企业管理局。2002 年 5 月机构改革时与县经济委员会、县财贸委员会，组成新的县经济贸易局，同时加挂县民营经济发展局牌子。县民营经济发展局内设办公室、规划发展科、企业科、科技教育科；下属地方建筑材料管理办公室、散装水泥办公室和乡镇企业科技信息中心三个自收自支股级事业单位。2004 年 5 月，成立金乡县中小企业管理办公室，为正科级行政机构，接负民营经济发展局规划发展、企业、科技教育科的工作；民营经济发展局主要负责原单位的债务、全县民企职工的档案管理、养老金统筹和原企业局供销公司及下属三个股级单位下岗人员的管理工作。

1991~2000 年，乡镇企业因不适应社会主义市场经济发展要求而改制。2005 年，全县乡镇企业改制全部完成，为民营企业所取代，产权主体和投资主体趋于多元化，形成多种所有制经济成分共同存在、共同发展的新格局，有效振兴了全县经济。

第一章 乡镇企业

第一节 经济结构

所有制结构

1984 年，中共中央、国务院决定将社队企业名称改为乡镇企业。按照国家规定，金乡县乡镇企业有乡镇办、村办、农民联营合作和个体四种所有制形式。产权结构以乡、村集体经济为主，乡镇政府和村生产队是企业投资的主体，并按计划经济体制要求主导企业的生产经营活动。

1991~1993 年，全县乡镇企业继续快速发展，单位个数逐年增加，至 1993 年年底，乡镇企业单位总数由 1991 年的 12547 家增加到 16605 家，其中乡办企业由 1991 年的 136 家增加到 153 家；村办企业由 268 家增加到 376 家；农民联营合作企业由 1863 家增加到 2516 家，个体企业由 10280 家增加到 13561 家。

1994 年，乡镇企业单位总数比 1993 年减少 3871 家。除联营合作企业数比上年略有增加外，乡镇办企业、村办企业和个体企业数都较上年有所减少。1995 年，除联营合作企业数比 1994 年略有减少外，乡镇办、村办和个体企业都较 1994 年有所增加。1996 年，全县共有乡镇企业 11719 家，其中乡镇办企业 121 家，村办企业 259 家，联营合作企业 2491 家，个体企业 8848 家，分别比 1993 年减少 4886 家、32 家、117 家、25 家、4713 家。

1991~2000 年，绝大多数乡镇集体所有制企业因改制而成为非公有制企业。其间，有的企业经过改革不断发展壮大，成为乡镇重点企业，有的则因经营管理不善而被兼并，甚至破产。

从业人员结构

1991~1993 年，随着乡镇企业的发展壮大，在乡镇企业就业的人员数量也不断增多。1993 年，全县乡镇企业从业人员 67761 人，其中乡镇办企业 11248 人，占当年从业总人数的 16.6%，比 1991 年增长 1.68 个百分点；村办企业 8635 人，占从业总人数的 12.74%，比 1991 年增长 1.65 个百分点；农民联户合作企业 17896 人，占当年从业总人数的 26.41%，比 1991 年减少 5.66 个百分点；个体企业 29982 人，占当年从业总人数的 44.25%，比

1991 年增长 3.06 个百分点。

1994~1996 年，乡镇企业从业人数增减略有起伏，其中 1994 年从业人员总数比 1993 年减少 12.62%；1995 年从业人员总数比 1993 年增加 6.69%，比 1994 年增加 20.16%。在 1995 年 72298 名从业人员中，乡镇办企业 11795 人，占当年从业总人数的 16.31%；村办企业 9464 人，占从业总人数的 13.09%；联户合作企业 22674 人，占从业总人数的 31.36%；个体企业 28365 人，占当年从业总人数的 39.24%。1996 年，从业人员总数比 1995 年减少 7474 人，其中乡镇办企业减少 113 人，村办企业减少 329 人，联户企业减少 3324 人，个体企业减少 3708 人。

各所有制形式从业人员所占当年从业人员总数的比重大小依次为个体企业、联户合作企业、乡镇办企业和村办企业，多年没有发生大的变化。

经营行业结构

1991~1996 年，金乡县乡镇企业生产经营行业有工业、农业、建筑业、交通运输业、商贸业、餐饮服务业等。其中工业、建筑业以乡镇办、村办企业为主体；交通运输业、商贸业、餐饮服务业以联户合作和个体企业为主体。乡镇工业门类主要有电器制造、机械制造、化工、建材、皮革、造纸、印刷、酿造、粮油和食品加工、大蒜及果菜制品加工等。商贸业主要经营家用电器、农业生产资料、农副产品和日用百货等。

产值构成

1991~1995 年，金乡县乡镇企业总产值呈逐年增长态势。1994~1995 年单位个数比 1993 年有所减少，但总产值仍比 1993 年增长 85.67% 和 216.63%。1995 年乡镇企业实现总产值 45.51 亿元、增加值 11.86 亿元，其中增加值占当年全县全部工业总产值的 28.03%。在增加值中，乡镇办企业实现 3.16 亿元、村办企业实现 2.61 亿元，联户企业实现 2.9 亿元、个体实现 3.19 亿元，分别占当年增加值总数的 26.64%、22%、24.45% 和 26.9%；按经营行业分，工业企业实现 10.78 亿元，建筑施工企业 7643 万元，交通运输企业 1954 万元，商贸批发、零售和餐饮企业 1127 万元，分别占增加值的 90.89%、6.45%、1.65% 和 0.95%。

1996 年，全县乡镇企业实现增加值 5.24 亿元（新规定），占全县全部工业总产值的 20.39%。其中乡镇办企业 1.34 亿元、村办企业实现 1 亿元、联户企业实现 1.19 亿元、个体实现 1.71 亿元，分别占当年增加值总数的 25.57%、19.08%、22.71% 和 32.63%。

1997 年，82 家乡镇属工业企业完成总产值 4.47 亿元，占全县全部工业总产值的 22.49%。

1991~1996 年金乡县乡镇企业数一览表

表 14-1-1　　单位：家

年度	数量 \ 门类	总计	其中					
			工业企业	建筑企业	交通运输业	商饮企业	服务企业	其他企业
1991	合计	12547	4367	511	3021	3299	545	904
	乡办	136	91	14	—	23	7	1
	村办	268	138	25	13	85	7	—
	合作	1863	755	390	303	234	79	102
	个体	10280	3283	82	2705	2957	452	801
1992	合计	14028	4639	522	3585	3616	728	938
	乡办	137	100	15	—	18	3	1
	村办	300	168	48	5	69	10	—

续表 14-1-1

年度	门类/数量	总计	其中：工业企业	建筑企业	交通运输业	商饮企业	服务企业	其他企业
1992	合作	2342	923	385	299	528	99	108
	个体	11249	3448	74	3281	3001	616	829
1993	合计	16605	7101	542	3097	4003	870	993
	乡办	153	104	18	1	19	6	5
	村办	376	194	48	10	111	8	5
	合作	2516	991	394	344	519	130	138
	个体	13561	5812	82	2742	3354	726	845
1994	合计	12734	6387	539	1865	3259	569	295
	乡办	122	103	16	—	2	1	—
	村办	210	163	11	2	28	6	—
	合作	2842	1505	291	315	539	128	64
	个体	9560	4616	41	1548	2690	434	231
1995	合计	13880	3628	1276	3039	3948	1133	856
	乡办	133	98	17	—	12	1	5
	村办	285	188	28	16	49	2	2
	合作	2804	692	589	63	703	119	71
	个体	10658	2650	642	2393	3184	1011	778
1996	合计	11719	3090	582	2919	4158	557	411
	乡办	121	89	21	—	5	1	5
	村办	259	187	32	19	15	2	2
	合作	2491	642	358	457	941	47	46
	个体	8848	2172	171	2443	3197	507	358

1991~1996 年金乡县乡镇企业从业人数一览表

表 14-1-2　　单位：人

年度	门类/人数	总计	其中：工业企业	建筑企业	交通运输业	商饮企业	服务企业	其他企业
1991	合计	54898	29252	11091	5097	6440	1025	1993
	乡办	8189	5583	2427	—	167	10	2
	村办	6088	4187	1446	74	340	41	—
	合作	17604	8693	6054	1112	1088	236	421
	个体	23017	10789	1164	3911	4845	738	1570
1992	合计	60243	30714	11910	5588	8545	1446	2040
	乡办	9207	6506	2476	—	216	7	2

续表 14-1-2

年度	人数＼门类	总计	其中 工业企业	建筑企业	交通运输业	商饮企业	服务企业	其他企业
1992	村办	7339	4677	2138	78	374	72	—
	合作	19371	8738	6122	1196	2573	308	434
	个体	24326	10793	1174	4314	5382	1059	1604
1993	合计	67761	34125	11459	6366	11679	1746	2386
	乡办	11248	7434	3370	16	319	94	15
	村办	8635	5974	1965	110	462	100	24
	合作	17896	7036	5065	1300	3543	432	520
	个体	29982	13681	1059	4940	7355	1120	1827
1994	合计	60167	33063	9152	3929	11786	1676	561
	乡办	9831	7108	2684	—	35	4	—
	村办	7818	6520	816	122	306	54	—
	联户	17875	7727	5214	836	3366	584	148
	个体	24643	11708	438	2971	8079	1034	413
1995	合计	72298	32054	16724	7725	12278	2227	1290
	乡办	11795	7965	3705	—	102	6	17
	村办	9464	7449	1243	440	291	30	11
	联户	33674	6854	8674	2464	3736	473	476
	个体	28365	9786	3102	4821	8149	1718	789
1996	合计	64824	28712	13116	6309	13937	1477	1273
	乡办	11682	7866	3741	—	51	2	22
	村办	9135	7292	1465	200	132	27	19
	联户	19350	5338	5707	1701	6297	170	137
	个体	24657	8216	2203	4408	7457	1278	1095

1991~1996 年金乡县乡镇企业总产值一览表

表 14-1-3

单位：万元（现行价）

年度	金额＼门类	总计	其中 工业企业	建筑企业	交通运输业	商饮企业	服务企业	其他企业
1991	总产值	50798	32513	7891	5473	4921	—	—
	乡办	15139	12299	2438	—	402	—	—
	村办	8393	5669	2183	153	388	—	—
	合作	13307	7149	2694	1845	1619	—	—
	个体	13959	7396	576	3475	2512	—	—
1992	总产值	80112	55862	9717	6833	7250	—	—

续表 14-1-3

年度	门类/金额	总计	其中 工业企业	建筑企业	交通运输业	商饮企业	服务企业	其他企业
1992	乡办	23883	19374	3852	—	657	—	—
	村办	14176	10106	3035	590	445	—	—
	合作	20671	12982	2766	2367	2556	—	—
	个体	32382	13400	514	3876	3592	—	—
1993	总产值	143723	100735	13793	14216	14979	—	—
	乡办	36832	31627	4097	310	798	—	—
	村办	31984	17912	2187	1201	684	—	—
	合作	39406	24577	5182	4023	5624	—	—
	个体	45501	26619	2327	8682	7873	—	—
1994	总产值	266853	217448	19956	14847	14602	—	—
	乡办	80350	720040	7049	—	1261	—	—
	村办	50858	44888	4360	660	750	—	—
	联户	66470	48590	7301	6225	4354	—	—
	个体	69175	51930	1246	7862	8037	—	—
1995	总产值	455066	347226	39231	39879	28730	—	—
	乡办	109581	96467	12113	—	1001	—	—
	村办	89966	75569	7496	5010	1891	—	—
	联户	105823	72978	11855	13951	7039	—	—
	个体	149696	102212	7767	20918	18799	—	—
1996	总产值	268936	182029	28279	27527	31086	—	15
	乡办	47762	38375	9056	—	331	—	—
	村办	36778	31046	3407	1557	753	—	15
	联户	78527	47055	9351	8719	13402	—	—
	个体	105869	65553	6465	17251	16600	—	—

1991~1996 年金乡县乡镇骨干企业名录

表 14-1-4

序号	企业名称	序号	企业名称	序号	企业名称
1	济宁金利特精制食用油有限公司	6	金乡县筑路公司	11	金乡县四通电缆线厂
2	金乡县特种面粉有限公司	7	金乡县装潢公司	12	鱼山不锈钢件厂
3	马庙蔬菜脱水实业有限公司	8	金乡镇房地产开发公司	13	金乡县电力变压器厂
4	马庙乡茂华脱水有限公司	9	缗城镇轮窑厂	14	金乡县西郊轿车修理厂
5	马庙乡果菜制品有限公司	10	胡集第二砖厂	15	卜集机械厂

续表 14-1-4

序号	企业名称	序号	企业名称	序号	企业名称
16	羊山国贸永嘉绿色食品有限公司	46	胡集第三砖厂	76	司马水箱厂
17	金乡县第二面粉厂	47	卜集第一窑厂	77	金乡县制氧厂
18	兴隆粮油加工厂	48	卜集第二窑厂	78	王丕造纸厂
19	兴隆鸿运脱水厂	49	高河砖瓦厂	79	司马缫丝厂
20	鸡黍面粉加工厂	50	王丕建筑公司	80	马庙第二木器厂
21	羊山速冻食品有限公司	51	王丕一窑厂	81	金乡县禽业良种厂
22	金乡镇麻油厂	52	化雨砖瓦厂	82	金乡皮革厂
23	霄云面粉厂	53	化雨预制件厂	83	化雨印刷厂
24	卜集面粉厂	54	霄云窑厂	84	金乡华光辐照厂
25	马庙德福脱水厂	55	霄云建筑公司	85	鸡黍贸易公司
26	金乡县水泥制品责任有限公司	56	司马水泥预制件厂	86	金乡县塑料制品厂
27	金乡县隆天水泥有限公司	57	司马保温厂	87	金乡县金华农贸公司
28	金乡蓝天建筑装饰有限公司	58	兴隆砖瓦厂	88	金乡县第二百货杂品商场
29	金乡二建装饰有限公司	59	兴隆保温厂	89	金乡县橡胶厂
30	金乡中密度纤维板厂	60	鸡黍轮窑厂	90	金乡县东风商场
31	金乡镇建筑公司	61	鸡黍二窑厂	91	金乡县板纸厂
32	金乡县人造板厂	62	难黍瓷砖厂	92	胡集造纸厂
33	缗城建筑公司	63	鱼山砖厂	93	卜集工艺制品厂
34	司马轮窑厂	64	鱼山建筑公司	94	卜集台灯厂
35	司马建筑公司	65	马庙一窑厂	95	高河农化研究所
36	兴隆第一建筑公司	66	马庙二窑厂	96	高河恒温库
37	兴隆第二建筑公司	67	马庙木材加工厂	97	王丕包装公司
38	鸡黍建筑公司	68	马庙建筑公司	98	化雨木器厂
39	马庙高光瓷釉厂	69	羊山建筑公司	99	兴隆溶剂厂
40	马庙大程楼窑厂	70	羊山石厂	100	鸡黍纸箱厂
41	羊山轮窑厂	71	化雨农机修厂	101	马庙农副产品购销站
42	羊山镇水泥厂	72	金乡县电磁线厂	102	羊山印刷厂
43	金乡第三水泥厂	73	兴隆矿山机械厂	103	羊山农具厂
44	羊山金星彩瓦厂	74	缗城化工厂	104	羊山汽修厂
45	金乡镇砖瓦厂	75	金乡县金通电缆厂	—	—

第二节 改革发展

20世纪80年代中后期，国家和省、市出台优惠政策，鼓励发展乡镇企业。金乡县乡镇企业日益发展壮大，逐步成为全县经济发展的生力军，但以集体经济为主的格局并无改变，乡镇企业还存在产权关系不清、内部利益不直接、职工吃企业的“大锅饭”、自身发展动力不足、政府对企业干预过多、企业无法自主决策、难以成为市场主体、缺乏应有的活力等种种弊端，不适应社会主义市场经济发展要求。

1991~1995年，乡镇企业发展环境发生明显变化，国有企业改革力度加大，经营机制转换步伐加快，个体私营经济和三资企业发展迅速。县委、县政府适时进行乡镇企业产权制度改革，在乡、村集体工业企业中试行股份合作制，对效益低下的小企业实行兼并、租赁、拍卖，逐步减少行政干预，推动乡镇企业投资主体的多元化和生产要素的优化配置。到1995年年底，全县乡镇集体企业有114家实行改制，占企业总数的97%，其中实行股份制的企业15家，占13%；实行股份合作制的企业32家，占28%；实行租赁制企业的59家，占51%；其他形式的8家，占0.7%。同时，实施政策引导，经济扶持，典型带动等措施，大力鼓励集体、合作、个体兴办企业。5年间，新增冷藏保鲜、蔬菜脱水、大蒜加工、交通运输、餐饮服务等各类企业1773家。初步形成机械、化工、电器、造纸、印刷、缫丝、纺织、建筑建材、各种加工、工艺品制作等门类齐全的乡镇工业体系。此后，县委、县政府以建立“产权明晰、政企分离、自主经营、自负盈亏”的现代企业制度为目标，将乡镇企业改制不断引向深入。

1996年8月，金乡县按照《中华人民共和国公司法》的规定和上级通知要求，对乡镇改制后的有限责任公司、股份有限公司进行规范，符合标准的分别予以登记，对达不到公司最低注册资本的商贸流通小企业，采取其他形式予以改制。

1997年1月，《中华人民共和国乡镇企业法》颁布施行，金乡县委、县政府及时出台政策措施，深化乡镇企业改革，理顺政府与乡镇企业的关系，逐步使乡镇企业成为自主经营、自负盈亏、自我约束、自我发展的市场主体。同年9月，中共十五大召开，县委、县政府要求乡镇企业“把工作重点转移到上质量、上档次、上水平、上规模、提高企业素质、提高竞争能力、提高经济效益上来”，并将这些原则贯穿于乡镇企业发展始末。1998年，全县规模以上独立核算工业企业29家，其中12家农村工业实现总产值1.18亿元，占规模以上工业总产值的13.85%；1204家规模以下农村工业实现总产值7.35亿元，企业家数和总产值分别占全部规模以下工业企业的98.93%和97.62%。

2000年，全县乡镇企业产权改革基本完成，企业产权主体和投资主体呈现多元化，现代企业制度建设迈出坚实步伐。

2001年12月，中国正式加入世界贸易组织，为发展金乡特色经济、加快大蒜等农副产品出口创造了有利条件。县委、县政府抓住有利时机，全面规划，一方面引导改制企业改革领导制度，建立法人治理结构；改革劳动人事制度，实现公平竞争；改革分配制度，形成激励机制，使乡镇企业真正面向国内、国际两个市场，继续做大做强。另一方面制定优惠政策，积极招商引资，鼓励外商来金乡投资发展，鼓励有经营能力的公民个人或合伙兴办企业，并在政策、资金、外部环境保护等方面予以大力扶持，乡镇企业不断发展壮大。当年，全县规模以下农村工业企业由1998年的1204家增加到1754家，总产值由1998年的7.35亿元增加到14.38亿元，企业个数和总产值分别占全部规模以下工业企业的99.32%、95.44%，比1998年分别增长45.68%、95.66%。到2005年年底，全县规模以下农村工业企业3698家，占规模以下非国有工业企业总数的99.57%；实现工业总产值35.52亿元，占总产值的98.93%；企业家数和总产值分别比1998年增长207.14%、383.22%。

1998~2005年金乡县规模以上农村工业企业主要经济指标一览表

表14-1-5

年度	企业数（家）	其中				
		农村工业（家）	工业总产值（万元）	增加值（万元）	实现利税（万元）	实现利润（万元）
1998	29	12	11826	3305	452.6	163.4

续表 14-1-5

年度	企业数（家）	其中				
		农村工业（家）	工业总产值（万元）	增加值（万元）	实现利税（万元）	实现利润（万元）
1999	21	7	5424	1848	368.2	187.7
2000	21	7	4028	1129	304.5	129
2001	21	1	434.5	109.6	75.7	52.3
2002	46	2	1208	413.5	44.9	15.8
2003	68	3	2043	742.1	154.6	69
2004	95	未统计				
2005	124					

1998~2005 年金乡县规模以下农村工业企业主要经济指标一览表

表 14-1-6

年度	企业数（家）	其中		总产值（万元）	其中		上缴税金（万元）	其中		年末从业人数（人）
		农村工业（家）	占企业单位比例（%）		农村工业产值（万元）	占总产值比例（%）		农村工业上缴税金（万元）	占上缴税金比例（%）	
1998	1217	1204	98.93	75299	73504	97.62	2200.6	2161	98.23	17249
1999	1934	1919	99.22	93556	89488	95.65	3659	3463	94.64	14105
2000	1761	1748	99.26	129923	—	—	3795	—	—	14479
2001	1766	1754	99.32	150687	143817	95.44	2333	2133	91.43	17263
2002	2126	2112	99.34	193602	191418	98.87	2621	2562	97.75	21655
2003	2126	2112	99.34	267712	265356	99.12	3055	2562	83.86	23617
2004	3573	3557	99.55	308823	305117	98.8	—	—	—	24293
2005	3714	3698	99.57	359011	355186	98.93	—	—	—	24907

第三节 农副产品加工

金乡县乡镇企业除第十一篇第三章所述工业门类外，主要是农副产品加工。

金乡县常年种植大蒜、棉花、蔬菜，产量大、品质优。1990 年前后，大蒜等农副产品销售只限于国内，产品出口屡有不畅，大蒜只卖蒜头，且每年价格起伏不定，价格最低时 1 公斤大蒜还卖不到 1 角钱。

1993 年，县委、县政府把以大蒜为主的农副产品加工作为一项重点产业来抓，依靠大蒜产业带动农村经济全面发展和农民收入持续增长。当年，全县农副产品商品率、加工转化率分别增长到 70%、40%。

1995 年，围绕以大蒜为主的农副产品销售，大力发展农副产品贮藏和加工企业，规划建设农副产品专业批发市场，引导乡镇企业对农副产品进行精深加工，提高农副产品的附加值。至 2002 年，全县农村闲散资金多数投向农副产品贮藏加工企业，以大蒜、蔬菜、棉花、木材为主的农副产品贮藏加工企业发展到400多家，其中龙头企业集团12家，拥有自营进出口权的企业24家，形成了以宏昌、宏泰、东运、华光为龙头的农副产品加工出口创汇企业群，农副产品加工转化率达到70%，自营出口创汇4200万美元，出口商品由4年前的单一大蒜出口扩展到20多个品种，出口国家和地区由十几个扩大到100多个。同时，运用市场手段，动员社会各界力量投资数亿元建设大型农副产品专业批发市场10处；年加工经销金乡及周边地区的大蒜260多万吨，交易额80多亿元。

2004年，金乡宏昌集团等几家企业，研制开发出蒜油、蒜粉、蒜素等深加工产品40多种，其所在的鱼山大蒜购销加工市场，被商务部命名为全国农副产品加工示范区。

2005年，机械加工、大蒜和棉花加工、蔬菜脱水、彩印包装等行业渐成规模。农副产品加工企业发展到500多家，其中大蒜加工企业200多家，拥有恒温库584座，贮藏能力70余万吨，加工能力35万余吨；全县拥有自营进出口权的企业63家，农副产品出口130多个国家和地区，其中大蒜出口居全国首位；农民实现现金收入20多亿元，比2004年增收8亿元，人均收入4089元。

图14-1　金乡蔬菜公司制作胡萝卜干

金乡县农副产品加工经营骨干企业一览表

表14-1-7

名　称	地　址	注册资本（万元）	经　营　范　围	法人代表	建成时间
山东金乡宏泰集团公司	马庙镇	888	保鲜蒜米、蒜泥，脱水蒜片，脱水蔬菜，速冻蒜制品以及速冻蔬菜制品	孟宪霞	1996.11
金乡县东运冷藏有限公司	鱼山镇缗西商埠	2100	蔬菜冷藏、购销；大蒜自产自销；市场建设；货物进出口、技术出口	韩允其	1999.11
金乡县山阳冷藏有限责任公司	鱼山镇缗西商埠	1001	大蒜、蒜薹、干鲜果蔬购销、冷藏加工、土、畜产品、丝绸纺织品、服装工艺品、机电产品购销；货物、技术进出口	孟凡立	2001.06
山东龙运进出口有限公司	兴隆乡周河口村	1000	棉花收购加工；大蒜、果品、蔬菜冷藏、购销；皮棉、棉短绒、纺织品销售；货物进出口	宋真勇	2002.03
金乡县盛达经贸有限公司	鸡黍镇西李村	500	大蒜、果品、蔬菜购销、粗加工皮棉销售、货物、技术进出口	李志胜	2002.03
金乡县友缘冷藏有限办公司	鱼山镇大蒜市场	508	大蒜、果品、蔬菜购销、冷藏、加工；货物、技术进出口	赵远兵	2004.02
金乡县格力克蒜制品有限公司	鱼山镇国际商贸城内	601	大蒜、蔬菜购销、冷藏、初加工；大蒜淹渍品加工、销售货物、技术进出口	王玲	2004.06

续表 14-1-7

名 称	地 址	注册资本（万元）	经 营 范 围	法人代表	建成时间
金乡县泉泓食品有限公司	羊山镇李堂村	600	大蒜、果品、蔬菜购销、冷藏加工；货物、技术进出口	李灿	2005.05
金乡县嘉隆冷藏加工有限公司	共青团路北首路西	700	大蒜、果品、蔬菜购销、冷藏、加工	胡海生	2005.05
金乡县华光食品进出口有限公司	鸡黍镇西里村	1000	大蒜、果品、蔬菜购销、冷藏、代储皮棉购销、货物技术进出口	李敬峰	2005.09
金乡县粤富城果蔬制品有限公司	高河乡周油坊村	600	大蒜、果品、蔬菜购销、冷藏初加工	洪雄杰	2005.12

第四节 第三产业

金乡县乡镇企业经营行业主要是第三产业。

1990 年前，全县城乡第三产业发展总体水平较低，行业发展不均衡，商贸餐饮等传统行业比重较高，信息、社会服务等新兴产业起步较晚，规模不大；商业网点分布不均衡，服务设施不全；社会化服务及保障体系发展迟缓，不适应一、二产业发展的需求。

1992 年 6 月，国务院印发《关于加快第三产业的决定》。同年 11 月，山东省人民政府印发《关于加快发展第三产业的若干政策措施》。县委、县政府及时制定实施意见，加快第三产业发展进程，县城城区和各乡镇政府所在地发挥客流量大的独特优势，密织商贸流通和居民生活服务网络，为第三产业强筋壮骨。

1995 年，全县有食品、日用百货、五金交电、纺织服装、住宿餐饮等零售贸易和批发网点 10357 个，从业人员 27368 人，社会消费品零售总额 4.62 亿元，批发零售贸易业 3.28 亿元，餐饮业 1776 万元。

1996~2000 年，餐饮、住宿、美容美发、药店、文化娱乐、电信、广告、超市、汽车专卖等项目纷纷出现，私家汽车逐渐增多，居民出行可乘出租三轮和小汽车，电动车取代了自行车，传真取代了电报，固定电话进入程控时代，移动手机进入寻常百姓家，网络进入宽带行列。2000 年，全县社会消费品零售总额 7.12 亿元，其中贸易业 4.27 亿元，餐饮业 7217 万元，其他行业 2.13 亿元。

图 14-2　20 世纪 90 年代商业大厦

2001~2005 年，全县第三产业逐渐发达，县城城区商场和沿街个体商铺林立，城西经济园、公园南门步行街等服装、百货市场商家云集，农村商贸、居民服务网点分布合理，经营活跃，传统大市场体系已培育成熟，新生的人才、技术、金融、地产等生产要素市场和产权交易市场初步建成。电子商务进入国际商贸城、南店子等大蒜交易市场，市场行情、信息传递更加快速便捷；鲁西南宾馆、金叶大酒店等商务接待处所建成开张，外来客商食宿更加方便；金乡大烧饼、烧羊肉、蜜制糕点、金谷小米粥、山阳熏鱼等名吃扬名中外，餐饮摊点集中连片，鸡汤、油饼、炒菜、蒸包等主副食品样样俱全，居民饮食讲究卫生、营养；衣着打扮追求流行、时尚，美容、染发、减肥、瑜伽为女性所崇，迪厅、歌厅是青年人的最爱；婚庆礼仪借人民生活水平日益提高应运而生；金融、保险、融资担保等行业给产业发展更多支持。2005年，社会消费品零售总额20.75亿元，其中批发业3.58亿元，贸易零售业14.28亿元，住宿业215万元，餐饮业2.27亿元。全县城乡渐呈繁荣景象。

第五节 乡镇企业管理

1991年，金乡县对乡镇企业仍实行全行业管理。

乡镇企业局负责全面规划，政策指导，组织协调，开展服务，统一财会和统计制度等工作。乡镇企业实行行业管理所需开支的经费，由乡镇企业主管部门从收取的管理费中适当划拨。

县建委帮助乡镇企业局搞好农村建筑队的资质审查、发放营业执照和施工许可证，并加强监管。

乡镇企业生产所需要的主要原材料、燃料，县计划、物资部门与国营、集体企业同等对待，统筹安排、合理解决。国家计划供应的统配物资，凡产品由乡镇企业归口管理的（如中小农具、建筑建材、农副产品加工等）均给乡镇企业列专项指标下达，由乡镇企业局分配，任何部门不得挪用或扣减。对于未纳入计划，但已获得省以上优质产品称号的产品和填补市、县空白的产品，在原材料和能源供应上优先扶持。

工商管理部门根据乡镇企业主管部门签署的意见，及时为乡镇企业办理开业、转产、增项、商标注册等手续。并积极为乡镇企业的发展创造方便条件，提倡一个企业一业为主、多种经营，允许改变和增加经营项目。对具有一定生产规模、经营管理好的乡镇企业，由于购销活动需要，要求改变厂名，可放宽限制，可以不冠乡、村名称，但要冠县名称；对参加联合、联营的乡镇企业、允许挂几个牌子。

国家安排的支农周转金，主要用于发展乡镇企业和多种经营，每年财政预算内安排的支农周转金，60%用于扶持乡镇企业发展，扶持项目由乡镇企业局提出，会同财政局审核后，联合下文使用。

县农业银行把乡镇企业做为扶持重点，贷款数额逐年增加，贷款办法，按照乡镇企业的特点和需要发放和回收，实行指标单独管理。

科技管理部门利用已有的科学技术成果，科技信息和人才，帮助乡镇企业加速实现技术进步，引进适用技术，落实“星火计划”。各乡镇均建立信息站，企业设立信息员，广泛收集信息，为乡镇企业经营提供决策依据。

乡镇企业的固定工、合同制工人纳入县人事、劳动部门统一管理。

鼓励与支持城市有一技之长的离退休人员到农村帮助发展乡镇企业，其待遇报酬按国家有关规定办理。县属工业企业的在职技术人员和管理人员可在做好本职工作的前提下，利用业余时间为乡镇企业提供义务服务或有偿服务。愿调入乡镇企业工作的，其国家干部待遇不变，报酬从优。乡镇企业可招录大中专院校和职业学校的毕业生，待遇由双方协商确定。可多种渠道引进人才，借用外地技术力量来武装自己的企业。多层次挖掘人才，启用当地的贤人智士、能工巧匠。可向大中专院校、职业学校、科研单位及工矿企业输送人员，进行培训。乡镇企业管理部门举办各种培训班，为乡镇企业培训专业人才。乡镇企业可根据实际需要，对具有一定技术水平和管理水平的干部、职工实行技术职务聘任制，并给予相应的待遇。

乡镇企业实行经营承包责任制。职工的报酬同劳动成果挂钩，工资总额随利润的增减而浮动。工资分配形式有计件工资、计时工资、浮动工资、岗位津贴、奖金、承包分成、利润分成等。改制后的乡镇企业均根据自身特点和经营状况决定分配形式。

税务部门认真贯彻执行各项税收政策，对于乡镇企业直接生产为农业生产服务的，如：肥料、农药、饲料、农机具、排灌、耕作等免征产品税、增值税、营业税和工商所得税；直接为农民生活服务的“村办四坊”、服务修理、粮棉的加工收入免征营业税和所得税。对从事饲养业、养殖业以及经营孵房、鱼种、牲畜配种的免征营业税、所得税。对利用生产中的废水、废渣、废气为主要原料生产的产品，给予定期免征产品税和所得税。乡镇企业（包括集体和个人）所建的冷库、冷风库、仓库免征所得税三年。专门生产豆制品、精制小食品、果脯、蜜饯、果汁、果酱、儿童食品、小糕点、酱菜、干菜食品的企业，纳税有困难的经税务机关批准给予适当的减免税照顾。

1998年，金乡县停止征收乡镇企业管理费。

第二章　民营经济

第一节　结构调整

民营经济是从经济管理角度进行划分的一种经济形式，是指除了国有和国有控股企业以外的多种所有制经济的统称，包括民有民营经济（个体工商户、私营企业等），国有、集体民营经济（国有、集体企业采取承包、租赁、拍卖、兼并、入股等形式交给民间团体和个人经营）和财产混合所有制民营经济。

20世纪90年代，金乡县委、县政府结合企业改制，鼓励个体私营业户收购、兼并中小公有制企业，或通过参股、控股、承包、租赁等形式参与公有制企业经营，积极鼓励失业下岗职工、机关事业单位工作人员、毕业大学生从事民营经济，实现自我创业，全县非公有制经济特别是个体私营经济有了较快发展，但总体规模较小，档次偏低。1996年4月，中共济宁市委、济宁市人民政府印发《关于促进个体私营经济发展的若干规定》，提出了“个体私营经济发展速度要高于全市国民经济的增长幅度，在国民经济中的比重有较大的提高”的任务目标。县委、县政府随之出台相关规定，制定发展规划。1997年11月，县政府发布《金乡县民营科技企业管理办法》。1998年，全县个体私营工业企业1092家，其中私营企业211家（含规模以上工业企业1家）、个体经营881家，实现工业总产值3.23亿元。

2000年3月，县委、县政府印发《关于加快个体私营经济发展的若干规定》，要求全县各级各部门进一步解放思想，放胆、放手、放量加快个体私营经济的发展，争取3年以内个体私营经济从业人员、增加值和税收年均增长幅度保持在25%以上，到2003年全县个体私营经济从业人员占社会从业人员的40%以上，实现增加值占全县国内生产总值的35%以上，纳税额相当于财政总收入的30%以上。

2001年，县委、县政府执行山东省人民政府《关于进一步加快民营经济的意见》，制定促进民营经济发展的政策和措施。县民营经济发展局加强对民营企业的指导、协调，对其生产经营活动，只服务、不干预，充分尊重其经营自主权；结合农村产业结构调整，引导民营经济向种植、养殖业和农副产品购销、加工及为农业提供系列化服务的行业拓展，推进农业产业化和市场化进程；引导民营企业向科技型、外向型发展，提高科技创新能力，不断开发出技术含量高、附加值高的新产品；引导个体私营、民营企业由粗放型经营向集约型经营转变，由传统家族式管理向现代科学管理转变，由短期行为向长期规划、长远发展转变。对具有较大规模的民营企业，按照国家有关法律法规要求，引导其建立现代企业制度，逐步形成一批重点骨干民营企业和企业集团。

2003年9月，县委、县政府印发《关于进一步加快民营经济发展的决定》，实行更加开放的行业准入制度，放开和支持各类人员从事民营经济，改进金融服务和拓宽民营经济融资渠道，加大对民营企业的扶持力度，努力营造民营经济发展的良好环境，提高民营经济的社会地位。

2005年，国有、集体经济在整个国民经济中所占份额越来越小，全县124家规模以上工业企业除供电公司为国有国营外，其余均为国有民营或民有民营企业；3714家规模以下工业企业，除9家集体企业外，其余均为个体私营企业或其他民营企业。

第二节 扶持发展

2000~2005年，县委、县政府扶持民营经济发展采取的措施有：

放宽市场准入。废除一切民营经济与国有、集体经济不平等的准入条件，在项目立项、贷款、用人、用地、能源供应、税费征收、证照办理等方面享受与公有制经济同等待遇。

放开投资领域。除国家明确限制的投资领域外，所有竞争性领域和对外资开放的领域，都对民营经济开放。

放宽经营范围。凡国家没有明令禁止民营经济生产经营的行业和商品，均允许民营业户经营，不许任何单位、部门以任何理由实行垄断、对其限制、排斥或打折扣。

放开和支持各类人员从事民营经济。鼓励机关事业单位工作人员辞去公职从事民营经济；鼓励符合国家规定提前退休条件的机关工作人员提前退休从事民营经济；支持机关、事业单位工作人员离岗或停薪留职领办、创办民营企业；鼓励大、中专毕业生和转业军人从事民营经济，鼓励农民进城从事民营经济。

在融资上支持。金融部门把民营经济作为信贷支持的重点，建立对民营企业的信用评价制度，积极试办小额信用贷款和非全额担保贷款；设立高新技术产业基金和中小企业投资担保基金；鼓励民营业户积极从省外引进资金和利用外资，促进当地经济发展；允许民营经济从业人员以房产、个人财产、土地使用权、有价证券以及知识产权等无形资产作为抵押、质押，取得贷款。

在财政上扶持。从2003年起，按照《中华人民共和国中小企业促进法》的规定，县财政每年安排专项资金扶持中小企业发展。

在税收上扶持。根据山东省支持民营经济发展的若干税收优惠政策规定，在营业税、资源税、企业所得税、个人所得税、城镇土地使用税、房产税、土地增值税、印花税、城市维护建设税、车船使用税等方面符合减、免、缓条件的企业，确保兑现到位。2004年，共为民营企业办理各类减免退税3000余万元。下岗职工从事个体经营的，凭下岗职工优惠证，从工商部门发照之日起，各行政执法部门3年内免收登记费、证照费、管理费等各项行政性收费。

将民营经济从业人员纳入社会保险范围，解除其后顾之忧。民营经济从业人员按规定参加养老、失业、医疗等社会保险，缴纳社会保险费的，享受相应的社会保险待遇。

支持和鼓励民营企业争创名牌产品、驰名商标和著名商标，对获得国家级、省级名牌产品和著名商标的企业给予奖励。

第三节 保护管理

2000年3月，县委、县政府《关于加快个体私营经济发展的若干规定》中，明确提出依法保护个体工商户和私营企业的正当权益，不准对个体工商户、私营企业进行评比和达标活动；任何部门和单位不得以任何理由和方式非法调动、挪用、破坏、侵占个体工商户、私营企业的合法财产；对侵扰危害个体、私营企业的行为，政法机关及时严厉打击，构成犯罪的依法追究刑事责任。

2001年始，金乡县执行《山东省私营企业和个体工商户权益保护条例》规定，从机关、事业单位抽调300多人包企业，强化对民营企业的支持与保护。同时，实行县级以上领导联系重点企业和重点项目，各乡镇、各部门主要领导担任企业联络员制度。

建立举报投诉网络和投诉受理机制，规范对民营企业的收费行为。严格执行《缴费项目卡》和收费许可证制度，坚决制止乱收费、乱罚款、乱摊派，严禁任何单位和个人向民营业户“吃、拿、

卡、要、报”，对不合理的收费、罚款、摊派，个体、民营业户有权拒绝和举报；除工商行政管理机关依法执行公务外，其他任何单位和个人不得扣留或吊销民营业户的营业执照。并将机关服务态度、服务质量和服务效率纳入考核内容，凡被投诉举报并经调查属实的，实行“一票否决制”，追究有关责任人和直接领导责任。对优化经济发展环境成绩突出、企业反映良好的单位和个人通报表彰，给予物质和精神奖励。

加大对侵犯民营业户合法权益行为的惩治力度，对刁难威胁、敲诈勒索、划地为牢、强装强卸、强揽工程、阻挠施工、欺外排外、堵门截路、停水停电、无理取闹等干扰民营经济发展的事件，坚决打击，从严惩处。新闻媒体加大对民营经济的宣传力度，宣传发展民营经济的好典型、好经验，为民营经济的发展创造良好的社会环境。

教育民营业者“富而思源、富而思进”，自尊、自爱、自强、自律，守法经营，照章纳税，服从管理，勤劳致富；严格执行《中华人民共和国劳动法》，保障和落实企业职工的合法权益，落实安全生产责任制和各项防范措施，切实做到安全生产。对纳税多、贡献大的经营业户，予以表彰奖励。

2003 年，民营经济保持快速增长势头，当年民营经济总户数发展到 2.34 万户，比 2000 年增长 115.43%；资产总额 33.37 亿元，比 2000 年增长 583.7%；实现销售收入 51.95 亿元，比 2000 年增长 348.97%；实际缴纳税金 1.37 亿元，比 2000 年增长 378.99%。

2004 年，民营经济增长继续加快，成为带动工业经济增长的主要力量。民营企业实现工业总产值 25.61 亿元，比 2003 年增长 126.6%，高于平均增幅 44.3 个百分点，拉动工业总产值上升 69.4 个百分点，贡献率 100.8%。

2005 年，全县民营经济业主 2.38 万户，注册资金 14.72 亿元，完成固定资产投资 7.5 亿元，实现销售收入 50.86 亿元，实现增加值 15.57 亿元，实际缴纳税金 9945 万元，从业人员 12.54 万人。涌现出金乡东运集团公司、冰川棉业有限公司、宏泰集团公司、华光集团公司、宏昌果菜有限公司等出口创汇过千万元以上的民营企业。其中宏泰集团 2004 年出口创汇 1243 万美元，列山东省第 4 名，为全国十强民营企业之一。干式变压器及大蒜深加工制品等名优产品已销往全国各地，部分产品走出国门，成为金乡出口创汇的主力军。

2000~2005 年金乡县个体私营、民营经济主要经济指标一览表

表 14-2-1

项目	数量 \ 年度	2000	2001	2002	2003	2004	2005
企业数	家	10850	15996	19218	23374	27915	23810
从业人员	人	26097	91242	113752	155700	187023	125420
注册资金	万元	32800	75842	103451	149047	171693	147160
销售收入	万元	115719	237970	311412	519549	739433	508565
上缴税金	万元	2870	5886	9914	13747	17395	9945
资产总额	万元	48801	169158	221701	333653	336958	347142
固定资产投资	万元	9626	42600	66159	148000	207723	75000
固定资产原值	万元	—	106953	149798	256497	267469	269930
出口总额	万元	—	8349	11075	55420	7000	11685
增加值	万元	—	71185	92075	150562	214971	155680

第三章 重点企业选介

金乡县金蜂糕点有限责任公司

由著名的“东长兴”糕点铺发展而来。清同治八年（1869 年）“长兴”杂货栈在金乡城东关内购地 20 余亩，建房 100 余间，开“东长兴”分店，以生产经营糕点为主。生产的蜜饯红三刀、大京果、堆沙、羊角蜜等糕点制作考究，口味一绝，名噪一时，受达官贵人追捧，成为老百姓走亲访友的馈赠佳品。一百多年间，其产品在周边地区闻名遐迩。

新中国成立后，糕点铺沿用“东长兴”的传统方法生产具有金乡特色的传统点心：蜜饯红三刀、大京果、堆沙、羊角蜜、酒盒酥、各种月饼、麻酥糖等 110 多种。1958 年，又从全县选调一批优秀糕点师，在金乡酱园内建立糕点制作车间。他们在传统制作工艺的基础上，细心研究、切磋，反复实践，不断改进，糕点质量大为提高。1959 年，在济宁糕点业著名的“芝芳斋”举行的糕点制作技术比赛中，周鸣泰、刘金聚、魏云祥、郭玉顺四位老师傅获得金奖。1971 年，成立糕点加工厂，归金乡县副食品公司管理；1984 年，成立国营金乡县糕点公司。1985 年 3 月 7 日，日本野村贸易株式会社工作人员来金乡县，品尝糕点后赠言：“贵厂生产的糕点，色香味俱佳，吃后余香不散”。

1995 年，金乡县金蜂糕点公司成立。同年 4 月，“金蜂牌红三刀”被山东省经济委员会确认为山东省传统名特食品。2004 年，公司实现工业总产值 710 万元，销售产值 682 万元，固定资产净值 136 万元，利税总额 19.6 万元；被评为山东省消费者满意单位。2005 年被山东省消费者协会、山东省商会、山东省食品业协会、山东省绿色食品发展中心等 6 家单位评为山东省食品安全诚信单位。同时，“金蜂”商标被济宁市工商行政管理局授予济宁市知名商标；“金蜂牌红三刀”产品被评为市级食品卫生质量信得过产品；金蜂糕点食品厂被济宁市消费者协会评为市级消费者放心单位。2007 年，“金蜂牌红三刀”被评为“山东老字号”。

金乡县华盛彩印包装制品有限公司

位于金乡县王丕镇政府驻地南、金司路西侧。公司始建于 1996 年，1998 年建成投产，是国家质量监督检验检疫总局指定的生产、出口包装纸箱企业。公司总资产 5800 万元，占地面积 4.3 万平方米，生产设备 95 台（套），年生产能力 1500 万平方米。

公司产品通过 ISO 9001：2000 国际质量体系认证，主要产品为大蒜、酒类、鞋类、电器、食品、食盐、化妆品、工艺品、陶瓷、玻璃器皿、果品、饮料、医药、服装等外包装箱。产品质量居同行业首位，远销欧、美、东南亚等国家和地区。

1998~2005 年金乡县华盛彩印包装制品有限公司主要经济指标一览表

表 14-3-1　　单位：万元（现行价）

年度	工业总产值	工业销售产值	固定资产净值	产品销售收入	利润总额	利税总额	平均职工人数
1998	1245	1340	310	745	-228	-198	152
1999	420	664	396	664	9.5	25.7	180

续表 14-3-1

年度	工业总产值	工业销售产值	固定资产净值	产品销售收入	利润总额	利税总额	平均职工人数
2000	740	735	437	1010	14	42.5	175
2001	1680	1646	519	1435	34.3	76	260
2002	2390	2366	641	2357	55.5	126.2	293
2003	2826	2685	700	2601	52.3	173.1	325
2004	3730	3290	740	3263	164.2	319	330
2005	5013	4468	838	3812	53.4	164.7	300

山东辉煌塑业有限公司

2002 年 6 月成立，坐落于羊山镇开发区，是一家专业生产各种通信管材、电力管材和线路器材的高新技术企业。公司注册资本 500 万元，固定资产 3000 余万元，占地 4 万平方米，生产车间 1.35 万平方米，办公及实验室面积 1500 平方米，拥有先进的生产线 40 多条。

主要生产和经营：通信用光（电）缆保护套管、HDPE 硅芯管、HDPE 双壁波纹管、UPVC 双壁波纹管、UPVC 通信实壁管、HDPE 多孔管、PE 子管，年综合生产能力 1000 多万米；氯化氯聚乙烯（CPVC）电力电缆保护套管、PE 碳素波纹套管、电线穿线等电力电缆保护套管，年综合生产能力 5000 多万米；通信用铁芯电话线、铜包钢电话线、自承式数字对纹电话线、四芯线、室内软线、阻燃跳线等线路器材，年生产能力 8000 多万米。

公司产品于 2003 年通过 ISO 9001 国际质量体系认证；2004 年获评 AAA 级信用企业；被山东省科协、济宁市科技局评定为省、市高新技术企业。塑料通信产品先后通过国家塑料制品质量监督检验中心、信息产业部邮电工业产品质量监督检验中心、交通工程监理监测中心、山东省产品质量监督检验所检验，均达到或超过国家行业标准。公司产品通过使用，得到用户认可，被安徽省电信公司、移动公司、联通公司，山东省网通公司、电信公司、联通公司、移动公司选为定点供货厂家。

2003~2005 年山东辉煌塑业有限公司主要经济指标一览表

表 14-3-2　　单位：万元（现行价）

年度	工业总产值	工业销售产值	固定资产净值	主营业务收入	利润总额	利税总额	平均职工人数
2003	1004	868	785	868	92	135	101
2004	2312	2128	765	2128	126	222	100
2005	2840	2770	850	2770	153	211.8	120

银河面粉公司

前身为金乡县第二面粉厂，日产等级粉 120 吨，年产 2.5 万吨。产品销往东北三省及山西、内蒙古等省自治区。为适应市场，满足各层次居民生活水平的需要，在生产“银松牌”特一、特二粉主产品的同时，于 1992 年率先开发“银松牌”水饺粉、特制精粉等系列小包装专用粉，满足居民较高档次需求。

银河面粉公司能根据用户需要，生产各档次面粉。所生产的各种面粉，出厂合格率为100%，获世界蓝天杯认证产品荣誉称号。同时，被指定为十大唯一标识精品生产厂荣誉称号，授权同地区、同行业、同类产品独家唯一认证资格。

山东省金乡县粮食机械厂

始建于1989年，是郑州粮食学院的定点实习基地，推广研究新成果的厂家。占地3万平方米，建筑面积3900平方米；固定资产680万元，干部职工208人。主要产品是“螳螂牌”XZL-IV型粮食仓外混合熏蒸机，年产1000台，年产值1400万元。

粮食熏蒸机及其系列产品，可广泛用于粮食、皮毛、医药、港口轮船、图书档案等仓储物资的除虫或保鲜。

粮食熏蒸机属高科技专利产品，1991年8月通过省级鉴定，填补国内空白。1993年，被列为国家重点新产品试产计划，荣获山东省优秀新产品奖。1994年，获内贸部科技进步奖。畅销全国26个省市自治区；出口印度、越南等国家。

图14-3　1998年金乡粮食机械厂生产车间

金乡县第一造纸厂

始建于1977年。有职工400人；固定资产3700万元，年生产各种规格的文化用纸1.2万吨，属国家中二型企业。

主要设备有：10吨切草机1台，35立方米蒸球4台，10吨蒸汽锅炉1台，4吨蒸汽锅炉2台，1092型园网纸机4台，1760型短长网机1台，污水处理设备1套。

主要产品为文化用纸，其规格有30、32、35、45克每平方米有光纸，50、52、60、55克每平方米及40、45、55、60、70克每平方米书写纸。产品质量稳定可靠，达到或超过国家部颁标准，深受用户信赖，在江南一带畅销不衰，部分产品出口。先后被评为金乡县财政支柱企业，淮海经济区优秀企业。

金乡县第二变压器厂

是山东省机械厅定点专业生产变压器厂，占地面积2.4万平方米，建筑面积1.2万平方米，固定资产800万元，流动资金1100万元，职工208人，其中工程技术人员35人，具有中专以上学历的35人。主要生产电力变压器、电炉变压器等四大系列30多个品种，同时，承接高耗能变压器改造业务，被济宁市经济委员会、市供电局确定为定点改造高损变压器厂。该厂还批量生产变压器配套设备——开关板，开发研制的新产品“防窃电变压器”，经有关部门检测，各项性能指标均达到技术要求。

该厂技术力量雄厚，设备精良，测试手段齐全，具有国内先进水平的实验设备。始终坚持“质量第一，用户至上”的宗旨。产品销往山东、河南、河北等20多个省、市、区，深受用户欢迎。

图14-4　金乡县第二变压器厂

金乡县毛纺厂

1989年，因亏损严重而停产。1992年，面对市场竞争，制订“拾零补缺、小批量、多品种生产”方针，积极开展外联业务，与河南第三毛纺厂联合进行技术改造，与滕州地毯厂挂钩取得腈纶胶背地毯纱生产工艺专利，并与天津外贸出口地毯公司签订购销合同，成为天津地毯出口公司定点生产厂家。是年年底，完成工业总产值170万元，实现利润5万元。1993年，投资23万元，进行设备改造，改产B583C针织纱，年生产能力由800锭扩大到1200锭，产品销往江南嘉兴、红河等轻纺工业大世界，当年销售收入250万元，占年产值的89.3%。

1994年，依托北京毛纺研究所、上海毛纺机械厂、北京第二毛纺厂、济宁纺织中专、济宁毛纺厂培训职工69人次，并在河南省第三毛纺织厂系统培训工艺员、设备技术员、操作教练员、实验员。同时，在厂内自办电教班，定期组织学习，职工技术达标率为100%。质量管理实行自检、互检、专检制度，以及全奖全罚制度。

该厂产品拥有两大系列，10多个品种，合格率一直保持在98%以上，制成率超过部颁标准1.5%，出口率为50%。

1992年，金乡县毛纺厂被国家技术监督局评为计量、质量信得过单位。1993年，该厂产品经山西太原纤维检验所检验，均达部颁A级标准。天津地毯出口公司以该厂产品为样板，出口美国、加拿大、比利时。山西省昔阳县大寨村用该厂针织纱生产的羊毛衫，1994年获国家银质奖。

第十五篇 商业 贸易

商业 贸易

1991年前，金乡县商贸流通行业有商业、供销、粮食、物资、外贸5大系统，其归口单位为金乡县财政贸易委员会（正科级单位）。1993年12月，县财政贸易委员会与县对外经济贸易委员会合并为“金乡县财贸委员会”。2002年5月机构改革时与县经济委员会和县乡镇企业管理局合并，组建“金乡县经济贸易局”，同时加挂金乡县贸易局、金乡县民营经济发展局牌子。县贸易局主要负责：研究制订全县流通工作的发展规划并组织实施监督检查，综合调度全县流通经济运行情况；主管全县商品流通，指导流通企业的管理和安全生产经营工作；整顿流通秩序，保护公平竞争；协调财政、税务、工商、金融、保险部门，代政府管理商业、粮食、供销、物资、烟草、石油、丝绸、医药、盐业等部门的工作。15年间，金乡县商贸流通业经历了社会主义计划经济向市场经济转轨的阵痛，国有、集体经济成份随体制改革逐渐淡出，多种经济成份并存的新型商贸流通业日趋完善和成熟，走向了持续、快速、健康的发展轨道。

第一章 商 业

1949年，金乡县人民政府下设工商科。1956年，成立金乡县商业局。1958年，与县供销社合并，至1972年历经两次合分。1990年，县商业局下设办公室、政工科、业务保卫科、财务科、商办工业科、职工教育科。1991年，商业系统共有干部职工1100人。1993年3月，县商业局改称金乡县商业集团总公司，与商业局一个机构两块牌子，行政职能不变。所辖企业有蔬菜酿造公司、金蜂糕点公司、副食品公司、东方商城、饮食服务公司（国贸商厦）、九洲百货大楼、百货公司、食品公司、光明商厦。1995年，系统有职工1840人。其中有中级以上技术职称220人，初级职称270人。2005年年底，县商业局内设办公室、政工人事科、财务科、安全保卫科；在职11人，离退休10人；辖永安百货有限责任公司（243人）、国贸商厦有限责任公司（372人）、光明商厦有限责任公司（192人）、百盛商城有限责任公司（175人）、众合商贸有限责任公司（57人）、曙光五交化有限责任公司（157人）、金翔副食品有限责任公司（194人）、蔬菜酿造公司（82人）、食品公司（101人）、金蜂糕点有限责任公司（48人）共计10个商业企业。全系统职工总人数为1642人，其中有专业技术职称的492人，中级以上技术工人890人。

图15-1　1995年蓝天商厦

第一节 体制改革

1991年，按照国务院《全民所有制工业企业转换经营机制条例》，转变商业企业经营机制，打破“一大”（大锅饭）“三铁”（铁交椅、铁饭碗、铁工资），实行“四放开”（用工、经营、物价、分配放开），重点进行人事、用工和分配制度改革。

1992年，印发执行《关于打破“一大”“三铁”、转换企业经营机制的实施意见》，改革企业劳动制度，打破职工和干部界限，推行全员劳动合同化管理，实行干部聘任制、内部待业制、内部退休制，职工有权辞职自谋职业，企业有权按劳动合同辞退违纪职工；改革分配制度，全面推行技能工资、计件工资、联销计酬工资；建立企业风险基金和职工风险抵押金制度，企业风险金按企业利润留成的10%计提，职工风险抵押金，经营者每人1000元~1500元，职工每人500元。

企业逐步做到干部能上能下、职工能进能出、工资能升能降，经营面向市场，商品有竞争力、技术有开发力、职工有凝聚力，真正成为自主经营、自负盈亏、自我发展、自我约束的商品生产者和经营者；对经营不善，起生无望的企业予以出租、拍卖，走股份制的路子。

1993 年，县商业局转为经济实体（商业集团总公司），率先进行内部改革，机关行政人员由 23 人精简到 12 人。

1994 年始，对一些资不抵债、起生无望企业进行调查、分析、论证，依照“破产法”的有关规定，依法实施破产，成立新的股份制企业。同年 3 月，县肉类联合加工厂依法破产，被县房地产开发公司购买。1994 年 7 月，百货公司破产。1995 年 8 月工业品公司破产，由商业局购买重组，成立九洲百货大楼和四海人民商城；同年 9 月，糕点公司破产后成立金蜂糕点有限责任公司。1998 年，商业大厦破产，成立国贸商厦有限责任公司；同年，食品公司破产；2004 年，副食品公司破产，成立金翔副食品有限责任公司；百汇商城依法破产，成立百盛商城有限责任公司；2005 年，百货大厦破产，成立永安商城有限责任公司。至 2005 年年底，所属商业企业全部完成股份制改造，走向市场。破产企业涉及干部职工 1800 余人，全部得到妥善安置；新的股份制企业有股东 1900 余人，股本金近 4000 万元。

第二节 经营与管理

1991~2005 年，商业企业紧跟市场步伐，采取灵活的经营方式，实现平稳过渡。

1991 年起，金乡县各商业企业均采取计划承包、超额分成、亏损自补的形式，把商场划分若干柜组进行承租，公司只收取租赁费。1995 年，东方商城建成后，全部柜台公开招标承租，当年减亏 67.8 万元，成为全县商业系统扭亏大户。同年，商业经营实行总经销、总代理。副食品公司总代理金贵系列酒，年销量 4500 万元，获利 70 万元；代理黑龙江林甸糖厂食糖，年销售 1000 余吨。五金公司总代理牡丹电视机，年销售 1000 台以上。对大宗商品联购分销由商业局牵头，以五金公司、百货公司为龙头，一次购进 3 万台电风扇，由各公司分散销售，节约费用 5 万元，增加效益 12 万元。

2000 年起，各商业企业陆续将经营场所整体出租，职工全部转为股东，全员下岗，自谋职业。

第三节 网点建设

1991 年 10 月，属商业系统管理的商业大厦建成开业，建筑面积 7800 平方米，总投资 670 万元；同时，华联二期工程竣工开业，建筑面积 1700 平方米，总投资 160 万元；1993 年金龙商厦开业，建筑面积 2100 平方米，总投资 187 万元；百货大厦开业，总建筑面积 9500 平方米，总投资 780 万元；1995 年 5 月东方商城二期工程竣工开业，总建筑面积 3400 平方米，投资 240 万元。1996~2005 年，商业系统未再进行商业网点建设。

1991 年，全县城乡共有商业零售网点 8738 个，其中粮油商店 6 个，副食品商店 77 个，其他食品商店 58 个，纺织品商店 38 个，百货商店 107 个，医药商店 10 个，书店 19 个，日用杂品商店 26 个，煤炭商店 15 个，石油商店 10 个，五金、交电、化工商店 19 个，农业生产资料商店 26 个，其他专业商店 32 个，综合性商店 104 个，个体有证商业 8191 个。当年，商业零售额 2.84 亿元，其中全民所有制商业 0.93 亿元，集体所有制商业 1.11 亿元，个体有证商业 0.8 亿元。

1992 年，全县共有商业零售网点 8547 个，除医药商店、书店、日用杂品商店、石油商店、农业生产资料商店数量较 1991 年略有增加外，其余商店数量均较 1991 年有所减少。

1995 年，全县批发贸易业网点 279 个，其中食品、饮料、烟草和家庭日用品批发网点 108 个，能源、材料和机械电子设备批发网点 21 个，工艺美术品、图书、农业生产资料等其他批发网点 150 个；零售贸易业网点 10078 个，从业人员 2.38 万人。其中食品、饮料、烟草零售网点 4023 个，日用百

货零售3252个，纺织品、服装和鞋帽零售2003个，日用杂品零售450个，五金、交电、化工零售266个，图书报刊零售81个，其他零售网点3个。按经济类型划分，国有经济零售网点17个，集体经济27个，私营经济104个，个体经济9930个。

2001年，全县限额以上批发贸易业有法人企业2家，零售贸易业法人企业1家，均属国有控股企业。当年，实现销售总额1.08亿元，其中批发4921.2万元，零售5870.7万元。

2005年，全县限额以上批发贸易业有法人企业2家，其中国有控股法人企业1家，外商投资法人企业1家；零售业法人企业7家，其中国有1家，有限责任公司4家，私营企业2家。当年，实现销售总额5.03亿元，其中批发1.29亿元，零售3.74亿元。

第四节 饮食服务

1990年，县饮食服务公司下辖湖西酒家（大众饭店）、聚贤堂饭庄（车站饭店）。供销系统（包括基层供销社）有饭店16处。

1991年，全县有饮食业网点554个，其中全民所有制7个，集体所有制19个，个体有证520个；当年饮食业零售额606万元，其中全民所有制饮食业35万元，集体所有制饮食业132万元，个体有证饮食业439万元。全县有服务业网点1033个，其中全民所有制6个，集体所有制17个，个体有证服务业1010个。按服务行业分，旅馆业102个，理发业144个，浴池业16个，洗染业12个，摄影业74个，日用品修理业451个，其他服务业234个。

1992年，全县饮食业网点565个，其中全民所有制8个，集体所有制21个，个体有证536个；服务业网点减至301个，其中全民所有制12个，集体所有制19个，个体有证服务业270个。按服务行业分，旅馆业33个，理发业102个，浴池业18个，洗染业5个，摄影业23个，日用品修理业72个，其他服务业48个。

从1992年开始，国有、集体饮食服务业开始萎缩，逐步由个体私营所取代，到2005年年底，原有饮食服务业在商业系统已不存在。原有的照相馆、浴池、修表、旅馆业等，全部在市场经济大潮中退出历史舞台，按市场化运作的模式，被个体私营者所承包或租赁经营。

第五节 商办工业

1991~2005年，商办工业原有食品公司肉联厂、蔬菜酿造公司、糕点公司、各乡镇食品站。随商业企业破产重组，除糕点公司整体出售给个人继续生产外，其余均已停止生产，全部退出市场。

第二章 供 销

1949年年底，成立金乡县供销合作社。1952年改称金乡县供销社总社。1995年，县社机关内设办公室、人事劳资科、业务科、基层工作科、会计统计科、审计科、物价信息科、教育科、工业科技科、工业品科、老干部科、纪检室、计划生育办公室、工会、保卫科。固定资产1.4亿元，比1990年增长1.3倍。全系统下辖32个独立核算单位，即棉麻、生产资料、土产、果品、盐业、工业品、再生资源、油脂饲料资源8个公司；第一、二、三、四、五棉花加工厂和棉花良种厂、塑料厂、编织厂8个厂，以及14个基层供销社和供销大厦、招待所。商业网点145个。2005年年底，下属经营单位共有29个，分别是金乡镇、胡集、羊山、大义、卜集、高河、马庙、鱼山、鸡黍、司马、兴隆、化雨、王丕、马集、霄云15个基层供销社和棉麻集团、农业生产资料公司、土产杂品公司、双祥烟花爆竹有限公司、金顺果品有限公司、宏大棉业有限公司、棉花加工三厂、信大棉业有限

公司、棉花加工五厂、金兰编织厂、油脂饲料加工厂、金辉化工助剂厂、成功果蔬有限公司、县社招待所。

1991~2005 年，县供销社以市场为导向，不断深化体制改革，调整优化经营结构，实施多元化经营，强化为农服务功能，发挥联系农村市场的主渠道作用，促进农业产业化进程和农村经济的快速发展。1994 年，县供销社被贸易部评为全国百强县联社。1995 年，被山东省供销社评为全省十强县联社。

第一节 体制改革

1991 年，县供销系统在继续实行承包经营责任制的同时，实行主任（经理）负责制、任期目标责任制和离任经济审计制，强化企业党组织的政治领导核心作用和职代会民主管理作用。对承包指标进行层层分解，逐步实现联销、联利、联库存、联差价等多联计酬形式，制定企业“经营、价格、分配、用工”四放开实施意见。明确产权关系，实行集体所有，分级管理，企业经营和使用的管理体制。

1994 年，实行集体为主的多种形式承包制，放开搞活一块，稳定一块，开拓一块。对农资供应和大宗农副产品购销，大中型加工业坚持集体承包为主，对日用品零售门市部放手实行多种经营形式，实行“出资承包、双保三自”，扩大经营范围。企业承包内容、形式、分配方式、干部管理等都与资产保值、增值相结合，与企业经营目标相结合。

1995 年，继续“抓大放小”，对棉花、农业生产资料坚持集体经营，其他一律放开搞活。实行“一企多制”，先后顺利完成棉一厂对汽修厂、棉二厂对再生资源公司的兼并。

1996 年，制定基层社改革 12 项 36 条措施。对棉花流通体制，实行“公司管厂、厂管站”，棉花生产、加工、调拨、销售实行一体化经营。因地制宜组建专业合作社，建立加工型、综合服务型、生产经营型的条编、棉花、大蒜、圆葱、食用菌、甜叶菊等 7 个产业 15 个专业合作社。在 86 个村吸纳 1.6 万户入社，吸收股金 40.1 万元。发展社员股金 3200 万元。

1997 年，大力加强基层社建设，实行“卖、租、包、改、立、下”的办法，加强村级综合服务站和庄稼医院等服务设施的建设，组建 7 个种类 25 个专业合作社，培植新的经济增长点。在 162 个村吸纳 3.43 万户 11.97 万名入社社员，吸收入社股金 89 万元。

2000 年，基层供销社推行社企分开，实行自筹资金、自主经营、自负盈亏，自主参与市场竞争，在资产、费用、账务上完全分开，建立企业资产保值、增值，不再发生新亏损的良性发展机制。生产资料公司 6 个二级法人企业自筹资金，自主寻找贸易伙伴。果品公司组建 3 个经营公司。土产公司重组 4 个分公司。

2002 年，县属企业实行股份制改造，基层社实施破产重组，盘活有效资金 2568 万元。

2004 年，建立自主经营，自负盈亏、风险共担、利益均沾的内部经营机制。

2005 年，按照“固定资产租赁制、流动资产股份制”原则，动员职工自愿组合，自筹资金，成立经济实体，真正实现资产经营与业务经营的彻底分离。

第二节 农业生产资料供应

1991 年，金乡县供销社系统兴办 60 处村级综合服务站，16 处庄稼医院，形成以生产资料公司为中心，以基层供销社为依托，以村级综合服务站为补充的“县、乡、村”三级农资服务网络。当年春季，全县小麦突发罕见的条锈病、白粉病、赤霉病，发病率占小麦种植面积的 70%，全系统先后派出 200 多人，采购紧缺特效农药 134 吨，送药到村到户，防治病害，确保小麦丰收。16 处庄稼医院开展测土配方施肥、技术咨询、技术宣传，开方售药，日接待问诊群众 400 余人次。

1992 年，村级综合服务站发展到 250 多个，农资企业分支机构 50 余个，庄稼医院 20 处，配

备庄稼医生 40 多名。

1995 年，与技术监督部门配合，开展保质监销活动，商品购进坚持不是正式生产厂家生产的不进，不是名优产品不进，没有批准文号不进，严把商品质量关，全面净化农资市场。在全县设立 15 个保质监销处、103 个保质监销点，严格遵守“假一赔二罚三”的承诺，树立良好信誉。

1997 年，全县有农业生产资料批发网点 139 个，从业人员 1363 人。1998 年，农业生产资料购进 5264.3 万元，销售总额 5327.8 万元。

1999 年，建立县、乡、村三级营销网络，实行总经销、总代理，保证农资商品的货源和质量。当年销售农业生产资料 3.68 亿元，其中批发 1 亿元，零售 2.68 亿元。

1991~2005 年，全县供销系统组织供应各类化肥累计 200 余万吨，农药 6200 余吨，农地膜 9250 吨，柴机油 5 万余吨，中小农机具 15 万套。

1991~2005 年金乡县供销系统商品销售利税情况一览表

表 15-2-1

年度	商品销售（亿元）	实现利税（万元）	年度	商品销售（亿元）	实现利税（万元）	年度	商品销售（亿元）	上缴税金（万元）
1991	3.53	608	1996	4.9	1498	2001	2.74	431
1992	3.42	527	1997	4.2	1065	2002	2.91	273
1993	2.94	508	1998	4.3	1565	2003	3.1	300
1994	2.71	1474	1999	3.8	1800	2004	3.5	330
1995	5.06	1988	2000	3.7	2734	2005	4.1	380

第三节 农村生活资料供应

1991 年，全县供销社系统完成生活资料销售 3522 万元。

1992 年，开始组织各供销单位联购分销。当年，电风扇、电视机、化妆品、日用杂品等十几个品种的经销额实现 240 余万元。

1993~1994 年，开拓经营，扩大购销，大力开展促销活动，两年实现销售总额 7117 万元。

1995 年，适应市场经济要求，转变经营方式，大力开拓农村市场，实行连锁经营，开办连锁店、专营店，批零结合，联购分销，当年日用工业品销售完成 2124 万元。1998 年，日用杂品零售总额 4810 万元。

2005 年，加快农村经营门店、网点的改造步伐，用现代流通方式和模式扭转日用工业品经营上的被动局面。坚持巩固县城、发展乡镇、拓展农村的工作思路，走超市下乡、构筑网络的路子，采取多元化方式，在乡镇、村建设加盟店、连锁店、便民店，保障生活资料供应。

第四节 农副土特产品购销

1991 年，县供销社成立棉花生产领导小组，组织、协调、指导全县棉花生产。在全县范围内组织 82 名棉花专管员负责生产指导、合同签订、落实种植面积。执行国家棉花收购政策，当年，收购棉花 4830 万斤，完成计划的 131%，收购总量占全市第一位。

1992 年，全系统着力开展棉花、大蒜等主要农副产品的购销业务。全年收购棉花 3000 万斤，购销蒜薹 2470 吨，大蒜 9000 吨，全县仅大蒜一项增加产值 1.87 亿元，人均收入增长 150 元。

1993 年，收购棉花 5600 万斤，收购大蒜 1.2 万吨。

1994 年，全县 32 万亩棉花总产 4000 万斤，收购 2480 万斤，收购总量列全市第二位。组织推销蒜薹 3000 吨，大蒜 1 万吨，缓解蒜农销售压力。

1995 年，与农民签订种植收购合同 10.72 万份，落实棉花种植面积 34.4 万亩。与有关部门联合组成棉花稽查队，严厉打击非法收购行为。

1996 年，在全县推行科技植棉和良种繁育，推广应用地膜覆盖、营养钵育苗等技术。以 16 处庄稼医院为依托，设立 100 余个虫情测报点，为农民防治棉花病虫提供服务。当年，与国内外客商建立稳定的业务联系，收购皮棉 1700 万斤，推销大蒜 3 万余吨。

1997 年，收购皮棉 1670 万斤。购销大蒜 3 万余吨。

1998 年，收购皮棉 2070 万斤。购销大蒜 3.6 万吨。

1999 年，收购棉花 2500 万斤。购销大蒜 4 万吨、蒜薹 1 万吨、圆葱 4000 吨、蔬菜 2300 吨。

2000 年，以棉麻集团为主，投资 40 万元，为棉农供应优良品种和物资。建立 15 万亩高产开发基地和 2000 亩抗虫棉良种繁育基地，引导农民发展棉蒜间作 25 万亩，棉菜间作 5 万亩。收购棉花 2200 万斤，购销大蒜 6 万吨、蒜薹 1 万吨、圆葱 5000 吨、蔬菜 1800 吨、仓储保鲜大蒜等农产品 2.2 万吨，加工蒜制品 1000 吨。扩大网上交易，全系统出口大蒜等农产品 1.5 万吨，出口创汇 530 万美元。同时为全县仓储保鲜业务提供技术、信息、物资、咨询服务，与高等院校、科研部门加强合作，设立大蒜、蒜薹科技示范区。

2001 年，首届中国金乡大蒜节期间，利用全系统 16 处基层社和 24 个县直公司为支点，组织遍布全县辐射周边的经营网点 650 个，大打农产品扩购促销攻坚战，全年购销大蒜等农副产品 6.3 万吨。出口大蒜、圆葱、蔬菜 5800 吨，创汇 360 万美元，经营网络发展到 20 多个国家和地区。新上项目 5 个，新增储存能力 8000 吨，全年自储、代储农产品 2.8 万吨，农产品由季节性销售变为常年性销售。当年，全系统以职工集资、企业借资，厂商联合等方式，筹措资金 2500 万元，收购籽棉 2000 多万斤。

2002 年，购销大蒜等农产品 6 万吨，冷藏保鲜大蒜 2.6 万吨，出口创汇 300 万美元。适应国家放开棉花市场价格的新形势，自筹资金，改建经营设施，主动参与棉花经营竞争，当年购销籽棉 5440 吨。

2003 年，收购储藏等农产品大蒜 3 万吨，出口创汇 350 万美元。收购棉花 1200 万斤。

2004 年，收购储存大蒜等农产品 3.8 万吨，出口创汇 500 万美元。组建棉花产业化经营体系和服务网络，利用棉厂、基层社原有设施对外招商，联合重组，当年收购加工籽棉 8000 吨。棉花产业逐步成为供销系统的经济支柱。

2005 年，进一步扩大以大蒜、棉花为主的农副产品购销，利用冷藏保鲜技术和储藏加工能力 6 万吨 ~10 万吨和已有销售客户的优势，建立生产示范基地，广泛结识国内外客户，继续拓展业务。

企业选介

金乡县棉麻集团 前身是金乡县棉花加工厂，始建于 1966 年年初，1984 年 5 月更名为金乡县棉花加工一厂；1991 年 3 月与香港达利公司合资创建金乡县首家中外合资企业——金乡县金利纺织有限公司，1992 年晋升为中型（一）企业，1995 年晋升为国家大型（二）企业；1995 年 6 月组建金乡县棉麻集团。

集团总部位于金乡县城西关大街 239 号，固定资产 2.4 亿元。公司下辖金乡县棉花加工一厂、金乡县金利纺织有限公司、金乡县金利综合加工厂、金乡县金利集团宏大棉业有限公司（原金乡县棉花加工二厂）、金乡县棉花加工三厂、金乡县金利集团信大棉业有限公司（原金乡县棉花加工四厂）、金乡县棉花加工五厂、金乡县兴棉良种繁育有限公司（原金乡县棉花良种加工厂）、金乡县棉厂进口汽车修理厂、广州金利纺服装有限公司等 10 家企业。主要从事棉花收购、加工、榨油、棉纺织、服装、汽修、塑料制品等生产经营。主要产品有“鲁花”牌皮棉、“曼斯”牌棉纱、“宝石岚”牌牛仔布、牛仔系列服装以及棉种、

棉清油、棉饼等。产品销往全国各地，出口美国、日本、俄罗斯等国家。1998 年排全国供销企业“百强企业”第 5 名，全省供销工业“二十强企业”第 2 名，全市供销系统“三强企业”。1998 年被国家经贸委确定为“贸工农”一体化经营重点联系企业。

第三章 粮 食

1951 年 1 月，金乡县建立地方粮食分库，当年，将粮食分库改建为金乡县人民政府粮食局，业务归属湖西专署粮食局领导，行政归金乡县人民政府领导。1976 年，改称金乡县粮食局，并一直延续。1991 年 11 月，成立金乡县粮食局粮油购销公司，接管县粮食局计划内粮油购销调存业务。1993 年 12 月机构改革时转制为经济实体，机构名称为金乡县粮油集团总公司，接管粮食局的企业职能，与粮食局一个机构、两个牌子。全县 15 个粮食管理所随之成立分公司。原属粮食局的综合服务中心、食品贸易公司、劳动服务公司、面粉厂、油脂公司均属县粮油集团总公司领导。1994 年，淳集、马集、周楼、大义四个粮库，分别更名为金乡县粮食局第一、第二、第三、第四粮库。1995 年 9 月，恢复金乡县粮食局。粮食系统职工人数由 1991 年的 953 人增加到 1487 人。1998 年，县粮食局辖粮管所、粮油食品加工企业、粮油供应、粮食服务等共计 32 家独立法人单位。1999 年 5 月，成立金乡县粮食收储公司（副科级企业单位），隶属粮食局领导，主要担负粮食收储管理任务，执行敞开收购、顺价销售、资金封闭运行三项政策。

第一节 体制改革

1992 年之前，粮食部门在计划经济体制下，实行政企合一，主要承担国家粮食统购统销，城镇、社会居民口粮供应等政策性业务，发展粮油食品工业，开展粮油贸易。

1992 年，取消粮食统购，粮食市场逐步放开，粮食系统人员多、亏损大。1993 年，县粮食部门执行国家粮食保护价收购政策，保护种粮农民的利益；加强社会粮食流通监管，规范粮食流通秩序，努力维护全县粮食安全。同时，组织开展粮食购销、面粉和食品加工、酿造生产、饲料加工、养殖、大蒜购销、大蒜冷藏等各种形式的多种经营项目。多种经营机构由各基层单位分出一半人员组成多种经营所，独立开展经营业务，独立核算，自负盈亏，既解决了部分粮食职工的就业问题，又增加了经济效益。

2001 年，针对县直粮食企业经营机制不活，负债沉重、资金紧缺、生产经营困难、职工长期离岗问题，大力推进企业改革，以改革促发展。到 2003 年年底，山东华星面粉公司、金乡县第一面粉厂、金乡县粮食局油脂总厂、挂面厂、饲料公司、粮油贸易公司、粮油公司、粮油供应公司、粮食局劳动服务公司、鲁西南宾馆等 10 家单位完成改制，协议解除职工劳动合同 988 人，发放职工经济补偿金 3144 万元，成功盘活资产 5068 万元，清除企业负债 9852 万元。

2005 年，对国有粮食购销企业实施改革，协议解除职工劳动合同 906 人，发放经济补偿金 693 万元；收储企业及 9 家附营企业依法实施破产，2297 万元政策性粮食财务挂帐从企业剥离；把分流到改制企业的职工按国家政策规定全部纳入社会保障体系，共补交职工养老金 340 万元，医疗保险费 129 万元，将所有离退休人员纳入医疗保险统筹。自此，粮食系统职工身份置换全部结束。

第二节 收 购

新中国成立后，国家粮食购销政策多次调

整，主要分为：征粮（1950~1952年）；购粮（1952年）；统购统销（1953~1954年）；定产、定购、定销（1955~1964年）；一定三年不变包购政策（1965~1970年）；一定五年不变的政策（1971~1975年）；合同订购（1985~1992年）。

1992年4月1日，国家提高小麦、玉米、稻谷等粮食购销价格。中等小麦由原来每公斤购价0.516元、销价0.42元，同时提高到0.64元；中等玉米由原来每公斤购价0.352元、销价0.3元，同时提高到0.42元，实现了购销同价。1994年6月10日，再次提高小麦、玉米等粮食购销价格。中等小麦的购销价格提高到每公斤1.08元，接近市场价格。同年，定购粮销价放开，国家不再统管。

1991~1995年，连续五年粮食收购任务均一季(夏粮)完成，共为国家收购专储粮1050万公斤，完成定购粮2.25亿公斤，议价收购小麦、玉米等粮食1.89亿公斤。

1988~2005年，全县各种经济作物特别是大蒜种植面积逐年扩大，粮食种植面积逐年减少，收购粮食也逐年减少，其间，共计收购99.9万吨，实现销售100.62万吨。

第三节 销 售

粮油市场

1992年5月，设立金乡县粮食批发市场，与县粮油贸易公司合署办公，承办粮油收购、批发业务，重点管理粮食出境销售。1994~1995年，控制粮食流通，只准进县境，不准出县境。县内粮油市场活跃，除国家定购粮、专储粮外，其他完全放开。1995年，集体和个人开办的粮油购销点超过200家，经营性小型面粉厂56家。此后，在全县20多个集市上粮油可自由买卖，与国家粮食企业公开竞争。

企业经营

1991年，计划内粮油购、销、调、存及国家储备由县粮油购销公司负责，粮食局主抓议价粮油购销和其他多种经营。政策性和经营性两条线彻底分开，全县15个粮所、第一、第二面粉厂、华星面粉公司、粮食局浸出油厂、第一、第二、第三、第四粮店和其他粮油企业全部走上市场。1993年，县粮食局把政策性粮油经营权收回，在粮食局内统一进行核算，基层单位对粮油购、销、存、调、加工实行代理制。同年，普遍开展代农加工、代农储粮、品种兑换业务。全县各粮所及其所办企业选择适当位置设立代购、代销点，为农民储粮、售粮。到1994年年底，全县发展粮油代购、代销、兑换点50多处，为城乡居民提供便利。

粮食销售与调出

1993年3月31日前，非农业人口按定量标准供应粮食。标准是：特重体力劳动者一级56市斤，二级52市斤，三级49市斤；重体力劳动者一级46市斤，二级43市斤，三级39市斤；轻体力劳动者一级36市斤，二级34市斤，三级32市斤；脑力劳动者（含乡镇干部）一级33市斤，二级30市斤；大中学生一级（大学）35市斤，二级（高中） 32市斤，三级（初中）30市斤；居民(含10周岁儿童)27市斤；儿童9周岁26市斤，8周岁24市斤，7周岁22市斤，6周岁20市斤，5周岁18市斤，4周岁16市斤，3周岁14市斤，2周岁12市斤，1周岁9市斤，不满1周岁7市斤。

1993年4月1日，根据山东省鲁政发〔1992〕117号文件规定，粮油销售价格全部放开；取消对城镇非农业人口的计划供应，停止使用粮票、油票；非农业人口所需粮、油均到市场购买。

1992年，供应非农业人口的特一粉、特二粉、标准粉由原来的每公斤0.76元、0.68元、0.56元，分别提高到1.1元、0.98元、0.8元；1994年，再次提高到2.06元~2.12元、1.88元~1.94元、1.2元。

1994年，敞开销售议价粮，以满足各方用粮需要。除县内销售外，每年尚能节余粮食2000万公斤，用以支援缺粮地区。

1991~2005年，全县共调出粮食5463万公斤，其中定购粮4601万公斤、专储粮862万公斤。

1996~2005 年金乡县粮食收购销售情况统计表

表 15-3-1　　　　单位：吨

年份	收购		销售	
	国有粮食企业	市场	国有粮食企业	市场
1996	37250（政策性）	15301	17188（政策性）	12265
1997	37250（政策性）	58489	15711（政策性）	32464
1998	31200（政策性）	22364	16974（政策性）	15874
1999	91642	—	83735	—
2000	63641	—	66993	—
2001	38168	—	54894	—
2002	20675	—	46681	—
2003	31200	—	68482	—
2004	10262	—	27602	—
2005	11000	184955（重点非国有粮食企业）	1330	190542（重点非国有粮食企业）
说明	1999~2001 年市场粮食收购、销售未纳入统计范围			

1991~2005 年金乡县粮油销售情况统计表

表 15-3-2　　　　单位：吨

年度	粮油销售量（政策性及市场）	年度	粮油销售量（政策性及市场）
1991	20572	1999	83735
1992	29894	2000	66933
1993	68282	2001	54894
1994	41409	2002	46681
1995	44798	2003	68482
1996	29453	2004	27602
1997	48175	2005	1330
1998	32853	合计	665093

第四节　仓　储

1991~1995 年，金乡县粮食总产每年在 4 亿公斤以上，国家粮仓总容量 7500 万公斤，粮食部门每年收购 5500 万公斤，常年平均储粮 4000 万公斤，最多为 6000 万公斤。有 80% 以上的粮食在民间存放。

1991 年，全县共有仓房 176 口，仓容总量 6999 吨，其中有效仓容 6100 吨，分布在周楼粮库、淳集粮库、城郊粮所、王丕粮所、高河粮所、羊山粮所、卜集粮所、胡集粮所、鱼山粮所、大义粮库、马庙粮所、马集粮库、兴隆粮所、司马粮所、霄云粮所、孟铺粮站、鸡黍粮所、化雨粮所。

1992 年，在城郊、卜集、马庙、司马粮所新增仓房 8 口，仓容 4700 吨。

1995 年 4 月，金乡县第一（周楼）粮库被国家确定为“山东金乡国家粮食储备库”（国粮储〔1995〕84 号文）。当年，高河粮所在高河开发区建仓房 2 口，仓容 1160 吨。

1996 年，羊山粮所在羊山开发区建仓房 4 口，仓容 2000 吨。

1998 年，国家粮食储备库（周楼粮库）和华星面粉公司建高标准仓房 19 口，仓容 3.19 万吨。

1999 年，高河、化雨粮所新增仓房 3 口，仓容 1300 吨。

2000 年，对全县仓房进行普查核实，达不到标准的进行报废处理，当年核定仓房 199 口，仓容 10.29 万吨。

2001 年后，由于资金短缺，部分仓房老化失修。

2002 年，中储粮济〔2002〕153 号文将金乡国家粮食储备库确定为中央储备粮代储库。同年 7 月，金乡县人民政府印发金政字〔2002〕10 号文，批准建立 1000 万斤地方储备粮，分两年完成。当年完成 600 万斤，2003 年完成 400 万斤。

2005 年年底，全县共有仓房 197 口，容量 10.19 万吨，其中有效容量为 8.39 万吨。地方储备粮 2000 万斤。中央储备粮代储库储粮 3.5 万吨。

各储粮单位根据粮仓不同特性，分别采用高温、低温、缺氧密封、电子测温、微机巡回遥控测温、机械通风、磷化铝二氧化碳合剂混合熏蒸等先进技术，保证粮食储存安全。民间储粮条件也较以前有所改善，水泥缸、水泥池、小仓库（一般盛粮 500 公斤 ~1000 公斤）等逐渐取代了苇席、条子囤、箱柜、布袋等简陋的储粮用具。

第四章　物　资

1963 年 11 月，金乡县物资局成立。1984 年 4 月改为金乡县物资公司。1988 年，恢复金乡县物资局。1993 年 12 月，更名为金乡县物资集团总公司，正科级事业单位，与物资局一个机构，两个牌子；主要负责全县农业生产、工业生产、人民生活所需要的生产、生活资料；经营范围包括金属、煤炭、机电产品、化工、木材。总公司下设办公室、政工科、经营管理科、行管保卫科，辖燃料公司、金属建材回收总公司、机电化轻总公司、劳动服务公司、建筑装修材料有限公司、永惠物资有限公司、农惠物资有限公司、驰骋物资有限公司、鑫丰物资有限公司。全系统共有干部职工 376 人，其中干部 38 人，职工 338 人。1991~1995 年，随着改革开放，市场化步伐加快，计划指标等指令性计划被市场资源配置所取代，物资系统陷入发展困境，下属公司多数趋于瘫痪。1996 年，重点对机关科室进行整合，物资局下设办公室、财务科、综合治理办公室，职能由经营型向服务型转移，为下属公司服务，落实困难职工救助、低保和退伍军人优抚政策，帮助下岗职工实现再就业。2005 年，全县物资系统有干部职工 420 人，其中干部 38 人，职工 382 人。

第一节　体制改革

1978 年前，县物资局主管计划内物资的购进供应。1979 年始，实行计划供应和市场调节相结合，市场自由购销范围扩大，计划内物资所占比重逐年降低。

1991~1995 年，多数物资由计划供应转向市场经济运行，各经营单位按市场需求自行组织进货和销售。

1996 年后，市场竞争日趋激烈，物资系统多数公司经营趋于瘫痪，资产流失严重，大批职工下岗，生产、生活困难。到 20 世纪 90 年代末，木材公司、驰骋物资有限公司、物资销售公司相继依法破产，通过改制盘活国有资产，化解企业与职工的矛盾。2000 年，燃料公司通过转卖资产，将企业推向市场，实现了职工身份的置换。同时，广开门路，扶持下岗职工再就业，至 2005 年，先

后创办各类股份和个体公司30余家，涉及五金、建材、农机、化肥、机械维修、煤碳、运输、服务等十几个行业，涌现出蒜乡肥业、五征汽车、裕华钢材、金宇煤场、山东银花、金桥港等一批支柱企业。其间，为所有困难职工办理了城镇低保。

第二节 物资购销

1991~1995年，县物资集团总公司为适应激烈的市场竞争，调整经营机构，恰当调整划分存、销货场所，根据场地位置、大小、优劣，定出不同的承包额，分别承包给各个公司，由其自主经营、自购自销、自负盈亏。各经营单位开展代购代销业务，农用物资大部分采取代销方式与生产厂家建立长期代销关系。对所售产品，实行质量三包（包用、包修、包换）。凡租赁外单位场地经营的，总公司不收或少收各种费用。全体干部职工迎合市场经济发展，强化销售、管理与服务，物资购销经营均完成每年的各项经济指标。

1996年后，随着各公司破产改制，物资购销完全按照市场需求运作，并依法纳税。

1991~1995年金乡县物资系统主要物资购销情况表

表15-4-1

年度	钢材（吨）		木材（立方米）		煤炭（吨）		水泥（吨）		机电设备（万元）		汽车（辆）	
	购进	销售	购进	销售	购进	销售	购进	销售	购进	销售	购进	销售
1991	8679	8580	885	1263	110821	110576	1098	1074	1247	1173	29	35
1992	9472	9516	980	916	77384	76610	19	72	2960	2812	55	56
1993	7365	7442	356	383	16670	12354	—	—	5087	5027	87	64
1994	5360	4890	217	239	7986	9780	—	—	2130	1807	36	31
1995	4120	4460	130	147	6350	7327	—	—	1900	1760	25	23

1991~1995年金乡县物资系统物资购销、利税一览表

表15-4-2　　单位：万元

年　度	购进物资总额	销售物资总额	利税额
1991	5270	5570	50
1992	8254	8425	71
1993	11762	11783	-35
1994	5582	5791	10
1995	5532	5600	27

第五章 石 油

第一节 体制改革

1972年10月，金乡县石油公司成立，专营汽油、柴油、润滑油。1986年10月，随济宁石油总公司上划山东省石油集团总公司，山东石油集团公司金乡分公司随之成立。

1998年，国内石油、石化行业进行二次重组，成立中国石化、中国石油、中海油三家大集团公司，山东石油集团公司金乡分公司随山东省石油集团公司上划中国石化集团公司。2000年4月，改称中国石油化工股份有限公司山东济宁分公司金乡经营处，下设综合办公室和财务办公室，负责管理14座加油站。2004年，撤销金乡经营处，成立金乡片区。

第二节 网点建设

1978年后，金乡县石油供应实行计划和市场双轨运行，除按计划保证供应外，也到炼油厂采购成品油进行销售，保证全县石油供应。1988年，县石油公司实行承包责任制。1994年，采取多元化经营战略和薄利多销、让利销售等措施，开拓经营，保障供给，经营逐步走向市场化。1998年，加快网点建设，至1999年共有加油站7座。各加油站与分公司接通互联网，实现信息传递网络化。2000年，新建加油站3座，租赁、收购4座，并通过互联网与省内各石油公司实现信息共享。2004年，金乡经营处和各加油站安装零售信息管理平台及电子账务系统，实现销售信息、资金和资产信息的上传与管理。2005年，金乡片区有注册加油站14座。每台加油机均添置加油卡芯片，实现了全省、全国石化加油站联网加油，“一卡在手，走遍神州”。

第六章 烟 草

第一节 体制改革

1984年1月，烟草业务从县副食品公司析出，成立山东省烟草公司金乡支公司（简称县烟草公司）。当年3月，金乡县烟草专卖局成立，与山东省烟草公司金乡支公司合署办公，为政企合一正科级单位，具有烟草专卖管理和卷烟经营双重职能。1986年6月，公司上划为中央企业，更名为山东省烟草公司金乡支公司。1995年9月并入鲁南烟草（集团）有限公司，更名为山东鲁南烟草（集团）有限公司金乡分公司，归鲁南烟草（集团）有限公司管理。1998年1月，并入颐中烟草（集团）有限公司，更名为颐中烟草（济宁）有限公司金乡分公司。1998年8月，又并入山东省烟草购销（集团）有限公司，更名为山东烟草购销（集团）有限公司（济宁）金乡分公司，与金乡县烟草专卖局合署办公。2000年9月，再次更名为山东济宁烟草有限公司金乡分公司，与金乡县烟草专卖局合署办公。2005年11月，更名为山东济宁烟草有限公司金乡营销部，取消县级公司法人资格，全市实行统一管理、统一核算、统一经营。2005年年底，金乡营销部共有从业人员86人，其中在册在岗职工36人，外聘员工50人。主要负责全县13个乡镇的烟草专卖管理、卷烟销售以及卷烟配送服务工作，辖区内共有3000多户

卷烟零售点。

第二节 卷烟经营

1991~2005 年，按照省、市局（公司）卷烟经营政策要求，金乡县以提升销量结构，实现快速增长为第一目标，树立服务营销、精准营销、差异营销、目标营销等现代营销理念，强化零售终端建设、品牌培育和电子结算工作，加速向现代物流企业转变，构建层次分明的品牌培育体系，最大限度地提升市场占有率，实现由传统营销向现代营销的转变，由粗放式、销量型向精细化、结构销量型转变。其间，随着人民生活水平不断提高，卷烟消费档次发生巨大变化，省内外中高档卷烟销量进一步增长。经营卷烟品种主要有：大鸡系列、将军系列、哈德门系列、一枝笔系列、八喜系列、红塔山、云烟等。

20 世纪 90 年代初期，卷烟销售实行委托代批制度。

1991~1993 年，金乡县卷烟销售网络建设从“以我为主”的坐店销售发展到“以客户为主”的批发零售，通过建立批发网点和网点下伸，再到实行全面访销、集中配送，直到零售终端网络建设、“按客户订单组织货源”和网上订货，实现了从传统商业经营转变为现代流通经营。1994~1997 年，设立城区、经济园、胡集、羊山、鸡黍、化雨 7 处批发部，配备专门的送货服务车辆，为零售客户送货上门。

1999 年 3 月，卷烟全部实行防伪标识。

2002 年，全面建设城乡一体化的卷烟销售网络，突出访销质量和服务水平。全县零售客户入网率 96% 以上，送货面 100%，“专业化分工、信息化管理、规范化经营、优质化服务”的卷烟销售网络建设模式初步建成。

2003~2004 年，加速向“电话访销、网上配货、电子结算、现代物流”网建模式过渡，金乡分公司成立了客户服务中心、配送中心，实行集中电话访销、集中物流配送的营销模式，将零售客户全部纳入访送服务范围，卷烟批发网点全部撤回，实现城乡一体访送分离。

2005 年，坚持“整体推进、全面提升”，加快营销网络建设步伐，卷烟实现零库存。

1991~2005 年金乡县卷烟销售、利税基本情况表

表 15-6-1

年度	卷烟销量（万支）	销售收入（万元）	利税（万元）	利润（万元）
1991	65405	2095.94	40.47	25.56
1992	72450	2184.02	48.16	26.54
1993	74970	2493.24	60.83	44.72
1994	68150	2582.62	71.14	36.2
1995	49330	2331.94	96.95	68.43
1996	44435	2724.93	145.71	96.48
1997	48670	3437.42	133.35	111.5
1998	56375	4314.76	85.04	62.09
1999	68355	4617.82	176.46	109.07
2000	70496.2	4933.5	220.61	132.61
2001	71347.65	5895.28	598.35	477.15
2002	77127.13	6918.76	825.66	613.56
2003	74938.96	7384.39	697.13	719.7
2004	79591.11	9023.83	1232.95	952.36
2005	85506.66	10780.35	1582.64	1208.16

第三节 专卖管理

1984 年，金乡县贯彻执行《中华人民共和国烟草专卖法》和《烟草专卖法实施条例》，将专卖打假作为专卖管理重点，严厉打击各种涉烟违法行为，净化卷烟市场，维护国家利益及广大消费者的合法权益，当年共发放烟草专卖零售许可证 1600 余份。

1997 年，金乡县贯彻执行全国、全省打私打假工作会议精神，与其它执法部门协作，加大卷烟市场管理力度，按照“六查”（查无证经营、查进烟渠道、查省外和计划外卷烟、查走私卷烟、查假冒商标卷烟、查无证批发）要求，对全县城乡驻地、集贸市场、宾馆酒店、各大商场和零售摊点进行拉网式巡回检查，当年查获各类涉烟违法案件 200 起，查扣非法卷烟 500 余万支，案值 50 余万元。

1998 年，成立烟草稽查大队，开展“整顿卷烟交易市场秩序，严厉打击卷烟走私贩私”专项治理行动，全年查获各类涉烟违法案件 411 起，查扣非法卷烟 211.33 万支。

1999~2000 年，继续打击制售假冒商标卷烟、走私卷烟，加大“挖窝打点”和“路查路堵”工作，重点打击制售、匿藏假冒商标卷烟窝点，非法运输、走私贩私、无证批发、无证经营卷烟等违法行为，稳定卷烟经营市场秩序，促进了“五无、一符合”（无无证经营、无走私卷烟、无假冒卷烟、无渠道外卷烟、无非法批发，符合综合业户 200 户以下的集贸市场卷烟零售户不超过 10 户）综合治理目标的实现。

2003 年，成立专卖管理中心，下设 3 个专卖稽查中队。开展零售户合理布局工作，专卖管理由单纯的市场检查向更加科学规范的户籍化、诚信等级化和专卖社区化管理转变，至 2005 年，查获各类涉烟违法案件 3475 起，查扣非法卷烟 558.51 万支，移交司法机关刑事拘留 7 人。

1991~2005 年，烟草专卖局（营销部）先后获得金乡县先进集体、A 级纳税信誉纳税人、县级文明单位，全省卷烟打假工作先进集体，济宁市卷烟打假工作特别贡献奖、消费者满意单位、劳动关系和谐企业，金乡县财政贡献明星企业等荣誉称号。

1991~2005 年金乡烟草专卖许可证发放情况表

表 15-6-2　　单位：户

年度	国营	集体	个体	合计	年度	国营	集体	个体	合计
1991	4	12	982	998	1999	—	—	123	123
1992	1	2	177	180	2000	—	—	20	20
1993	—	—	138	138	2001	—	—	103	103
1994	—	—	266	266	2002	—	—	192	192
1995	—	—	25	25	2003	—	—	104	104
1996	—	—	148	148	2004	—	—	379	379
1997	—	—	71	71	2005	—	—	522	522
1998	—	—	37	37	总计	5	14	3287	3306

第七章 盐 业

第一节 管理体制

国家对食盐实行专卖管理。1992年6月以前，金乡县盐产品由县供销社主管，所属基层供销社负责盐产品的经营业务。同年6月，县供销联社组建果品盐业公司，各基层供销社所经营的盐产品须从县果品盐业公司购进。

图15-2 果品盐业公司

1997年4月，盐产品经营权从县果品盐业公司分离，金乡县盐业有限公司随之成立，隶属县供销社。2000年5月，按照山东省人民政府“食盐专营与其他商品经营相分离”的规定，将原“金乡县盐业有限公司”更名为“金乡盐业公司”，为山东省盐业总公司下属企业和独立核算、自负盈亏的企业法人实体组织，依法从事本行政区域内的盐资源开发、利用和盐产品生产、加工、储运、批发经营业务；同时加挂“金乡县盐务局”牌子，为县政府盐业行业行政主管机构和执法主体，负责本行政区域内的盐业行业管理、盐政执法和食盐专营的行政管理工作。2001年，盐政执法权由县供销联社的盐政管理所移交给金乡县盐务局。县盐务局下设办公室、财务科、专营科、人事劳资科、稽查大队和城区、胡集、马庙、司马4个食盐供应站。2005年年底，盐务局共有干部职工142人。

第二节 食盐供应

1991年，食盐购销实行“五统一”管理办法，即：统一计划、统一价格、统一调运、统一结算、统一上缴基金。全县食盐计划在上报省、市局（公司）后，由省公司下达食盐调拨计划并指定盐场统一调拨，由专营科负责供应。所有食盐实行一车一检，不合格盐产品一律不予入库，对存在质量异议的盐产品及时反馈供盐单位处理，保障全县用盐安全。

2000年年初，强化食盐专营，确保碘盐供应，根据乡镇区域分布，将全县划分为城区、胡集、马庙、司马4个食盐供应站，全权负责各区域的食盐销售和盐业市场管理工作。公司为每站配备一辆盐政执法送盐车，送盐全部到村、到零售网点。

2002年，根据《山东省盐业管理条例》规定，严格按照布局合理、方便群众、易于配送的原则，选择经营条件较好、信誉较高的经营业户作为食盐零售网点，发放食盐零售许可证，实行持证经营。

2005年年底，食盐供应形成了“送销到点，购盐不出村，供应有保障”的经营网络。

县盐务局保障各类盐产品的有序、稳定供应，仓库各类盐产品储存常年保障2个月以上销量。同时制定严格的运输、储存等项管理制度，特别规定食盐一律不准与非盐商品或工业盐同库存放或混放。

了良好的舆论环境。

第三节 盐政执法

1991~2000 年，县盐务局（公司）每年都在“3 · 15”维护消费者权益日和“5 · 15”防治碘缺乏病宣传日，联合公安、工商、卫生等有关部门开展全方位、多层次的宣传活动，消除碘缺乏危害，提高人民群众安全用盐意识。实行盐政稽查人员必须通过行政法规考试，领取行政执法证后方可上岗执法制度。严格贯彻执行国家食盐专营政策和法律、法规，在对全县盐业市场进行日常监管和检查的同时，有组织、有计划地开展路查、夜查及突击检查，堵塞源头，深挖窝点，举报有奖，有报必查，迅速出击，严厉打击涉盐违法犯罪行为，规范、净化盐业市场，保障人民用盐安全。

2001 年，组织盐务人员开展“走千村、进万户”活动，累计出动宣传车 120 余车次，人员 1600 人次，发放各类宣传材料 18 万余份，喷刷永久性宣传标语 220 条块，参加全市范围的流动宣传 5 次，开展全县范围的流动宣传 10 次，电视新闻宣传报道 40 余次，报纸专栏报道 20 余次，提高人民群众抵制私盐的自觉性，为落实食盐专营政策创造了良好的舆论环境。

2002 年 3 月，全省盐政执法部门统一加入“110”社会联动体系，建立盐政执法“110”联动指挥中心值班室，县盐务局与公安局成立打击非法经营食盐违法犯罪工作联合办公室，联手打击涉盐违法犯罪行为。

2003 年 9 月，成立由盐业、公安、工商、卫生、新闻媒体等部门参加的“金乡县盐业市场秩序专项治理领导小组”，形成“政府主导、部门配合、社会参与”的大盐政格局和齐抓共管执法机制。同年，根据国家《食盐批发管理质量等级划分及技术要求》的有关规定，对全县盐业企业办公、仓储、分装加工等设施设备的建筑装饰管理状况、企业经营管理水平及企业执行国家政策法规和行业规定标准组织自查和整改，并于 2004 年顺利通过省、市盐务局的验收，首批达到国家食盐批发企业 A 级标准。至 2005 年，全县共查处各类涉盐违法案件 778 起，端掉制假窝点 15 个，查获各类盐产品 300 余吨，收缴罚没款 37.9 万余元；移交公安机关查办涉盐违法犯罪案件 4 起，刑事拘留 7 人，判刑 2 人。

2001~2005 年金乡县盐政市场管理情况统计

表 15-7-1

项目 / 数量 / 年度	查处涉盐案件（起）	查获私盐（吨）	收缴罚款（万元）	销售盐（吨）	销售收入（万元）	实现利税（万元）
2001	180	15.7	2.2	4316	406	8
2002	187	23	3.8	4428	481	13
2003	187	120	17	4276	374	2
2004	169	98	7	4742	388	16
2005	55	44	7.9	5351	546	35
合计	778	300.7	37.9	23113	2195	74

2002 年，县盐务局被济宁市盐务局评为乡级网点建设先进单位。2003 年，被县政府评为安全生产先进单位。2004 年，被中国盐业协会评为国家食盐批发 A 级企业，被山东省盐务局评为全省盐业系统先进企业。

第八章 医 药

第一节 体制改革

1956年6月，金乡县医药公司成立，隶属于济宁市医药公司。1993年，更名为济宁市医药(集团)总公司金乡分公司。2001年4月，通过山东省局换证验收。2004年5月，通过GSP认证。公司下设办公室、质量管理科、财务科、业务科、销售科、储运科。储运科设西药库、中药库、配送中心。公司共有职工168人，其中有专职质量管理员1人，专职质量验收员2人、专职养护员2人，计量员1人；中、初级专业技术人员146人（含执业药师2人，从业药师13人），占职工总数的86.9%。公司仓库总面积903.26平方米，营业场所面积208.2平方米，办公用房285.67平方米，辅助用房面积264.5平方米。用于GSP改造资金66万元。

公司曾被济宁市消费者协会评为“放心消费单位”，被金乡县食品药品监督管理局命名为“放心药库”。

第二节 质量管理

1991~2000年，县医药公司以“发展医药，造福人民”为宗旨，奉行“质量第一，诚信为本”，坚持“卖好药，为人民”的经营理念。

严把药品购进关。对供货企业和销售人员以及所供药品的合法性进行审查，手续齐全方可签订购进合同。完善购进记录及合同管理档案，每批药品购进均有记录、有合同。对购进药品及售后退回药品有专职验收员进行验收，并有完整、详实的验收记录。

严格按照规定对药品进行储存和养护，对库房温、湿度实行调控，建立记录档案，确保在库药品质量。药品出库，遵循“先产先出”“近期先出”“按批号发货”原则，发货人、复核人在发货单上签字（盖章）；特殊管理的药品实行双人保管、双人复核，当面点交，复核中发现差异和不合格的药品不予出库。

做好处方药销售管理工作。对不具备“医疗机构执业许可证”和“药品经营许可证”规定要求的销售门店，一律不予销售。

2001年，对药品仓库进行改造和装修，设置阴凉库903.26平方米，安装空调14台、冷藏柜4台，确保药品按照不同温度要求储存，库内实行色标管理，增设避光、通风、防虫、防鼠、防鸟等设备；设置中药标本橱及28.5平方米药品养护室，并按照标准配置分析天平、澄明度检测仪、标准比色液、水分测定仪、紫外荧光灯、显微镜等设备。

第三节 营销服务

2003年，金乡康福大药店连锁有限公司成立（从医药公司分离），内设质量管理部、业务部、财务部、办公室，下辖50个连锁门店，其中县城23个，乡镇27个。经营中成药、中药饮片、化学药制剂、抗生素、生化药品、生物制品（不含疫苗）等。公司建立客户信息反馈档案，经常征询客户对药品及服务方面的需求和意见，发现问题立即查明原因，分清责任，及时采取措施妥善处理。配送员按门店需求报呈购进计划，确定药品配发，并建立档案。对有温度要求的药品，公司为配送车辆配备冷藏箱，保证配送过程中的药品质量。2005年，实现药品销售收入1998万元，利税38.9万元。

1991~2005 年金乡县医药经营销售情况统计表

表 15-8-1　　　　单位：万元

年　度	销售额	年　度	销售额	年　度	销售额
1991	1356	1996	1723	2001	2347
1992	1843	1997	2012	2002	2144
1993	1654	1998	1973	2003	2069
1994	1425	1999	8012	2004	2129
1995	1516	2000	2232	2005	1998

第十六篇　开放开发

國际大蒜商貿城
INTERNATIONAL GARLIC TRADE CENTER
东明 122 km
DONGMING
菏泽 80 km
HEZE
定陶 67 km
DINGTAO

开放开发

金乡县地处鲁西南腹地，是典型的内陆县。境内既无铁路，也无高速公路，更没有航空线路，只有一条国道纵贯南北，但县委、县政府始终把对外开放作为一项重要工作来抓，依托金乡大蒜这一金字招牌和丰富的农副产品资源，通过制定出台一系列的优惠政策，大力发展外向型经济。2005年，全县拥有自营进出口权的企业63家，大蒜及其制品、圆葱、蔬菜、服装、机电等30多个品种，出口130多个国家和地区，出口创汇完成1.22亿美元；合同利用外资3300万美元，直接引进外资192万美元；全县经济外向度达到11.4%。

1991~2005年，全县累计利用外资2653万美元，出口创汇34232万美元。外向型经济对全县财政收入的贡献率逐年提高，县级综合实力呈现平稳的上升态势。

第一章 招商引资

金乡县招商局成立于2000年，与县外经委合署办公。2003年，县招商局单独成立。当年7月，面向社会公开招考3名副局长，18名专职招商人员。各乡镇和县直有关部门都成立了招商（分）局。

第一节 重大活动

县招商局成立后，相继出台《招商引资优惠政策》和《奖励办法》，不断创新招商方式，大力宣传推介金乡县的区位、交通、资源、政策和环境等独特优势，采取园区招商、企业招商、网上招商、节会招商等多种形式，实施“走出去”战略，先后组织各乡镇、县直有关部门和重点企业，在北京、上海、深圳、杭州、西安、重庆、济南、青岛等地召开招商引资（环境）说明会。以金乡首届大蒜博览会成功举办为契机，邀请19个国家、46个大蒜主产区、1000余名客商进行洽谈合作。至2005年，共签订招商引资合同54个，总投资18.6亿元，其中市外资金15.8亿元。

第二节 优惠政策

1993年4月12日，县委、县政府印发《关于加快发展外向型经济的若干政策规定》。规定：凡在金乡举办外商投资联营企业的，投资额占注册资本50%以上，且产品70%销往国外市场，中方合营者连续5年内从分得利润中让出10%给外商投资者。外商投资企业，自获利年度起免征2年所得税，从第三年开始再减半征收3年，其中产品出口部分，10年内免征地方所得税。外商在金乡兴办合资、合作、独资企业，免征投资方向调节税和能源、交通、重点建设基金及预算调节基金；按外商投资比例免收城市基础设施配套补助费；场地使用费按每年每平方米3元~5元征收；采用先进技术和产品出口的企业，合资期在10年以上的免缴土地使用费3年，从第四年始再减半征收土地使用费3年；华侨、港、澳、台同胞投资兴办先进技术企业和产品出口企业，生产期在15年以上的，免缴土地使用费5年，从第六年开始再减半征收土地使用费5年。对外商投资企业的基本建设工程作为县重点项目予以保证，优先安排施工；对企业生产经营所需水、电、煤、原材料、信贷资金和运输、通讯设施给予优先安排解决，收费标准均不高于同行业国营企业。外商投资企业享有自行确定企业机构设置、人员编制、工资标准、奖励津贴制度。董事会有权决定聘用、任免和辞退所属管理人员、技术人员和工人。华侨、港、澳、台同胞投资兴办合资企业，

可委托居住在大陆的亲友作为代理人参加企业管理，并可担任领导职务，可安排适当数量的亲属在企业中就业。台胞兴办合资企业，合资期在15年以上，每投资5万美元可解决1人城镇户口，并可优先安排就业。不论国内外的单位和个人，凡引荐促成外商和华侨、港、澳、台同胞到金乡投资兴办企业和补偿贸易项目的，分别按外商实际投入金额的2%付给一次性酬金。直接引进国内外资金为企业所用，利息不超过银行现行基准利率的，每使用1年，按投资额的2%给予奖励。对提供信息、引进技术、项目、人才的国内外人士，根据信息、技术项目、采用后的效益和引进人才贡献大小，由受益单位从新增利润中提取5%给予奖励。外商投资企业，总投资在3000万美元以下符合国家指导的吸收外商投资方向规定的项目，对项目建议书、可行性研究报告、合同、章程等报批文件，分别在3日内给予批复，总规模500万美元以下的项目，立项、协议、合同的审批随到随办。

2000年7月14日，县委、县政府印发《关于招商引资优惠政策和进一步改善投资软环境的若干规定》，对外来投资者以参股或合资形式新建企业，以外方参股或合资的比例享受以下优惠政策：新办工业企业自投产之日起，认定为国家级、省级、市级高新技术项目的，地方性税收3年内由所在地政府分别给予100%、60%、40%的奖励。在县经济开发区建厂的外来企业，投产两年内以财政列支办法按上缴所得税数额予以奖励。投入500万元以上技改项目，竣工投产后2年内以财政列支办法按新增所得税上缴数额全额予以奖励。鼓励引进外来新技术、新成果，支持外来科研单位、高等院校直接进入企业，凡高等院校、科研单位联合组建经营或生产性股份公司的，3年内以财政列支办法按新增所得税上缴数额全额予以奖励。投资新建的各类项目，在办理建设手续时，只收工本费，免收一切手续费、行政性收费，事业性收费减半征收。对外来投资者固定资产投资500万元以上或带动农业和畜牧业发展达到相当规模的龙头企业实行限额收费。新建外来投资企业，除商业、饮食、服务业外，自投产之日起30天内，电视台、广播电台免费播出广告5次。外来投资者购买公有制企业，付款数额较大，一次付款有困难的，经出售方同意并取得担保资格者担保前提下，可分期付款。一次性买断净资产较少的公有制企业，接受被收购企业债权、债务，注入发展资金并安置被收购企业职工就业的，可按零价购买。投资者可购买国有土地使用权，一次付清，地价优惠30%；分期付款的，第一次付50%，其余5年内付清。对有偿取得的土地使用权，在使用期内有转让权、出租和合法继承，使用期满可申请续期。利用新增建设用地投资的工业项目，以财政列支办法，按上缴耕地占用税和契税的5%予以支持，土地管理费、出让金收益除上缴中央、省、市部分外，其余免收。利用的企业土地投资兴办企业的，可将土地使用权出让给外商，土地出让金按评估价确认基准地价的10%缴纳。以租赁方式使用原划拨土地的，租期可达30年；重大项目、高科技项目、带动全县产业发展的龙头项目，放宽至国家规定的最高年限，并缓交5年土地出让金。通过出让方式取得土地使用权，分期缴纳土地出让金的，先付清征地管理费，其余部分5年内每年按5%缴纳，剩余金额从合同生效第六年起，每年按20%比例5年内交清。对政府引进的硕士学位以上人员及高级专业技术人员，在工资、住房等方面给予最大优惠。本人、配偶及未婚子女可办理随调随迁手续，并就近、就优安排子女入学、入托。凡固定资产投资实际到位资金500万元以上人民币的投资者，投资100万元人民币的国内企业和投资10万美元以上的外资企业所雇佣的管理人员、技术人员，经本人申请，可一次性为其本人、配偶、父母、子女免费办理山东省地方城镇户口。对外来投资者提供基础设施服务，路到门、电到门、水到门。对外来投资项目的审批，实行全程帮办服务，一个窗口对外、一个印章生效、一次性集中办结。

第二章 经济园区建设

第一节 西城区暨经济开发区

2002年4月，金乡县委、县政府规划建设金乡县西城区暨经济开发区，决定成立金乡县经济开发区建设指挥部。当年7月，金乡县经济开发区正式成立。8月，县委、县政府对其机构设置、区划范围、工作职能作出明确规定。开发区管委会作为县政府派出机构在开发区行使县级管理权。管委会下设办公室、招商发展局、规划建设局、社会事务局、投资服务中心等机构。

金乡县西城区暨经济开发区总体规划由山东省城乡规划设计院设计完成，经有关部门论证、修改后形成《总体规划》。区划范围：东起缗西二路（老105国道）西至大沙河，北到王杰村，南到窦堂村，规划面积14.6平方公里。根据分步实施、滚动发展原则，将开发区缗北二路以北范围作为起步控制区，将金乡镇的张庄、高庄、张翟、李楼4个行政村，整建制划归开发区管理。

开发区规划形成“二条轴线、四个组团”布局。二条轴线指南北向轴线金曼克大道和东西向城市发展轴线缗北二路，路宽60米。四个组团中的中心组团为综合服务中心，占地4.2平方公里；北组团以工业用地为主，包括电子、农产品加工、化工园区，占地4.1平方公里；南组团为工业、仓储、居住综合区，占地4平方公里；福清组团为福清工业园和部分村庄建设用地，占地1.9平方公里。组团之间由河流、绿化带加以分隔，但交通联系十分方便。其工业布局按照“一区多园”模式，每个工业园各具特色，共享基础设施和服务设施。开发区内道路交通、排水设施，水、电、暖供应及学校、医院、公园、广场、绿地等公共设施实行科学分布，合理配置。

2004年3月，金乡县执行国家清理整顿开发区政策，将经济开发区暂时更名为西城区。由于原规划依托老105国道和西外环路进行，规划不尽合理，加之花园煤矿动工建设，西城区已不能按照原规划进行建设。县委、县政府决定对西城区区划和总体规划进行调整：保留西城区文峰路以北的起步区，以原来3个村的范围为主，沿缗北四路向东发展，将缗北四路以北、吴庄北沟渠以南的地区纳入西城区发展范围，向东发展过老105国道至金济河，一直到莱河，将金乡镇殷庄、孙庄、郭楼整建制划归西城区，区域面积约12平方公里。

开发区成立后，坚持“规划指导、基础先行”和“高标准规划、高规格建设、高效能管理”原则，努力搞好开发区的基础设施建设。2004~2005年，完成固定资产投资4.3亿元，合同利用县外资金8.54亿元（实际到位资金3.724亿元），合同利用外资394万美元。先后完成工业北区经一路、纬一路建设；协调供电公司投资1100多万元建设110千伏变电站1座，投资100多万元完成长5千米的西外环路路灯安装工作；完成中心大道的勘探设计和北段土地调整，局部排水设施得到治理。同时，坚持项目立区、项目强区，先后与胶州、青岛、即墨、威海等地一些有实力的企业建立联系，采取以商招商、代理招商、网上招商和企业招商、内资联商、优势招商等多种方式，扩大招商引资规模。其间，已建成项目7个，正在建设项目5个，待建5个，已签合同项目4个，达成意向11个。对变压器项目、轻钢项目、物流中心项目等积极协调，促其尽快动工建设；对香港星浩食品、韩国塑料等10多个项目抓紧谈判，涉及金额8亿多元。2004年，金乡县经济开发区实现财政收入180万元。2005年，实现财政收入200万元。开发区资本积累开始形成。

2006年7月，国家发展改革委员会发布

〔2006〕第41号公告，批准金乡县经济开发区为省级开发区，名称为“山东金乡经济开发区”，规划面积66平方公里。

图16-1　金乡县经济开发区

第二节　其他经济园区建设

1990年，金乡县共有18处农贸集市和南店子、李楼等7处大蒜批发市场，以及金山街工业品市场、文峰路旧农机市场等专业批发市场。

图16-2　20世纪90年代初光明路综合市场

1991年始，各乡镇适应改革开放和社会主义市场经济发展需要，结合小城镇建设，或对农贸市场进行扩建改造，或建立自已的经济开发区。至1995年，金乡镇先后扩建南店子大蒜批发市场，建成清真农贸产品市场、朱楼光明路市场、北当农机市场、荷香路服装鞋帽市场、三联木器市场和后台子农贸市场。缗城镇建成大蒜、瓜果、蔬菜专业批发市场3处和花园综合商业街1处。羊山镇沿南（鱼台南田）谢（巨野谢集）公路建成长5千米经济开发区1处。鸡黍镇建有张寨木材批发市场、朱楼运输市场、南楼建材市场、鸡黍沙石市场，其中张寨木材市场为鲁西南地区最大的木材集散地。霄云镇对吕庄蔬菜市场、前李楼农贸市场、大李楼畜禽产品市场进行规范化管理，将镇政府往北至付庙路口两千米公路两侧和348省道在霄云镇路段两侧辟为农贸市场，并初具规模。鱼山乡投资3800多万元，建成沿346省道两侧横贯全乡东西长5千米的农副产品批发市场1处。马庙镇马庙、翟庄等一批具有较强辐射能力的大型农贸市场已具雏形。化雨乡开发建设的淳集经济小区有500多家企业和个体工商摊点入驻。高河乡新辟乡驻地、官庄桥、淳集小区3处农贸市场，120余家商户在此经营。兴隆乡金隆农贸批发市场和枣曹县沿线蔬菜批发市场设施得到完善。卜集乡兴建了周集蔬菜市场、黄埝圆葱市场和卜集、孙桁两处集贸市场，其中黄埝圆葱市场是鲁西南地区较大的圆葱批发市场，每年销往国外圆葱7000吨，年贸易额420万元。

2005年，金乡县共有乡镇经济开发区3处，大蒜、蔬菜、农副产品、木材、建材、农机、家具、服装鞋帽等专业市场20处，农村集贸市场20处。

图16-3　20世纪90年代缗城商场

2005 年金乡县专业市场一览表

表 16-2-1

市场名称	地址	经营范围	摊位数	面积（平方米）	流通范围
缗西商埠	鱼山镇	大蒜、蒜薹	880	250000	全国、美、日、韩
金兴经济园	县城西	服装、百货、文体用品	250	12000	全国
南店子市场	城区缗南二路	大蒜、蒜薹	110	150000	全国、美、日、韩
旧农机市场	文峰东路北	农机、自行车	200	5000	全县
南园家具市场	县医院南金司路东	各类家具	150	5000	全县
仇岗大蒜市场	金乡镇三里窑村	大蒜、蒜薹	300	5000	全国
县木材市场	金乡镇吕庄村	木材购销	210	14000	全县
金一大蒜批发市场	金乡镇金一村	大蒜、蒜薹	300	6000	全国、美、日、韩
清真农贸产品市场	县城汽车站北	五金建材	120	6000	全县
建材装饰市场	荷香路东段	五金建材、装饰材料	200	6100	全县
名流家具市场	105 国道收费站西	家具批发零售	150	4000	全县
东刘楼木材市场	鸡黍镇东刘楼村	木材购销加工	100	5000	全国
金海花园商业步行街	星湖公园南	百货商品	200	11000	全国
缗城商埠	县城新荷香路	日用百货服装鞋帽	180	1000	全国
二轻市场	县城鑫源广场	服装鞋帽	200	4000	全县
恒源市场	老武装部院	服装鞋帽	200	100	全县

2005 年金乡县集贸市场一览表

表 16-2-2

集市名称	地址	成集日（农历）	经营范围	摊位（个）	面积（平方米）	流通范围
光明综合市场	文峰路中段路北	每天	农副产品	2900	14500	全国
南门综合市场	县医院东	每天	农副产品	200	6300	全国
胡集集贸市场	胡集镇驻地	4、9	日用百货农副产品	400	3000	全县
大义集贸市场	胡集镇大义村	1、6	日用百货农副产品	300	2700	全县
羊山集贸市场	羊山镇驻地	3、5、8、10	日用百货农副产品	600	5000	全县
高河集贸市场	高河乡驻地	3、8	日用百货农副产品	400	3500	全县
卜集集贸市场	卜集乡驻地	2、7	日用百货农副产品	350	3000	全县
孙桁集贸市场	卜集乡孙桁村	3、8	日用百货农副产品	252	2000	全县
化雨集贸市场	化雨乡驻地	2、7	日用百货农副产品	370	3500	全县
霄云集贸市场	霄云镇驻地	1、6	日用百货农副产品	450	5200	全县
王丕集贸市场	王丕镇驻地	4、9	日用百货农副产品	330	3100	全县
周大庄集贸市场	霄云镇周大庄	3、8	日用百货农副产品	290	3100	全县
司马集贸市场	司马镇驻地	5、10	日用百货农副产品	340	3500	全县
淳集集贸市场	化雨乡淳集桥东	4、6、9	日用百货农副产品	260	2800	全县

续表 16-2-2

集市名称	地址	成集日（农历）	经营范围	摊位（个）	面积（平方米）	流通范围
鸡黍集贸市场	鸡黍镇驻地	2、4、6、8	日用百货农副产品	450	6000	全县
马集集贸市场	鸡黍镇马集村	1、3、5、7	日用百货农副产品	350	3600	全县
兴隆集贸市场	兴隆乡驻地	1、3、6、8	日用百货农副产品	400	3540	全县
草庙集贸市场	兴隆乡草庙村	7、9	日用百货农副产品	320	3200	全县
马庙集贸市场	马庙镇驻地	2、4、6、9	日用百货农副产品	500	5500	全县
鱼山集贸市场	鱼山镇驻地	每天	日用百货农副产品	200	—	全县

第三章　对外贸易

1991~1994 年，金乡县对外贸易公司设粮油科、土产科、食品科、政工科、财务科、储运科、办公室。1995 年 9 月，县对外贸易公司更名为金乡县对外贸易总公司，内设工会、办公室、政工科、财务科、储运科和 7 个进出口业务部。2000 年，外贸总公司从县对外经济贸易委员会析出。同年 5 月，县对外经济贸易委员会更名为县对外贸易经济合作局（简称外经局）。外贸总公司行政管理人员和所属企业划归县外经局管理。

第一节　外贸体制

1990 年前，金乡县外贸公司从事出口商品收购、调拨业务，为省、市外贸公司组织出口货源，自身没有自营进出口权。1995 年，县对外经济贸易委员会被外经贸部批准享有自营进出口权，由计划出口供货转向市场销售，自负盈亏，外贸业务出现萎缩。1999 年 6 月，县外贸公司进行体制改革，以股份制形式，采取国有资产控股手段组建 5 家具有独立法人资格、自主经营、自负盈亏的专业外贸有限公司，分别是金乡县外贸粮油有限公司、外贸土畜产品有限责任公司、外贸食品有限责任公司、外贸轻工机械有限责任公司、外贸服装工艺有限责任公司。各专业公司实行法人治理，逐步完善经营承包，规范运作。2000 年，以 5 家专业外贸有限公司为龙头，组织吸收 20 家具有出口、加工、储存能力的企业组建金乡县对外贸易集团公司，依法自行开展出口业务。

第二节　外贸业务

1991~1995 年，金乡县出口工业产品主要有干式变压器线圈、高压油管、服装、丝织品、桐森木板、电力变压器、套环等，总交货值 1950 万元；出口新加坡、俄罗斯、日本、美国、韩国、巴西等国家的农产品主要是金乡白皮大蒜、粮油和食品，1995 年，出口供货总额由 1991 年的 3652 万元增加到 3.06 亿元，创汇 50 万美元。县外贸公司连续五年被市外经贸系统评为先进单位；1995 年被济宁市委、市政府评为扭亏增盈先进单位。

1996~2000 年，出口工业产品增加了五金索具系列产品、轴流泵铸件毛坯等，其中，电力变压器先后出口印尼、泰国、越南、苏丹等国家，金樱织布公司生产的中高支环锭纺纱、OE21S 气流纺纱、OE7×7 斜纹布、JC60×60 锻纹布等中高档产品出口美国、韩国、中国香港等国家和地区。出口农产品由原来单一的大蒜头发展到蒜薹、蒜米、蒜片、蒜泥、蒜粉、蒜粒、蒜油、腌渍大蒜、圆葱、苹果、花生、生姜、保鲜蔬菜、脱水蔬菜等 30 多个品种。出口国家由最初的日本、韩国、新加坡等亚洲市场发展到遍布世界 150 多个国家和地区。

2001 年，大蒜深加工产品外贸出口规模迅速扩大，创汇 2585 万美元，比 2000 年增长 72.68%；2002 年出口创汇 4137 万美元，比 2001 年增长 63.2%；2003 年出口创汇 5906 万美元，比 2002 年增长 42.8%；2004 年出口创汇 7301 万美元，比 2003 年增长 23.6%；2005 年完成出口创汇 12226 万美元，比 2004 年增长 67.5%，是 1990 年的 502 倍。金乡县成为济宁市农产品出口第一大县，山东省单一农产品出口第一大县，中国单一农产品出口强县，中国大蒜出口第一强县。

第三节 外贸企业选介

金乡县宏昌果菜有限责任公司

公司成立于 1996 年，坐落于国际大蒜商贸城 37 号，注册资金 868 万元，拥有员工 480 人。是一家集大蒜科研、种植、储存、加工、出口为一体的民营股份制企业。拥有冷库 26 座，储存能力 2 万余吨，加工厂房 3 万余平方米。主营业务为大蒜深加工及其制品，兼营苹果、生姜、圆葱等 30 余种农副产品加工出口业务。自主经营国家级有机大蒜种植基地 6000 亩，绿色、无公害大蒜种植基地 4 万余亩，年出口大蒜及其制品 5 万余吨，远销日本、巴西、欧盟等 46 个国家和地区。创汇 3000 多万美元，销售额 2.8 亿元，利税 2170 万元，总资产突破 1.3 亿元。2005 年，被中国市场评价委员会认定为质量、信誉 AAA 级信用企业。

图 16-4 宏昌集团

金乡县山阳食品集团有限公司

成立于 1995 年，拥有农产品保鲜冷藏库 12 座，存储能力 1.1 万吨，加工车间 3 座，农产品检测实验室 1 座，员工 500 余人，建筑面积 6200 平方米，固定资产 4900 万元，年出口各类蔬菜加工产品 1 万余吨。建成有机大蒜基地 2886 亩，GAP 基地 500 余亩，逐渐形成了“基地 + 农户 + 公司”的工农贸一条龙模式，经济效益和社会效益良好。经营出口的主要产品为大蒜、蒜米、蒜（姜、辣椒）泥罐头、生姜、圆葱、鸭梨、苹果等。产品主要销往美国、加拿大、欧盟、日本、东南亚等国家和地区。

金乡县华光集团公司

成立于 1998 年，是一家集储存冷藏、生产加工、外贸出口、代购、代存、代销为一体的大型民营企业，占地 58 公顷，固定资产 1000 余万元，年产值 3000 余万元。拥有恒温库 7 座，可储存大蒜 6600 多吨；无公害蒜薹、有机大蒜、富硒大蒜种植基地 8000 余亩；大棚、大仓、加工车间、检疫室等共计 1.8 万多平方米，垛台 6 处，主营大蒜、蒜薹、蒜米、蒜片、蒜泥、蒜粉、蒜粒、蒜油、腌渍大蒜、园葱、苹果、胡萝卜、生姜等农产品，远销南美、欧洲、中东、东南亚、美国、韩国、日本、加拿大等地区和国家。

金乡县宏泰集团公司

成立于 1996 年，是由宏泰冷藏、鼎泰蒜制品、鹏诚外贸所组成的，集农副产品冷藏、蒜制品生产、外贸出口于一体的集团公司。主要有脱水产品（蒜片、蒜粒、蒜粉、胡萝卜粒、香葱、圆葱丝、圆葱粒、圆葱粉、胡萝卜丝、胡萝卜粉、干辣椒等），保鲜产品（保鲜蒜米、盐渍蒜米、蒜泥、姜泥、胡萝卜等），植物提取产品（大蒜油、大蒜素、大

蒜多糖、蒜酥、葱酥、油炸蒜粒）。产品出口美国、巴西、欧洲、中东、中美洲、东南亚等 40 多个国家和地区。

金乡县东运冷藏有限公司

成立于 1999 年，占地面积 150 亩，建筑面积近 4 万平方米，农场总面积 1.6 万余亩。拥有保鲜大蒜加工厂、保鲜蒜米加工厂。主要产品有各种保鲜大蒜、蒜米、蒜粉、蒜粒、圆葱、蒜薹、胡萝卜、盐渍蒜米等。产品销往美洲、欧洲、日本、东南亚、澳大利亚等国家和地区。公司还经营保鲜大蒜、大姜、牛蒡、葡萄、花生以及各种干果品和柳编制品等。

第四章 对外经济合作

第一节 体制改革

1988 年 8 月，金乡县经济协作办公室改称金乡县对外经济贸易委员会（简称县外经委）。1993 年 12 月，机构改革时被撤销，在县财贸委员会设立对外经济科。1994 年 7 月，恢复对外经济贸易委员会。1995 年 6 月，外经委、外贸公司、金乡进出口总公司经贸合一，称金乡县对外经济贸易委员会。2002 年 5 月，金乡县对外经济贸易委员会改称为金乡县对外贸易经济合作局（简称县外经局）。

第二节 合作项目

1995 年 12 月，第一家由台胞投资的独资企业金乡县台鑫塑料制品有限公司运营生产。

1999 年 4 月，由台湾一分利有限公司与金乡县丽华贸易有限公司合资兴办的金乡县金城果蔬保鲜有限公司成立。

1999 年 12 月，由县国有资产和香港太平洋资源企业有限公司投资的金乡县金曼克电气集团股份有限公司成立，总投资 912 万美元。

2002 年 4 月，由菲律宾施松龙先生投资 150 万美元的独资企业金乡县天龙果蔬有限公司成立。

2003 年 3 月，由马来西亚客商与济宁隆源贸易有限公司合资的济宁广联兴食品加工有限公司成立。

2004 年 12 月，由美国麦克尔·王先生与金乡县富兴堂食品有限公司合资，总投资 80 万美元的金乡东友蔬菜有限公司成立。

2005 年 8 月，由日本菲尔德株式会社与金乡县泉源果蔬加工有限公司合资投资 31.8 万美元的济宁泉泓菲尔德食品有限公司成立。

第三节 合作成果

至 2005 年，全县共有外商投资项目 7 个，累计利用外资 2653.2 万美元。

台鑫塑料制品有限公司，位于县城西关，主要经营塑料编织袋产品。2003 年实现总产值 755 万元，主营业务收入 930 万元，利税 37 万元，利润 13 万元；2004 年实现总产值 899.6 万元，主营业务收入 899.6 万元，利税 115.5 万元，利润 101 万元；2005 年实现总产值 502.4 万元，主营业务收入 531.4 万元，利税 8.8 万元，利润 3.1 万元。

金城果蔬保鲜有限公司，位于金乡县大蒜国际商贸城内，拥有 3000 余平方米的加工车间和 1 万余吨的恒温库，年加工出口 2 万余吨纯白和杂交大蒜，产品远销日本、欧美、南美、东南亚等 30 多个国家及地区。

金乡天龙果蔬有限公司，坐落在金乡经济开发区，是一家具有进出口权的外商独资企业。2002 年 5 月正式投产，建有大型恒温库 11 座，冷

藏加工车间 800 平方米，出口加工能力 2.6 万吨，是大蒜，元葱等农副产品出口创汇的龙头企业，产品主销东南亚。

济宁广联兴食品加工有限公司，位于卜集乡政府驻地。2003 年实现总产值 801.5 万元，主营业务收入 801 万元，利税 57.4 万元，利润 56 万元；2004 年实现总产值 1929 万元，主营业务收入 1773 万元，利税 217.8 万元，利润 124 万元；2005 年实现总产值 2798 万元，主营业务收入 2273 万元，利税 195.8 万元，利润 130.1 万元。

金乡东友蔬菜有限公司，位于金乡县国际大蒜商贸城崔口市场，拥有现代化加工车间 6000 余平方米，储藏能力 7000 余吨，其冷藏、加工的大蒜、圆葱等农副产品出口美国、日本、韩国、欧洲、非洲等世界各地。

济宁泉泓菲尔德食品有限公司，位于羊山镇开发区，系集储存、加工、出口为一体的私营股份制企业。2005 年实现总产值 890 万元，主营业务收入 650 万元，利税 26.5 万元，利润 10 万元。

1994~2005 年全县利用外资情况表

表 16-4-1

年 度	外商投资项目累计	当年新批外资项目	利用外资（万美元）
1994	—	—	151
1995	1	1	236
1996	—	—	86
1997	—	—	81
1998	—	—	192
1999	3	2	470
2000	—	—	0
2001	—	—	89.2
2002	4	1	400
2003	5	1	410
2004	6	1	346
2005	7	1	192
合计	7	—	2653.2

第四节 外贸出口

1998 年以前，全县外贸出口均由省、市外贸公司收购出口外销。1998 年，为金乡宏泰冷藏加工有限责任公司办理进出口权，使之成为山东省首家私营进出口企业，当年实现出口创汇 40 万美元。1999 年，为华夏、恒源、华光等企业办理进出口权。1998~2005 年，全县外贸出口呈现阶梯式、快进式发展势头。到 2005 年，全县共有自营进出口权企业 63 家，其中三资企业 7 家。全县出口创汇逐年增多，2000 年 1500 万美元；2001 年 2535 万美元；2005 年 12226 万美元，其中宏昌、宏泰、山阳、华光年出口创汇均在 1000 万美元以上。

1998~2005 年全县外贸出口创汇主要指标一览表

表 14-4-2

年 度	出口额（万美元）	自营进出口企业数（个）
1998	40	1
1999	590	6
2000	1497	20
2001	2535	24
2002	4137	27
2003	5906	35
2004	7301	47
2005	12226	63
合计	34232	—

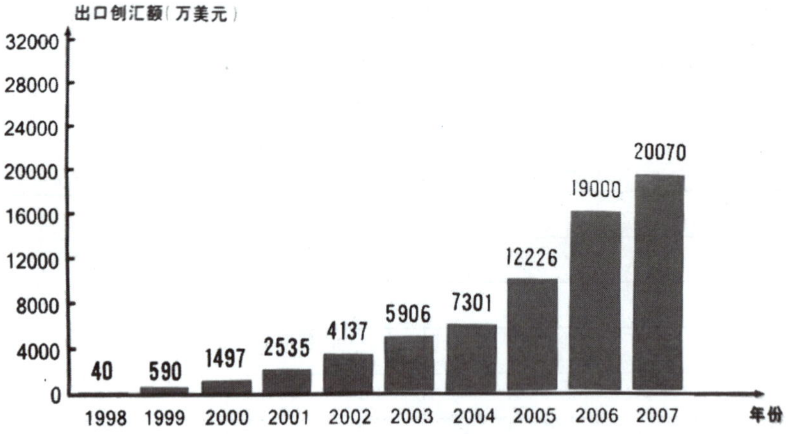

图 16-5 1998~2007 年金乡县外贸出口创汇示意图

2005 年金乡县进出口企业一览表

表 14-4-3

序号	单位名称	法人代表	序号	单位名称	法人代表
1	金乡县宏昌果菜有限公司	陈庆海	10	金乡县天恒贸易有限公司	李海波
2	金乡县特兴贸易有限公司	杨敬峰	11	金乡县友谊经贸有限公司	韩玉福
3	金乡县东运冷藏有限公司	韩允琪	12	金乡县三龙果蔬制品有限公司	李亚明
4	金乡县格力克蒜业有限公司	王 玮	13	金乡县盛达经贸有限公司	李志胜
5	金乡县华光蒜业有限公司	李敬峰	14	金乡县盛达万吨冷藏有限公司	张庆平
6	金乡县宏泰蒜制品有限公司	孟宪霞	15	金乡县中大冷藏有限公司	赵 永
7	金乡县鼎泰品有限公司	黄孝启	16	金乡县发达冷藏加工有限公司	孙海洋
8	金乡县天源农贸有限公司	徐继良	17	金乡县宏宇冷藏加工有限公司	王绍金
9	金乡县山阳冷藏有限公司	孟凡立	18	金乡县盛隆贸易有限公司	王新军

续表 14-4-3

序号	单位名称	法人代表	序号	单位名称	法人代表
19	金乡县圣亚达铅笔有限公司	寻战争	42	金乡县成森贸易有限公司	李建国
20	金乡县德兴农贸有限公司	孟凡玺	43	金乡县金大地商贸有限公司	渠洪海
21	金乡县金顺果品有限公司	高和平	44	金乡县诚强贸易有限公司	周新文
22	金乡县龙运纺织有限公司	宋遵勇	45	金乡县鲁腾贸易有限公司	程元新
23	金乡县恒利源农贸有限公司	屈凡忠	46	金乡县金洲万盛贸易有限公司	周生稳
24	金乡县环宇贸易有取限公司	李 环	47	济宁市金山纺织有限公司	宗连平
25	金乡县泉泓廊食品有限公司	李 灿	48	济宁市金马果蔬制品有限公司	刘根波
26	金乡县恒源农贸有限公司	李维焕	49	金乡县利华冷藏贸易有限公司	韩兆宣
27	金乡县盈利国际贸易有限公司	吕 鹏	50	金乡县鲁金农贸实业有限公司	韩兆玉
28	金乡县金利达实业有限公司	马祥生	51	金乡县嘉隆冷藏加工有限公司	胡海生
29	山东兴棉各业有限公司	周 占	52	金乡县金澳安进出口有限公司	隋明安
30	金乡县世朋制衣有限公司	高世朋	53	金乡县金地进出口有限公司	王金生
31	金乡县三高农产品加工有限公司	王义东	54	金乡县鑫华贸易有限公司	武新启
32	金乡安利木业有限公司	张来运	55	金乡县丰功经贸有限公司	周奉功
33	金乡县大成贸易有限公司	陈念成	56	山东金乡德华化工有限公司	曹 巍
34	金乡县光合贸易有限公司	李建华	57	金乡县中亚商贸有限公司	孙晓梅
35	金乡县信益贸易有限公司	李新安	58	金乡县泰华贸易有限公司	杨生继
36	济宁永昌国际贸易有限公司	别福金	59	金乡县鹏翔贸易有限公司	李红兵
37	山东金樱纺织有限公司	李新胜	60	金乡县大昌国际贸易有限公司	郑国洪
38	金乡县冰川棉业有限公司	李安民	61	金乡县万兴蒜业有限公司	王绍银
39	金乡县太和贸易有限公司	赵平生	62	金乡县永升贸易有限公司	李东升
40	金乡县友缘冷藏有限公司	赵远兵	63	金乡县汇丰贸易有限公司	刘子菘
41	金乡县泰隆贸易有限公司	刘防震	—	—	—

第十七篇　财政　税务

财政 税务

1990年，金乡县地方财政收入2003.7万元，其中企业收入为负49.6万元。1991年起，县委、县政府稳步推进财税改革。1994年，推行分税制财政管理体制，分设国税、地税两套机构，合理划分县乡收支范围，培植财源，强化征管，自求平衡。1995年起，对全县国有企业实行股份制改造，确保国有资产保值增值。2002年，推行农村税费改革，取消“乡统筹、村提留”和农业特产税，逐步降低农业税税率，减轻农民负担，调动农民生产增收积极性。2003年，出台《关于完善县乡两级财政管理体制的意见》，重新界定县乡两级财权与事权，规范县对乡镇转移支付制度。2005年9月，调整和完善县乡财政体制，缓解县乡财政困难，全面推行“乡财县管”，建立激励机制，增强乡镇发展经济、组织收入的积极性。

1991年后，金乡县财税机关以保证国家财政收入和促进地方经济建设为中心，深入宣传税法，增强税收征管力度；深化财政体制改革，转变传统理财观念，全面实行“票款分离”“罚缴分离”，严格落实“收支两条线”管理规定，依法开展财政监督。

1991~2005年，共完成税收收入20.2亿元，其中2005年1.72亿元，是1991年的7.64倍；地方财政收入，1991年完成2314万元，1995年完成7262万元，2000年完成1.29亿元，2005年完成1.3亿元，年均增长13.1%。财政支出，在保证公职人员工资和机关正常运转的前提下，逐步加大对社会保障、农业、科技、教育等社会公共领域的投入力度。1991~2005年，各项支出共计25.07亿元，其中“十五”时期支出13.02亿元，是“八五”时期的3.96倍。财政供养人员由1990年的8000人增加到2005年的17928人。全县财政工作步入良性、健康发展轨道，为社会稳定、改革发展提供强有力的财力保障。

第一章 财 政

第一节 管理机构

1991年年初，金乡县财政局内设人事秘书股、办公室、农业财务股、预算股、行政事业财务股、企业财务股、预算外资金管理股、控制社会集团购买力办公室，下辖会计师事务所、国债服务部、农业发展基金征管所，代管税收财务物价大检查办公室、世界银行项目管理办公室。

1992年4月，成立金乡县经济开发信托投资公司，为正科级企业化管理事业单位，隶属县财政局。同年，更名为金乡县经济开发投资公司，隶属关系不变。

1993年12月，恢复县国有资产管理局，归财政局管理。

1994年2月，成立县住房资金管理中心，为副科级事业单位，隶属县财政局。同年7月，成立县投资担保公司，为正科级事业单位，挂靠县财政局。

1995年5月，设立金乡县收费管理局，为正科级全额拨款事业单位，挂靠县财政局。同月，增设税政管理科，为副科级行政单位，隶属县财政局领导，定编4人。

1996年1月，增设基本建设财务科、财政信用资金管理科，增编7人。

1998年5月，恢复税收财务物价大检查办公室，为副科级行政单位，是年12月，更名为财政监督局。

1999年10月，设立县政府采购中心，为副科级全额拨款事业单位，隶属县财政局。同月，县收费管理局更名为预算外资金管理局，内设会计科、票据科、稽查科、办公室。

2002 年 6 月，设立农税征收管理局，为正科级全额拨款事业单位，挂靠县财政局。内设会计科、征管科、农税稽查大队、办公室；各乡镇设立农税征管所，与财税所一个机构，两块牌子。

2004 年 3 月，设立金乡县会计核算中心，为正科级全额拨款事业单位，隶属县财政局。

2005 年 9 月，设立乡财乡用县管办公室，负责全县乡镇财政收支核算和监督管理。至年底，县财政局内设办公室、老干部科、预算科、行财科、农业科、会计科、企业科、税政科、社会保障科、债务金融科和预算外资金管理局、国有资产管理局、农税征收管理局、财政集中支付中心、财政监督局、政府采购中心、经济开发投资公司、住房资金管理中心 11 个职能科室和 7 个局属事业单位。

第二节 体制改革

1991~1993 年，金乡县仍沿用 1988 年“核定收支，收入全留，定额补助”财政体制，上级每年对金乡财政定额补助 311.9 万元。1994 年 1 月 1 日起，根据国务院《关于实行分税制财政体制的决定》和《山东省人民政府关于实行分税制财政体制的意见》以及济宁市人民政府的要求，实行分税制财政管理体制，将税种划分为中央税、地方税和中央地方共享税。

县级财政收入

包括：中央四大部门（石油、石化、电力、有色金属）及市属驻县以外的企业缴纳的增值税的 25% 部分，营业税（不含银行、中央四大部门所属企业和市属驻县企业营业税），市属驻县企业缴纳的增值税 20% 部分和营业税 80% 部分，县以下企业所得税、上缴利润、亏损补贴及城镇土地使用税、印花税、个人所得税、固定资产投资方向调节税、车船使用税、屠宰税、农牧业税、农林特产税、耕地占用税、契税、遗产税、赠与税、土地增值税，其他原属县的各项收入。

资源税市与县五五分享。国有土地有偿出让收入，省分享 5%，市分享 25%，县分享 70%。

财政支出划分范围和内容没有变动，市与县的支出划分，仍按原体制规定执行。

实行分税制以后，市对县税收返还的确定数额，执行全省统一规定，即按 1993 年县级决算收入及税制改革和各级收入划分情况，计算出净上划中央的收入数额，作为以后市对县税收返还基数。1994 年后，税收返还额在 1993 年基数上逐年递增，县消费税和增值税每增长 1%，市对县税收返还额增长 0.3%。

乡（镇）财政收入

1994 年 1 月 1 日起，改革现行包干体制，对乡镇实行分税制财政管理体制。

乡镇财政收入包括：乡镇范围内增值税的 25% 部分，乡镇企业所得税和上缴利润、个人所得税、固定资产投资方向调节税、房产税、车船使用税、屠宰税、农业税、农林特产税、耕地占用税、契税、遗产税、赠与税、土地增值税，以及其他原属乡镇的财政收入。

资源税、国有土地有偿出让收入，作为省、市、县、乡镇的共享收入。其中资源税，市分享 50%，乡镇分享 50%；国有土地有偿转让收入省分享 5%，市分享 25%，乡镇分享 70%。

1994 年后，县对乡镇税收返还额在 1993 年基数上逐年递增，递增率按各乡镇增值税和消费税增长率的 1 ：0.3 系数确定，即各乡镇的增值税和消费税每增长 1%，县对乡镇税收返还额增长 0.3%，如果 1994 年后上划中央的收入达不到 1993 年基数，市扣减县税收返还基数，县财政相应扣减有关乡镇的税收返还基数。支出划分范围和内容无变动，仍按原体制规定执行。

吃补贴的乡镇，从 1994 年起取消其定额补贴。

1998 年始，县按上年地方财力的 5% 上缴市财政，通过体制结算集中。对 1997 年 1 月 1 日以后投产的中央级、省级、市级企业，不论企业所在地，其增值税的 25% 部分和营业税的全部（除中央、省另有档规定外）作为市级收入。资源税、城镇土地使用税、印花税和其他地方各税划归企业所在县。

2001年1月1日起，其缴纳的属于地方收入的增值税25%部分和营业税的全部，在征收入库时直接缴入市级国库，市与县七三分成，年终通过体制结算返还给县。中央、省、市属企业与县合资兴建的企业，交纳的属于地方收入增值税的25%部分和营业税的全部先按投资比例分成后，再实行市与县七三分成。

2002年，中央、省对所得税和营业税进行改革，金乡县也相应调整所得税和营业税政策。

所得税改革

企业所得税 2002年，中央分享50%，省级分享10%，县（乡镇）分享40%。2003年，中央分享60%，省级分享8%，县（乡镇）分享32%。

个人所得税 2002年，中央分享50%，县（乡镇）分享50%。2003年，中央分享60%，县（乡镇）分享40%。2005年1月1日起，实行个人所得税收入中央、省、县三级分享，中央分享60%，省级分享15%，县分享25%。

个人所得税收入包括：个人所得税、储蓄存款利息个人所得税和个人所得税税款滞纳金、罚款收入。以2001年为基数，完成基数的，上划中央和省的部分全额返还，未完成基数则相应扣减返还数。

营业税改革

地方营业税实行省、县（乡镇）分享，省分享20%，县（乡镇）80%。

基数计算：以2001年为基数，完成基数的，上划省部分基数内全额返还，较上年增长超过一定比例以上的省分成部分，全部返还县财政，其中2003年为20%，2004年、2005年为18%，未完成基数则相应扣减返还数。

出口退税机制改革

1994年后，出口退税由中央财政全部负担。2004年1月1日起，将原由中央财政全额承担的出口退税，改为由地方财政负担超基数部分的25%。2005年，针对口岸城市及部分地区出口退税负担较重等情况，进一步完善出口退税政策及负担机制，即在适时调整部分资源性产品退税政策的同时，自当年1月1日起，超基数部分中央、地方分担比例由75 ：25改为92.5 ：7.5。

农村税费改革

农业税 纳税人为集体所有制农业生产核算单位，有农业收入的企业、机关、团体、个体经营者和其他公民个人。

课税对象属于农业税征税范围的农业生产收入，包括粮食作物、薯类作物、园艺作物、水产和棉花、麻类、糖类、烟草、油料等经济作物。

农业税计征取决于农业收入和农业税率，农业收入分为按常年产量计算和按产品收入计算。农业税的缴纳由乡（镇）政府或财政所派人驻粮库收税，或委托粮库代征，由乡（镇）政府组织征收。农业税实行一次结算、一次减免，分夏、秋两季征收。

2002年，农村税费改革，取消乡统筹、村提留等面向农民的收费、集资项目，根据重新核定的计税土地面积、计税常年产量，确定农业税税率执行6%，农业税附加比例为40%。2004年，农业税税率下调到3%。2005年，下调到1%。同时落实减免政策，做好农业税灾歉减免和70岁以上老人、残疾人、烈军属等政策性减免工作。

1991~2005年，全县实征农业税15419万元，占农业四税（农业税、农业特产税、耕地占用税、契税）的34.8%。

农业特产税 1988年始征。征税范围：园艺收入包括水果、茶、桑、花卉、苗木、药材等产品收入；林木收入包括竹、木、天然橡胶、柞树皮（养柞蚕）、油料、生漆及其它林产品收入；水产收入包括水生植物、淡水养殖、滩涂养殖产品的收入；果用瓜类收入包括西瓜、甜瓜等产品收入。1993年起，金乡县根据国务院规定，调低农业特产税税率，园艺水果收入中的苹果收入由15%降为12%，果用瓜类收入由10%降为8%，原木收入由8%降为7%，淡水养殖包括水产品由

10%、15%降为8%。对少数获利大或挤占粮田的产品收入最高税率由30%降为20%。农业特产税的地方附加，统一按正税的10%征收。为保护粮食生产，促进农村经济全面协调发展，从1994年起，对大蒜种植面积大、影响粮食生产的征收农林特产农业税，税率为5%。1996年，对塑料大棚蔬菜、圆葱收入在生产环节征收农业特产税，税率为5%。2002年，农村税费改革后，确定农业特产税税率为6%。2005年12月29日，十届全国人大常委会第十九次会议通过决定，自2006年1月1日起废止《农业税条例》，取消除烟叶以外的农业特产税。

1991~2005年，全县征收农业特产税18121万元，占农业四税的41%。

耕地占用税 1987年10月1日始征。纳税人为占用耕地建筑房屋或从事其它非农业建设行为的单位和个人（不包括外商投资企业）。税率按全县人均耕地面积，规定有差别的幅度税率。金乡县耕地占用税每平方米4.1元；对农村居民新建住宅占用耕地，按适用税额减半计算征税。耕地占用税减免范围按国家规定的减免用地范围办理，凡改变用途，不属于免税范围的，从改变用途之日起补缴税款。

1991~2005年，全县征收耕地占用税1954万元，占农业四税的4.42%。

契税 契税由县财政局农税科负责征收。按照《中华人民共和国契税暂行条例》和《山东省契税征收规定》的规定，1997年10月1日起取得房地产权属的，补缴契税，契税税率为3%。契税的纳税人为房地产权承受人，包括买主、承典人、赠与承受人。征收范围主要是对个人和私营企业、事业单位购买、承典、承受赠与或交换的房屋、土地使用权。契税的减免按《中华人民共和国契税暂行条例》和国家财政部的规定办理。减免权限分别为：减免税额在1万元以下的，由县征收机关审批；1万元~20万元的，由市征收机关审批；20万元以上的报省财政厅审批。税率：买契税按买价征收6%；典契税按典价征收3%；先典后买的房屋，按买契税征税；赠与税按现值价格征收6%；交换的房屋两方价值相等者免征，不等者，其超过部分按买契税率纳税。

1991~2005年，全县共征收契税806万元，占农业四税的1.79%。

2002年6月，金乡县农税征收管理局成立。14个乡镇农税所聘用1006名协税员，负责全县农业税征收管理工作。

第三节 财政收入

金乡县的财政收入，主要来源于国营、中外合资、集体、私营和个体经济缴纳的工商各税，农业四税（农业税、农业特产税、耕地占用税、契税），企业收入（包括企业所得税、调节税、上交利润、承包收入退库、亏损补贴等），专项收入和其他收入。

1991~1995年，累计完成地方财政收入2.02亿元，其中：工商各税1.21亿元，占60.04%；农业四税4114万元，占20.38%；企业收入2806万元，占13.9%；专项收入440万元，占2.18%；其他收入708万元，占3.5%。

1996~2000年，累计完成地方财政收入6.65亿元，比上个五年增长229.52%。其中：工商各税2.02亿元，占30.41%；农业四税1.82亿元，占27.4%；企业收入1.67亿元，占25.11%；专项收入852万元，占1.28%；其他收入1.05亿元，占15.8%。

2000~2005年，累计完成地方财政收入7.53亿元，比上个五年增长13.17%。其中：工商各税2.57亿元，占34.1%；农业四税2.27亿元，占30.08%；企业收入8571万元，占11.38%；专项收入2537万元，占3.37%；其他收入1.59亿元，占21.07%。

1991~2005 年金乡县地方财政收入分类统计表

表 17-1-1　　　　单位：万元

年度	工商税收	企业所得税	农业税	农业特产税	耕地占用税	契税	专项收入	其他收入	地方财政收入小计	上划收入	财政总收入
1991	1852	−60	197	116	30	—	117	62	2314	—	2314
1992	2102	−76	247	55	72	1	60	48	2509	—	2509
1993	3625	3	249	89	44	—	64	47	4121	—	4121
1994	1700	964	438	478	125	4	90	185	3984	2634	6618
1995	2843	1975	468	1290	207	4	109	366	7262	3746	11008
1996	3661	2921	652	2390	190	18	204	202	10238	4430	14668
1997	4532	3928	681	2883	180	12	—	455	12671	5432	18103
1998	4056	3876	651	3227	60	—	199	2770	14839	6227	21066
1999	3839	2657	604	3113	200	80	231	5154	15878	6227	22105
2000	4141	3321	475	2610	182	23	218	1935	12905	6181	19086
2001	3788	450	3181	185	11	4647	219	2747	15228	3105	18333
2002	3872	2038	3728	56	98	1943	236	3348	15319	6991	22310
2003	5660	2680	3848	195	119	671	265	5258	18696	6264	24960
2004	5556	3549	—	870	151	709	358	1832	13025	6874	19899
2005	6798	638	—	564	285	601	1459	2680	13025	7932	20957
合计	58025	29000	15419	18121	1954	8713	3829	27089	162014	66043	228057

工商税收

1991~2005 年，累计收入 5.8 亿元，占财政总收入的 25.44%。其中 2005 年 6798 万元，是 1991 年的 3.67 倍。

农业四税

1991~2005 年，累计收入 4.42 亿元，占财政总收入的 19.38%。

企业收入

企业收入包括企业所得税、国有企业调节税、国有企业上缴利润、国有企业承包收入退库、企业所得税退库和国有企业亏损补贴。1987 年起，金乡县在国有企业中全面推行多种形式的承包经营责任制，基本原则是“包死基数、确保上交、超收多留、欠收自补”。试行“税利分流，税后还贷，税后承包”，即将国有企业实现利润以所得税形式按比例税率 33% 缴纳，税后利润应上缴国家部分实行“比例上缴”“定额包干上缴”“定额包干、超收分成”等各种形式的承包办法。

从 1994 年 1 月 1 日起，改革国有企业利润分配制度，地方国有企业所得税税率统一执行 33%，同时取消承包办法。对部分盈利水平低的企业采取过渡办法，增设 27% 和 18% 两档照顾税率。1991~2005 年，企业所得税累计收入 2.9 亿元，占财政总收入的 12.71%。

专项收入

专项收入包括征收排污费、城市水资源费、教育附加费和新增粮食调拨经营收入。

排污费　1991~2005 年，继续执行 1986 年 3 月发布的《山东省征收排污费实施办法》，对一切排放废气、废水、废渣超标的单位征收排污费。

城市水资源费 1988年起，对城市总体规划范围内的企事业单位、机关团体、部队、学校等单位的自备水源，进行普查登记，实行计划供水，装表计量，分地下水和地表水，按量收取资源费。

教育费附加收入 1990年8月起，对企业单位和个人随同"三税"（产品税、增值税、营业税）征收的教育附加费就地上缴国库，作为地方预算固定收入，纳入预算专项管理。

新增粮食调拨经营收入 1992年停征。

1991~2005年，共完成专项收入3829万元，占财政总收入的1.68%。

其他收入

主要包括工商罚没收入、政法罚没收入、物价罚没收入、其他罚没收入、追赃和赃物变价收入、行政性罚没收入、国有土地使用有偿出让收入和其他收入等。1991~2005年，共完成其他收入2.71亿元，占财政总收入的11.88%。

第四节 财政支出

金乡县财政支出，主要包括经济建设支出、政权建设支出、文教科学卫生事业费、抚恤和社会福利救济费、其他部门事业费、专项支出，以及其他支出、政策性补贴等。

1991~2005年，全县财政支出共计25.07亿元，其中，1991~1995年支出3.29亿元；1996~2000年支出8.76亿元，是上个五年的2.66倍；2000~2005年支出13.02亿元，是上个五年的1.49倍。2005年财政支出是1991年支出的7.62倍。

经济建设支出

主要包括企业挖潜改造、简易建筑、科技三项费用（新产品试制、中间试验、重要科学研究项目补助）、支援农业生产、工交、农林水、商业部门事业费、城市维护费等项支出。1991~2005年，金乡县经济建设支出共计4.78亿元，占财政总支出的19.08%。其中1991~1995年支出为5685万元（企业挖潜改造支出1479万元，占经济建设支出的26.02%；支持农业生产支出1516万元，占26.66%；城市维护支出447万元，占7.86%；农林水等部门事业费支出1996万元，占35.11 %，重点用于支援农业生产）；1996~2000年支出为1.81亿元，是上个五年的3.18倍。主要用于企业挖潜改造、科技三项费用、支援农业生产和城市维护支出。2001~2005年，支出为2.4亿元，是上个五年的1.33倍。

企业挖潜改造资金 1991年，县财政以无偿拨款形式，支持企业进行技术改造、设备更新，推进技术进步和增产增收。至2005年，用于企业挖潜改造资金累计支出1.99亿元，占经济建设支出的41.54%。

科技三项费用支出 包括：设备购置费、能源材料费、试验外协费、数据印刷费、租赁费、差旅费、鉴定验收费、管理费和其他费用等。1991~2005年，全县科技三项费用支出1717万元，占经济建设支出的3.59%。

支援农业生产支出 1991年始，县财政不断加大对农业基础设施投入，改善农业生产条件，大力优化和调整农业种植结构，加大农业综合开发力度，积极发展特色农业、创税农业，加快农业产业化步伐。至2005年，全县支持农业生产支出共计6672万元，占经济建设支出的13.95%。其中1991~1995年支出1516万元，1996~2000年支出3841万元，2001~2005年支出1315万元。

农林水等部门事业费 包括农业、农机、畜牧、林业、水产、乡镇企业管理、水利、气象、土地管理等单位，直接或间接为农业生产服务，担负着发展农村经济、提高农民物质文化水平，实现农业现代化的重要任务。1991~2005年，全县农林水等部门事业费支出1.47亿元，占经济建设支出的30.82%。

城市维护费 包括用于城市道路、给水、排水、桥涵、供气、城市交通管理、消防、路灯等公共设施，园林绿化设施的维护费及公共厕所、街道洒水、清扫垃圾等公共环境卫生补助费等项支出。

1991~2005 年，全县城市维护费支出 4205 万元，占经济建设支出的 8.79%。

政权建设支出

主要包括行政管理费和公检法司支出，1991~2005 年共支出 5.31 亿元，占同期财政总支出的 21.18%。

行政管理费　包括人大机关、政协机关、党政机关、民主党派和妇联、青年团等社会团体的经费，以及由国家预算开支的乡镇干部经费等。个人经费包括：工资、补助工资、职工福利费、离退休人员经费、差额补助费；公用经费包括：公务费、设备购置费、修缮费、业务费及其他费用等。

公检法司支出　包括公安、法院、检察院和司法局支出。1992 年起，检察官、法官享受办案补贴。1996 年起，人民警察实行警衔津贴。1999 年，增加监狱支出和劳改劳教支出。

文教科学卫生事业费

包括文化、文物、教育、卫生、公费医疗、体育、档案、广播电视、计划生育、科学、干部训练等费用。1991~2005 年，累计支出文教科学卫生事业费 9.15 亿元，占财政总支出的 36.5%。

文体广播事业费　主要用于文化、体育、广播等部门经费。1991~2005 年，共支出 1.21 亿元，占同期文教、科学、卫生事业费的 13.17%。

教育事业费　主要包括职业教育、中学、小学、幼儿教育、普通业余教育、教师进修及干部培训、民办教师补助以及其他教育事业经费等。1991~2005 年，用于教育事业费支出 7.02 亿元，占同期财政总支出的 28.02%，占文教、科学、卫生事业费支出的 76.74%。

卫生事业费　主要包括卫生部门所属的医院经费、卫生院补助费、防治防疫事业费、药品检验机构经费、妇幼保健经费、中等专业卫生学校经费、干部训练费、合作医疗补助及其他卫生事业费等。1991~2005 年，卫生事业费总支出 8681 万元，占同期财政总支出的 3.46%，占文教、科学、卫生事业费支出的 9.49%。

科学事业费　主要用于科学技术部门事业经费支出。1991~2005 年，共支出 551 万元，占文教、科学、卫生事业费支出的 0.6%。

抚恤和社会福利救济费

主要包括抚恤事业费、离休费、退休退职费、社会救济福利事业费、自然灾害救济事业费及其他民政事业费等。1991~2005 年，共支出此类经费 6790 万元，占同期财政总支出的 2.71%。

其他部门事业费

主要包括工商管理事业费、税务事业费、统计事业费以及其他事业费。1991~2005 年，共支出 2.52 亿元，占同期财政支出的 10.06%。

1991~2005 年金乡县财政支出分类统计表

表 17-1-2　　　　单位：万元

年度	企业挖潜改造资金	简易建筑费	科技三项费用	支援农村生产支出	城市维护费	城市青年就业经费	行政事业费													政策性补贴支出	农业综合开发支出	专项支出	其他支出	财政支出合计
							农林水事业费	教育事业费	文体广播事业费	卫生事业费	科学事业费	抚恤和社会福利救济费	行政管理费	公检法司支出	工交等部门事业费	社会保障补助支出	行政事业单位离退休费用	其他部门事业费	小计					
1991	—	—	—	264	74	22	262	1124	233	260	11	175	524	149	22	—	—	193	2953	522	—	57	142	4034
1992	—	—	—	284	71	3	291	1433	268	262	12	203	545	187	12	—	—	250	3463	675	—	65	125	4686
1993	—	20	—	256	61	5	353	1762	273	247	13	218	770	231	15	—	—	332	4214	558	—	69	675	5858
1994	454	—	—	199	75	—	458	2518	375	316	22	278	1098	348	18	—	—	628	6059	520	—	90	180	7577
1995	1025	20	82	513	166	—	632	2952	665	362	41	312	1780	561	58	—	—	578	7941	220	275	114	390	10746
1996	996	30	151	1618	263	—	761	4303	532	640	38	315	2304	698	32	—	91	1122	10836	180	528	209	290	15101
1997	1680	—	190	1043	297	—	899	4547	733	732	50	420	2981	848	35	—	110	1188	12543	45	567	—	367	16732
1998	2478	—	196	362	272	—	889	5147	701	782	47	388	2834	1153	28	53	123	747	12892	56	369	274	2639	19538
1999	880	—	131	308	300	—	838	5272	796	701	37	390	2930	898	22	45	126	794	12849	35	150	237	4373	19263
2000	1422	—	110	510	450	—	905	5177	829	649	36	473	3071	1234	32	29	153	1228	13816	20	70	233	331	16962
2001	2718	—	129	693	354	—	892	5521	787	625	40	398	3032	1389	53	122	285	2874	16018	5	—	259	431	20607
2002	2797	—	163	622	290	—	1109	6628	1198	672	46	521	4171	1646	52	711	697	4167	21618	2	—	239	387	26118
2003	2716	—	177	—	412	—	1701	7535	1658	768	46	814	3807	1618	61	132	875	5279	24294	30	—	315	264	28208
2004	1232	—	211	—	343	—	1865	8110	1398	846	41	906	3800	1815	56	56	360	2856	22109	—	—	358	242	24495
2005	1465	—	177	—	777	—	2884	8191	1600	819	71	979	4647	2011	59	329	126	2988	24704	18	—	1570	2013	30724
合计	19863	70	1717	6672	4205	30	14739	70220	12046	8681	551	6790	38294	14786	555	1477	2946	25224	196309	2886	1959	4089	12849	250649

第五节 财政管理

国有资产管理

1993年12月，恢复县国有资产管理局（简称县国资局），为副科级行政机构，隶属县财政局管理。

产权管理 1993年起，对县属国有企业进行产权制度改革，建立并实施国有资产运营新机制，即“一书三制”管理模式（国有资产经营委托书、资产经营目标责任制、企业综合评价制、企业资产经营者年薪制）。1994年，县属国有企业产权制度改革基本到位，随之建立实施国有资产运营机制。县国资局代表政府以出资者身份与企业法人代表签订“国有资产经营委托书”，明确规定委托经营的期限、范围和数额，国有资产股权代表行使的权力和重大事项的请求报告等。实施资产经营目标责任制、企业综合评价制、企业资产经营者年薪制。即资产经营委托单位与企业经营者签订年度资产经营目标责任状，明确实现利润、上缴利税和国家、集体股红利收入，资产增值三项目标。企业经营者按照企业上年度资产总额按一定比例向资产委托单位缴纳风险抵押金；围绕企业管理和技术进步分解量化考核指标，试行千分制考核，对企业整体素质进行综合测评，根据评价结果测算出综合评价系数；企业经营者的年薪主要有基薪加贡献奖励 × 企业综合评价系数。实施以上运行机制，企业活力、动力增强，资本迅速扩张，产品更新换代和产业升级加快，国有资产保值、增值。1996年年底，实有国有资产1.2亿元，比1993年增长8.2倍。2000年年底，国有资产2.45亿元，比1996年增长104.2%。2005年6月，为加强对企业国有资产的基础管理，改进和规范国有资产产权登记工作，根据履行出资人职责的需要，对占有、使用国有资产的各类企业重新进行占有登记并换发新的产权表证。

清产核资 2003年8月，对全县行政事业单位国有资产进行清理核查，共清查行政事业单位114家，资产总额7.87亿元，负债总额1.74亿元，所有者权益6.13亿元。2005年6月，对占有、使用国有资产的各类企业重新进行占有登记和换发新的产权表证。2005年年末，全县行政单位固定资产1.11亿元，事业单位固定资产6.36亿元。

资产评估 1993年2月，成立金乡县资产评估公司，挂靠县国资局，并经山东省国资局批准，取得企业国有资产评估资格。当年，即按国务院《国有资产评估办法》，对全县国有和集体企业资产进行评估。通过申请立项、资产清查、评定估算、验证确认程序，对实行股份制、股份合作制、租赁经营、兼并联合、破产重组等多种形式的改制和重组界定产权关系，促使企业进行资本扩张。至1994年4月，在全县95家县属国有、集体企业中，实行股份制改制的61家，完成资产评估召开股份制创立大会的4家，实行资产经营的16家，租赁经营9家，整体出售1家，破产1家，计划破产1家。乡镇办企业完成资产评估93家，完成股份制和股份合作制改造35家。村办企业实行股份合作制的161家。2000年6月，金乡县资产评估公司因脱钩改制被注销。

国有股权管理 1993年，金乡县编制委员会〔1993〕10号文批准成立金乡县国有资产经营管理中心，为副科级事业单位，实行企业化管理，隶属县财政局领导。同年7月，向县工商局申请将“金乡县国有资产经营管理中心”变更为“金乡县国有资产经营公司”，办理了企业法人工商登记，经营范围包括资产入股、转让、投资、合资。公司注册资金1200万元；1997年11月，注册资金增加到5500万元。

1993年8月，金乡县变压器厂实行股份制改造，成立山东省金曼克电气股份有限公司，总股本1511.9万元，其中国家股占52.9%，金额800万元。1995年10月更名为山东省金曼克电气集团股份有限公司。1998年12月，金曼克电气集团股份有限公司与太平洋资源企业有限公司合资，成立外商投资股份制企业，县国有资产经营公司持560万股，占公司注册资本金7559.5万元的37%。

花园煤矿是济矿集团金乡煤电化基地规划的第一个建设项目，总投资3.79亿元，公司注册

资本金1亿元，其中济宁矿业集团有限公司出资5100万元，占公司总投资的51%；济宁圣地投资管理有限公司出资3100万元，占公司总投资的31%；金乡县国有资产经营公司出资1800万元，占公司总投资的18%。

1993年10月，金乡县砖瓦厂改制成立山东金乡建材有限公司。1999年6月，更名为山东金巨有限公司。公司实收资本13957740元，其中国有资本9305160元。年生产红砖9000万块，年实现销售收入1500万元，利税100万元。

1993~2005年，县国资局和国有资产经营公司按照国家国资局、体改委《股份有限公司国有股权管理暂行办法》的规定，加强对国有资产参股企业的内部监管，特别加强财务管理，及时发现投资参股企业在生产经营中存在的问题，建立完善财务管理制度，及时清理历史遗留问题，严格执行财经纪律，防止因管理不到位、不及时而造成国有资产的损失，以确保国有股权依国家产业政策在股份公司中的控股地位，依法落实股份公司法人财产权；促进国有资产合理配置，优化国有资产投资结构，提高国有资产运营效益；保障国有股权与其他股权同股、同权、同利。

2005年，全县国有控股企业由1995年的32家（国有企业）减至25家，资产总值4.19亿元。

会计管理

会计事务管理 1992年8月1日起，对会计员、助理会计师、会计师职务资格，实行全国统一考试制度。会计专业技术资格考试按会计专业职务的设置分为会计员、助理会计师、会计师资格考试。1993年7月1日至年底，县财政局连续举办多期会计培训班，培训会计2000余人次，占应参加学习会计人数的90%以上，会计人员的业务技能和管理水平得到提高。1994年，按照《中华人民共和国会计法》规定，整顿会计工作秩序，实行会计证管理制度。凡参加会计工作的人员，不论学历，一律实行“会计证”考试制度。从1999年起，对持“会计证”上岗人员每年进行继续教育，同时做好会计证的换发、调转及每年一度的报名考试工作。会计证每两年进行一次年检。

会计师事务所 1988年，成立济宁会计师事务所金乡县分所，后更名为“山东金乡会计师事务所”。主要职责是依照有关法律法规办理会计查账验证业务和办理会计咨询业务。1999年12月31日，根据党中央、国务院关于党政机关与所经办实体脱钩的部署，以及《山东省会计师（审计）事务所脱钩改制实施办法》，山东金乡会计师事务所终止并解体，改制为山东省经纬会计师事务所。

企业财务管理

1991年1月1日起，金乡县对国营工业企业按收回销售货款金额的0.2%提成业务活动费，对县属国营工业企业提取的折旧资金，按实际提取额的30%集中管理。

1994年1月1日起，将地方国有企业所得税税率统一到33%。

2000年，按照“产权清晰、权责明确、政企分开”的要求建立现代企业制度，促进企业立足于市场、管理和资金的有效运作，提高企业经济效益。

2004年9月，县财政局会同粮食部门共同制定高价位粮销售方案，对全县国有粮食购销企业1998年6月1日至2004年5月31日的财务挂账进行审计，确认和剥离政策性粮食财务挂账。

2004年10月，县财政局会同县供销、发展计划局、农发行等部门，根据上级核复的数额，对全县供销系统财务挂账进行分解落实。

2004~2005年，对种粮农民实行直接补贴。其中2004年发放15万亩小麦种植直补资金194万元；2005年发放251万元。

财政信用管理

国债推销与兑付 1990年，县财政局国债服务部成立，开始直接办理国债推销、兑付、转让等业务。1999年，按照财政部要求，地方财政部门停止发行各种债券，国债发行工作全部移交给金融机构。

经济开发投资公司 1992年4月，成立金乡县经济开发投资公司，因与“金融管理条例”不符，

于2002年4月停止运营。到2005年10月，吸收的存款已全部兑付完毕。

债务金融管理 2004年8月，县财政局成立债务金融科，承担全县财政各项债务的清理和回收，同时负责财政债务风险防范机制的研究。此后，加强对地方金融企业的监管和改革；落实农村信用社改革的各项财税支持政策，了解全县农村信用社的财务状况，控制地方金融风险；将地方金融企业财务决算报表的汇总、编制按时整理上报，并做好全县地方金融企业国有资产的产权登记和年检工作。

住房资金管理

1996年，金乡县始建住房公积金。至2005年年底，全县有145家单位7084人参加住房公积金管理，累计归集公积金5807万元。管理部门对住房公积金依规运营，专款专用，对支取住房公积金的严格审批、认真核对，使住房公积金的归集、使用在良性轨道上健康发展。截至2005年年底，全县累计支取公积金910万元，公积金归集余额4897万元。

农业财务管理

1992起，规定乡镇征集的农业发展基金，按月全部汇缴县农发基金管理所。按照乡镇编制的基金使用计划，全部返还给乡镇使用。

1991~2000年，金乡县建立本级财政支农资金周转金138万元，借入上级周转金3045万元，累计投放1562万元。

1991~2005年，全县支农支出12563万元，其中投放预算内支农周转金9766万元，农林水利气象等部门事业费8918万元，农业综合开发848万元。重点实施了农田水利基本建设、节水灌溉重点工程、双增工程、农业综合开发、农业信息化、农业产业化和优质农产品基地等项目建设。

世界银行项目管理

1990年，金乡县利用世界银行贷款农业项目总投资6812万元，其中利用世界银行贷款2721.5万元，国内配套资金2357.5万元，项目建设单位自筹资金1733万元。

1991~1996年，全县累计完成项目投资2857万元，占计划的115%，其中，世行贷款1372万元，国内配套资金1131万元，劳务投资354万元。

1997年11月1日始，实施二期世行项目，将治理14万亩中低产田纳入项目区，其中马庙镇4万亩，鱼山镇2万亩，金乡镇2万亩，鸡黍镇6万亩，项目总投资3955万元，包括无偿资金1438.8万元，有偿资金1137.2万元，自筹资金1379万元。主要用于水利设施建设2678.5万元，占计划的68%；农业项目761.4万元，占计划的19.2%；林业与环保项目359.9万元，占计划的9%；机构发展与支持服务88.6万元，占计划的2.2%；其他66.6万元，占计划的1.6%。二期世行项目，共计开挖渠道182千米，完成土石方86万立方米，新打机井577眼，发展节水灌溉64万公顷，埋设地下暗管10千米，修建生产路138千米，建设农田林网14万亩，同时，实施土壤改良和农民技术培训，为农村经济高效、持续、稳定发展创造了良好条件。

预算外资金管理

1995年5月，成立金乡县收费管理局。1999年更名为预算外资金管理局，加强预算外资金调控管理。

1997年，相继出台一系列管理办法，对管理范围、收支方式等作出明确规定。2005年，按照上级要求，对县直执罚部门所有罚没收入，实行“罚缴分离”，取消罚没收入过渡性账户，直接缴入县财政部门在专业银行开设的罚没收入专户，防止截留、坐支、挪用资金等问题发生，非税收入管理工作取得明显成效。2000年，全县纳入财政专户管理的单位有60多家；2005年增加到140余家，纳入财政专户管理的各类资金9.4亿元。

社会保障资金管理

2004年10月，县财政局增设社会保障科。2005年4月，各项社会保障基金全部纳入财政社保专户，当年年底，全县各项社会保障基金财政

专户余额 9452 万元，其中，企业养老保险基金 3303 万元，机关事业养老保险基金 2711 万元，农村养老保险基金 1352 万元，失业保险基金 1055 万元，生育保险基金 50 万元，基本医疗保险基金 970 万元。

2005 年 7 月，金乡县在全市率先成立扶贫救助医疗中心，对贫困、低保人员就医免挂号费、诊疗费、药品实行 10% 的优惠，健全完善全县社会救助体系，有效解决了困难人群看病难的问题。

控制社会集团购买力

1989 年，县政府成立“控制社会集团购买力领导小组”，对行政事业单位用财政拨款购买专控商品，特别是对购置车辆、手机等办公现代化商品加强控制，严格控购审批手续，建立专控商品档案。1995 年，清理超标准小汽车 10 辆，对违反规定购买和使用的 20 辆小汽车按规定进行了处罚，其中没收 4 辆，调换 6 辆，变卖 1 辆，罚款 13.3 万元，补缴附加费 24.2 万元。

1991~2000 年，全县社会集团购买力 1.05 亿元，征收附加费 420 万元；查处违控购置商品金额 500 万元。2000 年 10 月 1 日起，违控商品全部放开，财政部门不再审批。

政府采购管理

1999 年 10 月，金乡县政府采购中心成立。先后制定《金乡县政府采购制度的实施意见》《金乡县党政机关事业单位文印管理办法》《机关事业单位机动车辆定点加油管理暂行办法和机关事业单位机动车辆定点维修管理暂行办法》《进一步加强县直行政事业单位文印管理的通知》《县直行政事业单位机动车辆实行统一投保》《金乡县政府集中采购目录》等政策规定及实施细则。至 2005 年，累计实现集中采购金额 8024.39 万元，节约资金 1386.36 万元，资金节支率为 14.73%。

财政监督

1989 年，金乡县成立“税收财务物价大检查办公室”（简称县大检办），挂靠县财政局，统一组织和指导全县大检查工作。

1991 年后，年年开展税收财务物价大检查，通过清查偷税、漏税、非法侵占截留财政收入和私设“小金库”等违法违纪行为，堵塞漏洞，增加财政收入，至 1997 年，共查出各种违规、违纪金额 1337 万元。

1998 年，国家取消税收财务物价大检查。同年 12 月，大检办更名为财政监督局。

2000 年，金乡县建立由财政部门牵头，审计、国税、地税等部门参加的财经监督协调办公室，负责全县财经监督检查工作的组织实施和协调、汇总，统一履行财政监督职能，统一监督内容，统一执法程序，统一处理政策。

2001 年，由县财政部门牵头，从有关部门抽调人员，对 1999 年后县内所有国有、集体、私营、个体工商户等税源情况进行“拉网式”检查，摸清全县税源分布、结构、税赋状况，为优化财源结构，规范税收秩序，提高纳税意识，实行公开办税，促进财政收入持续增长奠定了良好基础。

1999~2005 年，开展对《中华人民共和国会计法》《中华人民共和国政府采购法》《中华人民共和国预算法》《中华人民共和国税收征管法》等法律法规的执法检查，对教育、房地产、供电、三产、卫生、民政、土管、水利等系统进行专项检查，财经法规得到严格贯彻执行。

第六节　乡镇财政

2003 年 5 月，县政府出台《关于完善县乡两级财政管理体制的意见》，重新界定县乡两级财政收支权限，建立规范的转移支付制度，保证机关事业单位工作人员工资及时足额发放和基层政权的正常运转，逐步缩小乡镇之间、县乡之间的财力差距。

2005 年，县政府出台《关于加强乡镇财政建设缓解乡村基层组织运转困难的意见》和《关于实施“乡财乡用县管”改革工作的意见》，实施“乡财县管”改革。即以乡镇为独立核算主体，实行“预算统编、账户统设、资金统缴、支出统核、采购统办、

票据统管”的财政管理方式，由县财政局直接管理并监督乡镇财政收支活动，提高乡镇财政保障能力和资金使用效益，促进农村经济和社会各项事业健康发展。

第二章 税　务

第一节 管理机构

金乡县税务局

1983年12月，金乡县税务局成立，下设6个股室，辖14个乡镇税务所。1991年，内设人事秘书股、征管股、会统股、税收检查股、集体企业财务管理股、税政股、监察股、稽查队、老干部管理股、直属税务所和14个乡镇税务所。1992年年底，撤销税收检查股。1994年9月，国家实行分税制财政管理体制，按照事权与财权相结合原则，将税种划分为中央税、地方税和中央地方共享税，分设金乡县国家税务局和金乡县地方税务局两套税务机构。金乡县国家税务局实行国家垂直管理，金乡县地方税务局隶属县政府管理。

金乡县国家税务局

1994年9月，金乡县国家税务局（简称县国税局）正式挂牌办公，为正科级行政单位，内设办公室、税收管理科、征收管理科、计划财务科、人秘科、个体税收管理科、装备票证科7个科室和征收、稽查2个副科级直属分局，以及14个乡镇国税所。

图17-1　1999年国税局办税服务厅

1996年11月，撤销14个乡镇国税所。分设缗城分局（负责金乡镇、高河、王丕3个乡镇税收工作）、胡集分局（负责胡集、卜集、大义3个乡镇税收工作）、羊山分局（负责羊山、鱼山、马庙3个乡镇税收工作）、鸡黍分局（负责鸡黍、兴隆、金马3个乡镇税收工作）、霄云分局（负责霄云、化雨、司马3个乡镇税收工作）共5个农村征收分局（副科级单位），1个涉外税收征收分局（股级单位）。

1997年11月，成立信息中心，为股级事业单位。12月，设立征收分局，为副科级单位，负责城区及近郊所有纳税人的征收管理。

2001年3月，缗城分局更名为王丕分局，负责王丕、兴隆、高河3个乡镇税收管理。4月，将人事科、政工科合并成为人事教育科；撤销计划财务科，成立计划征收局（股级单位）；税政管理科更名为税政法规科；征收分局、涉外分局合并成为城区分局。人员编制精减为138人，在职人员由191人精减为110人。11月，成立国税局妇委会。

2002年4月，成立国税局机关党总支。10月，增设发票管理所，负责全县国税系统普通发票管理业务。

2005年9月，撤销缗城分局；撤销发票管理所，设立税源管理科、办税服务厅；撤销羊山税务分局，增设金乡税务分局。至2005年年底，县国税局内设办公室、人事教育科、监察室、税政管理科、征收管理科、计划统计科、办税服务厅、税源管理科8个行政科室，以及信息中心、稽查分局、城区税务分局、胡集税务分局、金乡税务分局、鸡黍税务分局、霄云税务分局。在职干部职工118人，担负着全县1536家纳税人国税税收征管工作，其中国有企业22家、集体企业16家、股份合作企业8家、其他有限责任公司93家、股份有限公司8家、私营独资企业2家、私营合伙企业7家、私营有限责任公司147家、私营股份有限公司9家、个人独资企业52家、其他内资企业2家、港澳台商合资经营企业3家，中外合资企业5家，外资企业3家，个体户1159家。

1994~2005年，县国税局先后荣获中华文化扶贫奉献奖、山东省文明单位、山东省文明机关、山东省“五四”红旗团总支、山东省青年文明号和济宁市基层行风建设示范窗口单位等十几项国家和省、市级荣誉称号。

金乡县地方税务局

1994年9月，金乡县地方税务局（简称县地税局）从金乡县税务局析出，为正科级行政单位，内设办公室、人事教育科、税收管理科、计划会计科、征收管理科、装具票证管理科6个行政科室，行政编制25人；辖直属征收分局（内设4个科室，事业编制15人）、稽查局（内设4个科室，事业编制12人）和16个乡镇地税所（事业编制共40人，与财政所合署办公，一个机构两个牌子，受县财政局和地税局双重领导）。

1995年8月，设立中共金乡县地方税务局党组。

1996年5月，设立涉外征收分局，与直属征收分局合署办公，内设涉外征收科，具体承担涉外税收征管工作。同年7月，设立金乡县地方税务师事务所，为副科级自收自支事业单位，归县地税局管理。

1997年10月，增设地方税管理科；将原税收管理科更名为税政管理科。

1998年5月，农村地税征收机构改革，设立金乡镇、缗城、羊山、胡集、鸡黍、霄云6个分局，均为副科级行政单位，隶属县地税局领导。

1998年12月，金乡县地方税务局整建制上划山东省地方税务局垂直管理。

1999年5月，霄云分局更名为化雨分局。

2002年9月，缗城分局更名为王丕分局。

2001年，根据《山东省市和县（市、区）地方税务局机构改革实施意见》，全县地税系统开始分流精简人员，2004年年底结束。

2004年9月，设立纳税服务中心（信息中心），为正股级全额拨款事业单位，核定事业编制5人。

2005年底，县地税局辖稽查局、直属分局2个直属单位和金乡镇、鸡黍、化雨、胡集、羊山、王丕等6个分局，干部职工147人，负责全县6266家（户）各类纳税人的地方税收征管工作。

1994~2005年，县地税局先后被评为省级文明单位、省级卫生单位、全省税务系统先进单位、全省地税系统纪检监察工作先进集体、全省地税系统六好基层单位、济宁市基层行风建设示范窗口单位、济宁市档案工作先进集体。档案管理进入省一级。

图17-2　1999年金乡县地税局

第二节　税制改革

1991年4月9日，中外合资企业所得税法与外国企业所得税法合并为外商投资企业和外国企业所得税法。4月16日，开征固定资产投资方向调节税，停止征收建筑税。至1993年年底，金乡县税务局征收管理的税种有：产品税、增值税、营业税、国营企业所得税、集体企业所得税、个人收入调节税、城市维护建设税、车船使用税、房产税、城镇土地使用税、屠宰税、牲畜交易税、资源税、国营企业奖金税、印花税、固定资产投资方向调节税、工商统一税、个人所得税共18种。同时，征收“两金一费”，即国家能源交通重点

建设基金、国家预算调节基金、教育费附加。

1994 年 1 月 1 日，国家实行分税制改革，税收收入划分中央和地方两级，地方级又细化为省级和县级。增值税的 75% 部分、消费税、中央企业所得税为中央级收入；增值税的 25% 部分、营业税、个人所得税、城建税、车船使用税、房产税、屠宰税、资源税、城镇土地使用税、印花税、集体企业所得税、教育费附加为地方税收收入。同时，取消产品税、工商统一税、牲畜交易税、奖金税、国有企业工资调节税。

国税局

1994 年 1 月 1 日税制改革后，金乡县国家税务局负责增值税、消费税、银行营业税（只对各信用社征收）。

1994 年 1 月 1 日至 2001 年 12 月 31 日，县国税局对县境内的中央级企业和信用社征收企业所得税。

1996 年，县国税局征收外商投资企业和外国企业所得税。

1999 年 11 月 1 日起，县国税局征收储蓄存款利息所得个人所得税。2002 年 1 月 1 日起，储蓄存款利息所得个人所得税中央与地方分成比例为 75 ∶ 25。

2001 年 1 月 1 日起，取消车辆购置附加费，开征车辆购置税。

2002 年 1 月 1 日，对新设立（开业）的企业征收企业所得税。中央与地方分成比例为 70 ∶ 30；2003 年 1 月 1 日起，分成比例改为 60 ∶ 40。

2003 年 1 月 1 日起停止征收信用社营业税。

2004 年 1 月 1 日起，国家对增值税进行改革。至 2005 年底，金乡县国税局征收管理的税种有：增值税、消费税、企业所得税、外商投资企业和外国企业所得税、个人所得税、车辆购置税。

地税局

1994 年，国家实施结构性税制改革。税种从原来的 37 种减少到 25 种。县地税局具体负责征收管理的税种包括：营业税、企业所得税、个人所得税、印花税、房产税、城市房地产税、土地增值税、车船使用税、车船使用牌照税、屠宰税、城市维护建设税、固定资产投资方向调节税、资源税和城镇土地使用税。同时，承担国家和省政府确定的一些规费和附加的征管工作，包括国家确定的教育费附加和文化事业建设费，以及省政府确定的社会治安费、发展旅游事业费、水利基本建设专项资金、残疾人就业保障金、地方教育费附加。

1994 年 1 月，开征社会治安费和水利基本建设专项资金，1996 年 5 月停征。

1997 年 1 月，开征文化事业建设费。

1998 年 1 月，开征发展旅游事业费，1999 年 7 月停征。

1998 年起，实施支持下岗职工再就业若干税收优惠政策。

1999 年起，对符合国家产业政策的技术改造项目国产设备投资按 40% 的比例抵免企业所得税。

2000 年，暂停征收固定资产投资方向调节税。

2002 年，先后在营业税、企业所得税、个人所得税、城市维护建设税等方面实行税收优惠政策。同年，取消屠宰税。

2004 年 1 月，开征残疾人就业保障金。同年，对农民从事种植业、养殖业、饲养业、捕捞业取得的所得，暂停征收个人所得税。

2005 年 1 月，开征地方教育费附加。至年底，县地税局负责征收管理的税种和规费包括：营业税、企业所得税、个人所得税、印花税、土地增值税、房产税、城市房地产税、车船使用税、车船使用牌照税、屠宰税、城市维护建设税、资源税、城镇土地使用税、教育费附加、文化事业建设费、发展旅游事业费、残疾人就业保障金、地方教育费附加。

第三节 税种税率

国税征收

增值税 是以商品和部分劳务的增值额为征

收对象征收的一种税。纳税人为中国境内销售货物或者提供加工、修理修配劳务及进口货物的单位和个人。税率分为标准税率 17%、低税率 13% 和零税率；小规模纳税人适用 3% 征收率。增值税税率调整由国务院决定。

增值税税目税率表

表 17-2-1

税　目	税　率
纳税人销售或进口货物	17%
纳税人提供加工、修理修配劳务	17%
纳税人销售或进口农业产品（包括粮食、食用植物油）	13%
纳税人销售其他货物（包括自来水、暖气、冷气、热水、煤气、石油液化气、天然气、沼气、居民用煤炭制品、图书、报纸、杂志、饲料、化肥、农机、农膜）	13%
出口货物	0

消费税 是对规定的消费品或者消费行为征收的一种税。1994 年 1 月 1 日起征。征税范围：烟、酒及酒精、化妆品、护肤护发品、贵重首饰及珠宝玉石、鞭炮、焰火、摩托、汽车轮胎、小汽车、汽油、柴油等 11 类产品。消费税税率，从价计征的消费品实行 3%~45% 的 10 档差别比例税率，从量计征的消费品实行有差别的 4 档定额税率。

消费税税目税率表

表 17-2-2

税　目		税　率	税　目		税　率
烟	甲类卷烟	45%	化妆品		30%
	乙类卷烟	30%	贵重首饰及珠宝玉石	金银首饰、钻石及饰品	5%
	雪茄烟	25%		其他贵重首饰 珠宝玉石	10%
	烟丝	30%	鞭炮、烟火		15%
酒及酒精	白酒	20%	成品油		0.1 元 / 升 ~0.25 元 / 升
	黄酒	240 元 / 吨	汽车轮胎		3%
	甲类啤酒	250 元 / 吨	摩托车	排气量 250 毫升（含 250 毫升）以下	3%
	乙类啤酒	220 元 / 吨		排气量 250 毫升以上	10%
	其他酒	10%	小汽车		1%~40% 不等
	酒精	5%	高档手表		20%

企业所得税 是国家对企业的生产经营所得和其他所得征收的一种税。纳税人是在中国境内实行独立核算的企业（不包括外商投资企业和外国企业）。征税范围包括来自国内外的一切生产经营所得和其他所得。企业所得税实行 33% 的比例税率，另外规定两档临时性的优惠税率，即：年应纳所得额在 3 万元以内的（含 3 万元）税率 18%；年应纳所得额在 3 万元 ~10 万元的（含 10 万元）税率 27%。

外商投资企业和外国企业所得税 是指在中国境内的外商投资企业和外国企业的生产经营所得和其他所得征收的一种税。纳税人是外商投资企

业和外国企业。征税范围是企业的生产经营所得和其他所得。税率为 33% 和 20%。

图 17-3　2001 年金乡县国税局到企业送税法

个人所得税　是对在中国境内有住所，或者无住所而在中国境内居住满一年的个人，从中国境内和境外取得的所得，以及在中国境内无住所又不居住或者居住不满一年的个人，从中国境内取得的所得征收的一种税。1999 年 11 月 1 日起开征。

车辆购置税　是对购置车辆征收的一种税，自 2001 年 1 月 1 日起开征。纳税人是在中国境内购置规定车辆的单位和个人。征税范围包括汽车、摩托车、电车、挂车、农用运输车。车辆购置税率为 10%，车辆购置税税率的调整，由国务院决定并公布。2005 年 1 月 1 日，县国税局负责车辆购置税的征收管理工作，当年，县国税局征收车辆购置税 3 万元。

地税征收

营业税　是对规定的营利企业和经营行为征收的一种税。1994 年 1 月 1 日起实行新的营业税。纳税人是在中国境内提供应税劳务、转让无形资产或者销售不动产的单位和个人，包括国有企业、集体企业、私营企业、联营企业、股份制企业、行政事业单位、部队、学校、团体及其个人。外商投资企业、外国企业也是营业税的纳税人。营业税规定了 9 个税目，主要对商业、交通运输、服务业征收。营业税对商业批发环节按商品的进销差价征税；对商业零售、交通运输、建筑安装、服务业等其它营业项目，主要按营业收入金额征收。税率实行差别比例税率和幅度比例税率，差别比例税率分为 3%、5% 和 8% 三档税率；幅度比例税率 5%~20%，为娱乐业的使用税率；应纳营业税税额 = 营业额 × 适用税率。税率调整，由国务院决定。

营业税税目税率表

表 17-2-3

税　目	税　率	税　目	税　率
交通运输业	3%	娱乐业	5%~20%
建筑业	3%	服务业	5%
金融保险业	5%	转让无形资产	5%
邮电通信业	3%	销售不动产	5%
文化体育业	3%	—	—

企业所得税　是国家对企业的生产经营所得和其他所得征收和一种税。1994 年 1 月 1 日起征。纳税人是在中国境内实行独立核算的企业，包括集体企业、私营企业、城乡个体工商业户、联营企业、股份制企业，以及有生产、经营所得和其它所得的组织（不包括外商投资企业和外国企业）。征税范围包括来自国内外的一切生产经营所得和其他所得。企业所得税实行 33% 的比例税率，另外规定两档临时性的优惠税率，即：年应纳所得额在 3 万元以内的（含 3 万元）税率 18%；年应纳所得额在 3 万元 ~10 万元的（含 10 万元）税率 27%。纳税期限及方法：按年计算，分月或分季预缴。纳税人应在月份或季度终了后 15 日内预缴，年度终了后 4 个月内汇算清缴，

多退少补。

个人所得税　是对个人（自然人）取得的应税所得所征收的一种税种。1994 年 1 月 1 日起，施行全国人大审议通过的《关于修改〈中华人民共和国个人所得税法〉的决定》。个人所得税实行累计进税率。工资、薪金所得，适用 5%~45% 九级超额累进税率。个体工商户的生产经营所得，对企事业单位的承包经营，承租经营所得，个人独资企业和合伙企业投资者的生产经营所得，适用 5%~35% 超额累进税率。稿酬所得税率 20%，并按应征税额减征 30%。劳务报酬所得 20%。特许权使用费所得，利息、股息、红利所得，财产租赁所得，财产转让所得；偶然所得和经国务院财政部门确定征税的其它所得，税率为 20%。

个人所得税税目税率表

表 17-2-4

	级数	全月应纳税所得税	税率 %	速算扣除数（元）
工资、薪金所得的计税办法	1	不超过 500 元的	5	0
	2	超过 500 元～ 2000 元的部分	10	25
	3	超过 2000 元～ 5000 元的部分	15	125
	4	超过 5000 元～ 20000 元的部分	20	375
	5	超过 20000 元～ 40000 元的部分	25	1375
	6	超过 40000 元～ 60000 元的部分	30	3375
	7	超过 60000 元～ 80000 元的部分	35	6375
	8	超过 80000 元～ 100000 元的部分	40	10375
	9	超过 100000 元的部分	45	15375
个体工商户的生产经营所得；对事企业单位的承包经营承租经营所得	级数	全月应纳税所得税	税率 %	速算扣除数
	1	不超过 5000 元的	5	0
	2	超过 5000 元～ 10000 元的部分	10	250
	3	超过 10000 元～ 30000 元的部分	20	1250
	4	超过 30000 元～ 50000 元的部分	30	4250
	5	超过 50000 元的部分	35	6750
劳务报酬所得	1	不超过 20000 元的	20	0
	2	超过 20000 元～ 50000 元的部分	30	2000
	3	超过 50000 元的部分	40	7000
稿酬所得	每次收入额	税率（%）	应纳税所得税	
	不足 4000 元	20	每次收入额－ 800	
	超过 4000 元	20	每次收入额 ×（1%～ 20%）	
特许权使用费所得	每次收入额	税率（%）	应纳税所得税	
	不足 4000 元	20	每次收入额－ 800	
	超过 4000 元	20	每次收入额 ×（1%～ 20%）	
财产租赁所得	每次收入额	税率（%）	应纳税所得税	
	不足 4000 元	20	每次收入额－ 800	
	超过 4000 元	20	每次收入额 ×（1%～ 20%）	
财产转让所得		20	收入总额－原值－费用	
利息、股息、红利所得；偶然所得		20	每次收入额	

印花税 是对经济活动和经济交往中书立、领受凭证征收的一种税。纳税人是在中国境内书立、领受税法规定应税凭证的单位和个人。征收范围包括合同性凭证，产权转移书据，营业账簿，权利、许可证照和财政部批准的其他凭证。税率采用比例税率和定额税率两种，对载有金额的凭证采取比例税率，13 个税目中有 11 个采取比例税率。对无法计算金额的凭证，或者虽载有金额但作为计税依据明显不合理的凭证，采取定额税率。印花税于 1988 年 10 月 1 日起开征。

印花税税目税率表

表 17-2-5

税　目	税率	税　目	税率
购销合同	0.3‰	借款合同	0.05‰
加工承揽合同	0.5‰	财产保险合同	1‰
建设工程勘察设计合同	0.5‰	技术合同	1‰
建设安装工程承包合同	0.3‰	产权转移合同	0.5‰
财产租赁合同	1‰，不足 1 元按 1 元	营业账簿	实收资本、资本公积 0.5‰，其他按件贴花 5 元
货物运输合同	0.5‰	权利、许可证照	按件贴花 5 元
仓储保管合同	1‰	—	—

土地增值税 是对有偿转让国有土地使用权、地上建筑物及其他附着物，并取得增值收益的单位和个人征收的一种税。土地增值税实行四级超率累进税率，计算方法：应纳税额 = 增值额 × 税率－扣除项目金额 × 速算扣除系数。

土地增值税税目税率表

表 17-2-6

级数	增值税与扣除项目金额的比率	税率（%）	速算扣除系数（%）	级数	增值税与扣除项目金额的比率	税率（%）	速算扣除系数（%）
1	不超过 50% 的部分	30	0	3	超过 100% ~200% 的部分	50	15
2	超过 50% ~100% 的部分	40	5	4	超过 200% 的部分	60	35

城镇土地使用税 是对使用应税土地的单位和个人，以实际占用土地面积为计税依据，按照固定税额计算征收的一种税。城镇土地使用税的税额按城镇规模大小分四个档次，每平方米年幅度税额：县城、建制镇、工矿区 0.6 元 ~12 元。金乡县 1988 年 11 月起，执行国务院颁布的《中华人民共和国城镇土地使用税暂行条例》，在县城、建制镇、工矿区开征城镇土地使用税。

资源税 对中国境内从事资源开采的单位和个人征收的一种税。1985~1993 年执行《中华人民共和国资源税条例（草案）》，1994 年 1 月 1 日起，执行《中华人民共和国资源税条例》。纳税人是依“条例＂规定开采应税矿产品或者生产盐的单位和个人。征收范围仅限于矿产品和盐，包括 7 个税目和若干子税目，实施定额税率，从量征收。

资源税税目税率表

表 17-2-7

税 目	税 率	税 目	税 率
原油	8 元 / 吨～ 30 元 / 吨	煤炭	0.3 元 / 吨～ 5 元 / 吨
天然气	2 元 / 千立方米 ~15 元 / 千立方米	其他非金属矿原矿	0.5 元 / 吨～ 20 元 / 吨

城市维护建设税 是以纳税人实际缴纳的增值税、消费税、营业税税额为计税依据所征收的一种税。纳税人是缴纳增值税、消费税、营业税的单位和个人。税率分为 7%、5%、1% 三档。纳税人所在地在市区的税率 7%；所在地在县城、建制镇的税率 5%；所在地不在市区、县城、建制镇的税率 1%。1991~2005 年，金乡县仍执行 1985 年 2 月国务院颁布的《中华人民共和国城市维护建设税暂行条例》。

房产税 是以房产为征税对象，按照房产的余值或出租房产所取得的租金收入，向产权所有人征收的一种税。房产税的征收范围是城市、县城、建制镇和工矿区，以房产税的计税余值或租金收入为计税依据。按房产余值计征的税率为 1.2%，按租金收入计征的税率为 12%。

车船使用税 是对行驶于公共道路的车辆和航行于国内河流、湖泊或领海口岸的船舶，按照其种类（如机动车辆、非机动车辆、载人汽车、载货汽车等）、吨位和规定的税额计算征收的一种使用行为税。税率使用定额税率。

车船使用税税目税率表

表 17-2-8

税 目	计税单位	每年税额	备 注	税 目	计税单位	每年税额	备 注
载客汽车	每辆	60 元 ~660 元	包括电车	摩托车	每辆	36 元 ~180 元	
载货汽车	按自重每吨	16 元 ~120 元	包括半挂牵引车、挂车	船舶	按净吨位每吨	3 元 ~6 元	拖船或非机动驳船按税额 50% 计算
三轮汽车低速货车	按自重每吨	24 元 ~120 元	—	—	—	—	—

第四节 税收收入

1991~2005 年，全县税收收入共完成 20.2 亿元，其中，1991~1993 年金乡县税务局完成 8814 万元（期间办理减免税户数 119 户，减免税款 724.32 元），县国税局完成 8.51 亿元，县地税局完成税收收入 6.31 亿元，农业四税完成 4.5 亿元。

1991~1993 年金乡县税收收入统计表

表 17-2-9　　单位：万元

年 度	总收入	其中工商税收	完成计划（%）
1991	2251	1996	100.16
1992	2463	2254	101.92
1993	4100	3884	146.17

1991~1993 年金乡县税务局税收优惠情况表

表 17-2-10　　　　单位：万元

项目 / 年度	减免税项目及税额							
	减免税户数	产品税	营业税	增值税	建筑税	房产税	土地使用税	车船使用税
1991	33	200	46	127.8	—	16.8	—	—
1992	67	10	42.9	161.2	45.1	5.92	5.9	4.2
1993	19	—	—	23	35.5	—	—	—

国税收入

1994~2005 年，县国税局完成 8.51 亿元。

2001~2005 年，县国税局共办理出口退税、减免退税、福利企业退税 3422.3 万元。

1994~2005 年金乡县国税税收收入统计表

表 17-2-11　　　　单位：万元

项目 / 年度	计划数	完成数	完成计划（%）
1994	3634	3557.2	97.89
1995	3664	5354	146.12
1996	5245	5890	112.3
1997	6650	7092	106.65
1998	7990	8032	100.53
1999	8545	8545	100
2000	8300	9012	108.58
2001	5911	5911	100
2002	7070	7236	102.35
2003	7810	7166	91.75
2004	7400	8119	109.72
2005	8690	9180	105.64
合计	—	85094.2	—

地税收入

1994~2005 年，县地税局完成税收收入 6.31 亿元。其中：

1994 年，县地税局累计完成工商税收 1128 万元，占市局分配计划的 129.36%，超收 256 万元，比 1993 年增长 51.45%。其中省级收入完成 240 万元，县级收入完成 888 万元。同时，征收社会治安费 60 万元。

1995 年，组织各项收入 1788.9 万元，其中省级收入 262.9 万元，县级收入 1526 万元，占市局分配计划的 139.36%，占县政府分配计划的 132.7%。

1996 年，完成地税收入 4676 万元。全县 6 个乡镇收入突破 100 万元，收入总量在全市 12 个县市区中由 1995 年的第九位升至第五位。

1997 年，完成各项收入 6566 万元，其中工商各税完成 3787.7 万元；国有企业所得税完成 2778.3 万元。

1998 年，完成工商税收 3586 万元，其中：省级收入完成 176.1 万元，县级收入完成 3409.9 万元；教育费附加完成 164 万元；国有企业所得税入库 3000 万元。

1999 年，完成各项收入 4681 万元。

2000 年，完成各项收入 5239.27 万元，其中：省级收入 178 万元，县级收入 5061.27 万元。

2001 年，完成各项收入 6147 万元。因财政收入分成改革，调整后的县级收入完成 3684 万元。

2002 年，完成各项收入 6950 万元，增收 803 万元，增长 13.06%。其中，县级收入完成 4287 万元，增收 603 万元。

2003 年，完成各项收入 6855 万元，比原计划减收 95 万元。其中，县级收入完成 4996 万元，增收 1041 万元。

2004 年，完成各项收入 7186 万元。其中，中央级收入完成 1572.5 万元，比 2003 年增长 29%；省级收入完成 672.5 万元，比 2003 年增长 4.5%；县级收入完成 4941 万元，比 2003 年减少 1%。

2005 年，完成各项收入 8301.6 万元，其中：税收收入 7983.08 万元，教育费附加 283.12 万元，文教部门基金收入 80 万元。各项收入与 2004 年同期相比增收 1115.6 万元，增长 15.52%，其中县级收入完成 5861.5 万元，同比增收 920.5 万元，增长 18.6%。

农业四税收入

1991~2005 年，农业四税完成 4.5 亿元。

第五节 税收管理

税源管理

1991~1993 年，金乡县税务局税收征管主要是抓基础，完善档案建设；抓重点，控制农村税源流失，先后对农村主要税源的个人承包经营的 40 家砖瓦厂、50 座石灰窑进行测算核定，日入库税款近 8000 元，每年递增 20%，1993 年入库税款突破百万元。

1995 年，县国税局集中开展所得税汇算清缴、重点税源企业专项检查，共查处 124 起，查补入库各税 714 万元。同年，县地税局对全县 600 余家（户）纳税人进行登记发证，健全统一规范的征管档案资料；采取“按年定税、分月征收、局所共管”的办法，对 50 余家集体小型企业统一测算核定地方税，年定税额 50 余万元。

1998 年，县地税局开展大规模清查漏征漏管户工作，拉网检查清理纳税户 6436 家（户），补办税务登记 445 家（户），补税罚款 13.3 万元。

2003 年，县地税局印发《关于加强地方税源控管全面推行社会综合治税工作的实施方案》，开展城镇土地使用税税源普查活动，对房地产开发行业实行土地增值税预征管理办法，加强地方建筑材料专用发票管理，强化税收征管。

税务稽查

1991~1993 年，金乡县税务局通过各种形式的税收检查，立案稽查 1252 家（户），补税罚款 936 万元，清缴欠税 662 万元。

1995 年 1 月，县地税局设立税务行政复议委员会及复议办公室；成立“金乡县人民检察院地方税务检察室”。当年，立案查处 3 起。

1997 年，县国税局投资 210 万元，建办税服务厅 6 处。对缴纳中央企业所得税、消费税的企业及增值税一般纳税人进行专查，查补入库税款 123 万元。同年，县地税局依法查处偷税抗税案件 140 起，查封扣押商品 6 宗，移送司法机关 3 起，补税罚款 336 万元。

1998 年 7 月 20 日至 8 月 20 日，县国税局对漏征漏管户开展拉网式清查，查出漏征漏管个体户 943 家（户），补税 12 万元；专业稽查 102 起，入库税款 402 万元，罚款 43 万元。

2002 年，县国税局检查各类纳税人 60 家（户），查补入库税款、罚款、滞纳金 115 万元，入库率 100%。2003 年，办理稽查案件 56 起，协查案件 24 起，查补税款 145 万元。2004 年，县国税局稽查案件 39 起，协查 3 起，补缴税款 207 万元。

2005 年，县地税局重点稽查机制基本形成，

全面推进发票改革，微机定税，征管基础工作得到进一步夯实。

税收执法

1993年1月1日，金乡县税务局取消专管员管户制度，按管理服务、征收监控、税收稽查3个系列设置内部机构。

1994年，县地税局采取有力措施清理欠税，加强征管，共清理欠税146.8万元；通过开展税收大检查，查补税款40万元。

1996年，县国税局实行选案、检查、审理、执行相分离的稽查管理机制，初步形成“以纳税人申报和优化服务为基础，以计算机网络为依托，集中征收、重点稽查”的新型征管模式，实现税务人员由“专管户”到“专管事”的根本转变。设立税收咨询站19个，散发宣传材料5000余份，查处违章案件105起，查补税款308万元。同年，县地税局征税大厅建成并通过市局验收，各乡镇成立协税护税组织。成立“金乡县地税局举报中心”，受理各类税收违法行为举报；强化专项检查，当年征收个人所得税184.1万元。

1997年3月，县地税局全面实行纳税申报制度，县直企业纳税申报率由不足50%提高到100%，乡镇纳税申报率90%以上。

1999年，县国税局调增612家（户）个体业户税负，平均调高税负28.7%。查处税收违法案件38起，查补入库税款849万元；收缴滞纳金35万元，罚款125万元。同年，县地税局先后印发《关于规范税收执法行为强化税务执法的通知》和《金乡县地方税务局税收征管工作考核评比办法》等，税收管理措施进一步强化。

2001年，县国税局对建账企业进行纳税评估。在对115家（户）增值税一般纳税人评估中，重点抓纺织、酒类、化工、商贸企业的专项评估，调增税款近235万元，罚款4万元，加收滞纳金1600余元。评估面100%。同时，针对大蒜恒温库行业快速兴起状况，制订《金乡县国家税务局恒温库管理办法》，提高了征管绩效。

2003年，县国税局围绕“依法诚信纳税、共建小康社会”主题，开展税法宣传。代表济宁市国家税务局参加全省税收宣传月活动，获得“最佳项目”奖。

2004年，县地税局实行片区管理考核，设立专门机构开展纳税评估工作，全面推行税收执法责任制，初步建立监督有效的执法体制。

2005年，开展旧版普通发票核销、缴销及新发票换版工作，至4月15日结束，为1637家（户）纳税人进行发票验旧与缴销，核销各类旧版普通发票628本、2.92万份，缴销空白发票1.72万份。全年检查各类纳税人148家（户），调增应纳税所得额387.56万元，查补各税及罚款279.97万元。同年，县地税局印发《金乡县地方税务局纳税服务工作规程》，开展“纳税服务年”活动，全县企业和个体工商户税务登记率、纳税申报率、税款入库率均在95%以上。先后与27家行政事业单位和18家企业单位签订委托代征税款协议书，全年代征代扣税款400余万元，累计采集各类涉税信息9000余条，涉税金额2000余万元。年底，全面推行企业和个体工商户自行申报纳税制度，在城区和部分乡镇建立集征收、服务为一体的办税服务厅，初步实现集中征收。

税收征管自动化

自1994年起，计算机在税收征管中得到广泛应用。1996年，县国税局成功实现与银行系统微机联网，初步建立以会计核算为中心的计算机信息网络。

1998年，县国税局启用STMIS税收管理系统软件，设计17种征管台帐和报表，主要用于对申报、征收、入库、提退等环节收集的数据进行加工，全面、准确反映纳税申报、征收入库、税源变化等情况。各分局建立内部局域网，对征管、会统、稽查软件全面升级，在网络中引入“税务发票管理系统”软件，实行以卡控票、以机管税。1999年，完成综合布线和机房建设，开通济宁市国家税务局的桢中继广域网线路，提高了与上级国税部门信息交流的传递速度。

2000年，县国税局实施“金税工程”，将24

家（户）一般纳税人实施防伪税控管理，运行认证、报税、稽核和发票协查子系统。

2001 年 7 月 1 日，县国税局运行中国税收征管信息系统（CTAIS），积极推行增值税专用发票联网系统、税银库联网系统；建立连接分局—县局—市局的三级网络，与省局实现联网。

2002 年，县国税局推行防伪税控“一机多卡”管理模式，积极推进政府上网工程，实现信息资源充分共享。与工行、建行、农村信用社等单位联合开展电子申报划转业务。12 月 17 日，成立金乡县国家税务局信息化领导小组。

2003 年 4 月 28 日，县国税局自行研制开发的《税收票证管理系统》软件在全市推广应用。是年 7 月 1 日，推行认证报税、申报纳税“一窗式”管理模式；金税二期工程全面开通运行，防伪税控四个子系统全面应用，纳入防伪税控系统管理的一般纳税人达到 100%。

2004 年 2 月 29 日，县国税局在全县范围内推行“同城异地”办税工作。是年 7 月，自行研制开发的《税收会计数据稽核预警系统》软件在全省成功推广运行；并成功研制开发出《飞鸽传书信息提示系统》，提高信息传递、处理的时效性。

2004 年，县地税局对微机定税业户实行动态监控管理，推行“抓大、控中、定小”征管办法，全局累计完成“双定”户 4660 户，占全局个体双定户的 98%，其中微机定税户 1930 家（户），月核定税款 45.2 万元，个体税负同比增长 19.8%，月增税款近 10 万元。

2005 年 4 月 5 日，县国税局举办“送您办税金钥匙，让您办税一卡通”活动，向纳税人赠送自行研制的纳税服务电子软件（名片式光盘）——《办税金钥匙》。同年 6 月 4 日，与市局联合研制开发的《税收数据稽核预警系统》顺利通过山东省科技厅科技成果评审验收。

图 17-4　1996 年国税局首次对全局人员进行微机使用操作培训

第十八篇 金 融

金　融

清末民初，金乡县金融机构均为私人钱庄，1914 年有 9 家，1920 年有 5 家，1925 年全部倒闭。从 1949 年 3 月中国人民银行金乡县支行成立到 2005 年年底，已发展成为包括县人民银行、工商银行、农业银行、建设银行、中国银行、农业发展银行、农村信用联社、邮政储蓄银行在内的 8 家金融机构，1 家银行监管办事处，7 家保险业分支机构，储蓄所、营业所等金融服务网点遍及城乡。各项存款由 1991 年的 4.12 亿元，发展到 2005 年的 40.05 亿元，增长 9.7 倍。各项贷款余额也由 1991 年的 3.87 亿元，发展到 2005 年的 21.79 亿元，增长 5.6 倍。其间，中国人民银行金乡县支行几经机构变革、职能转换，已转变为履行和贯彻落实货币政策、维护辖区金融稳定、提高金融服务水平三大职能的金融机构。其他金融机构认真贯彻执行党和国家的金融政策，深化改革、分工协作、联手发展、求实创新。全县整体金融实力不断壮大，金融宏观调控不断加强。通过合理、适时地投放流动资金贷款、基本建设贷款、技术改造贷款、农业贷款、消费贷款、外汇贷款，有力支持、促进了全县国民经济和社会的发展。

金乡的保险业也由 1984 年 1 月成立的中国人民保险公司金乡县支公司，发展到财产保险公司金乡县支公司、人寿保险公司金乡县支公司、太平洋保险公司金乡县支公司、新华保险公司金乡县支公司等多家保险机构。1991~2005 年，中国人民保险公司金乡县支公司、中保财险、中国人寿保险和太平洋财产保险公司共实现保费收入 2.76 亿元，支付各种赔款 9424.48 万元，在保障人民生活安定、支持全县工农业生产等方面发挥了重要作用。

第一章　金融体制改革

金乡县金融体制改革，以 1993 年为界，分为两个阶段。第一阶段（1979~1993 年），主要是突破过去那种高度集中型的金融机构体系，朝多元化体系方向改革；第二阶段（1994~2005 年），金融体制改革的目标是建立适应社会主义市场经济发展需要的以中央银行为领导、政策性金融和商业性金融相分离、以国有独资商业银行为主体、多种金融机构并存的现代金融体系。主要围绕贯彻“分业经营、分业管理”原则实施推进。

1986 年，中国人民银行金乡县支行正式与中国工商银行金乡县支行分设。同年，金乡县正式开办邮政储蓄业务。

1993 年，中共十四届三中全会明确提出建立社会主义市场经济体制，中国金融体制改革进入了旨在建立与社会主义市场经济相适应的金融体制新阶段。中国人民银行主要职能转变为“制定和执行货币政策、维护金融稳定和提供金融服务”三个方面，即由过去的主要通过对银行金融机构的设立审批、业务审批和高级管理人员任职资格审查以及日常监督管理等，转换为履行对金融业宏观调控和防范、化解系统性金融风险，维护金融稳定，同时增加了反洗钱和管理信贷征信业两项职能。中国人民银行金乡县支行按照国务院《关于金融体制改革的决定》要求，将货币发行、资金调控、利率调整、金融市场准入等权上划总行，将政策性业务、商业银行业务转移至工商银行、农业银行和建设银行等国有商业银行，把工作重点转向金融监管、金融调控和金融服务。

1994 年，随着国家金融体制改革的深入，专业银行进行商业化改革，开始向商业化银行转化。中国建设银行按照国家投、融资体制改革的要求，将财政职能和政策性基本建设贷款业务分别移交给财政部和国家开发银行，从功能转换上迈出了向现代商业银行转轨的重要一步。当年，金乡县农村信用联社成立，与中国农业银行金乡县支行分设。4 月，中国银行金乡县支行正式成立。

1995 年，《中华人民共和国中国人民银行法》正式颁布实施，首次以国家立法形式确立人民银

行作为中央银行。规定中国人民银行不再对非金融部门发放贷款。自此，中国人民银行金乡县支行正式依法行使中央银行部分职能。

1996 年 3 月 26 日，中国人民建设银行更名为中国建设银行，金乡县支行相应更改称谓。

1996 年 10 月，从县农行析出的中国农业发展银行金乡县支行正式成立，是国有政策性银行。主要任务是按照国家法律、法规、方针政策，以国家信用为基础，筹集农业政策性信贷资金，承担国家规定的农业政策性和经批准开办的涉农商业性金融业务，代理财政性支农资金的拨付，为农业和农村经济发展服务。

1993~1996 年，中国人民银行金乡县支行认真贯彻落实中央适度从紧的货币政策，转换银行职能，严格控制货币发行；集中管理货币信贷，严格控制信贷规模；加强利率、汇率的调节和管理；加强对商业银行的监管，清理整顿金融机构，规范金融市场；协调货币政策与财政政策。

1997~1998 年，贯彻执行扩张性措施，货币政策开始由适度从紧转变为适当，全县金融运行基本平稳，经济增长速度平缓，消费保持上升，物价继续回落，投资增长率开始上升。

2003 年，按照人民银行体制改革和职能转换要求，金融监管职能从人民银行分离。当年 12 月，中国银行业监督管理委员会济宁监管分局金乡办事处成立，开始行使银行业监督管理职能，统一监管银行、金融资产管理公司、信托投资公司等金融机构。自此，人民银行专职履行中央银行职责，全县形成了以人民银行金乡县支行为中心，各国有商业银行支行为主体，政策性银行及其他金融机构并存的金融体系。

2004 年 9 月 15 日，中央汇金投资有限责任公司、中国建银投资有限责任公司、国家电网公司、上海宝钢集团公司和中国长江电力股份有限公司共同发起设立中国建设银行股份有限公司。中国建设银行由国有独资商业银行改制为国家控股的股份制商业银行。中国建设银行金乡县支行更名为“中国建设银行股份有限公司金乡县支行”。

2005 年 4 月，国家批准工商银行股份制改革方案，中国工商银行完成了股份制改造，正式更名为“中国工商银行股份有限公司”。中国工商银行金乡县支行随之更名为“中国工商银行股份有限公司金乡支行”，成为国有控股股份制商业银行的分支机构，隶属中国工商银行股份有限公司济宁分行。同年，中国人民银行金乡县支行协助县政府制订《关于加强金融生态环境建设的意见》《金乡县人民政府关于进一步加强金融工作的意见》，分别发至各乡镇和县直有关部门贯彻执行，政府各界对金融业的重视程度进一步提升。

第二章　金融机构

第一节　银　行

中国人民银行金乡县支行

正科级单位。1949 年 3 月成立，称中国人民银行金乡县支行（简称县人行）。1967 年 4 月（文化大革命初）成立金乡县人民银行革命委员会，1970 年 12 月被撤销，恢复县人行，并延续至今。县人行行使中央银行职能，执行国家货币政策，管理全县人民币流通；按照规定监督管理全县的金融机构；经理国家金库金乡县支库，现金调拨、外汇管理；维护全县支付、清算系统的正常运转；负责全县金融业的统计、调查和分析，调控辖区内金融业发展。2005 年，中国人民银行金乡县支行内设办公室、政工科、外汇管理科、货币信贷与统计科、国库会计科、发行保卫科、纪检监察审计室 7 个职能科室；有正式职工 41 人。

中国农业银行金乡县支行

正科级单位。1956年7月县人行撤销业务股，建立中国农业银行金乡县支行（简称县农行）；次年并入县人行。1964年10月县农行从县人行析出，1965年又并入县人行。1980年又从县人行析出，恢复县农行。

1994年5月，根据国务院《关于金融体制改革的决定》，县农行与县农村信用合作社联社实行分门办公。

1995年5月，县农行内设科室由原来的13个调整为7个和3个部（支行二级单位）；同年10月，经中国人民银行山东省分行批准，设立中国农业银行金乡县支行金马营业所。

1996年1月，县农行城郊营业所更名为中国农业银行金乡县支行缗城办事处；同年9月，经中国人民银行山东省分行批准，设立中国农业银行金乡县支行大义营业所；同年10月，设立中国农业发展银行金乡县支行（简称县农发行），县农行与县农发行进行了资产、人员、工资、档案移交，23名员工由县农行转到县农发行，县农行代理的国家政策性业务移交给县农发行。

1997年10月，撤销县农行高河、司马2个营业所。

1998年2月，县农行内设机构由原来的7个科室、3个部改设为“四部一室”，即资金组织部、信贷部、计划财务部、保卫部、办公室；同年9月，撤销县农行花园、文峰路、金济路、西关、鱼山合金钢、霄云中心、马庙中心、羊山中心8个储蓄所；10月，撤销县农行王丕、大义、金马3个营业所，撤销所有农村信用代办站，清理收回并销毁废旧印章585枚。同年12月撤销中共中国农业银行金乡县支行党组，成立中共中国农业银行金乡县支行委员会；同时撤销中共中国农业银行金乡县支行纪检组，成立中共中国农业银行金乡县支行纪律检查委员会。

1999年1月，县农行再次调整内设机构，共设9个部室，即综合办公室、储蓄部、市场开发部、信贷一部、信贷二部、专项贷款管理部、计划财务部、稽察保卫部、计算机网络管理部。

2000年9月，撤销县农行霄云、兴隆、胡集、卜集4个营业所。

2001年10月，县农行西门储蓄所升格为县农行西门分理处；撤销县农行荷香路、鱼山东市场2个储蓄所。

2004年4月，撤销县农行化雨营业所；同年12月，撤销羊山营业所、金港储蓄所。

2005年年底，县农行内设综合办公室、计划财务部、信贷部、个人业务部、公司业务部、机构业务部6个机关部室，1个支行营业室，3个营业所（鸡黍、马庙、鱼山），2个办事处（金乡镇、缗城），1个分理处（西门），2个储蓄所（北门、中心）。

中国农业发展银行金乡县支行

正科级单位。1996年10月，根据中华人民共和国国务院1994年4月19日发出的《关于组建中国农业发展银行的通知》，从县农行析出而设立，称中国农业发展银行金乡县支行（简称县农发行）。中国农业发展银行是直属国务院领导的唯一一家农业政策性银行。县农发行主要业务范围是办理粮食、棉花、油料收购、储备、调销贷款；办理肉类、食糖、烟叶、羊毛、化肥等专项储备贷款；办理粮食、棉花、油料加工企业和农、林、牧、副、渔业的产业化龙头企业贷款；办理粮食、棉花、油料种子贷款；办理粮食仓储设施及棉花企业技术设备改造贷款；办理农业小企业贷款和农业科技贷款；办理农业基础设施建设贷款。支持范围限于农村路网、电网、水网（包括饮水工程）、信息网（邮政、电信）建设，农村能源和环境设施建设；办理农业综合开发贷款。支持范围限于农田水利基本建设、农业技术服务体系和农村流通体系建设；办理农业生产资料贷款。支持范围限于农业生产资料的流通和销售环节；代理财政支农资金的拨付；办理业务范围内企事业单位的存款及协议存款、同业存款等业务；办理开户企事业单位结算；发行金融债券；资金交易业务；办理代理保险、代理资金结算、代收代付等中间业务；办理粮棉油政策性贷款企业进出口贸易项下的国际结算业务以及与国际业务相配套的外汇存款、外汇汇款、同业外汇拆借、代客外汇买卖和结汇、售汇业务；办理经国务院或中国银行业监督管理委员会批准的其他业务。2005年，县农发行内设会计结算部、计划信贷部、办公室3个部室，干部职工18人。

中国工商银行股份有限公司金乡支行

正科级单位。1985年4月1日成立（简称县工商行），国有企业分支机构，隶属于中国工商银行济宁市分行。1992年9月，县工商行共有6个科室，8个储蓄所，85名干部职工。1993年10月，增设北城、缗城储蓄所，1999年撤销。2000年，撤销东桥、北当、西关储蓄所。2002年，撤销中心储蓄所。2004年11月，机关储蓄所升格为分理处。2005年4月，中国工商银行完成股份制改造，正式更名为“中国工商银行股份有限公司”，中国工商银行金乡县支行随之更名为“中国工商银行股份有限公司金乡支行”，成为国有控股股份制商业银行的分支机构，隶属中国工商银行股份有限公司济宁分行。主要办理人民币存款、贷款、结算业务；办理票据贴现；代理发行金融债券；代理发行、代理兑付、销售政府债券；代理收付款项；政策性住房信贷业务，以及经中国人民银行批准、授权的其他业务（如外汇存、贷款和外币兑换等）。

2005年，县工商行内设业务管理部、市场营销部、综合办公室和支行营业室、金山街机关分理处、新北街储蓄所和东关储蓄所4个营业网点；38名干部职工。

中国银行股份有限公司金乡支行

正科级单位。1994年4月，成立中国银行金乡支行。2000年11月，改为中国银行济宁分行金乡分理处。2000年起，先后撤销4个储蓄所，保留支行本部。2004年8月26日，中国银行由国有独资商业银行正式整体改制为国家控股的股份制商业银行，名称变更为中国银行股份有限公司，中国银行济宁分行金乡分理处随之改称为中国银行股份有限公司金乡支行。2005年，内设营业部、信贷科、内控科、行长办公室，有干部职工21人。

中国建设银行股份有限公司金乡支行

正科级单位。1978年12月成立，时称中国人民建设银行金乡县支行（简称县建行），内设会计、业务两组。1991年，内设人秘、储蓄、保卫3股，同时设立中心、金山、北当、清真、济商、化雨、西关7个储蓄所。1996年3月26日，中国人民建设银行正式更名为中国建设银行，县建行随之更改称谓。当年5月，县建行内设办公室、会计科、出纳科、信贷科、保卫科和中心、金山等7个储蓄所。2003年10月，设综合部、营业室、客户服务部等机构和金山、北当、商场、北城4个储蓄所。2004年2月，北当储蓄所撤并到支行储蓄专柜。2004年9月15日，中央汇金投资有限责任公司、中国建设银行投资有限责任公司、国家电网公司、上海宝钢集团公司和中国长江电力股份有限公司共同发起设立中国建设银行股份有限公司。中国建设银行由国有独资商业银行改制为国家控股的股份制商业银行。县建行随之改称为中国建设银行股份有限公司金乡支行。2004年12月，北城储蓄所撤并到支行储蓄专柜。2005年1月，商场所撤销，账务合并到金山街储蓄所。是年年底，县建行内设机构有：综合部、客户服务部、支行营业室、金山街分理处。

第二节 信用社

金乡县农村信用合作联社

正科级单位。1984年建立，时称金乡县农村信用合作社联合社，隶属中国农业银行金乡县支行。1994年5月与县农行分门办公，经中国人民银行山东省分行批准设立。办公地点设在县城金山街南首143号，内设人秘、业务信贷、会计出纳、监察保卫4个职能科室，辖14处乡镇信用社，6个信用分社、22个储蓄所。1995年3月，县农村信用联社经中国人民银行山东省分行批准为县有独立法人资格的集体所有制金融企业。1997年6月，设立大义、金马农村信用社。2000年7月，县农村信用联社下设人秘科、会计科、监察审计科、信贷科、保卫科、科技科、中间业务部、营业部。2000年11月，增设资产管理部；12月，金乡县城市信用合作社并入县农村信用合作社联合社。2005年12月，组建成立金乡县农村信用合作联社（简称“县联社”），为股份合作制法人治理结构，实行一级法人、统一核算、分级管理、授权经营的管理体制，注册资本为人民币1.1亿元。内设人事综合部、财务会计部、审计稽核部、监察保卫部、中间业务部、业务管理部、资产管理部；下辖15个基层信用社，1个营业部，18个信用分社，940个信用代办站；有干部职工340人。

金乡县城市信用合作社

正科级单位。1993年，经中国人民银行山东省分行批准设立。主要业务范围：办理存款、贷款、票据贴现、国内结算业务；办理个人储蓄业务；代理其他银行的金融业务；代理收付款项及受托代办保险业务；买卖政府债券、代理发行、代理兑付、承销政府债券；经中国人民银行批准，参加资金市场，办理经中国人民银行批准的其他业务。2000年12月，并入金乡县农村信用合作社联合社。

图18-1　1998年金乡县信用社

第三章　金融业务

第一节　存　款

各项存款，主要包括企业存款、财政存款、机关团体存款、储蓄存款和农业存款等。1991年，金乡县各项储蓄存款余额为2.94亿元；1994年猛增到16.03亿元。1995年、1996年存款余额有所下降。从1997年起，各项存款余额逐年增加，到2005年底，全县各项存款余额为40.05亿元，分别是1991年的13.65倍、1997年的2.37倍。

1991~2005年金乡县各项存款年末余额统计表

表18-3-1　　单位：万元

年度	各项存款合计	企业存款	财政存款	机关团体存款	储蓄存款	农村存款	委（信）托存款	其他存款	外汇存款
1991	29350	3499	−172	584	21433	2733	15	1258	—
1992	33611	3305	−286	251	25946	2785	6	1604	—
1993	41663	4215	−137	224	30994	4184	6	2177	—
1994	160262	8712	59	962	68421	1168	−9	818	—
1995	113387	16565	1050	1433	91695	2199	−37	482	—
1996	149211	19971	−50	1308	118984	7292	−37	1743	—
1997	168792	21144	478	1673	135988	8892	617	—	—

续表 18-3-1

年度	各项存款合计	企业存款	财政存款	机关团体存款	储蓄存款	农村存款	委（信）托存款	其他存款	外汇存款
1998	173883	17804	173	2192	150284	3859	−429	441	—
1999	181273	20530	1299	—	155363	898	−433	3616	—
2000	200626	18829	436	2722	172683	3786	−430	2600	—
2001	223914	19792	362	3709	196972	1451	−419	2047	70
2002	249226	24789	857	3507	215214	2144	−416	3131	76
2003	270213	25138	1178	3558	231011	2022	−329	7635	128
2004	312559	25419	815	5329	271544	1805	−336	7983	326
2005	400534	34927	428	14692	337012	3315	−37	10197	198
说明	各项存款合计中不包括外汇存款								

企业存款

是企业在生产经营中暂时闲置、或用于专门用途或用于结算等需要而存入银行的货币资金，一般是企业的流动资金、各类专项资金及企业的各种积累资金。1991 年，全县企业存款 3499 万元。2005 年 3.49 亿元，是 1991 年的 9.98 倍。

财政存款

是人民银行重要的资金来源，1991~1993 年，辖区政府财政存款出现赤字。1994 年始有 59 万元盈余，1995 年大幅增长，完成 1050 万元。1996 年又出现 50 万元财政赤字。1997 年后，连年实现结余，其间有升有降，1999 年最多为 1299 万元，2003 年 1178 万元，2005 年降至 428 万元。

农村存款

是指农村乡镇企业、村办企业、联营企业、个体经营户在银行或信用社的存款。1992 年，县农行、县农村信用社在农村扩大营业网点建设，建设银行也开始在农村设立营业网点，到 1997 年，全县农村存款 8892 万元。2000~2005 年，农业存款余额稳步增长，分别为 3786 万元、1451 万元、2144 万元、2022 万元、1805 万元、3315 万元。

储蓄存款

1991 年，金乡县居民个人储蓄存款 2.14 亿元。1994 年后，各专业银行陆续开通同城、全省、全国通存通兑业务。1996 年始，取消储蓄保值，并连续 8 次储蓄存款降息。1997 年，实现储蓄业务辖区内电子化联网。2000 年，对居民个人开立的存款帐户实行实名制。2004 年，人民银行对新增邮政储蓄转存款取消贴补息。2005 年，全县国民经济持续快速发展，储蓄存款余额 33.7 亿元，是 1991 年的 15.72 倍，年均增长 24.05%。

外汇存款

1991 年后，金乡县外经贸工作取得较大发展，大蒜、白酒、服装、水泥、五金工具、机械铸件、纺织等十几种产品畅销国际市场。2001 年，全县各金融机构外汇存款 70 万美元，2004 年 326 万美元，2005 年 198 万美元。

1991~2005 年金乡县各商业银行、农村信用社存款余额统计表

表 18-3-2　　　　单位：万元

年度＼单位＼数量	中国农业银行金乡县支行			中国工商银行股份有限公司金乡支行				中国建设银行股份有限公司金乡支行			中国银行股份有限公司金乡支行	金乡县农村信用合作联社		
	年末存款余额	其中		年末存款余额	其中			年末存款	其中		年末存款余额	年末存款余额	其中	
		企业存款	个人储蓄存款		企业存款	个人储蓄存款	其他存款		企业存款	个人储蓄存款			企业存款	个人储蓄存款
1991	11088	4025	7063	8230	730	6886	614	—	—	—	—	14589	510	13779
1992	12860	4065	8795	9551	844	7894	813	—	—	—	—	14531	828	13703
1993	17291	7001	10290	10910	665	8947	1298	—	—	—	—	18736	1060	17676
1994	23868	8779	15089	11778	1159	10619	—	—	—	—	1983	26854	1131	25723
1995	28977	11435	17542	17970	2494	15476	—	—	—	—	4710	36387	1130	35257
1996	27924	6655	21269	21505	3128	18377	—	—	—	—	5756	54838	7257	47581
1997	28394	6108	22286	23335	2472	20863	—	—	—	—	7569	64404	10898	53506
1998	31313	5184	26129	26880	3100	23780	—	—	—	—	10042	63060	7197	55863
1999	33855	7090	26765	28675	2558	24580	1537	—	—	—	11403	57399	4119	53280
2000	37315	7282	30033	33047	4041	26795	2211	22424	6541	15883	10934	70173	5210	64963
2001	43041	8772	34269	37223	7466	29466	291	23945	5271	18674	11008	74331	3000	71331
2002	51900	10425	41475	41480	8698	32341	441	26348	6042	20306	12994	81915	2916	78999
2003	59293	12616	46677	45136	9370	35560	206	28580	5624	22956	14524	81244	2881	78363
2004	74014	21043	52917	48632	10132	38415	85	33853	7822	26031	14137	98560	6435	92125
2005	79078	18045	61033	54387	13085	41052	250	49513	21465	28148	16511	133410	2783	130627
合 计	560211	138525	421632	418739	69942	341051	7746	184663	52765	131998	121571	890431	57355	832776

第二节 贷 款

贷款政策

1991年，金乡县金融系统按照“控制总量，调整结构，强化管理，提高效益”的方针，以提高资金使用效益为中心，不断优化信贷投向，促进经济稳定发展。

1994年，执行中国人民银行《信贷资金管理暂行办法》和《政策性住房信贷业务管理暂行规定》，加大对信贷资金总量的控制与比例管理，加大对信贷资产的风险控制，加强对政策性住房信贷业务的管理，推进城镇居民住房制度改革。

1996年，执行中国人民银行《贷款通则》和《粮棉油政策性收购资金供应和管理规定》及《个人住房贷款管理办法》。

1998~2000年，采取综合措施进行金融宏观调控，加强货币信贷总量的控制，充分发挥利率杠杆的调节作用，加强政策引导和“窗口指导”，促进商业银行改善信贷结构。

2001年，执行中国人民银行《关于规范个人住房贷款管理有关问题的通知》和《关于严禁发放无指定用途个人消费贷款的通知》，禁止发放零首付住房及无指定用途消费贷款，规范消费信贷发展，防范消费信贷风险。同时，执行中国人民银行与有关部委联合发布的《关于办理出口退税账户托管贷款业务的通知》，全县各金融机构对资信状况良好、有还款来源的外贸企业积极支持，扩大对出口企业的贷款利率浮动范围，运用多种信贷方式支持高新技术产品出口，并在对出口企业出口退税账户进行托管的前提下，以出口退税应收款作为还款保证，向出口企业发放短期流动资金贷款，解决出口企业资金周转困难。

2003年，全国经济开始进入新一轮上升周期，出现了货币信贷增速明显、固定资产投资增势强劲、物价上涨等问题。金乡县金融系统根据本县经济和金融形势的变化，及时出台政策调控房地产开发贷款、建筑企业流动资金贷款、个人购房贷款，防范房地产贷款相关风险。县人行督促各金融机构贯彻落实“区别对待、有保有压”的调控政策，积极配合国家的产业政策，限制对过热行业和高耗能、高污染企业的信贷投放，同时，加大对中小企业、就业、助学、农民工和非公有制经济等薄弱环节、弱势群体的信贷支持，引导农村信用社扩大支农信贷投放。

2001~2004年，全县各金融机构严格执行《中国人民银行关于进一步加强对中小企业融资担保机构担保的贷款管理的通知》《关于规范住房金融业务的通知》和中国人民银行与财政部、教育部、国家税务总局联合下发的《关于进一步推进国家助学贷款业务发展的通知》，各项贷款业务健康发展。

2005年，加大对农业的信贷投放，农村信用社把65%的贷款投入“三农”，县农行将新增贷款的20%以上用于支持“三农”，其他金融机构力争将新增贷款的10%以上投向“三农”。鼓励农村信用社发放农户小额信用贷款，引导农业银行等金融机构增加对农业产业化龙头企业的贷款支持。

贷款类型

信贷产品包括贷款类信贷产品和非贷款类信贷产口。

贷款类信贷产品，按性质划分为政策性贷款、准政策性贷款和商业贷款；按贷款期限划分为短期贷款、中期贷款和长期贷款。短期贷款期限为1年以内（含1年）；中期贷款期限为1年以上（不含1年）5年以下（含5年）；长期贷款期限在5年（不含5年）以上。按贷款方式划分为信用贷款和担保贷款。担保贷款根据担保方式不同，分为保证担保贷款、抵押担保贷款和质押担保贷款。

非贷款类信贷产品，包括银行承兑汇票、票据贴现、贸易融资、保函业务等。

贷款业务

1991年年末，全县各项贷款余额为3.87亿元；1995年年末11.7亿元；2000年年末19.61亿元；2005年年末21.79亿元，是1991年的5.625倍。

农业银行金乡县支行

1991~1995 年，进行贷款结构调整，提高贷款质量，支持工农业生产，促进农村商品流通。1996 年，适应市场经济特点，调整信贷结构，优化贷款增量，提高使用效益，以“两优一高”企业为投向重点，全年累计发放贷款 1.54 亿元，较 1995 年增加 2700 万元。其中发放商业贷款 1.21 亿元，支持本县商品流通，保证农业生产资料有效供应；为企业签发承兑汇票 1898 万元，较 1995 年增加 658 万元，支持企业及时购进农药、化肥、种子、农机等。严格按照国家农副产品收购政策，调查摸底后搞好农副产品收购资金的封闭运行，确保粮、棉、油等收购任务的按时完成。1998 年，各项贷款余额 2.08 亿元，比 1997 年增加 3333 万元。

2001 年，对全部法人客户和自然人客户全面纳入信贷管理系统，实现信贷数据共享，为信贷决策提供依据，全年累计发放各项贷款 1.74 亿元，重点投向 A 级以上优良客户。2002 年，累计发放各项贷款 3.88 亿元，新增贷款全部为 AA 级以上优良客户。

2003 年，坚持贷款向重点产品、重点产业、重点客户、重点区域倾斜的“四重策略”，年末贷款余额 3.74 亿元。其中自主类贷款余额 2.88 亿元，占 77%；引导类贷款 8600 万元，占 23%。累计向法人客户投放各类贷款 27 笔 8750 万元，新增贷款中 AA 级以上客户占 98%，A 级以上客户占 2%，其中公开授信客户贷款 6800 万元。累计发放生产经营贷款 1199 万元，当年投放贷款收回率为 98%。消费贷款余额 2751 万元，较年初增加 2127 万元，其中个人住房贷款 2022 万元，较年初增加 1691 万元；助学贷款 16 万元，汽车消费贷款余额 613 万元，较年初增加 500 万元。

2004 年，信贷管理系统（CMS）3.2 程序升级，对 CMS 数据进行了全面整理，实现了信贷资产实时监管，各类报表自动生成。年末各项贷款余额 6710 万元。

2005 年，围绕调整优化信贷结构，进行客户梳理调查，全面评价客户，科学定位市场，对客户资质和管理特征实施动态调整，择优客户准入，严把贷款审查关口，有效实施贷款“四重策略”。年末贷款余额 8947 万元，全年累计发放贷款 6714 万元，优良客户率为 100%。

金乡县农村信用合作联社

1991 年，中国农业银行总行颁布《农村信用合作社管理暂行规定实施细则》，信用社在贷款投向和投量上，实行“贷款使用序列”管理，按种养业、社员生活、乡镇企业、个体工商业、农村其他工商业等序列，优先支持农业生产所需资金，支持农村经济持续、稳定、协调发展，至 1994 年年末，各项贷款余额 1.88 亿元。

1995 年，根据信贷管理办法，加强信贷风险管理和贷款流动性管理，全面推行贷款规范化管理，贷款投向为支持农户购进农药、化肥、种子、农机等农业生产资料和企业商品流通。1996 年年底，各项贷款余额 4 亿元。

1997 年始，贷款品种逐渐丰富，县农村信用社利用辖区内网点多的优势，先后推出农户小额信用贷款、农户贷款、个体工商户贷款、农户联保贷款、个人消费贷款、信用共同体贷款和质押、抵押贷款等多种贷款业务，扩大信贷资金投放，满足城乡居民、企业多层次的金融需求。

2000 年起，全县农村信用社开展信用乡镇、信用村、信用户的评选工作，共评出信用乡镇 1 个，信用村 119 个，信用户 2830 个。2005 年，县农村信用社各项贷款余额 9.48 亿元，其中农业贷款 7.55 亿元。

1991~2005 年金乡县各项贷款年末余额统计表

表 18-3-3

单位：万元

年度	年末各项贷款余额	其中															
		短期贷款									中期流动资金贷款	中长期贷款				票据融资	各项垫款（逾期贷款）
		工业贷款	商业贷款		建筑业贷款	农业贷款	乡镇企业贷款	私营企业及个体贷款	其他短期贷款			基本建设贷款	技术改造贷款	其他中长期贷款			
			小计	其中农副产品贷款					小计	其中个人消费贷款				小计	其中个人消费贷款		
1991	38742	6579	27372	27225	530	780	1180	11	—	—	—	245	1307	738	—	—	—
1992	41226	6770	28592	21676	555	935	1245	10	—	—	—	145	1656	1318	—	—	—
1993	45730	7042	32192	24776	606	1126	1365	18	—	—	—	295	1874	1212	—	—	—
1994	90585	9136	52271	—	570	6727	8456	118	7815	—	—	185	1674	2125	—	—	1508
1995	117023	9351	69624	—	381	8740	9728	58	7382	—	—	385	1779	2876	—	—	6719
1996	148480	10868	78165	—	347	13356	10736	177	17232	—	—	275	3929	3257	—	—	10138
1997	177976	11495	93486	—	856	18438	12403	860	31311	—	—	5	3402	4523	—	—	349
1998	201570	13754	99271	—	851	26483	13644	1118	25717	—	600	962	3071	15278	—	—	830
1999	205612	14025	114926	88390	372	27531	18831	1127	19405	—	3026	1079	2609	1672	—	—	1009
2000	196090	9965	105645	80142	159	28588	19098	—	24557	—	3109	1269	2117	1583	—	—	—
2001	205722	13305	102324	77340	277	35138	19324	94	17241	341	4899	1569	2117	6412	5723	640	2382
2002	218369	14489	105240	78913	241	44594	17745	80	13899	978	5452	2350	67	11382	9133	510	2320
2003	224006	13095	102295	76290	74	51808	17779	1606	12626	647	3533	2460	40	16474	13682	638	15783
2004	197120	7353	77237	73325	50	60655	10354	1097	8289	565	1380	2270	—	19973	17270	8265	227
2005	217938	4880	77423	74859	1000	75140	11030	174	9492	1292	—	220	—	23516	20661	15063	—

说明：1994 年其他中长期贷款栏中含地方经济开发贷款数；1994、1995、1996、1997、1998、1999 年其他短期贷款小计中含三资企业贷款 55 万元、1078 万元、440 万元、426 万元、280 万元、280 万元

1991~2005年金乡县各商业银行、农村信用社贷款余额统计表

表18-3-4　　　　　　　　　　　　　　　　　　　　　　　　　　单位：万元

年度 \ 单位 / 数量	中国农业银行金乡县支行				中国工商银行股份有限公司金乡支行				中国建设银行股份有限公司金乡支行			中国银行股份有限公司金乡支行	金乡县农村信用合作联社			
	年末各项贷款余额	其中 工业贷款	其中 农业贷款	其中 商业贷款	年末各项贷款余额	其中 工业贷款	其中 商业贷款	其中 其他贷款	年末各项贷款余额	其中 工业贷款	其中 商业贷款	年末各项贷款余额	年末各项贷款余额	其中 工业贷款	其中 农业贷款	其中 商业贷款
1991	27757	1180	780	25797	8151	5264	2379	526	—	—	—	—	10100	4500	3300	2300
1992	28970	1245	935	26790	8870	5362	2702	806	—	—	—	—	12400	5700	4000	2700
1993	32700	1365	1126	20309	9445	5504	3187	754	—	—	—	—	14566	6732	4764	3070
1994	10446	328	1933	8185	9435	5467	3214	754	—	—	—	1170	18800	7463	5596	5741
1995	12666	378	2654	9634	10590	6352	3178	1060	—	—	—	1769	23958	8271	7637	8050
1996	15366	380	2866	12120	13880	6306	2929	3645	—	—	—	2486	40021	9111	11577	19333
1997	17456	382	5231	11843	12930	6574	2949	3407	—	—	—	3261	49536	10794	16327	22415
1998	20789	732	5728	14329	13164	6853	2718	3593	—	—	—	3221	50631	11739	22324	16568
1999	22560	821	5918	15821	12478	5976	2703	3779	—	—	—	3062	50070	15724	27199	7147
2000	19349	697	5420	13232	11512	5185	1639	4688	8349	5200	3149	3331	55812	16457	32188	7167
2001	17436	672	5330	11434	14349	5166	1639	7544	9619	5319	4300	4920	62667	16787	32526	13354
2002	38835	797	9651	28387	18964	5887	2100	10977	12437	7121	5316	5899	68484	15212	42130	11142
2003	37356	521	13512	23323	19208	6678	2030	10500	16114	12012	4102	5759	76824	21283	44471	11070
2004	6710	—	1605	5105	20800	5576	1954	13270	11220	6110	5110	1228	78286	10576	59603	8107
2005	8947	—	2592	6355	15214	2330	—	12884	21905	11505	10400	2025	94790	11176	75502	8112

第三节 结 算

结算方式

1991~1996 年，现代电子网络技术的汇兑方式逐渐替代手工模式下的信汇、电汇。

1997 年 1 月 21 日，“人民银行全国电子联行系统”正式运行，改变了银行汇兑结算依靠邮路传递凭证信息的方式。

2005 年 1 月 17 日，“中央银行会计集中核算系统”正式运行，该系统将核算主体上收至中心支行，县支行成为营业网点，结算业务统一由中心支行办理。是年 3 月 9 日，国库内部往来正式运行，县级国库使用内部往来为与上级国库进行资金清算，更加迅速地上解各级收入，使县级国库真正实现“单独核算，自求平衡”。是年 7 月 1 日，金乡县正式运行税库银横向联网系统，架通银行、税务、国库三个部门之间的桥梁，实现税款征收、上解、入库的电子化和自动化等现代化办公模式。

中国农业银行金乡县支行

1991~1999 年逐渐由手工汇兑向电子网络汇兑方式转变，结算方式有支票、银行汇票、委托收款、托收承付、信汇、电汇等。2000 年开通了“西联汇款”，2005 年开通了漫游汇款，极大提高了国内、外客户结算效率。

联行结算

1991 年，采取省分行编制对账表，分寄收报行对账的方法。1993 年，大额汇款通过人民银行转汇办法正式实施。1999 年 8 月，山东辖区内的农村信用社实现自由签发汇票、解付汇票，自由汇兑。2005 年 3 月 14 日，大额支付系统上线，采取逐笔实时方式处理支付业务，全额清算资金。处理同城和异地、商业银行跨行之间和行内的各种大额贷记业务。

中国农业银行金乡县支行　1991 年 ~1997 年，联行业务手工结算，按月核对。1997 年以后联行结算脱离手工。2000~2005 年，数据集中在农行山东省分行，系统内实时清算，当天核对。

结算管理

1991 年，县人行组织辖区内金融机构对结算秩序进行清理整顿。

1996 年 1 月 1 日起，实施第八届全国人民代表大会常务委员会第十次会议通过的《中华人民共和国票据法》。

1997 年 12 月，施行《支付结算办法实施细则》，同时废止 1989 年 2 月印发的《中国人民银行山东省银行结算办法实施细则》。2000 年 7 月 1 日起，施行第九届全国人民代表大会常务委员会第十二次会议修订通过的《中华人民共和国会计法》。

2005 年 4 月 25 日，全国人民币账户管理系统正式运行，人民银行总行建立数据处理中心。处理中心储存全国所有存款人开户银行代码、账号、身份证号码等信息，并以此为索引，依法对管理、使用全国人民币银行结算账户信息，对各类银行结算账户的开立和使用实行有效监控，及时发现和纠正违规开立和使用账户的行为，防止存款人利用银行结算账户套取现金、偷逃税款、逃废债务和洗钱等违法违规活动。

同城票据交换

同城票据交换，亦称票据清算，是指人民银行县（市）支行组织同一城市辖域内各银行机构对相互代收、代付的票据，按照规定时间和要求通过票据交换所集中进行交换并清算资金的一种经济活动。1991~2002 年 5 月，金乡县城市同城清算在辖区内进行。2002 年 6 月 26 日，金乡县同城清算正式加入《济宁市同城资金网络清算系统》，依托济宁市金融数据网，处理同城票据交换和跨系统异地资金汇划，实现济宁市区域内可相互提出、提入各类票据的大区域同城票据交换体系。

第四节 资金管理

现金管理

1991~1994 年，金乡县现金管理实行指令性计划管理制度，严格抑制消费基金的过快增长。对社会单位使用现金实行限额管理，严格控制库存

限额，对经营人民币的金融机构严格核定库存现金，严格控制全年的现金投放回笼数额。

1996 年，坚持适度从紧的货币方针，严格执行上级行下达的年度信贷计划，灵活调度计划、调剂资金。对超过现金结算点的，要求通过转账办理，建立《工资基金管理手册》和审批登记制度。各专业银行加强非生息资产管理，逐步压缩非生息资金占用；经常核算、预防出现透支；压缩库存占用，及时调度资金，努力不超限额。

1995~1999 年，实行大额现金管理制度。大额现金提取的限额最高起点为单笔 0.5 万元，单笔提取超过 3 万元的，各行、社要报当地人民银行备案，单笔提取超过 5 万元的，须经当地人民银行审批。

2003 年初，人民银行把反洗钱工作正式提上工作日程，实行异常大额（20 万元以上）存取款报告制度。同年 12 月，大额现金报备案实行电子化管理，开户单位临时存款账户和专用账户提取现金须经人民银行批准，并实行限额管理。

1991~2005 年，在重点审查大额现金支付的基础上，重新核定开户单位库存限额和坐支限额，对限额执行情况进行检查，现金投入数量明显减少。

县农村信用联社

1991~1998 年 5 月，县信用联社现金存放于人民银行金乡县支行金库管理。1992 年 4 月，县信用联社开始执行提取 50 万元现金报人民银行制度。1992 年 7 月，县信用联社执行提取 5 万元现金需经会计主管授权审批制度。1998 年 6 月，县信用联社现金存款地点由人民银行金乡县支行改为存入于中国银行金乡县支行金库。

信贷资金管理

1991 年，人民银行金乡县支行充分发挥金融监管职能，继续贯彻《中国人民银行对金融机构贷款管理暂行办法》，对辖区金融机构发放贷款实行“统一计划、分级管理”和“限额管理、余额监控”管理办法，优化贷款投向、盘活资金存量、加速资金周转，促进国民经济良性循环。

1993 年，人民银行加强对资金拆借的宏观管理。金融机构用于拆出的资金只能是交足法定准备金、留足备付金之后的超额储备，并且要先归还人民银行的到期贷款后再拆出。

1994 年，贯彻执行人民银行《信贷资金管理暂行办法》，按照“总量控制、比例管理、分类指导、市场融通”原则，加强对金融机构货币信贷运行情况的监管。

1998 年 1 月，人民银行取消对国有商业银行贷款限额控制，推行资产负债比例管理和风险管理，实行“计划指导、自求平衡、比例管理、间接调控”的信贷资金管理体制。

利率管理

金乡县各金融机构均统一执行国家政策规定和中国人民银行的利率规定，并接受县人行的利率监管。

1991 年，实行了丙种外币存款计息办法。当年 4 月 21 日，人民银行将一年期整存整取城乡居民和单位存款利率降为 7.56%，流动资金贷款利率降为 8.64%。

1993 年 3 月 1 日起，执行新的《储蓄管理条例》，最大区别是定期存款提前支取按活期计息，不再执行原来的分段计息。当年 5 月 15 日、7 月 11 日，连续 2 次提高存、贷款利率。

1995 年，取消部分贷款的优惠利率。

1996 年 5 月 1 日至 2002 年 2 月 21 日，人民银行先后 8 次降低存、贷款利息。

2004 年 10 月 29 日，适当提高存款利率。

流动资金贷款利率，允许金融机构上下浮动，但不准超过国家规定的限度。1995 年 7 月 1 日起，县内各金融机构对流动资金贷款利率可上浮 20% 或下浮 10%；城市信用社可上浮 50%；农村信用社可上浮 60%。1996 年 5 月 1 日起，各专业银行、城市信用社可上浮 10%，农村信用社可上浮 40%。对逾期贷款、积压有问题贷款和挤占挪用贷款，按人民银行贷款基准利率加 20%~100% 的罚款。

1990~1999 年金乡县金融机构储蓄存款利率表

表 18-3-5　　单位：年利率 %

调整日期			活期	整存整取							零存整取		
年	月	日		3 个月	半年	一年	二年	三年	五年	八年	一年	二年	三年
1990	4	15	2.88	6.3	7.74	10.08	10.98	11.88	13.69	16.2	8.28	10.08	11.88
	8	21	2.16	4.32	6.48	8.64	9.36	10.08	11.52	13.68	7.2	8.64	10.08
1991	4	21	2.16	3.24	5.4	7.56	7.92	8.28	9.0	10.08	6.12	6.84	7.56
	7	1	1.8	—	—	—	—	—	—	—	—	—	—
1993	5	15	1.8	4.86	7.2	9.18	9.9	10.8	12.06	14.58	7.2	9.18	10.8
	7	1	2.16	—	—	—	—	—	—	—	—	—	—
	7	11	3.15	6.66	9.0	10.98	11.7	12.24	13.86	17.1	9.0	10.98	12.24
1996	5	1	2.97	4.86	7.2	9.18	9.9	10.8	12.06	—	7.2	9.18	10.8
	8	23	1.98	3.33	5.4	7.47	7.92	8.28	9.0	—	5.4	7.47	8.28
1997	10	23	1.71	2.88	4.14	5.67	5.94	6.21	6.66	—	4.14	5.67	6.21
1998	3	25	1.44	2.88	4.14	5.22	5.58	6.21	6.66	—	4.14	5.67	6.21
	7	1	1.44	2.79	3.96	4.77	4.86	4.95	5.22	—	3.96	4.77	4.95
	12	7	1.44	2.79	3.33	3.78	3.96	4.14	4.5	—	3.33	3.78	4.14
1999	6	10	0.99	1.98	2.16	2.25	2.43	2.7	2.88	—	1.98	2.16	2.25

2002~2005 年金乡县金融机构存款利率表

表 18-3-6　　单位：年利率 %

种类 \ 利率 \ 调整日期				2002.02.21	2004.10.29	2005.03.17
城乡居民和单位存款	活期			0.72	0.72	0.72
	定期	整存整取	三个月	1.71	1.71	1.71
			半年	1.89	2.07	2.07
			一年	1.98	2.25	2.25
			二年	2.25	2.70	2.70
			三年	2.52	3.24	3.24
			五年	2.79	3.60	3.60
		零存整取、整存零取、存本取息	一年	1.71	1.71	1.71
			三年	1.89	2.07	2.07
			五年	1.98	2.25	2.25
		定活两便		按一年期以内定期整存整取同档次利率打六折执行		
通知存款	一天			1.08	1.08	1.08
	七天			1.62	1.62	1.62
协定存款				1.44	1.44	1.44

1991~2004年金乡县金融机构人民币贷款基准利率

表18-3-7　　　　单位：年利率%

调整时间 年	调整时间 月	调整时间 日	6个月以内（含6个月）	6个月至一年（含1年）	1至3年（含3年）	3至5年（含5年）	5年以上
1991	4	21	8.10	8.64	9.00	9.54	9.72
1993	5	15	8.82	9.36	10.80	12.06	12.24
	7	11	9.00	10.98	12.24	13.86	14.04
1995	1	1	9.00	10.98	12.96	14.58	14.76
	7	1	10.08	12.06	13.50	15.12	15.30
1996	5	1	9.72	10.98	13.14	14.94	15.12
	8	23	9.18	10.08	10.98	11.70	12.42
1997	10	23	7.65	8.64	9.36	9.90	10.53
1998	3	25	7.02	7.92	9.00	9.72	10.35
	7	1	6.57	6.93	7.11	7.65	8.01
	12	7	6.12	6.39	6.66	7.20	7.56
1999	6	10	5.58	5.85	5.94	6.03	6.21
2002	2	21	5.04	5.31	5.49	5.58	5.76
2004	10	29	5.22	5.58	5.76	5.85	6.12

2002~2005年金乡县金融机构贷款利率表

表18-3-8　　　　单位：年利率%

<table>
<tr><th colspan="4">调整日期 / 利率 / 种类</th><th>2002.02.21</th><th>2004.10.29</th><th>2005.03.17</th></tr>
<tr><td rowspan="2">短期贷款</td><td colspan="3">六个月以内（含六个月）</td><td>5.04</td><td>5.22</td><td>5.22</td></tr>
<tr><td colspan="3">六个月至一年（含一年）</td><td>5.31</td><td>5.58</td><td>5.58</td></tr>
<tr><td rowspan="3">中长期贷款</td><td colspan="3">一至三年（含三年）</td><td>5.49</td><td>5.76</td><td>5.76</td></tr>
<tr><td colspan="3">三至五年（含五年）</td><td>5.58</td><td>5.85</td><td>5.85</td></tr>
<tr><td colspan="3">五年以上</td><td>5.76</td><td>6.12</td><td>6.12</td></tr>
<tr><td>贴现</td><td colspan="6">在再贴现利率基础上，按不超过同期贷款利率（含浮动）加点</td></tr>
<tr><td rowspan="5">住房贷款</td><td rowspan="2">个人住房公积金贷款</td><td colspan="2">五年以下（含五年）</td><td>3.60</td><td>3.78</td><td>3.96</td></tr>
<tr><td colspan="2">五年以上</td><td>4.05</td><td>4.23</td><td>4.41</td></tr>
<tr><td rowspan="3">商业银行自营性住房贷款</td><td colspan="2">住房开发贷款</td><td colspan="3">执行相应档次法定贷款利率</td></tr>
<tr><td rowspan="2">个人住房贷款</td><td>五年以下（含五年）</td><td>4.77</td><td>4.95</td><td>—</td></tr>
<tr><td>五年以上</td><td>5.04</td><td>5.31</td><td>6.12</td></tr>
<tr><td>信托贷款</td><td colspan="6">由委托双方在不超过同期同档次利率水平（含浮动）的范围内协商确定</td></tr>
<tr><td>租赁贷款</td><td colspan="6">按同期同档次法定贷款利率（含浮动）执行</td></tr>
<tr><td>说　明</td><td colspan="6">中国人民银行决定，从2005年3月17日起，调整商业银行自营性个人住房贷款政策。个人住房贷款利率不再实行现行优惠利率，而回复到同期贷款利率水平，实行下限管理，下限幅度不低于同期贷款基准利率的0.9倍（即5.51%）</td></tr>
</table>

第五节　外汇管理

管理体制

1991年，金乡县开通侨汇、台汇业务。1994年初，实施“银行结售汇制、汇率并轨、建立银行间外汇交易市场”等一系列重大改革，并于1996年11月实现人民币经常项目可兑换。

经常项目可兑换　经常项目外汇收入实行银行结汇制度。截至1997年10月底，金乡县经营及代理外汇业务的外汇银行有中国银行金乡支行、中国建设银行金乡县支行。2002年，中国农业银行金乡县支行取得外汇指定银行资格。2004年9月中国工商银行金乡县支行、中国建设银行金乡支行取得经营结售外汇业务资格。2005年6月中国银行金乡支行取得经营结售外汇业务资格。

经常项目外汇账户管理　1997年10月15日，允许符合一定条件的中资企业开立外汇账户，保留一定限额经常项目外汇收入。此后，又3次调整经常项目外汇账户管理政策，放宽中资企业的开户标准和限额管理。2005年年底，全县共开立企业经常项目账户34户，其中结算账户1户，余额合计为18.5万美元。

个人因私用汇　在真实性需求的基础上逐步向便捷宽松的方向发展。1994年，个人出境旅游换购60美元，2005年8月，为有实际出境行为的个人出境时间为半年以下的每人每次换购5000美元、半年以上的换购8000美元，没有实际出境行为的调整为5000美元。2001年年初，允许中国境内居民从事B股（人民币特种股票）投资，为国内持有外汇的居民提供新的投资渠道。

外债管理

1987年8月27日，执行国家外汇管理局发布的《外债统计监测暂行规定》，对外债实行登记管理制度。1998年1月1日，国家外汇管理局重新发布《外债统计监测实施细则》，以准确、及时、完整的统计全国的外债信息，加强对外债资金流出入的管理，同时废止了1989年11月10日国家外汇管理局发布的《外债登记实施细则》。2003年3月1日起，施行《外债管理暂行办法》，规范举借外债行为，提高外债资金使用效益，防范外债风险。

第六节　银行服务

1991~2005年，金乡县各金融机构坚持金融为经济服务的基本指导方针，不断转变服务理念，创新服务手段，提供便利化、多样化、个性化的金融产品，信贷结构和质量不断提升，特别是在历次宏观调控中有效发挥了金融杠杆作用，推动全县经济结构调整和经济发展方式的转变，在国民经济发展中的核心作用显著提升。

代发工资

1991年3月，工商银行金乡县支行开始办理代发工资业务。1993年，农行金乡县支行为全县部分机关、企事业单位开办代发工资服务，当年，为6家企事业单位、787名企事业单位员工代发工资94万元。1994年，代发工资业务迅速增长，至2005年，全县各单位均采取由银行代发工资模式。同年，县工商行代发工资总人数11586人，代发工资总金额1.56亿元。

1991~2005年中国工商银行金乡县支行代发工资统计表

表18-3-9　　单位：万元

年度	人数	金额	年度	人数	金额	年度	人数	金额
1991	480	62	1996	7585	3035	2001	11032	9540
1992	502	64	1997	7660	3039	2002	11108	12752
1993	780	146	1998	10120	6072	2003	11282	14088
1994	3865	1546	1999	13866	10093	2004	12305	15997
1995	7020	2668	2000	13820	9161	2005	11586	15642

代收费用

1999 年 9 月，县工商行开始办理代收费用。2000 年，县农行为国税局代收税款，2001 年为公路、交通部门代收管理费，为移动公司、联通公司代收话费，为法院代收诉讼费，为财政代收罚没款，为学校代收学杂费等行政事业性代收费。到 2005 年底，在县工商行办理代收费用的单位有 3 家，全年代收费用 5600 余万元。

代售国库券

1990 年起，县农行代售国库券，并按期完成销售任务。1991 年，县工商行代理发行国债，当年代售 2 期共 52 万元。2004 年起，国库券实行网上销售。2005 年，县农行代理销售 5 期国债 988 万元；县工商行代售 5 期 250 万元。

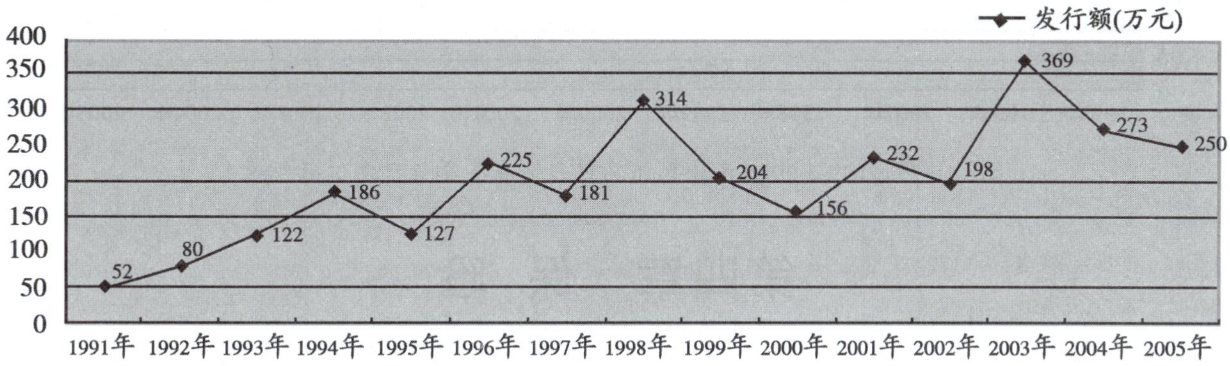

图 18-2　1991~2005 年中国工商银行金乡县支行代销凭证式国债图

代售寿险

2002 年，县工商行与保险公司合作，开始代理销售储蓄型寿险保险。当年销售 41 万元，2003 年销售 62 万元，2004 年销售 402 万元，2005 年销售 83 万元。

2002 年 3 月，县农行开办代理保险业务，至 2005 年，代理保费收入 480 万元；同时代理发行富国天瑞、国联分红增利、国泰货币市场、鹏华货币市场、交银施罗德精选股票基金、湘财荷银货币市场等 6 只基金共 315 万元。

推行信用卡

1993 年 9 月，县农行成立信用卡部，发行第一张信用卡（金穗准贷记卡）。当年底，发行个人金穗准贷记卡 686 张，单位卡 4 张；发展特约单位 3 个，金穗卡营业处 9 个。1994 年，发行万事顺借记卡 490 张、泰山借记卡 506 张。1995 年，增发金穗借记卡，当年发行 478 张。1996 年，信用卡存量 5257 张，卡存款 755 万元。优化客户用卡环境，信用卡部安装 POS（多功能销售终端）系统，除中心网络机外，在金贵酒厂、百货大厦、副食品公司批发部等处先后安装 POS 机 6 台，实现自动授权。1999 年年底，发卡量 1.06 万张，比年初增加 2148 张，信用卡存款 826 万元，累计刷卡消费 537 万元。2000 年年底，金穗信用卡存量 1.31 万张，当年发卡 3271 张。2001 年，新发信用卡 9760 张，卡存款新增 710 万元，完成全年发卡计划的 138%；信用卡存量 1.65 万张，卡消费 1002 万元。2003 年，拓展特约商户 3 家，发卡 6408 张，累计卡消费 1197 万元。2004 年，开办网上银行业务，全年营销个人网上银行客户 211 户，企业客户 5 户，网银交易 1.98 亿元，同年 5 月，增加服务功能，推行了“95599”电话银行业务，方便客户资金结算和业务咨询。2005 年 8 月，推出金穗贷记卡业务，当年发卡 312 张。当年年底，银行卡存量 3.95 万张，比年初增加 6787 张，银行卡存款余额 9220 万元，累计银行卡消费 3855 万元，当年，营销个人网银客户 186 户，企业客户 7 户，网上银行业务交易量 2.49 亿元。

1995 年，县工商行开始推出信用卡业务，均为牡丹卡，可透支消费，按透支额收取透支利息。2002 年，增加牡丹灵通卡、牡丹贷记卡，可先消费后还款，次月 25 日前归还透支额，可享受最长 56 天的透支免息优惠。

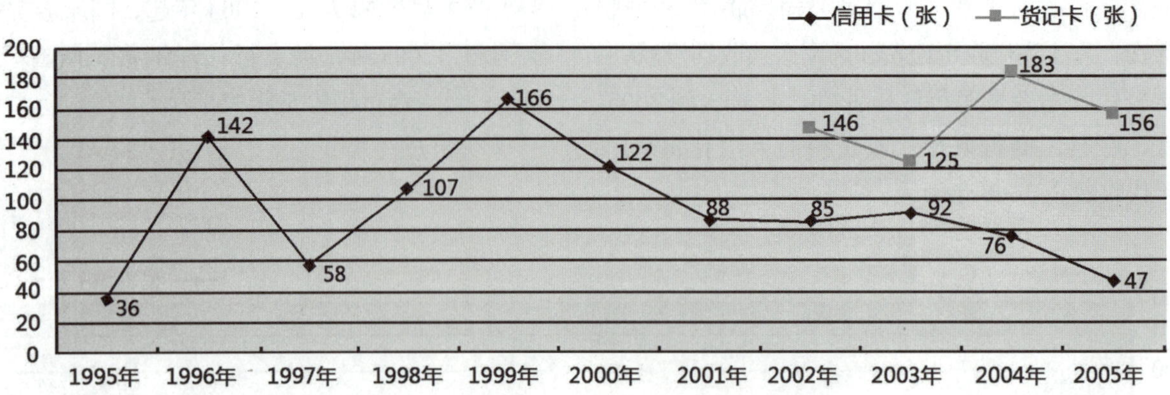

图 18-3　1991~2005 年中国工商银行金乡县支行推发信用卡图

第四章　保　险

1984 年 1 月，金乡县保险公司成立。1996 年，中国人民保险公司金乡分公司由 1 家分设为 2 家。同年，中国太平洋保险股份有限公司金乡营销服务部成立。全县保险业进入竞争发展的新时期。1991~1995 年，中国人民保险公司金乡县支公司实现保费收入 4468.1 万元，支付各种赔款（给付）2230.4 万元，理赔款占保费总收入的 49.9%。2000 年，中国人民财产保险股份有限公司金乡县支公司、中国人寿保险股份有限公司金乡县支公司和中国太平洋保险股份有限公司金乡营销服务部共实现保费收入 2198 万元，支付赔款 961 万元；2005 年，保费收入 4511.33 万元，支付赔款 1286 万元，分别是 2000 年的 2.05 倍、1.34 倍。

第一节　保险机构

中国人民保险公司金乡县支公司

1979 年 4 月，中国人民银行金乡县支行设保险股，代办保险业务；1980 年 4 月，对外称金乡县保险公司，经理由行长兼任，实为一个机构两个牌子。1984 年 1 月，中国人民保险公司金乡县支公司正式成立，内设人秘、会计、计财 3 股。1991 年，公司内设人秘科、计划财务科、车辆保险科、企财保险科和人身保险科，正式职工 24 人。1995 年，增设农业保险科，有正式职工 32 人。1996 年 4 月，中国人民保险公司金乡县支公司财险、寿险分营，分别成立中保财险金乡县支公司和中保人寿金乡县营业部。

中国人民财产保险股份有限公司金乡支公司

1996 年，中国人民保险公司重组为中国人民保险（集团）公司，下设中保财产保险有限公司、中保人寿保险有限公司和中保再保险有限公司。同年 4 月，中保财险金乡县支公司成立。1999 年 6 月，中国人民保险（集团）公司再次重组，撤销集团公司。中保财险金乡县支公司改称中国人民保险公司金乡县支公司。2003 年 7 月，经国务院同意、中国保监会批准，中国人民保险公司改制，设立中国人民财产保险股份有限公司，中保公司金乡县支公司随之更名为中国人民财产保险股份有限公司金乡支公司。2005 年，公司内设经理室、综合部、销售一部、销售二部、销售三部、业务部、财务科、理赔部、营业室，职工 32 人。

中国人寿保险股份有限公司金乡支公司

正科级单位。1996年4月，从中国人民保险公司金乡县支公司析出，时称中保人寿保险公司金乡县营业部，专门从事人寿保险业务。1997年8月，中保人寿保险公司金乡县营业部购建了固定的经营场所，办公地点由文峰路57号迁址金山街北段西侧。1999年6月，中国人民保险（集团）公司再次重组后，中保人寿保险有限公司更名为中国人寿保险公司，成为国有控股的独立法人。同年10月，中保人寿保险公司金乡县营业部更名为中国人寿保险公司金乡县支公司。2003年6月，中国人寿保险公司独家发起设立中国人寿保险股份有限公司，中国人寿保险公司金乡县支公司随之更名为中国人寿保险股份有限公司金乡支公司，隶属中国人寿保险股份有限公司济宁分公司。2005年，公司内设经理室、办公室、财务室、个险部、团险部、中介部，正式员工9人；在县城设有3个展业区，13个乡镇均设代理网点，与县邮政局和各商业银行签订代理协议，代理业务人员400余人。公司固定资产400余万元。

中国太平洋财产保险股份有限公司金乡营销服务部

正科级单位。成立于1996年1月，前身是中国太平洋财产保险股份有限公司金乡营销服务部，隶属中国太平洋保险股份有限公司济宁分公司。内设机构有经理部、业务科、理赔部、财务科、办公室，从业人员18人。1997年8月，根据上级要求成立寿险科，开展人寿险类业务。2000年，建成中国保险业界第一个贯通全国、联结全球的电子商务系统（网址：www.cpic.com.cn），开通全国统一客户服务电话：95500。2001年，财产险、寿险分业经营，名称更换为中国太平洋财产保险股份有限公司金乡营销服务部，隶属中国太平洋财产保险股份有限公司济宁中心支公司。内设经理室、业务部、财产部、理赔部，从业人员15人，其中正式员工5人。

2005年，在金乡县开展保险业务的除上述单位外，中国新华保险股份有限公司、中国平安人寿保险股份有限公司、中国民生人寿保险股份有限公司、中国泰康保险股份有限公司也相继在金乡县设立了分支机构，开展相关业务。

第二节 保费收入

中国人民保险公司金乡县支公司

1991~1995年，开办企业财产险、家庭财产险、货物运输险、人身意外险等30多个险种，实现保费收入共计4468.1万元，其中1991年实现保费收入526.8万元，1992年1111.8万元，1993年830.4万元，1994年888.1万元，1995年1113.6万元；保费收入平均年递增20.58%。

1991~1995年中国人民保险公司金乡县支公司保费收入情况表

表18-4-1

险种		1991	1992	1993	1994	1995
国内业务	企业财产	87.7	119.5	86	159.6	217
	家庭财产	25.2	39.6	24.5	18.3	32.1
	货物运输	10.2	14.6	—	8.1	10.2
	农　业	—	22.7	8.8	27.3	11.3
	机动车辆	142.4	160.5	257.8	404.4	528.4
	人身意外	47	103.4	87	153.8	123.4
	其　他	1.7	—	8.5	6.2	4.3
寿险业务	简易人身	6.1	5.8	0.7	1.5	—
	团体人寿	12.3	21.8	5.9	0.5	0.3

（表头斜线：年度 / 金额 / 险种）

续表 18-4-1

险种 \ 金额 \ 年度		1991	1992	1993	1994	1995
寿险业务	养老年金	193.3	617.7	346.3	56.5	88.2
	其 他	0.9	6.2	4.9	51.9	98.4
合 计		526.8	1111.8	830.4	888.1	1113.6

中国人民财产保险股份有限公司金乡支公司

1996年财险、寿险机构分设后，公司主要经营家庭财产保险、企业财产保险、机动车辆保险、货物运输保险等50多个险种。2000~2005年，实现保费收入5689.01万元，其中2000年898万元，2001年991万元，2002年868万元，2003年1003万元，2004年974.5万元，2005年954万元。

2000~2005年中保财险股份有限公金乡支公司保费收入情况表

表 18-4-2　　单位：万元

险种 \ 金额 \ 年度	2000	2001	2002	2003	2004	2005
财产保险	110.2	113.76	137.8	154.5	123.83	148
车辆保险	779.9	870.5	723.59	840.23	840.7	799.6
人身意外保险	6.3	6.1	5.7	7.17	8.8	5.5
货运保险	1.68	1.14	0.91	1.1	1.2	0.8
合 计	898.08	991.5	868	1003	974.53	953.9

中国人寿保险股份有限公司金乡支公司

1996年财险、寿险机构分设后，公司主要开展重大疾病、意外伤害、终身寿险、少儿保险等险种。1996~2005年，实现保费收入1.4亿元，年均增长35.1%。其中2004年完成保费收入3872.63万元，是1996年的10.27倍。

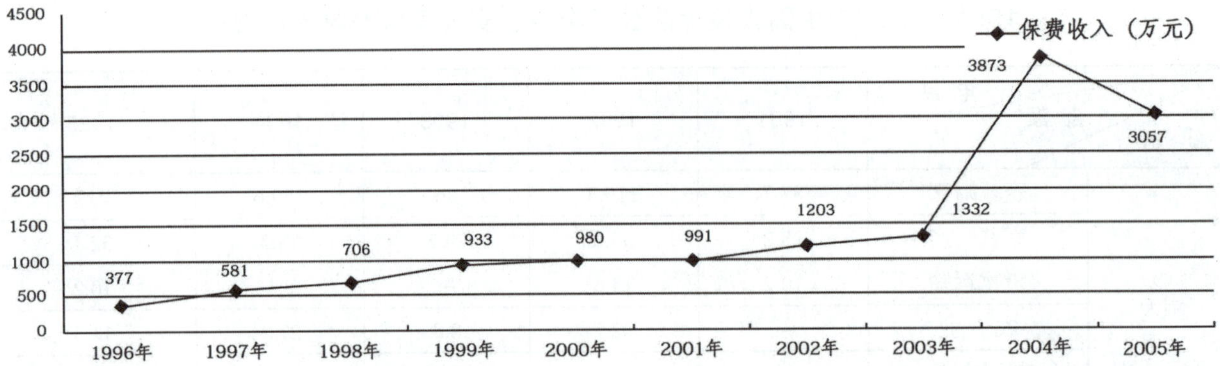

图 18-4　1991~2005年中国人寿保险股份有限公司金乡县支公司保费收入图

中国太平洋财产保险股份有限公司金乡营销服务部

1996~2005年，先后开办家庭财产、企业财产、人身意外、机动车辆、医疗事故多个险种，实现保费收入3410万元，年均增长11.68%。其中2005年完成保费收入500万元，是1996年的2.5倍。

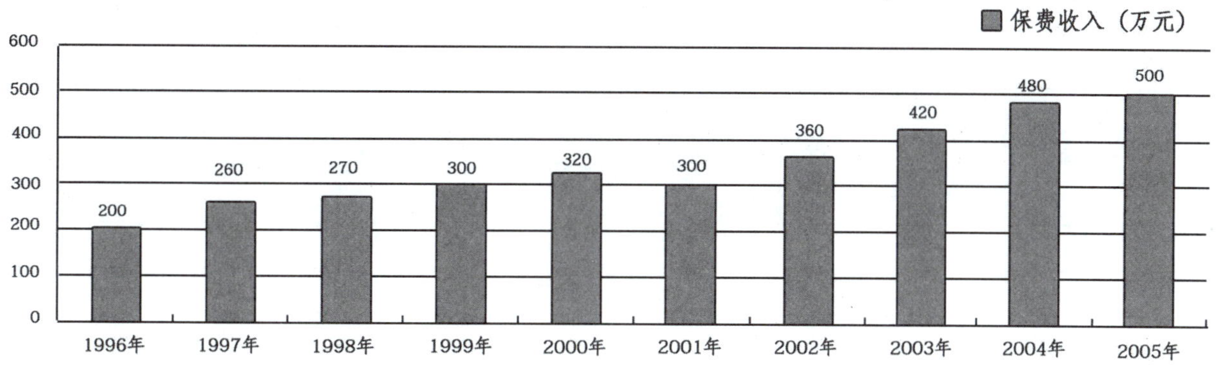

图 18-5　1991~2005 年太平洋财产保险股份有限公司金乡营销服务部保费收入图

第三节　保险理赔

中国人民保险公司金乡县支公司

1991~1995 年，共支付各种赔款（给付）2230.4 万元，占保费总收入的 49.91%。其中 1991 年 185.7 万元，1992 年 385.9 万元，1993 年 480.2 万元，1994 年 500.9 万元，1995 年 677.7 万元。缴纳地方各种税金 200 万元。

1991~1995 年中国人民保险公司金乡县支公司理赔情况表

表 18-4-3　　单位：万元

险种	金额 \ 年度	1991	1992	1993	1994	1995
国内业务	企业财产	19.9	62.3	64.8	96.6	127.4
	家庭财产	14.2	41.5	33.6	23.1	23.9
	货物运输	2.5	8	0.3	—	—
	农　业	1.5	12	3.6	2.5	41.7
	机动车辆	110.7	203.5	275	246.5	381.8
	人身意外	31.3	46.2	60.8	107.8	67
	其　他	4.7	3.5	2	6.8	4.7
寿险业务	简易人身	0.1	0.1	0.1	8.9	2.5
	团体人寿	0.7	8.1	4.6	5.2	1.5
	养老年金	0.1	0.6	35.4	3.4	3.4
	其　他	—	0.1	—	0.1	23.8
合计	—	185.7	385.9	480.2	500.9	677.7

中国人民财产保险股份有限公司金乡支公司

2000~2005 年，共支付各种赔款 3474.7 万元，占保费总收入的 61.08%。其中 2000 年 450 万元，2001 年 390 万元，2002 年 486.3 万元，2003 年 590 万元，2004 年 754.4 万元，2005 年 804 万元。

2000~2005年中保财险股份有限公司金乡支公司理赔情况表

表 18-4-4　　　　单位：万元

险种＼金额＼年度	2000	2001	2002	2003	2004	2005
财产保险	71.2	69.5	109.2	127.6	131.9	51.2
车辆保险	375.3	316.9	372.9	459.1	619.5	748.5
人身意外保险	2.9	2.7	3.1	2.5	2.3	3.1
货运保险	0.6	0.9	1.1	0.8	0.7	1.2
合　计	450	390	486.3	590	754.4	804

中国人寿保险股份有限公司金乡支公司

1996~2005 年，共理赔 1.6 万人次，支付各种赔款 1664.69 万元，占保费总收入的 11.89%。人均支付赔款 1040 元。

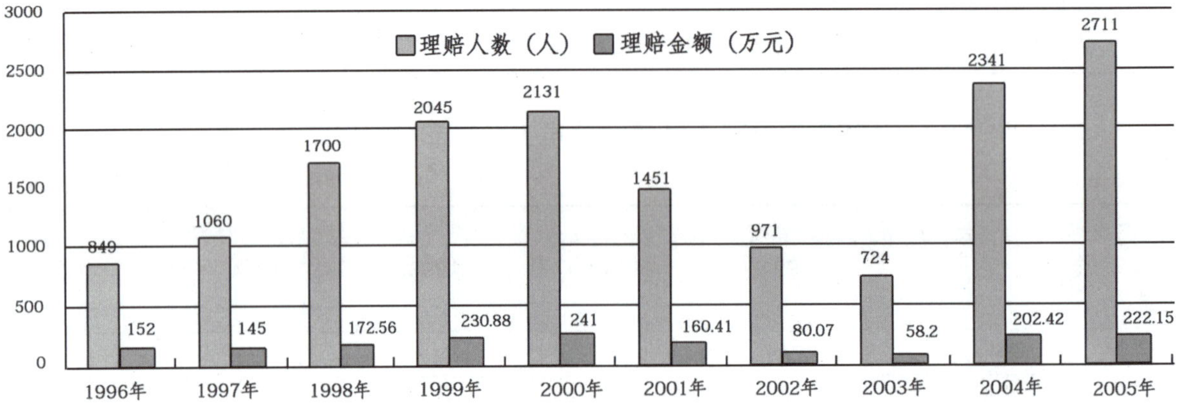

图 18-6　1996~2005 年中国人寿保险股份有限公司金乡县支公司保险理赔图

中国太平洋财产保险股份有限公司金乡营销服务部

1996~2005 年，共理赔 1742 件，支付各种赔款 2055 万元，占保费总收入的 60.26%。件均支付赔款 1.18 万元。

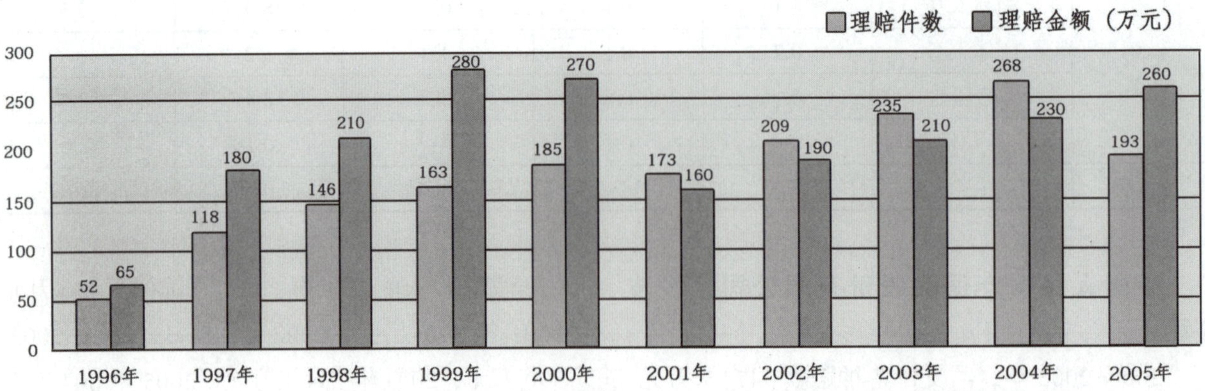

图 18-7　1996~2005 年太平洋财产保险股份有限公司金乡营销服务部保险理赔图

第五章 农村合作基金会

农村合作基金会，是在20世纪八九十年代农村改革和农村商品经济发展中应运而生的产物。是在资金所有权及其相应的收益权不变的前提下，由乡村集体经济组织和农户按照自愿互利、有偿使用的原则而建立的社区性资金互助合作组织。

农村合作基金会聚集的资金投入，不以赢利为目的，不得跨地区、跨行业投放；投入对象是筹集资金范围内的农村集体经济组织、联产承包单位和入股会员；投放重点是种植、养殖业和农产品贮藏、运销及加工业。农村合作基金会的资金实行有偿使用，资金占用费率比照农村信用合作社的利率标准执行。

1995年2~5月份，金乡县14个乡镇相继成立了农村合作基金会。最高存款余额为3.79亿元。

全县农村合作基金会建立之初，按照上级文件规定，规范经营行为，为乡村企业提供资金保障，有效缓和了银行和信用社资金供应不足的矛盾，及时解决了内部成员小额短期资金需求，对深化农村改革，增加农业收入，促进农村生产要素的优化组合，发挥了一定的积极作用。后因管理粗放，导致兑付困难，形成入股会员挤兑现象，至1998年7月相继停业。县、乡两级党委政府及时采取补救措施，至2001年年初，全县农村合作基金会存款余额仍有1.2亿元，贷款余额1.43亿元。

2005年9月，对乡镇债权、债务进行重新清理审定，农民存款余额减少到8614.59万元；贷款余额减少到1.23亿元。2007年下半年，农村合作基金会账务由县财政局基金会清理管理办公室统一接收，分批兑付工作逐年开展。

第十九篇 经济管理

经济管理

新中国成立前，金乡县是个洪、涝、旱、碱、病、虫灾害频发的农业县。1949年，全县只有少数手工业者经营的卷烟、红炉、木业、修配、缫丝等，工业总产值不足100万元。新中国成立后，金乡县经历了土地改革，生产资料私有制的社会主义改造，逐步走上了集体化道路，并建立起以生产资料公有制为基础的计划经济管理体制，农、工、商迅速得到发展。1978年中共十一届三中全会后，县委、县政府按国家规定对国民经济计划管理体制进行改革。1982年，物资计划管理开始淡化并逐步取消。1984年起，逐步缩小指令性计划。1992~1995年，实行指令性计划和指导性计划相结合的计划管理体制，此后，逐步建立起符合社会主义市场经济要求的计划管理体制。2005年，以公有制为主体，多种所有制经济共同发展的经济制度基本形成，政府管理经济行为基本转变为市场行为，经济工作法制化管理水平不断提高，全县经济持续、协调、稳定发展。

第一章 计划管理

1991年，金乡县计划委员会（简称县计划委）下设办公室、综合计划股、工业计划股、农业计划股、物资基建股、信息中心、矿产资源管理办公室。1993年12月政府机构改革，保留县计划委，下设秘书科、综合计划科、投资计划科；矿产资源管理办公室析出。1994年2月设立县经济信息中心，为正科级事业单位，归属县计划委。1997年8月，设立重点项目办公室，为正科级行政单位。2002年5月，县计划委改称金乡县发展计划局。2003年，县发展计划局内设秘书科、综合计划科、固定资产投资科、重点项目办公室（正科级行政单位）、经济信息中心（正科级事业单位）。2005年更名为金乡县发展改革局；原金乡县经济体制改革办公室职能并入县发展改革局。

第一节 计划编制

县发展改革局（计划委）负责全县年度计划、五年计划的编制，并经县政府审查同意提交县人民代表大会审核通过后执行。

年度计划编制

每年初，结合全县实际情况，通过综合分析平衡，按照国家政策及区域布局要求，稳中求进，量力而行，编制年度国民经济和社会发展计划。1992年前，金乡县国民经济和社会发展年度计划仍为指令性计划，对农业总产值、工业总产值、国民收入、农民人均收入、人均占有粮食等国民经济和社会发展的各项指标，均制定的详细、具体，并以任务形式下达。1993年始，年度计划编制转为指导性、预测性。计划内容偏重于地区生产总值、财政收入、农民人均纯收入、固定资产投资、社会消费品零售额、进出口总额、社会新增就业人数、人口自然增长率、工业废水废气处理等经济和社会宏观指标的制订，各分项指标及各行业内部指标由各主管部门具体制订。

五年计划编制

1991~2005年，金乡县依据国家、省、市编制五年计划的方针政策和本县实际，先后编制了“八五”“九五”“十五”3个五年国民经济和社会发展计划。

“八五”（1991~1995年）计划编制 “七五”计划完成后，全县经济进入调整结构、提高效益、协调比例、理顺关系为主要内容的发展阶段。在“八五”计划安排上，突出巩固发展治理成果，进一步推进改革开放，加强宏观调控、微观搞活，“强农、重工、活商、兴科技”，重点是调整结构，提高经济效益，促进经济持续、稳定、协调发展。该计划主要任务是强化农业基础，提高综合生产能力，依靠科技，促进农业向优质、低耗、高产、高效方向发展；推进结构调整，在继续加强基础工业和基础设施的同时，加快加工工业产品结构和企业组织结构的调整；重点发展高技术含量、高附加值、高市场占有率、高创汇产品；坚持高起点、高水平，运用先进实用技术，改造传统产业；优化工业企业外部环境，强化内部管理，促进运营机制转变，增强企业活力。同时，大力发展第三产业；加快建设和培植各类市场要素的发育；增强社会化服务体系的功能，加快外向型经济发展步伐，促使金乡经济全面、高效、快速发展。

“九五”（1996~2000年）计划编制 1993年9月，金乡县委制订通过《关于实施“农贸带动”战略，加快发展金乡经济的决议》。1995年底，以大蒜为主导产业的农业经济发展较快。编制“九五”计划，仍以市场为导向，以效益为中心，立足本地资源优势，巩固发展金乡大蒜在全省、全国形成的独特产业优势，着眼于农副产品加工增值和发展大贸易、大流通，带动二、三产业和外向型经济稳步发展。围绕基地建设、发展龙头企业、拳头产品生产、培育市场体系、建立投入机制、健全科技体系、完善政策措施、转化服务功能、增强经济效益进行科学编制。主要是推进经济结构调整：稳定提高第一产业，巩固和稳定家庭联产承包责任制，积极探索土地流转机制，活化土地使用权，大力发展农村合作经济组织，加快农村经济市场化进程。优化加强第二产业，建立现代企业制度，改革、改制、改组与加强管理相结合，采取租赁、拍卖、破产、兼并、联合等形式，组织实施县属工业企业的改制和规范工作，盘活存量资产，提高企业效益。放手发展第三产业，加速推进科技、财税、投资融资、外经外贸、社会保障等配套制度改革发展，使科教文卫、交通运输、邮电通讯、商贸流通、居民服务等诸多行业充满活力，经济发展步入速度与效益并重的良性轨道。

“十五”（2001~2005年）计划编制 2000年年末，全县农业基础得到巩固，非公有制经济发展壮大，国有企业改革取得新进展，人民生活明显提高。第十个五年计划，总体上不再具有指令性质，而是粗线条的指导性计划。编制计划时，把发展作为第一要务，以“解放思想、干事创业、比学赶超、加快发展”为基调，把经济结构战略性调整作为主线，确立突出工业立县、招商引资、民营经济、农业产业化、外经外贸、城乡建设6个重点。同时，关注生态建设、环保、教育、文化、科技、医疗卫生、体育等各项社会事业；重视精神文明建设、依法行政、反腐倡廉；注重经济与社会协调发展，以满足广大人民群众日益增长的物质文化生活的需要。

第二节 计划执行

县发展改革局（计划委）负责对全县各行业、各部门执行国民经济年度计划和“五年计划”的执行情况进行监督检查，通过检查了解计划运行情况，及时总结经验，找出存在问题，研究解决办法。每年7月，向县人大常委会汇报工作。次年初，向县人民代表大会报告上年国民经济和社会发展计划执行情况和本年度国民经济和社会发展计划（草案）。

1991~1995年，金乡县第八个五年计划各项指标超额完成。地区生产总值，1995年24.5亿元，按可比价计算比1990年增长159.3%，年均增长21%，其中第一产业10.5亿元，比1990年增长118.7%，年均增长16.9%；第二产业6.82亿元，比1990年增长170%，年均增长22%；第三产业7.18亿元，比1990年增长258.9%，年均增长29.1%。人均地区生产总值，1995年4139元，比1990年增加1113元，年均增长30%。地方财政收入，1995年1.1亿元，比1990年增加9000万元，年均增长40%。出口商品交货值，1995年3.1亿元，比1990年增长17.2倍，年均增长78.7%。社会消费品零售总额，1995年4.6亿元，比1990年增长128.9%，年均增长18%；集市贸易成交额，1995年10.1亿元，比1990年增长8.2倍，年均增长55.8%；农民人均纯收入，1995年1896元，

比1990年增加1241元。职工人均工资，1995年4330元，比1990年增加2512元。城乡居民储蓄余额，1995年9.2亿元，比1990年增加6.5亿元。

1996~2000年，在实施第九个五年计划中克服国际、国内各种不利因素影响和制约，取得一定成就。地区生产总值，2000年36.22亿元，比1995年增长47.84%，年均增长9.57%，其中第一产业14.2亿元，比1995年增长30.4%，年均增长5.45%；第二产业8亿元，比1995年增长34.3%，年均增长6%；第三产业14.1亿元，比1995年增长111.2%，年均增长16.1%。人均地区生产总值，2000年6050元，比1995年增长65.2%，年均增长10.6%。地方财政收入，2000年1.2亿元，比1995年增加1000万元，年均增长10.6%。固定资产投资，五年完成27.2亿元，比“八五”期间增长136%，其中，国有单位投资7.8亿元，集体投资3.9亿元，个体投资15.7亿元；技术改造投资完成2.3亿元。社会消费品零售总额，2000年7.1亿元，比1995年增长54.3%，年均增长9%。集市贸易成交额，2000年14亿元，比1995年增长82.8%，年均增长12.8%。农民人均纯收入，2000年2706元，比1995年增加810元。职工人均工资，2000年5500元，比1995年增加1170元。城乡居民储蓄余额，2000年17.3亿元，比1995年增加8.1亿元。

2001~2005年，第十个五年计划执行顺利，综合经济实力进一步增强。全县地区生产总值，2005年60.5亿元，比2000年增长66.7%，年均增长10.8%，其中第一产业19.99亿元，年均增长7.1%；第二产业21.2亿元，年均增长21.5%；第三产业19.31亿元，年均增长6.5%。人均地区生产总值，2005年9900元，比2000年增长3850元，年均增长10.4%。地方财政收入，2005年1.3亿元，年均增长11%。全社会固定资产投资，2005年完成85亿元，比“九五”期间增加2.1倍，其中2000万元以上项目28个、1000万元以上项目42个、500万元以上项目140个。外贸出口总额，2005年1.22亿元，比2000年增加7.2倍，年均增长52%。社会消费品零售总额，2005年20.75亿元，年均增长23.9 %。农民人均纯收入，2005年4246元，比2000年增长56.2%，年均增长9.3%。职工人均工资，2005年9852元，比2000年增长79.1%，年均增长12.4%。城乡居民储蓄余额，2005年33.7亿元，比2000年增加16.4亿元。

1991~2005年金乡县国民经济和社会发展计划及完成情况表

表19-1-1

指标名称			单位	“八五”计划		“九五”计划		“十五”计划	
				计划(1991年)	实际(1995年)	计划(1996年)	实际(2000年)	计划(2001年)	实际(2005年)
地区生产总值	地区生产总值（当年价）		亿元	4.34	24.5	66	36.22	64	60.5
	其中	第一产业	亿元	3.3	10.5	17	14.2	18.1	19.99
		占比重	%	—	42.86	26	39.1	28	33.04
		第二产业	亿元	4.28	6.82	23	8	18.3	21.2
		占比重	%	—	27.76	35	22.1	29	35.04
		第三产业	亿元	—	7.18	26	14.1	27.6	19.31
		占比重	%	—	29.38	39	38.8	43	31.92
	人均地区生产总值		万元	—	0.41	1.08	0.61	0.96	0.99
农业	农业总产值		亿元	2.7	16.5	16	24.2	32	43.24
	主要农产品产量	粮食	万吨	30.5	33.1	35	30	30	10.57

续表 19-1-1

指标名称			单位	"八五"计划 计划（1991年）	"八五"计划 实际（1995年）	"九五"计划 计划（1996年）	"九五"计划 实际（2000年）	"十五"计划 计划（2001年）	"十五"计划 实际（2005年）
农业	主要农产品产量	棉花	万吨	2	1.7	2.2	2.5	2	5.01
		油料	万吨	—	0.33	0.38	0.47	0.515	0.06
		大蒜	万吨	—	24.1	—	44.3	49	59.15
		肉类	万吨	1.32	2.6	5	3.6	5	6.16
		水产品	万吨	450	0.35	0.7	0.63	1	0.65
		水果	万吨	—	1.9	4.7	1.6	3	1.11
工业	工业总产值（当年价）		亿元	4.28	17.7	96	21.3	39.3	80.07
	其中：乡及乡以上工业		亿元	2.54	12.7	32	—	—	—
	限额以上工业企业		亿元	—	—	—	8.3	15.3	44.79
	限额以下工业企业		亿元	—	—	—	—	—	35.9
	工业增加值		亿元	—	2.1	—	2.9	4.6	11.68
	产品销售收入		亿元	—	6.2	—	10.5	21	38.68
	利税总额		亿元	—	0.7	—	1.5	2.8	2.31
	利润总额		亿元	—	0.4	—	0.6	1.1	1.2
交通通信	公路客运量		万人	—	141	29	178	240	244.4
	公路货运量		万吨	135	316	560	—	—	—
	公路货运周转量		亿吨/公里	0.77	2	3.2	3.5	5.6	5.72
	邮电业务总量		亿万元	0.02	0.12	0.61	0.77	2.87	1.23
固定资产投资	全社会固定资产投资		亿元	0.6	3.3	累计35	6.4	12.3	26.7
	其他	国有经济	亿元	—	0.5	18	2	4	6.19
		集体经济	亿元	—	0.6	10	0.2	0.4	
		农村投资	亿元	—	2	—	3.8	7	12.3
		房地产开发	亿元	—	0.1	—	0.3	0.6	0.7
		民营经济	亿元	—	—	—	—	—	7.5
财政收入	财政总收入		亿元	—	1.1	3	1.91	3	2.1
	地方财政收入		亿元	0.22	0.73	—	1.29	2.2	1.3
社会消费品零售总额			亿元	3.3	4.6	13.5	7.1	10.4	20.75
对外经贸	出口商品交货值		亿元	0.28	3.1	13	—	—	—
	自营出口创汇		万美元	—	360	—	1500	4500	12226
	实际利用外资		万美元	—	—	—	208	2000	3492
人均收入	农民人均纯收入		元	700	1896	3800	2706	3800	4226
	职工人均工资		元	1890	4330	9000	5500	7500	9852
人口	期末总人口		万人	57.54	59.19	61	60.26	61.5	61.11
	人口自然增长率		‰	11.6	3.37	6	4.33	5	5.64
医院床位			张	960	953	1500	1123	1230	1207
教育	全县在校学生		万人	9.46	12.45	10.5	12.97	12	8.99
	学龄儿童入学率		%	100	100	—	100	100	100
	小学毕业升学率		%	—	—	—	99	100	100
说明	"十五"期间（2005年）实际利用外资栏目3492万美元中含民营经济合同利用外资3300万美元								

第三节 重点项目建设

1991~1995 年，金乡县先后对固定资产项目的审批程序、权限、范围进行了改革。审批程序由原来批复建议书、可行性研究报告、初步设计和开工报告等 4 道程序，简化为批复可行性研究报告和下达年度计划 2 道程序。项目只要切实可行，手续完备，7 日内报批完毕。审批权限，将原来由市级审批的全民所有制生产性 500 万元、非生产性 300 万元以下，集体所有制生产性 1000 万无、非生产性 500 万元以下项目，下放到县级审批。审批范围，由原来只批全民、集体、乡镇企业项目，改为国有、集体、股份制企业、合资企业、个体私营企业以及联合体等多种成份。

“八五”期间金乡县部分重点建设项目规划表

表 19-1-2　　单位：万元

序号	项目建设单位	建设规模及项目内容	建设性质	总投资	建设年限	年新增生产能力及效益		
						产量	产值	利税
1	金乡县自来水公司	王丕水源地工程	新建	700	1991.07	日供水 1.5 万立方米	—	—
2	金乡县水利局	金南引水回灌工程	新建	2600	1994	—	2200	—
3	金乡化肥厂	4 万吨尿素改造工程	续建	6500	1995~1996	尿素 4 万吨	5600	3676
4	县第五棉花加工厂	棉花深加工项目	新建	1730	—	—	—	—
5	金科药业有限公司	硒蒜胶囊前期准备及立项	新建	2700	1995	硒蒜胶囊 1.2 亿粒	6000	1685

1996~2000 年，严格控制固定资产投资规模，不准擅自扩大建设规模、资金规模和搞计划外工程，不准借技术改造之名搞基本建设。建设资金须经财政部门审查并存入财政基建专户，按程序上报批准后方可列入专项资金开支，并按规定办理征地审批手续。国家和省预算内投资建设的项目实行指令性计划，县级审批权限为 500 万元以下生产性基建项目和 10 万元以下非生产性基建项目。对 1998 年国家实施积极财政政策后动用长期建设国债资金安排的建设项目，实行项目法人责任制、投资项目资本金制、招投标制、工程监理制和合同管理制等。

“九五”期间金乡县部分重点建设项目规划表

表 19-1-3　　单位：万元

序号	项目建设单位	建设规模及项目内容	建设性质	总投资	建设年限	年新增生产能力及效益		
						产量	产值	利税
1	金乡热电厂	1.2 万千瓦	新建	10000	1996~1997	供热 80 万吉焦、供电 7000 万千瓦时	8000	4000
2	金桥煤矿	年产 60 万吨原煤	新建	30000	1995~1998	60 万吨	15000	5000
3	县水利局	金南回灌工程、17 座涵闸、田间配套工程等	续建	5000	1994~1996	—	2200	—
4	县供电局	220 千伏输变电工程	新建	8000	1997~1998	—	2700	—
5	金科药业有限公司	硒蒜胶囊生产设备、土建工程	续建	2370	1995~1996	硒蒜胶囊 1.2 亿粒	6000	1685

续表 19-1-3

序号	项目建设单位	建设规模及项目内容	建设性质	总投资	建设年限	年新增生产能力及效益		
						产量	产值	利税
6	金乡县合金钢厂	不锈钢无缝钢管	技改	22000	1996~1998	10000 吨	58000	18000
7	金利纺织公司	牛仔布生产线	技改	4000	1996~1997	牛仔布 460 万米	9200	1680
8	县粮食局油脂总厂	颗粒饲料生产线、土建	技改	800	1996	颗粒饲料 6 万吨	6000	270
9	金乡县变压器厂	引进干式变压器生产线	技改	5000	1996	500 千伏安	15000	6750
10	县化肥厂	4 万吨尿素改造工程	续建	6000	1995~1996	尿素 4 万吨	5600	3676
11	金乡县机械股份有限公司	干式有载分接开关技术引进及改造	技改	2100	1996	VT 型有载开关 500 台	3600	1189
12	金乡县粮食机械厂	粮食熏蒸机生产线、土建 250 平方米	技改	1800	1996	粮食熏蒸机 3000 台	3300	1587
13	金乡县人造板厂	土建 180 平方米、设备、设施等	技改	1660	1996	中密度纤维板 1500 立方米	4350	1135
14	金乡县金利特食用油公司	精炼油生产线、设施、库房 2000 平方米、油罐 8 个	技改	1980	1996	六脱油 1 万吨	10500	957
15	金乡县海绵厂	发泡板材生产线、征地 15 亩、土建 2000 平方米	新建	2550	1996	发泡板材 4000 吨	5600	2173
16	金乡县洗煤厂	精选煤设备改造	技改	8000	1997~1999	精煤 880 万吨	17600	3600
17	金乡县砖瓦厂	新型建材设备配套改造	技改	3000	1997~1998	矸石瓦 3000 万片	6200	1200
18	县供电局	35 千伏城南变电站工程	新建	1100	1996	供电	500	—
19	县供电局	金桥煤矿 35 千伏变电站	新建	1100	1996	供电	500	—
20	县自来水公司	第二水厂	新建	1750	1996~1997	供水 730 万立方米	548	75
21	县公路局	105 国道金乡至鸡黍段	扩建	2000	1998~1999	扩建 24 千米	—	—
22	县房地产开发总公司	南门小区商住公建	续建	9000	1994~1999	14 万平方米	8400	840
23	金乡蔬菜开发公司	20 万亩无公害蔬菜推广	新建	1000	1996~1998	蔬菜良种 50 吨	1500	200
24	金乡天达绿色食品有限公司	蔬菜脱水生产工艺设备改造、土建 3000 平方米	技改	4000	1996~1997	脱水蔬菜系列产品 1 万吨	5470	2340
25	县供销合作社	脱水大蒜及蔬菜系列产品	新建	1500	1996~1997	脱水大蒜蔬菜系列产品 11200 吨	5595	806
26	金乡保鲜制品股份有限公司	速冻脱水蔬菜设备改造土建工程 2500 平方米	技改	1200	1996~1997	脱水蔬菜 1000 吨	1550	270
27	金乡荣嘉国贸绿色食品公司	大蒜、蔬菜、苹果脱水产品	技改	1000	1996~1997	脱水产品 1500 吨	1800	450
28	金乡桐木制品厂	出口桐木制品工艺配套改造	技改	1000	1996~1997	出口桐木制品 3 万立方米	3795	975
29	县畜牧局	场房、加工设备	扩建	1000	1996~1998	肉牛种牛 5000 头	1500	300

2001~2005年，落实企业投资主体地位，按市场需求自主决策。对企业不使用政府投资建设的项目，不再实行审批制，而视不同情况实行核准制和备案制。2004年9月，国家发改委颁发《企业投资项目核准暂行办法》；同年10月，颁发《外商投资项目核准暂行办法》，后又颁发《委托咨询评估管理办法》，金乡县均贯彻执行，并在咨询评估领域中引入竞争机制。

“十五”期间金乡县部分重点建设项目规划表

表19-1-4

序号	项目建设单位	建设规模及项目内容	建设性质	总投资（万元）	建设年限	主要建设内容
1	自来水公司	缗南水厂	新建	1987	2001~2003	300米~350米深水井18眼、主输配水管网和输配电线路18.2千米
2	县建委	污水处理厂	新建	8000	2001~2003	日处理污水4万吨、铺设管网及购置设备、场区建设
3	县公路局	105国道西环线改造	改建	4000	2000~2002	长9.1千米、宽24米高标准路面
4	县公路局	105国道金乡境内段改造项目	改建	7000	2002~2005	一级公路，长34千米
5	县房产公司	金山小区	新建	7990	2000~2003	12.8万平方米经济适用房、公建设施
6	县建发公司	金鱼小区	新建	7200	2001~2003	8.9万平方米经济适用房及配套设施
7	鸡黍镇政府	鲁西南批发市场	新建	812	2000~2001	1.4万平方米批发市场
8	金曼克电气集团	110千伏级树脂浇注干式变压器项目	新建	12000	2001~2005	厂房、生产设备
9	金科药业有限公司	硒蒜胶囊项目	新建	3000	2001~2003	2亿粒/年硒蒜胶囊生产线1条
10	电器制造有限公司	高压电容自动补偿投切装置项目	新建	928	2000~2001	高压电容自动补偿投切装置生产线1条
11	宏泰冷藏加工有限公司	高浓缩大蒜素项目	新建	5070	2001~2002	高浓缩大蒜素生产线1条
12	金贵集团	浓缩蔬菜汁项目	新建	5371	2000~2001	浓缩蔬菜汁生产线
13	金巨有限公司	河泥制砖项目	改建	500	2001	1.2亿块/年，码头、门式起重机、挖泥船

第二章 统计管理

1982年2月，统计工作从金乡县计划委员会中析出，成立金乡县统计局，并一直延续。1994年，内设综合科（含办公室）、城市经济调查科、农业经济调查科。同年，乡镇机构改革，统计站被取消，但仍设专职统计员，归乡镇党政办公室管理。1996年5月，县统计局成立农村抽样调查队（加挂小康监测办公室牌子），为股级全额拨款事业单位，定编3人。1997年3月，恢复乡镇统计站，为股级行政单位，定编2~3人。2003年，县机构改革，保留县统计局，内设办公室、综合统计科、城市经济统计科、政策法规科4个科室。同年5月，农村抽样调查队升格为副科级财政拨款事业单位，更名为金乡县城乡经济综合调查队，编制6人，隶属县统计局。2005年年底，县统计局共有20人，

其中局长1人、副局长2人、调查队队长1人、总统计师1人、统计师6人、会计师1人。乡镇统计站13个，有专职统计人员32人、兼职15人；管区统计人员102人。

第一节 社会经济统计

1991年后，统计报表及指标变化较大，统计调查方法和统计范围也有较大调整。新增平衡报表，开始使用生产法与分配法计算国民收入与生产总值，仅平衡专业设置年报就有22种。农村统计实行一套表制度，取消农业净产值指标，增设农林牧渔增加值指标，并开始扩大到按现价计算分乡镇的农村社会总值、农林牧渔业总产值、商品产值和地区生产总值。工业、贸易业随着国有、集体所有制企业的改制和民营企业的兴起，调查方法、报表及指标内容，均有较大变化。

2005年，执行的统计报表分为12个大类，即平衡统计、农业统计、农村住户调查统计、贸易统计、民营经济统计、劳动工资统计、科技统计、社会综合统计、固定资产投资统计、建筑业统计、工业统计和交通统计。

第二节 统计专项调查

人口普查

以1990年7月1日零时为普查标准时点，开展第四次全国人口普查。普查历经组建机构、培训人员、试点调查、户口整顿、宣传发动、正式登记、质量抽查、手工汇总、机器录入等调查整理过程。普查结果：全县总人口56.76万人。以2000年11月1日零时为标准时点，开展第五次全国人口普查。普查内容包括：人口基本状况、迁移流动状况、文化、身体素质、经济活动状况、婚姻生育状况、住房状况、家庭生活质量等7个大类63个项目。普查结果：全县总户数16.53万户，总人口60.26万人。

农业普查

以1996年12月31日为普查的标准时点，开展第一次全国农业普查。普查内容包括综合概况、农村住户情况、非农村住户类农业生产经营单位情况、农村基本情况、非农乡镇企业情况5部分。普查结果：1996年年底，全县有农业生产经营单位12.16万个，从业人员31.3万人，其中农业从业人员29.06万人，非农业从业人员2.25万人；实有耕地面积6.03万公顷。农作物总播种面积10.36万公顷，其中：粮食面积6.86万公顷。

2005年，贯彻执行国务院关于开展第二次全国农业普查的通知，完成普查前的部分准备工作。普查的标准时点是2006年12月31日，时期资料为2006年度。普查经费由中央财政和地方财政共同负担，普查结果：2006年，全县有农业生产经营单位132个，农业生产经营户12.76万户，其中以农业收入为主的12.35万户。

工业普查

1950年、1985年金乡县两次进行工业普查。1995年12月31日24时为标准时点，开展第三次全国工业普查。普查结果：1995年，全县有国有企业32家，县属集体企业17家，乡属企业79家，私营企业21家，个体企业37家，联合体企业1家，股份制企业11家，外商及港台投资企业2家。

第三产业普查

以1993年12月31日为标准时点，开展第一次全国第三产业普查。普查结果：全县第三产业单位，1991年196个，1992年214个；年末从业人数，1991年7020人，1992年7486人。事业行政单位，1991年1814个，1992年1826个；年末人数，1991年1.72万人，1992年1.79万人。

基本单位普查

1996年、2001年两次进行基本单位普查，普查内容包括：单位经济类型、所属行业、从业人员、企业规模、营业状态等各类单位的基本属性和主要标识。第一次普查的标准时点为1996年12月31日，普查结果：全县有法人单位1532个，产业活动单位2517个，从业人员数6.47万人。第二次普查的标准时点为2001年12月31日，普查结果：全县有法人单位2219个，从业人数6.01万人；产业活动单位3392个；个体工商户1.49万户，从业人员2.91万人。

第一次全国经济普查

普查标准时点为2004年12月31日24时。普查结果：全县有各类法人2362个，产业活动单位3203个，个体经营户2.33万户。

其他专项调查

农村住户抽样调查 调查目的是了解农村住户的生产、收入、消费、积累情况和社会活动情况，研究农民收入变化和生活质量变化情况，监测农民实现小康和摆脱贫困的进程，为制定农村经济政策和决策提供依据。1984年，全县抽样调查3个村，30户。1986年，扩大到50个村，500户。1994年，压减到41个村，410户。1999年，压减到13个村，130户。2005年，开展农村住户抽样调查样本轮换工作。

1%人口抽样调查 1987年、1988年、2003年、2005年开展4次。

城镇劳动力调查和人口定点调查 2004年开展1次。

规模以下工业抽样调查 1999~2005年，开展规模以下工业抽样调查。调查内容为规模以下工业企业基本情况，调查时间分为季度调查、年度调查。

妇女儿童统计监测 1997年9月开展1次。妇女监测内容涉及经济与人口、参政议政、生产、劳动权益，教育卫生社会福利等十个领域。儿童监测内容主要包括经济与人口、儿童营养、保健、基础教育等九个领域。

文化产业调查 2003年开展1次。

城市监测调查 2005年开展1次。

第三节 统计监督

1983年，《山东省统计管理条例》出台，统计监督工作有了可操作性。1984年1月，《中华人民共和国统计法》颁布施行，为统计监督提供了法律依据。2003年，县统计局设立法规科，专门负责统计法制和统计检查工作；县政府以统计局为主体，成立统计执法审理委员会，对重大统计违法案件的审理处罚进行集体决策；县直各系统、业务主管部门设统计检查员，负责本系统、本单位的统计检查工作，同时配合县统计局进行执法检查。13个乡镇统计站负有统计信息、咨询、监督综合职能，对管区、村专（兼）职统计实行领导和监督。

统计检查坚持全面检查和重点抽查相结合，日常性检查和定期检查相结合，采取听、看、查、议和走访等多种方式；在内容上既查统计数据质量，又查统计基础建设；在处理上坚持自查从宽，抽查从严原则。全县统计法制监督工作，逐步走上经常化、制度化、规范化。

第四节 统计成果

1990年前，县统计局每年整理印刷统计资料。

1990年，历时6个月汇编整理建国40年历史资料（未出版发行）。

1991年始，改为出版《统计年鉴》，编辑印刷《统计月报》《统计信息》期刊，资料整理汇编到行政村及工业企业，整理主要指标的横向、纵向对比资料，每年向县委、县政府、县级班子成员和有关部门负责人通报统计成果，供决策参考。

1999年，编辑出版《团结奋进五十年》一书，内分50年发展综述、综合统计资料、分乡镇统计资料、部门单位发展情况介绍四个部分，以文字、图片、数据等多种形式，全方位反映金乡县在新中国成立后50年所取得的成绩。

统计服务方式，2000年前，主要采取数据分析列表式，提供文字分析少。2000年后，统计分析工作得到加强，分析数量和质量明显提高，部分统计分析和统计论文在济宁市统计刊物上发表。

1991~2005年，还编辑出版了人口普查、工业普查等普查类资料。

第三章　审　计

1991年金乡设有审计局。1993年机构改革，县审计局保留，内设人秘科、财政金融审计科、工业交通审计科、商贸审计科、综合审计科，编制17人。1989年，设审计事务所（副科级单位）。1999年10月，审计事务所与县审计局脱钩，改制为社会中介组织。2001年，县审计局设人秘科、财政金融审计科、行政事业审计科、经贸审计科、固定资产投资审计科，行政编制12人。2003年6月，设金乡县领导干部经济责任审计办公室（正科级），编制6人，隶属县审计局，负责对县直机关、乡镇、县属事业单位及县属国有企业法定代表人的任期经济责任进行审计监督。2005年年底，县审计局下辖7个科室，1个正科级事业单位，编制20人。

第一节　审计制度

业务工作制度

2000年，围绕推动审计工作制度化、规范化、法制化，制定《金乡县审计局审计质量内部控制办法》。2001年，制定《金乡县审计局审计项目复审实施办法（试行）》。2003年，制定《金乡县经济责任审计工作联席会议制度》，该制度包括联席会议成员单位、联席会议职责、联席会议各成员单位工作职责、联席会议召开时间等。

业绩考核制度

2002年，制定《审计量化管理考核办法（试行）》，对审计人员完成的审计项目工作量、审计质量和审计效果进行量化打分。该制度为全国审计系统业务人员量化管理创新制度。

内部审计和社会审计指导制度

1995年，制定《金乡县审计局关于对社会审计指导、监督和管理的暂行办法》。1999年，印发《金乡县内部审计工作规定》。

队伍建设制度

2000年，制定《党组理论学习制度》《思想政治工作制度》《金乡县审计质量内部控制办法》《审计业务集体定案制度》《审计复核制度》《审计揭露大案要案线索的奖励办法》《廉政建设规定》等23项内部管理制度。2005年，根据国家审计署6号令的要求对上述规章制度重新进行修订。

第二节　国家审计

1991~2005年，金乡县审计局共审计行政事业单位和企业单位1365个，查处各种违纪违规金额2.3亿元，累计上缴财政615万元，审减工程造价8672万元，促进增收节支3500万元，向纪检和司法机关移交经济案件线索11件。

财政审计

1991~1995年，县审计局先后对16个乡镇财政决算进行审计，重点审查有无减收增支、截留财政税收等问题。查处违纪金额451万元，维护国家财经法规的严肃性和财政收入的完整性，针对存在的问题分别提出改进意见。

1994年8月31日，《中华人民共和国审计法》发布实施后，财政审计逐步走上制度化、法制化的轨道。至2005年，每年均按法定程序向县政府报告审计结果，向县人大常委会作审计工作报告。

财政审计内容包括：对财政预算的审计，主要审查财政预算的编制是否科学、合理，是否按规定的程序报经批准；经过批准的财政预算是否得到认真贯彻执行；执行过程中的预算调整项目是否合理、合法。对财政收支活动的审计，主要审查各项财政收入是否及时、足额地征收入库；

各项财政支出是否合规、合法、合理；在财政收支活动中是否存在违法乱纪行为。对财政决算的审计，主要审查财政决算的编制是否符合规定的程序和时间，其内容是否完整，数据是否真实、正确。对预算外资金的审计，主要审查预算外资金的筹集是否符合国家的规定，使用是否按照计划性、专用性和效益性的原则统筹安排。

除对财政部门审计外，每年选择3~5个重点预算执行单位开展审计，摸清部门资金预算内、外收入和支出的底子，从预算分配、执行程序和结果，验证预算对部门的约束力和存在的问题；对财政收支活动的审计，以税务部门履行税收征管职责为主线，通过延伸审计重点企业、重点行业、纳税大户的税款、申报和缴纳情况，发现税收政策执行和征管中存在的漏洞；财政决算审计，以维护财政秩序，促进政府和财税部门依法行政，提高财政资金管理水平和使用效益。

每年对2~3个乡镇财政决算进行审计，重点发现财政预决算执行中存在的擅自减免税收、违规退库、截留国家收入、虚列预算支出、挪用预算资金、违规调整预算等问题。对审计中查出的问题，提出整改意见和建议，并形成专题报告。

行政事业单位审计和专项审计

1991~1995年，依据《中华人民共和国审计法》有关规定，先后对县教委、土地矿产管理局、公安局等98个行政事业单位及行政执法部门进行审计，查处违纪违规金额319.3万元，严肃财经纪律，限制公款消费行为，控制社会集团购买力的不合理增长。

1996~2005年，按照“全面审计，突出重点”原则，结合财政预算执行审计，每年都安排5~8个县直行政事业单位进行审计。对资金量大、社会关注、涉及群众利益的重点部门、重点单位、重点资金坚持年年审计。对农业综合开发资金、水利资金、林业资金、扶贫资金、社会保障基金、教育科技经费、农村公路建设、土地转让金、环保资金、转移支付等资金年年进行专项审计、调查，确保专款专用，有效规范财政和财务收支行为，提高财政资金的使用效益。

国有工商企业审计

1991~1995年，对县化肥厂、人民医院等186家国有工商企业进行审计和审计调查，重点审计资产负债和损益的真实性、合法性，查处违纪违规金额1388万元，规范企业财务行为。

固定资产投资审计

1991~2005年，每年把重点建设项目审计列入审计计划，逐一实施。对政府投资的东鱼河工程、105国道、农村公路等建设性项目实施专项审计和跟踪审计，查出挤占挪用、超规模建设、高估冒算、损失浪费等违规金额3400万元，审减工程造价2000万元。

经济责任审计

1998年始，对承包企业实行厂长（经理）离任审计，经济责任审计的范围、内容逐步拓宽。1999年，扩展到党政领导干部任期经济责任审计、国有企业及国有控股企业领导人员任期经济责任。至2005年，共对全县238名党政领导干部和8名国有及国有控股企业领导人员进行经济责任审计，查出违纪违规金额1.33亿元，查出涉嫌违纪和违法犯罪案件线索10件，20人受到党纪、政纪处分，3人被追究刑事责任。

第三节　内部审计

1991~1995年，县审计局组织内部审计人员学习《内部审计工作规定》，组织参加由上级审计部门举办的业务培训班和其他活动，稳定内部审计队伍。其间，查处损失浪费金额383.4万元，纠正违纪金额1125万元，促进提高经济效益1142.8万元。

1999年，县审计局印发《金乡县内部审计工作规定》，就内部审计机构的设置、内部审计机构职责、权限和内部审计工作主要程序等方面做出明确规定。至2005年，几经充实完善，并得到认真执行。

第四节　社会审计

1991年，县审计局审计事务所发挥审计工作服务、公证、监督功能，重点抓大中型工业企业和重点商业、粮食、外贸等流通企业的财务收支、承包经营资产负债损益审计，审计内容逐步向企业的内控制度和经济效益延伸。至1995年，共完成委托审计项目413项，为委托单位挽回经济损失461万元。

1999年，对股份制企业改制前后的资产增值、保值、企业晋级升档贡献奖励、企业税源等情况进行专项审计和调查，总结推广企业改革经验，剖析影响企业发展的深层次原因，为县委、县政府科学决策提供有价值的信息。至2005年，共提交审计报告和信息400余篇，《审计要情》30篇，10余条建议分别进入省、市决策层。

2005年，先后对10余家重点国有企业进行改制审计，严审严查，摸清国有资产家底，打击、纠正以改制之名化公为私、侵吞国有资产的违法行为，防止国有资产流失。

第五节　其他审计

1991~1995年，县审计局在对企业进行资产负债和损益审计的基础上，先后对县变压器厂等3家申报奖惩兑现的单位经济效益指标进行审计核实；对国有企业盈亏情况进行审计调查，查实1994年全县亏损企业34家，累计亏损4988万元；分别对县第二水泥厂等3家企业的资产、负债、损益情况进行审计，查出违纪违规金额496万元。

第四章　工商行政管理

1970年12月，金乡县工商行政管理局（简称县工商局）成立。1991年初，县工商局内设办公室、人事、企业登记管理、商标广告管理、市场管理、个体经济管理、经济合同管理、经济检查8个股室，下辖城关、直属、城郊、鱼山、马庙、高河、王丕、兴隆、化雨、霄云、司马、鸡黍、胡集、卜集、羊山15个工商行政管理所（简称工商所）。1993年12月，金乡县行政机构改革，县物价局并入，组成金乡县工商物价行政管理局，内设办公室、人秘、企业、市管、个体、合同、商广、物价8个科室，个体劳动者协会和消费者协会2个办公室，经济、物价2个检查所，16个基层工商所。1995年8月，县物价局析出，恢复县工商局。1997年1月，县工商局增设法制科。1998年3月，成立金乡县消费者协会投诉中心，投诉中心和基层工商所的投诉电话尾数全部改为“315”。

1999年3月，工商行政管理体制改革，省以下工商行政管理机关实行垂直管理，金乡县工商局为济宁市工商局直属机构，工商所为县工商局派出机构，并按经济区域设置。同年4月，执行山东省工商局、财政厅、国资局联合下发的《关于工商行政管理机关与所办市场管办分离和市场移交的通知》，将原由县工商局直接管理的缗城商埠分离出局。

2002年2月，县工商局内部机构调整，设办公室、人事政工科、监察室、财务装备科、市场合同管理科、商标广告管理科、消费者权益保护科、法制科8个正股级科室；将原个体私营经济管理科、企业登记管理科合并为企业注册局，将原来的经济检查所改设为公平交易局，均为副科级所属单位；设立信息中心、消费者协会办公室、个体私营企业协会办公室3个事业单位；对基层工商所进行合并调整，设城区、缗城、胡集、兴隆、鸡黍、化雨6个副科级工商所，羊山、马庙、卜集、鱼山4个股级工商所。

2005年年底，全局有工作人员287名，其中国家公务员127名、事业编制人员116名、工勤人员14名、离退休人员30名。

第一节　市场建设与管理

市场建设

1991年，全县有各类市场27处，其中万人以上的6处，万人以下的21处；新建市场2处，投资248万元，其中财政拨款8万元，市场收入投资25万元，社会集资215万元。当年市场商品成交额4.4亿元。

1992年，全县有各类市场36处，其中万人以上的9处，万人以下的27处；新建市场8处，面积11.98万平方米，投资707万元，其中市场收入投资50万元，社会集资657万元。市场各类商品成交额7.6亿元，其中工业品专业市场成交额1693万元，农副产品市场成交额5.5亿元，综合集贸市场成交额1.8亿元，其他专业市场成交额607万元。

1993年，全县有各类市场38处，其中万人以上的11处，万人以下的27处；新建市场3处，面积43万平方米，投资2500万元，城乡集贸市场各类商品成交额8.3亿元。

1994年，各类市场发展到39处。1995年42处，面积189万平方米，其中棚顶市场3处，5万平方米；室内市场2处，2万平方米；露天市场37处，182万平方米。修建地下排水道1.5万米，场地全部硬化，种类服务设施不断完善。

1991~1995年，县城区建设规模较大的市场有缗城商埠、经济园区、工业品商场、文峰路旧农机市场、光明路综合市场、李楼、南店子大蒜批发市场。2000~2005年，增设名流家具商场、荷香路市场、商业步行街、鑫源服装城4处规模较大、档次较高的市场。金乡国际大蒜商贸城从1993年开始筹建，至2005年共投资6000余万元，建设面积12万平方米，容纳2000余个摊位，是集销售、储藏、保鲜、加工为一体的综合大市场。

市场管理

1991年，县工商局继续执行省工商局制定的《城乡集市贸易规范化管理若干规定》和《城乡集市贸易“五好”标准》，对全县各类市场实行分行划市、编号定位，设立监督服务台、公平秤、公平尺、投诉台（箱）等，进行严格监督管理。1995年，推行市场巡查制，开展全方位流动管理。1991~1995年，查处制造和销售假冒伪劣商品1700起，掺杂使假13起，欺行霸市2起，罚没款20余万元。

1996年后，党和政府陆续出台一系列搞活集市贸易的法规和政策，金乡县在宏观上作出相应调控，微观中加强协调指导，严格管理，疏通商品流通渠道，创造公平竞争环境，全县城乡集贸市场持续活跃。

1999年，山东省工商行政管理信息网络系统一期工程在金乡上马。2004年二期工程上马。至2005年底，县工商局已与全国32个省（市）800余个县（市、区）建立了信息网络联系，共发布信息1000余期。各工商所在所辖市场内设立信息栏、行情牌、服务台，为市场管理、信息传递注入新鲜活力。市场管理更加系统化和科学化。

图19－1　20世纪90年代初工商人员检查缗城商城

第二节　经济合同管理与仲裁

经济合同管理

1991年，县工商局举办经济合同法规培训班18期，培训1780人，其中厂长（经理）250人；协助企业搞好经济合同管理机构、制度、人员落实。

当年鉴证经济合同2156份，鉴证金额3307万元。48家企业被济宁市工商局命名为“重合同、守信用”单位。

1992年，鉴证经济合同2364份，鉴证金额5620万元。42家企业被济宁市工商局命名为“重合同、守信用”单位，8家企业被山东省工商局命名为“重合同、守信用”单位。

1993年9月，颁布新的《中华人民共和国经济合同法》。全县所有工商所设立专职经济合同管理员、经济合同鉴证员和经济合同仲裁。全县11个企业主管部门、14个乡（镇）成立经济合同领导小组，80%以上工商企业和村委会配备了经济合同专职或兼职管理员，形成由工商行政管理部门“统管”、企业主管部门“分管”、企业本身“自管”三级监督管理网络。同时，县工商局加强对经济合同法的宣传，强化对经济合同订立和履行的监督管理，督促法人单位和其它经济组织建立健全经济合同管理制度，引导和指导合同双方当事人办理鉴证，依法查处利用经济合同进行的违法犯罪行为，总结推广“重合同、守信用”单位的先进经验。至2005年，共举办经济合同培训班143期（次），培训工商企业人员1.22万人次，鉴证经济合同1.57万份，创办“重合同、守信用”小报117期，金乡县建筑安装有限公司等26家单位先后被山东省、济宁市工商局命名为“重合同，守信用”单位。县工商局经济合同管理经验在全省推广，并在国家《工商行政管理杂志》上刊载。

仲裁

县工商局成立经济合同仲裁委员会，各工商所设立经济合同仲裁庭，主要职责是解决经济合同执行过程中出现的问题和矛盾，维护市场经济秩序。1991年，仲裁经济合同纠纷462件，金额600万元。1992年，仲裁经济合同纠纷243件，金额553万元。仲裁“五三”工作制经验，由国家工商总局向全国推荐。1993年，仲裁经济合同纠纷156件，金额362万元，其中金乡肉类公司诉黑龙江省大安罐头厂拖欠货款案的处理被评为全省“十佳”案件之一。1994年，仲裁经济合同纠纷437件，金额681万元。

1995~1998年，继续把仲裁办案目标管理与落实岗位责任制、强化乡镇企业管理相结合，在办案过程中坚持登门宣传、调查、处理，不偏袒任何一方，并及时回访，及时归档。在仲裁执法中重点检查承揽合同、建设工程承包合同和农产品购销合同，查处违法合同案件283件，违法合同金额1583万元，罚、没款21万元。1999~2005年，共处理合同纠纷案件520起，争议金额总数3670万元。

第三节　企业登记

1991年，县工商局继续为企业经营提供方便，搞好服务，全县登记、核发营业执照9076家，其中，国营178家，集体545家，合营5家，个体8348家；核发企业法人营业执照238家，营业单位490家，其中分支机构384家。

1992年，县政府成立个体私营经济工作领导小组，学习借鉴外地先进经验，制定优惠政策，全面发展个体私营经济，至1999年，登记注册的个体工商户年均递增9%，私营企业年均递增28%。一些原属于国家高度垄断的行业、企业逐步纳入登记范围，银行、保险、邮电系统先后办理注册登记，成为不带任何行政色彩的普通企业；原来属较大型的国有企业开始尝试划小核算单位，一些不独立核算的分支机构变为独立核算企业参与登记；事业单位和科技性的社会团体，尝试实行企业化经营。至2005年，参加登记的集团公司、有限责任公司、股份有限公司、股份合作制企业共102家，注册资本2.81亿元；个体工商户8305家，私营企业749家，注册资本总额9.55亿元。其间，多次对粮食收储批发、非银行金融机构、农资经营、市场中介组织等企业进行重点检查清理，对改制企业进行检查回访，查处了一批虚假出资、抽逃出资、超出核准登记经营范围开展经营活动等违反企业登记管理法规的行为。

第四节 商标 广告管理

商标管理

1991年，县工商局继续利用电视、广播、报纸和印发宣传材料，对《中华人民共和国商标法》进行广泛宣传，全县企业的商标意识和法制化观念明显增强。1992年，根据国家工商总局的要求，商标注册取消核转制，实行代理制，商标管理工作重点向监督企业商标使用和查处商标违法转移。此后几年，商标注册领域不断拓展，由传统的工业产品向农、林、牧、副、渔等延伸；商标注册人的成分也呈多元化趋势，个体私营、股份制企业等新的经济成分逐渐成为商标注册申请的主体。1991~1995年，全县注册商标74件。到2005年年底，全县已获准注册商标629件，其中"金乡白皮大蒜"驰名中外，"金贵""宏昌""润丰"等获山东省著名商标。

县工商局按照"统一注册、分级管理"的原则，加大对商标保护地理标志力度，为品牌兴农保驾护航。中央电视台就"金乡大蒜"证明商标开发、利用、保护情况到金乡专门采访，并在《财经报道》栏目专题播出。

广告管理

1991年，全县经营广告的单位有县电视台、县印刷厂和县文化馆；具备商标和广告印刷能力的企业2家。随着改革开放和经济发展，广告队伍不断扩大。1993年，全县经营广告单位有12家；1995年发展到17家，具备商标广告印刷能力的企业发展到6家。县工商局先后制定发布《关于加强广告管理的通告》《金乡县户外广告管理办法》，对已具备条件从事广告经营、广告发布业务的金乡县广播电台、电视台、邮政局等5家单位核发《广告经营许可证》；对申请举办临时性广告经营活动的单位及个人，办理《临时性广告经营许可证》。每年组织人员对电视、报纸、户外广告进行检查，及时制止违法广告。在广告发布前，严格把关审查，逐级审批，确保无虚假违法广告。特别是在农药、化肥、药品、招工、招生、养殖等与人民群众息息相关的广告审查上更是高标准、严要求。

1996年、1997年县工商局组织开展以"中华好风尚""自强创辉煌"为主题的公益广告月活动，培养广告经营者的社会责任感，发挥广告在社会主义精神文明建设和发展市场经济中的作用。1999年，公益广告宣传形成经常化、制度化。2000年年底，共办发广告许可124家，并对其广告宣传和广告经营活动进行指导、规范、监督、检查，重点对广告宣传内容的真实性、合法性及经营秩序进行监督管理。至2005年，共查处广告违法案件284起，罚款金额360万元。

第五节 个体经济管理

1991年，县工商局开展对印刷业、农机维护、个体开业的医疗诊所等行业进行专项检查，对全县个体劳动者和私营企业的工人进行技术考核，协助县人大常委会对部分个体和私营业户进行视察。当年全县个体户1.04万户，从业人员2.17万人；私营企业100家，从业人员1605人。1992年，个体户1.09万户，从业人员2.05万人；私营企业110家，从业人员1715人。1993年，国家工商局作出《关于促进个体私营经济发展的若干意见》，个体私营经济发展步伐加快。当年，全县个体户发展到1.15万户，从业人员2.38万人；私营企业152家，从业人员2309人。1994年，县委、县政府实施农贸带动战略，大力发展为农业产前、产中、产后的服务行业，全县个体户发展到1.28万户，从业人员2.63万人；私营企业230家，从业人员3758人。1995年，重点培植个体私营大户，个体私营经济快速发展，个体户发展到1.49万户，从业人员3.65万人；私营企业349家，从业人员5731人。1996~2005年，强化管理措施，引导个体私营经济上规模、上档次、上水平，继续培植和发展大户私营企业，鼓励向生产型、科技型、外向型方向发展，为私营经济发展创造良好宽松的发展环境。

个体劳动者协会

1991年4月，金乡县个体劳动者协会（简称县个协）第四次会议在县城召开，选出理事28人。当年，县个协组织全县理发行业从业人员理论与操作技术考核，评定四级理发师35人，三级理发师125人，二级理发师24人，一级理发师42人。1992年，县个协与劳动局配合，对全县40名家电维修人员进行培训、考核、定级。1993年，县委、县政府召开全县个体工商户、私营企业表彰大会，120家个体工商业户和14家私营企业受到表彰。1994年，县个协会同县人大、县政协及有关部门就全县个体私营经济的发展情况进行调查，并写出调查报告，其中列举的个体工商户和私营企业负担过重等突出问题引起县委、县政府的重视。1995年9月20日，县个协举办全县个体私营会员首届卡拉OK电视大奖赛，21名歌手分获一、二、三等奖。1991~1995年，县个协组织会员开展社会捐献、教育集资，为灾区及个人捐款25万元。

第六节 公平交易执法

1991年，金乡县工商局经济检查从查处投机倒把行为，全面转向监督检查是否属于行业垄断、限制竞争、走私贩私和其他经济违法活动，不仅维护国家利益，而且从根本上维护经营者、消费者的合法权益。

1993年10月，《中华人民共和国消费者权益保护法》颁布实施，县工商局先后召开新闻发布会11次，印发宣传材料2.5万份，组织大规模宣传活动16次，曝光典型案例20多件。畅通消费者举报投诉渠道，建立“12315”投诉举报网络，各工商所开通“315”投诉举报电话15部。

1996年起，经济检查所（公平交易局）先后与省内外40多家知名厂商联手开展“打假冒、保名优”活动，组织进行20余次市场经营秩序专项治理，10次集中销毁假冒伪劣商品。至2005年年底，共受理消费者申诉1006件，为消费者挽回损失280万元；查处侵害消费者权益案件800件，赔偿金额120万元。

消费者协会

1989年10月17日，金乡县消费者协会第一次代表大会在县城举行，会议选举产生了理事会和常务理事，消费者协会办公室有专职人员3人。至1995年全县16处乡镇及直属工商所建立了19个消费者协会分会。各级消协建立健全规章制度11项，利用重大节日和纪念日，广泛宣传《中华人民共和国消费者权益保护法》和《山东省保护消费者合法权益条例》等法律知识，共在县以上新闻媒体发表稿件305篇，发表电视讲话和集市广播1452次，出板报901期，发宣传材料5.5万份，接受群众咨询来访11.16万人次，保护消费者权益小品节目在济宁市演出获得第一名，并获山东省保护消费者权益泰山杯小品节目汇演优秀奖。1991~1995年，全县各级消费者协会受理消费者投诉2755件，仲裁435件，处结率100%，为消费者挽回经济损失65万元。

1996年后，在全县企事业单位持续开展评选“消费者满意单位”和“优质文明服务单位”活动。

第五章 物价管理

1982年，金乡县物价局（简称县物价局）成立。1991年，县物价局下设物价检查所和胡集、羊山、鸡黍、霄云4个物价检查所，在县城设3个职工物价监督站。1993年12月机构改革，撤销乡镇物价所，解散职工物价监督站；县物价局与县工商局合并成立“金乡县工商物价行政管理局”。1995年8月，分设金乡县工商行政管理局、金乡县物价局。县物价局为正科级行政机构，内设办公室、价格管理科、收费管理科、价格认证中心4个科室，编制9人；下设物价检查所，编制10人。1999年，设立金乡县价格事务所，股级事业单位，归县物价局管理。2001年6月，县价格事务所更

名为“金乡县价格认证中心”，原机构规格、性质、隶属关系、经费渠道不变。2002 年 5 月，县物价局并入县发展计划局，加挂县物价局牌子。

1991 年，县物价局被山东省物价局评为行政事业收费管理先进单位；1992 年被山东省物价局评为农产品调查先进单位。

第一节 价格管理

价格调控

1991 年始，金乡县生产经营企业实行“企业定价许可证”制度。除指定的商品外，企业可以采取灵活多样，分级管理的办法，活而有序、活价促销；对放开的商品价格，企业可根据供求情况和价值规律，自行制定零售价格，不受原定差率的限制；对国家定价商品，凡价格不到位的，在不超过国家定价的前提下，企业可以自行确定价格，标价签暂用蓝色；对实行浮动价格的商品，实行专柜收款，凭票提货；放开价格的商品，一律使用绿色标价签。同时，实行物价控制目标责任制，稳定市场物价水平。当年，全县物价涨幅为 6.2%，低于山东省控制目标 0.8 个百分点。1992 年，全面放开粮油价格后，粮油市场价格一直比较平衡。

1993 年 11 月下旬，南方沿海一些地方到山东省抬价抢购粮油，全省从东向西刮起一股涨价争购风潮，短短十几天，面粉和粮食价格每公斤上涨 0.2 元 ~0.3 元，豆油价格每公斤由 7.2 元涨到 10.4 元。全县不少粮店由于准备不足，造成断档脱销。市场上酱油、食醋、猪肉、鸡蛋等农副产品及高档家电产品的价格也随之上扬，市场物价总水平跃升近 2 个百分点。县政府采取对职工发放价格补贴，对城镇居民实行按本定量限价供应的办法，对猪肉、粮油等生活必需品，采取只进控出措施，保证了市场物资供应，既稳定了物价，又保持了社会稳定。

1994 年，在全县国有企业中建立完善行情调研、价格决策、明码标价、价格台帐、定期审价五项价格管理制度，帮助企业培训、充实物价员队伍，企业价格行为进一步规范。

1991~1995 年，均实现济宁市下达的物价控制目标，并低于全市平均物价水平。

1997 年，在全县范围内开展餐饮业价格管理评审定级，实行综合毛利率和进销差率控制，对城区餐饮单位实行定级挂牌服务等措施，制止牟取暴利行为，餐饮业价格步入法制轨道。

1998 年，全县物价总水平低位运行，粮油、猪肉等主要农副产品价格持续下降，小麦价格每市斤 0.55 元，比 1997 年收购保护价低 0.14 元，仔猪价格每斤降至 3 元左右，农民收入减少，生产积极性降低。

2003 年，按照产业结构调整的方向和要求，重点调整不合理价格矛盾。严格医疗机构自制药品的价格管理，对 19 所县、乡医院经营的药品价格实行备案制度，要求各医疗单位凡未备案的药品一律不能临床使用。同时，抽调人员对实行备案的药品进行查访督导；对学生校服价格严格审定，避免加工单位和学校乱加价，减轻学生家长的经济负担；实行石油价格监测报表制度，全县各加油站的油品价格 “全县一价”。在防治“非典型肺炎”（非典）特殊时期，对部分商品和服务价格实行最高限价，凡本县零售药品和医疗机构按各种药方配制的中药，每副零售价格最高不得超过 9 元，代煎剂每副（一天两次量）零售价最高不能超过 12 元，16 层纱布口罩每个零售价格最高不能超过 4 元，活性碳口罩每个零售价格不能超过 9.8 元。对限价以外属于市场调节防“非典”相关的商品价格，生产环节实行销售利润控制，零售环节实行按实际进货价格顺加差率控制。

价格服务

1991 年 5 月，对下半年大蒜市场供求形势和价格趋势进行系统分析与预测，通过《金乡政务信息》向全县发布，广大蒜农认清销售形势，大蒜卖了好价钱。同年秋季，根据全国大蒜发展趋势和市场容量，以及外贸体制变化等情况，对 1992 年的大蒜产销形势进行预测，及时向全县发布《大蒜种植面积不宜盲目扩大》的信息，积极引导农民按市场需求，做到计划种植。

1993年秋，对全县植桑养蚕的成本、效益进行调查分析，撰写《植桑养蚕是农民致富的又一途径》，在《政务调研》刊登，对指导产业结构调整发挥了一定作用。

1994年7月，对县化肥厂经营形势进行调查研究，撰写《关于理顺县产化肥销货渠道的建议》，引起领导和生产厂家重视，采取果断措施后，化解了生产和销售的矛盾，减轻了农民不合理开支。

1991~1995年，在全县国营、集体经营企业中普遍推行明码标价，明码标价率100%，个体经营摊点90%以上。

1998~2005年，每年向社会和政府提供指导信息，每年都有50家左右的企业加入全省或全市价格信息服务网络；每年都开展物价、计量信得过评比竞赛活动。对新申请“双信”达标单位严格检查验收，达到标准再挂牌。对已挂牌单位，认真复检，合格的予以表彰，不合格的撤销荣誉称号。

收费管理

1991年，全面清理整顿行政事业性收费，共清理收费单位426个，其中有收费许可证417个，无证收费9个；清理收费项目108大项，其中符合规定98项，违规10项；清理收费标准1837个，其中合规1827个，违规10个。

1992年8月，对全县359名执法收费人员进行业务培训。同时，选择8家经济效益好的企业作为收费监督点，对收费实行逆向监督。及时了解掌握行政事业单位向企业收取费用情况，擅自向企业乱收费现象有所收敛，仅此一项可减少企业和群众负担100多万元。

1995年，加强社会力量办学收费管理，鼓励社会力量办学。经济宁市物价局济价农字〔1995〕第93号文批准，金乡县开元中学高中学杂费为每生每年1200元，从当年新生入学开始执行。

2000年，为企业减负治乱、标本兼治、综合治理，优化经济发展环境。全县暂停一切收费活动，清理整顿和规范各种收费3300项；对罚款项目全部审核，逐一审查，逐一放开，该取消的317项全部取消，没有明令取消经审核认为不利于金乡经济发展的全部停止执行；允许征收的项目，一律按最低标准执行。同时，督促有关部门对行政执法人员集中培训，严格考核，合格后发放上岗证。到个体工商户和私营企业收费，必须出具物价部门颁发的“收费许可证”和“收费员证”，填写“企业交费登记卡”。在全县推行企业收费审批制度，未经物价部门批准，收费单位不准到企业收取任何费用。

2001年，对全县民营企业实行“一卡清”收费管理方式。按照政策规定，结合民营企业经营状况和往年缴费情况，对向民营企业的各项收费重新审核，统一印制“一卡清”收费卡片，规定凡卡上没有的项目，民营企业有权拒付。同年7月，要求所有涉及民营企业的收费，在原有“收费许可证”核定的标准上再降低60%，即按原标准的40%收取，从当年8月执行至2003年8月。此举有效杜绝了乱收费行为，促进了民营企业的发展。

2002年，县政府成立行政审批中心，实行“集中办公、统一管理、个别审批、统一收费、统一考核”运作方式。审批主体不变，执行主体不变，各项行政性事业性收费由一家金融机构代收，所收款项按原管理方式管理。

2003年，强化行政、事业性收费年审工作。对全县各行政性事业性收费及经营性收费单位进行集中调帐、审验。全县审验“收费许可证”412个，审验金额3410万元；审验后取消收费项目17项，吊销“收费许可证”6个。

2004年3月，对涉及农民负担的行政、事业性收费项目进行集中清理，共清理涉及部门7个，收费项目15个。

第二节　价格改革

1991~1996年，国家定价、国家指导价和市场调节价三种价格形式并存，以市场价格为主。1996年末，在市场商品零售总额中，国家定价为9.3%，国家指导价为1.6%，市场调节价

为 89.1%；在农副产品收购总额中，国家定价为 17.3%，市场调节价为 82.7%；在工业生产资料销售总额中，国家定价为 15.9%，国家指导价为 6%，市场调节价为 78.1%。

农产品价格

1992 年 10 月，经济宁市人民政府批准，金乡县放开粮油销售价格。

1993 年，实行粮食收购保护价格制度，即每 50 公斤小麦（中等质量标准）（下同）32.5 元，玉米 21 元，粳稻 35 元。新棉从上市起，收购价格实现双轨制，即计划内部分实行国家定价，标准级皮辊棉每 50 公斤由 342 元提高到 500 元，提高幅度为 46.2%，另价外奖励 44 元；计划外部分价格放开。同时，将与粮棉挂钩的化肥、柴油，从平均兑换实物改为返还平议差价。

1994 年，山东省政府规定：从新粮上市起，小麦、玉米、稻谷三种粮食收购价格综合价格平均 50 公斤由 35.8 元提高到 53.08 元，提高幅度为 48%。蚕茧收购价格每 50 公斤由 430 元提高到 640 元（含特产税），提高幅度为 48.8%。

1996 年 6 月 1 日起，执行山东省政府规定，提高粮食定购价格。粮食标准级定购价格为：小麦（冬花麦三等）每 50 公斤由现价 54 元提高到 76 元；玉米（中等）每 50 公斤由现价 41 元提高到 63 元；粳稻（中等）每 50 公斤由现价 56 元提高到 78 元。金乡小麦面粉（特一粉）零售价格每 500 克 1.36 元，特二粉 1.27 元，标准粉 1.18 元。农作物种子按山东省规定的作价办法进行差率管理。

重工业产品价格

1993 年 1 月 1 日起，农业和农田水利及铁道专用钢材由国家定价改为国家指导价，其余钢材价格全部放开；放开水泥价格；提高水路、公路、客货运价及汽车零担货物运价。

1996 年，国家对钢材实行有升有降的指导价格，山东省钢材企业生产的热轧螺纹钢、热轧圆钢、线材热轧中厚板、热轧薄板的中准出厂平均每吨降低 150 元左右，镀锌板、镀锡板平均每吨提高 1400 元，中准出厂价调整后，其上下浮动幅度为：镀铝板、冷轧极板为 10%，其它产品为 5%。

2003 年年初，煤炭价格每吨 250 元，年底涨至每吨 320 元，涨幅 28%；市场无烟煤、大块煤价格年初每吨 460 元，年底涨至每吨 680 元，涨幅 48%。

轻工产品价格

1991 年，下放部分价格管理权限和调控措施。取消电冰箱、洗衣机、黑白电视机、自行车等商品的提价申报制度和差率控制，扩大部分国家定价商品流通环节差率；放开食糖、陶瓷制品、服装、钟表、轻骑、摩托车、果露酒和部分化工产品等 100 余种的商品价格；放开理发、浴池、照相、洗染等行业的服务价格，实行市场调节，由企业根据市场变化自行确定价格；停止执行在价格治理整顿期间商品提价权上收一格的审批办法，实行价格总水平调整目标责任制和明码标价制度，恢复正常的管理权限。同时，按国家和山东省政府部署，提高了 20 多年未动城镇居民定量供应粮油及相关制品价格，提高工业用盐价格；金饰品由国家定价改为国家指导价；调整和放开化纤原料和部分药品价格及电影票价。当年年底，放开全县卷烟零售价格。

1992 年，化肥、农药、塑料薄膜等农业生产资料为国家定价商品，计划内部分执行国家定价，计划外部分实行差率管理。同年 5 月，恢复农用柴油的城乡差价，理顺县以下市场计划内柴油价格。柴油批零差率由 13% 调整为 14%。

1992 年金乡县市场各经营单位农用柴油价格表

表 19-5-1　　　　单位：元 / 升

<table>
<tr><td rowspan="2">区 域
型 号</td><td colspan="2">一价区 10 千米以内</td><td>二价区 11 千米～25 千米以内</td><td>三价区 26 千米以外</td></tr>
<tr><td colspan="2">金乡镇</td><td>鱼山、王丕、高河、胡集、卜集、马庙、化雨、鸡黍、兴隆</td><td>司马、霄云、羊山</td></tr>
<tr><td rowspan="2">0 #柴油</td><td>批发</td><td>零售</td><td>零售</td><td>零售</td></tr>
<tr><td>0.51</td><td>0.58</td><td>0.6</td><td>0.63</td></tr>
<tr><td>-10 #柴油</td><td>0.54</td><td>0.61</td><td>0.63</td><td>0.66</td></tr>
</table>

1993 年 2 月，全部放开由济宁市管理的地方产白酒价格。取消化肥省定统一综合零售价，销售价格由经营单位在全省统一最高销售限价内自行定价销售，尿素最高限价每吨 1200 元，磷酸二铵每吨 1500 元，地方产碳酸氢铵每吨 400 元，复合肥每吨 760 元。国家定价部分也随市场供求形势变化不断调整，如地方产碳酸氢铵，1991 年零售价每吨 275 元，1994 年调整为 412 元，1995 年又调整为 588 元。

1997 年，对药品实行政府定价、政府指导价和经营者定价等价格管理形式。药品零售企业及医院单位的批零差率，不分剂型，其批零差率最高 15%，药品经营企业和医院单位均不得以零售价格购进药品加价销售。

2001 年，复合膜小包装加碘盐零售价，羊山、鸡黍、霄云、卜集执行每 500 克 0.94 元，县城区和其他乡镇执行每 500 克 0.93 元。

服务价格

1995 年 9 月、1998 年 5 月、2001 年 4 月，三次调整用水价格。生活用水价格每立方米由 0.53 元调整为 0.73 元、0.95 元、1.25 元；工业用水价格每立方米由 0.6 元调整为 0.9 元、1.2 元、1.8 元；经营用水价格每立方米由 0.65 元调整为 1 元、1.5 元、2.2 元。2000 年，对全县出租车（小轿车、旅游车、大客车、机动三轮车）和城乡线路客车的服务价格进行核定管理。2002 年，对电视广告收费标准作出调整。

2002 年金乡县广播电视台广告收费价目一览表

表 19-5-2

<table>
<tr><td rowspan="2">类别</td><td rowspan="2">长度（秒）</td><td rowspan="2">制作费（元）</td><td colspan="4">广告播出费（元）</td><td colspan="7">栏目赞助费（元）</td></tr>
<tr><td>A 段（19:30）</td><td>B 段（19:36）</td><td>C 段（20:00）</td><td>D 段（18:50）</td><td>栏 目</td><td>每期次数</td><td>播出时间</td><td>片头长度（秒）</td><td>金额</td><td>片头长度（秒）</td><td>金额</td></tr>
<tr><td rowspan="5">画面广告</td><td>5</td><td>400</td><td>150</td><td>100</td><td>100</td><td>100</td><td>《金乡新闻》</td><td>4</td><td>20:00 22:00
次日 12:00</td><td>15</td><td>800</td><td>30</td><td>1600</td></tr>
<tr><td>15</td><td>500</td><td rowspan="4">以 5 秒为一单位累计收费</td><td>220</td><td>200</td><td>200</td><td rowspan="2">《一周新闻要览》</td><td rowspan="2">4</td><td rowspan="2">周日 20:00
22:00
周一 12:00</td><td rowspan="2">15</td><td rowspan="2">400</td><td rowspan="2">30</td><td rowspan="2">800</td></tr>
<tr><td>30</td><td>600</td><td>440</td><td>400</td><td>400</td></tr>
<tr><td>45</td><td>70</td><td>660</td><td>600</td><td>600</td><td rowspan="2">《为您点播》</td><td rowspan="2">3</td><td rowspan="2">18:30</td><td rowspan="2">15</td><td rowspan="2">300</td><td rowspan="2">30</td><td rowspan="2">600</td></tr>
<tr><td>60</td><td>800</td><td>880</td><td>800</td><td>800</td></tr>
</table>

续表 19-5-2

<table>
<tr><th rowspan="2">类别</th><th rowspan="2">长度（秒）</th><th rowspan="2">制作费（元）</th><th colspan="4">广告播出费（元）</th><th colspan="8">栏目赞助费（元）</th></tr>
<tr><th>A 段（19:30）</th><th>B 段（19:36）</th><th>C 段（20:00）</th><th>D 段（18:50）</th><th colspan="2">栏目</th><th>每期次数</th><th>播出时间</th><th>片头长度（秒）</th><th>金额</th><th>片头长度（秒）</th><th>金额</th></tr>
<tr><td>文字</td><td>1 字</td><td>5 元 / 字</td><td colspan="4">3 元 / 字</td><td colspan="2" rowspan="2">《农业科技之窗》</td><td rowspan="2">4</td><td rowspan="2">每周一、二 19:40 21:00</td><td rowspan="2">15</td><td rowspan="2">200</td><td rowspan="2">30</td><td rowspan="2">400</td></tr>
<tr><td rowspan="2">滑动字幕广告</td><td rowspan="2">50 字</td><td>无线台</td><td colspan="4">每晚一次 200 元</td></tr>
<tr><td>有线台</td><td colspan="4">16 个频道每晚 1 遍，每条 200 元</td><td colspan="2">《金乡天气预报》</td><td>1</td><td>20:00</td><td>15</td><td>260</td><td>30</td><td>400</td></tr>
<tr><td rowspan="2">口播广告</td><td rowspan="2">60</td><td rowspan="2">无线台</td><td colspan="4" rowspan="2">200 元</td><td rowspan="4">赞助电视剧</td><td rowspan="2">无线</td><td>第一集</td><td>20:00</td><td>60</td><td>800</td><td>30</td><td>400</td></tr>
<tr><td>第二集</td><td>21:00</td><td>60</td><td>800</td><td>30</td><td>400</td></tr>
<tr><td colspan="7">电视专题片制作费 800 元 / 分钟，电视讲话制作费 500 元 / 分钟，电视讲话、专题片播出费 300 元 / 分钟，复制资料费 50 元 / 分钟</td><td rowspan="2">有线</td><td>第一集</td><td>19:30</td><td>60</td><td>800</td><td>30</td><td>400</td></tr>
<tr><td colspan="7">集体点歌 4 分钟以内 600 元，个人点歌 4 分钟以内 200 元</td><td>第二集</td><td>20:15</td><td>60</td><td>800</td><td>30</td><td>400</td></tr>
</table>

2003 年 3 月，按照有偿服务、略有结余、丧主自愿的原则，批准殡仪馆服务大厅每天收费 600 元 ~800 元，休息室每天收费 150 元，殡仪大接待室每天收费 300 元、小接待室每天 150 元。

1995 年，按省市要求调整中、小学校收费标准。高中学费：每生每学期城市 40 元，农村 30 元。杂费：小学每生每学期城市 18 元，农村 12 元；初中每生每学期城市 36 元，农村 24 元；高中每生每学期城市 54 元，农村 36 元。借读费：小学每生每学期 80 元，初中每生每学期 120 元，高中每生每学期 240 元。住宿费：每生每学期城市 40 元，农村 24 元。

1998 年金乡县中小学收费标准

表 19-5-3　　单位：元 / 生・学期

<table>
<tr><th rowspan="2">学段 \ 标准 \ 项目</th><th rowspan="2">杂费</th><th rowspan="2">学费</th><th rowspan="2">借读费</th><th rowspan="2">住宿费</th><th colspan="5">代收费用</th></tr>
<tr><th>课本费</th><th>作业本费</th><th>班费</th><th>取暖费</th><th>自行车看管费</th></tr>
<tr><td>小学</td><td>农村 30
城镇 40</td><td>—</td><td>180</td><td rowspan="3">农村 40
城镇 50</td><td rowspan="3">学期初在市教研室指导下代收。学期末由学校结算，多退少补</td><td rowspan="3">学期末由学校结算多退少补</td><td>10</td><td>每生每个采暖期（不少于三个月）</td><td rowspan="3">学校有专人为学生看管自行车 10</td></tr>
<tr><td>初中</td><td>农村 55
城镇 65</td><td>—</td><td>300</td><td>15</td><td>集中供暖（含空调）50</td></tr>
<tr><td>高中</td><td>农村 100
城镇 70</td><td>农村 60
城镇 70
省重点 210</td><td>—</td><td>20</td><td>一般炉具供暖 30</td></tr>
<tr><td>说明</td><td colspan="9">1.“城镇”含县城所在地的镇；2.“省重点”高中指省级规范化学校，市地、县重点高中或规范化高中参照执行；3. 住宿费内含水电费；4. 缴纳借读费者不再缴纳杂费；5. 以上为最高收费标准；6. 学杂费、借读费和住宿费一律按学期收取；7. 本标准自 1998 年春季开学时执行</td></tr>
</table>

1994、2003 年金乡县学龄前儿童收费项目和标准表

表 19-5-4　　单位：元 / 生·月

项目	年度	幼儿园								托儿所		学前班	
		试验示范类		一类		二类		三类					
		全日	寄宿	全日	寄宿	全日	寄宿	全日	寄宿	全日	寄宿	全日	寄宿
保育费	1994	14	28	12	24	10	20	8	16	12	24	8	4
	2003	20	40	17	34	14	28	12	24	17	34	8	4
管理费	1994	45	55	35	45	30	40	26	32	40	46	18	14
	2003	60	75	50	60	40	50	35	42	50	60	18	14
杂费	1994	6	6	6	6	6	6	6	6	6	6	6	6
	2003	10	10	10	10	10	10	10	10	10	10	10	10
代办费	1994	40	40	30	30	25	25	20	20	25	25	—	—
	2003	75	75	45	55	45	45	40	40	45	45	—	—

第三节　价格监督检查

1991~2005 年，金乡县每年开展多种形式的价格监督检查。检查方式分为市场价格检查、专项价格检查、行业价格检查、物价大检查、明码标价检查和开展“双信”监督活动，严厉打击价格违法行为。

1991 年，检查重点由流通领域转移到行政和事业性收费单位，主要是农业生产资料、医疗及中小学收费。

1998 年，颁布实施《中华人民共和国价格法》。县物价局设立案件审理委员会，一般价格违法案件有物价所提出处理意见报主管领导审定，重大价格违法案件的处罚和复议，由物价所提出意见，报案件审理委员会讨论决定。处罚和复议决定书原由物价所作出改为由物价局名义作出，发生行政诉讼应诉，由物价所长改为物价局长。同年，对药品价格进行专项检查，21 个单位中查处价格违法金额 168 万元，罚款 4.3 万元。

2001 年，对医疗、电力、教育等部门的价格、收费进行整顿规范。

2002 年，对粮食收购、中小学教育、农民建房、计划生育、婚姻登记等方面的价格和收费进行监督检查。

2003 年，对涉及企业收费情况进行监督检查。

2004 年，对全县粮、油、肉、蛋、菜等主要副食品价格和生活必需品价格进行全面检查。

1991~2005 年金乡县查处价格违法案件一览表

表 19-5-5

年度＼项目	查处违法案件（件）	查处非法所得（万元）	没收非法所得（万元）	经济制裁（万元）
1991	115	344.16	340.96	342.55
1992	50	12.52	7.58	7.99
1993	18	1.11	1.72	1.72

续表 19-5-5

项目 年度	查处违法案件（件）	查处非法所得(万元)	没收非法所得（万元）	经济制裁（万元）
1994	22	109.47	79.84	79.84
1995	26	163.19	32.45	32.45
1996	28	16.5	16.5	16.5
1997	47	1288	7.75	10.15
1998	32	789.32	14.17	16.77
1999	45	650.77	8.3	16.9
2002	32	126.55	19.9	19.9
2003	47	139.82	6.82	6.82
2004	15	636	20	632
说明	2000 年、2001 年、2005 年未作统计			

第六章 质量技术监督管理

1988 年 8 月，金乡县标准计量局成立。1989 年 6 月，改称金乡县技术监督局。1993 年 12 月机构改革，撤销县技术监督局，设立技术监督中心，为正科级事业单位，隶属县经济委员会。1995 年 9 月，撤销技术监督中心，重设金乡县技术监督局。1998 年 7 月，技术监督系统实行省以下垂直管理体制。2001 年 1 月，县技术监督局更名为金乡县质量技术监督局，下设办公室、质量科、计量科、标准化科、法制科、特监科 6 个科室；局属单位有质量技术监督稽查大队、产品质量监督检验所、计量检定测试所、衡器管理所。至 2005 年年底，全局有职工 70 人。

第一节 标准化管理

农业标准化建设

从 2002 年 4 月起，按照山东省人民政府及省质量技术监督局文件精神，在全县范围内实施农业标准化工作。

基地建设 对各乡镇农业标准化报告进行汇总，编制金乡县 13 个乡镇大蒜示范区现有规模及预期规模任务分配表，县农业标准化示范区预期规模 32.75 万亩。同时，对全县农业标准化示范区田间套种农作物（玉米、西瓜、棉花等）进行登记。

产后服务体系建设 对全县 31 个规模农产品市场（面积 116.2 万平方米）、169 家（加工能力 17.2 万吨）规模大蒜加工厂、410 座冷库（贮藏量 38.68 万吨）进行统计。绘制全县农产品市场分布图。

标准化体系建设 编制《金乡县大蒜开拓技术操作规程》《金乡县大蒜蒜种生产操作规范》《金乡县大蒜产地环境条件》《金乡县大蒜包装、贮藏、运输技术规范》。在全县逐步实现农产品产地环境标准化、生产资料投入标准化、栽培种植管理技术标准化、农产品加工制品质量标准化，以及农产品包装、运输、储藏、销售标准化，与国际农业标准化的整体接轨。

质量监测体系建设 采取同企业联合的方式，投资 300 万元，建成占地 30 亩的金乡县农产品检测中心一处，对蔬菜、瓜果、粮食等作物进行检测与评估，保证农产品优质、无公害，符合国际标准。

无公害农产品标志使用

2002 年，着手开展国家无公害农产品标志申报使用工作，为金乡大蒜申报使用无公害农产品标志，对东运、宏昌、宏泰、冰川棉业4家企业进行验收。2003年1月，获得大蒜无公害农产品标志证书（WGH37-0301-531）。在大蒜制品方面，引导德兴农贸公司申报无公害农产品标志，并获得脱水大蒜无公害农产品标志证书。

无公害金乡大蒜地方标准

县质量技术监督局按照县政府关于制订无公害金乡大蒜地方标准的要求，会同县贸易局、农业局、大蒜商会、宏泰公司、宏昌公司、东运集团、盛达公司等单位，参照国家标准GB18406.1的规定起草制订《无公害金乡大蒜地方标准》，并报山东省质量技术监督部门审批。2002年12月9日，鲁质技监标发〔2002〕198号文批准了该“标准”，名称为“无公害金乡大蒜”，证书编号为DB37/T335-2002。

国家级出口农产品标准化示范基地验收

2005年12月7日，国家级出口农产品标准化示范基地验收组对金乡县宏昌果蔬有限责任公司、山阳冷藏有限责任公司、宏泰冷藏加工有限责任公司、东运进出口（集团）有限公司、华光蒜业集团有限公司5家冷藏企业进行验收，并通过专家评定，达到优秀标准。至年底，县质量技术监督局共为485家企业办理登记备案手续，帮助企业采用新标准131个，淘汰过期标准125个，全县直属企业和乡镇企业产品标准覆盖率90%，个体企业产品标准覆盖率80%。

第二节　计量管理

1986年7月1日，《中华人民共和国计量法》施行后，金乡县推行法定计量单位。对工商企业、文教卫生、党政机关等部门使用的法定计量器具进行检查；对非法定计量器具予以没收；对全县各企事业单位所使用的计量器具进行登记造册，建立计量器具台账；对计量器具的名称、规格、型号、精密度等级、制造厂家、出厂编号、检定时间及管理情况等，分门别类，逐一登记，建立科学的计量器具管理制度。

1995年，帮助县化肥厂（峄山集团金乡尿素厂）完善计量检测工作5项，向省市计量检测机构送检计量器具32件，修改充实计量管理制度15条（项），顺利通过二级计量升级定级检查和验收，解决了企业长期存在的“跑、冒、滴、漏”等问题，提高了企业的管理水平和经济效益。截至2004年年底，全县计量保证确认企业12家，计量合格确认企业38家。

1991~2005年，县计量部门持续实施“计量六大放心工程”。即对集贸市场、超市、商业门市、餐饮业等涉及公平交易内容场所的计量器具严格监管，实现在用计量器具强检率95%以上；每年对各大商场、超市、集贸市场、批发点经销的几十种日用百货商品进行定量包装计量检验，年检验商品200余种，抽样1500余批次；开展加油站计量专项整治，平均每年检定加油机400余台，保持在用计量器具周期检定率达到98%，并对加油机检定数据实现微机联网管理；将计量工作重点放在与农民利益密切相关的粮食市场、农资市场上，强化收购、加工和销售环节的计量秩序，严厉查处和打击缺斤少两的计量作弊作为；对计量器具进行强制检定，特别是对医疗计量器具、眼镜制配用计量器具、电话计时计费装置等计量器具加强监管，全年社会公用计量标准受检率100%，企、事业单位最高计量标准受检率95%；强化计量抽查，定期向社会发布抽查结果，取信于民。

每年对全县用于计量传递贸易结算关系国计民生的加油机、血压计（表）、压力表等进行周期强检，年均检定加油机400余台，强检率98%，检定血压计（表）300余台，受检率98%，合格率95%；检查冷库近400座，压力表1500余块，合格率94%。主要检查在用计量器具是否按规定进行检定，是否在检定有效期内使用，是否使用法定计量单位，计量性能是否进行了改变，在用计量器具是否向质监部门登记备案，是否申请周期性强检，是否具有有效期内的检定证。重点检定有无作弊装置，有无故意坑农害农违法行为。专设投诉电话，实行24小时值班。对破坏在用计量器

具准确度，牟取暴利、坑农害商等违法行为严厉打击。年均处理计量违法案件30余件。2005年，拆除电子汽车衡遥控装置3个，维修电子汽车衡20余台，为客户挽回经济损失60万余元。

2003年12月，县计量所通过山东省局计量授权。2005年12月，通过长度、质量、体积计量授权。

第三节　质量管理

1993年9月1日，《中华人民共和国产品质量法》颁布实施，县质检部门利用广播、电视、《金乡大众报》《金乡信息》《金乡政务信息》等广泛宣传，当年举办电视讲座12次，发表文章50余篇，动用宣传车150余车次，发放宣传资料2万余份，开展质量咨询活动20余次。

1995年前，仅对植物油、面粉、糕点、酱油、食醋、冰糕等物品实施检验，每年检验产（商）品200多个批次。1995~2000年，投资55万元购置检验设备、仪器，建起食品化验室、化工检验室、家具检验室、建材检验室；先后派出100余人次参加省内外业务技术培训，邀请省市质检机构专家、专业技术人员到金乡授课，进行业务指导。产品质量检验范围逐步扩大，每年检验食品、农药、农膜、汽油、柴油、电线、电缆、建材、农机配件等八大类产品120余种、1000批次。

2000年9月1日，实施修改后的《中华人民共和国产品质量法》，强化对产（商）品质量的日常监督检查。在生产领域，重点抓涉及人身健康与安全的食品、日用品的检验。在流通领域，以农机、化肥、农药、农膜、种子、名烟、名酒为突破口，严格督查监管。采取的措施有：

推行区域监管责任制　将全县13乡镇划分为13个监管区域，聘请协管员，责任到人，形成监管网络。监管人员对责任区内的食品加工企业进行调查摸底，详填调查表，录入微机，建立质量电子档案。根据企业生产规模、设备条件及经营状况的不同划分A、B、C、D四类，实行分类管理；对重点产品、重点企业，实行重点监管，从源头上抓好食品质量安全。

实施食品市场准入制度　选派技术骨干深入食品加工企业，帮助建立检测室，培训检验员；建立健全质量保证体系，指导填报生产许可证申请表。徐丰酱园、金贵酒厂及金鸡、长虹、鲁宝等7家面粉厂均通过山东省质检局委派专家组审核验收，取得食品生产许可证，实现达标生产。

打假治劣，规范食品生产和市场秩序　对婴幼儿奶粉、白酒、大米、小麦粉、食醋、酱油、食用植物油等7类食品生产加工企业实施执法检查，2000年检查生产加工企业38家。帮扶引导生产条件较好的加工企业走向规范生产，对问题较多的21家企业，当场下达责令停止生产和销售通知书，对8家无证生产且又拒不关停的生产企业进行立案查处。

1996~2005年，县质量技术监督局在县委、县政府组织实施的名牌战略中，引导企业制订名牌发展计划，建立名牌产品脱颖而出的技术创新机制。大力推行农业生产标准化，鼓励农民树立科学种植，打造绿色、有机农产品的理念；建立金乡大蒜产前、产中、产后管理体系，以及其他农产品质量监测体系，提高金乡农产品国际市场竞争力，帮助多家大蒜出口企业申办条形码，摆脱金乡大蒜只能在农贸集市、地摊出售的处境，从容摆上国内外著名超市，使其身价倍增，出口创汇连年增长。金曼克电气集团股份有限公司生产的环氧树脂浇注式电力变压器和金贵酒厂生产的金贵酒（珍品系列）获山东省名牌产品荣誉称号，并由此带动其他企业加入申报名牌行列。

第四节　锅容管特监察

锅容管特监察，是指对涉及生命安全、危险性较大的锅炉、压力容器、压力管道和电梯、起重机械、客运索道、大型游乐设施等特种设备的安全监察。2003年6月1日，国务院颁布《特种设备安全监察条例》。县质量技术监督局落实安全责任，完善动态监管网络，建立长效监管机制，督导企业加强特种设备安全管理，做到监管机构，

管理人员、规章制度三落实；特种设备有使用证，作业人员有上岗证；对设备依法申报检验，确保特种设备安全运行。同时，督促危化品生产、经营单位和医院、超市等公众聚集场所制定应急救援预案，建立应急救援队伍，完善应急救援技术手段，提高特种安全监察工作有效性。至2005年，县质检部门举办特种设备操作培训班10期，培训操作人员3000余人次；对全县冷库使用的压力容器进行调查摸底，注册登记；配合济宁市特检所对全县锅炉、机动车辆、电梯、吊车、起重机械、压力管道和压力容器进行检验，共检查特种设备使用单位81个、特种设备302台、发放安全宣传材料1000余份、下达安全监察指令书43份、拆除废旧设备10台；对全县20辆危化品运输罐车和30家气瓶充装单位进行专项检查。每年春节期间加大对烟花爆竹检查力度，共检查经销单位及个体经营户650家（户），商品78种，没收不合格烟花爆竹货值5万余元。

第五节 执法督查

1991~1995年，依据《中华人民共和国标准化法》和《中华人民共和国产品质量法》，开展产品质量监督检验，每年除协助国家、省市技术监督局开展统一检验、抽样检查外，全力做好产（商）品的日常监督检查。其间，查处假酒35吨，假农药6.5吨，劣质食品11.2吨，过期糕点5.6吨，不合格饮料2.35万瓶，伪劣化妆品5430瓶，劣质皮鞋2386双，不合格电线、电缆2.6万米，无生产许可证电器产品及插头插座1.84万件，不合格农机配件3640件，不合格医用一次性输液器5350支。对管理意识强、产品质量好的企业进行表彰，颁发“产（商）品质量信得过”奖牌。对不合格产（商）品实行跟踪监督，对质量问题突出的进行公开曝光。共受理各类违法案件1750起，立案查处326起，受理群众投诉2500人次，调解质量纠纷258起。

在整顿大蒜收购市场秩序，打击缺斤少两违法行为中，查处违法行为1500余起，不合格计量器具840多台（件），没收计量器具165台（件），计量杆秤181支，加大砣653块，加重砣145块，上缴罚没款50多万元。对影响大、违法性质严重的14起作案人员，依法移交司法机关追究刑事责任。

2001~2005年，统一编制并组织实施全县产品质量监督抽查计划，协调产品质量行业监督和专业质量监督，组织开展产品质量安全强制检验和风险监控，组织查处违反质量技术监督相关法律法规的行为，并把食品质量和特种设备作为执法督查重点，落实区域监管责任制，不断加大查处力度，确保食品安全和特种设备安全运行。其间，共办理行政执法案件1100余起，罚没款700余万元，受理投诉500余起，为消费者挽回经济损失2000余万元。

第七章 安全生产监督管理

1991年，县劳动局设安全生产科，负责全县安全生产监督管理工作。1995年，县政府成立安全生产委员会，下设办公室，为正科级行政单位，挂靠县劳动局。2000年10月，县安全生产委员会办公室移交给县经济委员会。2001年12月，成立金乡县安全生产监督管理局（简称县安监局），与县安全生产委员会办公室一套班子两块牌子，为正科级行政单位，隶属县经济委员会。负责对全县的生产安全进行监督与管理，制止违规生产，处罚违法行为。内设综合科、安监科、教育培训科。2003年，县安监局成立安全生产监察执法大队，为正股级事业单位，核定全额事业编制6人。2004年7月，县安监局从县经委析出，改为县政府直属序列机构。2005年8月，县安监局内设综合科、安监科、教育培训科、危险化学品科、安全生产监察执法大队，行政编制10人。

第一节 安全教育与安监网络

2001 年，县安监局贯彻实施《中华人民共和国安全生产法》和《山东省安全生产条例》，立足依法行政，健全落实安全生产和事故防范机制，全县各类生产事故件数和死亡人数连年下降，2002 年同比下降 10 %、11 %；2003 年同比下降 12 %、12.3 %；2004 年同比下降 3 %、15.6 %；2005 年同比下降 5.6 %、22.6 %，未发生一起死亡 10 人以上特大生产安全事故。2002~2005 年，连续被济宁市政府评为全市安全生产工作先进单位。

宣传教育

2002~2005 年，在县电台、电视台开设安全生产常识讲座，开播“关注安全，关爱生命”为主题的电视节目。组织有关部门和企业参加由国家安监局组织的“安全生产万里行宣传活动”，在县体育场开展“万人安全生产签名”活动。每年“安全生产月”活动期间，在城区主要街道、交通路口、大型商场和人员密集场所悬挂安全生产条幅，设立咨询台，发放安全生产宣传材料。其间，培训部门主要负责人、安全管理人员、特种作业操作人员 5000 多名，悬挂安全生产条幅约 500 条，出动宣传车 500 多辆次，发放安全生产宣传单 9000 多份，安全生产观念渐入人心。

安监网络

全县 13 个乡镇和县经济开发区均成立安监站，各配备专职安监干部 2~3 人。县直有关部门配备安全管理机构，并明确分管负责人。至 2005 年年底，全县共有专职安监干部 35 人，各类企业有安全管理人员 250 人。每年初，县政府与各乡镇和开发区以及生产企业、县直有关部门签订安全生产责任书和安全生产责任状，把安全生产监督管理责任落实到单位、企业、班组和每个工作岗位，纳入规范化、制度化管理轨道，形成政府、部门、企业齐抓共管，一级抓一级，一级对一级负责的保证体系。同时，要求各乡镇和开发区、县直有关部门按时报送安全生产月报和季报，年终兑现奖惩。对发生安全生产事故的单位，取消单位及主要负责人年终评先树优资格。

第二节 安监执法

专项检查整治

2002 年，制定《金乡县安全生产专项整治方案》。每年清明节、五一劳动节、国庆节、中秋节、元旦、春节前后，都组织有关部门和单位对学校、矿山、道路交通、水运、电力、消防、建筑施工工地、危险化学品生产运输等领域开展集中整治和专项检查，防止突发事故。至 2005 年，共组织开展集中整治和专项检查 158 次，查出各种制度缺陷和事故隐患 5000 余项次，下达指令书和整改指令书 1003 份。

事故隐患整改

督促企业落实安全生产主体责任，对指令限期整改的单位定期查访督促改进，对事故隐患严重且整改不力或发生重大死亡、伤亡事故的企事业单位，依法、依规进行处理，依法追究责任者的行政责任，并建议有关部门对企业相关资质、许可证等予以吊销或责令停产整顿。2002~2005 年，处理结案事故 12 件，给予行政处分 1 人，经济处罚 3 人，责令停产整顿 5 家。整改率在 98 % 以上。

联合执法工作机制

2001 年 12 月，由 21 个成员单位组成的金乡县安全生产委员会（简称县安委会）主任由县长担任，办事机构设在安全生产监督管理局。县安委会建立各专项工作安全监管联合执法制度，明确联合执法参与单位、执法内容、方式和方法。2003 年起，县安委会每年组织编写《金乡县生产安全事故应急救援预案》，对煤矿、危险化学品、道路交通、学校、大型商场、公共聚集场所、消防、民用爆炸物品等 12 种事故灾难类的应急预案进行

汇编。联合工商、质监、卫生、公安等部门对全县大型商场、超市、人员密集场所、危险品和建筑施工等进行检查，至 2005 年，共检查 325 家，查出安全隐患 509 条，下达整改指令书 198 份。2005 年底，县安委会成员单位增加到 38 个。

第八章　食品药品监督管理

2002 年 4 月，金乡县药品监督管理局成立，6 月 18 日正式挂牌运行，为省以下垂直管理机构。编制 25 人，其中行政编制 15 人，事业编制 8 人，工勤人员 2 人。2004 年 10 月，更名为金乡县食品药品监督管理局，继续履行药品监管职能，增加食品、保健品、化妆品安全管理监督和组织协调开展对重大事故的查处职能。内设办公室、药品市场监督科、药品管理科、医疗器械监督科、餐饮服务食品安全监管科、保健食品化妆品监管科。

第一节　食品市场监管

1991~200 年，食品市场监管由县防疫站负责。2004 年，县政府成立金乡县食品药品安全协调委员会，制定下发《金乡县食品药品安全协调委员会工作制度》《金乡县食品药品安全协调委员会成员单位职责》和《金乡县食品安全事故（案件）督察督办制度》，与各成员单位和乡镇政府签订《食品药品安全责任书》，将履行食品安全职责情况列入年度考核项目。

2004~2005 年，组织协调各成员单位对全县农村食品安全，食品、保健品、化妆品产业状况和监管情况开展调查，获取食品安全状况第一手资料，为县政府科学决策提供信息和依据。每年元旦、春节、五一劳动节、六一儿童节、端午节、中秋节、国庆节期间，与卫生、工商等部门组成联合检查组，开展对食品市场、乳制品市场和饮料市场的监督检查，发现问题及时纠正，该下架的责令下架停止销售，该销毁的坚决予以销毁。同时，针对夏季天气炎热食品易腐烂变质的特点，组织有关部门到学校食堂、“小饭桌”和建筑工地食堂及餐饮服务店铺进行专项检查整治。

第二节　药品市场监管

法规宣传

2002 年 11 月，开展以“加强药品、医疗器械监管，确保人民群众医疗用药安全”为主题的《中华人民共和国药品管理法》实施一周年宣传周活动。2004 年 3~6 月份，印发《抗菌药物使用 25 问》1 万份，悬挂宣传横幅 82 幅，设立咨询台，接待群众咨询 600 余人次。2005 年，采取多种形式宣传食品药品安全知识、法律法规，在金乡电视台开辟《食品药品监管动态》栏目，每周 1 期；出动宣传车辆 23 辆次，悬挂宣传横幅 80 余幅，印发宣传材料 2 万余份，上街设咨询台 56 台次，接待群众咨询 4000 余人次。

人员培训

2002 年 8~9 月份，对全县药品经营、使用单位分三批进行法律法规和业务管理知识培训，26 家县直和乡镇医疗卫生单位、70 余家药品经营企业负责人和业务管理人员参加培训。2003 年 9 月，举办 GSP（《药品经营质量管理规范》的英文缩写，药品经营企业统一的质量管理准则）认证工作培训班，培训药品经营企业负责人、质量管理人员、验收员、营业员 122 人，向各企业印发 GSP 认证所需的各项工作制度和各种记录表格。2004 年 8 月，举办医疗机构负责人、药剂科主任、医疗组长和药品经营企业负责人、质量管理人员共 200 余人参加的法律法规培训班，培训重点是药品不良反应报告、监测和特殊药品管理。2005 年，组织培训食品药品从业人员 800 余人。

农村药品“两网”建设

2002 年，调研和筹划建设农村药品监督网、供应网。聘请 26 名县人大代表、政协委员和有关部门负责人为社会监督员，乡镇分管领导、派出所长、卫生院长为协管员，管区书记、村主任为信息员，形成以县食品药品监督管理局为中心，乡镇为纽带，管区为网点的三级药品监督网络。

药品供应网建设，鼓励和支持兴办药品经营私营企业。2002~2005 年，全县药品私营企业（店）94 家。全县形成以济宁医药（集团）总公司金乡分公司批发经营、乡镇卫生院代购配发，村卫生室（所）和药品零售店为终端的农村药品供应网络，覆盖面在 95% 以上。

食品药品放心工程

2003 年，实施食品药品放心工程建设，开展专项整治活动，当年查处无证经营药品案件 10 件，制售假劣药品案件 21 件，捣毁制假窝点 4 处，涉案药品货值 6 万余元。

2004 年，成立“金乡县食品药品安全协调委员会”，与公安、工商等部门联合执法，开展农村用药、涉药单位药品质量、无证经营药品、无证配制制剂、疫苗经营、抗菌药物不凭处方销售、制售假劣藏药、兽药店非法经营人用药品等专项检查活动，检查药品经营单位 202 个次，医疗机构 453 个次，兽药经营门店 45 处，立查违法案件 300 余件，取缔无证经营 26 家（户），查处假劣药品 136 批次。

2005 年，开展药品零售、医院制剂、疫苗、特殊管理药品等专项检查活动，检查药品经营企业 90 家，查处不凭医生处方销售药品零售（门）店 31 家，不按规定审核签字的 23 家，检查覆盖面 100%。在中药材、中药饮片专项检查活动中，查处假劣药品 32 批次，货值 2000 余元。在打击制造、邮售假劣药品专项整治活动中，会同公安、邮政部门对全县 18 家邮政支局（所）进行检查，防止发生邮寄假劣药品违法行为。

“防非”药品监管

2003 年，在防治非典型肺炎关键时期，加强“防非”药品市场监管，查处假药案 1 起，其他违法违规行为 102 起，查获假、劣药品 68 种，对 110 家违法违规医疗机构给予警告和责令整改，确保“防非”药品供应和药品质量。

药品不良反应监测

2004 年，在全县建立药品不良反应监测工作网络，县食品药品监督管理局成立药品不良反应监测工作站（设在药品管理科），县直医疗卫生单位、乡镇卫生院、县医药公司、金乡康福大药店连锁有限公司为药品不良反应监测网络成员单位。至 2005 年年底，共上报药品不良反应 150 余例，全部进行妥善处理，无医疗事故发生。

第三节　医疗器械市场监管

市场概况

2002 年前，全县有医疗器械生产企业 1 家（金乡县山阳医疗器械有限公司）、医疗器械经营企业 1 家（济宁医药集团总公司金乡分公司），至 2005 年底，有医疗器械生产企业 2 家、专营企业 3 家、兼营企业 100 余家。

日常监督和专项整治

根据国家《医疗器械生产监督管理办法》等有关规定，县食品药品监督管理局对医疗器械生产企业每季度进行一次监督检查，对医疗器械经营企业每年进行一次监督检查，发现问题及时督促整改，并实行动态监管。对全县医疗器械生产、经营企业建立监管档案，规范企业生产经营行为，保证医疗器械产品质量。2003 年，对全县医疗器械经营市场进行专项治理，清查无证经营 90 家，查处不合格医疗器械 30 余种。2005 年，在全县范围内开展大规模医疗器械专项整治活动，把一次性使用无菌医疗器械、血液透析类产品、橡胶避孕套、血糖仪、软性角膜接触镜、齿科器械、中低频治疗仪等医疗器械作为整治重点。其间，出动执法人员900余人次，执法车辆300余辆次，检查医疗单位近200家，经营企业80余家，查处医疗器械违法案件51起，没收违法经营的一次性使用无菌医疗器械2件，其他医疗器械产品6件，罚没款4.1万元。此后，又与县计划生育局、卫生局开展计划生育器械联合执法大检查，检查县、乡医疗机构18家，计划生育机构13家，涉械经营企业22家。同年8月，开展医疗器械说明书、标签和包装标识专项检查，检查县、乡医疗机构8家，经营企业25家，涉及医疗器械产品60余种，查处医疗器械说明书违法案件2起。

第二十篇 中国共产党金乡县地方组织

中国共产党金乡县地方组织

1936年11月，始建中共金乡县第一高小党支部，党员5人；同年12月，建立中共金乡县翟庄党支部，党员5人。1937年9月，建立金乡县第一个党的县级机构——中共金乡县工作委员会。1938年10月~1949年10月，先后建立中共金单曹中心县委员会、金嘉巨中心县委员会、金乡县委员会、金西工作委员会、金巨县委员会、金曹县委员会、金乡县委员会、金巨县委员会、金乡县委员会。

1956年5月至2003年3月，中共金乡县共召开11次代表大会，其中1990年5月至2003年3月召开4次。第八至十一届县委积极贯彻执行党中央关于改革、开放、搞活的一系列方针政策，结合金乡工作实际，解放思想换脑筋，集中精力谋发展，作出了实施“农贸带动战略”等许多关系金乡经济和社会发展并与全县人民生活息息相关的重大决策，并通过宣传、组织、纪检、政法等项工作保障各项决策的正确实施。全县各级党组织团结带领全县人民投身改革开放的伟大实践，发展生产，搞活经济，脱贫致富，建设小康社会。全县经济保持平稳、持续、快速发展态势，呈现出各项事业全面发展，社会政治稳定，人民安居乐业的良好局面。

第一章　党员代表大会　机构设置

中共金乡县第一次代表大会于1956年5月召开，选举产生中共金乡县第一届委员会。1960年7月、1963年9月、1971年3月、1980年9月、1984年8月、1987年8月分别召开第二至七次代表大会。1990年5月~2003年3月，分别召开第八至十一次代表大会，听取、审议上届委员会工作报告，选举产生新一届委员会，并在各次代表大会第一次全体委员会议上选举产生常务委员会委员、书记、副书记。刘景伦、杜昌文、石柱、乔志猛、曹景群先后任中共金乡县委书记。

第一节　第八至十一次党员代表大会

中共金乡县第八次代表大会

1990年5月5日~7日在金乡县城召开，大会代表376名，代表全县19138名党员。大会主席团由53人组成。代表资格审查委员会由6人组成。大会听取并审查通过刘景伦代表七届县委所作的《坚持立国之本，走好强国之路，为我县的进一步稳定发展而奋斗》工作报告；听取并审查通过中共金乡县纪律检查委员会工作报告。选举产生中共金乡县第八届委员会委员29名，候补委员5名。在八届委员会第一次全体会议上，选举产生常务委员9名，其中书记1名，副书记3名；选举产生中共金乡县纪律检查委员会委员17名。

中共金乡县第九次代表大会

1995年5月22日~24日在金乡县城召开，大会代表350名，代表全县21212名党员。大会主席团由57人组成。代表资格审查委员会由11人组成。大会听取并审查通过杜昌文代表八届县委所作的《抓住机遇，加快发展，为建设现代化强县而奋斗》工作报告。听取并审查通过中共金

图20-1　中共金乡县第九次代表大会

乡县纪律检查委员会工作报告。选举产生中共金乡县第九届委员会委员 28 名，候补委员 5 名。在九届委员会第一次全体会议上，选举产生常务委员 11 名，其中书记 1 名，副书记 4 名；选举产生中共金乡县纪律检查委员会委员 17 名。

中共金乡县第十次代表大会

1998 年 12 月 20 日 ~22 日在金乡县城召开，大会代表 350 名，代表全县 23703 名党员。大会主席团由 61 人组成。代表资格审查委员会由 11 人组成。大会听取并审查通过石柱代表九届县委所作的《高举伟大旗帜，迈向新的世纪，全面推进金乡社会主义现代化建设》工作报告。听取并审查通过中共金乡县纪律检查委员会工作报告。选举产生中共金乡县第十届委员会委员 29 名，候补委员 5 名。在十届委员会第一次全体会议上，选举产生常务委员 11 名，其中书记 1 名，副书记 4 名；选举产生中共金乡县纪律检查委员会委员 17 名。

中共金乡县第十一次代表大会

2003 年 3 月 4 日 ~6 日在金乡县城召开，大会代表 350 名，代表全县 25005 名党员。大会主席团由 57 人组成。代表资格审查委员会由 12 人组成。大会听取并审查通过乔志猛代表十届县委所作的《与时俱进，开拓创新，为建设富裕文明的新金乡而努力奋斗》工作报告。听取并审查通过中共金乡县纪律检查委员会工作报告。选举产生中共金乡县第十一届委员会委员 29 名，候补委员 5 名。在十一届委员会第一次全体会议上，选举产生常务委员 11 名，其中书记 1 名，副书记 4 名；选举产生中共金乡县纪律检查委员会委员 17 名。

中共金乡县第八至十一届委员会组成情况表

表 20-1-1

届次	职务	姓名	任离职时间	籍贯
第八届（1990.05 ~ 1995.05）	书记	刘景伦	1990.02 任职，1993.05 离职	山东省临朐县
		杜昌文	1993.01 任职	山东省嘉祥县
	副书记	王允祥	1992.12 离职	山东省金乡县
		李遵德	1990.02 任职	山东省金乡县
		赵步荣	1990.02 任职，1992.12 离职	山东省金乡县
		傅 华（挂职）	1991.05~1992.12	—
		刘昭庆	1992.12 任职	山东省鱼台县
		韩振中	1992.12 任职	山东省金乡县
		周建昌	1992.12~1993.12	山东省鱼台县
		鲁 仁（挂职）	1994.02~1995.02	—
		苏金兰（女）	1994.11 任职	山东省金乡县

续表 20-1-1

届次	职务	姓名	任离职时间	籍贯
第八届（1990.05 ~ 1995.05）	常务委员	侯宪林	1986.07~1993.07 任人武部部长（1990.02 任常委）；1993.05~1994.12 任政法委书记 1994.12~1997.12 任常委、常务副县长	山东省东平县
		程殿光	1992.12 离职	山东省金乡县
		杭怀营	1992.12 任县纪委书记	山东省金乡县
		韩俊英	1990.06 任县委办公室主任 1992.12 任常委、县委办公室主任	山东省金乡县
		刘文廷	1986.07 任人武部政委 1992.12 任常委、人武部政委	山东省金乡县
		薛宝英	1992.12 任宣传部部长	山东省金乡县
		班建宁	1994.11 任组织部部长	山东省微山县
		苏金兰（女）	1987.02~1992.12 任宣传部部长 1992.12~1994.11 任组织部部长	山东省金乡县
		刘昭庆	1990.02 任常委 1990.03~1992.12 任常委、副县长	山东省鱼台县
		韩振中	1990.04 任常委、组织部部长	山东省金乡县
	委员	委员（按姓氏笔划为序） 于庆瑞　王允祥（1992.12 离职）　王庆新　王奉忠　申启民　任忠坤　刘昭庆 刘景伦（1993.05 离职）　李曰玉　李世亮（单县籍）　李永灿　李兴环　李志海 李遵德　杨玉民　杨玉震　苏金兰（女）　杭怀营　苑立常　岳修君　周学尧 孟凡善　赵连英（女）　赵步荣（1992.12 离职）　赵鼎贤　侯宪林 韩俊英　韩振中　程殿光（1992.12 离职）　田素明（1992.04 任职） 候补委员（按得票多少为序） 田素明（1992.04 任职）　陈运超　李福胜（回族）　杨丰文　周光全		
第九届（1995.05 ~ 1998.12）	书记	杜昌文	1993.01 任职，1997.12 离职	山东省嘉祥县
		石　柱	1997.12 任职	济宁市中区
	副书记	刘昭庆	1992.12 任职，1996.03 离职	山东省鱼台县
		李遵德	1990.02 任职，1996.03 离职	山东省金乡县
		韩振中	1992.12 任职，1998.01 离职	山东省金乡县
		苏金兰（女）	1994.11 任职，1995.08 离职	山东省金乡县
		赵继忠	1995.08 任职，1997.12 离职	山东省泗水县
		宋文光（挂职）	1995.10~1997.03	—
		石　柱	1996.03~1997.12	济宁市中区
		班建宁	1997.01 任职	山东省微山县
		张生贤	1997.12 任职	山东省嘉祥县
		侯宪林	1997.12 任职	山东省东平县
		孟凡善	1997.12~1998.09	山东省金乡县
		赵兴泉（挂职）	1998.04~1999.08	—
		杨晓群	1998.09 任职	山东省莒南县

续表 20-1-1

届次	职务	姓名	任离职时间	籍贯
第九届（1995.05 ~ 1998.12）	常务委员	杭怀营	1992.12 任县纪委书记，1998.01 离职	山东省金乡县
		韩俊英	1990.06~1997.12 任县委办公室主任 1997.12 离职	山东省金乡县
		刘文廷	1986.07~1996.03 任人武部政委 1992.12~1998.01 任常委	山东省金乡县
		薛宝英	1992.12 任宣传部部长；1996.03 离职	山东省金乡县
		陈新宏（女）	1996.03 任宣传部部长	江西省南城
		刘太原	1996.03~1997.12 任政法委书记， 1997.12 任组织部部长，2002.12 离职	山东省汶上县
		刘建东	1996.03~1998.06 任常委 1996.03~1998.01 任人武部政委	山东省滕州市
		高　潮	1997.12 任县纪委书记	山东省泰安市
		周光全	1997.12~1998.11 任常委 1997.12~1998.12 任县委办公室主任	山东省金乡县
		王　强	1997.12 任政法委书记；1998.12 任常委	山东省微山县
		李延民	1998.03 任人武部政委；1998.06 任常委	济宁市任城区
		班建宁	1994.11~1997.12 任组织部部长 1995.05 任常委	山东省微山县
		侯宪林	1994.11~1998.01 任常委、副县长	山东省东平县
	委员	委员（按姓氏笔划为序） 上官延美（女） 王同友 王奉奎 田素明 刘文廷 刘昭庆（1996.03 离职） 杜昌文（1997.12 离职） 杨玉震 苏金兰（女，1995.08 离职） 李世忠 李金礼 李宪鹏 李恩灿 李继真 李遵德 张昭贤 张殿民 陈新宏（女） 杭怀营 岳修君 孟凡善（1998.09 离职） 赵留臣 侯宪林 段玉柱 班建宁 韩俊英（1997.12 离职） 韩振中 薛宝英（1996.03 离职） 候补委员（按得票多少为序） 刘德文 戴志诚 李永灿 梁茂林 周玉平		
第十届（1998.12 ~ 2003.03）	书记	石　柱	1997.12 任职，2000.01 离职	山东济宁市中区
		乔志猛	2000.01 任职	山东省泗水县
	副书记	张生贤	1997.12 任职，2001.01 离职	山东省嘉祥县
		班建宁	1997.01 任职，2002.12 离职	山东省微山县
		侯宪林	1997.12 任职，2003.01 离职	山东省东平县
		杨晓群	1998.09 任职，2002.12 离职	山东省莒南县
		田武芹（挂职）	1999.05~2000.05	—
		张延泉（挂职）	2000.05~2001.05	—
		李长胜（挂职）	2000.06~2002.12	山东省高唐县

续表 20-1-1

届次	职务	姓名	任离职时间	籍贯
第十届（1998.12～2003.03）	副书记	李明晨	2001.01 任职	山东省鱼台县
		李逢记	2001.04 任职	山东省巨野县
		王　强	2002.12 任职	山东省微山县
		刘太原	2002.12 任职	山东省汶上县
	常务委员	陈新宏（女）	1996.03 任宣传部部长	江西省南城
		刘太原	1997.12~2002.12 任职	山东省汶上县
		高　潮	1997.12 任县纪委书记，2001.04 离职	山东省泰安市
		李延民	1998.06 任职，2000.06 离职	济宁市任城区
		刘永献	1998.12 任县委办公室主任	山东省金乡县
		李兴存	2000.06 任常委 2000.01~2003.01 任人武部政委	山东省金乡县
		付元琦	2002.12 任组织部部长	山东省嘉祥县
		王　强	1997.12~2003.01 任政法委书记	山东省微山县
		田冠军	2003.01 任政法委书记	山东省鱼台县
	委员	委员（按姓氏笔划为序） 王　强　王允会　王奉奎　王宗启　石　柱（2000.01 离职）　刘太原　刘永献 刘明亮　齐胜勤　杜新磊　杨玉震（2002.12 离职）　杨晓群（2002.12 离职） 李　民　李　军　李延民（2000.06 离职）　李金礼　李宪鹏　李恩灿　李遵德 张玉华（鱼台籍）　张生贤（2001.01 离职）　张殿民　陈新宏（女）　岳修君 周光全　候宪林　班建宁（2002.12 离职）　高　潮（2001.04 离职）　韩振中 候补委员（按得票多少为序） 刘渊博　李世忠　沈长岭　周云际　袁思平		
第十一届（2003.03～2007.02）	书　记	乔志猛	2000.01 任职，2005.12 离职	山东省泗水县
		曹景群	2005.12 任职，2008.12 离职	山东省嘉祥县
	副书记	李明晨	2001.01 任职，2004.08 离职	山东省鱼台县
		曹景群	2004.08~2005.12 任职	山东省嘉祥县
		李逢记	2001.04 任职，2008.02 离职	山东省巨野县
		王　强	2002.12 任职，2006.12 离职	山东省微山县
		刘太原	2002.12 任职，2006.12 离职	山东省汶上县
		周光全	2003.07 任职，2006.12 离职	山东省金乡县
		苏　和（挂职）	2003.08~2004.01	—
		李朝敬（挂职）	2004.03~2005.03	—
		姜居祯（挂职）	2005.07~2006.07	—
		陆亚东	2006.12 任职，2009.12 离职	江苏省
		张　弢（挂职）	2006.08~2007.08	—

续表 20-1-1

届次	职务	姓名	任离职时间	籍贯
第十一届（2003.03 ~ 2007.02）	常务委员	陈新宏（女）	1996.03 任宣传部部长，2007.02 离职	江西省南城
		刘永献	1998.12 任县委办公室主任 2006.12 离职常委；2007.02 离职办公室主任	山东省金乡县
		付元琦	2002.12 任组织部部长	山东省嘉祥县
		田冠军	2003.01~2007.01 任政法委书记 2007.02 任县纪委书记	山东省鱼台县
		安国华	2003.01 任人武部政委	山东省兖州市
		李金礼	2003.03 任职，2007.02 任宣传部部长	山东省金乡县
		钟秀芳（女）	2006.08 任职，2009.12 离职	山东省泗水县
		刘东升	2006.12 任职，2008.07 离职	山东省梁山县
		唐庆华	2006.12 任职，2007.11 离职	—
	委员	委员（按姓氏笔划为序） 王　强　王允会　王新颜（女，2006.12 离职）　田冠军　付元琦　乔志猛　刘太原　刘玉范（2005.03 离职）　刘永献　刘渊博　安国华　芮芳月　李　民　李英渠　李明晨　李金礼　李逢记　沈长岭　张连续　张念雷　陈新宏（女）　周光全　侯宪林　袁思平　郭　静　韩　军　韩振中　程元峰　程秀军 候补委员（按得票多少为序） 王庆峰　刘奎军　李文贞　周　涛　胡本冠（女）		

第二节　县委工作部门

1991 年，中共金乡县委设办公室、组织部、宣传部、统战部、政法委、纪律检查委员会（简称县纪委）、县直机关党委、老干部局、档案馆、信访办公室、党校、党史资料征集研究委员会。当年 5 月，撤销机要科，设立机要局、保密局、社会治安综合治理委员会办公室、老干部活动中心。9 月，对台办公室改称台湾工作办公室。

1993 年 5 月，成立金乡大众报社。同年 12 月，县级党政机构改革，县委设工作部门 5 个：县委办公室（包括政策研究、保密、机要、档案等工作）、组织部（包括县委组织员和离退休干部工作）、宣传部（包括精神文明建设、企工、新闻、广播电视等工作）、统战部（包括对台、民族、宗教等工作）、政法委（包括社会治安综合治理等工作）。按照《中国共产党章程》《中华人民共和国宪法》有关规定设置的组织机构有：中共金乡县纪律检查委员会（监察局与其合署）、县直机关党委（包括机关武装工作）、人民武装部（内设机构为正科级），工会、共青团、妇联继续列入党政群机关序列。保留老干部局，建制正科级，不占机构限额，归组织部管理。按照省编委要求，科协、工商联、残联、老龄办、信访办暂维持现状。撤销县委研究室、机要局、保密局、档案局，其行政职能并入县委办公室。撤销党史资料征集研究委员会，党史研究工作并入党校，其行政职能划入县委组织部。同时撤销的机构还有：精神文明建设指导委员会办公室、社会治安综合治理委员会办公室、打击严重经济犯罪斗争领导小组办公室、组织部组织员办公室、宣传部企业政治工作科、新闻科。

1994 年 3 月，设立组织部电教中心。同年 9 月，恢复社会治安综合治理委员会办公室。

1995年3月，恢复设立档案局。同年8月，县信访办公室改称县信访局（列县委序列），县档案馆挂县档案局牌子；金乡大众报社改称新闻中心。

1996年1月，恢复精神文明建设指导委员会办公室。同年5月，恢复政策研究室、机要局、保密局；设立新闻出版管理办公室。

1997年3月，设立金乡县行政学校，与县委党校合署办公。同年8月，设立对外宣传办公室，同时撤销党校党史研究室，设立县委党史研究室，归县委直接领导。

2002年，县委机构改革，保留中共金乡县纪律检查委员会机关（县监察局与其合署）、县委办公室（内设县委机要局，县委保密委员会办公室，加挂县政府保密局牌子）、县委组织部、县委宣传部（内设县精神文明建设委员会办公室、县委对外宣传办公室，加挂县政府新闻办公室牌子）、县委统一战线工作部（挂县台湾工作办公室牌子）、县委政法委员会（县社会治安综合治理委员会办公室与其合署）。县委直属机关委员会更名为县直机关工作委员会。县委老干部局由县委组织部管理。县委、县政府信访局由县委办公室、县政府办公室共同管理，以县委办公室管理为主。县档案馆挂县档案局牌子，授权行使有关行政管理职能。成立金乡县农村工作领导小组，下设办公室，承担原农委部分行政职能。改革调整后，县委工作机构7个，部门管理机构2个。2003年12月，成立县委督查室。

第二章　县委重大决策

1991年8月1日，县委、县政府发布《关于加强土地管理的决定》。指出：土地是人类赖以生存的物质基础，是农业最基本的生产资料，要向全体公民开展土地管理法律、法规的宣传；采取切实措施，严格控制建设用地；全面推行农村宅基地有偿使用；强化执法监察，依法管理土地；实行优惠政策，搞好土地的开发复垦；切实加强对土地管理工作的领导。

1991年12月21日，县委决定在全县国营商业企业实行“四放开”（经营放开、价格放开、分配放开、用工放开）改革。

1992年1月11日，县委八届四次全委会议通过《中共金乡县委关于贯彻〈中共中央关于进一步加强农业和农村工作的决定〉加速实现农村小康目标的意见》，指出实现小康的16个目标要求，5个基础条件，5条经济途径，8个战略措施，并提出小康乡镇的16条标准和小康村的12条标准。

1992年3月24日，作出打破“一大三铁”转换企业经营机制的决定（详见附录）。同年8月21日，县委、县政府作出《关于提高教育质量，办好教育为人民的决定》。决定要求：坚持教育为经济建设服务，加快教育事业的步伐；全面提高教育质量，不断深化学校内部改革；增加教育投入，努力改善办学条件；切实加强对教育工作的领导，保证和促进教育事业更快更好地发展。

1993年，县委决定在全县范围内开展解放思想换脑筋大讨论活动。活动以中共十四大精神为指针，以建设有中国特色社会主义理论为依据，以发展社会主义市场经济为重点，进一步解放思想，更新观念，转换脑筋，理清思路，真抓实干，推动全县改革开放和经济建设更快更好发展。

1993年4月12日，县委、县政府印发《关于加快发展外向型经济的若干政策规定》。要求紧紧抓住向市场经济“转轨”的历史契机，尽快拓宽外经外贸路子，增加整个经济的外向度，充分利用外部条件促进全县经济的超常规发展。并结合本县实际，制定了十条政策规定。

1993年8月29日，县委八届七次全委扩大会议作出《关于实施“农贸带动”战略，加快发展金乡经济的决议》。要求立足金乡实际，着眼农副产品的加工出口，带动农业上台阶，工业上规模，第三产业上档次，外向型经济大发展；把握市场指导、适当调整、整体推进、强化引导四个原则；抓好基地建设、发展龙头企业、增加拳头产品，建设市场体系四个环节；落实建立投入机制、健全科技体系、完善政策措施、转化服务功能四项措施，使产品优势变为商品优势，资源优势变为经济优势，实现全县经济的良性循环和快速发展。当年底，决定在全县农村集中开展社会主义思想教育。

1994 年 3 月 29 日，决定开展创建社会治安综合治理先进县、先进乡（镇）活动。坚持“两手抓、两手都要硬”的战略方针，以经济建设为中心，以维护稳定为重点，组织和动员社会各方面力量，打防并举，标本兼治，完成综合治理工作由点到面，由普及到提高的转变，实现社会长治久安。

1995 年 1 月 23 日，县委提出：以邓小平建设有中国特色社会主义理论和党的基本路线为指导，紧紧围绕发展农村经济，实现小康目标和共同富裕这个中心任务，大力加强农村基层组织建设，把全县农村基层组织建设工作提高到一个新的水平。

1998 年 5 月 13 日，县委提出：坚持以邓小平理论和中共十五大精神为指针，以三个有利于为标准，把个体私营经济作为全县经济工作的重点，进一步解放思想，转变观念，坚持放胆、放手、放量发展，拓宽发展领域，扩大经营规模，增强整体素质，充分发挥个体私营经济生力军作用，促进全县经济持续、快速、健康发展。

1999 年 3 月 31 日，县委作出开展科技进步年活动的决定。完善科技管理、开发、示范、咨询服务四大体系，全面实施科技兴农、科技兴工、科技兴社会、四项百名人才、科技知识培训五大工程，加快“科教兴县”步伐。

2000 年 3 月 9 日，县委、县政府印发《关于加快个体私营经济发展的若干规定》，要求全县各级各部门进一步解放思想，放胆、放手、放量加快个体私营经济的发展，争取三年以内个体私营经济从业人员、增加值和税收年均增长幅度保持在 25% 以上，到 2003 年全县个体私营经济从业人员占社会从业人员的 40% 以上，实现增加值占全县地区生产总值的 35% 以上，纳税额相当于财政总收入的 30% 以上。

2002 年 4 月 10 日，县委作出加快城市化进程的决定。把加快城市化进程列入重要议事日程。完善县城总体规划，加强城市基础设施建设，运用市场化手段经营城市，提出建成宜于对外开放、宜于创业发展、宜于生活居住的具有地方特色的绿色金乡、科技金乡、人文金乡。

2003 年 7 月 1 日，县委决定在全县上下广泛开展“解放思想、干事创业、实现跨越式发展”大讨论。以解放思想、加快发展为目标，紧紧围绕比学赶超、干事创业这一主题，紧密联系实际，对照先进找差距，跳出金乡看金乡，破除妨碍经济发展的思想观念，革除影响发展的体制弊端，改变束缚发展的做法规定，树立敢为人先、争创一流、加快发展的新观念，明确发展目标，理清发展思路，创新体制机制，完善政策措施，为加快发展提供强大的精神动力和思想保证。

2003 年 9 月 2 日，县委作出进一步加快民营经济发展的决定。采取更加开放的行业准入政策，放开和支持各类人员从事民营经济，改进金融服务和拓宽民营经济融资渠道，加大对民营企业的扶持力度，营造良好的发展环境，提高民营经济的社会地位，理顺管理体制等措施推动全县民营经济快速发展。（详见附录）

2004 年 2 月 26 日，县委决定，用2~3 年的时间，集中开展建设“平安金乡”活动。坚持“打防结合、预防为主”的方针，以重心下移、强化基层、落实责任为重点，以决策目标、执行责任、考核监督三个体系为保证，组织和动员社会各方面力量，建立起维护稳定的长效机制，着力打造平安金乡新形象。

2005 年，县委出台《关于深入开展“平安金乡建设推进年”活动的意见》。决定利用三年时间，在村级实施“双三十”工程。按照“五个好”要求，坚持重点突破与整体推进相结合，借助外力与启动内力相结合，扶持手段与组织措施相结合，突出抓班子、强队伍、促发展、保稳定四项任务，形成强村率先发展、中间村加速发展、弱村跨越

式发展的新格局，使农村达到班子硬、经济强、群众富、社会稳、村风正的要求。

第三章 办公室工作

第一节 政策研究

1991~2005年，县委政策研究室按照县委、县政府各项工作部署，持续解放思想，参与党政务策划、抓好文稿起草、组织课题调研、及时提出建议，发挥县委领导的参谋助手作用，提高服务质量和水平，为县委、县政府领导科学决策提供了重要依据。其间，完成历届党代会工作报告及相关材料、领导讲话、会议材料、汇报材料等重要文稿421篇，调研报告和决策咨询材料102篇，县域经济发展材料6篇，启动和开展重大课题研究25个，自行开展和配合其他部门开展重大调研12次，编印《决策参考》56期，《调查研究》29期，7篇调研成果在市级以上刊物上发表。

第二节 机要保密

1991年5月，成立县委保密委员会办公室，与金乡县国家保密局一个机构两块牌子，既是县委保密委员会的办事机构，又是县政府主管全县保密工作的职能部门，行政编制3人。1993年12月，机构改革，撤销保密局，保留保密办。1995年5月恢复保密局，为副科级单位，归县委办公室管理。

保密宣传教育

1991~1995年，在县委党校举办的40多期干部培训班中开设保密教育课，受教育3200人次。同时，利用广播讲座、电视讲话、放保密教育片、出黑板报、布设宣传栏等多种形式，开展保密法规宣传教育活动。1996~2005年，共向有关单位和群众发放保密法规宣传材料4.5万余份；先后组织2000余人次分别参加金乡县烟草杯保密知识竞赛、济宁市保密法规知识竞赛和全县党政干部保密知识竞赛，增强全民领导干部和涉密人员保密意识。

保密管理

1991~2005年，县乡党委政府把保密工作列入议事日程，实行保密工作领导责任制。县委保密办公室和保密局每年都组织召开1~2次保密委员会会议，1~3次全县保密工作会议，举办1~3次文件管理人员培训班。对涉密文件和重要会议、重大活动中的涉密内容严格管理。对全县60多个“定密范围”单位实施定密指导，实施涉密人员资格审查和备案制度。对全县涉密人员基本情况、涉密载体、互联网站等情况实行规范化、精细化、档案化管理。对经济、科技领域保密工作加强指导、监督和管理。加强对党政要害部门与重点部位保密环境和办公设施的保密适时进行检查，发现问题及时纠正。对以文字、数字、图像、声音等方式记载国家秘密的纸介质、磁介质、光盘等各类涉密载体严格录入、保管、收缴、销毁手续。细化上网信息保密审核制度。依法查处泄密事件。

保密检查

1996~2005年，县国家保密局共收发上级各类文件50954份。采取定期检查与随机抽查相结合、行政检查与技术检查相结合、专项检查与全面检查相结合的方法，每年对文件管理、秘密载体定点复制单位、涉密计算机及其网络、废品收购站等进行3~4次检查，对查出的问题和隐患紧追不放，直至问题彻底解决为止。如2004年就对949台计算机进行检查，对131台处理涉密信息计算机实行了物理隔离。同时，积极参与历年中考、高考期间的试卷运送及试卷保密室安全保密工作的全程监督，确保了保密安全。

1992年，县国家保密局被山东省保密委员会评为保密工作先进单位。

第三节 信访工作

1991~2005年，随着经济体制改革的逐步深化和经济利益格局的加速调整，整个经济处于转轨时期，社会处于转型阶段，各类深层次矛盾日益显现，人民内部矛盾集中发生，涉及个人切身利益的信访问题呈持续增多趋势。在农村，突出表现为农民负担、村级财务、干部作风、土地承包纠纷、宅基地安排、农村基金会存款兑付等问题；在城市，主要表现为拖欠乡镇干部及农村中小学教师工资、退休费、欠交养老保险金、企业破产改制不够规范、下岗职工生活困难、退伍军人安置上岗、城区建设拆迁补偿等问题。县委、县政府把做好信访工作作为密切党委政府同人民群众的联系、保障人民群众合法权益、维护社会稳定的头等大事，列入重要议事日程，常抓不懈。

明确分管领导，根据领导变动和工作需要，随时调整充实县信访工作领导小组。县直部、委、办、局分别设立信访机构，配备专(兼)职信访干部。各乡镇成立信访办公室，各管区明确信访网长，各行政村普遍建立以党支部书记为组长、村文书和人民调解员为成员的信访民调小组。

县委书记办公会、县委常委会、县信访工作领导小组定期听取信访工作汇报，专门研究信访工作。坚持实行领导包案和主要领导阅批处理人民来信来访和公开接待群众来访制度，努力为把信访问题解决在基层。1991~1998年，实行由县委、县人大常委会、县政府、县政协副县级以上领导轮流接待群众来访制度，每月安排两个接访日。1998年4月始，实行每月一次县级领导公开接待群众来访制度；2000年每月两次领导公开接访；2005年，实行县委书记、副书记每周一次公开接访。

县委、县政府针对一个时期的信访“热点”和“难点”，把握决策动向，研究具体的解决方案，制定一系列加强信访工作的意见和措施，促进信访形势好转。1997年1月，县委、县政府印发《关于加强农村信访工作的意见》。1999年1月，县委办公室、县政府办公室印发《关于实行领导接访、领导跟踪处理越级集体上访制度的通知》。1999年3月，县委、县政府印发《关于加强信访工作的意见》。2001年11月，印发《关于在村级积极推行公议制的试行意见》。2002年3月，印发《关于实行信访工作“一岗双责”和领导责任追究制的规定》；同年9月，县委办公室、县政府办公室印发《关于信访工作通报、接访、包案、目标管理、责任追究五项制度的通知》。2003年7月，县委、县政府印发《关于加强信访工作的意见》。2004年4月，印发《关于进一步完善群众来访接待和处理机制的意见》，同年9月，县委办公室、县政府办公室印发《关于建立金乡县处理信访突出问题及群体性事件联席会议制度的通知》，成立农村土地征用、城镇房屋拆迁、国有企业改制、涉法涉诉、军人问题处理5个专项工作小组。2005年10月，县委、县政府印发《关于加强和改进信访工作的意见》。

1991~2005年，每年至少召开一次全县信访工作会议，传达上级精神，总结上年度工作，部署新一年信访工作任务，兑现奖惩。其间，受理群众来信来访11104件，其中受理来信2479封（件），来访8625起、55524人次。县委书记、县长阅批群众来信1709封（件），占来信总量的71%。大量人民内部矛盾得到化解，全县信访工作始终保持平稳态势。1991年，县信访局被评为全市信访工作先进单位；1994、1995年被评为全省信访工作先进单位，受到山东省委、省政府表彰。2000年、2004年获济宁市信访工作目标考核二等奖。

1991~2005 年金乡县信访数据统计表

表 20-3-1

年 度	信访总量（件）	信 函（件）	来县上访		其中集体访	
			起 数	人 次	起 数	人 次
1991	672	246	426	1261	33	461
1992	621	251	370	1869	57	1337
1993	776	156	620	3956	104	2874
1994	453	108	345	797	39	481
1995	438	83	355	1935	58	1341
1996	639	117	522	2416	87	1676
1997	628	124	504	2340	85	1589
1998	1120	166	954	7800	214	6556
1999	833	181	652	4135	123	3189
2000	813	166	647	3459	93	2492
2001	524	113	411	2453	76	1896
2002	770	163	607	3939	146	3098
2003	845	188	657	4393	155	3481
2004	1135	205	930	8448	294	7278
2005	837	212	625	6323	202	5587
合 计	11104	2479	8625	55524	1766	43336

第四节　党史研究

1981 年，成立金乡县党史资料征集小组。1984 年 7 月，改称中共金乡县委党史资料征集委员会，为正科级单位，下设办公室。1993 年机构改革合并到县委党校，称中共金乡县委党校党史研究室。1997 年 8 月，设立县委党史研究室，同时撤销县委党校党史研究室。

1988 年，编辑出版《中共金乡县党史大事集（建国前）》。1990 年 12 月，编辑出版《金乡县组织史资料》。1991 年，征集印刷《中共金乡县党史资料》16 集、计 30 万字；正式出版《中共金乡县历史大事记》《中国共产党山东省金乡县组织史资料》（1936~1987）；举办庆祝中国共产党建党 70 周年图片展览，制作党史资料展版 60 块，在县城文渊阁展出一周后放于羊山烈士陵园并长期展览，使之成为对党员和青少年进行传统教育的宝贵教材和阵地。2001~2005 年，《中共金乡地方史》第一卷（1927~1949）经各级审核批准后出版发行；编写出版发行《中国共产党山东省金乡县组织史资料》第二卷（1987~2003）、《中共金乡地方史》第二卷（1949~1978）；第二次印刷《中共金乡县组织史资料》第一卷；为《中国共产党山东省济宁市组织史资料》《中国共产党山东省济宁市企事业组织史资料》和《中共山东年鉴》（2002）卷、（2003）卷、（2004）卷、（2005）卷以及《中共济宁年鉴》（2002）卷、（2003）卷、（2004）卷、（2005）卷提供资料；为《中国共产党革命英烈大典》撰写 10 余位金乡籍著名烈士传记；为《济宁英模》一书撰写提供了《王杰》《张先军》二位英雄传记、计 1 万余字；为《中共山东党史人物》一书撰写《杨一辰》《秦和珍》《周冠五》三篇领导人传记、计 3.4 万字；为《走进新世纪的济宁》一书撰写《奋进中的金乡》，

计 0.8 万字。《追忆杨一辰的革命生涯》在《山东党史》上发表；《邓小平发展思想的几点思考》在《伟大的旗帜，辉煌的实践》一书中发表。开展国家级抗战课题调研，收集录制大批日军罪行的音像资料，填报 35 万多份调查表格，从县司法局公证处收集对日军罪行公证书 2000 多份。为准备庆祝改革开放 30 周年，先后向济宁市委主编《光辉的历程、壮丽的篇章》丛书提供文章计 10 万余字；为纪念中国共产党诞辰和中华人民共和国建国举办党史展览，撰写多篇论文，其中 1 篇被评为山东省党史系统优秀论文一等奖。《浅谈我党新时期的拨乱反正》《追忆杨一辰的革命生涯》《秦和珍》，分获济宁市第十次、第十二次、第十五次社会科学优秀成果三等奖。

第四章 组织工作

第一节 基层组织建设

1991 年初，全县有基层党委 22 个，党总支部 115 个，党支部 1146 个，党员 19378 人。同年，开展“创建农村党建工作先进县乡活动”。

1994 年，印发《关于对近几年发展的新党员进行集中教育培训的意见》。完成 14 个乡镇党委换届选举工作。实施开展以培养 100 个奔小康带头村，转化100个贫困后进村为内容的“双百工程”，组织 200 个工作组包村蹲点。深入开展“组织建设年”活动，制定实施《农村党支部书记管理细则》和《农村干部工资核定办法》。对全县 654 个农村党支部进行换届、充实和调整。

1995 年，制定《关于进一步加强农村基层组织建设工作的意见》和《农村基层党组织建设三年规划》。调整农村支部班子 156 个、支部书记 110 名，586 名后备干部进入村“两委”。印发《关于搞好一百个后进村建设的意见》，加强以党支部为核心的村级组织建设。在全县农村党员中开展争当“三富党员”活动。分 3 期对全县 655 名村支部书记进行集中培训。从“推优”培养对象中吸收 92 人入党。

1996 年，深化“百村建设”工程，市、县重点管理的 48 个软弱涣散村支部班子实现转化升级，通过省级验收。开展“两争一创”活动，调整支部班子 172 个、支部书记 129 名。

1997 年，对班子软弱涣散的 32 个后进村加大治理和帮扶工作力度。制定下发《关于实行农村党支部书记规范化管理若干问题的通知》，把 448 名支部书记纳入规范化管理。继续优化村级党支部班子，调整支部班子 194 个、支部书记 157 人。

1998 年，解决 3 年未发展党员村 70 个，发展党员 234 人。实施“千名农村现代管理人才工程”，培养 1562 名 35 岁以下，高中以上学历的农村基层人才。调整充实村支部班子 54 个、村委会班子 38 个，调整支部书记 30 名。

1999 年，在全县实行村民评议推荐党支部班子成员制度，拓宽选人渠道，523 名普通党员被选进支部班子，85 人新当选为支部书记。全面推行乡镇机关干部轮岗到村任职制，选派 341 名干部到 233 个村担任不同职务。培训村“两委”成员 2334 人次。落实县、乡党委抓农村基层组织建设责任制和书记驻村蹲点、部门包村制度，市、县、乡三级派出 1111 名机关干部，派驻到 51 个后进村和 103 个中间村抓班子、促发展。

2000 年，推行“选前评议制”，对到届的 128 个村党支部进行换届和调整，采取机关干部轮岗到村任职、回请返聘等形式为 96 个村配齐配强支部书记，公开选拔 30 名应届大中专毕业生到村任职。积极稳妥搞好乡镇党委换届和领导班子充实调整工作，全县 13 个乡镇党委班子全部配备 30

岁以下年轻干部。全面推进个体私营企业党建工作，先后选派238名党员干部到216家个体私营企业担任政治指导员，367家个体私营企业建立联合支部或挂靠有关单位。扎实开展“三讲”（讲学习、讲政治、讲正气）教育活动，在县直部门和乡镇领导班子中开展“学、查、改”活动。对全县68个软弱涣散的后进村进行重点调整，调整支部书记41人，新发展党员26名。

2001年，制定下发《关于在全县开展农村党建“三级联创”活动的实施意见》，深入开展以创建“农村基层组织建设先进县”，“六好”乡镇党委，“五好”村党支部为主要内容的“三级联创”活动。

2002年，实施“百村建设”工程，从全县排出50个先进村和50个相对后进村进行集中整顿建设。对县直机关34个先进党支部、10名优秀党务工作者和118名优秀共产党员进行表彰。组织54名村支部书记到山东农业大学进行专门培训。投资80多万元，在金乡镇魏庄村、王丕镇胡井村、卜集乡宋庙村创建农村干部培训基地，对100个村“两委”班子成员培训一遍。在全县推行“公议制”，探索加强农村基层民主政治建设的有效形式，其经验在《内参选编》《党建参考》《山东农村工作》《山东组工通讯》等刊物上刊发，并获市委2001、2002年度农村基层组织建设工作创新成果一等奖。

2003年，在全市率先开展大规模干部培训工作，累计培训各级干部3254人次。集中对600余名科级领导干部进行“三个代表”重要思想轮训。出台《创建山东省农村基层组织建设先进县活动实施方案》，开展“三级联创”的做法，在《济宁日报》头版头条刊载。

2004年，用两个月时间，在全县范围深入开展基层党组织集中教育整顿活动。落实《2003~2006年全县农村党员干部科技知识培训规划》和农村党员干部科技知识培训“431”工程，投资10万余元，在鱼山镇崔口村建立高标准的农村党员干部科技培训基地，聘请山东农业大学教授和县乡技术人员分5期对全县农村党支部书记轮训一遍。从有关部门抽调280名干部组成35个政策指导组，到35个易出问题的村帮助指导村“两委”换届选举工作。在村党支部换届选举中全面推行“两推一选”和“双推直选”制度，在完成“两委”换届的行政村中，支部书记和村委会主任“一人兼”的村490个，“一人兼”比例90%，两委成员交叉任职比例77%。

2005年，在全县深入开展保持共产党员先进性教育活动，分三批对72个县直部门单位134个党支部的2985名党员、对245个城市基层和乡镇机关党组织的5772名党员、对815个基层党支部的16090名党员进行教育。全县乡镇机关干部结对帮扶群众582户，帮助解决实际困难1723件。对800名新任村党支部书记和村委会主任进行培训。完成全县村“两委”换届选举工作，全县659个村（居）共选出“两委”成员2244名，其中交叉兼职的1886名，占84%，党支部书记与村委会主任“一人兼”的594人，交叉兼职比例90%；女干部202人。

第二节 党员队伍建设

1991~1993年，持续开展“创建农村党建工作先进县、乡活动”，采取多种形式对全县党员开展教育培训。1994年，制定全县党员发展五年规划，严格落实各级党组织发展计划。1995年，研究制定《全县流动党员管理办法》，落实对流动党员的管理措施。1996年，对653个农村党支部发展党员工作实施动态管理，对三年以上未发展党员的村党支部实行“发展销号”制度。当年全县发展党员851名。1997年，发展党员863名，其中农村党员589名，三年未发展党员的124个村党支部均发展了新党员。1998年，全县新发展党员812名，培训党员2100人次。1999年，推行发展党员公示制，严把“入口关”，当年按照公示制要求在全县发展农村党员123名，其做法被中央组织部《组工信息》采用。当年，全县共发展党员812名，培训入党积极分子4000人。2000年，在全县党员中开展“新世纪、新要求、新作为、新形象”大讨论活动，当年发展党员530人。2000~2002年，先后举办党员培养班80余期（次），培训党员5400人。2002年，下发《关于进一步做好发展党员工作的意见》，健全完善发展党员公示、党委派员、组织员谈话、责任追究等制度。2003年，对全县280名优秀共产党员进行表彰，对600余名科级党员干部进行“三个代表”重要思想教育轮训。结合“树组工干部形象”活动，先后设立“共产党员工作岗”3000多个，成立党员服务队42支。2004年，在126家新型经济社会组织建立党组织，培养入党积极分子1020人，发展党员62人。2005年，发展党员294名，培养入党积极分子3500多名。在全县各窗口单位推广党员挂牌上岗，贯彻落实党员承诺制。

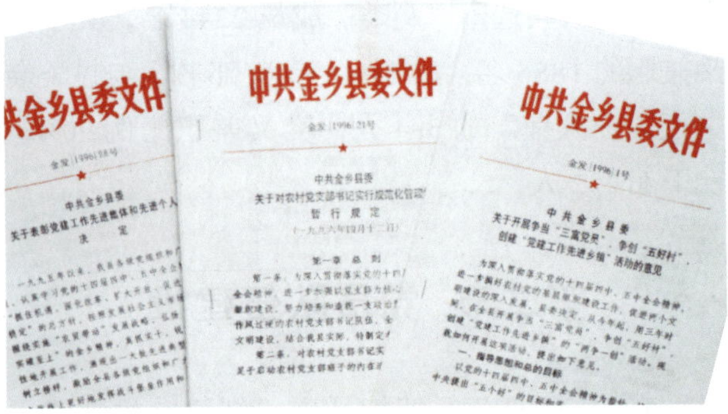

图20-2　1996年金乡县党建文件

党员电化教育

1994年，县委组织部成立党员电化教育中心，副科级事业单位，编制3人，经费由县财政列支。全县16个乡镇建立电化教育工作站，全县有电化教育播放点289个，配备专、兼职电教人员115名，当年播放党员电教片470多部，巡回播放3820场次。在金乡电视台开办《党建园地》，播放43期。

1996年，全县各级党组织用于电教投入36.7万元，16个乡镇新置或更新“两机”，全县电教播放点增加到310个，标准较高的电教示范村114个，4个乡镇安装卫星地面接收装置，4个乡镇党委和8个县直单位党委配备了摄像机，全县专、兼职电教人员增加到340人。

1997年，全县电教播放站点发展到550个，标准较高的示范村145个。在金乡电视台开办《金乡英才》《红旗颂》《公开考选领导干部系列专题》3个党建专题栏目，制作电教成片8个多小时。当年5月，县委组织部被山东省委组织部评为《山东党员电教》播放收看先进单位。

1998年，《金乡县考核村支书》在中央电视台“新闻30分”播出。

2000年7月，荣获山东省委组织部、山东电视台“山东省党教片‘七一’展评活动一等奖”。同年11月，荣获济宁市委组织部“济宁市党员电化教育集中制片活动一等奖”。

2001~2002年，全县农村播放站点发展到659个，城市播放站点32个，专、兼职电教人员600余人。

2003年，成立由县委主要领导任组长的农村党员干部现代远程教育试点工作协调小组，下设办公室。制定“金乡县农村党员干部现代远程教育工作实施方案”，精心制作电教片12部，全县电教普及率95%。

2004年，按“试点先行、稳步推进”原则，对全县需要安装远程教育终端接收站点673个远教接收站点，进行摸底排查，首批8个接收站点于当年5月底安装建成。至2005年，全县673个远教站点全部建成并验收合格。

第三节　干部选配 管理与监督

干部选配

1991年，对14个乡镇、83个县直部门单位领导班子和509名领导干部进行全面考核。抽调100名干部到乡镇帮助开展计划生育工作，抽调762名干部组成210个工作组驻村开展农村社会主义思想教育。

1992年，推出以“下放权力、转变职能”为主要内容的乡镇改革试行方案和以“转办兴办经济服务实体”为主要形式的县直机关改革试行意见，初步形成“小政府、大服务”的机关管理体制。

1993年，对14个乡镇进行机构改革，精简机构335个，精简机关人员1318人。完成县乡两级人大、政府、政协换届选举工作。抽调180名干部到57个村包村蹲点。

1994年，完成乡镇党委换届工作。在中小学校全面实行干部选聘制。

1995~1996年，推行干部人事制度改革，出台《金乡县党政机关、事业单位领导干部任免工作暂行规定》《选拔任用干部试行办法》等文件，全面推行干部试用制、聘用制、考选制三项改革。

1996~1997年，完成乡镇党委、人大、政府领导班子换届选举工作。选调34名优秀大学毕业生充实到乡镇基层工作。

1997年，在领导班子和领导干部中开展“转变作风年”活动。公开选拔11名县直单位科级领导干部。

1999年，对16个乡镇、218名领导干部及50名拟进班子人员进行全面考察，完成乡镇人大、政府班子换届。

2000年，在党员干部中重点抓好“三讲”（讲学习、讲政治、讲正气）教育。

2002年，在实施“百村建设工程”中，选拔100名优秀年轻干部到村挂职锻炼。

2003年，公开考选3名县招商局副局长。出台《领导干部推荐责任制》《领导干部差额考察制》《关于建立领导班子、领导干部平时考察制度的意见》等一系列干部工作制度。

2004年，实施以“1+X”为主要特色的干部人事制度配套改革，出台《关于进一步深化干部人事制度改革的意见》和12个配套制度。面向政法部门，公推考选14名分管政法工作的乡镇党委挂职副书记。

2005年，配合市委组织部做好县级后备干部的推荐工作。对县委管理的680名在职科级干部的有关信息输入信息数据库，并完成干部信息数据库建设，接入全国组织系统专网。

管理与监督

1991~1994年，受理群众来信来访60余人次，参与查处计划生育违纪案件3000余起，处理违反计生政策2400余人，其中副科级以上干部19名。做好干部参加工作时间认定，为11名干部审批建国前参加工作时间，为75名干部审批工龄，为2名干部解决了历史遗留问题。

1995~1999年，制定干部谈话、诫勉、联系通报、待岗等制度，规范干部监督管理工作。对350余名干部进行个别谈话。对20名20世纪50年代参加工作的科级干部职级问题进行审查，为7名老干部确定了正、副县级待遇，为18名干部重新确定职级待遇。协同县纪律检查委员会、县财政局对借（保）乡镇基金会款逾期不还的干部进行清查，对涉及的11名副科级以上领导干部进行3个月诫勉。

2000~2001年，制定《关于对领导干部实行任期经济责任审计的意见》，对66名领导干部进行任期经济责任审计。制定《关于选拔任用领导干部实行公示制的试行意见》，对提拔使用的70名科级干部进行任前公示。制定《关于实行领导干部引咎辞职的试行办法》。受理历史遗留老案13件，为4名干部审批工龄。

2002~2005年，在全县开展学习宣传《党政领导干部选拔任用工作条例》活动。围绕干部人事制度改革，先后制定干部选拔任用工作责任制、干部监督工作联系通报制度、领导干部辞职暂行办法、调整不胜任现职干部暂行办法、对“闯红灯”干部实行“三牌”处理暂行办法等工作制度。

第四节　人才选拔与培养

1991年，向济宁市委组织部推荐10名市级专业技术拔尖人才人选。1992年，完成首批县级拔尖人才考察工作，选拔9名县级拔尖人才。1993年，向市委组织部推荐15名第四批市级拔尖人才人选，对县级拔尖人才全部实现目标管理，建立13个拔尖人才联系点。1996年，选拔10名优秀年轻干部到乡镇挂职副乡镇长，选调16名优秀大中专毕业生到乡镇工作。2001年，参与济宁市“百名现代经济管理人才工程”，其中2人被市委组织部选调到外县区挂职副乡镇长，2人被选送到中国人民大学学习培训。2002年，制定《金乡县专业技术人才队伍现状调查及2002年至2010年发展规划纲要》。参与市“百名现代经济管理人才工程”，推荐1名年轻干部到中国人民大学参加学习培训。2003年，面向全市公开考选3名招商局副局长和18名招商专职人员。评选专业技术拔尖人才8名。2005年，成立人才工作办公室，开展大规模人才工作调研活动，建立健全乡镇和县级后备干部信息库。

第五节 老干部工作

1991年，县委设有老干部局。1993年12月机构改革，老干部局予以保留，规格不变。1995年底，全县有离休干部647人，其中行政机关285人，事业单位184人，企业178人；享受厅局级待遇10人，县处级待遇177人。2005年底，全县有离休干部396人，其中行政机关离休干部176人，事业单位离休干部112人，企业离休干部108人。

1991~2005年，县委、县政府多次研究部署老干部工作，每年至少召开两次老干部情况通报会，主要领导亲自接待老干部来访、批阅来信，多次到老干部家中走访慰问，或看望困难老干部遗属和异地安置的老干部。县委、县政府的一些重要会议都邀请老干部参加，并认真听取他们的意见和建议。县委老干部局坚持以服务老干部为本，不断强化措施，提高服务质量。每年都组织老干部开展好“三个一圈”参观学习活动和健康体检活动，3~6月份，为县级实职老干部巡诊，9月份为全县离休干部进行全面健康体检。在确保解决老干部“两费”问题的同时，落实好老干部政治待遇和生活待遇。1993年工资套改时，对在抗日战争时期、解放战争时期参加革命工作的老干部分别按正县、副县、正科进行套改。对1937年7月6日以前参加革命工作的老干部，工资级别达不到14级的一律调整为14级，享受厅（局）级待遇；离退休时或在1985年工资改革前工资级别在14、15、18级以上的，由相关部门呈报，组织部门批准，分别享受厅（局）级待遇、厅（局）级乘车、医疗待遇和县处级待遇。对个别拖欠老干部离退休费和医疗费的单位和有关部门，靠上去协调，保证老干部按时足额领到离退休费和解决报销医药费难的问题。1991~1995年，先后建起老干部活动中心，创办金乡老年大学，成立老年文体协会。1997年，在老干部活动中心新增书法室、健身房以及两个高标准门球场。经常组织老干部开展田径、气功、球类、棋类、健身操、文艺演出、书法比赛等各项活动，展现老干部风采，丰富老干部晚年生活。1998~2002年，县老干部局连续5年被济宁市委、市政府评为“老干部工作先进单位”。2004年，县老干部局代表队荣获省、市首届老年文化艺术演出一等奖。2005年6月，中共金乡县委老干部党校挂牌成立。

第五章 宣传工作

第一节 政治理论学习与教育

1991~2005年，金乡县委根据中央和省、市委的统一部署和要求，深入扎实地组织广大党员干部学习邓小平建设有中国特色社会主义理论，集中开展社会主义思想教育和解放思想教育活动，以思想的大解放促进改革开放的不断深入和社会经济的快速发展。

1991年，分期分批举办《马克思主义哲学学习纲要》培训班，对全县党政干部及企事业单位负责人集中进行学习辅导，1300多名干部参加统考，合格率100%。组织县直2000多名在职干部职工参加科学社会主义知识学习竞赛活动。组织全县546名副科级以上干部参加科学社会主义理论统一考试。组织县直党员干部1000余人集体收看学习宣传中共十四大精神电视广播讲座。

1992~1994 年，先后组织全县党员干部开展“如何以经济建设为中心”“解放思想换脑筋”和“社会主义市场经济”大讨论活动。县委宣传部设立大讨论办公室。印发《关于开展社会主义市场经济大讨论的意见》和具体实施方案。在《金乡大众报》、县电台、电视台开辟专题专栏，发表和播出稿件 100 余篇。聘请专家、学者作专题辅导报告。举办 13 期《社会主义市场经济知识》电视辅导讲座。在全县干部群众中集中开展邓小平建设有中国特色社会主义理论学习教育活动，印发《关于在全县干部群众中进行有中国特色社会主义理论教育的意见和实施方案》。举办领导干部读书会，对副科级以上领导干部、企业党政领导、农村党支部书记分 6 批在县委党校集中学习轮训，重点组织学习《邓小平同志建设有中国特色的社会主义理论纲要》和党的十四届四中、五中、六中全会精神。

1995 年 4~5 月，在全县举办 5 期《纲要》学习研讨班，各乡镇、县直各部门负责人 1365 人参加培训。当年，在全县开展学理论、学党章、“一名党员一面旗”活动。组织 1.3 万名党员干部参加由省委宣传部主办的学习建设有中国特色社会主义理论和党章知识竞赛。

1996 年，起草《关于认真学习党的十四届六中全会精神的通知》，重新修订各级党委中心组学习计划和配档表，当年县委中心学习组被评为省级先进中心学习组。4~5 月份，与县委组织部、县委党校共同举办 3 期学习邓小平理论研讨班，各乡镇、县直部委办局负责人 360 人参加培训。

1997 年 4 月始，创办“周末干部学校”，邀请专家、学者授课，接受培训的科级以上干部 1 万余人次。同年 7 月，举办县委理论学习中心组读书会，集中学习江泽民总书记在中央党校省部级干部进修班毕业典礼上的讲话和省委书记吴官正、省长李春亭在省委理论学习中心组读书会上的发言等。当年 9 月，组织全县党员干部学习中共十五大精神和邓小平理论。

第二节 社会 文化 新闻宣传

社会宣传

1991~2005 年，县委宣传部围绕全县经济工作大局，以提高金乡知名度，促进全县经济发展，提高人民生活水平为目的，组织开展一系列对外宣传活动。

1991 年始，每年制定《金乡大蒜宣传实施方案》。1992 年、1993 年，组织声势浩大的金乡大蒜进北京活动。1994 年、1995 年，印制《金乡白皮大蒜》宣传折页 1 万份，编辑出版《金乡大蒜》一书。1996 年 11 月，着力宣传“中国大蒜之乡”命名庆典活动。1997 年 9 月，协助中央电视台第七套节目摄制组拍摄 12 集大型电视系列片《历史的抉择》。当年 12 月，协助山东卫视“星光 50”栏目举办金乡大蒜专场文艺节目演出。2002 年，在京福高速公路济南段制作双面 700 多平方米的“世界大蒜看中国、中国大蒜看金乡”大型大蒜宣传牌，时为全国最大的高速公路广告牌。2003 年 4 月，在金乡县成功举办首届中国国际大蒜节。当年 5 月，为抗击“非典”，组织金乡大蒜进北京活动。2005 年，编印《蒜都记忆》一书。多次召开大蒜新闻发布会，通过中央电视台、《人民日报》《农民日报》《经济日报》等多家新闻媒体宣传金乡，提高金乡大蒜知名度。

在宣传金乡及金乡大蒜的同时，注重对企业产权制度改革和新产品、新成就、新措施等方面的宣传。1992 年，组织金乡土特产品宣传展览，全县 33 家企业的 34 类、228 件产品参展，并展出图片 200 多幅。1991~2005 年，先后在市级以上报刊、电台宣传报道全县 30 余家企业的典型事迹和先进经验。编印《金乡蔬菜畅销世界》《迈向二十一世纪的金乡》《中华蒜都·金乡县》《中国大蒜之乡·金乡县》《中国大蒜之乡》等宣传彩印图册及折页 1.5 万余份。

1991~2005 年，持续开展学英模活动，唱响社会主义主旋律。每年 3 月都组织开展毛泽东主席关于“向雷锋同志学习”题词发表纪念活动，并以此为契机，在全县广泛开展“学先进、讲奉献、树新风”活动，对活动中涌现出的先进集体和先进个人进行表彰。组织开展“新风十佳”“新风十优”评选活动，组织“新风十佳”事迹报告团，在全县作巡回报告46场，听众5万余人次。组织开展领导干部学孔繁森、基层干部学王廷江、广大群众学韩素云的活动。

文化宣传

1991年始，县委宣传部年年都精心组织节庆文体活动。举办建党纪念活动，召开党员座谈会，组织老党员重温入党誓词，新党员进行入党宣誓。1993年12月，组织举办纪念毛泽东诞辰100周年纪念会暨文艺演唱会。1995年五一劳动节期间，举办爱国主义歌曲演唱会和卡拉OK大奖赛。为纪念王杰英勇牺牲30周年，举办热爱祖国、歌唱英雄文艺晚会。围绕纪念世界反法西斯战争和抗日战争胜利50周年，协调各方面的力量拍摄反映民族精神和爱国主义精神的电视片——《金乡惨案》。1997年，以香港回归为契机，举办“庆七一、迎回归”专场文艺演出，中小学生迎回归大型歌咏比赛和迎回归大型书画展，“迎回归”全县青年歌手大奖赛等。同年，为纪念鲁西南战役胜利50周年，摄制革命传统教育专题片《浩气长存，光照千秋》。2001年4月，组织举办首届中国大蒜节大型文艺演出。2003年4月，组织举办首届中国国际大蒜节文艺演出。

新闻宣传

1993年5月，创办县委机关报——《金乡大众报》。1996年10月6日，山东省副省长王玉玺为《金乡大众报》题词：“办好金乡大众，为振兴金乡经济服务”。2003年《金乡大众报》停刊，至此，《金乡大众报》内部发行计730万份。1993年12月1日，开辟金乡电视新闻节目，结束金乡电视新闻节目只闻其声、不见其人的历史。1995~2002年，举办“金乡县50年建设成就展”等反映金乡县改革开放的大型图片展。

图20-3　1996年新华书店大众报发行点

1991~2005年，宣传部新闻科和全县各单位共向市级以上新闻媒体发稿1.3万余篇。

其中刘广良1996年撰写的《金乡蒜出海创名牌》在《经济日报》头版刊登，并获《经济日报》第8届“豆腐块”短新闻三等奖；《隔夜愁变成天天鲜，金乡大蒜一季卖全年》被《人民日报》、中央人民广播电台、《大众日报》、山东人民广播电台刊播，并获济宁市新闻精品奖；1998年9月撰写的《给我一捧田土，还你一个配肥方》被新华社作为全国通稿播发，《人民日报》《农民日报》等二十多家新闻单位刊发，并获1998年新华社短新闻征文二等奖；1999年撰写的《金乡蒜农网上赚钱》在《人民日报》《经济日报》头版刊发，并获《经济日报》第十二届“豆腐块”短新闻征文三等奖；1999年被评为山东省十佳业余记者，并以对外发稿量大，重头稿件多名列十佳之首。

第三节　精神文明创建活动

思想道德建设

1991年，制定《金乡县“八五”期间精神文明建设规划》。以毛泽东“向雷锋同志学习”题词28周年纪念活动为契机，深入开展让雷锋、王杰精神在工作岗位上闪光为主题的“学先进、讲奉献、树新风”活动。表彰35个先进集体和54名先进个人，其中5人被济宁市委、市政府授予“学雷锋标兵”荣誉称号。开展“新风十优”月度评选，

组织“新风十佳”报告团，在全县作巡回报告24场，听众5万余人次。在全县各行各业倡导岗位奉献，优质服务。在全县中、小学生中开展“踏着雷锋足迹走、赖宁就在我身边”活动，在企业职工中开展“提合理化建议”和“双增双节”劳动竞赛，以及“想十年、干当前、我为‘八五’做贡献”活动。

1992年，继续开展“新风十优”评选。举办职业道德教育培训班2期，受训3200余人。在窗口行业开展全方位优质服务竞赛活动，举办模拟表演，播放15场电视录像，近2000人受到教育。举办首届职工文化艺术节和第二届农民文化艺术节。七一建党纪念日和国庆节期间分别举办文艺汇演和第四届“文明杯”暨第二届“财税杯”篮球运动会。

1993年，组织开展毛泽东“向雷锋同志学习”题词发表30周年纪念活动，组织部分窗口单位开展文明优质服务活动。组织县公安局、工商局、文化局、广播局等有关单位对文化市场进行3次集中清理清查，收缴非法录像带20盒，录音带100多盒，书刊300多册。

1994年，举办第三届农民暨第二届职工文化艺术节，历时一个月，丰富了城乡居民春节期间文化生活。举办纪念建党七十三周年歌咏比赛和建国四十五周年各项文体活动。

1995~1996年，在全县城市和农村深入进行爱国主义、集体主义和社会主义教育；在企业职工中开展社会主义市场经济知识教育。持续开展“学先进、讲奉献、树新风”活动，对涌现出的先进集体和先进个人进行公开表彰。

1997~1999年，高扬爱国主义主旋律，举行庆祝香港回归、鲁西南战役胜利五十周年纪念活动。组织开展以学习邓小平理论、中共十五大及其三中、四中全会精神和《中共中央关于加强和改进思想政治工作的若干意见》为主要内容的教育活动，坚持党委中心组学习制度，创办“周末干部学校”，形成领导带头、主题一贯、内容丰富、形式多样的理论学习教育工作新格局。

2000~2002年，县委印发《关于加强思想政治工作的实施意见》，建立健全思想政治工作责任制度、议事制度、考评制度和保障制度。在讲学习、讲政治、讲正气教育活动中，对党员干部普遍进行马列主义、毛泽东思想、邓小平理论、“三个代表”重要思想及中共十五届六中全会精神的学习教育，以及“抓住机遇、加快发展”主题宣传教育。同时，以多种形式纪念英雄王杰，摄制《王杰离去的岁月》专题片，深入开展学习王杰“三不伸手”（在荣誉上不伸手、在待遇上不伸手、在物质上不伸手）精神教育活动。

2003~2005年，大力开展“诚信金乡”建设活动，重点学习《公民道德建设实施纲要》《公民道德建设十二讲》《诚实守信教育读本》，以及社会主义市场经济知识和有关法律法规。在县电台、电视台开辟“诚信建设大家谈”“人人讲道德、个个树诚信”等专题专栏，形成浓厚的舆论氛围。组织开展“怎样做诚实守信公民”大讨论；举办“高扬诚信旗，打造信用金乡”演讲比赛、公民道德建设知识竞赛，不断提高干部群众思想道德素质。

文明共建活动

1991年始，金乡县按照省、市“八五”精神文明建设规划要求，对全县各级“文明单位”实行动态化管理，完善“升、降、撤”制度与措施，保证文明单位内在质量和社会信誉。至1995年，共推荐评选省级文明单位5个，市级文明单位23个，县级文明单位237个。通过一年一度的复查验收，撤销不合格省级文明单位3个，市级文明单位7个，县级文明单位90个。在城区开展文明市民教育，编发《文明居民手册》5000册，印发《文明知识试题》1万余份。同时，在农村开展“十星级文明户”创建活动。在《金乡大众报》开辟“文明单位巡礼”专栏，宣传报道各级文明单位建设的好经验、好做法。

1996~1997年，贯彻精神文明“重在建设、贵在落实”方针，开展一系列特点鲜明、实践性强的群众性精神文明创建活动，如：创建文明乡镇、文明单位、争当文明市民等。制订活动实施方案和《文明单位管理细则》，颁布《文明市民公约》

《金乡县文明村民守则》《金乡县公民社会道德“十要”“十不准”》。在农村开展创建“文明村庄”“十星级文明户”活动，全县共评选出七至十颗星级文明户5.65万户，“十星级文明标兵户”100户，调动了广大农民参与精神文明建设的积极性。在窗口行业开展“文明在蒜都、满意在金乡”优质服务竞赛活动，实施执法人员“塑形象工程”，推广文明用语、禁说服务忌语，提高服务质量，推动全县精神文明建设不断向深度和广度发展。

1998~1999年，按照思想道德教育“求效”、群众性精神文明建设活动“求实”、先进典型学习与宣传“求精”的要求，实施《金乡县“九五”期间社会主义精神文明建设规划》，开展“做文明人、创文明岗、树文明风、建文明县”和星级系列创建活动，并以点带面，整体推进，全县精神文明建设工作取得实质性进展。

2000~2003年，继续开展“做、创、树、建”活动，在全县各行业形成争当“十佳文明公仆”“十佳创业明星”和“百佳文明个人”及“百佳文明致富带头人”竞赛热潮。组织开展第三届“双十双百”的评选活动，树立一批精神文明建设好典型，命名表彰一批星级文明单位。完善《金乡县精神文明建设示范点标准》，加大示范点管理力度，促其充分发挥示范作用，带动整体创建工作上水平。

2004~2005年，打造“文明金乡、诚信金乡、平安金乡”，促进全县经济和社会各项事业健康协调发展。县委、县政府作出部署，在全县各个单位、部门实施“四项工程”，创建“服务名牌”，建设“四型机关”（学习型、创新型、服务型、廉洁型）活动。在农村深入开展“文明一条街”创建活动，共建文明街545条，占行政村总数的88.7%。农民生活观念和精神面貌发生可喜变化，“脏、乱、差”现象得到有效治理。

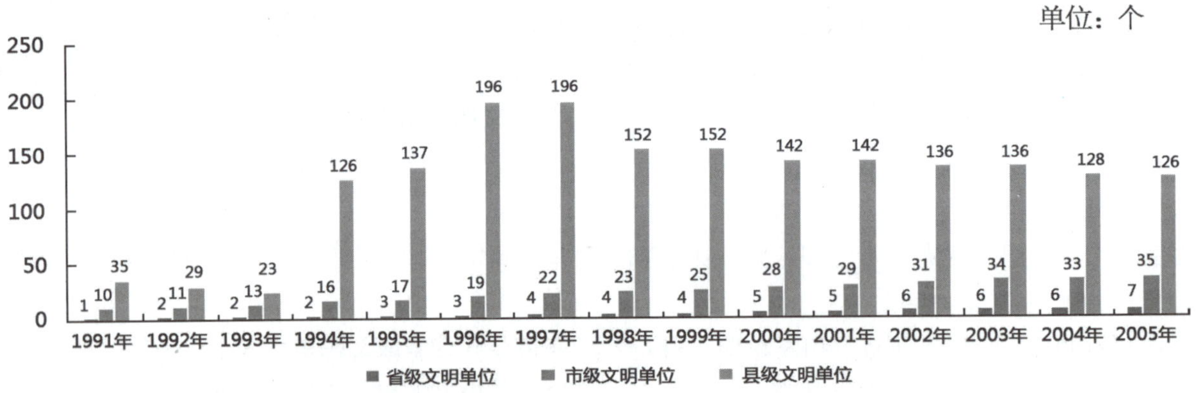

图20-4　1991~2005年金乡县文明单位创建情况

创建文明县城

1997年，金乡县委、县政府正式提出创建“山东省精神文明建设工作先进县”，将此工作列入重要议事日程，纳入社会发展总体布局。多次召开县委书记办公会、常委会、县长办公会和文明委全体委员会议，学习文件，领会精神，研究实施意见，及时作出了《关于创建省级精神文明建设工作先进县的决定》和《继续开展“做文明人、创文明岗、树文明风、建文明县”活动的意见》，印发《金乡县“九五”期间社会主义精神文明建设规划》，成立创建领导小组及其办公室（正科级）。各乡镇、县直各单位也都建立了创建领导小组和办事机构，制定创建方案，制定落实工作目标责任制，层层分解落实。把精神文明建设成效作为考核和评价各级领导和单位、部门工作的重要依据之一，作为奖惩、使用干部的重要条件。在创建活动中，各级党政领导率先垂范，主要领导负总责，分管领导靠上抓，职能部门具体抓，工会、共青团、妇联等人民团体紧密配合，形成党委政府重视、全社会共同参与创建的良好局面。

附：《金乡县文明市民公约》

热爱祖国　建设金乡　遵纪守法

见义勇为　敬业奉献　诚实守信
尊师重教　崇尚科学　孝老爱亲
邻里和睦　热心公益　助残济困
爱护公物　保护环境　勤俭自强
移风易俗　团结友善　言行文明

《金乡县文明村民守则》

一 . 爱国爱家　勤劳致富
二 . 遵纪守法　明礼诚信
三 . 勤俭自强　敬业奉献
四 . 扶弱济困　热心公益
五 . 主持公道　见义勇为
六 . 尊师爱幼　崇尚科学
七 . 孝老爱亲　邻里和睦
八 . 计划生育　移风易俗
九 . 关心集体　爱护公物
十 . 讲究卫生　保护环境

《金乡县公民社会道德“十要”》

一要自身修养好　言行端正别走调
二要敬人与自尊　人际关系处理好
三要助人又达人　幸灾乐祸品不高
四要公物爱护好　破损行为法不饶
五要一切守秩序　遵规守则要做到
六要见义敢勇为　胆小怕事不足道
七要诚实守信用　虚假欺诈难成交
八要环保意识强　美化家园觉悟高
九要遵纪又守法　公私分明别错了
十要科学讲文明　封建迷信全抛掉

《金乡县公民社会道德“十不准”》

一 . 不准随地吐痰
二 . 不准乱扔废物
三 . 不准乱涂乱贴
四 . 不准损坏花木
五 . 不准污言秽语
六 . 不准打架斗殴
七 . 不准妨碍交通
八 . 不准赌博迷信
九 . 不准酗酒滋事
十 . 不准损人利己

第六章　纪检　监察工作

1950 年，中国共产党金乡县纪律检查委员会（简称县纪委）成立。1956 年 2 月，县纪委改称监察委员会。“文化大革命”中，监察机构被撤销。1980 年 9 月，恢复中共金乡县纪律检查委员会。1984 年 4 月，升格为副县级单位；同年 8 月成为独立的党的纪律检查工作机构。1987 年 12 月，设立金乡县监察局。1993 年 5 月，县纪律检查委员会和县监察局合署办公，实行一套机构、两个机关名称管理体制。重新组建办公室、纪检监察室、案件审理室、信访室、研究室、监察综合室、执法监察室、党风廉政建设室。1998 年 12 月，设立金乡县国家行政机关工作人员违法违纪举报站，为副科级单位，隶属县监察局。2001 年 6 月，成立金乡县行政机关办事效率投诉中心，为正科级全额事业单位，隶属县纪委、监察局。2001 年 12 月，成立金乡县行政审批制度改革领导小组，办公室设在县纪委、监察局，具体负责行政审批的监督管理工作。2003 年 6 月，金乡县机构编制委员会金编发〔2003〕7 号文件，同意设立金乡县行政审批中心管理办公室，为正科级全额拨款事业单位，隶属县纪委、监察局。

第一节　第八至十一届纪律检查委员会

中共金乡县第八届纪律检查委员会（1990.05~1995.05）

1990 年 5 月 5 日 ~7 日，中共金乡县第八次代表大会选举产生中共金乡县第八届纪律检查委员会委员 17 名。县纪委八届一次会议选举产生常务委员 5 名，程殿光当选为书记，韩宝启、庄金

兰（女）当选为副书记。

1992 年 12 月，杭怀营任县委常委、县纪委书记。

1993 年 1 月，高潮任县纪委副书记。

1993 年 6 月，袁存力任县纪委副书记。

中共金乡县第九届纪律检查委员会（1995.05~1998.12）

1995 年 5 月 22 日 ~24 日，中国共产党金乡县第九次代表大会选举产生中共金乡县第九届纪律检查委员会委员 17 名。县纪委九届一次会议，选举产生常务委员 9 名，杭怀营当选为书记，韩宝启、高潮、袁存力当选为副书记。

1997 年 12 月，高潮任县委常委、县纪委书记。

中共金乡县第十届纪律检查委员会（1998.12~2003.03）

1998 年 12 月 20 日 ~22 日，中国共产党金乡县第十次代表大会选举产生中共金乡县第十届纪律检查委员会委员 17 名。县纪委十届一次会议，选举产生常务委员 9 名，高潮当选为书记，赵念华、程秀军、姜广军当选为副书记。

2001 年 4 月，李逢记任县委副书记、县纪委书记。

2002 年 4 月，胡爱民（女）、江昌洪任县纪委副书记。

中共金乡县第十一届纪律检查委员会（2003.03 ~ 2007.02）

2003 年 3 月 3 日 ~6 日，中国共产党金乡县第十一次代表大会选举产生中共金乡县第十一届纪律检查委员会委员 17 名。县纪委十一届一次会议选举产生常务委员 9 名，李逢记当选为书记，胡爱民（女）、江昌洪当选为副书记。

2004 年 3 月，周为东任县纪委副书记。

中共金乡县第八至十一届纪律检查委员会组成情况表

表 20-6-1

届次	职务	姓名	任离职时间
第八届（1990.05 ~ 1995.05）	书 记	程殿光	1992.12 离职
		杭怀营	1992.12 任职
	副书记	庄金兰（女）	1991.08 离职
		高 潮	1993.01 任职
		袁存力	1993.06 任职
	常务委员	程殿光（1992.12 离职） 韩宝启 庄金兰（女，1991.08 离职） 邵爱莲（女） 张本玉（1993.01 离职） 程秀军（1992.04 任职） 寻文防（1992.04 任职） 杭怀营（1992.12 任职） 高 潮（1993.01 任职） 刘志宽（1993.01 任职） 李宝山（1993.05 任职） 刘素英（女，1993.05 任职） 袁存力（1993.06 任职）	
	委员	王学超 史春银 冯玉璋 庄金兰（女） 刘家祥 刘继英 李成冉 李传佩 李保林 吴效申 张本玉（1993.01 离职） 邵爱莲（女） 郑秋香 袁存力 崔守田 韩宝启 程殿光（1992.12 离职）	
第九届（1995.05 ~ 1998.12）	书 记	杭怀营	1997.12 离职
		高 潮	1997.12 任职
	副书记	韩宝启	1997.04 离职
		高 潮	1997.12 离职
		袁存力	1996.07 离职

续表 20-6-1

届次	职务	姓名	任离职时间
第九届（1995.05 ~ 1998.12）	副书记	赵念华	1996.07 任职
		程秀军	1997.05 任职
		姜广军	1998.11 任职
	常务委员	杭怀营 韩宝启（1997.04 离职） 高 潮 袁存力（1996.07 离职） 程秀军 寻文防（1995.08 离职） 李宝山（1997.03 离职） 刘素英（女，1998.12 离职） 高同勤（1995.08 离职） 杨晓廷（1995.08~1998.12） 邱相清（1995.08~1998.12） 赵念华（1996.07 任职） 江昌洪（1997.05 任职） 刘 勇（1997.05 任职） 田均民（1997.05~1998.03）	
	委员	马龙渊 王学超 申启民 刘素英（女） 寻文防（1995.08 离职） 李成冉 李传佩 李宝山 吴效申 邱相清 杭怀营 周光德 袁存力 高 潮 高同勤（1995.08 离职） 韩宝启 程秀军	
第十届（1998.12 ~ 2003.03）	书 记	高 潮	2001.04 离职
		李逢记	2001.04 任职
	副书记	赵念华	2001.12 离职
		程秀军	2002.04 离职
		姜广军	1998.12 任职
		胡爱民（女）	2002.04 任职
		江昌洪	2002.04 任职
	常务委员	高 潮（2001.04 离职） 赵念华（2002.01 离职） 程秀军（2002.04 离职） 姜广军 江昌洪 刘 勇 高树会 高金义 李 云（女） 刘云久（1999.05 任职） 李逢记（2001.04 任职） 胡爱民（女，2002.04 任职） 张建军（2002.09 任职） 童方明（2002.09 任职）	
	委员	王恒臻 王殿仁 孔令旭 孔德臣 田肇国（女） 刘 勇 刘德文 江昌洪 李 云（女） 张建军 荆玉然 赵念华 姜广军 高 潮（2001.04 离职） 高金义 高树会 程秀军	
第十一届（2003.03 ~ 2007.02）	书 记	李逢记	2003.03~2006.12
		田冠军	2006.12~2008.09
	副书记	胡爱民（女）	2003.03~
		江昌洪	2003.03~
		周为东	2004.03~
	常务委员	李逢记 胡爱民（女） 江昌洪 刘 勇 高树会（2006.10 离职） 高金义 刘云久 张建军 童方明（2003.09 离职）	
	委员	王绍荣 王殿仁 孔令旭 孔德辰 田肇国（女） 刘 勇 刘云久 江昌洪 杜忠胜 李逢记 张为立 张建军 胡爱民（女） 高金义 高树会 童方明 翟福聚	

第二节　廉洁自律教育

1991年，继续强化以党规党纪教育为重点的党风党纪教育，提高广大党员的法规政策观念。年初，以乡镇和县直机关为单位集中进行为期10天的教育培训。同年2月，举办全县农村党支部书记培训班。在全县党员中开展“学焦裕禄精神，做公仆干部”活动，印发各种辅导材料6000余份，组织各种报告会、辅导讲座30多场，听众超过6万人次。

1992年，制定《关于在全县党员干部中开展反腐败防演变教育活动的实施意见》，先后在“公安干警培训班”“村支部书记带头奔小康培训班”和“县直机关党员发展对象培训班”上作党风党纪知识辅导讲座。转发市纪委、市委组织部在换届期间严肃党风党纪的通知。对全县农村财务进行清理整顿，立查违纪案件7起，清出违纪金额15万元，清理拖欠公款370万元，在5个乡镇实行“村账乡管”，充实调整财会人员，建立健全“两账一薄”等财会制度，堵塞漏洞。

1993年，在全县开展“学党章，讲奉献，做合格党员”活动，树立宣传廉洁勤政、无私奉献、秉公执法先进典型5个；选择2起反面典型案例进行剖析，通报全县。组织党员干部收看《新中国第一案》和《秋收起义》等影片。制订《县级领导班子成员廉洁勤政守则》《关于加强县级领导班子及其成员思想作风建设，保持清正廉洁的若干规定》，修订完善县委常委、党员副县长抓党风廉政建设责任制，重新建立党风廉政建设汇报制度等，对乡镇和县直机关领导干部廉洁自律提出明确意见。

1994年，印发《在广大党员干部中开展反腐倡廉教育活动的意见》《廉洁勤政迎七一庆生日活动的通知》《关于廉洁节俭过节的通知》《关于严禁婚丧喜庆中大操大办的通知》和《关于强化监督检查，确保政令畅通的意见》，组织开展“学党章、讲团结、讲纪律、讲奉献”活动，大力弘扬艰苦创业精神，移风易俗；举办反腐倡廉知识竞赛，举办副科级以上干部培训班3期。

1995年，制定《金乡县党员学习邓小平理论建设有中国特色社会主义理论和党章三年（1995~1997）规划》，年初对全县661名农村党支部书记进行培训。3月，举办县属企业党委、支部书记和厂长（经理）反腐倡廉学习班。制定下发《关于严格禁止用公款吃喝玩乐、赌博和封建迷信活动的处理意见》，组织人员对宾馆、饭店等饮食、娱乐场所进行不定期检查。继续狠刹婚丧事大操大办不正之风，查处公车私用、大操大办107起，对其中22起采取不同形式进行曝光。清理违规购买小汽车20辆，其中没收2辆，调换1辆，变卖1辆，重新过户和补交附加费16辆。对全县党政机关、国有企事业单位干部职工住房情况进行登记清理，清理出超面积372户、3647平方米，按市场价补交差价款39.67万元。

1996年，组织开展“学、守、作”活动，制定《关于开展“学、守、作”活动的实施意见》，编发《党员干部廉洁自律学习材料》700余册、《党政纪条规手册》400余本。组织全县党员干部观看《存亡警世》《巨浪淘沙》《沉沦警示录》等反腐倡廉教育片。严抓《关于党政机关县（处）级以上领导干部收入申报制度》《关于对党和国家机关工作人员在国内交往中收受礼品实行登记制度的规定》和《关于国有企业实行业务招待费使用情况向职代会报告制度的规定》三项制度的落实，组织34名县级领导填写各种自查表；对全县大中型企业业务招待费向职代会报告情况进行检查。制止公款吃喝玩乐，抽调各乡镇纪委书记和公安、工商、电视台等单位分成4个小组，对全县宾馆、酒店进行突击检查，设立监督岗，查出参与宴请人员乘坐公车56辆，通知车主单位主要领导查清原因，区分不同情况进行处理，对6起参加宴请造成不良影响的进行通报批评。

1997年，与组织部门联合创办“周末干部

学校”，举办专题讲座12次，参加培训5000余人次。开展“政策法规年”活动，组织有关部门举办4期政策法规培训班，850余人参训。印发《关于转变干部作风、促进廉洁勤政的若干规定》和《关于贯彻落实中央〈关于党政机关厉行节约、制止奢侈浪费行为的若干规定〉的意见》，成立“转变作风年”和“落实八项规定”活动办公室。对领导干部公款安装的住宅电话，实行话费限额超支自付制度，对移动电话实行编制管理和话费限额标准。当年，全县停建办公楼1219平方米、停止装修538平方米；县乡两级减少会议116次；取消或减少各类检查、评比达标活动12次；压缩各类开业典礼16次；精减各类简报35个；停办或取消外出考察、学习、培训41次；停购移动电话9部，消号封存移动电话131部，撤并公费电话34部；停购、变卖小汽车14辆，节约资金1000余万元，其中节约招待费59万元。

1998年，突出“领导干部要在党风廉政建设中以身作则、率先垂范”主题，向县（处）级领导干部发放《致县处级领导干部的一封信》和《党风廉政法律法规汇编》，组织33名县处级领导干部参加全省党政机关县处级领导干部党风廉政法律法规知识考试；对全县570名科级领导干部进行党风廉政法律法规知识测试，编发《党风廉政法律法规汇编》600册，参考资料1000份。举办《中华人民共和国行政监察法》知识竞赛，发出知识问答200本，试卷2000份。继续清理通讯工具，制发《关于对公费住宅电话、移动电话进行清理的暂行规定》和《关于违规装置使用移动电话和住宅电话行为的纪律处分规定》。共清理党政机关移动电话372部，对允许保留的142部核发准用证；对收缴的215部移动电话，面向社会进行公开拍卖，拍卖金额21.5万元；对不符合安装条件的250余部公费住宅电话全部转为私人电话。落实领导干部话费“规定限额，超额自负”规定，节约话费支出150余万元。县级领导谢绝经济组织和个体私营经济开业庆典等活动20余次，县级庆典活动为零，比1997年节约经费100余万元。

1999年，对调整、提拔的200余名科级领导干部进行集体廉政谈话。组织党政机关、事业单位726名科级干部进行以遵守党的四项纪律为主要内容的党纪知识考试。继续狠刹了公款吃喝风。制定《关于清理清退干部职工多占住房的通知》及《实施方案》，转发市纪委《关于在清理清退干部多占住房工作中违纪行为的处理意见》。全县119个单位全部张榜公布住房情况；申报两套以上住房869人，多占住房951套，其中县级干部13人，多占13套；科级干部244人，多占276套；一般干部职工612人，多占662套。13户多占住房干部职工办理了退房手续。

2000年，在县级领导班子中集中进行“三讲”教育，在乡镇和县直部门开展“学、查、改”活动。组织全县党员干部收看《胡长清案件警示录》《代号9898——湛江特大走私案》《特殊一课》及《违纪违法人员现身说法》等电教片，对党员干部进行警示教育。继续对领导干部多占公有住房情况进行清理，共清理多占住房832人、多占住房911套，其中县级干部26人，多占住房28套；科级干部246人，多占住房293套；一般干部职工560人，多占住房590套。所有多占住房当年全部进行清退。严格制止奢侈浪费行为，印发《关于艰苦奋斗、厉行节约的意见》，废除一支笔签字制度，实行财务联签制度；对全县100多个行政事业单位发出《业务招待费限额通知书》；对公款购置更换小汽车、手机严格审批把关；退回不符合规定购买手机申请5份、小汽车申请2份、建房申请1份。印发《关于加强对领导干部八小时以外监督的若干规定》，从建立家庭社会网络入手，实行家庭协同监督制度和社会监督制度。坚持跟踪谈廉访廉和与新提拔领导干部廉政谈话制度，开展各种形式的廉政谈话450人次，其中同乡镇和县直部门党政一把手廉政谈话95人次。

2001年，在全县党员干部中深入开展弘扬王杰“在荣誉上不伸手、在待遇上不伸手、在物质上不伸手”精神，加强党风廉政建设教育活动，组织全县600余名副科级以上干部进行学党章、学讲话、学条规知识答卷活动。组织观看《厦门特大走私案》《宠妻纵子谋家财的悲剧》《责任的呼唤——党风廉政建设责任追究案例剖析》等电教片和《一代廉吏于成龙》等影片。通过打招呼、通报批评、限期整改、组织处理、纪律处分等方式落实党风廉政建设责任制，重点抓一把手，并严格考核，当年85名党员干部因失职受到责任追究。对领导干部收受现金、有价证券和支付凭证进行集中清理，在工商银行开设“581”廉政专户，党员干部主动上交礼金4万元、有价证券6000余元。对各商场、超市、专卖店进行突击检查，狠刹印制、发售、购买使用代币购物券不正之风，收缴各类代币购物券1200余份，价值8万余元。两次民主评议党员干部5000余人次，征求群众意见800余条，根据评议结果对30余名不够廉洁或不廉洁干部进行廉政谈话。

2002年，在科级以上党员干部中开展理想信念和廉政纪律教育活动。组织观看《从县长到囚徒》《公仆本色——吉林省水利厅长汪洋湖先进事迹》《汪洋湖同志先进事迹报告会》等反腐倡廉教育片。进一步完善财务联签制度，落实各级各部门所有支出必须由经办人员、分管领导、纪委书记（纪检组长）及主要领导签字后方能入账报销规定。全县党政机关业务招待费比2001年减少30余万元。收缴有价证券、代币购物券等10万余元。对干部职工借用公款进行清理，涉及单位79个，其中借出公款单位36个、借款637人，清收公款442余万元，清收率92.9%，当年未还公款的全部签订限期还款保证书。

2003年，在全县党员干部中开展“艰苦奋斗、廉洁从政”教育活动。组织全县870名副科级以上干部进行党风廉政建设知识测试；组织县级领导班子集体观看《慕绥新腐败案》《马向东腐败案》《李真贪污受贿案剖析》等典型腐败案件教育片，增强党员干部党性修养、纪律观念和廉洁从政意识。对3个单位超标准购买小汽车限期纠正。查清违规用公款为个人购买商业保险19个单位、2385人，总金额20.8万元，全部退保或个人买断，其中个人买断1.8万元，退保19万元。

2004年，对全县党员干部中开展“为民、务实、清廉”正反两方面的示范教育和警示教育。组织开展庆祝新中国成立55周年暨党内法规知识竞赛；组织全县纪检监察干部进行相关知识测试。当年，查清违规用公款为个人购买商业保险33.1万元，分别作退保或个人买断处理；清理个人拖欠公款600多万元。对70余名科局级党政主要领导进行廉政谈话，对群众有意见或反映有问题的在职领导干部进行个别谈话，督促整改。

2005年，全县党政机关业务招待费比2004年减少15万元，下降20%。两次委托拍卖公司对5个机关单位的5辆退役车进行公开拍卖，拍卖金额15.8万元，高出评估价3.9万元。对党政机关事业单位虚报冒领工资补贴进行清理，涉及违规单位25个，违规人数120人，违规金额45.4万元。评议党员干部2500余人次，征求群众意见300余条，根据评议结果对25名不够廉洁或不廉洁干部进行廉政谈话或组织处理。

第三节　案件查处

1991~2005年，县纪委持续把查处党员干部特别是科级以上领导干部违法违纪作为反腐败斗争的重要任务来抓，集中力量查处贪污、贿赂、挪用私分公款和失职渎职案件，严格按照“事实清楚，证据确凿，定性准确，处理恰当，手续完备”要求和有关规定处理。对基层自办案件，坚持和完善协审制度，保证办案质量。其间，受理群众来信来访2920件，立案查处2314件，其中重点案件242件；处理党员干部2147人，其中开除党籍122人，留党察看230人，撤销党内职务36人，党内严重警告480人、警告1149人，行政处分139人，移交司法机关处理13人，作其他处理64人；挽回经济损失3492万元。

1991~2005 年金乡县立案查处党员干部违纪违法案件一览表

表 20-6-2

年度	受理来信来访（件）	立案查处		处理党员干部（人）	其中									挽回经济损失（万元）
		件数	其中重点案件（件）		开除党籍（人）	留党察看（人）	撤销党内职务（人）	严重警告（人）	警告（人）	行政处分（人）	免予处分（人）	通报批评（人）	移交司法机关（人）	
1991	402	316	26	316	9	105	6	75	58	38	25	—	—	15
1992	280	120	9	114	3	32	2	25	37	—	15	—	—	—
1993	210	74	11	81	6	10	3	23	18	2	—	21	—	142
1994	205	102	11	50	5	4	1	13	20	10	—	—	—	3
1995	159	102	20	99	10	16	4	26	38	6	1	—	—	150
1996	343	77	9	72	10	—	6	14	36	7	2	—	—	41
1997	273	64	4	77	3	9	1	17	40	7	—	—	—	11
1998	188	88	13	74	10	6	4	23	21	17	—	—	—	400
1999	150	135	20	135	9	9	3	57	47	11	—	—	—	400
2000	242	206	31	177	11	3	3	22	129	10	—	—	—	500
2001	72	298	40	246	13	13	1	49	173	9	—	—	—	460
2002	59	216	16	204	9	9	—	36	146	5	—	—	—	360
2003	116	208	17	195	5	9	2	39	140	11	—	—	—	350
2004	171	149	5	148	7	2	—	41	122	2	—	—	3	270
2005	50	159	10	159	12	3	—	20	124	4	—	—	10	390
合计	2920	2314	242	2147	122	230	36	480	1149	139	43	21	13	3492

第四节　行政执法监察

1991~2005 年，县纪委、监察局围绕党委、政府重大决策部署和国家法律法规及重大改革措施的贯彻实施情况，开展监督检查和执法监察工作，确保政令畅通。

1992 年，印发《关于认真学习贯彻〈全民所有制工业企业转换经营机制条例〉的通知》，召开企业主管部门、监督部门及有关职能部门座谈会，为企业放胆改革打消顾虑。

1993 年，制定印发《关于在农村几项具体工作中切实加强纪律的意见》《关于在机构改革中严明纪律的通知》，加强对机构改革中国有资产管理工作的监督。对执行上级纪检、监察机关《关于严格遵守党纪政纪，保证党中央、国务院有关经济工作的各项政策和措施贯彻落实的通知》情况进行重点检查。

1994 年，贯彻落实山东省人民政府办公厅《关于制止在道路上乱设卡、乱查车、乱罚款的通知》精神，会同公安、交通部门对道路“三乱”情况进行集中检查，对不符合规定和非法上路设卡的问题予以纠正，查出违纪金额 40 余万元，挽回经济损失 27.1 万元，追缴入库 13.8 万余元。制定印发《关于做好当前减轻农民负担工作，进一步严肃纪律的通知》，作出六项规定，确保农民负担在“条例”规定的范围内。

1995 年，开展“全县行政性事业性收费及罚款情况专项检查”“退伍军人安置情况检查”和“毕业生分配、招生情况检查”以及“统计法规贯彻执行情况检查”，对全县 192 个有收费罚款职能的单位、部门进行全面清理，查出使用不当资金660万元，没收47.8万元，挽回经济损失170余万元；查处私设小金库的单位5个，发生金额12.5万元。围绕管理效益年活动，选择部分企业实行挂牌重点保护，印发《关于维护企业合法权益，促进经济发展的规定》，各企业拒绝各种乱摊派、乱集资、乱罚款等侵犯企业合法权益的行为23起、32.8万元，为企业发展创造良好的外部环境。

1997年6月，协同有关部门制定下发《关于公开考选县直部门单位领导干部的意见》，采取公开推荐与考试考核相结合办法，面向社会公开选拔10名县直单位科级领导干部。印发《关于坚决制止和纠正毕业生就业分配中乱收费问题的通知》，督促个别单位对以职工风险抵押金、就业保证金或集资等形式收取的费用退还给毕业生。重点组织和配合有关部门进行建设工程项目、减轻农民负担、预算外资金清理整顿执法监察，检查单位259个，涉及金额7758万元，查出违纪违规金额1170万元，挽回直接经济损失62.4万元。

1999年，围绕整顿经济秩序，严肃财经纪律开展执法监察。对农村合作基金会进行清理整顿，清理党员干部职工借（保）款，对10名借（保）款逾期不还的副科级以上干部进行诫勉，清收借款5500余万元，全县基金会规模由年初的2.25亿元下降到1.7亿元。对粮食流通体制改革情况开展执法监察，组织工商局、农发行、财政局及粮食局对粮食系统所属16个收储站和15家粮食加工企业进行清理检查，对套取专项资金、私设小金库等问题严肃追究，收缴违纪资金20余万元。落实收支两条线，对全县216个单位1997年10月至1999年6月的收费和罚没收入进行全面审查，查出各种违纪违规资金2000多万元，其中收缴70余万元。组织和配合有关部门对统计执法、建设工程项目等进行专项监察，检查单位282个，涉及金额2.48亿元，查出违规违纪资金2000余万元，收缴入库90余万元。

2000年，配合全县农村合作基金会清收基金会借、保款4000余万元，对26名违纪人员进行处理，123名干部职工还清借保款1352万元，其中副科级以上干部22人，还款280万元。针对少数干部职工借欠公款不还，甚至从事经营活动的问题，当年6月，会同财政部门对借欠公款进行清理，收回360余万元。7月底，会同财政、劳动、民政等部门，对涉及23个单位养老保险金、失业救济金、下岗职工基本生活保障金、城市居民最低生活保障金等四项资金的管理使用情况进行检查，涉及金额6207.8万元，查处违规违纪资金232万元；未纳入专户管理资金3157万元，督促有关部门进行纠正处理。会同有关部门对全县126个部门和单位收费和罚没收入列支情况进行全面检查，督促落实收支两条线，查出违纪违规资金1089万元，收缴20万元。

2002年，推行行政审批制度改革，精简审批项目。组织有关部门对行政审批事项进行全面清理，第一批涉及15个行政部门、192项审批事项，取消审批、核准、备案80项，减幅41.6%；第二批涉及25个行政部门、313项审批事项，取消审批、核准、审核、备案事项101项，减幅32.2%。对收费项目进行检查，取消46项，收费项目由原来315项减至269项，减幅14.6%。筹备成立金乡县行政审批大厅，规范审批行为，17个部门第一批进入大厅集中办公。对土地使用权转让收费及有关资金管理进行专项检查，涉及收费资金1900多万元，土地补偿金3700多万元，土地出让金142万元，开发复垦资金28万元，查处乱收费、乱罚款970余万元。对建筑工程招投标工作进行监督，涉及建筑招投标工程17项，工程造价6000余万元。会同有关部门对全县行政事业单位收费和罚没收入列支情况进行全面检查，对文印、公车加油、维修实行定点管理，当年文印费比上年下降30%，燃油费下降4%，车辆维护费下降30%。对空调、微机、车辆购买等2000元以上大宗商品实行政府采购，总金额639万元，比预算采购节约资金41万元，节支率6.4%。

2003年，治理“三乱”，全面优化发展环境。起草并印发《关于进一步优化发展环境的意见》《关于严肃发展环境纪律的规定》《关于为干事创业发展创造条件清障排阻的十条意见》以及《关于对违反发展环境纪律的责任人员实行积分管理的暂行办法》，对违反规定者实行积分管理，根据积分情况，分别给予直接责任人、分管领导、主要负责人党政纪处分或作其他组织处理。同年10月，组织全县31个执法执纪、管理、服务部门在县体育场举办“优化环境大型广场宣传——阳光投诉活动”，接受群众咨询和投诉。建立发展环境特邀监督员和重点企业联系点制度，从重点企业、重点项目法人代表和市、县人大代表、政协委员中聘请60人为优化环境特邀监督员；选定65家重点企业、重点工程为全县优化发展环境联系点，采取多种方式方法了解发展环境方面存在的问题，受理群众咨询、投诉129件，立案调查处理违反发展环境案件6件，予以党政纪处分7人，1名单位主要负责人被追究责任。

2004年，对8个规模较大的在建项目进行跟踪监督检查。对全县建筑市场招投标活动进行程序监督，全程参与监督招投标拍卖挂牌土地1宗，拍卖价620万元，比评估价高出220万元。参与村村通油路工程招标监督。监督全县党政机关2000元以上大宗商品实行招标采购，总金额1551.72万元，比预算采购节约资金312万元，节支率16.74%。

2005年，开展多角度、多层次的监督检查，对建筑市场招投标、经营性土地使用权出让、政府采购等工作进行执法监察，发现各类违法占地12宗，均依法进行处理。全过程参与、监督转业士兵安置、教师招聘、公务员招考工作，确保公正、公平。

第五节 纠风与专项治理

1991~2005年，持续开展纠正不正之风和专项治理工作，维护群众利益，密切党群关系。

1992年，抽调50人组成7个检查组，对全县654个行政村82个管区、14个乡镇计生办和县计生委机关计划生育费的征收、管理、使用情况进行全面清理，查出各种不合理支出1307.6万元，纠正和收缴各类违纪款405万元。清理过程中，排查案件线索23起，挽回经济损失841.59万元。

1993年，组织力量对全县具有行政事业性收费的14个系统256家单位进行检查，清理收费额1800多万元，查出乱收费金额33.7万余元。清理违控购置小汽车20辆，其中豪华轿车7辆，根据有关规定没收3辆，封存待处理3辆，收缴违控购车罚款和附加费60余万元。清理未经批准设立的金融机构2家，审查银行信用社代办站所1301处，取消313处。清理入库各种逃税、骗税款100多万元。对党政机关兴办实体情况进行清理。

1994年，狠刹干部职工借欠挪用公款的不正之风，涉及单位125个、415人，清出借欠挪用金额192.4万元。狠刹乱收费、乱摊派、乱罚款的不正之风，对卫生、环保、农机等部门服务性收费进行检查，查出违纪额5万余元，依照规定上缴县财政3万元。清理对企业“三乱”资金6000余元。对全县参加房改的120个单位的售房欠款进行检查，对超标准的100套住房，令其退回13套，其中40套经产权单位同意，按市场价进行销售。补交房款45万余元。

1995年，清理并停止上路收费和罚款项目8个，制止公路乱收费50余万元。对全县中小学收费情况进行全面检查清理，查出并退回不合理收费35万余元。印发《关于做好减轻农民负担工作，进一步严肃纪律的通知》，全县“三提五统”数额严格控制在上年农民人均纯收入的5%以内。

1996年，继续治理公路“三乱”，在105国道显要位置设立2个举报箱，县纪委设举报电话。治理中小学乱收费，治理向农民乱收费、乱摊派，清理预算外资金和“小金库”，对涉及的34余万元资金，分别作划拨财政或其他处理。对10家重点企业挂牌保护，拒绝乱摊派、乱集资、乱罚款等侵犯企业合法权益行为35起、金额36.8万元。同时，狠刹婚丧事大操大办不正之风。

1997年，先后4次入村、进户，对16个乡镇“三提五统”收提情况和665个行政村农民负担情况逐个进行检查，废止不符合规定的收费、集资项目28个，农民人均负担比上年减轻129.7元。对预算外资金和“小金库”进行清理，检查单位163个，涉及金额4758万元，查出违纪违规金额384万元，挽回经济损失25万元。制定下发《预算外资金管理办法》，落实财政专户管理制度。

1998年，先后3次对全县16个乡镇预算审批情况，以及665个行政村村级财务开支、农民负担卡发放、农民负担收提情况分别进行监督检查，全县农民人均负担为1996年农民人均纯收入的4.69%，农民负担卡到户率95%。颁发《关于试行企业交费登记卡制度的规定》，明确各项收费单位向企业实施收费时，必须出示“收费许可证”“收费员证”，逐项填写“企业交费登记卡”，并向企业开出县财政部门统一印制的收费票据，全县年纳税万元以上企业普遍实行“企业交费登记卡”制度。对15家个体私营企业实行重点挂牌保护，严肃处理3起侵犯个体私营户权益的行为。

1999年，受理群众举报12起，查处11起，收缴违规上路检查证3个，责令退回违规收费3800元，对5名责任人进行批评教育。对全县189家药品经营企业、医疗机构、药品市场及各乡镇卫生院进行检查，查处违纪金额206万元，收缴入库2.6万元；查处销售假劣药品单位8家，虚高定价70种，降低药价总额124万元，减轻社会不合理医药费负担56.7万元。制止中小学乱收费15万余元。

2000年，从有关部门抽调70多人，对3000余项收费和罚款项目进行审核，其中取消不合理收费和罚款项目317项，降低收费标准162项，收费总额降低10%。将收费明白卡发放到企业、到个体私营业户；对259名执收、执罚人员集中进行党的路线方针政策、法律法规、职业道德培训，实行持证上岗。落实服务承诺制度，全县31个窗口单位公开向社会承诺，有诺必履，违诺必纠；在对25家企业挂牌保护的基础上，对20家遵纪守法、社会信誉较好的企业进行重点挂牌保护；从社会各界聘请100名治理“三乱”社会监督员实施监督，设立经济保护“110”，全天24小时执勤，接受群众投诉举报，对“三乱”行为及时出击，有效制止。

2001年，在乡镇推行收费明白卡，对各执法单位的执法行为进行规范。在实行挂牌保护的45家企业中，选择6家遵纪守法、依法纳税、经济效益较好、社会信誉度较高的企业重点挂牌保护，将违规收取的2.48万元会员费和培训费全部退还，追究有关责任人的责任。继续对公路“三乱”及中小学乱收费进行治理，组织有关部门在105国道、省道金乡段和县乡道路巡查20余次，基本杜绝公路“三乱”现象。制止婚丧事大操大办不正之风，对掩盖车牌号、不办许可证、公车私用的7部车辆在电视上曝光。

2002年，全县农民负担比上年减轻2405万元，人均减负45元，亩均减负31元，减负率23%。查处公路“三乱”3起，收缴执法人员执法证7件，对有关单位和责任人进行通报批评。同时，积极开辟绿色通道，在大蒜、蒜薹销售旺季安排有关部门上路执勤，疏导交通，处理事故，确保交通畅通。

2003年，严肃查处个别乡镇在夏季农业税征收中违反减轻农民负担纪律，组织人员上门入户强行收取农民税费、侵害农民权益的行为，对12名责任人进行处理，其中撤职3人。先后40余次对县、乡、村公路进行巡查，查处公路“三乱”4起。根据群众投诉，对2起学校乱收费案件进行查处，给予党纪、政纪处分2人。

2004年，与县卫生局共同制发《金乡县卫生系统坚决治理纠正医药购销和医疗服务中不正之风工作的实施方案》，监督公开招标5次，总金额1630万元，让利患者180余万元。减轻农民负担3500万元。查处公路“三乱”3起。查处各类破坏、干扰重点项目建设环境的违法案件4件，打掉建筑霸头1个，4人受到法律责任追究。

2005年，对行政许可项目进行清理，保留审批项目159个，拟取消和调整100个，建议进入审批中心的56个，并规范备案、核准范围程序。继续落实优化发展环境特邀监督员、优化发展环境联系点制度，先后10余次深入企业了解情况，召开企业代表座谈会3次，了解发展环境中存在的问题，对重点项目进行跟踪督导，受理各类投诉案件58件，其中上级交办4件，批评教育39人，

4 人写出书面检查，3 人予以政纪处分。

第六节　纪检监察队伍建设

1991 年，县纪检监察机关按照科学规范、群众监督、突出重点、实事求是的原则，全面加强纪检监察干部队伍思想、组织、作风、制度和廉政建设，提高纪检监察干部队伍的政治素质和业务能力。

1993 年 5 月，县纪委、县监察局正式合署办公，按照“合并职能相近部门、保留职能不同部门、加强薄弱部门”原则，设立办公室、监察综合室、研究室、信访室、案件审理室、党风廉政建设室、执法监察室和纪检监察室。

1994 年，在机关内部开展“争先创优”活动。会同组织部门对乡镇纪委书记人选进行考察，通过乡镇党委换届选举，健全乡镇纪委领导班子，配齐县直 19 个单位的专（兼）职纪检组长（纪委书记）。聘请 10 名特邀纪检员和监察员。

1995 年，组织开展做合格纪检监察干部活动，制定《关于在全县纪检监察系统开展学习先模人物活动的意见》。

1998 年，制定《关于进一步加强纪检监察机关干部自身建设的规定》。全县纪检监察干部参加“三讲”教育，组织学习党的历次代表大会精神、党章及党内法规，学习《中华人民共和国宪法》等法律法规和党的方针政策，学习纪检监察业务知识，以及金融、财经、现代科学知识。主要领导带头执行民主集中制，坚持集体领导和个人分工负责相结合的制度，增强领导班子整体合力。加强作风建设，树立纪检监察干部可亲、可信、可敬形象。

2000 年，开展以“自身正、自身硬、自身净”为主题的“三自”教育活动和“三个代表”重要思想专题学习活动。

2003 年，开展以“学习理论、树立形象、加强管理、增强服务”为主题的集中教育活动。改进会风、文风；探索纪检监察干部外部监督途径，教育、引导和督促纪检监察干部严于律己、清正廉洁。推行纪检监察工作社会评议制度，邀请部分党代表、人大代表、政协委员组成评议组，对纪检监察工作进行评议。

第七章　政法工作

1956 年 5 月，设立中共金乡县委政法工作部，1962 年 5 月撤销。1983 年 6 月，设立中共金乡县委政法委员会（简称县委政法委），主管全县的政法工作。1989 年 12 月，打击严重经济犯罪斗争领导小组办公室（简称打经办），划归县委政法委，与其合署办公。1991 年 5 月，成立金乡县社会治安综合治理委员会（简称县综治委），为县委、县政府领导全县社会治安综合治理工作的议事协调机构，下设办公室（简称县综治办）。1993 年 12 月机构改革，县打经办被撤销；县综治办与县委政法委合署办公。1994 年 9 月，县综治办重新设立。2002 年 5 月机构改革，保留县委政法委。2005 年，县委政法委设办公室、研究室两个机构，连同县综治办，编制 9 人，其中行政编制 8 人，工勤 1 人；设书记 1 人，副书记 3 人，综治办副主任 2 人。

第一节　组织领导

1991 年，县成立社会治安综合治理委员会，各乡镇均成立由党委书记任主任，党政办、派出所、武装部、司法所、人民法庭、共青团、妇联等部门负责人为成员的社会治安综合治理委员会。全县各村、居也都建立了融治保、调解、普法、帮教、巡逻“五位一体”的综治机构。此后，按照机构设置、队伍管理、工作制度、办事程序、基础设施“五

规范”要求，在全县推广建设乡镇“综治工作中心”，将原来分散的职能部门整合，形成“大综合、大治理”的社会治安工作机制。

1996年、1999年、2004年，县委、县政府先后选派3批优秀政法干部，到各乡镇党委专任政法副书记或兼任综治办主任。

1991~2005年，县委政法委、县综治委按照“保稳定、促发展”总体思路，根据形势发展和工作需要，及时向县委、县政府提出维护全县稳定大局，强化社会治安综合治理方面的建议。县委、县政府先后制定下发《关于进一步强化城乡社会治安促进稳定的意见》《关于建立社会治安见义勇为奖励基金会的通知》等文件规定，并定期召开会议，专题研究解决全县政法工作的重大事项。县综治委联席会议每季度召开一次，有重要问题随时召集。持续实行政法委书记、综治委委员联系点制度，按照各自分工分别包保县直部门、乡镇的平安建设工作，促使全县上下形成合力，全力打造平安乡镇、平安单位、平安医院、平安边界、平安行业、平安家庭，以单位的小平安汇集全县的大平安。同时，把“保一方平安”列入领导责任制，主要领导负总责，分管领导靠上抓。县委、县政府成立专门考核工作委员会，将平安建设纳入乡镇、部门领导政绩考核，与领导干部晋职晋级和部门评先树优直接挂钩。对社会治安综合治理工作中出现问题的，依照《金乡县社会治安综合治理暨平安建设工作实行责任追究制度的暂行规定》，实行黄牌警告、重点管理和一票否决。

第二节 政法队伍建设

1991~2005年，县委政法委以建一流班子，带一流队伍为主题，先后在全县政法机关开展了“讲团结、讲奉献、讲纪律、树形象”活动，“比、学、赶、帮、超”活动，“内强素质、外树形象”活动；以严格执法、公平正义为主题，持续开展“无错案、无漏案、无积案”活动；以严格执法、热情服务为主题，积极开展“向济南交警学习”和“民警进万家、服务创一流”活动；以从严治警为主题，坚持不懈抓好纪律、作风整顿和执法、执纪大检查；以争先创优为主题，广泛开展“牢记服务宗旨、争当优秀干警”活动，培养树立和表彰先进典型，发挥其榜样、示范作用，增强队伍整体素质。

全县政法各部门借鉴外地先进经验，狠抓队伍规范化建设，建立健全各项规章制度，普遍进行人事制度改革，实行工作人员聘任制、执法责任制、错案追究制。聘请社会各界知名人士为执法监督员，监督执法。全县政法工作人员持证上岗、挂牌服务，自觉接受人民群众监督。

第三节 社会治安综合治理

1991~2005年，县委政法委协调公安局、检察院、法院、司法局和各乡镇综治单位，贯彻“打防并举、标本兼治”方针，狠抓基层，夯实基础，推动全县社会治安综合治理工作向深层次发展。

“严打”斗争

1991年，县委、县政府提出争创全市社会治安综合治理模范县的要求。县委政法委和政法各部门把“严打”作为综合治理的重要环节，对群众反映强烈的治安问题，开展集中打击和专项斗争，坚持重拳出击，除恶务尽，对一些容易形成倾向的犯罪苗头和社会丑恶现象，果断出击，露头就打，不使其形成气候。公、检、法、司联合下发《关于优化发展环境依法严厉打击各种破坏和干扰经济建设违法犯罪活动的通告》《关于敦促犯罪分子限期投案自首的通告》等，先后开展了“飓风行动”“春季攻势”、严打整治“百日会战”“打霸除恶”“反盗窃、反抢劫”“追逃犯”等专项斗争。先后打掉社会影响大的霸恶势力团伙9个，抓获犯罪团伙成员100多人，破获案件230多起。至2005年，共立案侦查各类刑事案件9480件，1.24万人，其中贪污贿赂、侵权渎职等职务犯罪案件365件，425人；检察院依法批准逮捕2244人，向法院提起公诉2039人；法院作出有罪判决（含

自诉案件）2483 人，罚金 392 人，免予刑事处罚 133 人。有效地震慑了犯罪，维护了社会治安秩序和经济发展环境。

防控网络建设

1991~2005 年，把治安防范工作的着力点放在技术防控上，向科技要警力、要战斗力。先后投资 280 万元，在县公安局建成了一流的指挥中心，形成了集“110”接处警、无线调度、图像监控、卫星定位、地理信息、大屏幕显示六大技术系统的多功能指挥平台。在各出城路口、城区主干道十字路口、学校、医院、金融单位、党政机关等重点单位和地段安装 258 个电子监控探头、6 个治安卡口、4 个电子警察。将城区划分为 5 个巡防单元，根据重点地段和重点时段，由 210 名民警进行“网络化”巡逻，屯警街面，统一指挥，诸警联动，快速反应，相互策应。开展“警灯闪烁”工程，组织交警、巡警、机关和派出所民警联合行动，开展无缝隙巡逻，有警处警，无警守护，全天 24 小时对街面实施动态管理控制。

警力向基层倾斜，先后抽调 60 多名民警充实到基层派出所。在社区、学校、重点企业等建警务室 60 余个，大型超市、机关、学校、企业等要害部位基本实现保安化。

各乡镇均成立至少 15 人的治安巡防大队，按照巡线、查片、重点突击要求，实施不间断地日夜巡逻，保障村居平安。村级实行义务巡逻或治安承包责任制。基层干警一警包一村或数村。大力推行“村防工程”，开展“邻里守望、楼层守护”等社区联防活动。至 2005 年，全县人防、物防、技防措施得到明显加强，基本形成了专群结合、布局合理、防范严密、点线互动、巡查并举、管防打控为一体的多层次、立体型防控新格局。

矛盾纠纷排查调处

1991 年，金乡县继续发挥县、乡、村三级调解组织的作用，按照“属地管理”和“谁主管、谁负责”原则，立足抓早、抓小、抓苗头，深入开展矛盾纠纷排查调处活动。对上访群众反映的问题，分管领导和信访部门靠上做工作，合理解决群众诉求，及时化解、消除不安定因素。对重大矛盾，建立联席会议制度，领导包案、定人、定单位、定完成时限、定处结结果。对重点领域、重点人物实行专门调查处理，确保矛盾不激化。对农村中的“热点”“难点”，从规范乡村干部行为入手，在全县推行农村工作规范化管理，实行以法治村、民主管理、民主理财、民主议事、财务公开，增强干部廉洁意识，密切干群关系。至 2005 年，全县共调处各类矛盾纠纷 2.97 万起，有效防止民转刑案件 480 起。

2005 年，全县 742 个调解委员会中，85% 以上达到了“七统一”（组织机构统一、人员选配统一、持证上岗统一、装备设施统一、制度建设统一、档案管理统一、职能发展统一）“四落实”（组织落实、人员落实、责任落实、报酬落实）。司法所、调解中心硬件建设 80% 以上达到省、市级规范化标准。

法制教育

1991~2005 年，金乡县立足提高公民法律素质，增强公民学法、守法、用法自觉性，先后开展“二五”“三五”“四五”普法教育，年年开展“12·4”法制宣传日活动。运用市场手段，在辖区重要路段、醒目部位设置 200 余块永久性平安建设宣传标志牌，在居民区设置平安建设宣传栏和警情提示牌。编制《平安服务手册》5 万余本，发到千家万户。广泛开展法制教育进机关、进企业、进单位、进学校、进社区、进乡村活动，重点搞好领导干部、公务员、青少年、企业经营管理人员、村（居）“两委”成员和农民工的普法教育。继续强化各级各类普法宣传阵地建设，发挥法制文艺宣传队、法制讲师团、法制辅导员和法律明白人的作用。其间，开展法制讲座、文艺演出、送法入户等多种形式的法制宣传教育 2 万余场次。

对犯罪嫌疑人、被告人，在公安侦查讯问、检察院审查批捕起诉、法院审判阶段，均利用提审、宣布免予起诉（不诉）、发表公诉词等时机，对其进行坦白自首、遵守监规、认罪服法、悔过自新、重新做人等方面的宣传教育。

对判处缓刑、暂予监外执行、保外就医等五类外执罪犯，均由派出所、村（居）委会联合建立帮教组织，落实帮教和监管措施；县委政法委每年两次组织公、检、法等相关部门对其进行联合考察，与其逐个见面，发现问题及时纠正，减少重新犯罪。

经费保障

1991~2005 年，金乡县将严打整治斗争、治安防控体系建设、基层基础建设、综治干部培训等专项经费纳入预算，保证每年财政收入的 3% 以上用于平安创建工作。同时，按照“谁受益谁出资”和“取之于民、用之于民”原则，多渠道筹集基层创安经费，运用市场手段推动平安建设。至 2005 年，先后投入 1000 余万元改善基层派出所、法庭、司法所的办公、办案条件，其中 3 处法庭达到省级规范化要求，2 处派出所保持公安部“二级派出所”荣誉称号。

第四节 安全工作

1991~2005 年，金乡县全面加强国家安全人民防线建设，将国家安全工作纳入社会治安综合治理考核范畴。对敌特线索、重点嫌疑人员实行有力控制。对辖区散居境外人员进行逐一摸排登记。定期对全县农村社情和宗教活动情况进行调查，并制定控制措施。

第八章 统战工作

1991~2005 年，县委统战部围绕县委中心工作，充分发挥部门特点和优势，调动社会各界积极因素，齐心协力，服务全县经济发展和社会稳定。

第一节 政治协商工作

1991~1995 年，继续贯彻落实“政治协商、民主监督”规定，拓宽、疏通密切联系群众、听取意见的民主渠道，开展联系百名党外代表人士联谊交友活动，组织党外各界代表人士到县内外考察学习，定期或不定期召开情况通报会、学习座谈会、谈心会和对口联系会，就全县重大问题和县委、县政府重要决策，提前与党外各界人士协商，征求意见，使其在知情的基础上，建言献策，提高党委、政府决策的民主化、科学化。

1997 年 9 月 25 日，组织各界人士 30 余人传达学习中共十五大精神，学习江泽民《高举邓小平理论伟大旗帜，把建设有中国特色社会主义事业推向二十一世纪》的报告，要求全县统一战线各界人士迅速行动，以十五大精神和邓小平理论统领工作全局，为全县经济发展发挥统战优势，服务社会。

2002 年 4 月 20 日，组织 52 名民主党派、无党派、工商联、民族宗教、台胞台属，就加强统一战线工作的相关内容广泛征求意见。将梳理归纳的 6 条意见上报县委。同年 7 月 30 日，县委印发《中共金乡县委加强统一战线工作的意见》。8 月 5 日，县委统战部召开各界人士情况通报会，通报了文件内容。

2003 年 7 月 22 日，组织 35 名非公有制经济人士代表，围绕全县非公有制经济发展中需要着力解决的环境、融资、市场和人才问题进行座谈交流。与会人员对行政审批与行政执法，以及对银行和乡镇企业局等相关单位的工作提出了意见，并建议成立中小民营企业互助机构等。会议纪要报县委参考。

2003 年 9 月 4 日，召开各界人士为金乡经济

建设建言献策座谈会。25名民主党派、非公有制企业、党外干部、少数民族、宗教、台胞台属代表参加会议。与会人员从社会治安、大蒜产业发展、招商项目、环境保护、人才外流、培养民族干部和城市交通等多个方面向县委、县政府提出了建议和意见。

第二节 党外干部工作

1991年，继续与组织、人事部门密切配合，并逐步形成党外干部选拔、培养和使用工作制度。此后，经过民主推荐，考察筛选，调整充实，有60余名党外后备干部被纳入人才库，并分别于2001年、2003年举办第一、二届党外后备干部培训班，82人参加培训。每年向县委举荐可任实职的优秀党外干部人选3~5人。对担任实职的党外领导干部每年两次跟踪考察，及时召开座谈会，肯定成绩，指出存在的问题，鼓励他们积极大胆开展工作。1991~2000年，全县共安排18名副科级以上党外干部担任领导职务，其中担任县人大常委会副主任1人，政府副县长1人，县政协副主席3人，副科级领导干部13人。

第三节 民族宗教工作

1984年，县政府设侨务办公室。1985年，将民族宗教工作交于侨办，设立民族宗教办公室。1987年，改设民族宗教侨务办公室，同年与归国华侨联合会合署办公，为副科级单位。1991年5月升格为正科级单位。1993年12月机构改革，撤销民族宗教侨务办公室，在县政府办公室内设侨务民族宗教科。2002年5月，设民族宗教局，归县委统战部管理。

1991年，成立中共金乡县委宗教工作领导小组，制定《关于进一步做好宗教工作的意见》。要求加强对宗教工作的领导，增强做好宗教工作的责任感和自觉性；加强管理，促进宗教活动正常化；做好宗教界人士的团结、教育、培养工作，充分发挥爱国宗教团体作用。

1992年，对全县宗教场所进行清理整顿，实行定点、定片、定人，批准开放宗教活动场所95处，其中基督教94处，伊斯兰教1处。

1995年，根据国务院宗教事务局《宗教活动场所登记办法》的规定，对各宗教场所依法登记。按照实事求是、因教制宜、统筹安排、合理布局原则，全县设立宗教活动场所59处，其中基督教活动场所58处，伊斯兰教清真寺1处。当年年底，全县有基督教、天主教、佛教、伊斯兰教四种宗教，信教群众15702人，其中基督教1.56万人、天主教37人、佛教49人，伊斯兰教（指经常参加宗教活动）15人。

2005年年底，全县共有28个少数民族成份，少数民族人口2954人，其中回族人口2621人。有依法登记的宗教活动场所74处，其中基督教68处，天主教4处，佛教1处，伊斯兰教1处。信教群众1.63万人，其中基督教1.31万人，天主教250人，佛教358人，伊斯兰教2621人。宗教教职人员115人，其中基督教牧师2人，长老6人，传道员103人，天主教修女1人，伊斯兰教阿訇2人，佛教比丘1人。

1991~2005年，县委、政府及民族宗教部门采取多种形式和方法，宣传贯彻党和国家的民族宗教政策和法律法规，依法加强对民族宗教事务的管理，积极引导民族上层人士、宗教界人士和广大信教群众为改革开放、维护社会稳定和发展金乡经济做出贡献。其间，印发《宗教事务条例》等宣传材料6.5万余份，选拔、培养、使用少数民族干部7人；为少数民族协调墓地120多亩，鼓励少数民族群众利用公墓林地种植丰产林100多亩；2家少数民族企业得到较好发展。同时，按照“保护合法、制止非法、抵御渗透、打击犯罪”的原则，依法对宗教事务进行管理。严厉打击各种非法宗教和邪教活动，及时制止和打击境外敌对势力利用宗教进行渗透活动，严格控制非法宗教书刊、音像制品和其他宣传品的流入，清理基督教私设聚会点，维护正常的宗教活动秩序，确保全县宗教活动正常开展。

第四节 对台事务工作

1987 年 8 月，成立对台工作办公室，各乡镇设台联小组。1991 年 9 月，改称台湾工作办公室（简称台办）。1993 年 12 月，县委机构改革时台办并入县委统战部。2002 年 5 月机构改革，县委统战部加挂台湾工作办公室牌子。

1991~2005 年，对台工作坚持“和平统一，一国两制”方针，学习贯彻江泽民对台工作“八项主张”和胡锦涛发展两岸关系的“四点意见”，解放思想，更新观念，积极工作。其间，制定接待台胞规程，为回乡探亲、旅游观光、考察投资环境的台胞提供优质服务，接待台胞近千人次，召开台胞座谈会 20 余次，向台湾岛内发出信函 952 封，吸引投资 800 万元。1995 年，台胞李海明投资 50 余万美元，在金乡县城独资兴建“台鑫塑料制品有限公司”。每年召开两次对台招商引资专题分析会，按照“服务客商，以情感商，以商招商”的思路，广交台湾朋友，加强沟通联络。县台办每月走访台资企业不少于一次，主动为其服务。广泛接触和诚心服务台属，经常了解生产、生活情况，主动为台属办好事、办实事。每逢重大节日，对全县部分台属进行慰问，特别是对 14 户困难台属，县台办与其结对帮扶，尽力解决问题。充分利用各种座谈会、茶话会等方式加强与台属的联系联络，2003 年，组织 5 名台属参加县委、县政府举行的春节团拜会。2004 年中秋节，邀请 10 名台属参加座谈会。

加强涉台宣传教育。建立金乡信息网站，发布有关信息；在学校开设涉台教育课，在党校党课教育中开设台海形势和台湾政治经济现状课程，将海峡两岸形势、岛内社会现状等信息通过课堂、报纸、广播、网站转发给干部群众；向台胞宣传推介金乡县的历史文化和改革开放取得的新成就，坚定树立祖国终归要统一的信心。

第九章 机关党建

中共金乡县委县直机关工作委员会的前身为机关党委，2002 年 5 月机构改革时定为现名。1991~2005 年，县直机关党委（工委）围绕县委中心工作，以加强执政能力和先进性建设为主线，以加强机关支部建设和党员队伍建设为重点，努力做好机关党建工作，提高机关党员干部政治素质和为基层、为群众服务的能力和水平，确保机关各项工作任务的完成。

第一节 机关党员思想政治建设

1991~2005 年，组织机关党员干部学习马列主义、毛泽东思想、邓小平理论、“三个代表”重要思想、科学发展观、构建社会主义和谐社会理论等一系列重大战略思想，引导机关党员干部自觉树立和落实科学发展观。组织学习中共十二大后历届全国代表大会及其全会精神，用马克思主义中国化的最新成果武装党员干部思想，提高党员干部运用马克思主义立场、观点和方法观察分析和解决实际问题的能力。组织机关党员干部学习中共金乡县第八至十一次党代会精神，明确目标任务，强化大局意识、机遇意识、市场意识、实干意识、创新意识、竞争意识，增强责任感和使命感。教育机关党员以《中国共产党章程》《党内生活若干准则》的要求规范自己言行，做合格共产党员。组织开展各种主题明确、内容丰富的“争先创优”活动，表彰先进党支部、优秀党支部书记和优秀共产党员。组织机关党组织采取多种形式纪念党的生日，年年举行新党员入党宣誓、老党员重温“入党誓词”，举办“庆七一”歌曲比赛，参观鲁西南战役纪念馆，以饱满热情颂扬党的光辉历程，自律、奋发、向上，促进金乡经济社会又好又快发展。

第二节 机关基层党组织建设

1991~2005年，及时督促和指导机关基层党组织理顺组织结构，做好换届选举及委员出缺补选工作，按照干部队伍革命化、年轻化、知识化、专业化方针和德才兼备原则，依照规定程序，发扬党内民主，不断调整、充实、配齐配强机关基层党组织领导班子。其间，新建立县直机关党支部45个，合并20个，因机构变动和企业改制撤销党支部14个，及时为已撤销党支部的226名党员和212名离退休党员落实组织关系。

按照"党章"要求和积极慎重原则，在生产、工作、教育、科研一线和青年、妇女、高级知识分子中发展新党员，并按程序做好新党员的培养、考察、谈话、公示，把好审核、审批关，确保发展党员质量。15年间，共举办入党积极分子培训班11期，1600余人参加培训，发展新党员845名，预备党员转正835名。

围绕推进党的制度建设，规范县直机关党支部工作。落实党的"三会一课"制度，每季度召开一次党员大会，上一次党课，每月召开一次支委会和党小组会。落实党员民主生活会制度、党员定期汇报思想和工作制度、党员领导干部参加双重组织生活制度等管理监督制度，引导机关党员干部努力工作，自觉接受组织和群众的监督。落实党费收缴制度，按规定调整党费收缴比例，每半年对各机关、团体党支部党费收缴情况进行一次检查通报。落实党务工作目标管理制度，年初制定党务工作目标，年终对目标完成情况进行检查评比。

2001年，对各基层支部建设情况进行调研，出台《金乡县县直机关、企事业单位党总支、支部工作若干规定》，就党总支、支部的组织设置和职责任务，党总支和支部书记、委员、党小组长的主要职责，党总支、支部工作制度和自身建设等作出明确规定，建立长效机制，党支部战斗堡垒作用和党员先锋模范作用得到有效发挥。

第十章 党校工作

1949年冬，金乡县委建立训练班。1950年4月改称金乡县委党员训练班。1962年2月定名中共金乡县委党校。"文化大革命"时期改称"五七干校"，由县城内迁至城郊戴庄农场。1978年中共十一届三中全会后撤销"五七干校"，恢复县委党校，迁回城内。1992年9月，鲁编〔1992〕68号文决定县委党校为中专体制，升格为副县级单位。1993年12月机构改革时变为事业单位。1997年3月，设立金乡县行政学校（副县级单位），与县委党校合署办公，一个学校两块牌子。县委党校实行党委制，设5科2室，定编34人；有教学人员21人，其中高级讲师4人，讲师12人，助理讲师3人。

图20-5 1999年9月党校新楼落成启用

第一节 教学与教研

1991~2005年，县委党校共举办科级干部进

修班、基层党支部书记进修班、中青年干部培训班、宣传理论干部进修班、青年干部进修班等273期，培训学员4.25万人次。在教学过程中，围绕中国特色社会主义理论和科学发展观主题设置课程和专题，贴紧新形势、新任务，用建设有中国特色社会主义理论武装学员头脑，提高用中国特色社会主义理论的立场、观点、方法研究解决现实问题的能力。同时，按照1995年颁布实施的《中国共产党党校工作暂行条例》规定，建立和完善党校教学体制、科研体制、管理体制，推行教学、科研、调查一体化，让教学出题目，科研出文章，成果上讲台，教学、科研互相促进。其间，出版学术专著和党校教材7部，其中2部获省级优秀科研成果奖。在市级以上刊物发表学术论文26篇，其中12篇获市级以上优秀论文奖。5人荣获省、市党校系统优秀教师和先进工作者称号。

第二节 函授教育

1985年，金乡县委党校干部业余函授教育开始起步。1991~2005年，共举办中央党校、山东省委党校、山东经济管理干部学院等院校的函授和脱产学历班84届(期)，共招收学员1.03万人，其中已取得党校教育学历和国民教育学历的大学本科生5642人，专科生4329人，中专生367人。

第十一章 档案工作

1956年，金乡县委、县人委设档案室。1959年，成立档案馆。1963年5月，设档案局。1967年，建档案楼。1984年，改局为科。1986年11月，恢复档案局，建成1100平方米新档案楼。次年设档案馆。1991年，档案局（馆）内设人秘股、业务指导股、档案管理股，编制13人，实有10人。1993年4月，增设档案编研股。同年12月，撤销档案局，保留档案馆。1995年3月，档案馆挂档案局牌子，馆、局合署办公。1997年改“股”为“科”。2002年5月，政府授予县档案局行政管理职能。2005年年底，内设人秘、业务指导、管理、编研4个科室，设局（馆）长、副局（馆）长、副局长各1人；档案局专职人员3人；档案馆专职人员9人，其中研究馆员1人、副研究馆员1人、馆员3人、助理馆员1人。

第一节 档案馆

金乡县档案馆建于1984年，建筑面积1089平方米，库房653.4平方米。2001年，进行大规模装修，换成铝合金防盗窗。库房分为一库、二库、三库，有自动控制温湿度记录仪1台，除湿机5台，基本符合档案“九防”条件，满足库存所需，近4万册档案、资料得到安全保管。县档案馆逐步成为保管全县档案的基地，科学研究和社会各方面利用档案、资料的中心。

2005年年底，馆内共保管档案2.19万卷，分为革命历史档案和现行机关档案，其中革命历史档案6个全宗，142卷；现行机关档案75个全宗，21707卷。图书资料1.14万册。案卷目录251册，全引目录323期，分类卡片71册，约2.06万张，人名卡片1.33万张，文号索引13册，机读目录16余万条，其中革命历史档案2119条，且进行标准著录。

馆藏档案包括文书档案、科技档案、专业档案、声像档案、实物档案等。其中专业档案又分为会计档案、诉讼档案、公证档案、统计档案、案件档案、房产档案、人口普查档案等。馆藏档案以纸质为主，另有照片档案、电子档案和实物档案。

资料分为内部资料、刊物、报纸和图书四大类。内部资料主要包括：中共中央文件汇编、全国人大公报、国务院公报、省人大公报、山东工作、国际内参、内部参考、内参选编、中共党史人物传、金乡县志、历史资料选编、金乡县国民经济统计资

料、平原建设、宣传通讯、山东通讯。刊物主要包括：档案学通讯、档案工作、山东档案、历史档案、新华半月刊、新华文摘、求是（红旗）。报纸主要包括：人民日报、文汇报、大众日报、解放军报、光明日报、金乡大众报。图书类别主要有政治、经济、哲学、法律、文化、教育、文学、农业等。

1991~2005 年，先后对馆藏 4000 多卷重点档案进行裱糊、托裱、复抄，革命历史档案由原来的 78 卷裱糊后增加到 142 卷，复抄档案 508 案、4006 页，延长了档案寿命。对馆藏 1077 卷土地房产档案进行逐一整理，对 1952 年全县 8.79 万户地产档案进行录入登记，整理录入目录 33 本，卷内一份，检索工具一份。审查档案 8653 卷，开放 5082 卷，制作开放目录 76 本，开放档案 140293 条，并标识开放字样。接待查档者 1.41 万人次、阅卷 2.58 万卷次，摘录复制 7.79 万页；利用资料 5198 人次、1.17 万册次，为经济建设工作查考、编史修志、落实党的各项方针政策提供了服务。

第二节　基层档案室

1991~2005 年，县档案馆（局）每年举办档案理论培训班，由业务骨干轮流讲课，聘请省、市档案专家授课。其间，举办培训班 40 余次，培训 1200 余人次，档案管理人员政治业务素质得到提升。实施机关、企事业单位档案工作规范化目标管理，1995 年，全县 14 个乡镇档案室晋升为省三级先进档案室。2005 年年底，103 个机关单位档案室有 16 个达到省一级档案室标准，30 个达到省二级档案室标准，57 个达到省三级档案室标准；2 个达到市级标准；12 个事业单位档案室分别达到国家、省级先进标准，其中国家二级 1 个、省一级 3 个、省二级 8 个；13 家企业档案室达到省二级先进标准。农村建档工作取得显著成绩，民营企业、个体专业户、家庭档案工作开始试点，并逐步走向制度化、规范化管理。全县先后有 69 人次受到山东省档案局表彰，26 人次受到济宁市委、市政府表彰，106 人次受到金乡县委、县政府表彰。

第三节　编研利用

1991~2005 年，开发利用档案信息资源，根据馆藏先后编写《中共金乡县组织史资料》《金乡县历史大事记》《档案馆指南》《金乡县基本数字》《金乡县特产》《金乡大蒜》等 40 多种内部资料。开展档案学术研究，撰写国家级论文 16 篇，省级论文 13 篇，其中《档案馆利用率下降的原因与对策》在《中国档案管理精览》刊载，《对电子文档管理系统的设想》在 2003 年第 3 期《档案学通讯》上发表，《档案工作跨世纪发展的重大课题》由中国档案出版社出版，《新形势下如何强化档案馆利用中心功能》由中国文联出版社出版，《档案工作者应具备的素养与技能》由当代中国出版社出版，《要正确处理好资源共享与档案信息控制的关系》在《山东档案》杂志上发表。撰写《浅析依法治档与业务指导工作》《论依德治档案》等论文 20 篇。《举办大蒜节档案立新功》2001 年在《中国档案报》发表，《用真情告慰英灵》2002 年在《人民权利报》发表，《羊山战役始末》2003 年 7 月在《联合日报》发表，《英雄王杰与王杰精神》在 2005 年第 6 期《山东档案》发表。其间，荣获编研成果省二级 4 项，省三级 7 项，其中与县委组织部、党史委合编的《金乡县组织史》一书获省二级成果奖。

1990~2005年金乡县档案利用情况一览表

表 20-11-1

年 度	摘录复制（页）	利用档案（人次）	利用档案（卷次）	利用资料（人次）	利用资料（册次）
1990	61980	3269	4706	1160	1160
1991	2926	3257	5203	721	1441
1992	375	325	478	245	410
1993	406	318	406	148	362
1994	688	350	500	93	135
1995	408	252	877	66	88
1996	476	296	828	80	150
1997	612	412	1016	118	342
1998	1019	520	1516	358	840
1999	1231	580	1528	340	897
2000	1100	810	1416	360	900
2001	1180	618	1456	380	1000
2002	1128	650	1650	390	1000
2003	1128	659	1328	209	958
2004	1600	848	1428	210	996
2005	1628	948	1468	320	998
合计	77885	14112	25804	5198	11677

第二十一篇 地方权力机关

地方权力机关

金乡县人民政权，诞生于抗日战争时期。其组织形式是：1941 年 1 月始，实行参议会制度；1949 年 11 月 ~1954 年 7 月实行各界人民代表会议制度；此后，实行人民代表大会制度。1991~2005 年，第十一至第十四届金乡县人民代表大会及其常务委员会，依法行使国家和人民赋予的各项职权，积极推进社会主义民主法治建设，保障国家宪法、法律法规和各级人大决议、决定的正确实施，促进全县国民经济健康持续快速发展和社会全面进步。

第一章　县人民代表　代表大会

第一节　代表选举

根据《中华人民共和国选举法》和《山东省县乡两级人民代表大会选举实施细则》规定，金乡县分别于 1989 年 11 月 11 日 ~1990 年 2 月 28 日、1992 年 11 月 1 日 ~1993 年 1 月 8 日、1997 年 11 月 24 日 ~1998 年 1 月 3 日、2002 年 11 月 25 日 ~2003 年 1 月 8 日，进行了第十一届至十四届人民代表大会代表的选举。每次选举，县人大常委会精心组织，周密部署，加强调度，充分发扬民主，严格依法办事，保障公民民主权力得到正确、充分行使。

选举委员会　选举前，均按照山东省人大常委会和济宁市人大常委会关于换届选举的安排意见，设立金乡县选举委员会。选举委员会在县人大常委会的领导下，具体负责制订选举工作计划、培训选举工作人员、抓好宣传教育、进行选民登记、审查选民资格、公布选民名单、制发选民证、划分选区、分配代表名额、安排选举日程、印发选票、主持投票、确定选举结果等项选举事宜。

县直和各乡镇均建立换届选举工作指导组，各选区建立选举工作小组，选区下设选民小组。

宣传培训　每次换届选举，县选举委员会都会同县委宣传部联合印发《金乡县人大换届选举宣传实施方案》，采取多种形式宣传《中华人民共和国宪法》《中华人民共和国全国人民代表大会和地方各级人民代表大会选举法》和《中华人民共和国地方各级人民代表大会和地方各级人民政府组织法》等法律法规，把宣传教育、动员群众贯穿于整个换届选举的始终，使选民人人皆知，个个明白。加强对选举工作人员的培训，学习相关法律，介绍推广本县和外地先进经验，明确换届选举的意义、任务和目标，熟练掌握换届选举的法律程序。县选举委员会还会同县检察院联合下发《关于依法保护换届选举的意见》，防止换届选举中出现违法行为，为代表选举创造良好条件。

名额分配　按照《中华人民共和国全国人民代表大会和地方各级人民代表大会选举法》《山东省县乡两级人民代表大会选举实施细则》规定和要求，县级人民代表大会代表名额基数为 120 名，每五千人可以增加一名代表。金乡县每次换届选举，县选举委员会均根据全县人口数量，拟定代表名额分配方案，报山东省人大常委会确定后，按照农村每一代表所代表的人口数四倍于城镇每一代表所代表的人口数分配到各个选区。

选区划分　按照便于选民参加选举活动，了解和监督代表的原则进行。选举县人大代表，农村以管区设立选区，金乡镇（县城区）以居民委员会设立选区。县直单位按系统设立选区。选举乡镇人大代表以行政村（居委会）为单位划分选区。

选民登记　登记工作开始前，印发有关材料，

用10天左右时间集中宣传学习选民登记的有关法律规定，培训选民登记队伍。组织选民登记时，先由登记员按户口薄进行预登，然后再进行正式登记。登记结束后，由登记员对所登记选民按法定年龄和资格逐个进行审核，确定准确无误后再送交选举委员会复核，对选民资格进行确认。按法律规定时间张榜公布选民名单，颁发选民证。

提名推荐代表候选人 按照法定提名方式，分三步进行。第一步，召开选民小组会议，由选民酝酿讨论并10人以上联名推荐本选区初步候选人名单，然后与政党、人民团体提名推荐的候选人名单一起由选区如实上报县选举委员会，并将名单于选举日的20日前张榜公布。第二步，各选区把公布的初步候选人名单再交选区选民小组充分酝酿，根据较多选民意见，确定第二轮代表候选人名单。第三步，将第二轮讨论筛选后的候选人名单公布到各选民小组进行民主协商，按照较多单位和选民意见，县选举委员会依照差额选举的规定，对照代表条件逐个审定正式代表候选人名单，并在选举日的5日前张榜公布。

选举日选民参选 接近选举日，县选举委员会运用各种形式，实事求是地向选民介绍代表候选人的情况，组织候选人与选民见面。提前印制选票，制作票箱。制订代表选举办法，编写投票选举大会程序。选举日当天，各级选举机构依照法律规定，举行投票仪式，让选民充分行使民主权利。选民凭证参加投票选举。有特殊情况外出不能参加投票的选民，可书面委托自己信任的人代为投票；对那些不能离开工作岗位和老弱病残不能到投票站投票的选民，采取设流动票箱办法，在监票人的监督下，分别到他们的工作岗位和住处让其投票。

代表资格审查 根据法律规定，由选民直接选举产生的人大代表资格，均由县人大常委会代表资格审查委员会审查确认。主要审查当选代表的合法性，包括是否具备当选条件，每一选区选出的代表是否符合应选代表名额，代表候选人的提名推荐是否符合法定程序，代表候选人名额是否符合法定的差额比例，参加投票选举的选民是否符合法定人数，选举所投票数是否等于或少于投票人数，选举代表是否采取了无记名投票的方式，当选的代表是否获得了法定票数，代表选举的过程是否存在贿选等。代表资格审查委员会逐人逐项审查后，向县人大常委会提出代表资格审查报告，再由县人大常委会确认代表资格是否有效。

金乡县历届当选的县人大代表，有工人、农民、各级国家公务员，有科技、文教卫生等单位的知识分子，社会各界人士，少数民族也占有一定比例。当选代表大多数是各行业、各部门涌现出的工作能手、先进模范和科技拔尖人才，在群众中有较高的威信，为人民所信赖。当选代表文化素质逐届提高，到2003年十四届人大代表选举，已经没有文盲，初中文化的比十三届减少41.2%，中专以上文化程度占绝对比例；在当选的236名代表中，连任代表75人，占代表总数的31.8%。

代表联名选举 “选举法”第二十九条规定：选民或者代表，十人以上联名，也可以推荐代表候选人。在1993年2月金乡县第十二届人大一次会议上，共收到代表10人以上联名推荐候选人6份3人，其中2份代表10人以上联名推荐1人为副县长候选人，4份代表10人以上联名推荐2人为县人民检察院检察长候选人；经大会选举，副县长候选人1人（吴德纯）当选，检察长候选人1人（王元杰）当选，1人落选。1998年1月金乡县第十三届人大一次会议，代表10人以上联名推荐县人大常委会副主任候选人1人（李志海）、副县长候选人1人（戴衍金）、县检察院检察长候选人1人（周光平），全部当选。2003年1月金乡县第十四届人大一次会议，代表10人以上联名推荐县人大常委会副主任候选人1人、副县长候选人1人，全都落选。

金乡县第十一至十四届人民代表大会代表选举情况一览表

表 21-1-1

界别 \ 数量 \ 届别及选举时间				第十一届（1989.11.11~1990.02.28）	第十二届（1992.11.1~1993.01.08）	第十三届（1997.11.24~1998.01.03）	第十四届（2002.11.15~2003.01.08）
选举委员会	主任		人	1	1	1	1
	副主任		人	3	3	4	3
	委员		人	11	11	11	11
代表名额分配	总额		人	299	310	239	239
	实分配		人	296	306	236	236
选区划分	总数		个	133	135	146	140
	其中	乡镇（农村）	个	102	104	117	89
		县直（城镇）	个	31	31	29	51
选民登记	全县总人数		人	519594	584077	591182	616813
	参加登记选民		人	344750	360115	379595	416095
提名推荐代表候选人	初步提名人数		人	1980	1528	1142	1125
	确定正式代表候选人数		人	439	442	397	384
选民参选	选举日		—	1990.02.28	1993.01.08	1997.12.31	2003.01.08
	参加选举选民人数		人	320722	318300	358799	375460
	参选率		%	93	88.4	94.5	90.2
代表资格审查	被审查代表人数		人	296	306	236	236
	审查结果		—	合法、有效	合法、有效	合法、有效	合法、有效
最终选出县人大代表			人	296	306	236	236

金乡县第十一至十四届人民代表大会代表构成情况表

表 21-1-2

界别 \ 数量 \ 届别		第十一届（296 人）		第十二届（306 人）		第十三届（236 人）		第十四届（236 人）	
选出代表总人数		人数	占代表总人数 %	人数	占代表总人数 %	人数	占代表总人数 %	人数	占代表总人数 %
按党派分	中共党员	206	69.6	227	74.2	183	77.5	198	83.9
	无党派（群众）	90	30.4	79	25.8	53	22.5	38	16.1
按职业分	国家公务员	65	22	97	31.7	55	23.3	65	27.5
	工人（工会界）	30	10	31	10.1	23	9.8	14	6
	农民（农业界）	161	54.4	167	54.6	123	52.1	118	50
	教师（教育、体育界）	知识分子 40	13.5	知识分子 38	12.42	知识分子 34	14.4	18	7.7
	医生（医药卫生界）							2	0.8
	科技工作者（科技、科协界）							5	2.1
	文化工作者（文化艺术界）							—	—

续表 21-1-2

界别 \ 数量 \ 届别		第十一届（296 人）		第十二届（306 人）		第十三届（236 人）		第十四届（236 人）	
按职业分	宗教工作者（宗教界）	—	—	—	—	—	—	1	0.4
	工商企业法人代表	—	—	—	—	—	—	8	3.4
	军人	—	—	1	0.3	1	0.4	1	0.4
	其它	—	—	10	3.3	—	—	4	1.7
按民族分	汉　族	292	98.6	300	98.04	232	98.3	235	99.6
	少数民族	4	1.4	6	1.96	4	1.7	1	0.4
按性别分	男	238	80.4	249	81.4	186	78.8	202	85.6
	女	58	19.6	57	18.6	50	21.2	34	14.4

金乡县第十二至十四届人代会选出出席省、市人代会代表名单

表 21-1-3

届别	出席山东省人代会代表			出席济宁市人代会代表	
	届次	人数	姓名	届次	人数
第十二届人民代表大会	第八届人代会（市十二届人代会选举）	3	韩　军　黄芳荣（女）刘昭庆	第十二届人代会	41
第十三届人民代表大会	第九届人代会（市十三届人代会选举）	4	石　柱　韩　军　王汉启　黄芳荣（女）	第十三届人代会	37
第十四届人民代表大会	第十届人代会（市十四届人代会选举）	3	李明晨　韩　军　靳清汉	第十四届人代会	40

第二节　代表大会

根据《中国人民政治协商会议共同纲领》，金乡县于 1949 年 11 月 ~1952 年 10 月先后召开第一至九届“各届人民代表会议”。1954 年 7 月 ~1990 年 3 月，召开第一至十一届人民代表大会。1993 年 2 月 ~2003 年 1 月，召开第十二、十三、十四届人民代表大会。赵鼎贤、李遵德、乔志猛先后任人大常委会主任。

第十一届人民代表大会

第一次会议　1990 年 3 月 27 日 ~31 日举行。出席代表 296 人，列席代表 41 人。会议听取并审议代理县长王允祥作的《金乡县人民政府工作报告》，县人大常委会副主任聂承珠作的《县人大常委会工作报告》，县人民法院院长孔祥春作的《县人民法院工作报告》，县人民检察院检察长张宪敏作的《县人民检察院工作报告》。会议还听取、审议并批准了《金乡县 1989 年国民经济和社会发展计划执行情况及 1990 年国民经济和社会发展计划（草案）报告》和《金乡县 1989 年财政预算执行情况和 1990 年财政预算（草案）报告》，并对上述报告作出相应的决议。

会议选举赵鼎贤为县十一届人大常委会主任，聂承珠、许步京、何庆楼、姜枫岭、魏嘉森、田秀生为副主任；选举王允祥为县人民政府县长，刘昭庆、王庆新、孟凡善为副县长；选举孔祥春为县人民法院院长，张宪敏为县人民检察院检察长。

第二次会议　1991 年 3 月 28 日 ~31 日在县城举行。会议听取并审议县长王允祥作的《金乡县人民政府工作报告》、县计划委员会主任李曰玉作的《金乡县国民经济和社会发展第八个五年计划（草案）的报告》与《金乡县 1990 年国民经济和社会发展计划执行情况和 1991 年国民经济和社会发展计划（草案）的报告》、县财政局局长李宪鹏作的《金乡县 1990 年财政决算和 1991 年财政预算（草案）的报告》、副县长刘昭庆作的《关于县十一届人大一次会议代表议案和建议、批评、意见办理情况的报告》、县人大常委会主任赵鼎贤作的《金乡县人大常委会工作报告》、县人民法院院长孔祥春作的《金乡县人民法院工作报告》和县人民检察院检察长张宪敏作的《金乡县人民检察院工作报告》。会议审议通过了上述工作报告，并作出相应的决议。会议还审查、批准了《金乡县国民经济和社会发展第八个五年计划》。

第三次会议　1992 年 3 月 27 日 ~30 日在县城举行。会议议程和内容与第二次会议基本相同，审议通过县人大常委会和“一府两院”等六项工作报告，并作出相应的决议。

第十二届人民代表大会

第一次会议　1993 年 2 月 11 日 ~15 日在县城举行。出席代表 306 人，列席代表 54 人，特邀代表 6 人。会议听取并审议代理县长刘昭庆作的《金乡县人民政府工作报告》、县计划委员会主任李曰玉作的《金乡县 1992 年国民经济和社会发展计划执行情况和 1993 年国民经济和社会发展计划（草案）的报告》、县财政局局长李宪鹏作的《金乡县 1992 年财政决算和 1993 年财政预算（草案）的报告》、县人大常委会主任赵鼎贤作的《金乡县人大常委会工作报告》、县人民法院院长孔祥春作的《金乡县人民法院工作报告》和县人民检察院副检察长周光德作的《金乡县人民检察院工作报告》。会议审议通过县人大常委会和“一府两院”等六项工作报告，并作出相应的决议。审议通过《关于减轻农民负担的决定》。

会议选举赵鼎贤为县十二届人大常委会主任，聂承珠、何庆楼、姜枫岭、魏嘉森、田秀生、周学尧为副主任；选举刘昭庆为县人民政府县长，韩振中、孟凡善、张昭贤、杨玉震、吴德纯为副县长。选举孔祥春为县人民法院院长，王元杰为县人民检察院检察长。

第二次会议　1994 年 1 月 23 日 ~25 日在县城举行。会议听取并审议县长刘昭庆作的《金乡县人民政府工作报告》、县计划委员会主任李曰玉作的《金乡县 1993 年国民经济和社会发展计划执行情况和 1994 年国民经济和社会发展计划（草案）的报告》、县财政局局长李宪鹏作的《金乡县 1993 年财政决算和 1994 年财政预算（草案）的报告》、县人大常委会主任赵鼎贤作的《金乡县人大常委会工作报告》、县人民法院院长孔祥春作的《金乡县人民法院工作报告》和县人民检察院检察长王元杰作的《金乡县人民检察院工作报告》。会议审议通过以上工作报告，并作出相应的决议。

第三次会议　1995 年 3 月 10 日 ~12 日在县城举行。会议议程和内容与二次会议基本相同，审议通过县人大常委会和“一府两院”等六项工作报告，并作出相应的决议。

第四次会议　1996 年 2 月 5 日 ~7 日在县城举行。会议除正常议程和内容外，增加听取并审议副县长韩振中作的《关于金乡县国民经济和社会发展第九个五年计划及 2010 年远景目标纲要（草案）的说明》，会议审议通过县人大常委会和“一府两院”等六项工作报告，并作出相应的决议。审查、批准《金乡县国民经济和社会发展第九个五年计划及2010年远景目标纲要（草案）》。

第五次会议　1997年1月24日~27日在县城举行。会议听取并审议代理县长石柱作的《金乡县人民政府工作报告》、县计划委员会代理主任齐胜勤作的《金乡县1996年国民经济和社会发展计划执行情况和1997年国民经济和社会发展计划（草案）的报告》、县财政局局长李宪鹏作的《金乡县1996年财政决算和1997年财政预算（草案）的报告》、县人大常委会主任赵鼎贤作的《金乡县人大常委会工作报告》、县人民法院院长孔祥春作的《金乡县人民法院工作报告》和县人民检察院检察长王元杰作的《金乡县人民检察院工作报告》。会议审议通过县人大常委会和"一府两院"等六项工作报告，并作出相应的决议。会议选举石柱为县人民政府县长，增补杨东旺、杨玉柱为县十二届人大常委会委员。

第十三届人民代表大会

第一次会议　1998年1月12日~16日在县城举行。出席代表236人，列席代表96人，特邀代表3人。会议听取并审议代理县长张生贤作的《金乡县人民政府工作报告》、县计划委员会主任齐胜勤作的《金乡县1997年国民经济和社会发展计划执行情况和1998年国民经济和社会发展计划（草案）的报告》、县财政局局长李宪鹏作的《金乡县1997年财政决算和1998年财政预算（草案）的报告》、县人大常委会副主任姜枫岭作的《金乡县人大常委会工作报告》、县人民法院副院长袁存力作的《金乡县人民法院工作报告》和县人民检察院代理检察长黄弟清作的《金乡县人民检察院工作报告》。会议审议通过以上工作报告，并作出相应的决议。

会议选举李遵德为县十三届人大常委会主任，杭怀营、姜枫岭、田秀生、刘文廷、王同友、周学尧、李志海为县十三届人大常委会副主任；选举张生贤为县人民政府县长，杨玉震、李宪鹏、王宗启、戴衍金为县人民政府副县长。选举袁存力为县人民法院院长，周光平为县人民检察院检察长。

图21-1　1998年第十三届人民代表大会第一次会议

第二次会议　1999年1月21日~24日在县城举行。会议听取并审议县长张生贤作的《金乡县人民政府工作报告》、县计划委员会主任齐胜勤作的《金乡县1998年国民经济和社会发展计划执行情况和1999年国民经济和社会发展计划（草案）的报告》、县政府副县长李宪鹏作的《金乡县1998年财政决算和1999年财政预算（草案）的报告》、县人大常委会主任李遵德作的《金乡县人大常委会工作报告》、县人民法院副院长吴元山作的《金乡县人民法院工作报告》和县人民检察院副检察长倪崇奎作的《金乡县人民检察院工作报告》。会议审议通过以上工作报告，并作出相应的决议。会议选举吴元山为县人民法院院长，倪崇奎为县人民检察院检察长。

第三次会议　2000年1月12日~14日在县城举行。会议议程和内容与第二次会议基本相同，会议审议通过县人大常委会和"一府两院"等六项工作报告，并作出相应的决议。

第四次会议　2001年1月13日~17日在县

城举行。会议听取并审议县长张生贤作的《金乡县人民政府工作报告》、副县长班建宁作的《关于金乡县国民经济和社会发展第十个五年计划纲要草案的报告》，其他程序与上次会议基本相同。会议审议通过县人大常委会和“一府两院”工作报告，并作出相应的决议。审议、批准《金乡县国民经济和社会发展第十个五年计划纲要（草案）》。会议选举乔志猛为县十三届人大常委会主任，王奉奎为副主任。

第五次会议　2002 年 1 月 18 日 ~21 日在县城举行。会议听取并审议代理县长李明晨作的《金乡县人民政府工作报告》、县计划委员会主任齐胜勤作的《金乡县 2001 年国民经济和社会发展计划执行情况和 2002 年国民经济和社会发展计划（草案）的报告》、县财政局局长郭德玉作的《金乡县 2001 年财政决算和 2002 年财政预算（草案）的报告》、县人大常委会主任乔志猛作的《金乡县人大常委会工作报告》、县人民法院院长吴元山作的《金乡县人民法院工作报告》和县人民检察院检察长倪崇奎作的《金乡县人民检察院工作报告》。会议审议通过了上述工作报告，并作出相应的决议。会议选举李明晨为县人民政府县长。

第十四届人民代表大会

第一次会议　2003 年 1 月 18 日 ~22 日在县城举行。出席代表 236 人，列席代表 89 人。会议听取并审议县长李明晨作的《金乡县人民政府工作报告》、县计划委员会主任齐胜勤作的《金乡县 2002 年国民经济和社会发展计划执行情况和 2003 年国民经济和社会发展计划（草案）的报告》、县财政局局长吕玉芹作的《金乡县 2002 年财政决算和 2003 年财政预算（草案）的报告》、县人大常委会主任乔志猛作的《金乡县人大常委会工作报告》、县人民法院院长吴元山作的《金乡县人民法院工作报告》和县人民检察院代理检察长梁忠凯作的《金乡县人民检察院工作报告》。会议审议通过了以上工作报告，并作出相应的决议。

会议选举乔志猛为县十四届人大常委会主任，侯宪林为县十四届人大常委会第一副主任，杭怀营、刘文廷、李宪鹏、王奉奎、姜广军、李丽（女）为县十四届人大常委会副主任；选举李明晨为县人民政府县长，刘太原、刘玉范、周光全、李克学（回族）、李民、王新颜（女）为县人民政府副县长；选举吴元山为县人民法院院长，梁忠凯为县人民检察院检察长。

第二次会议　2004 年 1 月 10 日 ~12 日在县城举行。会议听取并审议县长李明晨作的《金乡县人民政府工作报告》、县财政局局长吕玉芹作的《金乡县 2003 年财政决算和 2004 年财政预算（草案）的报告》、县政府办公室主任李英渠作的《关于县十四届人大一次会议代表建议、批评及意见办理情况的报告》、县人大常委会第一副主任侯宪林作的《金乡县人大常委会工作报告》、县人民法院院长吴元山作的《金乡县人民法院工作报告》和县人民检察院检察长梁忠凯作的《金乡县人民检察院工作报告》。会议审议通过县人大常委会、县政府等七项工作报告，并作出相应的决议。

第三次会议　2005 年 1 月 11 日 ~14 日在县城举行。会议听取并审议代理县长曹景群作的《金乡县人民政府工作报告》、县人大常委会第一副主任侯宪林作的《金乡县人大常委会工作报告》、县人民法院院长吴元山作的《金乡县人民法院工作报告》和县人民检察院检察长梁忠凯作的《金乡县人民检察院工作报告》。会议审议通过县人大常委会、县政府等六项工作报告，并作出相应的决议。会议选举曹景群为县人民政府县长，增补戴承美（女）为县十四届人大常委会委员。

第二章 县人大常务委员会

1949年11月~1952年10月，金乡县第一届至九届“各届人民代表会议”在闭幕期间设常务委员会，但前四届均无驻会常委，无专职干部，主席、副主席及委员均是兼职，不设办事机构。1954年7月~1990年3月召开的第一届至十一届人民代表大会，前七届不设常务委员会，由县人民委员会兼行人民代表大会常设机关的职权。从1980年12月第八届人民代表大会开始，设立常务委员会（简称县人大常委会），成为常设机关。县人大常委会作为县人民代表大会的常设机关，在人民代表大会闭会期间行使宪法和法律赋予的各项权利，包括对本县政治、经济、科学、教育、文体、卫生、民政、民族等方面重大事项的决定权，对“一府两院”工作监督权和人事任免权。

第一节 常务委员会组成

金乡县第十一届至十四届人民代表大会常务委员会设主任1人、副主任6~8人、常委会组成人员13~15人。

1990~2005年金乡县人大常委会主任、副主任、委员任职情况表

表21-2-1

届次	职务	姓名	任离职时间	籍贯
第十一届（1990.03~1993.02）	主任	赵鼎贤	1990.03~	山东省嘉祥县
	副主任	聂承珠	1990.03~	山东省鱼台县
		许步京	1990.03~	山东省单县
		何庆楼	1990.03~	山东省汶上县
		姜枫岭	1990.03~	山东省巨野县
		魏嘉森	1990.03（兼职）~	江苏省沛县
		田秀生	1990.03~	山东省金乡县
	委员	王守祥　寻克启　庄金兰（女 1990.03~1991.11） 李广献　李向前　李树青　沙道玺（回族）　吴德纯 郑荣恕　周敏山　赵连英（女）　徐海文（女） 曾广春（1992.03~1993.02）		
第十二届（1993.02~1998.01）	主任	赵鼎贤	1993.02~	山东省嘉祥县
	副主任	聂承珠	1993.02~	山东省鱼台县
		何庆楼	1993.02~	山东省汶上县
		姜枫岭	1993.02~	山东省巨野县
		魏嘉森	1993.02（兼职）~	江苏省沛县
		田秀生	1993.02~	山东省金乡县
		周学尧	1993.02~	山东省金乡县

续表 21-2-1

届 次	职 务	姓 名	任离职时间	籍 贯
第十二届 （1993.02~1998.01）	委 员	上官延美（女） 白树栋 寻克启 沙道玺（回族） 杨东旺（1997.01~1998.01）杨玉柱（1997.01~1998.01） 张连续（1993.02~1995.06）张金池（1993.02~1997.01） 张福梅（女） 张德路 周玉香（女） 郑荣恕（1993.02~1997.01） 胡 亚 徐海文（女） 韩宝启 曾广春（1993.02~1997.01）		
第十三届 （1998.01~2003.01）	主 任	李遵德	1998.01~2001.01	山东省金乡县
		乔志猛	2001.01~	山东省泗水县
	副主任	杭怀营	1998.01~	山东省金乡县
		姜枫岭	1998.01~	山东省巨野县
		田秀生	1998.01~2001.03	山东省金乡县
		刘文廷	1998.01~	山东省金乡县
		王同友	1998.01~2002.05	山东济宁任城
		周学尧	1998.01~	山东省金乡县
		李志海	1998.01~1999.03	山东省金乡县
		王奉奎	2001.03~	山东省金乡县
	委 员	马 驰 王昭信（1998.01~1999.12） 白树栋 杨玉柱 杨东旺（1998.01~1998.09） 吴凤玲（女） 沙道玺（回族） 张桂兰（女） 张德路 邵美兰（女） 赵念华 郝树勤 郭 静		
第十四届 （2003.01~2007.12）	主 任	乔志猛	2003.01~2005.11	山东省泗水县
		曹景群	2005.12~	山东省嘉祥县
	第一副主任	侯宪林	2003.01~	山东省东平县
	副主任	杭怀营	2003.01~2007.01	山东省金乡县
		刘文廷	2003.01~2007.01	山东省金乡县
		李宪鹏	2003.01~2007.01	山东省金乡县
		王奉奎	2003.01~	山东省金乡县
		姜广军	2003.01~	山东省金乡县
		李 丽（女）	2003.01~	山东省金乡县
	委 员	马 驰 马文波 王 涛 冯延波 苏承军 李若军 李素兰（女） 李著允 张良廷（2003.01~2004.09） 张桂兰（女）周清立 赵成立 胡本冠（女） 胡爱民（女） 郭 静 戴承美（女 2005.01~）		
说 明	委员以姓名笔划为序。			

第二节 重要会议

第十一届人大常委会

第六次会议 1991 年 2 月 4 日 ~6 日举行。听取、审议《全县国民经济和社会发展第八个五年计划（草案）》及其说明，通过关于举行县十一届人大二次会议的决定。

第八次会议 1991 年 4 月 8 日举行，会议作出了关于批准县政府《关于县城综合治理整顿的若干规定》的决定。

第九次会议 1991 年 5 月 17 日 ~18 日举行。听取、审议县政府《第二个五年普法规划和 1991 年实施意见》的汇报，作出关于在全县公民中进行第二个五年法制教育的决议。

第十次会议 1991 年 7 月 26 日 ~27 日举行。听取、审议县政府《关于贯彻〈食品卫生法〉情况的汇报》《关于 1991 年上半年国民经济和社会发展计划执行情况的汇报》《关于计划生育工作情况的汇报》，作出相应审议意见。

第十一次会议 1991 年 9 月 12 日 ~14 日举行。听取、审议县政府关于贯彻执行《中华人民共和国行政诉讼法》情况、县城综合治理整顿情况、开展“质量品种效益年”和贯彻执行《中华人民共和国标准法》情况、农田水利基本建设情况的汇报，通过相应的审议意见。

第十二次会议 1991 年 11 月 1 日 ~2 日举行。听取、审议县政府关于林业生产和社会治安基层基础工作情况的汇报，作出相应审议意见。

第十六次会议 1992 年 6 月 12 日 ~13 日举行。听取、审议县政府《关于贯彻执行国务院〈农民承担费用和劳务管理条例〉情况的报告》《关于〈县城综合治理整顿的若干规定〉修改情况的汇报》和关于提请通过 1992 年财政预算支出的报告，并作出相应的决定。

第十八次会议 1992 年 9 月 23 日举行。作出了《关于县、乡两级人民代表大会换届选举的决定》《关于设立金乡县选举委员会的决定》《关于设立金乡县乡镇选举委员会的决定》。

第二十一次会议 1993 年 2 月 3 日举行。听取、审议金乡县计划和财政两个报告，通过了关于县十二届人大代表资格审查的报告，作出了《关于减轻农民负担的决定》。

第十二届人大常委会

第一次会议 1993 年 3 月 27 日举行。听取、审议县人大常委会主任会议《关于设立金乡县人大常委会代表资格审查委员会的议案》。

第三次会议 1993 年 5 月 28 日 ~29 日举行。听取、审议县政府《关于贯彻落实〈全民所有制工业企业转换经营机制条例〉情况的汇报》，作出了审议意见。

第四次会议 1993 年 8 月 4 日 ~5 日举行。听取、审议县政府关于减轻农民负担情况的汇报和上半年计划及财政预算执行情况的汇报，分别作出相应的审议意见。

第五次会议 1993 年 10 月 6 日 ~7 日举行。听取、审议县政府“农贸带动”战略实施意见的汇报，关于《中华人民共和国药品管理法》《中华人民共和国产品质量法》贯彻实施意见和贯彻实施《全国人大常委会关于惩治生产、销售伪劣商品的决定》的汇报，并作出决定和审议意见。

第六次会议 1993 年 11 月 30 日 ~12 月 1 日举行。学习中共中央《关于建立社会主义市场经济体制若干问题的决定》，听取关于全县社会治安情况的汇报、关于税收征收管理法贯彻执行情况的汇报，并作出相应决议。

第十次会议 1994 年 3 月 29 日 ~30 日举行。听取、审议县政府关于《中华人民共和国农业法》《中华人民共和国教师法》贯彻执行情况汇报，

分别作出审议意见。

第十一次会议 1994年5月26日举行。听取、审议县政府关于贯彻执行县十一届人大常委会《关于加强社会治安搞好综合治理工作的决议》情况的汇报、关于依法管理农民负担情况的汇报，并作出审议意见。

第十三次会议 1994年10月6日~8日举行。听取、审议县政府关于市场规划、建设和管理情况的汇报和议案办理情况的汇报，作出了设立金马乡、大义乡的决议，通过了人事任免事项。

第十四次会议 1994年12月2日~3日举行。听取、审议县政府关于实施“农贸带动”战略情况的汇报和1994年财政收支预算调整情况的报告，并作出了决定。

第十五次会议 1995年1月18日~19日举行。听取、审议县政府《关于村级工作规范化管理的若干规定》和《金乡县1994年国民经济和社会发展计划执行情况和1995年国民经济和社会发展计划（草案）的报告》，以及召开县十二届人大三次会议的议案、县人大常委会工作报告，并作出了相应决定。

第十七次会议 1995年6月1日~2日举行。听取、审议县政府关于贯彻实施《中华人民共和国义务教育法》和贯彻执行《中华人民共和国消费者权益保护法》情况的汇报，并作出审议意见。

第十八次会议 1995年7月25日~26日举行。听取、审议金乡县1995年上半年计划执行情况和财政预算执行情况的报告、关于减轻农民负担情况的汇报，并提出审议意见。

第十九次会议 1995年10月5日~6日举行。听取、审议县政府关于贯彻执行《中华人民共和国农业技术推广法》《中华人民共和国公司法》的情况汇报、关于“二五”普法情况和《金乡县“科教兴县”实施方案》的汇报，并作出决定。

第二十三次会议 1996年2月28日举行。听取、审议县政府1995年县级财政决算的报告，关于免去聂承珠县人大常委会副主任职务的议案，并作出了相应决定。

第二十四次会议 1996年4月5日举行。决定任命石柱为县政府代理县长，王玉启为县政府副县长；通过刘昭庆辞去县长职务的辞呈。

第二十五次会 1996年5月29日~30日举行。听取、审议县政府“九五”及2010年科技发展计划纲要（草案）等事项，并作出有关决定。

第二十六次会议 1996年7月18日~19日举行。听取、审议县政府提请的《金乡县在公民中开展法制宣传教育的第三个五年规划》和县政府1996年上半年计划和财政预算执行情况的报告。

第二十七次会议 1996年9月26日~27日举行。听取、审议县政府贯彻执行《中华人民共和国残疾人保障法》、预算资金管理情况、城市建设和管理工作的汇报，对县政府提请的《关于金乡县设市撤县的议案》进行了审议。

第二十八次会议 1996年12月3日举行。听取、审议县政府《关于贯彻执行县人大常委会关于城市建设和管理工作汇报审议意见》的报告，县法院贯彻执行《中华人民共和国行政诉讼法》情况的报告。

第三十一次会议 1997年3月20日举行。听取、审议县政府1996年县级财政决算的报告和创建省级卫生县城的汇报。

第三十二次会议 1997年5月29日举行。听取、审议了县政府关于贯彻中央〔1996〕13号文件切实做好减轻农民负担情况的汇报、关于创建省级卫生县城、贯彻实施《中华人民共和国食品卫生法》、关于增设缗北五路的报告，作出了决议决定。

第三十四次会议 1997年9月25日~26日举行。听取、审议县政府关于贯彻执行《山东省计划生育条例》《基本农田保护条例》和县法院贯彻执行《中华人民共和国刑事诉讼法》情况的汇报，并作出审议意见和决定。

第三十七次会议 1997年12月23日举行。决定任命张生贤为县政府代理县长，黄弟清为县人民检察院代理检察长。

第十三届人大常委会

第二次会议 1998年6月4日~5日举行。听取、审议县政府贯彻执行县人大常委会《关于切实做好减轻农民负担工作的决议》情况的汇报、关于预算外资金管理情况和城市供水情况的汇报，并分别作出审议意见。

第四次会议 1998年9月28日~29日举行。听取、审议县政府关于贯彻执行《中华人民共和国税收征收管理法》情况的汇报，关于农业产业化发展和落实全国卫生工作会议精神的汇报，分别作出决定和审议意见；审议通过县人大常委会《议事规则》《人事任免和监督办法》《关于讨论决定重大事项的暂行办法》《关于加强同“一府两院”工作联系的办法》4个草案。

第五次会议 1998年11月26日~27日举行。听取、审议县政府关于贯彻执行《中华人民共和国公路法》《中华人民共和国城市规划法》情况和关于农村五保供养工作情况的汇报，分别提出审议意见。

第八次会议 1999年1月15日举行。听取、审议县政府计划、财政和议案办理等工作报告；决定任命班建宁为县政府副县长。

第九次会议 1999年3月9日~10日举行。听取、审议县政府关于“科技进步年”活动实施方案和“两桥三路”建设方案的汇报，作出了决定、决议。

第十一次会议 1999年6月28日举行。听取、审议县政府关于减轻农民负担工作情况的汇报，关于贯彻执行《中华人民共和国村民委员会组织法》《中华人民共和国电力法》情况的汇报，分别提出审议意见。

第十二次会议 1999年8月25日举行。听取、审议县政府1999年上半年计划和财政预算执行情况的汇报，关于贯彻执行《中华人民共和国农业法》《中华人民共和国科学技术进步法》情况的汇报，并分别作出审议意见。

第十三次会议 1999年10月26日~27日举行。听取、审议县政府关于贯彻执行《中华人民共和国产品质量法》《中华人民共和国土地管理法》和县人大常委会《关于对县政府贯彻执行城市规划法情况汇报的审议意见》情况的汇报，分别作出审议意见；会议同意县政府《金乡县农村宅基地管理暂行规定》；通过县人大常委会《监督司法工作办法》。

第十四次会议 1999年12月21日举行。对部分国家机关工作人员进行述职评议，分别作出审议意见；通过召开县十三届人大三次会议的决定。

第十六次会议 2000年2月13日举行。通过县人大常委会2000年工作要点；决定任命李克学为县政府副县长。

第十七次会议 2000年3月31日举行。传达学习省、市人代会第三次会议精神，听取审议县政府1999年县级财政决算报告、关于1999年县级财政预算执行情况的审计报告、贯彻执行《中华人民共和国森林法》情况和社会治安工作的汇报，分别作出决定和审议意见。

第十八次会议 2000年5月26日举行。听取、审议县政府关于农村基金会清理整顿情况的汇报、关于贯彻执行《中华人民共和国药品管理法》情况的汇报、关于防汛工作情况的汇报，分别提出审议意见。

第十九次会议 2000年7月31日举行。听取、审议县政府2000年上半年计划和财政预算执行情况的汇报、关于农村基金会逾期贷款清收工作的报告、关于贯彻执行《中华人民共和国义务教育法》《山东省农作物种子管理条例》情况的汇报，分别作出决议和审议意见。

第二十次会议 2000 年 9 月 26 日举行。听取、审议县计委、经委、科委、监察局、水利局主要负责人的述职报告；决定任命刘玉范为县政府副县长。

第二十一次会议 2000 年 12 月 7 日举行。听取、审议县政府关于贯彻执行《中华人民共和国妇女权益保障法》情况的报告、关于农业结构调整、林业资源调查和林业总体规划的汇报、关于乡镇行政区划调整的议案，分别作出决定和审议意见。

第二十三次会议 2001 年 1 月 23 日举行。决定任命李明晨为县政府副县长、代理县长。

第二十四次会议 2001 年 3 月 12 日 ~13 日举行。传达学习省、市人大四次会议精神，听取审议县政府关于"打黑除恶"专项斗争和畜牧业发展情况的汇报。决定任命田冠军为县政府副县长，米谷为县政府挂职副县长。

第二十七次会议 2001 年 9 月 27 日 ~28 日举行。开展述职审议活动；会议决定任命褚庆和为县政府科技副县长。

第二十八次会议 2001 年 11 月 27 日 ~28 日举行。听取、审议县政府关于民营经济发展、《计划生育条例》贯彻情况和调整 2001 年重点工程项目的汇报，并作出相应决定和审议意见。

第三十次会议 2002 年 3 月 29 日 ~30 日举行。听取、审议县政府关于《山东省农业机械管理条例》贯彻执行情况的汇报，并作出审议意见。

第三十一次会议 2002 年 5 月 27 日举行。听取、审议县政府 2001 年县级财政决算报告和县级财政预算执行情况的审计报告、关于《中华人民共和国母婴保健法》贯彻执行情况的汇报，分别作出决定和审议意见。

第三十三次会议 2002 年 9 月 29 日举行。听取、审议县政府关于金乡县西城区暨经济开发区总体规划的请示及报告，县法院审判流程管理改革情况的汇报，分别作出决定和审议意见。

第三十七次会议 2003 年 1 月 3 日举行。听取、审议县政府关于《金乡县生态示范区建设规划的报告》、县人大常委会主任会议关于全县选举日的议案，并分别作出决定；通过人事任免事项，任命梁忠凯为县人民检察院代理检察长。

第十四届人大常委会

第一次会议 2003 年 3 月 13 日举行。审议、通过了县人大常委会 2003 年工作要点。决定任命张修占为县政府科技副县长。

第三次会议 2003 年 7 月 17 日举行。听取、审议县政府 2003 年上半年计划和财政预算执行情况的报告、关于畜牧业发展情况的汇报、关于实施《中华人民共和国义务教育法》情况的汇报，关于落实《金乡县人大常委会关于城乡建设情况汇报的审议意见》情况的汇报（书面）；审议通过金乡县人大常委会《人事任免和监督办法》《述职评议暂行办法》《关于建立发送工作意见书制度的规定》。

第四次会议 2003 年 9 月 2 日举行。决定任命布和朝鲁为县政府挂职副县长。

第五次会议 2003 年 10 月 10 日举行。听取、审议县政府关于民营经济发展情况的汇报、关于乡村卫生一体化管理工作情况的汇报，分别作出审议意见；审议关于畜牧业发展情况汇报的审议意见落实情况的报告（书面），关于贯彻《中华人民共和国义务教育法》执行情况汇报的审议意见落实情况的汇报（书面）。

第六次会议 2003 年 12 月 16 日举行。听取、审议了县公安局、县检察院、县法院关于队伍建设情况的汇报，分别作出审议意见；审

议县政府关于落实县十四届人大常委会第五次会议审议意见的汇报（书面）；作出关于召开县十四届人大二次会议的决定。

第九次会议 2004 年 3 月 11 日举行。听取、审议县政府序列办、局的主要负责人和县法院副院长、县检察院副检察长述职报告，并作出综合评价。

第十三次会议 2004 年 7 月 9 日举行。听取、审议县政府 2004 年上半年计划和财政预算执行情况报告、关于《中华人民共和国残疾人保障法》贯彻情况汇报、关于《中华人民共和国安全生产法》执行情况汇报审议意见落实情况的汇报。

第十四次会议 2004 年 8 月 7 日举行。决定任命曹景群为县政府副县长、代理县长。

第十五次会议 2004 年 9 月 17 日举行。听取、审议县政府关于“村村通油路”工程建设情况和“平安金乡”建设情况的汇报，分别作出审议意见。

第十八次会议 2004 年 11 月 10 日举行。听取、审议县政府关于《中华人民共和国人口与计划生育法》贯彻执行情况和《山东省农业机械管理条例》贯彻执行情况汇报，作出审议意见。

第二十次会议 2004 年 12 月 24 日举行。补选曹景群为济宁市十四届人大代表。

第二十三次会议 2005 年 3 月 11 日举行。审议通过了县人大常委会 2005 年工作要点；决定任命张连续为县政府副县长。

第二十六次会议 2005 年 5 月 27 日举行。听取、审议县政府 2004 年县级财政决算的报告、2004 年县级财政预算执行情况的审计报告、全县经济发展环境情况的汇报、关于《中华人民共和国律师法》贯彻执行情况的汇报，分别作出审议意见。审议通过《金乡县人大常委会关于办理信访事项的暂行办法》。

第二十八次会议 2005 年 9 月 13 日举行。听取、审议县政府关于贯彻落实《中华人民共和国农村土地承包法》情况和农资市场建设与管理工作情况的汇报，分别作出审议意见。

第三节 内设机构

1991~2005 年，县人大常委会常设办事机构有办公室、人事代表工作室、信访工作室、法制工作委员会、农业工作委员会、财政经济工作委员会、教育科学文化卫生城乡建设工作委员会、老干部科。各委、室、科均为正科级行政单位。

第四节 主要工作

1991~2005 年，金乡县人大常委会共召开常委会会议 124 次，主任会议 96 次，听取审议县政府、县法院、县检察院（简称一府两院）工作汇报 527 项次，围绕常委会议题和热点、难点问题开展视察、检查、调查研究 880 余项次，作出决议、决定 91 项，审议意见 217 项，党的路线、方针政策在金乡县得到贯彻落实，国家法律法规得到正确实施。

调查视察

1991~2002 年，县人大常委会年年组织委员和部分人大代表到各乡镇、各部门、各行业开展专项调查和视察活动，并写出调查或视察工作报告，由人大常委会作出审议意见，以此推进全县政治、经济和科学文化等项事业全面发展。

2003 年，先后对村镇建设、城乡建设、“村村通油路”、乡村卫生一体化管理、春季林业生产、防汛、农村产业结构调整、发展民营经济、政法队伍建设等 10 余个方面的工作情况开展调查或视察。如在围绕农村产业结构调整展开的大范围视察调查中，就全县农村产业结构调整的基本情况，对一些深层次的矛盾和问题进行理性分析，建议县政府采取措施推进农业产业化、标准化，提高农业效益；推进农村工业化，积极发展加工项目；推进城乡一体化，促进农村劳动力转移。

2004 年，先后对县检察院渎职侵权检察、“村村通油路”、防汛、代表建议办理、农村义务教育办学条件和经费投入、社区建设、“平安金乡”建设等 10 个方面的工作情况开展视察、调查，写出报告并提交县人大常委会审议。如当年 10 月 12 日 ~15 日，县人大常委会组成人员分别到司马、高河、胡集等乡镇和部分村庄、农户，对贯彻执行《山东省农机条例》情况进行专题调研，先后听取县主管部门和乡镇政府的工作汇报，实地查看农机合作社建设和农机作业情况，走访农机大户及部分群众代表，针对大型农机具数量相对不足，大蒜种植和收获还靠手工劳作，小型农机具趋于饱和不易于集中作业、维护，闲置时期较长；相关扶持政策不健全，无力对农机大户进行补贴等，提出了多形式、大范围、全方位宣传农业机械化在减轻农民劳动强度，提高农业生产效益，促进农业现代化和农村经济全面发展的重要作用；引导民众调整平衡农机结构，在大型农机具上求突破，在大蒜收种机械方面求突破，在新型农机具上求突破；加大执法管理力度；加快健全农机化服务体系的步伐，规范农机网点建设，搞好农机技术培训，规范建设农机经营销售市场等四个方面的建议。

2005 年 8 月中旬，组织部分委员和人大代表到金乡镇、鸡黍、兴隆、化雨、胡集等乡镇，就《中华人民共和国农村土地承包法》贯彻落实情况及稳定完善农村土地承包经营制度工作情况进行调查。肯定县、乡两级政府在宣传贯彻落实土地承包政策，巩固和完善第二轮土地延包，稳定土地承包关系，保护农民合法权益，调动农民经营土地积极性，促进全县农村经济发展方面取得的成绩，针对干部群众对稳定完善农村土地承包关系和保护农民土地承包经营权的重要性认识不足；个别村、组尚未进行第二轮土地延包；个别乡镇土地承包合同书和土地经营权证入户率不足 70%；土地承包经营权流转不够规范，有的民营企业对土地圈而不用，闲置浪费；乡镇土地承包合同档案管理机构不健全，资料管理不善等问题，建议县、乡两级政府：继续深入学习、广泛宣传农村土地承包政策；强化措施，全面完成农村土地延包工作；进一步规范土地承包经营权的流转；建立健全土地承包档案，尽快实现农村土地承包管理工作的科学化、制度化和规范化。

2005 年 10 月 31 日 ~11 月 4 日，组织部分委员和人大代表到县法院、检察院、建设局及金乡镇、司马镇等进行调研。在对县法院 2000~2005 年间判决执行工作情况进行调研时，针对生效法律文书自觉履行率低，执行工作受干扰多、阻力大，被执行人以及被执行财产难寻觅，部分案件执行周期过长，客观上损害了申请执行人的合法权益，引起当事人不满等问题，提出了加大法制宣传力度，强化执行队伍建设，规范执法行为和执行流程，建立健全排期执行制，实行“阳光执行”，避免“暗箱操作”，进一步研究、探索、创新执行联动工作机制，全力解决执行难的建议。

监督工作

法律监督 1991~2005 年，县人大常委会适时开展执法大检查，定期听取、审议“一府两院”关于国家各项法律法规贯彻实施情况的汇报，及时提出审议意见，督促改进执法工作，推进依法治县进程。其间，先后对全县“二五”“三五”“四五”普法情况进行检查监督，听取审议县政府普法规划报告，作出实施依法治县决议。多次听取县公安局开展“打黑除恶”专项斗争和县法院关于判决执行、审判流程管理改革，以及县检察院反贪污贿赂、反渎职侵权等方面的专题汇报，督促县法院深入开展案件执行突击活动，扭转案件执行难的被动局面；督促县公安局、县检察院加强队伍建设，依法办案、公正执法。先后对《中华人民共和国食品卫生法》《中华人民共和国行政诉讼法》《中华人民共和国林业法》《山东省农民负担管理条例》《中华人民共和国妇女儿童权益保障法》《中华人民共和国农业法》《中华人民共和国产品质量法》《中华人民共和国教师法》《药品管理条例》《中华人民共和国公司法》《中华人民共和国税收征管法》《村民委员会组织法》《中华人民共和国电力法》《中华人民共和国城市规划法》《中华人民共和国义务教育法》《中华人民共和国安全生产法》《中华人民共和国残疾人保障法》《中华人民共和国银行法》《中华人民共和国人口与计划生育法》《农业机械管理条例》《中华人民共和国劳动法》《中华人民共和国统计法》《中华人民共和国水利法》《宗教管理场所活动条例》等共50余部法律法规进行执法检查130多项次。同时，配合上级人大常委会检查《中华人民共和国乡镇企业法》《中华人民共和国职业教育法》《中华人民共和国劳动法》《中华人民共和国法官法》《中华人民共和国检察官法》《中华人民共和国银行法》《中华人民共和国全国人民代表大会和地方各级人民代表大会代表法》《中华人民共和国刑事诉讼法》等多部法律法规的贯彻落实情况。

2001年7月，县人大常委会专门听取县政府贯彻执行《中华人民共和国食品卫生法》工作汇报，针对存在问题，提出了对食品生产经营加强管理，对无证经营、一证多用、生产条件差的经营网点和生产企业，限期整改或依法取缔等意见建议。县政府随即组织对从业人员开展查体，加强市场巡查，集中销毁不合格食品2600余公斤，实施行政处罚120余户次，规范食品生产经营秩序。同年11月，县人大常委会听取县政府贯彻实施《计划生育条例》情况汇报，针对漏报瞒报、多胎生育、非法收养、出生人口性别比例失调及优待政策落实不到位等问题，提出意见建议。县政府认真贯彻审议意见和“条例”规定，坚持依法管理，狠抓基础设施建设等各项政策措施的落实，出生人口由2000年的6705人下降到5958人，出生率下降1.23个百分点。

工作监督　1991~2005年，县人大常委会重点围绕全县国民经济和社会发展计划以及财政预算执行情况，农业、农村和农村工作，“普法”和依法治理，招商引资，发展非公有制经济，企业改革和城镇建设等开展工作监督，审议决定重大事项，促进经济和社会事业全面协调发展。每年都组织常委会委员和人大代表对全县的各项工作进行视察，通过多种形式和渠道全面了解“一府两院”工作情况，对群众关心的热点、难点问题进行调查，写出调查报告，指出问题症结所在，向县委、县政府提出意见和建议。其间，先后制定并严格落实县人大常委会《关于讨论决定重大事项的暂行办法》《关于加强同“一府两院”工作联系的办法》《关于对“一府两院”专题工作报告实行票决制的暂行办法》《关于规范审议程序的暂行办法》等，保证监督工作正常开展。

工作中，坚持和依靠党的领导，重大事项及时向县委请示汇报，把支持寓于监督之中，在监督中体现支持。创新视察审议方式，提高实效。视察或审议前，要求有关人员熟悉法律法规原文，实行“零距离”视察方法，避免出现看亮点多、接触问题少的现象，坚持一竿子插到底，面对面接触群众，掌握真实资料；审议中，坚持辩证观点，既肯定成绩，又把侧重点放在查摆、解剖存在的问题上；审议后，对落实情况“回头看”，必要时在下次常委会上

继续审议贯彻执行情况，以提高视察、审议质量。同时，充分发挥人大接访、处访功能，热情接待，依法疏导，化解矛盾。1991~2005 年，县人大常委会共接信访案件 4100 余件次，处结 3800 余件次，处结率 92.68%，有效地维护了当事人的合法权益和社会稳定。

代表联络工作

1991~2000 年，历届县人大常委会坚持人大代表联系点制度，保持同人大代表的经常性联系，每年组织人大代表学政治理论、学业务技能，让人大代表了解和掌握党的方针政策、国家法律法规以及人大和“一府两院”工作情况，拓宽代表知情渠道。组织人大代表开展闭会期间的各项视察、调查活动，让代表通过生动的社会实践提高履行职责的能力。每次召开县人大常委会，都邀请部分人大代表列席，增强人大代表履职责任感，提高参政议政能力。

2001 年底，组织部分人大代表对全县个体私营经济发展情况进行大规模视察，针对存在问题，提出意见和建议。

2002 年，围绕农业结构调整、民营经济、社会治安、城市建设、畜牧业发展等经济建设的重大问题，组织代表开展视察、调查。

2003 年 11 月底，县人大常委会组成人员分成 7 个组，分别到联系乡镇走访座谈，向人大代表通报县人大常委会的主要工作，就经济发展、招商引资、发展环境、部门服务、社会治安等基层群众关注的热点、难点问题，广泛征求人大代表的意见。

2004 年，组织开展人大代表向选民述职试点工作。学习借鉴外地成功经验，在济宁市人大常委会的指导下，制定实施方案，就指导思想、法律依据、述职内容和方式等作出明确规定。当年，金乡镇 4 名人大代表面对面向选民述职，选民以无记名投票方式对其进行测评，当场提出建议和意见，选民对自己选出的代表更加了解，人大代表活动的透明度得到增强，履职尽责的使命感得到了激励。

2004~2005 年，县人大常委会围绕城乡建设、林业、财政、教育、卫生、民营经济等，组织代表开展视察、调查活动，并将活动情况及时呈报县委，由县委主要领导作出批示，责成各分管领导抓好落实。

1991 年始，县人大常委会引导代表参与经济建设，发挥人大代表在经济建设中的模范带头作用，至 2005 年年底，省、市、县三级人大代表共创办、领办各类企业 125 家，一些人大代表成为优秀企业家和富民强县、引导群众致富的领头雁。

代表议案 建议办理

金乡县第十一届、十二届人大常委会对代表在人代会期间提出的议案、建议进行审查，会中交承办单位进行答复，会后由县政府负责督促落实，下次人代会由县政府向代表报告办理落实情况。

1998 年 7 月，第十三届人大常委会第三次会议通过《关于办理县人大代表建议、批评和意见的办法》，对代表提出的建议由会中交办改为会后交办，年中两次听取办理情况汇报，并组织委员和人大代表对办理情况进行调查，提高面复率、办结率和满意率。每次人代会闭幕后，县人大常委会都及时召开交办会议，将代表所提建议全部交“一府两院”和有关部门办理。办理过程中，县人大常委会对一些重点建议，走下去征求意见，找上门催办落实；对一些“老大难”建议，组织承办单位与代表直接见面，共商解决办法；对办理后代表仍不满意的，会同承办单位分析原因，重新办理。县政府对代表建议涉及关系全局的问题及群众关心的热点、难点问题，列入县长办公会进行专题研究，建立责任制，明确具体承办单位，保证办理质量。在指导工作、处理问题时，注重吸收和采纳人大代表意见和建议，能解决的尽快解决，对一些解决难度大的事项，由县政府领导批示、协调，创造条件解决。

2003 年，在金乡县十四届人大一次会议上，

代表们提出了优化经济发展环境、支持和发展民营经济等方面的建议，县委、县政府随即召开会议，研究制定了《关于进一步优化经济发展环境的意见》《关于进一步加快民营经济发展的决定》等一系列文件，在深化行政审批制度改革、清理取消收费项目、严厉查处“三乱”、完善部门服务等方面提出了明确要求，并开展了民主评议行风、千名代表评机关、优化经济发展环境集中整治活动。针对代表提出的加快农村改水进程的建议，向上级争取专项资金，兴建农村供水工程24处，解决了2万多人吃水困难问题。

1991~2005年，人大代表共提出议案、建议、批评和意见1247件，其中农业方面258件，工业、财贸、城建、环保、交通、供电方面597件，科教文卫164件，司法和社会治安方面42件，其他方面186件。办复1175件，办结率100%，代表满意率97.3%。

1991~2005年金乡县第11~14届人代会代表议案、建议、批评和意见分类及办理情况表

表21-2-2

届别	年份	共收：议案（件）	共收：建议意见（件）	其中：农业（件）	其中：工业财贸（件）	其中：城建环保（件）	其中：交通供电（件）	其中：科教文卫（件）	其中：政法（件）	其中：其他（件）	办复率（%）	代表满意（基本满意）率（%）
第十一届人民代表大会（1990.03～1993.02）	1991	177	—	28	52			32	8	57	100	—
	1992	125	—	25	55			17	8	20	100	—
第十二届人民代表大会（1993.02～1998.01）	1993	30	82	16	54			14	7	21	100	—
	1994	93		31	12	16		13	6	15	100	—
	1995	20	43	14	2	9	11	15	3	9	100	—
	1996	15	44	21	—	11	10	8	2	7	100	—
	1997	15	43	22	7	8	5	7	3	6	100	—
第十三届人民代表大会（1998.01～2003.01）	1998	23	46	22	8	13	11	8	—	7	100	96
	1999	24	28	9	11	13	6	8	3	2	100	96
	2000	38	35	9	24	16	15	4	—	5	100	97
	2001	24	30	10	10	13	11	2	2	6	100	95
	2002	39	34	11	7	20	20	11	—	4	100	99
第十四届人民代表大会（2003.01～2007.12）	2003	52	33	16	22	8	20	12	—	7	100	99
	2004	44	31	13	25	13	13	5	—	6	100	100
	2005	42	37	11	14	15	17	8	—	14	100	100
合计	—	1247		258	597			164	42	186	—	—

人事任免

任免国家机关工作人员是宪法和法律赋予人大常委会的一项重要职权。

1998年9月，县人大常委会审议通过《人事任免和监督办法》。

2003年7月，第十四届人大常委会第三次会议对《金乡县人大常委会人事任免和监督办法》作出较大改进。要求：所有拟任人员必须通过法律考试，考试合格才能提请任命；拟任人员要向人大常委会报送供职材料，并到会作供职发言，使常委会组成人员知名、知面、知情；常委会组成人员对拟任干部的简历材料、考试成绩、供职发言及工作表现进行深入审议，并以无记名投票方式进行表决；同被任命人员个别谈话或集体谈话，颁发任命书，向其提出勤奋工作、廉洁自律等方面的要求，增强被任命人员的公仆意识和法制观念，全心全意为人民服务。

1991~2005年，县人大常委会坚持党管干部与依法任免、依法监督的有机统一，充分发扬民主，依法行使人事任免权，共依法任免“一府两院”工作人员705人次。其中任命500人次，免职205人次。

1991~2005年金乡县人大常委会任免人员情况一览表

表21-2-3　　单位：人

年度	县人大常委会机关		县政府		县法院		县检察院	
	任职	免职	任职	免职	任职	免职	任职	免职
1991	1	—	2	2	9	3	2	1
1992	—	—	11	6	4	2	—	—
1993	13	9	44	—	37	2	2	2
1994	—	—	7	2	2	2	13	2
1995	1	2	13	4	13	2	3	—
1996	10	7	8	11	—	—	4	—
1997	2	2	7	3	11	1	10	1
1998	5	3	35	1	44	40	—	1
1999	4	5	8	8	10	9	2	1
2000	4	—	4	—	1	6	—	—
2001	1	—	8	3	3	4	9	—
2002	4	3	19	4	—	—	10	—
2003	5	—	27	2	42	36	1	—
2004	4	2	5	3	—	—	1	—
2005	1	1	6	6	8	—	—	1
合计	55	34	204	55	184	107	57	9

述职评议

1999 年 3 月起，金乡县人大常委会对被任命干部分期分批开展述职评议。

2001 年 9 月，县人大常委会对县外经委、劳动局、土管局、乡镇企业局主要负责人进行述职评议，得到县委高度重视，并以金发〔2001〕26 号文件下发《关于对县人大常委会所任命领导干部搞好述职审议工作的意见》，强化述职审议力度。

2003 年 7 月 17 日，金乡县第十四届人大常委会第三次会议制定并通过《金乡县人大常委会述职评议暂行办法》。规定：县人民代表大会选举及县人大常委会任命的县人民政府组成人员和县法院、县检察院工作人员，每年都应向县人大常委会述职，并接受评议。述职评议坚持依法办事、实事求是、客观公正、讲求实效的原则，既肯定成绩，又找出问题，提出改进措施；述职评议采取会议或书面的方式进行；述职评议前，述职人员向人大常委会提交书面报告，由常委会组织常委会组成人员和人大代表到述职人员所在单位，采取走访、座谈、民主测评等方式了解述职人员情况。评议时，由述职人员先作述职报告，然后进行评议。评议意见分为优秀、良好、一般、较差四个等次。述职评议意见反馈给本人，并要求述职干部根据审议意见，制订整改措施，限期向人大常委会提交整改报告，必要时，人大常委会主任会议可视情听取述职人员关于整改情况的汇报。评议结果报县委组织、人事部门及考核委员会办公室，作为干部使用的重要参考意见和当年年度考核条件。县人大常委会将历次评议意见和评议等次结果存档，作为以后人事任免的重要依据。

1999~2005 年，县政府、人大常委会共组织开展述职评议活动 7 次，被评议对象 220 人，评议后被确定为优秀 101 人，良好 108 人，一般 4 人，较差 7 人。

金乡县人大常委会历次开展述职评议情况一览表

表 21-2-4

评议时间	被评议对象及人数	评议内容	参评人数	评议结果				处理情况
				优秀	良好	一般	较差	
1999 年 3 月	政府序列委、办、局主要负责人，法、检两院副职（30 人）	贯彻执行党的路线方针政策和国家法律法规，依法行政、依法办案情况；贯彻落实县人大及其常委会决议、决定情况；履行岗位职责，完成部门工作目标情况；行业作风及廉洁自律情况；转变工作作风密切联系群众等情况。	县人大常委会组成人员 19 人	12	16	2	—	针对被评议人员存在的问题，限期进行整改。
1999 年 11~12 月	法、检、公、司、民、教委、文化局、计生委主要负责人（8 人）		县人大常委会组成人员 18 人，省、市、县人大代表 198 人	6	2	—	—	
2000 年 8~10 月	计委、经委、科委、监察局、水利局主要负责人（5 人）		县人大常委会组成人员 16 人，省、市、县人大代表 185 人	4	1	—	—	
2001 年 8~10 月	外经委、劳动局、土矿局、乡镇企业局主要负责人（4 人）		县人大常委会组成人员 16 人，省、市、县人大代表 187 人	3	1	—	—	

续表 21-2-4

<table>
<tr><th rowspan="2">评议时间</th><th rowspan="2">被评议对象及人数</th><th rowspan="2">评议内容</th><th rowspan="2">参评人数</th><th colspan="4">评议结果</th><th rowspan="2">处理情况</th></tr>
<tr><th>优秀</th><th>良好</th><th>一般</th><th>较差</th></tr>
<tr><td>2003 年 7~9 月</td><td>法、检两院所有被任命人员（125 人）</td><td rowspan="3">贯彻执行党的路线方针政策和国家法律法规，依法行政、依法办案情况；
贯彻落实县人大及其常委会决议、决定情况；
履行岗位职责，完成部门工作目标情况；
行业作风及廉洁自律情况；
转变工作作风密切联系群众等情况。</td><td>县法、检两院工作人员 152 人</td><td>49</td><td>69</td><td>—</td><td>7</td><td rowspan="3">针对被评议人员存在的问题，限期进行整改。</td></tr>
<tr><td>2004 年 2~3 月</td><td>县政府副县长、政府序列办、局主要负责人，法、检两院副职（34 人）</td><td>县人大常委会组成人员 22 人，省、市、县人大代表 195 人</td><td>21</td><td>13</td><td>—</td><td>—</td></tr>
<tr><td>2005 年 3~4 月</td><td>法、检两院部分中层正职（14 人）</td><td>县人大常委会组成人员 22 人，县法、检两院工作人员 156 人</td><td>6</td><td>6</td><td>2</td><td>—</td></tr>
</table>

指导乡镇人大工作

1985 年，各乡镇先后建立人大代表联络办公室。

1989 年 4~5 月，各乡镇通过选举建立“人民代表大会主席团”，配备主席、副主席等专职干部。乡镇人民代表大会主席团在乡镇党委领导下，负责本级人代会闭会期间的日常工作。

1991~2005 年，县人大常委会除邀请乡镇人大主席列席县人大常委会会议外，还有计划地组织乡镇人大代表参与县人大常委会的视察调查活动，定期召开乡镇人大工作座谈会，帮助搞好制度建设，保证乡镇人大工作健康有序进行。至 2005 年年底，县人大常委会指导帮助乡镇人大主席团建立健全和完善三项职责、五项制度，乡镇人大工作实现了制度化、规范化。制订《乡镇人大工作目标考核办法》，把乡镇人大工作进行量化分解，年底对各项目标进行考核。此举有效调动了乡镇人大工作人员的积极性，促进了乡镇人大工作顺利开展。

第二十二篇 地方行政机关

地方行政机关

金乡县的行政机关，自东汉建武元年（25 年）立县，置金乡长。隋置金乡主。唐、宋置令、簿、尉各 1 人。金置尹、簿、监各 1 人。元初置尹、遂改为令，再后称达鲁花赤，另有监、簿、尉、教谕各 1 人。明置知县，另置县丞、主簿、典史分管粮马、巡捕，教谕、训导掌管祭祀和教育。清沿明制，称县衙，置知县、县丞、典史、教谕、训导各 1 人，另设城守把总 1 人。清康熙三十九年（1700）裁县丞。清宣统二年（1910）设自治局、巡警局。宣统三年裁教谕、训导，成立劝学所。民国元年（1912）改县衙为县公署，称知县为民政长，次年改称县知事。1928 年，改县公署为县政府，县知事为县长。1940 年 3 月，金乡县抗日民主政府成立，此后，随境域变迁先后更名为金巨县抗日民主政府、金曹县抗日民主政府、金乡县民主政府、金巨县民主政府。1949 年 10 月 1 日中华人民共和国成立后改称金乡县人民政府。1955 年 11 月改称金乡县人民委员会。1967 年 4 月 6 日，“造反派”夺权，成立金乡县革命委员会。1980 年 12 月，金乡县第八届人民代表大会通过决议，改金乡县革命委员会为金乡县人民政府，并选举县长，副县长。1991 ~ 2005 年，历届县政府为金乡县的经济发展和社会进步及时出台各类计划、规划、决定和意见，依法施政，推动金乡向小康社会全面发展。

第一章　机构设置与政府领导成员

第一节　机构设置

1991 年年初，金乡县人民政府设有：政府办公室、民政局、公安局、司法局、人事局、计划委员会、农业委员会、财政贸易委员会、监察局、法制局、土地管理局、技术监督局、侨务办公室、民族宗教办公室、劳动局、统计局、物价局、经济委员会、交通局、供电局、乡镇企业局、农机管理局、广播电视管理局、企业政治工作科、城乡建设委员会、财政局、税务局、审计局、商业局、粮食局、县供销合作社联合社、工商行政管理局、农业区划办公室、能源办公室、林业局、水利局、科学技术委员会、体育运动委员会、计划生育委员会、教育局、文化局、卫生局、环境保护办公室、经济协作办公室、棉花办公室、职工教育办公室、档案局、地名办公室、绿化办公室、县志办公室、信访办公室、邮电局。另有：物资公司、二轻公司、畜牧服务公司、对外贸易公司、劳动服务公司、丝绸公司、水产公司、公证处、法律顾问处、机关招待所。

图 22-1　金乡县人民政府

1993 年 12 月，金乡县政府机构改革，将交叉重复和业务相近的部门合并，把涉农、涉商、涉工部门改建为经济实体或服务实体，社会部门转入服务性实体或事业单位。政府机构设置为“一办、九委、十五局”，共 25 个部门。

“一办”：政府办公室（包括政策研究、法制、民族、宗教、侨务、接待、史志、无线电管理等工作）。

“九委”：经济委员会（包括城市工业、技术监督等工作）、农业委员会（包括农林牧副渔各业和农机、区划、黄淮海平原开发等行政管理工作）、计划委员会、城乡建设环境保护委员会（包括城乡建设、环境保护以及人民防空等工作）、科学技术委员会、教育委员会（包括职工教育工作）、文化体育委员会（包括文化、体育工作、老年体

协）、计划生育委员会（计划生育协会与其合署）、财贸委员会（包括商品流通、外经外贸等工作）。

“十五局”：公安局（包括国家安全工作）、司法局、民政局（包括地名工作）、人事局（包括岗位责任制、退休干部工作，编制委员会办公室与其合署）、劳动局（包括劳动仲裁、就业安置工作）、财政局（包括国有资产管理、世行贷款、财务大检查等工作）、税务局、交通局、水利局、卫生局（包括爱国卫生、地方病防治等工作）、审计局、工商物价行政管理局、土地矿产管理局、统计局、乡镇企业局。

监察局列政府序列，不占机构限额。撤销广播电视局，改为广播电视服务中心，行政职能并入县委宣传部。撤销“打经办”，并入检察院。撤销棉花办公室、区划办公室、绿化办公室、黄淮海平原开发办公室，并入农业委员会。撤销工商行政管理局和物价局，合并为工商物价行政管理局。撤销地名办，并入民政局。撤销岗位责任制办公室、退休干部科，并入人事局。撤销爱委会、地方病防治办公室，并入卫生局。撤销劳动就业办公室，改为劳动服务公司，为事业单位，行政职能并入劳动局。撤销国有资产管理局、大检查办公室、世行办，并入财政局。撤销工交生产总调度室、技术监督局，并入经济委员会。财委与外经委合并为财贸委员会。城乡建设委员会与环境保护局合并为城乡建设环境保护委员会。文化局与体委合并为文化体育委员会。公证处改为事业单位。农业局、林业局、畜牧局、农机局、水产服务中心成建制改为服务实体，其行政职能并入农业委员会。商业局、粮食局、供销社成建制转为经济实体，其行政职能并入财贸委员会。物资局、外贸局、供电局、二轻公司成建制转为经济实体。

2002年5月，金乡县政府机构改革。经济宁市委、市政府批准，保留的县政府部门有13个，分别是：政府办公室、民政局、人事局、监察局（与县纪律检查委员会合署，不占政府机构名额）、公安局、司法局、财政局、交通局、水务局、卫生局、审计局、统计局、粮食局。更改名称的部门有7个，分别是：计划委员会更名为发展计划局；对外经济贸易委员会更名为对外贸易经济合作局；科学技术委员会更名为科学技术局；计划生育委员会更名为计划生育局；城乡建设环境保护委员会更名为建设局；劳动局更名为劳动和社会保障局；土地矿产管理局更名为规划与国土资源局。

撤销、合并和新组建的部门有：经济委员会、财贸委员会和乡镇企业局合并，组建经济贸易局（加挂贸易局、民营经济发展局牌子）；农业委员会、农业局和林业局合并，组建农业局（加挂林业局牌子）；教育委员会、文化局和体育运动委员会合并，组建教育局（加挂文化局、体育局牌子）；物价局并入发展计划局（加挂物价局牌子）；组建民族宗教局；环境保护局由事业单位改为政府行政工作部门；残疾人联合会、老龄委管理办公室、老年体育运动协会、计划生育协会成建制转为事业单位；广播电视局与广播电台、电视台合一，为事业单位；农机服务中心更名为农业机械管理局；畜牧服务中心更名为畜牧局，其性质、规格不变；蔬菜发展局更名为绿色（有机）蔬菜生产办公室，为农业局管理下事业单位，同时撤销无公害蔬菜开发总公司；农业综合开发办公室、水产服务中心改为农业局管理下事业单位，其性质、规格不变；撤销房地产管理局，保留房地产开发总公司，为建设局管理下事业单位，其性质、规格不变；撤销大蒜研究所；撤销外向型加工区管理委员会、商贸开发区管理委员会；撤销工交生产总调度室，其职能并入经济贸易局；撤销评估中心、投资担保公司，其职能并入财政局；撤销农业科研中心、农产品市场开发建设筹备处。

改革调整后，县政府共设工作部门24个。其中政府办公室设置12个职能科室：县政府研究室（正科级）、县政府督察室（2003年6月成立，正科级）、秘书科、信息科、综合室、政工科、财务科、侨务科、外事科、经济体制改革委员会办公室（正科级）、史志办公室（正科级）、法制办公室（正科级）。

2005年，县政府机构再次改革，将发展计划局更名为发展改革局，把原政府办公室所辖经济体制改革办公室的职能划入其内；组建县安全生产监督管理局，为县政府工作部门和县安全生产委员会常设办事机构；将计划生育局更名为人口和计划生育局；粮食局退出政府工作部门序列，划入县发展改革局。改革后，县政府共设置工作部门25个。分别是：政府办公室、发展改革局（挂粮食局牌子）、经济贸易局（挂对外经济贸易合作局牌子）、教育局（挂体育局牌子）、科学技术局、公安局、监察局（与县纪律检查委员会合署办公，不占政府机构名额）、民政局、司法局、财政局、人事局（县机构编制委员会与其合署）、劳动和社会保障局、国土资源局、交通局、水务局、农业局（挂林业局牌子）、卫生局、人口和计划生育局、审计局、环境保护局、统计局、文化局（挂文物管理局牌子）、建设局、民族宗教局、安全生产监督管理局。

第二节 领导成员

1991~2005年，金乡县人民政府历经第十一届、第十二届、第十三届、第十四届。政府领导成员多有变动，王允祥、刘昭庆、石柱、张生贤、李明晨、曹景群先后担任县长。

1991~2005年金乡县人民政府县长、副县长任职情况一览表

表22-1-1

届 别	职 务	姓 名	任离职时间	籍 贯	备注
第十一届人民政府（1990.03~1993.02）	县长	王允祥	1990.03~1992.12	山东省金乡县	
	代理县长	刘昭庆	1992.12~1993.02	山东省鱼台县	
	副县长	刘昭庆	1990.03~1992.12	山东省鱼台县	
	副县长	杨玉民	1990.03~1992.05	山东省金乡县	
	副县长	李世亮	1990.03~1992.10	山东省单县	
	副县长	王庆新	1990.03~1992.12	山东省兖州市	
	副县长	孟凡善	1990.03~	山东省金乡县	
	副县长（挂职）	郭学农	1989.11~1991.05	—	
	副县长（挂职）	蔡绪法	1991.05~1992.12	—	
	副县长	段玉柱	1992.03~	山东省济宁市	
	副县长（挂职）	谢存明	1992.03~1992.12	陕西省米脂县	
	副县长（挂职）	王信达	1992.03~	—	
	副县长	周建昌	1992.05~1992.12	山东省鱼台县	
	副县长	张昭贤	1992.12~	山东省嘉祥县	
第十二届人民政府（1993.02~1998.01）	县长	刘昭庆	1993.02~1996.04	山东省鱼台县	
	代理县长	石 柱	1996.04~1997.01	山东省济宁中区	
	县长	石 柱	1997.01~1997.12	山东省济宁中区	
	代理县长	张生贤	1997.12~1998.01	山东省嘉祥县	
	副县长	韩振中	1993.02~1998.01	山东省金乡县	
	副县长	孟凡善	1993.02~1997.12	山东省金乡县	
	副县长	张昭贤	1993.02~1997.12	山东省嘉祥县	

续表 22-1-1

届 别	职 务	姓 名	任离职时间	籍 贯	备注
第十二届人民政府（1993.02~1998.01）	副县长	杨玉震	1993.03~2003.01	山东省金乡县	
	副县长	段玉柱	1992.02~1997.12	山东省济宁市	
	副县长	吴德纯	1993.02~1995.01	山东省金乡县	
	副县长（挂职）	刘成文	1993.05~1994.10	山东省莱山区	
	副县长（挂职）	张照峰	1993.05~1994.12	—	
	副县长（挂职）	刘宏斌	1994.08~1995.08	陕西省清涧县	
	副县长（挂职）	白宜勤	1993.11~1994.12	陕西省清涧县	
	副县长（挂职）	孙立身	1994.03~1995.09	—	
	副县长（挂职）	郝立忠	1994.03~1995.09	—	
	副县长（挂职）	王晓明	1994.03~1995.09	—	
	副县长	侯宪林	1994.12~1997.12	山东省东平县	
	副县长	王同友	1995.01~1998.01	山东省济宁任城	
	副县长（挂职）	张卫国	1995.10~	山东省莱州市	
	副县长（挂职）	周永良	1995.10~1997.03	山东省青岛市	
	副县长	王玉启	1996.04~1998.01	山东省鱼台县	
	副县长	石 柱	1996.04~1997.01	山东省济宁中区	
	副县长	张生贤	1997.12~1998.01	山东省嘉祥县	
第十三届人民政府（1998.01~2003.01）	县长	张生贤	1998.01~2001.01	山东省嘉祥县	
	代理县长	李明晨	2001.01~2002.01	山东省鱼台县	
	县长	李明晨	2002.01~	山东省鱼台县	
	副县长	杨玉震	1998.01~2002.12	山东省金乡县	
	副县长	李宪鹏	1998.01~2003.01	山东省金乡县	
	副县长	王宗启	1998.01~2000.09	山东省嘉祥县	
	副县长	戴衍金	1998.01~1998.09	山东省金乡县	
	副县长（挂职）	李克学	1998.03~2000.02	山东省鱼台县	回族
	副县长	李克学	2000.02~	山东省鱼台县	回族
	副县长（挂职）	方春日	1998.06~1998.12	吉林省抚松县	
	副县长	周光全	1998.11~	山东省金乡县	
	副县长	班建宁	1999.01~2002.12	山东省微山县	
	副县长	李明晨	2001.01~2002.01	山东省鱼台县	
	副县长	刘玉范	2000.09~	山东省兖州市	
	副县长	田冠军	2001.03~	山东省鱼台县	
	副县长（挂职）	米 谷	2001.03~	山东省费县	回族
	副县长（科技）	褚庆和	2001.09~	山东省枣庄市	
	副县长（挂职）	张修占	2002.03~	山东省郓城县	
第十四届人民政府（2003.01~2007.12）	县长	李明晨	2003.01~2004.08	山东省鱼台县	
	县长	曹景群	2004.08~2005.01 代理 2005.01~2005.12	山东省嘉祥县	
	县长	李逢记	2005.12~2006.01 代理 2006.01~2008.03	山东省巨野县	

续表 22-1-1

届 别	职 务	姓 名	任离职时间	籍 贯	备注
第十四届人民政府（2003.01~2007.12）	副县长	刘太原	2003.01~2007.01	山东省汶上县	
	副县长	刘玉范	2003.01~2005.03	山东省兖州市	
	副县长	周光全	2003.01~2003.07	山东省金乡县	
	副县长	李克学	2003.01~2007.11	山东省鱼台县	回族
	副县长（科技）	张修占	2003.03~2004.08	山东省郓城县	
	副县长	李 民	2003.01~2010.01	山东省金乡县	
	副县长	王新颜（女）	2003.01~2007.01	山东省滕州市	
	副县长（挂职）	米 谷	2003.01~2004.08	山东省费县	回族
	副县长（科技）	褚庆和	2003.01~2003.09	山东省枣庄市	
	副县长（挂职）	布和朝鲁	2003.09~2004.02	内蒙古巴林右旗	蒙古族
	副县长	张连续	2005.03~	山东省嘉祥县	

第二章 政府工作会议

第一节 会议制度

会议类别及召开

县政府全体成员会议 由县长、副县长、县长助理和县政府序列主要部门（委、办、局）负责人组成；扩大会议时吸收担负政府行政职能的其他部门（行政事业）、市与县双重领导部门、乡镇负责人列席。会议由县长或县长委托常务副县长主持召开。一般每年召开两次（1月和7月）。

县政府全体会议的主要内容是：传达贯彻上级党委、政府工作部署及方针政策，以及县委、县人大的指示、决议、意见等；总结、部署县政府半年重要工作；讨论分析全县经济和社会发展形势，通报部门工作情况；研究决定县政府工作方面的重大问题；讨论需要县政府全体会议决定的其他事项。

县政府常务会议 由县长、副县长、县长助理和政府办公室主任组成，县长或县长委托常务副县长召集和主持。会议内容涉及到的政府序列部门主要负责人、法律顾问或经济顾问列席。此类会议不定期召开。主要内容多是研究贯彻上级党委、政府以及县委、县人大及其常委会的工作部署、决定、指示、决议等；听取县长、副县长、政府办公室主任、部门负责人重要工作汇报；研究分析形势，讨论决定县政府工作中的重大问题；通过提请县人民代表大会及其常委会审定的议案或报告；讨论由县政府发布的规范性文件、通告等；讨论决定部门请示县政府的重要事项；讨论需要由县政府常务会议决定的其他事项。

县长办公会议 由县长、副县长、县长助理组成，需要时通知县政府办公室主任、县人武部部长和有关部门主要负责人列席。会议由县长或县长委托常务副县长主持召开。一般每两周或半个月召开一次。会议内容多是交流主要工作情况；安排下一阶段政府工作；研究处理县政府日常工作中的重大事项。

专题会议 由县长、副县长、县长助理、县政府办公室主任或副主任组成，并随时主持召开。一般内容多是研究协调县政府工作中的一些专门问题，处理具体业务工作。

会议议题形成

县政府各类会议的议题，首先由政府有关部

门提报县政府办公室，由政府办公室汇总整理后报请常务副县长审查，再报县长确定；专题会议的议题由政府办公室报分管副县长确定主持召开。一般由县长、副县长在职权范围内能够解决的问题，不提交县政府常务会议和县长办公会议讨论；凡需要县政府集体研究决定的议题，事先须由分管副县长与主管部门协调，提出明确意见，并形成书面汇报材料。材料简明扼要，着重讲明需要解决的问题及措施、建议，以便领导审议决定。

会议其他事项

严格按规定的范围和时间参加会议。副县长、县长助理因事不能参加会议时，应向主持会议的县长或常务副县长请假。各部门主要负责人因事不能参加会议时，须说明事由并委派副职代替参加会议。部门首长参加会议需要带助手时，事先应征得政府办公室主任同意；开会期间，与会人员，除特殊情况外，一般不接电话，不接待客人、不处理与会议内容无关的事务；与会人员对会议研究的问题及作出的决定，在未正式向外公布实施之前严格保密；需要回去传达的，按会议要求在规定的范围内传达。《会议纪要》由县长或常务副县长签发为准；与会人员必须认真落实会议精神；对会议贯彻落实情况，实行查办制度，及时进行信息反馈。

第二节 重要会议选录

1991年1月3日，县长王充祥主持召开十一届政府第19次县长办公会议，研究县十一届人大常委会五次会议精神贯彻意见；听取县民政局关于1990年退伍军人安置工作意见的汇报；听取县经委、县财委关于1990年度总结表彰先进问题的汇报和县财委关于省、市财贸会议精神贯彻问题的汇报；听取县政府办公室关于退离休干部管理问题的汇报。

1991年7月4日，县长王充祥主持召开十一届政府第27次县长办公会议，听取县建委、县公路站关于扩大县城规划管理范围、开通南门路和文峰路向西延伸问题的汇报；通报王丕新水源开发工作进展情况；听取县经委关于工业生产情况的汇报、县农委关于农业生产情况的汇报。

1991年11月4日，县长王充祥主持召开十一届政府第35次县长办公会议，听取县土管局关于企业用地有偿试点工作及加强农业用地管理工作的汇报；听取副县长孟凡善并于市农田水利基本建设工作会议精神的汇报；听取县供电局关于农电工作会议精神的汇报和县物价局关于开展中小学校集资大检查问题的汇报、县保险公司关于开展创建保险工作先进县的工作汇报，研究具体实施意见。

1992年3月11日，县长王充祥主持召开十一届政府第44次县长办公会议，听取县法制局关于市法制工作会议精神及《金乡县依法行政实施意见》的汇报；听取县监察局关于制定《廉洁勤政工作制度》的汇报；听取县农业局关于减轻农民负担和农业科技开发总体方案的汇报。

1993年8月12日，县长刘昭庆主持召开十二届政府第4次县长办公会议，听取县税务局关于全市税务工作会议精神；讨论关于停止一切收费的意见；讨论农民统筹提留和税费收缴管理意见；讨论关于清理整顿农村集体财务的意见。

1994年2月16日，县长刘昭庆主持召开十二届政府第15次县长办公会议，听取县水利局关于洙赵新河施工情况和金南回灌工程情况的汇报；听取县国有资产管理局关于成立金曼克电气集团公司建议的汇报，并研究决定具体意见。

1994年9月24日，县长刘昭庆主持召开十二届政府第27次县长办公会议，听取县农委《关于调整农业种植结构有关问题意见》的汇报；听取县财政局关于市财政工作会议精神的汇报，听取县政府综合治理指挥部关于县轮窑厂与尚楼村土地纠纷调查情况的汇报，并就上述工作提出意见。

1995年7月19日，县长刘昭庆主持召开十二届政府第48次县长办公会议，讨论发展畜牧养殖业动员大会筹备情况及有关问题，讨论县交

通局关于公路建设的意见；讨论全县计划生育工作问题。

1997年3月5日，全县流通工作会议召开。会议回顾了1996年的流通工作，要求全县上下正确分析形势，明确任务目标；突出重点，强化措施，努力完成全年流通工作任务。

1999年1月13日，全县经济工作会议召开。会议要求全县各级统一思想，明确任务，坚定信心，推动经济工作再上一个台阶；以农业产业化为总抓手，促进农业工业化、城市化和农村经济全面发展；紧紧抓住调整、改革、发展三条主线，推动城市经济快速健康发展；大力实施“科技兴县”战略，推动经济和社会全面发展；外经、外贸、外资齐头并进，加快发展外向型经济；改善软、硬两个环境，增强经济发展的支撑能力。

1999年4月3日，全县乡镇企业、个体私营经济、经济进步工作会议召开。会议对乡镇企业和个体私营经济工作进行部署，同时就开展科技进步年活动提出意见。

1999年8月27日，县政府全体（扩大）会议召开。会议要求各级各部门理清工作思路，统一认识，坚定加快发展的决心和信心；明确任务，强化措施，突出抓好工业、农业、乡镇企业、个体私营经济、城市建设、农村基金会方面的问题；改善经济环境，加强政府服务。

2000年5月30日，全县对外开放工作会议召开。会议分析所面临的经济形势，要求有关部门和乡镇党委、政府坚定做好外贸工作的决心和信心，坚定不移地实施经济国际化战略，全面提高对外开放水平，切实加强领导，为外向型经济发展创造良好的环境和条件。

2000年11月7日，全县科技招商会议工作会议召开。会议要求认清形势，统一思想，切实做好赴西安科技招商活动的各项筹备工作，加强领导，搞好协调，确保招商活动圆满完成。

2001年4月5日，全县农村税费改革工作调度会召开。会议总结全县核实计税土地面积工作开展情况，指出工作中存在的主要问题，并对下一步工作作出安排部署。

2002年3月22日，全县民兵预备役工作会议召开。会议要求学习贯彻“三个代表”重要思想，切实加强和改进人武部自身建设；适应新形势、新任务的要求，认真做好军事斗争准备；服从、服务于全县经济和社会发展大局，为两个文明建设做出贡献；关心支持武装部门工作，切实把党管武装原则落到实处。

2002年3月25日，全县村级换届选举工作会议召开。会议指出村级换届选举工作重要性，要求县、乡、村坚定完成村级换届选举任务的决心和信心；突出重点，抓住关键，扎扎实实推进村级换届选举工作开展；明确责任，加强领导，确保村级换届选举圆满成功。

2002年5月23日，全县机构改革工作会议召开。会议要求各级、各部门认清形势，切实增强搞好机构改革的责任感、紧迫感；立足全局，正确把握机构改革的指导思想、目的和要求；端正态度，正确看待这次机构改革中的调整问题；加强领导，确保机构改革工作顺利进行；抓住重点，全面完成机构改革的各项任务。

2002年6月16日，全县夏征工作会议召开。会议要求各级吃透农村税费改革精神，正确把握农税夏征工作原则；坚持“四个统一”，严格执行粮食收购政策，全面完成农税夏征任务。

2002年7月19日，全县农业产业化工作会议召开。会议要求各级认清形势，正视差距，增强加快发展农业产业化的紧迫感和危机感；明确目标，理清思路，着力解决农业产业化经营中的问题；加强领导，强化服务，为农业产业化发展提供有力的保障。

2002年9月18日，全县计划生育工作会议召开。要求各级、各部门正确分析所面临的人口形势，增强做好计划生育工作的紧迫感和责任感；突出重点，狠抓落实，扎扎实实做好计划生育工作，确保实现既定工作目标。

2002年9月28日，县政府召开全体（扩大）会议。会议要求正确认识经济和社会形势，进一步增强加快发展的紧迫感、压力感和责任感，集中精力抓落实，决战四季度，确保完成和超额完成全年各项任务目标。

2002年10月26日，全县林业工作会议召开。会议要求全县上下统一思想，提高认识，把林业作为一大产业来抓；理清思路，明确任务，推进林业跨越式发展；加强领导，精心组织，确保把林业生产各项任务落到实处。

2003年1月22日，县政府全体（扩大）会议召开。会议要求：加强学习，努力提高自身素质和驾驭全局的能力；解放思想，与时俱进，始终保持奋发有为的精神状态；求真务实重落实，转变工作作风；加强团结协作，形成工作合力；严肃纪律，确保政令畅通；推进政府法制建设，提高依法行政水平；强化责任，严格奖惩，营造干事创业大环境；廉洁勤政，树立良好的公仆形象。

2003年3月12日，全县民营经济工作会议召开。会议要求民营企业要冲破束缚自身发展的各种思想障碍；靠大项目带动实现民营经济的快速发展；以招商引资统揽民营经济发展全过程；把经济园区建设摆到十分重要的位置；充分认识解决民营经济问题的关键在于优化环境；强化领导、落实责任，推进民营经济快速发展。

2003年4月7日，全县安全生产工作会议召开。会议要求切实增强做好安全生产工作的责任感和使命感；明确任务，强化措施，扎扎实实做好安全生产工作；加强领导，密切配合，确保全县安全生产形势稳定。

2003年4月30日，召开全县防治“非典型性肺炎”工作会议。会议要求统一思想，提高认识，增强做好“防非”工作的紧迫感、责任感和使命感；突出重点，强化措施，全力打好“防非”攻坚战；明确任务，加强领导，确保“防非”工作依法有序进行。

2003年6月3日，全县招商引资工作会议召开。会议就招商引资的思想认识问题、招商引资方式问题、发展环境问题、奖惩兑现问题做出详细解读和安排部署。

2003年7月19日，全县农业化工作会议召开。会议要求认清形势，正视差距，切实增强加快发展农业产业化的紧迫感和危机感；明确目标，理清思路，着力解决农业产业化经营中的问题；加强领导，强化服务，为农业产业化发展提供有力的保障。

2003年11月12日，全县农田水利基本建设动员会召开。会议要求切实增强搞好农田水利基本建设的责任感和急迫感；明确目标，突出重点，科学安排今冬明春农田水利基本建设任务；加强领导，强化措施，坚决打好农田水利基本建设总体战。

2004年8月16日，全县经济工作会议召开。要求举全县之力，扩大开放，务求招商引资实效；理清思路，科学定位，全面提升民营经济发展水平；全面落实“三高”（高起点规划、高质量建设、高水平管理）要求，提升城市建设管理水平；加强城乡环境卫生治理，全力打造舒适宜人的生活环境；加强和改善对全县经济工作的领导。

2004年10月29日，全县创建文明城市暨城乡环境综合整治动员大会召开。会议要求增强开展创建文明城市和城乡环境综合整治活动的责任感和紧迫感；明确目标，突出重点，全党动员、全民发动，确保实现创建文明城市和环境综合整治工作目标。

2004年11月3日，县政府召开年度安全生产工作会议。要求政府部门和各生产单位居安思危，警钟长鸣，进一步提高对安全生产工作重要性的认识；明确责任，狠抓落实，切实建立起明确、具体、严密覆盖的责任体系；重心下移，夯实基础，努力提高安全生产监督管理水平。

2005年3月9日，全县金融联席会议召开。会议要求认清所面临的形势，树立科学金融发展观；正确理解国家宏观调控意图，保持信贷投放的连续性和稳定性；明确重点，分类扶持；创新服务方式，提高服务水平。

2005年4月1日，全县依法行政暨监察审计工作会议召开。会议从规范政府行为、加强自身建设的高度，要求全县各级充分认识加强依法行政和监察、审计工作的重要意义；突出重点，强

化措施，全面做好依法行政和监察、审计工作；加强领导、落实责任，确保把依法行政和监察、审计工作不断推向深入。

2005 年 4 月 12 日，全县经济工作会议召开。会议要求认清形势，自我加压，进一步坚定完成全年任务目标的决心和信心；工作上整体推进，重点突破，加强领导，严格奖惩，确保把各项任务目标落到实处。

2005 年 7 月 29 日，召开全县经济发展情况交流现场会。要求突出抓好重点项目建设；努力提升秋季农业结构调整层次；继续举全县之力招商引资、扩大开放；千方百计做好财政增收挖潜工作；加快基础设施和城乡建设步伐；不断改善发展环境；促进社会及各项事业和谐稳定发展。

2005 年 9 月 6 日，召开全县财税工作会议。要求把发展作为解决财政问题的根本途径，把“四税”增长作为组织收入第一位的任务，把各种非税规费的征收作为开源增收的重要渠道，把向上争取项目资金作为当前缓解财政困难的关键措施来抓，把加强领导、狠抓落实作为做好财税工作最根本的手段。

2005 年 11 月 7 日，召开全县防控禽流感工作会议。会议要求：提高认识，切实增强做好防控工作的紧迫感和责任感；突出重点，扎实有效地做好禽流感防控工作；加强领导，确保全面完成禽流感防控工作任务。

第三章　施政辑要

1991~2005 年，金乡县人民政府印发各类决定、意见、规划、方案、通知等共 616 个文号，内容涉及国民经济和社会发展的方方面面，施政取得良好成效。2005 年，完成地区生产总值 60.5 亿元，实现地方财政收入 1.3 亿元，职工年均工资 9852 元，农民年人均纯收入 4246 元，城乡居民储蓄存款余额 33.7 亿元，社会消费零售总额 20.75 亿元，分别是 1990 年的 9.76 倍、6.49 倍、5.42 倍、6.48 倍、12.51 倍、7.08 倍。人口自然增长率由 1990 年的 44.1‰下降到 5.64‰，电力、交通、通信、科技、文化、教育、医疗卫生等项事业也有了较快发展。

第一节　改革开放

1991 年 3 月 9 日，县委、县政府作出《关于加强对乡镇、县直工业部门党政主要领导实行工业发展目标责任制的决定》，明确规定超额完成任务有奖，完不成任务受罚。同月 22 日，县政府印发《关于工业企业技术进步工作若干规定》，要求建立和完善技术进步考核体系；设立技术进步基金；做好国外先进技术的引进和消化吸收工作；大力发展新产品，扩大应用新技术；建立健全技术开发机构；强化技术进步的计划管理；进一步加强对企业技术进步工作的领导，努力提高产品质量。

1991 年 12 月 5 日，县委、县政府发布金发〔1991〕28 号文，决定县变压器厂、金贵酒厂进行放开经营试点改革。

1993 年 1 月 20 日，县政府印发《金乡县城镇住房制度改革实施方案》，要求：住房制度改革要坚持国家、集体、个人三者共同负担和租、售、建并举，以及分步实施、渐进到位、机制转换原则，并对分阶段、按步骤房改的具体内容、办法提出具体意见。

1994 年 3 月 27 日，县政府印发《关于进一步放宽搞活劳动用工的意见》。（详见附录）

1994 年 5 月 11 日，县政府印发《关于切实做好减轻农民负担工作的通知》。要求：严格乡镇统筹和村级提留预算审批，多报项目和数额一律核减，经乡镇人代会审议通过后实施；普遍推行“农民负担卡”，“卡”外不合理负担，农民有权拒承。

1996 年 4 月 22 日，县政府印发《关于完善

公有企业“一书三制”的补充规定》。（详见附录）

1996年9月29日，县政府印发《关于深化城镇住房制度改革的实施意见》。要求：全面推行住房公积金制度，积极推进租金改革，稳步出售公有住房，鼓励集资、合作建房，大力发展房地产交易市场和社会化房屋维修、管理市场，加快经济适用房建设，到20世纪末初步建立起新的城镇住房制度，城镇居民住房达到小康水平。

1996年10月7日，县政府印发《金乡县国家公务员制度实施方案》。要求：按照“积极稳妥、注重实效、整体推进、分步实施”原则，高标准、严要求、有计划、有步骤地推进国家公务员制度，力争年底前在全县各级国家行政机关初步建立国家公务员制度运行机制，此后逐步完善。

1997年7月24日，县政府批转县乡镇企业管理局、体改委《关于进一步深化乡镇企业产权制度改革的报告》。通知要求各乡镇政府、政府各部门认真落实“报告”提出的意见，出售或转让产权坚持公开、公平、合理原则；规范改制“因厂制宜、一厂一策”，采取股份制、股份合作制、租赁、兼并、联合、外资嫁接、破产、拍卖等多种形式；逐步建立起适应市场经济要求、产权清晰、权责明确、政企分开、管理科学的现代企业制度。

1998年5月26日，县政府印发《关于发展外向型经济实行任务目标考核的奖惩办法》。考核内容包括合同利用外资、实际利用外资、“三资”企业销售收入、实现利税、出口创汇额五个项目。考核办法：按县政府下达的年度任务目标，对被考核单位实行计分考核。考核得分70分（含70分）以上、当年自营出口创汇50万美元（含50万美元）以上、创办“三资”企业建成投产主要经济指标达到要求、引进高精尖技术项目和资金创益贡献突出的按规定标准受奖。考核得分在60分以下，最后两名予以通报批评；连续两年被通报的给予黄牌警告；连续三年被通报的追究主要责任人和分管责任人的责任。

1999年3月31日，县政府印发《金乡县1999~2001年工业企业产品结构调整规划》。针对全县多数工业产品技术含量低，竞争能力差；大而不强，小而不专；技术创新产品开发能力不足，产品结构调整缓慢，产品种类一贯制的问题，提出工业产品结构调整的任务和总体目标：重点扶持干式变压器、优质白酒、棉纱、牛仔布等市场占有率较高的主导产品，巩固发展油浸式变压器、煤矸石砖瓦、粮食食品等有一定市场的产品，注重运用新工艺、新技术，提高产品档次；重点开发硒蒜制药、农副产品深加工等技术含量高、市场潜力大，适合金乡经济发展要求的新主导产品，逐步淘汰一批无潜在市场、技术含量低，经济效益差的产品。重点培植发展金曼克、金贵酒、金利纺、金科药业等骨干企业集团。通过调整，建立以高新技术产业为先导，“龙头”产品为依托，优势企业为主体，重点突出、布局合理、技术先进、运行高效的现代工业体系。

1999年12月9日，县政府印发《金乡县农村宅基地管理暂行规定》。主要内容：禁止买卖宅基地；村庄规划区内集体宅基地、空闲地、荒地、坑塘等由村民委员会统一规划、管理、安排使用；村庄规划总面积控制在人均占地125平方米以内；农村建房应充分利用原有宅基地、空闲地，严禁占用耕地；县城郊区及乡镇驻地村庄，每户宅基地面积不得超过166平方米，其他村庄不超过200平方米；农村建房用地实行计划管理，按规定程序审批，并公布于众，接受监督。超标、超占宅基地的，按文件规定处理。

2000年4月5日，县政府批转县体改委《关于对股份制企业、股份制合作企业和企业集团进行规范的报告》。针对有些企业改制未转制，股本金不到位，法人治理结构不健全，企业内部机制不活的问题，对改制企业进行规范完善。各企业组织专门人员，按规范标准进行自查，自行解决查出的问题，缺少的项目，尽快填补；对届满三年的公司制企业，要进行换届选举，规范时间至10月底结束。

2000年5月15日，县政府印发《关于全面推行林业产权制度改革的意见》。改变过去“零

栽散管、自由放任”的管理模式为适度规模经营，以拍卖、租赁、承包为主要形式，在林地与农田分离的基础上，明确林地所有权，放活使用权，落实管护权，使林业生产向大户集中，提高林业生产效益和产业化水平。属一次性拍卖的，在合同期内使用林地经营林木，收益归个人；承包或租赁的，林木所有权归集体，管理权和林地使用权归承包或租赁者，在承包或租赁期内按规定交纳承包或租赁费。林网及沟渠林木，承包期 15 年；河堤荒滩 20 年；经济林 30 年，最长不超过 50 年。

2001 年 7 月 12 日，县政府印发《关于加强土地“三项制度”建设深化土地使用制度改革的意见》《关于加强土地一级市场管理严禁土地非法交易的通知》《金乡县土地储备实施办法》《金乡县国有土地租赁暂行办法》《金乡县城镇国有土地使用权指标拍卖管理暂行办法》和《金乡县企业改革中土地资产管理暂行办法》。决定：在全县范围内推行土地储备、土地租赁、土地招标拍卖三项制度，强化土地管理，规范土地市场，打击非法买卖土地行为，促进经济发展。

2002 年 5 月 10 日，县政府印发《关于对行政审批事项实行集中办理的决定》。决定：设立金乡县行政审批中心，统筹管理全县的行政审批事项和行政性、事业性收费事项；将承担各类经济组织和城乡居民的行政审批事项及其行政性、事业性费用收取单位，统一纳入审批中心；审批中心实行“集中办公、统一管理、分别审批、统一收费、统一考核”；进驻审批中心各单位所有行政性、事业性收费，一律由执收单位开票到收费窗口缴款，实行票款分离。

2002 年 9 月 28 日，县政府印发《关于做好生态示范县建设工作的通知》。要求：认真落实山东省环保局批准金乡县为省级生态示范县建设试点地区的〔2002〕274 号文件精神，强化意识，加强领导，明确任务，落实责任，多渠道筹集资金，营造生态示范区建设浓厚氛围，统一规划，综合建设，搞好试点，使金乡县真正成为生态良性循环，经济持续、快速、健康发展和社会全面进步的生态示范区。

2003 年 12 月 8 日，县政府印发《关于加快发展现代物流业的实施意见》。决定：依托金乡产业优势和区位优势，构筑适应市场需求的现代物流框架体系，力争在2005年以前建成大蒜、农资、粮油食品、烟草盐业医药、煤炭、交通六个物流配送中心；大力发展第三方物流，形成物流中心和第三方物流互为补充，共同发展的现代物流业，把金乡县建成鲁西南区域性物流中心。

2005 年 8 月 10 日，县政府印发《关于加强金融生态环境建设的实施意见》。要求：打造“信用金乡”“做诚信之人、办诚信之企业、兴诚信之举”，力争用 5 年左右时间，在金乡建立起“内外环境和谐、金融服务优良、支持经济有力、互惠互利共赢”的良好金融生态环境，提高资金配置效率，有效解决金乡经济发展的资金瓶颈。

第二节　经济发展

1991 年 8 月 1 日，县委、县政府以金政发〔1991〕16 号文发布《关于加强土地管理的决定》，指出土地是人类赖以生存的物质基础，是农业最基本的生产资源，要向全体民众开展土地管理法律、法规的宣传教育；采取有效措施，严格控制建设用地；全面推行农村宅基地有偿使用；强化执法监察，依法管理土地；实行优惠政策，搞好土地开发复垦。

1993 年 3 月 4 日，县政府印发《关于稳定一九九三年度棉花生产的决定》。要求落实植棉面积 35 万亩，实现总产 45 万担，收购 36.8 万担的任务目标；市场低于最低保护价时按最低保护价收购，有多少收多少，多收有奖。并对繁育推广棉花良种、抓好病虫害防治、提高棉花加工质量提出具体要求。同月 26 日，县政府制定《关于做好一九九三年蒜薹销售工作的意见》。要求立足早准备、早动手、早落实；广泛宣传，大造声势，开展“金乡大蒜万里行”活动；组织开好订货会；交通、金融、工商、公安等部门要为购销工作创造宽松环境，努力完成销售蒜薹 6 万吨、蒜头 30

万吨的目标任务。

1993年4月8日，县政府印发《关于进一步加快工业经济发展的暂行规定》（详见附录）。

1993年10月10日，县政府印发《关于大力开展农田水利基本建设的意见》。要求全县各级增强水患意识，围绕发展高产、优质、高效农业，因地制宜，加大投入，沟、渠、路、林、田、井、站、桥、涵、闸统筹规划，旱、涝、渍、碱综合治理，广泛发动群众，精心组织会战，把质量和效益放在第一位，高标准，严要求，确保全县农田建设顺利开展。

1995年6月27日，县政府印发《关于加快经济发展的若干政策规定》（详见附录）。

1995年9月6日，县政府印发《认真贯彻落实县委、县政府〈关于大力发展畜牧水产业的决定〉的通知》。要求；大力开发利用农作物秸杆资源，搞好青贮饲料氨化池建设；各乡镇至少抓2~3个规模化养殖典型，表彰奖励畜牧水产养殖专业大场大户；制定优惠政策，促进养殖业规模发展。

1996年5月7日，县政府印发《金乡县技术市场管理办法》。要求：加强对技术市场的管理，支持和鼓励为经济建设服务的技术贸易活动，促进技术市场发展。

1996年5月10日，县政府印发《关于加强城乡规划建设管理的意见》。针对城乡规划建设工作中存在的问题，要求加快乡镇驻地和县城规划区、经济开发区的规划编制工作，并严格按规划组织实施，提高城市现代化水平，推进城乡一体化进程。

1997年3月18日，县政府印发《关于加快两个转变，促进工业发展的若干规定》（详见附录）。

1997年11月27日，县政府印发《金乡县民营科技企业管理办法》。对民营科技企业的定义、范围、设立、变更、权利义务和主管部门职责等作出明确规定。要求：加强对民营科技企业的管理，促进和引导民营科技企业健康发展，保障其合法权益，使其充分发挥在国民经济建设中的作用。

1998年7月15日，县委、县政府印发《关于进一步稳定和完善农村土地经营制度的意见》（详见附录）。

1999年1月14日，县政府印发《金乡县农村电网建设改造工作意见》。主要内容：充分利用国家投放的农网建设改造贷款资金8147.5万元，全部由县供电局负责承贷，全额用于农网建设与改造，由各乡镇供电所统一组织施工。低压改造的重点是低压配电室、低压主干线路、高耗能变压器和电表集箱安装。坚决淘汰国家明令禁止的高耗能变压器、老型号电表。农网建设改造达到结构合理、网架坚实、运行经济、安全可靠标准，降低农村电价，减轻农民负担，促进全县经济发展。

1999年7月1日，县政府印发《关于进一步开拓农村市场的通知》。要求：坚持农产品市场和农村消费品市场“双向”开拓，国有、集体、个体、私营、联营一齐上，工商联手共同开拓，多渠道搞活农村流通。依托金乡农产品资源优势，培植以农副产品购销、加工、储藏、运输等为主的龙头企业，走市场牵龙头、龙头带基地、基地连农户的路子。加强农村集贸市场建设，建设改造一批功能全、规模大、辐射能力强的大、中型专业市场。凡农民出售的商品，及时收购。拓宽经营范围，搞好分购联销、联购分销、连锁经营等服务。积极开展农村消费信贷，提高农村市场消费总量和比重，拉动全县经济适度增长。

2000年3月9日，县委、县政府出台《关于加快个体私营经济发展的若干规定》（详见附录）。

2000年3月18日，县政府发布《金乡县淮太防护林工程项目实施意见》。主要内容：利用中央财政预算内专项资金林业项目投资170万元，县级地方财政配套资金85万元，造林3万亩，当年完成主要任务，2001年完成补植。

2000年5月29日，县政府印发《关于进一步扩大对外开放加快发展外向型经济的实施意见》。要求：充分认识“外向拉动”的重要性，继续扩大对外开放；加大招商引资力度，培植多种形式的外贸龙头企业，努力开拓市场；大力发展对外经济技术合作，全面提高对外经贸工作水平。年

内实现合同利用外资400万美元，外资到位200万美元；出口创汇710万美元。到“十五”末，“三资”企业利用外资在780万美元的基础上翻一番，销售收入达到5.5亿元，实现利税2.18亿元；全县自营进出口创汇达到4500万美元。

2000年7月17日，县政府印发《关于调整农业结构发展农村经济的意见》。主要内容：稳定大蒜种植面积，压缩粮食面积，扩大蔬菜（大棚菜）和圆葱面积，增加花生和水稻面积，实现畜牧业和林果业两项突破。巩固提高大蒜主导产业地位，培育蔬菜、畜牧、特色林果、食用菌、花卉等后续主导产业，发展壮大以农副产品加工为主的龙头企业，完善市场体系，增加农民收入，提高农副产品商品率，把金乡建设成全国闻名的农副产品生产规模基地、加工和流通贸易中心。

2002年3月20日，县政府印发《WTO与中国大蒜产业化论坛暨大蒜科技成果博览会实施方案》。主要内容：邀请著名大蒜生产、加工专家来金乡，收集全国大蒜科技成果，探讨在中国加入WTO后大蒜产业如何提升产品附加值及在国际市场立于不败之地的对策，拓展大蒜深加工领域，提高大蒜产业化水平；以蒜为媒，招商引资，加快金乡经济发展。

2002年12月19日，县政府印发《关于加快实施农业标准化建设的意见》。要求：针对当前国内外农产品市场竞争激烈，金乡农产品总体水平水平不高，农业标准不健全，管理不规范问题，以市场为导向，实施农业标准化工程，发展无公害农业，在鱼山、马庙建立10万亩大蒜标准化基地，在卜集建立2万亩圆葱标准化基地，大力推进标准化生产；用3年~5年时间，创建无公害农产品市场，全面实行市场准入制度；抓好农业标准、质量检测、质量认证、信息服务、监督管理五大体系建设，增加资金投入，落实税收优惠政策，搞好金融信贷服务，加强经营用地管理，实行优惠电价扶持，确保农业标准化建设健康发展。

2003年3月10日，县政府印发《关于有机食品发展工作的指导意见》。决定：在全县发展有机食品的种植、加工及贸易销售。要求：每个乡镇都要在隔离条件好的地方选择500亩以上土地，由常规作物种植转为有机种植，不使用任何化肥、农药，不用转基因；经过3年转化期，将更多的转化地块创建成为有机生产基地。

2003年9月5日，县委、县政府作出《关于进一步加快民营经济发展的决定》（详见附录）。

2004年3月24日，县政府印发《关于进一步加强科技工作推动科技经济一体化进程的意见》。要求加大“科技兴县”战略实施力度，加大科技投入，强化科技创新，促进高新技术产业快速发展；深化科技体制改革，建立起科技与经济有机结合的运行机制，加速推进科技一体化进程，为实现全县经济跨越发展提供强大科技支撑。

2004年4月16日，县政府印发《关于开展“畜牧大县建设年”活动的意见》。决定：在2002年开展“畜牧发展年”和2003年开展“畜牧发展提速年”活动的基础上，开展“畜牧大县建设年”活动；用3年~5年时间把金乡建成畜牧大县。当年，全县畜禽总量1400万头（只），畜牧业产值8.5亿元，畜牧业总产值占农业总产值的30%，实现畜牧业农民人均增加100元。

2005年2月22日，县政府出台《金乡县对种粮农民直接补贴工作实施方案》。主要内容：统一对种植小麦的农民直接补贴标准每亩13元，以当年2月24日前出苗的折实小麦面积为依据，4月1日前将补贴资金拨付到乡镇财政专户，4月5日~10日由乡镇信用社直接办理补贴兑付手续。补贴资金不许集体代领、不准代扣、折扣各种税费；套取国家补贴资金和侵占农民补贴，发现一起查处一起。

第三节 社会事业

1991年12月23日，县委、县政府印发《关于进一步做好宗教工作的意见》，要求各级各部门提高认识，增强做好宗教工作的责任感和自觉性；加强管理，促进宗教工作正常化；做好对宗教界人士的团结、教育、培养工作，充分发挥爱国宗教团体在社会稳定和经济建设中的作用。

1992年8月21日，县委、县政府作出《关于提高教育质量，办好教育为人民的决定》。要求：坚持教育为经济建设服务，加快教育事业发展步伐；提高教育质量，不断深化学校内部改革；增加教育投入，努力改善办学条件；加强对教育工作的领导，保证和促进教育事业更快更好发展。

1994年6月22日，县政府印发《金乡县社会医疗保险试行办法》。对参保主体、服务对象、权利义务、医疗保险金的筹集和管理使用、职工医疗保险的医院管理和监督管理作出具体规定。

1994年12月17日，县委、县政府印发《关于保证教育优先发展若干问题的决定》。强调完善投资机制，增加教育经费；加强教育附加费的征收管理工作，搞好社会集资，对教育实行优惠倾斜政策。

1995年4月1日，县委、县政府印发《关于加快卫生事业发展的决定》。决定提出发展卫生事业的指导思想和主要目标任务是：制定并实施卫生区域发展规划，逐步完善卫生事业补偿机制，建立健全有效调控的县、乡、村三级医疗预防保健网络。

1995年7月20日，县政府印发《关于加快公路建设的意见》。要求：抓住国家对公路建设实行政策倾斜的有利时机，积极争取干线公路改造，搞好县、乡、村公路规划和建设，形成县、乡、村三级联动，全党全民办交通的新格局，全面实现1995~2000年公路建设发展目标，为扩大对外开放，加速经济发展提供强有力的交通保障。

1996年5月24日，县政府印发《金乡县妇女发展规划（1996~2000年）》和《金乡县儿童事业发展规划（1996~2000年）》。要求：认真贯彻落实两个《规划》中的具体目标，通过多种途径实现妇女参政议政，采取多种措施为妇女参与经济发展创造条件，提高妇女健康水平，切实保障妇女受教育的权力，依法保障妇女人身权利和婚姻家庭权力，提倡建立平等、文明、和睦、稳定的家庭关系，保护未成年女性及残疾妇女的特殊权益；推动儿童事业全面发展，使全县15万名儿童在生存、保护、发展诸方面得到全面保证。

1996年9月16日，县政府印发《关于加强农村卫生工作的意见》。针对农村医疗机构房屋陈旧、设施简陋、技术人才匮乏、农民自我保健意识淡薄、医疗保健制度不健全、卫生投入不足，影响农民健康水平提高的问题，要求深化农村卫生改革，推进初级卫生保健工作和农村合作医疗保健制度建设、卫生队伍建设，加大对农村卫生事业的投入，贯彻落实农村卫生政策，实现“2000年人人享有卫生保健”的规划目标。

1996年11月19日，县政府印发《关于贯彻市政府〈济宁市分散按比例安置残疾人就业办法〉的意见》。就分散安置残疾人就业对象、就业范围、残疾人就业保障金的收取交纳和使用范围等作出具体规定，要求各乡镇政府、县政府各部门、各企事业单位一并遵照执行。

1997年1月7日，县政府印发《关于建立农村村民最低生活保障线制度的通知》。主要内容：以政府保障为主，社会互助为辅，保障农村贫困者的（重点是老、弱、病、残人员）基本生活，鼓励贫困户自强自立，尽快脱贫，走共同致富之路。确定全县农村村民最低生活线标准为每人每年生活费600元，符合条件的村民其家庭人均纯收入低于600元的，以补差方式补到600元。社会保障金由县、乡、村三级按50%、40%、10%的比例分别负担。

1997年4月7日，县政府印发《金乡县实施〈全民健身计划纲要〉方案》。通知要求各级、各部门、各企事业单位从实际出发，分阶段重点实施，逐步推进，到2000年群众性健身活动全面展开，经常参加体育活动的人数不断增长，群众参加体育活动时间、体育消费额逐年增加，健身活动环境和条件有较大改善。

1998年6月25日，县政府印发《关于大力推进中小学实施素质教育的意见》。主要内容：落实教育优先发展战略地位，增加教育投入、改善办学条件；逐步树立正确的教育观、人才观和质量观；严格执行教学计划和《课程方案》，严禁随意更改和加班加点；义务教育阶段不办重点班，

不分快慢班、重点班；优化教师资源配置，提高老师队伍整体素质；改进教育教学方法，学习和推广“成功教育”“创造教育”“和谐教育”“愉快教育”等教育模式，把提高学生道德素质放在突出位置，让学生德、智、体全面发展、主动发展。

1998年10月4日，县政府印发《关于在全县全面推行乡村卫生组织一体化管理的通知》。决定：从1998年起，全面推行院办院管式乡村卫生组织一体化管理，将乡镇卫生院和村（居）卫生室融为一体，相互补充、共同发展。实施范围，包括全县境内所有行政村（居）卫生室（所）、个体医生及社会办医者。程序：由本人写出书面申请，卫生部门统一组织考试考核，择优聘用。被聘用乡村医生纳入卫生院管理，享受卫生院在职人员同等福利待遇，工资由卫生院统一发放，办理养老保险。对不参加考试考核，不接受管理的乡村医生、个体医生和社会办医者，一律取消行医资格。

2001年3月13日，县政府印发《关于进一步加快电话县建设的实施意见》。规定：当年建成电话县，电话入户率达到总户数的60%以上。当年6月20日前，王丕、羊山、化雨、高河、鸡黍、马庙首先完成电话乡镇建设，其余乡镇完成全年任务的70%。年底，所有乡镇建成电话乡镇，确保市政府要求的9.6万部达标数。县电信局追加投资5000万元，用于电话网扩容和宽带信息网建设。

2003年5月18日，县政府印发《关于加强水资源统一管理工作的意见》。要求：充分认识金乡县水资源短缺（人均占有水资源约680立方米，不足全国平均水平1/3）的严峻形势，加强对水资源统一规划、调度和管理，严格取水许可证制度，严格控制城区地下水开采量，在城区公共供水管网覆盖范围内不再批准新建自备水源；强化水污染防治工作；加强节约用水管理，全面推行农业综合节水技术，推广节水器具，实行超量加价，居民生活用水提倡一水多用。

2003年7月11日，县政府印发《关于加强村镇建设工作的意见》。决定：在两年内完成新一轮小城镇总体规划编制工作；将道路、供排水、绿化、亮化建设和市场、商贸、文教卫生、电讯等各项基础和公共设施建设作为工作重点；着力改造“空壳村”，每个乡镇有3~5个以上示范村，推广小康楼住宅建设，形成新的村镇风貌。

2004年5月18日，县政府印发《金乡县2004年村村通油路工程建设实施方案》。计划：修建农村公路73条，328.3千米，修建桥梁1座，总投资5840万元，其中地方配套资金2701万元。要求：统一规划、统一预算、统一招标、统一实施、统一监理、统一验收，5月底前全部完成2003年度续建任务，10月1日前完成2004年度建设任务。

2004年10月28日，县政府印发《关于加强城市和流动人口计划生育工作的意见》。决定：完善“属地管理、单位负责、居民自治、社区服务”管理机制和“现居住地”管理制度。要求：对流动人口和特殊人群严格管理，热情服务，尤其要做好经济园区（开发区）、集贸市场和城市居民住宅小区、城乡结合部的计划生育管理工作，落实计划生育优惠奖励政策，把人口自然增长率控制在6‰之内，出生人口性别比例控制在108之内，晚婚晚育率保持在80%以上。

2005年1月19日，县政府决定年内为民办好十件实事，分别是：改造建设农村公路200千米，基本实现“村村通油路”；有线电视入村率达75%，入户率达30%；打饮水深井20眼，改善6300户、2.5万人吃水条件；改造D级小学危房11处，救助700名特困生；投资240万元建成传染病救治中心；扶助年满60岁有一个子女或子女死亡现无子女夫妇每人每年360元；硬化仓坊街、荷香路东段等10条小街巷，更换安装文峰路、金山街等街巷路灯，增加公共场所照明；实施城区电网改造，满足城区生产生活需求；在沿街重点部位和居民小区安装电子监控和防盗报警装置，形成防控网络和快速反应机制；安排弱势群体再就业240人，扩大参加企业养老保险1750人。县政府督查室按月通报，督促落实，严格考核。

2005年10月21日，县政府印发《金乡县失地农民基本生活保障暂行办法》。决定：在全县建立失地农民基本生活保障制度，保障金“政府出一块、集体补一块、个人缴一块”，建立个人专户和统筹账户；男60岁、女55岁以上人员按县确定的标准一次性缴纳养老保险费，次月始领取养老金；男60岁、女55岁以下人员按县测算标准一次性缴纳养老保障费用，男满60岁、女满55岁始领取养老金；养老金待遇按缴费水平确定，分个人账户养老金和补充养老金两部分；建立失地农民基本生活保障制度，启动资金和业务经费由县财政解决。

2005年10月21日，县政府印发《高致病性禽流感防治应急预案》。通知要求：成立重大动物疫病防治指挥部，明确各部门职责，做好人员、资金、物资、技术保障；全县上下通力合作，“把住关口不输入，强制免疫不漏治，发现疫情早扑灭，严格控制不扩散，确保人员不感染”。

第四章 综合政务

第一节 体制改革工作

1988年8月，金乡县经济体制改革委员会（简称县体改委）成立，办公室设在政府办公室（简称县体改办），为正科级单位。1993年12月，机构改革时撤销体改委，设立虚委实办，为县政府办公室内设机构。1996年6月，重新设立县体改委，县体改办仍为县政府办公室内设机构。

1991~2005年，县体改委（体改办）贯彻执行党和国家及省、市党委、政府关于经济体制改革的方针政策，围绕公有制企业产权制度改革、破产重组、国有资产退出等项工作，研究制订实施方案，提出合理化建议，督促有关部门和企业单位积极稳妥地完成各项改革任务，指导企业建立现代企业制度。

1991~1993年，扩大企业自主权，企业具有用人权、技改权、产品经营权等项权利；实行承包经营责任制、厂长（经理）负责制，逐步摆脱政府对企业的束缚，企业发展环境日渐宽松；企业内部进行人事、工资等项制度改革，改善企业对职工的管理，职工工作能力与企业效益挂钩，责、权、利相统一。

1993~1996年，适应市场经济要求，全面推行企业产权制度改革。按照“强行起步、先入轨，后规范”的方针，集中对国有、集体企业进行以股份制为主要形式的体制改革。全县95家县属国有和集体企业94家完成改制。乡镇企业中，规模较大的进行了产权制度改革，规模较小的采取承包、租赁、出售等形式的改制。

1997年，继续深化改革，放开搞活中小企业。当年，县委、县政府印发《关于进一步深化企业改革的决定》。净资产1000万元以下的工业企业和净资产200万元以下的流通企业，将公有资产全部有偿转让给企业职工，也可面向社会出售。

1998年，制定《关于加快国有（集体）企业产权改革的若干意见》。提出：以出售、转让产权为主要形式深化改革，达到产权一次转移，资产一次变现，债务一次划转，国有资产从中小企业中退出。对资债大体相等的企业，实行“零”转让，原企业所欠银行债务，重新办理贷款划转手续。对严重资不抵债，无发展前途的企业，依法实施破产。

2005年，国有资产全部从中小企业退出。

第二节 政府法制建设

1990年，成立金乡县法制局（正科级行政单位）。1993年12月，机构改革时更名为法制办公室（简称县法制办），职能并入县政府办公室，原规格不变。主要负责审查修改各部门、乡镇报送的由县政府发布的规范性文件草案；对县政府各部门和各乡镇政府执法情况进行监督；组织或

参与检查法律、法规、规章和规范性文件的执行；办理各乡镇、县政府各部门制定的规范性文件和作出重大行政处罚决定的备案工作；承办县政府管辖的行政复议案件，受县政府委托参加行政诉讼活动；负责县级行政赔偿的申请受理及有关协调工作；对全县的行政复议、应诉和行政赔偿工作进行指导；负责政府系统依法行政活动和行政执法责任制的日常组织、协调和指导工作；负责对全县行政执法人员的法律培训及执法证件的管理。

1991 年，县法制局对新中国成立后县政府印发的规范性文件进行全面清理，对继续有效的 53 件汇编成册，印发全县。

1992~1993 年，对涉及企业、公路“三乱”和农民负担等方面的文件进行专项清理。此后，又多次对规范性文件进行清理，先后制订《关于规范性文件制定程序的规定》《关于规范性文件备案管理办法》《关于规范性文件发布形式的通知》等，对制定规范性文件应遵循的原则、规划、计划、起草、会签、审定、发布、备案等程序分别作出明确规定。

1994 年 4 月 18 日，县政府印发《关于切实加强政府法制工作的通知》。强调各级要把法制工作当作涉及全局的大事来抓，严格规范性文件制定程序和备案审查，加强行政执法监督检查和对行政执法人员的管理，做好复议应诉和法律服务工作，提高依法行政水平，促进社会主义市场经济健康发展。

1991~2005 年，县法制局（法制办）先后制定“八五”“九五”“十五”三个《金乡县依法行政五年规划》和年度计划，县政府各部门、各乡镇政府也分别制定贯彻落实“规划”方案，各行政执法部门制定行政执法责任制实施细则，将所负责实施的法律、法规细化分解到科室和个人，并纳入年度考核。组织政府机关工作人员学习、宣传《中华人民共和国行政诉讼法》《中华人民共和国行政复议法》《中华人民共和国行政复议法实施条例》《中华人民共和国行政处罚法》《中华人民共和国行政许可法》《中华人民共和国国家赔偿法》和其他法律法规。其间，组织县政府组成部门领导成员学法 37 次；培训行政执法人员 2578 人次，为 1547 名行政执法人员办理行政执法证，做到了“先培训、后上岗，持证上岗”；清理行政许可项目 246 项、保留 91 项，非行政许可项目 65 项、保留 38 项，公布行政执法主体 27 个，行政许可实施主体 27 个；受县政府委托办理以县政府为被告的行政诉讼案件 3 件。受理行政复议案件 125 件，全部按期办结。

1993 年经县编委批准，正式成立金乡县法律服务中心，正科级事业单位，为省法律服务中心分支机构，有专、兼职工作人员 6 人。到 2005 年，共为 100 多家行政机关、乡（镇）政府、企事业单位和个体工商户担任常年法律顾问，代理民事、经济、行政案件 500 多件，接待法律咨询 5000 余人次。13 个乡（镇）和 23 个县政府部门也都成立专兼职法律服务机构，配备专兼职工作人员，形成较为完善的政府法制工作组织服务体系。

第三节　政务督查工作

1991~2003 年，县政府办公室设有督查科，2003 年 6 月成立县政府督查室，正科级行政单位，挂靠县政府办公室，人员从内部调剂。

1991~2005 年，政务督查工作突出重点，注重实效，建立健全运行机制，提高督查工作质量。县政府在部署工作时安排督查工作；政务督查人员可参加各种相关会议，跟随县领导现场办公，随时接受督查任务，关注、掌握工作部署的运行情况；实行月通报制度，对落实工作进展缓慢的发督办通知书；对人大代表建议咨询、政协委员提案和上级领导批示件以及“县长热线电话”交办的事项及时立项，明确承办部门、办理时限，并跟踪催办，按期反馈办理结果；开展政务调研活动，在调研中督促工作落实，组织撰写督查调研材料，为领导决策提供参考和依据。其间，共完成省、市下达的督查件 751 件，各级领导批办

件 957 件，落实率 100%；编发《政务督查》279 期；办理县人大代表建议 1175 件，县政协委员提案 1223 件，面复率 98%，助推全县经济建设和各项事业较快发展。

第四节 史志工作

1983 年 2 月 3 日，金乡县地方史志编纂委员会成立，主任由县长担任，副主任由分管副县长担任，有关部、委、办、局负责人任委员，下设办公室（简称县志办），副科级单位。1989 年，县志办升格为正科级单位。1993 年 12 月机构改革，县志办并入县政府办公室，为直属正科级单位。至 2005 年，金乡县地方史志编纂委员会先后进行多次调整，主任均由县长担任，分管副县长任副主任，县有关部、委、办、局负责人任委员。

《金乡县志》

全志 85 万字，是新中国成立后金乡县编修的第一部新方志。1991 年开始编纂，8 个月完成初稿后，呈送县史志编纂委员会审核，并发全县有关单位征求意见。1992 年 5 月通过济宁市史志办公室主持召开的《金乡县志》稿评审会评审。多次修改后经县史志编纂委员会核准，于 1995 年 8 月交付北京生活·读书·新知三联书店印刷出版。该志上限无明确界限；下限大部止于 1990 年。采用记、述、志、传、图、表、录七种体裁，以志为主，图、表辅之。首置总述，中设专志 21 编；下为人物，附录，大事记殿后。专志按编、章、节、目体记述。

图 22-2　金乡县志

《金乡年鉴》

《金乡年鉴（1991~1995）》综合卷的编纂始于 1997 年 4 月，止于 1998 年 6 月。全书 77.8 万字，1999 年 8 月编毕并正式出版。该卷年鉴采用条、目体，先横后纵的原则，记、述、志、传、图、表、录 7 种体裁，以志为主。该年鉴是金乡县编修的第一部综合年鉴。

图 22-3　金乡年鉴

《金乡人物志》

《金乡人物志》的编纂始于 2003 年 2 月，止于 2005 年 12 月。全志 33.2 万字，2007 年 10 月编纂完毕并正式出版。该志主要记载金乡县籍、客居金乡县，早年参加革命工作的老党员、老红军、老八路；金乡籍或曾在金乡县工作过的客籍担任副县（副团）级以上领导干部、大中型企业领导人；正高以上职称的科技人员和受省、部级以上表彰的人员。全书共收录人物 500 余人。

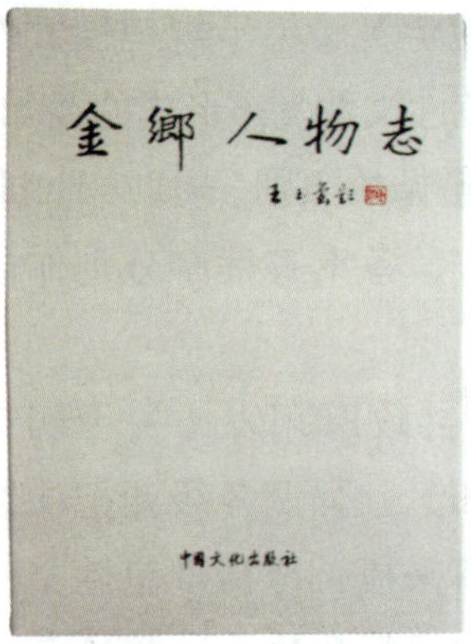

图 22-4　金乡人物志

续修《金乡县志（1991~2005）》

第二轮修志工作于 2005 年启动，2006 年 3 月召开全县续志编修工作会议进行全面部署。印发《金乡县第二轮修志实施〈方案〉》及《金乡县志（1991~2005）篇目》；编发《续修新方志培训教程》，邀请济宁市史志办领导、专家、学者讲课；举办《金乡县志》（续修）撰稿单位人员培训班；向全县供稿单位下达撰稿任务。

为上级史志部门提供资料

1991~2005 年间，县志办每年都为山东省史志办、济宁市史志办编纂《山东省年鉴》《济宁市年鉴》提供有关金乡县的文字资料，同时为省、市史志办编纂的各类志书提供资料，所供资料质量好，速度快。2005 年，荣获山东省史志工作先进集体，受到省政府办公厅和人事厅的联合表彰。

指导乡镇（街道）、部门分志编纂

县志办在编纂县志的同时，先后指导、审查、编纂出版了《金乡县水利志》《金乡县人大志》《金乡县教育志》《金乡县粮食志》《金乡县财税志》《金乡县金融志》《金乡县卫生志》《金乡县城建志》《金乡县人民医院志》等，其中《金乡县水利志》获山东省水利厅优秀成果一等奖。

依托山东省情网、济宁市情网平台，建成金乡县情网网页。

图 22-5　部门分志

第五节　老龄工作

1987 年 11 月，成立金乡县老龄工作委员会（简称县老龄委）。1988 年 3 月，成立县老龄委办公室。1989 年 12 月，老龄委由政府序列划归党群序列。1999 年 5 月，县老龄委和老龄委办公室调整为政府序列，为县政府直属正科级单位。2002 年 5 月，根据中共金乡县委、金乡县人民政府《关于金乡县人民政府机构改革的实施意见》，成建制转为事业单位。全县 13 个乡镇均建立健全老龄组织机构，656 个行政村建立老年协会。县直各单位均有人负责本单位的老龄工作。

1991~2005 年，县老龄委组织全县各部门单位、团体学习贯彻落实《中华人民共和国老年人权益保障法》，全县 60 岁以上老年人不承担义务工、劳动积累工和各种集资；百岁老人每月发放 100 元长寿补贴。老年人因领取退休金、抚恤金、养老金和因赡养费、抚养费、医疗费等提起的诉讼案件，优先立案、优先审理、优先执行；70 岁以上老年人因上述事由提起诉讼的，免收诉讼费、执行费。以老年大学为主、各团体组织为辅，适时组织老年人学习新知识，更新观念，保持思想进步，并身体力行，教育好子孙后代。每年都组织开展老年迪斯科、太极拳、太极剑、健身操、钓鱼、门球、大秧歌、交谊舞等比赛活动，展现金乡老人的风采。鼓励老年人学习绘画、书法、声乐、营养保健等知识，陶冶情操，提升素质。鼓励老年人用自己长年积累的知识、技能和经验，继续为金乡经济和社会发展做出新的贡献。其间，全县有 138 名老年人受到各级表彰，其中 128 人受到县级表彰，5 人受济宁市表彰，3 人受到山东省表彰（吴秀英、李素荣、黄芳荣），2 人受到国家表彰（黄芳荣、周培启）。

2005 年，全县总人口 61.11 万人。其中，60 岁以上老年人 9.27 万人，占全县总人口的 15.16%；90 岁以上老年人 1700 余人，占全县老年人口的 1.86%；百岁老人 46 人，占老年人口的 0.07%。按照联合国有关规定，金乡县已经进入老龄化社会。

第六节　其他工作

政研工作

1991 年 6 月，设立政策研究室，1993 年 12 月，机构改革时被撤销，1998 年 5 月恢复，正科级行政单位，隶属县政府办公室领导。

1991~2005 年，县政府研究室围绕全县经济

和社会发展中遇到的新情况、新问题开展调研工作，共完成省、市和县领导交办的各项调研任务70余次，撰写调查报告150余篇，编发《政府工作》15期，在市以上报刊发表调研文章50余篇。

文秘机要

1991~2005年，县政府文秘机要部门按照《行政机关公文处理办法》，严格公文起草、登记、传阅、签发等程序，提高公文办理质量。年均起草领导会议讲话150余篇，撰写总结、汇报材料60余篇。年均制发县政府、县政府办公室等各类文件380余件4万余份。年均登记、签批、传阅、回收、处理中央和省、市来文1万余份，未发生错发、漏发及延误，无失、泄密，准确无误。

政务信息

1991~2005年，发挥政务信息形式灵活、内容短小、反馈及时的特点，坚持全员办信息，注重信息由数量型向质量型转变。年均采集、上报各类信息600余条，被中央、省、市采用120余条，各级领导批示20余条。年均编发《金乡政务信息》《参阅信息》《专报信息》等100余期，为县委、县政府科学决策提供大量的第一手资料。连续多年保持省政府办公厅信息直报点，多次被评为济宁市政务信息工作先进单位，5人次受到省政府办公厅表彰，42人次受到济宁市政府表彰。

会务接待

1989年1月成立接待办公室，正科级单位，1993年12月机构改革时被撤销，其职能由县政府办公室负责。

1991~2005年，坚持“接待工作无小事”的服务宗旨，严格规范会议流程，科学谋划，精心组织，周密安排，确保会议质量和效果。年均承办县内各类综合性会议70余次，接待上级领导到金乡视察调研、外地组团参观考察学习等100余次，接待宾客3000余人次。

县长热线

2001年5月，设立县长热线电话（8822222）办公室。实行24小时昼夜值班，倾听群众呼声，改善政府形象，“上为政府分忧，下为群众解难、力促经济发展”。建立健全热线电话签收、批办、落实、督办机制，以书面批办单形式及时批转承办单位，限时办结，为投诉者化解难题。年均处理热线电话6500余件，批转率100%，办结率98%，投诉者满意率95%。

行政值班

1991~2005年，坚持由政府办公室领导带班的24小时全天候值班制度，年均接收、批办市级以上传真电报700余件，处置应急突发事件40余起，日处理电话通知近百件，车辆安全行驶里程年均30万公里。

后勤保障

1994年1月，县机关服务中心成立，正科级单位，主要负责机关实体、机关车辆管理和后勤保障工作。后因多种原因而解体，其职能由县政府办公室承担。

以创办花园式单位为目标，搞好办公区的美化、绿化、亮化，确保机关办公区及家属区水电暖的供应和养护，维护正常的办公和生活秩序。

无线电管理

1991~2005年，金乡县无线电管理办公室负责县域内无线电管理工作。主要受理、转报单位和个人的设台（站）申请；协助上级无线电管理机构收缴无线电台（站）注册登记费和频率占用费；对使用、销售无线电发射设备实施监督检查和验证；受理设台（站）单位和个人的无线电干扰投诉，协助上级无线电管理机构予以查处。

第二十三篇
政协金乡县委员会

政协金乡县委员会

中国人民政治协商会议金乡县委员会（简称县政协）成立于1963年9月。“文化大革命”期间活动中断。1980年恢复。1990年3月、1993年2月、1998年1月、2003年1月，县政协分别召开了第五届、第六届、第七届、第八届一次会议，选举产生各届政协主席、副主席、常委。自七届一次会议始，设立专职秘书长。苑立常、李遵德、韩振中先后任政协主席。

政协金乡县委员会一至五届每届任期3年，1993年第六届起改为5年。

1991~2005年，政协金乡县委员会在中共金乡县委领导下，坚持“长期共存、互相监督、肝胆相照、荣辱与共”的方针，按照政协章程，履行政治协商、民主监督和参政议政职能，围绕金乡县社会主义建设事业和人民群众息息相关的重大问题，深入调查研究、反映社情民意、积极建言献策，发挥重要作用。

第一章 政协委员 全委会议

第一节 委员构成

金乡县政协委员由中国共产党、民主党派人士、无党派人士、群众团体、各少数民族及各个界别人士组成，另有特邀委员，具有广泛的代表性。

委员条件

政协委员是参加人民政协的各党派、各团体和各族、各界的代表人物，在社会上享有较高的声誉。县政协委员必须热爱祖国和人民；能够代表各党派、各团体和各个界别参加政协；并具有丰富的政治、社会阅历和经验，有参政议政能力；有健康的体质和适应工作需要的年龄。同时，必须严格遵守政协章程的各项规定，履行政协章程赋予的职责，积极参加县政协的各项活动和工作，维护政协章程的尊严。

委员安排

金乡县安排政协委员坚持从实际出发，因地制宜，统筹兼顾，全面安排的原则，从有利于调动各方面积极性，巩固和促进安定团结的政治局面，促进改革开放和社会主义市场经济的发展，推进社会主义民主政治建设和社会主义精神文明建设，推动祖国和平统一大业的实现等方面通盘考虑，兼顾党内外比例和民族、界别、性别、年龄的比例，并从发挥人民政协整体功能和提高委员参政议政整体水平出发，考虑委员会整体的政治结构、知识结构、年龄结构、能力结构的合理性，处理好政治安排与开展工作的关系。

委员的产生

金乡县政协委员由提名推荐产生。推荐政协委员名单先由各党派和无党派民主人士、各人民团体、各个界别协商提出；中共金乡县委有关部门对各方面提出的推荐名单进行综合平衡，反复同各推荐方协商形成建议名单；然后将委员建议名单提交政协主席会议审议同意后，由常务委员会协商表决，经全体常务委员过半数同意予以通过。经政协常务委员会通过的委员，由政协办公室通知推荐单位和本人，发委员证书，并向社会公布。增补政协委员，也经过上述步骤。

委员权利和义务

按照政协章程规定，县政协委员在政协会议上有表决权、选举权和被选举权；有对政协工作提出批评和建议的权利；有通过政协会议和组织参加讨论本县重大事务的权利；有对本县国家机关和国家工作人员的工作提出建议和批评的权利；有对违法行为检举揭发、参与调查和检查的权利；有声明退出政协的自由；在受到处分时有请求复议的权利。

县政协委员有遵守政协章程、履行上级政协会议决议和履行本会会议决议的义务。政协委员如果严重违反人民政协章程或人民政协会议的决议，由县政协常务委员会分别依据情节轻重给予警告处分，或者撤销参加人民政协的资格。

政协金乡县第六、七、八届委员会委员界别构成表

表 23-1-1

序号	界 别	第六届委员会（1993.02~1998.01）		第七届委员会（1998.01~2003.01）		第八届委员会（2003.01~2007.12）	
		人数	占委员总数 %	人数	占委员总数 %	人数	占委员总数 %
1	中共界	15	8.6	14	8	16	8.6
2	民主党派界	3	1.7	4	2.4	2	1.1
3	工会界	4	2.3	4	2.4	3	1.6
4	青联、共青团界	2	1.1	3	1.7	3	1.6
5	妇联界	2	1.1	3	1.7	4	2.2
6	工商界	8	4.6	17	9.8	18	9.7
7	农业界	21	12	17	9.8	21	11.3
8	文化艺术界	5	2.6	3	1.7	3	1.6
9	社会科学界	10	5.7	11	6.3	15	8.1
10	科技、科协界	9	5.1	11	6.3	10	5.4
11	教育界	15	8.6	13	7.4	13	7
12	体育界	3	1.7	2	1.1	2	1.1
13	医药卫生界	8	4.6	9	5.1	15	8.1
14	经济界	35	20	34	18.9	34	18.3
15	少数民族界	2	1.1	2	1.1	3	1.6
16	宗教界	2	1.1	2	1.1	2	1.1
17	特邀界	14	8	16	9.2	13	7
18	侨台属界	17	9.7	10	5.7	7	3.8
19	非公有制经济	—	—	—	—	2	1.1
合计	—	175	—	175	—	186	—

第二节 全委会议

政协金乡县委员会全体会议每年举行一次。主要行使下列职权：选举本届政协主席、副主席、秘书长和常务委员；听取和审议常务委员会的工作报告；讨论并通过有关决议；参与对本县事务重要问题的讨论，提出建议和批评。

政协第五届金乡县委员会

第一次会议 1990 年 3 月 26 日~30 日在金乡县城召开，175 名委员全部到会，代表 17 个界别

和方面。会议听取、审议并通过四届县政协常务委员会工作报告和提案办理情况的报告，审议文史工作情况报告，听取五届一次会议提案审查报告。全体委员列席金乡县第十一届人民代表大会第一次会议，通报协商县人大常委会主任和副主任、县长和副县长、县法院院长、县检察院检察长候选人人选。选举产生五届政协主席 1 名，副主席 6 名，常务委员 28 名。通过本次会议政治决议。

第二次会议 1991 年 3 月 27 日 ~31 日在县城举行。会议听取并审议了苑立常主席代表五届政协常务委员会所作的工作报告、提案委员会关于五届一次会议以来提案工作办理情况的报告和文史资料委员会工作报告。通过有关政治决议。

第三次会议 1992 年 3 月 27 日 ~30 日在县城召开。会议听取并审议政协五届常务委员会工作报告、提案委员会工作报告及文史资料委员会工作报告。列席县人大十一届三次会议，听取县政府工作报告及其他工作报告。交流政协工作经验，表彰先进。通过县政协五届三次会议政治决议。增补 22 名政协金乡县第五届委员会委员。

政协第六届金乡县委员会

第一次会议 1993 年 2 月 10 日 ~13 日在金乡县城召开。与会委员 175 名，代表 18 个界别和方面。会议听取中共金乡县委书记杜昌文的讲话。党员政协委员听取了县委副书记李遵德的讲话。听取、审议并通过五届县政协常委会工作报告和提案工作报告。全体委员列席金乡县第十二届人民代表大会第一次会议，听取、讨论县政府工作报告和其他工作报告。选举产生政协第六届金乡县委员会主席 1 名，副主席 7 名，常务委员 23 名。通过了大会有关决议。

第二次会议 1994 年 1 月 16 日 ~19 日在县城召开。会议听取、审议政协金乡县六届常委会工作报告和提案委员会关于提案办理情况的报告；听取并讨论县政府关于政府工作情况的通报。通过了《关于开展为经济建设建功立业活动的决议》。

第三次会议 1995 年 3 月 5 日 ~8 日在县城召开，会议议程与二次会议基本相同。

第四次会议 1996 年 3 月 14 日 ~15 日在县机关招待所召开。会议听取了县委书记杜昌文的讲话。同意苑立常因年龄大辞去六届政协主席职务的请求；根据中共金乡县委提名，选举李遵德为政协金乡县第六届委员会主席。

第五次会议 1997 年 1 月 23 日 ~25 日在县城召开。全体委员听取审议了李遵德作的常委会工作报告。通过了《认真履行政协职能，为建设经济强县建功立业》的政治决议。

政协第七届金乡县委员会

第一次会议 1998 年 1 月 11 日 ~14 日在金乡县城召开。到会委员 175 名，代表 18 个界别和方面。会议主席团由 33 人组成。听取、审议并通过六届县政协常委会工作报告；通过本次会议政治决议；选举产生政协第七届金乡县委员会主席 1 名，副主席 7 名，秘书长 1 名，常务委员 24 名。全体委员列席金乡县第十三届人民代表大会第一次会议，听取、讨论县政府工作报告和其他工作报告。

第二次会议 1999 年 1 月 16 日 ~18 日在县城召开。听取了县委书记石柱的讲话，听取、审议韩振中主席作的常委会工作报告；听取、审议七届一次会议以来提案工作情况的报告；听取县长张生贤关于政府工作情况的通报。

第三次会议 2000 年 1 月 7 日 ~9 日在县城召开。会议完成了既定议程，增补常务委员 5 名。

第四次会议 2001 年 1 月 10 日 ~12 日在县城召开。听取县委书记乔志猛的讲话；听取、审议韩振中主席作的常委会工作报告；听取、讨论县长张生贤作的政府工作通报；表彰 2000 年度政协先进委员组 6 个、优秀政协委员 37 名，听取县委副书记侯宪林在表彰大会上的讲话。会议同意岳修君、孙同玺辞去县政协副主席职务；增补副主席2名、常务委员3名。

五次会议 2002年1月9日~12日在县城举行。会议完成了既定议程，增补常务委员1名。

政协第八届金乡县委员会

第一次会议 2003年1月12日~14日在金乡县城举行。与会委员186人，代表19个界别和方面。听取并审议通过了七届县政协常委会工作报告。全体委员列席了金乡县第十四届人民代表大会第一次会议，听取并讨论县政府工作报告和其他工作报告。通过本次会议政治决议。选举产生政协第八届金乡县委员会主席1名，副主席6人，秘书长1人，常务委员31人。

图 23-1 2003年政协第八届金乡县委员会第一次会议

第二次会议 2004年1月2日~5日在县城召开。听取县委书记乔志猛的讲话。听取、审议县政协主席韩振中作的常委会工作报告。听取、审议八届一次会议以来提案工作情况的报告。听取讨论县长李明晨作的政府工作报告。

第三次会议 2005年1月7日~9日在县城召开。听取县委书记乔志猛的讲话。听取、审议县政协主席韩振中所作县政协八届常委会工作报告、二次会议以来提案工作的报告（书面）。听取讨论代理县长曹景群作的政府工作情况通报。增补常务委员9名。

第二章 县政协常务委员会

县政协常务委员会由主席、副主席、秘书长和常务委员组成。

第一节 组织成员

1990~2005年金乡县政协主席、副主席、常务委员任职情况表

表 23-2-1

届 次	职 务	姓 名	任、离职时间	籍 贯
第五届（1990.03~1993.02）	主 席	苑立常	1990.03~	山东省汶上县
	副主席	李念德	1990.03~	山东省金乡县
		韩德勤	1990.03~	山东省金乡县
		申明川	1990.03~	山东省金乡县
		徐培均	1990.03~	江苏省沛县
		屈世铭	1990.03~	山东省鱼台县
		张裕民	1990.03~	山东省金乡县

续表 23-2-1

届次	职务	姓名	任、离职时间	籍贯
第五届（1990.03~1993.02）	常务委员	于伯祥　王　荣（女）　王广贤　王广箴（女）　王孝德　王秀瑗（女）　王树钧　王洪亮　王淑芬（女）　孙洪来　孙效奇　李文兴　李肇澍　佟　德　孟凡民　张开斋　张剑英　张殿甲　岳修君　杨晏明　周维铎　赵中美　高　衡　袁金翠（女）　曾庆立　温行笃　程秀堂　程慎英（女）		
第六届（1993.02~1998.01）	主　席	苑立常	1993.02~1996.03	山东省汶上县
		李遵德	1996.03~1998.01	山东省金乡县
	副主席	李念德	1993.02~1997.11	山东省金乡县
		孙同玺	1993.02~	山东省金乡县
		岳修君	1993.02~	山东省金乡县
		申明川	1993.02~	山东省金乡县
		徐培均	1993.02~	江苏省沛县
		屈世铭	1993.02~	山东省鱼台县
		张裕民	1993.02~	山东省金乡县
	常务委员	王广贤　王广箴（女）　王汉启　王汝耀　王洪亮　王金超　王成华　孙效奇　李存杰　李兴诗　李肇澍　杨晏明　张玉琪　周维铎　孟凡民　孟昭阳　赵丙勤　赵学伦（1994.05 离职）　高　衡　郭继德　温行笃　董爱华（女）　程秀堂		
第七届（1998.01~2003.01）	主　席	韩振中	1998.01~	山东省金乡县
	副主席	孙同玺	1998.01~2001.01	山东省金乡县
		薛宝英	1998.01~1998.06	山东省金乡县
		王玉启	1998.01~2001.07	山东省鱼台县
		岳修君	1998.01~2001.01	山东省金乡县
		荆玉然	2001.01~	山东省金乡县
		申明川	1998.01~	山东省金乡县
		张裕民	1998.01~	山东省金乡县
		张玉琪	1998.01~	山东省金乡县
		李世忠	2001.01~2002.05	山东省金乡县
	秘书长	刘淑贵	1998.01~	山东省金乡县
	常务委员	王汝耀　孔凡美（女）　石连双　史衍岭　白　浩　白成华　刘明亮　孙　杰　寻玉连　李存杰　李志海　李振全　李福元　李新伟　杨明坤　杨雪涛　杨德胜（女）　周玉才　孟凡民　孟昭阳　赵志强　袁汝钦　高西亮　董爱华（女）　王允东（1999.12 任职）　刘玉祥（1999.12 任职）　赵方奎（1999.12 任职）　陈方平（女，1999.12 任职）　靳清汉（1999.12 任职）　于雪友（2000.12 任职）　苏鹏举（2000.12 任职）　李素真（女，2000.12 任职）　孙其美（2001.12 任职）		
	副调研员	孙同玺（2001.01 任职）　岳修君（2001.01 任职）　吴德纯（2001.01 任职）		

续表 23-2-1

届 次	职 务	姓 名	任、离职时间	籍 贯
第八届（2003.01~2007.12）	主 席	韩振中	2003.01~2007.01	山东省金乡县
	副主席	王玉启	2003.01~2007.01	山东省鱼台县
		荆玉然	2003.01~	山东省金乡县
		张玉琪	2003.01~	山东省金乡县
		程秀军	2003.01~	山东省金乡县
		史衍岭	2003.01~	山东省金乡县
		李清霞（女）	2003.01~	山东省金乡县
	秘书长	刘淑贵	2003.01~	山东省金乡县
	常务委员	于光平（女） 于雪友 王允东（2003.08 离职） 王庆峰 孔凡美（女） 石连双 寻玉连 寻庆敏 孙 杰 孙和平 孙其美 华庆杰 李红霞（女） 李军峰 李宪荣 李素英（女） 杨 磊 杨明坤 杨宝泉（回族） 张守科 张进中 张明法 张洪稳 陈方平（女，2006.01 离职） 陈儒刚 周志信 赵仕福 赵志强 侯红石 曹先辉 蔡际平 侯成之（2005.01 任职） 张聿东（2005.01 任职） 马开勤（2005.01 任职） 周以占（2005.01 任职） 刘汉卿（2005.01 任职） 高宪书（2005.01 任职） 刘谦玉（2005.01 任职） 华 鹏（2005.01 任职） 吕继强（2005.01 任职）		
	副调研员	孙同玺（2003.04 离职） 岳修君（2003.07 离职） 吴德纯		

第二节 会议制度

主席会议

由主席、副主席组成，一般每季召开一次，遇有特殊情况，随时召开。主要负责处理常务委员会日常重要工作，包括：讨论党和国家大政方针的贯彻落实及群众生活中的重要问题，决定以县政协名义向党政领导机关提出的建议案；决定召开常委会议的日期，提出会议议程，审议提交常委会议的文件；讨论决定委员视察、调查等重要活动的开展；讨论决定机关委、室工作安排。

常务委员会会议

由主席、副主席、秘书长、常务委员组成，一般每季度举行一次。特殊情况下，由主席会议决定可临时召开。会议日期、议程由主席会议决定，并事先发出通知。会议由主席主持，也可由主席委托副主席主持。会议的任务：决定、召集并主持政协委员会会议；审议提交政协全委会会议文件；组织实施委员会所作出的决议及上级政协规定的任务；审查重要的视察报告、专题调查报告、提案和提请常务委员会议审议的专项工作报告；听取县委、县政府有关政治经济形势及重大决策的制定与实施情况的通报；审议通过向中共金乡县委、县人大常委会、县人民政府提出的重要建议案；协商决定本届县政协参加单位、委员名额和人选变更，以及下届县政协参加单位、委员名额和人选；决定政协金乡县委员会办公室及专门委员会的设置和变动，并任免其领导成员；联系和指导各乡镇政协联络组的工作。

第三节 内设机构

1988 年 7 月，县政协四届六次常委会决定设立经济科技委员会、学习文卫委员会、提案委员会、文史资料委员会，祖国统一联谊委员会。1999 年 5 月，县政协办公室内设老干部科（副科级单位）。

2005年年底，县政协工作部门和常设机构有：办公室、经济科技委员会、学习文卫委员会、提案委员会、文史资料委员会、祖国统一联谊委员会。县政协办公室和各专门委员会均为正科级办事机构。

第四节 主要工作

例会议政

1990年3月~2005年第五至八届政协期间，县政协将召开例会，参与对全县重大问题的讨论协商作为委员参政议政的重要渠道，通过举行全体委员会议、主席会议和常委会议想全局、议大事，围绕全县发展规划和年度政府工作报告，以及加强农业基础地位、工业和商贸企业改制、保持社会稳定等重大课题，进行协商讨论，提出各种意见和建议。县政协主席应邀列席中共金乡县委常委会、县人大常委会和县长办公会会议，直接参与重大决策的制定和重要人事安排的协商。在召开政协全委会会议期间，与会委员均列席县人民代表大会，听取政府工作报告，参与全县重大事务的讨论，积极建言献策，为县委、县政府科学决策提供重要依据。

视察调查

1990~2005年，县政协每年多次组织开展视察或调查活动，每次视察调查，都由主席或副主席带队，有关委员参加，实地视察（调查）后形成报告，提出意见和建议。主要视察（调查）报告均提交常委会讨论审议，及时送交县委、县政府，由县委、县政府主要领导作出批示，正式行文并转发全县。

1990年3月~1993年2月，县政协围绕城市经济、乡镇企业、农业和农村工作、搞活流通、发展第三产业等重点、热点、难点问题开展视察（调查）活动65次，形成报告32篇，县委、县政府及上级有关部门均给予较高评价。如：1991年5月，县政协组织部分委员和乡镇政协委员到乡村企业开展5天调查，写出了《关于乡村企业发展情况的调查报告》，针对乡村企业存在的产品结构不合理、管理粗放、技术力量薄弱、经济效益差的问题，提出7条建议，对全县乡村企业开展“质量、品种、效益年”活动，发挥了良好的推动作用。

1993年2月~1998年1月，县政协组织开展各类调查、考察、视察活动23次，撰写报告21篇。所提意见、建议受到县委、县政府和有关部门的重视和采纳，推进了决策的科学化、民主化。如：1994年，围绕桑蚕生产、土地承包经营、民族宗教活动、个体私营经济发展、医药市场、文物管理及文化遗址、村民议事会的建立等情况进行8次较大规模的视察（调查）活动，形成报告7篇。1995年4月，开展对全县供电工作专项调查，提出了制定优惠政策、加快电力发展、强化供电线路改造、推行峰谷电价、提高节电水平、新上项目论证优先考虑供电状况等6条建议，县委领导当即作出批示，将报告转发全县。县政府采取有效措施予以落实，并制订印发实行峰谷电价的文件。1996年5月，为推动个体私营经济发展，县政协组织各委、室主任和有关部门负责人赴河北清河县考察学习，向县委送呈考察报告。县委、县政府重新考察后，结合金乡实际，研究制定了发展个体私营经济的具体措施和优惠政策，实施后推动了个体私营经济的较快发展。

1998年1月~2003年1月，县政协把握大局，精心选题，组织委员围绕“科技兴农”战略实施、民营经济发展、农业产业结构调整、畜牧业发展、交通建设和管理、小城镇建设、农村电网改造、农村中小学危房改造等开展调查视察活动30多次，向县委、县政府提交报告30多篇，为县委、县政府科学决策提供了可靠的参考依据。如：1999年，县政协组织委员围绕“科技兴县”战略实施、个体私营经济发展、农副产品加工、乡村卫生组织

一体化建设等进行调查视察，形成报告 10 篇，所提意见和建议均被采纳。2001 年 7 月，县政协组织教育界委员对全县 8 个乡镇的 27 所学校和县直学校危房进行视察，通过实地查看、开座谈会、分析论证，形成客观详细的视察报告，送县委、县政府后促进了全县中、小学危房改造和学校安全工作的全面开展。

2003 年 1 月 ~2004 年 1 月，县政协围绕有关经济和社会发展的重点、难点，精心选择课题，研究制订调研视察方案，先后组织各专委会和各界别委员对经济园区建设、城市建设、农业标准化、林业生态化、畜牧产业化、农村劳动力转移、民办教育等事关全县经济发展的重要工作开展调研视察，形成报告 10 余篇，提出各类建议 36 条，其中，对全县畜牧业发展情况的视察报告，县委书记乔志猛作出专门批示，并在县委《信息参考》上转发。如：2003 年 9 月，县政协组织经济界委员到宏昌、宏泰、一品公司等出口企业开展调研，邀请 12 家有自营进出口权的企业负责人座谈，就如何发挥本地资源优势，优化储藏加工等方面，提出了《关于外经贸工作的几点建议》，被采纳后促进了全县对外经济贸易工作的发展。

2004 年 8 月，金乡县部分乡镇遭受严重涝灾，县政协主席、副主席均到抗涝救灾第一线，对全县农田水利基本建设现状进行全面调研，收集了大量资料，形成调研报告，并由县政协八届七次常委会审议通过了《关于切实加强农田水利基本建设的建议案》，引起县委、县政府高度重视，县政府召开县长办公会，专题研究制订了全县农田水利基本建设中、长期规划，并向县政协常委会作出答复。

2005 年，县政协采取专委会视察，组织委员联合视察和安排委员联络组视察等形式，选择事关全局的重要问题和群众普遍关心的热点问题，围绕农田水利基本建设、民营经济、农业产业化、畜牧业发展、食品药品安全监督、城市建设等，开展不同层次的调研视察活动，写出报告，提出意见和建议。

民主监督

1998 年，县政协建立并实施调查、视察、评议三位一体的监督体系，制定印发《关于政治协商、民主监督、参政议政的暂行规定》。采取多种形式，拓宽监督领域。县政协委员应聘担任公安局、检察院、法院、税务等部门和单位的执法监督员或特邀执法监督员，对其依法办案、依法征管、公正执法的情况进行监督。同时，通过例会、视察、调查和参加各种检查活动，对党委、政府有关经济建设和社会发展等重大决策实施情况进行监督。通过走访、开座谈会等多种形式，对广大群众普遍关心的热点、难点问题的解决情况进行监督。就县委、县政府的重大决策和重要事务同民主党派、人民团体和社会各界人士进行协商议事，听取批评和建议，反映意见和要求。

从县政协七届一次会议起，每年都组织部分委员，根据平时视察（调查）所了解的情况，对县政府有关职能部门的服务管理和行风建设情况进行评议，优化净化经济发展环境。1998 年，组织 30 名政协委员和 50 名个体私营业者，对县政府有关职能部门为个体私营经济服务的情况进行综合评议，提出意见和建议。2001 年，组织 90 多名政协委员对县政府 6 个职能部门为民营经济服务承诺情况进行综合评议，优化、净化民营经济发展环境。2004 年，围绕县委、县政府“大开放、大招商、大投入、大发展”战略实施，采取提案参政监督、例会议政、特约监督和参加市、县组织的“千名代表评机关”活动，对政府有关职能部门的执法、行政、服务和管理等开展监督。2005 年，围绕县委中心工作和统一部署，抓大事，议大事，促发展，邀请县委、县政府领导及有关部门负责人和部分政协委员参加“全县城市建设和城乡环

境综合整治工作座谈会”，提出6项改进措施，被县委、县政府纳入年度城乡建设工作决策。同年，继续参加“千名代表（委员）评机关”和“民主评议行风”活动，发挥政协民主监督职能。

提案工作

1991~2005年，县政协办理提案一般采取“分门别类、集中交办、归口办案、协商办案、联合办案、重点督办、信息反馈”的办法，注重办复质量和工作效率。其间，共收到各类提案1818件，交办提案办复率、委员满意率和基本满意率均在98%以上。

县政协五届一至三次会议期间，收到各类提案344件，到1993年年底，全部办复。其中，尽快铺设文峰路东段路面的提案交付办理后，县交通局在财政困难的情况下，争取省、市投资50万元，县内集资20万元，用一个月时间将2.3千米路面铺设一新。关于计划生育工作的提案，委员提出了“全民动员、齐抓共管，跳出落后圈子”的建议；当计划生育掀起高潮，工作变主动时，委员又提出了注意政策、管好用好超生费的提案，县委、县政府均及时采纳，促进了计划生育工作的正常开展。对群众反映比较强烈的“城市治理”问题，委员提出提案后，县政府采取措施，对县城区交通、环境卫生、市场管理等进行综合整治，市容市貌明显改观。

1995年，制定《金乡县政协提案工作条例》和《委员反映社情民意制度》，对提案的提出、交办、催办、答复等作出明确规定。

县政协六届一至五次会议期间，委员提出提案431件，立案413件。提案内容涉及农业和农村工作，建立现代企业制度，财税、金融、物价、外贸体制改革，发展科技教育事业，维护社会稳定，加强精神文明建设和民主法制建设，解决人民群众所关心的热点、难点问题等。召开提案交办会议5次、提案工作经验交流会议3次、表彰会3次，表彰18个优秀提案集体、30名优秀提案者、21个提案办理先进单位、18名提案办理先进个人。到1998年10月底，全部办复完毕。如：《关于加快金南回灌工程配套建设和管理》的提案，县政府及主管部门多次召开会议，研究制定计划，加大经费投入，先后完成了苏河、白马河、东鱼河及田间配套工程建设，增加有效灌溉面积20多万亩。《关于搞好村级财务管理》的提案，县政府研究制定了《关于规范村级财务管理工作的意见》，在全县实行村账乡管，并设立乡镇审计所，加强村级财务和审计监督，有效改善了村级财务管理的混乱局面。《关于羊马公路友谊桥应修复》的提案，县水利局接案后立即组织人员到现场勘察，研究制定修复方案，筹措资金28万元并组织施工。《关于设立金乡县见义勇为基金会》的提案，县委政法委根据上级有关规定，制定条款，下发文件。县乡均成立见义勇为奖励基金会，筹集资金，专款专用，仅全县政法干警就捐款23万元。此外，政协委员提出的关于农民负担、企业解困、城市建设、社会治安、精神文明建设等方面的一些提案也都受到有关部门的重视和采纳。

县政协七届一至五次会议期间，共收到提案518件，其中，审查后立案476件，转为委员来信处理的42件。参与提案的委员194人次，占委员总数的86%。委员所提意见和建议得到解决或计划解决的396件，占全部提案的83%。对因条件限制一时难以解决的，承办单位也都如实作出说明，委员满意率和基本满意率99%。县委、县政府、县政协领导先后阅批重点提案60余件，参与办理重点提案36件，召开专题办公会议20多次。如：《关于修复改造105国道金乡至鸡黍段的建议》交办后，县政协多次召开提案办理情况汇报会，听取承办单位办案情况汇报，提案人对提案办理情况进行评议，提出办理意见，加快提案办理进度。经济界委员所提《放宽发展民营经济政策》《加

大对民营经济扶持力度》《优化民营经济发展环境》《转变观念，重力发展民营企业》等提案，均被县委、县政府列为重点提案，所提意见和建议被采纳，一系列发展民营经济的优惠政策和措施相继出台。《关于加强村级班子建设》的提案，县委专门召开常委会议和有关部门会议，针对提案中提出的问题，研究制定具体措施，以县委名义印发了《关于实行乡镇干部轮岗到村任职》的文件，并组织实施。金乡县城金司路南段到缗城路 470 米的路段，路面坑洼不平，每逢雨天泥泞难行，被群众戏谑为“金乡的南泥湾”。县建委接到对该路段整治的提案后，在资金十分困难的情况下，对该路段下水道清淤疏通，铺设路面，方便群众出行。县政协连续多年被济宁市政协授予提案办理工作先进单位。

县政协八届一至三次会议期间，推进政协提案工作制度化、规范化、程序化建设，制定《金乡县政协领导检查督办提案工作制度》，完善提案办理工作程序。共收到提案 525 件，其中审查立案 511 件，作为人民来信处理的 14 件，答复率 100%，办结率占审查立案数的 85%，委员满意率和基本满意率达到 98%。大部分提案起点高、重点突出。如：2003 年一次会议《空心村现象不容忽视》的提案，县委书记乔志猛、县长李明晨都作出批示，并向承办单位提出落实意见。2005 年三次会议确定的 10 件重点提案，县政府均召开专题县长办公会议，研究部署办理意见，强化提案办理力度。各承办单位在提案办理中，变“文来文往”为“人来人往”，与提案人多沟通，了解提案初衷，听取委员对办理工作的意见，增进委员对办理工作的理解与支持，提案建议得到及时采纳和落实。

金乡县八届政协 1~3 次会议期间提案及提案办理情况一览表

表 23-2-2

类别 / 数量 / 届别	共收提案	审查立案	作为人民来信处理	已答复	已办结	其中								正在办理	无条件暂未办理	代表满意（基本满意）率
						农村农业	财贸经济	民营经济	城建环保	科教文卫	公路交通	政法综治	其他			
	件	件	件	件	件	件	件	件	件	件	件	件	件	件	件	%
一次会议	181	176	5	176	146	27	14	16	26	24	8	6	25	18	12	98
二次会议	170	167	3	167	138	32	48		26	8	16	—	8	21	8	98
三次会议	174	168	6	168	151	35	56		28	5	24	—	3	14	3	98
合计	525	511	14	511	435	94	134		80	37	48	6	36	53	23	—

联谊工作

五届政协期间，县政协贯彻中共中央关于“和平统一，一国两制”方针，发挥侨台属政协委员和各界人士海内外联系广泛的优势，广泛开展向台湾亲友和海外侨胞发一封联谊信、牵一条经贸线、搭一座交流桥、办一件实际事活动。侨台属委员向台湾和海外发慰问信及贺年卡 78 封（件）。县政协召开侨台属委员座谈会 6 次，慰问委员 145 人，接待侨台胞 22 人次，走访侨台属 86 人次。办起“金乡县三胞（港澳台胞）联谊服务中心”，利用“三胞”到国内探亲访友，观光考察等渠道，主动联络，宣传党和国家改革开放政策及建设成就，增加“三胞”对大陆、对金乡的向心力和认同感。

六届政协期间，重点开展以对台宣传、发展外向型经济为重点的各种联谊活动。通过召开茶话会、座谈会、联谊会、走访和参与接待“三胞”眷属委员、组织“三胞”参观考察等形式，全面介绍金乡县的投资环境和优惠政策，使其了解金乡县的改革开放、县域经济、发展潜力、合作领域和投资环境。接待到金乡探亲、观光旅游和进行商贸洽谈活动的港澳台胞136人次，侨台属委员向海外写信200余封，提合理化建议900余条，引进资金500余万元，为侨台胞做好事、实事1000余件，为其牵线搭桥，协助创办三资企业11家。

七届政协期间，继续加强同侨台属、民主党派和社会各界人士的联系，通过召开侨台属及党外人士座谈会、组织到外地参观学习等形式，与其交流思想，加深感情，创造民主、团结、和谐的良好氛围。加强同省内外政协组织的交流，接待省内外客人20余批次。

八届政协一至三次会议期间，通过举办党外干部培训班、召开座谈会、联谊会等形式，增进相互间的了解和团结，充分发挥民主党派、人民团体和各界人士在维护社会稳定中的作用，为“平安金乡”建设做出应有的贡献。

委员建功立业

1991~2005年，县政协在组织委员开展视察调查，参观学习，开阔眼界，拓宽思路，建言献策的同时，组织有一技之长的政协委员到群众中义务传授技艺，开展咨询服务，为群众解决实际问题。鼓励委员在各自的工作岗位上，发挥自身优势，为金乡县精神文明和物质文明建设献计出力。

1991~1992年，组织委员开展各项咨询服务活动63次，印发技术材料3000余份。16名委员承包国有或集体企业，23名委员创办或领办合资企业。

1993年，围绕大蒜销售，县政协向全体委员发出通知，要求委员投亲联友，加强与外界联系，宣传金乡大蒜，拓宽销路。县政协向12个省（市）、70多个县（市、区）发出大蒜购销联系信，组织委员参与外销大蒜万余吨。

1994年，在全体政协委员中开展比学习看提高、比工作看贡献、比献策看实践、比联谊看团结的“四比四看”活动，引导委员建功立业。当年，共向亲友写信185封，革新技术35项，引进项目62个，引进技术人员22人，引进资金45万元，办实事、好事112件。36名委员、7个单位受到各级表彰。

1995年，县政协制定《关于加强常委会建设的若干规定》和《关于加强与政协委员联系的制度》，联系委员工作逐步走上制度化、规范化轨道。县政协六届十二次常委会作出了在委员中开展“我为金乡作贡献、我为政协添光彩”，农村委员争夺“小康杯”、企业界委员争夺“腾飞杯”、机关事业界委员争夺“奉献杯”活动的决定，全体委员积极响应，各显其能，当年有65人受到各级党委、政府和有关部门的表彰。

1996年，发动委员广泛搜集社情民意，从中筛选、归纳、综合出10条群众反映比较集中的问题，形成专题材料，送交县委、县政府，畅通下情上达渠道。同年5月，为促进20万亩无公害蔬菜开发，组织部分政协委员和有关部门领导，到王丕、高河等乡镇进行专项调查，向县委、县政府提出了加快无公害蔬菜生产基地建设的合理化建议，推动了无公害蔬菜生产向规模化发展的进程。

1998年，组织委员开展各项活动100余人次，委员领办、创办企业项目120余个，办好事、实事250余件。在长江流域遭受严重洪涝灾害时，金乡镇主动组织政协委员和个体工商户捐款1.5万元，并将所购物资送到灾区，带动了全县捐资救灾工作的开展。

1999年，继续在政协委员中开展“建功立业”活动，组织委员参与实施“民心工程”。针对群众反映的农资市场假冒伪劣农药、化肥坑农害农问题，组织部分委员对全县农资市场进行视察调查，向县委、县政府提交了《关于农资市场经营管理情况的调查报告》，提出意见建议，引起高度重视，政府职能部门加强对农资市场管理，严厉查处不法经营者，使农资市场假冒伪劣坑农害农现象得到有效遏制，政协组织声誉得到有效提高。

2001年，配合城市改造，组织20多名委员到江苏丰县、沛县参观学习城市建设和管理工作经验，并就金乡县城市建设与管理提出许多看法和意见。至年底，全县政协委员参与参观调查等项活动200余人次，提供科技咨询服务、举办技术讲座150余人次，提合理化建议60余条，领办、创办企业46家，引进资金1200万元。县政协委员、金乡县宏泰冷藏加工有限责任公司总经理孟宪霞，带领职工艰苦创业，每年贡献税金80多万元，转移农村剩余劳动力360余人，安排城镇下岗职工80余人，资助公益事业26万元，受到市、县党委政府表彰。

2003年，继续支持和鼓励委员投身经济建设主战场，立大志、创大业、建大功，在领办、创办企业的同时，引进项目26个，引进外资和个人投资2.6亿元，促进地方经济发展。

2005年，委员共带头领办、创办企业77家，引进项目34个，引进外资和个人投资3.9亿元，出口创汇7000余万美元，实现利税近5000万元，为全县经济发展做出了贡献。当年，在建功立业活动中涌现出先进委员联络组6个，优秀政协委员38名。

指导乡镇政协工作

1991~2005年，县政协加强对乡镇政协和委员组的联系指导，先后制订《关于乡镇政协工作办公室岗位责任制考评标准的意见》《关于政协联络组开展活动的意见》等项制度。除邀请各乡镇政协主席列席县政协常委会议，指导乡镇政协主席列席乡镇党委、政府会议外，每年还召开3~4次乡镇政协办公室主任座谈会及专题研讨会，沟通情况，交流经验，相互促进，密切联系，形成上下联动，协调合作的良好局面。

村级民主评议会

1994年年初，县政协扩大基层民主渠道，试行建立村级民主议事会，实现政协工作向基层延伸。当年7月，在城郊乡召开“村级民主议事会”现场会，交流经验。同年年底，在全县建立村级民主议事会528个，占全县总村数的80.6%。中共济宁市委、市政协多次派调查组到金乡了解情况，新华社、《人民政协报》《大众日报》《联合报》《济宁日报》和市委内部刊物都对此作了报道，给予很高评价。

1997年1月，全县有612个行政村建立了民主议事会，占村总数的93.4%，其中作用发挥比较好的314个，占已建总数的51.3%。绝大多数村党支部、村委会在一些重大问题上主动向议事会通报情况，征求意见，村干部的行为受到约束，农村不正之风得到有效遏制。

1998~2005年，县政协着重抓村级民主议事会规范化、制度化建设，指导修订村级民主议事会议事规则和定期通报、重大问题监督、会员联系群众等一系列规章制度。县政协主席、副主席、常务委员经常深入乡镇、村庄检查和督促指导工作，村级民主议事会组织更加健全，制度更加完善，活动更加活跃，作用更加明显。

文史资料征集

1991~2005年，县政协文史资料工作贯彻“在党的基本路线指引下，高举爱国主义旗帜，坚持实事求是的原则，为社会主义现代化建设服务”

的方针，文史资料征集、编辑工作都有新的进展。

五届政协期间，共征集文史资料稿件60余篇，计19万字。编辑出版《金乡文史资料》第四辑；搜集羊山战役资料43篇，计14万字，为出版《羊山战役亲临录》奠定基础。向省政协编送文史资料8篇，共6万多字；向济宁市政协编送文史资料6篇，1万余字，均被采用。

六届政协期间，征集各类文史资料稿件56篇，计13万字。编写《抗日将领韩炳宸》及253位金乡籍抗日烈士名录材料。完成《金乡县文史资料》第五辑的整理编辑及《金乡县政协志》的资料收集工作。1997年，配合县委、县政府纪念鲁西南战役胜利50周年活动，征集参加羊山战役的老将军、老首长的题词和回忆录，编辑出版《羊山战役亲临录》一书，为开展爱国主义教育提供教材。

七届政协期间，共征集文史资料稿件50余篇，近20万字。完成《金乡县政协志》初稿编写工作。

八届政协1~3次会议期间，编辑出版《金乡县文史资料选辑》第五辑。配合济宁市政协和金乡县志办开展《民俗文化》《金乡人物志》的编撰工作。充实《金乡县政协志》部分内容。召开撰写《金乡村落》新闻发布会。为济宁市政协《济宁近现代名人》的编撰提供金乡县52名近现代历史名人资料，约5万余字。

第二十四篇
民主党派　群团组织

民主党派 群团组织

1991 年 11 月，金乡现代历史上第一个民主党派基层组织——中国民主同盟金乡小组成立。2003 年 12 月正式成立民盟金乡支部。2004 年 5 月，中国民主建国会金乡小组成立。1995~2005 年，金乡县有九三学社社员 1 人（吕静，第七届、第八届县政协委员），未建立组织，未发展会员。1991~2005 年，各民主党派紧密团结在中共党组织周围，充分发挥自身特点和优势，创造性地开展多层次富有特色的工作和活动，为金乡县的经济和社会发展做出了积极贡献。县工会、青年团、妇联和工商界、科技界等群团组织，努力加强自身建设，自觉贴近党的中心工作，利用多种载体，组织开展丰富多彩的群众活动，为金乡的改革开放、经济建设和社会进步发挥了不可替代的作用。

第一章 民主党派

第一节 中国民主同盟金乡支部

中国民主同盟（简称民盟），是中国共产党领导下的爱国统一战线的组成部分，主要由从事文化教育以及科学技术工作的部分高、中级知识分子组成，是具有政治联盟特点，同中国共产党通力合作，致力于建设有中国特色社会主义的参政党。

1985 年，金乡县人民医院主任医师高衡加入中国民主同盟，成为建国后金乡县第一个民主党派人士。1991 年 11 月，建立民盟金乡小组，有盟员 4 人，是金乡县现代历史上第一个民主党派基层组织。2003 年 6 月，民盟济宁市委批准组建民盟金乡支部，当年 12 月，民盟金乡支部在金乡县城正式成立。经过选举并报民盟济宁市委批准：高衡任支部主任委员，张洪稳任副主任委员，辛全秋任宣传委员，魏广辉任社会服务委员。

2005 年，民盟金乡支部有盟员 13 人，其中具有正高级职称 3 人，副高级职称 3 人，中级职称 4 人。1991 年 11 月 ~2005 年年底，先后有 9 人担任济宁市政协委员、金乡县政协委员、县政协常委。2005 年年底，民盟金乡支部实有盟员 11 人。

1985~2005 年民盟金乡支部人员组成表

表 24-1-1

入盟时间	1985	1989	1995	2002	2003	2004	2005	其中 2005 年		
								调离	病故	年末实有人数
入盟人数	1	3	3	2	1	1	2	1	1	11
小组（支部）人数合计	—	4	7	9	10	11	13			

民盟金乡支部受民盟中央和上级盟委的领导，在工作上接受县政协和县委统战部指导。支部发展盟员，坚持吸收高学历、高职称、高素质、业务精、德才兼备的人。入盟须个人自愿，提出申请，经支部考察、会议讨论，报民盟济宁市委审核、批准。

民盟金乡小组、支部成立后，坚持与中国共产党组织“长期共存、互相监督、肝胆相照、荣辱与共”的方针，每月进行一次政治理论学习，内容涉及中国共产党的路线、方针政策和国家的法律法规，以及政治协商、民主监督、盟史教育等，盟员政治理论素养和建言献策、参政议政能力不断提高。是县政协委员的盟员积极参加各项社会活动，探访社情民意，围绕执政党的中心工作和群众关心的热点难点问题，写出高质量的提案，受到县委、县政府重视，不少意见和建议得到采纳。

民盟金乡支部的盟员都是所在单位的业务骨干，在开发智力资源，开展学术研究和科技创新中颇有建树。1985~2005年，共在省级以上杂志发表专业论文20余篇；5项专业技术分获县科技成果一等奖、县人民医院科技成果二等奖、三等奖；1项通过市科技成果鉴定。其中，张洪稳副主委主持创立了全国县级医院中设施、功能最为齐全、技术一流的ICU（重症监护室）。单士民盟员创立的人工肝、自体腹水回输技术，在全市首家成功开展。

2003年，在“防非”（防治非典型性肺炎）工作中，5名在县人民医院工作的盟员踊跃参战，其中3名从事呼吸和传染病专业且年富力强的副主任医师被选为县“防非”医疗专家组成员。

2004年，组织开展“创活力支部、做合格盟员”活动。

1991~2005年，民盟金乡支部每年都组织开展捐资助学、下乡义诊、向县红十字会捐款、举办书画展览等项活动。为敬老院的老人、幼儿园的儿童、金桥煤矿的司法干警和城乡居民免费查体诊治疾病3000余人次。

第二节　中国民建济宁市金乡小组

中国民主建国会（简称民建），是主要由经济界人士组成的、具有政治联盟特点的、致力于建设有中国特色社会主义事业的政党，是中国共产党领导下的多党合作和政治协商制度中的参政党。

2004年5月15日，民建济宁市金乡小组成立，有会员3人，设组长1人。

民建金乡小组成立之日，明确提出：充分发挥自身优势，联系经济界人士，积极参加社会主义现代化建设的实践活动，把开展调查研究，反映社情民意，积极参政议政，建言献策，促进金乡经济社会发展作为第一要务。把小组建设成为“自我教育的学校、团结互助的集体、参政议政的桥梁、培养人才的基地”。

2004~2005年，组织开展“讲学习、讲政治、强素质、树形象”活动，围绕县委、政府中心工作和人民群众关心的热点、难点问题，开展调研、参观考察活动，讲真话、办实事，主动议政，提出意见和建议。响应民建中央实施“思源工程”的号召，主动参与慰问贫困家庭，救助贫困学生，为灾区人民捐款捐物等项社会公益活动。以表率行动塑造民主党派和国家公职人员的良好形象。

第二章　群团组织

第一节　县总工会

金乡县总工会成立于1950年6月。1951~1990年历经第一至十次代表大会。1991~2005年召开第十一、十二、十三次代表大会。每次代表大会均完成各项既定议程，选举产生工会委员会委员、常委、主席、副主席。

县总工会行政编制5人，工勤人员编制1人。设主席1人，副主席2~4人。

金乡县工会第 11~13 次代表大会简况表

表 24-2-1

届次	召开时间	代表人数	中心议题	选举				会员数
				委员	常委	主席	副主席	
11	1994.08.25~26	210	听取审议上届工会工作报告	23	9	1	2	—
12	1999.06.03~04	211	听取审议上届工会工作报告	23	7	1	2	—
13	2004.06.16~17	222	听取审议上届工会工作报告	23	9	1	4	31048

基层工会建设

1991 年，金乡县基层工会多设置在省、市和县属公有制企业。1994 年，全县已有 15 个乡镇企业和 8 家三资企业建立了工会组织。县东风变压器厂工会是济宁市建立的第一家私营企业工会组织。1996 年前后，部分企业破产倒闭、职工下岗，工会组织削弱。1997 年，县总工会在全县范围内开展基层工会组织建设状况调查。1998 年，开展“工会组织建设年”活动，把工会组建工作的重点转移到非公有制企业和新兴经济组织。1999~2001 年，县委办公室、县总工会、县经委、县体改委先后印发《关于在深入企业改革中加强基层工会建设的意见》《关于加快新建企业工会组建步伐，充分发挥工会组织作用的意见》《关于加强和规范基层工会基础建设工作的意见》，陆续在新建企业建立了工会组织。2002 年 7 月，35 个县直机关建立工会组织。2005 年年底，全县基层工会组织涵盖法人单位 448 个，职工 37043 人，工会会员 31048 人，分别比 1991 年增长 64.7%、 42.5%、 50.4%。1994 年，县工会被山东省总工会评为先进单位。

维护职工权益

1991~1994 年，各级工会建立普法领导小组，组织职工学习《中华人民共和国工会法》《中华人民共和国劳动法》《中华人民共和国集体劳动合同法》《中华人民共和国妇女权益保障法》等项法律法规，指导职工与企业签订劳动合同，推动用工制度改革；在分配制度、保障制度改革中，坚持原则，维护职工具体利益；在产权制度改革中、股份制改造的过程中，工会主席和职工代表按规定参加董事会、监事会；在企业破产、安置工作中代表职工利益，维护职工合法权益。1995 年，县工会围绕劳动关系、乡镇企业工会工作状况开展调研活动；选择不同行业的 4 个单位进行平等协商，开展签订集体合同工作试点；处理劳动争议，做好职工信访工作。当年，全县有 89 家企业建立了劳动争议调解委员会，共受理劳动争议案件 780 件，调解成功率 84%。1996 年，与县劳动局、司法局联合开展劳动检查执法活动。1997 年 12 月，印发《关于在全县各级工会建立劳动法律监督组织的通知》，成立金乡县工会劳动法律监督委员会。2002 年 11 月，在全县女职工中实施《妇女发展规划》，保障法律赋予女职工在政治、经济、文化、社会和家庭生活等方面的权利得到行使。2002~2005 年，与县委宣传部、人大法工委、法院、经贸委、劳动局、财政局等部门联合发文，要求全县职工学习贯彻修改后的《中华人民共和国工会法》《中华人民共和国妇女权益保障法》《中华人民共和国集体劳动合同法》等法律法规，及时协商解决企业发展中出现的各种问题，保障职工和企业利益，维护社会稳定。

参与企业管理

以多种形式参与企业的民主管理与监督，是国家法律赋予企业职工的政治权力。

1991 年，县工会贯彻落实中央〔1991〕12 号文件和《中华人民共和国全民所有制企业法》，联合县委宣传部、体改委、经委、财委、建委在全县企事业单位中开展“职工民主管理达标”活动，并将1991年作为企事业单位民主管理达标年，组织全县职工开展“我怎样为质量、品种、达标年做贡献”大讨论。至1992年，全县职工积极为企业发展献计策，添光彩，共提出合理化建议1896条，被采纳1124条，实施82条，增加经济效益98.6万元。1995年，动员全县职工投入“管理效益年”活动，创优、创新、创先、创最佳效益，降成本、降消耗、降积压、降亏损。县工会与县纪委联合制定企业招待费必须向职工代表大会报告制度，当年，全县职代会审议企业重大问题1550项，其中通过1050项，否决500项，10名中层干部被免职。

1996年1月30日，发布《致全县职工的一封慰问信》，号召全县职工正确对待暂时困难，不断提高自身素质，开拓进取，艰苦创业，为深化企业改革，增强企业活力献计出力。1997年，组织开展“抓住机遇、加快发展”大讨论。1999年，在全县公有产权占主导地位的企业推行厂务公开制度，赋予职工监督厂务的权利。在全县职工中开展“攻千项技术难关，提万条合理化建议，创亿元经济效益”竞赛活动。

宣教文体工作

政治思想教育 1993年3月，组织全县职工开展“解放思想换脑筋”大讨论。1994年，组织开展“发展社会主义市场经济”大讨论。同年10月，举办“社会主义市场经济知识竞赛”，63人获优秀答卷奖。1995年，组织开展爱国、爱厂、爱岗、学理论、学法律、学科学、学技术、学管理、学文化“三爱六学”活动。1996年，与县委宣传部、县教委、县新华书店联合举办“迎接香港回归祖国”读书活动。同年6月，在全县职工中开展争做“文明职工”活动。同年9月，举办“讲文明、做主人、树形象”演讲比赛。1997年，组织开展第二届精神文明“双十双百”活动。1999年，组织开展“祖国在我心中”“企业在我心中”主题演讲比赛。同年9月，与团县委、县妇联共同组织全县广大职工、团员青年、少先队员、妇女及中小学生一起参加城区综合治理，走向街头，义务劳动，为创建文明城市办实事。2000年，县工会机关开展“学、查、改”活动，加强班子建设，提高成员素质，转变思想作风。2001年，组织全县职工学习贯彻江泽民在庆祝建党80周年大会上的重要讲话。同年10月，联合县委宣传部、文明办、计生委、教委、民政局、文化局、妇联等单位，在全县职工中开展“婚育新风进万家”活动。2002年，在全县职工中开展“三个代表”重要思想教育活动。2003年，组织全县职工学习贯彻中共十六届三中全会精神，凝聚力量，促进金乡经济社会持续协调健康发展。2005年，县总工会机关开展保持共产党员先进性教育。同年4月，联合县委宣传部、人武部举办全县“弘扬王杰精神，争当‘三个文明’建设标兵”先进典型事迹报告会。

岗位技能培训 1991~1998年，为适应企业改制、发展和职工生产、生活需要，在全县企业职工中持续开展“技术学习、技术练兵、技术比武”活动；“素质提升”“岗位建功”活动，掀起学技术、练本领热潮。1999年，在全县女职工范围内开展学习成才系列活动，要求每个女职工读一本好书，接受一次文化技术培训，精通一门业务技术，参加一个高层次学历教育。2001年，动员广大职工全面实施“群众性经济技术创新工程”，开展“技术创新、管理创新、服务创新”活动和争创“星级职工、星级班组”活动。2004年，在全县基层工会开展“创建学习型组织，争做知识型职工”活动。在职工中普及终身学习的理念，形成团队学习、全员学习、全程学习的制度和氛围。建立起技术工人初、中、高、技师、高级技师的梯级培训制度及培训、鉴定、使用、待遇相结合的制度。

文化体育活动 1991~2005年，县工会每年都在三八妇女节、五一劳动节或国庆节前后，召开庆祝和表彰大会，或举办“弘扬王杰精神，争当‘三个文明’建设标兵”先进典型事迹报告会，其间，共表彰先进基层工会41个、先进职工之家48个、先进女职工委员会27个、优秀工会工作者104人、优秀女职工工作者36人。同时，组织开展丰富多彩的文体活动，举办职工“卡拉OK”大赛和美术、书法、摄影展览。1992~2005年，成功举办六届职工文化艺术节。全县80多个基层工会组织开展形式多样、各具特色、健康有益的文化娱乐活动，职工参与和受教育面在60%以上。2005年4月，县工会与县直机关工委、县体育局联合举办“庆五一综合运动会”，600多名职工运动员参加了比赛。

第二节　共青团金乡县委

1957年6月，中国新民主主义青年团金乡县委员会改称中国共产主义青年团金乡县委员会（简称团县委），下设组织部、宣传部。1993年，增设办公室、工农青年部、学少部、机关团委、希望工程办公室；机关编制7人，其中书记1名，副书记2名。

1991~2005年，团县委围绕中共金乡县委、县政府的中心工作，发挥党的助手和联系青年的桥梁、纽带作用，领导和组织全县青少年在改革开放的大潮中学习提高，建功立业。

共青团金乡县委员会第14~17次代表大会简况表

表24-2-2

届次	召开时间	代表人数	中心议题	选举结果		
				委员	书记	副书记
14	1990.08.28~30	262	听取、审议、通过第十三届委员会《让青春和智慧在建设金乡的宏伟大业中闪光》的工作报告	29	1	2
15	1994.09.21~22	262	听取、审议、通过第十四届委员会《高举旗帜 艰苦创业 团结带领广大青年为全面建设小康社会奉献青春》的工作报告	31	1	2
16	1997.11.28~29	280	听取、审议、通过第十五届委员会《高举团旗、奋力拼搏，为加快金乡县社会主义现代化建设建功立业、献青春》的工作报告	28	1	2
17	2002.10.11~12	260	听取、审议、通过第十六届委员会《高举“三个代表”重要思想伟大旗帜，团结带领广大青年为全面建设新金乡奉献青春》的工作报告	30	1	2

基层团组织建设

1991年，团县委贯彻“抓基层、抓落实”工作思路，以党建带团建，强化基层团组织整体化建设。1995年，制定《加强农村基层团组织建设五年规划》，中共金乡县委转发团县委《关于加强团的基层组织建设的报告》，实施后促进一类支部上水平，二类支部上台阶，三类支部换面貌。至年底，全县团的基层组织健全率在90%以上，活动率70%以上。1991~1995年，年年举办团干部培训班，多次组织基层团干部到中央、省团校和外地先进单位学习；团县委会同组织部门建立健全专职团干部实绩档案，定期考核团干部的“德、能、勤、绩”，52名专职团干部走上领导岗位，382名团支部书记选进村党支部、村委会。

团员发展有计划，保持适度数量。注重在街道、乡镇企业、个体私营企业、三资企业和个体工商户中发展团员，建立团的组织。1995年，全县共有团员11254名，比1990年增长1.5倍。

1993年，团县委与中共金乡县委组织部联合下发《关于进一步做好推荐优秀团员入党工作的意见》。连续3年召开推优工作会议，全县各乡镇和大多数县直单位相继成立推优工作领导小组。1991~1995年，有4300多名团员青年向党组织递交入党申请书，其中有873名通过推优工作推荐入党。

2003年，中共金乡县委转发团县委《关于进一步加强和改进全县共青团工作的若干意见》，将其放到党的建设总体规划之中。2004年，县委组织部下发《关于在全县村级组织换届中加强党建带团建和基层组织建设的通知》；团县委组织开展县、乡、村团组织"三级联创"活动。并及时调整机关、企事业、学校团组织设置；积极探索社区团建工作，大力发展社区团组织。至2005年，全县共有基层团支部344个，团员3.6万名，推荐650多名优秀团员青年加入中国共产党组织，有200多名团干部走上各级领导岗位，涌现出1个国家级和21个省、市级"五四红旗团委"。

青少年思想教育

1991年，全县各级团组织继续采取到羊山烈士陵园、王杰纪念馆等青少年革命传统教育基地观看展览、祭扫烈士墓、举行报告会、举行入团、入队仪式等形式，对青少年进行革命传统教育。1992年，配合农村社会主义思想教育，在全县农村青年中开展以"学习、信仰、实践社会主义"为主要内容的"共青杯"千队竞赛活动。农村各级团组织以学雷锋王杰服务队、青年突击队、拥军优属服务队、青年宣传队、青年科技服务队、社会治安联防队为载体，在活动中实践社会主义。同时，利用纪念五四运动73周年之机，以"伟大的党，光荣的共青团"为主题，在全县团员青年中广泛开展党、团知识教育活动；在全县中学生中开展"迈好青年门、走好成人路"主题活动。1995年，在学习雷锋、王杰活动中，推进规范化、制度化建设，全县学雷锋责任区发展到800余处。1999年，全县各级团组织教育团员青年擦亮眼睛，认清邪教组织的反动本质并坚决抵制。2003年，全县各级团组织加强和改进未成年人思想道德建设，开展"弘扬五四精神，展现青春风采""缅怀革命先烈、弘扬民族精神"主题团队日活动。2004年，团县委发出向"山东省优秀共青团员"杨永亮学习的号召，并把学习活动与当年开展的"我与祖国共奋进"主题教育实践活动密切结合。2005年，以纪念中国抗日战争胜利60周年为契机，开展"民族魂"主题教育，号召全县团员青年努力学习实践"三个代表"重要思想，永远跟党走，立足新起点，创造新业绩，与祖国共奋进，与金乡同发展。

希望工程

1994年始，希望工程在金乡实施，"奉献一颗爱心，托起一个希望"主题活动在全县城乡相继开展，县电视台、教育电视台开辟"希望工程在金乡"专栏，当年收到希望工程捐款5.4万元，救助失学儿童175名。1995年，收到省内外希望工程捐款38.5万元，救助失学儿童350名；由中国人民银行山东分行捐资援建的王丕希望小学破土动工。团县委1994、1995连续两年被共青团山东省委、共青团济宁市委授予"希望工程先进单位"。1996年，号召全县团员青年和人民群众积极参加希望工程有奖储蓄，全县各界人士共储蓄300万元。1996年10月，由山东武警总队捐资建设的可容纳800余名学生的金乡县第一所希望小学——大义武警希望小学竣工剪彩，正式交付使用。1999年，募集资金20万元扩建王丕镇希望小学。2004年，募集资金9万余元，资助贫困中小学生130名，大学新生11名。2005年，开展"希望工程圆梦大学"助学行动，募集资金4万元，成功帮助20名贫困大学新生步入高校。至2005年，团县委累计筹集资金300多万元，援建、扩建希望小学4所，建希望图书室3个，发放希望工程助学金60多万元，资助贫困学生3000余人，推荐18名教师参加全国希望工程教师培训班，帮助160余名贫困大学生圆大学梦。

图24-1 1996年金乡武警希望小学落成暨开学典礼

青年创业者行动

1991~2005年，团县委围绕实施农贸带动战略和“全民创业 青年先行”主题，教育引导广大青年转变就业观念、增强创业意识、激发创业热情、投身创业实践。

1991~1995年，在农村青年中开展“兴金致富”“奔小康带头人”“青年股份合作体”“青年科技星火工程”等项活动。其间，县委、县政府批转团县委等单位《关于组织开展奔小康青年带头人活动的意见》，团县委与县农委、科委、乡镇企业管理局等部门共同制订活动实施方案，县、乡、村建立运行机制；与县科协联合创办《科技之春报》；与农林牧部门联办林果技术、食用菌栽培、养殖技术等多种形式的培训班1230期，培训青年科技带头人2万余人，组织3000余名农村青年参加中央农业广播学校的函授学习。与县科委等部门选树4个科技示范乡镇、100个科技示范村、800名科技星火带头人为致富典型。至1995年年底，发展青年股份合作体832个，培养出国家级青年星火带头人1名，省级12名，市级900名，县级3100名。2001年，全县各级团组织实施“阳光工程”“青春富康行动”，培训青年400名，有效转岗358名。2002年，印发《金乡县团组织服务农村青年转移就业工作方案》，收集1600多名农村青年信息，转移就业200余人；授信青年46人，为其中35名青年提供诚信创业贷款120万元，创造产值270万元，青年诚信创业户人均增收1860元。2005年，印发《关于实施金乡县青年创业者行动的意见》，联合县农村信用合作联社印发《关于实施农村青年百千万创业计划的通知》；开展“建行杯”金乡县青年创业大赛评选表彰活动。2001~2005年，共培训指导创业青年450余人，协助青年争取创业贷款230多万元。

青年志愿者

1995年6月，成立“金乡县青年志愿者协会”，当年开展大型志愿者活动52次，组织27支青年志愿者队伍，帮助烈军属、五保户、特困户收割小麦。1997年，先后在县人民医院、供电公司、移动公司等单位成立38支青年志愿者服务队，在乡镇、县直单位建立24个志愿者服务基地，注册青年志愿者3000多名，相继开展青年志愿者行动。1999年10月，团县委联合县直机关工委、县教育局在体育广场举行金乡县青年志愿者服务创建省级文明县城工作启动仪式。2002年4月，团县委组织政法、金融、税务、卫生等部门的300多名青年志愿者走上街头为群众提供法律咨询等项服务，发放宣传资料4000多份。至2005年，全县青年志愿者多次参加急、难、险、重任务，在扶危济困、抗洪抢险、抗旱保收、植绿护绿等项工作中，为社会提供近10万小时的志愿服务。

青年文明号

1992年，在全县“窗口”行业开展争创青年文明岗活动，先在商业、银行、公安、交通、卫生系统推进，以在生产、经营、管理和服务中体现高度职业文明，创建一流工作业绩。此后，在全县范围内开展“青年文明号”创建活动。1994年，不断拓宽创建领域，完善创建机制，健全考核办法。2001年，在全县青年文明号创建集体中开展岗位“服务之星”评比活动。2004年，开展“青年文明号信用建设示范行动”活动。县人民医院青年文明服务岗自1994年建岗以来，义务帮助老弱病残患者寻诊问药，端茶送水、热情服务，深受社会好评。至2005年，全县共有省级“青年文明号”9个、市级36个。

青少年权益保护

《中华人民共和国未成年人保护法》《山东省未成年人保护条例》颁布实施后，金乡县成立了未成年人保护委员会，办公室设在团县委。1993、1994年，团县委两次举办“未成年人保护法”知识竞赛，在县电视台播放未成年人保护法系列短剧；配合有关部门“扫黄打非”，疏通青少年健康成长渠道；开展后进青年帮教工作，促进后进青年转化。1998年，召开未成年人“零犯罪社区”创建工作会，并作全面部署。2000年，成立“未成年人法律服务中心”和“进城务工青年法律援助中心”；开展“法律进社区”和“法律下乡”活动；开通青少年热线电话。开办家长学校和社区青年法制学校5所，举办专题讲座15场次，210名家长和3000多名青少年参加听课。2001年，开展优秀“青少年维权岗”创建活动，构筑包括家庭、学校、社会“三位一体”的青少年综合保护体系。至2005年，全县有省级“青少年维权岗”1家，市级“青少年维权岗”3家。

少先队工作

1991年起，团县委以弘扬爱国主义为主旋律，在全县少先队组织中广泛开展“爱国、爱党、爱人民”传统教育和丰富多彩的素质教育。1993年，组织全县少先队员与安徽灾区小朋友开展“手拉手、心连心”活动，向灾区小朋友捐赠衣物7600件，学习用品7900余件，人民币1万余元。1994年，实施“跨世纪中国少年雏鹰行动”，开展以生存教育为内容的“五自”学习活动。1991~1995年，组织少先队员参与社会劳动实践教育活动、“星级达标”活动；每年举行一次鼓号操汇演和少先队技能达标大赛，促进少先队员学知识、学技能，健康成长。240名优秀少先队辅导员和优秀少先队工作者受到县委、县政府表彰。1999年，全县城乡少先队共结成手拉手好朋友5000余对。2000~2005年，先后对全县少先队员进行“民族精神代代传”“少先队知识大比拼”“争创特色中队”“雏鹰争章”“争做合格小公民”系列体验教育，以及战胜“非典”主题队会等活动。

第三节 县妇女联合会

1957年，金乡县妇女民主联合会改称金乡县妇女联合会（简称县妇联）。1991年，县妇联行政编制7人，内设办公室、宣传部、权益部、发展部、儿童部、组织部。2005年，县妇联设办公室、组宣部、城乡发展部、权益部、儿童部5个职能部门，行政编制5人，其中主席1人、副主席2人。

1991~2005年，县妇联坚持党建带妇建，在改革中求发展，延伸组织网络，拓宽工作领域，妇女事业健康发展。县妇联先后获得《幸福杂志》发行先进单位、新时期妇女工作调研活动先进单位、托幼工作先进单位、信访工作先进单位、“双学双比”先进协调组织奖、“十星级文明户”创建活动先进单位和基层妇女组织建设奖等省级单项奖8个。

金乡县第 11~12 次妇女代表大会简表

表 24-2-3

届次	召开时间	代表人数	中心议题	选举结果		
				主席	副主席	执行委员
11	1998.04.12~14	280	强化妇联职能，发展妇女儿童事业，号召全县妇女团结起来，为富民兴县建功立业	1	2	27
12	2004.12.01~02	231	落实男女平等基本国策和妇女儿童发展规划，在小康路上实现全县妇女的进步与发展	1	2	29

组织建设

1991~1995 年，全县 653 个行政村全部建立妇代会组织，有妇代会成员 1987 人，其中党员 328 人，团员 202 人。到 2005 年年底，全县有乡镇妇联 13 个，开发区妇工委 1 个，县直妇委会 58 个，村（居）妇代会 659 个。

“巾帼建功”活动

1991 年，制定《金乡县妇女发展规划（1991~2000 年）》。在城镇女职工中开展“巾帼建功”活动。在全县农村妇女中开展“双学双比”竞赛活动，实施“巾帼科技致富工程”。1993 年，组织开展金乡县第一届“银花杯”竞赛，激励广大农村妇女科学种棉，勤劳致富。1995 年，开展“千户妇女联动致富奔小康”活动，为致富能力低的帮扶户指一条路子、上一个项目、传一门技术、送一条信息、筹一点资金，结“姊妹对”、签协议书。在千户低收入妇女中，450 户上了养殖项目，200 户搞种植，110 户上大棚菜，90 户开展服务加工，其活动经验在全市推广。2001 年 3 月、2004 年 3 月，分别召开全县“巾帼创新业”“巾帼再创新业”先进事迹报告会，表彰先进，对妇女创业、就业进行动员、再动员。2005 年，全县农村妇女接受实用技术培训 9.6 万人次，城镇女职工参加岗位技能培训 3.8 万人次，3 万名职业妇女完成大、中专学历教育，科技素质和适应市场经济发展能力得到提高。城镇妇女就业人数 14 万，占社会劳动者总数的 44.9%。10 万余名农村妇女活跃在商品经济第一线，在种植、养殖、加工、服务、商品流通和传统工艺、庭院经济、乡村企业等各个行业大显身手。100 余名农村妇女跻身市场经济大潮，成为远近闻名的女企业家、女经纪人。城镇女职工积极参加改革和民主管理，涌现出一批优秀的女老板、女科技工作者、女工程师、女农艺师，成为金乡经济建设中的骨干。在科学研究、技术开发领域，全县有各类女专业技术人员 7180 人，占专业技术人员总数的 39.2%。

参政议政

1995 年，县委印发《关于认真做好培养选拔女干部工作的意见》，召开培养选拔女干部工作会议。当年底，选拔副科级以上女干部 14 人，乡镇党政班子全部配齐女干部；村妇代会主任进“两委”639 人，占村“两委”总数的 98%；在“三八红旗手”、科技女能手中发展中共党员 120 人。2000 年 6 月，全国基层农村女干部参政研讨会在金乡召开。2003 年 1 月，金乡县第十四届人民代表大会有女代表 34 人，第八届县政协有女委员 30 人。2004 年 5 月，组织全县乡（镇）妇联进行班子换届选举。2005 年，全县在职女干部 2600 人（其中县级 2 人，科级 52 人；女法官 15 人，女检察官 9 人，女法律工作者 13 人），占全县干部总数的 26%；132 名农村妇女主任进入村“两委”。

文明创建活动

1991~2005 年，县妇联推进家庭文化、家庭美德建设，先后指导实施“五好文明家庭”“十星级文明户”“创美德家庭、做文明女性”“爱心献老人”等精神文明创建活动。全县妇女自主自立，倡扬新风，逐步建立起科学、文明、健康的生活方式，形成适应新形势发展的婚恋观、家庭观、生育观、教子观，促进家风、民风、社会风气向好的方向发展。

1991 年，开展向灾区人民送温暖活动，20 天内捐赠衣物 2.7 万件。1995 年，全县“十星级文明户”发展到 1.34 万户，占全县总户数的 11%。在创建“十星级文明户”活动中，化解各种民事纠纷 2500 件，促进了社会稳定和团结。1991~2005 年，涌现出好儿女、好媳妇、好婆婆 516 名，在服务行业“窗口”单位建立“巾帼文明岗”87 个，表彰“三八红旗手”1537 名。每年三八节，县妇联组织开展各项有益活动，或召开表彰大会、妇女老干部座谈会，或举办庆三八文艺晚会、妇女知识竞赛、读书演讲，举办集体婚礼，向地震灾区捐款捐物，慰问英模和军烈属。2005 年，召开全县妇女工作会议暨“妇女参与构建和谐社会”理论研讨会。当年 5 月，成功举办首届金乡县庆“六一”“计生杯”妇女儿童书画展。

维权工作

1991 年始，每年 3 月为法律法规宣传月。县、乡、村设立妇女普法宣传网，以举办培训班、开办广播讲座、组织法律知识竞赛等方式，学习宣传《中华人民共和国妇女权益保障法》和《实施办法》，使全县妇女懂得用法律保护个人的合法权益。1992 年，制定《家庭教育实施方案》，创办家庭学校。1994 年，建立“妇女儿童维权岗”。2004 年，成立金乡县“110”家庭暴力投诉中心，开启金乡妇女儿童维权工作新里程。建立完善咨询投诉、司法保护、社会救助、普法宣传、权益监督等维权工作机制，形成社会化维权工作格局。1991~1995 年，县乡妇联举办普法培训班 214 期，培训 1.2 万人次；开办广播讲座 350 次；组织法律知识竞赛 50 次，问答试卷 2.5 万余份。1991~2005 年，县妇联共接待妇女来信、来访或投诉 593 件，答复率、结案率均为 100%；配合公安、法院打击拐卖妇女儿童犯罪分子，解救受害妇女 10 人、儿童 8 名；在企业改制、转型过程中，协调有关部门安置下岗女工再就业 1315 人；召开家庭教育经验交流会 10 次，到幼儿园、小学校走访慰问 17 次；在“情系失学女童，爱心奉献春蕾”活动中，筹集资金 20 余万元，救助贫困女童近千人。

第四节 县工商业联合会

1950 年初，组建金乡县工商业联合会筹备会。1952 年 12 月，召开第一次会员代表大会，选举产生金乡县工商业联合会第一届执行委员会（简称县工商联）。1966 年 6 月，因“文化大革命”而被迫停止活动。1988 年年底，中共金乡县委决定恢复县工商联。1989 年 9 月、1994 年 12 月、2000 年 4 月，分别召开第 5~7 次代表大会，听取、审议并通过上届执行委员会工作报告，选举产生新一届执行委员会。

1991~1995 年，县工商联围绕县委、县政府中心工作，发挥桥梁助手作用，向县委、县政府递交 28 份提案，其中《关于促进个体私营经济发展进一步发挥工商联职能作用的几点建议》《关于成立私营经济管理局的建议》《关于村级财务管理的建议》《关于继续解决交通要道脏乱差的建议》等进入县委、县政府及有关部门决策，并付诸实施。同时，为工商业户开展多种形式的经济服务活动，引导个体私营经济和民营经济快速、健康发展。1995 年年底，全县个体私营户发展到 13120 户，比 1990 年增长 1.7 倍。缴纳税金占全县税收总额的 20%。全县个体私营业者弘扬济危扶困美德，5 年向灾区、敬老院和其他公益事业捐款 100 万元。1996~2005 年，县工商联继续加强自身建设，进一步提高参政议政能力。

金乡县工商业联合会第 5~7 次代表大会简表

表 24-2-4

届次	召开时间	代表人数	中心议题	选举				
				会长	副会长	名誉副会长	秘书长	执行委员
5	1989.09.06~07	78	听取并审议上届委员会工作报告，选举产生本届执行委员会	1	1	—	—	23
6	1994.12	106	听取并审议上届委员会工作报告，选举产生本届执行委员会	1	1	—	—	36
7	2000.04.06	145	听取并审议上届委员会工作报告，选举产生本届执行委员会	1	7	3	1	39
说明		第 7 届代表大会所选副会长 7 人中，有 5 名不驻会。						

第五节 县残疾人联合会

1990 年 8 月，金乡县残疾人联合会（简称县残联）成立，股级单位，编制 3 人，隶属县民政局管理。1992 年，根据中组部、中残联文件精神升格为副科级单位。1995 年 8 月，升为正科级单位。1993 年，全县 14 个乡镇建立残疾人联合会，由分管乡镇长兼任理事长，配备专职副理事长；647 个村委会建立残疾人小组。1994 年，成立金乡县残疾人工作协调委员会，分管副县长任主任，各有关单位负责人任副主任或委员。

1991~2005 年，县残联围绕县委、县政府关于残疾人事业的总体发展规划以及各阶段的任务，以人为本，开拓创新，残疾人事业发展迅速。其间，县、乡两级政府及县残联制定落实扶持计划措施，发放康复扶贫贷款 40 万元，扶持从业人员 800 人，将 2900 名贫困残疾人纳入最低生活保障，对“三无”残疾人进行集中供养和分散供养。每逢节日，入户慰问，送钱送物，帮助解决生活困难。动员社会力量，开展“帮、包、带、扶”活动。全县 1500 名贫困残疾人达到了当地人均收入水平。

金乡县残疾人联合会第 1~4 次代表大会简表

表 24-2-5

届次	召开时间	代表人数	选举结果			
			主席	副主席	理事长	副理事长
1	1990.08.27	97	1	6	1	1
2	1993.03.31	107	1	7	1	1
3	1998.05.12	—	1	6	1	2
4	2003.04.23	134	1	7	1	3

培训就业

1990年，设残疾人就业服务所。1995年，与县工商局、县税务局、县劳动局联合下发《关于扶持残疾人个体从业的规定》。1996年，县政府行文批准成立县残疾人劳动服务所。1997年，全面实施残疾人分散按比例就业。2001~2005年，出台《金乡县按比例安排残疾人就业办法》。县残联与县职业中专联合建立金乡县残疾人技术培训基地；组织1218名残疾人到省、市、县残联设立的培训基地参加技能培训（其中城镇残疾人370名、农村残疾人840名、盲人8名），增强其生存能力；采取集中就业，按比例安置和个人从业方式，安排残疾人就业348名。与地税、财政部门配合，依法征收残疾人就业保障金100多万元。

扶贫助残

1995年，对全县残疾人进行摸底登记，为2000多名残疾人办理了残疾证。1996~2000年，筹集资金60多万元，为贫困残疾人购买良种、化肥等生产资料。并采取帮、包、带、扶和“一帮一”，“众帮一”等形式，使240户残疾人贫困户脱贫，92名无人照顾的残疾人进乡镇敬老院集中供养。2001~2005年，先后出台《金乡县扶贫开发计划》和减免残疾人农业税优惠政策，累计减免农业税130万元，建立残疾人扶贫基地6处，扶持残疾人3436人次，救助贫困残疾学生150人次。每年春节、助残日，均开展为残疾人服务一条街活动，走访慰问城乡贫困残疾人家庭，送上党和政府的关怀和温暖。

康复工作

1991年，县残联围绕“人人享有康复服务”目标，加强残疾人康复训练和技术指导，继续推进康复进社区、服务到家庭。1993年，成立由分管县长任组长的社区康复领导小组。1996年，建立16个乡镇社区康复服务站。1997年3月，举办全县社区康复人员培训班。2001年，建立金乡县残疾人用品、用具供应站和残疾人康复训练指导中心。

1991~2005年，县残联按残疾人康复需求开展工作，共完成白内障复明2319例、儿麻矫治227例、聋儿语训129人、培训聋儿家长69人；供应残疾人用品用具1326件（套）、装配假肢58人、低视力康复配镜17人、配助视器54个、配矫型器76人；肢残训练90人、脑瘫训练21人、智残训练75人；选拔推荐运动员30多人，在全市第一届残疾人运动会上获11枚金牌、2枚银牌、6枚铜牌。组织残疾人参加省、市书法、绘画、摄影比赛，获得一等奖2项、二等奖5项、三等奖8项。

设施建设

1991年，县残联有简陋的办公和服务场所。2003年，筹资60多万元，建设800平方米残疾人综合服务楼1幢，并以此楼为依托，积极开展政策咨询、职业介绍、就业指导、用品用具供应、盲人按摩、残疾人康复训练等多项工作。2000年，县残联与县建设局联合下发文件，对无障碍设施建设作出规定，将此纳入城市建设总体规划。

维权工作

2001~2005年，县残联接待、处理残疾人来信来访210人次；将1000多户贫困残疾人纳入低保；督促残疾人所在企业为残疾职工办理各项社会保险；配合县人大常委会对《中华人民共和国残疾人保障法》执行情况进行2次视察，维护残疾人的合法权益。

第六节 县科学技术协会

1980年2月，金乡县科学技术协会（简称县科协）正式成立，行政编制5人，工勤人员1人，其中设主席1名，副主席2名。

1980年2月~1990年12月，召开第一至三次代表大会。1995年12月26日，在金乡县城召开第四次代表大会，与会代表280人。会议听取、审议上届委员会工作报告，选举产生第四届委员会，选出委员47人、主席1人、副主席1人、常务委员9人，安排部署新一届委员会工作。

1990年底，县科协有各类学会、协会、研究会14个，会员1064人。1993年，恢复乡镇科协，全县652个行政村相继建立科协组织，设科协主任1人。同时，相继成立13个县级农研会；168个乡镇村专业学会、研究会，会员3686人；12个县直学会，会员1180人。形成以县科协为枢纽，县直学会、乡镇科协、厂矿科协为基础，村科普协会、农开会（农技协）为骨干的三级科普服务网络，在科普宣传、问题研究、信息提供、技术引进、经验推广、技能培训、咨询服务等方面开展工作。1994年，培养发展8000多家科技带头户、示范户。全县有2个村被命名为市级科普文明单位，39个村为县级科普文明单位。

1998年，调整充实乡镇科协、县直学会班子。2004年，成立金乡县老科技工作者协会，选举产生第一届理事会，选出会长1人、副会长2人，秘书长1人、理事15人；设立金乡县老科协工作者协会办公室。2005年，召开第一次代表大会，设农业、卫生、经贸、教育、文体5个专业委员会，有会员400余人。

2005年，投资60多万元，实施“科普村村通”工程。全县659个行政村，全部完成“科普村村通”宣传栏建设任务。实施“3211”科技推广工程和科技下乡活动。当年，举办科普讲座40场，发放明白纸3万余份，送优质农资4000余吨。与县防疫站联合，在县体育中心举办大型预防艾滋病、职业病和乙型肝炎科普宣传活动，发放宣传材料2万余份。组织有关单位参加济宁市电力杯技术创新与可持续发展学术论文暨学术研讨会活动，收论文100余篇，送市科协36篇，其中3篇评为一等奖，9篇评为二等奖，23篇评为三等奖。开展金乡县第一届“十佳科技工作者”和“优秀科技工作者”评选活动，10人被评为“十佳科技工作者”。

1992年，获济宁市农村青年科技星火活动先进县；1993~1994年度，获山东省科协金桥计划组织奖；1995年被国家科协授予“全国农村科普工作先进集体”荣誉称号。1996年获山东省科协系统先进单位；1997年，再次荣获全国农村科普工作先进集体。

第七节　县红十字会

1988年12月16日，金乡县红十字会成立，并召开第一次代表大会，选举产生金乡县红十字会第一届理事会。1991年4月、1994年9月分别召开金乡县红十字会第二次、第三次代表大会，选举产生理事会组成人员。

1999年12月，金编发〔1999〕8号文批复，金乡县红十字会办公室升格为副科级全额事业单位，编制2人，隶属县卫生局领导。金编发〔2006〕2号文批复，金乡县红十字会由县卫生局代管调整为由县政府领导联系，其他事宜不变。

2005年，金乡县红十字会专职人员3名，全县志愿者60名，成人会员2662名，青少年会员1203名，团体会员单位19个。

1991~2005年，县红十字会多次组织医疗技术骨干和专家，到乡镇敬老院为“五保”老人义务健康查体。在节假日开展慰问活动，对散落在社会上的孤老病残、烈军属、困难户义务服务，赠送衣被、食品、食油等。采取多种形式宣传《中华人民共和国红十字会法》及《中华人民共和国红十字标志使用办法》，宣传红十字会的宗旨和任务。配合教育部门，在中小学开展红十字会青少年活动，使青少年树立助人为乐，救死扶伤的

人道主义思想。在部分大中企业和学校中成立红十字会机构。多次开展募捐活动。2005年，印度海啸地震及其他国家和国内发生灾情后，县红十字会组织发动群众，开展捐款、献血活动。积极开展外事活动，为祖国统一做贡献。

第八节　县关心下一代工作委员会

金乡县关心下一代工作委员会（简称县关工委），是以（离）退休老干部为主体，以职能部门为依托，关心教育下一代的群众性工作组织，是党和政府在教育青少年方面的“参谋”和“助手”。

2004年9月23日，县关工委经中共金乡县委委托批准成立；28日，县委办公室、县政府办公室联合下发《关于转发〈金乡县关心下一代工作委员会工作章程〉的通知》。2005年1月21日，县关工委在金乡宾馆宣告正式成立。会议明确22个职能部门为成员单位，设基层组织建设、社会宣传、维护青少年合法权益、社会救助、机关企事业单位、学校家庭教育6个工作指导组，分别由县委组织部、宣传部、政法委、县委办公室、县政府办公室、教育局6个单位的分管负责人任组长。

2005年4月，中共金乡县委转发《金乡县关心下一代工作委员会〈关于加强关心下一代工作的意见〉》，从提高思想认识、增强工作能力、组织机构建设、人员队伍建设、加强工作领导五个方面提出具体意见。当年6月至12月，发展以老干部、老战士、老教师、老专家、老模范为主的志愿者队伍260名；组成爱国主义教育宣讲团、法制教育宣讲团、青少年心理健康教育辅导团3个志愿者团体；成功举办爱国主义报告会，青少年心理健康报告会，开展普法宣传月活动，1.2万名青少年受到教育。

第二十五篇　公安　司法

公安 司法

1991~2005年，金乡县政法机关适应改革开放和经济建设需要，持续开展“严打整治”斗争和“打霸除恶、优化经济发展环境”等专项活动，全力创建“平安金乡”，维护社会稳定。其间，共立案侦查各类刑事案件9480件、12435人（其中贪污贿赂、侵权渎职等职务犯罪案件365件、425人），依法审查批准逮捕犯罪嫌疑人2244人，审查后向法院提起公诉2039人，法院作出有罪判决（含自诉案件）2483人、罚金392人、免予刑事处罚133人。其中，1997年刑事案件立案件数、批准逮捕和审查起诉犯罪嫌疑人数比1991年有较大下降，1998年后又呈逐年上升势头，2005年，公安机关刑事立案1505件、刑事拘留389人，分别比1997年增加1254件、286人；检察机关审查批捕犯罪嫌疑人229人，向法院提起公诉244人，分别比1997年增加123人、142人；法院刑事审判人数也相应增加。查处刑事案件增多的原因是县、乡、村三级社会治安防控有力，对各种刑事犯罪犯罪活动露头就打，在侦查、批捕、起诉、审判、监管等各个环节主动出击，深挖犯罪，除恶务尽。15年间，在全县范围内先后实施“二五”“三五”“四五”普法教育，建立健全并落实人民调解员工作制度，积极排查调处各类矛盾纠纷，采取有效措施解决群众关注的热点、难点问题。全县社会稳定、经济发展、人民安居乐业。金乡县先后被评为济宁市和山东省社会治安综合治理先进县。

第一章 社会治安

清光绪三十一年（1905），金乡县设警务局。清宣统二年（1910）改称巡警局。1928年改称公安局。1942年春，金乡县抗日民主政府设公安局。1968年4月，成立金乡县公安机关军事管制小组，行使公、检、法职权。1973年5月，撤销公安机关军管组，恢复金乡县公安局，并一直延续。

1990年，金乡县公安局内设政工科、法制科、内保科、政保科、预审科、治安科、办公室、信访办、刑警队、交警队、看守所、拘留所、车管所，辖金乡镇、城郊、高河、胡集、马庙、羊山、鸡黍、霄云、化雨、鱼山、卜集、兴隆、王丕、司马14个派出所。1992年7月，治安科改称治安巡警队；金乡镇派出所改称中心派出所。增设东关派出所、西关派出所和林业派出所；1994年4月，原城郊派出所改称缗城派出所。增设马集治安派出所和大义治安派出所；

1995年初，金乡县公安局林业派出所撤编。3月，治安巡警队改称巡警大队，升格为副科级单位，下设3个中队和1个办公室（股级）。4月，马集治安派出所改称金马派出所；大义治安派出所改称大义派出所；刑警队改称刑警大队，升格为副科级单位，下设3个中队，1个技术室和1个办公室（股级）；交警队改称交警大队，升格为副科级单位，下设办公室、事故处理股、交通宣传股、车辆管理所、自行车管理所和3个外勤中队(股级)。8月，县城区中心、东关、西关派出所，分别改称北城、东城、西城派出所；增设南城派出所。

1996年9月，成立指挥中心（副科级单位）；11月，预审科并入刑警大队，改称刑警大队预审中队。1997年10月，设公路巡警大队，属交警大队编制。

1997年10月，金乡县公安局内设指挥中心、刑警大队、交警大队、巡警大队4个副科级单位。设政治侦察科、外事科、治安管理科（对外称治安管理大队）、保卫科、户籍管理科、法制科、审计科、督察室、信访科、政工科、老干部科、自行车管理所、行政拘留所、刑事看守所14个股级单位和19个派出所。全局行政编制194人，工勤人员18人；局长1人，副局长2人，政委、副政委各1人，督察长1人（副政委兼任）。巡警大队列事业编制 30 人。

2001 年 7 月，设立反邪教侦察科和监管大队。2003 年 7 月，政工科改称政治处（副科级单位），内设人事科、组织教育科、等级化管理科；政保科更名为国内安全保卫大队，内设政治侦察中队、反邪教侦察中队、办公室；新设科技管理科、公共信息网络安全监察科。当年 12 月，北城派出所和东城派出所合并，改称为公安局第一派出所；西城派出所和南城派出所合并，改称为公安局第二派出所。同年 7 月，设立胡集、鸡黍、开发区三个公安分局，均为副科级单位。

图 25-1　1997 年“110”指挥中心

2003 年机构改革，公安局内设指挥中心、国内安全保卫大队、经济犯罪侦查大队（副科级）、治安警察大队（副科级）、监所管理科、出入境管理科、户政管理科、法制科、宣传科、控申科（挂信访办公室牌子）、公共信息网络安全监察科、审计科、科技管理科、警务督察科（警务督察大队）、政治处、离退休干部科。人员编制：政法编制 198 名（其中机关编制 89 名），工勤人员编制 20 名。局直属机构 6 个，刑事侦查大队（副科级），内设刑侦一中队、二中队、三中队、四中队、技术中队和办公室；交警大队（副科级），内设一中队、二中队、三中队、公路巡警中队、车辆管理所、事故处理科、交通宣传科和办公室；巡逻警察大队（副科级），内设一中队、二中队、三中队、四中队、“110”特警中队、防爆机动中队和办公室；看守所；治安拘留所；金桥治安室。派出机构 15 个，分别为胡集分局、鸡黍分局、第一派出所、第二派出所、缗城派出所、羊山派出所、马庙派出所、鱼山派出所、兴隆派出所、司马派出所、霄云派出所、化雨派出所、王丕派出所、高河派出所、卜集派出所。

第一节　刑事侦查

1991~2005 年，金乡县公安局坚持“打防并举、标本兼治，重在治本”的基本方针，以事实为依据，以法律为准绳，依法从重从快严厉打击各类危害社会的刑事犯罪活动，立案侦查各类刑事案件 12010 起，破获 7312 起，抓获违法犯罪嫌疑人 3567 人，其中，刑事拘留 2558 人，提请批准逮捕 1831 人，移送审查起诉 2608 人。

1991 年，开展反盗窃抢劫犯罪专项斗争。1992~1994 年，连续开展破案会战。1995~1996 年，开展春季严打整治活动。1997 年 5 月，苏、鲁七县治安联防协作会议在金乡召开。1998~2004 年，连续开展严打整治“百日会战”、集中收捕治安清查行动、打击“两抢（抢劫、抢夺）一盗”和“追逃”专项行动及冬季大会战。2005 年，开展打击拐卖妇女儿童犯罪专项行动、打击“两抢一盗”专项行动及冬季破案大会战。对重大刑事案件，精心组织，缜密侦查，在短时间内破案，将犯罪分子绳之以法，有效打击刑事犯罪分子的嚣张气焰，保护人民群众生命、财产安全，维护全县社会安定。1991~2005 年，参加刑事侦查破案的民警，有 260 余人次受到省、市、县表彰，其中 1 人被公安部授予全国优秀人民警察称号，1 人被山东省公安厅授予全省优秀人民警察；刑事侦查大队、中队获得集体荣誉 110 余次。2005 年 5 月，被山东省公安厅评为全省优秀公安基层单位。

1991~2005年金乡县立案查处刑事犯罪案件情况

表25-1-1

年 度	立 案（件）	拘 留（人）	移送审查批捕（人）	移送审查起诉（人）
1991	606	110	87	64
1992	536	103	76	121
1993	482	131	112	123
1994	442	81	63	112
1995	374	69	43	92
1996	375	88	73	174
1997	251	103	81	119
1998	359	93	68	111
1999	687	277	157	149
2000	1034	185	150	153
2001	1562	201	134	231
2002	1191	211	124	201
2003	1180	222	154	207
2004	1426	295	245	323
2005	1505	389	264	428
合计	12010	2558	1831	2608

典型案例

1992年"1·30"绑架杀人敲诈案

1992年1月30日下午，浙江省天台县到金乡县城经商的暂住个体户王某的儿子王某某突然失踪。2月1日8时许，王某在其住处收到一封敲诈信，令其在当天18时30分，将2万元现金送至兖州火车站。县公安局刑警大队接案后立即展开侦查，发现在江苏省沛县大屯经商的个体户、王某的同乡屠正福（男，26岁，浙江省天台县人）具有重大作案嫌疑。在屠的住处发现一封未发出的信，内容、字迹与王某收到的敲诈信相同，屠去向不明。根据已掌握的线索，办案民警组成多个小分队分赴济宁12个县、市、区和江苏的徐州等地撒网缉查，于2月14日将屠抓获归案。屠对绑架杀害王某某后，写信敲诈王某2万元的犯罪事实供认不讳。

2000年"4·21"绑架杀人案

2000年4月21日13时25分，金乡县西关小学一年级二班学生白某某（男，8岁）在学校内被两名男子以"其父被车撞伤，带其到医院看望"为由，乘坐一辆出租三轮车将其骗走，下落不明。县刑警大队当晚成立专案组，部署排查走访，发现作案人均20多岁，一名身高约1.78米，稍瘦，长脸，留长发；另一名身高约1.65米，中等身材，漫长脸，着警服。调查全县1000多辆出租三轮车及白某某的父母和家人的社会关系、经济矛盾纠纷等，均未发现有价值的线索，侦破工作陷入僵局。

5月21日晚，西关小学值班人员接到一陌生男子电话，该人自称知道白某某下落，让其父亲第二天上午听电话。次日，犯罪嫌疑人又打电话试探并索要白某某父亲手机号。经查，两次来电地点分别是嘉祥县城和纸坊镇青山。5月23日，犯罪嫌疑人用同一卡号从济宁打来电话，说白某某很安全，准备两万元现金赎人。此后，又用同一卡号分别从济宁汽车站、济宁市第一印刷厂、兖州等地打电话试探。因犯罪嫌疑人狡猾，未被抓获。5月27日上午，犯罪嫌疑人又从济宁市区打电话给白某某的父亲，让其带两万元现金，拿一把雨伞，到嘉祥汽车站交钱。侦查人员会同嘉祥县警方在车站周围布控，民警假扮出租车司机与白父同往，但犯罪嫌疑人始终未露面。5月28日～6月1日，犯罪嫌疑人多次从济宁打来电话，要白父到济宁，一手交钱，一手交人，但始终未见犯罪嫌疑人。

后经多方查证，发现犯罪嫌疑人使用的202IC卡与本村的闫某某（男，24岁）、张某某（男，24岁）使用的卡号相同。6月5日12时，将闫、张二人传唤到济宁安居镇派出所，二人均说使用的IC卡号是由同村张海潮（男，24岁）提供的。当日17时，刚返回家中的张海潮被抓获。后又得知，张海潮和赵瑞民（男，24岁，安居镇李庄村）关系非常好，且赵瑞民曾是联防队员。6月8日上午，在安居镇派出所配合下，赵瑞民在家中被抓获。经突审，赵瑞民供述了伙同张海潮绑架白某某的犯罪事实，但白某某在被绑架第四天就被张海潮带走，赵不知白的下落。赵还交待出曾和张海潮、张峰（男，35岁，安居镇张桥村）一起向白家敲诈钱财。张峰被抓获后交待：张海潮曾说从南边绑了个小孩，让他到济宁老洋桥处接钱，自己并不知小孩下落。专案组加大对张海潮的审讯力度，到6月9日凌晨4时许，张海潮才交代了绑架杀害白某某的犯罪事实。当日7时45分，在张海潮交待的地点挖出了白某某的尸体。

2003年“7·22”故意杀人案

2003年7月22日凌晨1时许，金乡镇吕庄村李某某（男，18岁）被人杀死在县城金山北街天上人间歌厅门口。接案后，县公安局长、副局长和刑警大队负责人立即带领办案人员赶到现场勘查调查。经查：此案系在歌厅帮忙的孙利军（男，35岁，黑龙江省双鸭山市岭东区37委5组）所为，已潜逃。办案人员分成三组，一组封锁现场，勘查访问；二组组织城区各派出所，在全城开展清查；三组即刻赶赴济宁、兖州、济南、鱼台、菏泽等地设卡堵截。当日上午，济宁市公安局刑警支队、技侦支队指导民警在济宁火车站、汽车站布控，上路巡查，并带上孙利军的姘头王某某（女，38岁）引其出现。11时40分，在汽车站南济宁医学院门口发现孙利军，并将其抓获。

孙利军对杀害李某某的犯罪事实供认不讳：7月22日凌晨1时，李某某与朋友在天上人间歌厅唱完歌，在结账时与老板发生争执，继而谩骂，被人拉开后，李某某的朋友在歌厅门口继续与人争吵。在歌厅内的孙利军十分恼怒，手持两把尖刀冲出去，追上李某某用刀猛砍，致使李某某颈部动脉出血休克性死亡。孙利军作案后逃至姘头王某某住处，王某某资助其外逃。孙利军连夜逃往济宁，并购买了22日上午去郑州的车票，还未上车即被抓获。

2003年“11·29”杀人焚尸案

2003年11月29日晚，金乡镇孙庄村纪元冷库值班人员李某（男，22岁，金乡镇郭楼村）被人杀死在冷库二楼值班室，后被焚尸。次日上午9时，金乡县公安局局长、副局长立即带领技侦人员赶到现场，在缗城、南城、西城派出所配合下，一个昼夜即将犯罪嫌疑人孙明坤（男，26岁，金乡镇孙庄村人）抓获归案。

经审查：犯罪嫌疑人孙明坤欲做圆葱生意，但无资金，遂产生抢劫库存圆葱的念头。多方踩点后，选定本村纪元冷库为抢劫目标。11月29日21时许，孙明坤携带镰头刀窜至纪元冷库二楼值班人员李某住处，乘李不备，随手从地上拿起一40厘米长的扳手猛击李某头部，又用镰头刀朝李某头部猛割两下，致其颅骨骨折、气管破裂，当场死亡。后孙明坤又买来汽油浇在李某身上、床上，放火焚尸。孙明坤怕事情败漏，未敢实施抢劫，便拿了李某的手机，骑上李某的摩托车逃窜。

2004年“9·23”故意杀人案

2004年9月23日，金乡县一妇女到公安局刑侦大队报案，称其女儿李某（22岁）于2004年9月2日晚，与男友高峰（23岁，金乡镇人）约会后再没有音信。并反映女儿和高峰谈恋爱已有半年时间，两人因感情不和多次发生争吵。刑侦大队组织10余名民警，围绕9月2日晚上李某和高峰接触的

人员进行调查、走访，因无确凿证据，致使案件一度搁浅。此后，刑侦大队围绕李某失踪一案实施秘密调查，多次传唤高峰，高随传随到，始终口出一辙。坚称自己在 9 月 2 日晚确实和李某见过面，两人发生争吵后分手，自己回家，不知李某去了哪里。

2005 年 4 月 14 日上午，金乡镇后台子村一村民在村北约 300 米处蒜地准备浇地，在向机井内放潜水泵时，发现有一物体卡在井中间，随后找人淘井，打捞出来卡在中间的两块水泥块和一些玉米秸后，一个像似人脚的物体浮出水面。县公安局负责人、刑侦大队办案人员迅速赶到现场，打捞出一具已经高度腐败的女尸。经勘查检验、衣着特征辨认，技术人员组织检材做 DNA 检测，认定女尸就是 2004 年 9 月 2 日晚失踪的李某。

图 25-2　20 世纪 90 年代金乡县公安局执法现场

金乡县公安局抽调精干力量成立专案组，制订侦查方案，确定侦查目标，划定侦查范围，秘密查找高峰下落，几天未果。2005 年 4 月 18 日傍晚，高峰突然来到了刑侦大队，说法仍与前同。济宁市刑侦支队和县专案组针对高峰有备而来，具有一定反侦查能力的情况，制订周密的讯问方案，与其斗智斗勇，用已掌握的证据逐一驳斥、揭穿谎言。最终正义战胜邪恶。4 月 22 日凌晨，高峰慑于法律的威严，如实交待了杀害李某的犯罪事实。

第二节　治安管理

1998 年前，县公安局设治安管理科。1999 年，改称治安管理大队，下设办公室和四个中队。2001 年 7 月，增设治安行动中队。2003 年，更名治安警察大队。

1991~2005 年，治安管理科（大队）负责全县公共场所、特种行业、民用爆炸等危险物品、大型活动、社会治安防控、涉黄涉赌涉毒、基层保卫组织、97 种刑事案件和各类治安案件查处等治安业务管理工作。其间，贯彻执行“党委领导、依靠群众、预防为主、管理从严、及时打击、保障安全”方针，坚持“保护合法，限制取缔非法，严查与文明管理相结合，公开与秘密管理相结合，有利生产经营，方便群众”原则，逐步制定和落实各项治安管理措施，后果严重、影响较大的治安案件发案较少。2002 年、2003 年，连续被山东省公安厅评为“一级治安大队”。

治安案件办理

1998 年之前，治安案件处罚裁决由治安科负责审批。1999 年后，治安案件裁决权转交法制科。1991~2005 年，全县共查处各类治安案件 7872 起、10182 人。

1991~2005 年金乡县治安案件查处情况统计表

表 25-1-2　　　　单位：人

年度	查处（件）	治安处罚				其他处理
		合计	治安拘留	罚款	警告	
1991	219	421	116	296	9	3
1992	340	587	172	367	48	26

续表 25-1-2

年度	查处（件）	治安处罚				其他处理
		合计	治安拘留	罚款	警告	
1993	343	673	157	424	92	12
1994	663	1264	199	1026	39	21
1995	371	597	221	333	43	31
1996	534	732	279	420	33	32
1997	364	406	217	179	10	30
1998	362	410	310	73	27	94
1999	575	618	411	170	37	262
2000	757	873	565	257	51	343
2001	848	981	480	422	79	256
2002	812	825	456	317	52	472
2003	579	575	331	221	23	253
2004	550	603	400	180	23	198
2005	555	617	440	159	18	209
合计	7872	10182	4754	4844	584	2242

特种行业管理

依据有关法律规定，旅店业、旧货业、刻字业、印刷业等特种行业新开业户，由公安机关审批，签发“特种行业许可证”。1991 年，全县有旅店业户 103 家，旧货业户 11 家，刻字业户 14 家，印刷业户 3 家。2005 年，县公安局对 51 家旅馆业户，8 家刻字业户，1 家拍卖业户进行年度审验登记；对已取消行政审批的 52 家生产性废旧金属业户，2 家旧货流通业户，43 家印刷业户和 126 家机动车修理业户进行年度备案和登记。同年 8~10 月，根据形势发展的需要，对 126 家从业户重新审理、核发“特种行业许可证”，对其中 21 家从业条件或行为不符合规定要求的下达限期整改通知书，对 3 家无证经营业户依法取缔。对旅馆业实施信息化管理，落实旅客住宿验证登记制度，“实名、实情、实数、实时”登记，全面掌握住宿人员信息。印章业也实施信息化管理，刻章到治安大队进行备案，登记、审核，由济宁市公安局指定单位刻制。

枪支弹药、爆炸等危险物品管理

1991~2005 年，收缴个人非法持有各类枪支 386 支。对依法持有枪支者采取措施强化管理，杜绝了丢失、被盗和持用枪支意外伤人现象。

2000 年前，针对胡集、司马等部分村庄存在传统性非法制作烟花爆竹现象，每年都组织开展一次清理整治行动，至 2005 年，全县基本杜绝了因违法生产、储运、使用爆炸物品而造成的重、特大人员伤亡和经济损失案件。2005 年，将烟花爆竹安全监察移交给县安监局管辖。

危险物品，全县主要有大蒜辐射中心使用的钴 -60，医院、学校等单位实验用的化学危险品和老鼠药，涉及 19 家单位；另有剧毒化学品的单位 6 家，其中经营单位 2 家，使用单位 4 家。2005 年 7 月，对 6 家经营、使用剧毒化学品单位重新登记造册，将经营、储存、使用数量、用途以及品种等有关情况逐一记录在案，对存在隐患，分

别下达限期整改通知书，确保剧毒化学品的安全使用和流通，严防各类涉毒案件发生。

公共场所管理

1991年前后，随着全县改革开放和经济快速发展，歌舞厅、KTV包间、网吧、电子游戏厅等娱乐场所从无到有，至2005年发展到300余家，其中公共娱乐场所235家、网吧55家、电子游戏厅17家，从业人员2600余人。但硬件设施违规现象较为普遍，安全隐患突出，色情服务、卖淫嫖娼、赌博等社会丑恶现象时有发生。其间，县公安局适时组织开展公共场所整治行动，推行规范化和动态化管理，加大查处力度，有针对性地建立健全各项制度，形成长效管理机制，净化社会风气，铲除滋生恶势力温床。

查禁卖淫嫖娼、淫秽物品、赌博、毒品

1991~2005年，全县无制销淫秽物品、种植罂粟、贩销吸食毒品等违法犯罪大案要案发生，但一般案件发生量逐年上升，卖淫嫖娼者较多。县公安局采取多种形式，深入宣传教育，对被查处者施以训诫、罚款，是国家机关工作人员的，建议其所在单位给予党、政纪处分。

大型活动管理

1991~2000年，全县基本上没有需要公安力量保卫的大型活动。2001年4月26日，金乡县举办首届中国大蒜节后，至2005年陆续举办4次大蒜节暨经贸洽谈会。县公安局制定方案，超前准备，严密部署，科学设置警力，落实安保措施，确保了各项大型活动的顺利进行。

基层治安保卫组织管理

1991~1994年，因管理措施和人员劳动报酬不落实等诸多原因，全县基层治保组织作用多数发挥不好，部分基层治保组织名存实亡。1995年，对城乡基层治保组织进行全面整顿，实现组织、人员、报酬三落实。当年，有城乡基层治安保卫委员会784个，其中发挥作用好的522个，占总数的66.6%；有治保会成员3641人，其中退离休公职人员292人，占总人数的20%。此后，各行政村在原有治保会的基础上，组建义务治安巡逻队。2005年年底，全县有基层治安保卫组织661个，城乡义务治安巡逻队380支，在保障基层社会稳定中发挥了重要作用。

第三节　户籍管理

1991~2005年，金乡县户籍管理的基本模式是：县公安局户籍科以本辖区各乡镇为基本管理单位，各乡镇派出所户籍员以本乡镇的行政村为基本管理单位，各行政村的户口管理由本行政村的文书具体负责。

1992年6月，全县农村实行农业户口城市化管理，对所有的村、街、路、巷名称进行调查，对所有农户进行核查、编号、安装门牌；填发户口簿，建立村户口档案和设立村级户籍协管员，并制定统一的规章制度。

1994年，实行山东省地方城镇户口，鼓励农村剩余劳动力进城务工经商，推进城市化发展。

1995年，将全县的户籍信息全部输入微机，实行信息化管理。

1997年，实施对全县居民户口簿的换发和常表档案的换发。

2001年6月，按照国发〔2001〕6号文件精神，山东省地方城镇户口与全国城镇户口并轨，统称为城镇居民户口。

2004年8月，根据鲁政办发〔2004〕67号文件规定，在山东省范围内取消农业、非农业户口性质的划分，按照常住地登记户口原则，统一登记为居民户口。

2005年7月起，换发第二代居民身份证，当年换发证78071个。

2002~2004年，县公安局连续三年被山东省公安厅评为人口统计先进单位。

1991~2005 年金乡县农转非、户口迁移、城区户口、暂住人口统计表

表 25-1-3　　　　单位：人

年 度	农转非	县外迁入	迁出县外	城市人口	暂住人口	发证数
1991	719	3058	2450	44907	—	—
1992	615	2160	2725	45678	2655	—
1993	475	2680	3434	46587	3575	—
1994	809	2141	4138	47401	3178	—
1995	6733	3872	3905	54598	4781	—
1996	2958	4576	3672	58163	6686	—
1997	2106	2743	3511	61208	4171	—
1998	594	2475	3242	62431	3352	—
1999	5777	2653	3499	69710	2106	31771
2000	340	2178	3408	70883	2457	53975
2001	310	2057	3454	71949	1563	23226
2002	624	2453	3844	73550	1721	22060
2003	657	2284	3896	74824	2326	21011
2004	275	2264	4622	75572	2284	16941
2005	—	2924	4343	95154	2316	7117
说明	1991~1998 年未统计发证数，1991 年未统计暂住人口					

第四节　交通管理

金乡县公安局交警大队内设事故处理科、交管宣传科、办公室、车辆管理所和一、二、三中队、公路巡逻中队 8 个单位，担负着城区、过境国道、省道、县乡道路的交通管理任务，以及交通安全宣传、机动车辆和机动车辆驾驶员管理、交通事故处理工作。1991~2005 年，交警大队多次被省、市、县评为先进单位，其中 2004 年，荣立集体三等功；2005 年，事故处理科档案室被评为山东省一级档案室。多名干警获记功或嘉奖。

交通科技管理

1991 年，在县城区主要路口安装红绿灯。1992 年，机动车行驶证、驾驶证由手写改为铅字打印，迈出机动车、驾驶人规范化管理第一步。1994 年，车管所配备微机，机动车行驶证、驾驶证使用微机管理打印。1998 年，机动车、驾驶人管理业务实行全市联网，使用全省统一版车驾管系统。2002 年 8 月，在 105 国道莫桥建立交通警务工作站，开始进行非现场执法。2003 年，驾驶员考试取消纸质试卷，实行无纸化，显现考试公正性；机动车管理实行全省联网，交通事故处理实行网上办案。2004 年，驾驶证管理实行全省联网，事故处理信息实行网上上报，交通事故处理系统实行全省联网，开始使用统一的违法处理系统，交通违法信息录入走向规范化。2005 年，建立公安交警三级网络，为各中队配备微机、数码相机、摄像机、移动抓拍系统；建立交警信息平台，实现中队、大队、支队三级互联互通，信息共享。

交通安全宣传

1991~2005 年，以创建交通安全村、学校、企业、社区为依托，主动将交通安全法规知识送进农村、学校、企业、单位、社区和家庭，增强全民交通安全意识。其间，出动宣传车 500 余辆次，发放宣传光盘 1.2 万余张，宣传材料 10 万余份，宣传手册 8000 余本。

交通事故处理

1991~2005 年，金乡县境内共发生交通事故 3026 起，其中死亡 434 人，致伤 2219 人，造成直接经济损失 444.75 万元。全部处结。

2005 年，金乡县交警大队制定落实《重特大交通事故应急处理预案》；在事故科建立法律援助中心和交通事故法庭。在作出交通事故认定之前或送达交通事故认定书时，告知各方当事人，可申请调解或直接向法庭提起民事诉讼。对有“赔偿隐患”的案件，立即告知当事人及时向法庭提出财产保全等，有效杜绝恶意转移财产和赔偿不到位的问题。对因看病、贫困等原因交不起诉讼保全费用的，积极协调法院进行“缓、减、免”，确保案件顺利诉讼，交通事故处理更加及时、快捷、公正、有效。

1991~2005 年金乡县道路交通事故及经济损失情况统计表

表 25-1-4

年 度	事故（起）	比上年升降率（%）	死亡（人）	比上年升降率（%）	致伤（人）	比上年升降率（%）	直接经济损失（万元）	比上年升降率（%）
1991	63	−11.3	17	−15	45	−27.4	9.58	−24.4
1992	41	−34.9	17	0	39	−13	13.65	42.4
1993	33	−9	21	23.5	15	−61.5	15.07	10.4
1994	32	−3	22	4.5	23	53.3	21.11	40.1
1995	31	−3.1	18	−18.1	20	−13	13.25	−37.3
1996	95	206.5	37	105.6	87	335	30.21	128
1997	152	60	36	−2.7	156	79.3	39.08	29.4
1998	207	36.2	36	0	198	27.9	41.13	5.2
1999	331	60	35	−2.8	210	6.1	40.52	−1.5
2000	367	10.9	35	0	245	16.7	45.07	11.2
2001	371	1.1	34	−2.9	267	9	41.32	−8.3
2002	361	−2.7	33	−2.9	245	−8.2	35.51	−14.1
2003	352	−2.5	32	−3	241	−1.6	25.65	−27.8
2004	370	5.1	31	−3.1	272	12.9	44.64	74
2005	220	−41	30	−3.2	156	−43	28.96	−35
合计	3026	—	434	—	2219	—	444.75	—

车辆、驾驶人管理

1992年始，机动车和驾驶人管理逐步实行信息化、规范化、网络化。2004年，正式启用“2004式”警车外观制式，全县所有警车进行外观改制。驾驶证管理实行“谁主考、谁签字、谁负责”；严格驾驶员查体规定，不合格人员不准进入驾驶员队伍。2005年，对全县“大吨小标”车辆进行全面更正，更正率100%。同年，与县农机局密切配合，对各自管理的车辆及驾驶人档案进行清理、登记，移交机动车档案5004份，驾驶人档案2995份，更换机动车登记证书9812本。执行公安部《机动车驾驶证申领和使用规定》，对机动车年检，由车管所统一组织集中上线检查。

1991~2005年金乡县机动车驾驶证登记统计表

表25-1-5 单位：本

类型 / 年度	A	B	C	C3	C4	D	E	F	总数
1991	67	123	16	26	35	74	3	1	345
1992	29	145	37	49	61	86	4	1	412
1993	129	301	47	169	110	115	35	7	913
1994	113	427	98	247	321	425	66	25	1722
1995	148	406	73	348	620	869	657	80	3201
1996	323	967	245	633	920	1619	1537	139	6383
1997	244	732	136	391	467	946	1132	79	4127
1998	148	512	109	164	150	433	381	41	1938
1999	141	612	95	284	503	464	497	12	2608
2000	47	419	56	265	319	352	298	0	1756
2001	177	873	213	791	3581	1644	1564	0	8843
2002	161	795	128	574	2144	409	634	0	4845
2003	246	895	216	437	1758	251	523	0	4326
2004	182	1011	273	795	1809	215	389	0	4674
2005	132	1321	201	785	1143	334	33	0	3949

1991~2005年金乡县机动车拥有量统计表

表25-1-6 单位：辆

类型 / 年度	大型汽车	小型汽车	挂车	普通摩托车	轻便摩托车	低速车	总计		
							总数	增长数	增长率%
1991	212	212	13	69	9	24	539	—	—
1992	264	313	36	265	57	135	1070	531	49.6

续表 25-1-6

年度＼类型	大型汽车	小型汽车	挂 车	普通摩托车	轻便摩托车	低速车	总计		
							总 数	增长数	增长率 %
1993	297	448	55	539	129	435	1903	833	43.7
1994	430	595	132	903	188	722	2970	1067	35.9
1995	561	784	197	4175	737	1951	8405	5435	64.6
1996	740	992	280	8745	1478	4066	16301	7896	48.4
1997	877	1219	353	12347	1993	5368	22157	5856	26.4
1998	960	1450	389	14134	2265	5987	25185	3028	12
1999	1011	1744	396	15338	2408	6901	27798	2613	9.3
2000	1158	2050	449	22879	2498	7539	36573	8775	23.9
2001	1340	2588	501	25138	2700	12521	44788	8215	18.3
2002	1542	3116	609	26730	2845	15177	50019	5231	10.4
2003	1652	3704	676	27770	2895	17246	51337	1318	2.5
2004	1936	4461	802	28772	2931	20042	58944	7607	12.9
2005	2062	5471	858	30447	2948	22351	64137	5193	8

道路交通安全管理

1998 年前，道路交通安全管理重点是夏季道路交通安全和春运交通安全。1998 年后，金乡大蒜种植面积扩大，农民在路边晒粮现象逐年减少，夏季交通安全管理重点转为日常管理。2001~2002 年，开展“平安大道”“畅通工程”创建活动，将工作重点放在春运、节假日、蒜薹和大蒜上市期间。以后，每年都根据季节特点，适时开展机动车涉牌、涉证、“三超”、危险化学品车辆、客车和校车、酒后驾驶、农村道路交通违法行为、交通安全隐患、城区道路交通秩序等专项安全整治或集中整治活动，道路交通安全整治活动常态化。2004 年 5 月，《中华人民共和国道路交通安全法》颁布实施后，对交通违法驾驶员开始记分处罚，对记满 12 分的违法驾驶员，需到济宁市交警支队参加复训。

第五节　消防管理

1991 年前，金乡县无专职公安消防队，消防工作由公安局消防科负责实施消防监督管理，协助重点防火单位建立健全基层消防组织。除县一棉厂备有一部消防车、手揿水泵、水龙、水枪、灭火器等简单消防器材外，全县有义务消防队 865 个、义务消防人员 1.1 万余人。

1992 年，占地面积 5328 平方米，建筑面积 2328 平方米的金乡县消防队建设工程竣工。1995 年初，县财政拨款购进东风水罐消防车 1 部。县城新建、改建工程按规定要求配备消防设施。1997 年 3 月，县消防队列入公安现役编制，改为公安专职消防队，全称为金乡县公安消防大队，正营

级单位，下辖1个消防中队，官兵10人，其中干部2人，配备东风水罐消防车2部。1999年5月，消防大队联合治安、经保、公安派出所对全县歌厅、网吧、洗浴中心、美容、美发、游戏厅等公共娱乐场所进行消防安全大检查，处罚、关停一批违法经营单位，消除火灾隐患165处。2001~2002年，纠正消防违法行为100余起，消除火灾隐患600余处。2003年，配备大功率消防车2部；城区新增消火栓13个，消火栓总数达到38个，灭火和抢险救援能力明显提高。2005年，先后8次集中开展消防安全整治活动，对154家消防安全重点单位、675家企事业单位进行消防安全大检查，依法下发限期整改通知书240余份，当场整改通知书115份，消除火灾隐患300多起。

1991~2005年，查出单位火灾隐患6000余处，全部整改。其中，对消防问题严重单位责令停产、停业20余家，清理取缔无证经营加油站（点）、液化气站（点）、宾馆及娱乐场所30余家。全县涌现出消防战线先进集体7个，先进工作者38名。

1991~2005年金乡县发生火灾情况统计表

表25-1-7

年 度	火灾次数	死亡人数	烧伤人数	直接经济损失（元）	参加抢险救援
1991	5	0	0	20000	—
1992	9	0	0	21361	—
1993	7	0	0	27465	—
1994	8	0	0	33641	—
1995	6	0	0	25735	—
1996	19	0	0	88290	—
1997	24	0	0	88813	—
1998	45	0	0	103057	—
1999	53	0	0	117630	—
2000	79	0	2	185600	—
2001	84	0	1	147545	—
2002	76	1	3	170000	15
2003	89	0	2	143763	21
2004	85	0	3	135410	28
2005	91	0	1	187500	34

第六节 出入境管理

1991~1996年，受理本县公民申请出国（境）46人，其中因私出国11人，赴巴西定居1人；赴台湾探亲20人，定居1人；台湾居民到大陆探亲10人，在大陆定居3人。

1996年，各派出所配备兼管民警负责本辖区出入境管理工作。1997年，外商、外籍华人、华侨和港、澳、台胞到金乡探亲、旅游、投资、经商的日益增多，金乡县公安局设外事科，加强对出入境的管理，年内受理出国（境）申请26人，其中出国探亲访友10人，就业1人，旅游7人；大陆居民赴台湾探亲8人，接受台湾居民到大陆

探亲延期签证 1 人。

2000 年，简化、规范护照审批、签发工作，公民因私申请出国免交境外邀请函，取消签发护照附发出境登记卡做法，不再办理换发、补发登记卡手续；启用“97 新版”护照和“99 版”贴纸签证。2002 年，启用“2000 版”往来港澳通行证和前往港澳通行证。当年 5 月，实行国家工作人员因私出国（境）登记备案制度。2005 年，设立出入境接待室；购买配置高、内存量大的计算机和出入境管理软件；实行一次说清制、首问责任制、工作日承诺制；开通绿色通道，急事急办，印发出国（境）须知明白纸，公开咨询、投诉电话，方便出入境人员办理手续和咨询、监督。

1991~2005 年金乡县出入境管理工作统计表

表 25-1-8　　单位：人

年度	普通护照	大陆居民往来港澳通行证	大陆居民往来台湾通行证	台湾居民签注延期（一年多次往返）	外国人签证延期（居留许可）
1991	2	0	11	6	0
1992	0	0	0	0	0
1993	0	0	1	3	0
1994	2	1	2	2	0
1995	1	1	5	0	0
1996	6	0	2	1	0
1997	18	0	8	1	0
1998	42	1	5	5	0
1999	28	4	5	6	1
2000	78	3	3	5	0
2001	47	55	4	13	3
2002	127	63	4	14	0
2003	121	76	9	0	15
2004	202	106	5	22	9
2005	259	161	2	12	4
合计	933	471	66	90	32

第七节　“110”报警服务

1993 年，金乡县公安局组建“110”报警台，设 2 部电话，实行专人 24 小时值班。1997 年 3 月，“110”报警服务台正式开通，由“110”电话接处警系统、视频监控系统、大屏幕投影系统三部分组成。“110”电话接处警系统具有主叫号识别、30~120 路 DTMF 双向收发、自动排队转接、热线警力调度处警、多方通知、报警信息实时图面显示、查询、数字化录放音及语言压缩、接处警信息管理和查询、地理信息系统与指挥调度的实时配合功能。视频监控系统具有定点定位重点目标实时监控、选定目标大屏幕投影、监控及长延时录像功能。大屏幕显示系统具有计算机字符投放、视频信号投放、文字图片投影功能、指定重点地段和目标的全天候监控功能、案情分析和战斗指挥的适时辅助功能。

图 25-3 “110”出警

县公安局日常接处警，落实“有警必接、有难必帮、有灾必救、有求必应”承诺，“严格执法、热情服务”，坚持24小时全天候值班备勤，机动队夜间备勤不脱衣、不脱鞋、不脱装备，随时受命处警；接警后城区5分钟内到达现场，农村及时到达，妥善处置各种警情和为群众提供救助服务。至2005年，全县形成以县公安局指挥中心为龙头，以“110”报警服务台为纽带，以巡警为骨干、以派出所为基础，统一指挥、综合协调、多警种配套联动的“110”接处警服务体系。1993~2005年，累计接、处警53158起，其中救助群众2346人，救助伤员2846人。

1993~2005年“110”接处警情况统计表

表 25-1-9　　单位：起、人

年度	接处警数	其中		年度	接处警数	其中	
		救助群众	救助伤员			救助群众	救助伤员
1993	2489	101	187	2000	4044	131	232
1994	2521	99	229	2001	5889	150	220
1995	2491	121	209	2002	6027	139	247
1996	2635	137	231	2003	6443	191	294
1997	3823	130	241	2004	4249	467	127
1998	3972	132	249	2005	4564	439	179
1999	4011	109	201	合计	53158	2346	2846

第八节 保安队伍管理

1995年8月，金乡县公安局保安公司成立，2003年，因经营不善被注销。2004年3月，经县公安局批准，县工商局注册，金乡县金盾保安公司成立。该公司派出保安员为客户单位提供门卫、巡逻、守护、押运、随身护卫、安全检查以及安全技术防范等服务。2005年，公司下设人防部、技防部、督察部和电话联网监控中心，拥有保安巡防队员250余人，区域联网报警用户500余家，成为公安机关打击、预防违法犯罪，维护一方平安的辅助力量。

第二章 检 察

人民检察院是国家的法律监督机关，依照国家法律独立行使检察权。

民国二年（1913），金乡县设审检所。次年，撤销审检所，改由县知事兼理。1928年，设检察官1人。1951年，建立金乡县人民检察署。1955年改称金乡县人民检察院。“文化大革命”期间机构瘫痪。1978年恢复金乡县人民检察院，此后一直延续。

1990年，内设刑事检察一科（又称审查批捕科）、刑事检察二科（又称审查起诉科）、法纪检察科、经济检察科、监所检察科、控告申诉检察科、刑事技术科（后改称检察技术科）、法律政策研究室、政工科和办公室。

1990~1993年，先后在县税务局、工商局、财政局所属农税部门、土管局、农行、金贵酒厂、烟草公司设立检察室。1993年10月，除税务检察室外，其余检察室均被撤销。

1994年，国家实行分税制，金乡县人民检察院将税务检察室分设为驻县国税局、地税局两个检察室。同年，在金乡镇、城郊乡、鱼山镇设立派驻检察室，增设民事行政检察科。

1995年1月，撤销经济检察科，成立反贪污贿赂局（简称反贪局，内设侦查一科、二科、三科和综合预防科），规格正科级，隶属县检察院。当年，增设刑事检察三科（未成年人犯罪检察科），1997年撤销，其业务重归批捕、起诉部门。

1997年12月，将涉税犯罪、假冒商标犯罪侦查权移交给公安机关，同时撤销驻国税局、地税局检察室和乡镇检察室，反贪污贿赂局专司查办国家工作人员贪污贿赂犯罪之职。

1999年8月，增设司法警察大队。

2001年，增设监察室。同年9月，撤销法纪检察科，成立渎职犯罪侦查局（内设侦查一科、二科和综合科），规格正科级，隶属检察院领导。同年11月，将刑检一科更名为侦查监督科；将刑检二科更名为公诉科。

2004年1月，实行职业公诉人制度改革，撤销侦查监督科和公诉科，合称职业公诉人管理办公室。

2005年，渎职犯罪侦查局改称反渎职侵权局。至年底，县检察院内设机构有办公室、政工科、监察室、法律政策研究室、职业公诉人管理办公室、反贪污贿赂局、反渎职侵权局、控告申诉检察科（含举报中心）、监所检察科、民事行政检察科、检察技术科和法警大队。在职人员65人，其中检察长1人，副检察长4人，检察委员会委员2人，检察员43人，书记员1人，法警7人，无法律职务人员2人，工勤人员5人；26~35岁17人，36~45岁28人，46~55岁20人；中共党员63人，无党派人士2人；男性55人，女性10人；大学本科、专科学历分别为41人、24人。（检察长、副检察长、纪检组长均是县人大常委会任命的检察委员会委员）

第一节　刑事检察

1991~2005年，县检察院共受理公安机关和本院反贪污贿赂局、反渎职侵权局提请批准逮捕案件1734件、2807人，审查后批准逮捕1402件、2244人。受理移送审查起诉案件1884件、2717人，审查后提起公诉1463件、2039人。在批准逮捕的犯罪嫌疑人中，农民1879人，工人78人，无业人员75人，个体劳动者56人，外来人员51人，其他人员105人；14~18周岁189人，18~25周岁752人，25周岁以上1303人。在提起公诉的被告人中，农民1666人，工人60人，无业人员73人，个体劳动者46人，外来人员43人，其他人员151人；14~18周岁157人，18~25周岁641人，25周岁以上1241人。

办理重大案件

1991~2005年，县检察院把打击的重点指向杀人、强奸、故意伤害致人重伤死亡、抢劫、重大盗窃、放火、爆炸、投毒等严重刑事犯罪，提前介入侦查机关对重大案件的侦查活动，对提请批捕和移送审查起诉案件及时受理、审查，对犯罪事实清楚，犯罪证据确凿的尽快作出批捕、起诉决定。推行全天候办案方式，打破节假日、上班和业余时间界限，对重大案件随时审查，“从重、从快”方针在检察环节得到贯彻落实。其间，批准逮捕杀人犯87人，强奸犯148人，故意伤害犯284人，抢劫犯281人，盗窃犯613人，放火犯8人，爆炸犯4人，投毒犯3人，其中重、特大案犯616人。对罪该判处20年以下有期徒刑的1227人向金乡县人民法院提起公诉，对可能判处死刑或者无期徒刑的221人及时上呈济宁市人民检察院审查起诉。2004年，犯罪嫌疑人霍某某、赵某某、李某某在金乡等地盗割农用电线37次，价值22万余元，给当地农业生产造成重大损失，县检察院及时审查、核实、上呈市院审查起诉，霍某某被判处死刑，缓期二年执行，赵某某、李某某被判处无期徒刑。在惩办的破坏农村电力设备犯罪中，此案最大，处刑最重。

参与“专项活动”

1991年，拐卖妇女、儿童犯罪猖獗，县检察院配合公安机关对其严厉打击，当年受理、审查并批准逮捕犯罪嫌疑人81人，起诉66人。1992年批捕3人，起诉10人。1993年起，此类犯罪逐年减少，至2001年，共批准逮捕22人，起诉30人；2002~2005年，县检察院未再受理此类案件。

1992年，在“反盗窃”“打流窜、挖团伙、追逃犯”专项治理活动中摧毁犯罪团伙14个，批捕盗窃犯51人，起诉62人。此后10余年，在“扫黄打非”“打霸除恶”“打黑除恶”“严打整治”“打造平安金乡，构建和谐社会”等项活动中严格履行批捕、起诉职能，依法惩治了一批严重危害社会治安和人民群众生命财产安全的刑事犯罪分子。

未成年人犯罪检察

1995年，《中华人民共和国未成年人保护法》颁布实施，县检察院从批捕、起诉部门析出人员设立刑事检察三科（未成年人犯罪检察科），专门承办未成年人犯罪的审查批捕、审查起诉和治理防范、教育挽救工作，依法保障未成年犯的合法权益。当年受理未成年人犯罪案件10件、17人，批准逮捕15人，起诉16人，其中在校生11人。

1996年，办理未成年人犯罪26人，其中批捕在校生3人，起诉2人。与团县委、县教委等部门联合建立金乡县青少年法制教育巡回学校，与县教委联合发出《致全县中小学生的一封信》，印发《还青少年一片净土》倡仪书，在城乡街道、县电台、电视台广泛宣传国家保护未成年人合法权益的法律、政策。与全县46所中小学校建立联系，针对学生心理、生理和世界观尚未形成而又处于发展关键时期的特点，上好爱国主义、革命传统、理想道德、法制教育课；对47名有劣迹的青少年与其家长或者学校签订帮教协议；开通“青少年心理咨询热线电话”，营造关爱未成年人和在校学生健康成长的氛围，较好地预防并减少了未成年人犯罪。1997年，撤销未成年人犯罪检察科，人员重归批捕、起诉部门，未成年人犯罪案件仍有专人承办。

1997~2000年，受理移送审查起诉未成年人犯罪案件逐年减少，2000~2003年，受理移送审查起诉在校生犯罪案件连续4年为零。

1999年，县检察院被共青团山东省委、山东省综合治理委员会、山东省人民检察院首批命名为“全省青少年维权岗”。

侦查和审判监督

1991~2005年，县检察院坚持办理批捕、起诉案件严查细审，严格区分罪与非罪、此罪与彼罪的界限，实行重大案件由承办人、科室负责人、分管副检察长、检察长、检察委员会层层把关，正确适用法律，做到不枉不纵。其间，对不符合逮捕条件、没有逮捕必要、不认为是犯罪的410人作出不批准逮捕决定，对已构成犯罪应当逮捕而未提请批捕的68名犯罪嫌疑人予以追捕；对不构成犯罪或犯罪情节轻微或者显著轻微，不符合起诉条件的211人不起诉或者免予起诉，对应当起诉而未移送审查起诉的28人予以追诉，对事实不清、证据不足的185件、313人依法退回侦查机关补充侦查；对法院判决有误，量刑畸轻的案件依法提出抗诉7件、9人。

1991~1996年，县检察院对审查起诉案件依法享有免予起诉权，免予起诉案件逐年为15、17、22、28、42、69人。1997年，依法改“免予起诉”为“不起诉”。

1997年，县检察院开始履行立案监督权。此后，年年开展“立案监督宣传月”活动，大造声

势，广辟案源，制作发放“立案监督卡”近万份，至 2005 年，共办理立案监督案件 123 件，其中对应当立案侦查而不立案侦查的监督立案 113 件，对不应当立案侦查而立案侦查的监督撤案 10 件，侦查机关均已立案、撤案。有案不立、有罪不究、以罚代刑等不公正执法问题得到有效纠正。

刑检综合治理

1991~2005 年，县检察院在审查批捕、审查起诉工作中，对犯罪嫌疑人进行认罪服法教育，对初犯、偶犯，帮其分析犯罪原因，总结汲取教训，根据犯罪情节与罪行轻重予以教育、惩办；对决定免予起诉或者不起诉的，到案发地公开发表免诉词或公开宣布不起诉决定书，以案释法，教育挽救失足者。定期对被免诉、不起诉对象进行回访考察，促其悔过自新。其间，在审查批捕、审查起诉环节提审教育犯罪嫌疑人、被告人 7236 人次，出庭支持公诉发表公诉词 1138 篇，发表免诉（不诉）词 234 篇，考察回访被免诉（不诉）对象 198 人，实现免诉（不诉）一案，教育一片。

刑检改革

1994 年，县检察院在济宁市检察机关率先试行干部人事制度改革，经过竞争上岗、双向选择，将德才兼备、年富力强的人充实到批捕、起诉工作岗位。1999 年，在批捕、起诉部门实行主办和主诉检察官办案责任制，打破用行政办法管理司法工作的旧模式，将部分案件的决定权赋予主诉、主办检察官，坚持谁办案、谁负责，加快办案节奏，节约司法资源。2000 年，择优增补主诉检察官 2 人。2003 年 12 月至 2004 年 1 月，全市检察机关试行职业公诉人制度改革，金乡县检察院经过公开报名、书面考试、现场答辩、群众推荐、党组决定、市院批准，6 名检察官被任命为职业公诉人。同时，将撤销后的侦查监督科和公诉科更名为职业公诉人管理办公室，批捕、起诉工作试行捕诉一体化、上下一体化、公诉人专业化；实行公诉人办案责任制、职业公诉人联席会议制、公诉案件量刑建议制；重大疑难案件经职业公诉人联席会议充分讨论后，再提交分管检察长、检察长或者检察委员会层层把关。2004~2005 年，6 名职业公诉人共办理审查批捕案件 291 件、561 人，审查起诉案件 363 件、578 人，平均每人办案 109 件、190 人，比 2003 年前人均办案数翻了一番，所办案件准确率 100%。

1991~2005 年，在争当“审查批捕优秀办案人”“优秀公诉人”活动中，有 12 人次分别被山东省和济宁市人民检察院授予“优秀办案人”和“优秀公诉人”荣誉称号。

1991~2005 年金乡县人民检察院审查批准逮捕犯罪嫌疑人统计表

表 25-2-1

项目	数量		1991	1992	1993	1994	1995	1996	1997	1998	1999	2000	2001	2002	2003	2004	2005	合计
受理		件	137	89	82	102	103	144	111	110	146	124	92	104	99	125	166	1734
		人	230	155	144	185	172	203	147	167	192	178	148	162	163	255	306	2807
批准逮捕		件	117	72	72	85	82	119	79	74	98	97	84	94	90	109	130	1402
		人	187	119	124	152	135	161	106	109	120	141	136	146	151	228	229	2244
不批准逮捕		人	31	11	15	18	9	14	35	55	70	36	6	15	12	27	56	410
追捕		人	7	4	1	3	9	4	3	4	9	4	11	4	—	3	6	68
在批准逮捕的犯罪嫌疑人中	杀人	人	11	6	11	6	4	4	8	2	8	1	3	3	7	3	10	87
	强奸	人	7	10	9	10	6	22	8	5	7	4	4	10	14	12	20	148
	故意伤害	人	8	4	9	9	15	14	19	13	23	7	10	22	47	40	44	284
	抢劫	人	19	17	25	42	18	19	14	20	8	15	21	12	8	26	17	281
	盗窃	人	38	51	44	58	69	58	27	25	23	22	47	35	33	42	41	613
	拐卖人口	人	81	3	8	7	1	2	—	3	—	—	1	—	—	—	—	106
	放火	人	—	—	2	—	—	2	1	—	1	1	—	—	—	—	1	8
	爆炸	人	—	—	—	1	—	—	1	—	—	—	1	—	—	—	—	4
	投毒	人	—	—	—	—	—	—	—	—	—	1	2	—	—	—	—	3
	诈骗	人	—	3	6	5	2	9	3	2	8	10	13	7	6	3	3	80
	妨害司法	人	—	—	—	—	—	—	—	—	—	4	3	5	2	4	9	27
	扰乱公共秩序	人	—	—	—	—	—	—	—	—	—	5	11	27	7	54	43	147
	交通肇事	人	—	—	—	—	—	—	—	—	—	14	8	7	10	9	17	65
其中嫌疑人身份	农民	人	178	103	106	123	106	136	87	89	102	118	116	127	120	186	182	1879
	工人	人	8	11	2	11	8	—	9	1	5	9	4	2	2	3	3	78
	个体劳动者	人	—	—	—	—	—	—	—	—	—	7	7	6	12	12	12	56
	无业人员	人	—	—	2	3	—	—	1	3	1	3	5	7	14	16	20	75
	外来人员	人	—	—	—	—	—	—	—	—	—	14	10	7	6	7	7	51
	学生	人	—	3	1	3	10	3	2	3	2	—	—	—	—	1	1	29
其中年龄	18 周岁以下	人	6	8	8	7	15	11	7	10	9	3	8	19	21	31	26	189
	18 至 25 岁	人	70	61	53	62	50	56	29	40	33	46	43	54	36	56	63	752

1991~2005 年金乡县人民检察院审查起诉被告人统计表

表 25-2-2

项目		数量 \ 年度	1991	1992	1993	1994	1995	1996	1997	1998	1999	2000	2001	2002	2003	2004	2005	合计
受理		件	125	95	77	127	136	185	105	88	104	115	116	132	116	157	206	1884
		人	196	149	118	185	202	246	139	122	137	149	154	166	176	272	306	2717
提起公诉		件	94	82	53	86	98	112	79	71	80	101	99	106	97	134	171	1463
		人	137	125	70	132	152	143	102	96	94	121	130	136	138	219	244	2039
免予起诉		人	15	17	22	28	42	69	—	—	—	—	—	—	—	—	—	193
不起诉		人	2	1	1	—	—	7	7	—	—	2	2	6	6	3	4	41
追诉		人	—	4	9	1	5	2	2	2	—	1	1	4	—	1	—	28
退回补查		件	3	5	7	8	16	—	—	18	28	28	22	19	6	13	12	185
		人	9	11	20	20	20	—	—	34	43	48	30	24	8	22	24	313
上呈市院审查起诉		件	10	7	11	8	7	—	—	9	7	10	4	5	5	8	11	102
		人	23	10	21	9	13	—	25	12	20	15	5	8	21	17	22	221
立案监督		件	—	—	—	—	—	—	1	4	15	15	20	16	6	24	22	123
在提起公诉的被告人中	杀人	人	1	—	2	2	4	2	3	—	1	—	1	1	—	—	2	19
	强奸	人	5	8	5	12	5	16	7	3	4	11	5	8	12	9	12	122
	伤害	人	5	3	8	7	16	9	15	15	11	22	15	32	38	41	61	298
	抢劫	人	17	10	7	14	33	15	16	12	12	15	7	12	7	19	21	217
	盗窃	人	22	62	26	48	57	63	39	22	28	21	41	27	21	53	27	557
	拐卖人口	人	66	10	9	6	8	1	1	2	—	1	2	—	—	—	—	106
	放火	人	—	1	1	1	—	1	1	1	1	1	—	—	—	—	1	9
	爆炸	人	1	—	—	1	—	—	—	1	—	—	1	—	—	—	—	4
	投毒	人	—	—	—	—	—	—	—	—	—	—	1	—	—	—	—	1
	诈骗	人	1	4	—	4	3	5	5	2	4	3	11	4	5	3	3	57
	妨害司法	人	—	—	—	—	—	—	—	—	—	4	5	2	7	5	11	34
	扰乱公共秩序	人	—	—	—	—	—	—	—	—	—	8	11	14	11	37	36	117
	交通肇事	人	—	—	—	—	—	—	—	—	—	11	10	21	13	22	31	108
其中被告人身份	农民	人	130	111	68	99	114	116	86	79	79	92	106	119	109	177	181	1666
	工人	人	6	8	1	7	7	1	8	1	2	7	3	1	0	4	4	60
	个体劳动者	人	—	—	—	—	—	—	—	—	—	6	6	3	3	13	15	46
	无业人员	人	1	—	—	—	1	3	3	—	1	2	12	6	14	10	20	73
	外来人员	人	—	—	—	—	—	—	—	—	—	10	7	6	2	8	10	43
	学生	人	—	2	—	3	11	2	2	2	2	—	—	—	—	1	2	27
其中年龄	18周岁以下	人	3	5	3	4	18	14	8	4	6	3	8	13	15	18	35	157
	18岁至25岁	人	45	57	30	44	46	48	34	33	32	37	37	38	43	55	62	641

第二节 查办职务犯罪

1995年1月，撤销经济检察科，成立反贪污贿赂局。2001年9月，撤销法纪检察科，成立渎职犯罪侦查局；2005年改称反渎职侵权局。1991~2005年，县检察院查办职务犯罪，贯彻“一要坚决、二要慎重、务必搞准”方针，既要数量、更要质量、突出查办大案要案，推动反腐败斗争深入开展。

反贪污贿赂

1995年前，县检察院在查办贪污、贿赂、挪用公款犯罪的同时，重点查办破坏社会主义经济秩序的偷税、抗税和假冒商标犯罪。驻税务、工商、烟草、酒厂等检察室，全力维护国家税收和工商管理秩序，保护广大消费者和企业的合法权益。其间，拔掉长期拖欠和拒不交纳税款的“钉子户”42个，捣毁制售假冒伪劣商品窝点33个，查获假酒8000余箱，假烟和走私香烟14.19万条，假化肥200余吨，假农药4000余公斤，劣质电缆线1.4万余米，劣质一次性输液管6950支，劣质石油100余吨，劣质锡钢片52吨，收缴不合格计量器10台（套），假秤（磅）砣182个；从中发现和受理涉税案件67件，假冒商标案件22件，立案侦查偷税案12件、16人，抗税案1件、1人，假冒商标犯罪案件8件、14人。1996年，反贪局立查偷税案8件、8人，抗税案2件、2人，假冒商标犯罪案件7件、11人。1997年立查偷税案9件、14人，抗税案1件、1人。

1997年，将涉税犯罪和假冒商标犯罪案件的侦查权移交给公安机关，反贪污贿赂局专办属于检察机关管辖的贪污、受贿、行贿、挪用公款、巨额财产来源不明、私分国有资产、私分罚没财物等12种国家工作人员实施的职务犯罪案件，重点查办发生在党政领导机关、行政执法机关、司法机关和经济管理部门中的贪污、贿赂案件。

1998~2000年，在清理、清欠乡镇农村合作基金会逾期借款活动中，受理贪污、挪用农村合作基金会资金犯罪案件13件、13人，立案侦查11件、11人，移送起诉8件、8人，法院作有罪判决6人。

2000~2005年，受理农村干部贪污、挪用公款案件线索43件、51人，立案侦查28件、32人，移送起诉20人，法院作有罪判决11人。对15件不够立案条件但村民反映强烈的案件，清查账目，追回被侵占的款物；对行为人提出批评警告，或建议乡镇党委对村班子进行改组，群众满意，息访息诉。

1991~2005年，县检察院共受理各类经济犯罪案件线索503件、571人，立案侦查248件、292人，其中贪污95件、116人，受贿28件、30人，单位受贿2件、2人，行贿1件、1人，挪用公款69件、70人，虚开增值税发票1件、1人，私分国有资产3件、4人，假冒商标15件、25人，偷税30件、39人，抗税4件、4人。其中犯罪金额不满1万元52件、1万元~5万元119件、5万元~10万元31件、10万元~50万元42件、50万元~100万元2件、100万元以上2件。拘留、逮捕208人，移送起诉160人，免予起诉或者不起诉125人，为国家挽回经济损失1100余万元。在立案侦查的经济犯罪案件中，贪污、受贿、挪用公款犯罪人数分别占立案总数的39.72%、10.27%、23.97%。

表 25-2-3

1991~2005 年金乡县人民检察院直接受理查办贪污贿赂犯罪案件统计表

项目 \ 数量 \ 年度			1991	1992	1993	1994	1995	1996	1997	1998	1999	2000	2001	2002	2003	2004	2005	合计
受理		件	24	18	26	44	59	57	56	48	28	40	40	30	30	8	12	503
		人	33	30	36	45	64	66	63	50	31	40	40	32	30	16	18	571
立案		件	7	12	10	26	35	24	21	10	19	20	18	17	9	8	12	248
		人	10	24	10	27	38	29	27	10	19	20	18	17	9	16	18	292
在立案侦查的经济案件中	贪污	件	3	5	3	9	8	—	3	6	14	8	6	11	3	5	11	95
		人	5	8	3	10	10	—	4	6	14	8	6	11	3	11	17	116
	受贿	件	2	—	2	11	2	1	3	2	2	—	2	—	—	1	—	28
		人	3	—	2	11	2	2	3	2	2	—	2	—	—	1	—	30
	单位受贿	件	—	—	—	—	—	—	—	—	—	—	—	—	2	—	—	2
		人	—	—	—	—	—	—	—	—	—	—	—	—	2	—	—	2
	行贿	件	—	—	—	—	—	1	—	—	—	—	—	—	—	—	—	1
		人	—	—	—	—	—	1	—	—	—	—	—	—	—	—	—	1
	挪用公款	件	2	2	2	4	14	5	4	1	3	12	9	6	3	1	1	69
		人	2	2	2	4	14	5	4	1	3	12	9	6	3	2	1	70
	虚开增值税发票	件	—	—	—	—	—	—	1	—	—	—	—	—	—	—	—	1
		人	—	—	—	—	—	—	1	—	—	—	—	—	—	—	—	1
	私分国有资产	件	—	—	—	—	—	—	—	—	—	—	1	—	1	1	—	3
		人	—	—	—	—	—	—	—	—	—	—	1	—	1	2	—	4
	假冒商标	件	—	3	2	—	3	7	—	—	—	—	—	—	—	—	—	15
		人	—	9	2	—	3	11	—	—	—	—	—	—	—	—	—	25
	偷税	件	—	2	1	1	8	8	9	1	—	—	—	—	—	—	—	30
		人	—	5	1	1	9	8	14	1	—	—	—	—	—	—	—	39
	抗税	件	—	—	—	1	—	2	1	—	—	—	—	—	—	—	—	4
		人	—	—	—	1	—	2	1	—	—	—	—	—	—	—	—	4
大案要案		件	3	6	5	7	11	17	16	6	5	13	11	8	6	5	4	123
		人	—	—	—	—	—	23	17	6	5	13	11	8	6	14	6	109
起诉		人	2	5	1	6	12	4	11	8	17	19	14	15	17	15	14	160
免（不）诉		人	8	19	9	21	26	22	17	2	—	—	1	—	—	—	—	—
挽回经济损失		万元	20.46	48.1	29.48	70.58	105.58	123.53	32.25	33.24	42.35	181.6	77.6	36.22	100	110	100	1111

反渎职侵权

1991 年，县检察院法纪检察科继续履行法纪检察职能，针对非法侵入他人住宅案件时有发生，影响群众正常生活秩序的状况，会同公安派出所和村委会对此先行调解，对构成犯罪的依法打击。至 1994 年，共立查非法侵宅案件 11 件、14 人。

1994 年，重点查办发生在司法人员中的有罪不究、以罚代刑、徇私舞弊案件，当年 3 月，查办徇私舞弊案件 1 件、1 人，率先在全市检察机关实现了查办徇私舞弊案件零的突破。

1991~1996 年，受理国家机关工作人员和非国家机关工作人员违犯法纪案件 120 件、132 人，立案侦查 64 件、73 人。其中，非法侵入他人住宅案 13 件、17 人，伪证案 8 件、8 人，徇私舞弊案件 3 件、3 人，非法拘禁案件 20 件、22 人，非法管制案件 4 件、4 人，诬告陷害案件 4 件、4 人，刑讯逼供案 1 件、3 人，重大事故案件 7 件、7 人。移送审查起诉 25 人。非国家机关工作人员实施的违犯法纪案件 47 件、52 人，分别占立案总数的 73.4% 和 71.2%。

1997 年，修改后的《中华人民共和国刑事诉讼法》颁布实施。根据《人民检察院直接立案侦查案件范围及立案标准》的规定，县检察院专门查办国家机关工作人员利用职权实施的 41 种渎职犯罪和侵犯公民人身权利、民主权利的犯罪案件，重点查办性质恶劣、后果严重、影响和危害大的徇私舞弊、刑讯逼供、非法拘禁、玩忽职守、重大责任事故案件。对非国家机关工作人员实施的伪证、非法侵入他人住宅、非法拘禁、非法管制等犯罪案件不再拥有侦查权。

1998~2000 年，在参与清收农村合作基金会逾期借款活动中，立案查处玩忽职守案件 11 件、11 人，滥用职权案 2 件、2 人；移送审查起诉 9 件、9 人。

2001 年 9 月，撤销法纪检察科，成立渎职犯罪侦查局（2005 年改称反渎职侵权局）。当年受理各类渎职侵权犯罪线索 11 件、11 人，立案侦查 5 件、5 人，其中非法拘禁案 4 件、4 人；全部移送审查起诉。

1997~2005 年，渎职犯罪侦查局（反渎职侵权局）共受理国家机关工作人员渎职、侵权案件 134 件、134 人，立案侦查 53 件、60 人，其中非法拘禁案 16 件、19 人，徇私舞弊案 2 件、2 人，玩忽职守案 22 件、23 人，刑讯逼供案 1 件、1 人，滥用职权案 6 件、9 人，非法搜查案 2 件、2 人，枉法追诉案 1 件、1 人，破坏选举案 1 件、1 人。其中乡镇党委、政府工作人员 15 人、行政执法机关工作人员 16 人、司法机关工作人员 17 人、经济管理部门工作人员 4 人；中共党员 39 人；副科级干部 12 人、正科级干部 2 人、副总工程师 1 人；移送审查起诉 31 人。

1991~2005年金乡县人民检察院直接受理查办渎职侵权犯罪案件统计表

表25-2-4

目量 \ 项数 \ 年度			1991	1992	1993	1994	1995	1996	1997	1998	1999	2000	2001	2002	2003	2004	2005	合计
受理		件	11	12	11	20	28	38	24	9	15	20	17	15	14	11	9	254
		人	11	15	14	20	29	43	24	9	15	20	17	15	14	11	9	266
立案		件	7	8	7	12	11	19	8	8	6	8	9	7	1	2	4	117
		人	8	10	9	12	12	22	8	8	6	12	9	7	1	5	4	133
在立案侦查的法纪案件中	非法拘禁	件	—	2	4	4	4	6	1	2	—	2	5	3	—	1	2	36
		人	—	3	5	4	4	6	1	2	—	2	5	3	—	4	2	41
	徇私舞弊	件	—	—	—	1	1	1	—	—	—	—	—	1	—	1	—	5
		人	—	—	—	1	1	1	—	—	—	—	—	1	—	1	—	5
	伪证	件	2	—	—	3	2	1	—	—	—	—	—	—	—	—	—	8
		人	2	—	—	3	3	1	—	—	—	—	—	—	—	—	—	9
	非法侵宅	件	1	5	3	2	—	2	—	—	—	—	—	—	—	—	—	13
		人	2	6	4	2	—	3	—	—	—	—	—	—	—	—	—	17
	非法管制	件	3	—	—	1	—	—	—	—	—	—	—	—	—	—	—	4
		人	3	—	—	1	—	—	—	—	—	—	—	—	—	—	—	4
	玩忽职守	件	—	—	—	—	1	2	5	4	6	5	1	1	—	—	—	25
		人	—	—	—	—	1	2	5	4	6	6	1	1	—	—	—	26
	重大责任事故	件	—	—	—	—	2	5	2	—	—	—	—	—	—	—	—	9
		人	—	—	—	—	2	5	2	—	—	—	—	—	—	—	—	9
	诬告陷害	件	1	1	—	—	1	1	—	—	—	—	—	—	—	—	—	4
		人	1	1	—	—	1	1	—	—	—	—	—	—	—	—	—	4
	刑讯逼供	件	—	—	—	—	—	1	—	1	—	—	—	—	—	—	—	2
		人	—	—	—	—	—	3	—	1	—	—	—	—	—	—	—	4
	滥用职权	件	—	—	—	—	—	—	—	1	—	1	1	1	—	—	2	6
		人	—	—	—	—	—	—	—	1	—	4	1	1	—	—	2	9
	非法搜查	件	—	—	—	—	—	—	—	—	—	—	1	—	1	—	—	2
		人	—	—	—	—	—	—	—	—	—	—	1	—	1	—	—	2
	枉法追诉	件	—	—	—	—	—	—	—	—	—	—	1	—	—	—	—	1
		人	—	—	—	—	—	—	—	—	—	—	1	—	—	—	—	1
	破坏选举	件	—	—	—	—	—	—	—	—	—	—	—	1	—	—	—	1
		人	—	—	—	—	—	—	—	—	—	—	—	1	—	—	—	1
起诉		人	2	5	4	1	4	9	1	5	3	5	3	5	1	4	4	56
免（不）诉		人	6	5	5	11	8	10	3	—	—	3	1	—	—	—	—	52
撤案		人	—	—	—	—	—	—	—	2	1	1	—	7	—	7	2	20

改善执法活动

1991~2005 年，县检察院在查处贪污贿赂案件时，严格区分经济交往中的正常应酬与贪污、贿赂，不正之风与违法犯罪等罪与非罪的界限，对在计划经济向市场经济转轨过程中出现的政策界限不清的“踩线”“边缘”案件，慎重处理，不简单地定性、定罪。

在查办国家机关工作人员渎职侵权案件时，严格区分依法执行公务中出现的错误行为与徇私舞弊、非法拘禁、刑讯逼供等职务犯罪的界限，正确区分因一般经济合同纠纷造成经济损失与玩忽职守造成经济损失，严重责任事故与技术事故、自然事故、意外事故的界限，改善执法活动，增强办案效果。2001 年，先后派出 54 名检察人员对 27 家民营企业建立联系，实行挂牌服务，维护其合法权益。

预防职务犯罪

1991~2005 年，县检察院在查办国家工作人员和国家机关工作人员职务犯罪的同时，逐步健全并实施“发案单位个案预防、重点行业系统预防、重大工程建设专项预防、法制宣传社会预防”等多层次、全方位预防职务犯罪工作机制，推动教育、制度、监督并重的惩治和预防腐败体系的建立，从源头上预防和减少职务犯罪的发生。

个案预防 每办一案，给发案单位送一份犯罪分析报告，写一份检察建议，上一堂法制教育课，签订一份防范协议，进行一次回访监督考察。15 年间，实施个案预防 365 件，其中对 80% 的发案单位完全做到上述“五个一”，95% 以上的发案单位达到“办一案，防一片”的目的。

系统预防 综合分析案件多发系统和行业职务犯罪的特点和规律，以及在制度和管理方面存在的问题，向一个系统或者行业的主管部门提出切实可行的预防措施。1995~2005 年，分别与金融、税务、工商、供电、保险、公路、交通、医药、烟草、教育、医疗卫生、广播电视等系统，联合开展预防职务犯罪工作，编印《国家机关工作人员反腐败预防职务犯罪读本》1500 余册，发给县直机关和各乡镇副科级以上干部阅读，促其依法、廉洁从政。

专项预防 选择重点企业和重大工程建设项目，从可能引发职务犯罪的薄弱环节入手，帮助完善管理监督，做到防范在先。2004~2005 年，先后与 105 国道拓宽工程、县污水处理厂工程、新华书店大楼建设单位联手预防职务犯罪，签订廉政建设方案，参与监督工程的招、投标活动，适时进行联合检查，发现问题及时纠正，争取人员优秀，工程优质。

社会预防 动员社会各方面力量打击和预防职务犯罪。1991~2005 年，先后举办各类大型法制宣传活动 68 次，开动“检察长下访车”122 次，散发宣传材料 5 万余份，接受群众法律咨询 4500 余人次，受理群众举报违法犯罪案件 785 件，其中属检察机关管辖的贪污贿赂、侵权渎职案件 460 件，初查后转反贪、反渎部门查办 243 件。

执法办案监督

1991 年，县检察院始设党组纪检组和纪检组长 1 人。1999 年，设立监察室。

1991 年起，先后建立并实施黄牌警告、错案追究、检讨责任、引咎辞职、重大事项报告、扣押冻结物品管理、安全防范等项监督制约机制。持续开展作风纪律整顿和“无违法、无违纪、无错案、无重大责任事故”等专项整改活动。1999 年，实行检察长和纪检、监察人员对处在反贪、反渎、批捕、起诉等重要岗位上的办案人员廉政谈话制度，发现不良现象和苗头早提醒、早打招呼。从检察长、副检察长到检察员、书记员，层层签订《党风廉政建设责任书》，人人作出廉洁从检承诺。2000 年，对查办职务犯罪案件实行“一案三卡”制度（让犯罪嫌疑人、被告人知道自己权利和义务的“告知卡”，促进办案人员依法廉洁办案的“廉洁自律卡”，征求发案单位或犯罪嫌疑人、被告人亲属对办案意见的“回访监督卡”）。2004 年，对查办职务犯罪案件实行全程控制、双重监督制度，将检查监督情况和依法办案、廉洁从检情况纳入岗位目标责任制考核，年底兑现奖惩。1991~2005年，全院未发生一件违法、违纪办案。

第三节 民事 行政检察

1994年，县检察院设立民事、行政检察科，开始履行对人民法院的民事审判、行政审判活动实行监督的职权。

1994~2005年，开展民事、行政检察宣传活动58次，印发宣传材料1万余份，发放“民事、行政检察便民联系卡”3000余张，受理不服人民法院已经生效的民事、行政判决、裁定的申诉案件194件，立案审查139件，其中民事申诉案件133件、行政申诉案件6件。对认为确有错误的判决、裁定提请济宁市人民检察院提起抗诉55件，建议济宁市人民检察院提请山东省人民检察院提出抗诉26件。和解息诉7件，终止审查41件。法院裁定再审37件，其中改判11件，维持原判8件，调解18件，维护法院判决、裁定的公正性和当事人的合法权益。对违反法定程序但不影响实体判决的申诉案件，向法院提出检察建议9件，法院均采纳并予以纠正。对审查后认为原判决、裁定正确而当事人又提出申诉的案件，均说服申诉人撤回申诉，维护人民法院判决、裁定的权威。

1994~2005年金乡县人民检察院民事、行政检察工作情况登记表

表25-2-5　　单位：件

年度	受理	立案审查申诉案件			处理					再审情况			
		小计	民事	行政	提请抗诉	建议提请抗诉	检察建议	终止审查	和解息诉	改判	维持原判	调解	采纳建议
1994	5	1	1	—	—	—	1	—	—	—	—	1	—
1995	11	4	4	—	1	—	—	2	1	—	—	1	1
1996	18	8	8	—	3	1	—	4	—	1	—	1	—
1997	17	11	10	1	—	3	2	6	—	1	—	—	—
1998	21	10	10	—	1	4	—	5	—	—	—	—	—
1999	18	13	13	—	7	5	—	1	—	2	2	2	—
2000	21	20	20	—	4	6	—	8	2	2	1	4	—
2001	19	15	14	1	3	2	2	8	—	1	1	4	—
2002	11	10	10	—	5	2	—	3	—	1	2	1	—
2003	22	21	21	—	16	—	—	4	1	—	—	1	—
2004	22	18	14	4	10	3	2	—	3	2	2	—	1
2005	9	8	8	—	5	—	2	—	—	1	—	3	2
合计	194	139	133	6	55	26	9	41	7	11	8	18	4

第四节 监所检察

1991年，金乡县人民检察院设立驻县看守所检察室（简称驻所检察室）。1998年，济宁市人民检察院驻济宁监狱金桥矿区检察室（简称驻矿检察室）正式成立，人员由县检察院派出，受市检察院监所检察处和县检察院监所检察科双重领导。

监管活动检察

重点检察监督看守所、监狱收押释放人犯、狱政管理和监管干警执法活动情况，以及公安局、检察院、法院办案人员提审和律师会见犯罪嫌疑

人、被告人活动的合法性，发现问题及时提出口头或书面纠正意见。1991~2005年，检察收押、换押、释放、执行刑罚等法律文书1.12万余份，监督公、检、法办案人员提审和律师会见犯罪嫌疑人、被告人2.3万余人次；对违法收押、违法提审、违法会见、体罚虐待被监管人、强迫被监管人超时限超强度体力劳动、不按规定对被监管人适用禁闭、使用戒具等情形，早发现、早制止、早纠正，杜绝无证收押、无证提审、无证释放和违法会见、体罚虐待被监管人的现象，维护犯罪嫌疑人、被告人和服刑人的合法权益。

安全防范检察

驻所、驻矿检察室长年驻所、驻矿，每日一自行检察，每周一联合检察，每月参加一次清狱，重大节假日加强值班，检察长到监管场所进行监督检查；协助监管部门开展“抓管教、促规范、保安全、庆五一、迎国庆、过春节”活动。

2001年，县看守所拆迁，监室少，条件差，在押人员多，驻所检察人员增加巡查次数，同看守所干警一起严加防范，当年消除事故隐患10起，避免在押犯自杀1起，查处串供1件、3人。1991~2005年，驻所、驻矿检察室开展自行检察8395次，对狱墙、电网、监室等安全设施进行联合检察1196次，清狱180次，发现不安全隐患及时提出检察建议563条，协助监管机关有效防止在押犯自杀8起、企图越狱逃跑3起，消除其它事故隐患153起，打击牢头狱霸52人，保证安全羁押和刑事诉讼活动的正常进行。

教育改造罪犯

1991年，驻所检察室继续把教育改造在押人员作为工作重点，每月分析一次思想动态、上一次法制课、提审教育10~20人，随时了解和掌握在押人员的思想变化和外在表现，促其服从管教、认罪服法，接受改造，检举立功，重新做人。1995~1996年，外打内攻，在看守所内开辟“严打”第二战场，上集体课，进行个别提审教育，在监室安插“耳目”，获取监情信息，向在押犯罪嫌疑人、被告人发起政治攻势，开展“检举立功”活动。其间，在押人员主动交待余罪、漏罪62条，检举揭发他人犯罪38条；移交公安机关破案4件，查获违法犯罪分子10人，其中杀人犯2人。山东省委政法委书记张惠来在省检察院呈报的《检察简报》上批示：“金乡县检察院的做法很好”。

纠正超期羁押

1991~1997年，公、检、法机关为办理案件而延长办案时限、超期羁押犯罪嫌疑人的现象偶有出现，驻所检察室及时对其监督。1998年，上级检察机关要求严格执法、纠正超期羁押，县检察院首先对自己直接受理侦查的贪污贿赂、渎职侵权案件超期羁押犯罪嫌疑人问题进行清理纠正，然后再对公安局侦查、检察院批捕起诉、法院审判的各办案环节超期羁押犯罪嫌疑人、被告人的问题集中清理纠正。同时，对各办案环节即将到期的案件建立催办制度。至2005年，共催办案件248件，纠正超期羁押11人，其中2004、2005两年，各办案环节未再发生对犯罪嫌疑人、被告人超期羁押现象。

刑罚执行监督

1996年，对看守所办理罪犯减刑、假释、保外就医案件进行专项监督检查，对23名不符合条件的予以纠正。1998~2005年，驻金桥矿区检察室参加减刑、假释、保外就医研究会35次，进行减刑、假释、保外就医专项检查41次、5236人，对不符合条件的124人提出纠正意见。

1991~2005年，会同县委政法委、公安局、法院对判处管制、剥夺政治权利、缓刑、假释、保外就医“五类监外执行罪犯”的执行改造情况进行监督考察，上、下半年各进行一次。考察中，向派出所、村（居）委会详细了解被执行监督改造人员的有关情况，与被执行监管人员逐个见面，对监管不到位的及时提出检察建议；对2名多次违反监管规定、表现较差的，建议由监外执行改为收监执行；对重新犯罪的予以坚决打击，2001~2005年，立案查办正在监狱服刑的劳改人

员重新犯罪 1 件、1 人，被监外执行人员重新犯罪 8 件、8 人，向法院提起公诉并被法院判处有期徒刑 9 件、9 人。

查办监管犯罪案件

1996 年，立案查处县武警中队战士马某某为在押犯通风报信、索取财物案件，马某某被开除军籍。1998 年，受理一劳改犯检举兖州看守所干警颜某某徇私舞弊索贿 3 万元案，初查后移交兖州市检察院立案查办。2001 年，查处司法人员贪赃枉法案件 1 件、1 人。2005 年，查办金桥监区监管干警贪污案件 1 件、2 人，1 人被判处有期徒刑一年缓刑二年，1 人被免予刑事处分。

第五节 控告申诉检察

1991~2005 年，金乡县检察院控告申诉部门共受理各类违法犯罪案件线索 733 件，其中来信 514 件，来访 219 件；属检察机关管辖的 460 件，其中国家工作人员贪污贿赂等经济犯罪案 384 件，国家机关工作人员渎职侵权案件 76 件。均进行初查，或移交其他部门和单位处理。在检察机关立案侦查的所有案件中，群众举报案件线索成案的约占立查案件总数的 1/4。

1991~2005年金乡县人民检察院受理检举控告违法犯罪情况统计表

表 25-2-6　　　　单位：件

年度	受理			其中本院管辖														审查处理						被举报人身份						
	合计	来信	来访	小计	贪污	贿赂	挪用公款	其他经济犯罪	刑讯逼供	非法拘禁	诬告陷害	其他侵权犯罪	玩忽职守	徇私舞弊	滥用职权	重大事故	其他渎职犯罪	初查	分送本院科室	移送他院处理	转送其他部门	直接答复	存查	行政机关人员	司法机关人员	国企事业人员	其他公务人员	村委会人员	其中科级	其中县级
1991	53	37	16	14	3	—	1	3	—	1	1	1	—	—	—	—	4	—	16	1	20	9	7	—	—	—	—	—	—	—
1992	57	40	17	25	4	1	1	15	—	—	—	2	—	—	—	—	2	1	2	—	33	11	10	—	—	—	—	—	—	—
1993	101	62	39	53	24	3	1	18	—	3	—	2	—	—	—	—	2	—	2	—	51	27	21	—	—	—	—	—	—	—
1994	63	39	24	47	14	6	1	15	—	5	—	1	—	—	—	—	5	1	3	—	19	18	22	—	—	—	—	—	—	—
1995	74	43	31	27	11	3	3	8	1	1	—	—	—	—	—	—	—	4	12	—	29	17	12	—	—	—	—	—	—	—
1996	45	34	11	27	9	9	5	1	1	—	2	—	—	—	—	—	—	1	22	—	8	4	10	—	—	—	—	—	—	—
1997	45	37	8	45	5	9	6	13	—	—	—	12	—	—	—	—	—	11	16	1	13	—	4	—	—	—	—	—	—	—
1998	47	23	24	48	9	6	2	28	—	—	—	—	—	—	1	—	2	13	21	—	12	—	1	—	—	—	—	—	—	—
1999	69	58	11	30	13	9	2	2	—	—	—	—	1	—	2	—	1	14	30	—	23	—	2	—	—	—	—	—	—	—
2000	54	34	20	32	15	10	—	—	—	—	—	—	1	3	—	—	3	—	31	—	21	1	1	4	2	17	10	7	—	—
2001	48	45	3	40	27	5	2	—	—	—	—	—	—	—	1	—	5	—	39	—	9	—	—	4	4	25	8	7	—	—
2002	26	18	8	20	11	4	1	—	—	—	—	—	—	2	—	—	2	—	20	—	6	—	—	3	3	7	7	—	—	—
2003	23	20	3	24	16	4	—	—	—	4	—	—	—	—	—	—	—	—	23	—	—	—	—	8	2	9	5	—	4	—
2004	14	13	1	14	9	4	—	—	—	—	—	—	—	—	1	—	—	—	14	—	—	—	—	3	—	6	5	—	—	1
2005	14	11	3	14	9	4	—	—	—	1	—	—	—	—	—	—	—	—	14	—	—	—	—	4	—	6	3	2	1	—
合计	733	514	219	460	179	77	25	103	2	15	3	18	2	5	5	0	26	45	265	2	244	87	90	26	11	70	38	16	5	1

第六节 人民监督员

1991年始，县检察院每半年向10~20名特邀执法监督员通报一次工作情况，年底召开一次特邀执法监督员座谈会，征求对检察办案工作和队伍建设的意见，对提出的问题进行整改。2004年，试行人民监督员制度，首次选聘人民监督员5人，成立人民监督员办公室，并制订相关规则、制度。至2005年，召集人民监督员学习有关法律、文件4次，提请人民监督员按照规定程序监督评议职务犯罪案件9件、9人，其中拟作不起诉2件、2人，拟撤销案件5件、5人，拟维持原逮捕决定意见案件2件、2人，人民监督员独立评议后，均同意县检察院对案件处理的原拟意见。人民监督员制度的贯彻实施，促进了检察机关公正执法、廉洁办案。

第三章 法 院

清末，县令统管司法。民国初，县知事兼理司法。1927年，金乡县设法院。1933年，撤法院，县长兼理司法。1951年11月，建立金乡县人民法院（简称县法院）。"文化大革命"开始后机构瘫痪，1968年，军管会行使法院审判权。1973年5月，恢复县法院，一直延续。

1990年年初，县法院内设刑一庭、刑二庭、刑三庭、执行庭、经济庭、政工科、信访科、办公室和政策研究室，辖14个乡（镇）人民法庭。当年，撤销信访科，设告诉申诉庭。1993年3月，设经济调解中心。1994年7月经济调解中心并入经济庭，同年，增设破产合议庭。1993年，设立公路、环保、林业、土管、交通、卫生行政法庭，1995年被撤销。1995年3月，设立监察室。1998年5月，撤销司马、兴隆、霄云、城郊、马庙、羊山、卜集、王丕、高河法庭，同时成立城关、缗城、鱼山、胡集、化雨、金马6个中心法庭。2002年，成立执行局。2005年，县法院有办公室、政治处、工会、纪检组、监察室、技术室、法警队、立案庭、信访科、审监庭、刑庭、民事审判一、二、三庭、行政审判一、二庭、执行局17个内设机构和鱼山、胡集、鸡黍3个标准化法庭。125名工作人员中，81人具有审判员、助理审判员和书记员法律职务；本科以上学历的占60.5%，其中法律专业研究生3人。

1992年3月，县法院被山东省高院记集体二等功，1个法庭荣立二等功、3个法庭荣立三等功。2004年、2005年胡集法庭连获山东省"优秀人民法庭"称号。

第一节 刑事审判

1991年，拐卖人口和盗窃犯罪猖獗，县法院快审快判、从重科刑62件、105人。1991~1995年，先后9次配合市中级人民法院对杀人、强奸、抢劫等重大典型案件进行公开宣判，增强刑事审判的震慑力。同时，对初犯、偶犯、科技人员犯罪等情节较轻，有悔罪表现，适合放到社会上进行改造的308名罪犯判了缓刑。后与检察机关联合考察，所判缓刑犯绝大多数表现较好，无一人重新犯罪。

1996~2000年，受理刑事案件呈逐年上升态势，共受理刑事犯罪639件、984人，其中公诉案件590件，自诉案件49件。与上个五年相比，受理案件件数增加了18.55%，人数增加了12.2%；公诉案件增加了15.2%，自诉案件增加了104.2%。所审案件均遵循修改后《中华人民共和国刑事诉讼法》的要求，重事实、重证据，合议庭充分研究，审委会严格把关，定性准确，量刑适当。

2001~2005年，积极参与"打霸除恶"和"打霸恶、优环境、促发展"等严打整治斗争，区别不同案情，给979名被告人处以不同刑罚。审理中审理标准、量刑幅度，处理方法统一，程序合法，不枉不纵，有力打击犯罪分子的嚣张气焰。

1991~2005 年，县法院准确把握宽严相济的刑事政策，正确区别不同性质的犯罪，该宽则宽，当严则严，宽严相济，罚当其罪，力求审判有好的社会效果。其间，共受理各类刑事案件 1833 件、2780 人；判处刑罚 3008 人，其中，判处 10 年以上有期徒刑 117 人，5 年 ~9 年有期徒刑 228 人，5 年以下有期徒刑 855 人，缓刑 1222 人，免予刑事处罚 133 人。同时，针对自诉案件和刑事附带民事案件逐年增多的情况，正确掌握法律政策界限，区别对待，慎重处理；在民事赔偿部分进行充分查证，立足调解，适当赔偿，既惩罚犯罪，又化解矛盾，维护人民群众正常的生产、生活秩序和社会稳定。

1991~2005 年金乡县刑事审判情况一览表

表 25-3-1

项目		数量＼年度	1991	1992	1993	1994	1995	1996	1997	1998	1999	2000	2001	2002	2003	2004	2005	合计
受理		件	105	105	108	112	109	117	124	129	131	138	127	145	124	75	184	1833
		人	167	174	179	182	175	181	196	193	203	211	209	179	173	80	278	2780
其中	公诉	件	98	99	103	109	103	112	110	125	114	129	116	145	163	127	185	1838
	自诉	件	5	6	5	3	6	5	14	4	17	9	11	34	10	5	4	138
审结		件	103	105	108	112	109	181	124	129	131	138	127	147	127	131	192	1964
		人	167	174	179	182	175	181	196	193	203	211	209	182	177	207	282	2918
在审结的刑事案件中	杀人	人	—	—	—	—	—	—	—	—	—	—	—	1	1	—	2	4
	强奸	人	4	2	1	5	3	—	2	4	2	—	3	8	18	8	13	73
	奸淫幼女	人	2	—	—	—	—	—	—	—	—	—	—	1	—	—	—	3
	故意伤害	人	19	23	28	32	37	30	34	45	42	57	56	59	62	45	76	645
	抢劫	人	17	17	10	7	11	15	16	13	8	19	21	14	3	14	27	212
	盗窃	人	34	21	19	16	23	25	31	27	16	12	29	38	27	57	22	397
	拐卖人口	人	71	—	—	—	—	—	—	—	—	—	—	—	—	—	—	71
	贪污	人	1	3	—	—	2	—	—	1	—	4	5	3	3	5	13	40
	流氓	人	6	—	—	—	—	—	—	—	—	—	—	—	—	—	—	6
	放火	人	—	—	—	—	—	—	—	—	—	—	—	—	—	—	1	1
	诈骗	人	4	7	3	5	4	4	3	2	1	4	3	4	3	2	1	50
	妨害司法	人	—	—	—	—	—	—	—	—	—	—	—	—	—	—	—	0
	敲诈勒索	人	—	—	1	—	—	—	1	—	—	—	—	1	—	—	6	9
	交通肇事	人	9	—	—	—	—	—	—	—	—	16	18	20	15	22	32	132
其中判处刑罚	10 年以上	人	12	18	22	11	7	6	9	4	5	3	4	2	3	2	9	117
	5 年~9 年	人	22	34	31	24	16	11	9	16	11	9	13	15	9	1	7	228
	5 年以下	人	67	66	63	45	69	59	51	49	35	70	61	105	39	26	50	855
	缓刑	人	27	49	61	89	82	90	102	98	121	97	83	62	65	50	146	1222
	管制	人	3	—	—	—	—	—	—	—	—	—	—	—	—	—	1	4
	拘役	人	3	2	—	3	—	5	4	5	5	3	1	4	4	1	17	57
	罚金	人	3	5	11	15	19	29	36	31	45	51	47	57	35	2	6	392
	免刑	人	1	—	2	11	1	15	23	11	8	9	6	10	11	3	22	133

第二节 民（商）事审判

1991 年，《中华人民共和国民事诉讼法》颁布实施，县法院组织审判人员逐条逐款学习把握，正确贯彻，确保民事案件审判质量。当年，民事案件呈稳中有升、量大面广之势。

1994 年，推行“一步到庭”审判方式，基层人民法庭审判人员走乡串村，就地办案，审结全院 96.4% 的民事案件。1997 年，深化民事审判方式改革，庭审中突出当事人举证责任，强化合议庭审判职能，在婚姻家庭、财产纠纷、损害赔偿等“热点”案件上加大调解和审判力度，改判率、发回重审率明显下降。1998 年，在全市法院民事案件评查中县法院案件质量名列前茅。

2000 年，县法院适应“大民事”审判格局要求，成立民事审判工作领导小组。开展庭审观摩、案件质量互查评比、请上级法院业务骨干授课，提高审判水平，当年所办案件质量稳步提升。

2001 年始，贯彻“能调则调、当判则判、判调结合、案结事了”原则，审理中明辨是非，分清责任，晓之以理，动之以情，明之以法，平息纠纷，调解率均在 60% 以上，以往重判决、轻调解的问题得到较好解决，有效缓解了人民内部矛盾，防止“民转刑”案件的发生。

2005 年，贯彻落实司法救助制度，让弱势群体打的起官司，当年减、缓诉讼费 70 余万元。

1991~2005 年，共审结各类民事纠纷案件 9974 件。

第三节 经济审判

1991 年，企业经营活动中“三角债”问题突出，阻碍经济发展。县法院依照《中华人民共和国民事诉讼法》有关条款，大胆适用督促程序，受理债权人申请，为金融部门和企事业单位下达支付令 370 份，清理债务 87.4 万元。组织巡回法庭到专业市场和相关单位就地办案，7 天时间内为县水泥厂收回欠款 80 余万元。同时，组成 8 个清欠小组，分赴辽宁、深圳等 20 多个省、市，采用非诉讼调解和诉讼相结合的方法，为本县企事业单位追讨欠款 1660 万元。

1994 年，企业改制，部分国营、集体企业申请破产。县法院专门成立破产案件合议庭，充实审判力量，通过清产核资、宣告破产、拍卖还债等程序，盘活资产，重新启动企业生产经营活动，维护债权人和下岗职工的合法权益。至 2003 年，共审理企业破产案件 52 件，标的额 5.5 亿元。

1998 年，市场经济条件下多种经济成份共存、企业因改组、联合、兼并、破产、租赁、承包和股份合作过程中出现纠纷较多，县法院经济审判为企业转换经营机制服务，理顺各种经济关系，推动多种所有制经济共同、快速发展。当年妥善审理涉及个体、民营、三资企业等非公有制经济以及农村土地承包等经济纠纷案件 1057 件。

2001 年，围绕整顿、规范市场经济秩序开展清理农村基金会、银行、信用社不良贷款集中行动，并将大蒜、圆葱等农副产品购销、仓储纠纷作为办案重点。当年审结各类经济纠纷案件 1329 件，标的额突破 1.8 亿元，依法平等、公正地保护各类市场主体的合法权益。

1991~2005 年，共审结各类经济（商事）纠纷案件 8252 件。

第四节 行政审判

1990 年 10 月 1 日，《中华人民共和国行政诉讼法》颁布实施，县法院行政审判工作开始起步。1991 年，组成行政审判巡回法庭，并长驻县公路站。当年，参与培训路政管理执法人员 60 人次，依法执行车主欠缴的养路费，漏费率由 1990 年的 6.7% 下降到 1%。

1992 年，审理不服公安、土地管理、计划生育等部门行政处罚案件 8 件，其中撤诉 4 件、裁定不予受理 2 件、判决撤销处理决定 2 件。

1993 年起，行政审判工作以受理行政机关申请强制执行案件和农民因统筹提留、税费征收不合理诉讼政府案件为重点。至 1996 年，共受

理各类行政案件398件，其中乡镇政府申请执行农民拖欠统筹提留税费款案364件、1500余户、60.35万元，农民诉讼政府农民负担不合理案件36件；协助乡镇政府核减农民不合理负担133万元。

1997~1999年，针对行政审判立案难、审理难、判决难，撤诉率高，开庭率、判决率低的问题，制定落实工作措施，通过对治安处罚、工商、税务、物价、土地、环境、交通等行政案件的审理，发现存在问题，及时提出合理化建议，制止侵犯企业经营自主权和公民人身权利及其他权利的违法行政行为，促进依法行政。其间，开庭率、判决率均有大幅提高。1999年，审结行政诉讼案件214件，县法院行政庭被山东省高级人民法院评为行政审判先进集体。

2000~2005年，继续加大行政诉讼法律宣传力度，多种渠道宣讲行政诉讼法律知识，重点解决老百姓不知告、不敢告、不会告问题，扭转少数行政机关对当“被告”的错误认识，6年审理行政诉讼及非行政诉讼案件516件，既支持行政机关依法履行职权，维护其执法权威，又有效保护群众合法权益，密切群众同政府的关系。

第五节 告申 立案

1990年，县法院设立告诉申诉庭，应对日益增多的来信来访和民事、经济、刑事自诉案件，特别是民事侵权赔偿、刑事自诉中的伤害案件。通过提高信访接待处理质量，平诉息争，防止矛盾激化，减轻审判压力。

1994年，试行立案审判分离，各类案件由告诉申诉庭统一立案编号，转交各审判庭审理。

1995~1996年，继续完善立案分离机制，行使立案交办权，移交、转办各类案件27件，处理简易纠纷90件，接待处理来信122封（件）、来访1300人次，办理公安提请减刑22件，22人。

1997年，撤销告诉申诉庭，设立立案庭，实行立案统管。

1998年，推行错案、冤案责任追究制度，实行信访与回访结合制度、每周二“院长公开接访日”制度和案件质量评查制度。各庭组成评查小组，每月对审结案件进行质量评查。当年评查案卷2242件，其中不合格卷11件，占评查总数的0.49%。

2001年，办理申诉、抗诉再审案件12件，当年底全部结案。

第六节 判决执行

1991年，法院判决出现“执行难”。审判人员解放思想，审执结合，主动出击，大部分案件能随结随执。

1997年，实行审判与执行分离、立案与执行分离、执行与收费分离。当年执行各类诉讼案件58件，标的额89万元，执行率100%。

1998年，各法庭成立执行室，开展“突击执行月”活动，集中执结多年积案、难案13件。

1999年，开展“案件执行年”活动。县法院成立执行工作领导小组，先后开展“清理执行积案”“突击执行月”和“基金会案件执行会战”活动，执结各类案件270件，执行标的额1191.57万元。

2001年，采取对未执案件排查分类、划片包干、责任到人、限期执结、院领导挂牌督办的方法，执结862件，实现执行工作良性循环，“法律白条”现象成为历史。

2002年，成立执行局。当年执结429件。

2003年，完善执行局“二庭一室”内部机构设置，执行人员由9人增加到16人，制定执行案件流程管理程序，推行“阳光工程”。

2005年，在“规范执法行为、促进执法公正”活动中，建立执行案件分类管理与考核制度，将执行工作纳入审判监督范畴，杜绝“以拘代执、以拘促执”，提高执行工作透明度和公信力。

2002~2005年，执行局共执行结案1457件。

1991~2005 年金乡县民事、经济、行政审判及执行结案情况一览表

表 25-3-2

年度	1991	1992	1993	1994	1995	1996	1997	1998	1999	2000	2001	2002	2003	2004	2005	合计
民事结案	448	458	575	691	725	675	540	834	1038	950	913	538	500	492	597	9974
经济结案	160	215	244	365	358	282	293	756	1010	544	1329	668	543	683	802	8252
行政结案	7	8	7	19	24	34	0	132	214	80	59	43	113	17	204	961
执行结案	—	—	—	—	—	—	58	13	270	346	862	429	250	445	333	3006
说明	1. 行政审判结案数字中包括行政非诉讼案件的执行情况 2. 执行结案 1991~1997 年度由各审判庭各自审判执行，未作统计															

第四章　司法行政

1980 年 5 月，金乡县司法局成立，并一直延续。内设办公室、基层工作科、宣传教育科、律证科、148 法律服务中心。

第一节　普法教育

1991 年 5 月，县委、县政府印发《关于批准县委宣传部、县司法局关于在全县公民中开展法制宣传教育第二个五年（1991~1995）计划的通知》。要求通过“二五”普法，增强干部群众法制观念，正确处理民主与法制、自由与纪律、权利与义务的关系，提高遵守《中华人民共和国宪法》自觉性，坚定不移地坚持四项基本原则，维护和促进全县政治、经济和社会的稳定发展。县设立普法和依法治理领导小组，内设办公室（简称县普治办），调配专职普法教育人员，印发普法教材 10 万册。突出领导干部、执法人员和青少年三个学习教育重点。县、乡、村三级举办法律培训班 145 期，培训干部职工 2.33 万人，农民 10 万余人；举办普法广播电视讲座 102 期，收看收听人数 46 万人次；举办法律知识竞赛 8 次，参赛人数 15 万余人次；开展大型“法制宣传一条街”活动 4 次。至 1995 年年底，印发干部职工普法试卷 1.5 万份、农民试卷 10 万余份，青少年试卷 6500 份。考试良好率 98%、优秀率 90%。

图 25-4　1995 年金乡县普法日宣传活动

1996 年 10 月，开展“三五”普法，贯彻实施中共中央提出的依法治国战略。把《中华人民共和国劳动法》《中华人民共和国公司法》《中华人民共和国消费者权益保护法》《中华人民共和国国家赔偿法》等市场经济法律法规作为学习教育重点；教育对象重点是副科级以上领导干部、司法人员、行政执法人员、企业经营管理人员和青少年。当年，利用冬季农闲季节举办 4 期领导干部普法骨干培训班，436 名领导干部参加培训，召开 2 次普法工作大会进行动员。县普法治理办公室专门成立电影宣传队，到所有乡镇和行政村进行普法巡回放映宣传。至 2000 年，放映法制电

影658场次，受教育干部群众10.7万余人次。每年的“综合治理宣传月”，各乡镇、县直各部门均上街举行大型法制宣传活动，累计发放各类普法宣传资料15.9万份；布置普法宣传专栏960期。2001年7月，全县行政、事业单位5429人参加“三五”普法考试，发放普法合格证5318本。

2001年9月，县委、县政府作出《关于开展依法治县的决定》。2001年年底，中国加入世贸组织（WTO）。县普法领导小组在组织开展“四五”普法教育活动中，仍以领导干部、司法和行政执法人员、企业经营管理人员和青少年为学习教育重点。2004年3月，县普治办和教育局等7家单位联合下发《关于加强全县中小学生法制教育工作的实施意见》。当年4月，为全县39所中小学校聘请法制副校长。2005年，县普治办与民政局联合下发《关于开展依法治村的实施意见》，组建“法制教育宣传志愿团”，开展法制宣传35场，当年年底，建成“民主法制示范村”15个。

“四五”普法期间，金乡县共举办大型“12·4”法制宣传日活动5次；为全县副科级以上领导干部征订发放《WTO知识读本》1200本、《社会主义法制建设基本常识》读本2100本、《依法治国论》4100本；为全县公务员、企事业单位负责人征订发放《干部法律知识读本》5600本；法制副校长到中小学校讲授法制教育课235场次。公民法律意识和法律素质得到普遍提高。

第二节　律师事务

1981年4月，建立金乡县法律顾问处。1991年，由山东省司法厅批准，法律顾问处改为律师事务所，有法律工作者13人。1993年10月，为促进律师工作公平竞争，根据国家司法部指示和省、市司法部门部署，打破一县一所格局，设立金乡县第二律师事务所。1995年12月，金乡县律师事务所更名为济宁劲松律师事务所，第二律师事务所更名为济宁缗城律师事务所。当年年底，有法律工作者13人。

1991~1995年，金乡县律师工作以事实为依据，以法律为准绳，不断拓宽服务领域，突出为经济建设服务，为稳定社会秩序服务。两个律师事务所为国家行政机关、企事业单位担任常年法律顾问120家，受理刑事辩护案件297件，代理诉讼和非诉讼案件790件，代写法律文书527件，义务解答法律咨询1.46万人次。

1997年1月1日，首部《中华人民共和国律师法》颁布实施。县司法局组织律师认真学习，依法规范律师执业行为，保障依法执业，并对律师执业行为进行监督。当年，律师体制改革，律师事务所由司法局所属部门逐渐变革为自负盈亏的合作或合伙性质的律师事务所。

2000年起，律师业务工作领域继续拓展，主要在完善市场体系、规范市场秩序、企业改制、为“三农”服务、参与涉法信访等方面提供法律服务。

2005年，全县有9名律师具有执业资格。接受公民、法人和其他组织聘请，担任常年法律顾问167家。

1991~2005年，全县律师（法律工作者）共办理各类诉讼案件4954件，其中涉及婚姻家庭、继承、房地产、著作、商标、专利等民事纠纷、民事侵权案件2835件，涉及公安、工商、土地、税务等行政部门在执法过程中所引发的行政争议案件811件，接受犯罪嫌疑人、被告人委托或者人民法院指定担任辩护人，或者接受自诉案件自诉人、公诉案件被害人或其近亲属的委托担任代理人，参加刑事诉讼及代理案件1308件。办理起草审查修改合同、出具法律意见书、提供咨询建议、参加谈判、参与调解仲裁、股份制改造、企业破产清算等非诉讼案件750件。接待法律咨询6.89万人次。处理涉法信访案件86件，其中群体性上访12件，引导136名信访群众通过正常法律渠道解决信访问题，协助有关部门使121名信访群众息访息诉。

第三节　司法公证

1981年，金乡县公证处成立，隶属县司法局。

2004年2月，由副科级事业单位变更为自收自支单位。

1991~2005年，县公证处改革内部运行机制，办理公证事务，坚持把质量放在首位，以事实为根据，规范公证程序，严格申请受理，公证事项不论简单还是复杂，都由两名公证员共同办理，并定期开展公证质量检查，不出错证、假证。其间，办理各类公证17.72万件，其中经济类公证15.16万件，民事类公证2.48万件，涉外公证852件。拒绝非法公证223件，提司法建议161件，代写各类公证文书6261余件，接待来信来访群众2.98万人次。

1991~2005年金乡县公证处办理各种公证统计表

表25-4-1　　单位：件、人次

类别 数量 年度	经济合同	民事合同	涉外合同	拒绝公证	挽回损失（万元）	司法建议	化解纠纷	代写文书	强制执行	来信来访
1991	11160	4225	13	24	—	12	6	700	—	10000
1992	715	6152	4	8	—	8	10	800	—	8000
1993	1170	1834	22	10	382	17	12	600	—	6050
1994	14085	339	12	21	594	20	25	400	—	1700
1995	85424	833	25	12	380	23	800	—	20	138
1996	2450	862	50	17	480	10	4	220	—	230
1997	2472	924	58	10	1160	8	2	260	—	260
1998	2480	968	60	12	1280	9	8	300	—	380
1999	15934	1909	70	16	5675	10	10	480	4	650
2000	5683	2306	46	15	3980	18	17	960	3	224
2001	4107	1805	48	30	1526	10	6	600	—	767
2002	2748	1519	129	25	1546	8	4	568	1	214
2003	1832	488	108	15	1098	6	2	186	—	260
2004	902	324	102	6	1800	1	1	101	2	580
2005	417	266	105	2	5900	1	2	86	1	320
合计	151579	24754	852	223	25801	161	909	6261	31	29773

第四节　人民调解

新中国成立后，金乡县民事调解组织由法院负责管理与指导。1954年，全县建立调解委员会236个，调解人员416人。“文化大革命”中，民事调解组织瘫痪。1978年中共十一届三中全会后，全县基层人民调解组织迅速恢复，调解人员845人。1980年，人民调解工作划归司法局管理，业务上由司法局和县人民法院共同指导，各乡镇司法助理员负责本辖区的人民调解工作。

1991年，全县建立人民调解委员会724个，调解人员3140人。1995年，人民调解委员会增加到742个，专（兼）职人民调解员3142人，信息员3052人。各乡镇均有调解领导小组，管区有调解网，村（居）委会和企业车间均设人民调解委员会。实行乡镇调解领导小组包片，管区调解网包村（居），村（居）委会和车间调解委员会包段，村民调解小组包户的四级人民调解工作包保制度。至 1995 年，共调解各类民事纠纷 5906 起，调解成功率在 95% 以上，防止民事纠纷转为刑事案件 79 起，避免非正常死亡 83 人。

1996 年，金乡县成立人民调解工作指导委员会，由县委分管副书记任主任，县委政法委、县人大、县政府、县政协分管领导为副主任，29 个执法执纪职能部门主要领导为成员，司法局长任办公室主任，具体负责全县基层调解组织的工作指导、协调、监督、管理和培训。14 个乡镇成立基层调解中心，各管区设置调解网，行政村设调解委员会，村民小组设调解组，每 10 户配备一名调解员，形成“县、乡镇、管区、村、组、户”六级“大调解”网络管理体系。

县司法局对各乡镇司法所调解中心机构设置及人员组成，工作职责、调解范围、调解原则，调解模式，调解文书格式和自身建设等方面统一安排部署，规范乡镇调解中心运作机制，完善预警机制，强化考核奖惩机制，健全完善矛盾纠纷排查、情况报告、矛盾纠纷交办、协调会议、受案登记、督查督办等项制度。

图 25-5　1998 年司法局接访现场

全县各级调解组织和人民调解员，工作以防为主、调防结合、“法德结合”，研究探索化解社会矛盾的新途径、新机制，深入普法宣传，发动群众参与精神文明建设，制定村规民约，开展创建“星级文明家庭活动”等，把大量矛盾纠纷解决在基层，消灭在萌芽状态。1996~2005 年，全县各级调解组织共调处各类矛盾纠纷 2.97 万起，防止民转刑案件 480 起，防止和减少群体性上访 630 起，防止因民间纠纷引起的自杀案件 265 起，避免非正常死亡 273 人。2005 年，全县有人民调解委员会 742 个，调解人员 2869 人。

1991~2005 年，全县 118 个人民调委会、208 名人民调解员分别受到省、市、县表彰。

第五节　法律援助

1997 年 8 月，金乡县编制委员会批准成立金乡县法律援助中心，为副科级全额事业单位，隶属于县司法局领导。有 3 名三级律师，1 名四级律师，8 名法律援助志愿者。主要任务是贯彻执行国家有关法律援助的法律、法规，负责受理、审查和批准法律援助申请，组织指派律师办理援助事务，筹措募捐法律援助基金等。

图 25-6　1996 年司法局法律咨询服务

县法律援助中心受理法律援助申请，按统一标准审查申请人是否符合法律援助条件，统一指派法律服务人员承办援助事项，统一监督检查法律援助事项的办理进展情况和质量。1997~2005 年，共办理各种法律援助事项 5359 件，其中义务解答群众咨询 4484 人次、代拟法律文书 661 份、办理法律援助案件 214 件。维护受援人的合法权益，连续 8 年实现“零投诉”。

2004 年，县法律援助中心指派 2 名骨干律师担任县政府法律顾问，为县政府承办法律事务，在企业改制、招商引资、旧城拆迁改造和市场建设中提供法律支持，发挥重要作用。部分法律咨询意见被县政府采纳。

第五节 法律援助

第二十六篇 国 防

国 防

清朝，金乡县境内有清兵和民团武装。民国时期，除有警备队（警察队、自卫团、民团）外，还有伪联防团、“还乡团”“杆子会”等地方反动武装和国民党短期驻军。抗日战争期间，原国民党县政府两次于日军侵入时弃城而逃，中共金乡县党组织和抗日民主政府则发动7500名民兵联防自卫，抗击日伪军，参加大小战斗300余次。解放战争期间，全县民兵积极参战支前，配合刘邓大军夺取羊山战役的伟大胜利，配合部队和地方武装成功反击国民党军对湖西地区的大扫荡，并竭尽全力支援淮海战役。新中国成立后，金乡县又涌现出伟大的共产主义战士——王杰，成为全国人民敬仰的英雄人物。

1991~2005年，金乡人民继承发扬拥军优属、拥政爱民的光荣传统，人民武装和民兵工作不断加强，县、乡人民武装部、武警中队和全县基干民兵积极投身国防建设和经济建设，并在抢险救灾、扶贫帮困、维护社会治安中发挥了重大作用。

第一章 武装体制

第一节 县人民武装委员会

中共金乡县人民武装委员会1961年7月28日恢复成立，主任由县委书记或县长兼任。此后，分别于1962年12月、1965年3月、1973年1月、1979年3月、1981年6月进行调整和充实，王德光、杨岗、卢洪、吕明珠、陈永峰（两次）先后兼任主任。

1996年8月、1999年3月，中共金乡县人民武装委员会两次进行调整充实，县长石柱、张生贤先后兼任主任；县委一名副书记（或常委），县政府常务副县长，人武部部长、政委兼任副主任，县直有关部门主要负责人为成员。

第二节 县人民武装部

中国人民解放军金乡县人民武装部（简称县人武部），是1949年3月在县武委会基础上建立的，时设部长、政委各1人，副部长2人，隶属金乡县委、县政府领导，下设政工股、军事股、供给股（以后设科，并多次变更）。

1986年6月，改归地方建制，称金乡县人民武装部，副县级单位，设部长、政委、副部长各1人。1990年年底，下设办公室、军事科、政工科、后勤科；县委书记兼任武装部党委书记。县人武部性质和工作任务不变，仍是县委军事工作部门，县政府兵役机关，接受上级军事机关和地方党委、政府双重领导，参照中国人民解放军的条令、条例进行管理。主要任务是负责辖区内的民兵建设、预备役建设、征兵，协助县政府安置复退军人，维护社会治安、开展战时动员等。

1996年4月，中共中央、国务院、中央军委发出《关于县（市、区）人民武装部收归军队建制的通知》，县人武部正式收归军队建制，称中国人民解放军山东省金乡县人民武装部，正团级单位。编配部长、政委、副部长各1人。下设军事、政工、后勤3个科，均为正营级单位，编制19人，其中现役12人，职工7人。民兵军事训练基地主任和民兵武器装备仓库主任由军事科干部兼任。辖基层武装部17个，专职武装干部41人。收归军队建制后，性质、任务、领导体制不变，县委书记兼任县人民武装部党委第一书记，部长、政委中有一人参加县委常委会，另一人参加县人民政府常务办公会议。

2003年12月1日，县人武部按照新的编制体制运行，编制8人，设部长、政委各1人。

下设军事科（编制3人）、政工科（编制2人）、后勤科（编制1人）。2004年12月1日，县人武部恢复副部长编制，军事科科长由副部长兼任。

1986~2005年金乡县人民武装部领导名录

表26-1-1

职务	姓名	任离职时间	籍贯
部长	侯宪林	1986.05~1993.07	山东省东平县
	王玉启	1993.10~1996.03	山东省鱼台县
	李圣贤	1996.03~2000.12	—
	王贻才	2000.12~2003.12	—
	武进洲	2004.01~	河南省内黄县
政委	刘文廷	1986.05~1996.03	山东省金乡县
	刘建东	1996.03~1998.02	山东省滕州市
	李延民	1998.02~1999.12	山东省任城区
	李兴存	1999.12~2002.12	山东省金乡县
	安国华	2003.01~	山东省兖州市

1987~1989年，县人武部连续三年被中共济宁市委、市人民政府、济宁军分区授予“先进人武部”。1990年，被山东省人民政府、山东省军区评为“正规化建设先进单位”。1996、2002年，被济宁军分区评为“先进人武部党委”。1997年12月，被山东省军区评为“先进人武部党委”。

第三节 乡镇人民武装部

1996年，金乡县有基层人民武装部17个，其中乡镇人武部16个，县直机关人武部1个；2005年14个，其中乡镇人武部13个，县直机关人武部1个。基层人武部一般编配部长、干事各一人。主要任务是，负责本区域民兵工作，征兵工作和预备役士兵、预备役军官登记统计工作；配合公安部门维护社会治安，发动和组织民兵参加两个文明建设；协助有关部门开展国防教育，做好退伍军人的安置和烈军属的优抚工作；战时组织带领民兵参军参战，支援前线；完成地方党委、人民政府和上级军事机关交给的其他工作任务。

第四节 武警金乡县中队

中国人民武装警察部队金乡县中队的前身是县保卫队、武工队，1950年整编为公安队，隶属县公安局。1955年5月，改称人民武装警察金乡县中队。1963年2月，改称中国人民公安部队金乡县中队。1966年8月1日，编入军队序列，隶属县人民武装部。1975年12月，改称金乡县公安中队，移交县公安局。1982年，国家组建人民武装警察部队，县公安中队改称中国人民武装警察部队金乡县中队，并一直延续。

武警金乡县中队主要担负县看守所外围武装警戒，处置临时突发事件，执行武装押解和其他特殊任务等。1991~2005年，县武警中队除完成看守所执勤任务外，还先后执行武装押解任务25次，执行其他特殊任务10次，执行县党代会、人民代表大会、政协会议及其他重大会议的安保执勤任务16次，参与处置突发事件9起，有效维护全县社会稳定。

第二章 兵 役

1991~2005 年，县人武部积极探索新形势下征兵工作的新路子，加大征兵改革力度。深入宣传，层层动员，号召广大适龄青年踊跃报名，做到优中选优。严格征兵条件，严把政审关、体检关，向部队输送合格兵员，圆满完成上级下达的征兵任务，无一责任退兵。1992 年，县人武部被山东省军区征兵办公室评为先进单位；1994 年 9 月，被山东省人民政府办公室评为廉洁征兵工作先进单位。1998 年、2001 年分别被济宁军分区和山东省军区评为“国防教育先进单位”。1999~2001 年，连续三年被济宁市人民政府、济宁军分区评为“征兵工作先进单位”“征兵工作模范单位”。2003 年，分别被济宁市人民政府、济宁军分区和山东省人民政府征兵办公室评为“征兵工作先进单位”。

第一节 兵役登记

1991~1995 年，县人武部每年在上级下达征兵命令前，按照《中华人民共和国兵役法》《中华人民共和国征兵工作条例》的规定，组织基层单位对当年 12 月 31 日以前年满 18 岁的男性公民进行兵役登记，填写《兵役登记表》，依法确定应服兵役、免服兵役和不得服兵役人员，并报县级兵役机关批准。兵役登记年龄，为当年年满 18 岁 ~20 岁的男性公民；范围为农村、城市、厂矿、企业、事业、机关和群众团体中的适龄公民。确定预征对象人数，依据上一年度征兵人数，按 1 ∶ 3 的比例，由基层单位推荐，乡镇审批。同时规定：非农业户口的青年人数不得超过总人数的 25%；农村为初中毕业以上文化程度，城镇非农业户口的为高中毕业文化程度，并尽量多确定一些高中毕业生为预征对象；企事业单位的青年职工年龄可放宽到 21 岁；应届高中毕业生，本人自愿，17 岁也可以确定为预征对象。预征对象确定后，各乡镇统一组织目测，并对身高、体重、视力、血压、色觉等项目做简易检查，对政治状况进行初步审查，发现问题及时调整，选政治思想好、身体素质好、文化程度高的公民为当年的征集对象。

1995 年，按照《山东省征兵工作若干规定》要求，在户口簿中统一标注兵役登记情况，将适龄青年应服兵役、免服兵役和不得服兵役的情况，用钢笔填写在户口簿的“兵役状况”栏目中，并压盖兵役登记专用章。

1996 年 7 月，执行山东省人民政府、省军区联合颁发的《山东省兵役登记办法》，全县有 1206 名适龄公民进行兵役登记，占适龄青年总数的 85% 以上；应征公民 1035 人，经过目测、初步体检，确定预征对象 916 人。

1998 年 12 月，修改后的《中华人民共和国兵役法》颁布实施，规定“每年 12 月 31 日以前年满 18 岁的男性公民，都应当在当年 9 月 30 日前，按照县（市）兵役机关的安排，进行兵役登记。经兵役登记和初步审查合格的，称应征公民（或预征对象）。应征公民应按县（市）兵役机关的通知，到指定的体格检查站进行体格检查。”同时规定，对拒绝、逃避兵役登记和体格检查的，由县（市）级人民政府强制其履行兵役义务，并可处以罚款。

2000~2005 年，金乡县兵役登记工作按照《山东省兵役登记办法》，逐步跨入法制化、科技化、规范化轨道。

第二节 现役征集

组织领导

金乡县的征兵工作，在县政府和县人武部的领导下进行。1991~2005 年，金乡县每年都成立征兵工作领导小组和办事机构，负责全县征兵工作的组织、协调和检查指导工作，组长由县政府一

名副县长担任，副组长由县人武部部长或政委担任，成员由公安、卫生、教育、宣传、民政、交通、劳动、妇联等有关部门负责人组成。领导小组内设办公室和宣传、政审、体检、后勤综合保障4个组。各乡镇政府均成立相应机构，负责本辖区的征兵工作。

宣传发动

1991~2005年，随着社会主义市场经济体制的建立，人们的思想观念和价值观念发生变化。为完成征兵任务，县、乡两级党委、政府和兵役机关在接到上级征兵命令后，及时召开会议，研究部署，印发征兵通知，悬挂过街条幅，发表电视讲话，利用宣传车、标语、板报、农村广播喇叭等多种形式，宣传国家兵役政策，使之家喻户晓，人人皆知。同时，制定、公布、落实农村和城镇义务兵家属优待政策，农村和城镇义务兵家属每年可领取一定数量的优待金；志愿兵和城镇非农业户口义务兵，按在部队立功、受奖等级和次数多少进行加分安置，分数高的优先挑选就业单位，有效增强了城镇青年报名应征的积极性。

体格检查

每年征兵体检，县卫生部门抽调20多名思想素质好、专业技术精的人员组成体检队伍，严把体检关，确保体检质量。1996年，按正规化、封闭式体检标准设体检站，排除外界干扰。在预征对象上站体检前，由基层人武部组织目测、初审淘汰，民兵连负责做好有无病史调查。体检中，建立良好体检秩序，实行封闭式、正规化体检，工作人员挂牌服务，应征青年点名排队入场，淘汰者统一组织出站；从严掌握体检标准，把集体会诊、共同讨论、正确结论和边缘问题交叉检查等方式方法贯穿到整个体检过程，坚持谁签字、谁负责。体检后期，对从微机中显示出的全县合格者进行组织抽查或复查，检验体检的准确程度，再从体检合格人员中，确定政审人数。

政治审查

把好新兵政治质量关，确保新兵政治合格，是征兵工作的核心。历年的新兵政审工作都是以公安部门为主，有关部门协助，县、乡（镇）两级进行。时期不同、兵种不同，对新兵政审的要求也相应有所不同，但无论如何变化，必须政治审查合格，才能确定入伍服现役。

1991~2005年，金乡县严格执行公安部、总参谋部、总政治部对征集公民服现役政治条件和政治审查工作的各项规定，针对适龄青年活动范围大、流动性强的特点，严格标准，建立县、乡镇、村（居）等基层单位三级联审工作责任制，基层单位把好推荐关，乡镇人武部和派出所把好初审关。体检结束后，对每个预定新兵进行全面审查，为县征兵办公室审批定兵提供依据，对确有问题的坚决除名，对现实表现查不清和有疑点的一律不批准入伍。特别做好外出务工人员、近期户口变动人员以及条件兵的政审工作。把对中央警卫部队和驻港部队新兵的政治审查作为重中之重，严密组织，严格标准，细查细访，确保政治上万无一失，严防政治思想不坚定人员、参加过邪教组织人员和有劣迹的青年混入部队。

兵员征集

1991年冬季征兵，执行国防部颁发的《应征公民体格检查标准》和《应征公民体格检查办法》，增加尿化验和心电图等项目，提高身高、体重、血压、肝功等项标准要求。《应征公民入伍批准书》由山东省征兵工作办公室印制、发放和管理。启用新的《应征公民入伍通知书》，并按"非农业""农业"户口分别编号。同年12月1日起，实行《接收新兵专用卡》制度。

1991~1995年，全县征集新兵1884人，其中1991年363人；1992年427人；1993年401人；1994年390人；1995年303人。

1996年，县人武部成立纪检组，制定《金乡县征兵工作若干规定》《金乡县征兵工作"十优先"规定》，及征兵工作"八不准"和"禁酒令"，设立举报电话和举报箱。部党委成员分片包干，纠正不正之风，确保廉洁征兵。

1997年，征兵年龄"男青年为当年年满18周

岁~20周岁，高中毕业以上文化程度的可放宽到21周岁”。新兵体检化验，对乙型肝炎表面抗原检查一律使用酶联免疫法检测。应征普通高中毕业男女青年视力标准为右眼裸眼视力由4.9放宽到4.8，左眼裸眼视力由4.8放宽到4.6，其他体检标准不变。

1999年，对征集年龄和对象作个别调整。要求新兵中高中以上文化程度的达到50%以上；大专以上文化程度的可放宽到22岁。

2000年，调整普通高中生的视力标准。征集女兵的文化程度由应届高中毕业生（含同等学历），改为只征集应届普通高中毕业生。并从企事业单位多征集一些具有军地通用的专业技术青年入伍。

2001年9月5日，国务院、中央军委修改《征兵工作条例》。同年9月27日，教育部、总参谋部、总政治部联合下发《关于从全日制高等学校在校学生中征集新兵有关问题的通知》。当年冬，全县征集新兵370人，其中，高中（含中专、职高）以上文化程度154人，占41.6%；大专毕业生3人，占0.8%；青年团员277人，占74.86%。

2002年，对非农业户口青年的征集比例由原来的22%调整到26%。兵役机关和教育部门组织对上站体检青年进行集中考核，对毕业证书，学历证明进行查验，并输入微机进行一体化管理。防止弄虚作假，杜绝徇私舞弊，从源头上保证新兵文化素质，优化兵员文化结构，为择优定兵提供依据。

2003年，征集兵员数量略有减少，但非农业户口征集比例由上年的26%调整到29%。征集在校大学生的数量有所增加，由两年前的试点工作改为自主与计划相结合，全面稳步铺开。征集有专业技术和特长青年数量有所增加，由过去指令性征集，改为指令性和计划性征集相结合。同年9月1日，国防部重新修订颁布体格检查标准和检查办法，全省统一使用征兵体检自动化管理系统，实行网络化征兵。上站体检青年需通过11个关口的检查，哪个关口不合格，就在哪个关口淘汰；对体检医生的素质要求更高，体检组织程序更加规范化。在征、接兵方法上，济南军区出台新的《征接兵方法实施细则》，济南军区部队不再派人提前到达接兵区走访，新兵走运前3~5天，来人办理新兵交接手续。组织新兵运输，新兵质量完全由兵役机关负责。

2004年12月，公安部、总参谋部、总政治部修改颁布《征兵政治审查工作规定》，对政审工作提出法规性要求。国防部征兵办公室同时下发《关于征兵体检有关问题的通知》和《征兵体检规范化教学片》，对身高、体重、视力标准和辅助检查等方面作了补充说明，对征兵体检工作的组织领导、体检站设置、各科检查程序进行具体规范。金乡县按要求继续实行村、乡（镇）、县三级政审责任制和横向联审制度，“严而又严、细而又细”。当年，全县体检应征青年516人。

集结送兵

对批准入伍的新兵，由基层人武部组织进行端正入伍动机教育，使其既增强参军的光荣感和责任感，又做好到部队吃苦打仗的思想准备，纠正参军挑兵种、去向论远近、工作分好坏、条件讲优劣的不良思想倾向。新兵集结后，由县人武部进行组织纪律教育、革命传统教育和乘车安全教育，举行新兵入伍宣誓和交接欢送仪式，形成一人当兵，全家光荣的良好风尚。交接后，由县人武部领导带队，将新兵安全运送至车站或集结地点。1966~2005年，金乡县连续39年无一责任退兵，受到上级表彰和接兵部队好评。

图 26-1　入伍新兵宣誓仪式

第三节　预备役

1955 年，第一部《中华人民共和国兵役法》规定实行预备役制度。1984 年，第二部“兵役法”对预备役制度作了详细规定。预备役建设主要有预备役登记、预编和组建预备役部队三种形式。预备役人员分为士兵预备役和军官预备役。

士兵预备役

士兵预备役，包括全部民兵，还包括不建立民兵组织的单位，经过预备役登记的退伍士兵、专业技术人员和其他符合士兵预备役条件的男性公民。士兵预备役的年龄为 18 岁 ~35 岁。士兵预备役分两类。

第一类　包括基干民兵和经过预备役登记的 28 岁以下退出现役的士兵，经过预备役登记的 28 岁以下的地方与军事专业对口的技术人员，其他编入预备役部队和预编到现役部队的 28 岁以下的预备役人员。

第二类　包括普通民兵和经过预备役登记的 29~35 岁的男性公民，除服第一类士兵预备役的人员外，编入民兵组织的人员。

第一类士兵预备役年满 29 岁转入第二类士兵预备役；第二类士兵预备役年满 35 岁退出预备役。

1997 年，总参谋部、总政治部对民兵预备役工作进行调整改革，重点是加强应急分队建设。金乡县调整改革后达到了规模适当、布局合理、干部配齐、官兵相识、队伍纯洁、制度健全的要求。

1998 年，修改后的“兵役法”规定退伍军人服预备役的年龄逐步提前，参加基干民兵一般在 21 岁左右，青年参加基干民兵的年龄为 18 岁。

2004 年，金乡县按照“优化编成结构，完善体制编制，充实骨干力量，理顺工作关系，落实各项保障，促进全面建设”的要求，再次调整组织布局，优化组织结构，改进编组办法，落实组织编制，整合作战力量，全面提高民兵预备役建设质量。

军官预备役

1995 年 5 月 10 日，第八届全国人民代表大会常务委员会第十三次会议通过《中华人民共和国预备役军官法》，并于 1996 年 1 月 1 日起施行。全国预备役军官由中国人民解放军总政治部主管，各级军区政治部门管理本区域的预备役军官管理工作，县（市、区）人民武装部负责本行政区域的预备役军官的具体管理工作。

金乡县预备役军官登记、统计、建卡、立档工作，始于 1991 年。登记、统计对象主要是 1988 年 9 月以后被授予军官军衔的专业干部。每年 9~10 月，在确定军队转业干部安置单位、职务并报到后进行登记统计。1989~1996 年期间转业的军队干部，由县人武部进行登记、统计后，重新评定预备役军衔。评定工作由县委、县政府、县人武部以及组织部、人事局等部门的负责人组成评定领导小组，根据上级军事机关“关于评定改授、授予预备役军官军衔的有关规定”进行评定。至 1996 年年底，全县进行预备役登记并被改授、授予预备役军官军衔 72 名，其中，预备役中校 3 名，预备役少校 18 名，预备役上尉 36 名，预备役中尉 14 名，预备役少尉 1 名。

1997 年以后转业的部队军官，在批准转业地方工作的同时，办理转服预备役，改授预备役军官军衔。在安置报到后，由县人武部进行登记、统计。

第三章　民　兵

金乡县民兵，在革命斗争中诞生，在战火中成长壮大，有着光荣的革命斗争历史。1991~2005 年，县人武部不断探索新形势下做好民兵工作的新路子，使之逐步发展成为一支组织健全、教育良好、训练有素、作风优良，并有应急分队和对口专业技术分队在内的适应经济快速发展，具有

相当战斗力的民兵队伍。民兵队伍建设跨入一个新的发展时期。

第一节 组 织

1991~2005 年，县人武部每年对全县民兵组织整顿一次。整顿内容包括：政治教育、出入转队、干部调配、工作总结、清点装备、健全制度、集结点验等项工作。退出现役的士兵，符合服预备役条件的，及时编入民兵组织。

1991 年 2 月，落实济宁军分区《八五期间济宁市基干民兵发展规划》，全县基干民兵占全县总人口比例不低于 1%，每个行政村至少建立 1 个基干民兵班。基干民兵必须是服一类预备役的退伍军人或经过县民兵训练基地训练合格的人员。并做到先训后编，参训人员随训随编，复退军人随退随补，3 年之内完成增减任务。

1995 年，全县有民兵 4.44 万人，其中基干民兵 5434 人，占全县民兵的 12.2%。配齐侦察、通信、炮兵、特种兵及卫生勤务等专业分队。

1997 年，执行总参谋部、总政治部《关于深化民兵工作调整改革的意见》，制订规划和方案，决定在 2 年内完成调整任务。

1998 年，压缩全县基干民兵数量，建立县、乡镇两级民兵应急分队，结合民兵训练，制定应急方案，组织应急演练，提高执行应急任务能力。在县直部门组建对口专业技术分队，进行分队、编组，落实训练内容。

1999 年，全面理顺、落实调整改革任务，全县基干民兵队伍达到规模适当、布局合理、重点突出、可靠管用要求。以行政村为主建立民兵组织，把当年退伍的军人调整到基干民兵队伍。城市民兵在坚持国有企业为主的前提下，有计划地扩大“三资”企业、股份制企业、集体企业等其他多种所有制企业基干民兵的编组。

2000 年后，着眼于适应“战场”和“市场”要求，加大科技含量，突出城镇重点，合理调整民兵编组，优化组织结构，巩固调整改革成果。

2003 年，金乡县通过山东省军区、济宁军分区组织的《基层武装部和民兵基层组织建设三年规划》检查验收。

2005 年，集中进行民兵组织整顿工作。学习贯彻邓小平、江泽民国防和军队建设思想，落实胡锦涛主席关于做好反“台独”军事斗争准备的重要指示，按照“规模适当、布局合理，结构科学、重点突出，注重实效、协调发展”要求，进一步改进编组办法，整合作战力量，全面提高民兵组织建设质量。

2005 年底，全县有民兵 4.32 万人，其中普通民兵 3.98 万人，基干民兵 3400 人。基干民兵占全县总人口的 0.56%。

1996~2005 年金乡县民兵组织情况统计表

表 26-3-1

项目 / 数量 / 年度	民兵人数		
	民兵总数（人）	普通民兵（人）	基干民兵（人）
1996	42948	39048	3900
1997	47196	43096	4100
1998	45710	41810	3900
1999	43694	39894	3800
2000	44738	41338	3400

续表 26-3-1

项目 / 数量 / 年度	民兵人数		
	民兵总数（人）	普通民兵（人）	基干民兵（人）
2001	44537	41137	3400
2002	44537	41137	3400
2003	44537	41137	3400
2004	41645	38245	3400
2005	43173	39773	3400

第二节 教 育

金乡县民兵营设教导员、连设指导员，由同级党委书记、支部书记兼任；共青团书记兼任副教导员、副指导员。民兵主要干部一般由党员担任，并参加同级党委会，为委员或者常委。

1991年始，在全县民兵中开展爱国奉献、革命人生观、尊干爱兵、艰苦奋斗“四课”教育，组织民兵参加各类国防知识竞赛；每年清明节、王杰牺牲纪念日、“八一”建军节组织民兵到羊山烈士陵园、王杰纪念馆进行革命传统教育，在全县民兵中开展“学雷锋、学王杰”“走王杰路、做王杰人”活动，以及“争创民兵先进单位、争当民兵先进个人”活动。“王杰故乡学王杰”的做法和经验在山东省民兵带建工作会议上作典型介绍。

1994年5月，纪念“兵役法”实施10周年，采取多种形式对全县民兵进行国防教育和开展国防知识竞赛活动，增强其国防意识和依法服兵役的自觉性。

1997年，庆祝建军70周年和香港回归，对全县民兵进行爱党、爱军、爱社会主义祖国的教育，增强民族气节和爱党、爱军、爱国信念。

1999年，对民兵进行庆祝澳门回归和庆祝中华人民共和国成立50周年和形势战备教育。

2000年，进行“三个代表”重要思想教育和崇尚科学、反对邪教教育，全体民兵旗帜鲜明地站在党和人民利益一边，积极与邪教组织作坚决斗争。

2005年，针对民兵既是民又是兵的特点，采取“有分有合，分合结合”方法，利用民兵例会、集训和重大节日活动，对民兵进行保持共产党员先进性教育。

县人武部指导基层民兵组织订阅《中国国防报》《中国民兵》《山东国防报》《黄河民兵》等报刊，在全省全市名列前茅。1991~1993年，获总政治部群工部、总参谋部动员部、解放军报社国防教育订刊用刊三等奖；1996年，获济南军区《黄河民兵》用刊订刊二等奖；2002年2月，被济宁军分区评为刊授教育先进单位；2005年9月，获《中国民兵》报社用刊订刊一等奖。

第三节 训 练

新中国成立后，金乡县民兵军事训练逐步成为制度。20世纪80年代后期，结合民兵训练进行农村实用技术培训，使参训民兵受益，加快脱贫致富奔小康步伐，得到山东省军区、济宁军分区充分肯定。1991年后，民兵训练由乡镇分别训练过渡到在县民兵训练基地集中训练，民兵训练达到人员、时间、内容、效果“四落实”。1997年，民兵工作进行调整改革，民兵训练的重点转移到民兵干部、应急分队和对口专业分队上。2000~2005年，民兵训练依托训练基地，逐步走向规范化、正规化。

图 26-2　民兵应急连拉动集结

规范化训练

1991 年，济南军区印发《民兵预备役工作五年规划》（1991~1995 年）。县人武部贯彻“控制数量、提高质量、抓好重点、打好基础”方针，按照“召之即来、来之能战”标准，把新任专职武装干部、民兵连、排长的训练作为重点，每年按干部编制人数的五分之一安排，按大纲规定执行，5 年内将各类民兵干部轮训一遍，每期集中轮训 20 天左右。专业技术民兵训练比例不少于年度基干民兵训练人数的 60%。同时，加强教学队伍建设，改进教学手段，抓好教学器材配套以及训练基地制度化管理。

1992 年，执行总参谋部《民兵军事训练若干规定》，从组织计划、训练准备、训练实施、训练考核到登记统计、总结报告，全面系统地对民兵训练进行规范。

1994 年 10 月，执行山东省军区《民兵规范化训练基本要求》《训练基地设施配套标准》《训练基地使用规定》和《训练基地管理规定》。至 1995 年，金乡县民兵训练基地占地面积 1.63 万平方米，建筑面积 4117 平方米，有操场、电化教学室、攻防战术综合训练场、射击场、投弹场、爆破场、器械场、炮兵训练场和生活娱乐设施，吃、住、训、管、养相配套，达到训练形式基地化、训练内容一体化、训练手段电教化、训练管理规范化要求。被济南军区司令部评为民兵预备役训练基地建设达标单位。

1991~1995 年，共训练民兵 11 期 2498 人，其中排长以上干部 579 人，基干民兵 1919 人，合格率 95% 以上。多次受到济宁军分区、省军区通报表彰，其中 1991 年 6 月，在济宁军分区组织的县级人武部比武中，军事理论考核、单兵战术、轻武器射击、队列动作考核均获好名次，受到通报表彰，并在山东省人武系统三级党委书记会议军事表演中获优胜单位；1995 年 10 月，在山东省专职武装干部考核中，县人武部受到省军区表彰。

专业训练

1997 年 12 月，组织应急分队并开展训练。训练课目包括队列基础动作、警棍盾牌操、防暴基础知识、防暴战术队形、捕俘技术等。

1998 年，执行济宁军分区《关于加强民兵专业对口分队建设的通知》精神，在县直 8 个单位组建 540 人的 4 个对口专业分队（医疗保护、通信保障、交通运输、水电抢修）。改革民兵训练，新任民兵干部在任职前 2 年内完成 30 天的训练（含政治教育 3 天），其他民兵干部每年按 1/5 安排轮训。民兵应急分队基础训练以班排为单位进行，应用训练以连为单位进行。民兵对口专业分队训练由县人武部和对口单位共同组织，主要进行军事基础和协同训练。步兵分队主要搞好新入队人员训练。1999 年，县人武部被济宁军分区评为“科技练兵比武”先进单位。

2000 年，按高标准、高质量要求，对全县 3400 人基干民兵、330 人的应急分队、2227 人的步兵分队、363 人的专业技术分队和 480 人的对口专业分队进行合理重组。当年，完成训练任务 515 人，其中民兵应急分队 240 人，民兵干部 39 人，专业技术分队 157 人，步兵分队 79 人。重点抓应急分队、专职武装干部和民兵教练员的训练。同年 3 月，遵照军分区搞好防空演习的指示、要求和部署，集结应急分队 130 人，动用枪支 130 支，空炮弹 345 发，炸药 20 余斤，雷管 60 个，车辆 9 辆次，行程 3000 余千米。

2002 年 5 月，召开全县民兵军事训练动员大会。6 月 1 日起，借用军分区部分重武器装备，组织民兵开展军事训练。7 月 28 日，在金乡一中举行迎“八一”大阅兵暨军事训练汇报课目表演，县委、县人大、县政府、县政协、县纪委、县国防动员委员会、县直企事业单位和各乡镇的主要领导人出席观看，济宁电视台等新闻媒体受邀参观并作报道。汇报表演有 16 个受阅方队，设置 4 个表演课目，参演人员 950 余人。

2004 年，组织 150 人参加济宁军分区“维稳”（维护社会稳定）演习，表演了警棍盾牌操和捕俘拳课目。

2005 年，按照民兵队伍既能“应急”，又能“应战”要求，组织民兵干部和应急分队、专业技术分队人员，进行实弹射击、刺杀操、捕俘基本功、网络信息攻击战、班进攻战术等课目训练与表演。共动用车辆 121 台次，枪支 700 余支次，子弹 3075 发，空炮弹 750 发；使用炸药 30 公斤、TNT50 块（75 克装），火雷管 300 个，拉火管 310 个；累计设置炸点 289 个、设置火障 10 处、燃烧汽、柴油各 50 公斤。训练中无丢失一发子弹，无一人受伤，训练任务圆满完成。

第四章　国防动员

第一节　领导机构

1989 年 7 月 18 日，金乡县全民国防教育领导小组成立，县长王金俊兼任组长，后改称金乡县国防教育委员会。1999 年 3 月、2001 年 5 月、2002 年 3 月三次调整国防教育委员会，县长张生贤、李明晨兼任主任，县政府常务副县长、宣传部长、县委办公室主任兼任副主任，县直有关部门主要负责人为成员。

1994 年，县国防教育和国防动员委员会及人民武装动员办公室成立，人民武装动员工作与国家国防教育和国防动员工作结合在一起，国防教育和国防动员建设进入新的历史时期。县国防教育委员会与同级党委的人民武装委员会为一个机构两块牌子。

2001 年，县国防教育委员会综合办公室设立。

1999 年 3 月、2002 年 7 月，县国防动员委员会两次进行调整，第一主任分别由县委书记石柱、乔志猛兼任，主任分别由县长张生贤、李明晨兼任，副主任由县政府常务副县长、人武部部长、政委兼任，县直有关部门主要负责人为成员。

2003 年 10 月，县国防教育委员会与国防动员委员会合并为国防动员委员会。2005 年 3 月，对县国防动员委员会进行调整，县委书记乔志猛兼任第一主任，县长李明晨、曹景群先后兼任主任，副主任由县政府常务副县长、人武部部长、政委兼任。国防动员委员会下设六个办公室，编配专职人员负责日常工作。即人民武装动员办公室，设在县人武部军事科；政治动员办公室，设在县人武部政工科，与县国防教育办公室一个机构两块牌子；经济动员办公室，设在县发展计划局；人民防空办公室，设在县政府办公室；交通战备办公室，设在县交通局；综合办公室，设在县人武部军事科。

2004 年，金乡县国防动员委员会各办公室，全面落实济宁市国防动员委员会济国动字〔2003〕第 1 号文件规定的正规化建设各项内容与标准，达到组织机构健全，工作职责明确，规章制度落实，基本设施完善，人员素质良好。各办公室统一挂牌，并按规定的规格和式样制作印章，于当年 10 月 26 日启用。

第二节　国防教育

1991 年，金乡县继续贯彻执行山东省七届人大常委会第 16 次会议通过的《山东省国防教育条例》中的各项规定，落实教育内容、时间和经费，

采取多种形式广泛开展国防宣传教育活动。

1995年，编写干部读本、民兵预备役读本、群众读本3个分册，为广大民兵预备役人员和人民群众提供系统、规范的政治学习教材。

1998年，把国防教育经费纳入县政府财政预算。至2005年，累计拨款100多万元，在全县建成一批具有特色、覆盖全县的国防教育阵地。羊山烈士陵园、王杰纪念馆和远近闻名的烈士村——霄云镇店子村，每年都有10万多人参观。利用学校、党校、青年民兵之家和县民兵训练基地开展国防教育，全县中小学校把国防教育内容纳入教学计划；县电台、电视台开辟《国防之声》栏目；广场、重要路口设立宣传标语和宣传画，国防教育宣传呈现多元化。1998~2005年，全县共举办国防教育宣传周18次、演讲会10次、国防知识竞赛8次、国防教育书画展5次、文艺活动10余次、征文3次，召开国防教育现场会、观摩会、研讨会20余次。在1989年全国“龙岩杯”公民国防知识竞赛、1994年全国国防知识竞赛、1997年全国“强我国防、卫我中华”竞赛以及2004年“爱中华、奔小康、强国防”的系列竞赛活动中，县人武部均获先进单位，县第一中学、金桥煤矿、县人民医院被上级授予关心国防建设十佳单位。

第三节　学生军训

1985年始，金乡县在学校开展军训。1993年2月，按照《中国教育改革和发展纲要》要求，对中等专业学校和高级中学学生进行多种形式的军事训练。1994年，执行国家教委、总参谋部、总政治部重新修订的《高等学校学生军事训练大纲》，将军事训练作为高等学校的一门必修课，作为学生履行兵役义务、接受国防教育的基本形式，列入教学计划，训练成绩记入学生档案。1991~2005年，共抽调现役干部、专职武装干部、民兵教练员等500余人次，先后对金乡一中、金乡二中、金乡四中、金乡五中、金乡师范（含金育高中）、金乡职业中专等6所学校的3.6万名学生进行军训。通过考核，80%以上的学生军训成绩在良好以上。

第四节　人民防空

2004年3月，金乡县人民防空办公室（简称县人防办）正式挂牌成立，为正科级全额事业单位，隶属于县政府办公室，编制2人。

县人防办的任务包括战时和平时。战时，适时发放防空警报；及时组织人民群众疏散、掩蔽；向群众通报遭受袭击情况并指导进行防护和自救、互救；组织人防专业队开展抢救、抢修工作，消除空袭后果，协助有关部门恢复生产和生活秩序；配合城市防卫作战。平时，结合城市建设，修建人防工程；会同有关部门拟定城市建设规划；建立人防通信、警报系统；制定防空袭预案，进行疏散地域建设；整组和训练人防专业队伍，使其在工业事故和自然灾害中发挥骨干作用，锻炼提高战时救护和抢修能力；对公民进行防空教育，使其增强国防观念，掌握人民防空的基本知识和技能。

县人防办成立后，结合本县实际，贯彻落实《中华人民共和国防空法》和《中共中央、国务院、中央军委关于加强人民防空工作的决定》，多次发表电视讲话，在报纸上连载防空基础知识，悬挂过街条幅、散发宣传材料，向全县人民传播防空知识，在中小学校开设防空教育课堂，印发《防空教育读本》，增强年轻一代的防空意识，扩大教育面。

每年9月18日9时~11时，进行人防音响警报鸣放。

预先警报　鸣36秒，停24秒，反复3遍为一个周期，时长3分钟。

空袭警报　鸣6秒，停6秒，反复15遍为一个周期，时长3分钟。

解除警报　连续鸣3分钟。

灾情警报　鸣15秒，停10秒，鸣5秒，停10秒，反复3遍，时长2分钟。

以上信号间隔3分钟。

第五章 拥政爱民

第一节 参加经济建设

1991~1995年，县人武部围绕全县经济建设大局，每年都抽出机关人员下乡包村蹲点，走村串户，了解情况，体察民情。每年“三夏”“三秋”季节，组织工作组吃住在基层。有农田水利建设和重大工程建设等任务时，主动请战，并发挥作用。部长王玉启在梁济运河开挖治理、城市综合治理、化肥厂尿素生产改造、105国道拓宽工程，政委刘文廷在参加洙赵新河清淤和金南回灌引水工程建设中圆满完成任务，两人分别被县委、县政府记大功、记功各一次。同时，组织、动员全县民兵投身改革开放和经济建设，发挥模范作用。

1996年8月，县人武部继续贯彻“以劳养武”方针，制定民兵“实业兴兵”活动规划，在全县民兵中开展实业兴兵活动。羊山镇“六星集团”成为“实业兴兵”典范，济宁军分区首长亲临视察检查指导工作，给予充分肯定。

2000~2005年，县人武部贯彻落实济宁市委组织部、军分区政治部关于开展帮扶工作的通知精神，实行县人武部和基层武装部一部包一村、县人武部领导和机关各科包一户目标责任制。部机关干部及全县专职武装干部，先后为帮扶村贫困群众捐款2万余元、衣物400多件；走访慰问烈军属、特困户160户，捐助救济金1.6万元，面粉、食用油2000多斤；为帮扶村、帮扶户协调资金130多万元，组织民兵修路20余千米，修渠30余千米，打机井17眼，新修房屋24间，解决历史遗留问题20余个。连续5年被中共金乡县委、县人民政府评为帮扶工作先进单位。

第二节 抢险救灾

1992年7月10日，金乡县连续遭受特大暴风雨袭击，造成严重洪涝灾害，县人武部组织民兵8940人参加抗洪抢险，连续奋战3昼夜，保护灾区人民群众的生命财产安全，被山东省委、省政府授予抗洪救灾先进单位。

1993年7月，全县连续遭到暴雨袭击，全县人武干部和民兵共3万余人迅速投入救灾，帮助灾民开展生产自救，减少灾害损失。

2003年10月15日~16日，县人民政府副县长、县武装部部长、政委带领500名民兵参加黄河梁山段抗洪抢险，历时两天，圆满完成任务。

第三节 军民共建

1996年10月7日，金乡县武警希望小学在大义乡建成并举行开学典礼。该校由山东省武警总队捐款25万元援建。学校总投资120万元，建筑面积3200平方米，具有18个教学班的规模。副省长王玉玺亲笔题写了校名，并同省武警总队总队长杨家杰少将、团省委副书记孙永春、济宁市副市长杨茂山、金乡县委书记杜昌文、代理县长石柱等出席典礼，共同为该校揭牌。

1999年10月7日，金乡县武警希望小学举行成立三周年庆典仪式。武警山东总队又向该校捐赠11台微机及配套设施，价值8万余元。

第二十七篇 教 育

教育

清光绪三十二年（1906），金乡县设劝学所。1912年中华民国政府成立后教育行政机构仍沿清制。1923年改称教育局。1933~1946年，教育局先后改称县政府第五科、第三科、第四科、教育科。1949年10月，金乡县民主政府设文教局。1956年4月，改称金乡县教育局。“文化大革命”期间，先后改称金乡县教育革命领导小组、县革委会政治部教育组、革委会教育科。1975年恢复县教育局。1991年12月，成立县人民政府教育督导室，为股级事业单位，隶属教育局领导。1993年12月，撤销县教育局、职工教育办公室，合并成立金乡县教育委员会。1994年2月，增设教育教学研究室、电化教育中心、招生考试中心3个副科级单位。1995年11月，县政府教育督导室升格为副科级事业单位，隶属县教委领导。2002年5月，县教育委员会、县文化局和县体育运动委员会合并，组建县教育局（加挂县文化局、县体育局牌子），内设办公室、人事科、教育科、计财审计科、勤工俭学管理科。2004年3月，县政府教育督导室由副科级事业单位升格为正科级事业单位。是年11月，全县13个乡镇教委更名为乡镇中心校。

1991~2005年，金乡县把贯彻执行《中华人民共和国义务教育法》列入经济和社会发展总体规划。1993年9月，实现初等义务教育。1997年4月，实现普及九年义务教育。2005年末，全县有幼儿园125所，各类学校163所，其中小学130所（县镇17所、农村113所），普通中学30所（初级中学25所，高级中学5所），中等职业学校2所，教师进修学校1所，特殊教育学校1所；全部在校学生8.99万人；教职工5866人，其中专任教师4923人；社会力量办学6所。省级规范化学校5所，市级规范化学校14所，县级规范化学校37所。15年间，向国家输送大中专生26013人，其中本科录取6315人，专科录取12850人，高中中专录取1245人，初中中专录取5603人；金乡师范毕业生5775人；职业中专毕业生6950人。

第一章 学前教育

第一节 发展历程

金乡县幼儿教育始于清光绪三十年（1904），时设蒙养学堂。入院儿童3岁~7岁，每天授课不超过4小时。1957年，县直机关托儿所成立，分大、小两班，入托儿童56人，全部寄托。1958年，全县有幼儿园（班）91所，入园幼儿13902人。1968年，县直机关幼儿园因“文化大革命”停办。1979年，幼儿教育事业重新兴起，全县办起幼儿园49所，99班，入园儿童3499人，教职工109人。1981年，县少年儿童领导小组成立，幼儿教育事业稳步发展。年底全县共有幼儿园86所，入园儿童4307人。1982年4月，县少年儿童领导小组对经检查评比出的先进幼儿园进行表彰，全县幼儿园发展到373所，入园儿童8643人，入园率35%，其中农村幼儿园365所，入园儿童8431人。1984年，全县办长年幼儿园428所，入园儿童14259人，入园率70%。1988年，全县幼儿园发展到570所、626个班，入园儿童17218人。1989年9月，国家教育委员会发布《幼儿园管理条例》，县教育局认真贯彻，狠抓落实，幼教事业进一步发展，年底，全县幼儿园547所，在园幼儿21574人，幼儿教师752人，其中，大中专学历的441人。

1990年，各乡镇积极筹措资金，不断改善办园（所）条件，达到独门、独院、有标准桌椅和一定数量的大中型玩教具。是年，幼儿入园19451人。1991年，全县共有幼儿园、学前班589所（处）。入园儿童23911人，入园率为80.7%。幼教工作者833人。

1992年，贯彻落实《济宁市幼儿园分类评估标准的通知》精神，改善办园条件，动员和依靠社会力量，多层次、多形式创办园所。王丕乡中心校投资20多万元，建起了金乡县第一所乡镇中心幼儿园，占地面积2003平方米，建筑面积633平方米，添置大中小玩具1000余件。中心小学幼儿园投资30余万元，对原幼儿园进行整修，建筑面积610多平方米，活动场地2000多平方米。1995年，以上幼儿园被评为市级一类幼儿园。

1996年，全县有548所幼儿园，办园率100%，3周岁~6周岁入园儿童23493人，入园率51.5%；学前一年入园儿童16667人，入园率98%。是年，共投资174.4万元，改善办园条件。

2000年，鱼山崔口幼儿园、化雨中心幼儿园、鸡黍中心幼儿园顺利通过市级一类幼儿园验收。

1997~2002年，计划生育工作使幼儿出生率逐年降低，入园幼儿逐年减少，农村幼儿园依据“就近入园、扩大规模、大村独办、小村联办”的原则，重新调整布局。由原来村村都有幼儿园调整为1个学区1所幼儿园，优化学前教育资源配置，扩大办园规模，提高办园效益。2002年，全县幼儿园有285所，其中市级一类幼儿园7所。3周岁~6周岁入园儿童8898人，入园率54%，学前一年入园儿童为5813人，入园率99%。

2004年，县政府办公室下发《关于学前教育改革与发展的意见》，提出了学前教育改革和发展的总目标，加快全县中心幼儿园建设。对在规定时间内未完成中心幼儿园建设任务的乡镇，年终评优实行一票否决。卜集乡教委通过多渠道筹措资金120余万元，建设1处占地3888平方米，建筑面积1032平方米，园舍设计新颖美观，园内环境优美，户外活动场地宽阔，有“儿童乐园、欢乐宫”等四套大型组合玩具，中小型玩具一百多种，园内各室齐全，高标准的中心幼儿园，为幼儿提供了全方位学习与活动相结合的育人环境。

2005年，办园条件继续得到改善。全县大部分幼儿园都有相对独立的建筑群体，达到安全、坚固、向阳、无污染、无噪音、园舍桌椅基本符合幼儿特点。市级一类以上幼儿园大多有较宽敞的活动室，有较充足的幼儿用书、幼儿教玩具、大型活动器材，有的幼儿园配备了钢琴、电视机、VCD、多媒体等。是年，进行学前教育机构年检，对已登记注册的173所幼儿园进行全面考核，其中125所幼儿园确定为合格幼儿园，48所幼儿园由于办园条件差及合点并园等原因被取消办园资格。有市级一类幼儿园17所，省级示范幼儿园2所，市十佳幼儿园1所。全县除金乡镇、司马镇、霄云镇外，全部建起了乡镇中心（小学）幼儿园，入园幼儿11555人，3周岁~6周岁幼儿入园率75%，学前一年幼儿入园5027人，入园率98%；全县专职幼儿教师584人，其中大专以上学历100人，中专（高中）学历408人。

1991~2005年金乡县幼儿教育基本情况统计表

表27-1-1

年度	幼儿园（所）	教学班（个）	学前3-2年入园（人）	入园率（%）	学前1年入园（人）	入园率（%）	教职工（人）	专任教师（人）
1991	560	665	20219	48	17240	99	648	632
1992	556	668	20320	49	17820	99	652	640
1993	552	664	20349	50	17540	99	675	672
1994	554	668	22130	51	17650	99	740	739
1995	548	671	24147	51.5	17610	99.9	775	526
1996	522	652	22428	52	17450	99	734	729
1997	516	610	15815	57	12749	99.1	707	682
1998	420	526	9210	57	6560	99	648	630
1999	289	360	8567	56	6332	99	433	428

续表 27-1-1

年度	幼儿园（所）	教学班（个）	学前3-2年入园（人）	入园率（%）	学前1年入园（人）	入园率（%）	教职工（人）	专任教师（人）
2000	222	333	9765	62	6136	99	442	436
2001	218	332	9720	60	6132	98	554	512
2002	273	302	8898	61	5811	99	552	552
2003	168	249	13424	66	5236	98	509	409
2004	136	320	11320	74	5196	99	603	503
2005	125	328	11555	73	5027	98	648	584

2005 年金乡县检查合格的 125 所幼儿园名单

表 27-1-2

主管单位	编号	幼儿园名称	主管单位	编号	幼儿园名称
县实验小学	1	县实验小学幼儿园	鸡黍镇中心校	26	鸡黍镇菜园幼儿园
金乡师范附小	2	金乡师范附小幼儿园		27	鸡黍镇单海幼儿园
县人民医院	3	县人民医院幼儿园		28	鸡黍镇赵马小学幼儿园
王丕镇中心校	4	王丕镇中心幼儿园		29	鸡黍镇南李幼儿园
	5	王丕镇北新幼儿园		30	鸡黍镇薛庄完小幼儿园
	6	王丕镇北三幼儿园		31	鸡黍镇三关完小幼儿园
	7	王丕镇康桥幼儿园	兴隆乡中心校	32	兴隆乡中心幼儿园
	8	王丕镇希望幼儿园		33	兴隆乡李菜园幼儿园
鱼山镇中心校	9	鱼山镇中心幼儿园		34	兴隆乡胡庄幼儿园
	10	鱼山镇崔口幼儿园		35	兴隆乡第九小学幼儿园
	11	鱼山镇台子幼儿园		36	兴隆乡高庄幼儿园
	12	鱼山镇葛村幼儿园		37	兴隆乡棠树幼儿园
	13	鱼山镇赵东幼儿园		38	兴隆乡魏店幼儿园
	14	鱼山镇桑园幼儿园		39	兴隆乡任庄幼儿园
化雨乡中心校	15	化雨乡中心幼儿园	胡集镇中心校	40	胡集镇中心小学幼儿园
	16	化雨乡前锋小学幼儿园		41	县武警希望小学附属幼儿园
	17	化雨乡李堂幼儿园		42	胡集镇程庄幼儿园
	18	化雨乡育才幼儿园		43	胡集镇宋屯幼儿园
	19	化雨乡周花楼小学幼儿园		44	胡集镇中安幼儿园
	20	化雨乡北星小学幼儿园		45	胡集镇三联幼儿园
	21	化雨乡双李小学幼儿园		46	胡集镇三刘幼儿园
	22	化雨乡南马小学幼儿园		47	胡集镇大孙楼幼儿园
	23	化雨乡北张小学幼儿园		48	胡集镇安五幼儿园
	24	化雨乡周寺小学幼儿园		49	胡集镇杨庙幼儿园
鸡黍镇中心校	25	鸡黍镇中心幼儿园		50	胡集镇黄堆幼儿园

续表 27-1-2

主管单位	编号	幼儿园名称
胡集镇中心校	51	胡集镇北部幼儿园
	52	胡集镇张魏庄幼儿园
	53	胡集镇鱼山集幼儿园
	54	胡集镇东孙楼幼儿园
	55	胡集镇姬楼幼儿园
	56	胡集镇靳楼幼儿园
	57	胡集镇莫楼幼儿园
金乡镇中心校	58	金乡镇苏楼小学幼儿园
	59	金乡镇朱楼小学幼儿园
	60	金乡镇西关小学幼儿园
	61	金乡镇高庄幼儿园
	62	金乡镇桃园幼儿园
	63	金乡镇缗南幼儿园
	64	金乡镇暗楼幼儿园
	65	金乡镇王杰村幼儿园
	66	金乡镇南联幼儿园
	67	金乡镇袁楼幼儿园
	68	金乡镇王庄村幼儿园
	69	金乡镇金一幼儿园
	70	金乡镇周庄幼儿园
	71	金乡镇霍堌小学幼儿园
	72	育杰幼儿园
	73	金乡镇阳光幼儿园（私立）
	74	金乡镇梦园幼儿园（私立）
高河乡中心校	75	高河乡中心小学幼儿园
	76	高河乡徐楼幼儿园
	77	高河乡周楼幼儿园
羊山镇中心校	78	羊山镇中心幼儿园
	79	羊山镇南门幼儿园（私立）
	80	羊山镇欢德完小幼儿园
	81	羊山镇南胡幼儿园
	82	羊山镇育才幼儿园
	83	羊山镇高洼小学幼儿园
	84	羊山镇杜楼完小幼儿园
	85	羊山镇小屯幼儿园
	86	羊山镇李堂幼儿园
	87	羊山镇葛山完小幼儿园
	88	羊山镇仇庄小学幼儿园
羊山镇中心校	89	羊山镇孟营幼儿园
	90	羊山镇靛池王幼儿园
卜集乡中心校	91	卜集乡中心幼儿园
霄云镇中心校	92	霄云镇中心小学幼儿园
	93	霄云镇朱洼幼儿园
	94	霄云镇李白幼儿园
	95	霄云镇大李楼幼儿园
霄云镇中心校	96	霄云镇鲍楼幼儿园
	97	霄云镇薛庄幼儿园
	98	霄云镇店子幼儿园
	99	霄云镇代庙村幼儿园
	100	霄云镇晁庄幼儿园
	101	霄云镇赵口幼儿园
	102	霄云镇郑小楼幼儿园
	103	霄云镇秦庄幼儿园
	104	霄云镇王楼幼儿园
	105	霄云镇邵集幼儿园
	106	霄云镇谢集小学幼儿园
司马镇中心校	107	司马镇幼儿园
	108	司马镇周堌堆幼儿园
	109	司马镇白庙幼儿园
	110	司马镇前李幼儿园
	111	司马镇李大庄幼儿园
	112	司马镇杨关幼儿园
	113	司马镇东蔡幼儿园
	114	司马镇邵庙幼儿园
	115	司马镇关庄幼儿园
马庙镇中心校	116	马庙镇中心幼儿园
	117	马庙镇孟铺小学幼儿园
	118	马庙镇南周小学幼儿园
	119	马庙镇邵庄小学幼儿园
	120	马庙镇周海小学幼儿园
	121	马庙镇宋阁小学幼儿园
	122	马庙镇大程楼小学幼儿园
	123	马庙镇陈楼小学幼儿园
	124	马庙镇贾楼小学幼儿园
县特殊教育学校	125	金乡县世纪之星幼儿园

金乡县 1995~2005 年通过市级一类幼儿园验收名单

表 27-1-3

年 度	数 量	单 位
1995	2	县中心小学幼儿园　王丕乡中心幼儿园
2000	3	鱼山镇崔口幼儿园　化雨乡中心幼儿园　鸡黍镇中心幼儿园
2001	2	兴隆乡中心幼儿园　马庙镇中心幼儿园
2003	1	县实验小学幼儿园
2004	6	胡集镇中心小学幼儿园　羊山镇中心幼儿园　卜集乡中心幼儿园　世纪之星幼儿园　阳光幼儿园（私立）　梦园幼儿园（私立）
2005	2	高河乡中心小学幼儿园　羊山镇南门幼儿园（私立）
说 明	2003 年，师范附小幼儿园被评为“山东省示范幼儿园”和济宁市首届十佳幼儿园 2005 年，县实验小学幼儿园通过省教育厅组织的“山东省示范幼儿园”验收	

第二节 管理体制 课程设置

管理体制

1990 年前，金乡县托幼工作主要由县妇联主管。1990 年 4 月，根据山东省人民政府关于幼教事业由省教委主管，各有关部门分工负责的文件要求，县政府调整完善领导和管理体制，决定将托幼工作由县妇联移交县教育局主管。各乡镇政府所属幼儿园（所），其基建投资、设备购置由各乡镇政府负责解决。

1992 年 4 月，县教育局专门成立集教研、科研、管理于一体的学前教育研究室。各乡镇成立幼教工作领导小组，同时配备一名专职幼教干部。各行政村也有托幼管理小组。初步形成县、乡、村三级管理和教研网络。8 月，执行国家教委《关于改进和加强学前班管理的意见》，明确规定学前班要防止教育内容、形式、方法小学化的倾向，严禁使用小学教材，不允许和小学班进行复式教学。

1996 年，执行国家教委发布的《幼儿园工作规程》，实行秋季招生，招收 3~6 周岁幼儿；分小、中、大 3 种班级。3~4 岁上小班，每班 25 人；4~5 岁上中班，每班 30 人；5~6 岁上大班，每班 35 人。实施科学管理。加强幼师培训和幼儿园的卫生保健，至 2000 年，先后举办幼师广播体操培训班 2 期、舞蹈培训班 5 期，培训幼师 320 余人次；20 余名幼儿园园长参加济宁市组织的培训；4 名幼师参加山东省学前教育工作研讨会，参观青岛市 5 所示范幼儿园；多次开展幼师基本功比赛、公开教学、评选优质课、教学能手、教学论文、故事会演讲比赛、珠算式心算比赛、幼儿一日活动设计等活动。5 名幼师被《中国学前教育研究会》吸纳为会员。

2000~2001 年，按照国家教委《幼儿园管理条例》《幼儿园工作规程》和《山东省学前教育指导纲要》（试行）等一系列幼教法规。抓好乡镇中心幼儿园及市级一类幼儿园的建设。

2003 年，执行济宁市《关于认真做好幼儿园登记注册工作的通知》，对全县 288 所幼儿园进行全面考察和考核，取消了条件差、生源少和非法兴办的幼儿园；对一些暂不符合条件的幼儿园给予先行登记、暂缓注册；对符合条件的 168 所幼儿园进行了登记注册。年底，发出《金乡县民办幼儿园检查验收情况的通报》，59 所民办（私立）幼儿园中，金乡镇梦园幼儿园、金乡镇阳光幼儿园、羊山镇南门（第一）幼儿园准予设立，18 所试办，25 所整改，13 所停办。

2004 年 4 月，县政府办公室发出《关于学前教育改革与发展的意见》，把幼儿教育纳入全县社会发展的总体规划之中，确立了“以政府办园为示范，社会各界办园为主体，个人办园为补充”的学前教育办园体制，形成以县实验小学幼儿园为示范，以乡镇中心幼儿园为骨干，以村级办园

为主体，个人办园为补充的发展格局。

2005年，再次对全县学前教育机构进行检查考核。9月，公布检查结果：在已登记注册的173所幼儿园中，县实验小学幼儿园、县师范附小幼儿园等125所幼儿园符合办园条件，48所幼儿园由于办园条件差、合点并园等原因被取消办园资格。

课程设置

幼儿教育课程一般设置为语言、计算、常识、音乐、手工、画画、体育等。1994年后，全县幼儿园、学前班主要使用山东省统编的《幼儿园（班）教材》。

2001年，教育部《幼儿园教育指导纲要（试行）》颁布实施。全县幼儿园、学前班教育内容涉及健康、语言、社会、科学、艺术等五个领域。教学方式以游戏为主，教学模式由单一讲课变为集体上课与区域活动相结合。教学中，树立以幼儿为本的教育理念，培养幼儿主动学习的兴趣、爱好及团结、协作精神，努力创设宽松的活动氛围，让幼儿主动探究、观察、讨论、比较，发展幼儿动手能力，开发幼儿潜能，从不同的角度促进幼儿情感、态度、能力、知识、技能等方面的发展。

2002年，金师附小幼儿园开设了幼儿早期阅读实验班，县实验小学幼儿园开设了幼儿英语实验班。

第三节 重点幼儿园选介

金乡师范附属小学幼儿园

位于金乡县文峰路中段向阳街25号，前身是机关幼儿园，始建于1985年5月，占地面积4600平方米，建筑面积2800平方米（10间平房教室），有大、中、小3个教学班，教职工11人。1990年7月，教学班扩大到4个。1993年6月，教职工增加到18人。

1994年7月，县机关幼儿园归属县中心小学。1999年9月，随着中心小学而更名为金乡师范附属小学幼儿园。

2002年7月，金师附小一次性投入300多万元对幼儿园进行了彻底改、扩建，建起一座设计新颖、美观、配置高档、设施齐全，建筑面积2800平方米的综合教学楼。教学楼可设12个标准班，附设有多媒体活动室、科学发现室、教研室、卫生保健室、琴房、综合活动室。每班都有活动室、休息室、卫生间，并配有钢琴、电脑、电视、空调等设备。整个教学楼内安装了地暖以及闭路电视设施。幼儿园还附设有伙房、锅炉房、传达室。室外场地除绿化地面外，全部硬化，并配备增设了大中小型玩教具和体育器材500余件（套）。幼儿活动场地2000余平方米，供幼儿阅读的图书3000余册，伙房设施齐全配套，安全卫生。幼儿园达到了教育化、儿童化、安全化、美化和绿化。

金师附小幼儿园拥有阵容整齐、力量雄厚、品德端正、执教规范的教师队伍。该园有9个班，教职工38人，其中正副园长3人，均为大专学历；教师27人，均为幼教大、中专毕业生；保健员1人；后勤服务人员9人。老师中有省级教学能手1人，市级教学能手3人，县级教学能手6人；市级优质课执教者5人，县级优质课执教者8人；有小教高级职称的17人。19人次荣获市、县级先进工作者、优秀教师或“三八红旗手”称号。17人次在省、市、县举办的幼师基本功比赛、舞蹈比赛中获奖；230多名幼儿在历年的书画、舞蹈、珠心算等技能大赛中获奖。在历届自制玩教具比赛中多次获奖；多篇论文在省、市级刊物上发表。

幼儿园全体教职工以“无为即为过”端正园风，以“一心为了孩子，一心为了工作”树立正气，创造佳绩。1995年通过市级一类幼儿园验收，2003年，又顺利通过省教育厅等部门的验收，被命名为“山东省示范幼儿园”。是年12月，在济宁市首届十佳幼儿园评选活动中，被评选为“济宁市十佳幼儿园”。

该幼儿园大力推进幼教改革，积极承担教研课题，分别承担了国家、省、市、县教研课题6个，其中省“十五”时期重大课题《幼儿民间桌面游戏》的研究已顺利结题。2004年6月，在全市幼儿园“区域活动”大赛中获一等奖。市、县级新闻部门多次宣传报道该园情况；中央电视台以“蒜乡的幼儿故事”为题摄制专题节目，在中央电视台《生活567》栏目中播出，发挥了金乡幼儿教育的示范、窗口作用。

金乡县实验小学幼儿园

位于县城仓坊街西段，附设在实验小学院内。创建于1986年，时称育红班，只招收学前一年幼儿；设班1个，教师2名，幼儿90余名。1989年，扩建到3个班，6名教师，120多名幼儿；1993年，将育红班更名为学前班，扩大到5个班，11名教师，200多名幼儿。1994年，再次扩为7个班，15名教师，300多名幼儿；开始招收三周岁至入学前的孩子；是年，实小学前班分为东西两院，东院在仓坊街东段，西院在实小院内，有7个班，15名教师，300多名幼儿。1996年，东、西两院合并于实小南楼内，幼儿450余名。并陆续购置幼儿图书和玩教具，增添设施，改善办园条件，指定一名副校长专门分管学前班日常事务。

2001年，适应日益增长的教育需求，集资建成一座占地面积2600余平方米，建筑面积2300余平方米结构合理、设施完备的高标准教学楼。又利用原教学楼设置了多功能活动室、图书阅览室和舞蹈房。户外又增添了大中型玩具。将学前班更名为实验小学幼儿园。

幼儿园有11个教学班，500多名幼儿，42名教师，1名保健员，2名副校长兼任园长、副园长。有市级教学能手2人、县级教学能手4人；市级优质课执教者5人、县级优质课执教者11人；15人次在全县举办的各种教学、教研活动中进行了公开课和示范课教学；10人次荣获市、县级先进工作者、优秀教师或“三八”红旗手称号；7人次在省、市、县举办的幼师基本功比赛、舞蹈比赛中获奖；200多名幼儿在历年的书画、舞蹈、珠心算等技能大赛中获奖；制作的作品在市、县组织的历届自制玩教具评选中多次获奖。

幼儿园以教科研为龙头，先后承担了省、市科研课题《民间体育游戏的开发与应用研究》（已结题）《课程园本化研究》《幼儿珠心算实验》等，50多篇教科研论文在国家、省、市级刊物上发表，参加评选并获奖。

2003年，幼儿园被评为“市级一类幼儿园”、市级“巾帼示范文明岗”、市级“文明单位”，是县级“艺术培训基地”、省“十五科研课题实验基地”。2005年，通过省教育厅等部门组织的“山东省示范幼儿园”验收，并被评为市级学前教育“先进集体”。

第二章　小学教育

第一节　发展概况

1990年，全县城乡有学区84个，小学356所，学生65925名。是年，城关中心校更名为金乡县中心小学，归县直属管理。包括实验小学在内，全县有直属小学2所。

1994年，按4000人设一所小学的规划，合理调整学校布局。到1995年，小学点由444个调整为190个，在校学生87046名，2174个教学班；教职工3472名，其中专任教师3299名。学校平均规模458名，每班平均学生40名，招收新生19520名，毕业13927名，辍学率0.14%。适龄儿童入学率、毕业率、升学率分别为100%、99.1%和87%。

1998年，全县城乡共有小学136所，在校学生94132名，招收新生14922人，教学班2189个，教职工3872人，其中专任教师3665人。此后，由于人口出生率下降，小学生源减少。县教委对学校布局进行合理调整，至2005年，全县共有学区

69个，小学130所，在校学生43833人，比1998年减少50299人；招收新生7118人，比1998年减少7804人；教学班1133个，比1998年减少1056个；教职工2284人，其中专任教师2150人，分别比1998年减少1588人、1515人。

1999年3月，金乡县中心小学易名为金乡师范附属小学。

1999年，金乡县根据国家教委《关于实施〈义务教育法〉若干问题的意见》和《中华人民共和国民办教育促进法》的有关规定，鼓励社会力量办学，一批民办学校应运而生。2001年，韩庶祥等人创办了"金乡县青华园小学"。2002年，张相本等人创办了"金乡县花园双语小学"。是年，金师附小创办了依托型"怡园小学"。2003年，兴隆乡牛体俊创办了育才小学。同年，金乡县实验小学创办了依托型"大成实验学校"。2004年，彭焕营创办了"圣苑小学"，同年，胡集镇中心小学创办了依托型"愉园小学"。

1991~2005年金乡县小学教育基本情况统计表

表27-2-1

年度	学校（所）	在校人数（人）	招生人数（人）	毕业人数（人）	班数（个）	教职工数（人）	专任教师（人）
1991	297	67890	14303	10688	2089	3110	2853
1992	219	71518	15803	11088	2109	3311	3024
1993	210	76262	16957	11485	2132	3434	3237
1994	213	82784	19980	12508	2190	3441	3258
1995	190	87046	19520	13927	2174	3472	3299
1996	154	80943	18094	12477	2192	3563	3382
1997	147	97222	21336	14478	2178	3676	3474
1998	136	94132	14922	17953	2189	3872	3665
1999	132	86978	11717	17953	1837	3383	3188
2000	132	76587	8629	17396	1774	3380	3192
2001	167	63849	7184	19936	1475	3175	2968
2002	158	50082	6971	20262	1320	2534	2344
2003	149	41923	7036	15198	1182	2442	2277
2004	145	42141	7156	6668	1157	2395	2243
2005	130	43833	7118	5269	1133	2284	2150

第二节 学制 课程设置

学制

1981年，教育部颁布《全日制五年制小学教学计划（修订草案）》。当年秋季，金乡县城乡小学实行全日制五年制教学。

1992年，国家教育委员会颁布《九年义务教育全日制小学、初级中学课程计划（试行）》。是年，全县实行九年义务教育五、四制教学，小学学制仍为五年。1993年秋开始，陆续更换教材。

1999年，全县实行九年义务教育六、三学制，即：小学6年，初中3年。当年秋，小学一年级更换义务教育六年制教材。至2005年，全县城乡小学均使用义务教育六年制教材。

课程设置

1989~1991年，小学教学和假期时间的安排、课程设置、课时时间及周活动总量，均执行原教育部《全日制小学教学计划（修订草案）》。除由于师资不具备，没有开设外语课外，基本开全课程，上足课时。全年放寒、暑假及麦、秋农忙假10周，教学时间42周。其中教学新授时间36周，复习考试时间4周，机动时间2周。一至五年级每课时均为40分钟，课间休息10分钟，每天第二节课后的休息时间延长至20~30分钟安排课间操。

全日制五年制小学教学计划（修订草案）

表27-2-2　　教育部（81）教普二字006号文

科目 \ 周课时 \ 年级		一	二	三	四	五	上课总时数	百分比（%）
思想品德		1	1	1	1	1	180	3.9
语文	小计	11	12	11	9	9	1872	40.3
	讲读	10	11	8	6	6	—	—
	作文	—	—	2	2	2	—	—
	写字	1	1	1	1	1	—	—
数学		6	6	6	7	7	1152	24.8
外语		—	—	—	3	3	2/6	—
自然		—	—	2	2	2	216	4.7
地理		—	—	—	2	—	72	1.6
历史		—	—	—	—	2	72	1.6
体育		2	2	2	2	2	360	7.8
音乐		2	2	2	2	2	360	7.8
美术		2	2	2	1	1	288	6.2
劳动		—	—	—	1	1	72	1.6
并开课目		6	6	7	9	9	—	—
每周总课时		24	25	26	27	27	4644	—
课外活动	自学	2	2	2	2	2	—	—
	科技文娱活动	2	2	2	2	2	—	—
	体育活动	2	2	2	2	2	—	—
	周会班队活动	1	1	1	1	1	—	—
每周在校活动总量		31	32	33	34	34	—	—

1992~2001年，执行原国家教育委员会教基〔1992〕24号《九年义务教育“五、四”学制全日制小学课程计划》。

学年时间安排表

表27-2-3　　（1992年国家教委颁布）

项目	周数	备注
上课	34	寒暑假、农假、节日假，可组织有意义的活动，但不得用于集体补课
校传统活动	1	
社会实践活动	1	

续表 27-2-3

项目	周　数	备　注
期末复习考试	2	
机　　动	1	寒暑假、农假、节日假，可组织有意义的活动，但不得用于集体补课
假　　期	13	
总　　计	52	

九年义务教育“五、四”学制全日制小学、课程安排表

表 27-2-4

［教基〔1992〕24 号］

课程	周课时＼年级	一	二	三	四	五	总课时
学科	思想品德	1	1	1	1	1	170
	语　文	11	11	9	9	9	1666
	数　学	5	6	6	6	6	986
	社　会	—	—	2	2	2	204
	自　然	1	1	2	2	2	272
	体　育	2	2	3	3	3	442
	音　乐	3	3	2	2	2	408
	美　术	2	2	2	2	2	340
	劳　动	—	—	1	1	1	102
	周学科课时	25	26	28	28	28	4590
活动	晨会（夕会）	每天 10 分钟					
	班团队活动	1	1	1	1	1	170
	体育锻炼 科技文体活动	3	3	3	3	3	510
	周活动课时	4	4	4	4	4	680
地方安排课程		2	2	2	2	2	340
周课时总量		31	32	34	34	34	5610

1994 年，开始实行新工时制（周双休），执行国家教委《实行每周 40 小时标准工作制后调整全日制小学课程（教学）计划的意见》，对全县小学的课程安排进行调整。

调整后的九年义务教育全日制小学课程安排表

表 27-2-5

［教基〔1994〕14 号］

课程		周课时＼年级	一	二	三	四	五	总课时
国家规定课程	学科类课程	思想品德	1	1	1	1	1	170
		语　文	10	10	9	9	9	1598
		数　学	5	6	6	5	6	952
		社　会	—	—	2	2	1	170

续表 27-2-5

课程		周课时 \ 年级	一	二	三	四	五	总课时
国家规定课程	学科类课程	自　然	1	1	1	2	2	238
		体　育	2	2	2	2	2	340
		音　乐	2	2	2	2	2	340
		美　术	2	2	2	2	2	340
		劳　动	—	—	1	1	1	102
		周学科课时	23	24	26	26	26	4250
	活动类课程	晨会（夕会）	每天 10 分钟					
		班团队活动	1	1	1	1	1	170
		科技文体活动	3	3	2	2	2	408
		周活动课时	4	4	3	3	3	578
地方安排课程			1	1	1	1	1	170
周课时总量			28	29	30	30	30	4998

2001 年以后，执行教育部《基础教育课程改革纲要（试行）》，将义务教育的小学课程进行全面调整。

义务教育六年制小学课程设置表

表 27-2-6　　（2001 年教育部颁布）

	年级					
	一	二	三	四	五	六
课程门类	品德与生活		品德与社会			
			科学			
	语文	语文	语文	语文	语文	语文
	数学	数学	数学	数学	数学	数学
	—	—	外语	外语	外语	外语
	体育	体育	体育	体育	体育	体育
	艺术（或选择音乐、美术）					
	—	—	综合实践活动			
	地方与学校编制的课程					

义务教育六年制小学课程设计及比例

表 27-2-7　　（2001 年教育部颁布）

	年级						六年课时总计(比例)
	一	二	三	四	五	六	
课程门类	品德与生活	品德与生活	品德与社会	品德与社会	品德与社会	品德与社会	7 ~ 9
	—	—	科学	科学	科学	科学	7 ~ 9
	语文	语文	语文	语文	语文	语文	20 ~ 22
	数学	数学	数学	数学	数学	数学	13 ~ 15
	—	—	外语	外语	外语	外语	6 ~ 8
	体育	体育	体育	体育	体育	体育	10 ~ 11
	艺术（或选择音乐、美术）						9 ~ 11
	综合实践活动						6 ~ 8
	地方与学校开发或选用的课程						10 ~ 12
周总课时数	26	26	30	30	30	30	172
学年总课时	910	910	1050	1050	1050	1050	6020

第三节　教材教法 教学改革

教材教法

20 世纪 80 年代末，金乡县使用的是由人民教育出版社出版的全日制五年制小学试用教材。教学方法可分为三类：讲授法，教师运用口头语言向学生传授知识、技能技巧和培养智力；观察法，教师指导学生通过直观感知获得知识、技能和培养智力，如把实物（挂图）和直观教具展示给学生；练习法，教师指导学生自己学习。倡导教学有法，教无定法，贵在得法。力求启发式，废除注入式、满堂灌，启发学生认真思考，多从事实践活动。

1991 年，全县使用九年义务教育五年制小学教科书（实验本）。1992 年使用九年义务教育五年制小学教科书（试用本）。有人教版和山东版两个版本。教材内容呈综合化趋势。教学方法上，提倡教为主导，学为主体，练为主线，发展学生的思维能力。教师精心设计问题，少讲精练。幻灯、投影等现代教育手段的使用收到了良好的教学效果。20 世纪 90 年代末，素质教育逐步深入，课程设置及教学内容有了较大幅度的调整，一些繁重、偏难过时的教学内容被删掉，增加了一些具有时代气息的教学内容。

1999 年，小学由五年制改为六年制。在教学方法上更趋于多样化、人文化。

2002 年秋季，一年级和三年级部分学科开始使用义务教育课程标准实验教科书，开设的课程有语文、数学、品德与生活、品德与社会、科学、音乐、美术、体育、探索实践活动、劳动、信息技术等学科，少数学校开设了外语。学科内容进一步向综合化发展。教学方法的选择一般围绕着知识和能力、过程和方法、情感态度和价值观设计三个方面，相互渗透，融为一体。既注重教学结果，更注重过程。教师角色开始由教学中的权威变为合作者、帮助者、促进者，学习方式由讲授式变为倡导学生自主、合作、探究的互动式。更加重视现代化教学辅助手段的应用。帮助指导学生通过适合自己特点的学习方式，在开展主体性学习和研究性学习的同时，鼓励合作学习，促进学生之间互相交流，共同发展。

教学改革

20世纪80年代末，全县小学教学改革目的是提高小学教育质量，使学生在德智体等方面都得到发展，为培养“四化”建设人才打好基础。在教学改革中，注重双基（基础知识、基本技能）教学，强调知识系统性，重视基本功训练和自学能力的培养。提高教学艺术，课堂教学力求讲明白，教正确，重点突出，难点分散，条理分明，语言生动，深入浅出。允许借鉴国外方法，积极独立地进行教学方法改革的实验。当时，县实验小学就进行了“注音识字、提前读写”的实验。

1992年，九年义务教育全日制小学各科教学大纲颁布实施。课堂教学改革从此由应试教育向素质教育转变，在注重智力因素培养的同时，开始注重学生非智力因素的开发及学生潜能的发挥。课堂教学更加关注学生的全面发展并处理好课内和课外的关系，使学生在掌握知识的同时，智力得到发展，能力得到提高，养成良好的意志品格和学习习惯。各科教学开始注重学生动手能力、实验能力的培养，提倡和鼓励创造思维，注重发挥学生个性特长。

2002年，全日制义务教育各学科课程标准相继颁布。全县小学各学科推进课程改革和教学改革，转变教师教学方式和学生学习方式，创设生动活泼主动发展的学习环境和氛围，学习评价多元化。建立民主平等、互相尊重的新型师生关系，实施开放式教学，为学生提供更为广阔的时空。课堂教学力求真实有新意，突出生活性，贴近儿童生活，突出活动性，在活动中求发展。

1990~2005年，共进行4次教学能手评选活动，评选县级教学能手289人，其中1990年80人，1994年64人，1998年33人，2002年112人。

1992年，鸡黍镇中心小学、1993年县中心小学分别被命名为市级规范化学校。1998年，县实验小学被评为全国素质教育先进单位，羊山镇中心小学被命名为市级规范化学校。2003年，县实验小学被评为全国教育教学实验先进单位。2004年，羊山镇中心小学被评为省级规范化学校。2005年，金乡师范附属小学被评为省级规范化学校。

第四节 重点小学选介

金乡县实验小学

金乡县实验小学前身是金乡县师范附属小学，“文化大革命”中改名“五七”小学，占地不足4亩。1985年更名为金乡县实验小学，属县直重点小学。

学校（含一个幼儿园，两个依托校）共有75个教学班，近4000名学生；教职工320人，其中全国优秀教师2人，全国劳模1人，省特级教师1人。省优秀教师3人，市优秀教师18人，市教学能手26人，省市骨干教师、学科带头人15人。

1992~1997年，学校征地扩建，搬迁居民10余户，建起2500平方米教学楼。2000年，学校投资200余万元兴建了全县一流的高标准规范化幼儿园。2000~2005年，学校又先后三次征地，投资约250万元扩建校园。2005年，学校投资近150万元兴建教学楼1幢，投资150余万元更新教学设施。

2001年，学校在全县率先开展小班化教学实验，引进中央教科所大成语文实验教材，承担济宁市小班化教学实验课程的研究，并在全县开始新课程改革尝试。2003年，创办寄宿制依托学校——金乡县大成实验学校，全部实行小班化教学实验，陆续发展到22个教学班，学生近1000人，教职工100余人。小班化教学成果已在全县推广。

县实验小学充分发挥重点小学的示范辐射作用，积极承担各级教改实验，先后承担国家、省、市重大教科研课题十余项，已结题的有：全国“十五”重点实验课题《信息技术教育与各学科课程的整合》、山东省教科研课题《信息技术下课程资源库建设的研究》、济宁市教科所《小班化教育教学实验研究》等。

1996年，学校少先队荣获全国“红旗大队”称号；1997年，被评为山东省“遵纪守法”光荣校。1998年，为全国素质教育先进单位。2003年，为全国教育教学实验先进学校，3名教师被评为全国优秀实验教师。2004年，获市文明单位称号。此外，还多次获省、市、县教育教学工作先进单位、“六示范”学校、教学示范校、校本教研示范校等荣誉。

金乡师范附属小学

前身是创建于1904年的金乡县立第一高等小学堂。1926年改称县立第一完全小学。1936年，中共党员翟子超、秦和珍在该校教书，以学术研究为名，组织读书会，借以宣传马列主义、宣传抗日救国，组织中华民族解放先锋队（民先队），发展党员。是年11月，在该校秘密建立金乡县第一个中共党支部。侵华日军占领期间，曾先后改称县立中心小学、县立模范小学。1946年秋，国民党政府返回金乡县城，完全小学改称城关中心国民学校。1948年金乡解放，改称金乡县城关完小，校址在田家大院。1949年，校址迁天主教堂。1951年，设立南分校。1956年，英雄王杰入校学习。1957年，改称金乡城关中心校。1960年，南分校划为金乡师范附属小学。1977年，被定为县重点小学。1986年建前教学楼。1989年，命名为山东省体育传统项目学校。

图27-1　1997年中心小学

1990年，为县直学校，改称金乡县中心小学。1993年，为全县第一所顺利通过市级第一批规范化验收的学校。1994年，县直机关幼儿园经县政府同意归属县中心小学管理。1996年，为“全国千所学科学实验学校”。1999年3月，经济宁市教育局批准，易名为“金乡师范附属小学”。2002年，创建依托金师附小办学的金乡县怡园小学，并投资300多万元，将原幼儿园改扩建成省级示范标准的——金师附小幼儿园，形成了“南校北园，一体两翼”的办学格局。2003年，对主校区进行综合整治，加固装修前教学楼，硬化了校园、操场。附小幼儿园一次性通过省级示范幼儿园的检查验收，并被评定为“济宁市首届十佳幼儿园”。2004年，对后教学楼进行装修，更换了教室门窗和所有的课桌凳；新装高标准微机室1口，安装了校园网。通过市级教学示范化学校验收，承办了全市小学语文基本功比赛。2005年4月，高标准通过省级规范化学校验收。

3处校区共有62个教学班，在校学生近4000人，教职工216人，其中专科以上学历占82%，本科学历占35%；有全国优秀教师2人、省优秀教师5人、省级教学能手3人，市级教学能手和骨干教师89人、县拔尖人才3人。正在进行的研究课题有国家规划课题“小学科学教科书开发与应用”、省规范课题“品德与生活教科书开发与应用”等10个课题，取得国家、省、市科研成果25项。

学校先后获全国艺术教育先进单位、山东省文明单位、市精神文明单位、省创新教育实验基地、市教育教学工作先进单位、市教育科研先进单位、市校务公开先进单位、市行风民主评议先进单位、县十星级文明单位、县综合治理先进单位、县平安单位建设先进单位等荣誉。

羊山镇中心小学

座落在羊山脚下，毗邻鲁西南战役纪念馆，是一所省级规范化学校。

学校始建于1953年，原名羊山完小，后更名为东街小学。1988年迁入现址，正式命名为羊山镇中心小学。1993年，该校向东扩建20米，新建实验室、仪器室5间、教室5间，教师宿舍8套。1995年，学校第二次东扩，将操场向东推进40米，建成了200米的环形跑道。1998年，该校第三次扩建，将操场以南的其余部分向东推进40米，建多媒体教室、微机室、舞蹈室、德育室；2003年，筹措资金60余万元，充实软、硬件建设，集中改

善办学条件。

学校占地21600平方米，建筑面积3310平方米，绿化面积5800平方米；有13个教学班，附属幼儿园1所，在校学生、幼儿700余人。34名教职工中，省级优质课执教者1人，市级模范、先进工作者、骨干教师、优质课执教者各5人，县级模范、教学能手、优质课执教者19人。

学校坚持以科研为先导，注重校本培训，深化课堂教学改革，并借助鲁西南战役纪念馆这一爱国主义教育阵地，深入开展各种素质教育活动。1997年6月，与济宁市北门里中心小学联合在鲁西南战役纪念馆举行“欢乐您——璀璨的东方之珠”大型教育活动，县、市电视台和广播电台，山东卫视《今日报道》栏目相继播报；自1998年开始，金乡电视台每年都有对该校活动的报道；2005年7月，济宁电视台《七彩大本营》栏目为该校录制专题节目。

1998年，该校先后被评为“市级规范化学校”“市级实验教学和电化教育示范学校”。1999年，被评为“市级手拉手工作先进单位”；2004年，先后被命名为“市级一类幼儿园”“省级规范化学校”“全国教育科学‘十五’规划重点课题实验学校”“省二级科技事业档案管理单位”。2005年，先后被命名为“省心理健康教育研究会会员单位”“市级绿色学校”“金乡县义务教育教学示范学校”。

鸡黍镇中心小学

始建于1950年春，位于鸡黍南街，占地约1亩，有2个教学班，6名教师，属初级小学。1951年，迁至鸡黍街玉皇庙内，占地11.5亩，4个教学班，属高级小学。1956年，发展为“四二制”（初小4年、高小2年）完小。1964年，五、六年级为双班，全校师生320人。1969年春，始设初中班，改名为鸡黍联办中学。1980年，初中班迁出，复名鸡黍完小。1989年，更名为鸡黍镇中心小学。是年秋，镇、村共同筹资50余万元，建设新校，1990年将学校迁至鸡黍西街。学校占地20206.7平方米，建筑面积7121.4平方米；建有高标准微机室、阶梯教室、多媒体电教室，配备了现代化教学设备；有11个教学班，在校学生485人，教职工28人，其中本科学历5人，大专学历19人，本科在读5人；小学高级教师5人、一级教师16人；市骨干教师1人，县骨干教师1人。

学校多次成功地为市、县级教育教学、素质教育、学校管理等现场会提供现场，迎来众多学校参观。1992年6月11日，国家教委职教司司长陈德珍带领考察组到学校考察工作。1992年12月，学校被评为首批“济宁市规范化学校”。1998年6月，被命名为“济宁市电化教育示范学校”“济宁市实验教学示范学校”。1999年12月，校辖幼儿园被评为“济宁市一级幼儿园”。1995年7月、2002年12月两次被评为“济宁市遵纪守法光荣校”。2004年9月，被全国教育科学“十五”规划重点课题组评为《小学科学教科书（青岛版）开发与应用》实验学校。

1991~2005年，学校还先后被评为金乡县规范化学校、电化教育示范学校、实验教学示范学校、明星学校、十星级文明学校、义务教育教学示范学校、小学教学工作先进单位、校本教研先进单位，县级先进单位、文明单位。县优秀教师、县级教学能手、优质课执教者、基本功比赛获奖者40余人次。

兴隆乡中心小学

创建于1952年，其前身是由3间“李家祠堂”改建而成的“李大楼小学”。1958年，改称为李大楼完小。1987年8月，搬迁至李大楼村东。1988年，易名为“兴隆乡中心小学”。1991年8月，学校占地增至23亩，新建校舍58间，硬化路面2500平方米，教学仪器、音体美器材等达到省一类配备标准。是年，学校被命名为“市级规范化学校”。1999年，学校布局调整，兴隆小学、徐寨小学合并到中心小学，有12个教学班，学生716人。投资100多万元改善办学条件，新增校舍30间，购置微机23台，语音设备40套，增设微机室、语音室、电教室等。

学校坚持“科研兴校”策略，注重校本培训、

校本教研，全面实施素质教育和创新教育，积极推进课改实验和创新教育课题实验。1999 年，开展《学生自主创新性能力培养与研究》省级课题实验（2003 年 3 月通过省、市教科所专家评审，圆满结题）。2002 年 10 月，进行《自主参与式教学模式的实验与研究》《小学数学多维互动创新性课堂教学模式培养与研究》两个市级重点课题实验，取得初步成果，在全县交流、推广。2004 年 9 月，承担《在小学科学课中培养学生自主探究合作学习能力》国家级课题实验。通过教学和实验，构建了以“学生为本、乐学善思、竞争参与、多维互动、自主创新”的课堂教学模式。1999 年后，216 篇教学教研论文获奖，学生在书画作品、科技制作等比赛中有 100 余人次获奖。

2005 年，学校有 10 个教学班，学生 317 人；教职工 28 人，其中专科以上学历 16 人；小学高级教师 16 人，市级骨干教师 2 人，县级骨干教师 5 人，县级教学能手 12 人。

1993 年，学校被评为山东省“农村小学教学工作先进单位”。1997 年，被命名为金乡县“五中心学校”。1999 年，先后被评为“全国教育科学‘十五’规划课题实验学校”“山东省教育委员会重大课题实验基地”“济宁市素质教育实验基地”。2000 年，被命名为济宁市“实验教学示范学校”和“电化教育示范学校”，县“明星学校”。2001~2005 年，连续 5 年被评为县“小学教学工作先进单位”。2005 年，被命名为县“小学义务教育教学示范学校”和“小学教学校本教研先进学校”。

第三章 初中教育

第一节 发展概况

1987 年，调整农村中学布局，每万人设 1 所初中。1988 年，全县初中 55 所，350 班，学生 20626 人。1990 年为 48 所，377 班，学生 20264 人。1991 年，学校减至 33 所（县直 1 所、乡镇 32 所），在校学生增至 20997 人，369 班，教职工 1692 人。

1991 年 8 月金乡县命名的乡镇定点中学名单

表 27-3-1　　金教字〔1991〕43 号文

乡 镇	新命名	原校名	乡 镇	新命名	原校名
城郊乡	城郊乡第一中学	城郊中学	羊山镇	羊山镇第一中学	金乡七中
	城郊乡第二中学	王杰中学		羊山镇第二中学	羊山中学
马庙乡	马庙乡第一中学	马庙中学		羊山镇第三中学	杜楼中学
	马庙乡第二中学	邵庄中学		羊山镇第四中学	欢德中学
胡集镇	胡集镇第一中学	胡集中学		羊山镇第五中学	安五中学
	胡集镇第二中学	大义中学	化雨乡	化雨乡第一中学	金乡八中
	胡集镇第三中学	东风中学		化雨乡第二中学	张楼中学
鸡黍镇	鸡黍镇第一中学	鸡黍镇中学		化雨乡第三中学	姜楼中学
	鸡黍镇第二中学	马集中学	高河乡	高河乡第一中学	金乡十一中
	鸡黍镇第三中学	薛庄中学		高河乡第二中学	高河中学
	鸡黍镇第四中学	古堆中学	卜集乡	卜集乡第一中学	金乡十二中
	鸡黍镇第五中学	丁庙中学		卜集乡第二中学	孙桁中学

续表 27-3-1

乡 镇	新命名	原校名	乡 镇	新命名	原校名
霄云镇	霄云镇第一中学	霄云镇中学	王丕乡	王丕乡第一中学	金乡十四中
	霄云镇第二中学	霄云中学	兴隆乡	兴隆乡第一中学	金乡十中
	霄云镇第三中学	金乡六中	司马乡	司马乡第一中学	金乡九中
鱼山乡	鱼山乡第一中学	金乡十三中		司马乡第二中学	新建学校

1994 年，按 2 万人设立 1 所初中的要求，全县初级中学调整压缩到 28 所。1995 年，在校学生 32478 人，514 个教学班，每班平均 63 人。教职工 1968 人，其中专任教师 1752 人。教师与学生之比 1 ∶ 16。

1999 年，民办学校始兴，阳光中学、魁星中学、文峰中学、青华园中学、金育中学、双语学校等陆续开课，年招生近 3000 人。

2001 年 4 月，由于乡镇合并，部分中学隶属关系发生变化，为规范乡镇中学名称管理，金教字〔2001〕16 号文将各乡镇 23 所中学重新命名。

2005 年，全县有初中学校 25 所，在校学生 26936 人，477 个班，教职工 3263 人（含高中），其中专任教师 2558 人（含高中）。1991~2005 年，全县共招收初中生 18.71 万人，毕业 16.49 万人。

1991~2005 年金乡县初中教育基本情况统计表

表 27-3-2

年度	学校（所）	在校人数（人）	招生人数（人）	毕业人数（人）	班数（个）	教职工数（人）	专任教师（人）
1991	33	20997	7663	6008	369	1692	1269
1992	33	22887	8559	5919	399	1860	1370
1993	33	24641	9014	6342	434	1800	1535
1994	34	27970	10822	7097	480	1923	1591
1995	28	32478	12891	8653	514	1968	1752
1996	30	32394	12193	8805	546	2181	1836
1997	28	39414	13889	10554	561	2364	1966
1998	28	40266	13828	12462	567	2412	1977
1999	26	40806	13881	12856	581	2286	1970
2000	25	44060	17223	13307	583	2228	1949
2001	25	50684	19813	13189	617	2165	1885
2002	25	56911	20202	13648	648	2214	1975
2003	24	54855	15176	16795	707	3330	2591
2004	25	41193	6664	9787	768	3287	2589
2005	25	26936	5269	19466	477	3263	2558
合 计	—	—	187087	164888	—	—	—
说明	2003~2005 年，教职工数、专任教师数含高中						

第二节 学制与课程设置

学制 1990年始，全县初中均为3年制。

课程 1991年，普通初中开设语文、数学、英语、物理、化学、政治、历史、地理、生物、生理卫生、音乐、体育、美术共13门课程。1991年增设劳动技术。2001年增设信息技术。2003年始，进行新课程改革试验。

山东省基础教育改革实验区义务教育阶段课程安排表

表27-3-3

课程		年级 一	二	三	四	五	六	七	八	九	周总课时		占九年课时总计比例（%）
品德与生活		3	3	—	—	—	—	—	—	—	6	22	8
品德与社会		—	—	3	3	2	2	—	—	—	10		
思想品德		—	—	—	—	—	—	2	2	2	6		
历史与社会	历史与社会	—	—	—	—	—	—	3	3	3	9	9	—
	历史	—	—	—	—	—	—	2	2	2	6	10	3.6
	地理	—	—	—	—	—	—	2	2	—	4		
科学	科学	—	—	2	2	2	2	4	6	5	23	23	8.4
	生物	—	—	—	—	—	—	3	3	—	6	17	8
	物理	—	—	—	—	—	—	—	2	3	5		
	化学	—	—	—	—	—	—	—	—	3	3		
语文		8	8	7	7	6	6	5	4	5	56	56	20.4
数学		4	4	4	4	5	5	4	4	5	39	39	14.2
外语		—	—	2	2	3	3	4	4	4	22	22	8
体育		3	3	3	3	3	3	3	3	3	27	27	9.9
艺术	艺术	4	4	4	4	4	4	2	2	2	30	30	10.9
	音乐	2	2	2	2	2	2	1	1	1	15	30	
	美术	2	2	2	2	2	2	1	1	1	15		
综合实践		—	—	2	2	3	3	3	3	3	19	46	16.8
地方与学校课程		4	4	3	3	2	2	4	3	2	27		
周总课时数（节）		26	26	30	30	30	30	34	34	34	274		—
学年总课时（节）		910	910	1050	1050	1050	1050	1190	1190	1122	9522		—

第三节 教材教法 教学改革

教材教法

1990~2003年，全县初中使用人民教育出版社出版的教材。2003年始，由济宁市教育局指定所用教材版本。

随着教学改革的深入发展，教学方法也逐渐灵活、多样。使用范围比较广、时间比较长的有：《目标教学法》《三位一体教学法》《分层次教学法》

《探究式教学法》和《自主学习教学法》等等。

教学改革

1993~1999年，主要遵循“教育必须为社会主义现代化建设服务，必须与生产劳动相结合，培养德、智、体全面发展的建设者和接班人”的教育方针，加强基本知识、基本理论和基本技能的培养和训练，注重培养学生分析问题和解决问题的能力，注意发现和培养有特长的学生。在课堂上始终贯彻的原则：“教为主导、学为主体 、练为主线。”

1999年，《中共中央、国务院关于深化教育改革全面推进素质教育的决定》（中发〔1999〕9号）实施后，全县初中教学转向素质教育与创新教育相结合，进行各种各样的教学改革。

2001年，教育部〔2001〕17号文件发布后，以课程改革为主体的全面改革在全县展开。2004年开始在课堂上试用以学生自主学习为主体的新教法，效果明显。

第四节　初级中学选介

金乡县实验中学

是金乡县初中教育教学的龙头学校。位于金乡县城文峰路南。始建于1980年，原名金乡二中。因成建制办学需要，于1990年重新建制，改称金乡县实验中学。

学校占地14007平方米，拥有34个教学班，在校学生2170余名，拥有微机室两口，多媒体教室5口，理、化、生实验室6口，图书1.8万册，千兆欧校园网。教职工394人，其中高级教师190人、中级教师96人；省特级教师1人、市特级教师2人；市杏坛名师2人、金乡名师7人；市骨干教师8人、县骨干教师18人；市教学能手36人，县教学能手42人；省市优质课执教者60余人，各级优秀教师和学科带头人120余名，学历达标率100%。

该校全面贯彻党的教育方针，以创建山东省素质教育品牌学校、教学质量名牌学校为办学目标，秉承“用心教书，潜心育人，办人民满意教育”的办学宗旨，开创性地提出了“用心做事，以爱育人”的办学理念，立足“爱心无限，诚信永恒”的校训，用心做教育。坚持依法治校，推行精细化管理；深化教育改革，打造“实验”特色，组建“实验中学教育教学共同体”，开展“名师论坛”“名师讲堂”“同课异构”“送课下乡”活动，推动城乡教育的均衡发展；实施素质教育，促进全面发展，在对学生进行爱国主义、革命传统、理想信念、心理健康教育的同时，在全县率先开展感恩、诚信、法制教育和才艺培养、经典诵读等一系列特色教育，成立兴趣、特长小组，培养学生的创新精神和实践能力。至2005年，实现了教学思想现代化，办学条件标准化，学校管理规范化，学生素质优良化。

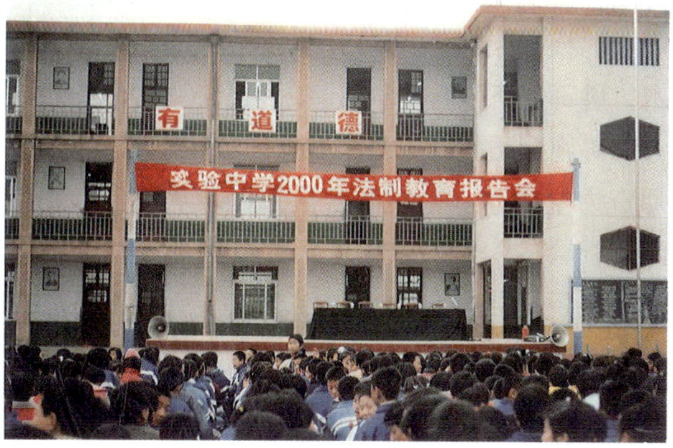

图27-2　实验中学2000年法制教育报告会

1991~2005年，该校先后荣获“全国教育科学‘十五’规划重点课题实验学校”“山东省创新教育实验基地”“山东省艺术教育实验基地”“山东省教学示范学校”“省级最佳团校”“山东省优秀家长学校”“山东省三项活动先进单位”“济宁市中小学管理工作先进单位”“济宁市教育科研先进单位”“济宁市实施素质教育先进单位”“济宁市文明单位”“济宁市青少年工作先进集体”“济宁市中华经典教育示范学校”“济宁市未成年人思想道德建设工作先进单位”“济宁市红十字模范学校”“金乡县关心下一代工作先进集体”“金乡县先进基层党组织”等荣誉称号。《中国教育报》《大众日报》《济宁日报》、山东电视台、济宁电视台、人民网、齐鲁网均多次对该校作过重点报道。

化雨中心中学

位于金乡县化雨镇化北村，创建于1968年，时称“金乡县第七中学”。1969年更名为“化雨公社中学”。1978年更名为金乡县第八中学。1991年更名为化雨乡第一中学。2005年与化雨二中合并，更名为金乡县化雨中心中学，成为化雨乡唯一一所全日制初级中学。

该校占地面积41377平方米，校舍建筑面积10095平方米，绿化面积3005平方米。拥有300平方米的炉渣跑道以及齐全的体育设施。在校学生1200余名、22个班、84名教职工。

该校秉承“为每个学生的一生作准备”的教育理念，把“品德教育、习惯养成”作为学生的修身、立业的根基来抓。进入21世纪后，坚持“以人为本，科研创新”的办学宗旨，不断加强内涵建设，大力实施素质教育，课程革新，以教育理念超前、师资力量雄厚、教学质量上乘、办学特色鲜明得到了社会的广泛赞誉。中考升入重点高中的人数连续9年稳居全县农村中学之首，被县教育局树为全县农村中学的一面旗织。学校连续9年被评为县综合评估先进单位，连续8年获“初中教学先进单位”。是市级“电化教学示范学校”、省级“校本培训示范学校”、市“行风评议”先进单位、县级文明学校、明星学校。

金乡镇第一中学

前身是创办于1982年的城关社中。1991~2005年，先后更名为城郊一中、缗城镇第一中学、金乡镇第一中学。

学校地处缗南三路西段路南，校园占地53536平方米（80.3亩），校舍建筑面积10123平方米，绿化面积12950平方米。园区布局合理紧凑，整体色调庄重典雅。新修的北门校路宽敞平直，结束了学校交通闭塞的历史。

学校教学设施先进，装备精良。拥有规范化的理、化、生实验室、数字探究室、微机室、美术书法室、音乐舞蹈室、心理咨询室等；计算机配备达到任课教师每人1机，学生上课人手1机，配备了先进的“绿色班班通”。学校有3幢学生宿舍楼和800平方米的餐厅，食宿条件较好，成为农民进城务工子女就读指定学校。有18个教学班，学生856人，74名教职工。

学校奉行“以生为本，以师兴校，和谐发展，开拓创新”的办学理念，更新教育观念，优化育人环境，实施名师工程，建立并实施“全员管理，量化达标”的管理模式，将精细化管理渗入学校的日常工作，走出了一条“夯实双基教学，促进能力发展”的素质教育之路，取得了教育教学双丰收。1996年，被评为山东省初中教学先进单位。1999年，被命名为济宁市规范化学校。2001年，被评为金乡县明星学校。

图 27-3　1999年金乡镇第一中学

胡集镇第一中学

是在原胡集完全小学基础上发展起来的一所初级中学。1958年，在农村兴办知识普及班，胡集完小在胡集公社（现胡集镇）驻地建立，是当时胡集公社唯一一所基础教育学校。1972年，应形势需求和人民对知识的渴求，学校扩建，开始成立初中班，小学与中学分设，更名为胡集联中。1992年，学校再次扩大办学规模，合并胡集二中和东风联中，更名为胡集镇第一中学。1995年，成功创验济宁市首批规范化学校。

校园占地面积47110平方米，建筑面积19229平方米，绿化面积8635平方米。有教学楼2幢，学生公寓楼1幢，餐厅面积994平方米；操

场内铺有 300 米炉渣跑道，体育设施、各功能室及教学仪器齐全，为师生生活、健身、娱乐提供了广阔的健康成长空间；学校拥有规范化的物理化学生物实验室、多媒体室、微机室、电子备课室、心理咨询室、资源接收室、体育器材室等科室。

学校有教学班 26 个，在校学生 1600 人，教职工 102 人，其中高级教师 17 人，中级教师 58 人，县级以上学科带头人、骨干教师、优秀教师 43 人，本科学历达标率 100%。

学校秉承“砺志、厚德、博学、笃行”的校训，严谨治学，“科研兴校、教研兴校”，努力创建“以人为本，和谐发展”的校园氛围。教师把优化课堂教学，提高教学质量作为一种自觉追求，潜心研究、勇于探索、大胆创新，扎实有效地推进了“自主互动，合作探究”的课堂教学模式，对话和交流走进教学，用精品课引领常态课，努力提高教学效率，把素质教育落到实处。

创验市级规范化学校后，共申报市级以上课题 6 个，县级以上课题 21 个，56 名教师在县级以上课堂教学评比中获奖，13 名教师制作的课件在省、市评比中获奖。

第四章 高中教育

第一节 发展概况

1991 年，全县有普通高中 4 所（一中、二中、四中、五中），56 个班，在校生 3258 人，专任教师 230 人。

1993 年 3 月，私立山东省开元高级中学始建，当年招收 300 名学生、6 个班，校址在金司路北端路西。是年，全县有高中 5 所，其中国办 4 所、私立 1 所，在校生 3620 人，专任教师 254 人。

1995 年，全县高级中学在校生 4388 人，94 个班，每班平均学生 46 人。教职工 706 人，专任教师 276 人。教师与学生之比 1 ∶ 16。

1997 年，金乡县第三中学开始招收高中学生 123 人，2 个班。是年，全县高中增至 6 所，在校生 6363 人，专任教师 365 人。

1998 年 9 月，以金乡师范学校为依托、民办公助的金育高中建立，当年招生 6 个班、290 人。是年，全县高中增至 7 所。

1999 年，开元中学停止招生。2001 年开元中学停办。是年，金乡县第三中学停止招收高中学生。

2002 年，全县高中 6 所。2003 年 6 月，金乡县第一中学升格为省级规范化学校。是年，金乡县第三中学撤并。全县高中减为 5 所。

2005 年，全县高中仍有 5 所（一中、二中、四中、五中、金育高中），在校学生 12261 人。

1991~2005 年，全县共招收高中学生 39465 人，毕业 31794 人，高考录取累计 20410 人，其中，本科 6315 人、专科 12850 人，高中中专（高职）1245 人。

1991~2005 年金乡县高中教育情况统计表

表 27-4-1

年度	学校（所）	毕业生（人）	招生（人）	在校生（人）	教职工（人）	专任教师（人）
1991	4	1003	1223	3258	385	230
1992	4	1054	1167	3279	412	245
1993	5	963	1310	3620	645	254
1994	5	1092	1480	4691	645	250
1995	5	892	1598	4388	706	276

续表 27-4-1

年度	学校（所）	毕业生（人）	招生（人）	在校生（人）	教职工（人）	专任教师（人）
1996	5	1630	2068	5762	755	340
1997	6	1737	2338	6363	785	365
1998	7	1957	2497	6891	864	417
1999	7	2068	2900	7770	868	423
2000	7	2789	3175	8015	858	449
2001	6	2313	3334	9064	868	456
2002	6	2881	4114	11511	918	506
2003	5	3735	3793	11473	3330	2591
2004	5	3631	4200	12024	3287	2589
2005	5	4049	4268	12261	3263	2558
合 计	—	31794	39465	—	—	—
说明	1. 教职工栏目 2003~2005 年数字含初中，专任教师栏目中 2003~2005 年数字含初中 2. 本表数据主要采自《金乡县统计年鉴》，学校数采自教育局档案					

1991~2005 年金乡县普通大中专录取学生人数统计表

表 27-4-2　　单位：人

年 度	本科	专科	高中中专	初中中专	合 计
1991	105	121	63	234	523
1992	154	753	37	229	1173
1993	107	877	106	294	1384
1994	202	691	45	314	1252
1995	200	695	83	377	1355
1996	243	510	97	444	1294
1997	228	267	216	521	1232
1998	225	261	170	626	1282
1999	368	349	241	612	1570
2000	423	628	187	681	1919
2001	550	896	—	425	1871
2002	791	1029	—	351	2171
2003	901	1684	—	237	2822
2004	883	2067	—	172	3122
2005	935	2022	104（高职）	86	3147
合计	6315	12850	1245	5603	26013

金乡县历学年获济宁市高中教学工作总结奖励情况登记表

表 27-4-3

学年度	获奖单位	获　奖　名　称
1993 ~ 1994	金乡县教委	高中教学先进单位
	县第二中学	县区重点中学第二名
	县第五中学	普通中学第二名
1994 ~ 1995	县第二中学	县区重点中学育才贡献奖第二名、教育质量奖第二名
	县第五中学	普通中学育才贡献奖第一名、教育质量奖第二名
1995 ~ 1996	金乡县教委	育才贡献奖第三名，教学质量奖第二名，教学进步奖第三名
	县第一中学	省市重点中学教学质量奖第四名，教学进步奖第五名
	县第二中学	县区重点中学育才贡献奖第三名，教学质量奖第二名
1996 ~ 1997	县第一中学	理科化学获省市重点中学先进学科奖
1997 ~ 1998	金乡县教委	教学工作先进单位第三名，教学进步奖第三名
	县第二中学	县区重点中学教学质量奖第三名
	县第四中学	普通中学教学质量奖第二名
1998 ~ 1999	金乡县教委	教学工作先进单位第二名
	县第二中学	数学、语文、政治获先进学科奖
2000 ~ 2001	县教育局教研室	理科物理、化学被评为先进教研组织
2001 ~ 2002	县教育局	高中工作先进单位
2001 ~ 2002	县第一中学	文综，理科语文获高中教学先进学科
	县第二中学	高中教学工作特长学校，文理科语文高中教学先进学科。
2002 ~ 2003	县第一中学	文理科英语先进学科
	县第二中学	文科数学、理科英语被评为先进学科。
2003 ~ 2004	县教育局	高中教学先进单位
	县第一中学	文综、理综先进学科
	县第二中学	文科语文、理科数学先进学科
2004 ~ 2005	县教育局	教学工作先进单位
	县第一中学	教学进步学校、艺体教学先进学校
	县第二中学	教学进步学校

第二节　学制与课程设置

学制

1991 年后，全县高中一直为三年制。

课程设置

1990 年，执行国家教委《现行普通高中教学计划的调整意见》。调整后的时间安排全年为 52 周，其中教学时间 40 周（高一、高二年级每年上课 34 周，复习考试 2 周，劳动技术教育 4 周；高三年级上课 24 周，复习考试 12 周，劳动技术教育 4 周）；假期（包括寒暑假期、节假日和农忙假）10~11 周；机动时间 1~2 周。每周活动总量为 36~38 课时。高三年级结束新课时间不得早于 3 月底。

调整后的课程结构由学科课程和活动两部分

组成。学科课程采取必修课和选修课两种形式。活动包括课外活动和社会实践活动。

必修课程开设政治、语文、数学、外语、物理、化学、生物、历史、地理、体育和劳动技术共11科。政治、语文、数学、体育、劳动技术5科在高中三个年级均为必修课。外语、物理、化学、生物、历史、地理等科在高一、高二年级为必修课。

选修课分两类，一种是单课性选修，在高一、高二年级开设；另一种是分科性选修，分文科、理科、外语、艺术、体育、职业技术六类课程，在高中三年级开设。劳动技术课按每学年安排4周，每天按6课时计算，可分散使用或集中使用。课外活动包括体育锻炼、知识讲座、科技活动、各类兴趣小组活动、校班会、时事教育等。社会实践活动每学年安排2周，可分散或集中使用。国防和环保教育等不单独设课，一律安排在选修课和课外活动中进行，或渗透到有关学科中结合进行。

1996年下半年，执行国家教委《实行每周40小时标准工作制后调整全日制中小学课程（教学）计划的意见》，全县高中执行以下教学计划。

金乡县高中各年级课程教学计划表

表27-4-4

年级 课时 课程	高一	高二	高三	授课总时数
政治	2	2	2	184
语文	4	4	5/4	380
数学	4	4	5	392
外语	4/5	4	—	289
物理	3	3/2	—	187
化学	3/2	3	—	187
生物	—	3	—	102
历史	2	2	—	136
地理	3	—	—	102
体育	2	2	2	184
艺术	1	1	—	68
劳动技术	每学年四周，共12周			
社会实践活动	每学年安排2周。在劳动技术课或学科教学活动的时间内安排			
每周必修课总数	28	28/27	14/13	2211
选修课	2	2/3	16/17	—
课外活动	4（其中体育锻炼2，其他2）			
周活动量	34	34	34	—

2002年，实行3+x科目设置改革，“3”为语文、数学、外语3门必考科目，“X”是指文科综合（政治、历史、地理）、理科综合（物理、化学、生物），由考生根据报考院校和专业自行选择。

2004年秋季，开始高中新课程改革实验，并执行以下课程方案。

金乡县普通高中课程设置安排表

表 27-4-5

<table>
<tr><th rowspan="2">学习领域</th><th rowspan="2">科目</th><th rowspan="2">必修学分</th><th colspan="2">一年级</th><th colspan="2">二年级</th><th colspan="2">三年级</th></tr>
<tr><th>学分</th><th>周学时</th><th>学分</th><th>周学时</th><th>学分</th><th>周学时</th></tr>
<tr><td rowspan="2">语言与文学</td><td>语　文</td><td>10</td><td>8</td><td>4</td><td>8</td><td>4</td><td>4</td><td>5</td></tr>
<tr><td>外　语</td><td>10</td><td>8</td><td>4</td><td>8</td><td>4</td><td>4</td><td>5</td></tr>
<tr><td>数　学</td><td>数　学</td><td>10</td><td>8</td><td>4</td><td>8</td><td>4</td><td>4</td><td>5</td></tr>
<tr><td rowspan="2">人文与社会</td><td>思想政治</td><td>8</td><td>4</td><td>2</td><td>4</td><td>2</td><td rowspan="3">12</td><td rowspan="7">12</td></tr>
<tr><td>历　史</td><td>6</td><td>4</td><td>2</td><td>4</td><td>2</td></tr>
<tr><td rowspan="4">科　学</td><td>地　理</td><td>6</td><td>4</td><td>2</td><td>4</td><td>2</td></tr>
<tr><td>物　理</td><td>6</td><td>4</td><td>2</td><td>4</td><td>2</td><td rowspan="3">10</td></tr>
<tr><td>化　学</td><td>6</td><td>4</td><td>2</td><td>4</td><td>2</td></tr>
<tr><td>生　物</td><td>6</td><td>4</td><td>2</td><td>4</td><td>2</td></tr>
<tr><td rowspan="2">技　术</td><td>信息技术</td><td>4</td><td>2</td><td>1</td><td>2</td><td>1</td><td rowspan="2">2</td><td rowspan="2">1</td></tr>
<tr><td>通用技术</td><td>4</td><td>2</td><td>1</td><td>2</td><td>1</td></tr>
<tr><td rowspan="2">艺　术</td><td>音　乐</td><td>3</td><td>1</td><td rowspan="2">1</td><td>1</td><td rowspan="2">1</td><td>1</td><td rowspan="2">1</td></tr>
<tr><td>美　术</td><td>3</td><td>1</td><td>1</td><td>1</td></tr>
<tr><td>体育与健康</td><td>体育与健康</td><td>11</td><td>4</td><td>2</td><td>4</td><td>2</td><td>3</td><td>2</td></tr>
<tr><td rowspan="3">综合实践活动</td><td>研究性学习活动</td><td>15</td><td>6</td><td>2</td><td>6</td><td>2</td><td>3</td><td>2</td></tr>
<tr><td>社区服务</td><td>2</td><td colspan="6">三学年至少 10 个工作日</td></tr>
<tr><td>社会实践</td><td>6</td><td>2</td><td>全年至少 1 周</td><td>2</td><td>全年至少 1 周</td><td>2</td><td>全年至少 1 周</td></tr>
<tr><td colspan="3">学校课程（选修学分 11）</td><td>2</td><td>1</td><td>2</td><td>1</td><td>2</td><td>1</td></tr>
</table>

学生每学年在每个学习领域都必须获得一定学分，三年中获得 116 学分（必修），在选修课程中获得 28 学分，其中学校课程至少 6 学分，总学分达到 144 学分方可毕业。学生可以根据自己的兴趣爱好选修更多课程，获得更多的学分。

第三节　高级中学选介

金乡县第一中学

创建于 1940 年，其前身为中国共产党在鲁西南地区创办的“冀鲁豫边区第二中学”，又称“湖西中学”。1949 年 6 月改名金乡中学。1950 年更名为平原省立金乡中学。1953 年更名为山东省金乡中学。1958 年，英雄王杰考入该校初中部。1965 年后称“王杰中学”。1970 年，改名为山东省金乡县五七红校。1978 年年底，改称山东省金乡县第一中学。1980 年被定为山东省重点中学，是济宁市仅有的 4 所省重点高中之一。该校还是全国养成教育实验学校、全国传统体育项目先进学校、全国书画艺术教育基地、山东省高中教学示范学校、山东省依法治校示范学校、山东省花园式学校、山东省首批德育教育联系点、全市首批素质教育示范学校、山东大学等“211”重点大学优秀生源基地。2003 年 6 月，被评为省级规范化学校。

2005 年，学校占地 166 亩，建筑面积 4.5 万平方米，拥有 96 个教学班，5062 名在校学生。建有现代大气的教研办公楼，教学大楼宽敞明亮，学生公寓舒适典雅，多媒体教学班班通，图书馆典藏 25 万册，阅览室、实验室全面开放，塑胶运动场设施完备，全数字校园网及各类功能室全市一流。

学校拥有一支学习型、研究型、创新型的师资队伍。有教职工 396 人，专任教师 278 人，其中高级教师 72 人，全国优师、优秀班主任 4 人，

省市优师、优秀班主任、师德标兵等 22 人，国家级、省级骨干教师 6 人，省市特级教师、教学能手、杏坛名师及学科带头人 22 人，省市优质课执教者 57 人。承担国家和省、市级科研课题十余项。

学校秉承“尚德远志，博学创新”的校训，坚持“为学生的终生发展奠基”的办学理念，坚持“文理并重，人才多元，特色鲜明，全面发展”的育人目标，紧紧围绕“促进内涵，提升质量”，着力推进学校精细化管理，推进课堂教学改革，提升教师专业化水平。教育教学质量一直稳居全市各重点高中前列。

学校依托“王杰母校”德育特色及“全国体育传统先进学校”艺体特色，深入实施素质教育，全面培养合格人才，特别是着力发掘和培养具有个性潜质的特长人才。引导学生自主组建了“湖西画社”“晨曦文学社”“青春舞蹈社”“飓风辩论社”等十余个学生社团，每年的“艺术节”“体育节”等系列化的群体活动更为学生的全面发展提供了广阔的空间。每年都有一大批优秀特长生跨入北大、北体、中央音乐学院、中国美术学院等全国一流的艺体高校。

图 27-4　金乡县第一中学

金乡县第二中学

创建于 1978 年 5 月，1979 年秋季开始招生，至 1983 年，只设有全日制初中部。校址在县城文峰路中段路南。1984 年秋季，在保留初中部的基础上组建高中部，并开始招生，至 1989 年学校仍在原址。1990 年秋季，迁校至县城文峰路西段路北，学校进入高级中学阶段。校名仍为山东省金乡县第二中学，初中部留在原址，改名山东省金乡县实验中学。

金乡二中占地面积 200 余亩，建筑面积 7 万余平方米。建有设施先进的教学楼、办公楼、实验楼、图书楼、音美楼、学生公寓楼、大型会议室、餐厅、400 米标准操场。有高标准现代化的物理、化学、生物实验室、多媒体电教室、电子备课室、微机室、语音室、多功能厅和图书室、阅览室。架设了集校园网、多媒体、广播、电视和电子考场“五网”于一体的网络系统，为学生全面成才和教师进行现代化教育教学提供了良好的条件。有 80 个教学班，在校学生近 4500 人。

学校始终把“为学生的终身最优发展奠基”作为自己的办学理念，把“大教育观、大服务观”作为自己的办学思想，秉承“做一个优秀的中国人”的校训。经过 15 年奋斗，形成了“身正、德高、业精、绩优”的教风和“博学、睿思、励志、笃行”的学风。2004 年 7 月，通过省级规范化学校验收。

该校还是省级文明单位、首批全国科学教育优秀实验基地、全国中华民族传统美德教育优秀实验学校、全国学校管理机制实证研究实验学校、中国师德建设示范单位、全国心理健康示范学校、省级电化教育示范学校、省级绿色学校、山东省传统体育项目学校、山东省教书育人先进单位、省级卫生先进单位、济宁市教学工作特长学校、济宁市教育教学工作先进单位、济宁市教学工作示范学校、济宁市平安建设先进单位、济宁市先进基层党组织、金乡县人民满意单位。

图 27-5　金乡县第二中学教学楼

第五章 职业教育

第一节 普通中师教育

山东省金乡师范学校，直属于济宁市教育局，是2005年济宁市仅有的一所师范学校。主要培养初中起点五年制专科学历小学师资和三年制中专学历学前教育专业教师，并承担全市教师培训及相关继续教育培训任务。

该校创建于1950年，原名“平原省湖西区联立金乡师范学校”，校址在金乡县星湖公园文庙。1952年平原省撤销，金乡县划归山东省，学校随之更名为“山东省金乡师范学校”。1956年，金乡、鱼台两县合并，学校迁址原鱼台县政府驻地鱼城镇。至1957年，主要举办初师班，为鲁西南地区培养2500余名小学教师。1958年，开始招收第一届中等师范班。1959年12月，学校新址迁至金乡县城东关。1977年，始办普师班。1980年始，招生对象全部改为民办教师。1987年，改招普通中师班。1990年，有14个教学班，学生560人，教职工67人，其中专任教师41人。1950~1990年，共培养学生4927人，其中，中师生2969人、初师生787人、初简师生814人，其他毕业生357人。

1991~1995年，大规模实施校改，改造了校门、男生宿舍、伙房、办公楼；新建了教学楼、音美楼、女生宿舍、教工宿舍、学生餐厅、图书馆、实验楼；修建了灰渣环形跑道、草坪操场及足球场、篮排球场；营造了假山、亭台、喷泉、雕塑、奇石等10处景点，绿化美化了校园。1999年，创建成为省级规范化师范学校。2000年，开始承担三二连读专科小学教师培养任务。2002年，设立“济宁市教师培训中心”，开始全面承担全市中小学教师的培训任务和在职函授、助学自考工作。至2005年，每年承担中小学校长任职资格培训、幼儿园长培训、中小学音体美专业教师培训、中小学英语教师培训、学生安全管理培训、网络管理人员培训、高初中远程研修指导教师培训、初中英语骨干教师培训、中小学德育干部培训、电教骨干教师培训等20余种（类）培训任务，年培训近万人。

学校占地150亩，建筑面积6万余平方米。教学条件优越，装有校园网、多媒体教室、微机室、语音室、视频监控系统等现代化教学设施。有在编教职工160人，其中高级讲师54人，讲师47人，省市优秀教师、杏坛名师12人，省市县学科带头人、骨干教师、教学能手26人。所有教师均达到本科以上学历，其中研究生学历24人。

图27-6　金乡师范学校

学校办学方略：人才强校、质量兴校、创新名校、培养教育之英才、塑造高尚之形象。学校定位：自主合作、求是创新、传播先进教育理念、构建高效培养模式的现代新型教师教育机构。学校先后被授予山东省文明单位、省级规范化师范学校、花园式单位、卫生先进单位、省“理论创新实践宣教基地”；济宁市教书育人先进单位、师资建设先进单位、继续教育先进单位、遵纪守法光荣校。学校党委被评为济宁市先进基层党组织，学校工会被市总工会评为“模范职工之家”。

1991~2005 年山东省金乡师范学校办学情况登记表

表 27-5-1

年 度	招生班（个）	在校生（人）	毕业生（人）	教职工（人）	专任教师（人）
1991	20	719	161	70	59
1992	25	1103	411	70	59
1993	30	1255	308	75	64
1994	27	1517	384	79	68
1995	46	1885	392	79	68
1996	51	2188	575	84	73
1997	53	2452	576	90	79
1998	48	2311	788	99	88
1999	40	2178	489	103	92
2000	35	1691	937	116	105
2001	20	960	512	126	115
2002	12	600	0	140	129
2003	15	747	0	150	139
2004	19	966	0	146	135
2005	23	1178	242	144	133
合计	—	—	5775	—	—

第二节 职业高中教育

金乡县职业教育是以教育系统办班为主，其他系统单位和企业办班为辅的形式施行。

1982 年 5 月，创办金乡县第一农技中学。1983 年，将原金乡三中农中班和原司马农中分别改办为第二、第三农业技术中学。1987 年，将以上 3 所农业技术中学整合，分别改称为金乡县第一职业高中、金乡县第二职业高中、金乡县第三职业高中。

第一职业高中由原第一农技中学改办，校址在县城南 2 千米的莱河北岸。原学校教学设施简陋，教学人员不足，只开设农学和家电两个专业。

第二职业高中前身是第二农技中，校址在马庙乡大程楼村，1989 年 7 月停办职业班，最后一届（1987 届）农学专业 7 名学生，转入第一职业高中继续学习。

第三职业高中前身是第三农技中，学校位于金乡县司马乡。1988 年，学校开设幼师和果林两个专业。1991 年，第三职业高中并入第一职业高中。至此，金乡县仅存 1 所县属职业学校，即金乡县第一职业高中。

学校招收培养对象是：初中毕业生、有高小以上文化程度的社会青年及行业在职职工。办学宗旨是：积极开展与本县建设密切结合的实用技术和管理知识的教育，培养大批新型农村建设者。设置专业主要有：家用电器维修、电大幼师、财会、审计、农村干部培训、建筑、农林、蔬菜、医士、外贸、保安、艺术等。学制，既有 3 年制职业中专班，又有 1 年或几个月的职业技能短训班。

1991 年，设置科研生产处，主抓学生实习实验和勤工俭学。建有养鸡场、养猪场、简易塑料大棚、地毯编织实习车间、实验田，年收益 1.5 万元。是年 8 月，增设一年制美术师资培训、半年制服务员、营业员培训 3 个班，教学班达到 11 个，在校学生 495 人，教职工 61 人，其中专任教师 30 人。

1992 年，学校承担了济宁市 551 项实验任务，其中无籽西红柿栽培技术获得济宁市科研专利。

1993 年，县政府投资 110 多万元，建起 3200

平方米可容纳18个教学班的教学楼1幢，伙房6间。在校生达到1234人。

1995年，经上级批准增设军人预备役专业。

1996年，举办农村后备干部中专班。

1997年，山东省财政拨专款70万元，县财政拨配套资金42万元，用于该校基础建设和项目投入。当年完成微机室、电工电子实验室、车工实习室、电教室、财会模拟室、汽驾模拟室的配套建设，购置141教练车2辆，实习、实训条件得到很大改善。其中，机电专业被济宁市教育局评定为全市重点专业。7月，幼师、审计专业停办，增加医士专业。

1999年1月，由济宁市人民政府批准，学校更名为金乡县职业中等专业学校。是年，建成1907平方米实验楼一幢。12月，通过山东省政府评估验收，被命名为省级重点职业学校。荣获市级绿色证书培训工作先进单位。

2000年，建成微机室（装机70台）、电子备课室各1个，扩建机电实习基地，对围墙、路面、教学楼重新进行了整修。

2001年，被评为市级先进集体，在济宁市“三孔杯”职业技能大赛中荣获团体三等奖。

2002年，升入高职本科16人，位居全市第二名。

2003年9月，启动争创国家级重点职业中专工程。

2004年4月3日，被教育部命名为“国家级重点职业学校”。

2004~2005年，投资500多万元，建成5225平方米教学办公楼、1300平方米钢架结构学生餐厅各1幢，绿化、硬化、美化了校园，校容校貌发生巨大改观。

2005年，学校占地128亩，建筑面积2.4万平方米。学校设办公室、教务处、政教处、总务处、就业指导办公室5个办事机构和工会、团委、妇委会、学生会4个群团组织。共有教职工135人，其中专任教师88人；高级教师47人。开设微机、机电、电工电子、财经、商贸、文秘、综合高中、绿色证书、焊接等专业，24个教学班，在校学生1246人，校外培训绿色证书专业学生3115人。

1991~2005年金乡县职业技术教育基本状况表

表27-5-2

年　度	毕业生（人）	招生（人）	在校生（人）	教职工（人）	专任教师（人）
1991	30	172	373	145	80
1992	212	520	874	157	78
1993	120	210	490	88	59
1994	120	549	1505	73	41
1995	400	498	1598	71	43
1996	556	482	1524	70	43
1997	549	792	1767	72	44
1998	493	415	1689	82	54
1999	482	496	1703	109	81
2000	635	355	1046	113	85
2001	415	510	1141	112	85
2002	276	497	1362	123	97
2003	355	2626	5369	198	134
2004	510	1556	5979	128	96
2005	1797	2606	6788	204	136
合计	6950	12284	33208	1745	1156
说明	本表数据主要采自《金乡县统计年鉴》				

第六章　成人教育

第一节　扫除文盲

1950年，金乡县设扫盲办公室。1952年，在全县推行“速成识字法”。1955年，速成识字班改称常年民校。1963年，全县确定11所重点民校。1966年，开展大规模扫盲，全县有扫盲班879个，24424人。1976年，有民校647所，20274人。1985年，全县脱盲率81.7%。1987年5月，济宁市对金乡县扫盲工作进行验收，脱盲率96%。

1990年，全县尚存青壮年文盲、半文盲48631人。当年，成立由县长任组长的扫盲工作领导小组，各乡镇亦成立相应领导机构。年底，县教委把4.8万余人的扫盲任务和完成期限下达到各乡镇。全县统一购买省编扫盲课本8500套，县教委编印扫盲识字卡片3.5万份，选聘专职教师56人，兼职教师1300人，成立村级农民文化学校600余处，对文盲、半文盲逐一登记造册。县、乡分别组织扫盲工作队到村督促指导。

1991~1995年，县委、县政府先后召开扫盲工作汇报会、现场会、调度会、经验交流会、座谈会共30余次，每年进行一次检查评比，奖惩兑现，促进了扫盲工作深入开展。1995年12月，顺利通过济宁市政府验收，全县脱盲率97.6%，基本完成扫盲任务。1996年12月，通过国家教委复核。

第二节　职工教育

1982年，政府设立职工教育办公室。次年，较大企业设立教育科，成立职工学校。1986~1990年，对职工进行在职岗位培训8460人次。1991年，培训职工1200人，轮训青年工人2400人。1993年，县职业技术教育办公室合并到县教师进修学校。1994年，培训车间主任、班组长130人。1995年后，国有和集体企业改制，职工教育培训一般由改制后的企业自行实施。

第三节　农民文化技术教育

1991~1995年，全县14个乡镇都建有农民文化技术学校，建筑面积8759.5平方米。其中，王丕等5个乡镇的乡镇农技校被山东省政府授予示范化农技校。全县94%的行政村建有村级农技校。这些学校本着实际、实用、实效的原则，广泛开展种植、养殖、食用菌栽培、机电和家用电器维修、木工、缝纫、编织等应用技术培训，至2005年，共培训农民约38.8万人次，提高了农民的科学文化素质。

第四节　电大教育

1991~1995年，招生422人，其中大专182人，中专240人；毕业248人，其中大专126人，中专122人；在校学生1076人，其中大专410人，中专666人。教职工15人，其中专任教师4人。

第五节　绿色证书班教育

1999年，根据《中华人民共和国职业教育法》和山东省《关于在乡镇成人文化技术学校和农村职业中学实行绿色证书制度的通知》以及市教育局的意见，在县职业中专和达到省级规范化标准的3个乡镇成教中心（王丕、鱼山、兴隆）举办绿色证书（农民技术资格证书）班，计600人。2003年，全县13个乡镇的成教中心均为独立设置，绿色证书教育教学设施齐全。至2004年，有1.5万人掌握了一技之长，取得“绿色证书”，成为有文化、懂科技的新型农民。

第七章 民办教育

第一节 发展概况

1993年，由金乡一中退休校长孙荣联合金乡镇北当村筹办开元高级中学。

1994年，开办金乡县首个民办幼儿园——金乡镇启蒙幼儿园。

1998年9月，建立金育高级中学

1999年元旦，开办阳光中学。先是租赁窦湾小学二楼校舍，后移至王丕镇李阁村，现位于金乡镇王杰村。

2000年前，金乡县陆续出现了一些民办武术学校，办学层次为小学和初中。2001年，县教委、体育局联合对武术学校进行清理整顿，予以发证保留的有：金乡县育杰武校（2001.08.30 鱼山镇张庄村）、金乡县胡集群英武校（2001.07.26 胡集镇东李村）、金乡县少林武校（2001.07.26 胡集镇）、金乡县兴隆少林武校（兴隆乡驻地）、金乡县精华武校（1998年 兴隆乡寻庄村）、金乡县金城武校（1997.07.28 县体育中心）。

2001年，在原开元高中校址上创办县直民办初中魁星中学。

2002年，又有6所民办学校成立。分别是清华园外国语学校、鸡黍镇金马小学、文峰中学、大成实验学校、怡园小学、金乡镇圣杰小学。

2002年年底，全县初步形成从幼儿园到高中阶段的民办教育新格局。经县市教育局审批并发放社会力量办学许可证的民办学校共有15所，其中普通高中1所、普通初中5所、普通小学3所、武术学校（初中、小学层次）4所、民办幼儿园2所。13所民办学校（不含幼儿园），总占地面积382亩，建筑面积71286平方米；共有139个教学班，在校学生6921人；教职工总数607人，其中专任教师405人，兼职教师51人，职工、行政管理人员202人。

2004年4月1日，《中华人民共和国民办教育促进法实施条例》颁布施行，金乡民办教育进一步发展。至2005年，全县有正式批准的民办学校16所，其中完全高中1所、完全九年制义务教育学校（包括小学和初中）3所、小学6所、初中3所、幼儿园3所；在校生12922人，其中高中1668人，初中6047人、小学5207人；教职工812人，其中专职教师691人。是年5月，对全县16所民办学校进行全面评估，根据评估结果划出三个等级，分别向各校通报，并在网上公布。

第二节 民办学校选介

开元高级中学

1993年，由金乡一中退休校长孙荣联合金乡镇北当村筹办，由北当村无偿提供建校用地，自筹资金92万元。学校以“自筹资金，自主办学，自我管理，自我完善”为发展原则，面向社会招聘教师，招收学生。学校由济宁市教委批准，地址在金乡镇北当村，办学层次为高中。1993年8月新建教学楼落成，如期开学。1994~1999年共招生1701人。其中1996年，在全国高考统招中录取本科18人、专科44人、电大及中专26人，在全市18所同类学校中位居榜首。学校有教学楼、实验楼、师生宿舍楼各1幢及教师生食堂，总建筑面积7130平方米。2000年，由于招生困难及内部纠纷，经县政府多方调解无效，于2001年停办。同年，在原开元高级中学的基础上成立魁星中学（初级中学）。

济宁市金育高级中学

是1998年9月依托金乡师范学校而创办的一所民办公助的全日制普通高级中学。位于金乡县城中心东路37号，占地150余亩，建筑面积6万余平方米。

学校开办后，自筹资金2200余万元，投入基础设施建设、教育教学活动经费和教师工资福利

待遇。新教学楼、多媒体教室、校园网、图书馆、试验室、塑胶操场、学生公寓、伙房餐厅等办公、教学、生活设施齐全。

学校以全面推进素质教育为办学目标，大胆稳妥地进行了一系列教育教学的改革。外聘名师、内培骨干。要求老师备好、上好每一堂课，批改好每一份作业，辅导好每一个学生；写好一篇论文，承担一个课题；定期举办公开课、观摩课、汇报课，全面评估教学质量。现任教师中，高级教师30人，一级教师43人，其中外聘知名教师15人。所有教师均达到本科学历，10余名教师具有研究生学历。突出办学特色，注重因材施教。充分发挥音、美现代化教学设施和师资优势，不断强化音、美专业的教学，定期聘请高校教授来校授课、指导教学工作，音、美特长班高考成绩优异；开设了俄语班，聘请俄籍教师到校任教，实现了外语教学的新突破。积极与高校沟通交流、加强合作。学校被中国科学技术大学、武汉大学、西安电子科技大学、南昌大学等四所重点高校设定为优秀生源基地，架起了通往名牌高校的桥梁。历届高考都取得优异成绩，位居全市同类高中前茅，多次荣获市、县“高中教学先进单位”。

1998~2005年金乡县金育高中办学基本情况登记表

表27-7-1

年度	学生（人）	毕业（人）	教学班（个）	教职工（人）	专业教师（人）
1998	290	0	6	30	20
1999	673	0	14	39	29
2000	1039	290	20	58	48
2001	1178	383	22	64	54
2002	1454	366	24	66	56
2003	1685	429	28	71	61
2004	1775	659	30	73	63
2005	1768	597	30	73	63
合计	9862	2724	—	—	—

阳光中学

1999年元旦创办。先是租赁窦湾小学二楼校舍，后移至王丕镇李阁村，现位于金乡镇王杰村。

1999~2005年金乡县阳光中学教育教学基本情况登记表

表27-7-2

年度	教学班（个）	在校学生（人）	毕业生（人）	教职工（人）	专任教师（人）
1999	1	98	0	19	14
2000	2	200	0	24	18
2001	4	406	56	37	29
2002	8	1300	117	126	83
2003	6	1112	272	101	60
2004	6	1085	362	99	63
2005	6	960	423	96	58

魁星中学

2001 年创办，为县直民办初中。学校各项教育教学设施齐备。有教学班 18 个，在校生 1000 余人，教职工 85 人。连续 2 年中考升学率全县第一，连续 4 年中考 9 学科全县第一。年年获县教学质量奖、教育教学先进单位；被评为金乡县教学示范学校、济宁市教学示范学校、济宁市教科研先进单位、济宁市中小学校本研究实验学校、山东省教育科学重点课题省级重点实验基地，中国西部教育顾问单位，并被中共山东省委授予“先进社会组织”称号。

大成实验学校

创建于 2003 年 9 月，是一所规范化寄宿制民办小学校。建校之初设 11 个教学班，450 名学生，教职工 32 人，其中省特级教师 1 人，省优秀教师 2 人，市县级优秀教师 10 人，市、县级教学能手 10 人。

青华园外国语学校

2003 年创办，是一所高标准、全封闭、寄宿制民办学校，座落于县经济开发区核心地段，占地 100 亩，总建筑面积 2.9 万平方米，固定资产 4000 万元，办学范围涵盖学前教育、小学、初中 3 个办学层次。小学、初中共有 38 个教学班，学生 2026 人，教职工 141 人，其中专职任课教师 90 人，学历达标率 100%。2003 年 9 月，被教育部命名为“外语实验学校”。

怡园小学

2002 年 7 月创建，全日制基础教育园地，位于县城秦小街西段，与金海花园相邻，占地 4329 平方米，25 个教学班，在校生 1100 余人。2004 年投资建教学楼，教学班增加到 18 个班，在校生 800 余人。任课教师中 98% 以上获得过县级以上专业比赛一等奖；二胡班、舞蹈班、声乐班的同学曾在全省大赛中荣获金、银奖。在全国电子琴考级中已有 92 人获五级以上证书，其中 27 人过 10 级；获文化部颁发的舞蹈考级证书 67 人，其中达到舞蹈 9 级的 2 人；书画考级中亦有 200 余人过 5 级以上。

图 27-7　怡园小学舞蹈课

2002~2005 年金乡县怡园小学教育教学基本情况登记表

表 27-7-3

项目 年度	班数（个）	在校生数（人）	毕业生数（人）	教职工数（人）	专任教师数（人）
2002	10	340	72	25	23
2003	16	586	126	37	35

文峰中学

创建于 2002 年 6 月，是依附于县实验中学创办的一所高标准、全封闭、寄宿制民办学校。学校位于金乡县经济开发区金兴路 10 号。学校一期工程投入 720 万元，新建教学楼、办公楼、实验楼、宿舍楼、餐厅、公用暖气等。配套设施有多媒体教室、空调、微机室、实验室、图书室、音乐室、校园网、卫星接收站等。先后获得“初中教学工作先进学校”“山东省先进社会组织”“山东省示范家长学校”“市级规范化学校”、县“十星级文明单位”“义务教育教学示范单位”“消防平安创建先进单位”“食品卫生等级 C 级单位”。

2002~2005 年金乡县文峰中学教育教学基本情况登记表

表 27-7-4

年 度	教学班（个）	在校学生（人）	毕业生（人）	教职工（人）	专业教师（人）
2002	6	320	—	46	39
2003	16	800	—	72	58
2004	22	1220	328	116	85
2005	24	1260	416	118	87

第八章 特殊教育

第一节 学校建设

金乡县特殊教育学校位于县城缗南一路（金城路）东段 36 号，是金乡唯一一所集聋哑教育、培智教育、职业技术教育与一身的综合性国办九年制义务教育学校。

招收对象为符合入学条件的适龄听力和口音残疾、智力残疾儿童。入学年龄一般为 6 周岁，特殊情况下可适当放宽，一般不超过 10 周岁。对 6 岁以下的，采取办语训班、智力康复训练班的方式加强康复训练。聋哑班额一般为 12~14 人。培养目标是：按照国家对义务教育的要求，对听力残疾学生、智力残疾学生实施全面基础教育，补偿其生理和心理缺陷，使其在德、智、体方面得到良好发展。

学校始建于 1991 年 10 月，附设于原县中心小学院内（现师范附属小学）。时称金乡县聋哑学校，设有 1 个教学班，12 名聋哑学生，4 名教师。1994~1995 年，新招收语训班 1 个，学生 7 人，年龄在 3 周岁 ~5 周岁。1996 年 9 月，教学楼建成投入使用，当年招收聋哑学生 54 人，入学率 85% 以上，使本县符合入学条件的适龄聋哑学生实现了上学的梦想。新校址占地面积 17.5 亩。

1998 年，对学校进行重新规划，设计了环形炉渣跑道、排球场、篮球场，重新装修了教学楼。1999 年 4 月顺利通过市级规范化验收，次年获山东省特殊教育先进单位称号。2004 年，特殊教育招收对象范围逐步扩大，学校由金乡县聋哑学校改名金乡县特殊教育学校。

1991~2005 年金乡县特殊教育学校招生情况统计表

表 27-8-1

年 度	新招班	人数	入学率（%）	年 度	新招班	人数	入学率（%）
1991	1	12	70	1999	2	24	86.3
1992	—	—	—	2000	1	10	87.4
1993	—	—	—	2001	1	6	86.9
1994	1	4	72	2002	1	6	87
1995	1	3	73	2003	1	8	87.3
1996	4	54	85	2004	1	6	86.8
1997	2	20	86.2	2005	1	4	87.3
1998	1	9	87.1	—	—	—	—

第二节 学制与课程设置

学制 9年，其中小学6年，初中3年。

课程设置 按国家规定课程授课，分为语文、数学、语训、劳动、劳技、社会常识、自然常识、律动、体育、美工、写字、思品、思想政治等科目，并结合实际开设校本课程如健康教育、安全教育。

聋哑生增设沟通与交往和综合实践活动课程。沟通与交往课程主要包括：感觉训练、口语训练、手语训练、书面语训练等；综合实践活动课程主要包括：信息技术教育、研究性学习、社区服务与社会实践等，旨在发展聋哑生的语言和交往能力，逐步形成创新精神与劳动、就业能力。

对智力残疾学生，课程设置分为一般性课程和选择性课程。一般性课程为必修课，设置生活语文、生活数学、生活适应、劳动技能、唱游与律动、绘画与手工、运动与保健7类课目；选择性课程设置信息技术、康复训练、第二语言、艺术休闲4类课目。在课程功能上注重对其生活自理能力和社会适应能力的培养与训练。

金乡县九年义务教育全日制聋哑班课程安排表

表 27-8-2

课程			一	二	三	四	五	六	七	八	九	总课时
国家规定课程	学科	思政 思想品德	1	1	1	1	1	1	—	—	—	204
		思政 思想政治	—	—	—	—	—	—	2	2	2	200
		语文 语言训练	3	3	3	—	—	—	—	—	—	306
		语文 阅读	8	8	8	8	8	6	6	6	6	2154
		语文 叙述	—	—	—	2	2	1	—	—	—	170
		语文 作文	—	—	—	—	—	2	3	3	3	368
		语文 写字	1	1	1	—	—	—	—	—	—	102
		语文 小计	12	12	12	10	10	9	9	9	9	3110
		数学	5	5	5	6	6	6	5	5	5	1622
		自然常识	—	—	1	1	1	1	—	—	—	136
		社会常识	—	—	—	1	1	1	2	2	2	302
		理科	—	—	—	—	—	—	2	2	2	200
		律动	2	2	1	—	—	—	—	—	—	170
		体育	1	1	1	2	2	2	2	2	2	506
		美工	1	1	2	2	2	2	—	—	—	340
		劳动 劳动	1	1	1	2	—	—	—	—	—	170
		劳动 劳动技术	—	—	—	—	2	6	6	6	6	872
		周学科课时	23	23	24	25	25	28	28	28	28	7832

续表 27-8-2

课程＼周课时＼年级			一	二	三	四	五	六	七	八	九	总课时
国家规定课程	活动	晨会	每天 10 分钟									
		班团队活动	1	1	1	1	1	1	1	1	1	304
		体育锻炼	1	1	1	1	1	1	1	1	1	304
		兴趣活动 个别矫正	2	2	2	2	2	2	—	—	—	408
		周活动课时	4	4	4	4	4	4	2	2	2	1016
地方安排课程			1	1	1	1	1	1	3	3	3	504
周活动总量			28	28	29	30	30	33	33	33	33	9352

金乡县培智（智障）班课程计划表

表 27-8-3

课程＼周课时＼年级	一般性课程							选择性课程				
	生活语文	生活数学	生活适应	劳动技能	唱游与律动	绘画与手工	运动与保健	信息技术	康复训练	第二语言	艺术休闲	校本课程
低年级	3～4	2	3～4	1	3～4	3～4	3～4	6～9				
中年级	3～4	2～3	2～3	2	3～4	3～4	3～4	6～9				
高年级	4～5	4～5	1	3～4	2	2	2～3	6～10				

第三节　教材　教法与考核

使用人民教育出版社发行的全日制聋哑校试验教材。

教法：遵循因材施教、鼓励性、渐进性原则，依据学生特点实行启发式、分类式或个别教学；实行小班额，注重差异性，培养发展其口头语言、动手能力。

考核：每学期进行期中、期末 2 次考试。科目分考试和考查两类，语文、数学等为考试科目，其他为考查项。成绩按优、良、中、差计入。

第九章　教师队伍管理与教学研究

第一节　队　伍

师资来源

全县中小学教师来源渠道主要是师范类大中专毕业生。

1991~2000 年，金乡县实行大中专毕业生派遣制度，师范类大中专学生毕业后可直接进入中小学任教。

1994 年始，对 1984 年以前参加工作，建档在编的中小学民办教师采取考取录用、择优转正的方式分期分批转为公办教师。对于超龄的民办

教师办理退养手续；不合格的予以清退。

1999 年，根据国家教育主管部门“清退”中小学代课教师的工作要求，金乡县人事、教育、监察、财政等部门联合下发通知，清理清退全县各级各类学校使用的临时工、代课教师 1473 人。

2001 年，取消大中专毕业生分配制度，实行教师考选制。只要具有教师资格证，符合中小学教师报考条件，可以报考金乡县中小学教师。是年，考选 100 人。

2002 年，吸收录用 354 名民办教师为公办教师。

2005 年，考选 102 人，全部分配到乡镇中小学任教。

1991~2005 年金乡县大中专毕业生分配任教情况

表 27-9-1　　　　单位：人

年　度	分配任教	其　中			分　配　到　校
		本科	大专	中专	
1991	145	—	—	—	28 人进入县第一、二、四、五中，11 人进职业高中，其余分配至各乡镇学校
1992	127	6	46	75	28 人到县一、二、四、五中及职业中专，其余到各乡镇学校
1993	101	6	41	54	49 人到县一、二中及县实验小学、中心小学，其余到各乡镇学校
1995	344	8	285	51	21 人到县第一、二、四、五中；4 人到实验中学、职业中专及实验小学、中心小学；其余到各乡镇学校
1996	225	—	—	—	25 人进入县第一、二、四、五中，9 人进职业高中，其余分配至各乡镇学校
1997	186	—	—	—	46 人进入全县各高中、职业中专，其余进入各乡镇中、小学
1998	229	—	—	—	进修学校音体美班毕业生 88 人充实到乡镇中小学任音体美教师，身份为合同制工人
1999	279	—	—	—	38 人进入各高中，8 人进入职业中专，其余进入各乡镇中、小学
2000	—	—	—	—	（未分配）
2001	考选 100	—	40	60	40 人进入乡镇中学，60 人进入乡镇小学
2002	考选 50	—	50	—	39 人到县第一、二、三、四、五中；8 人到职业中专、实验中学、体校；3 人到乡镇学校
2003	考选 80	接收 54	—	—	本科生 54 人分到县第一、二中、实验中学、职业中专。考选 80 人为中、小学教师
2004	接收 57	57	—	—	一、二中各 17 人，四中 2 人，五中 1 人，职业中专 4 人，实验中学 8 人，实验小学 4 人，金师附小 4 人
2005	考选 102	—	40	62	40 人分至各乡镇中学，其余分至各乡镇小学
说明	1994 年未分配				

部分年度金乡县教师获市级以上荣誉称号情况

表 27-9-2　　　　单位：人

年度	合计	国家级			省级				市级				
		教育系统劳动模范	模范教师	优秀教师	特级教师	优秀教师	优秀教育工作者	优秀班主任	优秀教育工作者	先进教育工作者	优秀教师	十佳师德标兵	师德先进个人
1991	35	—	—	2	—	4	—	1	4	—	24	—	—
1993	36	—	—	2	—	3	2	—	1	—	28	—	—
1995	—	1	—	2	—	4	—	—	5	—	25	—	—
1997	36	—	—	—	—	4	1	—	6	—	25	—	—
1999	36	—	—	—	—	3	1	—	6	—	26	—	—
2001	38	—	1	—	—	4	—	—	5	—	28	—	—
2002	1	—	—	—	1	—	—	—	—	—	—	—	—
2004	48	—	—	—	—	3	1	—	7	4	30	1	2
总计	230	1	1	6	1	25	5	1	34	4	186	1	2

金乡县教师任职县人大代表、政协委员情况

表 27-9-3

届次		教师任职（人）	占人大代表、政协委员总人数比例（%）
人大代表	第十三届（1998.01~2003.01）	18	7.63
	第十四届（2003.01~ 2007.12）	17	7.2
政协委员	第六届委员会（1993.02~1998.01）	15	8.6
	第七届委员会（1998.01~2003.01）	13	7.4
	第八届委员会（2003.01~2007.12）	13	7

教师培训

1995 年，制定师资培训规划，要求“两年入门、五年达标”。组织 45 岁以下学历未达标的教师全部参加卫星电视、音像、高师函授等不同形式的业务进修。是年，济宁市教委、计划委、人事局决定在济宁市教育学院（驻地金乡）举办急需专业民师专科班。至年底，全县高中、初中、小学教师岗位合格率分别为 95%、85%、65%。

1997 年，在全县小学教师中实行基本功训练，主要包括通用基本功、学科基本功和教育教学综合能力训练等。通用基本功训练主要包括“三字一话（画）”，即钢笔字、粉笔字、毛笔字、普通话和简笔画。学科基本功训练围绕各学科特点进行。教育教学综合能力训练分两个阶段，第一阶段教育能力训练，重点是学习现代教育思想；第二阶段教学能力训练，重点是通用基本功和学科基本功训练成果的综合运用、巩固提高。2001 年，教育教学综合能力训练工作通过了济宁市教育局的考核验收。

2001 年、2002 年，为提高骨干教师的业务水

平，在金乡县教师进修学校成功举办两届全县小学骨干教师培训班，分别培训89人、86人。结业前开展了说课比赛，评出一、二、三等奖，建立了骨干教师培训档案。

2003年，全面启动新课程计划。2004年秋在起始年级实施新课程教学。其间，对全县小学教师进行通识培训（2003年11月至2004年3月）、新课程标准解析（2004年4~8月）两个阶段的培训。

职称评定

1987年8月，金乡县职称改革领导小组拟定金乡二中、十四中、实验小学、高河乡中心小学为中小学教师职称改革试点单位。

1988年，首次对全县中、小学教师专业技术职务进行评定，共评定中学教师专业技术职务1171人，小学教师921人，中专教师33人。此后，教师初级职称评定每年进行一次，中、高级职称评定每两年进行一次。2001年后每年进行一次。

1990年，全县各级学校共有教职工5159人，其中专任教师4219人，其中，高级讲师3人、讲师19人、助理讲师22人；中学高级教师49人、一级教师320人、二级教师581人、三级教师383人；小学高级教师262人、一级教师582人、二、三级教师474人。

2000年，全县共有教职工6466人，其中专任教师5590人。2005年，教职工5547人，其中专任教师4708人。

第二节　管　理

1991年8月，县教育局将1991~1992学年度确定为中小学管理年，制定学校像个学校、教师像个教师、学生像个学生“三个样子”标准。

1992年，全县实行“校长选任负责制、教师定编聘任制、教育岗位责任制和结构工资奖酬制”为主要内容的学校内部管理体制改革。

1994年，进一步深化学校内部管理体制“四制”改革，制定下发《金乡县中小学教职工绩效工资发放办法》。

1999年，为进一步落实《中华人民共和国教师法》，加强教师队伍管理、促进教师合理流动，建立一支数量足够、学科配套、稳定合格的教师队伍，县政府下发《关于进一步强化教师队伍管理的意见》，就教师队伍的管理权限、教师调动手续、教师为人师表等作出明确规定。

2000年，县委组织部、县教委、人事局、财政局、劳动局联合制定下发《关于深化中小学内部管理体制改革的实施方案》。改革内容是对中小学校定规模、定编制、定岗位、定工作量，以学校内部人事制度、分配制度改革为核心，全面推行“校长负责制”“教职工全员聘任制”“岗位目标责任制”“校内结构工资制”。

2001年，执行国务院《关于基础教育改革与发展的决定》，全面实施教师资格制度，严把教师进口关。县教委下发《关于进一步深化中小学内部管理体制改革的通知》。改革的重点是教职工全员聘任制。在上年核编定员、合理设岗的基础上，突出抓好教职工的聘任工作。

2002年为规范教师队伍，解决教师队伍出现的的一些新情况、新问题，县教育局下发了《关于进一步加强教师队伍管理的意见》。对到外县任教、县内学校之间交流、到民办学校任教以及脱产进修和私自外出任教等情况进行规范，使全县教师资源得到合理配置，强化教师队伍管理，保障教育事业稳定发展。

2005年，县教育局出台《关于进一步加强教师队伍管理的意见》，进一步明确了教师队伍的管理权限，严格教职工调动手续，禁止擅自借调教师，严禁教职工私自外出工作，加强民校使用公办教师的管理，规范教职工脱产进修学习行为，强化监督制约机制，完善教职工考勤制度等。

第三节　教学研究

教研机构

1991年，金乡县教学研究机构有中学教研室和小学教研室。1994年2月，成立教育教学研究

室，为副科级单位，分高中、初中、小学、幼教、成教5个部门，在编31人，其中教研员高级职称10人，中级职称17人。各乡镇中心校设中、小学中心教研组，配专职教研员。各中学设年级教研组和分科教研组，学区设教研活动小组，设兼职教研员。形成了县、乡镇、学校（学区）教研网络，既有统一的教研计划和课题，又有各自独立的教研课题。教研员到学校检查备课、上课、理论学习、作业批改及辅导等情况，开展教学观摩课、公开课、研讨课，交流教学经验。定期组织基本功比赛和优质课、教学能手、优秀教学论文评选等活动。

教学研究内容

1991年始，县教研室组织教育系统开展“人人上好一堂优质课，层层评选教学能手”活动。

1992年，在全县范围内实施小学教学“六五四三”系列建设工程。“六”，指县实验小学教学在实施素质教育、教学管理、教学研究、教学改革、教学实验和培养提高教师素质等六个方面发挥示范和辐射作用，带动和促进全县小学提高教学质量；“五”，指把乡镇中心小学建设成乡镇的“龙头”学校，使其真正成为全乡镇实施素质教育、抓好教学管理、开展教研活动、搞好教学改革、培养提高教师素质的中心。“四”，是指学区小学教学“四好”建设，即素质教育好、教学管理好、教研活动好、课堂教学好，由此带动和影响村办小学。“三”，是指村办小学教学要达到教学计划落实，教学常规落实，教学设备配备和使用“三落实”。用五年时间，分三步完成整个系列工程建设，1995年，30%的学校达标，1996年70%的学校达标，1997年全部达标。县教委成立领导小组，县教研室从各乡镇精选了一批改革意识强、教学素质好的青年学科带头人，成立县级课堂教学研究小组，定期研究教改课题。并达到校校有教改课题，学科有教改项目。许多单科单项的改革逐步纳入整体性的综合改革，并开始向区域化扩展。

1993年起，在全县教研员中开展“四个一”活动，即每学年下基层学校听课100节以上，上好1节“下水课”（意在表达教师深入实践，与学生一起感受课堂、平等交流），在市级以上刊物发表1篇论文，举办1次大型学术讲座。下半年，配合市教研室对全县乡镇中心小学和部分村小学进行视导检查并写出报告，促进加快“六五四三”工程实施步伐。1994年下半年，针对视导检查中发现的间题，对学校进行评估，对系列建设标准和评估办法作出调整，使之更加充实、科学和完善。

1995年，为“教学基本功训练年”。县教研室制定各科教学基本功强化训练的具体内容、标准和考核评比办法，要求人人参加，限期达标，逐级评比，把教学基本功考核结果与晋级评优挂钩，由此调动广大教师加强内功训练的自觉性和主动性，掀起大练教学基本功的热潮。教学管理总体水平逐步提高，教育教学质量呈现稳步上升势头，教学研究和教学改革日趋活跃。

1997年8月，县教委发出《关于在全县中小学教师中开展“系列达标课”活动的决定》以及《“系列达标课”活动实施方案》《“系列达标课”活动基本标准》《“系列达标课”活动中对领导干部的十项规定》。活动历时三年半。通过三个周期的验收，全县教师理论水平和教学能力都有不同程度的提高，素质教育更加深入人心。

1999年，针对教研室高中教研力量薄弱的现状，选聘兼职教研员，建立学科中心组。县教研中心和学校教研网络上下贯通，协调一致，共同抓好高中教学和教研。

2002年3月，选聘第二批高中兼职教研员。10月，举行学科带头人、骨干教师、教学能手、教研成果巡回展示课。实行3+x科目设置改革。

2004年秋，全县小学、初中起始年级开始实施新课程。县教研室组织各中、小学深化教学改革，从根本上转变教学方式，努力探索活动性、启发式教学模式以及素质教育教学模式，积极构建自主、合作、探究型课堂，按新课程要求建立素质教育的教学体系，全面提高教育教学质量。

第十章 招生工作

第一节 小学招生

新中国成立后，全县初级小学招收 7~11 周岁儿童。1968 年，小学施行五年一贯制，高级小学不再招生。

1990 年，全县基本实现年满 6 周岁入学，盲、聋哑、弱智儿童的入学年龄为 7 周岁。

1991~2005 年，小学招生在县教育局(县教委)指导下由县直小学及各乡镇教育领导机构主持完成。县实验小学、县中心小学(金乡师范附属小学)招生范围主要是在城区。其他各小学在乡镇中心校(教委)统一安排下，在本乡镇范围内划片招生、就近入学。

第二节 初中招生

各乡镇中学和县直中学的招生工作在县教育局(县教委)的指导下由各乡镇和县直中学组织实施。

1991~2005 年，由县教育局(县教委)统一出题，各招生学校组织考试、阅卷、录取，录取的新生报教育局(县教委)注册，办理学籍。招生范围本着划片招生、就近入学的原则，县直学校(实验中学)招县城内学生，乡镇中学招本乡镇学生。

2004 年后，中小学学制由原来的“五三”学制逐步过渡到“六三”学制，小学学生基本上全部进入初中就读，实行真正意义上的“九年制义务教育”。

第三节 高中招生

1991~2005 年，每年都成立高中招生考试领导小组，负责全县高中招生考试事宜。由济宁市教育局统一出题，县组织考试、各招生学校组织阅卷，市教育局张榜公布，招生学校下发录取通知书，所录新生到市教育局注册，办理学籍。

高中招生全部面向全县招生，由于城内金乡一中、二中 2 所高中的快速扩张和全国各地高中自主招生的程度不断开放，以及新生人口的逐年降低。金乡三、四、五中 3 所设在农村的高中生源受到影响，到 2004 年，金乡三中因生源不足，被迫停办撤销。

第四节 职校招生

金乡县职业中等专业学校(金乡县职业中专)原名金乡县第一农业技术中学，招生培养对象为初中毕业生、社会青年及一些行业的在职职工。中专班按国家规定招生，短训班按人才市场需求灵活设置专业并招生。

第五节 成人教育招生

金乡县成人教育以成人函授学习为主，后来根据教育发展形势，举办了几届电大全日制学习班。金乡电大站于 1988 年举办了电大班，办学地点在金乡职业中专，学制三年，英语专业，29 人，学习形式为全日制学习。电大站负责学籍管理，金乡职业中专负责日常教学。1991 年 7 月份，29 名学生全部顺利毕业，分到乡镇中小学。1993 年初，经教育局研究，与济宁电大联合，又相继举办三届电大班，并成立济宁电大金乡分校，地点在教育招待所和教师进修学校。1995 年机构改革，教育局电大站撤销。

1993~1995 年济宁电大金乡分校办班情况简表

表 27-10-1

级别	专业	学制	人数	学习形式	学习地址
一九九三级	英语	三年	42	全日制	教育招待所
一九九四级	语文	三年	46	全日制	教育招待所
一九九五级	英语	三年	28	全日制	教师进修学校

第六节 大学招生

1977 年恢复高考，通过统一考试选拔录取高校新生的办法一直延续。

1996 年，高校试行招生并轨，取消 1985 年实行的“双轨制”。1999 年，中央作出扩大高校招生规模的决定。2000 年师范类院校及其专业实行收费，招生并轨改革彻底完成。2001 年，教育部出台政策，放开高考年龄限制，允许 25 周岁以上公民参加高考。2003 年，高考时间提前 1 个月进行，彻底告别酷暑，固定在每年 6 月 7 日 ~9 日。

第二十八篇　科学技术

科学技术

金乡县科学技术委员会（简称县科委），始建于1959年6月，时称金乡县科学工作委员会。1960年2月，改称金乡县科学技术委员会。1984年，县科委内设办公室、业务组、资料室和标准计量所（事业单位）。1988年始，各乡镇相继建立科技管理机构，乡镇科委主任分别由分管科技工作的副乡镇长担任。1991年，县科委内设人秘科、科技计划科、技术信息科、地震办公室，编制11人。1996年9月，增设金乡县技术市场管理办公室（副科级单位）和金乡县大蒜研究所（正科级事业单位）。2002年5月，县科委改称为金乡县科学技术局（简称县科技局），撤销大蒜研究所，其余内设机构无变化，行政编制8人，工勤1人。

县科委（科技局）围绕社会主义市场经济发展需要，研究制定科技发展战略、规划，不断加大对全县国民经济和社会发展有重大影响、跨部门、多学科、综合性强的科技工作宏观调控力度，应用基础性、高新技术及其产业化研究，组织科技攻关开发，加快科技成果向现实生产力转化进程，促进经济和社会全面发展。到2005年年底，全县建有省级研发中心1家，民办科研所、技术服务中心、科技服务公司36家，从业人员1400人。各类专业技术人员发展到11277人，其中高级职称690人、中级职称4223人、初级职称6364人，分别比1990年增加4760人、611人、3196人、1071人。取得科技成果300余项，其中国家级4项、省级4项、市级40余项。取得专利授权51项。

1997年4月，国家科委授予金乡县"全国科技先进县"荣誉称号。

第一章　科研机构

第一节　科研单位

金乡县大蒜研究所

1996年9月成立，正科级事业单位，编制5人，财政全额拨款，隶属县科委。主要负责金乡大蒜的种植、贮藏及大蒜深加工等方面的技术研究，进行协调和组织技术引进，促进金乡大蒜产业健康发展。2002年5月被撤销。

图28-1　大蒜研究所

山东省大蒜工程技术研究中心

2004年11月，以山东润丰种业有限公司、金乡县宏昌果蔬有限责任公司和山东农业大学园艺科学与工程学院为依托，由山东省科技厅批准成立。主要开展大蒜良种繁育、栽培、冷藏、加工等方面的技术研究、开发与推广。先后承担各级各类科技计划15项，取得重大科技成果5项。是引领金乡、辐射周边、带动全国大蒜产业健康、持续、良性发展的大蒜科研平台。2009年，通过山东省科技厅验收。

山东省干式变压器工程技术研究中心

2005年12月，经山东省科技厅批准，在金乡县金曼克电气集团股份有限公司正式挂牌成立。根据国家省级研究中心管理办法，该中心以自主创新为主线，以实现高新技术产业化为目标，开展干式变压器领域的工程技术研究，提高科技成果的成熟性、配套性和工程化水平，使之成为山东省变压器行业科技成果商品化、产业化、国际化的重要基地，并探索社会主义市场经济体制下科技与经济结合的途径，开展更高层次的技术服务，面向全省乃至全国的变压器行业承接工程化研究开发的任务。

该中心的建成，标志着金乡县干式变压器生产技术处于全省领先地位。2010 年通过山东省科技厅验收。

第二节　民营科技团体

民营科技企业主要包括集体经济、合作经济、股份制经济、个体经济、私营经济的民办科技企业及国有科研院所，大中型企业创办的实行国有民营的科技企业。

1997 年 11 月 27 日，县政府出台《金乡县民营科技企业管理办法》，大力鼓励、支持发展各类民办科研机构。至 2005 年年底，全县共发展民办科研所、技术服务中心、科技服务公司 36 家，从业人员 1400 人，资产总额 2600 万元，年实现销售收入 1800 万元。其中 13 家科技服务机构加入国际互联网。

36 家民办科研机构是：县种苗研究所、农化研究所、安慧真菌研究所、利民农业新技术研究所、科技利生物研究所、化学除草研究所、科学施肥研究所、自动控制技术研究所、食用菌研究所、实用医学研究所、实用蔬菜种苗研究所、痔瘘研究所、电子技术研究所、菇丰食用菌研究所、果品蔬菜贮藏保鲜技术研究所、机电技术研究所、果树研究所、林果研究所、电脑应用技术研究所、经济作物研究所、中药杀菌剂开发中心、肛肠病研究培训中心、济宁辐照有限责任公司、珍惜农作物研究所、农作物新品种研究所、老年病防治研究所、菜丰蔬菜研究所、郝氏辣椒研究所、亿丰科技咨询研究所、王信颈肩腰腿疼研究所、金山高新技术研究所、经济作物研究开发中心、瑞丰农作物良种研究所、兴农无公害蔬菜研究所、康裕生态平衡肥研究所、育丰大蒜研究所。

第三节　科技人员

1990 年年底，全县有各类专业技术人员 6517 人（含未聘 118 人），其中，已聘高级职称 79 人、中级职称 1027 人、初级职称 5293 人。1993 年增至 8117 人，其中接受各类继续教育的 2923 人，占总人数的 36%。1994 年 9013 人，受教育人数为 3695 人，占总人数的 41%。1995 年 10733 人，其中高级职称 256 人，中级职称 2861 人，初级职称 7616 人。2005 年，科技人员增至 11277 人，其中高级职称 690 人，中级职称 4223 人，初级职称 6364 人。

1988 年，全县有 8 人被评为金乡县首批专业技术拔尖人才；1993 年，9 人被评为第二批专业技术拔尖人才。1998 年，评选出第三届优秀青年科技人才 11 人。

1991~2005 年，县建立科技人才库，对每个科技人员建档立卡，实行职称评、聘分开，报酬与聘用挂钩。鼓励和支持科技人员进行技术承包、技术咨询、技术服务，兴办各种所有制形式的技术开发、技术服务、技术贸易等经济实体。设立了科学技术进步奖，对拔尖人才和有突出贡献的科技人员以及引进人才有突出贡献者，给予奖励。

第四节　智力引进

引进人才政策待遇

1992 年 7 月，县政府出台关于引进人才的优惠政策。规定：凡被引进的各类人才，职称高聘 1~2 级，视其贡献，工资上调 2~3 级，并安排 60 平方米 ~100 平方米住房 1 套，直系亲属农业户口办理农转非，优先解决子女就业；凡自带新项目、新开发产品，实现经济效益的，除享受原工资外，再按年创利润的 10%~20% 给予重奖；到乡镇企业工作的，户口、粮油和工作关系可落在县乡镇企业局或企业所在乡镇政府，并由用人单位解决 1

套住房，企业停产或倒闭，由人事部门另行安排工作；凡分配到县企业工作的大学本科及以上学历毕业生，不实行试用期，直接执行定级工资；分配到乡镇企业工作的，工资高定一级，还可上浮两级工资；对为本县引进中级以上技术人才牵线搭桥者，由用人单位给予1000元~3000元的奖励。

1995年，全县16个乡镇全部聘任了科技副乡镇长。

1996年10月，王丕乡在全县率先聘任28名农民技术员。

聘请经济技术顾问

1994年，成立"金乡县经济技术专家顾问团"。顾问团由21名具有高级技术职称的经济专家、教授组成，设主任1人、副主任3人。同时，制定了顾问团工作、管理意见。

顾问团的主要任务是：围绕金乡经济的发展，提供全县所需新产品、新工艺、新技术、新材料等国内外最新科技成果信息，帮助引进、吸收、消化。同时，为金乡的发展提供咨询，帮助企业引进项目、资金和人才，解决重大技术问题。在国内外经贸工作方面给予指导和帮助。

顾问团实行有偿服务，所提建议被决策层采纳或引进项目、资金、人才方面有突出成绩者，给予奖励以至重奖。

经济技术顾问实行聘任制，任期一年，期满后经双方同意，可以续聘。

1995年10月1日，县政府同24名经济技术顾问签订协议书，其中续聘18人，增聘6人。1996年11月17日，增聘经济技术顾问5人。

任命科技副县长

1992年3月、1993年8月、2001年9月、2003年3月金乡县人大常委会分别召开第十一届十五次会议、第十二届九次会议、第十三届二十七次会议、第十四届一次会议，各决定任命1名科技副县长，为科技兴县、正确决策充实领导力量。

聘请科技顾问

2002年4月，聘请山东农业大学教授刘华琳、李宪利、李福昌、乔旭光、樊治成、刘世琦6人为金乡县人民政府科技顾问。

引进国外科技人才

1991~1996年，金曼克电气集团引进德国、法国、意大利、比利时等国家电器制造、机械加工等专业的高级外国专家15人次。1996、1997年引进德国油脂加工专家各1人。1997年，引进日本花甲协会蔬菜种植专家（野沟伊之助先生）到金乡作技术指导。同年，引进德国农业种植及病虫害防治专家2人。1998年，华星面粉厂引进加拿大制粉专家2人。

引进国内科技人才

2000年8月14日，县畜牧局聘请济宁市畜牧站站长、高级畜牧师李玉阁为技术顾问，聘期3年。同年12月20日，县水产服务中心聘任市水产技术推广站刘祖本研究员为县水产服务中心总工程师，任期2年。

2001年，县水利局聘任山东省水利厅高级工程师王金辉，省水利科学研究院副院长、高级工程师李昌龙为县水利局技术顾问，聘期3年。1月6日，县农业机械管理局聘请市农机局研究生、副局长陆亚东为科技顾问，任期2年。1月8日，县蔬菜发展局聘任市农业局蔬菜站高级农艺师苏廷梅教授为高级技术管理人员，聘期1年。1月10日，聘请市林业局宿启盛、姜广仲担任常年林果生产技术顾问。3月2日，聘请市农校刘云海副教授为县农广校大专班《经济管理原理》课辅导教师，聘期3年。3月6日，聘请省农科院土肥所吴建明研究员为县农业局科学施肥技术顾问，聘期2年。

2001 年金乡县企事业单位引进人才情况

表 28-1-1

单　位	聘请人员单位	姓名	职称或学位、学历
金乡县生物肥料	山东农业大学	柒可前	副教授
金乡县德兴农贸公司	合肥大学	陈　军	研究生
金乡县至信实业公司	曲阜师范大学	郑永军	副教授
金乡县辐照中心	山东省原子能研究所	牟德鸿	研究生
金乡县种苗研究所	山东省农科所	木　易	硕　士
金乡县东运集团	山东轻工学院	邹志勇	副教授
金乡县粮食机械厂	郑州粮食学院	李云飞	教　授
金乡县金贵食用油厂	无锡轻工学院	黄家祥	硕　士
金乡县华盛彩印包装厂	山东省包装研究所	刘东进	教　授
金乡县新安油管厂	山东大学	王金来	教　授
金乡县华光实业公司	南京经济学院	张洪军	教　授

第二章　科技研究

第一节　科技情报

2002 年前，县科委内设科技情报室，后改为宣传科。主要围绕全县开发的各种新项目，开展多层次、多渠道科技信息服务。加强科技情报网络建设和数据库建设，扩大科技情报信息交流范围，为政府决策提供有价值的科技信息。

第二节　科普活动

1992 年，开展“科技进步年”和“第一届科技之春”活动，专门成立领导小组，编发《科技之春》小报，举办科技报告会、科技座谈会、科普宣传、科技服务 4 个系列 36 项活动。县政府各部门及各乡镇按《实施方案》认真组织，分步落实，企业改造及群众性的小设计、小发明、小创造、小建设、小革新“五小”活动取得显著成效。

1991~2005 年，县科委（科技局）、县科协认真贯彻落实县政府《关于加强科技宣传工作的意见》，多次发表电视讲话，在《金乡大众报》开辟专栏、专版进行宣传。县广播电台、电视台、县教育电视台分别开辟“科技之花”等专题栏目进行宣传。先后举办小学生科技启蒙知识竞赛、青少年科技发明展、青少年科技文化精品展、“科技兴棉”银花杯竞赛、畜牧大展赛。在农村，开展青年“十大棉花大王”“十大蔬菜大王”“十大养殖大王”“十大致富状元”等大型竞赛评选活动。多次组织开展“科学技术是第一生产力”大讨论和科技致富、科技兴棉典型巡回报告。以“科技兴农、科技惠农”为目标，组织广大科技工作者开展“送科技、送信息、送农资”科技三下乡活动，把科学知识、科学方法、科技信息和优质农资送到急需的农民手中。

1991~2005 年，共举办各类科技讲座 1500 余场，发放科技明白纸 30 万余份，发放各类科技读本 1 万余册。精心组织“科技咨询活动周”活动，在城市街道、农村集市摆摊设点开展宣传，接受咨询，累计组织科技人员参加活动4万余人次，解答各项科技问题3万余项，接受群众咨询1.4万余人次。各乡镇、各企业、各村委会也充分利用多种形式宣传科技知识，推动全县科技经济的发展。

图 28-2　农业技术科普宣传

第三节　高新技术开发

1991年始，金乡县以机电一体化、生物工程、新材料等领域为重点，促进产、学、研紧密结合，加快高新技术及其产品的研究开发、引进和消化吸收力度。积极扶持金曼克电气集团、金科药业公司、持恒开关有限公司等企业，加快高新技术产业化进程，培养新兴主导产业。“十五”期间，全县建立市级以上高新技术企业4家，开发箱式电站、高压电容补偿装置等具有自主知识产权，占领行业制高点的高科技产品50个，重点发展硒蒜胶囊、110千伏干式变压器、新型程控环流仓外混合熏蒸机、数控往复式真空开关等国际先进、国内领先，具有广阔市场前景的高科技产品10个。2004、2005年，全县完成高新技术产业总产值13.94亿元。

第四节　科技成果

1991~2005年，金乡县连续实施科技发展工程，共获得各级科技成果300余项，其中国家级4项，省级4项，市级40余项。

1991~2005年金乡县部分科技成果获奖情况统计表

表 28-2-1

序号	项目名称	完成单位	授奖时间	颁奖单位及等次
1	蒜棉一体化高产攻关开发研究	县大蒜研究所	—	县科委一等奖
2	小麦高产稳产品种筛选	县农技站	—	县科委一等奖
3	棉花优质高产配套技术开发研究	卜集乡农技站	—	县科委一等奖
4	U型砼防渗渠施工技术研究	县水利局	—	县科委一等奖
5	流行性出血热患者垂体甲状腺功能变化研究	县医院	—	县科委一等奖
6	金乡县小麦吸浆虫防治适用研究	县植保站	—	县科委一等奖
7	大蒜覆膜栽培技术研究	县科委	—	县科委一等奖
8	超微量临床生化实验研究	县医院、马庙卫生院	—	县科委一等奖
9	辣椒杂交制种高产技术开发研究	县种子公司	—	县科委一等奖
10	卜集乡土地利用总体规划	卜集乡政府	—	县科委一等奖
11	金乡县蝗区勘察及防治对策研究	县植保站	—	县科委一等奖
12	金乡县30亩大蒜高产开发	县经作站	—	农业部丰收计划一等奖

续表 28-2-1

序号	项目名称	完成单位	授奖时间	颁奖单位及等次
13	大蒜主要病虫害发生规律及防治方法研究	县植保站	—	济宁市科委“科技进步”二等奖
14	鲁棉13号高产攻关实验研究	县种子站	—	济宁市科委“科技进步”三等奖
15	立木生产率研究初级	县林业局	1993.10	济宁市科协三等奖
16	榆叶潜蝇生物学特性及防治技术研究	县林业局	1992.03	县科协一等奖
17	白榆优良基因资源的收集保存与利用研究	县林业局	1992.09	济宁市科协二等奖
18	榆跳生物学特性及防治技术研究	县林业局	1991.11	济宁市科协三等奖
19	金乡县县级林业规划	县林业局	1994.08	山东省林业厅优秀调查设计一等奖
20	榆叶潜蝇生物学特性及防治技术研究	县林业局林业站	1992.10	济宁市“科技进步”三等奖
21	白榆优良基因资源的收集保存与利用研究	市林业局种品站、县白洼林场	1994.12	济宁市“科技进步”二等奖
22	白榆二世代遗传改良及新无性系研究	市林业局种品站、县白洼林场	1995.12	济宁市“科技进步”三等奖
23	金乡田间节水技术测试分析	县水利局	—	国家水利部“润华杯”二等奖
24	超微量临床生化试验研究	县医院马庙乡医院	—	济宁市三等奖
25	带蒂大网膜移植在食管胃吻合术中应用	县医院	—	济宁市三等奖
26	地面软管与短畦结合的田间节水灌溉技术研究应用	县水利局	—	济宁市三等奖
27	农业综合技术开发	县农业局	—	济宁市星火计划三等奖
28	10万亩立体种植双高技术推广	县农技站和城郊、鸡黍、鱼山、高河农技站	1995.12	山东省农牧渔业丰收计划一等奖
29	30万亩大蒜高产栽培技术开发	县农业局	1995.12	山东省科学技术星火奖三等奖
30	进食对肝功能及相关指标的影响	县医院	1996.02.01	县级一等、市级三等
31	体位对重症脑血管病人的影响	县医院	1996.06.28	县级二等、市级三等
32	新生儿全静脉营养	县医院	1996.06.30	县级一等
33	意念对卒中偏瘫患者的作用	县医院	1996.07.01	县级二等、市级三等
34	30万亩蒜棉优质高产配套技术开发	县农业局	1998.03	济宁市星火计划一等奖
35	30万亩大蒜高产栽培技术开发	县农业局	1996.08	农业部丰收计划一等奖

续表 28-2-1

序号	项 目 名 称	完成单位	授奖时间	颁奖单位及等次
36	10 万亩无公害蔬菜开发	县蔬菜局	1998	县科协一等奖
37	20 万亩无公害蔬菜开发	县蔬菜局	1998	济宁市科学进步二等奖
38	20 万亩绿色食品（金乡白皮大蒜）高产、高技术开发	县蔬菜局	1998	全国农牧渔业“丰收奖”一等奖
39	低准备池塘河蟹养殖综合技术推广	县水产服务中心	1999	济宁市科技进步二等奖
40	斑点叉尾鮰池塘养成技术推广	县水产服务中心	2001	济宁市科技进步三等奖
41	大蒜优质高效综合技术开发研究及加工利用	县农业局	2001.10	济宁市科委科技进步二等奖
42	巴西鲷引进池塘养殖模式化研究	县水产服务中心	2003	济宁市科技进步二等奖
43	晚期妊娠对心电图 P-R 间期的影响	县医院	2003.06	济宁市三等奖
44	不同方法清洁肠道前后对血生化指标的影响的分析与研究	县医院	2003.03	济宁市三等奖
45	老年下肢骨折预防静脉血栓的研究	县医院	2005.12.22	县一等奖
46	不同途径应用安定镇静止惊效果及影响因素的护理研究	县医院	2005.12.22	县一等奖
47	早期乳腺癌的保乳手术疗效评价	县医院	2005.12.22	县一等奖
48	“补肾添精汤”治疗男子不育症的临床研究	县医院	2005.12.22	县一等奖
49	济宁市 11 万亩名优淡水良种生态高效健康养殖技术推广	县水产服务中心	2005	山东省农牧渔业丰收奖一等奖、农业部农牧渔业丰收计划三等奖

第三章　科技服务

第一节　技术市场

1996 年 9 月成立金乡县技术市场管理办公室。县政府出台《金乡县技术市场管理办法》，就技术市场业务范围、技术市场检查员职责、技术贸易机构登记注册、技术市场年检制度、技术成果发布与交易审批程序、从事技术贸易单位权利义务、书面技术合同的订立与备案、技术成果的使用与转让等作出具体规定。

“办法”特别规定：技术合同未经登记和备案的不享受科技贷款和税收减免优惠政策，开户银行不予支付技术酬金。职务技术成果的使用权、转让权属于单位。非职务技术成果的使用权、转让权属于完成技术成果的个人。科研单位取得的技术转让收入免征营业税；科研单位和学校的技术成果转让、技术培训、技术咨询、技术服务、技术承包所取得的技术性服务收入暂免征收所得税；企事业单位进行技术转让以及在技术转让过程中发生的与技术转让有关的技术咨询、技术服务、技术培训所得年净收入在 30 万元以下的，暂免征收所得税。未领取“技术贸易许可证”从事

技术贸易活动的，由技术市场管理部门予以取缔并没收非法所得。侵犯单位或他人技术权益的，提供虚假信息给对方造成经济损失的，不依法订立书面合同的，由技术市场管理部门根据情节轻重，责令停业整顿，赔偿经济损失，没收非法所得，并处以300元~3000元罚款。在技术贸易活动中，当事人有违反工商行政管理、财政、税收、物价、审计等法律、法规行为的，分别由有关部门依法予以处罚。

至2005年，先后培育民办科研机构和技术贸易机构36家，有从业人员1400人，资产总额2600万元，年实现销售收入1800万元。其中13家服务机构加入国际互联网；举办各类技术培训、科技讲座300余场，参加人员近10万人，发放科技资料10万余份；组织企业及民办科技机构参加专利高新技术博览会、科技成果交易会、技术洽谈会等技术交易会20余场次，签订技术合同、技术协议、合作意向200余项。2002年被评为山东省技术市场先进集体，2005年被评为济宁市科技系统先进集体。

第二节 对外技术交流

2000年9月，金乡县在中国专利新技术产品博览会上，共签订技术合同82项，技术协作意向182项，引进高层次科技人才6人，聘请项目信息员和经济顾问6人，并被授予优秀组织奖。

2001年，再次组织参加中国专利高新技术产品博览会，其间，展出反映金乡县高新技术状况的展板78块，图片500多幅，展示实物8大门类100多种，发放各种宣传资料1万余份，签订技术合同12项，建立长期技术协作关系6处，其中，金乡县民法复混肥厂与山东省农业科学院土壤肥料研究所签订的《富硒复混肥生产技术》合同，被列为重点合同予以重点管理。是年，围绕大蒜品种的改良与深加工，与巴西、阿根廷等进行政府间技术交流与合作，与阿根廷签订《科技、人才交流合作协议书》。同年3月，邀请国家农产品保鲜中心信息与市场部王文生教授、沈阳大学马岩松教授到金乡讲授大蒜、蒜薹保鲜、贮藏技术。

2002年1月，举办“WTO与现代农业报告会”，邀请美籍华人、美国美商农林科技股份有限公司中国区总经理周文昭先生作“农产品后期加工及产业化技术”报告。4月26日~27日，举办WTO与中国大蒜产业化论坛首届年会暨大蒜科技成果博览会。

2003年4月，成功举办首届中国大蒜节暨科技研讨会，邀请中国社科院财贸研究所所长、博士生导师杨圣明教授、中国农村经济研究中心徐柏园研究员等5名国内知名专家就大蒜资源利用、良种繁育、大蒜系列产品开发、大蒜产业化发展等课题进行深入讲解，讲授WTO相关知识，广大干部群众对市场农业、大蒜产业化名牌战略的理解和认识得以提高，促进了全县大蒜产业快速健康发展。

2000~2005年，金乡县通过开展“产、学、研”活动，多次组织参加各种科技成果交易会技术洽谈会，与20多所大专院校、科研院所对接洽谈，建立长期合作关系，开展科技招商，引进科技人才和先进技术成果200多项。

第三节 科技下乡

1991~2005年，县科委（科技局）每年都联合组织各行各业的科技人员，参与科技宣传周活动和科技三下乡（科技人员、科技信息、科普活动）活动。共组织科技人员参加4万人次，举办各类科技讲座1500余场，发放科技明白纸30余万份、各类科技读本1万余册，解答各类技术问题3万余项，咨询人员1.4万余人次。组织专家型科技人员2500余人次，450余次到田间地头现场传播科学技术，现场解决生产中的难题。与县电视台联合创办《星火科技》栏目，发布科技信息，推广科学技术，报道科技动态，仅2004年就播出40余期，其中15期在市新闻联播《金钥匙》栏目中播出。

县科委（科技局）多次组织召开高新技术企业、民营科技企业座谈会，倾听企业对科技工作的意见和建议，鼓励科技创新，扶持推动高新技术企业及民营科技企业发展，大力开展科研攻关，提升产业技术水平。倡议成立“金乡县科技进步促进会”。积极组织先进、适用技术的示范推广，编印《金乡县科技项目信息》，推广科技成果约400项。

及时向农村、农业和农民传递科技信息，帮助“三农”解决存在的问题，以县职业中专为依托，创办全县科学技术培训基地，实行统一培训，持证上岗，造就了一大批农技推广员和农业战线上的能工巧匠，涌现出“十大农村青年致富状元”“十大青年棉花大王”“十大蔬菜大王”“十大农村青年养殖大王”等科技致富、科技兴农的排头兵。

第四章 科技管理

第一节 科技政策

1992年后，县委、县政府相继制定出台一系列科技政策，由此不断加强对科技工作的管理，调动广大科技人员工作积极性和创造性，鼓励和推动科技进步。

1992~2004年金乡县制定印发科技政策文件一览表

表28-4-1

发文时间	发文单位	文件名称
1992.02.10	县科委	《金乡县科技计划管理暂行办法》
1993.05.03	县委、县政府	《关于进一步放活科技人员的若干规定》
1993.06.03	县科委	《金乡县科学技术进步奖励条例》
1995.09.20	县科委	《金乡县民营科技企业暂行管理办法》
1996.05.07	县政府	《金乡县技术市场管理办法》
1996.07.17	县政府	《金乡县科学技术进步奖励暂行办法》
1996.09.11	县科委	《关于金乡县农业科技声像网的管理意见》
1996.10.03	县科委	《关于加入济宁市科经贸信息网的意见》
1997.11.27	县政府	《金乡县民营科技企业管理办法》
2002.07.22	县委组织部	《金乡县专业技术拔尖人才选拔工作暂行办法》
2003.07.11	县委、县政府	《关于实施四项“百名人才”工程及鼓励机关、事业单位工作人员，复转军人、大中专毕业生到企业工作的意见》
2004.03.24	县政府	《关于进一步加强科技工作，推动科技经济一体化进程的意见》

第二节 科技计划

科技计划包括科研攻关计划、火炬计划、新产品试制计划、星火计划、成果推广计划、专利实施计划和软科学研究等专项科技计划。

1992年始，县科委（科技局）每年都组织各乡镇和县直部门编制年度科技计划和“八五”“九五”“十五”三个五年科技发展规划，并申报立项，上级批准后纳入县科技计划统一管

理。县财政和省、市科技经费拨款及上级计划项目补助经费拨款，由县科委（科技局）按照科技经费使用规定用于科研、开发等项活动。科技发展基金由县科委（科技局）和财政局共同管理，县科委（科技局）负责基金项目的实施、验收、鉴定等工作，县财政局负责基金的发放和回收；拨付承担单位的资金，必须专款专用；县科委（科技局）、县财政局定期审计、检查；对不执行基金项目，除不可抗拒的原因外，追究承担负责人的责任，收回基金，并给予处罚。

1992 年起，全县共有 169 个项目列入各级科技发展规划，其中国家级项目 1 个，省市级项目 41 个，县级及其以下项目 267 个。

第三节　成果管理

1991 年后，县科委（科技局）对实施科技计划项目所获得的成果进行登记与评审，达到市级以上先进水平的予以推荐。并视实施推广后的经济效益和社会效益，按照《金乡县科学技术进步奖励暂行办法》进行奖励。

奖励范围包括：在农业、工业、财贸、文教文卫、环境保护和其它领域取得的，经评审达到市级以上先进水平，实践证明具有重大经济效益或社会效益的新科技成果（包括新产品、新技术、新工艺、新材料、新设计、生物新品种等）；引进、推广、应用已有科技成果，消化吸收后有所创新、改进或发展，对推动科技进步有显著作用的新成果；在重大工程建设、设备研制和企业技术改造中采用新技术取得的新成果；所提合理化建议有很大使用价值，被采纳和实际应用后取得显著成效的；提供技术信息、经济信息具有可靠性、先进性、准确性，对促进经济发展有重要的使用价值，经采纳应用后取得显著经济效益的成果。

县设立科学技术进步奖励评审委员会，负责科技进步奖励的评审、批准和授予工作。按等级由县政府颁发奖励证书，所颁发奖金的 70%~80% 授予完成项目的研究人员，其余部分按贡献大小合理分配。获奖项目奖金不搞重复发放，已经获得市级以上主管部门奖励，但奖金数额低于县科学技术进步一等奖的，由县补发差额部分。经县科学技术奖励评审委员会批准奖励的项目，在授奖前预先公布，有异议的，报县评审委裁决。弄虚作假、剽窃他人成果者，取消评选资格，已经受奖者，撤销其奖励，追回奖金，并视情节轻重给予通报批评或其他处分。授奖大会每两年召开一次。

1996 年金乡县科技进步奖励各类等级标准

表 28-4-2

项目＼等级	一等		二等		三等	
	年效益（万元）	奖金（元）	年效益（万元）	奖金（元）	年效益（万元）	奖金（元）
科技成果	经济效益 30 万元并有显著社会效益或环境、生态效益	1000	经济效益 20 万元并有显著社会效益或环境、生态效益	600	经济效益 10 万元并有显著社会效益或环境、生态效益	300
技术改造	经济效益 30 万元并有显著社会效益或环境、生态效益	1000	经济效益 20 万元并有显著社会效益或环境、生态效益	600	经济效益 10 万元并有显著社会效益或环境、生态效益	300
技术推广	工业 30 万元、农业 1000 万元，推广适宜面积 60% 以上、增产 30% 以上	1000	工业 20 万元、农业 50 万元，推广适宜面积 60% 以上、增产 30% 以上	600	工业 10 万元、农业 30 万元，推广适宜面积 60% 以上、增产 15% 以上	300

续表 28-4-2

等级 项目	一等		二等		三等	
	年效益（万元）	奖金（元）	年效益（万元）	奖金（元）	年效益（万元）	奖金（元）
合理化建议	工业30万元、农业1000万元，并有明显社会效益或环境生态效益	600	工业20万元、农业50万元，并有明显社会效益或环境生态效益	300	工业10万元、农业30万元，并有一定社会效益或环境生态效益	200
经济技术信息	税后利润提取1% ~ 3%		税后利润提取1% ~ 2%		税后利润提取0.5% ~ 1%	

第四节 专利管理

为促进企业技术创新，培育企业自主知识产权，锻造企业核心竞争力，县科技局大力加强专利管理工作。专利申请量和授权量逐年上升。“八五”期间，专利申请共计25件，“九五”和“十五”期间，专利申请83件，授权51件。其中，2000年金乡县民办科研机构自动控制技术研究所选送的国家专利项目“全封闭叠口活塞环”，在澳大利亚举办的第三届金鳄杯新技术、新产品国际博览会上获国际金奖。

金乡县部分科技专利申请授权情况统计表

表 28-4-3

序号	申请名称	申请单位及姓名	申请日期	专利（申请）号	授权日期
1	电脑抢答器	金乡五中 卢宝堂	—	91211756.7	1992.05.22
2	复阳器	金乡二变 王庆华	1992.11.03	—	—
3	标本纳精器	金乡二变 王庆华	1992.12	92240019.9	1993.07.17
4	一次性微型离心杯	县人民医院 缪渠	1992.12.06	92227435.x-2	1993.05.20
5	多功能挖蒜机	鸡黍周大庄 周奇敏	1992.02.03	—	—
6	分光光度计超血色检测仪	县人民医院 缪渠	1992.11.28	9224.102.0	1993.04.31
7	防溢墨水瓶	马庙中学 江成奎	—	92237355.8	1993.05.23
8	末梢血清离心分离器	马庙中学 江成奎	—	—	—
9	易灌墨水瓶	金乡二变 王庆华	1993.06.26	—	1994.04.08
10	粉末状添加剂喷施分离器	霄云面粉厂	1992.10.10	93232060.0	—
11	液压恒溢自控鸳鸯乐	金乡二变 王庆华	1993.09.03	—	—
12	节能自耦降压启动器	县水利局 程鹏程	1993.07.18	93231415.5	1994.02.23
13	组合式探孔镗床	县光华机械厂 周西固	1993.12.20	93232587.4	1994.10.09
14	光电写字笔	马庙贾楼小学 李玉兰	—	94240054.2	—
15	聚蚊纸	金乡轻工机械厂 张平	—	94306888.6	—

续表 28-4-3

序号	申请名称	申请单位及姓名	申请日期	专利（申请）号	授权日期
16	一种写字板	县实验小学 程建华	—	94240128.3	—
17	多功能防盗自行车车锁	马庙中学 江成奎	—	94240354.1	—
18	一种背投式喷雾器	马庙乡政府	—	94240445.9	—
19	性治疗器	金乡二变 王庆华	—	94240443.3	—
20	目镜细胞计数器	马庙卫生院 翟福亮	—	94307052.x	—
21	一次性阴道清理器	县招待所 张瑞生	—	94241133.7	—
22	旋桨式蜂王浆抽吸器	县人民医院 吴福明	—	95233195.0	—
23	一次性阴道清理器	马庙乡田庄 江成科	—	94241134.x	—
24	胶壳闸刀	县电力实业公司 王连振	—	95234031.7	—
25	一种有载分节开关	金乡北斗路 张庆祥	—	—	—

第五章 气象 地震

第一节 气象预报

1958 年，山东省气象局投资建设金乡县气象局，时称金乡县气候站，工作人员 2 人。1959 年 1 月 1 日正式观测，开展预报服务，观测站位于县城东南三里苗圃。1959 年金乡县气候站归属县农业局领导，1960 年 3 月 1 日更名为“金乡县气候服务站”；1965 年，站址从三里苗圃迁至县城北部。是年底，改名为“山东省金乡县气候服务站”，划归山东省气象局建制；1966 年改名为“金乡县气象服务站”；1970 年 8 月，实行由军事部门（县人民武装部）领导为主的双重气象行政领导体制；1973 年 8 月，实行由县革委会领导为主的双重气象行政领导体制，更名为“金乡县革命委员会气象站”；1981 年 3 月，气象部门实行垂直管理，成立“金乡县气象局”，为正科级行政单位，归济宁市气象局领导。1997 年，迁址金乡县城北部的孙庄村北。2005 年有在职工作人员 9 人，离退休人员 8 人。

气象观测

1959 年 1 月 1 日起，每天 4 次（02、08、14、20 时）常规地面观测，并向山东省气象台发小图报。1962 年 1 月 1 日起，改为每天 3 次观测（08、14、20 时），并增加了气压观测项目。1972 年 1 月 1 日，改为每天 4 次观测；1981 年 1 月 1 日又改为每天 3 次观测。1983 年 6 月，增加传真机传输业务。2000 年 1 月 1 日，正式启用 AHDM4.1 地面气象测报软件。2002 年 12 月，安装自动气象站。2004 年 1 月 1 日起，自动站与人工站进行为期两年的平行观测。2006 年，自动站单轨运行。

气象信息网络

1995 年 6 月，市县地面观测计算机终端正式开通。2000 年 1 月 1 日起，通过分组交换网传递各类电报。是年 11 月完成卫星综合应用业务系统（9210 工程）建设，并投入运行。2000 年，中文电子邮件办公系统延伸到局，实现与国际互联网的连接。2002 年年底，气象探测网建设起步，2003 年，实现地面报表制作自动化和网络传输。

天气预报

1959年1月1日始，根据单站资料绘制温、压、湿三要素曲线图和点距图制作发布天气预报。20世纪70年代，依靠收听上级气象台预报和分析天气图制作发布当地天气预报。通过预报会战，金乡气象局先后总结出《副高进退和本站南风升压预报雨季开始》《高空指标站和本站要素相结合预报夏季中等强度降水过程》等预报方法，制作天气预报。1983年6月始，增设气象传真接收机，接收地面和高空各类天气分析图表，为本县天气预报制作提供理论依据和方法，实现天气资料信息共享，提高气象信息传递时效。1986年，县政府投资增设甚高频电话传递系统，为县、市天气会商和其他信息传递提供平台。

1991~1995年，坚持每天对金乡县各种气象要素进行测量，为气象情报、气候分析、科学研究等提供观测数据2万余组。金乡广播电台、电视台辟有天气预报节目。特别是新增调频电话、486微机终端、云图接收装置、传真机等一整套先进设备，为天气预报提供了可靠依据，预报准确率逐年提高。1996年，实行市气象台替代县气象局制作冬半年天气预报。2005年年底，实现了市气象台替代县气象局制作天气预报，县气象局根据市气象台的天气预报订正制作本地天气预报对外服务。建立了市一县网络预报会商系统、气象情报灾情收集系统、气候影响评价系统等。

气象服务

公众气象服务 20世纪70年代前，天气预报只能通过电话传到县广播站，县广播站通过有线广播才能将天气预报传递到千家万户，后来发展到通过无线广播电台对外发布天气预报。20世纪90年代，通过电视台、电话等传播天气预报信息。到2005年，主要通过数字电视、手机短信、互联网等进行天气预报服务。

决策气象服务 1977年成立农业气象组至今，设有专人负责农气工作，主要从事农业气候观测，农业气象情报、预报、农业气候分析等服务。进入21世纪，决策气象服务得到迅速发展，主要是为各级党、政机关和决策部门指挥生产、组织防灾减灾，以及在气候资源合理开发利用和环境保护等方面进行科学决策提供气象信息。主要提供天气预报，气象信息专报，农业气象服务，防汛、抗旱、防火气象服务，环境气象服务，气候资源开发建议等服务。服务手段有：当面向领导汇报、书面材料报告、手机短信、微机网络终端和广播电台、电视台插播天气预警信息，确保本县党政领导在第一时间掌握重要气象信息。

专业与专项气象服务 1993年，金乡气象局与县劳动局联合发布《关于楼房和构筑物每年进行避雷测试的通知》，开始进行避雷检测工作，是年，由县政府发文成立防雷减灾领导小组，与劳动安全、消防联合开展防雷装置检测。2002年，成立由分管县长为组长，气象局长为副组长的人工影响天气工作领导小组，购置人工增雨火箭发射架，适时开展人工增雨作业。

气象科技服务 1988年，建立金乡县气象预警系统，全县各乡镇均能及时收听到气象信息。1991~1992年，先后在司马镇、羊山镇、胡集镇组建了气象科技服务网，为182个行政村安装了气象警报接收机，使全县35%的行政村不仅能及时听到气象科技信息，还能收听县广播电台。1998年初，金乡县气象局在济宁市率先开展多媒体影视天气预报制作业务，在县电视台开播电视天气预报节目。

气象科普宣传 1991~2005年，组织“气象咨询服务队”走上街头、村口进行气象科普宣传。每年春季，组织预报、农气人员进行现场气象咨询服务。服务重点：春季天气预报、当年旱涝趋势、农作物栽培的气象条件及病虫害防治、气象科普知识等。利用“3·23”世界气象日，印发气象信息和气象科普宣传材料，多方位宣传气象科普知识。

气象法规建设

1986年4月，县政府办公室转发县气象局《关于保护气象观测环境意见的报告》，在县建设局进行了气象探测环境保护备案。严格施放气球管理工作。8月，与县物价局联合行文贯彻落实《山东省气象部门收费及其财务管理细则》，制订并执行专业气象服务收费标准。1998年4月，成立金乡县防雷减灾领导小组，对教育、化学危险场所、建筑等单位进行检查、检测，使全县防雷工作逐步规范化。2004年4月，与县建设局联合下发《关于加强建设工程防雷设计审核和竣工验收工作的通知》，并严格检查落实。

1991年，金乡气象局获山东省农业气象优质服务集体二等奖。1992年在山东省农气优质服务竞赛中荣获三等奖。是年，在汛期降水预报竞赛中获全市第二名。1990~2004年，连续保持了县级“文明单位”称号。2005年，晋升为“市级文明单位”。

第二节 地震监测

1976年7月28日唐山地震后，成立金乡县防震办公室，后改称地震办公室，隶属县科委。2004年3月成立地震局，正科级，隶属县科技局。2005年人员编制4人，无内设机构。

1998年以前，县地震办公室职能主要是负责地震监测，同时做好群测群防工作。1998年3月1日，《中华人民共和国防震减灾法》颁布实施，强化了地震机构的管理职能。县级地震管理机构除地震监测外，增加了预报、地震灾害预防管理以及地震应急管理与协调。

1976年，曾在鲍楼中学设地震微观测报点。1979年，在县糖（酒）厂设深水井（260米）地震宏观观测点，1984年撤销。1991~2005年，全县有地震观测点12个。分别是洪云牛场、东蔡鸡场、金乡东方兔场、金乡县麻羽种鸡场、金乡县金华种鸡场、成华鸡场、周楼鸡场、张楼种鸡场、沈庄鸡场、张窑环保猪场、金星种鸡场、马庙镇兽医站鸡场。因受技术水平、设备及技术力量限制，县地震管理部门无法自行开展地震预报工作，只能在省级地震网内进行地震监测，预报工作由山东省地震局计算机网络统一发布实施。

第六章 社会科技

第一节 理论研究

1991~2005年，县科学技术协会带领全县科技工作者坚持不懈地从事科技理论研究和学术交流，取得了丰硕成果，形成了一大批科学技术调研报告和学术论文。县科协组织编印《金乡县小麦栽培实用技术》《科技之春》《金乡科普》《科技参考》等图书期刊，为农民学习科学技术提供了平台。同时撰写了《庭院种植佛手瓜的考察报告》《代繁甘蓝、大白菜良种的调研报告》《关于合理调整我县大蒜种植结构、面积的建议》《关于大蒜优质高产开发立项报告》《关于在全县大力发展食用菌生产的可行性分析报告》等130余篇调研报告，为县委、县政府科学决策提供依据。其间，县科协与相关部门配合，共组织开展优秀论文评选活动6次，征集优秀论文300余篇，其中《大蒜优质高产栽培技术指标化研究初报》《一种新型实用的消弧线圈》《县级医院开展临床药学的探讨》《立木生长率研究初探》《599例新洁尔灭引产体会》《带蒂大网膜移植在食管胃吻合术中的应用》《黄泛平原区人工回补地下水研究初探》等60余篇论文获评省、市科协优秀论文。《复方甲苯咪唑驱治肠线虫方法探讨》《人口流产利多卡因宫颈内口表面麻醉》《小麦病虫害防治与小麦高产稳产的关系》《紧凑型玉米高产原理分析》《5~17岁儿童少年口腔卫生与疾病调查》《老年性白内障术后护理诊断探讨及护理》《普查妇女病1500例分析》《新生儿窒息112例临床分析》《金乡县湿地资源现状调查及对策》等170

篇论文获县级优秀论文。

第二节 学术活动

1991~2005 年，各级科协和所属团队围绕科技和经济发展课题，组织多层次、多形式的学术活动，仅县直学会就举办学术交流会 150 多次，交流论文 1650 余篇，学会会员撰写论文 2508 篇，聘请外地专家到金乡讲学 72 次，参加全国和省、市学术交流会 75 次、425 人次，撰写考察报告 135 篇，被县以上党委、政府采纳 25 篇，提科技建议 1180 余条，被县以上采用 56 条。县水利学会提出的“金南地下水回灌工程总体设计规划”建议获山东省科协优秀科技建议二等奖，并被省计委、省水利厅立项实施。金南曹庄橡胶坝工程的竣工，解决了金乡南部 11 个乡镇，45 万亩耕地的农田灌溉、25 万人口和畜禽的饮水问题，累计社会效益 20 多亿元。15 年间，县科协先后 6 次组织优秀学术论文、优秀科技工作者评选活动，共评选出优秀科技工作者 180 余名；优秀学术论文 300 余篇。

第三节 成 果

1991~2005 年，县科协和 12 个县直学会以及 168 个各专业学会，根据全县经济发展需要，积极开展推广科技成果的学术和实践活动，配合县、乡镇政府建立胡集镇红提葡萄、缗城镇美国油桃、司马乡（镇）食用菌等 19 个科普示范基地；建立科技示范村 30 个，培养发展科技带头户、示范户 8000 余户，发展会员上万人。县大豆研究会，经过多年试验、示范，培育出高丰大豆新品种，在全县播种 4 万余亩，一般亩产 250 公斤，高产地块 300 公斤以上。张翟村蔬菜研究会，引进微滴灌溉技术，既节省能源，又提高了经济效益，为大棚菜生产积累了新经验。县家禽协会，会员 300 余人，常年交流饲养经验，传授技术，推广良种，开发饲料资源，为家禽养殖户提供全方位服务，荣获山东省农技协先进单位。农民孟庆军开发食用菌生产，年创收 3 万多元，成了小有名气的致富典型，其事迹在省科协主办的《科普通讯》上发表，1992 年被评为山东省农林科技致富能手。

1994 年 8 月，县科协从省农科院引进小麦良种白玉 149，在科普试验基地试种 200 余亩，亩产 500 公斤左右，1995 年，在全县大面积推广。1995 年县林学会引进的苹果套袋技术，解决了多年裂果、粗皮、色淡、费工、费药、多病等问题，当年增加经济效益 20 余万元。

1999 年，引进推广畜禽、水产及农作物新品种 38 个，全县农作物良种覆盖率 98% 以上，种子精选率 100%，种子包衣率 60%，配方施肥面积 50 万亩以上，秸杆还田 40 万亩，推广模式化栽培技术 60 万亩以上，各种形式的间作套种立体种植 70 万亩，化学除草 60 万亩，化控化调技术 60 万亩，农机农艺配套技术 50 余万亩，病虫害综合防治技术 80 万亩。

1991~2005 年，县科协先后引进助壮素、丰产素、小麦固氮菌、菊氧乳油，防治果品腐烂病的 S-921、施尔得、矮丰灵、旱田除草剂、钼肥和农作物新品种早薹 2 号、脱毒大蒜、越冬甘蓝、冬枣、冬桃等新技术、新成果 260 余项，均取得较好经济效益。2005 年，县科协科技咨询服务中心引进的理想型“906”小麦新品种，首创金乡县小麦单产 630 公斤最高记录。

1994 年，县科协制定“金乡县金桥工程计划”，成立领导小组，落实活动规划和具体项目，至 2005 年，全县共立“金桥工程”项目 70 余项。县科协科技咨询服务中心将青岛科光生物剂厂生产的“施尔得”高科技产品快速介绍给县生产资料公司，生产出合格产品，当年取得经济效益 10 多万元，社会效益 200 多万元。县农学会会员王月强，致力于大蒜病虫害防治研究，对大蒜根蛆病、叶枯病、茎枯病、紫斑病等 7 种主要病虫害，找到运用药物开展防治的最佳措施，得到上级科研单位认可，项目实施后，年增效益 5000 余万元。

1992 年，金乡县获全市农村青年科技星火活动先进县；1993~1994 年度，县科协获山东省科协

“金桥计划”组织奖；1995年，被国家科协评为“全国农村科普工作先进集体”；1996年，获评山东省科协系统先进单位；1997年，先后荣获全国农村科普工作先进集体、中国农函大先进分校、山东省和济宁市科协先进单位、山东省科普宣传周先进单位、山东省农技协先进单位、济宁市农村党员干部实用技术培训先进单位；1998年，获评山东省、济宁市科协先进单位、省科技下乡活动先进单位、市农村党员干部实用技术培训先进单位；2004年，被济宁市科协评为先进单位。

第二十九篇 文化

文　化

金乡县历史悠久，文化积淀丰厚，英才辈出。1991~2005年，全县有省级以上作协、书协、美协、画协会员30余人，文学及艺术创作方兴未艾，小说、散文、杂文、报告文学、影视剧、戏剧、小品等219篇（部）文学作品先后在市级以上报刊发表，歌曲、舞蹈、书法、美术、篆刻等艺术作品分别在全国和省、市获得50余个奖项，部分作品被收编入卷。群众性文化活动蓬勃发展，日趋多样化，唢呐队、秧歌队、高跷队、舞龙队、心连心艺术团（四平调）、豫剧团、中老年艺术团等30多个文化艺术团体活跃在全县城乡。其间，举办农民（民间）文化艺术节14届，组织文艺演出200余场，开展各种文化活动及文化下乡2.3万余次，放电影6万余场。广播电视事业发展迅速，图书和报刊发行量逐年增加，档案和文化娱乐市场管理井然有序，古遗址、古建筑、古墓葬等文物得到妥善保护。

第一章　机　构

第一节　文化局

金乡县文化局成立于1976年2月。1993年12月，文化局与体育运动委员会合并，称金乡县文化体育委员会。1995年9月，恢复文化局。局内设办公室、人秘科、文化科，编制8人。2002年5月，与教委、体委合并组建金乡县教育局。2005年机构改革，恢复县文化局。下属单位有：文化馆、图书馆、文物管理所、电影公司、金乡剧院、文化音像市场稽查队及14个乡镇文化站。

1999年10月，县图书馆被文化部命名为“三级图书馆”；2000年、2003年，县文化局分获济宁市第六届、第十一届农民文化艺术节“优秀组织工作奖”；2001年10月，组织开展的文化广场活动被济宁市委宣传部、文化局授予“优秀文化广场”称号；2004年2月，被济宁市人事局、文化局授予“全市文化工作先进集体”称号；2005年3月，被济宁市委宣传部授予“济宁市2004年度文化科技卫生‘三下乡’活动先进集体”称号。

第二节　广播电视局

1990年前，县有广播站，各乡镇有广播放大站。1991年，始建金乡县广播电视局（简称广电局），内设办公室、财务室、广播电台、电视台、物资供应站5个股级科室，有干部职工37人，其中，编辑1人，工程师4人，记者2人，会计1人。1993年12月机构改革，广播电视局更名为广播电视管理服务中心。增设有线台服务公司、广播电视物资供应公司。1995年7月，根据省、市文件要求，恢复广播电视局。1999年，增设稽查科。2005年，县广播电视局设置一套班子，两个牌子，即广播电视局一套班子，外挂“金乡县广播电视局”和“金乡县广播电视台”两个牌子。内设办公室、财务室、广播电台、电视台、有线电视台、妇委会、稽查科。干部职工107人，其中，编辑3人，记者3人，副高级工程师3人，工程师7人，播音2人，会计1人，经济师2人。工作区和生活区占地面积6.77亩，建有办公楼3000平方米，职工宿舍楼3000平方米。

第三节　新闻出版管理办公室

1996年5月，成立金乡县新闻出版管理办公室，为行政副科级单位，挂靠县委宣传部。主要负责制定并组织实施新闻出版事业发展规划；对新建图书、报刊、音像的出版、印刷、复录、发行单位进行审核、申报；依法管理图书、报刊、音像市场及其出版、印刷、复录、发行工作，对违反新闻出版管理规定的行为进行查处；负责著作权行政管理等工作。2006 年 4 月成立新闻出版局，隶属县委宣传部。2007 年 7 月撤销新闻出版管理办公室，其职能并入新闻出版局。

第二章 文艺创作

1991 年，县有文化馆（副科级事业单位），乡镇有文化站。2005 年年底，县文化馆在职职工 14 人，其中副高职称 1 人，中级职称 6 人，初级职称 3 人，技术工人 1 人，内勤人员 3 人。内设音乐舞蹈组、美术组、创作组和办公室。

1991~2005 年，县文化馆狠抓文艺创作队伍建设，定期召开座谈会、举办培训班，涌现出一大批有作为的文艺创作人才，在文学艺术创作上取得优异成绩。

第一节 文学创作

小说

1991~2005 年，共创作发表小说 30 余篇。其中省、市作协会员李云振创作的小说《黄叶地》，1999 年发表于中国矿业出版社；朱坤雷创作的中短篇小说《布告栏下》《韵姨》《梧桐树下》《黄河古道索梦》《指文商店》《魔力名片》《哦！那年那月》《三个月的鱼》《爱·捉摸不定》《远在他乡》《第七根肋骨》《空中的醉风筝》等 10 部作品分别发表在《济宁日报》《上海文学报》、鲁迅文学院院刊《文泽》或在全国多家网站登载或连载。周明廉创作的民间故事《金乡大蒜的传说》载入 1996 年《新聊斋》第六期。

散文

1991~2005 年，共创作发表散文 100 余篇。其中，朱文明创作的《挖麦茬》获山东支部生活杂志社国庆 50 周年优秀奖，《冬日槐花香》获全国农民读书征文二等奖，《故乡的房子》获新世纪新农村全国农民读书征文二等奖。2003 年 11 月，朱文明成为中国电视剧艺术家协会会员。朱坤雷的 10 多篇散文、报告文学分别在《济宁教育报》《羊城晚报》《西安晚报》《北京晚报》《福建法制报》《金剑》杂志、《法律与生活》《齐鲁晚报》等多家刊物发表。周明廉的《宋瑞珂及其整编六十六师》发表于《联合日报》文史周刊，《论民俗与戏曲》载入《比较文学》专刊，《生儿育女》被收入《济宁风俗通览》一书，《为蒜请功》荣获九洲三峡杯艺术大赛铜奖。李云振的《爱情的颤音》发表在《幸福》杂志，《大胆摘取它，那是爱的果实》发表在《知音》杂志上。吕秀荣的《雨梦》在济宁市广播电视报上发表。

杂文

1991~2005 年，共创作发表杂文 10 篇。其中，朱文明的《读首饰说诚信》荣获读好书、促和谐全国征文二等奖，《漫谈职业道德》荣获“讲道德、讲文明”全国农民读书征文一等奖。周明廉的《语言革命化》《狡猾的贼师傅》《活神仙》等均载于《笑话大王》刊物。

报告文学

1991~2005 年，共创作发表报告文学 20 余篇。省、市作协会员李云振，于 1995 年应省作协之邀，以编委身份参与报告文学集《当代公仆》编辑工作，先后撰写作品 6 篇，共 3.8 万字；1997 年，参与编写报告文学丛书《齐鲁大地的辉煌》，发表作品 6 篇，4 万余字；1999 年，应中央编译局之邀，以特约编委身份，参与报告文学丛书《当代共产党人》二部，创作发表报告文学 3 篇，约 2.2 万字。

朱文明的《金奖人生》《铁面菩萨》《公仆本色》在《山东文学》上登载。周明廉的人物传记《辛亥革命人物杨汉章》，载入《济宁文史资料》第八辑；《威振强邻，国之长城——檀道济》《力挫弼铁骑的一代明将——刘琦》载入《中国古代爱

国名人》一书；《桓桓大将——檀道济》《辽东巡抚——周永春》《正直廉洁的清官——杨挺高》《激流勇退的郭东藩》《沉浮宦海四十年的张诚基》《爱国民主人士杨汉章》《伟大的共产主义战士王杰》《不畏艰难一心跟党走的王畏三》均载入《孔孟之乡古今名人》一书中。

影视 戏剧

1986~2005年，共创作发表影视、戏剧4部。1986年，李云振和李兴华创作的电视连续剧《崩溃》被重庆市委统战部、重庆市电视台选中。李发启创作的电视连续剧《潘杨集》；朱坤雷创作的法院系列剧《天职》、电视电影剧本《单亲情爱》《田亩课》等，刊登在《“东方经验”法院调解艺术》一书中。2004年，朱坤雷又创作25集电视连续剧《强制执行》，被最高人民法院影视中心、中国电影集团、济宁市委宣传部、济宁市中级人民法院联合拍摄、发行。2004年，中央电视台委托QQ网招聘百集电视剧《律师楼》编剧，朱坤雷执笔撰写了7个故事大纲，人物小传，一集剧本。2005年，又创作21集电视连续剧《十字街头》。2004年，胡建斌创作的戏曲作品《孝子闵子骞》，获济宁市戏曲汇演一等奖。

小品

1986~2005年，共创作发表小品25篇。其中，中国戏剧家协会会员朱广英创作的戏剧小品《抢客》获山东省交通厅汇演一等奖；市戏剧家协会会员李振军创作的戏剧小品《挂牌》在济宁市贯彻落实公民道德实施纲要文艺汇演中获创作一等奖，《窗口》获济宁市贯彻信访法规文艺汇演三等奖，《劝访》获济宁市宣传贯彻信访法规文艺汇演创作一等奖，《良心账》获济宁市会计诚信年文艺汇演创作一等奖，并被收入文艺作品集，《关爱》参加市防治艾滋病文艺汇演获三等奖，《踏着王杰的足迹走》参加省军区民兵预备役文艺汇演获三等奖，《蒜乡寿星乐》《尖尖钻纳税》《情人节风波》《哪轻哪重》《自作自受》《老嗜好》《如此代表》等近10多个小品在县各类文艺汇演中获奖。

曲艺

金乡县是著名的曲艺之乡，有各种曲艺演出团体10个，演唱形式以山东琴书、坠子、落子、山东快书、竹板书、渔鼓、大鼓为主。1986~2005年，共创作发表曲艺30余篇。刘世福、张萍、周艳修等演唱的山东琴书《人祸》参加全国曲艺大赛，荣获文化部颁发的“群星奖”金奖。张萍、周艳修创作演唱的山东琴书《打婆婆》在济宁市贯彻落实公民道德实施纲要文艺汇演中获二等奖，《假币风波》在济宁市反假币文艺汇演中获二等奖。抗“非典”期间，李振军创作的山东琴书《新婚别》由刘世福演唱，在济宁市电视台播放，山东快书《为民作主》获创作三等奖，快板小品《考儿媳》在全省国税系统文艺汇演中获二等奖；刘芳演出的山东快书《改线路》在济宁市供电系统汇演中获一等奖；刘芳、李振军创作的山东快书《智斗》获山东省法制文艺作品三等奖。2005年，刘芳的大鼓书演唱形式被市曲协收集整理。张萍、周艳修、刘芳等6人被评为济宁市农民艺术家。周明廉创作的数来宝《观察动物读防震》荣获山东省首届地震文艺作品二等奖，数来宝《夸保险》荣获济宁市“保险之花”文艺汇演二等奖，数来宝《农税改革政策好》、山东快书《送双钱》荣获济宁市《保险之花》文艺汇演新作奖，对口快板《鱼台酒厂赞》荣获济宁第三届百花园《孔府宴》杯曲艺、小品汇演二等奖，山东快书《职业道德颂》《约会》被收入《永铸诚信》作品集。

四平调

四平调由淮北花鼓戏演变而来，以花鼓戏为主，吸收评剧、豫剧、曲剧、京剧、梆子等剧种的曲调而形成，有人称它为“四拼调”，因其唱腔四平八稳，四句旋律一合，后被定名为“四平调”。四平调分布范围较广，河南、山东、安徽、江苏接壤地区均为活动范围。

四平调的剧目，以反映民间男女婚姻家庭伦理的“三小戏”（小生、小旦、小丑）为多。新中国成立后又移植和编写了部分现代剧目百余个。经常上演的剧目有《陈三两爬堂》《三告李彦明》《何文秀私访》《三元会》《金鞭记》《彩楼记》

《紫金镯》《大红袍》等。

四平调以花鼓为基础，同时又大量吸收了其他姊妹剧种的艺术营养，形成了具有金乡浓厚地域特色的艺术风格。女声在质朴之中不失委婉俏丽，男声则高昂豪放、刚柔兼备，保留着较强的说唱特征。

四平调与二黄声腔很接近，也叫平板二黄，是从安徽青阳腔的滚调进一步发展而成的。在京剧传统剧目中除花脸行当外，其他各行当均有四平调唱腔。四平调唱腔与二黄原板相近，兼备西皮二黄两种风格的腔调，京胡要用二黄把位伴奏。四平调的板式不多，只有原板、慢板两种板式，而这两种板式的旋律基本相同，只是节奏和行进速度上有别。中速节奏的称之为四平调原板，慢节奏的称之为四平调慢板。

四平调的唱腔和节奏的变化自由灵活，不管多么复杂和不规则的唱词都可以用四平调来演唱。四平调与二黄唱腔最大的不同就是上下句的落音十分随意，如四平调唱腔的上句、下句都可以落在“2”音上，上句又可以落在“6”音上，下句可以落在“1”音上。梅派名剧《贵妃醉酒》基调就是四平调唱腔。四平调与二黄唱腔的连接十分谐和，四平调的旋律委婉缠绵，华丽多姿，适合表达多样的情感。京剧旦角行当的各个流派，都有别具一格的四平调唱段。

1930 年前后，花鼓艺人庞学文、杜学诗（杜雪亭之父，绰号“黑云彩”）的花鼓班到济南演出，得到南岗子（今新市场）戏院主人支持，赁借旧戏箱及全套锣鼓，开始登台演出。1934 年，邹玉振的花鼓班与其合班，称大兴班，群众称之为“老梆子”。抗日战争爆发后，流亡到安徽的界首、阜阳一带，改名为“山东老调”“山东干砸梆”“文明花鼓”，并与评剧合班，吸收京剧、评剧的表演程式，得到充实和提高。1945 年春，燕玉成、李玉田、刘汉培和杨学智（豫剧琴师）等，对花鼓戏的音乐唱腔进行研究，相继吸收豫剧、评剧、京剧的唱腔，增加弦乐伴奏，形成后来的四平调。

1950 年，杜学诗先生带领戏班到金乡县鸡黍集演出，深受当地群众欢迎。后被中共金乡县委接纳，命名为“金乡县四平调前进剧社”。1954 年，山东省文化厅举办第一届戏曲汇演，杜学诗、刘玉芝、杜雪琴携花鼓戏的传统剧目《小借年》参加演出，赢得好评并获奖。后经加工修改，被山东省吕剧团移植演出并拍成电影，山东人民出版社出版发行剧本单行本。1956 年，经国家登记后，改名为“金乡县四平调剧团”。从此，由原来的划分分配制改为固定工资制。同年 8 月，山东省戏剧研究室编剧邓金禄改编花鼓戏传统剧目《刘芳福借银》和《小二门》，参加山东省文化厅举办的第二届戏曲汇演。刘玉芝获表演二等奖，崔怀君、杜雪琴、庞素梅获表演三等奖，同时获得音乐伴奏奖。

随着剧团扩大，人员增加，生、旦、净、末、丑各个行当逐渐齐全，由原来只能演生旦戏、生活戏，逐渐可以演有帝王将相的大戏，如《孟丽君》《小八义》《金鞭记》《千里驹》等。

1960 年 10 月，剧团在济南为全省积极分子代表大会慰问演出期间，为李富春、李先念等中央领导同志演出四平调优秀剧目《陈三两爬堂》，受到中央首长的亲切接见和高度评价。同年，济宁地区文化局举行戏曲汇演，其演出自己创作的大型革命历史剧《战羊山》，被评为剧本创作奖和集体演出奖。

1975 年，剧团携《画皮》参加济宁地区文化局举行青年演员戏曲汇演，大获成功，青年演员李梅获表演一等奖，李桂华获表演二等奖。

1982 年，朱广英先后创作小戏曲《小团圆》《谢媒人》《谁当家》，参加山东省文化厅举办的第一届戏曲月演出，分别获得剧本创作一、二、三等奖；李玉珍获最佳导演奖；李梅获表演一等奖，杨建华获表演二等奖；刘翠、朱广英获最佳音乐创作奖。剧团被评为全省文化先进单位。上述 3 个小戏均由山东人民广播电台、山东电视台录音录像播放，并报送中央人民广播电台、中央电视台播放。剧本在山东《戏剧丛刊》发表。

随着时代发展，电影、电视的普及，青少年观众对戏曲表演形式不易接受，致使地方戏曲被冷落，剧团经济收入逐年下降，入不敷出，出现演员不愿演，观众不爱看的尴尬局面。1987 年，根据上级文件精神，经中共金乡县委常委会研究决定，撤销金乡县四平调剧团。所属人员被安排到其他单位工作。2006 年 5 月，四平调经国务院批准列入第一批国家级非物质文化遗产名录。

图 29-1　金乡县四平调剧团送文化下乡

山东琴书

山东琴书原是“庄稼耍”，早在 200 多年前就在山东农村中流行。扬琴是山东琴书的前身，最先流传于鲁西南，后逐渐向北（济南及惠民地区）、向东（青岛、烟台）延续扩展，形成“南路”“东路”和“北路”。济宁地区作为“南路”，主要分为四个门类，即“石门”“贵门”“财门”“张门”。在金乡活动的主要有“石门”“贵门”两大门类。清朝光绪年间金乡就有琴书艺人“石门”创始人李凤兴和他的两个儿子李若光、李若亮。李若光嗓音浑厚，唱白清晰，喜拉坠琴走唱；李若亮在唱、说、演、奏上发扬其父兄艺术传统，并大胆吸收曹州梆子、柳子戏等艺术营养，成为“李派”的代表人物，形成了后人传颂的“父子三将”。李若亮于 1957 年调山东省曲艺家协会。

“贵门”的代表人物有周金台（艺名周元凯）和他的儿子周杰山、周福堂（周彦修之父）、徒弟朱合堂（刘世福之师傅）。周金台为创始人。

20 世纪 60 年代，山东琴书在金乡得到空前发展，每到秋收之后农事不多的日子，农民就挖地窑子（以其暖和方便），唱琴书，苦练一冬，到农历过年时，便以琴会友，互相比赛演唱；到正月十五元宵节，形成演唱高潮。一度形成“一村一台戏，五里不同行”的繁荣景象，成为金乡百姓劳作间隙，娱乐生活重要的精神文化食粮。“文化大革命”时琴书也和其他曲种一样，出现了人才、创作和观众的“断层”，直到改革开放后才又重新焕发生机。琴书艺术工作者在过去的基础上不断求新、求实、求变、求进，涌现出了刘世福、张萍、高贵云、周彦修等一批优秀琴书表演艺术家。他们通过挖掘民间经典艺术作品，结合时代新风，在行腔隽美中体现齐鲁风韵，精心演绎山东琴书，融入山东民歌的声腔，经过多年的锤炼，创作出一大批优秀琴书作品，著名琴书表演艺术家刘世福、张萍、高贵云、周彦修表演的山东琴书《人祸》获第十一届全国“群星奖”金奖；刘世福、高贵云表演的琴书《苦乐娘亲》获中国曲艺艺术最高奖——牡丹奖；张萍、周彦修创作演出的《儿媳改过》《血染农家院》在济宁市曲艺汇演中获创作、演出一等奖。形成了独具金乡地方特色的琴书表演艺术风格。

图 29-2　金乡县琴书表演

第二节　艺术创作

1993 年至 1995 年，县文化馆创办“金乡县少儿艺校”，培养出一批艺术新苗。1996 年，成立金乡县艺术中专，至 2005 年，培养专业人员 2000 余人。其中由文化馆专业人员辅导、培训的 200 余名专业人才被输送到全国各大院校和部队文艺团体。张春芳等 6 名歌手在 1998 年参加苏、鲁、豫、皖四省 21 县歌手大奖赛中均获一、二、三等奖。

高淑芬被山东省音乐家协会吸收为会员。孙艳玲、苏海丽、李静媛、刘婷婷等35人被市音乐舞家协会吸收为会员。2005年年底，全县共有青年文艺工作者协会会员160人。艺术创作队伍不断壮大，一批中坚力量和新人新秀在国家和省、市级艺术舞台上崭露头角，艺术作品创作层出不穷。

歌曲

1991~2005年，共创作发表歌曲10首。其中，朱文明创作的歌词《啊！党旗》荣获建党80周年全省新创作歌曲三等奖，《祖国，我为您高歌》在山东省业务干部专业比赛中获三等奖，《新婚别》获山东省首届孔孟乡音创作歌曲电视大赛铜奖；由朱文明作词、高淑芬作曲的《祖国，我为你高歌》《啊，党旗》《新婚别》《蒜乡三月》《种蒜歌》，由卓先胜作词、高淑芬作曲的《咱们金乡》，由周钦强作词、高淑芬作曲的《金乡，我的故乡》等分别在省、市级获一、二等奖。周明廉创作的《保险好》荣获济宁市“保险之花”文艺汇演二等奖，女声表演唱《爱的歌》载入《永铸诚信》专辑。

舞蹈

1991~2005年，舞蹈创作取得丰硕成果。韩雪影创作的舞蹈《蒜乡秧歌》等在省汇演中获一等奖；金师附小创作的舞蹈《欢庆》，实验中学创作的舞蹈《欢聚一堂》，实验小学创作的舞蹈《蒜乡娃娃庆丰收》，金乡艺专创作的舞蹈《共产党人》《军旗下的军礼》《就恋这把热土》等均获市级以上奖励。

书法

1991年初，赵学伦创办“金乡县首届书法培训班”，先后进行为期2年的业余授课，邀请名家讲学，为全县书法艺术普及、提高奠定了坚实基础。先后组建金乡四中和金乡二中书法班。

1993年4月，金乡县青年书法协会成立，首任主席为中国书法家协会会员赵学伦，第二任主席为山东省书协会员任立存，第三任主席为山东省书协会员肖玉钦，并创办内部交流刊物《青年书画》，发展会员120人。

1998年10月，创建鲁西南书画院，特聘山东省书协主席张业法任名誉院长，县人大常委会党组书记、第一副主任侯宪林为名誉顾问，山东省书协理事、济宁市书协副主席张继民为首任院长，发展院士200余人。先后承办“山东省第五届青年书法篆刻展”“山东省首届刻字展”“山东省五县（市）书法联展”，相继与曲阜、汶上等周边县区举办一系列交流活动。鲁西南书画院、县青书协联合承办“中华蒜都”首届全国书画展，印刷出版《“中华蒜都”首届全国书画展作品集》，提高了金乡在国内的知名度，增强了鲁西南地区乃至跨省际之间的文化交流。

2005年年底，全县拥有省级以上书协、美协会员28人。张继民、李守乾、刘德文、任立存、黄化良、周永、李振军、孙善民、肖玉钦、刘长森、刘卫东、孙宏伟、赵艺、邱全景、刘国明、章文、李留顺、高景军等一批中青年省级书协会员成为金乡县书法事业的中坚力量。

在全省第五届青年书展中2人获奖、4人入展、8人入选；在全省第六届青年书展中1人获奖、4人入展，全市首屈一指；在中国书协主办的八届国展、首届青年展、全国第七届书学讨论会、全国首届行书大展、全国纪念建党85周年书法大展、西冷印社首届手卷展、全国第六届刻字展以及“小榄杯”等国家级赛事中，相继获奖、入选、入展10人次，填补了历史空白；在“林散之奖”全国书展中，入展5人，获奖2人；在山东省第四届书展中1人获奖，1人入展，1人入选。

李振军 1992年参加全国五台山杯青少年书画大赛获优秀奖；1995年参加全国环保杯书画大赛获优秀奖；2003年参加全国海湾大赛获二等奖；2004年，山东省书画作品五县联展获二等奖；2005年荣获济宁市包村工作书画展获二等奖。

吕秀荣 1999年创作作品在“济宁市庆国庆、迎回归女职工书画、摄影、工艺制作品展览”中荣获二等奖。

篆刻

1991~2005 年，共创作发表篆刻 4 篇。黄化良获《书法报》书法篆刻大赛优秀奖、山东省书协“首届刻字艺术展”优秀奖。

美术

1991 年始，金乡县一批中青年画家脱颖而出，很多作品在国家和省、市获奖。中国美协会员、山东省美协会员、中国美术教育研究会会员朱岩的作品《凝春》参加中国美协主办的中国建设书画精品大展；《雪之浴》参加中国美协主办的迎奥运全国中国画大展；《寒塘初雪》参加省美协主办的首届中国画双年展，获铜奖；《秋籁无声》参加中国美术家协会第十七次新人新作展；《荷塘秋深》参加全国少儿美术教师优秀美术作品展览，获优秀奖；《冬的记忆》参加中国美协 2004 年“菜乡情”全国中国画提名展，获优秀奖；《秋色赋》参加中国美协 2004 年中国画作品展；《峥嵘岁月》参加首届中国（湘潭）齐白石国际文化节、全国中青年中国画作品提名展获优秀奖；《丽日清秋》参加中国美协 2005 年第二届“菜乡情”全国中国画作品提名展。

省美协会员、市美协理事王诚廉的工笔画《暗香》在文化部举办的“爱我中华中国画、油画”大展中获优秀奖。国画《唯有牡丹真国色》入选第十届全国美展山东展区预选作品展，获优秀奖，作品编入《山东省美术全书》。

杜永义的《双栖》《山水》入编中国书画院主编的《翰墨中国》大型系列书画集第二卷，获金奖；《江山千古秀》《泰山松云》入编中国书画院主编的《翰墨中国》大型系列书画集第三卷，获金奖；《虾》在济宁市建党 70 周年书画代表展中获二等奖。

李涛的国画《美术考生》入选第十届全国美展山东东区预选作品展；《明月几时有》入选全国书画小品展，并收入作品集。

周红霞的《兰竹图》获济宁市第三届农民文化艺术节暨第二届职工艺术展二等奖;《杜鹃花开》获济宁市群众美术书法作品展三等奖;《富贵花开》入选济宁市纪念毛泽东同志《在延安文艺座谈会上的讲话》发表 60 周年书法展览；《争艳》获济宁市文化艺术馆、站业务人员技能比赛优秀奖。

吕秀荣的《荣华富贵》获济宁市文化馆专业技能比赛优秀奖。

胡建斌创作的油画《秋声》在济宁市比赛中获优秀奖,《春之舞曲》参加省文化艺术专业考核，成绩良好。

青年画家韩晓健、黄河、徐旭、徐林生作品都在省、市书画展中获奖。

剪纸

县文化馆杜永义的《迎新春》参加山东省农民书画研究院联合举办的山东省剪纸大赛获二等奖；《暮归》获济宁市中信杯美术作品精品展二等奖；《春韵》获济宁市首届残疾人书画大赛三等奖；《祖国颂》荣获济宁市建国 53 周年书画摄影展一等奖；《志在千里》获济宁市文化馆站业务技能大赛一等奖。

根雕

李润，中国根雕协会会员、中国根雕艺术评委之一，其根雕艺术在全国展览中有很多作品获一等奖，不少作品被中外人士收藏。

第三章　群众文化

金乡有着悠久而又丰富的民俗文化。1991 年始，县文化局组织人员深入农村，对民间艺术进行普查、搜集、开发和研究，整理出《金乡县民间文学集成》，编写《中国民间故事——山东金乡卷》30 多万字，发掘整理了清朝的跑竹马、高跷、秧歌、舞狮、山东琴书、四平调等民间优秀传统文艺。每年与县委宣传部、国税局、财政局、县工会、供电局等部门联合举办“国税杯”文艺调演、“会计诚信建设文艺汇演”、全县中小学生“我爱唱歌”卡拉OK大赛、金乡县“农行杯”卡拉OK业余歌手大奖赛、“迎新春，奔小康鱼山杯”书法大奖赛、“庆十一”书画作品展等多种形式的文艺演出。同时，随着全县经济快速发展，人们生活水平的逐步提高，“广场文化”“消夏电影周”“企业文化”“文化下乡”“送戏下乡”等文化生活日趋活跃。至2005年，已成功举办金乡县第1~14届农民文化艺术节；组织歌咏比赛、“文明杯”篮球赛、“丰收杯”农民运动会、元宵灯展、“根雕、石雕”艺术精品展览、菊花展览、唢呐大赛、串街表演等各种文化活动近3000场；为全县农村及中小学校送戏2万多场，电影6万多场，春联2万余幅。

第一节　表演团体

戏剧表演团体

1987年，金乡县四平调剧团解体，此后，全县再没有职业演出团体。随着社会发展和群众物质生活提高，人们对精神生活的需求也越来越强烈。2001年，以原四平调剧团退休老艺人卢桂荣、胡志芹、苏宪芹、张佩环、朱广英等为主，吸收部分业余戏剧爱好者，成立“金乡县心连心艺术团”。自筹资金购买音响、乐器和道具，利用周末时间，常年坚持在星湖公园演出，有时在春节前后到农村、厂矿为群众演出，主要剧目以四平调为主，有《陈三两爬堂》《三告李彦明》《小姑贤》《墙头记》等，受到群众好评，并被市、县电视台拍成专题片播放。

2003年，戏剧业余爱好者刘新华、徐桂英、赵传德、王汝存、曹兴亮等，成立“金乡县中老年艺术团”。自筹资金购置服装、道具、乐器、音响，每天下午在体育场“小三角”坚持为群众演出，深受赞誉。

2005年，李玉峰、杜雪亭等牵头成立“金乡县雪锋豫剧团”，自筹资金10多万元，制做流动舞台，购置服装、道具、音响、乐器和幕布，利用农闲季节在金乡和周边县区巡回演出，是金乡县唯一有演出证件的自负盈亏演出团体。2005年底，金乡县心连心艺术团和雪锋豫剧团被市文化局授予优秀庄户剧团称号。县委、县政府已将金乡四平调作为地方稀有剧种，申报省级非物质文化遗产项目，进行挖掘、收集、整理和保护。

乡村民间艺术表演团体　主要有金乡镇中老年秧歌队、高跷队、二鬼摔跤队、盘鼓队、南门村秧歌队，王丕镇竹马队，马庙镇秧歌队，兴隆乡潘阁秧歌队、舞龙队，鱼山镇舞狮队等。

第二节　文化活动

企业文化活动

1992~2005年，成功举办六届职工文化艺术节。

农村文化活动

组织全县业余骨干，成立“五下乡”文艺宣传队，每年都在全县各乡镇进行巡回演出。1992年开始，每年组织举办农民、职工文化艺术节，开展农民职工歌手大奖赛、曲艺大奖赛、唢呐比赛，让乡村民间艺术进城（包括高跷、狮子舞、秧歌舞、竹马、二鬼摔跤、舞龙、盘鼓串街表演），其中，

图29-3　五下乡文化艺术团表演

王丕马楼的竹马代表金乡县参加济宁市农民文化艺术节串街表演获优秀表演奖。全县20余个唢呐队活跃在全县农村，丰富了农民文化生活。县文

化馆多年被济宁市委宣传部、县委宣传部授予五下乡“先进单位”。

节庆文化活动

1991年始，县文化馆每年利用元旦、春节、“三八”“五一”“六一”“七一”“八一”“十一”等重大节日，组织、辅导、编排大型文艺演出活动200余场。每年春节、元宵节都在农村和县城串街表演，增添节日气氛。2001年后，每年还配合县里组织的大蒜节庆祝活动，选拔优秀节目与明星演员同台演出。

文艺团体到金乡演出

演出地点主要在金乡剧院。金乡剧院始建于20世纪70年代，1975年竣工，建筑总面积2200平方米，可容纳观众1734人，设有化妆室、更衣室、道具存放室、演员休息室等。1991年后，曾对剧院多次进行修缮。2005年，将剧院内部消防器材全部更新，对舞台上的易燃物进行阻燃处理，全面整改供电线路，提高了安全性。

1991~1998年，剧院实现总收入分别为9.6万元、13万元、14.5万元、11.4万元、14.4万元、24.7万元、16.7万元、16.8万元。1999~2002年，实行分组经营。2003~2005年，完成收入分别为18.6万元、20.4万元、25.7万元。

1991~2005年，共接待县内大型会议160余场，大型演出84场；承接外地大型演出团体227个，演出700余场，其中上演具有教育意义的大型舞台剧80余场，如《师魂》《孔繁森》《任长霞》等。

1991~2005年，到金乡剧院演出的著名文艺团体有前卫歌舞团、河南省豫剧二团、天津曲艺团、河南省青年豫剧院、铁岭市艺术团、亚西亚歌舞团、中国煤矿歌舞团、乌兹别克斯坦歌舞团、梨园春剧组等。著名艺人有李默然、李光羲、范圣琦、耿莲凤、邓玉华、罗天婵、刘晓庆、唐国强、赵琳、刘忠河、姜昆、赵炎、董文华、潘长江、白雪、付笛生、任静、迟志强、杨九红、陈红、黄鹤翔、马金凤等。

1991~2005年间，金乡剧院多次受到县委、县政府表彰，多人次获市、县级荣誉称号。

第四章 图书 报刊

第一节 图 书

图书馆建设

金乡县图书馆始称中山图书馆。1979年4月由省、市拨款和本县筹集资金12万元在文峰路建立新馆，正式更名为金乡县图书馆。新馆占地面积3180平方米，建筑面积805平方米，内设馆长室、办公室、书库、阅览室、资料室。

1980年，藏书由2万册猛增至3.5万册。1985年，藏书近4万册，报纸29种，杂志130种；常年读者1500人，借阅集体10个，每年读者约1.8万人次。此后由于经费不足，停止购置新书，财政拨款只保人员工资和水电费。

1991年，恢复工作秩序，制定有关借阅、赔偿、读者登记等办法及各种工作守则，提高业务人员素质。1994年，对基层图书室情况进行调查摸底，全县共有基层图书室65个，其中学校图书室6个，藏书7万册；农村图书室50个、工厂图书室8个、机关图书室1个，藏书5.4万册，有图书管理人员70人。

1995年，增设少儿阅览室、期刊室。藏书总量8.8万余册，其中，图书42168册，古籍2700余册，报刊43730册，另含二十一史及《金乡县志》等历史珍贵资料，持证读者2600人，年流通阅读2.8万余人次。为方便读者，提高馆藏图书利用率，实行预约借书，送书上门，跟踪服务，由封闭型向开放型转变。

1997年，图书馆申报国家三级馆。按《普通图书著录规则》标引和著录图书，书刊分类以《中图法》（第四版）为依据，统一书标、登录号、馆藏章、馆藏位置，配有专人管理，及时维护保养，目录组织质量误差率为1%以下。实行图书、报刊开架借阅，每周开放时间56小时。充分发挥图书为科技、生产服务作用，尽量满足到馆查、借科技资料读者的要求。在坚持送书下乡、跟踪服务的同时，加大扶持各乡、镇文化中心和图书馆建设力度，帮助筹建马庙、霄云、兴隆、高河、羊山等乡镇图书室，从购书、登记、分类、编排、上架、借阅、图书管理等方面予以指导，使其逐渐步入规范化、标准化。

1998~1999年，由宣传部牵头，发动全县各系统、县直各部门和企事单位向图书馆捐赠书刊1万余册，并开展馆际互借、实现资源共享，形成图书馆协作网络。通过招商引资的方式，硬化馆前路面，更换铝合金窗户，维修楼顶，增设书架、报刊陈列架、阅览桌椅等。

2000年，为促进全县图书事业健康发展，组织举办2期基层业务人员培训班，82人参加培训。2001年，派出业务骨干帮助筹建县委党校、羊山中心小学、大义希望小学、魁星中学、金乡镇中学等学校图书室，从购书、外借、管理等方面提出建议，进行标准化指导，验收合格，顺利达标。

2002年，为筹备“中国国际首届大蒜节”，组织力量对过去10年报刊资料进行检索，整理出有关大蒜信息326条，其中金乡大蒜信息239条，并通过网络查阅到国内外大蒜信息69条，同时，对《金乡县志》、金乡蒜史、金乡民间故事等进行挖掘整理，全力做好金乡大蒜的宣传工作。

2003年，开办图书馆电子阅览室，年接待读者4000余人次。

2004~2005年，制定、完善职工职业道德规范和奖惩措施，实行竞争上岗，坚持半年一考核，一年一总评，与职称评定和职称晋升挂钩，调动职工工作积极性。

2005年，成立报刊资源共享中心。县政府办公室发文，明确将县直各部、各企、事业单位地方文献及所征订报刊、杂志、统一存放在图书馆，供全社会读者查询。共累积地方文献200种、3000册，古籍书108种、6450册。至年底，县图书馆共设有12个服务点；帮建乡镇、学校图书馆（室）28个，其中万册图书馆3个；举办图书馆管理学习班10期，培训人员240多人；扶持“科技图书示范户”85户，年发放信息及科普书籍资料1000余份，对重点“示范户”实行跟踪服务。

1998年6月，县图书馆被县政府、县委授予“文明单位”。1999年10月，被文化部评定为“国家三级图书馆”。2002年11月，在市图书馆学会举办的第二届公共图书馆业务竞赛中，3名选手获得三等奖，单位获得团体优秀组织奖；2003~2005年，有1人晋升为高级职称，2人晋升为中级职称，4人评定为助理馆员。4人参加国家图书馆学会组织的论文评选活动，有6篇论文分获一、二、三等奖；5人在国家级、省级专业刊物上发表专业论文17篇。

图书发行

1949年3月，设平原省金乡县支书店，隶属县人民政府教育科。1952年，改称山东省金乡县新华书店。1994年6月，金乡县图书音像发行公司成立，隶属山东图书音像发行总公司，为自主经营、自负盈亏、自我约束、自我发展经营主体，与新华书店为同一单位。1995年，公司实行全员劳动合同制。2005年8月，根据出版集团要求和山东省新华书店统一安排，实行连锁经营，确保图书、音像的市场竞争力。年底，公司设有经理室、党支部、计财科、办公室、教材征订发行部、综合业务科、保卫科、一般书仓库。在职职工41人，其中党员17人，团员8人。销售部门有金乡书城、文体销售部门、音像销售部门、鸡黍门市部、司马门市部、兴隆门市部。公司固定资产2000余万元。

1991~2005年，县新华书店始终以服务经济建设为中心，以社会效益为最高准则，把精神文明建设融入整个图书发行工作，坚决抵制盗版、

盗印等非法出版物和不健康出版物进店，不向二渠道进货，不用现金进货，严把进货质量关。多发好书，坚持“为读者找书，为书找读者”，实行开架售书，开办电脑查询、新书预定、电话购书、代邮代购、流动供应、送书上门等服务项目，并设有读书意见本、缺书登记本。围绕“科技兴农”战略部署，设立农村发行部，拓宽农村图书销售市场。积极配合宣传、科协、广电等部门开展送书下乡活动，组织发行人员利用节假日和赶集日到农村摆摊设点，把优质、实用的科技、法律、生产、养殖等图书送到农民家门口，解决农民购书难的问题，取得较好社会效益。同时，捐赠图书 2.3 万册，充实农村图书室。经常到学校了解课本发行情况，千方百计做好教材发行工作。

2005 年，金乡县新华书店适应改革开放和社会主义市场经济需求，自筹资金 1000 余万元翻建办公图书发行综合大楼，总建筑面积 5100 平方米，其中营业面积 1200 余平方米。图书品种 2 万余种，文体用品 6000 余种，音像数码产品 1 万余种，是鲁西南地区图书品种、营业面积、销售额较大的书店之一。门市采用 VIS 系统中统一规范使用的“新华书店”商标。全部配置木质超市书架和展台，中央空调、休息椅、饮水机、背景音乐、防盗仪、手抄桌等，各部门都装备计算机，实现了办公现代化。

1991~2005 年，县新华书店连续多年被授予县、市级“文明单位”，9 次被金乡县直属机关评为“先进党支部”，多次被县国税局、地税局评为“A 级信誉纳税单位”。2005 年，被山东省新华书店评为“先进单位”。

1991~2005 年金乡县新华书店发行图书教材统计表

表 29-4-1　　　　单位：万元

年度	销售收入	实现利润	年度	销售收入	实现利润
1991	385.2	13.2	1999	1800	46.4
1992	398.9	13.9	2000	1765	40.5
1993	425.6	14.6	2001	1802.6	46.5
1994	434.1	15.7	2002	1735.6	45.7
1995	800.6	18.7	2003	1678.3	42.8
1996	1230.5	29.6	2004	1782.3	43.2
1997	1252.3	26.7	2005	1820.3	43.2
1998	1503.4	32.6	合 计	188147	473.3

第二节　报刊

1993 年 5 月 1 日，创办县委机关报《金乡大众报》，由金乡大众报社承办。1995 年 1 月 1 日，撤销金乡大众报社，成立金乡县新闻中心，继续承办《金乡大众报》。1994 年，每周出版 2 期，每期刊印 1 万份；1995 年起改为每周出版 1 期，为对开大报，每期刊印 5000 份，全部赠阅到各部门单位、乡镇及村、居，为全县经济和社会各项事业发展营造舆论氛围。2003 年，《金乡大众报》停刊。2006 年 4 月撤销新闻中心；2009 年 9 月重设。

第五章 广播 电视 电影

1991~2005 年，金乡县广播电视事业与社会发展同步，设备不断更新，专业技术人员不断充实，对广播电视事业的监督管理逐渐加强，县广播电视局先后出台《关于认真办好自办节目的意见》《节目审查要点》《节目审查管理办法》《安全播出制度》《广播电视宣传报道工作奖励暂行规定》《屏幕差错处罚办法》《重点稿件奖励办法》和《加强综合目标管理工作的实施意见》等规章制度，节目采、编、播各环节管理逐步实现规范化、制度化。全体广播电视工作者，刻苦钻研业务技术知识，加强学术交流，围绕经济建设这个中心，大力宣传各行各业改革开放和精神文明建设取得的巨大成就，新闻宣传质量水平不断提升，节目趋向丰富多彩，广播和无线、有线电视事业从无到有、从弱到强，电视传输管网建设逐步完善，全县城乡均开通有线电视，城区有线电视用户逐年增加，有线电视入村率逐年提高。广播电视事业呈现出速度与质量并进、社会效益与经济效益齐飞的良好发展局面。

1996 年，县广播电台组建编委会，全面领导电台工作，确立“以宣传为中心，其他各项工作为编播工作服务”的指导思想。自办节目有《缗城晨曲》《小康之路》《农民之友》《人口钟声》《蒜乡之夜》等。至 2005 年，每年编辑采写各类稿件 500 余篇，编播新闻 400 余组，开设各类专题 100 余组，向省市广播电台供稿 500 余篇。先后多次荣获山东省广播电台集体记者二等奖、济宁市电台供稿先进单位，多名个人荣获山东人民广播电台模范通讯员、济宁市电台优秀通讯员。

图 29-4　广播电视大楼

第一节 广　播

1991 年，金乡人民广播电台设有 50 瓦调频发射机一台，发射频率 104.5 兆赫。每天早、中、晚三次转播中央和省广播电台新闻节目，转播时间约 7 个小时。

1991 年，开办《对农村广播》，引领农民建设富裕新农村。

1993 年 7 月 1 日，开办直播栏目《午间大世界》，通过直播形式，解答听众疑问，与听众互动交流，受到广泛好评，每天接收听众热线电话 20 余个，每月接处听众来信 100 余封。

1995 年，开设《广播讲座》，进行系列教学节目广播。

第二节 电　视

金乡电视台设有自立式电视发射铁塔 1 座，高 97 米，发射功率 300 瓦，覆盖半径 25 千米，300 瓦发射机 1 台，发射频道为 9 频道。1991~1997 年摄、录、编设备为模拟方式，录像带播出。1997~2005 年，陆续对拍摄、制作、播出设备进行改造。摄像机由 3/4 系列过滤到 DVCPRO 系列，制作设备由线性编辑过渡到非线性编辑，播出设备由 3/4 系列过渡为 DVCPRO 系列播放设备。

金乡电视台开播之初，每天只是转播中央电视台《新闻联播》《焦点访谈》、电视剧等节目。1993 年 12 月 1 日，开始自办节目，初办栏目只有《金乡新闻》，后又陆续开设《为您点播》《人口与钟声》

《小康之路》《创业之星》等栏目，配合县委、县政府中心工作，做好重点宣传和重点报道。

1993年10月，县有线电视台开播8套有线电视频道，通过接收卫星电视信号传输，主要播放中央及省级上星电视节目。1996年年底，市、县广播电视传输网建成，有线电视事业进入蓬勃发展时期。乡镇广播电视站由乡镇政府管理，鼓励集体和个人发展有线电视。至2005年，县电视台有摄像机10台，编辑线3条，新闻从业人员25人。除全天候传送25套中央、省、市、县电视节目外，每年还采制各类新闻稿件800余条，开办各类专题100余期，播出《金乡新闻》100余期，向上级电视媒体年均供稿1000余篇。在市电视台连年获总用稿第一名，集体记者一等奖。《金乡农民聘请销售代理》《科技鸳鸯》《金乡百余名农民上大学》《零点行动》《金乡十三个村摘红帽子》《鸡黍镇悄然兴起"托畜所"》等荣获济宁市"广播电视奖"。

第三节 电 影

1991年前，金乡县城有位于中心路南1967年翻建易名的东方红影院1个，1979年在文峰路南建设的露天电影院1个，共容纳观众3200余人。霄云、卜集、鸡黍等乡镇也建有电影院。

1991年3月8日，在原东方红影院旧址上，由徐州建筑设计院设计的影视中心正式破土动工。1992年8月，完成土木建筑工程；11月，在济宁市电影公司专业技术人员指导下，开始进行放映设备安装、调试；12月30日全部竣工。1993年1月1日，金乡县影视中心正式投入运营。

县影视中心共2层，除有998座的豪华观众厅外，一楼建有可容纳200余人的录像厅、影视大酒店、咖啡厅、电子游戏室、台球室；二楼建有舞厅、招待所、小卖部等，是集休闲、娱乐、饮食、住宿于一体的多功能文化设施，在鲁西南地区首屈一指，在全国县级影院中也属一流。

1994年，影视中心组织放映《红番区》《白金龙》等成龙主演的大片和《黄飞鸿》《功夫皇帝方世玉》等电影。露天影院也在夏天积极组织放映，特别是县城中学包场放映，既加强了对广大中学生的爱国主义教育，又取得较好营业收入，当年收入46.20万元。1995年，电影放映收入61.3万元。

1996年，影视中心每周末搞一次夜市电影，连续放映四部各类型国内外大片，观众上座率大为提高。同时，做好县内大型会议的接待、服务工作。通过多项经营，全年累计收入77.30万元。

1997年，影视中心成功组织《红盾出击》《军嫂》《离开雷锋的日子》《大转折》《鸦片战争》《红河谷》《刘胡兰》等多部政治教育片，受教育观众10万余人次，同时，上映《暴走战士》《毁灭者》《霹雳火》《义胆厨星》《失落的世界》《神偷谍影》等10余部国内外大片；并向农村发放350余部16毫米影片，放映场次1000余场，教育观众2万人次。全年收入突破100万元，比1996年增收20%，创影视中心建成后收入最高纪录。

1998年，影视中心组织《丰碑》《周恩来——外交风云》《背起爸爸上学》《花季、雨季》等爱国主义教育影片和《泰坦尼克号》《我是谁》《天地大冲撞》《风云——雄霸天下》等国内外大片的放映工作。其中《泰坦克尼号》创金乡县单片历史收入最高纪录。11月份，组织放映计划生育片《结婚之后》，受教育观众6000人次。当年，全县城乡共放映各类影片300余部，放映场次3000余场，受教育观众32万人次，收入70余万元。

1999年，城市影院组织放映《大进军——解放大西北》《挥师三江》《国旗在我心中》等十几部爱国主义教育影片。由县委宣传部牵头下发《关于对全县中、小学进行爱国主义教育影片放映的通知》，电影公司投资3万余元，购买客货双排座解放牌汽车1辆，500人流动放映厅1套，16毫米放映机1台和多部爱国主义教育影片，于11月5日，在鱼山镇中学举行全县农村中小学放映爱国主义教育影片首映式。

2000年，全年城市影院放映2186场次，收入28万元，在全市县级影院中名列前茅。为配合全县"三讲"教育活动，组织《生死抉择》《孔繁森》《毛泽东和他的儿子》等优秀影片，其中《生死抉择》

一片放映28场次，受教育观众2万余人，收入8万余元。同年，增设2个农村电影放映队，投入3万余元，购置1套流动放映厅，2台流动放映机，开拓农村放映市场。在放映农村中小学爱国主义教育影片的同时，与山东时风集团、县供电局、电信局等单位，开展影企联姻，放映200余场。配合县包村工作，为包村点送电影40余场。

2001年，全年放映场次2866场。组织放映《人间第一情》《宇宙与人》《巫师的骗术》等教育影片及《卧虎藏龙》《特务迷城》《珍珠港》等12部国内外大片。夏季，与烟草公司、人寿保险公司、人民银行、农业银行、农村信用社等单位联合举办“电影消夏文化广场”活动，放映《认识真假人民币》等宣传片，计128场次。建党80周年前夕，组织放映《毛泽东与斯诺》《大决战》《毛泽东的故事》《少年彭德怀》等爱国主义教育影片。全年共放映各类影片300余部，其中向全县中小学放映12部影片，受教育观众56万人次。是年，露天影院因损毁严重，停止营业。

2002年，影视中心开始实行员工自主结合承包经营。放映电影120余部。农村市场和中小学爱国主义教育影片放映580余场次，给农民放映喜庆电影40余部。影企联姻放映100余场次。全年营业收入51.6万元，其中放映收入36.9万元。

2003年，主要放映《十面埋伏》《背起爸爸上学》，立体电影《特工少年》等影片。向农村市场发放300余部16毫米影片，放映1000余场。受教育观众2万人次。向50余所中小学校放映爱国主义教育影片6部、300余场次，受教育学生30余万人次。全年累计收入24.80万元。

2004年，主要抓《太行山上》《张思德》《可可西里》《为了明天》《上学路上》等影片的放映。配合“保持共产党员先进性教育”活动，放映《太行山上》，受教育党员干部4000余人次。向中小学放映爱国主义教育影片280场次，受教育中小学生30余万人次。影企联姻放映60余场。重新装修影视中心一楼大厅，对外租赁经营。全年收入15.9万元。

2005年初，配合文化下乡活动，放映《信天游》等政治片和《情癫大圣》《功夫》等大片200余场次。在全县中小学放映爱国主义教育影片200余场次。为化肥公司做宣传放映40场次。接待县政协会、团代会、计划生育表彰会等县内大型会议。全年累计收入16.2万元，其中放映收入8.9万元。

第四节　政府网站

2002年1月，金乡县政府公众信息网正式开通。2005年4月，升级改版后的县政府网站正式启动运行。新网站推出中、英、日、韩四种语言版本，开设有金乡概况、金乡新闻、政策法规、行政审批、招商项目、企业在线等栏目。

第六章　文化市场管理

第一节　管理机构

1991年，县委、县政府成立“扫黄打非”工作领导小组，组织实施“扫黄打非”工作以及图书报刊、音像制品、电子出版物、印刷企业等文化市场的清理整顿工作。组织协调工商、公安、文化、广播电视、新华书店等部门充分发挥职能作用，持续开展反盗版百日会战和集中专项治理行动。

1992年，金乡县成立文化市场管理领导小组，下设文化市场管理办公室和录像制品管理办公室。1995年，县政府签发县长令，由原来多家管理文化市场统一由县文化局进行监督管理。同年9月，经县编委同意成立金乡县文化市场稽查队，为全额拨款股级事业单位。编制3人，实有在职人员6人。2005年增加到8人。办公场地面积506平方米。稽查范围为文化娱乐市场和音像制品市场。

第二节 管理监督

文化娱乐市场管理主要包括：营业性演出活动、娱乐场所经营活动、电影发行和放映经营活动，互联网上网服务营业场所和互联网文化经营活动，以及属文化行政部门管理的其他文化经营活动。

20 世纪 90 年代，金乡文化市场因改革开放政策的落实而得到迅猛发展。

1993 年，县政府出台《金乡县文化市场管理办法》，县文化局认真组织实施，对经营业户实行签发证制度，完善经营业务档案。1994 年 10 月 1 日，执行国务院《音像市场管理条例》，严格文化市场管理。

1994 年，全县有录像放映厅 30 余家，音像制品经营点从 3 个增加到 10 个，音像制品的种类为录像带，及大型号的卡拉 OK 激光视盘。之后，随着全县城乡居民物质生活水平的提高，精神生活相应丰富，录像机、影碟机、CVD、DVD、电脑等进入普通百姓家，音像产品销售空前火爆。到 1995 年，全县共有卡拉 OK 厅及练歌房 40 余家，录像放映厅 40 余家，电子游戏经营场所 20 余家。

1995 年始，县文化局每年进行两次文化市场法制宣传周活动，悬挂条幅，展示宣传板面，发放宣传材料，解答群众咨询；每年对文化经营业主进行一次法律法规知识培训，增强其依法经营自觉性；对网管人员坚持进行上岗前培训，上岗后监督执法制度；文化市场稽查队对全县文化娱乐场所坚持每季一大查、每月一小查、每周有抽查，以稽查促管理，以管理促繁荣。

2000 年，全县卡拉 OK 歌厅及练歌房由 1995 年的 40 余家减少到 20 余家，电子游戏经营场所减少到 10 余家。

2001 年 12 月 25 日国务院重新修改发布《音像市场管理条例》，文化市场管理人员认真学习宣传，准确理解和熟练掌握“条例”的各项规定，对已设立的音像制品批发、零售、出租和经营性录像放映单位进行重新审核登记，大力整顿音像市场经营秩序。

2002 年，山东省文化厅发出通知，决定音像制品经营由全省四家大型音像批发企业实行连锁经营，全县音像销售点由 100 户压缩到 40 户。

此后随着信息技术不断发展，全社会进入网络时代。2003 年年底，全县互联网上网服务营业场所 26 家，歌舞娱乐营业场所 5 家，台球娱乐场所 18 家，业余艺术培训 10 家。

2004 年，互联网上网服务营业场所 33 家，歌舞娱乐场所 12 家，台球娱乐场所 15 家，业余艺术培训 11 家，演出团体 2 家。

2005 年，按“条例”规定不再审批录像放映厅，电子游戏经营场所全部取消，全县录像放映厅仅有 2 家、卡拉 OK 厅及练歌房 10 家，而互联网上网服务营业场所 53 家（其中金乡万佳网络连锁加盟店 20 家），歌舞娱乐场所 18 家，台球娱乐场所 10 家，业余艺术培训 13 家，演出团体 3 家。形成了演出、电影、娱乐、音像、网吧等多种形式并存的综合性文化市场体系。

1995~2005 年，文化市场稽查队共查封音像制品非法经营点 40 余家，收缴非法盗版音像制品 5 万盘（盒），查缴各类非法出版物 3 万余册，查处黑网吧 30 家，其中取缔严重违法违规的经营户 10 家，停业整顿 30 余家（次），行政处罚 200 余家，警告 15 家，参加市文化局组织的大型非法文化制品销毁现场会 4 次。全县文化市场不断得到净化，逐步走向正规化、制度化健康发展的轨道。

第七章　文物　旅游景点

第一节　古遗址

缗城堌堆遗址

为新石器时代典型遗址，也是龙山文化与周至汉代的遗存。实存面积 3 万平方米，文化堆积厚度约 6 米，因古代缗国及缗城郡在此建城，遂以“缗城堌堆”而得名。

1981 年年底，山东省考古队对遗址进行勘探试掘，发现大量文物。上层出土大量贝币及鼎、鬲、瓮、盆、杯等灰陶器物和金属制兵器，属于商、周、战国、汉文化。下层出土大量石器、骨器、蚌器均为新石器时代中的晚期器物。石器多为磨制，有加工精制的石刀、石钺、石锛、石凿、石斧、石镰等；骨器有针、锥、镞。骨骼以猪、狗为多，还有马、牛、羊、兔、鹿等动物的骨骼。

缗城堌堆遗址是考古工作者在金乡境内发现较早的一处原始社会新石器时代遗址，在中国考古史上具有开创性意义。1992 年 6 月 12 日，被山东省人民政府批准为省级文物保护单位。2005 年，维修明代建筑的金典寺藏经阁。

图 29-5　缗城堌堆遗址

鱼山堌堆遗址

是商、周、战国、汉代遗存，实存面积 3000 平方米，文物堆积厚度约 8 米。

1982 年春，通过勘查和试掘，发现大量有价值文物。上层出土鼎、盒、钫、壶、盘、俑等青灰质陶器组合，属于汉代文化。器型规整、器壁均匀，表面和底部常有规律的轮旋纹和同心圆切割痕迹。纹饰精美，彩绘鲜艳，极具艺术性。下层出土鬲、瓮、盆、杯等灰陶器和铜制兵器，属于商文化晚期。

1992 年 6 月 12 日，被山东省人民政府公布为省级文物保护单位。

山阳故城遗址

位于县城东北 15 千米卜集乡驻地东，城角王庄村村南，为春秋战国至汉代遗存。据史料记载，战国时此地为山阳国，前后有二位国王在此建立国都；西汉在此设立山阳郡。《汉书》载：山阳郡城池东西长约 3000 米，南北宽 1500 余米。后随战争毁于一旦。1985 年 4 月 17 日，被济宁市人民政府公布为市级文物保护单位。

周堌堆遗址

为商、周、战国、汉文化遗存，总面积 2.5 万平方米，实存 3000 平方米，位于城南 15 千米司马镇周堌堆村内。周堌堆文化堆积厚度约 5 米，上层出土鼎、盆、盘、壶等陶器组合和素面薄壁青铜鼎、锛等，属汉代文化。下层出土鬲、盆等陶器及鹿角，属商代文化遗存。

1985 年 4 月 17 日，被济宁市人民政府公布为市级文物保护单位。

春城堌堆遗址

是商代至汉代遗存，20 世纪末考古发现清代墓葬及遗迹。实存面积 3000 平方米，文物堆积厚度约 6 米，位于县城东后台子村西，俗称莎岭。

1982 年春，山东省考古队对遗址进行勘探和试掘，出土属于商文化的鬲、瓮等陶器及汉代陶器组合。

2001年3月1日，被济宁市人民政府公布为市级文物保护单位。

刘庄遗址

位于胡集镇刘庄村南，商、周、战国、汉一直延续至清代，均有人在此生息繁衍，总面积约30余万平方米，文化堆积厚度约6米。

遗址内出土大量陶器，瓷片、瓦当、所有器物器型都非常规整，器壁均匀。

1993年窑厂取土时，挖出有夯基的城池及有规则的宋代房基，为研究金乡发展史提供了有力的实物考证。

2001年3月11日，济宁市人民政府公布为市级文物保护单位。

小张湾遗址

为周至汉代遗存，总面积15000平方米，实存面积约8000平方米。1981年文物普查时，在遗址处发现鬲足、口沿、绳纹陶罐等陶器，确定为周至战国陶器。1992年对其进行勘探发掘，又发现大量汉代陶器及兵器。2001年3月11日，被济宁市人民政府公布为市级文物保护单位。

孙堌堆遗址

位于胡集镇孙楼村南，实存面积约4800平方米，为商代遗址。

孔庄堌堆遗址

位于鸡黍镇孔庄村西，地表以下3米为当代文化层，曾出土砌钫、鬲足等文物。东西长100米，南北宽60米，实存面积约6000平米方。

李堌堆遗址

位于鸡黍镇李堌堆村，战国至汉代遗址，曾出土鬲片、汉画像砖等文物。东西长50米，南北宽30米，实存面积约1500平方米。

第二节 古墓葬

羊山汉墓群

是山东省境内较为庞大的汉代墓群。除山北面发现的10间连体大型墓葬外，大多数为小型单石室及双石室墓，多数墓葬较为集中，近则1米~2米，远则3米~5米，埋葬于山前山后。羊山汉墓群以出土汉代彩绘陶器闻名于世，尤其是出土的陶俑、陶马造型细致、逼真大气，艺术性强，充分体现了羊山在汉代时的生产力发展水平。“文化大革命”时期发现的山北大型汉墓，为多室汉墓，有精美壁画和文物出土。

2001年3月11日，羊山汉墓群被济宁市人民政府公布为市级文物保护单位。

郭东藩墓

位于县城北胡集镇郭山口村西北。明嘉靖三十六年（1557）郭东藩考取进士，官至陕西省按察使司副使。卒葬于家乡郭山口村，其墓碑保存完好，林前有石马、石羊、石虎等物。主墓两侧及前部有明、清墓碑数座，大部分供桌、香案齐全。

葛山古墓群

位于羊山镇西北葛山，紧靠羊山古墓群，属同时期墓葬群，总面积2万平方米，实存1万平方米。墓体结构多为单石小墓室，葬俗规格略低于羊山古墓群。曾出土一些彩绘陶器，偶尔有青铜器。1992年3月17日，被金乡县人民政府公布为县级文物保护单位。

渔山古墓群

位于胡集镇郭山口村渔山周边山坡下，总面积3万平方米，实存8000平方米，为战国至汉代遗存。1981年春季文物普查时，在此处发现汉碑“禳盗刻石”，为国家一级保护文物。出土大量陶器，陶器口沿处包金，及大型陶器使用器皿，规格较高。

1992 年 3 月 17 日，被金乡县人民政府公布为县级文物保护单位。

李琴凤墓

位于金乡镇高庄村，是李家姓氏的老林地。总面积 2 万平方米，实存 8000 平方米。1992 年春，在勘探发掘时发现明清墓数座，李琴凤墓葬是其中记载较为详细的一座。1992 年 3 月 17 日，被金乡县人民政府公布为县级文物保护单位。

周一德墓

在县城东南 1.5 千米魏庄东。周一德（1676~1757），字克协，号旦复，金乡县城北关人。进士出身，官至健锐营总兵，曾著兵书《火龙阵论》。

世间墓穴皆墓门朝南，周一德墓独具特色，墓门朝北。据传周一德子忤逆，诸事皆与父意相左。周一德道黑，其子必称其白。周一德一生未能将其折服。周一德临终，对其子曰：“我死之后，将墓门向北”。意其子必逆其意，墓门得以向南。熟知其子见其父已死，内心悲痛，竟不再忤逆，遵其父训，果然将周一德墓门向北。

花鼓古墓群

汉代墓葬，位于金乡镇王杰村西。1998 年 12 月群众取土时发现，墓室多东西方向，为单石室墓，有青石、红石两种。文化层厚度不详。出土有陶罐等。

朱鲔墓

位于城西 1.5 千米处，旧称石屋，亦称石室（庙）。

朱鲔，汉阳人。王莽地皇三年（22），与王匡起兵，北入南阳，号新市兵，皆称将军。地皇四年（23），汉更始帝刘玄以鲔为大司马，入长安，封为胶东王。东汉建武元年，光武帝刘秀即位，乃降，拜平狄将军，封扶沟侯。

墓内有石壁，皆刻人物、祭器、乐器之类，衣冠多品。《山左金石志》载：“朱鲔墓石室画像，分为二十五幅，上层十二幅，高一尺五寸，下层十三幅，高三尺五寸，唯横广尺寸不等。每幅有帷幕列屏及杯盘樽勺，皆燕飨宾客之事。凡男子皆有端冕者，有纱帽者，有如僧帽二层者，有如巾子双梁者，有裹帻向前如飘缨者，有上仰作盖形者，有下圆上锐者，种类不一，衣领及袖有褶。女像首有冠髻，髻上饰钗，股间有缀珠者，唯一幅上有八分书，题‘朱长舒之墓’五字，夭斜不工，又下有八分书四行。”

1930 年，县文教局曾奉令组织古物保存委员会，改明伦堂为古物保护所，运朱鲔石壁画像等陈列于此，并勒石以记之。

1980 年，被山东省石刻管理所征集去 12 块，其它 13 块下落不明。朱鲔墓出土汉画像石被定为国家一级文物。

第三节 古建筑

光善寺塔

座落于县城星湖公园西部，因昔有光善寺，塔在寺内故称光善寺塔，亦称文峰塔（见右图）。塔身系砖石结构，石台底座，八角形楼阁式建筑，每层相接处为双层砖砌斗拱，每层东、西、南、北各砌有一拱形门，每一层都镶嵌有与佛教有关的石刻造像。第一层北门盘旋而上，可攀顶层。第三层南门佛龛刻有三个石佛造像。第五层塔内东西墙壁各嵌一长方形石刻，石刻分上下两层，共六组，下层中间一佛端坐石台之上，两旁各立一佛，中佛左右分别为三佛跪坐一石几之上，石几下各卧一兽，上层左右各一瓦楼房，内侧坐一佛，侍立一佛。

图 29-6 1995 年光善寺塔

全石刻13人，神情自若，栩栩如生。

1938年5月，侵华日军第16师团主力包围金乡县城，光善寺塔七层半以上被日军山炮击毁。1985年4月，残存七层半古塔被列为济宁市重点文物保护单位。1999年重修。2006年，被公布为省级重点文物保护单位。

图29-7　修缮后的光善寺塔

2009年12月再次对塔体进行修缮。2010年5月21日，在塔体二层半高度的壁龛内发现文物22件（套）。9月27日，经故宫博物院与山东省文物鉴定委员会专家鉴定均为国家一级文物（鉴定书附本篇末）。同年11月26日，济宁市人民政府、金乡县人民政府联合召开新闻发布会，向国内外公布这批稀世珍宝。22件（套）出土文物属唐代，包括六角形四级佛塔1座、舍利棺1座（分四部分）、大唐贞观《大般涅槃经》册1函、藏经幢1件、荷叶盖三足莲形盐器1件、茶碾1套、方体箩子1套、覆莲托盏1件、凤首执壶1件、梅花形杯4个、梅形盘1个、带盖八棱罐2个、十曲莲形碗1个、九曲莲形碗1个、莲形杯2件、提梁盖罐1个。均为银质锤揲成型，器表有明显的錾刻的阳纹，主体纹饰、佛经经名以及扉页上的菩萨和尾页上的毗沙门天王像，舍利棺两侧供奉菩萨和护法神像均有鎏金；藏经幢有六尊菩萨形象，六角形四级佛塔，装饰图案以鸟兽纹为主，佛塔每级饰有一尊佛像，周边纹饰为四大天王像；提梁盖罐主体纹饰为鹦鹉装饰间饰精美典雅的卷面番莲纹及蔓草纹；杯盏圈足饰连珠纹，带有明显中亚艺术风格的影响；茶碾子两侧有两对跃马形象，茶箩子上部及两侧正面均有骑凤凰仙人形象，表现了道教或汉地传统信仰题材。全部藏品装饰图案线条精美，做工精致。《大般涅槃经》封底上有“大唐贞观”阴刻年款。另外，随文物出土的还有舍利一宗。这批出土的文物等级高、数量大、保存好，尤其珍贵的是印有大唐贞观年款的《大般涅槃经》在国内外少见有相关报道。

图29-8　光善寺塔部分出土文物

魁星楼

明万历二十七年（1599），汝南人彭鲲化任金乡知县，始建魁星楼。上层供奉魁星神像，下层明窗四敞。楼前架凌云桥于寿河之上。康熙壬辰年（1712），魁星楼倾圮，凌云桥木朽烂，知县沈渊首先捐俸倡导，得以修复一新，并重建凌云桥。以石为墩，上架大木为梁，铺以厚板，共3孔。咸丰甲寅年（1854），魁星楼毁于战乱。至光绪十二年（1886年），知县程方德劝募得制钱重建魁星楼，台基沿其旧制，护以栅栏，桥前砌成石道。此后近百年间，风剥雨蚀，战乱频仍，年久失修，墙毁顶塌，门烂窗坏，桥落石没。1983年修建凌

图29-9　魁星楼

云桥时，对魁星楼进行修缮。2001 年 3 月 17 日，被济宁人民政府公布为市级文物保护单位。

节孝坊

位于县城内清真街南端路东，建于清道光二十八年（1848），是为本县生员李石麟妻周氏所建的“敕褒节孝”牌坊，主体高度 11 米，宽 6 米。主体建筑分为五部分，由上至下是仙鹤牡丹图、楷体书写“敕褒节孝”、雕刻楼阁人物和刻“生员李石麟妻周氏节孝坊”，下部雕“二龙戏珠”图；牌坊两侧立柱饰云纹、仙鹤图。

二贤祠

也称无脊庙，位于鸡黍镇鸡黍村。为纪念范式、张劭二人的鸡黍之约而建，另有二贤墓。二贤庙没有脊榑，正、西、南庙都用两根直扁椽，弯成牛梭头状紧紧地扣在一起用在庙上，象征范、张二人携手并肩，永不分离。墙体空心，象征二人肝胆相照，心心相印。庙顶不用脊榑，而采用两根平行的木椽、檩支撑庙顶，象征范张二人不分高低，兄弟平等。现存二贤祠遗址为明代重修，并存有纪事碑。原为一组建筑群落，分正庙、西庙、南庙。明成化年间，知县盛德复修。清康熙四十八年（1709），由民间自发再次重修。庙外有一口深井，井沿上有九道很深的沟痕，俗称“九道沟”。据传是当年建庙从井中取水时，井绳与井沿摩擦形成的。

实存古建筑还有：胡集镇靳楼村靳氏族系老楼，星湖公园东侧周家堂楼。

第四节　碑阙石刻

“禳盗刻石”残段

1983 年，在金乡县胡集镇西郭村发现西汉时期的墓门碑。石质为青色石灰岩，高 35 厘米，长 195 厘米，厚 23.5 厘米，刻石文字 27 行，计 138 个字。经专家考证此碑为西汉遗刻，是迄今存在于世的西汉刻石文字中最多的一种，已定为国家一级文物。

此刻石为墓门上前面的槛石。书体具有古隶的特点，不少字带有浓厚的篆意，是由篆向隶书过渡的字体。此碑出土后，被石工砸为数块。首段高 35 厘米，宽 41 厘米，存完整字 24 个，残字 3 个，现由济宁市博物馆收藏。另一段高 35 厘米，宽 50 厘米，存 32 个完整字和 10 个残字，现存于金乡县文物管理所。

墓门碑石刻的全文如下：“诸敢发我丘者，令绝毋户后。疾设不详者，使绝毋户后。毋谏卖人，毋效狸人，使绝毋户后。毋攻毋记，身已下冢，罪赦毋。毋为谕，毋背母考，必罪天下。利子孙，教人政道，勿使犯磨□罪，天利之。居欲孝，思贞廉，率众为善，天利之。身礼毛肤，父母所生，慎毋毁伤，天利之。分率必让厚，何绝永强。卿晦，灾；卿阳，得见车博劳道旁。蛇鼠娣当道。秉兴头天，居高视下，莫不谨者。”

图 29-10　“禳盗刻石”残段

汉画像石

实存 8 块，其中西汉阴刻 7 块，东汉阳刻 1 块。画面内容多反映汉代贵族阶层生活场景。

壮观碑

高 178 厘米，宽 84 厘米，厚 48 厘米。正面刻“壮观”二字，左下角有“太白”两小字作注。背面刻“前壮观字世传唐李白笔迹，惟小注太白，他无所据。或云贺知章时为任城令，与白友善，常来询访，经过城镇，有所观览，而书写。”明《兖州府志》

图 29-11　壮观碑

载："李白大书壮观于金乡，字属行体，笔法俊逸，刚劲有力，不失壮观之意。"

壮观碑为元代至治三年（1323），金山新丰村冯时中立。元末兵乱，扑于草莱，后被金乡主薄立于文庙内。1987 年 5 月，增加底座予以保护。现存于金乡县文物管理所。

秦士奇碑

秦士奇，字公庸，号一水，县城秦小街人，明天启五年（1625）进士，出任江苏昆山知县。该碑是秦一水撰书的记事碑；整篇字体流畅，飘逸、遒劲；受到众多书法者称道。

杨震却金碑

杨震，东汉弘农华阴（今陕西华阴县）人，曾任荆州刺史。其却金碑为横条状，阴刻，四周有云龙状花纹，长 163 厘米，宽 64.5 厘米，厚 17 厘米。正面楷书题刻汉杨震却金处。碑文曰："震迁东莱太守，道经昌邑。邑令王密故所举荆州茂才，夜怀金十斤以遗震。震曰：'故人知君，君不知故人，何也？'密曰：'夜无知者'。震曰：'天知，地知，我知，子知，何谓无知？'《后汉书》《资治通鉴》皆注，昌邑故城在今兖州金乡县西北。《读史方舆纪要》载，金乡县西北四十里有昌邑城，杨震却金即在金乡境内毫无疑义。余囊者读史至杨氏却金一节，辄肃然景慕，恨不获亲见其为人，今幸承乏兹土，遍访却金故事，除县志略一记载外，他无遗迹可寻。自维寡德鲜能莫补治化，特取古人行谊扬榷而揭示之，愿与邑人士大夫共相矜式，果人人以'四知'自惕，将异昏夜无不可告人之行为，立身皆磊落光明。则此石之建勒，非徒为表彰前贤，亦即为廉隅之砥砺云尔。"

今所存杨震却金碑，为 1924 年金乡县知县唐翼猷立石并撰文，原清直隶知县李庭（金乡县人）书。现存于金乡县文物管理所。

指南碑

"指南"碑是"壮观"碑的享孪碑，为明代天启年间著名诗人、学者、书法家夏山人王文翰所书。

第五节　馆藏文物

馆藏文物共有 1008 件，其中二级 8 件，三级 200 件，一般文物 800 件。

陶器 447 件，多为汉代以前物品，其中汉陶俑 43 件，高 24 厘米 ~46 厘米不等，陶马 8 件。

玉器 146 件，多为清代装饰品。

铜器 76 件，有战国铜剑 4 把，宋鎏金佛像 1 尊，汉至清铜镜 17 面，铜印 1 枚，铜壶 1 只。

石刻 15 块，其中汉画像石 6 块。

骨器 3 件。

书画 35 件，拓片 17 件，革命文物 2 件。

银器、铁器及其他文物 15 件。

考古发掘出土文物 180 件。

捐献文物 116 件。

第六节　考　古

1990 年第四次文物普查至 2006 年 10 月，进行考古发掘 10 余次，其中有：羊山汉墓群的抢救性发掘、金桥煤矿清代孙氏墓地发掘、金乡镇魏庄村周一德墓发掘。共出土文物 100 余件，为研究金乡县清代墓藏结构、风俗、葬俗，提供了第一手资料。

羊山汉墓：出土各类陶器 34 件，其中陶罐 12 件、陶壶 6 件、陶鼎 6 件、陶盒 5 件、陶盘 5 件。

孙氏墓：出土服饰 2 套，男女各 1 套，竹制扇骨 1 把。

周一德墓：出土朝珠 1 串，帽顶 1 个，衣扣 5 件，衣服 1 件。

第七节　文物保护

1992 年，成立金乡县文物管理所。1996 年 10 月，成立金乡县博物馆，将文物陈列展览，对

外开放，当天接待5000余人观瞻。

野外文物保护，严格遵循“有保护范围、有保护标志、有记录档案、有保管机构”原则，定期检查，落实各项文物保护措施。

1998年1月，成立金乡县文物保护管理委员会，分管文化工作的副县长兼任主任。每年签定县、乡、村三级网络“文物安全保护责任状”。同时，在重点文物保护单位设立文物治安巡查小组，联合公安部门严厉打击盗窃、贩卖文物的犯罪活动。

第八节 教育基地 旅游景点

教育基地

鲁西南战役纪念馆

又称羊山烈士陵园，位于金乡城西北20千米处羊山东峰。1952年，为纪念在著名的羊山战役中英勇牺牲的革命烈士而修建，面积约7.1万平方米。馆标为中国书法家协会原主席、著名书法家舒同题写。

图29-12 1997年鲁西南战役纪念馆

陵园整体建筑，以羊山战役纪念馆为中心，成辐射状布局。战役事迹展览共分三部分：战前形势；战役经过（其中又分“扫清外围、围困羊山”“南线阻击、打敌增援”“四面出击、与敌激战”“发起总攻、全歼顽敌”四部分）；人民支援。共116个版面，74件实物，其中有刘伯承、邓小平等首长多幅当年的珍贵照片和其他重要历史文献。

馆西20米处，是大理石砌的长方形烈士公墓。长12米、高4米，上刻有“羊山战役中英勇牺牲的革命烈士永垂不朽”。再往西是革命烈士墓碑群。

馆东20米处，为“挺进长江”烈士纪念亭。再往东，是金乡县革命纪念馆。室内展有第一、二次革命战争、抗日战争、解放战争、社会主义建设四个时期的历史资料和789名革命烈士生平简介。

馆前，是王众音题额的“威震鲁豫”烈士纪念亭。

山峰最高处建有革命烈士纪念塔。塔高19米，为砖石混凝土结构，外镶大理石。塔正面是毛泽东主席手书体“革命烈士纪念塔”七个鎏金大字。背面为刘伯承元帅题写的“人民解放军鲁西南战役乃打开了战略反攻、挺进长江的前门，阵亡将士受到人民的纪念，永垂不朽！”塔基前有记载羊山战役经历的文字。

陵园建筑，布局协调，疏密得体。陵园内，绿荫夹道，松柏蓊郁，庄严肃穆。全国各地来此凭吊瞻仰者，络绎不绝。特别是每年清明节，数以万计的人民群众到此扫墓，缅怀先烈，接受革命传统教育。

1988年1月，山东省人民政府批准羊山革命烈士陵园为省级重点保护单位。1995年7月，改建成鲁西南战役纪念馆；1996年10月，中央军委副主席刘华清为该馆亲笔题写馆名。2001年4月被国务院批准为全国重点烈士纪念建筑物保护单位。2004年1月被山东省人民政府定为山东省国防教育基地。2009年5月被中宣部定为全国爱国主义教育基地。2009年11月被国家国防教育办公室定为国家国防教育示范基地。

王杰纪念馆

座落在县城北华堌村（今王杰村）东面。1968年，为纪念伟大的共产主义战士王杰而修建。1988年1月，经山东省人民政府批准为第一批“山东省重点烈士纪念建筑物保护单位”。纪念馆建筑呈“工”字形，馆标“王杰纪念馆”为鎏金大字。王杰事迹展览厅有毛主席“我赞成这样的口号：

叫做一不怕苦、二不怕死”的语录。纪念馆周围红墙环绕，占地面积 3015 平方米，其中展览面积 163 平方米。整个展览分三个部分：党叫干啥就干啥；爱集体、爱同志、爱国家；一不怕苦，二不怕死。展出英雄王杰的生平事迹，有文字资料、100 多幅画面和实物等，其中有被炸碎的王杰生前穿过的衬衣、使用的钢笔和写下的十余万字的日记。

图 29-13　1997 年王杰纪念馆

王杰（1942-1965），金乡县城郊乡华堌村（王杰村）人。1961 年应征入伍，1962 年加入中国共产主义青年团。曾任某部工兵一连班长，两次荣立三等功，被上级授予“模范共青团员”称号。1965 年 7 月 14 日，王杰在江苏省邳县张楼公社帮助民兵训练时，在炸药包发生意外爆炸的紧急时刻，为掩护在场的 12 名民兵和武装部干部，毅然扑到炸药包上，英勇牺牲。王杰所在部队党委追认他为中国共产党党员，国防部命名他生前所在班为“王杰班”。党和国家领导人周恩来、朱德、董必武、陆定一、许光达等老一辈革命家亲笔题词。

旅游景点

有鲁西南战役纪念馆、王杰纪念馆、星湖公园（见城乡建设篇第二章第四节）。

鉴定书

2010年9月27日，有关专家对金乡县光善寺塔出土的一组22件〔套〕银器进行了鉴定，结果如下：

一、这批银器均为银质锤揲成形，包括舍利棺壹座（分四部分〕、凤首执壶壹个、梅花口形净水杯肆个、梅形盘壹个、八棱罐贰个（全带盖）、十曲莲形碗壹个，九曲莲形碗壹个，莲形杯贰个、提梁罐壹个、《大般涅槃经》壹部（经册外附经函〕、转经藏壹个（两部分）、四级佛塔壹座（六角形）、缠枝莲纹圆形大碗壹个、茶碾壹个（分为两部分）、方体箩子壹个（三部分）、摩羯鱼摩尼珠饰三足壹个、莲形盐器壹个、盏托一套（两部分）。

所有器物上均有明显的錾刻阳纹装饰，主体鸟兽纹饰部分、佛经经名以及扉叶上的菩萨和尾页上的毗沙门天王像、舍利棺两侧供养菩萨和虎面护法神像均有鎏金，转经藏有六尊菩萨形象，佛塔四级，每级饰一尊佛像及四大天王，且装饰图案以鸟兽纹为主，其中提梁罐在蔓草纹中表现了两只鹦鹉形象，配精细典雅的卷西番莲纹，杯盏圈足饰连珠纹，明显带有中亚艺术的影响。三足支架莲形供器的造型尤其突出，供托下方饰立体双鱼及双莲花图案，托盘为莲瓣形。药杵槽两侧有相对跃马形象，药筛箱的上盖及两侧正面均有骑凤凰仙人形象，表现了道教或汉地传统信仰题材。全部器物装饰图案线条精美，做工精致，与近年来陕西出土的窖藏金银器风格极为一致。特别值得注意的是，《大般涅槃经》封面上有“大唐贞观”阴刻年款。结合以上特征，我们断定这批器物应是唐代的作品。

二、所有器物属完整出土器物组合，为山东地区所罕见，定为一级文物。

专家签字：

二〇一〇年九月二十七日

第三十篇 卫 生

卫 生

1991年，金乡县卫生工作继续坚持预防为主、防治结合的方针，突出卫生管理制度改革，重点加强县、乡、村三级医疗预防保健网络建设，专业技术人员队伍和医疗设施不断充实，医疗条件不断改善，乡村卫生组织一体化管理进一步规范，医疗保健、卫生防疫措施得到全面落实，脊髓灰质炎、流脑、麻疹、出血热、天花、疟疾等传染病得到有效控制或绝迹，全县人民健康水平和卫生素质明显提高，卫生事业发展迅速。1995年，全县平均期望寿命由1949年的35岁提高到70岁。1997年，创建“省级卫生县城”验收达标。2000年，实现人人享有卫生保健目标。2005年，全县有医疗机构15所，其中，县人民医院、县中医院各1所，专科疾病防治院2所，乡镇卫生院11所。“二级甲等医院”1所，“一级甲等医院”5所。村级卫生组织234个，219个获得“甲级卫生室”牌照。有卫生技术人员1460人，其中高级职称112人，中级职称519人。全县共有病床1207张，比1991年增加33.1%，千人口床位1.98张。全县医疗卫生机构拥有磁共振、螺旋CT、德国大型C型臂等大中型医疗设备500余台（套）。年门诊94.7万人次，住院病员辐射鱼台、单县、成武、巨野等周边县。县人民医院继1993年晋升为鲁西南首家二级甲等医院之后，1995年被评为全国卫生系统先进集体，省级文明单位，1995年获济宁市首家爱婴医院称号，2000年获全省百佳医院，2003年再获鲁西南地区二级甲等医院中“医疗优质高效百姓放心医院”称号。

第一章 医疗卫生体制改革

1950年，金乡县人民政府建立卫生科。1958年，卫生科更名为卫生局。1968年，卫生行政工作由县革命委员会内务组管理。1980年12月，恢复金乡县卫生局。1991年，金乡县除有卫生局外，还设有机关公费医疗办公室、地方病防治工作领导小组办公室和爱国卫生运动委员会办公室。1993年12月机构改革，地方病防治办公室、爱卫会办公室归属县卫生局。卫生局内设办公室、政工股、医政股、药政股、防保股、中医股、科教股、计财股、审计股9个股室。编制16人。1994年10月，公费医疗办公室正式归属县财政局管理。2002年5月，县机构改革时将药政、药检职能交给新成立的县药品监督管理局。卫生局内设办公室、政工科、财务科、卫生法规监督科、基层卫生与妇幼保健科、医政科、疾病控制科、科技教育与对外合作科、中医管理科和红十字会办公室。行政编制17人，工勤人员编制1人。2005年机构改革，仍执行以上行政编制。

第一节 管理体制改革

1991~2005年，全县医疗卫生管理体制改革由单纯的经济技术岗位责任制发展到人事、劳动、分配制度等深层次的改革。各医疗单位普遍实行党委（支部）领导下的院长（科长、主任）负责制，中层干部聘任制、专业技术职务评聘制、职工合同制、绩效工资制等管理措施。

1991年，县卫生局制定下发《金乡县卫生院工作目标管理责任制方案》，将党务工作、精神文明、业务质量、技术水平、医疗指标、财务管理等纳入目标管理。每年年初，县卫生局与各医疗单位法定代表人签署合同书，年终兑现奖惩。县直医疗单位实行经费包干，超支不补、结余留用。各医疗单位根据自身实际，按照工作性质和不同特点采取不同管理办法。

1992年，县卫生局制定下发《金乡县医院分级管理实施意见》，对医院分级管理作出具体部署。

4月1日，金乡县人民医院（简称县医院）召开创“二级甲等医院”动员大会，要求全员参与，大练基本功，加强硬件、软件建设，开拓医疗新项目，提高医疗质量。各乡镇卫生院（分院）陆续开展创“一级甲等医院”活动，强化内部管理，加强基本建设。当年底，羊山分院顺利通过了济宁市医院分级管理评审委员会的正式评审，成为全市一级甲等医院首先达标单位。1993年3月19日，县医院以930.5分的成绩，通过山东省分级管理评审委员会为期三天的评审，成为鲁西南地区第一家二级甲等医院。

1993年，进行专业技术人员职称改革。全县各医疗卫生机构根据服务功能设编定岗，实行聘任和职称晋升双轨制，评聘分开，竞争上岗。对部分专业技术人员实行低职高聘，给有真才实学的专业技术人员提供发挥才能的机会。

1994年，全县医疗卫生机构广泛开展“医疗质量年”活动。

1991~1995年，县人民医院在实行党委（支部）领导下的院长（科长、主任）负责制的同时，实行以科室成本核算为基础、以综合指标考核为手段、以质量控制为依据、以社会效益为准则的“综合目标管理责任制”。中层干部实行竞争上岗，能者上，平者让，庸者下。专业技术职务聘任实行评聘分开，竞争上岗，优胜劣汰。分配实行岗位绩效工资制。金乡县中医院随之实行院、科两级管理制、科室目标综合管理责任制、职工聘任制、专业技术人员聘约化管理和绩效工资制。

各乡镇卫生院大胆改革工资奖金分配制度，全面推行浮动工资和效益工资，职工工资与单位效益挂钩。奖金分配，适当拉开档次，奖金、津贴向技术性强、劳动量大的岗位上倾斜。大部分经济基础较好的乡镇卫生院采取工资部分浮动，效益差的实行工资全浮动。各乡镇卫生院经济状况逐渐好转，部分卫生院改变了亏损状况。不但职工工资能按时发放，有的还能发放部分奖金，经济上略有节余。

1998年8月，实施乡村卫生组织一体化管理制度改革。县政府下发《关于实行乡村卫生组织一体化管理意见》，县卫生局制定《实施细则》。改革的主要内容是实行“三制”（即聘任制，对乡村医生实行优化组合，竞争上岗，择优聘用，受聘者一般不改变农民身份；工资制，乡镇卫生院按乡村医生工龄、职称和工作数量、质量等确定工资数额，按月发放；养老保险制，乡镇卫生院从卫生室业务收入和预防保健基金中各取一部分，为受聘乡村医生办理养老保险）、“四有”（即要求卫生室在诊疗过程中，实行门诊有登记，用药有处方，收费有凭单，转诊有记录）、“五统一”（即机构统一建制，根据区域卫生规划设置卫生室，所有卫生室要有诊断室、治疗室、观察室、防保室和药房；制度统一制定，全县统一制定村卫生室综合目标、乡医工资发放、乡医养老保险等有关管理办法，建立健全卫生室各项规章制度和人员职责；财务统一管理，村卫生室定期上报卫生院业务收入，并建立健全有关账目；药械统一调拨，乡镇卫生院建立中心药库，村卫生室所需药品、医疗器械和卫生材料由卫生院从国家正常渠道采购和调拨；人员统一调配，打破行政村和乡村界限，在本乡范围内统一调配和使用乡村医生和卫生院工作人员）。全县农村卫生诊所由1995年的610处重新设置为239处。乡村医生由1996年的877人增加到919人。

第二节　公费医疗体制改革

2001年11月5日，县政府印发《金乡县城镇职工基本医疗保险暂行规定》和《金乡县城镇职工大额医疗救助金筹集使用管理暂行办法》。规定：基本医疗保险费由用人单位和在职职工共同缴纳，单位缴纳上年度职工工资总额的6%，个人缴纳上年度工资收入的2%。退休人员不缴纳基本医疗保险费。同时对基本医疗保险统筹基金和单位缴纳医疗保险费划入职工个人帐户的比例、在职职工和退休人员享受基本医疗待遇、大额医疗救助金的筹集与使用管理作出明确规定。2004年、2005年，城镇职工基本医疗保险参保人数分别为16029人、17998人。

第三节 农村合作医疗

2004年5月，在全县农村推行新型合作医疗制度。本着农民自愿原则，以家庭为单位，每人每年出资10元，省、市、县三级政府补助不低于10元，筹资水平达到每人每年20元以上，以解决基本医疗所需。

第二章 公共卫生与防疫

1956年6月，金乡县卫生防疫站成立。1987年，内设办公室、防疫科、地方病科、检验科、食品卫生科、劳测科、宣教科、卫生科、城镇卫生科、总务科、消杀科和1个门诊部。2000年，增设计核科、政工科、1个门诊部。2005年，增设业务受理中心、监督办公室；2个门诊部设内科、外科、五官科、泌尿科、肝病专科、皮肤科、痔瘘科、牙科、视力矫正科。同年，县防疫站升格为副科级差额事业单位。有办公楼1幢，面积3100平方米，价值120万元。有工作人员113人，其中硕士研究生1人，本科生7人，专科生35人；高级职称4人，中级40人，初级职称64人。

县防疫站的基本任务是：控制急性传染病；控制寄生虫病和慢性传染病，对流行的主要寄生虫病和慢性病进行监测、研究、制定措施；控制地方病，掌握情况，制定控制规划和预防措施；开展消毒、杀虫、灭鼠工作；抓好劳动卫生、控制职业病；抓好环境卫生、控制公害病；加强食品卫生监督、监测，控制食物中毒和食源性疾病；抓好学校卫生，控制学生多发病；加强放射卫生管理，控制放射病；开展卫生宣传及职业卫生教育；进行爱国卫生运动的技术指导；开展非传染病防治；开展科研与培训。

1998年，被山东省卫生防疫站评为“全省计划免疫业务工作先进集体”；1998~2000年，连续3次被济宁市卫生防疫站、山东省卫生防疫站评为“食品卫生工作先进单位”；2000年3月，被山东省防疫站评为“全省麻疹监测先进集体”；2003年，在防治非典型肺炎工作中，被济宁市委、市政府记集体三等功；2005年，被山东省卫生厅卫生监督所评为“全省卫生监督业务工作先进集体”。

第一节 计划免疫

1991年起，县防疫站继续加强对脊髓灰质（脊灰）炎等各种传染病防治，每年对计划免疫进行9次7种生物制品的冷链运转，进行2次婴儿瘫糖丸普服，疫苗单苗接种率均在96%以上。1994年，全县消灭了脊髓灰质炎。1995年，实现了计划免疫覆盖率第三个85%的目标。

1996年，继续巩固免疫成果，推广集中式接种，提高接种质量和及时接种率，动员家长及时给孩子正规接种疫苗，及时建卡建证。接种前严格掌握禁忌症，接种时实行“一人一针一管”制度，确保安全注射。对0~4岁儿童尤其是流动人口和计划外生育儿童，每年开展两轮强化服脊灰疫苗活动，并上门看服到肚，吐了再服。对漏服儿童及时查漏补种。同时，对8个月~14岁儿童开展麻疹疫苗强化免疫。至2000年，确保了城区“无脊灰”状态。

2001年，积极推行集中式接种门诊规范化建设，接种门诊从县防疫站第二门诊部分出，迁至县防疫站旧址，改建临街房屋5间80平方米，固定4名专业人员负责预防接种工作，配备了冰箱、冷藏包、冰排和冷链设备。

2002年，认真落实扩大免疫规划，增加疫苗种类，流腮疫苗、麻风腮疫苗、水痘疫苗、轮状病毒腹泻疫苗纳入免疫接种范围。

2003年，创建市级规范化接种门诊和省级示范化门诊，按照省示范化接种门诊标准，把冷链运转时间调整为每周一次，增加接种频率；转变服务观念，变被动服务为主动服务，以通知单的形式通知家长，及时为儿童接种疫苗，提高及时接种率。统一使用山东省统一印制的预防接种证。建卡、建证率100%。

2004年，接种门诊改为金乡镇城区防保站。接种门诊扩建到110平方米，并设置预诊室、观察室、冷链室、资料室，接种室实行单室、单苗、单桌接种。实行微机化管理，严格按照接种通知单项目预诊，凭接种证接种疫苗。注射时严格执行无菌操作规程，使用过的注射器及时毁型焚烧。当年11月，卫生部计划免疫接种率调查，用容量比例概率抽样（PPS）方法抽查后台子村、二办、西关、清真街共30名儿童，抽查结果显示：“四苗”与乙肝疫苗接种率均在95%以上，建卡、建证率100%。通过卫生部对县城区2001~2004年计划免疫接种率的审评。

2005年，全面贯彻落实修订后的《中华人民共和国传染病防治法》《疫苗流通和预防接种管理条例》，继续巩固消灭“脊灰”成果，加速对麻疹、病毒性肝炎的监测和控制工作，稳步提高免疫预防工作规范化和法制化管理水平。2月22日，金乡镇朱楼村出现首例麻疹病例，县防疫站立即抽调人员在朱楼卫生室、化肥厂卫生室设点对8个月以上儿童及成人应急接种。4月15日，县政府下发《关于做好麻疹疫苗应急接种及有效控制麻疹暴发的紧急通知》，县卫生局、县教育局联合下发《关于做好控制麻疹暴发及中小学生麻疹疫苗应急接种的紧急通知》，启动《金乡县麻疹应急处理预案》，县财政拨专项经费10万元用于控制麻疹暴发流行，麻疹应急免疫15岁以下目标人口10478人，实种10365人，接种率98.92%。是年，金乡镇城区防保站被山东省卫生厅命名为“省级示范化预防接种门诊”。

1996~2005年金乡县计划（常规）免疫情况

表30-2-1 单位：人

年度	疫苗种类及接种人数													
	脊灰疫苗	麻疹疫苗	卡介疫苗	百白破三联疫苗	白破二联疫苗	乙脑疫苗	流脑疫苗	乙肝疫苗	甲肝疫苗	风疹疫苗	流腮疫苗	流感疫苗	水痘疫苗	麻腮疫苗
1996	1231	1074	692	1635	1750	3161	3210	—	—	—	—	—	—	—
1997	2299	2455	547	2744	1242	2580	4206	—	—	—	—	—	—	—
1998	1540	1284	352	1592	—	1623	3638	1300	370	370	370	—	—	—
1999	1385	413	388	1222	—	2944	3741	922	—	392	—	—	—	—
2000	—	1334	389	1463	517	—	—	965	—	—	—	—	—	—
2001	1515	1455	393	1582	—	5862	4631	1162	—	387	—	—	—	—
2002	1333	1260	352	1332	—	2850	4326	5795	3127	1585	1013	584	228	90
2003	1462	1420	362	1434	2978	2309	2425	1078	2616	665	234	—	59	—
2004	8928	2910	602	3350	—	3200	3500	3165	1000	1225	2780	517	160	—
2005	2359	2428	589	2368	—	2071	2196	939	—	1209	—	1196	179	2200
说明	2002年乙肝疫苗接种人数中含新生儿乙肝疫苗接种1073人次。2003年白破二联疫苗接种人数为麻腮二联疫苗接种人数。													

1997~2005 年金乡县强化免疫情况表

表 30-2-2　　　　单位：人

年度	脊灰疫苗			麻疹疫苗			白破二联疫苗		
	年龄段	实种	服苗接种率（%）	年龄段	实种	服苗接种率（%）	年龄段	实种	服苗接种率 %
1997	0 ~ 4 周岁	4206	—	—	—	—	—	—	—
1998	0 ~ 4 周岁	4018	—	8 个月 ~ 14 周岁	4996	—	—	—	—
1999	0 ~ 4 周岁	3932	99.77	8 个月 ~ 7 周岁	2117	96.93	—	—	—
2000	0 ~ 4 周岁	5715	99.87	—	—	—	2 ~ 7 周岁	2769	93.42
2001	0 ~ 4 周岁	3618	—	—	—	—	—	—	—
2002	0 ~ 3 周岁	4286	99.83	—	—	—	—	—	—
2003	0 ~ 4 周岁	5152	99.98	—	—	—	—	—	—
2004	0 ~ 4 周岁	5667	95 以上	—	—	—	—	—	—
2005				8 个月 ~ 成人	10365	98.92	—	—	—

第二节　公共卫生管理

1991~2005 年，金乡县公共卫生管理重点是劳动卫生、学校卫生、放射卫生、公共场所和环境卫生。

劳动卫生

突出抓好工矿企业的卫生管理、职业病防治和“三废”（废气、废水、废渣）治理工作。对有危害因素的企业接触人群，设立监测点，进行监测和查体。加强预防农药中毒知识的宣传教育，提高防范意识，尽量减少中毒事件的发生。同时加强全县各医院农药中毒救护工作，增添电动洗胃机，备齐抢救药品，提高救治率。

1991~1996 年，每年对县化肥厂、王丕造纸厂、县油管厂、胡集水泥厂、羊山水泥厂、县棉花加工厂、金曼克电气集团、县第二变压器厂、台鑫亮袋厂、县印刷厂等工业企业，进行监督监测及综合性卫生学评价，每年抽测 3~8 家，布监测点最多时 37 个。针对接触苯、铅、锰等工业毒物和接尘人员、疑似尘肺病人逐项进行调查，对工人进行健康查体；对存在严重问题的单位提出整改意见。

1997 年，对 3 家企业进行劳动卫生防护监督监测。同时，对县化肥厂 1089 名职工进行职业健康查体，检出慢性胃炎 182 例，急慢性结膜炎 53 例，神经衰弱 31 例，听力下降 2 例，急慢性咽炎 48 例。建议该厂做好工人的职业防护措施，保障工人健康。

2000 年，积极宣传《山东省职业病防治条例》等有关劳动卫生法规，组织 60 人次，发放宣传材料 2000 余份，出动车辆 20 辆次。对 5 家厂矿企业进行监督监测，测粉尘作业点 11 个，合格 5 个；测毒点 7 个，合格 4 个；测噪声点 18 个，合格 10 个；重点监督化肥厂、棉厂两家企业，并提出了改进意见。如建议县棉厂职工戴耳塞、口罩、帽子等措施，并要求单位提供符合防治职业病要求的职业病防护设施和个人使用的职业病防护用品，改善工作条件等。

2002 年 5 月 1 日，《中华人民共和国职业病

防治法》正式颁布实施，县防疫站利用新闻媒体广泛宣传，制作职业病防治宣传公益广告，出动宣传车，派出卫生监督人员，送法到企业，增强企业和劳动者的职业病防治意识和自我保护意识。同时，根据鲁卫法监发〔2002〕14号文件的紧急通知要求，对全县有毒有害化学品生产、销售和使用单位进行全面摸底调查，对其中有问题的10余家单位按要求进行整治。

2003年，根据济卫法监发〔2003〕11号《关于开展乡镇企业、农村个体工商户职业病危害专项整治工作的通知》要求，对从事采石（矿）、石材加工、水泥制造、石棉加工业和制鞋、皮革加工业、箱包、家具制造业等使用苯及其他化合物和其他有机溶剂的企业进行专项整治工作，对8家未向卫生行政部门申报职业病危害项目，存在职业病危害和安全生产隐患、侵害劳动者权益的，依据《中华人民共和国职业病防治法》《中华人民共和国劳动法》等法律法规，严肃处理，限期整改。

2004年，对10家存在产生职业病危害项目的企业进行信息编码，开展《中华人民共和国职业病防治法》宣传，接受群众咨询和举报，在电视上开办职业病防治知识专题讲座。县政府组织抽调县总工会、县安监局等有关部门共20余人，分5组，对金桥煤矿、县棉厂、县化肥厂、水泥厂、有机化工厂、六合饲料厂等30余家企业进行监督检查。依法定程序下达《监督意见书》12份，责令企业对职业病、有害因素等限期整改。

2005年，根据“山东卫生监督执法2号行动”的要求，开展以保护劳动者健康权益为重点的执法活动。围绕重点行业、重点单位进行了职业病危害专项整治工作，对领导重视职业病防护、各项防护措施落实好的企业单位进行表彰；对违反《中华人民共和国职业病防治法》，未建立职业卫生管理机构或组织，未制定职业病防治计划和方案，未制定职业卫生管理制度和操作规程，未建立职业卫生档案及劳动者健康监护档案，未设立警示标识等问题的17家企业下达《监督意见书》，填写《职业卫生经常性监督卡》，并输入微机。对1401名接害职工进行职业性健康查体，建立职业卫生健康档案。通过检查发现两例疑似尘肺病患者，后经市卫生防疫站复查予以排除。

1991~2005年，共组织接害职工查体4500余人次，未发现严重职业病患者。

学校卫生

1991年开始，每年对全县中小学、学前班、幼儿园卫生状况进行监督检查。坚持每年对学生和学龄儿童进行一次健康查体，建立“查体卡片”和“中小学生健康证”，完善学生卫生档案。为保证学生身体健康，多数学校设有卫生室，配备专职医生。县防疫站适时对全县校医和保健教师进行技术培训。

1992年，贯彻落实山东省卫生厅、教委《学生常见肠道蠕虫感染综合防治方案》，在全县抽取试点学校24所，由县防疫站派出防疫、化验人员，配合省寄生虫病防治研究所开展粪检，采用一次性服用两片“甲苯咪唑”进行驱虫治疗。至1994年，全县小学生两次服药共计10万人次，服药率在85%以上。

1994年，对全县2万余名中、小学生开展健康查体。发现近视率占体检总数的36%，沙眼患病率占37.3%，龋齿患病率占22.15%。

1996年，为巩固学生肠道驱虫服药效果，对全县在校小学生进行集体服药驱虫。

1997年，把中、小学健康教育和卫生档案纳入目标考核。再次对8963名中、小学生进行健康体检，发现近视2708人，患病率为30.21%；沙眼3568人，患病率为39.81%；龋齿3217人，患病率为35.89%。

2000年，全县中、小学生体检14843人，其中近视4508人，患病率为30.37%；沙眼4748人，患病率为31.99%；龋齿4711人，患病率31.74%。

2001年，全县中、小学生健康查体17013人，其中近视6026人，乙肝病毒携带者235人，沙眼1651人，龋齿4115人，中耳炎53人，鼻炎589人。

2003年5月，全县防治“非典”工作进入关键阶段，根据上级指示建立学校幼儿园防治“非典”监测信息网络，并于5月7日正式运行，各校执行“晨检”制度及“零报告”制度。5月7日~6月27日，每日监控学校、幼儿园9万余人次，举办疫情报告培训班2期，发放预防“非典”宣传品6种，共1.2万余份，配合教育部门对学生高考、中考期间进行防治“非典”措施落实情况的督查。

2004年，在中、小学生体检时对受检人数中的3875人进行乙肝表面抗原检测，查出表面抗原阳性者255人，占6.57%。

2005年，设立学校卫生科，加大学校卫生管理力度。增加了多功能监护仪、电子身高体重秤、肺活量计数仪等设备。对金乡一中、实验中学、金乡镇中学、文峰中学、金师附小、实验小学、朱楼小学和部分乡镇学校进行全面摸底调查。调查显示，学校采光、照明、黑板、课桌椅情况良好，但大部分学生宿舍卫生条件较差，学校厕所整体太差，学生缺乏对生理卫生知识的了解，个别学校仍饮用含氟量较高的自备水。对此，县防疫站学校卫生科配合监督大队开展监督整改工作。

1997~2005年金乡县中、小学生查体及健康状况简表

表30-2-3　　单位：人

年度	查体数量	在存在的问题中											
		近视		沙眼		龋齿		乙肝病毒携带者		中耳炎		鼻炎	
		数量	患病率（%）	数量	患病率（%）	人数数量	患病率（%）	数量	患病率（%）	数量	患病率（%）	数量	患病率（%）
1997	8963	2708	30.2	3568	39.8	3217	35.9	—	—	—	—	—	—
1998	9236	2937	31.8	2758	29.8	2916	31.6	—	—	—	—	—	—
2000	14843	4508	30.4	4748	32	4711	31.7	—	—	—	—	—	—
2001	17013	6026	35.4	1651	9.7	4115	24.2	235	1.4	53	0.31	589	3.5
2002	12938	4476	32.8	2002	15.5	3038	24.3	—	—	—	—	—	—
2003	15343	4661	28	1781	11.5	3964	28.4	—	—	—	—	—	—
2004	13846	4719	33	2143	15.5	1900	13.7	255	6.57	—	—	—	—
2005	25195	8036	32	2547	10	3478	14	—	—	—	—	—	—
说明	1999年未作统计												

放射卫生

1991~2005年，依据《放射性同位素与射线装置放射防护条例》及有关法规标准，各医院全部建立X线检查病人候诊区。协助济宁市卫生局、山东省劳动卫生职业病防治研究所，每年对县属15家医疗单位、金桥煤矿医院的医用诊断X线机进行质量控制监测和外环境防护监测，布设监测点少者81个，多者189个，不合格的禁止使用。对放射工作人员先培训，合格后办理上岗证。进行查体和个人剂量监测共计690人次，合格率均为100%。对有20年以上放龄人员安排疗养。同时，建立健全X线机工作档案、放射人员健康档案及

第三十三篇　民　政

民　政

民国元年（1912），县知事（后改称民政长）理民政。1930 年，县公署设民政股，次年改一科为民政科，乡、镇设民政股。1940 年 3 月，金乡县抗日民主政府成立，设民政科，内设战勤股、民政股、优抚股；区设民政助理员（或民政干事）。1949 年，金乡县人民政府设民政科。1956 年，金乡县人民委员会改民政科为民政局。1966 年 6 月，民政局被撤销。1967 年 4 月，成立金乡县革命委员会，人事、民政、卫生联合办公；1970 年 12 月，恢复县民政局并一直延续。1990 年，县民政局设人秘股、民政股、优抚股、社会股；乡、镇设民政助理员，同年 9 月，金乡县地名办公室并入民政局。1991 年，增设社团管理办公室。1997 年 8 月，增设婚姻登记处。2004 年 3 月，社团管理办公室改称民间组织管理局。

1991~2005 年，金乡县民政工作涵盖基层政权建设、拥军优抚、退伍军人安置、农村养老保险、城乡居民最低生活保障、婚姻登记、社团登记、地名管理以及扶贫、救济、救灾等诸多方面，并取得一定成就。乡镇人民政府、村（居）民委员会换届选举工作顺利完成，村民自治工作逐步走上法制化、规范化轨道；城乡低保实现动态管理，规范运行，确保农村特困家庭有饭吃、有衣穿；救灾救济工作采取多种措施帮助困难群众度难关；退伍军人和残疾人安置、五保老人供养等各项优抚政策措施得到较好落实；婚姻登记、殡葬改革、社团登记等民政管理工作依法开展，大操大办婚丧事宜得到有效遏制。

第一章　基层政权

第一节　乡镇政权建设

金乡县农村基层政权建设，明设乡，乡辖社。清设社、方。民国设区，区领乡。中华人民共和国成立后至1958年仍设区，区辖乡镇。1958年3月，撤区并乡镇，当年 8 月，撤乡镇，成立人民公社。1984 年年初，人民公社改建为乡级政权，全县建14个乡镇人民政府，其中乡政府11个，镇政府3个。1990 年，乡政府 9 个，镇政府 5 个。

1993 年 3 月，14 个乡镇机构改革，完成人大、政府换届工作，选举产生乡镇人大主席团主席 14 人；乡镇长 14 人，副乡镇长 41 人。

1995 年 4 月，乡镇行政区划调整，撤销城郊乡设立缗城镇，同时成立缗城镇、金马乡、大义乡人民政府。全县乡镇增至 16 个。

1996 年 1 月，完成乡镇人大、政府换届工作，选举产生乡镇人大主席团主席 16 人（其中党委书记兼职 3 人），副主席 16 人；乡镇长 16 人，副乡镇长 48 人。

1997 年 7 月，鱼山乡、王丕乡撤乡改镇。

1999 年 12 月，马庙乡撤乡改镇。当年 3 月，完成乡镇人大、政府班子换届工作。选举产生乡镇人大主席团主席 16 人（其中党委书记兼职 3 人）；乡镇长 16 人，副乡镇长 57 人。

2000 年 5 月，司马乡撤乡改镇；是年 12 月，撤销缗城镇，原行政区域并入金乡镇；撤销金马乡，原行政区域并入鸡黍镇；撤销大义乡，原行政区域并入胡集镇。原 16 个乡镇调整为 13 个。

2002 年 1 月，乡镇人大、政府换届，选举产生乡镇人大主席团主席 13 人（其中党委书记兼职 2 人），副主席 14 人；乡镇长 13 人，副乡镇长 42 人。

第二节　村民委员会建设

1988 年 6 月 1 日，《中华人民共和国村民委员会组织法（试行）》颁布实施，全县分别于 1990 年、1993 年、1996 年进行村民委员会换届选举，组成新一届村民委员会。村委会设若干村民小组，小组长由村民小组会议推选。

2001 年，依据 1998 年 11 月 4 日实施的《中华人民共和国村民委员会组织法》，对全县村民委员会进行集中换届选举。2004 年，完成全县村“两委”换届选举工作，全县 659 个村(居)选出“两委”成员 2244 人，其中交叉兼职 1886 人，占 84%，村党支部书记与村委会主任“一人兼”的 594 人，交叉兼职比例 90%；妇女干部 202 人，占“两委”成员总数的 9%。

第三节 居民委员会建设

2005 年，金乡镇辖区内(县城区)有 8 个居民委员会。其中，第一、第二、第三居民委员会源于新中国成立后成立的城关镇金城大队的 3 个办事处。1984 年，城关镇改称金乡镇时分别更名为第一、第二、第三居民委员会。

第一居民委员会 位于县城区西部，4682 户，14646 人，部分住户有少量耕地。2006 年又更改为金乡县金乡镇第一社区居民委员会。辖区为中心西路两侧粮食局至火化厂，驻地为中心西路苏果超市西 200 米路北。

第二居民委员会 位于县城区中部，410 户，960 人，部分住户有少量耕地。2006 年更名为金乡镇第二社区居民委员会，辖区范围：东自金山街，西至县粮食局，南自金马河，北至文峰路，驻地为租赁县粮食局办公西楼二楼。

第三居民委员会 位于县城区东部，4800 户，2.6 万人，部分住户有少量耕地。2006 年更名为金乡镇第三社区居民委员会。无固定驻地，临时在金海花园物业办公室租房。辖区范围金山街以东至金司路、中心东路两侧。

北当社区居民委员会 辖北当、刘学屋 2 个自然村。1958 年成立南门、东关、北关会战区，以“当房”为中心，“当房”以北为北当，村名由此而来。1979 年改为北当村。2001 年更名为北当社区。

金珠社区居民委员会 原为朱楼村民委员会，辖北豆腐营、朱楼、木堤口、翟学屋 4 个自然村。2002 年 10 月，经县政府批准，更名为金珠社区。居委会驻地北豆腐营。

南门社区居民委员会 辖南园、尹庄、堤口 3 个自然村。居委会驻地为南园。

清真社区居民委员会 辖清真村 1 个自然村。居委会驻地为清真村。

西关社区居民委员会 辖西关、马油坊 2 个自然村。村委会驻地为西关。

2001 年、2004 年，依据《中华人民共和国城市居民委员会组织法》的规定，对以上居民委员会集中换届选举，选举主任、副主任和委员若干人。

第二章 拥军 优抚

第一节 拥军优属

金乡人民抗日战争期间积极开展抗日支前活动。在解放战争期间特别是著名的“羊山战役”、“淮海战役”中竭力支前。在抗美援朝战争期间踊跃捐款捐物，全县有 615 名青年参加中国人民志愿军。中华人民共和国成立后，金乡人民持续开展拥军优属活动，增强军政军民团结，为金乡经济社会发展做出积极贡献。

拥军

1991 年，金乡县成立拥军优属、拥政爱民工作领导小组。此后，每年“八一”建军节和春节期间，县委、县政府发出通知，号召全县各级党委、政府和全县人民开展拥军优属活动。县委、县政府主要负责人带队走访慰问县人武部和驻金武警中队，送去慰问金和慰问品，在驻军生活食宿、

军事训练等方面给予支持。在国庆节、红军长征胜利纪念日、抗日战争胜利纪念日等特殊纪念日，多举办一些庆祝、纪念和拥军活动。

优属

1978年12月，中共十一届三中全会以后，农村实行家庭联产承包责任制，对农村义务兵家属优待劳动日制度随之为发放优待金所取代。

1993年4月10日，县政府印发《关于改革完善城镇非农业义务兵家属待遇工作的通知》，规定：对城镇无正式工作的非农业户口的青年应征入伍后，在部队服役期间，每人每年优待现金200元～300元。优待金由义务兵父母所在单位各负担一半；父母一方有工作的，由一方所在单位负担；父母双方无工作的，由户口所在地的乡镇政府从财政中支付。

农村义务兵家属优待金的发放，由乡镇人民政府采取平衡负担办法，民政、财政共同负责。优待金预算由乡镇民政部门根据当年本乡镇应享受优待的户数，参照上年当地人均收入水平，测算出当年所需优待金总额，通过农民群众统筹给予农村义务兵家属现金优待。

2002年，农村税费改革，逐步取消乡统筹、村提留等面向农民的收费，农村义务兵家属优待金实行县级财政统筹发放。农村和城镇非农业义务兵优待金每年在“八一”建军节前兑现完毕。

根据《军人抚恤优待条例》的规定，除享受优待的义务兵家属外，烈属、伤残军人和生活困难的在乡复员军人在享受国家抚恤补助的基础上，其生活尚未达到当地一般群众水平的，也享受优待。优待金在春节前兑现完毕。

第二节　抚恤补助

1950年，执行国家统一抚恤标准。1952年12月31日前，抚恤物是小米，此后改为货币。至1984年，抚恤标准共进行7次调整。1990年，全县革命残废军人和参战残疾民兵、民工共379人，每年发放抚恤金9.87万元。

2000年12月，对优抚对象进行普查，确认全县有优抚对象1689人，其中烈属238人，因公牺牲军人家属28人，病故军人家属39人，在乡伤残军人243人，在职伤残军人179人，老复员军人862人，病退军人100人。

2002年1月1日、2003年7月1日，两次提高革命伤残人员（含革命伤残军人、伤残人民警察、伤残国家机关工作人员、伤残民兵民工）的伤残抚恤（保健）金、“三属”（含革命烈士家属、因公牺牲军人家属、病故军人家属）定期抚恤金、在乡退伍红军老战士生活补助标准。

2004年8月1日，国家颁布新的《军人抚恤条例》。金乡县提高了一次性抚恤金标准；调整了伤残军人等级设置，把原来的“四等六级”调整为“一至十级”；取消伤残军人抚恤金（保健金）“在职”“在乡”的区别；明确义务兵家庭享受优待金的范围和标准。并按“条例”规定，对全县因战、因公致残的革命军人、民兵、民工、人民警察和机关工作人员进行了伤残换证。当年10月1日起，提高残疾军人（含伤残人民警察、伤残国家机关工作人员、伤残民兵民工）的残疾抚恤金、烈属（含因公牺牲军人遗属、病故军人遗属）的定期抚恤金。

历次调整革命伤残人员、烈属、因公牺牲军人遗属、病故军人遗属抚恤（保健）金标准表

表 33-2-1

单位：元/年

年度	项目/金额		在乡伤残 抚恤金 因战	在乡伤残 抚恤金 因公	在乡伤残 抚恤金 因病	在乡伤残 保健金 因战	在乡伤残 保健金 因公	在乡伤残 保健金 因病	补助	保健	在职伤残 抚恤金 因战	在职伤残 抚恤金 因公	在职伤残 抚恤金 因病
1991	特等		1560	1440	—	—	—	—	—	—	240	216	—
	一等		1260	1170	1060	—	—	—	—	—	204	184	—
	二等	甲级	920	830	554	—	—	—	—	—	156	140	—
		乙级	656	590	554	—	—	—	—	—	135	122	—
	三等	甲级	416	440	322	—	—	—	—	—	108	98	—
		乙级	342	342	272	—	—	—	—	—	90	82	—
1994	特等		2240	2100	—	450	420	—	21.5	140	—	—	—
	一等		1860	1740	1620	374	342	332	21.5	80	—	—	—
	二等	甲级	1250	1150	1070	288	268	250	6	—	—	—	—
		乙级	856	780	740	231	214	210	6	—	—	—	—
	三等	甲级	536	516	—	174	160	—	4	—	—	—	—
		乙级	442	—	—	132	122	—	4	—	—	—	—

2003.07.01起执行	单位：元/年			抚恤金	保健金
	特等		因战	9960	2140
			因公	9800	2110
	一等		因战	7680	1720
			因公	7550	1680
			因病	7420	1670
	二等	甲级	因战	3880	810
			因公	3770	790
			因病	3680	770
		乙级	因战	2600	680
			因公	2520	660
			因病	2480	650
	三等	甲级	因战	1560	510
			因公	1540	490
		乙级	因战	1390	430
			因公	1390	420

年度	抚恤（保健）金标准			因战 现标准	因战 增加	因战 新标准	因公 现标准	因公 增加	因公 新标准	因病 现标准	因病 增加	因病 新标准
2002.01.01起执行	特等		在乡	7000	1400	8400	6840	1400	8240	—	—	—
	一等			5400	1080	6480	5270	1080	6350	5140	1080	6220
	二等	甲级		2900	430	3330	2790	430	3220	2700	430	3130
		乙级		1940	290	2230	1860	290	2150	1820	290	2110
	三等	甲级		1180	180	1360	1160	180	1340	—	—	—
		乙级		1050	160	1210	1050	160	1210	—	—	—
	特等		在职	1500	300	1800	1470	300	1770	—	—	—
	一等			1200	240	1440	1160	240	1400	1150	240	1390
	二等	甲级		600	90	690	580	90	670	560	90	650
		乙级		500	80	580	480	80	560	470	80	550
	三等	甲级		380	60	440	360	60	420	—	—	—
		乙级		320	50	370	310	50	360	—	—	—

烈属、因公牺牲军人遗属、病故军人遗属复员军人、退伍军人定期抚恤金标准

年度	项目/金额	烈属	因公牺牲军人遗属	病故军人遗属	复员军人	退伍军人
2002.01.01	城镇	200		195	120	50
	农村	190		185		
2003.07.01	城镇	285	280	275	—	—
	农村	225	220	215	—	—
2004.10.01	城镇	380	355	330	—	—
	农村	255	240	225	—	—

残疾军人、伤残人民警察、伤残国家机关工作人员、伤残民兵、民工残疾抚恤金标准表

表 33-2-2　　　　单位：元 / 年

残疾等级	残疾性质	抚恤金标准	残疾等级	残疾性质	抚恤金标准
一级	因 战	11200	六级	因 战	4480
	因 公	10800		因 公	4200
	因 病	10440		因 病	3600
二级	因 战	10080	七级	因 战	3360
	因 公	9600		因 公	3000
	因 病	9200	八级	因 战	2240
三级	因 战	8960		因 公	1920
	因 公	8400	九级	因 战	1680
	因 病	7800		因 公	1440
四级	因 战	7280	十级	因 战	1120
	因 公	6600		因 公	960
	因 病	6000	说 明	2004 年 10 月 1 日起执行	
五级	因 战	5600			
	因 公	5040			
	因 病	4560			

第三节　烈士褒扬

1952 年，为缅怀在鲁西南战役和羊山战斗中英勇献身的革命先烈，金乡县修建了羊山革命烈士陵园。陵园内安葬着在抗日战争和解放战争中牺牲的 1410 名革命先烈。

陵园依山就势建于羊山战斗遗址的主峰——羊头之上，占地面积 500 余亩，主要有革命烈士纪念塔、羊山战役纪念馆等建筑物。整个陵园布局合理，环境优美，树木、花草覆盖面积 90% 以上。纪念馆内陈列着许多珍贵的历史照片、电文、书信等革命文物，以及有关鲁西南战役的书籍、军战史、影集、录音、录像等历史资料，有参加过鲁西南战役的陈锡联、李德生等 50 余位老将军、老领导的亲笔题词。陵园经过多年扩建，已成为鲁西南地区著名的革命传统教育基地，先后被批准为“全国重点烈士纪念建筑物保护单位”“山东省首批国防教育基地”“全国爱国主义教育示范基地”和“全国国防教育示范基地”。

1996 年 10 月 27 日 中共中央政治委常委、军委副主席刘华清亲笔题写“鲁西南战役纪念馆”馆名。同年 12 月 26 日，山东省民政厅批准金乡县羊山革命烈士陵园内“羊山战役纪念馆”更名为“鲁西南战役纪念馆”。

1997 年 3 月，金乡县先后四次走访参加鲁西南战役的李德生、陈锡联、杜义德等 20 多位老首长和中央办公厅领导，征集了一批珍贵的历史资料、字画和题词。同年 7 月 16 日，举行鲁西南战役胜利 50 周年纪念活动，原晋冀鲁豫野战军作战处处长、海军原副司令员杨国宇，原一纵参谋长、北京军区原副司令员兼北京卫戍区司令员潘炎，原六纵政委、海军原政委杜义德，原三纵七旅旅长、空军原顾问赵兰田，原二纵四旅旅长、武汉军区原副司令员孔庆德，空军原司令员王海，空军指挥学院原政治部副主任李成年，以及民政部、济南军区、山东省委、省政府、省军区、省民政厅的负责人应邀参加，并为刘伯承、邓小平等群雕揭像。中共中央政治局常委、中央军委副主席刘华清为纪念活动题词：“伟大的战略决策，英明的指挥艺术”。原中顾委常委段君毅，空军原司令员王海等老首长、老将军也挥毫泼墨，纷纷为纪念活动题词、作画。《解放军报》《大众日报》、山东电视台等10余家新闻媒体现场采访、宣传报道。金乡县委、县人大、县政府、县政协、县人武部主要负责人和周边县（区）贵宾及金乡县党政机关干部、群众800余人参加了纪念活动。

1997年9月，羊山烈士陵园被批准为“济宁市爱国主义教育基地”。

2000年9月，中国人民解放军54886部队将羊山烈士陵园作为国防教育基地。

2001年4月30日，民政部批准羊山烈士陵园为第四批全国重点烈士纪念建筑物保护单位。当年7月16日，羊山烈士陵园举行“全国重点烈士纪念建筑物保护单位”揭牌仪式。

图33-1　羊山烈士陵园纪念碑

2002年4月7日，当年参加鲁西南战役、后在公安部工作的老将军到羊山烈士陵园，悼念在此牺牲的老战友。

2003年3月，羊山烈士陵园被济宁市民政局、济宁市人事局评为“济宁市民政系统”先进单位。当年9月，重修烈士墓108座，将原青石墓碑改为“将军红”卧碑。

2004年1月，山东省人民政府批准羊山烈士陵园为“山东省国防教育基地”。当年4月29日，羊山烈士陵园管理处升格为副县级事业单位，由济宁市民政局、金乡县人民政府双重管理，以县政府管理为主，设主任1人，副主任2人。

2005年10月20日，在羊山烈士陵园举行“金乡县关心下一代教育基地”挂牌活动。

1991~2005年，金乡县人民医院、县供电局、金曼克中学等单位先后将羊山烈士陵园作为“爱国主义教育基地”。每年清明节、“五一”劳动节、“八一”建军节和国庆节，都有成千上万的人民群众到此缅怀革命先烈，接受爱国主义、英雄主义和革命传统教育。

部分老将军题词

原晋冀鲁豫野战军第六纵队政治委员杜义德中将的题词：鲁西南战役功在千秋。

原冀鲁豫军区司令员王秉璋中将的题词：战地黄花分外香。

原晋冀鲁豫野战军第二纵队四旅旅长孔庆德中将的题词：先烈英名垂青史，英雄遗志展宏图。

原晋冀鲁豫野战军第一纵队参谋长潘焱少将的题词：昔日歼敌创伟业，今朝立馆育后人。

原晋冀鲁豫野战军第九纵队参谋长何正文少将的题词：功绩垂青史，光辉照千秋。

中国人民解放军原空军司令员王海上将的题词：浩气壮山河，丹心映碧天。

第三章　军人安置

第一节　退役军人安置

1991~2003年，金乡县共接收退伍义务兵、志愿兵、伤残军人4200人，其中城镇户口的2598人，农村户口的1528人，伤残军人74人。1998~2000年，安排军队复员干部随调家属6人。

退伍义务兵安置

1993年前，城镇退役士兵按国家下达的安置

任务与本县劳动就业指标一起分配，安置为国家正式职工。1993 年 7 月，按国务院、中央军委批转民政部、劳动部、总参谋部《关于退伍义务兵安置工作随用工单位改革实行劳动合同制意见的通知》，安置由正式工改为合同制；获得大军区以上单位授予的荣誉称号和荣立二等功以上者，安排工作时优先照顾本人志愿；荣立三等功和超期服役者，在条件允许的情况下，照顾本人特长和志愿；经部队培养有一定专业特长者，尽量做到对口安置；原是国家机关、人民团体、企业事业单位正式职工的退伍义务兵等，原则上回原单位复工复职。对在部队不安心服役，提前退伍或犯有严重错误者，政府不负责安置。对不服从分配的退伍义务兵，逾期半年无正当理由，经多次教育仍不报到的，不再安排工作，按社会待业人员对待。

伤病残退伍义务兵安置

1992 年，执行民政部、总参谋部等部门《关于进一步做好伤病残义务兵退伍和安置工作意见》，对因战因公负伤致残的二等、三等伤残退伍义务兵，原是城市户口的，安排力所能及的工作；原是农业户口的，也可在企业、事业单位安排适当工作；对要求自谋职业的，予以鼓励。对患慢性病，部队按评定病残条件评残退伍的义务兵，按规定发放抚恤金。国家为接收安置伤残退伍义务兵的单位相应增加劳动指标和工资总额基数。对不接收伤残退伍义务兵的单位，追究其领导者的责任。

转业志愿兵安置

1973 年，实行义务兵与志愿兵相结合的兵役制度后，志愿兵退役安置制度逐步形成并不断完善。1983 年 2 月，执行国务院、中央军委颁布的《中国人民解放军志愿兵退出现役安置暂行办法》，对退出现役的志愿兵，在本县安置工作；本人申请复员回乡参加农业生产的给予鼓励；对符合条件经组织批准已随军的志愿兵家属的安置和住房，按军队转业干部的有关规定办理，有正式工作的配偶，由劳动人事部门负责安排。本县安排有困难的，报请上级人民政府统筹安置。1994 年，执行（国发〔1994〕6 号文）《关于志愿兵转业实行集中交接意见》，对符合接收条件的转业志愿兵，取其长，用其才，妥善安置；接收安置通知书后无正当理由逾期 3 个月不报到的，将其档案退回军队，由部队取消其志愿兵资格，改按义务兵退伍条件安置。

复员干部安置

1993 年 2 月，执行国务院退伍军人和军队离休退休干部安置领导小组、民政部、总政治部《关于做好军队复员干部安置工作的通知》，对自愿复员的干部，政府不再分配工作，由本人自行就业，享受优惠政策。

第二节　军队离退休干部安置

1986 年，金乡县军队退休干部和离休干部由县人武部移交地方，由县民政局负责管理。

1995 年，经县编制委员会研究，金乡县军队离退休干部休养所为副科级事业单位，隶属县民政局。所需人员编制由上级民政部门核定，并负担全部经费。军队离退休干部服务机构编制 1 人。

2005 年，金乡县军队离退休干部休养所共有离退休干部、士官 10 人，其中副师级离休干部 2 人，团职、营职退休干部 3 人，退休士官 1 人，遗属 4 人。干休所在编工作人员 2 人。

第四章 救灾 救济

第一节 赈灾救助

县内救灾

1991年6月21日，金乡遭受8级以上大风袭击，并伴有暴雨、冰雹，造成60余万亩农田受灾，6万余亩绝产，倒塌房屋350间，损坏1560间，死亡2人，直接经济损失3000万元。县委、县政府将上级拨给的20万元救灾款和10万斤救济粮及时送到灾民家中，并发动群众互助互济，绝产地块改种其他作物。

1992年春夏两季，全县干旱少雨，重旱面积20万亩，旱死作物5万余亩，10个乡镇350个村约20万人和牲畜饮水发生困难。入秋后，阴雨连绵，气温偏低，15万亩棉花突发病虫害减产三成以上，粮食减产500万公斤。县、乡两级党委、政府动员群众开展生产自救，并拿出部分救济粮、救济款，连同市里拨给的36万元救灾款一同送到灾民手中。

1993年8月4日，全县普降大雨，12小时内平均降雨量83毫米以上，胡集镇、卜集乡分别达到117毫米和116毫米，雷雨时阵风7~8级，两乡镇北部及东北部一片汪洋，农田被淹，14个村庄被洪水围困，刮倒树木3000余棵，倒塌房屋2000余间，砸伤5人，死亡大牲畜30余头，直接经济损失4000余万元。县委、县政府领导组织县直机关干部赴灾区参加抗灾，动员干部职工捐款捐物，帮助灾区群众开展生产自救，并将上级拨给的37万元救灾款一起送到灾民手中。群众生活得到妥善安置，思想情绪稳定。

1994年秋季，全县连降暴雨，全县农田大面积积水，棉桃腐烂，棉蛉虫繁殖加快，受灾面积30余万亩，成灾22.5万亩。胡集、卜集、羊山等乡镇低洼地区受灾严重，倒塌房屋287间。大蒜销售受国际市场影响处于低谷，全县2.3万人缺粮。县委、县政府拨出专款，连同上级拨付的22万元救灾款、30多万斤救灾粮，帮助灾民渡过难关。

1995年6月29日13时，马庙、羊山境内遭受龙卷风袭击，风力10级以上，暴雨中夹有冰雹。马庙乡西北部3个管区受灾最重，4000余棵成材树全部刮倒或折断，损坏房屋820间，损坏电力线路14千米，刮断电线杆60棵。刮毁通讯线路5千米，照明线路10千米，砸坏农机具30多件，中断交通20多千米。县委、县政府和民政部门迅速赶到灾区指挥群众救灾，及时补种砸坏的棉花、玉米、花生等作物，将县里拨出的救灾款连同上级拨付的30万元救灾款、80吨化肥、30吨柴油送到灾民手中，灾民情绪稳定。

1996年，全县多个乡镇遭受大风、暴雨和冰雹袭击，造成农作物大面积受灾。县和上级政府拨出救灾款40万元，化肥140吨，农药8000多斤，粮食60万斤用于救灾。

1997年6月10日，胡集、卜集两个乡镇遭到暴风袭击，受灾面积12万余亩，县政府组织群众开展生产自救。

2000年年底，筹集资金20万元，购买面粉、食用油、糕点等物，慰问城乡困难群众、五保老人和军烈属。

2002年，县政府印发《金乡县特大自然灾害救灾应急预案的通知》。春季，金乡遭遇遇大旱；7月，霄云镇、卜集乡和金乡镇遭冰雹袭击，棉花、玉米、瓜果被砸，受灾面积30多万亩，绝产3万亩，造成直接经济损失5000多万元。县和上级政府拨救灾款20万元，发动社会各界捐赠10万元，购买124吨面粉、1.2万斤食用油、1300床棉被，发放到灾民手中。

2003年3月，执行济宁市政府《农村五保低保对象保障资金管理规定》，农村低保资金由县、乡两级财政各分担50%。当年7月11日~17日、8月20日至9月4日，连续出现强降雨天气过程，

全县13个乡镇普遭内涝，农作物成灾面积37万亩，重灾18万亩，绝产9万亩，倒塌房屋392间，损坏房屋2800多间，造成直接经济损失1.68亿元，16.2万人缺粮。县委、县政府转移安置灾民1600人，分两次下拨救灾款80万元，社会各界踊跃捐款61万余元，捐棉衣、棉被700余套，保证灾民安全过冬。2004年春节前，县委、县政府又筹资50万元，购买面粉240吨、食用油1万斤、棉被1000床及其他生活必需品，救济灾民3.5万人。

2004年，县政府出台《金乡县救灾款使用管理实施细则》。当年8月26日~27日，全县遭遇大强度降雨过程，造成大面积内涝，成灾面积64.2万亩，重灾面积43万亩，绝产面积19.6万亩，倒塌房屋1690间，积水村庄408个，积水学校141所，冲毁乡村公路5千米，直接经济损失4.9亿元。县委、县政府组织开展“赈灾济困·慈心一日捐”活动，接收捐款40余万元，发放救灾款90万元，面粉250吨，棉被4000床。

2005年9月19日21时至9月21日7时，全县遭受特大暴雨袭击，平均降雨量180.2毫米，最大降雨点王丕镇219.5毫米。受灾面积40余万亩，其中棉花受灾面积30万亩，玉米等农作物8万亩。绝收面积2万亩，其中，圆葱苗绝收5000亩，芹菜绝收5000亩，辣椒绝收4000亩，白菜等蔬菜绝收5900亩。240个村庄积水，倒塌房屋160间；积水敬老院5所，损坏房屋40余间；积水学校120所，其中房屋漏水学校90所，危房学校3所，停课学校83所，学校倒塌围墙260米。冲毁乡村柏油路20千米，造成直接经济损失4250万元。9月25日~10月3日，又出现持续降水，受灾人口由20万人增至33万人，损坏房屋增至5800间，倒塌房屋增至3460间，直接经济损失增至2.3亿元。灾情发生后，转移安置5000余人，发放救灾款30万元，将205吨面粉、1500床棉被、5500件棉衣分发给受灾群众。

支援灾区

1991年7月，长江以南地区遭受洪涝灾害，县委、县政府在做好本县救灾工作的同时，动员全县人民捐款23.5万元，将购买的1万公斤大蒜、2万公斤面粉、5000多公斤杂粮和1000余件衣服，装满5卡车，连同5.95万元救灾款，一并送往江苏省金坛市，用于救灾。

1998年，长江等流域发生特大洪水，金乡县广泛开展捐款捐物活动，以实际行动支援灾区，山东省金贵酒厂一次性捐赠价值500万元的救灾物资。

2000年7月，组织开展对口支援新疆捐赠衣物活动，共捐赠棉衣1万余件、毛衣9440件、绒衣4310件、棉被717床、现金2.59万元。

2003年春夏，全国“非典”疫情爆发，六家民营企业无偿捐赠1万箱（40吨）金乡大蒜送往首都北京，用以抗击“非典”。

第二节　社会救济

城乡低保

1996年，县民政局为尽快建立适合金乡实际的农村最低生活保障制度，集中人员、时间，先后对全县13个乡镇的低收入或无收入特困户进行调查摸底核实。

1997年1月，县政府印发《关于建立农村村民最低生活保障线制度的通知》，确定农村村民最低生活线标准为每人每年生活费600元。当年，按县50%、乡40%、村10%的比例筹集保障资金40万元。同年10月，县政府印发《金乡县城市居民最低生活保障暂行办法》，开始实施城市低保。1997~1998年，城市最低生活保障线标准为每人每月120元，所需资金由县、乡镇两级财政按照7∶3的比例分别负担。

1998年10月，县民政局联合县财政局、总工会对城镇特困居民进行摸底调查，核实月人均收入低于156元的困难户329户、1074人。1999年7月1日，将城市居民最低生活保障标准提高到每人每月156元。当年，城市低保对象621户、2020人，发放保障金37万余元。

2000年10月，县民政局联合财政局、总工会再次对城镇特困居民进行摸底调查。2001年10

月，县政府出台《金乡县城市居民最低生活保障补充规定》。2000~2005 年，累计发放城市、农村低保保障金 624.4 万元。

2000~2005 年金乡县发放低保保障金统计表

表 33-4-1

年度	发放低保金（万元）	城市低保		农村低保	
		户	人	户	人
2000	21.6	60	139	644	1968
2001	40	156	417	698	2196
2002	101.2	250	1074	796	2378
2003	94.8	1401	2280	880	2811
2004	162	1490	2579	—	2385
2005	204.8	1623	2698	855	2561
合计	624.4	4980	9187	3873	14299

临时救助

2001 年 9 月，县政府出台《金乡县临时性社会救助基金管理办法》。2002 年，全县结对帮扶 1813 户 5800 人，当年救助 600 余人次，支出救助资金 10 万元。

农村养老保险

1992 年 10 月，设立金乡县农村社会养老保险事业管理处，隶属民政局。1997 年 11 月，金乡县被山东省民政厅命名为全省第一批农村社会保障先进县。1999 年 11 月，农村社会养老保险工作整建制划归县劳动局管理。当年，金乡县被民政部评为“全国农村养老保险先进县”。

收容遣送

2003 年，国务院颁布《城市生活无着的流浪乞讨人员救助管理办法》，严禁进行强制收容或救助。此后，对于因家庭困难或职业性乞讨的人员，直接询问查明其原籍并同意接受救助后，给予路费劝其回家。

第五章 社会福利

第一节 农村敬老院

1984 年，全县 14 个乡镇全部办起敬老院，供养费用由所在村负责，每人每年供应小麦 250 斤~300 斤，月零花钱 5 元~8 元。

1991 年后，“五保”老人生活全部实行乡镇统筹，供养水平和标准逐年提高，达到甚至高于当地群众平均生活水平。

1997 年 11 月，鱼山镇、王丕镇敬老院荣获“济宁市模范敬老院”称号。1998 年 5 月，金乡镇、霄云镇、卜集乡三家敬老院受到济宁市民政局、老龄委表彰。

图 33-2　卜集乡敬老院

1999 年 4 月，县政府出台《关于做好五保供养工作的意见》，五保供养经费和实物实行乡镇

统筹，集中供养每人每年最低按照700元标准提取，分散供养按450元提取。当年，按山东省政府文件要求对敬老院实行等级管理。

2002年，农村税费改革后，集中供养五保资金由乡镇统一安排，分散供养五保资金由村、乡两级负担。集中五保供养标准每人每年1600元，分散五保供养标准每人每年800元。各乡镇敬老院积极开展以副养院活动，当年经营收入70万元，五保老人生活得到一定改善。

2003年，执行《济宁市农村五保低保对象保障资金管理规定》，农村五保保障资金由乡镇财政负担。财政乡镇有困难的，县财政给予适当补助。

2003~2005年，按照省、市民政部门统一部署，实施“星光计划”和“农村扶老福利工程”，投入资金152万元（其中县级配套资金35万元），先后对高河、司马、羊山、化雨、兴隆等10家敬老院进行改造，改造房屋140间，新建房屋92间，硬化路面1200平方米。2005年年底，山东省政府发文要求五保资金实行社会化发放。全县14家敬老院全部纳入山东省财政困难县改善敬老院条件项目，当年供养2095人，其中集中供养1379人，分散供养716人；集中供养率65.8%。

第二节 福利企业

1990年年底，金乡县有社会福利工厂8家，安排56名残疾人就业。

1991~1998年，全县13家企业（金乡县社会福利玻璃纤维厂、金乡县福利被服厂、金乡县福利油脂化工厂、金乡县福利面粉厂、金乡县江通电磁线厂、金乡县电力变压器厂、金乡县光明矿用电气设备制造厂、金乡县中福实业公司电器厂、金乡县福利纤维板厂、金乡县钢窗厂、金乡县福利电线厂、金乡县电力线材制造厂、山东金变电器有限公司）安置有劳动能力的残疾人就业200多人。

按照国家规定，金乡县对社会福利生产企业实施扶持保护政策。其中税收减免政策有：减免所得税，安置“四残”人员（盲、聋、哑、肢体残疾）占生产人员总数35%以上的，暂免征收所得税，安置比例超过10%未达到35%的，减半征收所得税。免征营业税，安置“四残”人员占企业生产人员35%以上的（含35%），其经营属于营业税“服务业”税目范围内（广告业除外）的业务，免征营业税。先征后返还增值税，安置“四残”人员占企业生产人员50%以上（含50%）的，其生产增值税应税货物，经税务机关审核后，采取先征税后返还的办法，给予返还全部已纳增值税的照顾；安置比例在35%以上，未达到50%的，如发生亏损，可给予部分或全部返还已征增值税照顾；属于小规模纳税人的民政福利工业企业，如符合规定条件，可按6%的征收率返还已征税款。同时还规定，民政福利企业符合免征营业税条件的，免征城市维护建设税，符合返还所征增值税条件的，在返还已征增值税的同时返还附征的城市维护建设税；安置残疾人员占生产人员总数35%（含35%）以上的，免征车船使用税。

1999年，根据《山东省社会福利企业改制工作的若干意见》，对福利企业进行改制。由于福利企业申报条件、申报程序较为严格，一些不符合条件的企业退出了福利企业行列，有的因管理不善倒闭或停产。

2005年，全县福利企业只有山东金变电器有限公司一家。企业注册资金1000万元，年产品销售总额3000余万元，职工80人，其中安置残疾职工23人，并全部缴纳养老、医疗、失业等项保险。

第三节 福利彩票发行

1989年，金乡县开始销售即开型福利彩票（购票者在一个销售点上一次完成购票和兑奖全过程），面值为1元、2元，销售额从最初的每年3万元~5万元，增加到80万元左右。

2000年5月，金乡县正式开始销售电脑福利彩票。当年设立4个投注站。

2003年6月15日，大义、兴隆两处“齐鲁风采”电脑福利彩票小型机投注站正式投入运营。

2005年，全县设立福利彩票投注站35个，年销售彩票额1000万余元。

第六章 婚丧管理

第一节 婚姻登记

1940年，金乡县抗日民主政府推行结婚登记制。1950年，按照国家“婚姻法”婚姻自由原则和男20岁、女18岁的规定，正式办理婚姻登记。1958年，婚姻登记由人民公社民政助理员负责办理。1980年，国家颁布新《婚姻法》，规定结婚登记年龄男不得早于22周岁，女不得早于20周岁。

1991~1997年，全县13个乡镇均设有婚姻登记处。县直机关人员结婚登记到金乡镇婚姻登记处办理。办理结婚登记，男女双方须同时持户口所在单位介绍信和派出所证明，经审查符合条件者，给予办理。双方自愿离婚者，须向登记机关填写申请书，符合条件且调解无效的准予离婚；有争议的，转人民法院判决。其间，各婚姻登记处执行婚姻法《婚姻登记管理条例》相关规定，热情服务，依法登记，共办理结婚登记手续31132对，登记合格率、晚婚率分别为100%、95%以上，杜绝早婚和违法婚姻；办理离婚185对，合格率100%。

1997年5月，执行山东省民政厅《关于实行婚姻登记集中办理的通知》精神，撤销13个乡镇婚姻登记处。县编委批准成立金乡县婚姻登记处，为股级自收自支事业单位。2004年，变更为全额拨款事业单位，人员编制6人。

县婚姻登记处成立后，面向社会各界聘请8位执法监督员，并设立意见箱，公布监督电话，加强对登记人员业务知识培训，登记人员持证上岗，统一着装，挂牌服务，严格按规定程序办理结婚登记手续和离婚手续。1997~2005年，共办理结婚登记35094对，离婚登记859对，补领婚姻登记证146对，合格率100%，晚婚率83.75%。

第二节 殡葬管理

1968年，在县城西建火化场，倡导火化，实行殡葬改革。1981年，殡葬改革出现反复，火化率下降至58%。1982年，整顿各级丧葬组织，农村建立红白理事会，当年火化率上升到88%。1987年8月，县编委批准成立金乡县殡葬管理所，为股级事业单位，与殡仪馆合属办公。1990年，火化率90%。

1991~1995年，加强对红白理事会工作指导、管理与监督，殡葬改革逐步深化，殡葬服务设施更新改造步伐加快，实行和完善运尸、整容、存放、吊唁一条龙服务，社会效益和经济效益提高。1995年，火化率在98%以上，经营收入61.6万元。

1998年，执行国务院《公墓管理暂行办法》，报山东省民政厅批准，在羊山烈士陵园东峰东侧建立金乡县第一个公墓——羊山公墓。公墓占地面积733平方米，可容纳800套墓穴。公墓双穴按高档2万元~3万元、中档1.2万元~2万元、低档0.45万元~0.7万元的价格出售。公墓使用期限为20年。

1991~2005年，多次改建殡仪馆。馆内有火化车间1处，吊唁厅3个，尸体检验室、骨灰寄存室各1处，办公室和业务室、休息室各1处；尸体冷藏柜2台，冷藏棺34台，接尸车5辆，火化炉3台（其中普通型2台，高档型1台），固定资产205万元。其间，加强殡葬管理，规范丧葬用品市场建设，严厉查处殡葬违规行为，清理偷埋土葬156起，平坟670个，铲除石碑348个；清理整顿经营丧葬用品店铺110家，取缔30家，殡葬改革工作步入正常、健康发展轨道。15年间，累计火化尸体45138具，年均火化率96.13%。

1991~2005 年金乡县殡仪馆火化情况一览表

表 33-6-1

年 度	火化尸体（具）	火化率（%）	年 度	火化尸体（具）	火化率（%）	年 度	火化尸体（具）	火化率（%）
1991	2222	89	1996	2961	94	2001	3053	98
1992	3081	98	1997	2868	93	2002	3153	99
1993	3010	98	1998	3097	98	2003	3426	100
1994	2680	90	1999	2679	90	2004	3296	99
1995	3021	98	2000	3188	98	2005	3403	100
合 计		45138 具						

第三节 移风易俗

1995 年，经县编委批准成立金乡县婚丧管理稽查大队，为股级事业单位，编制 5 人。当年，县委印发《关于坚决禁止大操大办婚丧事不正之风的紧急通知》，严格控制婚丧事用车和办事规模，禁止公款办理婚丧事。县婚丧管理稽查大队大力宣传，倡导移风易俗，严格监督检查，婚丧喜庆事宜大操大办、互相攀比、铺张浪费、借机敛财等封建陋习得到有效遏制，

2001 年 4 月，县委、县政府印发《关于制止婚丧喜庆事宜大操大办的暂行规定》，后又修订出台《关于规范移风易俗工作和禁止婚丧喜庆事宜大操大办的规定》。建立党员、干部及其直系亲属婚丧喜庆事宜申报制度，副科级以上党员领导干部向县纪委申报，县直部门党员向本单位党组织申报，村（居）班子成员向所在乡镇党委申报，农村党员向所在村党支部申报；严禁使用公车办理婚丧事，所有婚丧事用车必须事先到民政部门办理用车许可证，婚事用车不得超过 4 辆，丧事用车不得超过 5 辆；婚丧宴席一般控制在 20 桌以内，宴席标准人均不得超过 20 元，提倡吃份饭；加强对丧葬用品市场的管理，严禁任何单位或个人，出售除花圈以外的纸牛、纸马、纸轿等封建迷信用品，禁止经营各种木棺、石棺、石碑等丧葬用品。

1995~2005 年，县婚丧管理稽查大队与县纪委、宣传、公安、工商等部门密切配合，明查暗访，查处违规使用车辆 235 辆，大操大办 10 起，偷埋土葬 97 起，铲除坟头 600 余个，销毁封建迷信丧葬用品 1200 余件。对违规者，提请有关单位和部门视情给予党纪、政纪处分，或作电视曝光、通报批评、罚款处理。

第七章 地名管理

第一节 勘 界

1998 年 3 月 ~1999 年 12 月，金乡县执行《山东省县级行政区域界线勘界工作具体规定》要求，开展并完成周边 237.9 千米的边界勘定任务。此次勘界，共埋设界桩 22 棵，三面桩 5 棵，其中省级界桩 2 棵，市地级界桩 10 棵，解决边界争议点 6 处，形成各类勘界成果资料 104 卷，1 ∶ 1 万地形图 23 幅，文字资料 2 万余字。牵头负责的金乡—嘉祥线、金乡—任城线勘定成果，被山东省勘界工作领导小组办公室分别评为二等奖和三等奖，

并被评为全省勘界工作先进单位，1人被省政府记三等功，3人被省政府通令嘉奖。

第二节 地名普查与标志

1979年12月，金乡县成立地名普查领导小组，下设办公室。1980年3月，开始在羊山公社试点，随后在全县全面展开地名普查。1984年，调整充实地名委员会。1984年年底，普查工作结束，基本搞清了全县地名的现状和历史，并按有关规定进行标准化、规范化处理，分五项成果复制、装订成册上报，顺利通过省、市检查验收。全县共普查地名1942条，其中公社及以上地名15条、大队地名533条、自然村名称1239条、社办企事业名称5条、街巷名称19条（含金乡县城）、各专业部门名称31条、人工建筑物名胜古迹2条、自然地理实体21条，注销地名9条。从名称含义与特征看，大部分公社和大队名称是以驻地自然村命名；个别大队有两个或两个以上自然村，其名称各取自然村名一个字组成；极少数是取吉祥嘉言命名。自然村特征则比较复杂，全县以姓氏人名命名的718个，以山水地理命名的119个，以古国古迹命名的37个，因事传奇命名的147个，以吉祥嘉言命名的6个，以古建筑物命名的267个，以矿物产命名的35个，以御赐战事命名的17个。有确切证据的525个，有证率占41.3%。

金乡县的村庄多由山西洪洞一带迁来，以明清时代居多，占93%。其中，周代建村2个、秦汉时期4个、晋代3个、唐代15个、宋代13个、元代32个、明代830个、清代323个、民国时期4个、新中国成立后4个，建村年代不详的10个。

1987年起，在开展地名普查的基础上，设置了标准地名，立村碑，建档案卡。

1991~2005年，金乡县先后开展城市地名设标工作，配合城建、公安等部门设置新的街路标牌和乡镇街牌。同时，开展金乡县地名标志的编撰工作，为山东省《千年古县》的编撰提供相关材料。

第三节 地名档案

1986年6月，金乡县地名档案室正式建立。1997年，被评为山东省二级地名档案室。档案室专配了技术人员和微机，1997~2004年，县地名档案室逐步实施地名信息化和数字化管理，重视地名数据库信息的采集、录入，建立地名档案数据库系统，录入数据力求准确、规范，符合国家地名数据库管理系统建设的行业标准，并设置触摸屏，建立金乡县地名网站。2005年4月，按照省、市政府要求，着手建设四级“三位一体”国家地名数据库管理系统，2010年年底前建成。

第八章 民间组织管理

第一节 社会团体登记

1989年，《社会团体登记管理条例》颁布实施，金乡县成立社会团体登记管理办公室，设在县民政局基层政权科。开始对民间组织（主要是社会团体）进行登记注册管理。

1991年登记注册社会团体6家，分别是金乡县消费者协会、金乡县个体私营企业协会、金乡县建筑业协会、金乡县计划生育协会、金乡县药学会、金乡县红十字会。

2001年，民办非企业单位纳入登记范围，到2003年底，全县共登记注册各类民间组织29个。

2004年3月，撤销金乡县社会团体登记管理办公室，设立金乡县民间组织管理局，为副科级全额拨款事业单位，隶属县民政局。

2005年年底，全县登记注册民间组织47家，其中社会团体34家。

第二节 民办非企业单位登记

2001年，金乡县开始对民办非企业单位进行登记注册管理，当年登记注册4家，分别是金乡县痔瘘研究所、金乡县金乡镇金兴学校、金乡县阳光中学、金乡县魁星中学。至2005年，共登记民办非企业单位13家。

1991~2005年金乡县民间组织名录

表33-8-1

序号	社会组织名称	登记时间	法定代表人
1	金乡县基督教三自爱国运动委员会、金乡县基督教协会	1989.01	王福仁
2	金乡县计划生育协会	1991.01	田志伟
3	金乡县消费者协会	1991.09	李保林
4	金乡县集体建筑业协会	1991.12	孟凡坤
5	金乡县红十字会	1991.12	李世亮
6	金乡县青年企业家协会	1993.06	李民
7	金乡县青年书画协会	1998.06	任立存
8	金乡县个体劳动者协会	1999.09	高同芹
9	金乡县棉花研究会	2001.03	孟庆东
10	金乡县痔瘘研究所	2001.11	戴继杭
11	金乡县金乡镇金兴学校	2001.11	李印田
12	金乡县阳光中学	2001.12	周培启
13	金乡县魁星中学	2001.12	胡树德
14	金乡县老科技工作者协会	2002.05	李遵德
15	金乡县畜牧养殖协会	2002.11	李存银
16	金乡县青华园外国语学校	2003.02	刘继省
17	金乡县冷藏加工协会	2003.03	宋庆军
18	金乡县华夏职业培训学校	2003.04	寻明
19	金乡县化雨乡木材加工协会	2003.05	唐庆林
20	金乡县化雨乡养兔协会	2003.05	刘东海
21	金乡县化雨乡芹菜协会	2003.05	周留顺
22	金乡县化雨乡养鸡协会	2003.05	周君德
23	金乡县化雨乡食用菌协会	2003.05	周强
24	金乡县化雨乡养猪协会	2003.05	杨金东
25	金乡县化雨乡圆葱协会	2003.05	胡东峰
26	金乡县化雨乡辣椒协会	2003.05	赵绍会
27	金乡县化雨乡养羊协会	2003.05	李国良
28	金乡县化雨乡养牛协会	2003.05	周文杰
29	金乡县平安建设项目审验中心	2003.09	代建峰
30	金乡县霄云镇蔬菜栽培技术协会	2004.09	吕洪海

续表 33-8-1

序号	社 会 组 织 名 称	登记时间	法定代表人
31	金乡县棉花种业协会	2004.09	周战
32	金乡县卜集乡兴农圆葱协会	2004.11	王振洋
33	金乡县新华职业技术学校	2004.11	邵中华
34	金乡县科学技术研究中心	2004.12	宋成栋
35	金乡县司马镇大蒜协会	2005.04	申翠萍
36	金乡县农业生产资料协会	2005.05	郭永振
37	金乡县有机大蒜协会	2005.05	杨敬峰
38	金乡县王信颈肩腰腿痛研究所	2005.06	王信
39	金乡县肛肠病研究培训中心	2005.07	周明德
40	金乡县实用医学研究所	2005.07	江成科
41	金乡县杏苑堂皮肤病鼻眼专科研究所	2005.08	程玉芝
42	金乡县司马镇农民协会	2005.08	张金华
43	金乡县棉花行业协会	2005.08	李德才
44	金乡县高河乡无公害茄子协会	2005.08	李其福
45	金乡县卜集乡宏达供水协会	2005.08	王振洋
46	金乡县农村经纪人协会	2005.11	李明东
47	金乡县质量技术协会	2005.12	张继民

第三十四篇 人民生活

人民生活

1991~2005年，金乡县经济和社会各项事业全面发展，人民物质文化生活有了很大改善，衣食住行和精神面貌发生巨大变化。2005年，城镇职工年均工资、农民年人均纯收入分别比1990年增长4.42倍、5.45倍，城镇和农村居民消费结构也由食品等基本生存型消费向用于食品以外的文化教育、住房、健身、娱乐等享受型消费发展过渡。经济社会的巨大进步，使传统观念和旧的习俗受到冲击，适应时代发展的社会主义新风尚逐渐形成。党和国家的宗教信仰自由政策得到落实，信教群众有所增加，宗教活动有序开展。

第一章 城乡居民生活

第一节 城镇居民生活

收入

1990年，全县城镇居民收入较低，职工年均工资收入1818元。1991年后，随着改革开放不断深入和党的富民政策不断落实，城镇居民收入不断增长，生活质量不断提高。2005年，城镇在岗职工年均工资收入9852元，是1990年的5.42倍。

主要收入来源：工薪收入；经营性收入，有劳动能力的城镇居民从事经营个体商铺、交通运输业、饮食服务业等获得收入；财产性收入，主要有房屋出租、存款利息、入股分红、炒股盈利等；离、退休养老金。2005年起，国家逐年提高企业退休人员养老金水平。

存在的问题：下岗职工收入降低，行业间收入差距较大，企业职工收入低于国家公职人员。

消费

1995年，全县城镇居民生活消费支出共计2.25亿元，人均3991元。其中，食品类消费8553万元，人均1513元；衣着类消费2538万元，人均450元；居住类消费2865万元，人均508元；住房人均230元；水电燃料及其他人均278元；家庭设备、用品及服务类支出3158万元，人均560元；医疗保健类支出496万元，人均88元；公费医疗类192万元，人均34元；交通和通讯类支出1131万元，人均201元；娱乐、教育、文化服务支出1613万元，人均286元；金融媒介服务、保险类服务支出44万元，人均8元；自有住房服务类支出771万元，人均136元；实物收入消费支出312万元，人均55元；对集体福利的消费164万元，人均29元；其他商品和服务类支出592万元，人均105元。此后10年，随着城镇居民收入增长，

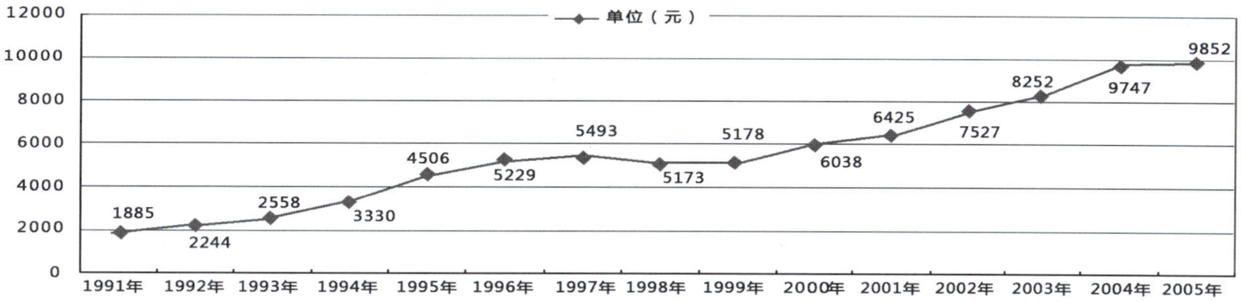

图34-1　1991~2005年金乡县在岗职工工资收入情况图

消费支出也越来越高。

2005 年，城镇居民年人均消费支出 5269 元，比 1995 年增长 32%。主要表现在：一日三餐、衣着打扮、美容化妆、医疗保健支出标准持续提高；电话、手机数量及通讯费用迅速增加；电视、电脑、空调、冰箱等家用电器的购置、更新与普及；自行车、电动车、小汽车等交通工具的添加及消费；投资购买住房或改善现有住房条件；子女上学与就业；婚丧嫁娶等人情礼往支出标准不断攀升；外出休闲旅游也为家有余资者所接受。

住房

2000 年第五次人口普查资料显示，全县按户主职业划分的家庭户有 14653 户，平均每户住房 3 间，人均住房建筑面积 23.55 平方米。其中国家机关、党群组织和企事业单位负责人人均 24.72 平方米，专业技术人员 23.33 平方米，办事员及有关人员 24.68 平方米，从事商业和服务业人员 21.32 平方米。

购买原公有住房的有 508 户，其中金乡镇 445 户、缗城镇 53 户；租用公有住房的 87 户，其中金乡镇 53 户。租用其他住房的 141 户，其中金乡镇 131 户，缗城镇 10 户，月租费多在 20 元 ~500 元之间，其中 50 元 ~200 元 89 户。住房中有厨房并独立使用的 2652 户，其中金乡镇 1430 户，缗城镇 1222 户。做饭使用天燃气的 497 户，其中金乡镇 454 户，缗城镇 43 户。住房内自装热水器的 479 户，其中金乡镇 329 户，缗城镇 150 户；单位统一供热水的 52 户，其中金乡镇 47 户，缗城镇 5 户；住房内有厕所并独立使用抽水式马桶的 492 户，其中金乡镇 457 户。

第二节　农村居民生活

收入

1991 年，全县农民人均纯收入为 817 元。从 1995 年起，农民人均纯收入呈快速增长趋势，当年为 1896 元，2000 年为 2666 元，2005 年为 4226 元。增长原因是金乡大蒜产业得到迅猛发展，大蒜出口势头良好，价格一再攀升，农民生产观念发生新变化，从传统农业生产方式向现代农业和科技农业生产模式转变，生产工具逐步实现机械化和田间种植、管理科技化。2001 年，党中央出台针对农民的“两免一补”惠农政策，各级政府加大对“三农”的投入，农民在生产经营中得到实惠，收入逐步提高。农民收入来源主要有三个方面：

大蒜增产增收　1992 年金乡大蒜在首届中国农业博览会上荣获银质奖，1996 年金乡县被命名为“中国大蒜之乡”，2000 年在国家工商总局注册“金乡大蒜”商标，2002 年以大蒜种植面积最大县获世界基尼斯之最，促使全县农民种蒜热情高涨，大蒜种植面积从 1990 年的 10 万亩发展到 2005 年的近 60 万亩，总产量 70 余万吨，亩产 1.2 吨以上。大蒜成为金乡县支柱产业和农民收入主要来源。

棉花种植收入　1991~1995 年，全县秋季作物主要以种植玉米为主，经济效益较低。2000 年，开始大面积种植棉花。2005 年发展到 58.4 万亩，人均植棉收入 926 元，占农民年人均纯收入的 21.9%。

企业务工收入　金乡大蒜产业的高速发展带动了个体私营和民营企业的快速发展，为农民提供了大量务工机会，农民工资性收入由 1991 年的人均 19.57 元，逐渐增加到 1995 年的 176 元，2000 年的 365.9 元。2005 年为 557 元，占农民年人均纯收入的 13.18%。

此外，取消农业税、发放种粮补贴等党的惠农政策也给农民带来较大实惠。

消费

消费水平　1991 年，全县农村居民人均生活消费支出 611 元，其中食品消费支出 296 元，文化生活服务性消费 28.8 元。1995 年，人均生活消费支出 1538 元，其中食品消费支出 782 元，文化生活服务消费 163 元。2000 年，人均生活消费支出 2018 元，其中食品消费支出 651 元，文化生活服务消费 248 元。2005 年，人均生活消费支出 2811 元，其中食品消费支出 963 元，文化教育、

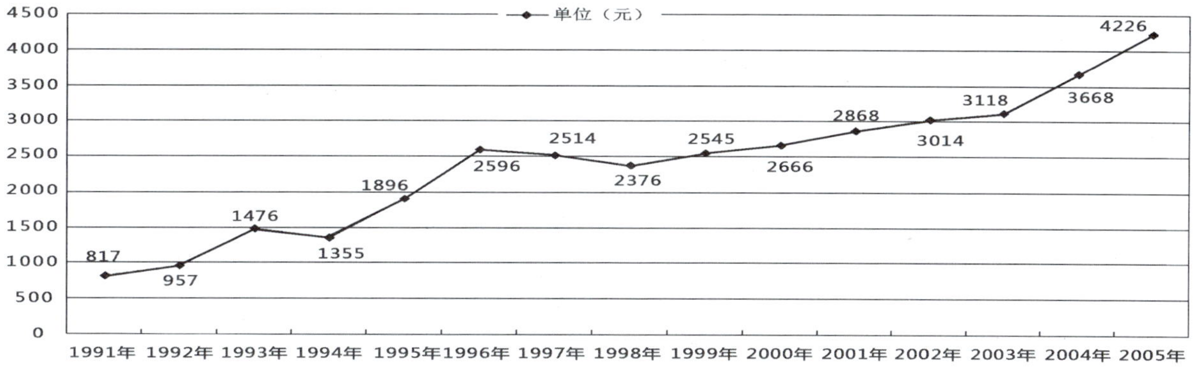

图 34-2　1991~2005 年金乡县农民年人均纯收入情况

娱乐消费支出 559 元。

消费内容　1990 年，全县农村居民恩格尔系数（食品支出总额占个人消费支出总额的比重。19 世纪德国统计学家恩格尔根据统计资料得出的消费结构变化规律，即一个国家或家庭收入越少，购买食物支出所占比例就越大，反之，比例下降。常用来衡量人民生活贫困或富裕的程度）为 49.5%，属温饱型；2000 年后降到 38% 左右，属富裕型。

1991 年，普通农户一日三餐所需粮食基本自给自足，农户之间差别不大。饮食以自产粮食和蔬菜为主，禽蛋、鱼肉消费也进入平常百姓餐桌。衣着达到保暖，少数少男少女开始追求时尚。但衣衫褴褛的也不少见，主要为低收入农户，也有一些收入较高的农户，中、老年人平时穿着俭朴，逢年过节或外出作客时穿着比较得体。农村居民在总体上仍保持俭朴之风，衣着支出占人均消费总额的 10.6%；电冰箱、电视机还比较少见。

1995 年后，境内农民消费格局逐渐发生变化，农民餐桌上禽蛋鱼肉份量有所增加，居住环境相应提高，家电开始进入农民家庭，衣着水平提高较快。县统计局抽样调查资料显示：1995 年，全县农村每 100 户有自行车 175 辆、缝纫机 83 台、钟表 90 台、手表 115 只、黑白电视机 86 台、洗衣机 0.95 台、摩托车 2.6 辆、收录机 10 台、彩电 7.6 台。1995~2000 年，农民消费观念和生活方式继续改善，随着收入增长，手头有了余钱，餐桌上菜肴逐步丰盛，由“吃饱”向“吃好”方向发展，由“主食型”向“副食型”转变。

2000 年，农民人均生活消费支出为 2018 元，其中食品支出为 651 元，衣着支出为 116 元，家庭设备用品及服务支出 341 元，医疗保健支出 85 元，交通和通讯支出 28.29 元，文化教育娱乐用品及服务支出 179.29 元，其他商品和服务支出 81.21 元。百户生活耐用品拥有量：自行车 185 辆、摩托车 5 辆、电风扇 145 台、电冰箱 10 台、大型家具 285 件、彩色电视机 20 台、黑白电视机 75 台、收音机 35 台、缝纫机 60 台。添置缝纫机的农户相对减少，9 成以上居民购买成衣，衣着质量、样式开始向城镇居民靠近。但普通和中等农户医药费用支出比重较大，危重病人的家庭多数要负债；家庭子女教育开支负担较重。

2005 年，全县 80% 以上农民衣着与城镇居民已无大的区别，衣着由“单一”向“多样、优质、新潮”方向发展。饮食结构几乎与城镇居民家庭相同，其中人均食品消费支出为 963 元，衣着支出为 139 元，家庭设备及用品支出 108 元，交通、通讯支出 267 元，文化教育和娱乐支出 559 元，医疗保健支出 224 元。大型家具和耐用品相对普及，百户生活耐用品拥有量：大型家具 260 件、洗衣机 38 台、自行车 217 辆、摩托车 40 辆、电话 65 部、移动电话 30 部、彩电 79 台、影碟机 23 台。

住房

1991 年，全县农民人均住房面积 25 平方米，以土房居多，居住卫生条件相对较差。1995年，农民收入增加，对居住条件要求变高，新建房屋增多，以砖木结构为主，人均住房面积25.2平方米，2000年34.86平方米。2001年始，农民经商者越来越多，收入有较大增长，老房纷纷拆除，新盖房屋从设计到建筑质量都与城市没有多大区别，部分农户盖起了2~3层楼房。2005年，全县农民人均住房面积36平方米，其中人均砖木结构面积27平方米，钢筋混泥土结构面积5平方米。

图34-3　20世纪90年代初农家院落

第二章　特色食品

金乡具有悠久的历史和丰厚的文化底蕴。金乡人民对吃特别讲究，创造了丰富的地方名吃和丰厚的饮食文化。“开门七件事，美食吃为先”。被列为“金乡八珍”的蜜制红三刀、金乡烧羊肉、山阳熏鱼、芦花熏鸡等特色食品，品质优良，风味独特，深受百姓喜爱。

第一节　蜜制红三刀

金乡糕点制作历史悠久，起源于19世纪中期，一向以质量优良、制作精细、风味独特著称。当地民谣称“吃点心还是丰县的蜂糕、单县的枣包、金乡的红三刀”。

据传，清朝乾隆皇帝下江南时路过金乡，晚饭时侍从找来金乡的名吃糕点（当时还不叫红三刀），乾隆帝吃完后赞赏有加，顺便提议：“如果在糕点上撒些芝麻类，再在糕点表面砍上三刀，岂不好看又好吃吗？”此后，糕点生产者便采用此法，糕点也就改名红三刀。

清同治八年（1869年）“长兴”杂货栈在金乡城东关内购地20余亩，建房100余间，开“东长兴”分店，炸制的红三刀驰名京省，受到达官贵人的追捧。新中国成立后，糕点铺沿用“东长兴”的传统方法生产蜜饯红三刀。1958年又从全县选调优秀糕点师傅，在金乡酱园内建立糕点制作车间。此后几十年，金乡县糕点加工厂（1995年更名为金乡县金蜂糕点公司）在传统制作工艺基础上不断改进，使红三刀更受消费者欢迎，成为老百姓走亲访友的馈赠佳品。

图34-4　金乡“红三刀”

金乡“红三刀”以大槽芝麻油、麦芽、糖稀、白糖、蜂蜜、芝麻、桂花为原料。先将蒸熟的面粉，按一定比例兑入糖稀等原料和成面块，然后取剂成胚，经油炸、浸浆而成。新炸出来的红三刀呈漫方形，迎面三刀，表分四瓣，面蒙脱皮芝麻，灿若繁星点缀；中间红而透亮，底似薄冰，闪闪发光。食之外酥内松，香味纯正，沙甜可口，食而不腻，脆而不焦，回味无穷。1995年4月，“金蜂牌红三刀”被山东省经济委员会确认为山东省传统名特食品。2007年被评为“山东老字号”。

第二节 金乡烧羊肉

金乡烧羊肉是金乡饮食业的一大名吃。

金乡烧羊肉源于宋朝建隆年间，有一千多年的历史。金乡烧羊肉在选材和用料上，要求极为严格，制作工艺十分考究，既去羊肉之膻气而又可保持其羊肉风味。烧羊肉以金乡县城西一带的青山羊肉为原料，放入八角、豆蔻、小茴香、辣椒、丁香、桂皮、香叶、黄酱、冰糖、葱、姜、盐等作料，采用十几道传统加工工序烧制而成。做好的羊肉色香味俱佳，肉质细嫩，可口宜人，香而不膻，油而不腻。金乡烧羊肉分“热吃”“凉吃”两种。“热吃”即吃刚出锅的热腾腾的烧羊肉，闻之香气扑鼻，食之鲜嫩可口，肉香浓郁。“凉吃”即羊肉出锅冷却后，肉上浇以卤冻，食之肉香凉爽，风味更佳，是为上等。金乡烧羊肉可口宜人，营养丰富，具有很好的滋补作用。

图 34-5 金乡烧羊肉

第三节 山阳熏鱼

山阳熏鱼，历史悠久，金乡八珍之一，缗食之鲜也。

西汉年间，金乡县为山阳国，张当居为山阳侯。当居喜射猎、善垂钓，山阳国河洼内盛产撅嘴鲢鱼，张当居垂钓之时，常命其随从将鱼加以佐料在林中架在火上熏烤，鱼熏毕，金黄鲜亮，外酥里嫩，熏香四溢，食之满口鱼香，回味无穷。张当居将熏鱼献于天子，汉景帝食之赞不绝口，赐名为“山阳熏鱼”。经过千余年传承，山阳熏鱼以其独特考究的制作工艺和别具一格的熏香风味享誉齐鲁，成为金乡特色名吃。

位于金乡县羊山街上的玉凤斋熏鱼店是山阳熏鱼比较正宗的一家。

第四节 芦花熏鸡

熏鸡是金乡地方特色美食，制作选料考究，材料均选用肉嫩味鲜的一年生芦花公鸡，经整形、老汤浸泡、入锅慢煮、烂而连丝时出锅，并用多种药材熏制而成。金乡熏鸡色泽枣红明亮，肉质细嫩酥软，熏香浓郁，风味独特，有“余香三日不绝于口”之美誉。

金乡比较出名的熏鸡有化雨熏鸡和司马熏鸡两家。

第五节 金乡烧饼

面粉经过特殊处理，再佐以糖稀、香油、芝麻及小茴、大茴、肉桂、陈皮、丁香等调料，经造型、烘烤等工序制成。正面凸起，棕红鲜亮，芝麻灿然，边缘刀纹清晰，背面淡黄平展，夹层油润松软。食之则外酥内润，馨香扑鼻，甜咸适中。金乡俗语云：“吃遍飞禽和走兽，不如烧饼夹羊肉”。

第六节 金乡童子鸡

呈银黄色，骨香肉滑嫩脆，可口宜人。制作历史悠久，做工精细，从选材到做法都十分考究，营养丰富，色味俱佳。

原料：活童子鸡1只（约1100克），茴香2粒，陈皮1.5克，花椒5粒，黄酒50克，精盐21克，味精10克，香葱4根，生姜25克。

做法：1. 将童子鸡割断气管、血管，放入 70 摄氏度左右的热水烫泡，褪毛皮，开膛挖去内脏洗净，用盐、味精腌擦鸡身，待用；2. 用茴香，花椒和洗净切碎的香葱、生姜拌匀，一起塞入鸡肚，在肚内灌入黄酒，并在鸡皮上倒点黄酒，上笼大火蒸 30 分钟，鸡蒸熟关火，冷却后取出，除去香料，即可食用。

童子鸡肉营养价值较其它烧鸡高，因童子鸡所用鸡都是仔鸡，而仔鸡肉里含蛋白质较多，含弹性结缔组织极少，容易被人体器官消化吸收。童子鸡肉经蒸煮之后，鸡纤维便分离，变得细嫩、松软、适口。

第七节　金乡水煎包

金乡水煎包选料十分讲究，面料选用上等高筋面粉，馅料选用精细肥羊肉，佐料有鸡腿、大葱、黄姜、茴香面、精细粉盐、小磨香油。配制方法：将羊肉、葱、姜、茴香料面、盐、油按比例配方调匀，捂上棉被“醒”半个小时；再用和好的发面擀成皮，抹馅捏好放入平底铁锅；待煎包半熟后，用香油浇喷一遍，用锅铲将包子翻过来，再浇一遍香油，至烧熟即可。刚出锅的水煎包不老不嫩，白腹之中镶嵌着鹅黄，油烘烘之中透露着淡淡清香。咬一口，外面松脆筋骨，内是满口肉香，让人垂涎三尺，食欲大增。

沙家包作为金乡水煎包的代表，起源于金乡清真街沙姓之家，创始人名叫沙学勤，早先他依靠宰杀青山羊，卖生熟羊肉为生。因限于“教门”生意范围，清真街家家回民皆卖烧羊肉、烧鸡等食品，竞争激烈，经营困难。沙学勤便改打包子。沙家包个大、馅实、佐料齐全、和面精细，熟后用荷叶盛包，形成了煎包行里的别致风味。至今，其包子铺前食客络绎不绝，生意非常兴隆。

第八节　史俊山羊汤

创始人史俊山，早期以卖羊肉为生。20 世纪 80 年代实行改革开放后，他凭着自己学来的手艺，看准市场，在县城西关开设了金乡县第一家个体羊汤馆，并以自己的名字命名。

史俊山羊汤投料考究，制作精细，调味丰富。选用上佳的青山羊为原料，将羊骨砸断铺在锅底，上面放上羊肉，加水至过肉，旺火烧沸，撇净血沫，将汤滗出不用。另加清水，旺火烧沸，撇去浮沫。再加适量清水，沸后再撇去浮沫，随后把羊油放入稍煮片刻，再撇去一次浮沫。将花椒、桂皮、陈皮、草果、良姜、白芷等用纱布包起成香料包，同姜片、葱段、精盐一起放入锅内，继续用旺火煮至羊肉八成熟时，加入红油、花椒水，再煮约二小时左右。此时，捞出煮熟的羊肉，顶丝切成薄片，放入碗内，撒上香菜、辣椒油、大葱片，浇上滚沸（呈乳白色）的羊肉汤即成。

史俊山羊汤清香而不膻，油而不腻，味道鲜美，再加自己特制鸡蛋壮馍，一并随羊汤上桌。食客吃后，赞不绝口。

史俊山在经营羊汤馆的过程中，热情服务，以价格实惠，店内清洁卫生，诚实守信赢得了市场，许多人慕名而至，生意相当兴隆。史俊山个人致富不忘国家，多次为孤寡老人和贫困地区捐钱捐物，并带动其他个体工商户的发展。先后当选为金乡县第十一、十二届人大代表，济宁市第十二届人大代表，金乡县第四、五、六届政协委员，模范个体户等。

图 34-6　史俊山羊汤馆

第九节 粥

金乡城南门外，有条百年老巷，名曰“粉巷”，因其居民多磨粉作早点而得名。一百多年前，有王、刘、尹三户人家开始在粉巷熬粥做早点，为县城百姓提供早餐服务。至今三家后人都还经营着熬粥卖早点的小本买卖。

金乡“粥”是由小米、黄豆做成。制作工艺是：头天下午，把上等小米用水泡软，磨成米糊，将米糊过箩，去掉米渣。把过好箩的米糊用盆子盛好，澄上一夜备用。黄豆淘洗干净，放在清水里泡。第二天五更时，把泡好的黄豆打成豆浆，过箩去渣。用大锅烧开水，把豆汁下锅，开锅后，撇去浮沫。豆汁熬好后，再把澄了一夜的米糊搅拌均匀后倒进沸腾的豆汁锅里，顺着一个方向不停地搅拌。开锅后，用特制的大勺一勺勺地把粥扬起来，以去掉浮沫。粥熬好后再用勺子把粥舀进特制的保温缸里，即可开卖。

熬好的粥，白中略带黄色，稀稠适当，有异香，到嘴里爽滑细糯，营养丰富，老少皆宜，早上喝上一碗，一上午不口渴。粥泡油条、粥泡馓子是金乡最传统的早餐吃法。先将油条或馓子撕成小段，放入碗中，用筷子把油条或馓子压平，把粥缓缓地浇在上面，油条软而不烂，馓子根根分明，油香扑鼻，香而不腻。经常喝粥的人，一碗粥端上来，不是马上就喝，因为刚盛好的粥温度很高，烫嘴。要等粥稍微一凉上层结粥皮后再喝，又香又不烫嘴。喝粥要转着圈儿喝，一只手捧碗，手腕一转，嘴一吸，粥就进肚了。

第十节 金乡小磨香油

清朝，金乡小磨香油生产已成规模，油坊遍及乡里，农家十之八九通磨油之技，满街叮当响，到处都是“卖油郎”，逐渐形成了香油饮食文化。

金乡小磨香油因香气扑鼻、香味浓郁诱人而得名。油质醇正、颜色棕红、清澈莹亮，香味浓郁，即是绝佳的烹调用料，又有独特的医疗保健之功效。《本草纲目》中介绍，芝麻“益气力，长肌肉，填脑髓，久服轻身不老，坚筋骨，明耳目，耐饥渴，延年”。使“白发返黑”，“能除一切痼疾……”。营养学家科学分析，芝麻中富含人体所需要的营养物质，食用香油，对保护血管、润肠通便、减轻咳嗽和烟酒毒害、保护嗓子、治疗鼻炎、美容，延缓人的衰老功效不凡。香油浓郁的香气，对消化功能已减弱的中老年人，不仅可增进食欲，更有利于营养成分的吸收。香油本身的消化吸收率可达 98%。香油中的大量油脂，有很好的润肠通便作用，对便秘有一定的预防作用和疗效。香油含丰富的维生素 E 和 40% 左右的亚油酸、棕榈酸等不饱和脂肪酸，容易被人体分解吸收和利用，促进胆固醇的代谢，有助于消除动脉血管壁上的沉积物，有利于软化血管、保持血管弹性、维持细胞膜完整和功能正常，减少体内脂质积累。香油中的卵磷脂不仅滋润皮肤，而且可以祛斑，尤其是祛除老年斑。中老年人久用香油，特别是黑芝麻油，还可预防脱发和过早出现白发。对于牙龈出现萎缩、特别是有抽烟和嗜酒习惯的中年人，久用香油可减缓牙龈萎缩，减轻烟对牙齿、牙龈、口腔黏膜的直接刺激和损伤，以及肺部烟斑的形成，保护牙龈和口腔。习惯性便秘患者，早晚空腹喝一口香油，能润肠通便。饮酒之前喝点香油，则对口腔、食道、胃贲门和胃黏膜起到一定的保护作用。此外，常喝香油能增强声带弹性，使声门张合灵活有力，对声音嘶哑、慢性咽喉炎有良好的恢复作用。慢性鼻炎患者，用消毒棉球蘸取香油涂于鼻腔患处，疗效较好。

小磨香油采用低温水代法制取，通过石磨磨制。石磨磨制最大好处就是低温研磨，整个过程只有 65℃左右，在这一温度下，香油中的主要芳香物质（天然抗氧化物质——芝麻酚）及功能性营养成分几乎不受任何损失，而且越磨越香。经过磨制流程研磨出来的物质叫做酱胚。要提炼出香油还必须在酱胚中倒入一定比例的优质饮用水，利用水和油比重不同这一特点，再经过反复物理振动后，水将油从酱胚中置换出来。将油取出后，剩下的是水和酱的混合物——香油渣。

2005年，金乡县各乡镇都有若干个体小磨香油坊，仅县城就有金山街中段路东的李家香油坊、清真街路东的郭家香油坊、南店子街苏果超市东田家香油坊等十几家。其生产销售小磨香油质量好，信誉高，深受附近居民喜爱。

第三章　风　俗

第一节　生活习俗

衣饰　新中国成立前，全县基本以人工自纺棉织布，家庭妇女自行缝制衣、帽、鞋、袜。新中国成立后，随着工业发展，机织布逐渐取代人工织布，衣、帽、鞋、袜人工缝制也逐渐由机器制作。

20世纪七八十年代，化纤布料一度成为热门，棉纺织品被视为“土”。西装兴起，县城、乡镇驻地婚纱租售门市部已不少见，青年结婚男置西装，女性开始选择婚纱。各种休闲、时尚服装、酷帽鞋袜专卖店遍及城乡，人们可任意选择。多数男青年喜穿牛仔裤，足登运动鞋；不少女青年夏穿西式短裤；冬穿轻盈曼妙、鲜艳得体的保暖内衣，外套羽绒服。

20世纪90年代后期，改革开放成效显著，经济社会持续发展，人民生活水平不断提高。服装款式新颖，品种繁多，人们穿衣戴帽更显个性，舒适的棉纺织品（尤其是棉料内衣）又成为人们的新宠。

图34-7　20世纪90年代初做衣店

饮食　新中国成立前后一段时间内，一般人家以杂粮（玉米、高粱、大豆、谷子等）为主食，吃窝窝头、锅贴（锅饼）等饭食。贫困家庭还需糠菜相掺。菜肴多为自种辣萝卜、白菜、葱……或家庭腌制的咸菜、咸鸡鸭蛋。“窝窝头，沾辣椒，越吃越上膘”是当时百姓的家常饭，只有逢年过节（八月十五），一家人才能吃上点鸡、鱼、肉。为节省开支，春天，佐以荠菜、蚂蜂菜（马齿苋）、洋槐花、榆钱、榆叶……为食。麦、秋农忙季节，短期食用小麦面。城市多数居民和农村富裕户全年吃白（麦）面较多，吃鸡、鱼、肉也多。

1978年12月，中共十一届三中全会后，国家实行改革开放。1982年农村实行家庭联产承包责任制。此后，工商企业推行股份制或者民营，经济、社会快速发展，全县人民饮食条件逐渐改善。城乡居民一般常年食用麦面，主食馒头、花卷、包子、水饺、油条，反把高粱、豆子、小米等杂粮作为稀罕物，用来调剂生活。鸡、鱼、肉等菜肴随时可以买到，但青菜仍是人们的首要选择。

金乡县人诚实好客，亲朋好友到来总是热情款待，做4~6道菜甚至更多，以酒待之。每逢过年，一般先购置好荤菜（鸡、鸭、鱼、肉），再备青菜（芹菜、蒜薹、菠菜、山药、藕等），过出油菜全家过年和年后待客。

为老人祝寿（六十六、七十三、八十、九十），子娶妻、女出嫁，均请客置办酒席。根据家庭条件，有“二六席”“三六席”“四六席”，春夏秋季增两个大件；冬季增两个“火锅”。“二六”为六盘六碗，“三六”外加六炒碗，“四六”再加六个盘，多由鸡、鱼、肉、蛋、海参、银耳、木耳、蔬菜等加工（烹、炸、蒸、氽、炒、煸等）而成。“大件”一般是红烧或清蒸鸡、醋溜糖酥鱼；“火锅”多装牛肉、羊肉、海米或杂拌等。

住房 城镇、农村不同。新中国成立前至20世纪五六十年代，县城、集镇上临街房屋多是前店后院。店门为数块木板衔楔而成。门外建有木桩走廊，俗称“萨子”，用来遮雨乘凉。

新中国成立前，农村一般人家住土墙（用土掺麦秸和泥挑起）、土顶（纵用粗木梁、横用多根木椽作架，上铺秫秸箔，再上铺苇席、杨叶等草料，上压土15厘米~20厘米，最上边用黏土掺麦糠和成泥抹平）、木门、木窗的房屋，没有走廊。地主、富农家多住砖瓦房或楼房组成的深宅大院，有的四角建有“炮楼”。20世纪80年代后，砖瓦、钢筋、水泥等建筑材料大量生产，城乡居民住房大有改观。县城、乡镇驻地街道两侧多建有楼房，底层开门市，上层住宿。农村新建房屋多改用石基砖砌墙，上用木梁、檩、扁椽，铺“扒砖”、青瓦或红瓦。房屋面积扩大，一般宽7米左右，3.3米开间，外带走廊，玻璃门窗，水泥铺地。

室内陈设，新中国成立前后一段时间，城乡普通人家为八仙桌、抽屉桌、圈椅、长凳子、方衣柜、面子床等，颜色多为紫红色。富裕人家多有条几、太师椅、大衣橱、菜橱、雕花顶子床等。20世纪90年代，城乡兴起家俱热，沙发、茶几、折叠椅、钢丝床普遍进入寻常百姓家；大衣橱、菜橱、写字台、方圆饭桌较为普及，颜色多为米黄色或白色等明快色调。进入21世纪，席梦思床、梳妆台、组合柜等进入众多家庭。室内设施开始向式样新颖，做工精细，有艺术感方向发展。

旅行 新中国成立前，出门走亲串友，青壮年主要靠步行；老人、妇孺坐人力木制独轮平板车、架子车。殷实人家坐畜力木制两毂轮辕车、四毂轮太平车，富户有马拉轿车。

新中国成立后，各类胶轮车逐渐代替木轮车。自行车数量猛增，20世纪70年代末基本普及。80年代中后期，城乡青年开始购置摩托车取代自行车，不少农户购置小四轮拖拉机耕地兼运输，后又购置机动三轮、四轮农用车或卡车搞运输。90年代，机动三轮车、四轮农用车已很普遍，汽车、电动车逐渐兴起。进入21世纪，汽车、电动车、小轿车数量逐渐增多。

城乡居民出门旅行多选农历每月的三、六、九日，返家多选二、五、八日。俗语云：“三、六、九，往外走；二、五、八，回老家”。

第二节 岁时习俗

传统节日（农历）

春节 正月初一，俗称过年。凌晨燃放鞭炮，点烛烧纸，供奉天地，祭祀祖先牌位，向长辈磕头拜年，长辈给未成年晚辈“压岁钱”。吃素馅水饺后，穿着新衣去同族邻里家拜年。新中国成立后，供奉祭祖之俗、跪拜之礼逐渐革除。春节忌讳扫地、打水、泼水、动剪刀、说不吉利话。机关、团体则行“团拜”，放假三日。进入21世纪，春节假期增加两个“双休日”，共7天，机关安排轮流值班。

图34-8 1998年春节集市

火神节 正月初七，入夜，各家用柴草绑成把子，里边装上鞭炮，点燃后，送往村外十字路口，称之“送火神”，预示一年不会再发生火灾。20世纪80年代，许多村庄还有这种风俗。进入21世纪此俗渐弱。

元宵节 正月十五，傍晚吃元宵，儿童挑花灯（灯笼）上街嬉戏，燃放烟花。是日晚，群众常自发组织扭秧歌、踩高跷、跑旱船等活动。特别是实行改革开放后，县委、县政府每年都在县城组织元宵节灯展，进城赏灯者常堵街塞道。

二月二 本日拂晓前，农民在场院、天井中，用草木灰围“粮仓”，以祈丰年；炒黄豆，谓之“吃蝎子爪”，以避蚊虫叮咬；吃荠菜水饺，农谚云：“二月二，吃荠菜扁，不长疮，不害眼”。

清明节　日出前，门插柳；早饭吃煮鸡蛋；饭后，扫墓祭祖。20 世纪 60 年代平坟后，人们寻旧址祭奠，烧纸烧香，有的还摆供品，表达后人对先人的哀思与怀念，此俗至今仍行。机关干部、学校学生多于是日参谒烈士陵墓，缅怀先烈。

端午节　五月初五，门插艾，以避邪毒；早饭吃粽子、糖糕、鸡蛋，以纪念屈原。

六月六　俗语“六月六晒龙衣”。这天如是晴天，家家晒衣服、被褥。传说这天晒衣不霉烂、不生虫。这天还有日出前炒炒面的习惯，传说这天吃炒面，一年不拉肚子。

乞巧节　七月初七。传说是天上牛郎织女会面之日。这天女孩供奉“织女星”，乞求手巧，将来找个好婆家。传说这天牛郎织女到银河鹊桥上相会，于是便有很多女孩趴在瓜架或葡萄架下，偷听牛郎织女的悄悄话。

中秋节　八月十五。入夜，全家围坐，吃月饼、瓜果赏月，谓之“团圆”。乡邻好友，多相邀饮酒。

寒衣节　十月初一，亦称鬼节。上坟烧纸祭祖。20 世纪 60 年代“平坟还耕”后，此俗仍行。

腊八节　十二月（腊月）初八。这天，人们早饭用大米、小米、红枣、青豆、花生、桂圆等煮粥吃，谐“拉把（抚养）孩子”之意。

祭灶节　十二月（腊月）二十三。各家进行大扫除，准备过年。傍晚，在灶前供奉糖供（麻糖），焚烧灶王爷像，以送灶王爷上天，民间亦有灶王爷“上天言好事，下凡保平安”之说。

除夕　十二月（腊月）的最后一天。各家去墓地“请祖”，家供去世长辈之牌位。家家户户打扫卫生，贴春联，放鞭炮，辞旧迎新。晚上全家人团聚一堂，饮酒畅谈，晚辈向长辈敬酒，长辈给小孩发“压岁钱”。1983 年开始，一家人坐在电视机前观看春节联欢晚会或其他文艺节目，至零点燃放鞭炮，迎接新的一年到来。

外来节日（公历）

20 世纪 90 年代至 21 世纪初，情人节、圣诞节、母亲节、父亲节等西方国家的节日传入金乡并受到部分青年人群的青睐。但多数人并不完全认同外来的宗教文化，看重的仍是中国传统的节日民俗和家人之间的团聚与交流。

情人节（Valentine’s Day）　又名圣瓦伦丁节或圣华伦泰节，西方传统节日之一，为每年的 2 月 14 日，原为纪念两位名叫圣瓦伦丁和圣华伦泰的基督教初期教会殉道的圣人。情人节是一个关于爱、浪漫以及花、巧克力、贺卡的节日，其特色是情侣互赠礼物，用以表达爱意或友好。情人节不但欧美各国青年人喜欢，在中国香港、澳门、台湾乃至大陆也得到越来越多情侣的青睐。20 世纪 90 年代后期，金乡青年男女开始过情人节，男孩多以一支半开的红玫瑰赠送给女孩，女孩则以心形巧克力回赠，或双双逛公园、吃快餐，谈心交流，表达相互之间的感情。

圣诞节（Christmas）　是基督教的一个重要节日，也是很多西方国家的公共假日，定于每年 12 月 25 日，纪念耶稣基督的诞生。由于圣经记载耶稣生于夜间，故传统称 12 月 24 日夜为“圣诞夜”或“平安夜”。

西方人庆祝圣诞节，热烈而隆重。家家户户准备圣诞树，制作圣诞卡片，给朋友和心爱的人准备圣诞礼物并在圣诞夜放在他们的帽子里面。各教会分别举行崇拜仪式，演出圣诞剧。圣诞老人成为最受欢迎的人物。人们戴圣诞帽，唱圣诞歌，家人、朋友在圣诞树下一起吃圣诞大餐，象征生活的美好。

中国大陆人接触圣诞节始于 20 世纪 90 年代以后，一些沿海地区较有节日气氛，深圳、广州一带，由于毗邻港澳开放城市，年轻人已将圣诞节作为一个普天同庆的日子。金乡人过圣诞节，只是个别商家为推销商品营造节日气氛，有些家长也会买小孩子喜爱的东西作为礼物博其欢心。

母亲节（Mother’s Day）　一个感谢母亲的节日，最早出现在古希腊，时间是每年的 1 月 8 日。这天，古希腊人向希腊众神之母瑞亚致敬。到古罗马时，庆祝活动规模变大，往往持续三天之久。17 世纪中叶，母亲节流传到英国。1876 年，美国为悲悼南北战争的死者和赞扬美国与全世界的母亲，由一个名叫安娜的女人写信给许多著名人士，

要求他们支持设立母亲节，无果后继续向各界呼吁。1907 年 5 月 12 日，安德烈卫理教堂应安娜之邀为母亲们举行礼拜仪式，反应热烈，终获维州州长支持，并于 1910 年宣布在该州设立母亲节。1912 年，美国专门成立母亲节国际协会。1914 年，美国国会正式命名 5 月的第二个星期日为母亲节。此后，母亲节便在各国开展。

母亲节是在中国港、澳、台地区流行起来之后才进入内地的。20 世纪 80 年代，母亲节逐渐被内地民众所接受。20 世纪末，随着与国际的日益接轨，母亲节在大陆各地日益推广开来，越来越多的人开始接受母亲节概念，在每年 5 月的第二个星期日，中国人和全世界其他国家的人们一道以各种各样的方式表达对母亲养育之恩的感谢。金乡人过母亲节，儿女通常会给母亲买些礼物，如蛋糕、衣服等，有的会给母亲做饭、洗脸、洗脚等，有的还教育自己的小孩子如何孝敬父母，并做示范。

父亲节（Father’s Day） 是一年中特别感谢父亲的节日，源自美国，约始于 20 世纪初。每个国家的父亲节日期都不尽相同，也有各种庆祝方式，大部分都与赠送礼物、家族聚餐或活动有关。世界上有 52 个国家和地区是在每年 6 月的第三个星期日庆祝父亲节。

父亲节在中国的起源可追溯到民国时代，1945 年 8 月 8 日，上海文人发起庆祝父亲节活动，得到市民响应。抗日战争胜利后，上海各界名流绅士联名请上海市政府转呈南京中央政府，定“爸爸”的谐音（8 月 8 日）为父亲节。但中国官方至今没有设立正式的父亲节。内地习惯上使用 6 月第三个星期日作为父亲节；中国台湾父亲节是 8 月 8 日。

在金乡，父亲节这天，有的儿女会像母亲节那样，送给父亲礼物，以表达对父亲的敬重。

第三节 礼仪习俗

婚嫁 新中国成立前，男婚女嫁皆听“父母之命，媒妁之言”。双方家长同意，即成婚配。俗话说：“嫁狗，跟着走；嫁鸡，跟着飞”。青年无自由选择对象权，造成许多婚姻悲剧。新中国成立后，《中华人民共和国婚姻法》颁布，提倡婚姻自主、男女自由恋爱，或由介绍人搭桥，双方情投意合，才可成婚。

定婚，新中国成立前称“传柬”或“换书”，双方家长同意后，男方选定吉日，将写有男方姓名、生辰八字的红贴，派人送女方“敬求金诺”，女方回“恪守玉音”即算定婚，任何一方不准再反悔，所以俗话说：“只要红贴下，经官动府也不怕”。新中国成立后，青年男女双方同意后，一起到民政部门登记，领取结婚证书，才算合法婚姻，受法律保护。

陪嫁，新中国成立前，由女方父母操办，其数量、质量，贫富差异很大。一般人家嫁妆为一桌一柜，一对椅子，被褥四铺四盖，衣服 10 余件，脸盆、茶壶等日常用品一宗，殷实人家，还有条几、八仙桌、立柜、方桌、方凳等，被褥多至八铺八盖，衣服数十件，大户人家有陪送“土地”者。20 世纪五六十年代，一般还是女方操办。70 年代，往往由男女双方合办。在农村，领取结婚证后，一般由男方领女方去商店购买衣料和结婚日常用品。嫁妆有女方操办的，也有男方操办的。其合办形式主要是男方给女方部分钱，由女方经办；个别也有男方操办，结婚前送往女方，结婚时再抬回男方的。进入 80 年代，陪嫁购物花销渐多。80 年代末，嫁妆除被褥外，一般还有组合橱、沙发、席梦思床、自行车、洗衣机、电视机等，花费数千元。进入 90 年代和 21 世纪后，陪嫁物档次、质量逐渐提高，花销相应加大。

结婚前，男女双方的亲朋好友，要分别给其“添箱”，其礼品一般为衣料、被面、床单、毛毯、鞋袜、钟表等。

婚礼，新中国成立前称“拜天地”。一般由男方选定吉日良辰，通知女方，俗称“下寄书”或“送日子”。婚礼在男家举行。婚期之日，设香案于院。其上置斗、秤、铜镜之类。一般人家备车或轿去女方迎娶。男方随车要去“亲家婆”送两只红公鸡，女方留下其中一只，并换上一只红母鸡带回。新娘

头顶“蒙头红”，由兄长从闺房用椅子抬到车上，一路上不断鸣炮，返回。新娘车至，两童打着火把“燎车”三圈，以“驱邪镇妖”。然后，用椅子将新娘抬进院中，会同新郎于香案前拜天地、祖先、男方父母；然后，入洞房，饮交心酒，礼成。

婚礼毕，设席招待女方送嫁妆的人。其中，有两名新娘的近族兄弟，待新娘入洞房后，去挂门帘，其余为远房近族或近邻，男方要好好招待，临走，还要送喜糖、火烧、烟卷等。

举行婚礼当日或次日，亲朋好友去新郎家“道喜”，送喜仪，喝喜酒。喜仪多寡，因亲属远近、情谊浅密、经济状况好坏而定，往往悬殊甚大。男家设席招待。席间，新郎新娘及新郎父辈要去敬酒。

1937年前，在政界、学界曾倡导新式结婚，即借公共场所举行婚礼。届时，奏乐，司仪导新郎、新娘入席互拜，交换信物，成立婚书，凡有关人等均署名盖章；然后，引向介绍人、证婚人及来宾行鞠躬礼；礼毕，由主婚人致训词，证婚人致祝词，新人致答词，家属致谢词，吉礼告成。

新中国成立后，“拜天地”改为向革命领袖行鞠躬礼。1980年后，结婚讲排场之风日盛。县政府发文倡导节俭办婚事。1989年，农村成立婚事新办服务队693个，婚事办得既热闹又节俭，深受群众欢迎。城镇，集体婚礼和旅游结婚日盛。1991年后，婚事大操大办、借机敛财、铺张浪费者众，县委、县政府多次发文明令禁止，提倡婚事新办、简办，并组织稽查，对违反规定的，给予相应的经济和党政纪处罚。进入21世纪，家庭收入不断增加，用于婚礼的开支也不断增多，有的专请礼仪公司的司仪主持婚礼。婚礼上，新郎要给新娘戴金戒指（另有金项链、金耳环），新郎父母要给新娘1001或10001元的“改口钱”，名曰“千里挑一”或“万里挑一”，有的富裕家庭还送新郎或新娘小汽车。

丧葬 新中国成立前，老人病故，由亲邻帮助穿寿衣。寿衣多为临终前做成，或到寿衣店购置。寿衣必须为棉衣，扣子用带子代替。口含“金”鱼，脸蒙白纸，脚束苘麻。亡者如无直系长辈，穿寿衣后即停尸正房，否则停尸偏房。

亡者子女及近族晚辈，要戴白帽，穿白衣，腰扎苘绳，日夜守灵；并讣告亲友吊孝，然后入殓。入殓前，亲属象征性地给亡者净面、梳头，往棺内撒金箔碎纸（谓之铺金）；入殓后，往亡者身上撒银白碎纸（谓之盖银）；钉棺时，第一锤由长子进行，如遇子女在外奔丧不及，则留“材口”，以便“亲视含殓”。

葬期一般在亡后3日或5日，届时，亡者之子孙及五服内晚辈服孝陪奠，其他诸如迎送客、礼账、馍酒房、灵棚柜等，均由熟于此事者专司。是日，亲友根据远近送挽幛、挽联、奠礼、供品之类。供品有果饯、碗供、三牲（鸡、鱼、猪肉）之分。然后，去灵棚吊唁。祭奠时，一般行三跪九叩礼，唢呐伴奏哀乐，守灵儿女陪哭。中午招待宾客吃饭，一般是6~10道菜，俗称“喝杂菜汤”。其间，孝子要磕头谢客。午饭后出殡。丧舆一般为16人抬，孝子列队引柩前行，妻女坐车泣随。至亲好友于道停灵路祭。然后，送灵柩于祖茔安葬。第三天，孝子孙谒墓摆供圆坟，弃丧杖于墓前。父母亡故，孝子百日不剃头，并持服三年。

新中国成立后，丧礼趋于简易，政界以开追悼会形式，寄托哀思。20世纪60年代后期，开展平坟还耕活动，倡导遗骨深葬；1968年，金乡火化厂建成，始行火化；70年代已普及实行；80年代后期，火化后再铺张举行丧礼者仍盛行，扎纸轿、纸楼阁、纸牛（马）、纸人等旧风俗抬头。1989年，县政府发文，要求全县各村成立红白理事会，号召节约从俭，浪费之风有所收敛。1991~2005年，丧葬事宜均由理事会负责，城市机关工作人员亡故的由本单位组织人员承办。出殡日招待宾客，改为每人1碗杂拌菜、饮少量酒等，开支有所节俭，部分葬礼仍沿旧俗。

祝寿 届老人生辰66岁或80岁，亲友皆在是年正月初六或初八，亲临住处祝寿。其寿仪有锦幛（红色）、寿联、糕点、猪（羊）肉、寿面、糖桃（八仙、滚龙柱、狮子等）之类。及午，燃放鞭炮，子女亲友拜祝称庆。然后，设宴款待亲友。

老人生辰七十三岁时，子女或至亲在其年内要送鲤鱼一尾。有谚云：“七十三，吃尾鲤鱼窜一窜”。

20世纪末21世纪初，给老人祝寿渐有送请帖范围扩大、礼金厚、宴席规格高等铺张之势，县委、县政府采取有效措施加以遏制。

贺生子 生子之家，多于第六天，亲友馈糖、米、母鸡、鸡蛋之类，外婆家兼送衣衫、被褥。主人家设宴招待客人，谓之“喝喜面”，饭后，客人走时回赠红鸡蛋。百日置会，今改照百日像。满周岁时，用盘盛枪刀、笔砚、书卷、针线、农具等物品让婴儿抓取，视其先取者以为后日之兆，名之抓周。20世纪90年代后期，此风渐弱。

社交 清，民见官称“大人”，行跪拜礼。朋友相见，男行拱手礼，女致万福礼。民国初始，废跪拜礼，改行鞠躬礼。抗日战争时期，根据地官民、男女相见，一律握手，互称同志。见年长者，男称老大爷，女称老大娘。言及对方长辈者，冠以“令”字，如“令祖”、“令尊”等，问及对方姓氏年龄者，冠以“贵”字，如“贵姓”、“贵庚”等，以示尊敬。此社交礼仪，至今一直延用。

第四节 家庭习俗

旧社会，全家从父，无父从长兄；长兄亡，从兄嫡长子。妻从夫。新中国成立后，大家庭逐渐解体，家务多由父子、夫妻协商。儿女讳言父母名。为新生儿取名，忌与长辈同字或同音。

父不入媳房，兄不入弟媳房，对弟媳、侄媳不能开玩笑。随着时代发展，以上旧俗逐渐被人们淡化。

子继承父母产业，女无继承权。无子者，由近族多子者过嗣继承产业。1985年，《中华人民共和国继承法》颁布实施后，子女平等，共同继承父母产业的情况有所改善，但“子继父母产业”之旧俗仍盛行。

第五节 陋　俗

新中国成立前时的蓄婢、纳妾、妇女缠足、吸毒等劣俗，建国后被逐渐禁止；赌博、祈雨、驱妖、勘舆、算命等仍不同程度存在。

赌博 新中国成立前，城乡赌风甚盛，庙会、集场公开设“宝棚”聚赌。赌具以麻将、纸牌、骨牌、骰子为主，许多因赌博倾家荡产，家破人亡；或因图财害命，沦良为盗。1950年，县政府发布《禁赌通令》，查封赌场，收缴赌具，严惩赌棍。至1953年赌博活动基本禁绝。20世纪80年代，其风重兴。公安机关一方面广泛宣传其危害性，一方面严加查处。1988年，县政府发布《金乡县关于查赌博活动的规定》，经查处，大有收敛。2005年，社会上仍有少数以娱乐为名的赌博现象。

吸毒 吸食鸦片、海洛因始于鸦片战争后。其时，烟禁大开，金乡地产罂粟驰名京省。民国初年，县公署设立禁烟局，1930年，成立戒烟所，专司禁毒；但司不尽职，禁官亦食，屡禁难止。日军侵占金乡后，毒品交易几成官货，种植罂粟之风更盛，城镇公开设有烟馆。1948年，境内尚有烟馆7处，毒品加工作坊4处。1949年，县人民政府发布《禁毒通令》，开展禁烟斗争，1951年后，吸毒现象基本禁绝。改革开放后，吸毒个案偶有发生。

祈雨 新中国成立前，如久旱不雨，众将“关公”塑像由庙内抬至阳光下曝晒，直至降雨止。或燃香焚纸，扫干涸坑底祈祷。此俗新中国成立后逐渐废止。20世纪80年代，后者又在某些农村老年妇女中泛起。至21世纪初，此俗基本绝迹。

驱妖 新中国成立前，农村科学技术落后，巫婆、神汉为骗取钱财，谎称怪异病症为妖邪作祟，为之烧香摆供，念咒焚符，驱妖镇邪。随着科技进步，逐渐消亡。但仍有个例发生。

勘舆 亦称看风水。新中国成立前，有人家道

衰败、人丁不旺、横祸降临，归因于宅基、林（墓）地风水不好，请阴阳先生勘测指教，或拔林（墓）、或改门。新中国成立后，以此为业者敛迹。20 世纪八九十年代，此风在农村有所抬头。

算命 欲预知祸福者，多请算命先生卜卦、测字、相面。新中国成立后，算命先生曾一度敛迹。20 世纪 80 年代又悄然兴起，集市设摊、走村串户者屡见不鲜。虽屡经清理，但仍难禁绝。2000 年以后，问卜的人多系年轻人求问婚姻、职业、前程等。卜问财源的生意人亦有不少。

第四章 方言 谚语 歇后语 童谣 游戏

第一节 方 言

金乡方言就语音分析，共有 21 个声母，35 个韵母，4 个基本声调。与普通话相比，其特点有四：第一、声母上平翘不分，即舌尖前音声母与舌尖后音声母不分。如“四—事”、“资—知”。横线前后两字的读音完全相同，而普通话则前者读为舌尖前声，后者读为舌尖后声母，经纬分明。古代日声母字（如日、人、肉）普通话一律读作翘舌音（声母），金乡方言则一律读为平舌音（z 声母）。第二、韵母的单音化、鼻化音化趋势明显。第三、声调方面，金乡方言具有两个调型基本相同的调类（阴平和去声都是降升调），而且调值也相差不大（分别为 213 和 312），不如普通话调类那么清晰易辨。第四、儿化对音母产生影响。普通话和一般方言中，音节儿化后韵母要受到一定影响，在金乡方言中，儿化不仅影响到韵母，也严重地影响到声母。另外，在声母韵母的配合以及变调等方面也有自已独特之处。

金乡方言的韵母较之普通话韵母简单一些（普通话有 39 个韵母，金乡方言只有 35 个）。有些韵母与普通话的韵母相同或相近，有些虽与普通话的不同，但也存在着较为齐整的对应规律。

与普通话声调的对比，金乡方言与普通话都有四个调类，调值虽各不相同，但调形有不少相似之处。就古声调的归类而言，二者具有较为整齐的对应关系。

①古平声、上声、去声三个调类字的归类，金乡方言与普通话基本一致。

②古入声调字的归类，金乡方言与普通话不尽一致。

③金乡方言的声母能同开口呼韵母相拼，普通话无声母，凡金乡方言声母的字普通话一律读作零声母开口呼。

④金乡方言的声母能同齐齿，撮口二呼相拼，普通话无声母，凡金乡方言声母字普通话一律读为 n 声母。

⑤金乡方言的声母 z 能同开口、合口二呼相拼，普通话无此声母，凡金乡方言读 z 声母的字，普通话一律读声母。

金乡方言分类记、解（部分）

天文

天地儿——太阳照到的地方。

晾晾儿——阳光照不着的地方。又叫荫凉地儿。

月老娘——月亮。

月明地儿——月光照到的地方。如：上～里玩儿去吧。

月灰头——没有月亮的夜空。

拉尾巴星——流星。

勺头星——北斗星。

慌巴星——启明星。

雪床子——雪珠。

雾星——下毛毛雨。也叫蒙星。

滴点——雨刚开始下。也叫滴星。

上冻——结冰。

溜溜——房檐下垂挂的冰柱。

地理 方位

溜地——土地面。

莲花土——沙土和黏土混合的土地。

淤地——黏土质的土地。

漫洼——广阔的田野。

地墒沟——田间的流水沟。

当当儿——中间。

当没间儿——同当当儿。

墙头——围墙、院墙。

时令

年时——去年。

每儿上儿——从前。

散过年儿——年初。

挨年跟儿——年底。

大尽——大月。

过了麦儿——麦收之后。

收起了——秋收之后。

今每儿——今天。

夜每儿——昨天。

清起来——清早。

晌午头儿——中午。

挨麻黑儿——傍晚。

后晌儿——下午。

白子里——白天。

黑家——夜晚。

多咱——什么时候。

复拢明儿——拂晓。

五更头儿里——深更半夜。拂晓，快天明时。

老大判子——好长时间。

时里早晚——有时、偶尔。

成年论辈子——时间长的夸张说法。

植物

杆草——谷草。

秫秸——高粱秸。

秫秫叶——高粱叶子。

葵花——向日葵。

落生——花生。

芋头——红薯。

辣萝卜——萝卜。

地豆子——土豆。

洋柿柿——西红柿。

狗尿子——野生枸杞。

布布丁——蒲公英。

甜子——沙果。

动物

儿马——公马。

骒母——母马。

叫驴——公驴。

草驴——母驴。

牤牛——未阉割的公牛。

老犍——锤过（结扎过）的公牛。

氏牛——母牛。

儿骡——公骡。

结胡——公羊。

牙狗——公狗。

儿猫——公猫。

鸣鸭——公鸭。

草鸭——母鸭。

怀狼——黄鼠狼。

唠唠——猪。

长虫——蛇。

疥疙嘟——蟾蜍。

地兔子——野兔。

小小虫——麻雀。

老早——成年麻雀。

妈嘎子——喜鹊。

夜猫子——猫头鹰。

拐拐拐鸪——布谷鸟。

地出律子——蜥蜴。

燕面忽子——蝙蝠。

蛾螂蛛子——蜘蛛。

扑拉蛾子——飞蛾。

蛐蜷——蚯蚓。

蚰子——蝈蝈。

血虎子——壁虎。

土蛰子——蟋蟀。

草鞋底——百足虫。

海趴子——河蚌。

窝落牛子——窝牛。

鲤鱼拐子——幼小鲤鱼。

房舍　器物

堂屋——北屋、正房。

硷脚——房子的基石。

地工——地基。

礓礤子——房门前用砖石砌成的斜坡。

过道底——门过道下。

浮棚子——顶棚。

家火山——乱七八糟的用具。

案板——用以切菜或揉面等用的矮腿桌子。

橱桌——菜橱。

杌桌子——杌子。

盖体——被子。

单子——床单。

头枕——枕头。

老鸹头枕儿——鹅卵石。

电棒子——手电筒。

洋灰——水泥。

钩担——带有铁链铁钩的扁担。

担子——不带铁链钩的扁担。

洋油——煤油。

剥落鱼子——木鱼。

臭球儿——樟脑球。

人品

独孤牛——独生子，也指独身一人者。

双生儿——双胞胎。

玩把戏的——杂技演员。

小咕噜子——锔锅碗的工匠。

大马子——土匪、强盗。

短路——拦路抢劫。

拧筋头——性情倔强的人。又称别跟头、硬眼子、犟眼子。

带犊子——改嫁者所带的孩子。

割打伙——姘妇。

有秧——男女之间有瓜葛。

管闲事的——中间人。

瞎包儿——比喻人的品行很坏。如：他的脾气真~。这是个~孩子。

拼种——傻子。

疵毛——差劲、糟糕。

献浅子——献殷勤或献殷勤的人。

恶死赖——赖皮。

愣头青——冒失鬼。

漏味儿——出风头、逞能。

不沾弦——办事不靠谱。

强梁——强行占先。

上晒——撒娇。

耍挂——多指服饰整洁、办事利索。

背锅子——驼背。

加榆头——吝啬的人。

实诚——实在。

称谓

外头——丈夫、男人。

外头人——成年男人。

家里——妻子，媳妇。

小小子——男孩。

拘长——厨师。

达达——父亲。

嬷嬷（ma/ma）——姑母。

客——特指女婿。也指客人。

外甥儿——外甥；外孙。

老丈人、丈母娘——岳父、岳母的背后称呼。

两来拽——连襟。

兄里媳妇——弟妹。

小姨子——妻妹。

大（小）舅子——妻子的兄（弟）。

身体器官

额拉盖子——额头。

眼子毛——睫毛。

鼻气眼子——鼻孔。

肩扶头儿——肩膀。

胳拉吱——腋下。

心脯楞子——胸脯。

心口——胃。

蜜蜜——乳房。

皮锤——拳头。

耳瓜子——巴掌。

手面子——手背。

布脐眼子——肚脐。

腚垂子——屁股。

胳拉拜子——膝盖。

踝子疙瘩——脚踝。

医病

不大好——有病。又叫“不大得”。

不是味儿——不舒服。

跑肚——腹泻。

冻着——感冒。

黄病——肝炎病。

噎食——食道癌。

魔道——疯。疯子，又叫老魔道。

抓药——取药。

开膛——解剖。

定疙巴——结痂。

服饰

大氅——棉大衣。

大袄——旧时男子穿的长过膝盖的棉袍。

领衣——棉背心。

汗褂子——男式汗衫。

手闷子——棉手套。

搭包儿——衣服上的口袋。

围嘴——涎布。

褯子——尿布。

捎马子——褡裢。

翁鞋——男人的布棉鞋。

草翁——用芦苇缨编织的草鞋。

夹鞋——单鞋。

鞋呱嗒子——拖鞋。

水袜子——一种旧式雨鞋。

死疙瘩——死结。

裹脚——旧时妇女用的包脚布。如歇后语：老嬷嬷的～——又臭又长。

饮食

喝汤——吃晚饭。

扁食——水饺。

糊涂——粥。

瓜打子——蒸或煮的小面饼。

角子——菜包子。

细粉——粉条。

果子——点心。

变蛋——松花蛋。

白——味道淡。如：这个菜～点了。

红白事

订亲——订婚。

查听——打听。

传柬——结婚前由男方家送给女方家的红柬，内容主要是迎娶的时间等。

出门儿——出嫁。

乱新媳妇儿——闹洞房。

害病儿——怀孕。

小月——流产。

过月子——坐月子。

送粽米——娘家为生孩子的女儿贺喜。

寻主儿——又叫“找头儿”，指妇女改嫁。如：张二家娘～了。

忧事儿——又叫“白事儿”，指丧事。

喝杂菜汤——丧事。

板——棺材。

哀柱子——哭丧棒。

发丧——出殡。

老盆——出殡时孝子（长子或长孙）在棺材前摔的瓦盆。

林——坟地。如：孙家的～在东地里。

不在啦——去世了。

日常生活

洗澡——游泳。

屙粑粑——大便。

尿泡——小便。

歇——①休息。如：～会儿再走吧。②睡觉，如：你二叔早～吧。

吹灯——熄灯，引申为死，如：挨每儿他还下地干活哩，没想到今每儿～啦。

礼往——交往、来往。如：俺给他家没～。

好待成——款待。

闲说话儿——闲谈。

念三音——说风凉话。

拿捏——约束；拘谨。

打哏儿——犹豫、迟疑。

踩贱——贬低（人）。

不是——缺点、错误。

张解——多指命运受累、操劳。

商业文教

铺子——商店。

店——专指旅馆。

开门儿——又叫“开市”，即开张。

好时运——走运。

该账——欠债。

出摊儿——摆小摊。

剃头铺儿——理发店。

堂子——澡堂。

温习——复习。

打班——留级。

动作

呆脸儿——抬头。

泣临头——低头。

拍儿呱——拍手。

虾腰——弯腰。

出身——伸懒腰。

团揉——团弄。

口（sai）——扔掉。如：这没啥用，~喽吧。

板——同上。

柯杈腿——两腿叉开。

仰下——躺下。

姑骑下——蹲下。

偎堆——因害怕或体弱而瘫倒。

把骑——把尿（把小孩抱起，将两腿叉开，让其尿尿）。

卷——骂。

眼热——眼红。

对毁——打架。

嚷架——吵架。

第二节 谚语

金乡的谚语，形象生动，通俗易懂，概括力强，是广大人民群众喜闻乐见的语言形式。

人生哲理谚语

跟人不睦，劝人盖屋。

远亲不如近邻，近邻不如对门。

好话重三遍，鸡狗不待见。

冻的闲人，饿的懒人。

树怕伤根，人怕伤心。

人怕出名猪怕壮。

若要兴，看后丁。

老猫尿屋檐，辈儿辈往下传。

碗大勺子有知儿。

守着瘸子甭说短话。

会说赶不上会听的。

巧买不如拙卖的。

从南京到北京，买的没有卖的精。

萝卜快了不洗泥。

三年学个秀才，十年学不会买卖。

穷怕丢猪，富怕丢书。

天阴黑得早，人愁老得快。

路遥知马力，日久见人心。

薄利多销，买卖不孬。

拾个楼附筒就比丢个烟袋哨强。

朋友千个不多，仇人一个不少。

外面拿了一叶板，家里少了两扇门。

有钱不买半年闲。

有钱难买老来瘦。

人比人该死，货比货该扔。

便宜无好货，好货不便宜。

买卖不成仁义在。

闺女和她娘，恼皮不恼瓤。

五里不同俗，十里改规矩。

人不得外财不富，马不吃夜草不肥。

天气谚语

东虹忽噜西虹雨，南虹出来卖儿女。

春打六九头，夏至三庚数头伏。

立秋不立秋，六月二十头。

交九十天阳历年。

大雪年年有，不在三九在四九。

一九、二九不出手，三九、四九凌上走，五九和六九沿河看杨柳，七九六十三，路上行人把衣宽，八九燕归来，九九加一九，耕牛遍地走。

八月十五云遮月，来年是个雪打灯，雪打灯，好年成。

牛马年，好丰田，防备鸡狗那二年。

旱怕夜里阴，涝怕夜里晴。

立秋有雨秋不旱。

日落乌云长，半夜听雨响。

东明西暗，等不到吃饭。

早看东南，晚看西北。

夜雨三场。

天上勾勾云，有雨在明晨。

云往南，雨涟涟；云往北，一阵黑；云往东，一阵风；云往西，披蓑衣。

乱交云，下满盆。

乌云打坝，不阴就下。

瓦块云，晒死人。火烧云，淋死人。

西北红黄云，雹子快来临。

月亮带风圈，一连刮三天。

春刮东南夏刮北，六月北风不到黑。

清明雨打柳，麦季雨不愁。

清明不清，不是雨就是风。

东南来雨一阵风，西南来雨下满坑。

立秋雨，一秋雨。

缸穿裙，大雨淋。

疮疤痒，雨要响。

石头出汗，大雨连绵。

早雾晴，晚雾阴。

蚂蚁搬家蛇过道，燕子低飞雨来到。

农业谚语

春分麦动根，一刻值千金。

枣芽发，种棉花。

杨叶响，耩高粱。柳棉落，耩谷棵。

麦盖三层被（雪），枕着馍馍睡。

人勤地不懒。

稀麦稠豆坑死人。

夏至端午前，庄稼老头泪涟涟；夏至端午后，庄稼老头吃块肉。

有钱难买五月旱，六月连阴吃饱饭。

麦熟一晌，蚕老一时。

芒不芒，打两场。

崴扒子，打哇哇，四十五天喝疙瘩。

高粱倒，要棉袄。

立了秋，挂锄钩。

立秋十八天，寸草结籽。

豆子开花，捞鱼摸虾。

冬耕无晚，秋耕无早。

秋收四忙，割、打、晒、藏。

人误地一时，地误人一季。

人哄地皮，地哄肚皮。

种地不上粪，等于瞎胡混。

要想发家，鸡、兔、鹅、鸭。

桃三、杏四、梨五年，核桃柿子六七年。

要想富，多栽树。

辣椒栽花，茄子栽荚。

想吃高粱面，扒出根来看。

棉花锄三遍，桃子结满串。

有收无收在于水，多收少收在于肥。

七月枣，八月梨，九月柿子占满集。

大蒜谚语

大蒜是个宝，抗癌效果好。

只要三瓣蒜，痢疾好一半。

蒜敷涌泉穴，能止鼻出血。

葱辣眼，蒜辣心，芥末专辣鼻子一根筋。

夏天肚子疼，大蒜能顶用。

吃葱不吃蒜，肚子里面就捣乱。

大蒜煎汤，预防感冒是良方。

口含生大蒜，感冒好一半。

大蒜塞鼻中，清热解毒又祛风。

糖醋大蒜汤，降压是秘方。

大蒜熬稀饭，降压有灵验。

贴上蒜芥膏，头疼就能好。
大蒜不值钱，能防大脑炎。
蒜拌黄瓜吃，能治高血脂。
头疼不算病，大蒜能顶用。
蒜蜜同饮，专治恶心。
好庄稼离不开勤劳汉，好厨子离不开葱姜蒜。

第三节 歇后语

魏庄儿卖菜的——咋咋想来。
王小二家娘们儿——不上不下。
地主家的坑——甭想那瓜子藕。
高河店的盆儿——一套一套的。
小二姐的孝抹儿——搭头儿。
吹响器的下乡——找事儿。
望乡台上打莲花落——不觉死的鬼。
寨里集的响器——一气拿。
八分钱赶集——办不了毛钱的事儿。
孙先生看病——够治的。
屎壳郎垫床腿——硬撑。
斤半的蛤蟆——不是小玩（崴）。
蛤蟆蝌蚪子带眼睛——坑里壕里都看见喽。
吹响器的分家——摊不着号。
房顶上敲锣——名（鸣）声在外。
猪八戒照镜子——里外不是人。
老嬷嬷跳井——坚决（尖脚）到底。
老嬷嬷擤鼻——把里攥。
光腚猴子卷天爷爷——穷大胆。
蒙上眼睛拉磨——瞎转悠。
老黄瓜刷绿漆——装嫩！
茅坑的石头——又臭又硬。
三九天穿裙子——美丽冻人。
秃子打伞——无发（法）无天。
烟袋窝里烤芝麻——小打油。
外甥打灯笼——照旧（舅）。
隔着犁面子烤火——一面子热。
上鞋的不要锥子——真（针）管。
小孩的脚丫——没讲（茧）。
阎王爷的外甥——小鬼孩。
要饭的牵着个猴——玩心不退。
秃子头上的虱子——明摆着。
擀面杖吹火——一窍不通。
狗耳朵里包小鸡——毛包毛。
王八看绿豆——对眼啦。
一家人盖一床被子——胡扯。
骑驴看唱本——走着瞧。
买个麻花不吃——就要那个劲。
小葱拌豆腐——一清二白。
棺材里面擦粉——死要面子。
光腚推磨——转着圈丢人。
棉不济敲罄——没音。
黄鼠狼给鸡拜年——没安好心。
老鼠钻风箱——两头受气。
孔夫子搬家——净输（书）。
拾麦子打烧饼——净落。
枣核子截板——没几句（锯）。
老鼠拉木锨——大头在后边。
卖糖稀的盖楼——熬出来的。
狗皮挂在南墙上——不像话（画）。
萋萋芽开花——到顶啦。
豆腐掉进灰窝里——吹不得，打不得。
耧草打兔子——顺捎。
买个草帽子没顶——上晒。
做梦娶媳妇——净想好事。

第四节 童 谣

戏孩（类）

小巴狗 小巴狗，上南山。掰荆条，编筐篮，筛大米，做干饭。奶奶吃，爷爷看，气得巴狗一头汗。巴狗巴狗你甭急，剩下圪巴是你的。

小三儿搬砖儿 小三儿搬砖儿，搬到门后头，变个老驷牛。驷牛拉磨，变个馍馍。馍馍生吃，变个公鸡。公鸡打鸣，变个豆虫。豆虫一咕容。吓得一愣怔。

小白妮 小枣树，耷拉枝，上面坐着个小白妮，小白妮拾棉花，一拾拾了个大甜瓜，爹一口，娘一口，一下咬了白妮的手指头，白妮白妮你别哭，

给你买个货郎鼓，白天拿它晃着玩儿，黑家拿它吓猫猴。

小板凳　小板凳歪歪，里头坐着个小乖乖。乖乖出来买菜，里头坐着个奶奶。奶奶出来烧香，里头坐着个姑娘。姑娘出来磕头，里头坐着个孙猴。孙猴出来作揖，里头坐着个公鸡，公鸡出来打鸣，呕呕。

小鸡嘎嘎　小鸡嘎嘎，要吃黄瓜。黄瓜有种，要吃油饼。油饼嫌香，要喝面汤。面汤糊嘴，要吃牛腿。牛腿有毛，要吃鲜桃。鲜桃嫌酸，撅着尾巴上天。

小老鼠　小老鼠上灯台，偷油喝下不来，叫个狸猫背下来。

小白鸡　小白鸡，下白蛋，一窝俩，一窝仨，问你咯嗒不咯嗒！

刮大风　刮，刮，刮大风，拾了钱，买落生，买了落生给谁吃，给小乖乖剥剥吃。

公社来电话　大雨哗哗下，公社来电话，叫你去当兵，你还没长大。

拐拐拐鸪　拐拐拐鸪，你在哪何住？羊山家后。吃的啥饭？白饼卷肉。给我留了不？没有。刷锅另做。

拉大锯　拉大锯，扯大锯，老娘家门前唱大戏，接姑娘，带女婿，小外甥，你也去。

教育（类）

小妈嘎儿　小妈嘎，尾巴长，娶喽媳妇忘喽娘。烙白饼，卷沙糖，媳妇儿媳妇儿你先尝，好老婆婆会当娘。

筛糠打糠　筛糠打糠，麦子下来喝面汤。筛箩打箩，麦子下来吃白馍。

钢铛钢铛耩地　钢铛钢铛耩地，耩了贰亩好地，蚂蚱吃喽可惜了地。

蜗老牛　蜗老牛，蜗老牛，先出脚，后出头，阴天下雨爬阳沟。

嗑瓜子　小板凳，四条腿，我给奶奶磕瓜子，奶奶嫌我磕的慢，我给奶奶炒鸡蛋，奶奶嫌我不长油，我给奶奶磕俩头。

抗战（类）

吓得日本哇哇叫　一二三，到南关。南关到，吹洋号。洋号响，打老蒋，老蒋派兵去站岗。站岗的，要留心，前面都是八路军。八路军，挎盒子，前面都是洋骡子。洋骡子，咴咴叫，专打日本的洋铁帽。

说老蒋道老蒋　说老蒋道老蒋，老蒋派兵去站岗。站岗的不留心，南边来了个八路军。八路军挎盒子，专打日本的洋骡子。洋骡子灰灰地叫，专打日本的小铁帽。小铁帽梆梆地响，专打日本的光脊梁。

戏谑（类）

这个小孩真是怪　这个小孩真是怪，头上长了个马蜂菜，我说给他摘下来，他说戴着真凉快，你说奇怪不奇怪！

急急忙忙　急急忙忙，来到茅房。二话不说，脱裤就屙。噗通一声，掉进茅坑。

小木碗　小木碗，圆悠悠，俺到姥娘家住一秋。姥娘疼俺，妗子瞅俺。妗子妗子你别瞅，楝子开花俺就走。桃花开，杏花败，李子开花再回来。

小大姐　小大姐，溜河涯，洗白手，插花鞋。插了花鞋搁哪里，搁到公公床头上。公公见了心欢喜，婆婆见了就要娶。几（儿）娶？到腊八，谁抬轿，小蚂蚱，谁吹笛？小蚰子（儿），谁打鼓？皮老鼠，谁撒帐？纺织娘，叽连轱辘到床上。

小槐树　小槐树，槐树槐，槐树底下扎戏台。人家的闺女都来啦，咱的闺女还没来？说着说着来到啦，骑着驴，拿着鞭，穿着个花鞋溜溜尖。

城郊里　城郊里，城郊外，城郊里头有棵花椒树。花椒树上有个大拼鹅，呆着个拼（傻）脸跟我学。

俺会玩　你不给俺玩，俺会玩，俺上家后盖屋玩。盖不起上城里，城里有个剥牛里，剥里你光溜里 。

秃头蛋　秃头蛋，磨电线，12 点到金县，金县没开门，打你的小腚锤。

笑话（类）

说瞎话　说瞎话，道瞎话，锅台上种了二亩大

西瓜，还没坐钮来，让绝户家老三偷了仨；瞎子看见啦，聋子听见啦，哑巴去喊啦，瘸子去撵啦，让没手的大哥抱着啦，爬到杨树上，辟了个柳树条，打了三八二十一竹匹子，打的小偷光腚稀屎橛子。

颠倒话 颠倒话，话颠倒，花椒树上结樱桃，东西大街南北走，出门看见人咬狗，拾起狗来砸砖头，却被砖头咬了手。

祈祷（类）

天皇皇 天皇皇，地皇皇，我家有个夜哭郎，路上的行人念一遍，一觉睡到大天亮。（孩子有病夜哭时）

肚子疼 肚子疼找老营，老营拿个小剪刀，专割你的小屎包。

游戏（类）

一皮锤 一皮锤，二劈叉，三零零，四毛八，五老头，六揍头，七揍胳膊八揍腿，九揍腮帮十捏鼻儿。

开不开 开不开，去打斋，打不来，再回来。

炸果果 炸、炸、炸果果，腰里掖子个铁锁锁，炸开卖开，吱扭过来，你敲梆子我敲鼓，咱俩变个小老虎。

柳树头 柳树头，砍大刀，你那营里尽俺挑，挑谁吧？挑 ××……。

拉拉秧 一步拉拉秧，二步喝面汤，三步调韭菜，四步擦起来（开一开）。

老鼠钻囤 老鼠老鼠一月一，吱咂早哩；老鼠老鼠二月二，吱咂早哩；老鼠老鼠三月三，吱咂早哩；……老鼠老鼠九月九，逮住老鼠咬一口。

拍手歌 你拍一，我拍一，一个小孩穿花衣。你拍二，我拍二，二个小孩梳小辫儿。你拍三，我拍三，三个小孩吃饼干。你拍四，我拍四，四个小孩写大字。你拍五，我拍五，五个小孩敲大鼓。你拍六，我拍六，六个小孩吃石榴。你拍七，我拍七，七个小孩坐飞机。你拍八，我拍八，八个小孩吹喇叭。你拍九，我拍九，九个小孩交朋友。你拍十，我拍十，十个小孩站得直。

第五节 游 戏

跳皮筋 多为女孩子玩耍。女孩子用一根或数根长长的橡皮筋结成环形，一端系在树上，或由二人两边站立，两腿将橡皮筋拉起，高度可以调整，中间有一人或二人、三人在一根充满韧性和弹性的绳子上跳，可变换出各种花样。

跳房子 玩法：用粉笔在地上画 2 列 6 格或 8 格、12 格不等方格，代表房子。然后在起点将一物件（石片、瓦片、木块、算盘珠等）扔在第一间“房子”里，单脚跳入站立，将物件按顺序踢进指定格子。一次全部踢进指定格子的为赢，踢不进即输。跳房子游戏可以训练眼、手、脚、躯体的平衡能力及下肢的肌肉力量，如果左右腿交替运动，效果更好。

扔沙包 玩法：找几块小碎布，缝成小口袋，中间装上细沙（玉米、绿豆）再封口，制成沙包。玩时人越多越好，分成两组，一组站中间，一组分成两队分别站两边，朝中间这组人身上扔沙包。中间的人若被沙包打中算“死”，就要下场，直到同伴能用手抓住“打手”扔过来的沙包，一个沙包换一条“人命”，下场者才能够“起死回生”。扔沙包，“投手”和“捕手”之间相互耍心眼，斗智斗勇。

弹琉璃蛋（玻璃球） 玩法：玩者多为男孩。在地上挖 1~5 个小洞，然后从起点将玻璃球滚向指定洞内，以最先完成规定洞数者赢。弹球有不同材质，高档的是玻璃的，中间有彩色图案，低档的是铁的，玩法基本雷同。

滚铁环 男孩子喜欢玩的游戏之一。玩时，手持一根顶端有弯槽铁棍，推一直径一尺多的铁环向前飞跑，发出“哗啦哗啦”的声音。玩者多为 7 岁 ~10 岁左右的儿童。经常在场院或在放学回家的路上玩耍比赛，看谁滚动的时间最长。20 世纪六七十年代在民间流行。20 世纪末，孩子们已经不玩或不知道有这种游戏了。

抽陀螺 20 世纪六七十年代，农村小孩用一截直径五六公分、长六七公分的木棒，一头削尖，制成陀螺，另制一小鞭。玩时，选一平坦地面或

河塘冰面，用鞭绳按顺时针方向将陀螺上端缠紧，贴地面（或冰面）扶正陀螺，用力一拉，陀螺转动，再用鞭子抽打陀螺至飞速旋转。现时，玩自制陀螺的男孩子已经很少了。有的则是玩从商店购买的手捻陀螺。

捉迷藏 玩法多种多样。一种是玩“藏猫猫”，在事先圈定的区域范围内，多人藏起来让一人寻找，先被找到者下一轮当寻找者，其他人当藏者。另一种是“瞎子捉跛子”。先由数人手拿手的围成一个圆圈，其中一人用手帕包住双眼扮瞎子，另由一人将一只手缚在腿上装跛子。游戏开始时，跛子在圈内边吹口哨边跳动，瞎子顺着哨声扑捉，如捉住跛子即胜，可换另一方再捉。

踢毽子 又叫“打鸡”。起源于汉代，盛行于南北朝和隋唐，已有两千多年的历史，民间传统体育活动之一，是一项简便易行的健身活动。深受青少年儿童的喜爱，尤其是少年女子。毽子制作简便，只需用一小块布，包上一枚铜钱和一小截下端剪成十字形开口的鹅毛管子，用针线缝牢，成为底座；再在未剪开的鹅毛管子上端插上七八根鸡毛就可做成。鸡毛最好是雄鸡的，又长又好看，也好踢。商店里或地摊上有现成的毽子出售，其底座多是橡皮的，弹性大，稳定性差。踢法多种多样。既可以比次数，也可以比连踢的时间，还可以比踢的花样。

撞拐 不需要任何运动器具，把一条腿抬起来，放到另一条大腿上，用手抱着抬起的脚，单腿在地上蹦。玩时用抬起的那条腿的膝盖来攻击别人，可以 2 人单挑独斗，也可多人一起挑斗，脚先落地者为输。该游戏规则明确、竞技性强，能锻炼腿部力量，具有相对安全性。

玩弹弓 亦称“崩弓子”。用铁“豆条”弯成叉型，两小环处各系一长短相等的皮筋，两皮筋另端各连在一长兽皮之两端。也有用小树叉做弓身的。玩时一手握手柄，一手捏夹有小石子的兽皮兜，瞄准目标，向后一拉后松手，将石子射出。小孩玩弹弓总想射中小鸟和气球，但射中小鸟者少。现时玩弹弓者已少见，被各式玩具手枪所代替。

跳绳 古称“跳百索”，早在明代就已流行。沈榜《宛署杂记》载：以长绳丈许，两儿对牵，飞摆不定，令难疑视，若百索然，其实一索也。群儿乘其动时轮跳其上，以能过者为胜，否或为索所绊，听掌绳者以击之为罪，名曰跳百索。清代仍流行，并传承至今。其跳法有一人自抛绳自跳，记数论胜负。亦有两人抛绳一人跳。或单脚跳、双脚跳。还有两人用两根绳交叉而抛，一人在中间用双脚跳等。

拈石子 亦称“抓子”“拈石子”。民间儿童游戏。明刘侗、于奕正《帝京景物略——春场》云：“是月也，女妇闲，手五丸，且掷，且拾、且承、曰抓子儿”。玩法是；用小石子五粒，先把五粒石子握在手中，掷上其中一子，同时将其余四子掷于桌面或地上，俗称“放子”。而后开始拾子，即掷上一子，接而俯拾一子，再掷上一子接而俯拾二子，依次拾完；再把四子都撒在桌上，掷上一子接而俯拾全部四子；最后把四子全部撒在桌上，掷上一子接而先俯拾对方选定二子，再把其余二子叠高，再俯拾之。按以上程序顺利完成者为赢。所玩之子，后有改用内装砂子的小布袋。现时已很少有人玩耍。

剪子包袱锤 民间儿童游戏。按照习规，握拳为锤，伸出手掌为包袱，叉开食指和中指为剪刀，锤可砸剪刀，剪刀可以剪布，包袱可以包锤，被砸、被剪、被包者为败。胜者对败者有处罚权，或在决定某一事项、开展某一活动时有优先权。也有成人在酒席上用此法比胜负而罚其酒。

老鹰抓小鸡 玩法：由数人或数十人组成，先由一人扮作老鹰，其余人排成纵队，最前面的人伸开双臂挡住老鹰，然后由老鹰来抓最后边的那个人。玩时忽前忽后，时左时右，老鹰抓住最后的一个人为胜。这种游戏，不分年龄，成人和小孩都可。现时，在中小学校学生或农村小孩仍玩这一游戏。

折纸 在幼儿园，老师为了启发儿童的想象力和创造性，常用纸折成帆船、衣裤、帽子和飞禽等各种器具和动物的形状，然后挑选好的表扬鼓励。

丢手绢 多人游戏。开始前，选出一个丢手绢

的人，其余的人围成一个大圆圈坐下。游戏开始，大家一起唱歌，“丢啊，丢啊，丢手绢，轻轻地放在小朋友的后边，大家不要告诉他。快点快点抓住他，快点快点抓住他”。丢手绢的人沿着圆圈外快走，并不知不觉地将手绢丢在其中一人的身后。被丢了手绢的人要迅速发现自己身后的手绢，然后迅速起身追逐丢手绢的人，丢手绢的人沿着圆圈奔跑，跑到被丢手绢人的位置时蹲下，如被抓住，则要表演一个节目。如果被丢手绢的人在歌谣唱完后仍未发现身后的手绢，而让丢手绢的人转了一圈后抓住的，就要做下一轮丢手绢的人，他的位置则由刚才丢手绢的人代替。

击纸牌　玩前，多个小朋友携带用彩纸或报纸折成四方形的“纸牌”数个。玩时，一方把纸牌放在地上，由对方用其纸牌用力掷打，能把对方的牌打翻身为胜，并据为己有。现时，自制纸牌逐渐由玩具店出售的印有各种图案的纸牌或塑料牌所代替。

第五章　流行词汇

20世纪八九十年代，伴随着改革开放的不断深入和信息化、知识经济的发展，流行词异军突起，一些反映人们物质和文化生活的时尚流行词汇、网络流行语随之传入金乡县。这些流行词汇不但能够敏锐地把握社会热点，而且时尚、新奇、不拘一格，滋生发展的方式独特，成为最具活力的一类新词语。

第一节　时尚流行词

衣着打扮类

卷花头　有的女孩子喜欢用大小发卷工具把自己的头发弄卷，发型随意。

回力鞋　国内有40多年历史的老牌运动鞋，白色鞋面，两侧有红色装饰，中青年人爱穿，以学生为最。

蝙蝠衫　上臂处袖子极其阔大，双臂展开形如展翅的蝙蝠。穿牛仔裤加蝙蝠衫，是男孩们最有魅力的标志。

化妆　改革开放后护肤彩妆已成为女性常做的功课。

人造美女　割双眼皮、磨骨瘦脸……年轻女子选择用整容来弥补自身缺憾，实现自己美的梦想。

郭富城头　经典发型，特色是整齐的中分，是20世纪八九十年代最佳流行发式，不分男女。

白球鞋　必备校园用鞋，体育课、文艺表演通常都会要求穿着。脏了或着变黄，用白鞋粉一擦就会变白。

健美裤　也叫“踩踩裤”，多数青年女性爱穿。21世纪流行的裤袜有类似的设计。

喇叭裤　改革开放后进入中国并流行的裤子，男女适用。

西装　20世纪80年代始兴，90年代后普遍流行，是出席正式社交场合不可缺少的行头。

黑超　很大很酷的黑色墨镜，又称蛤蟆镜、太阳镜。

防寒服　内絮化纤棉等保暖材料的上衣，款式不拘。外层织物一般采用厚尼龙面料，衬里是一种特殊的织物，上面有一些小孔，衣内的湿气可以通过小孔透出去，又能阻止水珠和风渗透进来。做好的防寒服实际上是把防寒服的两个部分缝合在一起，里面的一部分防寒，外面的一部分起挡风作用。内层部分主要使用一层尼龙衬里，然后加上稳定和保护隔热材料的薄膜，再加上厚厚的一层涤纶保暖材料。防寒服的拉链是用防腐蚀的尼龙做成的，镀镍的拉链拉头使用寿命比普通拉链拉头要长7倍。

牛仔装　以牛仔布（坚固呢）为主要面料缝制

而成的套装。主要由牛仔夹克衫与牛仔裤或牛仔裙配套组成。此外还有牛仔衬衫、牛仔背心、牛仔泳装、牛仔帽、牛仔靴等配套品种。

艺术照　20 世纪 80 年代改革开放以后，摄像师借鉴国内外摄影新技术，使用广角、远角、近角镜头配合滤镜，通过角度、光线、表情、衣服、化妆、背景等手法，充分表现人的内涵与特点，掩盖不足之处，达到一定的美化效果。

经济生活类

万元户　是 20 世纪 80 年代最受关注的词汇之一。特指中国改革开放初期“先富起来”的一批人，指一户人家有一万元的收入或存款。成为万元户是当时国人梦寐以求的事情。1997 年后，“万元户”之说不再流行，“万元不算富，十万刚起步，百万才是真正富”，已成为中国人拥有财富的真正写照。随着经济建设快速发展和收入增加，新的万元户称呼再次出现，表示月收入过万的群体。

包工头　是改革开放后，在市场经济中自发涌现出的新词。通指工程承包商，一般属于建筑、装修行业，只要把成本控制在工程建设方发包价以内就可以挣到钱。改革开放以前，金乡县乃至全国没有“包工头”这一称谓。

下海　是在中国刚改革开放时的用词，意思就是做生意，含有风险的意思。改革开放之初，市场经济开始繁荣，一个新的自由空间正在出现。1992 年邓小平视察南方谈话发表之后，部分机关干部、知识分子、国有企业人员，特别是年轻人放弃在传统体制内的位置，而转到这一新的自由空间创业经商、谋求发展，这样的行为被称作“下海”。“下海”曾带动一些普通人走向致富道路，奔向小康生活。

第二职业　指在职职工在业余时间从事有经济收入的活动，是 20 世纪 80 年代改革开放后开始流行的词语。常见形式有兼职和代销，如：工人利用业余时间经营服装百货、蔬菜、水产品、开餐馆、跑出租、包工包活、买卖花鸟鱼虫等，还有的在集体企业小厂或乡镇企业兼职，学校教师利用节假日勤工助教，有的白领利用业余时间做会计、开商铺等。

三角债　是人们对企业之间超过托收承付期或约定付款期应付而未付拖欠货款的俗称。“三角债”在 20 世纪 80 年代中后期开始形成，1991~1992 年间，“三角债”的规模曾占银行信贷总额的三分之一。由于拖欠，大多数国营企业、乡镇企业、私营企业都面临收不到毛收入的问题，致使经济效益好的企业因缺乏资金而难以扩展生产。1991 年 8 月 30 日，中国开始全面清理“三角债”，金乡县随之。

炒房　是伴随着房地产业的发展而产生的投资行为，是市场经济发展到一定时期的产物。由于政策影响，房市攀升，一些人借机囤积房源，转手获利，这种特殊的投资行为被称为炒房。1998 年 6 月 15 日，全国房改工作会议宣布停止住房实物分配，实行货币化住房。全国出现了许多炒房团，以温州、福建为甚，炒房成为人们赚钱的热门途径。2003 年至 2004 年，房地产市场最响亮的名词就是“炒房”。

埋单　埋单和买单都是结账的意思。“埋单”一词由来已久，源于广东话。因为广州的饮食业，有先食后结账的传统做法，顾客食后招呼伙计结账为“埋单”。改革开放后，南风北渐，“埋单”这一粤语词汇成了各地民众习语。有的外地人，辨音会意，将“埋单”谐音而成“买单”。

大哥大　源于港澳人称呼帮会头目之谐语。大哥大最早由美国摩托罗拉公司工程师马丁·库帕在 1973 年发明，后成为手提电话的俗称，是身份、地位和财富的象征。1987 年 11 月 18 日，中国移动通信集团公司开始运营 900MHz 模拟移动电话业务，标志着中国步入了移动通讯时代。摩托罗拉是最早进入中国手机市场的，它曾经以绝对的优势垄断了中国的手机市场。在手提电话初面世那几年，金乡县只有一些部门的主要负责人或经商者才拥有此“大哥大”手机。随着移动电话由模拟信号向数字时代的转变，人们持有移动电话的数量日益增加，大哥大的称呼随之消失，通称为手机。

步行街　改革开放后着力打造的商业街形式，

是人们逛街休闲的习惯性场所。

第二节 网络流行语

在网络上流行的语言，是网民们约定俗成的表达方式。21世纪初，金乡网友上网逐渐流行下述网络语言。

称呼语

1.MM：“妹妹”或“美眉”全拼的缩写。

2.GG：“哥哥”全拼的缩写。

3.JJ：“姐姐”全拼的缩写。

4.DD：“弟弟”全拼的缩写。

5.GF：“女朋友”的英文 girl friend 的缩写。

6.BF：“男朋友”英文 boy friend 的缩写。

7.PLMM：“漂亮美眉”、“漂亮妹妹”全拼的缩写。

8.TX：“同学”的拼音缩写，也作“童鞋”。

9.JMS：“姐妹们”的缩写。“S”是英文中的复数用法。

10.LG：老公。

11.LP：老婆。

别称类

1. 筒子：同志。

2. 马甲：注册会员又注册了其他的名字。

3. 大虾：“大侠”的通假，指网龄比较长的资深网虫，或者某一方面（如电脑技术、文章水平）特别高超的人，一般人缘声誉较好才会得到如此称呼。

4. 水手：喜欢灌水的人。级别高的也称水桶、水鬼、水仙。指女性灌水狂人时，还有个特定称呼：水母。

5. 恐龙：长得不太好看的女生（带歧视性质）。

6. 老大：常被众人吹捧又常被众人暴打的人。

7.BY：作者。

8. 楼主（LZ）：发主题帖的人。又称楼猪。

9. 楼上（LS）的：比你先一步回复同一个主题帖的人。与之相对的是“楼下的”（LX）。

10. 几楼的：除楼主外，所有回复帖子的人，依次可称为“2楼的”、“3楼的”……。

11. 沙发：第一个回贴的人。依次是：椅子（第二个回帖的人）；板凳（第三个回帖的人）。

12. 斑竹：版主之意，有时写作“板猪”、“班猪”等。由于拼音输入造成的美妙谐音。副版主叫“板斧”。

13. 菜鸟：原指电脑水平比较低的人，后来广泛运用于现实生活中，指在某领域不太拿手的人。与之相对的就是老鸟。

14. 青蛙：形容相貌抱歉的男性网民。

15. 犬科：喜欢追逐论坛里的女生的那种类型，尤其喜欢死缠烂打。

16. 狼族：热爱美色，不过比犬科作风正派一点，不会纠缠。

17. 小白：①白烂的昵称，指专在网上无事生非的人。②“小白痴”的缩写。

18.ZT：①“转帖”的缩写。②“猪头”的缩写。

19. 猪脚：“主角”的别称，用来称呼质量不高的影片中的人物。

20. 小黑：黑名单。浸小黑：ID被登记进黑名单。

21. 黑客：又称骇客，指在电脑领域有特殊才能或技巧的人。这类人专门检测系统漏洞，也有可能做有违道德或法律的事。

22. 红客：具有民族主义倾向的中国网络技术爱好者，与黑客相对。

23. 维客：喜欢使用WIKI这种超文本技术的网络爱好者。

24. 博客：一种网上共享空间，让人以日记的方式在网络上展现自己的形式。

25. 闪客：使用Flash软件做动画的人。很多电子贺卡和网站MTV都是闪客的杰作。

26. 极客：也称奇客，Geek，指有较高超电脑能力的人。

27. 驴友：泛指爱好旅游，经常一起结伴出游的人。

28.SL：色狼的缩写。

29.MPJ：马屁精。

30.BC：“白痴”的缩写。ODBC：哦，大白痴。XB：小白的缩写。

31.JS：“奸商”的缩写。

32.HJ：汉奸。

33.FQ：愤青。

34.lr：烂人。

35. lj：垃圾。

发泄类

1. 顶：一般论坛里的帖子一旦有人回复，就到主题列表的最上面去了。这个回复的动作叫做“顶”，与“顶”相对的是“沉”。

2. 汗：表示惭愧、无可奈何之意。衍生词有暴汗、大汗、汗死、瀑布汗、暴雨梨花汗等。

3. 倒：晕倒，表示对某帖、某人或某现实很惊异，无法理喻到了极点。

4. 寒：对某帖某人或某现象感到浑身发冷。

5. 抓狂：形容自己受不了某人某帖的刺激而行为失常，处于暴走状态中。

6. 雷：指对方说话让自己出乎意料，就说被雷到了。

7. 切：口气，常在聊天中对对方的回答不满或怀疑，不服气。

8. 额：表示短时间想不出回答的话语而正在进行思考。有“无语、倒”的意思。

9.7456：“气死我了”的意思。

10.9494：就是！就是！

11.me too：我吐。

12. 毛线：指让人感到恶心的人或事。

13. 牛 B：又作 NB/NX/ 牛 X/ 牛叉，厉害的意思。

14.ze：贼恶（真恶心吧），真恶。

15.FT：faint 的简称，晕倒的意思。

动作类

1. 灌水：原指在论坛发表的没什么阅读价值的帖子，现在习惯上会把绝大多数发帖、回帖统称为“灌水”，不含贬义。

2. 潜水：天天在论坛里呆着，只看帖子不发帖，而且注意论坛日常事务的人。

3. 打铁：写帖子，一般指有点儿重量的帖子。

4. 拍砖：对某人某帖发表与其他人不同看法和理解的帖子。拍砖头：批评某帖。

5. 抛砖：跟贴。

6. 踩：表明反对之意。

7. 踩一脚：也称踢一脚、留个爪子印等，都是跟帖之意。

8. 路过：不想认真回帖，随便看了一下帖子而已。

9. 闪：离开。

10.874：扇耳光，由 Mop 当中代号为 874 的表情贴图而来。

11.ZT：转贴。

12.pmp：拍马屁。pmpmp ：拼命拍马屁！

其他类

1. 给力：形容词意思为“很带劲”；动词意思为“给予力量”。

2. 有木有：有没有（出自河南、山东方言）。

3.==：等等

4.FB：腐败的缩写。

5. 米：没有。（有时指域名）。

6. 虾米：闽南语“什么”的意思。

7. 神马：什么都是浮云的谐音，意思是什么都不值得一提，有抱怨感叹之意。

8. 奔四：笨死的谐音。

9. 果酱：过奖。

10. 人参公鸡：“人身攻击”的通假。

11. 达人：很强的人。

12. 御姐：比自己年长的女性。

13. 废柴：指废物、没用的人。

14. 收声：指闭嘴。

第六章 宗教信仰

金乡县境内的宗教，主要有伊斯兰教、佛教、基督教、道教和天主教。新中国成立前，境内各种寺观教堂达数百座，宗教神职人员众多，信教群众数万人。新中国成立后由于受国内政治运动冲击，众多寺观教堂被拆除或被国家征用，传统宗教活动被停止。国家实行改革开放以后，全面落实民族宗教政策，宗教活动得到较快发展。2005年，境内有佛教、道教、伊斯兰教、天主教、基督教活动场所84处，全部依法进行登记。信教群众2万余人。

第一节 佛 教

佛教兴起于印度。公元前2年，佛教从印度传入中国，形成了藏传佛教、南传佛教、汉传佛教。金乡县的佛教属于汉传佛教的范畴。佛教刚传到内地时仅仅是作为一种道，到魏晋南北朝时期，佛教才开始有了学派。隋唐时期，佛教进入创立宗派和发展的鼎盛时期，经过与以儒、道为代表的原有文化融合以后，形成了具有深厚中国民族文化特征的佛教文化，而中国文化也被打上了深深的佛教文化烙印，以至在人们心中形成“儒可治国，佛可治心，道可治身”的文化共识。佛教文化已经成为中华文化的重要组成部分。佛教文化“如梦如幻的生命本质，一切皆苦的人生真谛，亦僧亦俗的人生态度，圆活无滞的思维方法，平等自救的自主意识，忍辱负重的宽广胸怀，与人为善的处世方式”，对增强中国当代文化的凝聚力和生命力有积极促进作用。现在所使用的很多词汇，如世界、彼岸、慈悲、智慧、觉悟等等，都来源于佛教。

金乡县自魏、晋、南北朝时期就有佛教活动，尤以元朝较为兴盛。1934年，境内有寺庙198处。记录在薄的佛教寺庙23处，主要有光善寺、金典寺、寿圣寺、霍堌寺、乾明寺、龙泉寺、皇东寺、兴隆寺、鸿福寺、崇福寺、广济寺等。

古代金乡寺、庙众多，说明当时金乡佛教活动频繁，佛教文化对金乡影响历史悠久；人杰地灵，经济发达，具有宗教活动的物质基础；自然环境优越，人员密集，具有宗教信众基础；社会秩序井然，百姓安居乐业，具有稳定的社会基础。

2001年后，金乡佛教文化得到大力弘扬。2005年，全县有佛教居士2658人，比丘（俗称和尚）5人，比丘尼（俗称尼姑）3人；依法登记佛教活动场所5处（光善寺、羊山崇德寺、马集白衣殿寺，胡集镇觉海佛堂、金乡镇南门念佛堂），成立由5人组成的佛教管理委员会，均在佛教居士中推选。佛教协会正在筹备成立。

第二节 道 教

道教起源于中国，已有1800年历史。远在唐朝高宗（李治）东封，有白鹤观诏，当时在各郡、县都有设立。高宗上元年间（674~675），在金乡县城东白鹤观诏，开始有道教活动。较大的庙宇有城隍庙、火神庙、龙王庙、东岳庙、三官庙、真武庙、尚庙、关帝庙、玄武庙等。元朝，在县城南门里西坑洼建神游观。至民国初年尚有道教活动，隶属道会管理。新中国成立后，由于受当时政治影响，教友多退会，活动亦自然停止，继之消失。

道教活动形式有烧香拜神、念咒防鬼、捉妖祛邪等。专职教徒的生活费来源于庙地和香火庙会收入。改革开放后，国家实行宗教信仰自由政策，宗教活动得到恢复。金乡开放道教场所，年接待游客数千人。

第三节 伊斯兰教

伊斯兰教是世界性的宗教之一，中国旧称大

食法、大食教度、天方教、清真教、回回教、回教等。伊斯兰系阿拉伯语音译，原意为“顺从”“和平”，指顺从和信仰宇宙独一的最高主宰阿拉神及其意志，以求得两世的和平与安宁。信奉伊斯兰教的人统称为“穆斯林”（意为“顺从者”）。公元7世纪初，伊斯兰教兴起于阿拉伯半岛，由麦加人穆罕默德（约公元570~632年）所创传，是当今世界三大宗教之一。明末清初传入金乡，主要聚居县城西关，建有清真寺，由阿訇主持做礼拜，讲《古兰经》。

伊斯兰的节日很多，主要有开斋节、宰牲节（亦称古尔邦节）、圣纪节。每逢节日，教民沐浴盛装到清真寺聚会，诵读《古兰经》，互致问侯祝福。开斋节是伊斯兰教的重大节日。伊斯兰教规定每年伊历9月为斋月，斋月期满次日为开斋节。封斋期间，凡成年健康教民，每天只能在日出前1小时和日落后1小时进餐，从日出到日落禁止饮食。开斋时教民从日出到正午在清真寺举行集体礼拜仪式，听阿訇讲道，互赠礼品，并炸油香、馓子等食品待客。宰牲节（亦称古尔邦节），伊历每年12月10日举行，教民每逢这一天要沐浴盛装，举行会社，互相拜会，从清真寺做完礼拜后，回到家里杀牛宰羊，煮肉做饭，施舍穷人，招待来宾。青年男女有说有笑，载歌载舞，开展各种庆祝活动，以示纪念“先知”易卜拉欣父子。圣纪节是穆罕默德诞辰纪念日（伊历3月12日），纪念活动一般在清真寺进行，随阿訇诵经、赞经，讲述穆罕默德的生平业绩，学习其崇高品质和美德。

穆斯林举行礼拜、举行宗教功课、举办宗教教育和宣传教导活动，主要在清真寺。清真寺既是学校，又是政治活动中心，还是贸易活动场所。金乡县清真寺是全县3000多名穆斯林兄弟聚焦礼拜、传授爱国爱教、团结稳定、构建和谐社会的主要场所。

第四节 天主教

天主教起源于公元一世纪30~50年代，亦称“公教”“罗马公教”。该教除崇拜天主（即上帝）和耶稣基督外，还尊玛丽亚为“圣母”，强调教徒必须服从教主权威，教士受自天主的神秘权力，可以代表天主对人定罪或科罪，亦有一套严格的教阶制度。

天主教于唐朝传入中国。在金乡的发展由来已久。新中国成立前的天主教堂，在金乡中心街木牌坊东羊拐角处，教堂分东西两院，东院住修女，西院住神父，占地50多亩。据查证，教堂由德国神父福若瑟神父建造。1966~1976年“文化大革命”中破四旧，清除一切牛鬼蛇神，天主教受到很大冲击，教堂无人主持，活动自行停止。进入20世纪80年代，国家宗教信仰政策相对宽松，信教群众逐年增加。至2005年，全县有依法登记的天主教堂4处（杜楼、崔口、孟庄、孔集），教徒1000余人。

第五节 基督教

基督教于清末传入金乡县。1913年，在县城西门外路北建耶稣堂，有房屋、牧师楼等21间，传教士系德国人，内设女子初等小学1处，民国年间，马庙镇翟爱玲长老曾在教会小学识字班学习。新中国成立初期，全县基督教教徒76人，有马首道牧师，还有一姓宋的牧师在牧会公开活动，至20世纪60年代活动停止。1978年，活动趋于公开。1979年，教徒192人。1988年冬，金乡县基督教三自（自治、自养、自传）爱国运动委员会、金乡县基督教协会成立（简称“两会”），城关镇王福仁任“两会”主任兼协会会长。1990年，教徒9764人，其中长老2人，执事5人；35岁以下者占16.8%，初中文化程度以下者占7.5%；教务活动聚会点154处，1992年整顿为94处，1996年又整顿为58处，并依法登记。1998年，随着教务需要，扩增为70处，教徒1.7万人，布道员104人，长老2人，执事5人；2000年，“两会”增选赵秀芳为代理主任，戴成民为秘书长。2003年，金乡县基督教“两会”班子换届，赵秀芳被选为三自爱国运动委员会主任，杨明安为副主任；李国才为基督教协会会长，王才新为副会长，戴承民为秘书长兼协会总干事，陈念钊为副总干事，北豆腐营永生堂为金乡县基督教三自爱国运动委员会办公地址，北当救恩堂为金乡县基督教协会办公地址。2005年年底，金乡信徒2万余人，布道员200人，传道员11人（其中教师2人，长老5人，执事4人）。

人物

人 物

金乡地灵人杰，历代名士众多，前志已有记载。现当代更是人才辈出，一代人杰载入志书，可给人以教化和启迪，对物质文明、精神文明和政治文明建设意义深远。

本志坚持“生不立传”的原则，收录断限内对社会进步有过积极作用以及在某些领域有突出表现的已故人物，以本籍或在本籍工作者为主，部分人物有适当下延。对前志未作记载的部分古代人物，进行补遗，增补原则为进士出身或在学术等领域对金乡有一定历史影响的本籍人物。

人物简介只收录断限期间县委、县人大、县政府、县政协四大家的正县级班子成员。受到省部级以上表彰及获得山东省富民兴鲁劳动奖章的先进模范人物则以列表的形式进行收录，鉴于前志无此部分，故进行了补充，下限以外的暂时收入，以待续志时采用。

人物传略

耿荆山（1907–2004） 金乡县鸡黍镇耿楼村人，1933年5月毕业于国立北平大学（即北京大学）商学院经济系。1935年5月加入中国共产党，是金乡县抗日义勇队创始人之一。1936年年底，他受上级组织派遣，回到故乡筹建中共金乡县工作委员会，发起了由中国共产党党领导下的金乡县抗敌后援会，并担任秘书长。1938年5月，金乡县建立抗日游击队，后编为山东人民抗日义勇队第二总队第十三大队，耿荆山任大队长，后升任抗日游击队第二总队政治部主任兼党支部书记。

“湖西肃托”事件之后，耿荆山调至中共鲁西南地区行政公署任科员，不久又调任北海银行办事处主任，后任北海银行行长。1947年，任山东省工商行政管理局副局长兼济南工商行政管理局局长。1949年，任山东省工商行政管理局局长。1950年春，调至中央人民政府财经委员会私营企业局工作，先后任调研处处长、产权处处长、公私合营处处长，并为该局党组成员。他参与制定了私营企业条例、公私合营企业产权处理规定及有关清产核资、定产定资、定股定息等政策性文件，被高层领导决策采纳后颁发实施。

1960年，耿荆山响应党中央支援边疆建设的号召，调任青海省工商行政管理局局长，后又兼任青海省物价委员会第一主任。1981年被批准离职休养，2004年逝世，享年97岁。

秦和珍（1913–1996） 字玉轩，又名秦令璞，金乡县鱼山镇秦庄村人。1931年夏考入滋阳（今兖州）乡村师范学校。“九一八”事变爆发后投身抗日救亡运动。1931年12月参加由曲阜二师、滋阳乡师等7校师生在兖州火车站卧轨截车、到南京请愿的斗争。1933年7月加入中国共产党。

1936年11月同翟子超一起首批发展3名共产党员，建立起金乡县第一个党支部——中共金乡县第一高小支部，并在翟庄、周楼等村建立党支部。1937年9月，任新成立的中共金乡县工作委员会成员。1937年冬，根据中共中央和山东省委的指示，组织起百余人、70多支枪的队伍，番号为“第五战区第二抗日游击纵队”。

1938年5月13日，日军占领金乡县城。翟子超、王鉴览在耿楼重新拉起抗日武装，又缴了国民党第三路军二十九师溃兵1个排的20多支枪，被编为人民抗日义勇队第二总队第十三大队。1938年9月，十三大队参加攻打土匪汉奸王献臣的战斗。1939年2月改编为一一五师苏鲁豫支队第四大队，任一营一连指导员。

1939年9月发生湖西“肃托事件”，他在邹县郭里集被捕。1939年11月被罗荣桓、郭洪涛解救出来并恢复党籍。1939年年底，深入各乡村，

传达上级有关处理湖西“肃托事件”的指示，初步扭转了混乱局面，建立中共金乡县委，并任县委书记。

1941年3月任湖西地委秘书长。1943年任设立后的金巨县县长兼县大队大队长。1945年5月任冀鲁豫十一专署巨南办事处主任。1946年1月任冀鲁豫七专署副专员。1945年3月任冀鲁豫二专署副专员、专员，兼二专署战勤指挥部司令员、冀鲁豫一地委（泰西）地委书记兼军分区政委。1946年7月泰西地委划归鲁中南区党委，改称鲁中南第七地委，任地委书记。

1951年8月任中共中央山东分局组织部副部长，1955年9月任部长。1951年下半年，山东省政府成立人事厅，兼任人事厅长，负责人事厅的组建工作。1956年7月当选为中共山东省第一届委员会委员。1958年3月任中共惠民地委第一书记。1958年9月任中共济南市委第一书记。1962年6月任中共山东省委组织部长。1963年12月在山东省第二次党代会上当选为省委委员、常委。

“文化大革命”中被降职下放。1969年8月任山东省革委政治部副主任。1974年秋受山东省委委派到枣庄抓煤炭生产。1975年年底回山东省革委分管财贸、农业工作。1977年1月任中共山东省委书记，后兼任省革委副主任、山东省政府常务副省长，全面主持省政府日常工作。

1983年4月当选为山东省人大常委会主任、党组书记，第六届全国人大代表。1985年5月离职休养。1996年9月3日因病在济南逝世。

孙柏琴（1913–2004） 金乡县王丕镇张暗楼村人。1940年3月参加革命工作，1940年12月加入中国共产党，历任八路军苏鲁豫支队（后编为新四军七旅二十团）民运队员、教育干事。1943年4月任淮海区宿迁县悦来区区长、区委书记。1945年7月任淮海区东海县委组织部副部长。1946年7月任金乡县大队副政委。1947年5月任金乡县委组织部部长。1947年10月任金巨县委副书记。1948年6月任湖西地委党校副校长。1949年6月任金乡县委副书记。1952年3月任金乡县委书记。1955年8月任济宁专区供销社主任。1956年4月任济宁地委委员、行署副专员。1957年9月任金乡县委第一书记。1974年退休，1978年6月改为离职休养。2004年7月20日病故。

李绍南（1914–1998） 原名允炳，金乡县卜集乡李庄人。父亲李寿山清末庠生，精通医术，绍南自幼随父耕读，钻研医学，后跟名医满兴鲁、满兴让兄弟学医，听其教诲，大有长进。又外出拜访名医，悉心求教，从而医学造诣颇深。1950年，开始在济宁小闸口街开设“达生堂”药铺。1954年加入济宁市第五联合诊所，任所长。1955年调入济宁地区人民医院工作，后晋升为中医副主任医师。历任济宁地区中医学会副理事长、理事长，山东省医学理事，济宁市各界人民代表大会代表、山东省政协委员、济宁市政协常委等职。

李绍南从业50余年，精心钻研，临床诊断，一丝不苟，曾配制“通变柴胡汤”一方，在长期发热的病人中，广泛使用，疗效甚著。对老年慢性气管炎、肺气肿等症，自拟“补气化痰汤”和“三补汤”，在酷暑季节服用，确有长期疗效，1958年，他撰写的《治疗流行性乙型脑炎及后遗症的经验》论文，发表在《山东医刊》第3期，《以“肠痈汤”配合炒盐热敷治疗阑尾炎的经验体会》刊登在1959年《山东医刊》第一期。其他部分学术论文及科研成果显著：《祖国医学对于风湿病的认识及其治疗方法》《中药配合针术治疗腹粘连的经验》《家传针刺症各法经验介绍》分别发表在1960年《山东医刊》第1、4、11期。

孙彪（1916–2002） 又名孙继祥，金乡县鸡黍镇田口村人。1939年5月加入中国共产党，1940年1月参加工作。1940年5月任金乡县抗日政府东风乡乡长。1942年1月任郑楼区区长。1942年6月任金乡县武装大队第四中队三连连长。1945年3月任情报站站长。1945年10月任冀鲁豫湖西分区供给处军械所所长。1946年5月任湖西分区供给商店副经理。1948年1月任县裕兴货栈经理。1950年任平原军区后勤部裕兴经理部经理。1952年转业地方，历任新乡平原机械厂副厂长，河南省机电安装工程队队长，郑州市机械厂第一副厂长，郑州市机电重工业局副局长，郑州市总工会地方工会主席，中国烟草工业公司郑州分公司副经理，河南省煤化仓库书记，河南省化工原料公司副经理。1982 年 12 月离休，厅级待遇。

抗日战争中参加大小战斗 200 余次，在抗日军民当中素有特等射手、神枪手之美誉。1941 年 6 月受到冀鲁豫湖西分区传令嘉奖，经专署批准在湖西日报两次登报表扬。1941 年冬初在刘楼战斗中击毙日军 7 人、伪军 20 余人。

1942 年秋，中共中央华中局书记、新四军政委刘少奇，由山东分局驻地出发，经湖西去延安路过金乡境内，时任县大队 3 连连长的孙彪作向导，安全护送过金乡到巨南。时任湖西地委书记潘复生同志曾亲书一首诗赠：“孙彪神枪手，湖西日报有；日伪心胆寒，昼夜缩紧头；希望下一代，刀把永在手；幸福人头换，不让敌夺走。”

其很多事迹被写进《中共湖西地区党史》《中共冀鲁豫边区党史》等文献。以他和战友们的事迹为题材，拍摄过电影《红旗飘飘》，电视连续剧《哥们的青春往事》等。

2002 年 5 月 10 日在河南省郑州市逝世。

郭耀武（1917–1998） 原名郭长城，山西省介休县义安村人。1938 年 1 月参加工作，1943 年 3 月加入中国共产党。历任山西省介休县游击队、决死二纵队战士、晋西南军区保安旅副班长、班长、决死二纵队营司务长、山西省文交支队合作社经理、团管理主任、中国人民志愿军炮兵 405 团后勤处主任。1954 年 11 月任金乡县卫生科科长。1956 年 12 月任金乡县人民委员会副县长。1958 年兼任鸡黍公社党委第一书记、金乡县拖拉机站站长。“文化大革命”期间受冲击。1974 年 9 月恢复工作，先后任金乡县卫生局局长、金乡县民政局局长、金乡县政协副主席。1983 年 12 月离休，享受厅局级待遇。

1938 年 1 月参加八路军游击队，因作战勇敢，被选送到抗日军政大学学习深造。八年抗战期间，与日军作战百余次，曾参加百团大战。解放战争时期，先后参加了上党战役、临汾战役和太原战役，参加解放西安、兰州。抗美援朝三年中参加作战数百次，多次负伤，并多次荣立战功。1964 年响应毛主席“农业的根本出路在于机械化”的指示，主动到金乡县拖拉机站当站长，使拖拉机站在短短一年时间内大变样，成为先进典型。1974 年主持卫生工作，他坚持消除派性、减少内耗，贯彻党的知识分子政策，工作上合理安排，生活上适当照顾，安排一批学术带头人重新担任了各医院各科室的领导，稳定了全县卫生工作秩序，使金乡县在鲁西南地区率先实现“无疟县”。

杨翼骧（1918–2003） 字子昂，金乡县鸡黍镇杨瓦屋村人。幼时在祖父课督下读《三字经》《百家姓》《千字文》《幼学琼林》，后随家人到金乡、青岛、济南等地求学，1936 年考入北京大学文学院史学系。1937 年因事回乡，逢抗日战争爆发，未能随学校南迁。1939 年到达昆明，在北京大学、清华大学、南开大学组成的西南联合大学历史系复学就读，1942 年夏毕业，获文学学士学位，并留西南联合大学任教。抗战胜利后，在北京大学史学系工作。1953 年全国高等学校院系调整，调天津南开大学任历史系副主任、南开大学古籍研究所所长。1985 年被国务院学位委员会批准为史学史专业博士生导师，是当时史学史专业在全国仅有的四名博士生导师之一。1986 年创建南开大学史学史博士点，开始招生博士研究生。

在中国史学史领域，发表数十篇高质量论文，如《三国两晋史学编年》《中国史学的起源与奴隶社会的史学》《裴松之与〈三国志注〉》《刘知几与〈史通〉》《关于汉代奴隶的几个问题》《为什么项羽是农民起义领袖？》《曹操打乌桓是反侵略吗？》等。

其著作《秦汉史纲要》《战国秦汉史通俗讲话》《中国古代史》（与人合作）《五千年来的中朝友好关系》（与人合作）等，对秦汉史研究有所推进和发展。与史学家吴泽共同主编《中国历史大辞典·史学史卷》，获国家优秀著作奖，是中国史学史学科的重要工具书。独立编著多卷本《中国史学史编年》，是为史学史学科建设铺路架桥的著述，凝聚了他几十年的心血。其他重要论文被编入《学忍堂文集》。

周冠五（1918–2007） 金乡县王丕镇王丕庄

人。1934年考入济南齐光中学，开始接触进步人士和阅读进步书刊，思想觉悟迅速提高，“一二九”运动爆发后思想进一步升华。1936年3月参加中华民族解放先锋队。1936年5月带头抵制韩复榘旨在破坏学生抗日救国运动的“会考”。鲁迅先生逝世后，在白色恐怖下组织了大型追悼会，其进步活动受到校方注意，被学校开除学籍。

抗日战争爆发后，1937年9月加入中国共产党，投笔从戎，历任班长、排长、连长、营长、县大队长、县长。一次日军调集上万名兵力，采取“铁壁合围”七层拉网战术，企图把微山湖以西的抗日力量压到只有十多里活动范围内予以消灭。在极端危急情况下，他果断决定，出奇制胜，率领所部迎着敌人的包围圈“跳出去”，结果一人未损，得到冀鲁豫军区嘉奖。抗日战争8年中多次受到冀鲁豫军区表扬和嘉奖。

解放战争时期，1945年10月，任冀鲁豫军区二十团团长，参加著名的大杨湖战役，巨（野）、金（乡）、鱼（台）战役，鲁西南战役，挺进陇海以南和章缝集战役。1949年底，因患严重的鼻窦炎去武汉就医，后经中央组织部安排进入北京协和医院，从此告别金戈铁马、驰骋沙场的戎马生涯。

1950年，他脱下军装转业到地方，自愿要求去石景山钢铁厂任人事室主任，经过几年刻苦努力，掌握了冶金专业技术知识，由外行变成内行，历任人事副厂长、基建副厂长、生产副厂长、厂长。有位中央领导同志曾不胜感慨地说：“解放以后，从带兵打仗到搞工业，真正学懂的恐怕就数周冠五了”。1956年9月出席中国共产党第八次全国代表大会。1966年首钢一号高炉为中国钢铁工业夺来第一个世界冠军——利用系数达到2.511，焦比下降到336公斤，超过了日本宝兰厂二号高炉创造过的世界最高月度纪录，在全国十大钢铁公司中，首钢经济技术指标的平均水平独占鳌头。

“文化大革命”中受到摧残，双腿被打得发紫，肋骨打断3根。决不违心说假话的他由于拒不“认罪”，到70年代仍被关在“牛棚”里反省。1972年在周恩来总理再三催问下才被“解放”出来，送往矿山“劳动锻炼”。1973年1月任首钢党委书记、革委会主任，中共十大代表。受“文化大革命”影响，首钢遭到严重破坏，各项经济指标降到低谷，曾以“天塌下来，我顶着”的英雄气概，带领数万名钢铁战士，冲破艰难险阻，奋力爬坡，1974年到1978年，全公司平均年递增利润2.7%，共上缴国家税金2.8亿元。

1979年12月任冶金部常务副部长、党组副书记兼首钢党委书记、董事会董事长，中共十二大代表、北京市第五次党代会代表。1978~1983年首钢平均每年递增利润20%以上，共上缴国家税金12.9亿元，相当于又交出一个首钢。

1987年被评为全国优秀企业家。1988年被授予全国劳动模范称号。1993年被英国剑桥世界名人评选委员会评为世界名人，授予世界名人勋位。1994年11月被中国经济体制改革研究会、中国企业管理协会、全国改革报刊工作委员会《改革月报》杂志社联合组成的全国改革风云人物评选活动组委会推选为中国改革风云人物。1995年2月离职休养。2007年4月20日逝世，享年89岁。

张明权（1921–1991） 金乡县人。中国作家协会会员，诗人。

1938年8月，在地下党组织的支持下，他和侯金镜等9名进步同学一起到达陕北，先后在陕北公学分校和抗大一分校学习。1938年10月加入中国共产党，先后在八路军115师、129师工作，历任团文化教员、宣传股长、武工队政委。

解放战争前夕，调晋冀鲁豫野战军第六纵队，任团政治部主任。1947年1月后在冀鲁豫文联、冀鲁豫日报社、平原省文联、华北文联任编委、记者及常委、创作部长、文工团长。1954年年底任北京市文联创委会委员、代理秘书长。代表诗作《我要它粮食堆成山》，1950年获华北地区文学奖，在《人民日报》上发表后，被译成世界语、英、波、捷、西班牙语，和另外两首诗被1954年莫斯科出版的《中国现代诗选》选用。

20世纪50年代初，在《人民文学》发表钢铁工人之歌《拂晓的灯光》《梯子》等，深受胡乔木、袁水拍的欣赏，并指示著名作曲家瞿希贤谱曲。

80年代，《词刊》又将其作为名曲选登。中国文联出版社出版的《中国新文艺大系》、天津百花出版社出版的《天津诗选》再次将其编入诗歌选集。1957年《北京文艺》以显著篇幅发表其哲理诗《更相信人吧》，老舍、郭小川、王亚平等均当面给予鼓励。反右开始后，被作为全国诗歌中的“大毒草”批判。

1963年调天津歌舞剧院编剧组工作。“文化大革命”期间被下放农村8年。十一届三中全会后平反并恢复工作。1981年年初调天津市文联，任中共天津市文联党组成员、市文联委员、副秘书长等职。此后《天津文学》月刊连续发表了几篇诗作《天津会出现飞龙式的经济》《寄语新星》《秋郊晨工——献给我插队八年的地方》等。1991年6月病逝。

李成岁（1941—2001） 金乡县兴隆乡人。中学高级教师，山东省特级教师。1961年任小学民办教师，开始从事教育工作。粉碎江青反革命集团之后，他以语文、政治居全县榜首的成绩，被录用为公办教师，后调县教委担任教研室副主任。多年致力于现代教学和实用教育心理学的研究，首创“反刍式语文教学法”，形成了以“活”与“趣”为主要特色的教学风格。

曾在《人民教育》《人民日报》等30余家报刊发表教育杂文、论文250余篇。1993年出版个人专集《杏坛集》（北京蓝天出版社），1995年出版《苦蕊集》（北京气象出版社）。在教坛和杂文界颇引人注目。其杂文语言富有形象性，对诸多生活图景勾勒传神、概括形象，读之令人怦然心动。论文曾获中华教育艺术研究会颁发的全国教育艺术论文二等奖，中国当代丛书编委会颁发的全国教师论文大赛二等奖，山东教育社颁发的全国“新论语”征文活动一等奖等。多篇论文被《新华文摘》《教育文摘周报》《报刊文摘》转载。参与编写了《教学原理与策略》《课堂教学艺术通论》等书。被收入《中国当代教育名人辞典》。

两次被评为济宁市优秀教师。1989年、1993年两次被评为金乡县科技拔尖人才。1990年被评为山东省优秀教研员。

王传德（1948—2002） 原在金乡县工商管理局鱼山管理所工作。2002年9月12日，他与副所长周涛和闫中华、代海波、李辉一起执行任务，发现一辆满载棉花的三轮车，即上前询问，令其下车接受检查。然而，棉贩子不予配合。当执法人员上前拉开三轮车的车门时，棉贩子从座位下抽出一把尖刀刺向代海波。王传德冲上前去夺他手中的尖刀，却被其刺中自己的肝腹部，当场倒在地上，血流如注，虽被及时送往医院，但终因失血过多，抢救无效，不幸以身殉职。

王传德爱岗敬业，工作认真，分管鱼山镇大蒜市场管理工作，始终坚持依法管理，以理服人。收取市场管理费用，有些用户怂恿他少收点钱，不用开条，各有好处，但他不为所动，仍依规办理。他常说：“吃人家的嘴短，拿人家的手软”。对待自己的亲朋好友，都是如数收取。妻子曾在县城市场内租了个摊位，卖些针织、百货等小商品，他总是叫她带头去缴纳管理费。工商人员的家属带头交管理费，在周围的个体业户中传为美谈。

王传德对群众热情如火，帮助下岗职工张国庆家4000元经营小百货批发，扭转了其家庭经济拮据陷入困境的局面。而对于不法商贩的处理，他则毫不手软：有一屠宰户销售病死的猪肉，他发现后，当场令其停止销售，业主悄悄塞给他200元钱，被其坚决回绝。业主见软的不行，随手操起杀猪刀，威胁他说：“咱们低头不见抬头见，你如此不讲情面，惹急了，刀可不认人。”王传德面无惧色，理直气壮地指出买卖死猪肉食用可能造成的后果，慑服了业主的嚣张气焰，该业主最终自觉地接受了处罚。

王传德为捍卫法律尊严，与不法商贩英勇搏斗，壮烈殉职。2003年8月24日，山东省人民政府追授他为革命烈士。

刘联合（1968—2002） 金乡县鸡黍镇徐庄村人。1990年7月于济宁警察学校毕业，被分配到金乡县公安局兴隆派出所工作。1992年加入中国共产党。1998年晋升为县公安局治安大队副大队长，同年任治安大队指导员；2001年7月担任治

安大队长。连年被评为县局先进工作者，三次受到县委、县政府嘉奖，两次被评为济宁市公安系统思想政治工作先进个人；1999 年荣立三等功；2001 年被评为全市人民满意警察。

刘联合始终保持着一个共产党员的高风亮节，他惜时如金，忘我地工作。1998 年秋天，为全县经验交流会准备材料，他先后跑了 5 个派出所、17 个村庄，回到家后感到四肢无力，发起低烧。是年 9 月，到天津血液病研究所诊断为再生障碍性贫血病，医院建议他安心休养，可是他把诊断书偷偷地藏了起来，仍然和往常一样坚持工作。2001 年 4 月，在全国开展的“严打整治”斗争中，他带病带领民警深入农村、工厂，查缴非法枪支和爆炸物品，收缴各类非法枪支 207 支、炸药 5080 公斤、导火索 1200 余米、雷管 3949 支，治安大队被评为全市“治爆缉枪”先进单位。

刘联合牢记全心全意为人民服务的宗旨，廉洁奉公，严格执法，不为亲情所感，不为金钱所动。共做好事 200 多件，帮助孤寡老人 4 名、救助失学儿童 17 人，拒贿 60 多人次，拒收现金 42500 元。然而他自己的家境生活却十分拮据，妻子下岗，没有任何收入，赡养老人、孩子上学仅靠他一个人的微薄工资来支撑。

2002 年 9 月，刘联合在部署安全保卫措施加班加点的工作时晕倒在现场，于 11 月 8 日凌晨病逝，年仅 34 岁。济宁市公安局党委、金乡县公安局党委分别作出了在全市、全县公安机关开展向刘联合同志学习活动的决定。中共金乡县委追授刘联合“优秀共产党员”荣誉称号。2003 年 3 月 21 日，追授刘联合为“全国公安战线二级英雄模范”荣誉称号。

刘丙军（1973–1999） 金乡县缗城镇魏庄村人，1995 年 8 年于四川联合大学计算机及自动控制系毕业后，分配在第一汽车工业集团青岛汽车厂任设计员，1996 年调入青岛迅隆电子工业有限公司做营销业务员。

1999 年 7 月 30 日上午，刘丙军到海尔集团海尔梅洛尼洗衣机有限公司办理业务时，突然听到“救人啊”的呼救声，循着喊声，他迅速地向出事地点跑去，看到两名儿童正在水中挣扎，就毫不犹豫地跳入湖中，落水儿童得救了，可他再没上来，不幸壮烈牺牲。

刘丙军是个好学生、好青年，父母跟前的好儿子。中学时代不仅自己学习成绩好，而且帮助其他同学，经常牺牲自己的自习时间，辅导同学田宝瑞，使其学习成绩提高很快，考取了曲阜师范大学。刘丙军非常孝顺父母，知道家中困难，在县城上高中时始终坚持走读，不论严寒酷暑、刮风下雨，一天来回 6 趟，从未迟到早退。他乐于助人，有一年回家探亲路过济南时，看到一位老大爷因没钱回不了家，就掏出 300 元钱解其燃眉之急。

1999 年 8 月 3 日，青岛市人民政府授予刘丙军“见义勇为好公民”荣誉称号。

晁祥明（1979–1999） 金乡县霄云镇晁庄村人。1995 年职业中专毕业后，分配到高河供销社；1997 年 8 月调至县盐业公司，为盐政稽查中队成员。

晁祥明工作认真，明察秋毫。一天中午，他在途中遇见一人拉了三袋假冒碘盐，便出示证件予以没收，那人急忙掏出 100 元钱往他手里塞，遭到严厉斥责，依规上报公司进行处理。他和其他几个队员发现胡集沙窝村有个销售私盐店，要依法没收，村里几个青年死活不让，晁祥明耐心地向他们解释食用私盐的危害和有关政策，直到在场的人心服口服，并主动地把私盐抬到车上。

1999 年 7 月 10 日，晁祥明与队友 5 人值班，晚 21 时接到一辆贩运私盐车要经过枣曹公路金乡段的举报电话，即驱车守候。凌晨 3 时，一辆东风拖挂汽车呼啸而来，车上蓬布被风刮起，露出包装袋上印有“精制盐”字样。晁祥明举起停车牌，示意停车检查，那车却加足油门冲了过去。晁祥明跳上稽查车急追，到鸡黍镇 105 国道与枣曹线交汇处，盐车突然调头，直奔单县驶去。晁祥明迅速跳下车，纵身跃上贩私盐车的车头，使劲拍打驾驶楼，令其停车。蓬布下突然钻出 3 人，拿着铁锨、木棍向晁祥明打去。晁祥明临危不惧，与其进行殊死搏斗，终因寡不敌众，被一歹徒击中头顶而倒下。亡命之徒将昏迷的晁祥明推下车，又无情地从身上轧了过去，晁祥明当场壮烈牺牲。

杨永亮（1987—2002） 金乡县霄云镇邵集村人，镇中心中学学生。2002年7月7日（星期天）下午13时许，14岁少年杨洪庆在村北取土的坑塘内洗澡时，滑到了3米多深的水中，一上一下，拼命挣扎。此时，杨永亮正好从此路过，见此情形迅速跳下自行车，甩掉上衣，猛跑几步跳进水中，将杨洪庆向岸边推去。由于坑壁陡峭、底部太滑，救了几次都没成功。杨永亮水性并不太好，经过十多分钟的努力，已是筋疲力尽，但救人的信念始终支撑着他。他使出最后的全身力气，终于将溺水者推向了岸边，而他却再没有露出水面。

杨永亮是全村公认的好孩子，守规矩，懂礼貌，孝顺父母，尊敬老人。五保户邵陆氏，年近8旬，生活不方便，永亮每天放学后，都去帮助老人拾柴、提水。杨永亮在学校是“三好学生”，升入初中一年级就被发展为首批共青团员。共青团金乡县委授予杨永亮“王杰式见义勇为好少年”光荣称号。

李目辉（1992—2006） 金乡县霄云镇店子村人。2006年8月12日上午，他来到村东河堤上，准备乘凉看书学习。突然传来“救命啊”的喊声，随即看到4个孩子正在水里挣扎，便急忙跳入水中，先把靠近岸边的两个儿童救起，又向河中游去。当救出第三个时，又见另一个孩子在水中沉浮，危在旦夕，目辉靠近拉住他，一起向岸边游，可被水淹的小志远死死地趴在身上，使他不得脱身，行动非常困难。精疲力尽的目辉用尽最后一点气力，终于将小志远推向岸边，志远得救了，目辉却因体力耗尽和呛水太多而沉入河底，未再浮出水面……

李目辉品学兼优，连年被评为县“三好学生”“优秀少先队员”“学生标兵”。他奋不顾身、舍身救人的英雄事迹广为传颂，受到中央和省、市、县领导的高度重视。国务委员陈至立批示：“李目辉同学奋不顾身救出4名溺水儿童，谱写了当代少年英雄的壮烈篇章”。山东省委书记张高丽批示：“李目辉奋不顾身舍己救人的英雄事迹，谱写了新时代王杰式的好少年的光辉篇章，我们要尽快总结宣传李目辉同学的英雄事迹，深入开展‘八荣八耻’教育活动。”省长韩寓群批示：“李目辉同学的英雄事迹非常感人，他的优秀品德，英雄行为是我们的楷模，社会各界都应当认真学习。”

《人民日报》《大众日报》《济宁日报》等新闻媒体报道了李目辉的英雄事迹。李目辉先后被省、市、县追授为“齐鲁好少年”“山东见义勇为好学生”“济宁市见义勇为好少年”“王杰式好少年”等荣誉称号。2006年11月6日，李目辉被民政部追授为革命烈士。

前志人物补遗

彭越（？—前196） 字仲，昌邑（今金乡县西北）人。常渔巨野泽中。秦末，陈胜等起兵，有人劝其效仿，他说：“两龙相斗，且待之。”年余，反秦力量日益增强，泽中少年相聚百余人，推彭越为长，于是率领起义队伍，攻城略地，收集诸侯散卒，得千余人。沛公刘邦从砀山向北进击昌邑（今巨野县昌邑集），彭越出兵相助。昌邑未下，刘邦引兵向西，彭越仍率众屯聚巨野泽中，收魏逃散败卒，队伍发展到万余人。项羽入关，各诸侯皆归顺，独彭越不从。汉派人赐彭越将军印，使下济阴击楚，大败萧公角兵。汉二年春，彭越与魏豹及诸侯东击楚至外黄（今河南民权县北），率兵三万余人归附刘邦，被拜为魏相国。彭越不满，擅自出兵，略定梁地（今河南东南部），为汉游兵，经常往来攻击楚军，屡断项羽粮道。项羽与刘邦相持于荥阳，彭越乘机攻下睢阳、外黄等17城。项羽闻之，乃东收彭越所下城池，接着南走阳夏。彭越复回，连下昌邑附近20余城，得粟10万余

斛，送给汉军作为食粮。汉高帝五年（前 202），汉王派使臣召彭越并力击楚。彭越认为“魏地初定，尚畏楚，未可去”。汉王不听，为项羽所败，随采用谋士张良计策，封彭越为梁王。彭越大喜，引兵从刘邦击灭项羽于垓下（今安徽省灵璧南）。汉朝建立，仍封彭越为梁王，以定陶为都。高祖十年（前 197），陈豨反汉，刘邦亲率大军出击，至邯郸，征兵梁地，彭越称病不出。刘邦大怒，派人谴责，彭越惶恐。当时有梁太仆因罪而逃至刘邦处，密告彭越与部将谋反。于是，刘邦设计将彭越擒获，囚于洛阳狱中。有司依法论罪当诛，刘邦念其有功，赦罪免为庶人，流放于蜀郡（今四川名山北）。西行至郑（今陕西华县东），恰逢吕后，彭越痛哭流涕，自言无罪，愿回故地昌邑。吕后假意许诺，带其至洛阳。吕后以“越为当今壮士”，劝刘邦“杀之以绝后患”。刘邦默然，吕后命下人告越谋反，随被杀，并灭其三族。

孝宣皇后（前 89－前 71） 名平君，山阳郡昌邑（今金乡县西北）人。其父许广汉为昌邑王刘髆的侍从郎官，因误取皇上马鞍而致罪。刑满释放后当上看管宫人的狱官，与后来成为皇帝的刘询住在一起。刘询的祖父、母及父母，于公元前 91 年因巫蛊事起被害，年仅数月的皇孙亦被下狱，被狱吏邴吉救下收养于掖庭（皇宫旁边的宿舍）。后来渐渐长大，年近弱冠，掖庭令张贺做媒，把年仅 15 岁的平君嫁给了他。一年后，生子奭，刘询被立为皇帝，封妻子平君为皇后，其子奭立为太子，加封后父许广汉为平恩侯，广汉二弟舜为博望侯，三弟延寿为乐城侯。许皇后讲究礼法，恪尽孝道，深受老夫人钟爱。时为宣帝妃的霍光小女非常嫉妒，其母也欲使女儿尊贵，与女医官淳于衍密谋，乘许皇后怀孕分娩之际，暗下毒丸，使其服后而崩，年仅 19 岁。葬于杜陵（今陕西西安市东南）南园，谥号“恭哀皇后”。

孝成皇后（？－前 8） 名娥，山阳郡昌邑（今金乡县西北）人，大司马车骑将军平恩侯许嘉之女。汉元帝即位后，为补偿早年丧母之痛，将表妹许配给太子刘骜为妃。刘骜登基后为汉成帝，娥被立为皇后，所生子女均已夭折，因乏嗣，时任大将军王凤摄政，归咎于后。赵飞燕姐妹入宫后，又诬陷许皇后及其姐许谒巫蛊诅咒宫中怀有身孕的王美人和王凤。事泄，许皇后被废，囚禁于昭台宫。皇后的另一个姐姐许靡与王太后的侄儿宫廷卫尉、侍中淳于长私通，太后知悉怒报于成帝，成帝下令逮捕淳于长并将其绞死，又派廷尉孔光持节诏谕前往冷宫逼许皇后服毒自杀，葬于延陵交道厩西。

张无故 字子孺，山阳（今金乡县东北）人，与平陵李寻、郑宽中，信都秦恭，陈留假仓皆受业于平陵人张山拊，谨守小夏侯说文，因此小夏侯有“郑张秦假李氏”之学。无故善修章句，为广陵太傅，并亲自传学给沛之唐尊。

张长安 字幼君，山阳（今金乡县东北）人，受学鲁诗（汉初鲁人申公培所传，汉文帝时为博士）于东平新桃王式，后由东平唐长宾、褚少孙亦参加学习，故鲁诗有“张唐褚氏”之说。长安为博士论的首领，授官至淮阳中尉。兄子游卿亦以诗在汉元帝时为谏议大夫，其徒琅琊人王扶为泗水中尉、陈留许宴为博士，因此，张家有许氏之学。

张就 山阳（今金乡县东北）人，授业韩诗于泰山的粟丰，丰出于河内食子公，子公出于同郡蔡谊，谊出于同郡赵子，子亲事燕人韩婴（今北京市人，汉文帝时为博士）。张就实为韩婴第五传弟子。

张匡 字文通，山阳（今金乡县东北）人，习韩诗作章句（指对古书章句的分析解释章句之学）。后举有道博士，征不就，卒于家，祀乡贤。

丁恭 字子然，东汉经学家，山阳郡东缗（今金乡县北）人。习《公羊严氏春秋》，学识渊博，居家教授常数百人。州郡长官荐举他出来作官，被谢绝。光武帝刘秀即皇帝位，丁恭出仕任谏议大夫、博士，封关内侯，迁少府，官列九卿之一。丁恭潜心研究《公羊严氏春秋》，精辟独到，各地诸生从远方来学习者达数千人，当世称为“大儒”。光武帝常召见问以经义，对答如流，拜郎中，后迁升中郎将，选为皇太子经师。建武二十年（44），丁恭拜侍中祭酒、骑都尉，帝常咨询之。后卒于官邸。

王龚（？－141） 字伯宗，山阳高平（今金乡县东北）人。世为豪族，初举孝廉，迁任青州刺史，察贪官劾奏一千石者数人，安帝嘉之，征拜为尚书。建光元年（121）擢升司隶校尉，迁汝南太守。政崇温和，好才爱士，引进本郡人黄宪、陈蕃等。宪未至，蕃就任，性高傲，因未及时召见，便留书谢病而去。王龚大怒，准备除名不再录用。功曹袁阆认为“蕃以贤荐引，退则非礼也”。王龚听后及时改过，请回陈蕃并厚待之。因此，远近知名之士皆归。永建元年（126）龚为太仆，转太常，四年后，升司空，因地震事免官。永和元年（136），再拜太尉。在位期间谦恭谨慎，非公事不与州郡官吏往来。深疾宦官专权，屡上书朝廷，恳请严加管束放斥。诸黄门恐惧，各使宾客诬奏龚罪，顺帝命查处。前掾李固为大将军梁商从事中郎，奏于商曰：“今闻太尉王公敕令自责，未审，不知何罪？王公自励节俭，忠厚待人，遵循礼法，坚守贞操，非义不取，而遭奸佞小人谗言构陷，仁人志士闻知莫不战栗。你为三公，承助天子办事，应以慎重。况王公沉静内明，干练豁达，加以非理，恐有他变，则朝廷获害贤之名，群臣无救护之节矣。昔绛侯周勃得罪，郎中袁盎奏明无罪得释，魏尚获罪，冯唐诉其冤，君善采之。今大将军内倚皇上，外主国政，言重信著，指挥无违，宜加上表救之。”梁商从其言，即奏于帝，王龚乃得释。其在位五年，以老病辞职返乡，卒于家。

王畅（？－169） 字叔茂，王龚之子，举茂才，四迁尚书令，出任齐王喜相，征拜司隶校尉，所治严明，由是拜南阳太守，严厉打击地方豪杰不法之徒，奋力威猛，因此，南阳豪门贵戚皆震慑。功曹张敞认为“用刑不如用恩，待奸不如礼贤”。王畅欣然采纳，崇尚宽政，教化大行。郡中奢靡成风，畅穿布衣矫正之弊。灵帝建宁元年（168）迁任司空，因水患治理不力而免职，第二年卒于家中。

范式 字巨卿，山阳金乡人，一名汜。少游太学，与汝南人张劭友善。劭字元伯，二人同时告归乡里。式谓劭：“二年后，去拜尊亲。”日期将到，劭对母说：“好友巨卿今天来，杀鸡煮饭候之。”母曰：“二年之别，千里结言，你何相信呢？”答曰：“巨卿是信义之士，必不违言。”母曰：“若如此，我置饭备酒待之。”至期，巨卿果到，登堂拜母，二人欢饮而别。后劭病重，同郡郅君章、殷子征日夜探视。劭长叹：“恨不见吾死友。”子征曰：“我与君章尽心照顾，怎么不是死友，你欲何求？”劭曰：“你们是我的生友，山阳范巨卿所谓死友哩！”语毕寻卒。时范式为郡功曹，忽梦见张劭头垂缨緌脚穿破鞋而呼：“巨卿，吾以某日死，某日葬，永归黄泉，不要忘我！”范式猛醒，悲叹泪下。请往奔丧，太守虽然不信，恐违情义，许之。范式穿朋友之服，驰往劭处。式未至，而丧已发引。既至下葬，棺不肯进。其母抚之曰：“吾儿岂有望耶？”遂停柩。此时，见有素车白马号哭而来。其母望之曰：“必是山阳范巨卿也”。巨卿既至，叩丧曰：“元伯，生死异路，从此永别，你安心去吧！”参加葬礼千余人都为之流涕。式执绋引柩在前，葬后留下修坟，为之栽树，然后离去。后到京师太学，时诸生陈平子亦在学，与式并未相见，病重将亡，对其妻说：“吾听说山阳范巨卿义士也，吾死后，尸体可埋于巨卿户前。”并写遗书而终。妻从其言。式出行返还，见遗书与坟墓，悲痛感动，向坟揖拜，以为死友，营护平子妻儿服丧于临湘，未至四里，把信放在灵柩上，哭别而去。其兄弟闻之，四处寻找不见。长沙郡守到京师上书，表彰范式行状，三府征召不应，举州茂才，四迁荆州刺史。友人南阳孔嵩家贫亲老，乃变名姓佣为新野县阿里街卒。式至新野，而县选嵩牵马迎接，式识之，把臂问曰：“你不是孔仲山吗？”对之叹息，谈及原由。式乃敕县令派人代之，嵩以佣期未满不肯去。嵩在阿里身体力行，街中子弟皆佩服他。应诏前去京师，道宿下亭，盗贼偷其马，寻问方知是孔嵩的，乃互相指责曰：“孔仲山善士，岂能盗他呢？”于是送回马谢罪。后嵩官至南海太守。式后迁庐江太守，有威名，卒于官邸，祀乡贤。

鲁峻（111－172） 字仲严，山阳昌邑（今金乡县西北）人。先祖是周文王（姬昌）的后代，其第四子姬旦封于曲阜，派长子伯禽代他就国，

成为鲁国始祖，父为修武（今河南获嘉县）令。峻研究精通《鲁诗》及《颜氏春秋》，初举孝廉，任郎中谒者、河内太守丞。因父丧离职回乡，返任侍御史，顿丘县令。忠于职守，政绩卓著，迁升九江太守，统政数载，政治清明，后以公事去官。时为司空王畅举荐，征拜议郎、太尉、长史、御史中丞。延熹七年（164）二月，以母逝世自改职议郎。服丧还，拜长骑校尉，以病辞官，于熹平元年（172）卒，终年61岁。诸门生私谥“忠惠”，并立石纪念。

张俭（115-198） 字元节，山阳高平（今金乡县东北）人。赵王张耳之后，父成，为江夏太守。俭初举茂才，征他为官，因看不惯刺史为人，称病不就。延熹八年（165），郡太守翟超请为东部督邮。朝里中常侍侯览家在防东（今金乡县南），横行乡里，残暴成性。张俭就检举弹劾他及其母罪恶，请求朝廷诛之。其奏章被阉党截留，由是结仇览等。同乡人朱并，原在俭下做事，因奸诈邪恶被遗弃，心生怨恨，于是上书告张俭与同郡24人为党，灵帝下诏讨伐搜捕。张俭被迫亡命在外，望门投止，因他名望很大，有的即便是破家也愿收留他，反复流转至东莱李笃家，外黄县令毛钦带兵到门，笃对钦曰：“张俭知名天下，而逃亡非其罪，即便俭在这里，你能忍心抓他吗？”钦安抚笃曰：“我也尊重君子，足下如何自专耶？”笃曰：“我虽好义，你今日不执俭，其义得其半矣！”钦叹息而去。笃及时送俭出塞，故而得免。然而，在此经历中，受到牵连伏诛者十数家，宗族并被殄灭，郡县为之残破。中平元年（184），党事解，俭还乡里。大将军及三公举荐他出来做官，并派专车迎接拜为少府，皆不就。献帝初，百姓饥荒，俭倾竭家产，资助乡里，赖其生存者百余人。建安初征为卫尉，不得已而任职，见曹氏篡汉野心已露，乃闭门悬车，不问政事。卒年84岁。

刘表（142-208） 字景升，山阳高平（今金乡县东北）人，鲁恭王之后，身长八尺，姿貌瑰伟，与同郡张俭号为“八顾”同在党籍。党锢解，大将军何进召为掾。初平元年（190）为荆州刺史，用南郡人蒯越计，诱杀宗贼帅15人，江南始平。治理襄阳，以观时变。孙坚围困襄阳，命其将黄祖救之。表遣使入贡朝廷，被任命为镇南将军、荆州牧。建安初，张济率众到南阳，攻打穰城时被射死。属官皆贺。表曰：“济来交锋，并非我意，本牧不受你们的祝贺。”济众皆归从。又派兵攻破长沙太守张羡，至此南接五岭，北据汉川，开拓疆土数千里，带甲兵十余万；招抚流亡，诱捕奸猾，威恩兼治，关西、兖豫学士归者以千数，建学校，求儒术，撰写《五经》章句，养士息民，从容自保。当时，曹操与袁绍战于官渡，绍求助，表虽许之而不至，韩嵩等劝说归附操亦不听，并遣嵩至操处观查虚实。操许以嵩为侍中零陵太守，返还后盛赞操德，劝表送子入侍。表怒囚嵩。刘备奔荆州，表厚待之而不重用。建安十三年（208），曹操亲自带兵征伐荆州。未至表卒，幼子琮嗣。韩嵩、蒯越、傅巽等劝琮降操，操以琮为青州刺史，嵩、越等封侯者十余人。曹操败于赤壁，刘备奏表长子琦为荆州刺史，逾年而卒。

王粲（177-217） 字仲宣，山阳高平（今金乡县东北）人。太尉龚曾孙，司空畅孙，父谦为大将军何进长史。汉献帝西迁，粲随至长安，蔡邕见而奇之。闻粲登门，倒履相迎，满座皆惊。邕曰：“此乃王公孙，有异才，吾不如也，我家书籍文章，尽当阅读。”17岁时，司徒征召为黄门侍郎，不去。南下荆州，依同郡人刘表。刘表嫌其貌丑体弱，不被重用。表卒，粲劝表幼子琮归曹操，操命为丞相掾，封爵关内侯。不久，升任侍中。王粲博学识广，极力提倡先进制度，文采精绝，举笔便能成章。建安二十年（215）从征吴，后卒于军中，时年41岁。著有《登楼赋》《槐赋》《七哀诗》等，脍炙人口，后人将其作品汇编成《王侍中集》，流传于世。

仲长统（180-220） 字公理，山阳高平（今金乡县东北）人。少好学，博览群书，善于文辞，20余岁便游学于青、徐、并、冀之间，与交友者多惊其才。并州刺史高干是袁绍的外甥，素有名气，四方游士多归之。统遇干，优礼相待，问以时事，统曰：“君有雄志而无雄才，好士而不能用人，望君深戒也。”干高雅自负，不纳其言，统遂去之。

不久，高干被并州叛卒所杀，并、冀文人之士皆佩服统所预见。统性豪爽，敢于直言，不拘小节，说话幽默，时人称他为“狂生”。每次州郡召他做官，都称病不去。他认为凡想做官者是要立身扬名，而名不常存，人生易灭，不如悠闲自娱，择地而居，以乐其志。作《乐志论》一篇，诗二首。尚书令荀彧闻统名，举荐为尚书郎，后参与丞相曹操军事，谈古论今结合时俗行事。著论《昌言》三十四卷，十余万言。

伊籍　字机伯，山阳（今金乡县东北）人。东汉末年，政局混乱，少年的他投奔同乡人镇南将军刘表至荆州，建安十三年（208），表卒，随刘备渡江进军益州，刘备领益州牧，封籍为左将军、从事中郎。与简雍、孙乾等奉命出使于吴，孙权闻其才辩，故辞不见，籍适时入拜。权曰：“君不辞劳苦，拜无道之君乎？”籍即对曰：“一起一拜，不足为劳也。”籍之机警敏捷可见一斑，权甚奇之。后伊籍迁升昭文将军，与诸葛亮、法正、李严、刘巴等制定了蜀国法律。实行法治，其制始于此五人。

凉茂　字伯方，山阳昌邑（今金乡县西北）人。少好学，议论常引经据典辨别是非。曹操召为司空掾，旋补侍御使。时泰山多盗贼，以茂为太守，经数月治理，始平，千余家拥戴之。转乐浪太守，途中，被公孙度扣留，欲为己用，茂不屈服。一日，度召集诸将曰：“闻曹公远征，邺都无备，我欲率步卒三万、骑万匹，直伐邺，谁能阻挡？”诸将皆曰：“然”，他又问茂：“君意如何？”茂曰：“现海内大乱，社稷将倾，你拥有十万之众，安能坐观成败？作为人臣者，岂能若无其事耶。曹公忧国家之危败，怜百姓之苦难，率领义兵为天下诛贼，功高而德广，可谓无二矣！今海内初定，百姓始安，才没有责备将军之罪，而你却乘机西向挑起战乱，至于成败，很难预料，请将军三思？”诸将闻茂言皆惊。良久，度曰：“君言是也。”后来茂迁升魏郡太守、甘陵相，均有政绩。曹丕为中郎将，茂选为长史，还在东宫为太子太傅，升左军师。魏国建立，茂为尚书仆射，后为中尉奉常，卒于官邸。

王叔和（201—280）　名熙，字叔和，魏晋时医学家，山阳高平（今金乡县西）人，东汉名医张仲景的弟子。幼年随同族人避难于中原一带，后投奔刘表，在南阳拜张仲景为师，在其教诲和具体指导下，跟随师父四处行医治病，大有长进。220年，曹丕建立魏国，王叔和被荐为太医令，除做好本职工作外，便着手搜集整理古代医学著作，特别是对张仲景的《伤寒杂病论》进行了搜集、整理、校订和补充，编纂成《伤寒论》和《金匮要略》两书，留下了宝贵的医学专著遗产。王叔和还专著《脉经》十卷98篇，10万余字，是中国现存最早脉书，受到历代医学家重视，隋唐时期被列为学医必读之书。《脉经》还流传到日本、阿拉伯一些国家，后又传到欧洲。晋武帝咸宁六年（280）王叔和因病去世，葬于湖北省麻城县尧希山。为纪念这位医学大家，后人在山上建有药王庙，其附近的村庄被称为药王冲，以示纪念。

王弼（226—249）　字辅嗣，山阳高平（今金乡县东北）人。弼幼聪慧，好老庄学，善辩能言，吏部郎裴徽见而奇之。问曰：“夫无者诚万物之所资也，然圣人莫肯致言，而老子伸之无已者，何也？”弼曰：“圣人体无，无又不可以训，故不说也。老子是有者也，故恒言无。无所不足。”何晏为吏部尚书，称赞他学问颇深，年轻有为。正始年间补台郎，觐见曹爽，爽屏退左右，与弼论道，侃侃而谈，言无他及，爽轻蔑之。弼文辞隽永，事理清晰，善解音律，与钟会友善，论议谙练，钟会深服其高论。何宴论圣人无喜怒哀乐，王弼不以为然“圣人也不是超人、神人；和人一样有五情，故不能说无有哀乐”。王弼所著的《周易注》《老子注》被后世作为标准注释。曹爽、何晏被杀，王弼得赦免。后遇疾亡，年仅24岁。

满宠（？—242）　字伯宁，山阳昌邑（今金乡县西北）人。18岁为郡督邮，平息盗贼。任高平县令时，张苞为郡督邮，贪污干涉吏政，宠率吏卒收之，审问考究罪犯，后弃官归里。曹操至兖州后，召为从事，任许昌县令。曹洪宾客族人犯法，收而治之。洪致书不听，又告于操，宠闻乃速杀之，操喜曰：“论事不顾人情。”太尉杨彪下狱，孔融、

荀彧等告诉宠可立案，不要拷问。宠按常规进行调查审讯，因罪证不实，把彪放出。融等初闻皆怒，事解信宠做事完美。任汝南太守，招募壮士500人，攻击袁绍，连克绍堡20余座，又诱杀其帅等10余人，全郡皆定。建安十三年（208），助曹守樊城，破吴于江陵，累封南乡侯，拜伏波将军。明帝曹睿即位，进封昌邑侯，都督扬州诸军事。孙权扬言攻合肥，宠上表召兖、豫诸军，敌闻风而退。诏下罢兵，宠曰：“吴举兵而还，非本意也，以假退兵使我不备，是想乘虚而入也。兵决不可罢。”果然，吴偷袭合肥，不克而还。孙布派人到扬州求降，说路远不能达，乞兵相迎。扬州刺史王凌按布书，请兵迎之，宠以为是诈降，不与兵，代书曰：“知你避祸归顺，甚为嘉许，本欲遣兵相迎，然兵少不能保卫，兵多必易暴露，只要坚持你的志向，归时相机行事为宜。”宠被征召入朝，对留府的长史说：“王凌若去，勿与兵也。”凌索兵不给乃自派一将率骑兵700人迎之，果为布截击，死伤殆尽。凌惶恐，指使人诬告宠年老糊涂。帝召宠见其体强康健，立即遣还。诏书称为当今廉颇、马援。吴陆逊攻庐江，都认为应速救。宠曰：“庐江虽小，将智兵精，可以固守，敌船二百里来，后尾空虚，正欲诱敌，恐其走掉，追不及耳。”乃整军趋至杨宜口，吴兵连夜遁走。宠以合肥城南临江湖，北远寿春，吴乘水势，攻我易而我救难，上奏朝廷，请于城西筑新城移兵固守，帝从之。孙权亲率大军欲围新城，因其远水，二十日不敢下船。宠与诸将曰：“权见我移城，必向众口出大言，今大举而来，虽不敢至，必然上岸耀兵示威。”遂暗派步骑六千，伏肥池隐蔽。权果然耀兵，伏军突起击之，斩首数百，淹死者众多。第二年，权又亲自带兵十万再攻新城。宠急募壮士数十人，折松为炬，灌以麻油，从上风纵火，烧其攻城工具，射杀吴军名将，吴师乃退。宠又遣兵乘秋禾将熟之机大破吴兵于江北。景初二年（238）召征为太尉。终生不治产业，家无余财，诏以行父、祭遵比之，赐田谷物以表其忠俭。正始三年（242）卒，谥号“景侯”。

张湛　字处度，高平（今金乡县东北）人，东晋时著名思想家，官至中书侍郎、光禄勋，其祖父、父都是大学问家。湛幼与一些文人墨客相处，对研究学问产生了兴趣，努力攻读百家著作，刻苦钻研，勤于写作，著有《养生要集》十卷，还为《庄子》《文子》《列子》作注。张湛继承了老庄哲学，吸收了何晏、郭象两派理论的成果，并加以改造、发挥，构成了别具一格的玄学体系。依宇宙观为基础，又提出了人性论作为他人生观的理论基础。魏晋时期的门阀世族制度，导致了最高统治阶层内部的攻杀，无数士大夫遭到杀害，面对黑暗时代，而过着尽情享乐与苟且偷生的生活，为此，张湛的著述，也为热衷于名利、贪图享受，又满怀忧愁、精神空虚的门阀士族，提供了一套人生哲学。

虞溥　字允源，高平昌邑（今金乡县西北）人。父秘，为偏将军，镇守陇西，溥随之专心攻读经籍。郡察孝廉，荐任郎中，补尚书都令史。尚书令卫瓘、尚书褚略均器重他。再迁升鄱阳内史，大修学校，广招学徒。告嘱各县曰：“学可以定情理性，聚众从善，随教而变。唐虞时频频可封或废，而后诛杀，并非习以成俗，而是教化不到所致。今四海一统，万里同轨，应崇尚道德教育，广开学业，顺应形势，发扬圣化。”并制定条例，于是至者七百余人。溥勉励告诫曰：文学诸生都是儒雅之人，年盛志大，始入学庭，应讲经修典，以成大业，立德之基也。圣人之道，初学者感到枯燥乏味，所观愈多，温习愈博，天天听到、见到的事，就会心胸开阔，乐于敬业，不知不觉地陶冶性情，达到合乎道德标准的境地。故学如染布，先修其质，后事其色，学亦如此，即孝、悌、忠、信也。君子内正其心，外修其行，引有余力，则以学文，彬彬有礼，然后为德也。所以，学者不患才不及，而患志不立。故曰：“希望为颜回之徒弟，亦应遵守其伦理道德也！”又曰：“锲而舍之，朽木不知；锲而不舍，金石可亏。”溥从政严而不猛，学习蔚然成风。注《春秋》及经传，撰写《江表传》及诗文数十篇，卒于洛阳，时年62岁。

郗鉴（268-338）　字道徽，号虞卿，高平金乡（今金乡县西北）人。少孤贫，读书躬耕，以儒雅著名，赵王伦召为掾，不至，称病去职。伦

篡位，其属者皆升官，鉴闭门自守，不附逆节。惠帝复位，任郗鉴为太子中舍人、中书侍郎。东海王越征为主簿，举贤良不出，征东大将军荀晞命为从事中郎不应。京师陷落，寇蜂起，鉴陷贼中。同邑人张实与鉴交，至营看鉴疾病，即而邀鉴，鉴曰：“国亡混乱，道德沦丧，何必趁乱至此呢？”实惭愧而去。后来鉴逃归乡里。当时天下大乱，饥荒遍野，同郡人感其忠义，相与资助之，鉴分所得抚恤贫困，众得周济，都说：“今天子远去，中原无主，当归依仁德之人。”遂共推鉴为长，合千余家，避难于峄山。元帝到了镇江，封鉴为兖州刺史，镇邹山。仅三年就发展到数万人，加辅国将军，都督兖州诸军事。明帝初加安西将军，都督扬州、江西，假节镇合肥。王敦忌之，表为尚书令。鉴还道经姑孰见敦。敦怀异志，见鉴言行文雅。谓钱凤曰：“郗鉴乃儒雅之士，名位很重，不可害之。”遣还归京。鉴遂与帝密谋灭敦、钱凤、王含等，兵抵京都，多数主张明帝亲征，鉴曰：“逆贼猖獗，势不可挡，难与力争；含等号令不一，纪律败坏，百姓恨之，皆能自守。贼远道而来，乱冲乱闯，旷日持久，必生异心，待时再战。现不能以弱敌强，何必决定胜负于一时？”帝从之，贼平。迁升都督徐、兖、青三州军事，镇广陵。帝崩，与王导等同受遗诏辅佐少主。祖约、苏峻反叛，鉴闻即率所众东赴京都。中书令庾亮宣太后口诏，进郗鉴为司空。鉴奉诏，设坛宣誓三军，众皆愤慨，立即行动。陶侃为盟主讨贼，辅国将军王舒、虞潭皆受鉴节制，率众渡江，与侃会合，鉴与后将军郭默至丹徒，定大业、曲河、度亭三处城垒抵御。贼急攻大业，因城中无水，默突围逃亡，三军皆惊。参军曹纳劝鉴退还广陵，鉴大怒，严责曹纳并晓以大义。大业解围，苏逆等败走吴兴，鉴遣兵追杀，归降者男女万余口。鉴加侍中，封南昌县公，进升太尉。因病上疏逊位，举荐参军蔡谟代之，又荐兄子郗迈任兖州刺史。不久逝世，享年71岁，赠“太宰”，谥号“文成”，祀乡贤。

郗愔（313－384） 郗鉴长子，字方回，不善交游，弱冠任散骑侍郎，不去。性至孝，世袭南昌公，历官临海太守。与姐夫王羲之、高士许询都喜好清谈，深修黄老之术。弟昙卒，无意仕途，以病疾去职，在章安筑宅以终老。简文帝辅政时，征为太常，固辞不去，愿赴远郡，授予会稽内史。桓温知愔对徐、兖熟悉，迁为都督，领二州刺史。桓温北伐，请他率部出河上，托子超对温所言，己非帅才，不堪重任，辞职，请温代己统领。温喜，就职。愔加封镇军将军，都督浙江以东五郡军事。久之，以老乞休，居会稽，征拜司空，不受，卒年72岁，赠侍中、司空，谥号“文穆”。其子郗超依附桓氏，起初他并不知道。超将殁，出一箱书给门生曰：“若父闻我亡悲伤，寝食不安，可呈此箱示，不然烧之。”后愔果然思儿成疾，门生呈其书，才悉知儿与温往返密计，大怒曰：“小子之死恨晚矣。”遂不再哭。

郗昙（？－361） 郗鉴次子，字重熙，少时赐爵东安县伯，历官中书侍郎，简文帝为抚军时引为司马，累迁升北中郎将，都督徐兖青幽扬州之晋陵诸军事，徐州刺史。昙子恢，字道胤，身高美髯，孝武帝甚器重之，擢梁秦雍司荆扬并等州诸军事，兼任建威将军、雍州刺史、假节，镇襄阳。政绩卓著，深得关陇拥护，降附者千计。时慕容垂围慕容永于潞州，永遣子宏求救于恢，并献玉玺，恢上书：“垂若并永，其势难挡；今宜救永，永与垂并存，相互为仇，然后乘机袭之双毙，则河北可平矣！”帝从之，兵未发，而永已没。王恭、殷仲堪作乱，征召恢为尚书。殷仲堪派人在途中杀害了郗恢及四个儿子。下诏赠镇军将军，祀乡贤。

郗超（336－378） 郗愔之子，郗鉴之孙，字嘉宾，少卓而不群，父信道教，而超奉佛。父积钱数千万，任超取用，超散施亲友，一日都尽。桓温召为掾，迁升大司马、参军，与主簿王珣并为温重用。温北伐慕容氏于临漳，超曰：“路远，汴水又浅，运输不畅，不宜出兵。”温不听，率军自济入河。超复献策曰：“从清水入河，无法运送，若贼不战，粮草接济不上，甚为忧虑，今值盛夏，敌正建造邺城，攻之，彼服公威，必然望阵而去，退却幽朔。若欲决战，胜负难定，望公持重。不如屯兵河济，控制粮运，物资备足，至夏，虽迟而能攻克。若不用此二策，领军西进，不能速决，退必误期，延至秋冬，船道塞滞，加上地方早寒，三军棉衣又少，恐不能越冬，而且还缺乏粮食呢。”温又不听，结果在枋头大败，甚感耻辱，遂谋废立，以威胁众。当时，超权甚重，升中书侍郎，谢安、王坦之欲见，而不能及时见也。转任司徒长史，常以父是名门后代，位应在谢安以上。而安掌权时，愔优游闲之，超怀愤慨，由此，与谢氏有隙。母丧期满，任他散骑常侍，不至，授临淮太守加宣威将军，仍不就，年42岁，先父而卒。超好交游，都是才俊之士，其殁，贵与贱者为其作祭文者40余人。超喜欢不爱虚荣的隐居者，常为他们盖屋、置办家具、服饰，甚至雇佣僮仆为乐趣。

檀凭之（？ –404） 字庆之，高平（今金乡县檀庄）人，少有志力，从兄子韶等五人，幼失父母，凭之抚养视若己子。官至东莞太守，与刘裕友谊最密，东征西讨，共举义旗，不畏艰难，慨然赴之。裕欲以建武将军，有相面者晋陵韦叟见之惊曰：“卿急兵有危，时不过三日，望闭门，不要轻出。”桓玄兵至罗落桥，凭之与刘裕各领一队出战，凭之战死，赠冀州刺史，义熙初加赠散骑长侍，封曲阿县公，祀乡贤。

檀韶（366–421） 字令孙，凭之之侄。高祖创业，韶及弟祇、道济等皆从之。京城都邑平定，累官至龙骧将军、秦郡太守、陈留内史，以平桓氏功封巴丘县侯。随裕从征广固，捷足先登，进号宁朔将军、琅琊内史。又以讨卢循功封宜阳县侯。义熙七年（411），进冠军将军、淮南太守，镇姑孰（今安徽当涂市），复升左将军，领本州大中正。宋初以佐命功加食邑至一千五百户。因嗜酒贪横免官，又念其弟道济立有大功，受到恩宠，卒年56岁。追赠为安南将军，加散骑常侍。

檀祇（369–420） 字恭叔，韶二弟，初为辅国将军孙无终参军，东征孙恩有功，复为龙骧将军王诞参军，从高祖平定京城内乱，参与建武军事。叔父凭之战死，所领军队配与他统领，加振武将军。追讨桓玄，每战皆捷，江陵平，复追亡命之徒桓道等于涢、沔，悉杀之。累官秦郡、竟陵太守，加龙骧宁朔将军，封西昌县侯，入京城为中书侍郎。卢循逼京邑，祇加辅国将军，屯兵西明门外。循退走，都督江北、淮南郡诸军事、青州刺史、广陵相。亡命于秦的司马国璠兄弟，在徐州聚众数百，秘密渡淮，乘天雨阴暗，夜攀城入，奔走呼号，祇惊起，出门被射中大腿，语左右曰：“贼乘黑夜入城，攻我不备，可击五鼓，敌惧必走矣！”贼闻鼓谓天将亮，乃四奔逃散，追杀百余人。因防疏忽，祇降号建威将军。跟随高祖北伐，国璠兄弟复寇秦中，祇分兵进讨，大破之。宋国建立，诏命祇为宋领军将军、加散骑常侍，戍守京城。祇性豪放，不愿外出。未几，卒于任上，谥曰“威侯”。

梁德皇后（467–499） 姓郗名徽，南朝梁武帝萧衍皇后，高平金乡（今金乡县西北）人。祖父绍，国子祭酒，领东海王师。父烨，太子舍人，早卒。母亲寻阳公主为宋文帝刘义隆之女。当初，寻阳公主刚怀孕时，作梦应生贵子，即产出生后，却是女婴。其时，红光照于室内，满室皆明，家人怪之。有巫者说此女异常，将有妨，乃扔于水滨欲除之。郗徽自幼聪慧，善隶书，尤通史传，女工针织，无不娴熟。宋后废帝刘昱欲纳徽为后，不应。齐初，安陆王萧缅又提亲欲婚，郗家都以女有疾病而推辞。建元四年（482），萧衍始聘嫁后，生玉姚、玉婉、玉嬛。建武五年（498），萧衍为雍州刺史，迎徽至。未几，于南朝齐永元元年（499）卒于襄阳会馆，时年32岁，葬徐州东南武进县东城里山。中兴二年（502），萧衍升为齐相国、梁公，诏赠后为梁公妃。萧衍登基，追为皇后，谥曰：“德皇后。”父郗烨诏赠金紫光禄大夫。

檀超 字悦祖，高平金乡人。祖父嶷之，字宏宗，宋时为南琅琊太守；父道彪，字万寿，正员郎。超好文学，放荡不羁，初任褐州西曹，与别驾萧惠开不睦。惠开自以为地位在前，言谈傲慢。超鄙视曰：“我与你俱是小官，都是外戚，何以高人一等呢。”原来惠开的祖姑是萧太后，超祖姑乃是长沙景王妃。惠开欣然，冰释前嫌。超爱喝酒，善谈咏唱，自比晋郗超，常言高平有“二超”，又曰：“我更优也。”建元二年（480），齐初置史官，以超与江淹负责，上表采取开元纪号，不取宋年，封爵各立传记，不取年表，他亲自撰写十志，未

完成而卒。超叔父道鸾，字万安，亦有文才，撰《续晋阳秋》二十卷，官至永嘉太守。

徐招（？－535） 字思贤，高平金乡（今金乡县北人），少习法律，言论写作，常观察辨析秋毫。历职内外，为官赞誉。太昌元年（532）以功赐爵高广男，继进为侯。随孝武帝（元修）入关，拜给事黄门侍郎兼尚书右丞。时朝廷颁布典章制度，至于台阁议策多为招所参定。不久，迁升侍中、度支尚书，大统元年（535）卒。

檀翥 字凤翔，高平金乡人（今金乡县檀庄）人。翥十岁丧父，幼孤，好读书，善属文，能鼓琴。司州牧城阳王元徽召为从事，不去。19岁以名家子为北魏明帝（元诩）授郎，不久客游三辅，随赴洛阳，为兖州录事、参军，历任司空、田曹参军，加镇远将军兼殿中侍御史，毛遐为后台，镇北雍，翥为行台郎中，庄帝（元子攸）诛尔朱荣，遐使翥去，拜著作佐郎、郎中如故。孝武帝时兼中书舍人，修国史。大统元年（535）又兼著作郎，以守关迎驾功封高唐子。因言语轻浮，为黄门侍郎所纠，被捕，死于廷尉。

田宏 字广略，高平（今金乡县东北）人，归周（宇文觉）后征战沙场，解洛阳围，破河阵皆有功，赠姓纥干，授原州刺史，进爵为公。魏废帝（元钦）元年（552），加骠骑大将军，平梁萧韶，讨西平凤州羌氐及信州蛮，出任岷州，遵式守法，百姓安乐。吐谷浑寇边，宏率师讨之，俘获其二十五王，复破北齐大将段孝先，进拔宜阳。宏每临阵，冲锋在前，身中一百余箭仍不退缩，朝廷嘉之。574年拜大司空，迁升少保。子恭嗣爵观国公，其后代亦显赫于隋唐。

郗纯 字高卿，兖州金乡（今金乡县西北）人，中举进士拔萃者，张九龄、李邕俱重之。初任拾遗，先后七次升迁至中书舍人，处事持重，不仰权贵，为宰相元载所忌。牙将李琮依仗鱼朝恩之势，暴虐横行，当众羞辱京兆尹崔昭于禁中。纯曰："此乃国耻也。"即诉于载，请速治其罪。载不纳，纯遂以疾辞还东都，号"伊川田父"，十年不出。德宗（李适）继位，召纯为太子左庶子、集贤殿学士，坚辞不受，改詹事，帝常召见，褒叹良久，赐金紫，公卿以下皆送都门造就。在世高风亮节，著有《文集》60卷。

郗士美（756－819） 郗纯之子，字和夫，13岁通读《五经》《史记》《汉书》，其父友萧颖士、颜真卿、柳芳常曰："我等他日应结交二郗矣。"年未弱冠为阳翟县丞，佐潞州李抱真幕府。后任房州刺史、黔中经略观察使，讨平溪州贼向子琪，封高平郡公，迁升京兆尹。天子多所咨询，出为鄂州观察使。时黄安节度使伊慎入朝，主后偃赛母死，欲匿之掌权。士美使属吏过境，慎子宥出迎，因以母讣告之，即为办理，宥惶恐告罪。士美改河南尹、检校工部尚书、昭义节度使。自李抱真以来皆有私厨，月费六千石、羊千首、酒数十斛，潞人怨甚。士美至尽去之，自出钱自给。卢从史时，养有300人牙兵，士美曰："军卒守卫天职也，怎用公费变为私恩。"也罢去。讨伐王承宗，派大将工宪督万人为前锋。宪骄横恣肆，畏缩不前，士美即斩之，下令曰："退缩者斩！"亲自擂鼓，大破之，连下三营，环围柏乡。当时诸镇合兵十余万，多玩忽职守，唯独士美兵精锐，最先立功。宪宗喜曰："深知士美能办好吾事也。"是时士美威震两河，以病召回，拜工部尚书、忠武节度使，卒年64岁。赠尚书左仆射，谥曰"景"。士美善与人交，重诺言，故名益重于世，祀乡贤。

张肃 字穆之，金乡县城东关人，宋太宗时为御史，政声卓著，历官尚书郎、蔡州知府。诗文清丽俱佳，王禹偁器重之，以为不可及。著有《触鳞集》，多为当御史时所上谏疏。

许仁 字性初，金乡县许村人。幼聪颖，博通经史，尤精《毛诗》，后从杨龟山先生学，宣和三年（1121）登进士榜，升监察御史。随高宗南渡，拜右朝请大夫、集英殿修撰，不久，任命为临安知府。时新都初建，内抚百姓，外供军粮，庶政百举待兴。未几，黄潜善、汪伯彦掌权，许仁弹劾以十罪，痛斥他们嫉贤误国。疏奏留中，而群奸侧目怒视，密谋中伤，仁遂辞位。闻天台山水佳境，同修武郎赵士杼结游，并留住于灵溪坊。作"思敬堂"居住，构建"金波亭"于墨湖之上，以讲学授课至终，当时从学者甚众。著《灵溪新纪》

若干卷，70岁卒于浙江葵龙牙山。

孙青　金乡县洛城村人。当时，金人入侵，河北乱离，青年方弱冠，招募壮士，任万户职，屯居彭城，以战功加宣武将军。既长，知金必亡，乃弃职归里。元兵南下，金邑无主，青率壮士及老幼数千口归附，授予他兖州同知节度使兼金乡县尹，以攻克徐州首功加定远大将军，永任金乡县尹。在任期间，招抚流亡，垦荒种地，治理有方，军民皆畏而爱之。户数大增，遂成富庶之县。摄政二十余载，谢任闲居，改充本县诸军奥鲁千户之职，仍食县尹俸禄。卒后葬于村南，有墓碑。

高揆　祖籍河北北平。父显，字耀卿，随龙著攻浚州、破黄堆水寨、围彭城、渡淮河，所向披靡。与金将刘铁鞭战于河朔，夺其虎符及金银等，累授骠骑大将军、徐邳滕三路总管。转攻丰沛徐邳间，屡建功勋。又攻枣阳，捷足先登，中流矢死，葬于金乡。遂世代为金乡人。高揆为长子，通国史，善骑射，袭父爵为总管，升东平路总帅。传子德荣，德荣子鹏翼，皆为总管。当时高氏以武略得官者还有次子高拯，字正甫，官提领；三子高扩，字和甫，官路总帅；高扩尤涉猎经史，英勇善战，有名将风范。其子德成，为招讨司经历、德明为行军元帅府经历、德平是招讨司经历。

高崇　字维志，祖父翥，字仲翔，世袭东平路总管鹏翼之子，幼读书，性孝悌。盗贼肆掠，执幼弟腾而去。翥对盗说："家财不是他的，你们尽管去取，我愿代质。"盗释腾，翥竟被害，年三十五。妻赵氏守节，严厉调教二子胜、瑛。瑛子崇，博学有才，至诚至孝，尤重节义，于正统十三年（1448）进士及第，授户科给事中，弹劾弊政，不避权贵。后出任浙江布政使司参议，丁忧归，遂不复任。家中萧条，未置田产，所居为先人遗产。自号曰"贞恒子。"卒于家，祀乡贤。

冯伾　字若恩，庠生。幼聪颖好学，永乐九年（1411）中举，十三年（1415）成进士。授刑部主事，正直廉明，公私清澄，遇事秉公决断，同事无不重其才略。常与户部、兵部共议永乐帝不宜北征，曰："近年出师，空丧储备，内外俱疲，灾情频繁，若遣将往征，徒劳无益。"永乐不听其言。因此引退居家，性朴实谨慎，虽贵显而不吝啬，慷慨好施，遇同乡有难，辄捐财相助。乐成人之善，而不图报答。严训子孙，循规蹈矩。著有《退思堂诗草》四卷、《里居遗规》二卷，年76岁无疾而终。

寻珮　字鸣皋。曾祖恭避元之乱，自辽阳迁金乡。祖父贵，宣德五年（1430）贡生，博学有名。父骅，勤勉德劭，为乡人敬佩，则不居官。珮幼承家学，志向远大，致力于学，孝友悌恭，严于扶正去邪。弱冠在学，正德十一年（1516）贡生，授山西永和县训导。开课受徒尤重礼节，在任八年，培养人才济济。解任归里，举为乡饮大宾，与邑士大夫贤而隐者孙表、邱玑、周希濂等相约为十老会，绘画赋诗。每月初一，携酒会于园亭幽雅之处，问及乡之风俗善否，坏者予以纠正。教子志道先行后文，不趋炎附势。卒年70岁。邳州知州周寅撰其墓表。志道号西皋，自幼聪敏，博学能文，承袭家学，致力于身。19岁，中正德十四年（1519）乡荐，授直隶行唐县知县，在任三年，政绩远播，以清廉著名。嘉靖十一年（1532）授工部都水司主事，后改户部福建清吏司主事，再迁升郑府左长史。严嵩当国掌权，人多附之，志道独守，不阿谀奉承，毅然辞仕归里，曾与海瑞同饮清官宴，有奉旨赴宴的画像存于宗祠。

李燧（1515–1585）　字晦夫，号梅台，金乡县东门里小街人。太仆寺少卿檠子。嘉靖二十二年（1543）举于乡，二十三年（1544）成进士，授行人司行走，迁户部主事。督饷通州时，贼寇俺答攻城，京师戒严，燧与同事协力战守，血战四昼夜没有休息，所运粮毫无损失。擢员外郎，升河南佥事。妖贼尚诏等劫归德，燧带官兵去剿，擒其统帅，贼平。上赐他白金文绮弓旌旗。有庶人聚众图谋不轨，燧将收捕，歼其首恶，威名大振。迁升浙江按察司副使。时倭寇猖獗，燧备兵抗嘉，严饬具守，累年倭不敢犯，再升湖广布政司参政。巡抚上书，廷议推荐，燧超擢右佥都御史，巡视湖广，总摄六军十二营。封疆重任，非司马贰卿或内台大夫任之，唯燧擢升。燧性严毅，遇事果断，到任后革除贪滑，削剪豪强，严肃军纪。

他素习兵法，减汰冗员，招募精壮训练之，积习改观。操行锐进，调升京都，燧力求退仕，归还之日二老尚健，每天兄弟俩共趋问安，侍奉双亲，间或咏歌，善诗文词，居住在莎岭之前，栽种花草，垂钓河边，自娱自乐，卒祀乡贤。

周济用　字仲实，号石屏，金乡县城北关人。祖玑，字谦斋，成化四年（1468）举人，合肥知县；父允中，正德二年（1507）中举，历官山西按察司佥事、陕西布政使司参议，清正廉直。兄济川，字仲虚，号涞滨，岁贡，官至绥德州州判。济用嘉靖二十二年（1543）乡试举人，后官至郧阳知府，秉公执法，莫敢为私。初为祁州知州时，平判赵邦彦等奇狱，有“神明”之称。后任顺德同知，兴水利、清军田、剿土寇、疏河渠、征税饷，除积蠹弊，民商乐业，人称“良吏”。甲申年岁饥，先开仓赈济，民得以安，上官亦嘉奖慰勉。中使至府横征暴敛，济用极力与之对抗，使郡无扰，一时湖广的吏治无能与比者。幼博学，工古文诗词，尤善书法，著有《南斋漫稿》《西斋乐府》《燕台集》《祁州稿》《白石稿》《金陵杂咏》《郧中稿》《天趣轩稿》等诸集刊行于世。

郭东藩　字镇夫，号两峰，金乡县郭山口村人。嘉靖三十六年（1557）中进士，初授闻喜知县，调京为户部主事，改礼部精膳司员外郎。出任陕西参议，分守汉中，擢升按察使司副使。后被吏议，欣然曰：“老天赐我安逸也。”遂归，角巾布袍，游心六艺，建屋用以亲友无住者，每年遇饥荒则出粮平抑市价，前后各千余石。台使听说，奉诏旌表，晋升为三品。屡次义举施惠于乡里，人皆颂之，卒祀乡贤。

周永春（1573—1639）　字孟泰，号毓阳，金乡县城北关人。万历二十九年（1601）中进士，初为洪洞、阳曲知县，因政绩卓著，擢礼科给事中，升太常寺少卿，特荐任辽东巡抚，以丁忧去官，终于家。永春幼好学，常通宵达旦，母侯氏怜而止之，乃在帐内就读，令母不知。童试第一，19岁中举，又十年成进士。初选武河，又易洪洞，惩奸剔弊，政声大起，调阳曲治理尤著，进礼科给事中，关心国计与民间疾苦，曾奏疏数十，有人劝他：“羽翼已成，你欲剪之，不怕丢掉乌纱？”永春正色曰：“为了社稷，生死置之度外。”时建议复派辽东巡抚，助经略，提名永春，上从之。至任查出侵吞隐钱二千金，以犒赏援军。援军视之如父母，竭力助战，运输调拨，无暇他顾，曰：“上委我者，抚也，抚者助剿，责任重大，如果出错，吾与诸同道共担之。”司道皆勤奋向前，无奈东事溃败，河西精锐应援，乘隙要挟十万众邀赏，诏令抚出，永春率诸道保证五日内完成，西部才俯首听命而去。又募召土著三千人守卫广宁，挖壕筑堡，守具完备。神宗下诏嘉奖，赐银六十两，彩绸二捆。闻祖母忧归里，协助县令守御县城，城赖以保全。河决，大水至，堤被冲坏，急率众督修，昼夜坐危堤之上，诸子苦谏不听。曰：“天下事不以身作则，安能服众耶。”天启初，议者论其失陷辽东亦有责任，反躬自省。崇祯初复官，巡按禹海若荐其才品兼备可大用，然患足疾，竟不起，卒年67岁。著有《礼垣谏草》《殿诤录》《兵机密要》《抚辽疏稿》《抚辽公移》《寻边大略》等书藏于家中。

周永康　字安侯，性忠勇，晓兵法。崇祯年间贼寇骚乱，众推举他为本县守备，统率乡兵剿贼，贼望风逃窜，不敢攻城。常曰：“贼不除掉，即愿马革裹尸也”。一日，乘胜追贼，马忽然前蹶坠地，贼复回围之，永康突然跃起连杀数十贼，力竭而死。跟随的四人皆力战殉身。县令率士民迎尸还，为之立庙，至清乾隆四十一年（1776），奉旨赐谥于“烈愍”，并赐诗褒奖，建立专祠。

周如春　字丽阳，岁贡生，辽东巡抚周永春之弟。顺治三年（1646）出任江西星子县知县，廉明正直，吏有才干，时值荒旱，百姓流离，及时请赈灾民。大兵南下广东、福建，转输供给，措施得力。金声桓反，掠及星子县，如春亲率士民登城固守，与贼交战，粮尽援绝，城陷为贼所获，宁死不屈，被害。江西百姓感其节操，立忠烈碑，祀名宦，本县亦祀忠义祠。

张文灿　字暗堂，号光斗。崇祯元年（1628）中进士，初任枣强县知县，勤劳治理，绥靖四方，升浙江运判，调户部主事，出巡督察芜湖钞关，廉洁奉公，迁升郎中，擢大名知府。连年灾害，

流寇猖獗，积劳成疾，乞休归家，以才望复征而不应，卒祀乡贤。

宗望先　字显扬，金乡县葛村集人。英俊魁伟，饶有胆落，与弟光先，从弟环皆勇力超群。明末盗贼蜂起，抢掠村邑，望先率族人习练弓箭枪法，村结栅栏、登树望楼，有警知悉，夜率众巡视，有避难乏食者，约族人给之。贼众千余抵村，望先率众分别把守，贼退，县令知其事，给予练职，统帅乡兵，领大炮六门，另立营砦，日夜操练，左右村落皆依赖得安。顺治初，县尉马公剿贼阵亡，望先得悉后怒甚，率众赴战，一日杀贼殆尽，生缚其帅，送县正法，复屯兵柳林河，贼不敢渡，东南一带皆得保障。望先无子，嗣光先次子，子孙繁昌，所居村因号为“宗家营。”

杨淮　字维扬，康熙六年（1667）中进士，授内阁中书舍人，廉洁清白，人谓有伯起（杨震）之风。大兵征吴，从屯湖岳，接战互有胜负。时值盛夏，霪雨连绵，酿成瘟疫，军中士气低落，淮慷慨鼓励，屡建奇策。班师还，将要大用，以奉亲告归，寻卒，崇祀忠义祠。淮善书，工诗歌，著有《从戎集》。

张霦（1631–1718）　字仲澍，明大名府知府文灿之孙。康熙九年（1670）中进士，授石门知县，大兵进剿逆藩，本县居中，筹办运送粮饷而不扰民，招抚流亡，革除积弊，治理闻名，擢升吏部文选司员外郎，致仕归，以高寿88岁终。

李振玑　字正枢，康熙三十年（1691）中进士，静淑庄严，诚实恭顺。博学好友，尤爱文史。文章雅致，脍炙乡里。候选十年间足不踏公门，建宗祠修族谱，与子弟们讲经论艺孜孜不倦。初任新河知县，揭发捕获奸徒，富有神明之誉。再调五河县，地蔽贫瘠，抚恤灾民，抵御外患，百姓爱戴如同父母，建生祠归，卒祀乡贤，并祀五河名宦。

赵永吉（1644–1706）　字长山，号尚德。年少卓荦，勇力过人。家贫入伍。康熙十七年（1678）耿逆叛乱，沿海告警，永吉随大军到福建，被选为骁勇二十八人为先锋。中途接战，勇猛奋击，贼惊退。复进海澄、厦门等处，以收复城池立功，授守备，益加感奋自厉。攻取渐山时，突入贼穴，夺其大旗，所向披靡，众随之，贼溃退；乘胜追击，连胜十九寨，擒获主帅，论功加十九等，授为左都督，补江西南昌镇游击。袁大相等聚众山谷叛逆，永吉侦知，亲率家丁数人披荆斩棘，出其不意突入其窟，生擒为首者7人，余贼皆平。因父丁忧，复起供职于饶州副将，后调陕西花马池副将，署理总兵事，多惠政于民。卒于官邸，军民感泣建祠，称“惠爱公”。

寻绍舜　字虞夔，孝义寻邦凝之子。弱冠晓通《五经》，入庠超其群，雍正十一年（1733）中进士，任广平县令。尝察狱，为一女雪冤，人惊呼为神。地临漳水，淤出田千顷，有劝收租，绍舜曰：“水流无常，不可挡也，恐再浸没，变成碱地，则佃者亏也，不如留之以利于民。”又力除陈规陋习，倡兴教化，凡十年，百姓欢悦。后补山西猗氏知县，锄奸产暴，政绩益著，庄亲王称之良吏，孙文定公嘉淦尤以推崇。后因得罪权要，降迁于莱州教授，乞养归里。著有《濂亭文稿》。

王如庠　字淑宋，乾隆四年（1739）中进士。父岁贡生，性和顺，高雅谨慎。如庠秉承德志，三弟早亡，母悲伤几经废食，如庠膝下嬉戏，博览野史故事，细说于前，母解忧欢欣。幼入学，诸名宿观其文，皆惊叹佩服。下帷攻读，研究经籍，深测奥妙，以身模范，陶冶他人，四方来学者日众，年逾60才授莱州府教授，从业宁无虚日。上宪接待皆加礼，称“先生”，三年得封典，曰“吾愿足矣！”告归后学者仍登门不绝，讲学不倦，偶作诗艺，境界皆高，卒年84岁，士林闻之皆悲涕。

刘苞丽　字永川，乾隆十六年（1751）中进士。博学多通，性慧机敏，文章深奥，见者以精粹而不可攀。每岁视学，使者大为惊异，特拔为兖曹济诸属总冠军，名噪甚大。久荐不第，门下人取之文阅，曰“来科必中”。果然以经元联捷而中，授直隶津蠡县知县，为政从容，己事自理，伸民冤屈，竟以失察被拘，罢官归里，怡然自得，优游林下，以著述寿终。

李鳞　字仲修，金乡县霍堌寺人。高祖贞吉，正值明季贼逼，捐巨资以修危城，众称“义门”。鳞幼秉性刚强，言行必以礼，继母年高，内外皆

称孝。笃爱诸弟，诸弟尊敬如师。乾隆十八年（1753）乡试中举，淡于仕进。久之，谒选荣城县教谕，历任武定、曹州府教授。士子们经他亲授激励上进，科第屡中。告归家居后，课授子弟，尤学三礼及宋五子书，常遵古礼为婚丧嫁娶仪式，命子孙遵守，远近多师皆尊之。起初，鳞与妻兄褚昕（乾隆癸酉解元）、侄夫刘苞丽友善，相互切磋，文章精深博大，其后，褚未参加会试死，刘以县令罢归，名位虽都不显达，但推进了本县文学创作的繁荣。所著诸稿临终嘱嗣子本深曰：“谨藏之，勿刊也。”又说：“我性严厉，汝能以宽厚继之最好。”本深字静涵，乐善好施。自丙辰水灾，壬癸间大狱，癸酉军兴，皆助资力为排解，不居功，不扬名，与人交至诚，以德忘过，与恶者大戒。常曰：“都笑忠厚为愚，若不忠不厚，将是何等人耶？”又曰：“我不能为迎合时尚之人，亦不能为赶时髦之文也。”数荐之不至，嘉庆十八年（1813），以增生恩赐副举人。常教诸子努力学习，不谈名利，曰：“读书本分也，科举名命也，仕宦时机也。读书或不读书不识道理，有科名而陋，仕宦者皆鄙视矣。”年72岁卒。

张诚基（1741-1816） 字贻哲，号晴舫，金乡县城南关人。四川重庆知府张元善之孙。原名张隆基，乾隆三十四年（1769）中进士，奉旨改名，授户部主事、员外郎、郎中。为人凝重，有大略，识者知其才，于乾隆四十三年（1778）补贵西兵备道，调贵州粮道，升按察使司，改任四川按察使。五十五年（1790）升直隶布政使司，调江苏，嘉庆元年（1796）迁升广东巡抚，调安徽复调江西，以吏事被劾，卒于家。在四川时，地偏僻、多积案，为详察核实，匪案一清。时资州百领湾盗乱，设法缉拿，匪巢遂空。江苏任上，正值松太地区灾难，奏请赈恤，恐不及，立请抚臣发库银二十四万两，按名发放，民心安定。抚粤，察海盗为患，派良吏密查，严禁海口，接济洋面，赴岛尽扫除之。江西宁州匪徒滋事，立即发兵讨捕，悉心筹画，立教约十四条，派将弁破贼寨垣，歼其首领，众皆解散。嘉庆五年（1800）宁都大水，七年全省大旱，俱分别轻重奏请蠲免赈恤，他躬身查勘，民得实惠。归来，百姓们焚香送者路途堵塞。居家闭门静思，以清白训育子孙。偶而出游，见者以为布衣。

李翮（1745-1810） 字逸翰，号春麓，金乡县城西关人。乾隆三十七年（1772）成进士，任礼部郎中，改福建道监察御史，敢于直言，奏谏各省冗杂人员多而累民，请饬令禁之。又奏考生假冒作弊，应停止分配。擢礼部给事中，转吏部、户部掌印给事中，巡视京畿中东北三城。大臣子弟借老子权势得官者，据实劾奏，内外具惮其严厉作风。出补分巡杭嘉湖道，兼署布政使，再署按察使。丁忧乞养归服毕，以道员发陕西候补，时教匪方炽，驰至留坝厅，急募乡勇，拒守七昼夜，贼始退，移住兴安。陕军兴，乡勇皆调远征，有警而不能救，奏请巡抚免其调发令。根据形势，各立寨堡，互相支援，贼退则并力追剿，于是贼众多溃散。未几，因病归，卒年66岁。他在浙江藩使任上，发现库积二十余年，账目不清，告知巡抚立案核查，制定清册，发往各地，按册扣解亏空，奸吏皆服罪。义乌游民何世来等倡邪教，妖言惑众，有告之，翮曰：“愚民耳，捉其魁足矣！”劝巡抚不要用兵，自往义乌，檄传县官，次第缚之，未十日，邪教平息。父来鹏，副贡生，卒时翮才九岁，由祖母和母亲抚育。辞官归家后，为两外家置祭田各百余亩，而族中祭田捐增一千四百亩，立私塾，创义仓。其祭祀条规，各士族多效法。次子庭禧，字爱堂。天资聪颖，秉承家学，工诗古文辞赋。以选拔朝考二等，分往湖北知县，以亲老辞不赴任。未几，授南城兵马司正指挥，历任中城、北城指挥官。居天子脚下，谨慎尽职，誉声遍京师。著有《塞游日记》刊行，《止轩诗文稿》待印。庭禧子有程，著《周易图说》，英年登科，咸丰甲寅年守城战死。

周廷森（？-1821） 字蔚瞻，号霁坪，金乡县城南古路沟人。乾隆五十二年（1787）中进士，授刑部主事，升员外郎、郎中，迁浙江道监察御史，晋升兵科掌印给事中。在京做官三十余年，廉洁自守，清贫自安。在刑部承办秋审时，严正执法，人称公正。任大桥监督，严查陋规，剔除弊政，吏不能欺。有利于国计民生者，知必言、言必行，敢于奏章诤谏。稽查仓库，巡视东城西城，秉公

执法，人不敢干以私事。卒后，家无长物，时谓清风亮节，无愧于古人。

杨维翮（1749-1838） 字渐逵，号云亭，祖榭有孝行，父庠生，熟读“五经”，尤以《易经》为最，人称“文康先生”。维翮少年从父学，好读书，善为文章，别无嗜好。乾隆五十二年（1787）中进士，授户部主事，升员外郎、郎中。任职勤勉谨慎，工作认真，告归在家读书，偶遇同僚或宾客，所谈话者亦是书。在部三十年，起居始终如一。出补江西建昌府知府，遍访所属地方“陋规”，如漕运行贿等弊则革除之，属吏感服，皆廉政不敢虐待百姓，吏民相安，学校兴起，期满即谢任而归。去之日，千余人泣送。同僚郡属文学之士多赋诗送行，独喜其中“一生经济归平淡，十亩田园远是非”二句。归里后只是与故旧及后辈者讲学谈文，居村与乡村父老话桑麻及天气晴雨之事，有问居官时，则曰：“现在乡耳！”一日早起，自写墓志，脱稿出，微觉眩晕，从者扶至床，家人探视，张目微笑曰：“吾逝矣”；遂卒，年89岁。

周垣 字紫围，号雪泉。乾隆四十八年（1783）乡试第一，五十八年（1793）中进士，历任江苏省溧水、山阳、上元知县，所至皆能治理，升松江府川沙抚民同知，捐置义冢十八区，并捐棺材，共掩埋浮厝灵柩一万二千七百余具，民间称颂。

周兆锦 字延鸿，号古渔。嘉庆十八年（1813）拔贡举人，二十五年（1820）成进士，授河南南召县知县，拣发甘肃，历任安定、大通、镇番等县知县。在安定时兴利除弊，邑人感恩戴德。去之日，百姓挡道抚辕，送至数十里不绝。镇番偏僻，地瘠俗陋，很少诗书，自捐廉俸建书院，亲自教授，于是文风大振，登榜入仕途者先后相继，以卓异政绩升泾州知州、巩昌府知府、平凉府知府，勤政爱民，百姓拥戴。解职后主讲岷州、秦州书院，为一时文士之宗师。著有《我石斋诗文稿》。

周潞 舒锦子，字仲文，道光十六年（1836）联捷进士，署理贵州清镇县事，以办事敏惠调升定番州知州，地处万山，民众强悍，有巨匪王半山者聚众抢掠，潞亲率夫役生擒其而毙杖下，捣其巢穴，百姓欢颂。升清江理苗通判，押运铅船北上，抵巴县，时山水突来，船被击碎，潞急登小舟，亲督役夫打捞，风大浪高，从者请少等，潞怒曰：“公事也，岂怕艰难乎！”遂率众继续捞取。突然巨浪涌来，船翻而淹死，年仅32岁，朝廷追恤并加道员衔，赠中宪大夫。

阎淑立 字晴川，工诗赋，善书法。弱冠入庠，每次考试为学使所赞赏。咸丰十一年（1861）拔贡，考取国史馆誉录，在京供职。有同年方临庄卒于旅舍，为其治丧，周济备至。先是应同乡张沂融至杭州，未几张死，淑立为文告知同僚，众感其义，捐赠旅费助他扶棺而归。后在济南泺源书院授业。多年教授所得资费数万金，为友人贷去，因渡河沉舟尽失，不能偿还，淑立遂把借券烧掉，并好言劝慰，其慷慨好义，可见一斑。光绪五年（1879）始中举，时年已五十余岁。晚年主讲单县鸣琴书院，士林皆颂之。卒年63岁，著有《杭游诗草》若干卷藏于家。

孙念召 字荫棠，少聪颖，17岁补博士弟子，为文清秀隽永，50岁乡试中举，第二年考取进士，授福建安溪知县。该地为李文贞故里，其后裔敬仰念召学识渊博，特把家藏《榕村全集》赠予，念召爱不释手。藩司某闻欲得之，遣使示意说，若能相赠，必将有很大好处。念召曰：“吾岂能献出来谄媚长官者？”所以，他迟迟不得升迁，数年后到连城，这个地方是边远瘴疠之区，民俗犷悍，相斗往往任意株连，富贿于胥吏，官受包庇，习以为常。时有富儿耿天一，被控告杀人逮至庭，念召仔细察问，疑为冤枉，经反复调查，方知诬告，遂释放。属吏们皆笑他傻气，不谙当地土俗。有幕友告之，念召曰：“欺骗罔上，理法何存，怎能安于为官耶？”乃悉心治理，将行贿舞弊者绳之以法，属吏震撼，皆不敢言，民众拥戴。在闽两任乡试，所拔皆知名之士，人人服其公正。69岁退休归家，又10年而卒。

周于涵（1826~1895） 字容谷，号钝夫，金乡县道沟桥周庄人。父献璋，字玺堂，嗜古工书，善以书施贫，使粥济饥。于涵幼年学习勤奋，同治十二年（1873）举人，以守城功保知县，加五品衔。忽遭母丧在家，无意仕进。管理周氏族务，

续修谱牒，广置祭田，为县人所效法。族中有纠纷者，即详察细问，寓于惩劝，冰释而解，以是投于公庭者甚少。卒后私谥曰：“孝毅先生”。著书数种。五弟于灏，字瀚如，号秋航，廪贡生。后选恩县训导。县试无号舍，临时搭幕席为之。于灏联络同仁创建考棚十间，作为培养人才之地，生徒皆歌颂。

苏庆祥　字瑞村，性忠勇，捻军兴起，有执辔蹬鞍之志，习骑射，咸丰八年（1858）中武举，十一年（1861）七月，捻军从定陶而来，欲乘机攻城，县中惊慌。庆祥与武生侯兆魁等乘隙擒杀之，众皆称快。同治二年（1863）考取进士，殿试二甲第五名，授御前花翎侍卫，供职于乾坤门16年。光绪七年（1881）任贵州安顺府游击，到任后剔除弊政，训练士卒，军政肃然。光绪十年（1884）大帅检阅后考语：“弓马娴熟，教练有方”，赐袍套一袭，加一级，命其带贵州全省练军马队，授武功将军，同时兼权两印，人皆惊为奇遇。庆祥亦尽忠尽职，以报效国家。在任6年，军民爱戴，公送牌匾、旗伞，以志敬仰。任满领凭回原任，因病归里，卒于家，年52岁。

胡三元　字连城，少年孤贫，身材魁伟，深有智谋，18岁从军，以追击捻军授职。左文襄公经略秦陇，从征回匪，收复肃州及搜捕关内外余匪立功，授予把总。不久，攻取乌鲁木齐、玛纳斯、达坂、喀什、噶尔等城，皆奋勇先登。乌鲁木齐之役中，子弹穿透手腕仍励志登城，格杀数人，城才得复。积功由守备晋升都司，又跟从刘锦棠居西边守卫七年，屡立战功并监修新疆城，擢游击加副将衔。光绪中叶，边疆无事，诏以参将调归山东尽先补用。东归后闻知巡抚张勤果卒，复返新疆，以副将衔补喀什、噶尔中军守备，授一品，晋封“建威将军。”才二年，卒于任上。

李步沆（1858—1911）　字幼匏，号荷生，金乡县城西李楼人。身材魁梧，嗜学好文，光绪二十一年（1895）考取进士，授刑部主事，以提牢厅补江西司主事，改法部升审录司员外郎，治狱执法如山，权势亲朋不能干预。管理监狱殚心竭虑，忧恤囚徒，饮食必洁，囚衣加长，绵被必厚，疾病要及时治疗，亲自检察。典狱内栽植双柏于椒山祠，又建厅堂种竹，虽尽责尽职，功绩卓著，但终未能晋升。宣统三年（1911），辛亥革命成功，忧愤而卒。著有《荷轩诗草》二卷，《又匏文集》二卷藏于家。

杨凤翱　字瑞周，父公励，字表一，性豪爽率真，家贫借贷，皆按期偿还，监督子弟甚严，自励躬身节俭。自幼嗜读诗书，于光绪二十九年（1903）考取进士，即以知县签发于江西，因父母年迈未领凭文而归。数月，双亲相继亡故，服满补信丰知县，未到任，又调万年县署理。自律勤俭，常叹：“我以俸禄养亲，只有自己节省而已”。时新政迭起，公款筹措不到，凤翱顾虑扰民生事，不急于催缴，不阿谀上司。在任虽无显赫之名，而民已受其惠。卒年48岁。

寻龙闱　字允升。父玉田，字泽轩，附贡生，热心地方公益事业，极力赞助。龙闱尤善骑射，技勇娴熟，光绪十九年（1893）恩科武举，第二年联捷进士，授二等侍卫，供职宫禁十余年，以恪守谨慎见称，同僚皆敬重之。光绪二十六年（1900）德宗（光绪）西逃，龙闱护从，乘车跋涉三千余里，顶风冒雨，四肢麻木，染成痹疾，在路上三次受到表扬，回京后升直隶墙子路都司。两宫宴驾，奉诏引导至东西二陵，心力交瘁，授遵化州游击。后见国事渐衰，忧愤而卒，时年49岁。

仝云龙（1866—1921）　字天池，号瑞图，金乡县仝庙人。父畏三，光绪二年（1876）恩科武进士，授候补守备。云龙随父习武，以光绪十八年（1892）传胪授花翎侍卫。淡泊明志，虽贵显仍朴素，不阿附上官，故在京供职17年没有迁升。光绪二十六年（1900），庚子之乱，德宗西逃，云龙先以告假归里，闻变急赴长安，辛丑年帝回北京，赐他弓马。宣统元年（1909）调广东省河源县前营游击。龙川邓姓建楼，妨碍了陈姓的祖坟地脉，诉讼数十年没有解决而成积案。两姓皆望族，数次械斗，蔓延七县，互相拘捕，置之私牢，官府不能制止，抚院欲遣吏前去而难选其人，同官荐举云龙，奉旨带兵前往。未至龙川百里，邓姓携物谒进贿赂，云龙不见，并示以威，然后同七县官绅共审，剖析曲直，秉公而断，只一次众皆折服。旋升惠州府参将加副将衔，兼带水师三营。有博罗县河案累年不决，复派云龙前去，数日亦解。及至清帝退位，遂挂冠而归故里，卒于家中。

周协崧（1885–1947） 字松山，金乡县马庙镇周海村人，山东省第一师范学校毕业。清宣统三年（1911）2月，成立劝学所，周任所长，至1923年改为教育局，周协崧任县教育局局长，成绩显著，屡受山东省教育厅的嘉奖。

“七七事变”，日军大举进攻内地，周协崧积极投入到抗日救亡工作，他变卖家产，购买枪支、药品，支援抗日部队，曾先后任金巨县抗日民主政府和鲁西南五县联合办事处参议会参议长。1938年5月，会道门头目寻体固拥有六、七千人，受其顽固派的煽动和欺骗，公然反对八路军，周协崧以他崇高的威望，只身前往说服寻体固，使其走向抗日救国的道路。

1946年10月，周协崧被派往羊山区周庄开展工作。国民党济宁专署特务大队长王子玉闻讯，带队将周庄团团围住，把村民集合起来，威逼他们交出周协崧，大家异口同声地回答“不知道”，敌人就把周树贤的妻子捆绑起来拷打，周协崧于心不忍，便挺身而出。结果他被五花大绑，押至济宁监狱。他在狱中坚贞不屈、视死如归，1947年春天被敌人活埋，壮烈牺牲。

徐大元（1890–1964） 字乾初，嘉祥县纸坊镇东刘庄人，出身于中医世家。1919年，在金乡县胡集镇湾里村开设“半功堂”药铺，坐诊行医，民国二十四年（1935）由金乡县国民政府考核，被录为国医。他医术精湛，尤以治疗喉症患者最佳。1959年秋末，白喉病流行，蔓延迅速，危害很大，徐大元虽年近古稀，仍四处奔走，察看疫情，施以家传秘方，临床辨证，并亲手拟定“白喉三期三方”，疗效很好，治愈200余名白喉患者，无一死亡，被誉为“慈心施妙术、圣手补天工”的神医。

长子嘉善、三子益善，为金乡县胡集镇医院中医主治医师，其徒王作仁，原为济宁市中医院院长、主治医师。先生晚年虽体弱多病，但仍孜孜不倦地工作，于1964年春天，完成著作《白喉要略歌诀》，总结了他一生治疗喉症的临床经验，而溘然长逝。

杜学诗（1903–1968） 艺名黑云彩，定陶县城关镇桑庄村人。自幼拜花鼓艺人陈师傅为师，因其身材苗条，眉清目秀，于是专攻花旦行当。他刻苦努力，技艺提高很快，不仅舞姿优美，动作娴熟，而且在唱念方面也有扎实的基本功。出场表演时，“云步”“捻步”“蹉步”“旋转”以及跑圆场等，犹如一朵彩云忽上忽下，忽左忽右，满场飞舞，且又面目黧黑，“黑云彩”绰号由此得来。

民间艺人，在旧社会地位很低，被称为下九流。国民党统治时期，污蔑花鼓戏是淫词烂调，屡被禁演。为了生存，杜学诗将其改名为“文明花鼓”，几经磨难，终将地摊花鼓搬上舞台演出，取名“四平调”。新中国成立后被金乡县政府接收，命名为“金乡县四平调剧团”。身为团长，他不仅有强烈的事业心，高超的演唱技巧，而且品德高尚，热心帮助别人。平时以身作则，注意节约，勤俭办团，不妄花集体一分钱。对工作兢兢业业，对同事满腔热情，是一位人人敬佩的德高望重的老团长。

王茂岭（1912–1983） 江苏省沛县人。1939年8月在沛县七区参加革命工作。曾任区职工会主任、情报站长、县职工会主任、县群众工作队队长、县委委员、县抗联主任。解放战争时期，任县联合会主任、县委委员、县人民武装部部长。新中国成立后，任县委委员，人民武装部部长。1954年9月转业地方工作，先后任金乡县人民政府县长、县委常委、县人民委员会副县长。1971年离职休养。

抗日战争时期，他积极组织发动群众，减租减息，参军支前，在对敌斗争中冲锋在前。1942年扩军时，由于其组织发动得好，超额完成了上级分配的任务，受到中共巨南县委的表扬。

解放战争时期，带领地方武装，坚持地方斗争，贯彻执行“一手拿枪，一手分田”政策，为人民解放事业做出了贡献。

抗美援朝时积极报名赴朝，为群众做出了榜

样。转业地方工作后，又为金乡县的经济建设特别是水利建设做出了自己的贡献。

1983 年 8 月 13 日，王茂岭因公出差，在去济南途中因车出事故致伤，经多方抢救无效，当日 21 时在宁阳县第二人民医院逝世。

胡继田（1931-1971）　金乡县司马镇夏楼村人，贫农出身。1958 年的大跃进中，到东北鞍山住在伯父家。同年 10 月铁路招工，他被录取分配在铁道部海拉尔铁路工程局，当了一名普通工人，后调到海铁三处 25 工程队为钢筋工。他吃苦耐劳，兢兢业业，工作认真，一丝不苟，连年被评为先进生产者，于 1966 年光荣地加入了中国共产党。1969 年，响应国家援建坦赞铁路的号召，积极报名，到坦桑尼亚修建铁路。1971 年 1 月 20 日，在修建铁路的一座桥梁上，当他紧张而有序地焊接钢筋时，氧气瓶突然发生爆炸，不幸壮烈牺牲。被批准为革命烈士，授予国际主义战士称号。

人物简介

县 委

刘景伦　男，汉族，1948 年 8 月出生，山东省临朐县人。中共党员，大学文化。

1965 年 8 月在烟台机器厂当工人。1966 年 7 月任济宁机器厂办事员、团委副书记，1977 年 8 月任济宁地委直属机关党委干事，1979 年 6 月任济宁地直团委书记、团地委组织部部长。1981 年 9 月至 1983 年 6 月山东大学科社系干修科学习。1983 年 6 月任共青团济宁市地委组织部部长，1984 年 2 月任济宁市纪委常委，1984 年 10 月任中共济宁市委组织部副部长，1989 年 5 月任中共济宁市委组织部副部长兼组织员办公室主任。1990 年 2 月任中共金乡县委书记兼金乡县人民武装部党委书记。1993 年 5 月离职调济宁工作。山东省第七次党代会代表。

杜昌文　男，汉族，1957 年 10 月出生，山东省嘉祥县人。中共党员，大专文化。

1975 年 9 月任嘉祥县农业学大寨工作队队员，1976 年 5 月任嘉祥县满硐公社党委常委、团委书记，1978 年 12 月任嘉祥县万张公社党委常委、团委书记、管委会副主任。1980 年 12 月山东农机学院干修科学习。1982 年 9 月任中共嘉祥县万张公社党委副书记。1984 年 2 月任中共嘉祥县委常委、团县委书记。1984 年 8 月任共青团济宁市委副书记，1988 年 6 月任共青团济宁市委书记，1989 年 3 月任济宁市教育局局长、党委书记。1993 年 1 月任中共金乡县委书记兼金乡县人民武装部党委书记。1997 年 12 月离职调菏泽行署工作。中共第七届济宁市委候补委员、第八届济宁市委委员。第十一届济宁市人大常委会委员。

石　柱　男，汉族，1951 年 11 月出生，济宁市中区人。中共党员，大专文化。

1969 年 12 月 9743 部队服役，历任战士、文书、班长。1973 年任济宁车具厂工会办事员，1977 年 12 月任济宁市机械局科员、秘书科副科长，1984 年 6 月任济宁市委企业政治工作部科员、秘书科副科长，1988 年 3 月任济宁市监察局办公室主任，1991 年 3 月任济宁市监察局副局长、党组成员，1991 年 7 月任中共梁山县委副书记，1993 年 3 月任济宁市监察局副局长、党组成员。1993 年 6 月任中共济宁市纪委常委、秘书长。1996 年 3 月任中共金乡县委副书记、县政府代县长、县长、县政府党组书记，1997 年 12 月任中共金乡县委书记。2000 年 1 月离职调济宁工作。

乔志猛　男，汉族，1956 年 9 月出生，山东省泗水县人。中共党员，在职研究生。

1974 年 7 月任邹县中心公社东村知青组长、团支部书记。1975 年 8 月任济宁地区邹西会战工作队队员。1975 年 11 月鲁南缝纫机厂组织科工作，科室团支部书记，1976 年 9 月任鲁南缝纫机厂组织科科长、科室党支部副书记、车间党支部副书记。1982年7月山东工业大学第一机械系工业企业管理工程专业学习。1984年7月任鲁南缝纫机厂党委委员、厂长助理、组织科科长、生产科科长、企业整顿办公室主任。1984年12月调济宁市委组织部工作，1986年2月任济宁市委组织部干部科副科长，1988年6月任济宁市委组织部干部科科长，1990年10月任济宁市委组织部巡视员、干部科科长，1992年12月任济宁市委组织部副部长，1998年5月任济宁市委组织部副部长兼济宁市编委办公室副主任。1998年6月任济宁市委组织部副部长、济宁行政学院副院长、济宁市编委办公室副主任。2000年1月任金乡县委书记，2000年2月任金乡县委书记、金乡县人民武装部党委第一书记，2000年3月任金乡县委书记、金乡县人民武装部党委第一书记、金乡县委党校校长。2001年1月任金乡县委书记、金乡县人大常委会主任、金乡县人民武装部党委第一书记、金乡县委党校校长，2001年3月任金乡县委书记、金乡县人大常委会主任、金乡县人大党组书记、金乡县人民武装部党委第一书记、金乡县委党校校长。2005年12月离职调济宁工作。济宁市政协第九届委员会委员。山东省第八次党代会代表。济宁市第九次党代会代表。济宁市纪律检查委员会委员。济宁市第十三届、第十四届人大代表。

曹景群　男，汉族，1958年6月出生，山东省嘉祥县人。中共党员，大学文化。

1976年5月任嘉祥县梁宝寺管区团总支书记，1977年2月兼任管区文书、业余教育网长。1978年10月山东省临沂商校学习。1980年7月任嘉祥县物价局秘书。1983年10月中共济南市委党校理论班学习，1986年9月中共山东省委党校理论班政治经济学专业学习。1987年6月任中共嘉祥县委宣传部理教干事，1989年9月任中共嘉祥县委宣传部企业思想政治科科长。1990年5月任中共济宁市委办公室副科级秘书，1990年12月任中共济宁市委办公室综合科副科长，1993年12月任中共济宁市委办公室正科级秘书，1997年1月任中共济宁市委办公室副县级秘书，1998年8月任中共济宁市委办公室副主任、机关党支部书记，2001年8月任中共济宁市委副秘书长、办公室副主任、机关党委书记。2004年8月任中共金乡县委副书记、代理县长，2005年1月任中共金乡县委副书记、县长，2005年12月任中共金乡县委书记，2006年1月任中共金乡县委书记、金乡县人大常委会主任。济宁市第十四届人大代表。济宁市中区第十五届人大代表。

县人大

赵鼎贤　男，汉族，1939年8月出生，山东省嘉祥县人。中共党员，大专文化。

1959年山东工学院机械制造专业学习。1964年任曲阜县小雪公社西陈大队社教工作队员。1965年任金乡县霄云公社霄云大队社教工作队员。1966年任金乡县霄云公社管区主任、公社党委常委。1972年任中共金乡县委党校教员。1975年任金乡县霄云公社党委副书记、公社社长。1978年任金乡县王丕公社党委书记。1980年任中共金乡县委常委、宣传部部长。1984年任中共金乡县委副书记（1984年兼任县委党校校长、县委政法委书记）。1990年任金乡县人大常委会主任、党组书记。1998年1月离职。1999年11月退休。

李遵德　男，汉族，1942年11月出生，金乡县鸡黍镇鸡黍村人。中共党员，大学文化。

1963年7月曲阜师范学校毕业并参加工作，任曲阜县董庄区团委副书记、学校专职总辅导员、教师团总支书记。1964年2月在山东省团校学习。1965年8月任曲阜县石门寺学校校长（原解放军142医院干部子女学校）。1969年3月任金乡县鸡黍公社中学负责人。1969年12月任金乡县革委政治部秘书，1976年3月任中共金乡县委组织部常务组长，1978年8月任中共金乡县委组织部干部组长，1980年10月任中共金乡县委组织部副部长，1984年2月任中共金乡县委常委、组织部部长，1990年1月任中共金乡县委副书记兼县委党校校长。1991年9月山东省委党校学习。1994年11月任中共金乡县委副书记兼县委党校长、政法

委书记，1996 年 3 月任金乡县政协主席、党组书记，1998 年 1 月任金乡县人大常委会主任、党组书记，2001 年 3 月任金乡县人大常委会调研员。2003 年 9 月退休。

济宁市第六次、第七次、第八次、第九次党代会代表，济宁市第八届政协委员，济宁市第十三届人大代表。

乔志猛（见县委）

侯宪林　男，汉族，1952 年 10 月出生，山东省东平县人。中共党员，大学文化。

1972 年 11 月入伍，历任烟威警备区战士、班长、排长、参谋、教员、连长、副营长、训练处处长。1986 年 5 月任中共金乡县委常委、人民武装部部长，1992 年 12 月任中共金乡县委常委、县政府党组副书记，1993 年 5 月任中共金乡县委常委、政法委书记，1994 年 11 月任中共金乡县委常委、政府副县长，1995 年 3 月兼任县政府党组副书记。1997 年 12 月任中共金乡县委副书记，2003 年 1 月任金乡县人大常委会第一副主任（正县级），2005 年 5 月兼任党组书记。

济宁市第七次、第九次党代会代表，济宁市第十四届人大代表。

县政府

王允祥　男，汉族，1947 年 8 月出生，金乡县霄云镇人。中共党员，大专文化。

1970 年任金乡县霄云公社整党工作队队员，1972 年任金乡县委办公室办事员，1976 年 8 月任金乡县羊山公社党委副书记。1980 年 9 月山东农机学院干修科学习。1982 年 9 月任中共金乡县马庙公社党委副书记，1984 年任中共金乡县鸡黍镇党委书记。1985 年任中共金乡县委副书记，1990 年 2 月任中共金乡县委副书记、县长、县政府党组书记。1992 年 12 月离职调济宁工作。

刘昭庆　男，汉族，1942 年 9 月出生，山东省鱼台县人。中共党员，中专文化。

1959 年 8 月金乡师范学习。1961 年 7 月驻徐州坦克某师服役。1968 年 3 月任鱼台县革委生产指挥部办事员。1979 年 11 月任鱼台县粮油加工厂厂长、党支部书记，1981 年 8 月任鱼台县粮食局副局长、党组成员，1983 年 2 月任鱼台县粮食局局长、党组书记。1985 年 6 月任中共鱼台县纪律检查委员会书记。1990 年 2 月任中共金乡县委常委、金乡县人民政府副县长、党组副书记。1992 年 12 月任中共金乡县委副书记、金乡县人民政府代理县长、党组书记。1993 年 2 月任中共金乡县委副书记、金乡县人民政府县长、党组书记。1996 年 3 月离职调济宁工作。

济宁市第七届纪委委员，济宁市第七次、第八次党代会代表。

石　柱（见县委）

张生贤　男，汉族，1952 年 7 月出生，山东省嘉祥县人。中共党员，大学文化。

1968 年 8 月任嘉祥县公路段养路员，1973 年 9 月嘉祥县幢里公社半脱产，1976 年 2 月任嘉祥县金屯公社党委副书记，1978 年 12 月任嘉祥县满硐公社党委副书记，1981 年 12 月任中共嘉祥县新桃河公社党委书记。1984 年 9 月山农大农学系干修班学习。1986 年 6 月任中共嘉祥县大山头镇党委书记。1987 年 2 月任嘉祥县人民政府副县长，1992 年 12 月任中共嘉祥县委常委、政府副县长，1995 年 5 月任中共嘉祥县委副书记、政府副县长。1997 年 12 月任中共金乡县委副书记、代理县长，1998 年 1 月任中共金乡县委副书记、县长。2001 年 1 月离职调济宁工作。

李明晨　男，汉族，1954 年 10 月出生，山东省鱼台县人。中共党员，大学文化。

1975 年 10 月任鱼台县委驻五庙常店大队工作组副组长，1976 年 7 月任共青团鱼台县委副书记，1979 年 2 月任中共鱼台县石集公社党委副书记，1981 年 4 月济宁师专干修科学习。1983 年 1 月任中共鱼台县石集公社党委副书记、管委会主任，1984 年 5 月任中共鱼台县周堂公社党委书记，1987 年 2 月任中共鱼台县委常委、宣传部部长。1997 年 12 月任济宁市贸易局副局长，1999 年 1 月任济宁市物资集团总公司董事长、总经理、党委书记。2001 年 1 月任中共金乡县委副书记、金乡县人民政府代理县长、县长、党组书记。2004年8月离职调济宁工作。

山东省第十届人大代表。济宁市第十三届、第十四届人大代表，济宁市第九届政协委员，济宁市第八次、第九次党代会代表。

曹景群（见县委）

县政协

苑立常　男，汉族，1935年12月出生，山东省汶上县人。中共党员。

1955年7月嘉祥县二中（原平原省南旺县中学）毕业。1955年9月任济宁县六区天庙小学教师，1957年9月汶上县委肃反审干办公室工作，1958年10月在汶上县委宣传部报社工作。1960年11月任中共汶上县委组织部组织员，1962年5月任汶上县叉桥公社团委书记（其间在山东省团校学习三个月）。1964年8月曲阜县姚村公社崔庄大队搞四清。1965年3月任兖州县黄屯公社蒜园大队四清试点工作组组长。1965年8月任金乡县化雨公社四清工作大队秘书，1966年8月任金乡县城关公社党委副书记（1970年4月任公社核心领导小组组长），1972年10月任城关公社党委书记。1977年3月任中共金乡县委常委，1977年7月任中共金乡县委副书记（其间1977年7月任金乡县革命委员会副主任，党组副书记），1984年5月任金乡县人大常委会副主任，党组副书记。1987年3月后历任政协金乡县委员会第四、第五、第六届主席，1996年5月退休。

济宁市政协第六届、七届、八届政协委员，中国共产党济宁市第八次代表大会代表。

李遵德（见县人大）

韩振中　男，汉族，1948年11月出生，金乡县霄云镇周大庄人。中共党员，大学文化。

1968年9月任金乡县霄云公社周大庄联中教师，1970年11月任金乡县霄云公社党委委员、党委秘书，1976年5月任金乡县委组织部干部干事、秘书。1983年6月济宁师专干修班学习。1985年6月任中共金乡县委组织部副部长，1987年2月任金乡县人民政府副县长，1990年2月任中共金乡县委常委、组织部部长，1992年11月任中共金乡县委副书记、金乡县人民政府常务副县长、党组副书记，1998年1月任金乡县政协主席、党组书记。

济宁市第九届、第十届政协委员，济宁市第九次党代会代表。

先模人物

金乡县获国家（含部委）级表彰先进模范人物一览表

表人物 -1

姓名	性别	出生年月	工作单位	荣誉名称	授奖机关	授奖时间
李令俊	男	1944.12	金乡县化雨乡	全国计划生育先进个人	国家计划生育委员会	1986.03
周继存	男	1962.04	总参谋部装甲兵部	优秀专业军士	中国人民解放军总参谋部装甲兵部	1988.12
韩庶祥	男	1934.05	金乡县中心小学	全国优秀教师	国家教育委员会、人事部、中国教育工会全国委员会	1989.09
杜忠勤	男	1942.05	金乡县羊山镇中心校	全国优秀教师	国家教育委员会、人事部、中国教育工会全国委员会	1989.09
李文华	男	1962.01	金乡县统计局	第四次全国人口普查先进个人	国务院第四次全国人口普查领导小组	1990.12
李秀兰	女	1950.08	金乡县马庙乡	全国计划生育先进个人	国家计划生育委员会	1991.02
李秀兰	女	1950.08	金乡县马庙乡	全国三八红旗手	中华全国妇女联合会	1994.07
李秀兰	女	1950.08	金乡县马庙乡	全国计划生育优秀女工作者	国家计划生育委员会、中华全国妇女联合会	1994
徐峰	男	1949.01	金乡县公安局刑警大队	嘉奖	最高人民法院、最高人民检察院、公安部、国家税务总局	1995.01
代春霞	女	1971.12	金乡县土地矿产管理局	土地利用优秀成果二等奖	国家土地管理局	1995.05
杨德胜	女	1950.10	金乡县马庙乡咸古店小学	全国教育系统劳动模范	国家教委、人事部	1995.09
王宏伟	男	—	金乡县工商银行	全国金融劳动模范	中国人民银行、人事部	1996
李登先	男	1948.05	金乡县公安局缗城派出所	全国优秀人民警察	公安部	1996.02
李德才	男	1952.08	金乡县供销合作总社	先进工作者	全国供销合作总社	1996.11
胡中洋	男	1949.11	金乡县建材有限公司	全国五一劳动奖章	中华全国总工会	1997.04
张良亭	男	1947.11	金乡县棉麻公司	全国供销合作社劳动模范	人事部、全国供销合作总社	1997.05
姜开德	男	1967.01	金乡县鸡黍镇	全国基层组织建设先进个人	中共中央组织部	1997.06
程淑霞	女	1962.02	金乡县统计局	第一次全国基本单位普查先进个人	第一次全国基本单位普查办公室	1997.09
李绍乾	男	1948.11	金乡县公安局刑警大队	全国优秀人民警察	公安部	1998.04
张广明	男	1961.05	金乡县第二中学	教育系统劳动模范、全国模范教师	教育部、人事部	1998.09
孔凡振	男	1970.10	金乡县棉办	全国农牧渔业丰收奖壹等奖（第四十五名完成者）	农业部	1998.10

续表人物 -1

姓名	性别	出生年月	工作单位	荣誉名称	授奖机关	授奖时间
尹福香	女	1971.06	金乡县农村信用合作联社	中国优秀青年卫士	共青团中央、最高人民法院、最高人民检察院、公安部、司法部、财政部、中国人民银行、国家税务总局、国家工商行政管理局、海关总署、中国人民武装警察部队	1999.04
孔凡振	男	1970.10	金乡县棉办	全国农牧渔业丰收奖贰等奖（第五名完成者）	农业部	2000.12
徐思新	男	1962.12	金乡县第一中学	全国优秀教师	教育部	2001.09
李文华	男	1962.01	金乡县统计局	第五次全国人口普查先进个人	国务院第五次全国人口普查领导小组	2002.01
韩科峰	男	1965.12	金乡县统计局	第二次全国基本单位普查先进个人	第二次全国基本单位普查领导小组	2002.11
寻广岭	男	1968.06	鱼山镇市场管理办公室	全国农产品批发市场信息联网先进工作者	农业部市场与经济信息局、全国菜篮子工程办公室、农业部信息中心	2003~2007连续五年
刘联合	男	1968.02	金乡县公安局治安大队	全国公安系统二级英模	公安部	2003.03
韩科峰	男	1965.12	金乡县统计局	第一次全国经济普查先进个人	国务院第一次全国经济普查领导小组	2005.07
乔培战	男	1967.03	金乡县公安局	全国先进工作者	中华全国总工会	2005.04
孟宪霞	女	1953.09	宏泰冷藏加工有限责任公司	全国双学双比女能手	全国农村妇女双学双比竞赛活动领导小组	2006.02
田国良	男	1964.10	金乡县人民医院	全国五一劳动奖章	中华全国总工会	2007.04
安殿民	男	1967.11	金乡县第一中学	全国优秀教师	教育部	2007.09
安殿民	男	1967.11	金乡县第一中学	全国中小学优秀班主任	教育部	2007.09
丁福武	男	1957.11	金乡县供销合作总社	全国供销合作社系统劳动模范	人事部、全国供销合作总社	2007.12
于振安	男	1954.06	金乡县国家税务局	全国优秀工会积极分子	中华全国总工会	2008.04
宋冬红	男	1973.12	金乡县经济开发区	第二次全国农业普查先进个人	国务院第二次全国农业普查领导小组办公室 国家统计局	2008.04
张东梅	女	1974.11	金乡县实验小学	全国模范教师	人社部、教育部	2009.09
张东梅	女	1974.11	金乡县实验小学	全国教育系统巾帼建功标兵	教育部、中华全国妇女联合会	2009.09
仲继刚	男	1969.10	金乡县国家税务局	全国税务系统先进工作者	人力资源和社会保障部、国家税务总局	2009.12
韩科峰	男	1965.12	金乡县统计局	第二次全国经济普查先进个人	国务院第二次全国经济普查领导小组	2009.12
李文华	男	1962.01	金乡县统计局	第二次全国经济普查先进个人	国务院第二次全国经济普查领导小组	2009.12

续表人物 –1

姓名	性别	出生年月	工作单位	荣誉名称	授奖机关	授奖时间
孙素英	女	1958.12	山东润丰种业有限公司	全国城乡妇女岗位建功先进个人	中华全国妇女联合会	2010.02
李遵德	男	1942.11	金乡县人大常委会	全国关心下一代工作先进工作者	中国关心下一代工作委员会 中央精神文明建设指导委员会办公室	2010.06
周凤礼	男	1953.11	山东润丰种业有限公司	全国科普惠农兴村带头人	全国科协、财政部	2010.12
张铁	男	1983.04	金乡县国土资源局	全国地质灾害防治优秀群测群防监测员	国土资源部	2010.12
郑志东	男	1970.03	金乡县公安局第一派出所	全国五一劳动奖章	中华全国总工会	2011.04
周远征	女	1964.12	金乡县物价局	全国价格举报工作先进个人	国家发展和改革委员会	2011.05
郑志东	男	1970.03	金乡县公安局第一派出所	全国政法系统优秀党员干警	中共中央政法委员会	2011.06
仇海昕	男	1965.01	金乡县西关小学	全国青少年普法教育先进个人	司法部、中央综治办、中国关工委	2011.07
白显勇	男	1963.09	金乡县人社局	嘉奖	中组部、人社部	2012.08
周险峰	男	1969.10	金乡县乡土石磨面粉厂	全国自强创业奖	中国残疾人联合会	2012.10

金乡县获省委、省政府表彰先进模范人物一览表

表人物 –2

姓名	性别	出生年月	工作单位	荣誉名称	授奖机关	授奖时间
肖庆吉	男	1941.04	金乡县教师进修学校	特级教师	山东省政府	1979.12
李曰玉	男	1939.11	金乡县计划委员会	计划生育先进个人	山东省委、省政府	1981.03
于广寿	男	1944.07	金乡县邮电局	劳动模范	山东省政府	1986.04
孟凡营	男	1962.07	化雨乡吴海村	农业劳动模范	山东省政府	1986.10
周保文	男	1938.12	羊山镇后周村	农业劳动模范	山东省政府	1986.10
吴效申	男	1942.07	金乡县机关党委	计划生育先进工作者	山东省委、省政府	1988.11
王秀珍	女	1937.10	金乡县人民医院	劳动模范	山东省政府	1989.04
赫广志	男	1950.03	金乡县羊山镇葛山村	农业劳动模范	山东省政府	1990.09
高新军	男	1955.12	金乡县城郊乡高庄村	农业劳动模范	山东省政府	1990.09

续表人物 -2

姓名	性别	出生年月	工作单位	荣誉名称	授奖机关	授奖时间
侯宪林	男	1952.10	金乡县人武部	国防后备力量战线先进人物	山东省政府、省军区	1990.12
刘文廷	男	1947.09	金乡县人武部	三等功	山东省军区	1991.03
郑秋香	男	1935.07	金乡县信访办	信访工作先进个人	山东省委、省政府	1992.03
任忠运	男	1944	金乡县建设银行	劳动模范	山东省政府	1992.04
刘文廷	男	1947.09	金乡县人武部	国防教育先进个人	山东省政府、省军区	1992.07
李秀兰	女	1950.08	金乡县马庙乡	计划生育劳动模范	山东省委、省政府	1993.11
李秀兰	女	1950.08	金乡县马庙乡	优秀共产党员	山东省委	1994.06
刘永献	男	1963.03	金乡县卜集乡	棉花工作先进个人	山东省政府	1995.03
张良亭	男	1947.11	金乡县棉花加工一厂	棉花工作先进个人	山东省政府	1995.03
刘建中	男	1948.08	金乡县供销社	棉花工作先进个人	山东省政府	1995.03
孔庆余	男	1939.06	金乡县棉办	棉花工作先进个人	山东省政府	1995.03
胡中洋	男	1949.11	金乡县建材有限公司	劳动模范	山东省政府	1995.04
郭保臣	男	1954.05	金乡县胡集镇西郭村	劳动模范	山东省政府	1995.04
李绍乾	男	1948.11	金乡县公安局刑警大队	二等功	山东省政府	1996.04
李宪鹏	男	1950.03	金乡县财政局	优秀共产党员	山东省委	1997.06
韩兴田	男	—	鱼山镇隋楼村	优抚对象先进个人	山东省委、省政府、省军区	1997.06
姜开德	男	1967.01	金乡县鸡黍镇	优秀驻村工作队员	山东省委	1998.06
韩　军	男	1953.06	金曼克集团	劳动模范	山东省政府	1998.04
孙金洲	男	1967.07	司马乡唐坊村	农业劳动模范	山东省政府	1998.04
朱　勇	男	1978.08	广西 53014 部队 79 分队	抗洪救灾献给新时期最可爱的人	湖北省委、省政府	1998.09
郝宪民	男	—	金乡县缗城镇	蔬菜运销大户	山东省政府	1998.11
聂承珠	男	1935.12	金乡县人大常委会	模范老人	山东省政府	1999.10

续表人物 -2

姓名	性别	出生年月	工作单位	荣誉名称	授奖机关	授奖时间
孟宪霞	女	1953.09	宏泰冷藏加工有限责任公司	劳动模范（下岗再就业）	山东省政府	2002.09
李伏云	女	1968.03	金乡县实验小学	特级教师	山东省政府	2002.09
韩允其	男	1948.12	金乡县鱼山镇崔口村	劳动模范	山东省政府	2003.04
田国良	男	1964.10	金乡县人民医院	先进工作者	山东省政府	2003.04
王　强	男	1954.11	金乡县委	防非典个人二等功	山东省委、省政府	2003.07
周光全	男	1962	金乡县政府	防非典个人三等功	山东省委、省政府	2003.07
刘汉卿	男	1961.07	金乡县防疫站	防非典个人二等功	山东省委、省政府	2003.07
宋昌稳	男	1963.03	金乡县人民医院	防非典个人三等功	山东省委、省政府	2003.07
王长代	男	1960.04	金乡县公安局交警大队	防非典个人三等功	山东省委、省政府	2003.07
孟凡森	男	1953.04	金乡县信访局	一等功	山东省委、省政府	2004.02
李克学（回）	男	1964.11	金乡县政府	民族团结进步模范个人	山东省政府	2005.10
徐思新	男	1962.12	金乡县第一中学	特级教师	山东省政府	2006.09
李梅香	女	1968.03	金乡县实验中学	特级教师	山东省政府	2006.09
赵秀兰	女	1963.06	金乡县实验小学	特级教师	山东省政府	2006.09
李目辉	男	1992.09	金乡县霄云镇店子村	齐鲁好少年	山东省政府	2006.09
周凤礼	男	1953.11	山东润丰种业有限公司	劳动模范	山东省政府	2008.04
郑志东	男	1970.03	金乡县公安局鸡黍派出所	先进工作者	山东省政府	2008.04
郭奉林	男	1969.05	金乡县兴隆乡郭店村	优秀共产党员	山东省委	2008.06
李刚为（回）	男	—	金乡县金乡镇清真社区	民族团结进步模范个人	山东省政府	2010.06
高红翠	女	1978.01	金乡县化雨中心小学	特级教师	山东省政府	2010.10
李英渠	男	1965.03	金乡县教体局	教育先进工作者	山东省政府	2010.10

金乡县富民兴鲁劳动奖章获得者一览表

表人物 -3

姓名	性别	出生年月	工作单位	荣誉名称	授奖机关	授奖时间
李伯华	男	—	金乡县糕点公司	富民兴鲁劳动奖章	山东省总工会	1987.04
高中泉	男	1951.08	金乡县砖瓦厂	富民兴鲁劳动奖章	山东省总工会	1988.04
曹景民	男	—	金乡县公路局	富民兴鲁劳动奖章	山东省总工会	1988.04
王　荣	女	1964.06	金乡县邮电局	富民兴鲁劳动奖章	山东省总工会	1990.04
曹月兰	女	—	第二百货公司中心商场	富民兴鲁劳动奖章	山东省总工会	1991.04
韩　军	男	1953.06	金乡县变压器厂	富民兴鲁劳动奖章	山东省总工会	1993.04
于伯龙	男	1951.08	金乡县建材有限公司	富民兴鲁劳动奖章	山东省总工会	1994.04
孔庆顺	男	1950.01	金乡县化工股份有限公司	富民兴鲁劳动奖章	山东省总工会	1996.04
李　民	男	1959.01	金贵酒厂	富民兴鲁劳动奖章	山东省总工会	1999.04
沈兴茂	男	—	金乡县供电局	富民兴鲁劳动奖章	山东省总工会	2000.04
曹建光	男	1970.03	金曼克集团	富民兴鲁劳动奖章	山东省总工会	2001.04
孙其美	男	1957.07	金乡县金桥煤矿	富民兴鲁劳动奖章	山东省总工会	2001.04
田国良	男	1964.10	金乡县人民医院	富民兴鲁劳动奖章	山东省总工会	2002.04
曹守富	男	1942.10	金乡县总工会	富民兴鲁劳动奖章	山东省总工会	2002.04
肖耀宇	男	—	金乡县金桥煤矿	富民兴鲁劳动奖章	山东省总工会	2004.04
孙　伍	男	1969.03	金乡县自来水公司	富民兴鲁劳动奖章	山东省总工会	2004.04
尹福香	女	1971.06	金乡县农村信用合作联社	富民兴鲁劳动奖章	山东省总工会	2005.03
靳清汉	男	1962.11	金乡县人民医院	富民兴鲁劳动奖章	山东省总工会	2006.04
孔　强	男	1965.09	金乡县地方税务局	富民兴鲁劳动奖章	山东省总工会	2007.04
李敬峰	男	1961.04	金乡县华光食品进出口有限公司	富民兴鲁劳动奖章	山东省总工会	2011.04

附　录

附 录

大蒜文化

自1991年来，金乡人民凭着对大蒜独有的深厚感情，自编自唱、自娱自乐，抑或触景生情、有感而发，创作编演了近1000余件涉及大蒜的诗歌、小品、相声、歌曲、快板、舞蹈等文艺、文学作品，不少作品还在省、市获得大奖。如金乡县老年大学自己编排的《大蒜舞》，在2004~2005年曾荣获山东省“精品舞蹈”大赛一等奖。

打油诗

金乡大蒜，世界名扬；
金乡金谷，皇宫品尝；
金乡圆葱，飘海过洋；
金乡梨瓜，如蜜似糖；
金乡山药，又粗又长；
金乡小伙，英俊善良；
金乡姑娘，美丽大方。

〈诗歌〉金乡赞

赵志强

古缗宝地披新妆，文峰塔下聚贾商。
春风十里蒜乡路，魁星湖畔颂金乡。

金乡大蒜冠神州，赛似华佗回春手。
四海五洲翘首盼，绿证银奖誉全球。

相约诚信之乡

鲍方

鸡黍之约的诚信典故
传颂你名扬天下的千古佳话
生死践约的诚信美德
铸就你世代相传的情义无价
你的美名和诚信
永远连在一起
人们在心里呼唤你
呼唤它

诚信故里的蒜香水韵
见证你一诺千金的中华文化
诚信之源的父老乡亲
浇灌你长盛不衰的和谐之花
你用感恩的真情
践行诚信文化
每个时代都需要你
需要它

啊 相约金乡 让诚信春风吹撒
诚信走遍世界 诚信迎接天下
啊 相约金乡 让诚信光彩焕发
诚信伴随一生 诚信造福万家

诚信之源 情满金乡

鲍方

鸡黍之约 千古佳话
忠义诚信的美德光耀中华
一诺千金 一言九鼎
诚实守信的风气满城吹撒

诚信文化 薪火传家
抱诚守真的品格名扬天下
诚至金开 言而有信
赤诚相待的胸怀有容乃大

啊 诚信之源 情满金乡
诚信赢得成功换来情谊无价

诚信两字大写在希望的热土
人们在心里铭记着它践行着它

啊 诚信之源 情满金乡
诚信走遍世界浇灌和谐之花
蒜都水乡捧出了诚信的名片
每个时代都需要着它呼唤着它

〈快板〉金乡是个好地方

乔宪忠

说金乡，唱金乡，金乡是个好地方。
古老的大地出特产，白皮大蒜王中王。
个头大的如馒头，那小的也能赛鹅黄。
由于金乡大蒜种得好，吸引来天南地北的客商。
每到大蒜收获时，八方的客户聚集在金乡。
都冲着金乡大蒜的品质好，
都冲着金乡大蒜是绿色食品能保人健康。
八方客商为买到金乡大蒜而骄傲，
四海宾朋为吃上金乡大蒜而荣光。
北方人巧用金乡大蒜来抵寒，
南方人惯用金乡大蒜去煲汤。
西方人用金乡大蒜做成全蒜宴，
烹、调、煎、炸，尽花样。
所有人都夸金乡的大蒜好，
老外们也伸出拇指把嘴张。
白：“金乡白皮大蒜，OK—！真是OK—！”
中国大蒜之乡寿星多，
在金乡人活百岁很平常。
马庙镇有个105岁的老人张兴秀，
至如今走路还不用拐杖。
霄云镇有位109岁的杨邵氏，
还经常下到厨房帮帮忙。
还有位百余岁的老人张存善，
一顿饭能吃下两个馒头两碗汤。
若问为啥金乡百岁老人这么多？
皆因为人们喜吃大蒜寿命长。
金乡的大蒜品质优，内含着钙钠和脂肪。
金乡大蒜功能多，丸汤妙药比不上。
它杀毒气，疗疥疮，除风湿、护心脏。
还能够降低胆固醇，消炎抗癌威力强。
常吃大蒜不得病，任何疾病皆能防。
白：“听你这么一说，金乡大蒜还真成神物了！”
金乡人种蒜规模大，绿野遍地蒜飘香。
地膜覆盖新技术，科学栽培有含量。
适期浇水看火候，平衡施肥搞配方，
五月大蒜收获时，城乡处处有市场。
要买大蒜就买金乡产，金乡的大蒜实在棒。
金乡的民风最淳朴，这里是热情好客的礼仪帮。
金乡蒜好人更好，心底无私天地广。
这些年虽说种植大蒜发了财，
金乡人从来不把朋友诓。
处处为着客商供方便，公平交易多礼让。
外地拉蒜的车辆进金乡，公检法司给护航。
客商们要住宾馆设施全，宾朋们欲下酒店饭菜香。
出了门不觉是在外，宾至如归似家乡。
蒜乡好，好蒜乡，蒜都金乡真是个好地方。
城中有一座文峰塔，唐代的建筑多古香。
还有明代的魁星楼，矗立在魁星湖中供观赏。
羊山战役纪念馆，英烈的事迹多悲壮。
王杰烈士纪念馆，英明千古留芬芳。
金乡县自古多人杰，厚重的人文照金乡。
古老的土地展新姿，金子之乡变蒜乡。
金乡美，美金乡，金乡真是个好地方。
城乡建设日日新，中华蒜都更令人神往，
更令人神往！

〈小小说〉老蒜疙瘩

乔宪忠

“哎——！我说‘老蒜疙瘩’，您今天又出来晒太阳啦？”

“昂——！晒晒太阳不生虫子啊。看着俺还能不能在多活几年。眼下，这太平盛世，吃不愁、穿不愁，共产党领导的好哇！”

张庄村的两个老者倚在墙跟上，啦着呱，那个被唤做“老蒜疙瘩”的人，今年109岁了，真名实姓外人都叫不清。这老者穿戴古朴，瓦灰色大襟长棉袍，头戴一顶深蓝色火车头样式的前进帽，是在城里工作的重孙子给买的。他腰里系着一条黑色棉布拈带，已有几十年的历史。脚下穿着一双昏黄无光的翻毛牛皮鞋，是儿子的儿子馈赠给老爷子的。这老者看上去很老了，但他那副清癯的脸上仍泛着红晕，精神头儿很好。

另一位年轻些老者，今年也 98 岁了。闲来无事，就出得门来找这“老蒜疙瘩”天南地北、家长里短侃上一通，觉得心里挺舒坦。

张庄村的这两位老者，从小生活在蒜乡，就象生活在大海边上的渔民一样，人家喜爱吃鱼吃虾，他们俩却喜欢吃家乡的大蒜。

为吃大蒜，在“老蒜疙瘩”身上还演绎过一回风花雪月的故事。那时，“老蒜疙瘩”刚娶上媳妇。

这天晚饭时“老蒜疙瘩”生吃了几头大蒜，刚要上床，媳妇闻到了他嘴上的蒜味，三寸金莲朝他猛地一伸：“滚那头去，臭大蒜！啥时不吃蒜了，再来。”

“老蒜疙瘩”还是照吃大蒜，媳妇闻不惯那大蒜特有的芬芳。可他是自家的男人，也就随他去吧。谁知“老蒜疙瘩”吃大蒜上了瘾。天天吃，顿顿吃，一顿不吃心就发慌。媳妇熊他：“你就不能忍上一顿不吃”？

“不行，咱这块大蒜越吃越觉着香，水土好哇！”

媳妇就骂他：“真是个‘老蒜疙瘩’！”

“老蒜疙瘩”吃了一辈子大蒜，没生过疮，没害过病，换来儿孙满堂，人丁兴旺。他媳妇不吃蒜，可是命短，花甲那年去世了。

“老蒜疙瘩”的名气越来越大，村里的人渐渐地遗忘了他的真名字，见了他，都直呼：“老蒜疙瘩”。他不温不怒，就应下这个名字。每逢村里有人喊他“老蒜疙瘩”，他听得蹦甜！连那花白的胡子都一翘老高。

“老蒜疙瘩”在蒜乡种了一辈子蒜，对如今流行的“平衡施肥、配方施肥、地膜覆盖、提纯复壮”的词儿，很不感兴趣儿。一听到这，他就说：“屁！你们懂些啥？我走过的桥比你们跑过的路还多哩！”

“老蒜疙瘩”早就不下田了。有人拿着现在的大蒜让他看时，他直摇头：“这不是大蒜。是馒头哇！我那会儿种的大蒜最大的才象个小杏，哪有这么大的蒜？”

“老蒜疙瘩”摸着别人递过来的蒜，捏了捏，挺硬，又放在鼻子上闻了闻，有那么一股子蒜味。

“还真不是馒头来！”

“老蒜疙瘩”知道拿在手里的不是馒头，是大蒜。可他不服气哩！不相信现在的年轻人会种出比他那会还大的蒜，就给自己打遮掩：“这不是馒头，也不是大蒜！”

村里人知道他上了年岁，爱认个死理，也就没谁跟他较真，他说是啥就是啥。可背地里总有人在说他：“真是个‘老蒜疙瘩’！”

今天和“老蒜疙瘩”啦呱的那个年轻些的老者，其实也是个“老蒜疙瘩”。从小就爱吃家乡的大蒜，今年 98 岁，仍眼不花，耳不聋，膝下儿孙一大片。看这光景，他比那“老蒜疙瘩”寿命还长呢！

蒜乡为啥寿星老人多？为解这谜，来自京城、省城的专家们正在蒜乡进行考察。听说，扛摄像机的人还专门采访了“老蒜疙瘩”。

唉，这个让人难以琢磨的“老蒜疙瘩”！

艺文补遗

（一）古八景诗

莎岭春晴

莎岭，又名东岭子，位于县城东约一华里。旧时岭上长满莎草，东自鱼台西至曹县，绵延数百里，时称“金莎岭”，绿茵似锦，春日暖照，倍觉鲜艳，故被称为佳境。莎草为多年生草本植物，叶条形，有光泽，花穗褐色，地下块根叫香附子，

可以入药。

一夜东风报早春，晴光景物逐时新。
杏林日映红开锦，莎岭风梳绿展茵。
趁暖好音留倦鸟，乐游便卧恋行人。
王孙何处寻芳草，莫厌追欢向此频。
（明·周济川）

连朝风雨出无因，此日芳郊春可人。
每为莺花牵酒债，闲从童冠乐天真。
桃花吐艳晴张锦，草色和烟暖列茵。
醉倚翠微织月上，霞觞细酌晚移轮。
（明·周济用）

霁色净烟岚，层峦抱晴旭。
春莎漫无际，随风漾新绿。
（田多稼）

阳山雪霁

阳山，在县城西北25里，因位于群山之阳而得名，其形状酷似一头蜷曲的绵羊，故也称羊山。雪后初晴，登高远望，银装素裹，山净天朗，堪称佳境。今为羊山镇人民政府所在地。1947年7月刘邓大军在此鏖战，结束了鲁西南战役，千里跃进大别山，从而拉开了全国战略反攻的序幕，山顶建有鲁西南战役纪念馆、革命烈士纪念碑等。

阳山壁立势崔嵬，瑞雪初收晴景开。
大地山川银世界，楚王宫殿玉楼台。
冰花塞压孤岩树，月影斜侵近岭梅。
佳境眼前开尽卷，狂吟阁笔愧非才。
（明·周济川）

岳脉宠灰特地来，晴峰砥柱自崔嵬。
千岩霁雪开图画，万树琼枝变草莱。
短发不妨频落帽，壮怀怅望一登台。
玉箫何处吹明月，徙倚松云谅落梅。
（明·周济用）

山寒瘦如削，积雪披素缟。
晓风扇微和，春澌浴碧草。
（清·沈霖）

山云迷晓骑，雪后见晴峦。
树色衔朝曙，沙痕带宿寒。
晛消岩壑净，天朗石屏宽。
四望无人径，烟岚深处看。
（清·周岐）

涞水朝烟

涞水，即县城东的莱河。每天早晨旭日初升，朝气弥漫，似烟非烟，似雾非雾，在红日映衬下更显虚无缥缈，故称为佳境。

水绕孤村远接天，朝来时景锁寒烟。
行人凝望迷官渡，渔父贪眠系钓船。
群鹭忘机立浅渚，游鱼得水跃深渊。
临流亦有垂纶者，谁识飞熊为访贤。
（明·周济川）

烟笼环渚带层城，野渡悠然自濯缨。
槎漫桑田秋涨阔，月明堤柳夜潮平。
鱼游碧沼频吹浪，鹭近澄江欲结盟。
民瘼每为积劳苦，凭谁一浚下流情。
（明·周济用）

浩瀚达徐泗，月落烟雾起。
蓝桨溯空濛，云树恍千里。
（明·士可）

潆渟留古渡，芳草自萋萋。
晓屿烟光乱，寒沙曙色迷。
柳垂溪水暗，天远野云低。
独立苍茫里，风前听鸟啼。
（清·周岐）

春城晚照

春城，旧指北关城门楼一带，落日余晖中文人墨客来此聚会、游玩，把酒言欢，吟诗作赋，谈古论今，自得其乐，被称为佳境，已无存。（大体方位在县城露天影院东侧，文峰路与金司路交叉路口一带。）

遥望春城日渐斜，烟岚深锁野人家。
晴光万里仍回照，绿树千章总不遮。
潦水归人喧野渡，疏林古木点寒鸦。
牛羊已下柴门闭，犹自东窗射碧纱。
（明・周济川）

登台载酒典春衣，一任酡颜对夕晖。
烟柳千章频引望，汀鸥群立已忘机。
满拟清兴沉沉尽，莫遣红英冉冉飞。
万虑捐心成独往，陶然薄暮候荆扉。
（明・周济用）

仙令循东郊，士女争纷错。
薄暮歌管停，禽鸟有余乐。
（田多稼）

坟台峙秀

坟台，即坟书台，是旧时存放古书的地方，亦称坟典。位于县政府院东部，星湖公园文渊阁以北政府家属院一带，已无存。

坟台高峙孔墙东，秀毓苍龙气势崇。
人力修为宁岁月，地灵融结自鸿濛。
登临深夜邀圆月，感慨当年忆古风。
争说焚书秦帝者，讹传孟浪似难通。
（明・周济川）

翠微高阁倚层城，漫说诗书煨烬明。
道脉不因秦火灭，文光益向鲁儒明。
青衿自昔登临遍，白首重游感慨生。
崒屼此中蟠秀气，澄江劲柏若为情。
（明・周济用）

坟典久无存，至理倩谁授。
古道余荒苔，土花错如绣。
（明・朱有冯）

寿河焕文

寿河，即魁星河，位于县城中心，县政府东侧。寿河西原有光善寺，寺内有塔，俗称文峰塔，北邻学府，明万历二十七年（1599 年）金乡知县彭鲲化在水中修建魁星楼，故也称魁楼河，楼前有三孔石桥（已无存）相通。风和日暖之时，宝塔、魁楼、石桥倒影碧波之中，富有诗情画意，历代文人及学府学生多在此读书、吟诗、作画。

数仞墙边一鉴泓，源泉汩汩莹然清。
风行波浪千层卷，水焕文章万叠明。
星斗夜涵光灿烂，鱼龙春化角峥嵘。
青衿士子皆英俊，时听鸣雷第一声。
（明・周济川）

水光拥翠小桥横，一派源分洙泗清。
绿绕宫墙新气象，晴看凫雁待飞鸣。
文台对峙供吟望，倚阁东临溢颂声。
应有神龙潜渊底，玉壶如洗碧波澄。
（明・周济用）

日烁光陆离，风行势腾沸。
潜蛟恣游衍，时时吐云气。
（田多稼）

仙桥步月

仙桥，旧时从学府（县政府院东部）向南到大街有横穿寿河的一条路，仙桥是指路上的三座小桥（青云桥、望仙桥、凌云桥），路旁还有三眼井、三座牌坊（均无存），全长正好一华里，故有“一里三桥三井三牌坊”之说。学府大门里有长 20 米、高 8 米的影壁墙，墙上画有直径 4 米的大月亮（已无存），从大街北上学府，首先看到的就是影壁墙上的大月亮，有边走边赏月之意，被誉为佳景。

驱石何人建此桥，长虹高驾入青霄。
往来蟾窟通云路，出入鹏程逼斗杓。
题柱当年荣驷马，填河七夕笑残翙。
月明光闪源泉活，似立金焦望海潮。
（明·周济川）

有客乘鸾此地行，依然光霁近人情。
悬车惭负题桥志，挟斧虚疑修月声。
层塔蘸波千尺回，长吟散步九愁轻。
寻常三五寒辉满，水面凭栏分外明。
（明·周济用）

绿波跨飞虹，咫尺接云路。
月满桂香浓，幽人恣独步。
（清·沈霖）

宝塔摩空

宝塔，指文峰塔，又称光善寺塔，位于县城中心星湖公园内。始建于唐贞观四年（630），砖石结构，石台底座，八角形阁楼式建筑，高49米，塔顶为铁质葫芦形圆顶。民国三年（1914）城内绅商曾募集钱财重修，1938年5月，日本侵略军用山炮将其七层半以上部分击毁。1985年4月被定为济宁市重点文物保护单位，1999年金乡县人民政府重修。2006年，被公布为省级重点文物保护单位。

层层宝塔自玲珑，高插青霄压梵宫。
峰影夜圆沧海月，铎声时振碧天风。
纡回地理连齐鲁，缭绕山川接岱蒙。
绝顶振衣天地小，却疑身在五云中。
（明·周济川）

闻说浮图十里铃，招摇此日见崚嶒。
比丘识得翔鸿戒，阿育曾传舍利名。
峭级插云连静界，危栏倚汉对禅灯。
欲知最上庄严象，应是支公慧力成。
（明·周济用）

浮图逼斗杓，时送天风响。
我欲探绝顶，恐碍云来往。
（沈弘毅）

文峰增壮色，矗起倚天空。
拔地排云雾，凌虚点混濛。
影随河汉转，气与斗牛通。
绝顶谁能到，山川一望中。
（清·周岐）

（二）古文选

登楼赋

汉 王粲

登兹楼以四望兮，聊暇日以销忧。览斯宇之所处兮，实显敞而寡仇。挟清漳之通浦兮，倚曲沮之长洲。背坟衍之广陆兮，临皋隰之沃流。北弥陶牧，西接昭邱。华实蔽野，黍稷盈畴。虽信美而非吾土兮，曾何足以少留！

遭纷浊而迁逝兮，漫逾纪以迄今。情眷眷而怀归兮，孰忧思而可任？凭轩槛以遥望兮，向北风而开襟。平原远而极目兮，蔽荆山之高岑。路逶迤而修迥兮，川既漾而济深。悲旧乡之壅隔兮，涕横坠而弗禁。昔尼父之在陈兮，有归与之叹音。钟仪幽而楚奏兮，庄舄显而越吟。人情同于怀土兮，岂穷达而异心！

惟日月之逾迈兮，俟河清其未极。冀王道之一平兮，假高衢而骋力。惧匏瓜之徒悬兮，畏井渫之莫食。步栖迟以徙倚兮，白日忽其将匿。风萧瑟而并兴兮，天惨惨而无色。兽狂顾以求群兮，鸟相鸣而举翼。原野阒其无人兮，征夫行而未息。心凄怆以感发兮，意切怛而惨恻。循阶除而下降

兮，气交愤于胸臆。夜参半而不寐兮，怅盘桓以反侧。

乐志论

汉 仲长统

使居有良田广宅，背山临流，沟池环匝；竹木周布，场圃筑前，果园树后。舟车足以代步涉之艰，使令足以息四体之役。养亲有兼珍之膳，妻孥无苦身之劳。良朋萃止，则陈酒肴以娱之；嘉时吉日，则烹羔豚以奉之。

踌躇畦苑，游戏平林，濯清水，追凉风，钓游鲤，弋高鸿。讽于舞雩之下，咏归高堂之上。安神闺房，思老氏之玄虚；呼吸精和，求至人之仿佛。与达者数子，论道讲书，俯仰二仪，错综人物。弹《南风》之雅操，发《清商》之妙曲。

逍遥一世之上，睥睨天地之间。不受当时之责，永保性命之期。如是，则可以凌霄汉，出宇宙之外矣。岂羡夫入帝王之门哉！

太宰郗鉴碑

晋 孙绰

公盖黄帝之苗裔，氏族所由，皆纪于祖御史大夫之碑矣。灵和诞授，载有公侯。至德硕量，天实挺之。琅琊王应天启之运，阐中兴之道，思延英贤，以匡王业。乃假兖州刺史，金章仍剖，元钺载饰。于时羯寇凶炽，群逆猋起，公奋其忠勇，精贯日月，信顺为甲胄。大节为城池，故能捕却凶寇，全身济功。惟公德器纯固，体识深宏，敦尚衡门，则服膺曾闵。毗亮皇极，则宪章元凯。笃诚简于帝心，明允著于莅政。信钟山之圭璧，岁寒之灵木者也。摛藻风云，策名帝录。肇阶方尺，遂隆台岳。王室未休，吾可以豫？兴言再慨，思康天步。将俾皇化，归之太素。彼苍者天，曾不遐祚。哲人其萎，民斯攸慕。嗟尔后昆，式瞻宏度。

王弼《周易正义》序

唐 孔颖达

夫易者，象也；爻者，效也。圣人有以仰观俯察，象天地而育群品；云行雨施，效四时以生万物。若用之以顺，则两仪序而百物和；若行之以逆，则六位倾而五行乱。故王者，动必则天地之道，不使一物失其性；行必协阴阳之宜，不使一物受其害，故能弥纶宇宙，酬酢神明。宗社所以无穷，风声所以不朽，夫非道极玄妙，孰能于此乎？乃乾坤之大造，生灵之所益也。

若夫龙出于河，则八卦宣其象；麟伤于泽，则《十翼》彰其用。业资凡圣，时历三古，及秦亡，金境未坠斯文。汉理珠囊，重兴儒雅。其传《易》者，西都则有丁、孟、京、田，东都则有荀、刘、马、郑，大体更相祖述，非有绝伦。惟魏世王辅嗣之注，独冠古今，所以江左诸儒并传其学，学者罕能及之。其江南义疏十有余家，皆辞尚虚玄，义多浮诞。

易理难穷，虽夫玄之又玄，至于垂范作则，便是有而教有。若论住内住外之空、就能就所之说，斯乃义设于释氏，非为教于孔门也。既背其本，又违于注。

至若《复卦》云："七日来复。"并解云："七日当为七月"，谓阳气从五月建午而消，至十一月建子始复，所历七辰，故云七月。今按辅嗣注云："阳气始剥尽，至来复时，凡七日。"则是阳气剥尽之后，凡经七日始复。但阳气虽建午始消，至建子之月阳气犹在，何得称七日来复？

故郑康成引《易纬》之说：建戌之月，以阳既尽，建亥之月，纯阴用事，至建子之月，阳气始生。隔此一卦，卦主六日七分，举其成数言之，而云七日来复。仲尼之纬，分明辅嗣之注若此，康成之说，遗迹可寻。辅嗣注之于前，诸儒背之于后，考其义理，其可通乎？

又《蛊卦》云："先甲三日，后甲三日。"辅嗣注云："甲者，创制之令"，又若汉世之时甲令、乙令也。辅嗣又云：令洽乃诛，故后之三日。

又《巽卦》云："先庚三日，后庚三日。"辅嗣注云："申命，令谓之庚。"辅嗣又云："甲、庚，皆申命之谓也。"诸儒同于郑氏之说，以为甲者，宣令之日，先之三日而用辛也，欲取改心之义；后之三日而用丁也，取其丁宁之义。王氏注，意本不如此，而又不顾其注，妄作异端。

今既奉敕删定，考察其事，必以仲尼为宗；义理可诠，先以辅嗣为本；去其华而取其实，欲使信而有征。其文简，其理约，寡而制众，变而能通。仍恐识鄙才短，意未周尽，谨与朝散大夫、行太学博士臣马嘉运等，太学助教臣赵乾叶等，对共参议，详其可否。至十六年，又奉敕与前修疏文及给事郎、守四门博士、上骑都尉臣苏德融等对敕，使赵弘智复更详审，为之《正义》，凡十有四卷。庶望上裨圣道，下益将来。

故序其大略，附之卷首尔。

金乡张氏园亭记

北宋 晁补之

济为州，治巨野，下土草木不殖。其西北无山，东南五十里乃有山，而金乡其东南邑，故缗城地云。尝凿山得金，因为金山县。凡平土浅山无金，此山乃有金，知其地气与并泽异。凡九谷果蔬，土有宜有不宜，此咸宜。若松、桧、梅、橀迁乎其地，而不能为良者，植此皆良，又不可知也。以余为儿时所闻，见其俗饶美，大家率轻作业，乐善而好士，厚子弟于学。游客晨夜相面背于门，庖无息烟，然不倦。又好为园圃游乐事，以相尚而非为利。

张氏其甲也，其先世丰人。太宗时侍御史肃，字穆之，以敢言不苟合，四十谢事，为王黄州所畏，始起家而显者也。御史子畋，字无逸，高介有父风，亦早弃事。初，坏田而作此园，佳木异卉错置，竹万竿。出郭门而望蓊然，秀色横野，其阳金莎岭，阴贺沟起伏异状。其外苍莽无际，目极可喜，无逸得此而忘仕宦意。而故张公安道、石公曼卿，皆与往来良厚。园有亭曰"先春"，张公客游爱之。石公为宰，每醉而忘返也，皆有诗留亭上。两公前辈伟人杰士，不妄以诗与人也，盖六七十年矣。前此无逸子孝绰、孝基、孝孙亦善士好客，能修其先人之业，犹及与先大夫游，闻先大夫称焉。

不知园几时废，而元符中余南归，始自巨野迁此邑。并岭行沟上，秋稼离离，雉惊起马前，馆无遗址，桃李不复在，独两老桧离立谷陇间，风雨摧剥，苍皮白枝，龙虎躩拿而上数十尺，道衍显而来未见也。下马半岭，北望南武、七日诸山，或断或续，屏列远陆如画。其南数百凫雁飞集，鸣喽声回，望白水明灭桑野间，意甚乐之。顺途而咏，吾居不可以易此也。因买田筑室距百步，时时至其地，扪桧坐石至于日人，怅然惜两公之迹将泯，而恨无逸之不复见也。而其孙大方，从余游久，乃语之。大方愀然有间曰："此固张氏地，请复焉。"未数岁筑垣移植如其故，径槛旁午草木扶疏矣。且营三亭，曰"先春"，其旧名也；曰"乐意"；曰"生香"；因曼卿之诗也。又礲三石来言曰，其一求文，以记其事；其二请书，两公诗与记俱传也。

余欣然曰："吾里俗衰，不有君子，何以使复善且为近市利日不足，锄犁腹饱则载粟人城市，买土宅，士无邑居，故吾里之为士者微。今子独能羞而反之，不致求赢余即异俚俗意，而忧世家之坠，念祖父之所尝游晋公才士之迹，至此而俱熄也。慨然图复之，又欲因文以传尤异，余何爱不为子记之？亦稍稍化吾里持家犹子，岂但数过子相羊乐饮无人之境，以忘吾老，如是而已也。"

范张祠堂记

明 乔缙

成化壬寅春王正月，兖之金乡范张祠堂成。先是缙以司空郎使东藩，复起过金乡。其令盛君克修与交由龆龀，且经同业荐同书，今又喜同官，因语及范式实生是邑，湮没者久，盖立祠以表微，克修忻然从之。相其地势清旷，风气爽垲，因鸠工抡材，陶甓冶锻，构堂数楹；缭以周垣，竖以石楔；荫以树植，启以高干；像范张于中堂，俾观之者感发兴起，步武效尤，而郁兰茝叶，胶漆

志埙篪也。

按：范式幼业太学，与汝南张劭友善，二人并告归乡里，式谓元伯曰：“后二年，当还将过拜尊亲，见孺子焉。”乃共尅期至。日期将至，元伯具以白母，请设馔以候之。母曰：“二年之别，千里结言，何相信之审也？”对曰：“巨卿信士，必不违。”母曰：“若然，当为汝醞酒。”至日，巨卿果至，升堂拜饮，尽欢而别。巨卿，式字也。后式仕为功曹，元伯疾笃，同郡郅君章、殷子徵晨夜视。元伯临尽叹曰：“恨不见吾死友！”子徵曰：“吾与君章非死友耶？”元伯曰：“若二子者，吾生友耳。山阳范巨卿所谓死友也。”寻卒。式忽梦见元伯端冕垂缨屣履而呼曰：“巨卿，吾以某日死，当以某日葬。子未我忘，岂能相及？”式怳然觉悟。具告太守，请往奔丧，太守许之。式遂服朋友之服，驰往赴之。式未至，而葬已发引，既至圹将窆，而柩不肯进。其母抚之曰：“元伯岂有望耶？”遂停柩。移时乃见素车白马号哭而来。其母望之曰：“是必山阳范巨卿也。”既至，叩丧言曰：“元伯，死生异路，永从此辞。”会葬者千人，咸为挥泪。因执绋引柩，于是乃前。式遂留止冢次，为修坟树，然后去。

噫！古之交游笃至若此。末世浇讹，狙诈飙起，险如谿谷，变如蜃幻，竞羽毛之轻，趋刀锥之末，卖友而交势比利合。克修之举，盖所以矫其俗而励士风。况其先君子家豫之汝濆，自师儒历侍史至宪副，而庭训家学渐洽彝叙。今以进士来试理人，躬文教，笃伦理，务在化民，而又兴是以敦民风，后之登是堂，仰是像者，尚其激昂。于是乎记。

邑侯盛公创修学宫记

明　吴宽

孔子生于鲁仕于鲁而设教于鲁，故一时弟子所从游者虽至自四方，而鲁人为多。夫德行、言语、政事、文学四者，人才之难得者也。其人则聚于孔氏，而司马迁叙其传，亦谓身通六艺者七十人，皆异能之士，何其盛哉。故曰：鲁无君子者，斯焉取斯。所谓君子者，其出于七十人之俦乎。

当是时，人各以其所得转相传授，虽去之百年，莫非其徒，孟子所谓予未得为孔子徒也，予私淑诸人也。自孟子来又二千年，虽偏州下邑所在，学者纡侈，袂曳方履，訚訚秩秩，考其所自来，必自鲁孔氏。然学者之事甚博，索居孤陋而能通者，必由讲而明，由教而入，学校所由设而为亲师取友之地，舍是，虽鲁人亦难为贤也。

今之兖州府，故鲁地，府之西南百八十里曰“金乡”，故有学傍岱岳祠，金大定间始迁于县治之东，既坏。国朝洪武元年重修，复坏，而修则正统十一年也。此岁水溢为患，而学益坏，诸生莫安其居，业废不讲，学官至僦居于外，而教亦弛。

盛君名德，汝人也，以进士来知县事，敏而有为，克举其职，谓兴学养士尤不可缓，则白其事于府，从之。初市民舍之求售者，改作以舍学官。属时小康，乃益计度财用，为陶匠之需，以成化十六年八月一日兴工，因人在官者役之，更择良吏董其役，而躬为之指授，以建以修，物不废而民不劳，明年四月十日而功讫完。凡堂室、斋舍、殿庑、门墙以及仓库、庖厨，其制一新。至所谓坟书台、讲文亭、射圃亭之类，废辄修治，不遗余力，盖自有学以来，莫有盛于斯者。

于是教谕古吴金君铣等书其事，属予为记。夫鲁之学见于诗人之所咏歌，如《泮水》之篇是已。金乡去此不远，而今之县令有人民社稷之寄，与古诸侯略等。

诗曰：穆穆鲁侯，敬明其德。盛君其有之。又曰：济济多士，克广德心。士之游于斯者，其尚无负贤令之意，而不失为鲁之人哉。

学田记

明　任奎

金乡学旧无田，有之自敬斋先生始。先生姓杨名守道，字希中，广东海阳人，敬斋其号也。

嘉靖辛丑岁以俊士司海门训，越六年迁典金乡教。见学制荒圮，诸生贫乏，慨然有兴作意，乃曰：“余在海门颇有建置，尔金乡有学田矣乎？”

诸生曰："未也。"先生喟然叹曰："盛世有遗典矣，吾其买田一方，为诸生立经久之规，且以补王制之不足，而宣礼教之未广者。"诸生熙然曰："先生有余赀乎？"曰："吾好义而不计利者也。"诸生曰："士闻诸仲尼曰君子义以为尚，孟轲氏曰亦有仁义而已矣，迄今千五百年未闻此论，而今复闻之，诚圣贤之教也！"

先生遂捐其所有，置为学田三顷六十亩，乃于田之所获者皆藏之于学，施之于诸生。于是开学有宴，斋号有增，亭台有建，婚丧有助，困急有恤，贫乏有赒，古礼渐复，而国制亦少补矣。

居无几，天不憖遗，先生不禄，士民失望，而被其德泽不忍忘也。相与伐石以志之。余曰："记田者，非以利示人也，记其义也。"曰："何义也？"曰："记先生不私己之义也，记其惠诸生之义也，记其泽后世之义也。金乡诸生将来有事于四方，行其道于天下后世者，皆先生之义也，可弗记乎？若夫徒窃其利而忘夫义，趋其末而忘其本，开争斗之门，起劫夺之教，酿侵渔之祸，积得失之怨者，皆先生之贼也。"

因并及之，仍附其名于名宦祠，以识先生之义云尔。

重修义学碑记

清　张霖

古者致治，首先育才。庠序之外，更有家塾，俾教其乡社子弟，制甚详也。自去古既远，圣治渐湮，虽文物代兴，而养士之法未免少阙略焉。方今圣天子尊道右文，光被四海，辟门升俊，靡不斟酌，咸宜昭为令典，且训饬有文。屡诏加额，一时草野向风，菁莪日茂。于是各台使仰体国家作人至意，犹恐单寒蒙士造就无由，督州县设义学，甚盛事也。惟徇名者多而行之，不以其实，则往往中辍耳。

东缗为兖属，邑近圣人之居，流风渐被，自昔玄诵巍然，但地间黄运，两河水道失利重于疏浚，土卑易涝，岁每不登，司牧者迫于茧丝，欲谋厚生，不得遑问正德乎。

康熙乙酉夏，沈侯下车，适当饥馑之余，悉力噢咻，疾困以苏，逃亡以复。越五稔，民柔士振，百废具兴。己丑秋，卜基文庙之东，奎楼之北，捐赀筑精舍五楹，佐以廊庑，数月落成。面离翼震，象取文明，临水负城，义存静澈。次年春二月，慎选宿儒，受徒敬业，一时闻者靡不负笈恐后。士方喜其善始，侯独忧其鲜终，手清会田七顷三十余亩，就岁租充修脯诸费，详明各宪冀垂永久。月课之日，亲定甲乙，不特小子有造，即青衿之鼓舞而作兴者，亦比比是矣。

噫！由此砥砺不衰，秀良辈出，升为王国之桢，于以鼓吹休明，宣扬盛治，其效直侔庠序，视彼狥名中辍者，相去奚止径庭哉。然则斯举也义，因而事创，侯之实心育才，可谓先厥本矣。是乌可以不记，爰叙颠末，勒之贞珉，昭示来许。侯名渊，浙之山阴人。

徂徕山赋　并序

清　杜天培

徂徕山，汶水所自发源也。去泰山东南三十里而近，高不及泰山，而广阔倍之。奇秀不如泰山，而雄浑过之。宇内名山不在五岳之数者，如天台、峨嵋最为杰出。兹徂徕，其流亚与夫五岳。视三公自泰山，视徂徕殆如萧之与曹、郭之与李，气势相高而不相下，情实相让而不相轧也。登眺之余，状而赋之。

天作高山，东惟岱宗，肩随眉列，徂徕称雄。方其神化融结，居鲁之分，父乾行而母坤。维兄泰岱而妃清汶。气俯吞乎全齐，体平压乎数郡。苍茫浑厚而真源莫问，遥睇之，厥色正黑，博大绝伦。若锓堆，若云屯，清霓白雾，日月吐吞。仙灵俨其窟宅，阴阳判其晓昏。近瞩之，则叠岭沓嶂，锦攒星爛。浑浑倚天之石，崭崭藏龙之涧。小峰亦自饶其烟霞，偏岩亦各挟夫雷电。阳陂则冬日含葩，幽崖则六月蜚霰。层峦秀而康乐为之欣喜，峭壁悬而昌黎为之悲泣。尔其左瞷溟渤，右走崤甬，北拱神京，南以环吾孔宣尼之墓田。龟凫诸巨镇，络绎森列，总斯山之仆从儿孙已焉。其下则山足裂，

万窍鸣，氤氲盛蒙；泉生皎洁而光侔星宿，湍悍而响接蓬瀛。澔澔焉，漾漾焉，汇为大川。经行五百里而与黄河乎合并。至乃洞悬乳窦，穴产仙蝠；灵药含滋，秀草芳馥；起银雉，眠瑞鹿，货不贵乎难得而四方走。合抱之木，禽不数夫珍异而千古。无虎豹之躅，又兹山之所独也。猗与休哉，霖雨万方，厥绩彰显，而金泥玉检之封，弗之及。徂徕之上，交不谄乎。梁父社首气脉连属，而特立拔起之势不可狎。徂徕之下，交不渎乎。有宋君子石守道，人号之为徂徕先生，曰：鲁之望也泰山，鲁所瞻徂徕，鲁之望兹其品目，巍巍乎无以尚也。

坟书台赋

清 周天赐

古缗城隅有高台焉，广渐数亩，高耸百尺。形迂回而曲蟠，峰层累而叠嶻，厥壤界以白缁，土脉错以岐坼。爰讯故老之传闻，云昉嬴氏之焚籍，遂穹窿以增崇，乃丰大，而丛积历百禩以流传，屹融结其如石。余故哂其无稽，又爰暇夫考核。独其右挹黉宫，北倚层城，奎阁左峙以屏翰，浮图前揖而将迎，双桥垂虹以锁影，寿溪东绕而环萦。诚山阳之巨观，实文苑之峥嵘，其秀拔特起也。可以引遐眺远，其清明宽大也；可以释倦息蹇，其含宏博厚也。隐如龙伏，其幽折巉岩也；峻若鹄绻，坚类冈阜，翠同峦巘。苍松缘基以挺直，绿竹逐岸而拂偃，桃李欣其蓺植，芝兰滋其芳畹，念高人之萃止，虽异世而如欸。缅信义于巨卿，或陈鸡黍以授馆，叩《昌言》于仲氏，谅述《乐志》以娱，衎赞善喜解组以登临，曼卿应政暇以握管。信人杰与地灵，群仰止斯台之巍峨而夷坦。

至于风和景明，月夕雨朝，望春城之逶迤，响石室之洞箫，阳山蔚其云起，秀峰拱以来朝，翠环敛霁，岫霭徐飘。以觞以咏，杖履逍遥，又何必蹑琴台于单父，访麟峰之岧峣，陟酒楼于任城，问菏邱于定陶。幸际泰昌，步兹危峤，瞻五星之聚奎，识璧彩之腾霄，邱索幸其无恙，典坟快其未雕。庶可追，纵目于南楼，树风雅之准标，有如鲁灵光之岿然独存，岂不泰山北斗之并高也哉。

儒学庙堂碑

清 王之锜

国家兴教敷化，作人育才，皆原本于学校，而至圣先师尤学校所宗，多士之仰止。于是乎，在故自京师直省暨各郡州县，靡不建置庙堂，恢闳其制，黝垩其观，所以崇至圣而励士风也。

金乡密迩曲阜，士敦礼让，俗尚信义，忠孝节烈，史不绝书，科第联翩，后先辉映。是盖孔孟余泽，薰沐甄陶，历数千百年，遗风犹有存者。仰惟我皇上神灵天纵，寿考作人，乃两幸阙里，躬修稽拜，发帑构殿，制式宸居，矞皇壮丽，照耀山海，尊师贵道，无有伦比。六十年来，英伟竞奋，黻黼隆平，薄海内外，罔不沐浴皇仁，咏歌盛治。凡我臣工敢弗祗承德意，助扬风化与。

锜湘湖末学，典牧是邦。履任初，展觐先师，见正殿卑陋，渐就倾圮，廊庑门墙，亦鲜有完堵。其于崇圣励士之典，殊未备也，心惕然者久之。遂考邑志所载：创自金大定间，一修于前明县令沈君义，再修于前明县令盛君德，沿及昭代垂七十余年。前令沈君渊于两庑曾加修葺，不逾年旋复摧朽。倘因陋就简，其何能宏远图，是非崇广规式，撤其旧以图其新不可，顾年谷不登，土木之兴创，未易言矣。

越二年，百废渐理，物力稍纾，协谋佥同，乃鸠工庀材，卜吉而兴事焉。先构大成殿五楹，规仿阙里，高四丈八尺，广六丈，覆以琉璃，环以石柱，重檐回厦，飞甍刻桷，咸辟从前所未有。庶乎学校之壮观，多士之仰止，于焉有托矣。次露台，次两庑，次明伦堂，次周垣，亦皆循序告成。

逮释菜成礼，师儒荐绅咸欢忭踊跃，谓数百年简陋，一旦维新事固，非余莫能也。余何敢当，亦惟期无负厥心不谬。圣天子尊师贵道之至意云尔，抑犹有说多士生圣人之乡，际右文之盛业。故即新增高继广，以忠信为基址，以正大为规模，以仁义礼智为柱础，以精微纯粹为阃奥，以文章事业为轮奂，云蒸霞蔚，积为国华，润色鸿烈，庇阴苍生，是皆感发而兴起者，余又殷然有厚望也夫。

山阳书院碑

清　麦子淳

国家稽古右文，庠序学校之设既慎以周，而复于各省建立书院，俾英俊肄业其中，储通经致用之选。盖圣天子寿考作人，菁莪日茂，炳然与三代同风矣。顾地势辽阔，恐未能合县邑之秀，而悉拔之会垣，则夫经营精舍，敦请硕儒，俾有德有造咸就甄陶，洵守土者之责也。

金乡于汉为山阳郡，巨卿以笃行著，公理以作述显。嗣是，道徽允源，经济文章后先联辉。迨至有明，而名臣耆宿，伟伐亮节，更照耀邑乘。虽地近圣居，渐摩使然，要亦必其时之良司牧文亭，重置奎阁，特建环坟台而弦诵者，饮食教诲勤恳祥密，有以鼓舞而作兴之也。

余下车伊始，景慕前休，念切兴贤。奈水潦为患，三年叠告，治术不逮古人，救灾拯溺日不暇给，土木之役固其后焉者矣。

己卯秋，万宝告成，元气渐复，爰首捐廉俸以为阖邑倡，而绅士耆民亦莫不争输恐后。乃相度于前任沈公义学旧址，扩而大之，前堂后室，东亭西厢，而生徒可以广集；隔以重门，缭以周垣，而城市可免尘嚣；栋楹楶桷，取材惟坚，黝垩丹雘，绘事惟朴，而风雨不致飘摇。颜曰：“山阳书院”，从县治旧名也。

众建维新，多士咸奋，用是拔尤选俊，延请名师，加之训迪，俾更切嗟琢磨以交，励于明体达用，而穷乡晚进，雅意就范，亦并收兼育，使之历阶而升，盖余之期望殷矣。宫墙伊迩，美富匪遥，积学励行，彬彬乎质有其文，以无惭于邹鲁之彦，惟在二三子之刚强果决以进耳。

若夫效呫哔之故事，工揣摩之陋习，以为弋取浮名计，谅非乡先生裁成后学之深衷心，而亦非守土者为皇家储才之本怀也。多士尚勉旃哉。

增置山阳书院课田记

清　蒋庆篪

山阳书院者，乾隆二十六年香山麦葵江先生宰金乡时所创也。迄今百余年，堂庑虽具，讲席久虚，仅有会课田千余亩，所入不足以供延师肄业之资，两广文分月一课而已。

乙丑秋，余承乏兹邑，惜其名存实废，有负麦君经始之意，议增课田以赡其用，而军书旁午，有未暇也。

越二年，丁卯烽烟差远，司铎武城刘君璇甫、菏泽何君少符复申此议，议甫成而何君瓜期至，继之者为滨州孙君子英，爰与三君暨城汛菏泽张君凝熙各捐俸金，以为都人士之倡，而都人士亦各捐有成数。先是邑有入官田十一顷余，历年招佃，以其租充兖镇右营饷，佥议请于大府，以官田变价解司库，而以所捐之项买田归书院。是时，军与犹亟，窃虑所请之未允也。邑拔贡阎生晴川，受业于胶州匡少宰之门，少宰闻是举而嘉之，为之立赞于当道，竟如所请，惟捐赀未敷买田之用，又卖一百数十亩乃足其数。统计旧设，新置两顷田，实有二千十七亩有奇，交绅生息以为久远之计。而山长修膳、诸生膏火之费皆取给于此，墙屋有倾圮者，略加修葺，并为增修号舍。

向之书院有其名，今之书院有其实，是宜记也。至于捐输之姓名，出纳之多寡，田亩坐落之方，广阔之数，或载碑阴，或别勒石，以备异日之稽考焉。

同治七年岁次戊辰仲秋上浣。

山阳书院增修考棚记

清　蒋庆篪

金邑有书院而无考棚，比来应童试者又数倍于昔，故余既重修书院，即与董事诸绅共相规画，拟更于讲堂之前及迤东节孝祠后隙地修建考棚，为经久计。会奉檄权东平篆，陈君耀卿来宰斯邑，踵余前议，诹吉兴工讲堂前，共修考棚十间，坐号虽未能尽敷，规模固已略具。

余于回任后，喜陈君举余未举之工，而惜其工之未竣也。于是倡率捐赀，又于迤东隙地，缭以崇垣，续修考棚八间。计余与陈君前后共修考棚十八间，并建箭厅三楹，以为习射之地。于是

文武两试皆有定所，此一役也。

余未及举工而陈君举之，陈君未及竣工而余竣之，然则踵事增修，以期不朽，余与陈君所望，于后之君子尤无既也。是为记。

光绪二年岁次丙子四月。

重修魁星楼暨凌云桥记

清 程方德

乙酉孟秋，余承乏是邑。甫下车，恭诣文庙，凡秩祀所载，以次展谒。于文昌祠前、寿河中见有高台，乱石纵横瓦砾间，询诸邦人士，则魁星楼故址也。前有圮桥，危石欹斜，几阻行人，即志所谓凌云桥者也。自甲寅发逆陷邑城，楼为所毁，嗣后屡议重修，辄行中止，迄今三十有四年矣。

余徘徊其次，断础荒烟，四顾萧索，愀然久之。因思修举废坠，守土之责，矧兹楼之创建自有明，惟神所司，科名攸系，重修之役乌可以已，第恐岁俭务烦，程功非易，既而甄别“山阳书院”。因与监院诸君谋所以兴复者，乃各惬素愿，踊跃输赀，力肩其事。又延请襄事多人，分任劝募，缚绌经营，伐材磨旎，经始于丙戌四月，台基虽仍旧贯，而楼之规模略异旧制，上层供奉魁星像尊神也，中则明窗四敞，为公余游息。延邑人士商询治理之所，至捐输姓氏则镌诸石，而列其下焉。又复缭以周垣，护以栅栏，金碧辉耀，丹垩一新。于桥则危者扶之，缺者补之，广狭一如旧规，惟东西增设石栏，前后甃砌神道，顿觉改观，凡八阅月而工以竣。

登楼四望，北揖文昌，南卧长虹，西则宝塔对峙，左右澄波与天一色。不惟境踞一邑之胜，迓神庥掇巍，科将于是卜之。是役也，附旧增新，木石砖瓦之材六，之土木之工三，之金壕丹漆之需一，之共费制钱二千缗有奇。

当议修时，人咸疑其难成，乃酷暑中，骤雨频施，皆夜作画止，诸从事矗没同心，不至少辍，遂成翚飞鸟革之观，非邀福于瑶光之灵，曷克致此哉。

聿稽胜国，万历中邑令彭君鲲化创是楼，立石纪其事，今沿其例，爰叙巅末，勒诸贞珉，俾诸君子之勤劳，与斯楼并垂不朽云。

光绪十三年岁次丁亥仲夏。

新修万福河滚水坝记

李世传

民国廿一年四月，予奉檄承乏金邑。甫下车，即率绅董修浚五河。查邑中河渠，以万福河为总汇，上承西沟、沙河之水，而下注于湖陵。久之，河身淤浅，难免溃溢。

自清道光九年以后，遂酿成南北之争端，频年械斗，讼牍盈尺。官府欲设法调停，迄无善策。宣统三年，前邑令李崇瑞督工筑埝以束水，而南北之争仍不能免。至客岁七月，河滨又报惨案，予闻而心恻。时与建设厅史总工程师隆甫讨论方略，以为欲永息讼阋，非修滚水坝不可。凡绅耆询谋佥同，爰呈准厅长，立案筹备进行。该两坝东曰刘堂，西曰隋林，一扼沙河之口，一当西沟之冲。

今岁五河告竣，于是鸠工庀材，尅期集事。召募者数百人，兴筑者六十日，计共支工料费壹万五千六百元，运输费尚不在内，亦可谓伟大之工程矣。

嗟夫！曲防障水，桓公有诫；以邻为壑，孟氏所讥。况萃处乡闾，俨成敌国，同室操戈，可为浩叹，但利害所关，各执一辞。北岸之倡杜塞，则曰恐害田禾；南岸之议抵抗，则曰欲保城郭。其实形势所限，易地皆然。幸两坝完成，屹然砥柱，从此立众流之标准，解阖邑之纠纷，一劳永逸，弭天灾人祸于无形。

伟哉！此举诚有纪念之价值也。予躬兴落成盛典，俾勒石以垂示永久，并标明高宽丈尺，庶日后不得任意增减云。

民国二十二年十二月。计开：东坝顶高一公尺五公寸，坝口宽七十公尺；西坝顶高一公尺五公寸，坝口宽三十公尺。

文献辑存

中共金乡县委 金乡县人民政府
关于打破“一大三铁”转换企业经营机制的决定

（金发〔1992〕6号）

一、打破“一大三铁”，转换企业经营机制的重要性和指导方针

改革开放是强国之路。党的十一届三中全会以来，我县经济建设之所以发展的比较快、比较好，主要得益于改革开放。我们到本世纪末实现第二步战略目标，达到小康水平，仍然必须深化改革，扩大开放。当前城市经济体制改革，要以打破“一大三铁”，转换企业经营机制为重点，进一步引向深入。

近几年特别是去年贯彻中央工作会议精神以来，我县在转换企业机制方面，采取了一系列的改革措施，企业外部环境有了明显改善。2个工业企业放开经营和5个商业企业“四放开”试点，取得了初步成效。多数企业的内部机制得到不同程度的优化。但是，长期形成的“大锅饭”、“铁交椅”、“铁饭碗”、“铁工资”，仍未从根本上打破，仍然严重束缚着企业的手脚，压抑着职工的积极性，阻碍了生产力的发展，已到了非解决不可的时候了。

对打破“一大三铁”，党中央、国务院、省委、省政府和市委、市政府作了许多重要指示，广大干部职工有着强烈的愿望和要求，兄弟县市区和许多企业已有成功的经验。可以说，打破“一大三铁”的时机已经成熟，机遇已经到来。我们要紧紧抓住并用好这个机遇，以大的决心、铁的面孔、铁的手腕、铁的纪律，打破旧体制的“一大三铁”，使企业真正活起来。

应当看到，打破“一大三铁”，不仅关系到企业的命运，而且涉及到企业职工的切身利益，涉及到政府部门职能的转变，较之过去实行企业承包是更深刻更复杂的改革，必然引起新旧体制、新旧思想观念的猛烈撞击，带来某些阵痛。但是，这场改革势在必行，只能前进，不能后退，后退是没有出路的。

邓小平同志指出：改革要探索新思路。改革要有新思想，就是讲改革要有不同于前十年的新办法、新措施。研究新情况、探索新思路，关键在于要进一步解放思想，凡是思想解放的地方、部门和单位，工作就打得开新局面，凡是思想不解放的单位，就缺乏生气，工作也很难搞上去。在打破“一大三铁”这场改革中，各级党委、政府，各个部门和企业，都要进一步解放思想，更新观念，胆子更大一些，步子更快一些。

搞好这场改革，要以贯彻落实《企业法》为基本依据，以增强企业活力、把企业推向市场、在竞争中求发展为目的。在实施过程中，态度要积极，步骤要稳妥，工作要做细。要把转换企业内部机制与转变政府职能相结合，典型引导与行政推动相结合。要强化思想政治工作，把打破“一大三铁”变成广大干部群众的共识与行动，使改革在稳定的政治社会环境中进行。要坚持一手抓改革，一手抓生产经营，在改革中保持正常的生产经营秩序。通过改革，建立起干部能上能下、职工能进能出、工资能升能降、经营面向市场的企业机制，使企业逐步做到产品有竞争力、技术有开发力、资金有增殖力、市场有应变力、班子有进取力、职工有凝聚力，真正成为自主经营、自负盈亏、自我发展、自我约束的社会主义商品生产者和经营者。

二、打破“一大三铁”，转换企业经营机制的重点和措施

打破“一大三铁”、转换企业经营机制，包括工业企业、交通运输企业、国营商业企业、外贸企业、物资企业、建筑安装企业等，主要从以下六个方面展开。

（一）实行自主经营、自负盈亏，打破企业吃国家的“大锅饭”。要切实解决企业包盈不包亏的问题。承包合同一经签订，就要严格履行，确保完成。所有企业都要建立风险基金（从企业留利中提取 10%）和职工风险抵押基金。企业经营性亏损，要按照企业风险基金、职工风险基金的顺序进行抵补，企业风险基金和职工风险基金不够抵补的，用职工工资总额的 30% 抵补，以上三项仍不够抵补亏损的，用企业其他自有资金抵补。企业职工风险抵押金的交纳，可根据企业生产经营任务的难易程度和风险大小而定，但一般职工不得低于 500 元，中层干部不少于 800 元，厂级干部不少于 1200 元。对弄虚作假、虚盈实亏的企业，要追究经营者的经济责任，原则上退回个人已得承包期间的全部奖金，直至扣发本人年工资总额的 30%。严重的要给予党纪、政纪乃至法律的处分；对经营不善、亏损严重的企业实行兼并或关停；对资不抵债的企业试行破产。今后政府对亏损企业不再实行“减税让利”的保护政策。凡改革方案力度大、措施硬，扭亏有望的企业，上级有关部门要在流动资金、技术改造、能源、原材料等方面给予积极支持，使其尽快摆脱困境。凡改革措施不力，没有实际行动的亏损企业，不能给予“输血”性的支持，不能给“无底洞”企业再投入。

要切实解决“挂涨不挂落”的问题。进一步改进完善企业工资总额与经济效益挂钩的办法，企业工资总额一年一核定，一月一兑现。按照实现利税占年计划的比例提取工资总额。经济效益下降的，工资总额一定要下降。企业发生亏损的，亏损期间厂级干部一律下浮一级工资，全厂停发奖金，直到扭亏为盈。停产半停产企业停发奖金，减发工资，由主管部门负责核定和落实，严格履行工资发放审批手续。企业乱发工资、奖金的，一经查出，要如数扣回，弄虚作假的，要严肃处理，并追究主管部门的责任。

（二）改革企业干部制度，搬掉“铁交椅”。积极推行厂长（经理）、书记一人兼，全部推行干部聘任制，全面推行不称职领导干部就地免职。目前党政一把手分设的企业，除班子团结，经营状况比较好的以外，其余都要实行厂长（经理）、书记一人兼。选拔企业经营者，要引入竞争机制，一般实行招聘或民主选举。厂长（经理）直接聘任或解聘副厂级行政领导干部，向上级主管部门备案。厂长（经理）直接聘任或解聘中层行政干部，原属上级任命的厂级行政副职，如需调整时，不再由原任命机关办理免职手续。打破干部和工人界限，优秀的工人包括合同制工人可以选拔到领导岗位上或从事管理工作，不称职的干部可安排到生产经营岗位或厂内待业。因经营不善，连续两年或承包期统算没有完成承包指标的，企业经营者就地免职；领导班子一并调整。对亏损企业实行干部冻结，凡经营性亏损企业的厂级领导，在扭亏之前不准调离，如要求调离，先免职后调离，不得易地做官。确因班子问题造成企业亏损的，主管部门要立即着手调整企业领导班子，重点选好厂长（经理），这类企业的原任厂长（经理）、书记就地免职或降职使用。今后新发生的经营性亏损，领导班子有问题的要当机立断，及时处理，不能等企业垮下来再去解决。严格兑现承包合同，该奖的，鼓励厂长拿足；该罚的，坚决不打折扣，应罚部分由企业财务部门从厂长（经理）风险抵押金或个人工资中扣除后，上缴企业主管部门。企业主要负责人离任时，必须进行严格审计，核清家底，明确责任。

（三）改革企业劳动制度，砸烂“铁饭碗”。全面实行优化劳动组合，打破管理人员与工人，合同制职工与固定职工的界限，引入竞争机制，择优上岗。优化下来的人员，可采取厂内培训、厂内退养、厂内待业、劳务输出、开辟新的生产门路等多种形式进行消化。厂内培训人员培训期

间，停发奖金，并减发 10% 的工资。厂内待业人员只发生活费。培训、待业人员一年内仍不符合上岗条件的，允许企业在职工总人数 1% 的范围内，转入社会待业。

全面推行全员劳动合同化管理，通过签订劳动合同，明确职工与企业的责任、权力、义务和利益。职工违反劳动合同，企业有权依照合同规定给予处罚，直至除名。允许职工辞职自谋职业。关停企业的职工取消原有的工资福利待遇，按国家规定实行待业保险。破产企业的退离休职工享受社会福利统筹，其他职工自谋职业。

（四）改革企业分配制度，打破“铁工资”。认真贯彻按劳分配的原则，建立和完善不同形式的经济责任体系，加大“活”分配的比重，重点推行岗位技能工资、计件工资、联利联销计酬工资。档案工资可以保留，但不作为分配的依据。分配上要拉开档次，向苦、脏、累、险及高技术岗位倾斜。职工工资晋升不能搞平均主义，贡献大的职工可连续晋级，不受晋级次数限制。企业经营者晋级，按干部管理权限报批。连续三个月亏损的企业，厂级领导干部下浮一级工资，直至扭亏为盈，方可恢复原工资。全年发生亏损的企业，取消当年 3% 的晋升指标。

（五）大胆探索，进行各种改革试点。根据邓小平同志改革要大胆地闯，敢于冒险的指示精神，要进行各种形式的改革试点，鼓励企业超前改革。当前在打破“一大三铁”的同时，选择少数企业进行股份制试点，对个别资不抵债的亏损企业实行企业破产试点，积极抓好组建企业集团的工作，这些试点工作，各企业主管部门要排出名单，提出意见，报县企业改革领导小组，经有关部门进行论证后付诸实施。重点骨干企业可实行分级分权管理，划小核算单位，可以实行“模拟市场、独立核算”的分厂制，可以划出一个车间，按照“三资”企业的办法管理，实行“一厂两制”。

（六）以打破“一大三铁”为突破口，实现企业经营机制的真正转变。企业打破“一大三铁”，目的是增强企业活力、动力。要把改革产生的活力、动力，不失时机地引导到调整结构、技术进步和强化管理上来，不能“以破代管”，坚持“改革、调整、管理和技术进步”四位一体，全面推进。

各企业都必须十分重视和利用市场机制的积极作用，努力熟悉市场、研究市场、运用市场和价值规律，加快有计划商品经济的发展。企业要树立销售是第一线，市场是主战场的经营思想，以市场为导向，建立起开发、生产、销售、服务、信息反馈五位一体的经营体系。要强化销售队伍，稳定销售政策，制定市场营销开发战略。建立定任务、定区域、定人员、定奖惩，包货款回收、包营销费用的“四定两包”营销责任制。对因盲目生产、销售不力，造成产品积压的企业，要实行限产压库的措施，在资金、能源、原材料的供应上给予限制。

三、转变政府职能搞好服务，为打破“一大三铁”，转换企业经营机制，创造良好的社会政治环境

打破“一大三铁”，转换企业经营机制，迫切要求政府职能相应转变。要把《企业法》赋予企业的权力逐项逐条、不折不扣地加以落实。有关部门对近几年制订的涉及企业的法规、政策要进行全面清理，凡不符合《企业法》及国家、省市有关搞好企业政策规定的内容，一律废止。今后政府对企业的管理，要坚决改变直接干预企业生产经营、插手企业内部事务的做法，主要是管好一个法人代表，一个承包合同，一个工效挂钩，管好产业政策的执行，管好法纪的监督检查，管好企业外部投资环境的改善。上级主管部门不再向企业委派厂级行政副职。企业内部的干部任免、用工、辞退违纪职工、内部分配、机构设置等，统统由企业自主决定，任何部门和个人不得干预。

要继续治理“三乱”，减轻企业负担。严格禁止对企业乱摊派、乱罚款、乱收费，严格控制过多过滥的检查、评比。对这些行为，企业有权拒绝。

要为企业搞好服务。围绕生产经营、社会政策、生活供应三个方面，逐步建立起城市社会化服务体系。当前要适应打破“一大三铁”转换企业经营机制的急需，尽快建立起劳动用工社会保险体

系、社会政治保障体系。要积极培育劳务、技术、资金、物资、人才、信息等生产要素市场，大力发展各类专业批发市场，进一步搞活流通，逐步做到企业有了困难不是找政府，而是找市场。

打破“一大三铁”，转换企业经营机制，政策性强，涉及面广。各部门要从大局出发，协同动作，紧密配合，满腔热忱地支持这项改革，保证这项改革的顺利进行。

宣传部门要紧紧围绕打破“一大三铁”，转换企业经营机制，抓好舆论导向，及时宣传好典型、好经验，揭露阻碍改革的不良现象，从而造成一个全党全社会关心改革、参与改革、支持改革的大气候。

纪检、监察、司法、公安部门要围绕打破“一大三铁”，转换企业经营机制，制定保驾护航的措施，支持厂长依法行使职权，维护企业合法权益。纪检、监察部门要把是否支持企业破除“一大三铁”作为检查党政部门贯彻党的政策好坏的一个重要内容。司法、公安部门要及时打击和处理伤害、恐吓企业经营者的案件。

企业党组织要把支持保证打破“一大三铁”转换企业经营机制作为今后的党务目标责任制。在改革中，充分发挥党组织的战斗堡垒作用和党员的先锋模范带头作用。要切实做好思想政治工作，解决好改革中出现的各种思想问题。各级工会要支持厂长大胆行使职权，发动群众支持改革、参与改革。企业重大改革措施，必须交职工大会或职工代表大会讨论。

四、切实加强对打破“一大三铁”转换企业经营机制工作的领导

各级党委、政府要把打破“一大三铁”、转换企业经营机制作为搞好企业的关键环节的重点措施来抓。要处理好改革与稳定的关系，改革与发展的关系。各乡镇、各部门、各单位要统一思想，统一行动，真抓实干，力戒形式主义。全县的改革工作由县委常委集体领导，并建立以县工业领导小组成员为主体的企业改革领导小组，各乡镇、各系统也要建立相应的领导及其办事机构。

为保证这项改革顺利进行，必须实行分类指导。对班子团结、生产经营好，但改革意识不强的企业，要派人帮助制定方案，督促实施。对班子不团结、生产经营不好的企业，要派出得力的工作组，首先帮助整顿好领导班子内部改革。

放开经营、“四放开”和打破“一大三铁”同步进行，从四月份开始，县属工商企业全面推开，从第四季度开始进入巩固完善提高阶段。县直各企业主管部门要抓紧对所属企业进行分类排队，制定具体方案，排出进步计划，一步一个脚印地付诸实施。

乡镇企业可以参照执行。

一九九二年三月二十四日

金乡县人民政府
关于进一步加快工业经济发展的暂行规定

（金政发〔1993〕第9号）

为全面贯彻落实党的十四大精神，加快我县改革开放和经济建设步伐，实现工业超常规、跳跃式发展，根据上级有关文件精神，结合我县实际，特制定以下暂行规定：

一、认真落实企业经营自主权

凡国家及省市县政府赋予企业的自主权，要不折不扣地落实到企业，任何部门、单位和个人不得截留或变相收回。对侵犯企业自主权的，企业有权申诉，受诉部门要依法及时查处，切实保障企业的合法权益。企业需要政府部门审批或协调解决的事宜和问题，有关部门要立即办理和解决，时间不超过五天。凡县委、县政府决定的事项，承办部门不得推诿扯皮或拖着不办，贻误时机造成损失的，追究部门负责人和当事人的责任。

二、改革企业资产经营形式

本着“先起步，后规范”的原则，积极推行

股份制，新建企业实行股份制经营，现有国有企业改组为股份制，集体企业、乡镇企业推行股份合作制。承包企业改组为股份制后，其上交可与原承包合同衔接。国家股所分红利，作为国家股增值扩股，仍留给企业发展生产。企业法人股和个人收入股所分红利继续留给企业发展生产的，免交所得税和个人收入调节税。股份制企业招收集资入股职工，可不受城乡及区域的限制，由企业自行决定录用。

坚持“欲取先予，放水养鱼，增强企业后劲，培植地方财源”的方针，完善承包经营责任制。承包期未满的继续执行原承包合同。新一轮承包，其上缴原则上以上年合同规定的上缴为基数，增长幅度应高于同期财政收入增长速度。实行“利税分流”的企业，按国家规定的税率上交所得税，其超合同上交部分，由财政按季返还给企业，作为财政定向扶持企业发展基金，用于技术改造，扩大再生产。暂不实行股份制的企业，可实行投入产出总承包、上缴包干或递增包干等形式。企业超额利润和留利，主要用于归还技改贷款。

三、活化存量资产

对微利企业，实行还本承包、租赁经营或“国有私营”。对经营管理不善，长期亏损的企业，予以拍卖。拍卖可将企业资产整体出售，也可部分折股分散出售。也可向社会或国外公开拍卖。购买者可以是企业、事业单位，也可以是个人或集团，同等条件下，本企业职工优先。一次付清全部款项的，可给予优惠，分期付款的，分段计息，本息一次偿还。

鼓励企业以参股、控股、兼并、承包等形式组建企业联合体或企业集团，企业联合体（集团）内相互配套的产品或配套件，免征中间环节产品税。紧密性的企业集团，其固定资产折旧和税后留利免交能源交通建设基金和预算调节基金，基建、技改资金可统贷统还。有条件的企业集团，可建立财务公司，在内部融通资金，经人民银行批准，可向社会集资或发行债券。

四、鼓励企业进行技术改造

继续实行税前还贷的政策。企业自筹资金进行的技术改造实行税前还贷；与技改项目配套的流动资金，不超过总投资 30% 的部分，可计入项目总投资，实行税前还款。企业使用银行外汇贷款，引进技术设备，可申请减免税用于还贷。

企业在完成上交任务的前提下，根据国家制定的固定资产折旧规定，可适当提高折旧幅度，报财政部门备案。从 1993 年开始，企业新增的固定资产折旧，免交能源交通建设基金和预算调节基金。

企业在原厂区内进行的技术改造，免交城市建设配套费，商业网点配套费、人防工程费、空气监测费、资源费和用电权等费用。在厂区内进行的临时性生产辅助设施，由企业自主决定，不再办理申报手续。不再收取费用。

重奖推进技术进步有功人员，对按期完成技术改造、技术开发项目，年新增利税超过 100 万元以上的企业，县政府授予企业厂长（经理）和项目负责人劳动模范称号，并按新增利税的 5% 给予一次性奖励，由厂长奖励有功人员。

五、鼓励新办企业

新建企业或老企业扩建时，经县政府批准可缓交各种税费。新建项目投产后，由县经委、财政、税务等部门确定其试产期，并明确试产期的效益目标，试产期内所实现的利税，可全部用于归还专项贷款。新办的股份制企业，试产期实现的利税，用于扩股增值。

六、鼓励科技开发

所有企业要按照销售收入的 1% 提取技术开发基金，在完成承包上交任务的前提下，可根据技术开发的需要，适当增提。企业研制开发的填补市内空白的新产品，减免产品税或增值税一年，填补省以上空白的减免产品税或增值税二年；企业和科研机构共同进行的中试产品免征所得税、产品税和增值税，减免的税额用于归还银行贷款和新的技术进步投入。凡开发省级以上新产品或取得技术攻关重大成果的科技人员，授予“技术拔尖人才”称号，享受有关待遇。贡献突出的科技人员，企业给予重奖。

城市工业向乡镇企业扩散的中间配套产品，

可不再计征产品税或增值税，其实现产品税或增值税应按规定提取，用于扩大再生产。

七、鼓励多渠道筹措资金

企业在完成上交任务的前提下，可按销售收入的 1% 提取，计入成本用于补充流动资金。企业到外地拆借融通资金，需要担保的，银行或财政部门要出具担保证明。企业集资，其利率由企业自行确定。

凡引进国内外资金的单位和个人，视其数额大小、使用期限长短、利率高低等，由使用资金的单位按引进资金总额的 5‰~13‰给予一次性奖励（具体办法由财政部门制订）。

八、鼓励引进人才

凡引进的各类专业技术人员、大中专毕业生的经济待遇，可不受原工资级别、住房标准有关规定限制，由用人企业与本人商定。到乡镇企业工作的，户口可落户在县城，并妥善安置其配偶、子女就业、入学。对引进的具有中级以上技术职称、大专以上学历的人员以及作出贡献的其他人员的配偶、子女，办理“农转非”或地方城镇户口。对辞职来我县工作的各类专业人员，重新办理录用手续，恢复原身份、技术职称和工资标准，工龄连续计算。

凡分配来我县企业工作的大专以上毕业生，取消见习期，直接执行定级工资标准。到乡镇企业工作的，工资高定两级，并上浮一级，工作满五年，浮动工资可转为固定工资，同时上浮一级。

对引进人才、产品、项目和提供经济技术信息的中介人，企业可在当年新增利润的 3% 的范围内给予一次性奖励。

鼓励国内外经济、技术、管理人员和本县党政机关人员承包、领办各类企业，并享受本规定涉及的各项有关政策。

九、重奖发展企业“有功人员”

（一）对企业经营者按承包合同规定，认真考核，奖惩兑现。

对按规定完成上交利税任务，经济效益大幅度增长的企业，经审计部门核准后，县政府给予重奖。

1. 年实现利税较上年实际增加 30 万元以下的企业（扭亏为盈的企业，扭亏和盈利部分合并计算。下同）按新增额的 1% 奖励企业经营者。

2. 年实现利税较上年实际增加 30 万元以上的企业，按新增额的 2% 奖励企业经营者。

3. 年实现利税较上年实际增加 50 万元以上的企业，按新增额的 3%，奖励企业经营者。

4. 年实现利税较上年实际增加 100 万元以上的企业，按新增额的 4% 奖励企业经营者，并为任职两年以上的厂级干部办理 1 名“农转非”，厂长享受科级干部待遇。

5. 年实现利税较上年实际增加 200 万元以上的企业，按新增额的 5%，奖励企业经营者，并为任职两年以上的厂级干部办理 2 名“农转非”，厂长享受科级干部待遇。

6. 年实现利税较上年实际增加 300 万元以上的企业，按新增额的 6%，奖励企业经营者，并为任职两年以上的厂级干部办理 3 名“农转非”，厂长享受科级干部待遇。

凡被奖励的单位，分别授予企业和企业经营者相应的荣誉称号。政府对企业经营者的奖励，免征个人收入调节税。

（二）对乡镇按照县委、县政府与其签订的责任状和考核办法予以兑现。以九二年实际完成数为计奖基数，当年新增利税 40% 以上且达到下列规模的，县政府分别给予特别贡献奖。

1. 乡镇办工业年产值达到 1 亿元以上，实现利税 600 万元以上的，奖励乡镇 20000 元，有功人员一人记功，一人晋级。

2. 乡镇办工业年产值达到 5000 万元以上，实现利税 300 万元以上的，奖励乡镇 10000 元，有功人员两人记功。

3. 乡镇办工业年产值达到 3000 万元以上，实现利税 200 万元以上的，奖励乡镇 5000 元，有功人员一人记功。

4. 乡镇办工业年产值达到 2000 万元以上，实现利税 100 万元以上的，奖励乡镇 3000 元，并授予一定荣誉称号。

县政府对乡镇企业的发展实行一票否决制度，

凡完不成责任目标的乡镇，其主要负责人和分管负责人不得评为先进，不予提拔，连续两年完不成责任目标的，其主要负责人和分管负责人降职使用。

（三）对发展村办企业作出贡献的村干部的奖励由各乡镇制定具体办法。由乡镇政府与其签订责任书，实行结构工资制，完不成指标的扣减结构工资，完成好的提高工资。对发展速度快、效益好，名列全县前10名的村，县委、县政府授予"发展乡镇企业带头村"荣誉称号，并给予村支书、村委会主任相应的物资奖励。

（四）对为企业发展提供优质服务做出突出实绩的部门和个人，年终由企业推选，县政府授予一定的荣誉称号，并给予物资奖励。

十、改革乡镇财政补贴

乡镇财政补贴要与乡镇企业发展紧密挂钩，将财政补贴逐步转为乡镇企业发展扶持基金，三年内实现乡镇财政自收自支，由补贴变为上缴。

对92年底前上缴的乡镇，实行上交递增包干，超收分档分成，其递增幅度与县财政收入增长速度同步。超收分成部分，70%用于发展乡镇企业，30%用于乡镇机关经费支出及福利奖励基金。

对92年底前基本实现收支平衡的乡镇，实行包死基数，超收全留。93年实现自收自支，收支平衡。94、95两年，较93年超收部分，70%用于发展乡镇企业，30%用于乡镇机关经费支出及福利奖励基金。

对92年底前补贴的乡镇，实行定额补贴。93年补贴的30%、94年补贴的70%、95年的全部补贴均用于发展乡镇企业。凡完不成县下达的年度技改投入目标的，按所欠比例扣减补贴。

村土地补偿费用收入按照统一管理、所有权不变的原则，一律交乡（镇）财政，专户储存，本金利息记入本村名下。主要用于发展村办企业，不得挪作它用。

县委、县府以前下发的文件凡与此相抵触的，以本规定为准。

十一、本暂行规定自一九九三年四月起执行。

一九九三年四月八日

中共金乡县委 金乡县人民政府
关于加快发展外向型经济的若干政策规定

（金发〔1993〕18号）

为了紧紧抓住向市场经济"转轨"的历史契机，尽快拓宽我县外经、外贸的路子，增加整个经济的外向度，充分利用外部条件促进全县经济的超常规发展，根据中央和省、市有关发展外向型经济的规定，结合我县实际情况，特制定如下政策规定。

一、凡在金乡兴办外商投资联营企业的，联营对方投资额占注册资本的50%以上，且产品70%销往国外市场，中方合营者连续五年内，从分得利润中让出10%给外商投资者。

二、外商投资企业，自获利年度起免征二年所得税，从第三年开始再减半征收三年。其中，产品出口部分，十年内免征地方所得税。

三、外商在金乡兴办的合资、合作、独资企业，免征投资方向调节税，能源、交通、重点建设基金，预算调节基金。按外资比例免收城市基础设施配套补助费。外商投资企业的场地使用费按每年每平方米3元~5元征收。凡采用先进技术的企业和产品出口企业，合资期在10年以上的，免缴土地使用费三年，从第四年开始再减半征收土地使用费三年。华侨、港、澳、台同胞投资兴办的先进技术企业和产品出口企业，生产期在15年以上的，免缴土地使用费5年，从第六年开始再减半征收土地使用费5年。

四、对外商投资企业的基本建设工程作为我县重点项目予以保证，优先安排施工。基建所需

材料，凡本县能够解决的，按合理价格优先供应，也可以自行组织进口。对企业生产经营所需水、电、煤、原材料、信贷资金和运输、通讯设施等给予优先安排解决，收费标准均不高于同行业国营企业。

五、对开展“三来一补”业务的国营和集体企业，其工缴费收入一律免征营业税和地方所得税；补偿贸易业务为补偿而出口的产品，免征生产环节产品税、增值税和地方所得税。为开展“三来一补”业务确需对厂房和配套设施进行扩建或改造的，免缴投资方向调节税。

六、保障外商投资企业的经营管理自主权。外商投资企业在遵守中国有关法律的前提下，可按国际惯例办事，享有自行确定企业机构设置、人员编制、工资标准、奖励津贴制度。企业董事会有权决定聘用、任免和辞退企业所属管理人员、技术人员和工人。华侨、港、澳、台同胞投资兴办的合资企业，可以委托居住在大陆的亲友作为代理人参加企业管理，并可担任企业领导职务，可安排适当数量的亲属在企业中就业。

七、台胞来我县投资兴办合资企业，合资期在 15 年（含 15 年）以上，可按实际投资额的大小照顾其亲属解决城镇户口，以每投资 5 万美元解决一名城镇户口为起点，多投资者除按此标准解决城镇户口外，并可优先安排就业。

八、不论国内外的单位和个人，凡引荐促成外商和华侨、港、澳、台同胞来金乡投资兴办“三资”企业和补偿贸易项目的，分别按验资后外商实际投入金额的 2% 付给一次性酬金；促成来料（件）加工装配项目的，按其工缴费收入总额的 3% 付给一次性酬金；直接引进国内外资金为企业所用，利息不超过银行现行基准利率的，每使用一年，按资金总额给予 2% 的奖励；为生产企业推销产品出口的国内外人士，按产品出口额的 2% 给予奖励；对引荐促成对外承包工程和劳务输出的，分别按工程总额和劳务收入总额的 2% 提取奖励；对提供信息、引进技术、项目、人才的国内外人士，根据信息、技术项目、采用后的效益和引进人才的贡献大小，由受益单位从新增利润中提取 5% 给予奖励。以上奖励均免征个人收入调节税。

九、外商投资企业，总投资在 3000 万美元以下（含 3000 万美元）符合国家指导的吸收外商投资方向规定的项目，生产经营条件、信贷资金、外汇收支等能自行平衡，不涉及国家许可证和配额管理的中外合资、合作、独资项目，县外经委在收到规定的全部审报材料之日起，对项目建议书、可行性研究报告、合同、章程等报批文件，分别在三日内给予批复。总规模在 500 万美元（含 500 万美元）以下的“三来一补”项目，立项、协议、合同的审批随到随办。

十、凡未涉及到的有关事宜，除国家有明文规定的外，按一切从优的原则协商解决。

一九九三年四月十二日

中共金乡县委文件
关于实施“农贸带动”战略，加快发展金乡经济的决议

（中共金乡县八届七次全委扩大会议一九九三年八月二十九日通过）

（金发〔1993〕29 号）

中共金乡县八届七次全委（扩大）会议，讨论审议了县委《关于实施农贸带动战略，加快发展金乡经济的建议》，决定予以批准。

会议认为，适应建立社会主义市场经济体制的客观要求，从金乡的实际出发，进行经济发展战略的调整是必要的。“农贸带动”战略，是在对我县经济发展历程和现状综合分析的基础上，经过多方面反复论证提出来的，符合金乡的县情，体现了地方经济特点，是加速发展金乡经济的必然选择和正确途径。这一发展战略的指导思想、

基本原则、任务目标、工作措施等，是切实可行的。

会议认为，农业是金乡的优势，必须充分发挥这个优势，着眼于农副产品的加工出口，做好农贸带动的文章，带动农业上台阶，带动工业上规模，带动第三产业上档次，带动外向型经济大发展，逐步建立起贸工农型的经济格局。实施农贸带动战略，要在大力抓好农业，不断增加农副产品品种和提高质量的基础上，切实抓好建立龙头企业、增加拳头产品、建设市场体系等几个关键环节，真正使产品优势变为商品优势，使资源优势变为经济优势，以农副产品的加工出口，促进地方经济与国内外市场接轨，实现全县经济的良性循环和快速发展。

会议要求，全县各级党组织，必须充分认识实施农贸带动战略的重要性，把它作为今后一个时期经济工作的战略措施，组织和带领广大党员和全县人民，上下一心，团结一致，艰苦创业，苦干实干，加快农贸带动战略的实施，把全县经济建设推向一个新阶段。

附：《关于实施农贸带动战略，加快发展全县经济的建议》

关于实施农贸带动战略，加快发展金乡经济的建议

当前，我们正处在由计划经济体制向市场经济体制转轨的时期，抓住这一历史机遇，自觉调整经济发展战略，建立起与市场要求相适应的经济格局，是实现地域经济快速发展的关键所在。县委、县政府在对金乡经济发展历程和现状进行综合分析的基础上，经过上下反复论证，提出了“农贸带动”的总体发展战略。这一基本思路，适应了形势发展要求，体现了金乡经济特点，作为经济欠发达地区，这是加快经济发展步伐，全面振兴金乡经济的正确选择。

一、形成“农贸带动”战略的客观依据

适应市场经济发展的要求，立足本地资源条件和经济现状，是研究和制定经济发展战略的基本依据。确定金乡经济发展的路子，必须从金乡实际出发。首先从金乡的资源条件来看，金乡虽然有矿产资源和其他资源条件，但真正能够称为优势并具有现实开发意义的是农业。金乡基本上是一个农业县，农业在全县整个经济中居于重要位置，农副产品丰富是一大经济特色，目前一些农副产品不仅已经形成规模，而且具有了一定的市场占有能力。全县每年粮食总产达四亿公斤，其中小麦总产两亿公斤以上，扣除口粮、征购、种子等用粮外，每年可供转化的剩余粮食达一亿公斤左右。棉花种植面积一直保持在 30 万亩左右，总产达 40 万担。金乡以大蒜面积大、产量高、质量优，成为全国闻名的“大蒜之乡”和目前最大的生产出口基地，围绕大蒜生产、加工、销售所兴起的系列服务，已使金乡初步形成独具特色的大蒜经济。蔬菜面积已发展到四万多亩，其中以冬暖式塑料大棚为主的精种高产蔬菜已开始起步，全县林业特别是果品生产发展迅速，优质果园面积已达 5 万多亩，现已陆续进入盛果期，全县经过更新改造，桐粮间作面积 32 万亩，实有林地面积 11 万亩，木材总蓄积量达 43 万方，畜牧业发展具有优越条件和广阔前景，全县每年可作为饲料的秸秆、树叶约 1.5 亿公斤，目前存养大牲畜 2 万头，猪 15 万头，羊 34 万只，兔 82 万只，禽 260 万只。农业作为我县的基础产业，不仅保持了较快的发展速度，而且结构调整、科技开发、加工转化等方面，具有很大的发展潜力，是全县整个经济快速发展的基础条件。

其次，从金乡经济发展的实践来看，很长一个时期，在经济发展上，一直被重农还是重工这个问题所困扰，有时认为农业是优势产业，应该把重点放在农业上，有时认为工业是薄弱环节，必须集中精力抓工业，往往自觉不自觉地把农业与工业孤立起来抓。这样做的结果，一方面，由于加工转化跟不上，农业基本上停留在产品经济阶段，农副产品除自食自用外，大部分是出卖原料和初级转化，目前全县农副产品商品率仅为 65%；加工转化率不足 30%，出口创汇率更低，良好的资源条件得不到充分利用，制约了农业深层次的开发，影响了农业综合效益的提高。比如我

县的大蒜，产量很大但加工能力差，根据目前的产销情况，每吨大蒜价格1000元以下，加工成蒜片每吨达7000多元，按五斤大蒜加工一斤蒜片计算，每吨大蒜可增值400多元，增值率在40%以上，如果进行精深加工增值更高。另一方面，工业的发展没有充分利用地方资源优势，以地方资源作为依托支撑的骨干企业少，而利用外部资源，无论是地理位置还是基础条件，我县都不具有真正优势，特别在市场经济条件下，这个矛盾给工业尤其是乡镇企业带来的制约因素更大。在乡镇企业的发展上，近几年采取了这样那样的措施，但实践证明成效不太理想。据一九九二年底的统计资料，在全市十二处县市区中，我县的乡镇企业总产值、乡镇工业产值、实现利税、出口交货值等几项主要指标，均排在十位以后；乡镇企业产值的增长幅度，在全市180个乡镇中，我县的十四处乡镇有十处排在100位后；全市村办企业产值过千万元的村67个，金乡是空白。从我县经济发展走过的路子看，我们不能不认真地进行反思。

第三，从全县经济运行的情况来看，纵观金乡整个经济状况，尽管有了较快发展，但总体上说还是落后的，突出表现为经济总量小，结构不合理，整体效益低，除了其他因素以外，目前经济运行上存在的一个突出问题就是全县经济没有真正形成内在统一体，农业缺乏龙头企业带动，工业没有资源依托支撑，第三产业发展滞后，各产业都在孤立地运行，降低了经济的整体效应。从产业结构上看，一九九二年全县国民生产总值中，第一产业5.39亿元，第二产业2.19亿元，第三产业2.30亿元，一二三产业值比为55 ∶ 22 ∶ 23，而全省为28 ∶ 49 ∶ 23，全市为41 ∶ 38 ∶ 21，我县的产业结构基本上是一个传统农业经济的格局。各产业内部结构不合理的问题也很突出。农业是金乡的优势产业，但没有真正形成产业优势。除种植业结构调整较为成功外，整个农业经济结构不尽合理，畜牧业、乡镇企业和农村第三产业发展不快；工业虽然有了一定规模，但产品结构，行业结构不合理，骨干企业少，产品档次低；竞争能力弱，尤其农副产品加工明显不适应，没有形成对农业应有的牵动；第三产业主要是围绕生活服务，在低层次上孤立发展的，没有从促进一二产业发展的意义上，从技术、信息以及市场、储运等重大环节上，真正形成一个大的产业。因此，就全县整个经济来看，围绕经济的良性循环和协调发展，建立起适应市场要求的新的经济格局，已成为金乡经济发展上一个亟需解决的课题。

综上所述，要加快金乡经济的发展，必须从金乡的实际出发，立足于发挥农业这个优势，从农业与工业、第三产业的内在联系上，着眼于贸工农经济体系的形成，确定一条适合金乡特点的经济发展路子。因此，选择“农贸带动”战略，是加快金乡经济发展的必然选择。

二、“农贸带动”战略的基本构思

所谓“农贸带动”战略，概括起来就是“一抓四带”，即以抓好农副产品的加工出口，带动农业上台阶，带动工业上规模，带动第三产业上档次，带动外向型经济大发展，从而促进整个经济与市场接轨，逐步形成贸工农型的经济体系，实现全县经济的良性循环和快速发展。这一战略构想的内在涵义，在于遵循市场经济运行规律，把着眼点放在“市场”上，根据市场供求关系的变化，充分发挥农业优势，运用“贸易”这一基本手段，将地域经济与国内外市场紧紧地连在一起，突破口在于农副产品的加工出口，落脚点是靠市场的拉力带动整个经济的运行和发展。基本的想法是，经过两三年的努力，到九五年农业基本形成产业优势，农副产品加工形成一定能力，农贸基础设施初具规模，建立起贸工农经济体系的基本框架并初见成效，争取五年内把金乡建成鲁西南重要的集生产、加工、出口为一体的农副产品贸易基地。这一战略的实施，总体上要把握四个原则，抓好四个环节，落实四项措施。

把握四个原则 一是市场指导的原则。适应建立市场经济体制的要求，在经济工作的指导上迅速地实行转变。由依靠计划向依靠市场转变，彻底冲破计划经济体制的束缚，进一步向企业和农民放权，使之面向市场放开手脚发展；由重视生

产向重视销售转变，把销售摆在重要位置上，集中精力在产品销售环节上做文章，以销定产，以销促产，以贸易推动整个经济的运行；由单纯追求产品数量向讲求效益转变，按照市场需要，追求最佳经济效益，什么赚钱干什么，怎么赚钱怎么干；由孤立运行向协调发展转变，跳出农业抓农业，跳出工业抓工业，着眼于形成整个经济的内在统一体，建立起各产业互相促进、协调发展的经济格局。二是适应调整的原则。从金乡的实际出发，适应市场经济发展的需要，进一步调整和优化各产业及其内部结构。种植业结构的调整，总体上由目前的粮、棉、蒜“三足鼎立”逐步调整为粮食、棉花、大蒜、蔬菜、果品“五分天下”；农村经济结构的调整，体现三个拉长，即畜牧业、乡镇企业和农村第三产业；整个经济结构的调整，按照稳定发展第一产业，大力发展第二产业，加快发展第三产业的思路，着眼开放促开发，抓好开发促发展。通过调整，使全县一二三产业的布局及其之间的结构、各产业内部结构达到科学、合理、协调、配套。三是整个推进的原则。实施“农贸带动”战略，“贸”是手段，“带”是目的，必须紧紧围绕农副产品的加工出口做文章，按照专业生产、一体化经营的要求，以农业带动各个产业和整个经济的发展，在不断增加农副产品品种、提高产量和质量的基础上，一方面，通过发展第三产业，增加储运设施，为农副产品进入市场创造条件；另一方面，加快发展以农副产品为重点的加工工业，通过扩大对外贸易，把更多的农副产品及其加工产品打入国内外市场，不仅通过农贸带动第三产业的发展，而且借助市场的作用，广泛吸引人才、技术、资金、信息等，促进“四高”工业的发展以及矿产资源的开发。四是强化引导的原则。引导各级党政组织和干部群众，按照市场经济的运行和发展规律，运用市场手段调控经济运行，组织经济活动。今后考核工业如何，在经济效益指标上，主要考核农副产品商品率、农产品转化率、加工增值率、出口创汇率、市场占有率以及耕亩效益和科技含量等；在社会效益指标上，主要考核生产经营的规模程度、市场的适应程度、农民的组织程度、生产的社会化程度、科技成果的转化程度、生产要素的配置程度和农村劳动力的转移程度等；在工作上主要考核按照市场需求调控经济运行的水平。

抓好四个环节 一是抓好基地建设。没有基地难以形成规模，没有规模难以形成优势，建立稳定的生产基地，是搞好主导产品系列开发、增加商品供给批量和提高市场占有能力的基础。因此，农业上，要按照布局区域化、经营集约化、服务系列化的要求，引导农民发展规模经营，形成与资源相适应的区域化经济格局。本着因地制宜、发挥优势、相对集中、高产高效的原则，全县整体布局上逐步形成十大经济区域，即以城郊、兴隆、司马为重点的20万亩优质高产小麦基地，以化雨、王丕为重点的十万亩“双百”优质棉花基地，以鱼山、马庙、化雨为重点的十万亩出口大蒜基地，城区周围25平方公里的高值蔬菜基地，以高河为重点的万亩优质果品基地，以卜集、化雨、司马、马庙为重点的万亩桑蚕基地，以马庙、羊山为重点的五千亩金谷生产基地，以羊山、鸡黍、兴隆为重点的丰产林基地，以胡集、霄云、司马为重点的畜禽生产基地和以城郊、鱼山、金乡镇为重点的高值精品生产基地，逐步形成各具特色的重点乡镇和专业村户。 争取在全县出现一大批“大蒜乡”“蔬菜镇”“黄瓜村”“苹果村”“养牛村”“蘑菇村”等。二是发展“龙头”企业。面对千家万户的生产，必须解决好小生产与大市场的矛盾，建立新的专业化生产、一体化经营的生产经营体系，解决这个矛盾的重要途径是加快发展“龙头”企业，用“企业加农户”的经济形式，用“贸工农一体化、产加销一条龙”的内容，用利益机制把生产者、加工者、销售者连接起来，既可以理顺农业与其他部门之间的利益关系，调动各个方面的积极性，又能够在较大范围内组织生产和流通，在较高层次上组织生产和加工。根据我县的实际，从促进优势产品发展的意义上，首先围绕粮食、大蒜、蔬菜、果品、畜禽五大系列产品，建立起集指导生产、协调销售、组织加工为一体的专业性经济实体，以经济实体为龙头，

以生产基地为基础，以千家万户为幅射点，以经济合同为保证，使公司与农户形成利益共同体。三是培育市场体系。实施“农贸带动”战略，流通是一个重要环节。商品市场是搞活流通的支柱和阵地，没有一定规模的市场，流通缺少支撑点，就难以形成气候。我县的市场建设，总体要求是以建设国际农贸城为目标，以提高专业批发市场为重点，在搞好总体规划的基础上，做好“特、高、大”的文章，所谓“特”，就是以优势产业为依托，发展专业特色批发市场，除现有的专业批发市场外，再抓好蔬菜、果品的市场建设；所谓“高”，就是立足于高起点，在基础设施、管理手段和经营方式等方面上档次，增加市场的吸引力；所谓“大”，就是扩大市场规模，增加流通和覆盖面，“八五”末全县争取形成五处交易额过千万元、一处达亿元的专业市场。通过市场的拉力缩短金乡与外界的联系。在抓好市场建设的同对，还要增加贮藏、运输等基础设施，建立贮运方面的专业服务组织，并通过发展个体私营经济，鼓励更多的人进入流通领域，进一步壮大流通队伍。四是抓好“拳头”产品。围绕贸工农经济体系的形成，调整工业的产业结构和产品结构，依据当地资源条件，加快发展以农副产品为重点的加工工业，通过产品的深加工，提高产品的档次水平和市场竞争能力，尤其乡村企业应把农副产品加工作为发展方向，搞好大蒜系列加工，提高粮食加工档次，织织好畜产品和林果品的加工，争取有一大批“拳头”产品打入市场，以农副产品的加工促进整个工业发展。

落实四项设施 一是建立投入机制。改善生产条件，组织农业开发，建设基础设施，发展加工企业，都需要大量资金。投入不足是当前经济发展中存在的一个突出问题。解决这个问题的一个重要途径，就是大力推行股份制和股份合作制。要通过股份制形式，广泛聚集社会闲散资金，增加必要的投入，增加新的经济生长点，增强经济发展后劲。二是健全科技体系。发展农贸，需要有品种新、质量好、规模大、效益高的产品，无论从生产环节还是从加工环节上，都必须搞好科技开发，大力推广先进技术，从根本上改变科技落后、经营粗放、劳动力素质差的状态，实现由依靠传统经济向依靠科技进步求发展的转变。要从适应市场经济发展的要求出发，建立健全科技推广网络，充分发挥各级科技组织的作用，把竞争机制引入科技推广领域，引导科技人员在市场经济中找到自己的位置，同时，放手让农村科技能人借助市场从事科技经营，大力发展集科研、引进、生产、推广、经营于一体的民营科技组织，把先进科学技术更直接地运用于生产，以科技水平的不断提高推进经济的发展。三是完善政策措施。针对市场经济条件下的新情况新特点，重视发挥政策的引导、激励作用，按照“农贸带动”战略的总体要求，有针对性研究制定鼓励增加投入的政策、精种高产的政策、兴办民营科技组织的政策、参与商品流通的政策、发展股份制经济的政策、发展农副产品加工企业的政策，以及鼓励科技人员和各有关部门搞好服务的政策等，用政策调动各个方面的积极性，促进整体战略决策和各项任务目标的落实。四是转化服务功能。在市场经济条件下，随着各个产业的社会化、商品化和专业化，社会化服务的产业化已是势在必行，社会化服务只有作为一个产业，全面进入市场，靠高质量、全方位的有偿服务，实现自我积累、自我生存、自我发展，才能满足社会需要，提高服务层次。因此，县乡具有服务功能的部门和经济组织，要按照服务产业化的要求，进一步转换服务职能，从生产、加工、销售各个环节上，在信息咨询、技术指导、人员培训等各个方面，提供全程系列化服务。农村也要借助股份合作制形式，建立具有经济实力的服务组织，承担农村重大工程建设和重要农事活动等方面的服务。

三、实施“农贸带动”的战略意义

首先，实施“农贸带动”战略是适应市场经济发展的需要，建立新的经济格局的客观要求。随着社会主义市场经济体制的建立，整个经济格局将会出现一个历史性的“重组”，在机遇和挑战面前，各地都在研究发展对策，以重新确立在未来经济格局的位置。谁能把握机遇，谁就能在“转

轨”中争得主动，求得较快发展。市场体制的建立，迫切要求加快整个经济的市场化进程，按照市场的导向，调整产业布局、产业结构和产品结构，遵循价值规律的要求，适应供求关系的变化，通过经济杠杆和竞争机制，实现资源的优化配置。这就意味着计划经济条件下以行政命令为基础的资源配置方式，将被以市场为基础的资源配置方式所代替，各个产业以至整个经济都要“转轨”，原来计划经济条件下形成的那种经济格局、经济结构以及经济运行机制已不适应，建立适应市场经济要求的新的经济格局已势在必行。一个地方的经济发展，必须坚持以市场为导向，立足于发挥资源优势，通过调整经济发展战略，加快地域经济与市场接轨的步伐。

其次，实施“农贸带动”战略是促进生产与市场紧密衔接，加速产品经济向商品经济转变的重要途径。在整个经济的运行中，商品的贸易流通处于从生产领域进入消费领域的中间环节，是生产和再生产正常进行的重要条件，是联系工业和农业、城市和乡村、联系国民经济各地区、各部门和各企业的桥梁和纽带，这种地位决定了它对社会再生产的其他环节，都起重要的作用，特别在市场经济条件下尤为重要。生产发展是扩大贸易流通的物质基础，但贸易流通又反过来影响生产。从再生产循环往复的过程来看，贸易流通又是前提和条件，如果商品的贸易流通不畅或者中断，整个经济就难以正常地进行。“农贸带动”的要义，在于通过贸易这个中间环节，一头连着千家万户，一头连着国内外市场，使生产、收购、加工、贮藏、运输、销售等一系列过程衔接起来，较好地解决生产与市场的脱节问题。在市场经济条件下，经济活动的突出特点是市场化，既要按照市场组织生产，更要解决产品销售问题，而且后者更为重要。否则产品就难以实现其价值。作为农业资源条件较为优越的地区，农副产品的加工增值和商品化程度的提高，不仅是农业发展的根本出路，而且是整个经济发展的基础和条件。

第三，实施“农贸带动”战略是实现生产要素的有机结合，促进城乡一体化发展的战略措施。建立贸工农型的经济体系，在工农之间、城乡之间架起一座桥梁，可以促进城乡之间的优势互补和利益互补。一方面，按市场需求，组织大规模农副产品生产，提供充足的可供加工的原料，促进城镇加工业的迅速发展，进而带动商业流通、交通运输等第三产业的发展。另一方面，随着二三产业的发展，使城镇的技术、人才、资金、信息等更多地流向农村，与土地、劳力、原料等资源结合起来，扩大城乡生产要素的合理流动和有效结合，使资源、技术、人才、基础设施等充分发挥作用；形成经济的整体优势，从而加速农村城镇化的形成和城乡一体化的进程。

第四，实施“农贸带动”战略，是发挥地方经济优势，实现经济欠发达地区快速发展的正确选择。经济欠发达地区同发达地区相比，一般不具备地理位置、资源条件、基础设施、经济实力等方面的优势，但具有本地的相对优势。作为以农业为主的地区，农副产品丰富是一大优势，在农副产品加工增值上大有文章可作。当前，随着市场经济的发展和中国即将“入关”，国际国内市场十分广阔，特别是国际市场，对农副产品的需求量很大，中国是个农业大国，农副产品的出口比重较大，而且随着人们生活水平的提高，市场会愈来愈好。从金乡的实际情况来看，也具备了发展农贸的客观条件：其一，金乡农副产品丰富，加工出口潜力很大。其二，金乡历史上就是重要商品集散地，尤以农贸为活跃。近几年来，适应商品经济发展的需要，市场体系日臻完善，一些专业批发市场初具规模，为发展农贸创造了条件。其三，加快了基础设施建设步伐，发展环境有了较大改善，增加了一批农副产品加工企业，具有了一定的加工能力。其四，具有较好的群众思想基础，发展农贸和农副产品加工出口与群众距离小，投资见效快，容易被群众接受，而且近几年已有不少群众初步涉入尝到了甜头。只要广泛发动群众，发展农贸前景广阔，选择“农贸带动”的发展路子是现实的和可行的。

四、实施“农贸带动”战略的起步工作

“农贸带动”战略，是金乡经济工作发展的

必然选择和重要途径。实施这一发展战略，是当前和今后一个时期的经济工作的重要任务。要坚持总体规划，分步实施的原则，从现在起立即着手做好起步工作。实施这一战略的第一步目标是尽快形成四个层次的市场。一是尽快形成常年产地市场。重点是在抓好大蒜生产、提高品级质量的同时，大力发展冬暖式大棚蔬菜，填补每年十月至次年四月的空白，做到一年四季供应市场，县里拿出部分贴息贷款，同时在技术、物资、服务等方面制定一些扶持鼓励措施，集中搞好发动，今年争取发展一万亩以上。二是尽快形成制品市场。大力发展农副产品加工项目，通过兴办“龙头”企业，充分利用现有技术设备，从重点农副产品抓起搞好系列加工，以多品种、高质量的加工产品提高市场占有能力。三是加快形成卖方市场。由于缺乏必要的市场调控手段，目前我县在大蒜等农副产品的销售上难以左右市场，销售快慢、价格高低基本上受制客户。为解决这个问题，下步首先围绕大蒜、蒜薹的销售问题，县、乡、村一起动手，建设一批恒温库，争取明年蒜薹上市前全县贮藏能力增加一万吨以上。一方面缓解蒜薹集中上市的压力，另一方面通过增加贮藏加工能力，逐步由买方市场变为卖方市场。四是努力形成规模市场。在抓好农副产品规模生产的同对，立足于搞大流通、大贸易，针对我县市场建设和管理上存在的问题，采取积极的改进提高措施。县里重点抓好农副产品综合批发市场，各乡镇抓好有特色的市场建设，尽快建设一批设施齐全、功能完备的专业产品批发市场。为抓好第一步目标的落实；并使这一战略进入轨道顺利运行，当前要抓好四个方面的工作。

第一，要解放思想。实施“农贸带动”战略，既是经济发展战略的重大调整，也是我县今后一段时期经济发展的方向目标。各级必须进一步解放思想，以“三个有利于”为标准，从适应建立市场经济体制和促进生产力发展的要求上，从总结经验教训，加快经济发展的意义上，充分认识实施这一战略的客观必然性和现实可能性。上下形成共识，为实施这一战略打下思想基础。

第二，要制定规划。县乡各级、各有关部门，要按照这一战略的总体构想，结合各自的实际，研究制定规划目标和实施措施，提出分步实施意见，做好阶段性工作安排。各乡镇要在搞好规划的基础上，确定主攻方向和发展重点，选准自己的突破口，切实做好起步工作。

第三，要抓好典型。把典型引导同政策引导和利益趋动结合起来，按照实施“农贸带动”战略的要求，发现、培养、树立和宣传各个方面的典型，当前尤其要抓好精种高产、温室大棚、股份制经济、农副产品加工等方面的典型，以点带面。专业产品的系列开发，要从大蒜等优势产品抓起，做到确定一个优势产品，就要建立一个龙头企业，制定一个实施规划，完善一套政策措施，以逐步形成较大规模的生产经营系列。

第四，要强化协调。实施“农贸带动”战略，涉及的方面广，牵动的环节多，需要各级党委、政府协调各有关部门和各方面的力量，围绕这一战略的实施打好总体战。农业部门要研究种植结构和区域布局，引进推广优良品种和先进种植模式，组织好科技人员的技术承包；工业部门要在深化企业改革、加快工业发展的同时，研究开发农业、带动工业的产品项目，培养和发展农副产品加工的龙头企业并形成集团优势；外经外贸部门要加强对外联系，积极开拓市场，拓宽经贸渠道，增加项目、技术、资金的引进；财政、金融、税务部门要研究有关政策措施，运用经济调控手段，支持“农贸带动”战略的实施；城建、工商部门要按照县城建设的总体规划，加快基础设施建设，搞好市场网点布局，创造一个良好的经营环境；交通、邮电等部门要积极参与，努力改善交通、运输、通讯条件；宣传部门要搞好“农贸带动”战略的宣传，促进全县上下形成共识；政法部门要适应形势的发展，研究和采取相应的措施，为经济发展保驾护航。总之，通过各个方面的工作，促进“农贸带动”战略的实施，推进全县经济的快速发展。

金乡县人民政府
关于进一步放宽搞活劳动用工的意见

（金政发〔1994〕第7号）

省确定我县为综合改革试点县，为加快改革步伐，适应市场经济发展的要求，促进全县经济的快速发展，现就放宽搞活劳动用工提出如下意见；

一、继续深化劳动制度改革，全面推行全员劳动合同制

全员劳动合同制是在市场经济条件下，以法律手段确立劳动者与用工单位权利、义务、调节劳动关系的基本制度，是我国用工改革的方向。今年全县所有国有企业、股份制企业、县以上集体企业，都要实行全员劳动合同制。现已实行全员劳动合同制的企业，要巩固成果，进一步完善配套设施。尚未实行全员劳动合同制的企业，凡效益好、班子健全的，要在今年八月底前完成。对亏损企业，班子较弱，暂不具备条件的，也要实行竞争上岗和岗位合同管理，积极创造条件，争取尽快实行全员合同制。

二、放宽职工流动范围

按照建立市场经济体制的要求，本着劳动力得到最佳配置的原则，打破原来的用人界限，实行职工合理流动。固定职工，合同制工人（含农民合同制工人）取消所有制身份的差别，不受其现有的国有企业、集体企业、股份企业、合资企业、乡镇企业限制，可以根据个人特长和工作需要自由调动。只要调入调出单位双方同意，并办理合同鉴证手续。经单位同意，也可以从事个体经营或调入私营企业，充当个体工商户的雇工，其档案由劳动服务公司保存，并按规定办理政策性档案工资手续，调入私营企业的职工其统筹金、养老金及待业保险金均由私营企业主按规定数额缴纳。从事个体经营的由本人缴纳，与国有企业职工同样享受养老保险和待业保险，劳动部门同样受理劳动争议，确保双方的合法权益。

三、放宽招工范围

1. 鼓励农民进入城镇经商办企业。凡在缗城新区和105国道两侧自建或购买40平方米经营性房屋的业主及其符合条件的一名子女或亲属，可以办理招收合同制工人手续，参加养老保险；凡在乡镇驻地经商办企业的农民，只要有经营场地，固定收入，亦可办理招工手续，参加社会养老保险。上述合同制工人，五年后可以在全县范围内企业间进行调动，并承认连续工龄。

2. 经劳动部门介绍，在县外务工经商的人员，可办理招工手续，参加本县内的养老保险。在外地工作满五年以上者，回县后如被企业招用承认连续工龄。

3. 对目前在国有企业、股份制企业、集体企业、乡镇企业股份合作企业工作二年以上的临时工（含农业户口），只要单位同意，本人表现好，并且符合用工法定年龄，可以转招为合同制工人。

四、鼓励引进人才

国有企业、县以上集体企业、三资企业、乡镇企业、股份合作企业以及企业化管理的事业单位需要聘用的管理人员和科技人员，属外地职工的，可以随时办理调动手续，随迁子女符合招工条件的，单位同意，可以办理招工手续。

五、大力发展劳动力市场

我县劳动力资源流动日趋频繁。为保证劳动力资源的合理流动和有效配置，必须进一步培育和大力发展劳动力市场，既要抓好劳动力的引进，同时也好搞好劳动力的输出。我县职业介绍所，已通过省劳动厅验收，要巩固现有成果，充分发挥其功能。机关、事业、各类企业、雇工的个体工商户需要的劳动力，必须进入劳动力市场，由

县职业介绍所办理职业介绍手续，签订劳动合同，办理养老保险。

六、搞好劳动监察

为了贯彻执行国家的劳动法律法规和政策，维护公平竞争，确保用人单位和劳动者双方的合法权益，协调劳动关系、稳定社会秩序，要加强劳动监察工作，在目前劳动执行的基础上，组建金乡县劳动监察组织，监督检查社会各界执行劳动法规和政策的情况，建立劳动举报制度，发挥群众监督作用。

一九九四年三月二十七日

金乡县人民政府印发《关于加快经济发展的若干政策规定》等文件的通知

（金政发〔1995〕第 12 号）

各乡镇政府，县府各部门，县属各企事业单位：

经县政府研究同意，现将《关于加快经济发展的若干政策规定》《工业企业综合评价制试行办法》《关于对企业资产经营者实行年薪制的试行意见》《公有资产经营委托书》《资产经营责任书》等印发给你们，望认真遵照执行。

一九九五年六月二十七日

金乡县人民政府关于加快经济发展的若干政策规定

一、鼓励发展企业集团

（一）对组建的资产一体化企业集团，县公有资产管理委员会，授予其公有资产经营权。集团公司法人代表可聘任为其主管部门相应的领导职务。

（二）集团公司国家股红利和改制时国有资产转让应收取资金占用费的 50%，留予集团公司发展生产。

（三）企业集团所吸收的企业，其用电权、电力负荷、土地、无形资产等随企业移并，原享受的优惠政策不变。对兼并的劣势企业，原欠银行贷款利息，可优先申报挂帐停息、减息、免息。劣势企业被兼并后，资不抵债部分，经县政府批准，可在一定期限内由财税部门对集团公司核定上缴所得税额基数，超收部分，用收支两条线的办法进行返还弥补亏空。被兼并企业所欠所得税可转为国家股本金。

（四）集团公司进行的技术改造项目，属于地方性的收费，经县政府批准，可视情减、免、缓，按规定先缴纳，后返还，作为国家投资。

二、鼓励企业推进技术进步

（五）对列入市以上的技改项目及高新技术开发项目，拳头产品扩改项目，由县政府组织金融、财政、供电部门与企业签订资金和电力供应承保合同，同时，国资、行业主管部门与企业签订投产、达产责任书。

（六）集中财力保重点：国有资产转让收入，国家股份所分红利及收取的资金占用费和部分预算外资金作为重点项目专项基金，由县公有资产管理委员会统一掌握使用。

（七）凡开发引进高新技术项目、省级新产品或国家级新产品、达到国际先进水平的新产品，经县政府批准，可给予 2 年 ~4 年的试产期，试产期内应缴所得税部分，可先交后返，作为企业发展基金。

（八）凡争得国家专项、省管项目的资金，

以及金融部门从上级争得的计划外信贷规模资金，由直接受益单位，对引资的中介单位或个人，按资金到位额的1%给予奖励。

三、鼓励企业提高管理素质

（九）主要产品单位耗电达到省内同行业先进水平的，视生产增长情况，增加相应电力负荷指标；主要产品单位耗电高于本企业历史最高水平的，县三电办对企业超耗部分加收10%电价。

主要产品单位原材料实物量消耗，高于企业历史最好水平的，超耗部分，年终按当年平均进价计算超耗总价值量，由县财政局、县节能办按15%计征超耗费。

（十）凡获得省名牌产品称号的企业，给企业法人代表、总工程师每人晋升一级工资，县政府一次奖励企业三万元；获得国家名牌产品称号的企业，给企业法人代表、总工程师每人晋升两级工资，县政府一次奖励企业十万元。凡因责任造成产品质量事故，直接损失在1万元以上的，按损失额的5%，对企业法人代表进行处罚。

（十一）对产品在国内市场占用率达到20%以上，年利润达到200万元以上的企业，经县政府批准，其缴纳的所得税部分，可按其市场占有率的同等比例返还企业用于发展。

（十二）凡流动资金周转率达到本企业历史最好水平，且比上年加速10%以上，产品无积压的企业，加速周转节约的资金，金融、财政部门可不收贷，并优先安排扩产配套流动资金。

（十三）对取得省、市行业排头兵称号或管理奖的企业，县政府授予企业经营者相应的荣誉称号，并颁发金、银质奖章。对取得省级以上管理成果奖的，由企业按其所创经济效益，奖励成果发明人。

四、鼓励发展外向型经济

（十四）外商在我县投资兴办合资、合作、独资企业的，对其所需信贷资金、水、电、交通运输、通讯设施等优先安排；投资兴建能源、交通、水利、高科技开发、农牧业开发项目的，按有关规定减征、免征部分税费；场地占用费可减免征收。

（十五）外商投资股本达到注册资本50%以上，出口产品达到当年总产值、产品总量70%以上的，减免所得税期满后，可再继续享受两年减半征收所得税待遇，并可享受10%~15%让利。

（十六）对促成外商和华侨、港、澳、台胞在我县投资兴办“三资”企业的国内外人士，由直接受益单位分别按外商投资额的2%给予一次性奖励；对引进“三来一补”业务的，接增加值的2%，由直接受益单位给予一次性奖励。国内企业来我县联合投资生产的，可参照以上有关规定执行。

（十七）对引进国内外资金，利率与国家银行贷款利率相同，使用期在一年以上、二年以上的，可按引进资金数额的1%、2%给予奖励， 低于或高于国家银行贷款利率的可从优或酌情奖励。

（十八）凡来我县工作的专家、教授、高级管理人员、工程技术人员，优先安排好工作生活外，其工资待遇可适当提高。对带来新项目、新产品、新技术，并产生较好效益者，可连续三年从税后利润中以一定比例给予奖励。对来我县承包企业的，可根据增创利税情况，参照县有关规定，从重奖励。

（十九）出口创汇企业按国家有关规定享受出口退税政策。

（二十）出口产品所需资金，凭出口供货合同由银行部门优先解决。

（二十一）企业出口创汇在50万美元以下的，可按实际收汇额的2%提取奖励，在50万美元以上的可按实际收汇额的3%提取奖励。

（二十二）为企业引荐出口产品的，由企业按出口供货值的2%奖励引荐者。

（二十三）流通企业批发给县域外的商品，销售额达到企业总营业收入50%以上的，缴纳的所得税可按其域外销售的同比例返还。

（二十四）进一步落实《企业法》和《转机条例》，充分尊重企业的法人地位，保障企业的合法权益，严厉打击扰乱和破坏企业正常生产秩序的一切不法行为；严禁向企业乱摊派、乱收费、乱罚款；加快社会保障体系的建立，完善和发展生产要素市场，加快交通、通讯、供电等基础设施建设，切实改善经济发展环境。

工业企业综合评价制试行办法

为推进企业改革，转换经营机制，建立起产权清晰，责任明确，政企分开，管理科学的现代企业制度，提高资产运营效益和企业整体素质，全面客观地评价企业经营业绩，特制定本办法。

评价内容：

一、经营成果（400分）

1. 企业实行了资产经营责任制，完成年度实现利润目标或扭（减）亏目标，计150分，完不成者不计分；

2. 严格遵守国家财税政策及有关规定，完成确保的上缴利税、国家（集体）股红利，计150分，完不成者不计分。

3. 总资本报酬率高于或等于上年水平，计30分，低于上年的不得分，且每降低1%减2分；

4. 资本收益率高于或等于上年水平，计30分，低于上年水平的不得分，且每降低1%减2分；

5. 完成资产增值率目标，计40分，完不成的不得分。

二、企业管理（220分）

1. 销售利润率高于或等于上年水平，计25分，低于上年的，每降低1%减2分；

2. 应收帐款周转率好于上年水平，计20分，低于上年的不得分，且每降低1%减2分；

3. 流动比率高于上年水平，计20分，低于上年的不得分，且每降低1%减2分；

4. 产品产销率高于上年水平，计25分，低于上年的不得分，且每降低1%减2分；

5. 人均年创利税5000元以下的计10分，5001~10000元的计15分；10001元以上的，计20分；人均创利税为负数的不计分；

6. 发生重大安全、人身、设备事故，扣50分；

7. 发生重大质量事故，扣50分；

8. 企业股东会、董事会、监事会，按照企业《章程》及有关规定，行使权力，履行职责，运作规范，计20分；

9. 企业党、政、工三者关系协调，围绕经济建设齐心协力做好工作，计10分；

10. 企业内部建立了完善的经济责任体系和考核办法，并严格兑现，计10分；

11. 企业全面实行了行政干部聘任制，并签订了干部聘任合同和工作目标责任书，计10分；职工实行了全员劳动合同制，考核竞争上岗，计10分；分配上实行了岗位技能工资或其它灵活分配形式，计10分；

12. 企业制定了经营战略，确定了目标市场计5分，落实了营销责任制，计5分；

13. 企业实行了全面质量管理，建立了质量保障体系，计8分，落实了质量否决权，计7分；

14. 企业制定了职工培训规划，并认真实施，计8分，按国家有关规定做到持证上岗，计7分。

三、技术进步（200分）

1. 企业落实了技术进步领导责任制，计15分，制定了技术进步发展规划及实施计划，计20分，技术进步政策措施配套可行，计15分；

2. 产品结构调整有新进展，新产品（包括技术革新产品）销售额达到全部产品销售收入的20%以上的计60分，10%~20%的计30分，10%以下的计10分，无新产品的不得分；

3. 企业有新的技术改造投入，技术改造投入不少于上年底生产性固定资产20%以上的计60分，10%~20%的计30分，10%以下的不计分；

4. 企业认真贯彻落实上级技术进步的有关政策，按规定进行利润分配，提足用好折旧基金、企业留利，计30分。

四、执纪执法（180分）

1. 坚持社会主义企业经营方向，坚持物质文明与精神文明一齐抓，认真遵守国家法律法规，无重大违法违纪案件，计50分；

2. 严格遵守财政纪律，严格经济核算，如实反映企业经营成果，计35分。

3. 认真执行国家信贷政策，按时归还贷款本息，计35分；

4. 认真履行经济合同，履约率不低于95%，计30分；

5. 企业建立了内部审计制度，定期对企业经营成果、资产状况、分配等方面进行审计，并向股东（职工）报告，计 30 分。

考核办法：

一、经济指标的计算办法，按国家统一制定的计算公式计算。非经济指标另行制定考评细则。

二、实行单项考核，累计记分，得分作为计算企业经营者年薪的系数，总分满 1000 分者，系数为 1。

三、考核的四个部分，每项得分如低于该项总分 70% 者，由考核部门责令该企业限期整改。

四、累计得分 800 分以上者，为经营优秀企业，累计得分 650~800 分者，为经营合格企业；累计得分 650 分以下者，为经营不合格企业。对经营不合格企业，资产委托部门给予其黄牌警告，责令其拿出切实可行的措施，限期把工作搞上去。对措施不力，无力扭转被动局面的，收回公有资产经营委托书，推选新的企业法人。

五、凡因企业经营者主观原因完不成年度资产经营责任目标，造成重大经济损失，发生重大责任安全事故及重大违法违纪案件的企业，收回公有资产经营委托书，并追究企业经营者失职渎职的责任。

六、对企业的评价实行一年一考评，由县公有资产管理委员会统一组织实施，评价结果记入企业经营者业绩档案。

民有民营工业企业原则上按本办法执行。流通、建安企业参照本规定分别制定考评办法。

关于对企业资产经营者实行年薪制的试行意见

为建立资产经营保值增值的激励机制，增强经营者的发展动力，根据济宁市《国有企业资产经营责任制实施办法》，结合我县实际，现对企业资产经营者实行年薪制提出如下意见：

一、年薪的构成

企业经营者年薪收入主要包括基薪和贡献奖励两部分，并结合企业综合评价情况计算，即年薪收入 =（基薪 + 贡献奖励）× 综合评价系数

（一）基薪：一般按企业经营者的上年合法工资性收入（不含政府奖励）计算，由企业分月预付，年终通算。企业实现利润达到上年水平的可得基薪，凡低于上年水平的，每降低百分之一，扣经营者风险抵押金的百分之二直至扣完。

（二）贡献奖励：贡献奖励主要依据企业效益增长，上缴利税大小确定。凡完成年度资产经营责任目标的，按上缴利税比上年增长部分分档奖励：增长 100 万元以内（含 100 万元）的，按 3% 计奖；增长 100 万元至 300 万元（含 300 万元）的，按 3.5% 计奖；增长 300 万元以上的，按 4% 计奖。

（三）综合评价系数：按县政府制定的《工业企业综合评价制试行办法》的规定考评。

二、风险抵押金：

企业实行资产经营责任制和对经营者实行年薪制的同时，企业经营者必须交纳资产经营风险抵押金，交纳数额按企业上年底资产总额分档交纳；500 万元以下的交纳风险抵押金 5000 元；500 万元 ~1000 万元的（含 500 万元），交纳风险抵押金 1 万元；1000 万元至 2000 万元的（含 1000 万元），交纳风险抵押金 2 万元；2000 万元以上的（含 2000 万元），交纳风险抵押金 3 万元。凡完成年度实现利润责任目标的，交纳的风险金按银行同期储蓄利率计息；完不成利润责任目标的，不计息。风险抵押金自责任书签订后十五日内，由企业经营者以现金形式向县国资局交纳。

三、年薪的兑现：

经营者年薪由县公有资产管理委员会根据企业责任目标完成情况和综合评价办法考评后予以兑现。经营者的基薪由企业列支；贡献奖励由资产委托单位按财政渠道支付。

资产经营责任书

为强化企业资产经营责任，提高公有资产运营效益，根据上级有关规定，与企业经营者签订以下资产经营责任书：

一、县公有资产管理委员会、县国资局、县……………………作为甲方代表（以下简称甲方），与……………………公司法定代表人…………（以下简称乙方）签订资产经营责任书。

二、本责任书期限为一年，即自一九九五年一月一日起，至一九九五年十二月三十一日止。

三、企业资产经营责任目标

1. 实现利润：……………………万元；

2. 接规定足额完成上缴利税、国家（集体）股红利，其中确保……………………万元，力争……………万元；

3. 资产增值率不低于…………%。

四、本责任书签订后十五日内，企业经营者按县政府对企业资产经营者实行年薪制试行意见的有关规定，向县国资局交纳风险抵押金…………万元。

五、双方的权利和责任

（一）甲方的权利和责任

1. 根据国务院《监管条例》和有关政策的规定，对企业经营管理实施监督，依照法律、法规履行应决定和批准的有关事项。

2. 对企业资产经营者的业绩进行监督、考核、评价和奖惩。

3. 为企业提供法律、法规和政策信息等方面的服务，指导企业不断改善经营管理，努力创造良好的企业发展环境。

（二）乙方的权利和责任

1. 企业资产经营者按照公有资产经营委托书和本责任书规定的经营目标，履行权利，承担责任。

2. 遵守国家法律、法规和有关政策，依法经营，照章纳税，据实向有关部门提供财务、统计等经营资料。

3. 以建立现代企业制度为目标，坚持技术进步，管理进步同步推进，落实内部改革配套措施，建立内部经济责任体系，提高经营管理水平。

六、考核办法

资产经营责任目标完成情况，年终由甲方审计考核，并根据对企业资产经营者实行年薪制的试行意见等有关规定予以奖惩兑现。

甲方：　　　　　　　乙方：

金乡县公有资产经营委员会

金乡县国有资产管理局

金乡县……………………

代表人：

法定代表人：

一九九五年六月二十七日

金乡县人民政府印发《关于完善公有企业“一书三制”的补充规定》的通知

（金政发〔1996〕第12号）

各乡镇政府，县政府有关部门，各企业：

一九九五年，我县在企业中普遍推行了“一书三制”，取得了很好的效果。针对实施过程中出现的新情况、新问题，经县政府研究，制定了完善“一书三制”的补充规定，现印发给你们，请结合金政发〔1995〕12号文、〔1996〕3号文一并贯彻执行。

关于完善公有企业“一书三制”的补充规定

对企业实行《公有资产经营委托书》《资产经营责任制》《企业综合评价制》和《企业经营者年薪制》是深化企业改革的配套措施。为进一步提高其科学性、规范性，促进企业转机建制和经济增长方式的转变，现就“一书三制”中有关问题作以下补充规定：

一、规范资产委托和责任书签订程序

企业改制后，凡改革意识强、群众威信高、经营业绩好的企业经营者一律颁发资产经营委托书。重点骨干企业由县公有资产经营管理委员会直接授权经营，颁发委托书。其他企业的公有资产由县公有资产经营管理委员会委托给系统资产经营公司（企业主管部门），然后再由县国资局会同系统资产经营公司（企业主管部门）向企业经营者颁发资产经营委托书。

各系统资产经营公司（企业主管部门）要根据县政府下达的年度经济发展责任目标，分解落实，按照谁颁发委托书就由谁签订的要求，与企业经营者签订年度资产经营责任书，任何企业不得拒签责任书。

二、突出技术改造的考核奖励

企业资产经营目标新增技术改造投入考核指标。企业综合评价加大技术进步考核的分数，由原来的200分调增到260分。调整后的综合评价计分为“经营成果400分、企业管理200分、技术进步260分、执纪执法140分”。具体评价考核细目按照完善后的《实施细则》执行。

企业技术改造实行项目法人责任制，重点项目由县政府与企业签定责任书。对投入1000万元以上的技改项目，凡按合同规定达到要求的，可按项目决算总投资额的2‰提取技术改造进步奖，奖励项目责任人。奖金列入工程成本。

企业新上项目（指投入500万元以上的项目）竣工投产后，第一年企业税后利润按规定提取“两金”后全部作为企业经营者个人股，以后四年每年税后利润提取“两金”后的10%继续作为企业经营者个人股。十年内享有收益分配权，任职满十年后股权归个人所有，可继承转让。

三、进一步完善对企业经营者的激励约束机制

对企业经营者的年薪贡献奖励，主要根据企业实现利润的增长和对地方财政收入的贡献，奖励具体办法调整：按上缴利税比上年净增部分分档奖励，“增长100万元以内（含100万元）的按3%计奖；增长100万元至300万元（含300万元）的，按3.5%计奖；增长300万元以上的，按4%计奖”。上缴利税比上年净增部分且地方收入占50%以上的，奖金全部由财政支付，低于50%的，奖金由财政支付50%，企业支付50%。

自九五年企业实行“一书三制”后，凡被收回资产经营委托书的企业经营者，不得提拔使用，不得安排和调往党政机关，五年内不得再担任企

业法人代表。企业破产的，要依法追究其经营者的责任。

本规定与〔1995〕12号文和〔1996〕3号文不符之处，以本文为准。流通、建安企业参照本规定分别制定考评办法。

一九九六年四月二十四日

金乡县人民政府
关于加快两个转变，促进工业发展的若干规定

（金政发〔1997〕12号）

为认真贯彻落实党的十四届五中全会精神，加快企业经营机制转换和经济增长方式转变，促进工业经济快速、高效、健康发展，制定如下规定。

一、大力推进资产重组，重点发展企业集团

坚决打破条块分割，鼓励和支持企业跨地区、跨部门、跨所有制兼并联合，不断壮大优势和骨干企业，提高资本运营整体效益。对企业间的兼并联合，各企业主管部门不得横加干涉，设置障碍。优势企业兼并劣势企业，被兼并企业优化下岗职工，由劳动部门通过劳务市场实施再就业，待业期间，参照城镇最低生活保障制度有关规定，发放最低生活费。被兼并企业的用电权、电力负荷、土地使用权等无形资产，随企业移并，原欠所得税可转为国家资本金，原欠银行利息，可申报挂帐免息、停息、减息。被兼并企业可实行单独核算，其净负债，经县政府批准，可在一定期限内，核定上缴所得税基数，超收返还，弥补亏空。三年内，可按兼并后当年企业资产利税率比上年提高部分，而相应增加利税的1%奖励企业经营者；租赁亏损及困难企业的，承租方在租赁期内按规定提足折旧、交纳养老保险及安置现有职工就业的前提下，可实行“零”资租赁；凡购买拍卖或破产企业，整体安置职工的，给予优惠，并可享受兼并企业的政策；托管其它企业的经营者，可再享受托管企业的年薪。

支持优势骨干企业以参股、控股、购买、兼并等方式组建企业集团。集团公司吸纳资不抵债企业和亏损企业，可享受兼并企业的政策。主动争取与优势企业联合的企业原经营者（资不抵债、亏损企业除外）可继续享受原政治待遇，具体岗位由集团公司安排。骨干集团公司（指年实现利税3000万元以上的）国家（集体）股红利及上缴所得税比上年净增部分的50%作为发展基金留于或返还企业；一九九三年以前从县财政预算内借贷的技改、基建资金，尚未归还的本息，经县政府批准，可转为企业发展基金。对集团公司地方性收费一律免交，国家和省、市政府规定必须交纳的费用，由县收费管理局与企业统一结算。

二、大力推进技术和管理进步，转变经济增长方式

建立技改专项资金。县财政每年从预算内拿出一千万元作为县重点项目建设资金，专户储存，统一管理，有偿低息使用。由县经委会同县财政局制定使用计划，县长办公会议决定，县政府分管领导负责放、管、收。

县技改专项资金和新增金融贷款主要用于集团公司、骨干企业的配套改造和高新技术等重点项目。集团公司技改项目和部、省项目，属地方性收费，经县政府批准，可减、免、缓。有条件的集团公司，经财政部门同意，可实行加速折旧。对投入1000万元以上的技改项目和投入500万元以上的新上项目，按金政发〔1996〕12号文件的有关规定奖励兑现。

凡开发引进省级以上新产品，经省及省以上有关部门鉴定和县财政部门核准，省级新产品，两年内应交所得税和新增增值税，地方留成部分可先缴，后返还给企业；国家级新产品，三年内应交所得税和新增增值税，地方留成部分全部返

还给企业。集团公司和骨干企业技术开发费以及与大专院校科研单位联合科研费用，可按规定据实列支，列支额不低于当年销售收入的1.5%，企业技术开发费年增幅在10%以上的，可按实际发生额的150%抵扣应税所得额。

鼓励企业争创名牌。获得省政府或省政府授权部门命名的名牌产品称号的企业，县政府一次奖励企业3万元，给企业法人代表、总工程师各晋升一级工资；获得国家或国家授权部门命名的名牌产品称号的企业，县政府一次奖励企业10万元，给企业法人代表、总工程师各晋升两级工资。取得ISO 9000质量认证的企业，县政府给予通报表彰，并奖励企业20万元。

鼓励企业提高市场占有率。年销售收入居全省同行业前十名的，给企业法人代表和经营厂长（经理）晋升一级工资；年销售收入居全国前十名的，给企业法人代表和经营厂长（经理）各晋升两级工资。对产品在国内市场占有率达到20%以上，年利润达到200万元以上的企业，经县政府批准，其缴纳的所得税部分，可按其市场占有率的同等比例返还企业用于发展。

企业主要产品单位原材料实物量消耗、电耗，高于企业历史最好水平的，超耗部分，年终按全年平均进价计算超耗总价值量，由县节能办、三电办按15%计征超耗费。

三、进一步强化企业激励约束机制

加大奖励力度。除继续执行金政发〔1995〕12号和金政发〔1996〕19号文件中有关“一书三制”的奖惩规定外，对九五年以来连续三年完成资产经营责任目标，且每年上缴利税一千万元以上或三年累计上缴四千万元以上的企业，县政府为企业经营者办理家庭财产及配偶子女人身终身保险；连续三年每年上缴利税二千万元以上或三年累计上缴八千万元以上的企业，县政府奖励经营者住房一套。

加大经营风险责任。企业经营者交纳风险抵押金数额调整为：上年底企业资产总额1000万元以下的（含1000万元），交纳风险抵押金1.5万元；1000万元至3000万元的（含3000万元），交纳风险抵押金3万元；3000万元至5000万元的（含5000万元），交纳风险抵押金5万元；5000万元以上的，交纳风险抵押金8万元。

加大监督约束力度。凡未按《两则》和上级有关规定提足折旧、摊销费用、计算效益的企业，在年终审计考核经营业绩时，从当年实现的利润总额中予以扣减，并责成企业在下年度足额补提或予以摊销。亏损企业或长期拖欠职工工资、欠交职工养老保险金的企业，不准新购小轿车；不准搞豪华装修；不得购置“大哥大”或其它高档通讯器材；企业领导班子成员不得出国考察。连续二年亏损且逐年增亏的企业，一律收回资产经营委托书。企业要依据《公司法》建立健全法人治理结构，并严格按照董事会、监事会工作规程及决策程序决定企业的重大问题。实行定期民主评议干部制度，强化对企业领导人的约束和监督。国家（集体）参股、控股企业，要建立公有资产运营情况年度报告制度，向资产委托单位报告工作；企业财务负责人由县财政部门与企业共同考查、聘用和管理，并对企业经营成果的准确性、真实性负法律责任。县考评组年终对企业进行考核，要向股东代表（职工代表）逐项通报“一书三制”的考评结果，经股东代表（职工代表）认可，企业监事会主席签署意见后，再提交县考评委确认，予以兑现。

四、进一步优化企业发展环境

对集团公司和骨干企业实施扶优扶强措施。在技术改造、技术引进、技术开发上，作为首选对象，优先申报立项，优先落实资金；在流动资金供应上，县政府组织协调企业与主办银行签订银企合作协议，明确银行贷款方式和贷款额度，明确企业资金运用、还本付息等方面的责任；在电力供应上，用电负荷计划单列，扩产改造新增负荷优先申报；继续实行县级领导包重点企业责任制和主管领导扭亏责任制。

认真执行金发〔1996〕56号文件关于减轻企业负担的三条禁令。凡对企业的行政性收费，一律出具《收费许可证》和收费的标准依据，凭县收费管理局统一印制的单据进行收费。任何单位

和个人不得以任何名义乱收费、乱罚款、强行摊派、强拉赞助，违者一经发现，除退回所收款外，并严肃追究部门领导和当事人的责任。企业对不符合规定的摊派、收费不拒付或乱赞助的，要追究企业经营者的责任。

切实保障企业的合法权益。执纪执法部门要严厉打击强装强卸、欺行霸市、刁难威胁等一切扰乱和破坏企业正常生产经营秩序的不法行为，继续落实挂牌保护措施，积极推行承诺服务制，完善中介服务机构，加快社会保障体系建设。

一九九七年三月十三日

中共金乡县委　金乡县人民政府
关于进一步稳定和完善农村土地经营制度的意见

（金发〔1998〕26号）

党的十五大和中央、省、市农村工作会议，都对稳定党在农村的基本政策，特别是稳定和完善农村土地经营制度，提出了明确要求。党中央、国务院《关于1998年农业和农村工作的意见》（中发〔1998〕2号），中央办公厅、国务院办公厅以及省市各级党委、政府也都先后行文，分别对稳定和完善农村土地承包政策和经营制度、作出了具体规定。当前，全县在执行上级有关土地政策方面做了大量工作，保持了党在农村基本政策的连续性和稳定性，有效地保护和调动了农民经营土地的积极性，促进了全县农业和农村经济的持续、稳定、健康发展。但是，也存在着一些不容忽视的问题。一是第一轮承包合同已经到期的单位，大多还没有及时续签合同，有的虽然签了合同，但不够规范。二是有的地方执行中央关于土地承包经营政策规定不坚决，土地调整随意性过大，任意改变土地承包关系。三是由于人口增减等原因，户与户之间人地矛盾突出，合理、有效的解决办法尚未确立。四是合理的土地使用权流转制度尚未健全起来，多数流转行为处于自发无序状态，既不利于土地的高效开发和规模经营，又易产生矛盾和纠纷。针对上述问题，按照中央和省、市有关文件精神，结合我县实际，现就进一步稳定和完善土地经营制度提出如下意见：

一、认真做好延长土地承包期的工作

中央关于土地承包期再延长30年不变，营造林地和“四荒”治理等开发性生产的承包期可以更长的规定，指的是农民家庭承包土地经营的期限，是稳定农村以家庭联产承包为主的责任制和统分结合的双层经营体制的重要内容，必须正确理解，认真贯彻执行。在具体工作中，要切实把握好以下几点：

（一）延长土地承包期，要做到原签合同到期一批，续签一批。原土地承包办法基本合理，群众基本满意的，可以直接顺延、续签新一轮承包合同，不要将原来的承包土地打乱重新发包，保持承包土地相对稳定。

（二）延长土地承包期，要签订规范的承包合同，保持发包单位的相对稳定。凡是以原生产队为单位发包的，由村集体经济组织或村民委员会代为履行签订手续，但不能随意打破原生产队界限在全村范围内发包。对于那些经多数群众认可、乡（镇）以上人民政府批准，土地发包权已属村一级的，要保持稳定，不再改变。乡（镇）人民政府农业承包合同主管部门要及时向农户颁发由市政府统一监制的土地承包经营权证书。

（三）已经进行了新一轮土地承包，承包期不足30年的，要将承包合同直接延长到30年。没有进行新一轮承包的，原承包合同到期后，承包期一律延长到30年。

（四）“增人不增地、减人不减地”有利于稳定承包关系，巩固家庭联产承包责任制，有条件的地方应当加以提倡。对确因人口增加较多，集体和家庭均无力解决就业问题而生活困难的农户，应尽量通过“动帐不动地”或农户间协商转让的办法解决。也可以按照“大稳定、小调整”和群众自愿的原则，作小范围的适当调整。调整方案必须经村民大会或村民代表会三分之二以上成员同意，必须按程序报批后稳妥进行。不准以行政手段和强迫命令的办法硬性调整土地。“小调整”的间隔期最短不得少于5年。要积极试行从集体企业收入和土地承包费中每年拿出一定比例建立土地利益调节基金的办法，用于解决正常情况下出现的人地矛盾问题。

（五）严格控制和管理“机动地”。原来未留有“机动地”的地方，原则上不再留“机动地”。已留有“机动地”的地方，必须将“机动地”严格控制在耕地总面积的5%以内，并严格用于解决个别农户的人地矛盾，多余部分按公平合理的原则分包到户，不准干部多占“机动地”。

二、积极稳妥地整顿“两田制”

一是根据中央的要求，不提倡实行“两田制”，凡是没有实行的，今后一律不要再搞；二是已经实行了“两田制”，效果较好，群众满意的，要总结经验，不断完善，做好延长承包期的工作。对不具备实行“两田制”条件，群众意见较大的，要坚决予以纠正，选择群众满意的其他经营形式；三是严格禁止以搞“两田制”为名，收回农民承包的土地另行高价发包，变相增加农民负担。有此情况的地方要坚决予以纠正，把抽回的责任田退还给农民。

三、加强对土地承包合同和土地承包费的管理

各乡（镇）要严格按照《中华人民共和国农业法》《国务院批转农业部关于加强农业承包合同管理意见的通知》（国发〔992〕52号）和《山东省农村集体经济承包合同管理条例》等法律、法规的规定，加强对土地承包合同的规范化管理，发包方和承包方签订的土地承包合同要依法进行公证，坚决维护承包合同的严肃性。对没有到期的承包合同，不得随意变更。对强行撕毁合同、侵犯农民利益的违法行为，要坚决制止，严肃查处。县、乡农业经营管理部门是指导农村土地承包工作的主管部门，也是农业承包合同的管理机构，要切实负起责来，不断加强自身建设，充分发挥好职能作用。在土地流转过程中，合同管理工作要及时跟上，减少矛盾纠纷。对已实行承包经营的果园、鱼塘、“四荒”、水利设施等其他集体农业资源的合同管理，也要予以加强，切实保护承包人的合法权益。

在延长土地承包期和进行必要的“小调整”时，任何地方和单位不得随意提高承包费，增加或变相增加农民负担。除工副业、果园、鱼塘、“四荒”等实行专业承包和招标承包外，其他土地承包费都必须纳入农民承担的“村提留、乡统筹”的范围，年收取总额要严格控制在上年农民人均纯收入的5%以内，并严格使用管理，实行帐目公开，加强审计监督。

四、进一步建立土地承包经营权流转机制

要按照坚持所有权、稳定承包权、搞活使用权的原则，进一步搞好土地承包经营权流转制度建设，建立起合理的土地流转机制。鼓励和支持农户对土地实行有偿转包、转让和互换、入股经营。县、乡农业承包合同管理部门要加强对土地经营权流转的指导和管理，发挥好中介服务作用，使土地承包经营权流转逐步走上有序化、规范化的轨道。

五、大力发展土地规模经营

土地相对集中，实行适度规模经营是推进农业产业化的必然趋势。但必须坚持“注重条件，因地制宜，群众自愿，形式多样”的原则，绝不能把土地规模经营与家庭联产承包责任制对立起来。随着二、三产业的不断发展和农村剩余劳动力的转移，在坚持群众自愿的前提下，

鼓励通过转包、转让、返租、倒包、土地作股等形式，积极发展一批种田大户和合作农场，实行股份合作制经营。同时，要防止人为地拼大块、归大堆、垒大户，更不允许用行政命令的方法强行占用农民土地，引发土地纠纷，破坏安定团结的大好局面。

稳定和完善农村土地经营制度，涉及面广，政策性强，各级要切实负起责来，不断加强对这项工作的领导。各有关部门要深入基层，深入实际，搞好调查研究，摸清情况，因地制宜，积极稳妥地做好新形势下稳定农村土地经营制度的工作，确保全县农业增产，农民增收，农村稳定。

一九九八年七月十五日

中共金乡县委 金乡县人民政府 关于加快个体私营经济发展的若干规定

（金发〔2000〕20号）

为认真贯彻落实党的十五大精神，进一步解放和发展生产力，调整优化所有制结构，形成多种经济成份共同发展的局面，使个体私营经济快速成为新的经济增长点，从整体上促进全县经济更快更好地发展，根据省委、省政府《关于加快全省个体私营经济发展的决定》（鲁发〔1999〕22号）和市委、市政府的要求，结合我县实际，制定以下若干规定。

（一）把个体私营经济摆到全县经济发展的战略地位

1．党的十五大报告指出：“非公有制经济是我国社会主义市场经济的重要组成部分，对个体私营等非公有制经济要继续鼓励、引导，使之健康发展。”党的十五届三中全会指出：“在积极发展公有制经济的同时，采取灵活有效的政策措施，鼓励和引导农村个体私营等非公有制经济有更大的发展。”因此，加快发展个体私营经济是调整和优化所有制结构的需要，是促进生产力发展的重要内容，是加快发展县域经济的重要途径。

2．发展个体私营经济对于金乡国民经济的发展具有重要战略意义。我县是农业大县，农副产品资源丰富，但又是工业弱县，尤其是个体私营经济基础较差，起步较晚，尽管这几年有了较快发展，但总体上规模较小，档次较低。要加速实现强县富民的宏伟目标，必须把个体私营经济摆到全县国民经济跨世纪发展的重要战略地位来抓。

3．增强加快个体私营经济发展的紧迫感和危机感。个体私营经济是我国社会主义市场经济的重要组成部分，不仅是一个生长点，而且是一个重要增长源。各级必须从根本上解决好影响个体私营经济发展的思想认识问题，从习惯传统和唯上唯书的束缚中解脱出来，进一步解放思想，转变观念，消除误区，纠正偏见，放胆、放手、放量加快个体私营经济的发展。

4．从全县经济发展的长远目标出发，必须牢固坚持以经济建设为中心，以三个有利于为标准，真正把个体私营经济作为全县经济工作的重头戏，全党一齐动手，全县上下动员，紧紧围绕增加财政收入和农民收入，壮大整体经济实力，努力寻求发展个体私营经济的重大突破。

（二）明确个体私营经济发展的目标任务

5．今后一个时期，全县个体私营经济必须保持一个较快的发展速度，争取三年内个体私营经济从业人员、增加值和税收年均增长幅度保持在25%以上，到2003年全县个体私营经济从业人员占社会从业人员的40%以上，实现增加值占全县国内生产总值的35%以上，纳税额相当于财政总收入的30%以上。

6．今年全县个体工商户数比上年增长

15%，私营企业户数比上年增长 20%。个体私营经济占国内生产总值的比重达到 30%，对财政贡献率达到 20% 以上。

7．把专业村、产业镇、经济园区建设和私营企业大户作为发展重点来抓。县里从今年开始，每年重点抓好 20 个专业村、3 个产业镇，培养 10 户注册资本 500 万元以上、年纳税额 50 万元以上的私营企业大户。同时抓好以金兴经济园为主的园区开发建设，经过三年左右的努力，力争建成 5~7 家具有一定规模、以私营企业为主体的企业集团。

8．乡镇要立足经济特点和产业优势，在大力发展个体工商户的同时加快发展私营企业，每年选择 3~5 户个体私营大户作为扶持重点，促其提高档次，膨胀规模；每年发展 2~3 个专业村，并规划建设好自己的经济园区，争取每年每个乡镇发展 2 个投资 500 万元以上或 1 个投资 1000 万元以上的项目，以尽快形成新的经济增长点，为今后的发展积蓄后劲。

（三）确定个体私营经济发展的方向和重点

9．正确引导个体私营经济的发展。在发展方向上，引导个体私营经济由注重数量向数质并重，重点向提高质量转变，促使其向科技型、外向型发展；引导个体私营企业由单体分散发展向群体集中发展转变，重点发展“村、镇、园”；引导个体私营企业由传统家庭作坊式管理向现代化科学管理方式转变。在工作指导上，充分发挥本地经济优势，做好农副产品资源开发文章，在提高第三产业的同时，加快向一二产业的广阔领域延伸。新上私营企业的项目论证，纳入县项目论证委员会统一审定和批准。

10．进一步放开经营范围。除国家法律、法规另有规定外，凡具有民事责任能力的人员，都可以凭居民身份证及外来人员暂住证申办个体私营企业。积极鼓励农民兴办独资企业和合伙企业，不受注册资本的限制。

11．围绕农业产业化经营，大力发展农副产品加工、销售项目和企业。依托全县的农副产品资源，充分利用新技术、新工艺，积极鼓励和扶持发展大蒜、蔬菜、畜禽、果品、粮食等主导产业的产、加、销企业。同时鼓励农民发展庭院经济，综合利用四旁隙地发展高效经济作物；鼓励个体或私营企业承包租赁荒滩、荒地，从事土地复垦改良和综合开发；鼓励个体私营企业参与发展观光旅游和特色农业。

12．按照有利于个体私营经济健康发展的原则，遵循可持续发展的要求，积极引导个体私营企业执行国家产业政策，适应市场发展需求。开发利用传统工艺和主导产品，坚持高点起步，发展基础工业项目，加快开发科技含量较大，经济效益较高的新产品，不断提高私营企业的科技水平和市场竞争能力。

13．实行公平的市场准入原则，允许个体私营企业经营国家明令禁止以外的商品和服务，一视同仁，同等对待，任何部门和个人都不得实行歧视性政策加以限制。对专营专卖商品经有关部门批准可以通过合法途径进入市场经营。鼓励个体私营企业从事科技开发、信息咨询、商务代理等中介服务；鼓励个体私营企业投资县乡能源交通、城乡建设、水利等基础产业；鼓励个人和社会团体兴办托儿所、幼儿园、职工技校等民办教育事业；鼓励个人兴办社区公益事业等行业。

14．鼓励私营企业参与国有企业的改革，支持个体私营企业购买、兼并、租赁、承包、托管国有和集体企业或通过参股控股，与国有集体资本组成混合所有制企业，支持他们大胆进入国有企业退出的各个领域。

15．个体私营企业可一业为主，跨行业综合经营，并可同时投资开发若干个生产经营企业，设立若干个分店、分厂、代办处等。积极支持农民兴办股份合作制企业，具备条件的可以成立有限责任公司或股份有限公司，组建跨部门、跨地区、跨所有制的企业集团。

（四）加大对个体私营经济的扶持服务力度

16．鼓励机关事业单位工作人员、企业职工、

复转军人、大中专毕业生从事个体经济、私营经济。机关、事业单位工作人员经本单位同意离职从事个体经济、私营经济的，离职期间，1年内，机关工作人员、事业单位人员工资照发，按在职人员标准由原单位和本人缴纳保险金，工龄连续计算。3年内愿回原单位工作的，由本单位根据工作需要和本人条件安排适当工作或进入人才市场、劳动力市场择业；3年后继续从事个体经济、私营经济的，应按有关规定办理辞职手续，其人事档案分别交人事、劳动部门所属人才、劳动服务机构代理。鼓励和支持机关、事业单位工作人员依照有关规定，通过辞职、提前退休、停薪留职等方式从事个体经济、私营经济。

国有、集体企业职工经本单位同意，离职从事个体经济、私营经济的，可与原企业签订不超过3年的“留职协议”，企业为其保留劳动关系3年。留职满3年不回原单位的，可将其人事档案转到人事、劳动部门所属人才、劳动服务机构代理。下岗职工从事个体经济、私营经济的，按国家和省有关规定享受税收、收费方面的优惠政策。

鼓励军转干部从事个体私营经济，2年内保留安置资格，人事档案由军转部门负责保管；需重新安置的，由军转部门按现行接受安置条件安置，工龄连续计算。2年期满后，其档案由人事部门所属人才服务机构保管。

鼓励大中专毕业生从事个体经济、私营经济，开业1年内免收工商管理等行政性收费，享受税收方面的优惠政策。从事个体经济、私营经济的大中专毕业生，在县级以上人事部门所属人才服务机构办理人事代理后，其人事档案留存人才服务机构，保留干部身份，连续计算工龄，户口、粮食关系、职称评审等按人事代理的有关规定办理。

17. 建立和完善个体私营经济从业人员的社会保险制度。将个体经济、私营经济从业人员纳入社会保险范围，按规定参加养老、失业、医疗等社会保险，缴纳社会保险费，享受相应的社会保险待遇。个体私营业户按省规定比例缴纳的职工养老基金、失业保险基金、医疗保险基金，经税务部门审核后，在计征所得税时准予扣除。下岗职工、机关事业单位工作人员、复转军人从事个体经济、私营经济的，其前后缴纳养老保险费的年限（含视同缴费年限）合并计算。

18. 鼓励个体、私营高新技术产业和第三产业发展。经省以上认定的高新技术企业，和新办的咨询、信息、技术服务等知识密集型第三产业，地方性税收两年内由财政返还或政府全额奖励；新办从事旅游、文化、社区居民服务、商品流通、外贸、交通运输行业的，依照上述办法一年内给予税收上的优惠政策。

19. 鼓励个体私营业户参与公有制企业改革。个体营业户兼并资不抵债企业的，被兼并企业不具备独立纳税人资格的，其被兼并前尚未弥补的经营性亏损，可在税收法规规定的弥补期限的剩余期限内由兼并后的企业逐年延伸弥补。出售企业涉及国有土地使用权和集体土地的，土地管理部门要及时办理用地有关手续。个体工商户私营企业购买公有制企业，可以企业的资产评估价值为底价实行竞价购买，应付价款应在兼并程序终结日一次付清，如数额较大，一次付清确有困难的，经出售方同意并取得有担保资格人担保的前提下，可以分期支付价款。首期付款额不得低于价款的30%，未付款部分参照银行贷款利率由购买者向出售方支付利息。出售企业的全部职工原则上由购买者负责妥善安置，愿意继续留在该企业工作的职工，购买者应与其重新签订劳动合同，劳动合同期限一般不应短于职工与出售企业原签订劳动合同的期限。对个体私营业户一次性买断净资产较少的公有制企业，接受被收购企业全部债权、债务，注入发展资金并全员安置被收购企业职工就业的，可按零价购买。转制的公有制企业债权债务相等或债务大于债权时，只要注入启动资金抵销债务后达到国家法律、法规规定最低注册资本限额，可进行登记注册。

支持个体私营业户租赁、承包经营亏损的公有制企业。租赁承包期在10年以上的，租赁被租赁方应在更优惠的前提下形成租赁意见、涉税意见应经有关方面批准。在落实债权债务的基础上，应考虑资产增值的因素，也可采取还本租赁的办法，用所缴租金抵减租赁资产，所缴租金与租赁资产评估值相等，即取得被租赁资产产权；还可采用还本承包的办法，所交承包费总额等于承包资产评估值的，即取得被承包资产的产权。

20. 拓宽融资渠道，增加信贷支持。金融机构要在信贷政策上向个体私营经济倾斜，每年新增贷款中，个体私营经济所占比重要逐年提高，对符合申请贷款证条件的私营企业，人民银行予以办理贷款证；允许个体私营企业用房产、土地使用权、设备、有价证券和家庭财物作抵押、质押取得贷款；个体、私营企业享受国有、集体企业相同的基准贷款利率和贷款期限；对信用等级在AA级以上，资产负债率低于60%的私营企业，可以办理银行承兑汇票业务；各商业银行对个体私营企业在开户结算上给予等同于国有、集体企业的便利。

21. 县里在资金上对重点私营企业给予支持，年度安排的项目贴息资金的50%用于扶持个体私营企业的发展。今年，按照市里规定，县、乡两级务必都要建立个体私营经济奖励扶持基金，专项用于对个体私营经济的扶持和奖励。

22. 计委、经委、工商、技术监督、科技、公安、乡镇企业等部门要转变职能，为全县个体私营经济在市场开拓、技术开发、争取项目、信息咨询、代签与审查合同、产品运输、商品保管等方面提供服务；统计部门要将个体私营经济发展动态纳入经济统计范围，规范统计口径，完善统计渠道；教育部门要妥善解决外来人员从事个体私营经营人员子女的入托、入学问题，其各项费用按当地常住人口子女入学所规定标准收取；人事、劳动部门将个体私营企业科技和管理人员纳入正常的专业技术职务评聘范围，技术工人可通过职业培训参加工人技术等级、技师、高级技师的考评，所评任职资格聘任用单位予以承认。

23. 妥善解决个体私营企业的生产经营场地。对个体工商户、私营企业的生产经营用地，列入年度用地计划和城乡建设规划。土地、城建部门要支持个体、私营经济的发展。对因生产经营需占用和征用土地的，按规定办理征用和农地转用租用手续，或者调换承包田。

24. 供电部门要积极提供用电条件，加强用电管理。任何单位和个人不得擅自提高个体、私营工业企业的用电价格，更不准擅自采取拉闸、停电等制约手段。对私营工业专业村、重点企业要力求保证供电。对已形成规模的私营工业区，应积极帮助架设专用供电线路。

25. 政法机关要切实保护个体工商户、私营企业的合法权益和家庭人身安全不受侵害。对于敲诈勒索，侵扰危害个体、私营企业的行为要及时坚决打击。司法部门应积极主动提供法律服务，为个体、私营经济发展保驾护航。

26. 各有关部门要转变工作作风，提高工作效率，搞好各项服务。个体工商户及私营企业的审办实行“一站式”审批办法，对于申办所需的一切证照及有关手续，只要齐全，必须马上办理完毕。须由专业主管部门核发许可证或专项审批的，实行公开会办制度，集中办理。

27. 个体私营企业生产用电，供电有关部门要全力支持，并按国家规定政策收取电费，电力部门要努力改善电力供应条件，逐步达到同网同价。个体私营企业新设、增容用户确因资金困难，无法一次性缴清供电工程贴费时，可采取签订分期付款协议，逐月付款，一定期限内还清本息的办法。

28. 继续实施“绿色通道”，保证货畅其流。对出入金乡的货运车辆做好疏导服务，除治安、刑事侦查和处理交通事故外，对一般违章车辆不准扣证照、不准扣车、不准罚款。

29. 坚决制止“三乱”行为，全面清理各类收费，切实减轻个体工商户、私营企业负担。除省级及其以上出台并经国家计委、财政部、省财政厅、省物价局等部门批准的收费项目外，其余针对个体工商户、私营企业的收费、基金一律无效；物价部门要将保留的收费项目向社会印发公布。对所有个体工商户、私营企业实行“负担登记卡制度”，定期审计督查。对于违反规定向个体工商户、私营企业乱伸手、吃、拿、卡、要者，一经发现，坚决查处。

30. 依法保护个体工商户、私营企业的正当

权益，制止对个体工商户、私营企业的干扰、干预、干涉，除市级以上明文布置的专项活动外，不准对个体工商户、私营企业进行评比和达标活动；任何部门、单位、个人均不得以任何理由和方式非法调动、挪用、破坏、侵占个体工商户、私营企业的合法财产；营业执照是个体工商户、私营企业的合法凭证，除工商部门外，其它任何部门、单位和个人均无权没收、吊扣；对歧视、刁难、侮辱、敲诈、勒索、攻击、殴打个体、私营企业人员的行为，有关部门按政策严肃处理，构成犯罪的由司法机关依法追究刑事责任；市场管理部门和执法部门要依法加强管理，坚决打击欺行霸市、哄抬物价、偷税漏税、生产假冒伪劣产品等违法行为，创造维护公平竞争的市场环境。

31. 加强对个体私营经济的监督管理，督促他们自觉遵守市场规则，维护市场秩序，公平竞争，合法经营，照章纳税，建立健全财务、统计制度，遵守国家法律法规，严禁从事黄、赌、毒违法经营活动。个体工商户、私营企业要认真贯彻执行《劳动法》，在平等自愿、协商一致的基础上，与从业人员签订劳动合同，建立新型劳动关系；积极创造条件为从业人员办理养老、医疗、失业、工伤、女工生育等各项社会保险；县劳动社会保障部门要依法加强监督和检查，保护个体私营企业从业人员的合法权益。

（五）加强个体私营经济工作的领导和考核

32. 为促进个体私营经济的快速发展，县成立领导机构和办事机构，县政府主要领导挂帅，县委、县纪委和人大、政协各一名领导同志靠上，县政府分管领导具体抓，并从县工商局、公安局、乡镇企业局、计委、经委、财委、劳动局、卫生局、技术监督局等单位抽调精干人员组成办公室。被抽调人员工资由原单位发放，参加办公室的日常考勤和年度考核。办公室负责全县个体、私营经济的规划、指导、协调、审批以及政策研讨等日常工作。各乡镇党委、政府主要领导要把更多的精力放在发展个体私营经济上，明确专人专职负责，并根据各自的实际情况研究制定切实可行的发展规划，认真组织实施。

33. 认真落实个体私营经济发展的目标责任，把发展个体私营经济作为县乡村党政一把手和各部门主要负责人的第一责任目标，实施好“一把手”工程，明确任务，落实责任。要实行县乡村干部帮扶个体私营经济项目责任制，每名县领导干部包一个乡镇并联系一个私营企业，每名乡镇领导干部包一个专业村并联系一个私营企业，村级干部包项目或个体工商户，以确保年度目标任务的落实。

34. 加大对个体私营经济的考核奖惩力度。按照发展个体私营经济的年度目标，县同乡镇签订发展个体私营经济目标责任制；把责任目标的完成情况纳入年度综合考核并同乡镇领导干部的经济利益挂钩，年终进行严格考核奖惩，重点以个体私营经济入库税金指标考核各乡镇完成任务情况。对于完成任务好的，给予领导班子重奖；完不成任务的，对乡镇党委、政府主要领导和分管领导等人员分别给予一定经济处罚。

35. 设立个体私营经济“突出贡献奖”；对守法经营、文明经商、经济效益好、贡献大、带动性强的个体、私营企业典型分别授予“致富能手”“先进私营企业”“优秀民营企业家”“文明个体工商户”“创业明星”等荣誉称号，参加劳动模范和先进人物评选。同时，对经营较好，贡献较大的私营企业给予奖励。以上缴税金10万元为起点，每年增长10%，给予个体企业纳税总额的5%奖励。

36. 设立个体私营经济发展“优质服务奖”。对为个体私营经济大开“绿灯”，给予优惠、扶持、保护，积极提供信息和咨询服务，帮助协调资金、解决生产中的问题等，成绩显著的县、乡服务部门，给予荣誉和物质奖励，对于服务差的部门给予批评教育公开曝光，问题特别突出的，追究部门和单位领导的责任。

37. 创造发展个体私营经济的良好社会环境，充分利用电台、电视台、报社等新闻媒体的作用，广泛宣传党和国家的有关方针政策，宣传个体私营经济的地位和作用，宣传我县个体私营经济工作的典型和经验，同时，县委、县政府每年召开一次个体私营经济总结表彰大会，对评出的先进单位和个人进行大力宣传，努力在全县形成一个从事个体私营经济光荣、支持个体私营经济有功的良好社会氛围，促进全县个体私营经济的快速健康发展。

本规定由县个体私营经济工作领导小组办公室负责解释。

二〇〇〇年三月九日

中共金乡县委 金乡县人民政府
关于上缴利税千万元以上企业奖励的暂行规定

（金发〔2001〕16号）

为鼓励先进，促进发展，特制定本规定。

一、上缴利税总额1000万元以内的部分，按1%奖励；1001万元以上至2000万元的部分，按2%奖励；2001万元以上至3 000万元的部分，按3%奖励；3001万元以上至4000万元的部分，按4%奖励；4001万元以上至5000万元的部分，按5%奖励；5001万元以上至6000万元的部分，按6%奖励；以次类推，每增缴1000万元，增奖1个百分点。

二、用财政资金垫付税收（含上年度），三个月内不能归还的，其垫付部分不作为计奖基数。

三、企业奖励的50%以现金形式由县财政支付，其余50%奖励股权。企业暂未改制的，奖励股权部分待改制后兑现。

四、企业奖励全部用于法人代表。

五、对企业的考核，由县经委、财委、财政局依据有关规定组织实施。

本规定自行文之日起执行，其它有关规定同时废止。具体事项由县财政局负责解释。

（此文件发至县财政局，有关企业法人代表）

二〇〇一年三月十五日

中共金乡县委 金乡县人民政府
关于进一步加快民营经济发展的决定

（金发〔2003〕48号）

为了贯彻落实省、市委解放思想、干事创业、比学赶超、加快发展的指示精神，在认真执行鲁发〔2003〕14号，济发〔2003〕37号关于进一步加快民营经济发展政策规定的基础上，结合我县实际，特作如下决定：

一、实行更加开放的行业准入政策

1. 废除一切民营经济与其他经济成份不平等的准入条件，除法律、法规和国家政策另有规定外，市场经营领域和投资领域都允许民营经济进入，都允许民间资本控股，任何单位和个人不得以任何理由加以限制或实行行业垄断。

2. 凡不需要政府投资，符合国家产业政策的竞争性领域的基本建设项目、技术创新和技改项目，一律实行项目备案制。除国家法律、法规规定的行业及审批项目，以及涉及人民生命财产安全的行业外，民营企业登记前置审批一律取消。任何部门和单位的专项审批及许可，一律不作为登记发照和备案的前置条件。

3. 放宽经营范围。凡是国家法律、法规没有明令禁止的行业和商品，都积极鼓励个体工商户、私营企业生产经营。对特殊行业和商品，经有关部门批准后，允许个体工商户和私营企业生产经营。

4. 放宽投资人资格的限制。除国家法律、法规和国家政策另有规定外，凡具有完全民事行为能力的人，均可凭居民身份证和有关证明从事个体经营或开办民营企业。

5. 放宽注册资本金认缴的期限。允许新设立注册资本金在 50 万元以下（含 50 万元）的私营有限责任公司，一次注入有困难的，在首期出资额达到注册资本金的 10% 以上且不低于 3 万元时，资本金可分期到位，1 年内实缴注册资本追加至 50% 以上，其余部分可在 3 年内到位。母公司注册资本在 1000 万元以上且具有 3 个以上控股子公司，母公司和子公司合并注册资本达到 2000 万元，可申请设立企业集团。对“公司 + 基地 + 农户”的农产品加工出口企业，申请冠省行政区划名称的，其注册资本放宽到 200 万元。

6. 鼓励申办非公司制民营企业。除申办公司制企业外，投资人可根据自身资本规模、行业特点、发展需要等实际情况，申办合伙企业和个人独资企业。

7. 具有创造能力的人力资本（管理才能、技术专长）、有转化潜能的智力成果（专利发明、技术成果）等要素可作为无形资产参与投资。无形资产最高可占注册资本的 20%。以高新技术成果入股的，最高可占注册资本的 35%，全体股东另有约定的，从其约定。

二、放开和支持各类人员从事民营经济

8. 鼓励机关事业单位的工作人员辞去公职从事民营经济，对距法定退休年龄 8 年以上的辞职人员，可一次性发给辞职补助费。辞职补助标准按省、市规定执行。

9. 鼓励符合国家规定提前退休条件的机关工作人员提前退休从事民营经济。机关工作人员主动要求提前离岗、提前退休从事民营经济的，可享受市 2001~2002 年机构改革期间制定的优惠政策。男 50 周岁、女 45 周岁、或者工作年限 25 年以上的机关、事业单位工作人员，经批准提前离岗从事民营经济的，在法定退休年龄前，领取离岗时的基本工资，档案工资享受在职人员的增资待遇。到法定退休年龄，一并计算工龄，计发养老金，医疗保险享受原单位待遇。

10. 支持机关工作人员离岗或停薪留职领办、创办从事民营经济。不符合提前退休条件的机关工作人员可离岗从事民营经济，离岗期限为 3 年，离岗期间，免去职务，保留原职级，工龄连续计算，享受在职人员的工资福利待遇（不包括特殊岗位津、补贴和年终一次性奖金），离岗期间达到提前退休条件的，可提前退休；自愿停薪留职从事民营经济的，停发工资和其它福利待遇，社会保险费继续按原渠道列支交纳，工龄连续计算，人事关系由原单位管理，到法定退休年龄办理退休手续。以上人员无违法违纪行为的，年度考核定为称职。

11. 允许事业单位工作人员停薪停职从事民营经济，停薪停职时间为 3 年。停薪停职期间的待遇，由单位与个人双方商定。除学校教师外，允许事业单位专业技术人员在完成本职工作、不损害本单位利益和国家规定的范围内兼职从事民营经济，并可领取兼职报酬。

12. 鼓励大中专毕业生和转业军人从事民营经济。对领办、创办民营企业的大中专毕业生，人才服务机构在 3 年内免收人事代理费。大中专毕业生和转业军人从事个体经营的，自工商行政管理机关批准其经营之日起，3 年内免交个体工商户登记注册费。

13. 鼓励农民进城从事民营经济。凡是进城从事民营经济或在县城规划区以内领创办企业的县内外农民，经营满 1 年，且拥有合法固定住所及经营场所，其本人及配偶、未成年子女、双方父母均可在县城落户，由公安部门依据规定办理落户手续，除工本费外免收其他费用。

14. 金融部门要认真落实人行济南分行推出的十项信贷服务品种，把民营经济作为信贷支持的重点。适时对民营企业信用等级进行评估，并逐

步扩大到个体工商户。对评定的信用企业优先贷款，并在贷款利率上与非信用企业相比，给予不少于10%的优惠，并降低承兑保证金比例。支持银企联手发展民营经济，对信誉好、产品有市场、有效益的企业实行主办银行制度，驻厂信贷员制度，提高授信额度，加大贷款支持力度。

15. 区分层次，分类服务。对外向型民营企业，金融部门要积极发放出口退税账户托管贷款，为企业提供外汇贷款、打包贷款，押汇开证、授信、保理、保兑等一揽子金融服务；对收汇正常的出口企业，由原来逐笔核销实行批量或总量核销；对农业产业化民营龙头企业加大信贷投入，带动农业种养殖基地的建设；对城乡批发市场中的个体和民营业主，要突出流通特色，发放“短、频、少”的贷款；对有固定店面、摊位的个体工商户正常的小额资金需求，在进行适当的信用评定的基础上，采取“一次核定、随用随贷，余额控制、周转使用”的管理办法，不需要抵押担保。对抵押贷款，按最低标准收取抵押、评估费用。

16. 鼓励民营资本进入信用担保、典当、创业投资公司等领域投资。大力推行企业间互助性贷款担保的形式，倡导社会团体、行业协会、中小企业群体等企业法人出资组建互助担保机构或股份制、会员制和市场化运作的信用担保公司。对不以营利为主要目的的民营企业信用担保和再担保机构从事担保业务的收入，按照国办发〔2000〕59号文件规定，3年内免征营业税。

四、加大民营企业的扶持力度

17. 认真执行山东省关于积极支持民营经济发展的若干税收优惠政策规定，对在营业税、资源税、企业所得税、个人所得税、城镇土地使用税、房产税、土地增值税、印花税、城市维护建设税、车船使用税等方面符合减、免、缓条件的企业，确保兑现到位。对下岗职工从事个体经营的，凭下岗职工优惠证，从工商部门发照之日起，各行政执法部门3年内免收登记费、证照费、管理费等各项行政性收费。

18. 采取多种形式解决民营企业用地。在县城规划区范围内，其新增建设用地可以采取出让、租赁国有土地使用权方式供地；利用原有建设用地的，可以采取国有土地出让、租赁、作价出资（入股）等多种方式供地；对涉及高新技术产业的用地，其出让金，租金标准可以比照协议出让土地使用权最低限价确定，一次性缴纳出让金、租金有困难的，经批准可缓缴1至3年或分期缴纳。

19. 对新上固定资产投资3000万元以上的工业项目，土地出让金全征后，由财政按一定比例奖给企业用于基础设施建设。其中对固定资产投资过亿元的项目，按土地出让金等额奖给企业；5000万元~1亿元的，按土地出让金数额的50%奖励；3000万元~5000万元的，按土地出让金数额的30%奖励。

20. 大力支持民营企业从事外经贸业务。注册资本100万元以上可申请外贸流通经营资格，注册资本50万元以上可申请自营进出口生产经营资格。民营企业申请使用中小企业国际市场开拓资金发展对外经贸业务的，根据财政部财企字〔2000〕467号文件的规定，由县财政、外经贸部门上报批准，一般项目按实际支出的50%、优先支持的项目按实际支出的70%由国家给予补贴。

21. 鼓励民营企业争创驰名、著名商标和名牌产品。对获得国家级名牌产品和驰名商标的企业在享受市政府100万元奖金的同时，县政府再奖励20万元。对获得省级名牌产品和著名商标的企业，县政府奖励10万元。

22. 积极支持民营企业以承包、租赁、联合、兼并、参股、收购等多种形式，参与公有制企业的改制、改组。积极引导具有规模和实力的民营企业，向集约化、规模化方向发展。对现有的国有、集体企业以及乡镇闲置的资产进行大力度的改制，面向全社会进行拍卖、转让。

23. 大力推进民营企业的技术进步，提高民营经济增长的质量和效益。民营企业研制和开发新技术、新工艺、新产品，经鉴定为省级以上新产品的，新增加的地方财政收入部分，3年内全部奖给企业。采取有效措施，促进民营经济与科研单位的联合，按照利益共享、风险共担原则，建立双边或多边技术协作关系，使民营企业的生产经

营优势与科研单位的技术开发优势有机结合起来，增强民营企业的持续创新能力。

五、努力营造民营经济发展的良好环境

24. 凡涉及民营企业的行政事业性收费，由县纪检、监察、财政、物价部门负责清理审核，除国家和省政府规定的收费项目外，其余收费项目一律取消。对保留的项目，收费标准一律向社会公布，按国家和省规定的最低标准收取。在彻底清理各类收费项目和标准的基础上，制定全县统一的收费目录，凡未列入收费手册的收费项目，企业一律拒绝缴纳。

25. 规范对民营企业的收费行为，各乡镇设立收费管理办公室，与乡镇民营经济办公室合署办公，并由乡镇纪检书记兼任办公室主任。涉及到民营企业的收费实行扎口管理，所有收费部门一律到乡镇收费办公室登记方可进行，不经批准直接到企业收费的一律按“三乱”查处。

26. 坚决杜绝影响企业生产经营活动的一般性检查和重复检查。实行“联合检查、多家认帐，上级检查、下级认帐”的方式，减轻民营企业的负担。经济管理部门和社会团体不得强行要求企业参加评比、竞赛、联谊、学会、协会等活动。

27. 优化政务环境，提高办事效率。各部门要按照多服务、少干预，多帮忙、不添乱，多设路标、不设障碍的要求，积极改进对民营企业的管理与服务。企业注册登记涉及的有关部门都要提高工作效率，凡属前置条件的部门，必须在三个工作日内办结，需转报审批的由主管部门负责办理督促。建立民营企业对政府部门民主评议机制，坚持每半年组织一次评议，将评议结果向社会公布，并作为衡量部门工作实绩和实施奖惩的重要依据。县纪检监察机关要根据民营企业反映的热点难点问题，不定期地向企业发放征求意见表，随时查处反映的一些案件。

28. 强化县行政审批大厅的管理职能。凡是涉及到县审批的事项一律在行政审批大厅办结，切实严格执行“一厅式”办公、“一条龙”服务。在县招商局设立帮办服务中心，凡外地投资者需办理的各项手续由服务中心负责全程帮办服务。

29. 营造亲商、富商、安商、留商的社会氛围，对刁难威胁、敲诈勒索、划地为牢、强装强卸、强揽工程、阻挠施工、欺外排外、堵门截路、停水停电、无理取闹等各种干扰民营经济发展的事件，坚决打击，从严惩处。坚决禁止摊派、变相摊派、强行推销产品和有偿服务。严禁强行征订报刊、巧立名目收取会员费、咨询费，坚决制止“吃拿卡要”。各执法机关不得擅自到外商生产、生活的场所进行检查、搜查。

30. 各新闻媒体要加大民营经济的宣传力度，广泛深入地宣传党和国家关于发展民营经济的法律法规和方针政策，宣传民营经济的重要地位和作用，宣传发展民营经济的好典型、好经验，营造尊重、支持和促进民营经济发展的社会环境。

六、进一步提高民营经济的社会地位

31. 要努力提高民营企业家的素质和社会政治地位，充分尊重、保障民营经济从业者的政治权利，在各级党代表、人大代表、政协委员中逐步增加民营经济从业者的比例。对年纳税额500万元以上、符合条件的民营企业家，在推选国家、省、市、县人大代表、政协委员或劳模时优先推荐，并在县或乡镇事业单位安排1名符合条件的人员就业。每年在全社会开展评选“十佳民营企业”和表彰“纳税大户”的活动，对作出贡献的民营企业家，授予“优秀企业家”“明星企业家”“功勋企业家”等称号。

32. 根据县委、县政府金发〔2003〕16号文关于对民营经济工作考核的规定，年终考核前5名的乡镇，县委、县政府授予“民营经济工作先进乡镇”，并给予物质奖励。对民营企业分别授予“先进民营企业”“明星民营企业”称号。

七、加强对民营经济工作的领导

33. 县、乡党委、政府要把发展民营经济纳入国民经济和社会发展总体规划，摆上重要议事日程，放在我县全面建设小康社会、率先基本实现现代化的重要位置。县委、县政府成立民营经济工作领导小组，负责全县民营经济的规划、指导、协调和服务，研究工作中的重大问题。各乡镇也要成立相应的机构，抓好具体工作的落实。建立

县级领导、部门包新上项目、联系企业制度，加强与民营企业家的联系，认真听取他们的意见和建议，切实帮助他们解决发展中的困难。

34. 招商引资是加快民营经济发展的重中之重。县直各经济主管部门、各乡镇都要设立招商科、招商办公室，明确分管的领导和专职工作人员，聘请外地招商专员和招商代理，采取各种形式对外招商、引项目。

35. 建立严格的奖惩激励机制。县里每年对各乡镇下达民营经济发展任务目标，纳入年终岗位责任制综合考核，完不成任务的实行一票否决。乡镇、县直各单位完不成招商引资任务的，一律取消评先树优资格，全员罚1个月的工资。对于招商引资的奖励及考核按照金发〔2003〕12号文件规定执行。

36. 理顺民营企业的管理体制，将各乡镇主管部门统称为民营经济发展办公室，并做到编制、人员、经费、职能四到位。

37. 强化督查落实，由县委督查室、县政府督查室牵头，会同纪检、监察、组织、人事、民营经济、招商局等部门组成政策落实督查组，对上述政策落实情况定期进行督查。

本决定自发布之日起执行。各乡镇、县直各部门要根据本决定，制定具体实施细则，并向社会公布。

二〇〇三年九月五日

中共金乡县委　金乡县人民政府
关于对招商引资引荐人的奖励暂行办法

（金发〔2006〕5号）

第一条　为进一步调动社会各界参与我县招商引资和外经贸工作的积极性，培植新的经济增长点，促进经济快速发展，就做好招商引资引荐人的奖励制定本办法。

第二条　鼓励县内外单位、中介组织或个人引荐国内外的企业、经济组织和个人来我县投资创业。引荐项目或资金的单位、经济组织和个人统称为引荐人。

第三条　引进和奖励的资金均按人民币计算，外币按资金到达当日的国家外汇牌价折合人民币计算。

第四条　对项目引荐人的奖励。

1. 对引进生产加工类项目，固定资产投资在100万元~1000万元的，按认定投资额的3‰兑现奖励；固定资产投资在1000万元（不含1000万元）~5000万元的，按认定投资额的5‰兑现奖励；固定资产投资5000万元（不含5000万元）~1亿元的，除按认定投资额的5‰兑现奖励外，追加奖励10万元；固定资产投资在1亿元以上或固定资产投资在5000万元以上的农副产品精深加工类项目，除按认定投资额的5‰兑现奖励外，追加奖励20万元。

2. 对引进农业开发类和非经营性公益事业类项目的，按到位基础设施及建筑物投资额的5‰给予奖励。

3. 对引进房地产开发项目的，按到位认定投资额的1‰给予奖励。

第五条　引进无偿资金（计划内安排的资金除外）的，按实际到位认定资金的3%给予奖励。该奖励资金作为单位招商引资经费。

第六条　对向国（境）外输出劳务的奖励。每外派1人，奖励劳务派出单位（人）人民币200元。

第七条　对引荐人的奖励，按以下程序办理：

1. 备案登记。引荐人在引荐项目时，须到县考核组办公室（分别设在县招商局、县外经贸局）填写登记表，以备确认奖励对象。引荐人有争议时，以项目投资方和受益方出具的有

效证明为准。对多个引荐人共同引荐同一项目的，须提供参与各方的真实有效证据，参与各方应推举出一人作为代表申请奖励。

2. 奖励申报。引荐人须持投资方出具的中介人的确认证明、本人身份证明及相关证明材料，到县考核组办公室提出奖励申请。

3. 奖励审查。县考核组接到奖励申请后，组织有关部门对申报材料进行审查核实，由县财政局、县审计局和中介评估机构，对项目实际完成固定资产投资情况进行评估和验资。待确认后，根据本办法规定的奖励标准，提出奖励意见，提交县考核委审定。

4. 奖励公示。县考核委将初定审核结果进行公示，自公示之日起 30 日内如没有异议，则初步确认公示名单上的引荐人为受奖人；如有异议，由县纪委、监察局、审计局组成专门班子进行复核，以复核结果为准。

5. 审查批准。由县考核委集体审定受奖人提供的材料，作出是否给予奖励的决定。

6. 奖金发放。奖金由县财政列支（对引进无偿资金的奖励资金，由受益财政列支），年终在召开的表彰大会上奖励给受奖人。受奖人获得的资金应依法缴纳个人收入所得税，由奖金兑现部门代扣代缴。

第八条 对引进项目资金的奖励，须该项目竣工验收认定后予以兑现。

第九条 通过拍卖国有或集体资产引进的资金，投资建设煤矿、恒温库、加油站、小型复混肥生产、小型棉花加工及商贸流通业项目的资金，不纳入本办法进行奖励。

第十条 违反本办法骗取奖金者，由县考核委组织有关部门追回全部奖金，并追究直接责任单位负责人和有关人员的责任。

第十一条 本办法之前出台的有关招商引资奖励文件、规定，凡与本办法不符的，以本办法为准。

第十二条 本办法由县考核组办公室负责解释。

第十三条 本办法自发文之日起施行。

二〇〇六年二月十六日

索 引

索　引

本索引分为要目索引、人物索引两部分，均按首字拼音字母升序排列，首字相同者，按第二字，依次类推。

一　要目索引

G

H

J

K

L

M

N

P

Q

R

S

T

W

X

Y

Z

二　人物索引

《金乡县志（1991~2005）》编纂分工

姜君杰： 全书总纂；凡例，概述，大事记，第 1、第 2、第 5、第 7、第 16、第 22、第 32、第 33、第 34 篇，人物，附录，编后记。

周　锲： 全书总纂。

贾立营： 大事记，第 3、第 6、第 7、第 12、第 13、等 16、第 18、第 21、第 22、第 23、第 24、第 25、第 27、第 32、第 34 篇。

李成益： 大事记，第 8、第 9、第 10、第 11、第 13、第 14、第 19、第 22、第 32 篇。

周明廉： 第 4、第 15、第 17、第 28、第 29、第 30、第 31 篇，人物。

于雪友： 第 3、第 20、第 21、第 23、第 24、第 26 篇。

许文洁： 全书插图彩图。

编后记

根据国务院和山东省人民政府二轮修志的统一部署，县委、县政府决定续修《金乡县志》。续修《金乡县志（1991~2005）》工作始于2005年12月，至2013年出版发行，历时8年的时间，大致经历了筹备启动、资料汇集、集中编纂、反复修改、评审出版五个阶段。

第一阶段筹备启动（2005年12月~2006年3月）：2005年12月，按照县政府的安排，县地方志办公室借鉴其他兄弟县区的经验，结合金乡实际，开始着手进行续修《金乡县志（1991~2005）》的整体框架设计，起草续修新志工作方案，确定篇目及承稿单位分工，编制续志培训教程。2006年3月16日，县政府调整地方志编纂委员会；3月22日，县政府召开全县续修新志工作动员大会，邀请济宁市史志办的专家对所有承稿单位的编纂人员进行专门业务培训。续修新志工作全面铺开。

第二阶段资料汇集（2006年3月~2011年5月）：按续修新志工作方案要求，各承稿单位供稿截止时间为2006年10月底，但由于修志经验不足，再加之其他多种因素的制约，未能如期完成约稿任务，续志工作因此而搁浅。2010年10月，县志办重新进行续志约稿部署，采取上门督导等多种形式，督促承稿单位及时进行资料收集，并组织专门班子进行集中撰写，至2011年4月，全县资料征集工作基本结束，随后县志办及时将所有资料进行梳理归档，做好全面总纂的各项准备。二轮修志工作步入正轨。

第三阶段集中编纂（2011年6月~2012年3月）：首先根据资料征集情况，优化调整最初形成的篇章结构，结合金乡实际进行合理归并与分解，使之既突出地方特色，又更符合志书的要求。其次聘请四名文字功底丰厚、且具有一定修志经验的同志进行集中办公，采取分工协作的方式，具体承担志书的全部编纂任务。按照各自分工，对各供稿单位提供的专志初稿进行综合梳理、修改和编辑，根据编纂要求，及时将承稿单位应补充的资料列出清单，安排一人专门负责督促，限时补交，确保编纂工作压茬进行。2012年3月形成第一稿。

第四阶段反复修改（2012年3月~2012年9月）：各人承编任务完成后，交主编进行统审，确保整篇志书文风一致，内容能前后呼应，通过反复斟酌、核实数据，决定内容取舍，先后四易其稿，形成县内评审稿，于2012年5月返回各供稿单位进行评审、校改和认定，并将其评审意见反馈，县志办及时归档处理，并带着问题深入到承稿单位现场释疑，确保志书资料客观真实，随后根据其评审意见进行合理修订。2012年7月，参加山东省第二期志书年鉴编纂业务培训班，根据专家、学者所讲授的知识，借鉴已出版第二轮优秀志书的体例，再次对篇章结构进行调整，补充、完善相关内容，2012年9月下旬形成评审稿。

第五阶段评审出版（2012年9月~2013年5月）：2012年12月4日~6日，济宁市史志办在金乡主持召开《金乡县志（1991~2005）》志稿评议会，与会专家对金乡志稿给予充分肯定并提出书面修改意见，县志办及时进行梳理归纳，根据提出的修改意见及省市史志办的要求，本着“动末节不动根本”的原则，再次进行修订，调整结构，使全志布局更加合理，同时增补缺失内容，精雕细琢，2013年5月，形成送审备案稿，报省市史志办及金乡县政府、编纂委员会审核备案批复后，交出版社排版印刷。

志书作为地方历史文献和地情资料百科全书，涵盖一个地方的政治、经济、文化和社会各个领域的发展历史史实，具有“资政、存史、教化”的功能，是一项艰巨、浩繁的文字工程，它的编纂完成，一是离不开县委、县政府的关心和支持。县政府主要领导和分管领导及其编纂委员会多次调度修志进程，给史志办定目标、压担子、鼓干劲、出主意，帮助协调解决编纂过程中的各类难题，使得修志工作有序、快速推进。二是离不开恪尽职守的专业修志队伍。全体编纂人员，无论是在职的还是返聘的，都全身心地投入，不仅仅把修志单纯当作一项工作来抓，更是当作一项事业来做，本着干就干成、干就干好、不留遗憾和对历史高度负责的态度，青灯孤案作伴，晓风残月相陪，无间寒暑，忘我工作，不辍笔耕，反复查档案、阅资料、核史实、纠错讹，几经熔炼，数易其稿，始成此书，虽艰辛清苦，但始终无怨无悔。三是离不开全县各部门的积极配合。在编纂过程中，根据实际需要，各级各部门均能在较短时间内将增补资料及时上报，针对史志办提出的质疑，给予圆满的解释与答复，既确保了志书资料的全面、准确，又保证了编修进程的如期实施。四是离不开省市史志部门的具体业务指导。山东省史志办钟华主任，市县志指导处李刚处长、李天程处长及罗毅、魏振华两位科长，均在百忙中抽出时间认真审阅金乡志稿，并提出宝贵的修改意见；济宁市史志办主任黄崇民，副主任邵鸿志、李红微更是多次调度修志进度，不仅在业务上给予精心指导，还提出合理化建议，使得金乡志稿更加趋于完善。对各级领导和专家所给予的大力支持与帮助，在此一并表示衷心感谢！

“千滴汗水几行字，万般辛苦一卷书。”续修《金乡县志（1991~2005）》的出版发行，凝聚着全体修志人员的心血和汗水，是集体辛勤劳动和智慧的结晶。但由于志书涉及面广，工作量大，再加编者能力和水平有限，虽经数次修订，但仍难免会有疏漏和错讹之处，恳请广大读者予以批评指正。

编　者

2013 年 5 月